Handbuch Literatur & Visuelle Kultur

Handbücher zur kulturwissenschaftlichen Philologie

———

Herausgegeben von Claudia Benthien,
Ethel Matala de Mazza und Uwe Wirth

Band 1

Handbuch Literatur & Visuelle Kultur

———

Herausgegeben von
Claudia Benthien und Brigitte Weingart

DE GRUYTER

ISBN 978-3-11-028565-9
e-ISBN [PDF] 978-3-11-028576-5
e-ISBN [EPUB] 978-3-11-038165-8
ISSN 2197-1692

Library of Congress Cataloging-in-Publication Data
A CIP catalog record for this book has been applied for at the Library of Congress.

Bibliografische Information der Deutschen Nationalbibliothek
Die Deutsche Nationalbibliothek verzeichnet diese Publikation in der Deutschen
Nationalbibliografie; detaillierte bibliografische Angaben sind im Internet über
http://dnb.dnb.de abrufbar.

© 2014 Walter de Gruyter GmbH, Berlin/Boston
Satz: fidus Publikations-Service GmbH, Nördlingen
Druck und Bindung: Hubert & Co. GmbH & Co. KG, Göttingen
♾ Gedruckt auf säurefreiem Papier
Printed in Germany

MIX
Papier aus verantwor-
tungsvollen Quellen
FSC® C016439
FSC
www.fsc.org

www.degruyter.com

Inhaltsverzeichnis

1. Einleitung

Claudia Benthien und Brigitte Weingart

Literaturwissenschaft – Bildwissenschaft – Visual Studies

Das *Handbuch Literatur & Visuelle Kultur* nimmt die seit den 1990er Jahren intensiv geführte Diskussion um Intermedialität beziehungsweise ‚Literatur und Künste' auf, setzt aber einen anderen Fokus: Nicht ‚das Bild' soll im Zentrum stehen, sondern die visuelle Kultur im übergreifenden Sinne. Das Handbuch reagiert damit sowohl auf die Erweiterung des Bildbegriffs in der Bildwissenschaft als auch auf die Öffnung des Literaturbegriffs in den kulturwissenschaftlich ausgerichteten Philologien. Dabei werden Impulse aus den *visual studies* beziehungsweise der Bildwissenschaft aufgegriffen, aber auch ältere Forschungsperspektiven wie die Frage nach Text-Bild-Relationen und -Hybriden (vgl. Linck und Rentsch 2007) weiter verfolgt und neu perspektiviert. Wichtig für das Konzept ist allerdings, dass hiermit kein Band zur visuellen Kultur im Allgemeinen vorgelegt werden soll – wie dies in mehreren Readern und Einführungsbänden, vor allem im angloamerikanischen Raum, bereits erfolgt ist –, sondern ein Handbuch, das theoretische Überlegungen und methodische Hilfestellungen speziell zum Verhältnis von Literatur und visueller Kultur bereitstellt. Dabei hat die Herausgeberinnen nicht zuletzt die Tatsache gereizt, dass es ein solches Handbuch bislang noch nicht gibt. Die neuen *Handbücher zur kulturwissenschaftlichen Philologie* im De Gruyter-Verlag, die mit dem vorliegenden Band eröffnet werden, haben sich zum Ziel gesetzt, die einschlägigen interdisziplinären Arbeitsfelder der Literaturwissenschaft, wie sie sich nach der kulturwissenschaftlichen Öffnung herausgebildet haben, umfassend darzustellen, was hier für den aktuellen Forschungsgegenstand der visuellen Kultur erstmalig erfolgt.

Einer der Ausgangspunkte dieses Handbuchs ist der unübersehbare Umstand, dass sich in der kulturwissenschaftlichen Auseinandersetzung mit Medien und Künsten ein signifikanter Wandel vollzogen hat: Die vielfach apostrophierte „neue Macht der Bilder" (Burda und Maar 2004) provoziert einen Paradigmenwechsel, für den sich das Schlagwort des *pictorial, iconic* oder *visual turn* etabliert hat. Den Plädoyers für eine solche ‚Wende' liegt die Feststellung zugrunde, dass aufgrund der rasanten Entwicklung der Medientechnologien im 20. Jahrhundert, der globalen Zirkulation von Bildern und der veränderten etablierten Qualitäten der Sichtbarkeit, zum Beispiel durch die technologische Verfeinerung bildgebender Verfahren vor allem in den Naturwissenschaften und der Medizin, das lange vorherrschende Primat der Sprache und mithin der Literatur nachdrücklich infrage zu stellen sei. Es gäbe, so die Diagnose, vielfältige „Anzeichen, dass auch im Bereich der Forschung ein tiefgreifender, durch die modernen Bildtechniken und den Wunsch nach visueller Teilhabe hervorgerufener Wandel geschieht, der sich in der gesamten Kultur vollzieht" (Bredekamp 2004, 17). Im Zuge dieser aktuellen Entwicklungen entstand die Vision einer umfassenden ‚Bildwissenschaft‘, in der die Kunstgeschichte sowie die im englischsprachigen Raum sich etablierenden *visual culture studies* jeweils Leitfunktionen beanspruchten. Die Philologien, die etwa bei der Begründung der Medien- und der Filmwissenschaft, zumindest im deutschsprachigen Raum, eine Schlüsselposition innehatten, wurden tendenziell marginalisiert, wie insgesamt zu beobachten ist, dass Text- und Sprachkonzepte in den Kulturwissenschaften gegenüber Kategorien wie dem Visuellen und dem Performativen seit den 1990er Jahren ins Abseits geraten sind.

Diese „kulturellen Verschiebungen vom Text zum Bild" (ebd., 15) – mithin eine Abwendung von Textualität und Sprache im Allgemeinen und Literatur im Speziellen – korrespondieren mit einem wachsenden wissenschaftlichen Interesse an der ‚Flüchtigkeit‘ kultureller Äußerungen. Während es lange primär schriftliche Quellen waren, die aufgrund ihrer Assoziationen mit „Tiefe, Bedeutung, Denken, Ernsthaftigkeit" (Bachmann-Medick 2006, 349) ein hohes kulturelles Kapital besaßen, sind es nun eher visuelle, akustische und performative Phänomene, die wegen ihrer ephemeren Gestalt als adäquater Ausdruck zeitgenössischer Mentalitäten und Künste gelten. Es ist gleichwohl bemerkenswert, dass die bildwissenschaftliche ‚Wende‘ primär auf den *linguistic turn* rekurriert und nicht auf andere prominente und durchaus mit diesem eng verbundene ‚Wenden‘, so etwa den *cultural turn* oder den *performative turn* (vgl. ebd., 7–57 und 104–143). Von Befürworterinnen und Befürwortern des *performative turn* wird ebenfalls explizit gegen den *linguistic turn* argumentiert (vgl. z. B. Fischer-Lichte 1998, 13–14). Die Kunsthistorikerin Sigrid Schade diagnostiziert daher treffend einen „Kampf um den Status der Leitdisziplin", an dem sich neben der Kunstgeschichte auch Theater-, Kultur- und Medienwissenschaft beteiligten: „Es eint sie alle der gemeinsame Angriff auf das Wissenschaftsfeld, dem eine solche scheinbar unangefochtene Leitfunktion abgesprochen werden soll: auf die Sprach- und Literaturwissenschaften." (Schade 2004, 33) Dabei scheinen sich die in der Bildwissenschaft gegen die linguistische ‚Wende‘ vorgebrachten Argumente weniger gegen die Akkumulation methodologischer *turns* in den Kulturwissenschaften an sich – und die Schwierigkeit, diese noch sinnvoll zu integrieren – zu richten. Sie sind vielmehr vor dem Hintergrund der lange bestehenden Oppositionen von Text und Bild als einem zentralen Topos der Kultur- und Philosophiegeschichte zu betrachten. Wenn die Kunstgeschichte insbesondere der französischen – strukturalistischen und poststrukturalistischen – Philosophie und Semiologie eine ‚Sehfeindlichkeit‘ und damit eine angstbesetzte Negierung der visuellen Dimension von Kultur – eine *denigration of vision* (Jay 1994) – unterstellt, so zeichnet sich umgekehrt in den phobischen Reaktionen auf die Übermacht des Sprachmodells eine veritable ‚Textfeindlichkeit' ab.

Der *visual turn* wurde, auch wenn er unter divergierenden Bezeichnungen firmiert und auf durchaus uneinheitlichen Programmatiken beruht, explizit als Gegenentwurf zum *linguistic turn* konzipiert (vgl. Boehm 1994b, 13; Bachmann-Medick 2006, 349). *Lingustic turn* ist eine Formel, mit der der Philosoph Richard Rorty die Aufmerksamkeit auf die grundsätzlich sprachliche Grundierung von Wissen und Verstehen gelenkt hatte, wie sie in dieser Zeit insbesondere im Strukturalismus propagiert wurde (vgl. Rorty 1967). Der Literatur- und Kunstwissenschaftler W. J. T. Mitchell, der die proklamierte ‚visuelle Wende' – in seiner Formulierung: einen *pictorial turn* – wesentlich mit angeregt hat, stellt fest: „Kultur wird traditionell weitgehend als eine Sache von Sprache und Texten begriffen. [...] Zu den Provokationen bereits des Begriffs der visuellen Kultur gehört also, daß sie zu fragen zwingt, ob es Dimensionen von Kultur gibt, die jenseits oder außerhalb der Sprache liegen, ob etwa Bilder Vehikel von Erfahrungen und Bedeutungen sind, die sich der Übersetzung in Sprache verweigern." (Mitchell 2008f [1995], 241) Seitens der Kunstwissenschaft geht die Forderung eines Paradigmenwechsels zugunsten des Visuellen mitunter mit einer geradezu polemischen Abwehr sprachbasierter Gegenstände und Analyseverfahren einher. So argumentiert etwa die Kunsthistorikerin Barbara Maria Stafford gegen das langlebige Primat des *logos*, wenn sie von der „totemization of language as a godlike agency in western culture" spricht, die eine „identification of writing with intellectual potency" garantiert habe (Stafford 1996, 5), der Kunsthistoriker Gottfried Boehm gegen den „Schatten der Sprache [...], der sich über das Ikonische legt" (Boehm 2004, 33), und der Kunsthistoriker Horst Bredekamp beklagt, dass in den „linguistisch geprägten Spielarten der Semiologie [...] Bilder in die Schutzhaft ihrer begrifflichen Regelwerke" (Bredekamp 2004, 15) genommen würden – an anderer Stelle spricht er gar von einer „Vergewaltigung der Bilder durch die Sprache" (Bredekamp 1994, 111). In jedem Fall steht für die hier genannten sowie eine Reihe weiterer Wissenschaftlerinnen und Wissenschaftler fest, dass die vielbeschworene ‚Bilderfrage' (vgl. Boehm 1994a; Belting 2007) definitiv „mit Sprachkritik verbunden" (Boehm 2004, 30) ist. Dies hat weitreichende Folgen, denn „[m]it dem ‚linguistischen Modell' zusammen werden folgende Konzepte verworfen: das der Textualität, der Lektüre oder Lesbarkeit, des Gesamtzusammenhangs einer Kultur als Schrift, Sprache oder als eines Feldes sich überschneidender Diskurse, mithin das der Zeichenhaftigkeit menschlicher Kommunikation allgemein, in der Text und Bild als zeichenkonstituierende Elemente aufeinander verwiesen sind" (Schade 2004, 38; siehe auch Schade und Wenk 2011, 42–46).

Mit dieser Skepsis gegenüber der linguistischen ‚Kolonisierung' des Bildes (vgl. Weingart 2001) korrespondiert, dass die Eigenart von Bildern gegenüber sprachlichen Repräsentationen von diesen Wissenschaftlerinnen und Wissenschaftlern als fundamental ‚anders' dargestellt wird: „Bilder besitzen eine eigene, nur ihnen zugehörige Logik. [...] Diese Logik ist nicht-prädikativ, das heißt nicht nach dem Muster des Satzes oder anderer Sprachformen gebildet. Sie wird nicht gesprochen, sie wird wahrnehmend realisiert." (Boehm 2004, 28–29) Es geht etwa Boehm um eine „neue[] Verhältnisbestimmung, die das Bild nicht länger der Sprache unterwirft, vielmehr den Logos über seine eingeschränkte Verbalität hinaus, um die Potenz des Ikonischen erweitert und ihn dabei transformiert" (ebd., 30). Boehm hat von kunsthistorischer Seite den *iconic turn* beziehungsweise eine „ikonische Wendung" initiiert (Boehm 1994b, 13), in deren Zentrum die Auseinandersetzung mit der bildenden Kunst der Moderne steht, speziell dem zweidimensionalen Bild. Er schlägt eine Begrenzung des Bildbegriffs auf von Menschenhand gemachte, materielle Formenkomplexe vor (vgl. ebd., 28–30; sowie auch Bredekamp 2004, 16) – eine Einschränkung, durch die sich dieser Ansatz maßgeblich und programmatisch von den angloamerikanischen *visual studies* unterscheidet, die gerade die Überschreitung des traditionellen Bildbegriffs zugunsten der vielfältigen, auch immateriellen Erscheinungsweisen des Visuellen kennzeichnet, die sich nicht zuletzt veränderten technologischen Bedingungen verdanken (vgl. den Beitrag 2.8 STIEGLER in diesem Handbuch). Auch von sozialhistorischer und philosophischer Seite wird eine originäre „Bildlogik" proklamiert, die allein dem „visuelle[n] Denken" eigne (Heßler und Mersch 2009). Neben den kunsthistorischen Mitwirkenden an der ‚visuellen Wende' lassen sich weitere Ansätze nennen, so etwa der von Klaus Sachs-Hombach, der eine ‚allgemeine Bildwissenschaft' mit philosophischer Ausrichtung privilegiert (für die er vielfach kritisiert wurde; vgl. Sachs-Hombach 2005 und 2006, 67–68) und der wiederum den Leitbegriff des *visualistic turn* vorschlägt (vgl. Sachs-Hombach 2009), sowie eine disziplinenübergreifende Variante (Frank und Lange 2010).

Die deutschsprachigen Vertreterinnen und Vertreter der Bildwissenschaft begreifen – wie Schade am Beispiel von Bredekamps zum Teil polemischen Texten ausführt – den von Mitchell proklamierten *pictorial turn* wesentlich als Kampfbegriff der *cultural studies*, „die sich zunehmend mit visuellem Material beschäftigen, ohne auf erprobte (= kunsthistorische) Analysemittel zurückzugreifen" (Schade 2004, 37; eine treffende Darstellung jener bildwissenschaftlichen Schaukämpfe gegen sprachanalytische Wissensformen findet sich auch bei Frank 2009, 354–356; ein Überblick über die einzelnen Positionen bei Hornuff 2012). In diesem Verständnis werden *pictorial turn* und *cultural turn* im Wesentlichen gleichgesetzt. In den *visual culture studies* würden demnach „hohe Kunst und triviale Nicht-Kunst" enthierarchisiert, ferner erfolge eine Enthistorisierung

und Nivellierung der Gegenstände, indem die Aufmerksamkeit „von der aufgeklärten Zeichenhaftigkeit und Materialität der Kunstwerke auf die diffuse Immaterialität der Bilder" gelenkt würde (Schulz 2005, 87). In diesem Sinne orientiert
sich die bildwissenschaftliche Forschung im deutschsprachigen Raum – abgesehen von der Auseinandersetzung mit den (auch in diesem Band) vielzitierten
Einlassungen W. J. T. Mitchells – auch kaum an den prominenten Vertreterinnen
und Vertretern der *visual culture studies* aus den angloamerikanischen Ländern,
die im internationalen Diskurs dominieren (vgl. Frank 2007, 33; zu den Unterschieden von Bildwissenschaft und *visual culture studies* siehe auch Frank und
Sachs-Hombach 2006; Rimmele und Stiegler 2012, 18–24). Dies ist auch insofern
bemerkenswert, als sich die prominente US-amerikanische Zeitschrift *October*
aufgrund der unübersehbaren Konjunktur entsprechender akademischer Tendenzen bereits 1996 veranlasst sah, deren Vorzüge und Nachteile in Form eines
„Visual Culture Questionnaire" zur Debatte zu stellen (vgl. Alpers et al. 1996).

Visualitätsforschung als interdisziplinäres Projekt

Seitens der angloamerikanischen *cultural studies* und ihren Filiationen im
Bereich der Visualitätsforschung wiederum wird die kunsthistorische und philosophische Bildforschung für ihre elitären Argumentationsweisen kritisiert. Insbesondere wird ihr eine ‚Essentialisierung' des Visuellen vorgeworfen sowie das
Begehren nach einer klaren Distinktion – einem „purity-assuming cut between
what is visual and what is not" (Bal 2003, 6; siehe auch von Falkenhausen 2007,
4). Demgegenüber gehe es darum, das Spektrum des Visuellen auszuweiten
und dieses auch nicht länger bildimmanent, sondern konfigurativ, mit Blick auf
medienübergreifende Konstellationen sowie insbesondere auf politische Implikationen zu deuten. Im Kontext der *cultural studies* werden Visualität, Sehen
und Blick auf ihre hegemonialen Strukturen befragt und die Prozesse untersucht, die an der Herstellung eines ‚skopischen Regimes' beteiligt sind (vgl. Jay
1994). Nicht zufällig zählt zu den wichtigen methodischen Grundlagen der *visual
studies*, neben den Arbeiten von Walter Benjamin (vgl. 2.4 Naumann) und Roland
Barthes (vgl. 2.6 Löffler), die Orientierung an den archäologischen Diskursanalysen Michel Foucaults und mithin das Ziel, die „engen ideologischen Verbindungen von Sehen, Macht und Wissen darzustellen" (Schulz 2005, 89). Aspekte wie
Schaulust, Blindheit oder auch der Topos ‚Sinne und Blick' standen in der Literaturwissenschaft, unter anderem im Anschluss an Theoreme Jacques Lacans,
schon in den 1980er und 1990er Jahren im Zentrum vieler Forschungsbeiträge,
häufig mit psychoanalytischer Grundierung (vgl. Manthey 1983; Böhme 1988;

Kleinspehn 1989; de Kerckhove 1993; siehe auch Apel 2010). Dieser Themenkomplex wird neuerdings einerseits medientheoretisch fundiert, andererseits
mit Blick auf relationale Kategorien diskutiert, zum Beispiel in Verknüpfung von
Wahrnehmung und spezifischen Affekten (vgl. Benthien 2011).

Ganz im Sinne der für Machtverhältnisse aufmerksamen Perspektive der *cultural studies* beinhaltet der *pictorial turn*, wie ihn Mitchell avisiert, „keine Rückkehr zu naiven Mimesis-, Abbild- oder Korrespondenztheorien von Repräsentation oder eine erneuerte Metaphysik von pikturaler ‚Präsenz‘", sondern vielmehr
„eine postlinguistische, postsemiotische Wiederentdeckung des Bildes als komplexes Wechselspiel von Visualität, Apparat, Institutionen, Diskurs, Körpern und
Figurativität" (Mitchell 2008c [1992], 108). Dem zugrunde liegt aber auch hier die
„Erkenntnis, daß die Formen des *Betrachtens* (das Sehen, der Blick, der flüchtige Blick, die Praktiken der Beobachtung, Überwachung und visuellen Lust) ein
ebenso tiefgreifendes Problem wie die verschiedenen Formen des *Lesens* (das
Entziffern, Decodieren, Interpretieren etc.) darstellen und daß visuelle Erfahrung
oder ‚die visuelle Fähigkeit zu lesen‘ nicht zur Gänze nach dem Modell der Textualität erklärbar sein dürften." (Ebd.) Gleichzeitig weist die vorsichtig formulierte
Einschränkung, dass Bilder „nicht zur Gänze" textuell erklärbar sind, darauf hin,
dass Mitchell den Gegensatz von Text und Bild nicht als absoluten begreift, zumal
er der Diskursgeschichte dieser traditionsreichen Opposition selbst eine eigene
Untersuchung gewidmet hat (vgl. Mitchell 1986). Gerade weil es ihm nicht zuletzt
darum zu gehen scheint, „die verhärteten antisemiotischen Fronten aufzuweichen" (Frank 2008, 468), bieten seine Arbeiten gute Anschlussmöglichkeiten für
ein Projekt, das Literatur und visuelle Kultur zu verbinden sucht. Ein weiteres
erwähnenswertes und im Handbuch behandeltes Konzept ist das der *visual literacy* (‚visuelle Literalität‘), das einerseits – sei es als Fortführung oder Ablösung –
auf semiotische ‚Textlektüren‘ rekurriert (vgl. 3.2 GIL; Gil 2011), sich andererseits
aber auch allgemein auf „the skill of *reading* a pictorial image" und „the dominance of visual culture by the verbal" beziehen kann (Phillpot 1979, 179). Wie der
Kunsthistoriker James Elkins, als Herausgeber einer einschlägigen Publikation zu
diesem Thema betont hat, wird bereits durch den der Formel *visual literacy* inhärenten Widerspruch markiert, dass „[t]ropes of reading" in der Rede über Bilder
unvermeidbar sind (Elkins 2008, 1).

Das vorliegende Handbuch greift diese unterschiedlichen Impulse auf und
widmet sich dem Konnex von Literatur und visueller Kultur in theoretischen
Annäherungen und mittels exemplarischer Analysen. Der Begriff der visuellen
Kultur (*visual culture*) wird als Bezeichnung des Gegenstandsbereichs Alternativbegriffen wie ‚Kunst‘ oder ‚Bilder‘ vorgezogen, weil er das Feld, um das es gehen
soll, besser zu umschreiben vermag: „Visuelle Kultur meint die Vielzahl der Praktiken des Herstellens, Verbreitens und Aufnehmens aller Arten von Bildern sowie

die Konzepte, die dem Sehen und dem Blick, visueller Wahrnehmung und Darstellung zugrunde liegen, wie auch die Rhetoriken der Bilder und Diskurse des Ikonoklasmus und der Idolatrie." (Frank 2008, 473) ‚Visuelle Kultur' impliziert daher erstens einen weiten Kulturbegriff, wie ihn die *cultural studies* entwickelt haben (vgl. Mirzoeff 1998, 18; Evans und Hall 1999, 3; Schulz 2005, 86; Rimmele und Stiegler 2012, 23), zweitens umfasst sie einen weiteren Gegenstandsbereich, der Hoch- und Populärkultur, künstlerische wie alltäglich-profane Bilder integriert. Drittens geht der Bereich des Visuellen über ‚Bilder' als Artefakte weit hinaus und umfasst zum Beispiel auch Praktiken und Dynamiken des Sehens und Gesehenwerdens „als sozial und kulturell konditionierte[n] Prozeß" (Kravagna 1997, 8), die Sichtbarkeit der Welt ‚vor' ihrer symbolischen Medialisierung im Bild, aber eben auch Aspekte wie die Visualität von Schrift (z. B. der Handschrift; vgl. Giuriato und Kammer 2006), Büchern oder gar konkrete ‚Schreibszenen' (vgl. Giuriato et al. 2008; siehe auch 2.1 KAMMER).

Nicht zuletzt zeichnet sich viertens die Analyse der *visual culture* durch starke Interdisziplinarität aus, wobei es nicht nur um additive Kombination oder Konglomeration disziplinärer Ansätze geht, sondern auch um Konfrontationen und Unvereinbares (vgl. Dikovitskaya 2006, 77): „Visuelle Kultur ist eine *Interdisziplin*, ein Ort der Konvergenz und des Gesprächs über disziplinäre Grenzen hinweg." (Mitchell 2008b [1995], 262) Der Behauptung, dass die Untersuchung visueller Kultur früher oder später zu einer Auflösung der Disziplinen beitrage („Visual culture is not a traditional discipline, then, because before very long there may not be anything like the current array of disciplines. Rather it is one among a number of critically engaged means to work out what doing post-disciplinary practice might be like [...].“; Mirzoeff 1998, 6), ist allerdings aus der Perspektive, wie sie diesem Handbuch – und letztlich der gesamten Reihe der *Handbücher zur kulturwissenschaftlichen Philologie* – konzeptuell zugrunde liegt, durchaus mit Vorsicht zu begegnen. Stattdessen ist davon auszugehen, dass die Literaturwissenschaft zur Analyse einer ebenso wenig ‚rein bildlich' wie ‚rein textuell' verfassten visuellen Kultur, die überdies von literarischen Texten mitkonstituiert und reflektiert wird, einiges beizutragen hat. Dies sollte aber eine für die Durchlässigkeit ihres angestammten Gegenstandsbereichs aufgeschlossene Philologie nicht davon abhalten, sich mit Blick auf medienübergreifende, hybride Konstellationen eine „Ausweitung der Kompetenzzone" (Meister 2007) zu verordnen und im interdisziplinären Dialog ihrerseits eben jene analytischen *skills* zu erwerben, deren Verlust von den Kritikerinnen und Kritikern der *visual studies* befürchtet wird. Es geht also nicht um die Übertragung literatur- und textwissenschaftlicher Methoden auf bildlich verfasste beziehungsweise visuell erschließbare Gegenstände – wohl aber darum, die Beziehungen zwischen Literatur und visueller Kultur als einen Gegenstandsbereich zugänglich zu machen, der die konstitutive

Funktion von Sprache und Schrift in Prozessen visuell vermittelter Bedeutungsproduktion auf besondere Weise exponiert.

Literatur und visuelle Kultur, Text und Bild: Problemgeschichtliche Aspekte und Forschungsansätze

Mit der verbreiteten Diagnose einer ‚Wende zu den Bildern' korrespondiert, dass
gegenwärtig auch das Konzept der visuellen Kultur nicht immer im Sinne einer
neutralen Beschreibungskategorie verwendet, sondern häufig – sei es abwertend
oder emphatisch – zum Signum einer ‚Epoche' erklärt wird. Entsprechend wird
oft auch für die Erforschung visueller Kulturen ein Fokus auf ‚neue' Bildmedien
reklamiert, wobei sich das Attribut der Neuheit in der Regel auf den technologischen *state of the art* – und hier wiederum auf das Aufkommen elektronischer
und digitaler Medien – bezieht. So vertritt etwa Nicholas Mirzoeff die Auffassung,
dass sich die *visual studies* auf technisch geprägte Medienkulturen – im engeren
Sinne: auf medienkulturelle Phänomene von der Nachkriegszeit (1945) bis zur
aktuellen Gegenwart – zu richten haben (vgl. Mirzoeff 1998 und 1999). Demgegenüber wird in diesem Handbuch davon ausgegangen, dass die Dominanz des
Visuellen in der gegenwärtigen Medienlandschaft die damit befassten Disziplinen zwar tatsächlich mit durchaus neuen Forschungsgegenständen konfrontiert, vor diesem Hintergrund jedoch zugleich historisch ältere Konstellationen
und Problemstellungen in den Blick rücken. Dies gilt auch und im Besonderen
für das Verhältnis von Literatur und visueller Kultur, dessen Abhängigkeit von
mediengeschichtlichen Zäsuren, aber auch wiederkehrenden Mustern in einem
historisch übergreifenden Ansatz Rechnung zu tragen ist. Kaum zufällig hatte
bereits Béla Balázs in seiner 1924 erschienenen Filmtheorie mit Bezug auf das
noch junge Medium emphatisch eine Renaissance des „Mensch[en] der visuellen
Kultur" proklamiert (Balázs 2001 [1924], 16).

Wegweisende Forschungen zum Konnex von Literatur und visueller Kultur
liegen bislang insbesondere zu vier historischen Schwerpunkten vor, die jeweils
mit medialen Umbrüchen konvergieren: zur Kultur des (hohen) Mittelalters, zur
Zeit um 1800, zum frühen 20. Jahrhundert und zur Zeit ab den 1960er Jahren.
Speziell in der germanistischen Mediävistik findet sich ein Forschungsschwer-
punkt im Bereich der mittelalterlichen Visualität, der auch eine Reihe von theoretischen Impulsen hervorgebracht oder mit initiiert hat, etwa bezüglich der Relation von Visualität und Auditivät oder der Medialität des Visuellen (z. B. Wenzel
1995; Starkey und Wenzel 2005; Jaeger und Wenzel 2006; vgl. 4.2 VELTEN). Hier
liegt ein wichtiger Akzent auf dem Feld von Aufführung und Schrift (vgl. Müller

1996), ein anderer im Bereich der mittelalterlichen Ekphrasis (vgl. z. B. Wandhoff 2003; 4.1 WANDHOFF). Ein zweiter historischer Schwerpunkt liegt im späten 18. Jahrhundert. Dieser umfasst einerseits Diskurse über den *paragone* (‚Wettstreit‘) der Künste, andererseits ästhetische Debatten über die verschiedenen Sinne. Speziell Literatur und bildende Kunst – seit der Antike als sogenannte Schwesterkünste relationiert – standen auch hier im Zentrum der Forschung (vgl. Hagstrum 1958; Wellbery 1984; Koebner 1989; Neumann 1997; Mülder-Bach 1998; Baxmann et al. 2000; Schneider et al. 2001; Brandes 2013; 2.3 SCHNEIDER). Als dritter historischer Schwerpunkt kann die Bildtheorie im frühen 20. Jahrhundert gelten, speziell bezogen auf Autoren und Theoretiker wie Hugo von Hofmannsthal, Benjamin und Aby Warburg (vgl. Renner 2000; Baumann 2002; Zumbusch 2004; Weigel 2004; Schneider 2006; Harris 2009; überblickshaft zum Verhältnis von bildender Kunst und Literatur im 20. Jahrhundert vgl. Faust 1977). In der derzeitigen Konjunktur literaturwissenschaftlicher Arbeiten zur ‚Bildfrage‘ zeichnet sich überdies ein starker Fokus auf die literarische Auseinandersetzung mit der (audio-)visuellen Kultur der Gegenwart ab, die wiederum häufig auf die Text-Bild-Experimente verweist, die seit den 1960er Jahren im Kontext der sogenannten Pop-Literatur entstanden sind (vgl. dazu exemplarisch Weingart 2005; Rümmele 2012; sowie allgemein Reulecke 2002).

Wenn ein zentrales Anliegen dieses Handbuchs darin besteht, Literatur als Teil der visuellen Kultur in den Blick zu rücken – oder wie man in Anbetracht ihrer tendenziellen Marginalisierung innerhalb der aktuellen Forschungsdiskussion formulieren darf: ins Recht zu setzen –, so wird damit nicht zuletzt das historische Potential, das sich der langen Tradition literarischer Text-Bild-Beziehungen verdankt, für eine Genealogie der aktuellen Verhältnisse geltend gemacht. Gleichzeitig erweist sich diese historische Dimension als unmittelbar mit systematischen Perspektiven verknüpft, weil die Literaturgeschichte der visuellen Kultur eindrücklich demonstriert, dass die Grenzen zwischen verbaler und visueller Repräsentation ebenso unbeständig sind wie die jeweils veranschlagten Konzepte von Literatur, Text, Sprache oder Schrift beziehungsweise Visualität oder Bildlichkeit. Dem trägt der Handbuch-Titel *Literatur & Visuelle Kultur*, obwohl er auf den ersten Blick die traditionelle Gegenüberstellung von Sprach- und Bildmedien perpetuiert, zumindest insofern Rechnung, als die typografische Ersetzung der Konjunktion durch das *et*-Zeichen (‚&‘) mit der Schriftbildlichkeit einen der Schauplätze markiert, die sich dieser Dichotomisierung – ebenso traditionell – widersetzen (vgl. 2.1 KAMMER).

So gehört bekanntlich die visuelle Poesie, deren Vorläufer bis zum antiken Figurengedicht zurückreichen, zu den literarischen Gattungen, in denen der visuellen Dimension des Textes eine konstitutive Funktion für die Bedeutungserzeugung zukommt (vgl. Ernst 1991; Pestalozzi 1995; Erdbeer 2001; 2.2 BERNDT; 2.7

RIPPL, 4.9 BEHRMANN, 4.14 WEINGART). Indem hier die dem ‚Schriftbild' bereits inhärente Hybridität, die untrennbare Vermischung von verbaler und visueller Repräsentation, zusätzlich gesteigert wird, rückt die Tatsache in den Blick, dass Schriftzeichen sowohl gelesen wie betrachtet werden können – ein Phänomen, das sich eindrücklich auch in den neuen Formaten digitaler Poesie zeigt, in denen Visuelles und Skriptuales in dynamischen Konstellationen verwoben werden (vgl. Vos 1996; Block 1999; Funkhouser 2012). Damit wird ein Befund pointiert, der für ‚Schriftbilder' – und damit letztlich für alle schriftlichen Texte – generell zu veranschlagen ist: dass es zum einen von der Perspektive abhängt, was jeweils als Text oder als Bild beziehungsweise ‚Figur' zu gelten hat, und dass zum anderen die jeweils fokussierten Zeichensysteme unterschiedliche Rezeptionsweisen erfordern (zwischen denen Betrachter/innen und Leser/innen zwar wechseln, die sie aber nicht gleichzeitig praktizieren können; vgl. 4.14 WEINGART).

Dass sich die vielfältigen Beziehungen der Literatur zur visuellen Kultur nur erschließen lassen, indem man die Text-Bild-Dichotomie als eine bloß operative Unterscheidung auffasst, die sich nicht auf einen feststehenden Text- oder Bildbegriff bezieht, kann bereits der kursorische Überblick über die Bandbreite der möglichen Fragestellungen verdeutlichen. Sie ist unter anderem darauf zurückzuführen, dass sich der Begriff des Texts sowohl auf im weitesten Sinne sprachliche Aussagen beziehen kann wie im engeren Sinne auf Schrift. Der Begriff des Bildes wiederum umfasst außer konkreten ikonischen Elementen auch die Bereiche der Imagination und der Sprachbildlichkeit (Metaphorik, Allegorik etc.; zur Bildlichkeit generell vgl. Bohn 1990). Bezeichnenderweise kennt das Englische eine begriffliche Unterscheidung zwischen „Bildern überhaupt (*images*)" und „materiellen Entitäten (*pictures*) oder Abbildern" (Mitchell 2008a [1986], 10; siehe für weitere Differenzierungen Mitchell 2008e [1984], bes. 20–26; sowie mit stärkerem Bezug auf medientechnische Bedingungen bildgebender Verfahren Bruhn 2009). Entsprechend zahlreich sind die denkbaren – und in der literarischen Tradition umgesetzten – Möglichkeiten des Zusammenspiels von verbaler und visueller Repräsentation. Während etwa der Aspekt der Schriftbildlichkeit (vgl. Strätling und Witte 2006; Cancik-Kirschbaum et al. 2012) sowie die sichtbare Materialität des Trägermediums (vgl. Gross 1994) generell auf die ‚Visualität von Literatur' verweisen, lassen sich – gleichsam am anderen Ende eines heuristischen Spektrums – bloße thematische und inhaltliche Bezugnahmen auf die visuelle Kultur als plakatives Beispiel für die ‚Visualität in Literatur' anführen.

Dass sich jedoch bereits diese Unterscheidung, die Visualität als literarisches „Binnenphänomen" (Frank 2009, 370) der Funktion von visueller Kultur als Referenz gegenüberstellt, im Hinblick auf die konkreten Interaktionen von verbaler und visueller Repräsentation in der Literatur als wenig belastbar erweist, zeigt das Beispiel der Sprachbildlichkeit. Die sprachlichen Verfahren zur Erzeugung von Anschaulichkeit, die in der Rhetorik als Sprachfiguren systematisiert werden (vgl. Willems 1989; 2.2 BERNDT), unterlaufen eine solche Unterscheidung (die letztlich jene von Form und Inhalt perpetuiert), weil sie als sprachimmanente Formen der Bildgebung immer auch auf außersprachliche Vorstellungen verweisen (siehe dazu auch Simon 2009). Zu Recht hat man deshalb die Metapher „als Fremdkörper, als das Andere der Sprache in der Sprache selbst" (Frank 2009, 381) bezeichnet und die Herausforderung, die sie an die Literaturtheorie stellt, mit der Provokation verglichen, die für die Bildwissenschaft vom Text beziehungsweise der Sprache ausgeht (vgl. ebd.). Und auch für die Ekphrasis, die als ‚Kunstbeschreibung' zweifelsfrei auf außerliterarische Referenzen zu rekurrieren scheint (Boehm und Pfotenhauer 1995; vgl. 2.7 RIPPL, 4.1 WANDHOFF), hat die rhetorische Tradition Vorgaben bereitgestellt, die die bildgebenden Möglichkeiten der Sprache prononcieren (vom Zwitterstatus fiktiver Kunstwerke mit entsprechend prekärer Referenz, die ausschließlich in der Literatur beschrieben werden, einmal ganz abgesehen).

Was überdies in einem solchen Spektrum außen vor bleibt, sind die vielfältigen Verfahren, literarische Texte in andere Medien – Film, Theater, Performance, digitale Hypertexte, Medienkunst – zu übertragen. Wie den Rezipientinnen und Rezipienten von Adaptionen vertrauter literarischer Vorlagen bekannt ist, geht ein solcher Medienwechsel mit Transformationen einher, die gerade in der Abweichung von der eigenen ‚inneren' Visualisierung darauf aufmerksam machen, dass beim Lesen imaginäre Bilder erzeugt werden (vgl. 2.5 BROSCH). Zu einer produktiven Verkomplizierung der durch sprachliche Visualisierung hergestellten Referenzverhältnisse haben, mit Bezug auf Erzähltexte, nicht zuletzt Studien beigetragen, die den Verfahren des mimetisch-illusionistischen *showing* (im Unterschied zum die Medialität des Erzählens hervorhebenden *telling*) gewidmet sind (vgl. z. B. Wandhoff 1996; Mergenthaler 2002; Brosch 2000; Köhnen 2009). Entsprechende Befunde werden nicht nur in narratologischen Arbeiten bestätigt (vgl. Surkamp 2003; Brosch und Tripp 2007; Benthien 2010; Tripp 2013; siehe auch 4.11 TRIPP), sondern haben auch kognitionswissenschaftliches Interesse hervorgerufen (vgl. 2.5 BROSCH). Demgegenüber sind literaturwissenschaftliche Beiträge zur Visualität im Theater und zur sprachlichen Visualisierung im Drama (vgl. 4.5 BENTHIEN) eher selten, ganz im Unterschied zur Ausarbeitung des Themas in der Theaterwissenschaft (vgl. exemplarisch Haß 2005; Leonhardt 2007; Czirak 2012).

Für die Notwendigkeit, bei der Untersuchung der Verhältnisse zwischen Literatur und visueller Kultur mit flexiblen Text- und Bildbegriffen zu arbeiten, sprechen nicht zuletzt jene ‚offensichtlichen' Kompositbildungen, wie sie etwa in der Emblematik – oder der „Gemälpoesy", wie der Untertitel eines 1581 publizierten Emblembuchs lautet (vgl. 4.4 NEUBER) –, der Bildgeschichte und dem

Comic beziehungsweise der *graphic novel* (vgl. Chute 2008; Schüwer 2008; Haas 2012; Pedri 2013; Stein und Thon 2013; 4.15 Böger) vorliegen. Im Unterschied zu den Verfahren der Hybridisierung von Text und Bild, die die fließenden Übergänge in den Blick rücken (vgl. 2.7 Rippl; 4.14 Weingart), bleiben bei diesen Kombinationen die Integrität beider Zeichensysteme sowie die daran gekoppelten Funktionszuschreibungen weitgehend intakt (vgl. zu dieser Unterscheidung auch Voßkamp und Weingart 2005a; Weingart 2012; worauf auch die folgenden Ausführungen zurückgreifen). Gleichzeitig wird anhand solcher ‚offensichtlich‘ bimedialer Anordnungen besonders deutlich, dass ihre Produktion wie Rezeption notwendig von Annahmen über die je medienspezifischen Eigenschaften des Textes wie des Bildes gesteuert werden (die etwa in den erwähnten Beispielen durch Gattungsbildung konventionalisiert sind).

Die frühneuzeitliche Emblemtradition kann diesbezüglich als besonders folgenreich gelten, weil sie mit der Kombination von Bildmotiv und textueller Über- und Unterschrift für die mediale Arbeitsteilung von Text und Bild ein bewährtes Muster etabliert hat, das bis heute aufgegriffen und variiert wird (vgl. Neuber 1990; Voßkamp 2000; Scholz 2002; 4.4 Neuber). Demnach übernimmt der Text (etwa als *subscriptio*, Bildlegende) die Auslegung des Bildes (*pictura*) und ‚sagt‘, was auf diesem (nicht) zu sehen ist, während wiederum das Bild den Text beglaubigt, den es begleitet, und seinen Aussagen Evidenz verleiht. Für die Analyse dieses Interaktionsmusters hat Barthes, auf dessen medienübergreifende Untersuchungen in diesem Handbuch mehrfach rekurriert wird (vgl. u. a. 2.6 Löffler; 3.2 Gil; 3.4 Rehberg; 3.5 Drügh), aus semiologischer Perspektive wertvolle Hinweise geliefert. So hat er die gezielte Einschränkung der Polysemie des Bildes durch Textelemente am Beispiel einer Zeitschriftenwerbung – die, wie in zahlreichen anderen Fällen dieses Genres, eine emblematische Struktur aufweist – als „Verankerung" beschrieben: Der Text begrenzt die „Projektionsmacht" des mehrdeutigen Bildes, indem er zu verstehen gibt, welche „Sinne" zu aktivieren sind (Barthes 1990b [1964], 34–35; vgl. auch die Ausführungen zur Funktion der Bildlegende in Barthes 1990a [1961], 22), also was in es ‚hineingelesen‘ werden soll. Dieser Funktion der Verankerung steht die „Relaisfunktion" (Barthes 1990b [1964], 35) von Text und Bild gegenüber, ein Verhältnis der Komplementarität und gegenseitiger Ergänzung im Dienste der gemeinsamen Aufgabe, eine Geschichte zu erzählen, wie sie Barthes zufolge im Comic – und wie zu ergänzen wäre: im Fotoroman, in der Medienkunst und in der Netzliteratur – zur Anwendung kommt. Letztlich gilt für beide von Barthes beschriebenen Interaktionsmuster – Verankerung wie Relais –, dass sie hinreichend stabil sind, um sich auch in den jeweils neuesten Medien durchzusetzen, selbst wenn sie dabei variiert oder gar parodiert werden. Denn gerade anhand künstlerischer und literarischer Text-Bild-Kombinationen lässt sich beobachten, dass diese Stabilität spielerische Aneignungen, Gegenstrategien und Verfremdungen provoziert – sei es in Gestalt von fiktiven Bildunterschriften, mit denen Max Goldt vorgefundenen Bildern absurde Bedeutungen unterlegt, in den Collagen etwa eines John Heartfield die die Verfahren der Werbegrafik und der politischen Propaganda parodieren (vgl. 4.9 BEHRMANN), oder in den bimedialen Anordnungen der Erzähltexte W. G. Sebalds, in denen die Logik der Verankerung ebenso wie die Relaisfunktion zwar aufgerufen werden, jedoch ein Sinnüberschuss produziert wird, der illustrative wie narrative Funktionen des Text-Bild-Verhältnisses subvertiert.

Bereits diese wenigen Beispiele deuten darauf hin, dass sich das Spektrum der Beziehungen zwischen Literatur und visueller Kultur trotz wiederkehrender Muster nicht in einer Typologie stillstellen lässt, sondern ihre jeweiligen Konstellationen in ihrer Singularität und Eigentümlichkeit zu analysieren sind. Wenn dabei einerseits mit Mitchell davon auszugehen ist, dass „alle Medien Mixed Media [sind], die verschiedene Codes, diskursive Konventionen, Kanäle und sensorische und kognitive Modi kombinieren" (Mitchell 2008d [1994], 152), so entledigt andererseits diese konstitutive ‚Unreinheit' die mit ihnen befassten Interpretinnen und Interpreten nicht der Aufgabe, bei der Untersuchung solcher arbeitsteiliger Bedeutungsproduktion semiotischen und medialen Differenzen Rechnung zu tragen – im Gegenteil. Schließlich setzen noch die programmatische Hybridisierung ebenso wie die Kombination von Text und Bild grundsätzliche Unterschiede zwischen sprachlichen und bildlichen Zeichensystemen voraus; dasselbe gilt für Bemühungen um eine zur ‚Sprachlosigkeit' gesteigerte Bildlichkeit, wie sie in bestimmten Tendenzen der abstrakten Malerei festzustellen sind und die noch in der Verweigerung – zum Beispiel *ohne Titel* – auf die Sprache bezogen bleiben (vergleichbare Versuche einer ‚bildabstinenten' Schreibweise hingegen scheint es nicht zu geben, wenn man von den kulturkritischen Reaktionen auf die Integration von materiellen Bildern aus der Massenkultur in literarische Texte, etwa in der Pop-Literatur, absieht).

Sowohl von der Produktions- wie von der Rezeptionsseite lässt sich die Mediengeschichte der Literatur deshalb nur aus einer Doppelperspektive erzählen, die semiotische Differenzen in Anschlag bringt, ohne sich auf überzeitliche Konzepte einer ‚reinen' Schriftlichkeit oder Bildlichkeit zu verlassen. Auf diese Zweischneidigkeit lenkt – wie bereits am Beispiel der visuellen Poesie angedeutet – gerade die moderne Literatur mitunter selbst die Aufmerksamkeit der Leser/innen beziehungsweise Betrachter/innen: Wie in den bildenden Künsten und den Massenmedien werden Text-Bild-Verfahren hier häufig eingesetzt, um die unterschiedlichen Modi kognitiver Adressierung (Lesen/Dechiffrieren vs. Sehen/Anschauung), kulturell zugeschriebene Eigenschaften (Rationalität/Reflexion vs. Emotionalität/Unmittelbarkeit) und Funktionen (Erläuterung vs. Evidenz) beider

Zeichensysteme zu kombinieren – oder aber um diese Gegenüberstellungen zu durchkreuzen.

Indem diese Verfahren das Spannungsverhältnis zwischen medialer Differenz einerseits und medialer Durchlässigkeit und ‚Unreinheit' andererseits als solches exponieren, verpflichten sie zumal ihre professionellen Rezipientinnen und Rezipienten auf eine Reflexion intuitiver Vorannahmen über Textualität und Visualität beziehungsweise Bildlichkeit – etwa im Fall von Bildern, die ‚mehr sagen als tausend Worte' (ein Topos, der etwa durch die zusätzliche Steigerung visueller Polysemie mittels rätselhafter Textbeigaben in der Emblematik und ihren modernen Filiationen gleichzeitig aufgerufen und konterkariert wird). Indem in diesem Handbuch für einen operativen Umgang mit der Unterscheidung plädiert wird, soll weniger die Notwendigkeit solcher Vorannahmen bestritten werden – wie sie selbst der Nachweis der gegenseitigen Kontamination von Text und Bild, verbaler und visueller Repräsentation, Sagbarem und Sichtbarem noch voraussetzt –, wohl aber für eine methodische Reflexion dieses Problems. Es verweist überdies auf eine generelle Schwierigkeit im wissenschaftlichen Umgang mit ‚Medien', den Forschungsgegenstand anders als operational zu bestimmen, kann doch als ‚Medium' zum Beispiel ebenso das Bild, der Film wie das Kino und – Marshall McLuhan, einem der medienwissenschaftlichen Diskursbegründer, zufolge – durchaus auch das Licht in den Blick genommen werden (vgl. McLuhan 1995 [1964], 22). Entsprechend potenzieren sich diese Probleme innerhalb des Forschungsgebiets, das seit den 1980er Jahren auf den gemeinsamen Nenner der ‚Intermedialität' gebracht wurde, weil sich die Frage der operativen Grenzziehung auf mehreren Ebenen für alle beteiligten Medien stellt. Schon der Begriff der Intermedialität ist insofern problematisch, als der etymologische Hinweis auf ein ‚Mittleres' (lat. *medium*) durch das Präfix *inter* um eine zusätzliche Kategorie des ‚Zwischen' erweitert, also gleichsam verdoppelt wird. Weil die zentrale medientheoretische Frage des *inter*, der spezifischen Arten und Weisen der Vermittlung, nicht mit einer medienübergreifenden Supertheorie zu beantworten ist, verweigern sich auch differenztheoretisch informierte Studien zur Intermedialität essentialistischen Ansätzen (vgl. etwa Wagner 1996; Schröter 1998; Paech 1998).

Die methodischen Konsequenzen solcher Theoriebefunde sind seit den 1990er Jahren auch in den Studien zum Text-Bild-Problem, das einen zentralen Untersuchungsgegenstand der Intermedialitätsforschung darstellt, verstärkt in den Blick geraten (z. B. Harms 1990; Naumann 1993; Schmitz-Emans 1999; Neumann und Oesterle 1999; Drügh und Moog-Grünewald 2001; Bickenbach und Fliethmann 2002; Rippl 2005; Voßkamp und Weingart 2005b; Linck und Rentsch 2007; Meyer 2009). Entsprechend kennzeichnet jüngere Forschungsarbeiten, die die vielfältigen intermedialen Beziehungen der Literatur zu anderen (audio-)visuellen

Medien in einem ersten Schritt der unspezifischen Konjunktion ‚und' subsumie-
ren – Literatur und Malerei/Panorama/Film/Fernsehen etc. –, eine zunehmende
Aufmerksamkeit für die Notwendigkeit analytischer Perspektiven und Subun-
terscheidungen jenseits (allzu) naheliegender Gattungs- oder Mediengrenzen.
Dabei stand bislang insbesondere der Bereich von Literatur und Fotografie im
Zentrum des Forschungsinteresses (vgl. exemplarisch Plumpe 1990; Albers 2001;
Stiegler 2001; Ribbat 2003; Brunet 2009; Horstkotte 2009; Becker 2010; Beckman
und Weissberg 2013; vgl. 4.8 ALBERS; 4.13 RIBBAT). Demgegenüber wurde das
Verhältnis von Literatur und Film – der als audiovisuelles Medium seitens der
Literatur auch dann häufig vornehmlich mit Visualität assoziiert wird, wenn es
nicht um den Stummfilm geht (vgl. dazu Greve et al. 1976) – bislang vergleichs-
weise weniger intensiv untersucht (siehe z. B. Kaes 1978; Stam 1992; Paech 1997;
Murphet und Rainford 2003; Poppe 2007; 4.10 HARRIS). Gegenwärtig befasst sich
die Forschung auch mit dem Konnex von Literatur und Neuen Medien, respektive
den neuen Formen digitaler Literatur (vgl. Griem 1998; Heibach 2003; Gendolla
und Schäfer 2007 und 2010; Hayles 2008), sowie mit literarischen Dimensionen
in der Medienkunst (vgl. Schneider 1998; Benthien 2012; Simanowski 2012; siehe
3.6 BENTHIEN).

Sister Arts und „Verfransung der Künste“:
Mediale Grenzsetzungen und -überschreitungen

Dass sich monomediale Annahmen über die Bildlichkeit des Bildes oder die
Schriftlichkeit der Schrift als höchstens heuristisch hilfreiche, letztlich jedoch
unhaltbare Essentialisierungen erweisen, hat ausgerechnet Mitchell, auf den das
Schlagwort vom *pictorial turn* zurückgeht, nicht nur mit Blick auf die gegenwärtige
visuelle Kultur, sondern auch in verschiedenen Arbeiten zur historischen Konfiguration der Text-Bild-Unterscheidung gezeigt (vgl. insbesondere Mitchell 1986).
Wenn er mit Bezug auf mediale Reinheitsgebote vorschlägt, „[d]em Puristen, der
Bilder will, die nur Bilder, und Texte, die nur Texte sind“, zu antworten, „indem
man den Spieß umkehrt und die Rhetorik der Reinheit selbst untersucht“ (Mitchell 2008d [1994], 154), so kann sich dieser Vorschlag auf seinen eigenen Nachweis stützen, dass die der Text-Bild-Dichotomie traditionell zugrunde gelegten
Zuschreibungen weniger als tragfähige Theoreme denn als ‚Ideologeme' gelten
müssen (vgl. Mitchell 1986). Zu diesen fragwürdigen Leitoppositionen gehören
erstens die Gegenüberstellung von Literatur als ‚Zeitkunst' versus bildender
Kunst als ‚Raumkunst', zweitens die Unterscheidung von ‚arbiträren' (Sprache)
und ‚natürlichen' Zeichen (Bilder) sowie drittens die Differenzierung anhand der

Rezeptionsmodi des ‚Hörens' von Sprache versus des ‚Sehens' von Bildern. Dass demnach ‚reine' Text- oder Bildbegriffe auch theoretisch unhaltbar sind, wird noch vor dem konkreten Nachweis konzeptueller Durchlässigkeiten und Kontaminationen durch die Tatsache nahegelegt, dass medienspezifische Eigenschaften in aller Regel aus dem Vergleich mit genau jenem Medium gewonnen werden, das zum jeweils ‚Anderen' stilisiert wird. Und auch wenn dieser Vergleich im Fall des ‚Puristen' die Form der Opposition annimmt, hat das jeweils Andere in den durch seine mediale ‚Eigenlogik' vermeintlich abgegrenzten Bereich bereits Einzug gehalten.

Diese theoretische Ausgangssituation berührt – wie die erwähnten Bedenken seitens der Bildwissenschaften gegenüber vermeintlichen sprach- und textwissenschaftlichen Übergriffen und einer veritablen ‚Kolonisierung' des Visuellen dokumentieren – nicht zuletzt Fragen des disziplinären Selbstverständnisses und der daran gekoppelten Zuständigkeiten (siehe dazu 3.1 WETZEL). Lässt sich einerseits feststellen, dass die Literaturtheorie „immer mitbetroffen" ist (Frank 2009, 359), wenn sich die Bildwissenschaft auf den Gegensatz zu Sprache und Text bezieht, so gilt umgekehrt, dass sich theoretische Bestimmungen der Dichtkunst und ihrer Eigenheiten traditionell aus dem Vergleich mit anderen Kunstgattungen, insbesondere der Malerei, speisen. So erweisen sich aus historischer Perspektive gerade die der potentiellen ‚Anschaulichkeit' von Literatur gewidmeten poetologischen Debatten als ein Schauplatz, an dem die medialen Spezifika nicht nur von Texten, sondern (implizit) auch von Bildern reflektiert werden. Dabei beziehen sich die Vergleiche ebenso auf die medialen Differenzen von Bild- und Schriftmedien – und damit auch die vielbeschworene Besonderheit oder Eigenlogik bildlicher Repräsentation – wie auf die Analogien, die bereits die beiden gemeinsame Adressierung des Sehsinns mit sich bringt.

Die Tatsache, dass die Rezeptionsmodi des Sehens wie des Lesens an die visuelle Wahrnehmung gekoppelt sind, hat die Konzeptualisierung von bildender Kunst und Literatur als ‚Schwesterkünste' sicherlich begünstigt. Anders ist es kaum zu erklären, dass eine solche Verschwisterung etwa mit der Musik eher selten reklamiert wird, obwohl hier analoge verwandtschaftliche Beziehungen bestehen, da literarische Texte alternativ zur Lektüre – etwa beim mündlichen Vortrag oder als Hörbuch – in ihrer Manifestation als Klang, also auditiv rezipiert werden und beide Künste überdies zeitbasiert sind.

Dass theoretische Bestimmungen literarischer Spezifität traditionell nicht nur aus dem Vergleich mit anderen Kunstformen gewonnen werden, sondern vorzugsweise auf die bildende Kunst rekurrieren, verdeutlicht bereits die kanonische Festlegung der Dichtkunst auf Mimesis bei Platon und Aristoteles. In Horaz' Lehrbrief *Von der Dichtung* (*De arte poetica*), der den Dichter als durch Anschauung geschulten ‚Nachbildner' beschreibt, kulminiert die explizite Kopplung des mimetischen Literaturbegriffs an das Primat der Malerei in dem folgenreichen – und auch in diesem Handbuch vielzitierten – Diktum *ut pictura poesis* („Das Dichtwerk gleicht dem Gemälde"; Horaz 1967 [14 v. Chr.], 250–251; vgl. 2.7 RIPPL; 3.1 WETZEL; 2.2 BERNDT). Verweist bei der Regel, dass die Dichtung zu verfahren habe ‚wie' die Gemälde, die Konjunktion *ut* ausdrücklich auf den Operationsmodus des Vergleichs, so handelt es sich doch strenggenommen um eine Aufforderung zum Abgleich, da sich das Ideal größtmöglicher Anschaulichkeit, das für den literarischen Text veranschlagt wird, am ‚Vorbild' der Malerei orientiert. Die Kritik Gotthold Ephraim Lessings an dieser Doktrin und an der literarischen „Schilderungssucht" (Lessing 1990 [1766], 209; vgl. 2.3 SCHNEIDER), die deren normative Wirkung mitverursacht habe, löste mit der sogenannten ‚Laokoon-Debatte' einen Paradigmenwechsel im Diskurs über die ‚Schwesterkünste' aus, der gegenüber den vermeintlichen Verwandtschaften die medialen Unterschiede ins Recht setzt (vgl. Allert 2008). Dass Lessings poetologisches Traktat mit der Bestimmung der Literatur als einer ‚Zeitkunst', die auf die Darstellung der „sichtbare[n] fortschreitende[n] Handlung" festgelegt sei, sowie der Malerei als einer auf den Moment bezogenen ‚Raumkunst', die sich der „sichtbare[n] stehende[n] Handlung" zu widmen habe (Lessing 1990 [1766], 115–116), seinerseits normative Konsequenzen zeitigt, hat ihm die Kritik eingetragen, für die Etablierung medialer Reinheitsgebote die klassischen Argumente geliefert zu haben (vgl. Mitchell 1986, 95–115). Gleichzeitig ist seiner ‚puristischen' Argumentation zugute zu halten, dass sie mit der Differenzierung eines die Kunstgattungen übergreifenden Mimesis-Gebots neue Perspektiven eröffnet hat, die die jeweiligen medialen Besonderheiten verbaler und visueller Darstellungsmodi fokussieren. In diesem Sinne fungiert das „Laokoon-Paradigma" (Baxmann et al. 2000) als anhaltende Herausforderung für die Literatur-, Medien- und Kunsttheorie, auch wenn die einzelnen Befunde seines Begründers nicht immer haltbar sein mögen.

Seine Zuweisung jeweils repräsentativer Zuständigkeiten an Literatur und Malerei stützt Lessing auf deren semiotische Bedingungen: Es sind die ihnen zugrunde liegenden Zeichensysteme und ihre medial bedingten Rezeptionsweisen (sukzessive Lektüre im Fall von Sprachzeichen, simultane Anschauung im Fall von Bildzeichen), die sie für die Darstellung bestimmter Gegenstände privilegieren. Zu Recht hat man ihn deshalb auch als ‚Semiologen *avant la lettre*' – also vor der systematischen Ausarbeitung einer Semiotik durch Charles Sanders Peirce und Ferdinand de Saussure im frühen 20. Jahrhundert – gewürdigt. Wenn Lessing jedoch die wünschenswerte Kongruenz von Zeichen und Bezeichnetem als „bequemes Verhältnis" darstellt (Lessing 1990 [1766], 116), so sind dieser Stilisierung die zahlreichen Artefakte von Autor/innen und Künstler/innen entgegenzuhalten, die sich dezidiert für ein ‚unbequemes' Verhältnis entschieden haben. Spätestens mit den programmatischen Anstrengungen, die Grenzen von Gattungen und Kunstformen zugunsten intermedialer Experimente zu überschreiten, wie sie in den historischen Avantgarden des 20. Jahrhunderts unternommen wurden (vgl. 4.9 BEHRMANN), haben sich solche medialen Reinheitsgebote als theoretische Fiktionen erwiesen.

Hatte also bereits die unübersehbare „Verfransung der Künste" (Adorno 1977 [1966], 450) im Bereich der Hochkultur ihre Interpretinnen und Interpreten ihrerseits mit der Herausforderung konfrontiert, ihre disziplinär geschulten Perspektiven zu erweitern (vgl. 2.4 NAUMANN; 3.1 WETZEL), so werden solche angestammten Zuständigkeiten für ‚bequeme Zeichenverhältnisse' gegenwärtig insbesondere durch die Fusion unterschiedlicher Zeichensysteme auf digitalen Plattformen fragwürdig. Gleichzeitig ist der Behauptung, dass sich mit der Digitalisierung die Unterschiede zwischen den Zeichensystemen zugunsten einer medientranszendenten Prozessierung von Daten verflüchtigt hätten, entgegenzuhalten, dass Sprache beziehungsweise Text und Bild auch am PC und mittels digitaler Lesegeräte in unterschiedlichen Dateiformaten und Ausgabekanälen rezipiert werden. So lässt sich mit Bezug auf die Produktion und Rezeption multimedialer Hypertexte feststellen, dass sie zwar mitunter die etablierten Grenzen des Literatur- und Kunstsystems durchkreuzen (vgl. Simanowski 2012) – ohne eine Differenzierung von Text, Bild und gegebenenfalls Klang ist aber auch deren Zusammenspiel nicht angemessen beschreibbar.

Dass die Beziehungen zwischen Literatur und visueller Kultur vor dem Hintergrund mediengeschichtlicher Entwicklungen zu untersuchen sind, ist aber nicht erst mit Blick auf die aktuellen Phänomene der Medienkonvergenz zu veranschlagen. So hatte bereits die Unterscheidbarkeit der Text- und Bildelemente in der frühneuzeitlichen Emblematik unter anderem technische Gründe, da sie in der Regel auf unterschiedliche Urheber zurückgehen, wobei häufig entweder zu einem Epigramm nachträglich eine entsprechende Abbildung angefertigt oder aber ein bereits verbreitetes (also mit einem anderen Epigramm verknüpftes) Bildmotiv mit einem neuen Text versehen wurde. Dank druckgrafischer Verfahren wie Holzschnitt oder Kupferstich, die analog zum Buchdruck die Vervielfältigung von Emblembüchern begünstigten, kursierten Emblembücher im 16. und insbesondere 17. Jahrhundert in hohen Auflagen. Medienhistorische Veränderungen wirken sich aber nicht nur auf die technischen und materialen Ermöglichungsbedingungen von im engeren Sinne literarischen Texten und ihre visuelle Gestaltung aus; sie gehören auch zu ihren – zeitweise sogar bevorzugten – Gegenständen. Die in der Neuzeit zunehmend unübersehbare Konkurrenz der Bildmedien (öffentliche Gemäldesammlungen, Panorama, Fotografie, Film) wird in der Literatur nicht nur in Form thematischer Aneignungen ausgetragen, sondern auch auf struktureller Ebene, indem bestimmte mediale Eigenschaften imitiert werden – zum Beispiel in Form von die ‚Einbildungskraft' verwirrenden

Erzähltechniken der Illusionierung (vgl. 4.6 Köhnen), als gleichsam malerisches ‚Vor-Augen-Stellen' (vgl. 4.7 Vinken), als quasi-fotografischer Realismus (vgl. 4.8 Albers) oder als ‚filmisches Schreiben' (vgl. 4.10 Harris). Solche intermedialen Bezugnahmen lassen sich in einem ersten Schritt beschreiben, indem man etwa zwischen der literarischen Thematisierung und der Simulation anderer Medien unterscheidet (vgl. Hansen-Löve 1983); auch hier gilt jedoch, dass sich in einem Werk häufig verschiedene Verfahren überlagern. Das Handbuch reagiert auf die Relevanz mediengeschichtlicher Kontexte mit einer Reihe exemplarischer Analysen, die unterschiedliche medienhistorische Konstellationen adressieren. Die Auswahl und die chronologische Anordnung der Beiträge zielen darauf ab, die gängige Einteilung nach ‚Epochen' zugunsten einer Orientierung an mediengeschichtlichen Zäsuren zu ersetzen.

Eine Einbettung in medienspezifische Kontexte wird erst recht erforderlich, wenn Übertragungen literarischer Texte in Bild- oder audiovisuelle Medien – etwa Theater-, Film- oder Computerspiel-Adaptionen – und damit in andere Werkformen untersucht werden, da die Frage nach der medialen Spezifik hier an das Vergleichskriterium der Werktreue beziehungsweise der gezielten Abweichung gekoppelt ist. Aus pragmatischen wie auch konzeptuellen Gründen konzentriert sich das Handbuch jedoch stärker auf den literarischen Umgang mit visueller Kultur als auf die lange Tradition der Aneignung und Adaption von Literatur in anderen Medien, die sich bis zur Verwendung mythologischer Motive auf antiken Vasen zurückverfolgen ließe. Dies ist außerdem der Tatsache geschuldet, dass in der mit diesem Band eröffneten Reihe auch ein *Handbuch Literatur & Film* sowie ein *Handbuch Literatur & Musik* geplant sind. Ausnahmen bilden der Beitrag über filmische Schreibweisen in der Literatur der Weimarer Zeit (4.10 Harris), die sich stärker auf die bewegten Bilder des (Stumm-)Films als auf seine auditiven oder auch textuellen Eigenschaften beziehen, sowie die Beiträge zur Literarizität in der Medienkunst (3.6 Benthien) und zum Fotobuch (4.13 Ribbat), deren Schwerpunkte jedoch nicht auf dem Adaptionsproblem liegen.

Das *Handbuch Literatur & Visuelle Kultur* ist in drei Hauptteile gegliedert: Im ersten Teil „Theoretische Perspektiven" werden zentrale Theorieansätze vorgestellt, sowohl mit Blick auf historische Diskurse – wie literarische Bildlichkeit und Rhetorik, die besagte ‚Laokoon-Debatte' oder das Bilder-Denken in der frühen Kulturwissenschaft –, interdisziplinäre Ansätze wie Semiotik oder Intermedialität als auch auf jüngste Entwicklungen wie literaturwissenschaftliche Materialitätsforschung, kognitionsnarratologische Ansätze oder eben Theorien der *visual culture studies*. Der zweite Teil „Problematisierungen und Forschungsfragen" widmet sich gegenwärtig besonders prekären oder virulenten Fragen verbal-visueller Darstellung – beispielsweise nach der Repräsentation von existentiellem Leid, dem Verhältnis von Pornografie und Bildkritik oder den ‚Schreibweisen der Oberfläche' – oder stellt Problematiken dar, um die die Forschung aktuell noch ringt, etwa in der Diskussion über den ‚blinden Fleck der Disziplinen' oder in Erörterungen des Konzepts der ‚visuellen Literalität'. Der umfängliche dritte Hauptteil „Medienhistorische Konstellationen und exemplarische Analysen" setzt sich ein doppeltes Ziel: In diesen Beiträgen, die historisch-chronologisch vom Mittelalter bis zur Gegenwart angeordnet sind, werden jeweils besonders aufschlussreiche Beispiele für die vielfältige Beziehungsgeschichte zwischen Literatur und visueller Kultur vorgestellt. Gleichzeitig zielt die historische Anordnung dieser Beiträge darauf ab, die medien- und literaturgeschichtliche Dimension der Fragestellung auf eine implizite Weise zu vermitteln, die sich der Reproduktion gängiger Epochenbegriffe enthält.

Innerhalb der Beiträge wird bei speziellen Konzepten oder Ansätzen auch auf andere Artikel des Handbuchs verwiesen. Die Texte sind aber jeweils in sich abgeschlossen und können auch einzeln gelesen werden. In den Beiträgen wird, wenn möglich, mit deutschsprachigen Ausgaben gearbeitet; das Datum der Erstausgabe (oder bei älteren Texten: das genaue oder ungefähre Entstehungsdatum) wird jeweils in eckigen Klammern angeführt. Das Glossar des Handbuchs erhebt keinen Anspruch auf Vollständigkeit und soll nur der ersten Orientierung dienen. Die Auswahlbibliografie zum Thema ‚Literatur und visuelle Kultur' berücksichtigt primär Theoriebeiträge oder Untersuchungen, die sich übergreifend damit befassen. Einzeluntersuchungen werden hingegen in den jeweiligen Aufsatzbibliografien angeführt.

Die Herausgeberinnen des Handbuchs danken sehr herzlich den Hamburger Studentischen Mitarbeiter/innen Philipp Manderscheid, Catharina Meier und Natalie Nosek, die die Beiträge sehr sorgfältig redigiert und wichtige Recherche- und Redaktionsarbeit geleistet haben. Auch der Korrektorin Laura Wittwer ist zu danken, die das gesamte Manuskript am Schluss gründlich geprüft hat, sowie Gwendolyn Engels für ihre redaktionelle Bearbeitung des Glossars. Für die aufwändige Erstellung der Register gilt unser herzlicher Dank den Kölner Studentischen Mitarbeiterinnen Sarah Kleingers und Lena Mrachacz (Sachregister) und dem Hamburger Team Catharina Meier, Natalie Nosek, Catrin Prange und Wiebke Vorrath (Namensregister). Zu danken ist ferner den Übersetzer/innen Martina Emonts und Steven Wosniack sowie der betreuenden Lektorin im De Gruyter-Verlag, Manuela Gerlof, die das Entstehen des Handbuchs in jeder Phase umsichtig und engagiert begleitet hat. *Last but not least* möchten wir den Autorinnen und Autoren der Beiträge danken, die sehr viel Zeit und Mühe investiert und die vielen redaktionellen Eingriffe nicht nur mit Muße und Geduld ertragen, sondern sich auch positiv angeeignet haben. Weil ein Handbuch ein durchaus eigenes Genre ist, haben die Vereinheitlichungswünsche und Änderungsvorschläge der Herausgeberinnen in manchen Fällen durchaus ein Maß erreicht, dass normale Herausgebereingriffe bei Weitem übersteigt. Daher ist allen Autorinnen und Autoren zu danken, dass sie sich mit ihrem Fachwissen und Engagement auf diese nicht ganz einfache Textsorte eingelassen haben und dem Projekt bis zu seinem Abschluss gewogen blieben.

Literaturverzeichnis

Adorno, Theodor W. „Die Kunst und die Künste" [1966]. *Gesammelte Schriften Bd. 10.1: Kulturkritik und Gesellschaft I. Prismen. Ohne Leitbild*. Hrsg. von Rolf Tiedemann. Frankfurt am Main: Suhrkamp, 1977. 432–453.

Albers, Irene. „Das Fotografische in der Literatur". *Ästhetische Grundbegriffe – Ein historisches Wörterbuch in sieben Bänden Bd. 2: Dekadent–Grotesk*. Hrsg. von Karlheinz Barck, Martin Fontius, Friedrich Wolfzettel und Burkhart Steinwachs. Stuttgart und Weimar: Metzler, 2001. 534–550.

Allert, Beate. „Horaz – Lessing – Mitchell. Ansätze zur Bild-Text-Relation und kritische Aspekte zur weiteren Ekphrasis-Debatte". *Visual Culture. Beiträge Zur XIII. Tagung der Deutschen Gesellschaft für Allgemeine und Vergleichende Literaturwissenschaft, Potsdam, 18.–21. Mai 2005*. Hrsg. von Monika Schmitz-Emans und Gertrud Lehnert. Heidelberg: Synchron, 2008. 37–48.

Alpers, Svetlana, Emily Apter, Carol Armstrong, Susan Buck-Morss, Tom Conley, Jonathan Crary et al. „Visual Culture Questionnaire". *October* 77 (Summer 1996): 25–70.

Apel, Friedmar. *Das Auge liest mit. Zur Visualität der Literatur*. München: Hanser, 2010.

Bachmann-Medick, Doris. *Cultural Turns. Neuorientierungen in den Kulturwissenschaften*. Reinbek bei Hamburg: Rowohlt, 2006.

Bal, Mieke. „Visual Essentialism and the Object of Visual Culture". *Journal of Visual Culture* 2.1 (2003): 5–32.

Balázs, Béla. *Der sichtbare Mensch oder die Kultur des Films*. Frankfurt am Main: Suhrkamp, 2001 [1924].

Barthes, Roland. „Die Fotografie als Botschaft" [1961]. *Der entgegenkommende und der stumpfe Sinn. Kritische Essays III*. Übers. von Dieter Hornig. Frankfurt am Main: Suhrkamp, 1990a. 11–27.

Barthes, Roland. „Rhetorik des Bildes" [1964]. *Der entgegenkommende und der stumpfe Sinn. Kritische Essays III*. Übers. von Dieter Horning. Frankfurt am Main: Suhrkamp, 1990b. 28–47.

Baumann, Valérie. *Bildnisverbot. Zu Walter Benjamins Praxis der Darstellung: Dialektisches Bild, Traumbild, Vexierbild*. Eggingen: Edition Isele, 2002.

Baxmann, Inge, Michael Franz und Wolfgang Schäffner (Hrsg.). *Das Laokoon-Paradigma. Zeichenregime im 18. Jahrhundert*. Berlin: Akademie, 2000.

Becker, Sabina. *Literatur im Jahrhundert des Auges. Realismus und Fotografie im bürgerlichen Zeitalter*. München: edition text + kritik, 2010.

Beckman, Karen, und Liliane Weissberg (Hrsg.). *On Writing with Photography*. Minneapolis, MN: University of Minnesota Press, 2013.

Belting, Hans (Hrsg.). *Bilderfragen. Die Bildwissenschaften im Aufbruch*. München: Fink, 2007.

Benthien, Claudia. „Camouflage des Erzählens, Manipulation des Blicks. Zur narratologischen Kategorie der Perspektive am Beispiel von Elfriede Jelineks Roman ,Die Klavierspielerin'". *Perspektive – Die Spaltung der Standpunkte. Zur Perspektive in Philosophie, Kunst und Recht*. Hrsg. von Gertrud Koch. München: Fink, 2010. 87–105.

Benthien, Claudia. *Tribunal der Blicke. Kulturtheorien von Scham und Schuld und die Tragödie um 1800*. Köln, Weimar und Wien: Böhlau, 2011.

Benthien, Claudia. „The Literariness of New Media Art – A Case for Expanding the Domain of Literary Studies (with Analyses of Recent Video Art by Keren Cytter, Freya Hattenberger, and Magdalena von Rudy)". *Journal of Literary Theory* 6.2 (2012): 311–336.

Bickenbach, Matthias, und Axel Fliethmann (Hrsg.). *Korrespondenzen. Visuelle Kulturen zwischen früher Neuzeit und Gegenwart*. Köln: DuMont, 2002.

Block, Friedrich W. „New Media Poetry". *Konfigurationen. Zwischen Kunst und Medien*. Hrsg. von Sigrid Schade und Georg Christoph Tholen. München: Fink, 1999. 198–208.

Boehm, Gottfried. „Die Bilderfrage". *Was ist ein Bild?* Hrsg. von Gottfried Boehm. München: Fink, 1994a. 325–343.

Boehm, Gottfried. „Die Wiederkehr der Bilder". *Was ist ein Bild?* Hrsg. von Gottfried Boehm. München: Fink, 1994b. 11–38.

Boehm, Gottfried. „Jenseits der Sprache? Anmerkungen zur Logik der Bilder". *Iconic Turn. Die neue Macht der Bilder*. Hrsg. von Christa Maar und Hubert Burda. Köln: DuMont, 2004. 28–43.

Boehm, Gottfried, und Helmut Pfotenhauer (Hrsg.). *Beschreibungskunst – Kunstbeschreibung. Ekphrasis von der Antike bis zur Gegenwart*. München: Fink, 1995.

Böhme, Hartmut. „Sinne und Blick. Zur mythopoetischen Konstitution des Subjekts". *Natur und Subjekt*. Frankfurt am Main: Suhrkamp, 1988. 215–255.

Bohn, Volker (Hrsg.). *Bildlichkeit. Internationale Beiträge zur Poetik*. Frankfurt am Main: Suhrkamp, 1990.

Brandes, Peter. *Leben die Bilder bald? Ästhetische Konzepte bildlicher Lebendigkeit in der Literatur des 18. und 19. Jahrhunderts*. Würzburg: Königshausen & Neumann, 2013.

Bredekamp, Horst. „Die digitale Kunstkammer. Ein Interview mit Horst Bredekamp". *Texte zur Kunst* 14 (1994): 109–113.

Bredekamp, Horst. „Drehmomente – Merkmale und Ansprüche des Iconic Turn". *Iconic Turn. Die neue Macht der Bilder*. Hrsg. von Hubert Burda und Christa Maar. Köln: DuMont, 2004. 15–26.

Brosch, Renate. *Krisen des Sehens. Henry James und die Veränderung der Wahrnehmung im 19. Jahrhundert*. Tübingen: Stauffenburg, 2000.

Brosch, Renate (Hrsg.). *Ikono/Philo/Logie. Wechselspiele von Texten und Bildern*. Berlin: trafo, 2004.

Brosch, Renate, und Ronja Tripp (Hrsg.). *Visualisierungen: Textualität – Deixis – Lektüre*. Trier: WVT, 2007.

Bruhn, Matthias. *Das Bild. Theorie – Geschichte – Praxis*. Berlin: Akademie, 2009.

Brunet, François. *Photography and Literature*. London: Reaktion Books, 2009.

Burda, Hubert, und Christa Maar (Hrsg.). *Iconic Turn. Die neue Macht der Bilder*. Köln: DuMont, 2004.

Cancik-Kirschbaum, Eva, Sybille Krämer und Rainer Totzke (Hrsg.). *Schriftbildlichkeit. Wahrnehmbarkeit, Materialität und Operativität von Notationen*. Berlin: Akademie, 2012.

Chute, Hillary L. „Comics as Literature? Reading Graphic Narrative". *PMLA* 123.2 (2008): 452–465.

Czirak, Adam. *Partizipation der Blicke. Szenerien des Sehens und Gesehenwerdens in Theater und Performance*. Bielefeld: transcript, 2012.

Dikovitskaya, Margaret. *Visual Culture. The Study of the Visual after the Cultural Turn*. Cambridge, MA, und London: MIT, 2006.

Drügh, Heinz J., und Maria Moog-Grünewald (Hrsg.). *Behext von Bildern? Ursachen, Funktionen und Perspektiven der textuellen Faszination durch Bilder*. Heidelberg: Winter, 2001.

Elkins, James (Hrsg.). *Visual Literacy*. London und New York, NY: Routledge, 2008.

Erdbeer, Robert Matthias. „Vom Ende der Symbole – Text und Bild in der konkreten Poesie". *Behext von Bildern? Ursachen, Funktionen und Perspektiven der textuellen Faszination durch Bilder*. Hrsg. von Heinz J. Drügh und Maria Moog-Grünewald. Heidelberg: Winter, 2001. 177–203.

Ernst, Ulrich (Hrsg.). *Carmen Figuratum. Geschichte des Figurengedichts von den antiken Ursprüngen bis zum Ausgang des Mittelalters*. Köln, Weimar und Wien: Böhlau, 1991.

Evans, Jessica, und Stuart Hall. „What is visual culture?" *Visual Culture. The Reader*. Hrsg. von Jessica Evans und Stuart Hall. London, New Delhi und Thousand Oaks, CA: Sage, 1999. 1–7.

Falkenhausen, Susanne von. „Verzwickte Verwandtschaftsverhältnisse: Kunstgeschichte, Visual Culture, Bildwissenschaft". *Bild/Geschichte. Festschrift für Horst Bredekamp*. Hrsg. von Philine Helas, Maren Polte, Claudia Rückert und Bettina Uppenkamp. Berlin: Akademie, 2007. 3–13.

Faust, Wolfgang Max. *Bilder werden Worte. Zum Verhältnis von bildender Kunst und Literatur im 20. Jahrhundert oder vom Anfang der Kunst im Ende der Künste*. München und Wien: Hanser, 1977.

Fischer-Lichte, Erika. „Auf dem Wege zu einer performativen Kultur". *Paragrana. Internationale Zeitschrift für Historische Anthropologie* 7.1 (1998): 13–32.

Frank, Gustav. „Textparadigma kontra visueller Imperativ. 20 Jahre *Visual Culture Studies* als Herausforderung der Literaturwissenschaft. Ein Forschungsbericht". *Internationales Archiv für Sozialgeschichte der deutschen Literatur* 31.2 (2007): 26–89.

Frank, Gustav. „Nachwort. Pictorial und Iconic Turn. Ein Bild und zwei Kontroversen". W. J. T. Mitchell. *Bildtheorie*. Übers. von Heinz Jatho, Jürgen Blasius, Christian Höller, Wilfried Prantner und Gabriele Schabacher. Hrsg. und mit einem Nachwort von Gustav Frank. Frankfurt am Main: Suhrkamp, 2008. 445–487.

Frank, Gustav. „Literaturtheorie und Visuelle Kultur". *Bildtheorien. Anthropologische und kulturelle Grundlagen des Visualistic Turn*. Hrsg. von Klaus Sachs-Hombach. Frankfurt am Main: Suhrkamp, 2009. 354–392.

Frank, Gustav, und Barbara Lange. *Einführung in die Bildwissenschaft. Bilder in der visuellen Kultur*. Darmstadt: Wissenschaftliche Buchgesellschaft, 2010.

Frank, Gustav, und Klaus Sachs-Hombach. „Bildwissenschaft und Visual Culture Studies". *Bild und Medium. Kunstgeschichtliche und philosophische Grundlagen der interdisziplinären Bildwissenschaft*. Hrsg. von Klaus Sachs-Hombach. Köln: Halem, 2006. 184–196.

Funkhouser, C. T. *New Directions in Digital Poetry*. New York, NY, und London: continuum, 2012.

Gendolla, Peter, und Jörgen Schäfer (Hrsg.). *The Aesthetics of Net Literature. Writing, Reading and Playing in Programmable Media*. Bielefeld: transcript, 2007.

Gendolla, Peter, und Jörgen Schäfer (Hrsg.). *Beyond the Screen. Transformations of Literary Structures, Interfaces and Genres*. Bielefeld: transcript, 2010.

Gil, Isabel Capeloa. *Literacia visual: Estudos sobre a inquietude das imagens*. Lissabon: Edições 70, 2011.

Giuriato, Davide, Martin Stingelin und Sandro Zanetti (Hrsg.). *„Schreiben heißt: sich selber lesen"*. *Schreibszenen als Selbstlektüren*. München: Fink, 2008.

Giuriato, Davide, und Stephan Kammer (Hrsg.). *Bilder der Handschrift. Die graphische Dimension der Literatur*. Basel und Frankfurt am Main: Stroemfeld, 2006.

Greve, Ludwig, Margot Pehle und Heidi Westhoff (Hrsg.). *Hätte ich das Kino! Die Schriftsteller und der Stummfilm*. Ausstellungskatalog Deutsches Literaturarchiv Marbach 1976. Stuttgart: Klett, 1976.

Griem, Julika (Hrsg.). *Bildschirmfiktionen. Interferenzen zwischen Literatur und neuen Medien*. Tübingen: Narr, 1998.

Gross, Sabine. *Lese-Zeichen. Kognition, Medium und Materialität im Leseprozeß*. Darmstadt: Wissenschaftliche Buchgesellschaft, 1994.

Haas, Christoph. „Graphische Romane? Zum schwierigen Verhältnis von Comic und Literatur". *Neue Rundschau* 123.3 (2012): 47–63.

Hagstrum, Jean H. *The Sister Arts. The Tradition of Literary Pictorialism and English Poetry from Dryden to Gray*. Chicago, IL: University of Chicago Press, 1958.

Hansen-Löve, Aage A. „Intermedialität und Intertextualität. Probleme der Korrelation von Wort- und Bildkunst – Am Beispiel der russischen Moderne". *Dialog der Texte. Hamburger Kolloquium zur Intertextualität*. Hrsg. von Wolf Schmidt und Wolf-Dieter Stempel. Wien: Gesellschaft zur Förderung slawistischer Studien, 1983. 291–360.

Harms, Wolfgang (Hrsg.). *Text und Bild, Bild und Text. DFG-Symposion 1988*. Stuttgart: Metzler, 1990.

Harris, Stephanie. *Mediating Modernity. German Literature and the ‚New' Media, 1895–1930*. University Park, PA: The Pennsylvania State University Press, 2009.

Haß, Ulrike. *Das Drama des Sehens. Auge, Blick und Bühnenform*. München: Fink, 2005.

Hayles, N. Katherine. *Electronic Literature. New Horizons for the Literary*. Notre Dame, IN: University of Notre Dame Press, 2008.

Heibach, Christiane. *Literatur im elektronischen Raum*. Frankfurt am Main: Suhrkamp, 2003.

Heßler, Martina, und Dieter Mersch. „Bildlogik oder Was heißt visuelles Denken"? *Logik des Bildlichen. Zur Kritik der ikonischen Vernunft*. Hrsg. von Martina Heßler und Dieter Mersch. Bielefeld: transcript, 2009. 8–62.

Horaz [Quintus Horatius Flaccus]. „De arte poetica liber/Das Buch von der Dichtkunst" [14 v. Chr.]. *Sämtliche Werke. Lateinisch und Deutsch*. Teil I nach Kayser, Nordenflycht, Burger hrsg. von Hans Färber, Teil II übers. und bearb. von Hans Färber und Wilhelm Schöne. Darmstadt: Wissenschaftliche Buchgesellschaft, 1967. 230–259.

Hornuff, Daniel. *Bildwissenschaft im Widerstreit. Belting, Boehm, Bredekamp, Burda*. München: Fink, 2012.

Horstkotte, Silke. *Nachbilder. Fotografie und Gedächtnis in der deutschen Gegenwartsliteratur*. Köln, Weimar und Wien: Böhlau, 2009.

Jaeger, Stephen C., und Horst Wenzel (Hrsg.). *Visualisierungsstrategien in mittelalterlichen Bildern und Texten*. Berlin: Schmidt, 2006.

Jay, Martin. *Downcast Eyes. The Denigration of Vision in Twentieth-Century French Thought*. Berkeley, CA: University of California Press, 1994.

Kaes, Anton (Hrsg.). *Kino-Debatte. Texte zum Verhältnis von Literatur und Film*. München: dtv, 1978.

Kerckhove, Derrick de. „Touch versus Vision. Ästhetik neuer Technologien". *Die Aktualität des Ästhetischen*. Hrsg. von Wolfgang Welsch. München: Fink, 1993. 137–168.

Kleinspehn, Thomas. *Sehen und Identität in der Kultur der Neuzeit*. Reinbek: Rowohlt, 1989.

Koebner, Thomas (Hrsg.). *Laokoon und kein Ende. Der Wettstreit der Künste*. München: edition text + kritik, 1989.

Köhnen, Ralph. *Das optische Wissen. Mediologische Studien zu einer Geschichte des Sehens*. München: Fink, 2009.

Kravagna, Christian. „Vorwort". *Privileg Blick. Kritik der visuellen Kultur*. Hrsg. von Christian Kravagna. Berlin: Edition ID-Archiv, 1997. 7–13.

Lehnert, Gertrud, und Monika Schmitz-Emans (Hrsg.). *Visual Culture. Beiträge zur XIII. Tagung der Deutschen Gesellschaft für Allgemeine und Vergleichende Literaturwissenschaft, Potsdam, 18.–21. Mai 2005*. Heidelberg: Synchron, 2008.

Leonhardt, Nic. *Piktoral-Dramaturgie. Visuelle Kultur und Theater im 19. Jahrhundert (1869–1899)*. Bielefeld: transcript, 2007.

Lessing, Gotthold Ephraim. „Laokoon" [1766]. *Werke und Briefe Bd. 5.2: Werke 1766–1769*. Hrsg. von Wilfried Barner. Frankfurt am Main: Deutscher Klassiker Verlag, 1990. 9–321.

Linck, Dirck, und Stefanie Rentsch (Hrsg.). *Bildtext – Textbild. Probleme der Rede über Text-Bild-Hybride*. Freiburg im Breisgau, Berlin und Wien: Rombach, 2007.

Manthey, Jürgen. *Wenn Blicke zeugen könnten. Eine psychohistorische Studie über das Sehen in Literatur und Philosophie*. München und Wien: Hanser, 1983.

McLuhan, Marshall. *Die magischen Kanäle – Understanding Media*. Übers. von Meinrad Amann. 2., erweiterte Aufl. Dresden und Basel: Verlag der Kunst, 1995 [1964].

Meister, Carolin. „Die Ausweitung der Kompetenzzone. Gegen die mediale Begründung disziplinärer Grenzen". *Bildtext – Textbild. Probleme der Rede über Text-Bild-Hybride*. Hrsg. von Dirck Linck und Stefanie Rentsch. Freiburg im Breisgau, Berlin und Wien: Rombach, 2007. 171–194.

Mergenthaler, Volker. *Sehen schreiben – Schreiben sehen. Literatur und visuelle Wahrnehmung im Zusammenspiel*. Tübingen: Niemeyer, 2002.

Meyer, Michael (Hrsg.). *Word & Image in Colonial and Postcolonial Literatures and Cultures*. Amsterdam: Rodopi, 2009.

Mirzoeff, Nicholas. „The Subject of Visual Culture". *The Visual Culture Reader*. Hrsg. von Nicholas Mirzoeff. London und New York, NY: Routledge, 1998. 5–23.

Mirzoeff, Nicholas. „What is visual culture?" *An Introduction to Visual Culture*. London und New York, NY: Routledge, 1999. 1–33.

Mitchell, W. J. T. *Bildtheorie*. Übers. von Heinz Jatho, Jürgen Blasius, Christian Höller, Wilfried Prantner und Gabriele Schabacher. Hrsg. und mit einem Nachwort von Gustav Frank. Frankfurt am Main: Suhrkamp, 2008 [1994].

Mitchell, W. J. T. *Iconology. Image, Text, Ideology*. Chicago, IL, und London: University of Chicago Press, 1986.

Mitchell, W. J. T. „Für einen blinden Leser" [1986]. Übers. von Heinz Jatho. *Bildtheorie*. Hrsg. und mit einem Nachwort von Gustav Frank. Frankfurt am Main: Suhrkamp, 2008a. 9–14.

Mitchell, W. J. T. „Interdisziplinarität und Visuelle Kultur" [1995]. Übers. von Wilfried Pranter. *Bildtheorie*. Hrsg. und mit einem Nachwort von Gustav Frank. Frankfurt am Main: Suhrkamp, 2008b. 262–277.

Mitchell, W. J. T. „Pictorial Turn" [1992]. Übers. von Christian Höller. *Bildtheorie*. Hrsg. und mit einem Nachwort von Gustav Frank. Frankfurt am Main: Suhrkamp, 2008c. 101–135.

Mitchell, W. J. T. „Über den Vergleich hinaus: Bild, Text und Methode" [1994]. Übers. von Heinz
    Jatho. *Bildtheorie*. Hrsg. und mit einem Nachwort von Gustav Frank. Frankfurt am Main:
    Suhrkamp, 2008d. 136–171.
Mitchell, W. J. T. „Was ist ein Bild?" [1984]. Übers. von Jürgen Blasius. *Bildtheorie*. Hrsg. und mit
    einem Nachwort von Gustav Frank. Frankfurt am Main: Suhrkamp, 2008e. 15–77.
Mitchell, W. J. T. „Was ist Visuelle Kultur?" [1995]. Übers. von Heinz Jatho. *Bildtheorie*. Hrsg. und
    mit einem Nachwort von Gustav Frank. Frankfurt am Main: Suhrkamp, 2008f. 237–261.
Mülder-Bach, Inka. *Im Zeichen Pygmalions. Das Modell der Statue und die Entdeckung der
    ‚Darstellung' im 18. Jahrhundert*. München: Fink, 1998.
Müller, Jan-Dirk (Hrsg.). *„Aufführung" und „Schrift" in Mittelalter und früher Neuzeit*. Stuttgart
    und Weimar: Metzler, 1996.
Murphet, Julian, und Lydia Rainford. *Literature and Visual Technologies. Writing After Cinema*.
    New York; NY: Palgrave Macmillan, 2003.
Naumann, Barbara (Hrsg.). *Vom Doppelleben der Bilder. Bildmedien und ihre Texte*. München:
    Fink, 1993.
Neuber, Wolfgang. „Imago und Pictura. Zur Topik des Sinn-Bilds im Spannungsfeld von Ars
    Memorativa und Emblematik (am Paradigma des ‚Indianers')". *Text und Bild, Bild und Text.
    DFG-Symposion 1988*. Hrsg. von Wolfgang Harms. Stuttgart: Metzler, 1990. 245–261.
Neumann, Gerhard (Hrsg.). *Pygmalion. Die Belebung des Mythos in der abendländischen
    Literatur*. Freiburg im Breisgau: Rombach, 1997.
Neumann, Gerhard, und Günter Oesterle (Hrsg.). *Bild und Schrift in der Romantik*. Würzburg:
    Königshausen & Neumann, 1999.
Paech, Joachim. *Literatur und Film*. 2., überarbeitete Aufl. Stuttgart: Metzler, 1997.
Paech, Joachim. „Intermedialität. Mediales Differenzial und transformative Figurationen".
    Intermedialität. Theorie und Praxis eines interdisziplinären Forschungsgebiets. Hrsg. von
    Jörg Helbig. Berlin: Schmidt, 1998. 14–30.
Pedri, Nancy. „Graphic Memoir: Neither Fact Nor Fiction". *From Comic Strips to Graphic Novels.
    Contributions to the Theory and History of Graphic Narrative*. Hrsg. von Daniel Stein und
    Jan-Noël Thon. Berlin und Boston, MA: De Gruyter, 2013. 127–154.
Pestalozzi, Karl. „Das Bildgedicht". *Beschreibungskunst – Kunstbeschreibung. Ekphrasis
    von der Antike bis zur Gegenwart*. Hrsg. von Gottfried Boehm und Helmut Pfotenhauer.
    München: Fink, 1995. 569–591.
Phillpot, Clive. „Visual Language, Visual Literature, Visual Literacy". *Visual Literature Criticism.
    A New Collection*. Hrsg. von Richard Kostelanetz. Carbondale, IL: Southern Illinois
    University Press, 1979. 179–184.
Plumpe, Gerhard. *Der tote Blick. Zum Diskurs der Photographie in der Zeit des Realismus*.
    München: Fink, 1990.
Poppe, Sandra. *Visualität in Literatur und Film. Eine medienkomparatistische Untersuchung
    moderner Erzähltexte und ihrer Verfilmungen*. Göttingen: Vandenhoeck & Ruprecht, 2007.
Renner, Ursula. *„Die Zauberschrift der Bilder". Bildende Kunst in Hofmannsthals Texten*.
    Freiburg im Breisgau: Rombach, 2000.
Reulecke, Anne-Kathrin. *Geschriebene Bilder. Zum Kunst- und Mediendiskurs in der
    Gegenwartsliteratur*. München: Fink, 2002.
Ribbat, Christoph. *Blickkontakt. Zur Beziehungsgeschichte amerikanischer Literatur und
    Fotografie (1945–2000)*. München: Fink, 2003.
Rimmele, Marius, und Bernd Stiegler. *Visuelle Kulturen/Visual Culture zur Einführung*.
    Hamburg: Junius, 2012.

Rippl, Gabriele. *Beschreibungs-Kunst. Zur intermedialen Poetik angloamerikanischer Ikon-Texte (1880–2000)*. München: Fink, 2005.

Rorty, Richard M. (Hrsg.). *The Linguistic Turn. Recent Essays in Philosophical Method*. Chicago, IL: University of Chicago Press, 1967.

Rümmele, Klaus. *Zeichensprache. Text und Bild bei Rolf Dieter Brinkmann und Pop-Autoren der Gegenwart*. Karlsruhe: KIT Scientific Publishing, 2012.

Sachs-Hombach, Klaus (Hrsg.). *Bildwissenschaft. Disziplinen, Themen, Methoden*. Frankfurt am Main: Suhrkamp, 2005.

Sachs-Hombach, Klaus. „Bildwissenschaft als interdisziplinäres Unternehmen". *Bilder. Ein (neues) Leitmedium?* Hrsg. von Torsten Hoffmann und Gabriele Rippl. Göttingen: Wallstein, 2006. 65–78.

Sachs-Hombach, Klaus (Hrsg.). *Bildtheorien. Anthropologische und kulturelle Grundlagen des Visualistic Turn*. Frankfurt am Main: Suhrkamp, 2009.

Schade, Sigrid. „Vom Wunsch der Kunstgeschichte, Leitwissenschaft zu sein. Pirouetten im sogenannten ‚Pictorial Turn'". *Die Visualität der Theorie vs. Die Theorie des Visuellen. Eine Anthologie zur Funktion von Text und Bild in der zeitgenössischen Kultur*. Hrsg. von Nina Möntmann und Dorothee Richter. Frankfurt am Main: Revolver, 2004. 31–43.

Schade, Sigrid, und Silke Wenk. *Studien zur visuellen Kultur. Einführung in ein transdisziplinäres Forschungsfeld*. Bielefeld: transcript, 2011.

Schmitz-Emans, Monika. „Das visuelle Gedächtnis der Literatur. Allgemeine Überlegungen zur Beziehung zwischen Texten und Bildern". *Das visuelle Gedächtnis der Literatur*. Hrsg. von Manfred Schmeling und Monika Schmitz-Emans. Würzburg: Königshausen & Neumann, 1999. 17–34.

Schneider, Helmut J., Ralf Simon und Thomas Wirtz (Hrsg.). *Bildersturm und Bilderflut um 1800. Zur schwierigen Anschaulichkeit der Moderne*. Bielefeld: Aisthesis, 2001.

Schneider, Irmela. „‚Please Pay Attention Please'. Überlegungen zur Wahrnehmung von Schrift und Bild innerhalb der Medienkunst". *Bildschirmfiktionen. Interferenzen zwischen Literatur und neuen Medien*. Hrsg. von Julika Griem. Tübingen: Narr, 1998. 223–243.

Schneider, Sabine. *Verheißung der Bilder. Das andere Medium in der Literatur um 1900*. Tübingen: Niemeyer, 2006.

Scholz, Bernhard F. *Emblem und Emblempoetik. Historische und systematische Studien*. Berlin: Schmidt, 2002.

Schröter, Jens. „Intermedialität. Facetten und Probleme eines aktuellen medienwissenschaftlichen Begriffs". *montage/av* 7.2 (1998): 129–154.

Schulz, Martin. „Visual Culture und der Pictorial Turn". *Die Ordnungen der Bilder. Eine Einführung in die Bildwissenschaft*. München: Fink, 2005. 85–96.

Schüwer, Martin. *Wie Comics erzählen. Grundriss einer intermedialen Erzähltheorie der grafischen Literatur*. Trier: WVT, 2008.

Simanowski, Roberto. *Textmaschinen – Kinetische Poesie – Interaktive Installationen. Zum Verstehen von Kunst in digitalen Medien*. Bielefeld: transcript, 2012.

Simon, Ralf. *Der poetische Text als Bildkritik*. München: Fink, 2009.

Stafford, Barbara Maria. *Good Looking. Essays on the Virtue of Images*. Cambridge, MA: The MIT Press, 1996.

Stam, Robert. *Reflexivity in Film and Literature. From Don Quixote to Jean-Luc Godard*. New York, NY: Columbia University Press, 1992.

Starkey, Kathryn, und Horst Wenzel (Hrsg.). *Visual Culture and the German Middle Ages*. New York, NY: Palgrave Macmillan, 2005.

Stein, Daniel, und Jan-Noël Thon (Hrsg.). *From Comic Strips to Graphic Novels. Contributions to the Theory and History of Graphic Narrative.* Berlin und Boston, MA: De Gruyter, 2013.

Stiegler, Bernd. *Philologie des Auges. Die photographische Entdeckung der Welt im 19. Jahrhundert.* München: Fink, 2001.

Strätling, Susanne, und Georg Witte (Hrsg.). *Die Sichtbarkeit der Schrift.* München: Fink, 2006.

Surkamp, Carola. *Die Perspektivenstruktur narrativer Texte. Zu ihrer Theorie und Geschichte im englischen Roman zwischen Viktorianismus und Moderne.* Trier: WVT, 2003.

Tripp, Ronja. *Mirroring the Lamp. Literary Visuality, Strategies of Visualizations, and Scenes of Observation in Interwar Narratives.* Trier: WVT, 2013.

Vos, Eric. „New Media Poetry – Theory and Strategies". *Visible Language* 30.2 (1996): 215–233.

Voßkamp, Wilhelm. „Medien – Kultur – Kommunikation. Zur Geschichte emblematischer Verhältnisse". *Nach der Sozialgeschichte. Konzepte für eine Literaturwissenschaft zwischen Historischer Anthropologie, Kunstgeschichte und Medientheorie.* Hrsg. von Martin Huber und Gerhard Lauer. Tübingen: Niemeyer, 2000. 317–334.

Voßkamp, Wilhelm, und Brigitte Weingart. „Sichtbares und Sagbares. Text-Bild-Verhältnisse – Einleitung". *Sichtbares und Sagbares. Text-Bild-Verhältnisse.* Hrsg. von Wilhelm Voßkamp und Brigitte Weingart. Köln: DuMont, 2005a. 7–22.

Voßkamp, Wilhelm, und Brigitte Weingart (Hrsg.). *Sichtbares und Sagbares. Text-Bild-Verhältnisse.* Köln: DuMont, 2005b.

Wagner, Peter (Hrsg.). *Icons – Texts – Iconotexts. Essays on Ekphrasis and Intermediality,* Berlin: De Gruyter, 1996.

Wandhoff, Haiko. *Der epische Blick. Eine mediengeschichtliche Studie zur höfischen Literatur.* Berlin: Schmidt, 1996.

Wandhoff, Haiko. *Ekphrasis. Kunstbeschreibungen und virtuelle Räume in der Literatur des Mittelalters.* Berlin und New York, NY: De Gruyter, 2003.

Weigel, Sigrid. „Bildwissenschaft aus dem ‚Geiste wahrer Philologie'. Benjamins Wahlverwandtschaft mit der ‚neuen Kunstwissenschaft' und der Warburg-Schule". *Schrift Bilder Denken. Walter Benjamin und die Künste.* Katalog Haus am Waldsee, Berlin. Hrsg. von Detlev Schöttker. Frankfurt am Main: Suhrkamp, 2004. 112–127.

Weingart, Brigitte. „Where is your rupture? Zum Transfer zwischen Text- und Bildtheorie". *Die Adresse des Mediums.* Hrsg. von Stefan Andriopoulos, Gabriele Schabacher und Eckhard Schumacher. Köln: DuMont, 2001. 136–157.

Weingart, Brigitte. „In/Out. Text-Bild-Strategien in Pop-Texten der sechziger Jahre". *Sichtbares und Sagbares. Text-Bild-Verhältnisse.* Hrsg. von Wilhelm Voßkamp und Brigitte Weingart. Köln: DuMont, 2005. 216–253.

Weingart, Brigitte. „Text-Bild-Relation". *Handbuch der Mediologie. Signaturen des Medialen.* Hrsg. von Christina Bartz, Ludwig Jäger, Markus Krause und Erika Linz. München: Fink, 2012. 295–303.

Wellbery, David. E. *Lessing's ‚Laokoon'. Semiotics and Aesthetics in the Age of Reason.* Cambridge: Cambridge University Press, 1984.

Wenzel, Horst. *Hören und Sehen, Schrift und Bild. Kultur und Gedächtnis im Mittelalter.* München: Beck, 1995.

Willems, Gottfried. *Anschaulichkeit. Zu Theorie und Geschichte der Wort-Bild-Beziehungen und des literarischen Darstellungsstils.* Tübingen: Niemeyer, 1989.

Zumbusch, Cornelia. *Wissenschaft in Bildern. Symbol und dialektisches Bild in Aby Warburgs Mnemosyne-Atlas und Walter Benjamins Passagen-Werk.* Berlin: Akademie, 2004.

2. Theoretische Perspektiven

2.1 Visualität und Materialität der Literatur

Stephan Kammer

Absehen vom Gegenstand: Lesen als Erkenntnistätigkeit

Lesen soll eine innere Tätigkeit sein: So wollen es die einschlägigen Handreichungen, die mit der umgreifenden Alphabetisierung der Gesellschaft entstehen. Zwar eigne dem Buch, wie einer der frühen Vertreter solcher Lesetheorien zugesteht, durchaus „eine magische Kraft", mit der es „das Unsichtbare sichtbar, das Todte lebendig, das Künftige und Vergangene gegenwärtig" werden lassen könne (Bergk 1799, 9). Wer diese Kraft aber am Gegenstand und seiner Erscheinung festmachen wollte, ginge fehl. Denn das Buch allein ist „eine todte Masse", die nur durch die Selbsttätigkeit des Verstandes belebt wird, ein „Todtengerippe", dem erst verständige Leser und Leserinnen Fleisch verleihen oder genauer noch: „Geist einhauchen" können (Bergk 1802, 184). Lesen ist, wie die einschlägigen Psychologien des ausgehenden 18. Jahrhunderts festgelegt haben, eine Angelegenheit der menschlichen Vermögen, insbesondere der Einbildungskraft und des Verstandes. Dass ihm konkrete materiale Gegebenheiten und dementsprechend Wahrnehmungsakte vornehmlich visueller, aber auch haptischer Art zugrunde liegen – beschriebenes, bedrucktes, gebundenes Papier etwa, mit einer Vielfalt von möglichen Seiteneinrichtungen, Layouts und Formaten –, dieser scheinbar so banale Umstand erhält nur insofern Aufmerksamkeit, als diese Lesetheorien explizit darauf hinweisen, dass es darum beim Lesen nicht geht: „Wir müssen die Erklärung von der Erscheinung, die uns zum Betrachten dargehalten wird, *in uns* suchen, und nicht in dem geschriebenen Buchstaben [...]. *Lesen* heißt daher nicht Begriffe, die uns von außen gegeben werden, auffassen, sondern den Stof [sic!] dazu *in sich selbst* ins Leben rufen; es heißt nicht Buchstaben und Sylben zählen, sondern die mancherlei Zustände des menschlichen Gemüths in sich selbst verstehen lernen; es heißt nicht einzelne Eindrücke aufnehmen, sondern alles unter einen Gesichtspunkt zusammenfassen; es heißt nicht den Sinn der einzelnen Worte verstehen, sondern das Ganze überschauen, und darüber Reflexionen anzustellen" (Bergk 1799, 62–63).

Dementsprechend erweckt all jenes Verdacht oder doch zumindest Unbehagen, was der Materialvergessenheit des Lesens zum Widerpart dienen könnte. Da „Bücher [...] zum Lesen, und nicht zur Ausschmückung von Zimmern bestimmt" sind, lege man besser keinen Wert auf „[g]länzende Einbände"; solche buchbezogenen „Festtagskleider" möchten nur allzu leicht dem „täglichen Gebrauche" der Lektüre abträglich werden, ja drohten eigentliche „Vorlegeschlösser" vor den

Inhalt zu hängen, auf den alleine es ja ankommt (ebd., 33). Und so kann Johann Adam Bergk einen erleichterten Stoßseufzer ausstoßen angesichts des Befunds, dass von aufwendiger Buchgestaltung um 1800 nur noch wenig zu vermelden ist: „Es ist ein Glück für die Kultur des menschlichen Geistes, daß wenige Bücher in Prachtausgaben erscheinen: denn diese machen ein Buch zu einem Zauber-schloß, in welchem niemand zu wohnen, und das niemand zu öfnen wagt." (Ebd.)

Die „Anatomik der Bücher" (Bergk 1802, 183) erschließt sich mithin aus den Gesetzen der Logik und der Dialektik, aus ihrem Begriffs- und Argumentations-gefüge – nicht aus der Beschäftigung „mit dem gedruckten Buch als einem mate-riellen, handwerklich-technischen Produkt" (Boghardt 2008, 100). Das gilt auch fürs Schreiben. „So bald wir uns einen Gegenstand zur schriftlichen Bearbeitung ausgesucht haben, so müssen wir uns die Haupt- und Nebenideen mit wenigen Worten anmerken und eine Skitze von denselben entwerfen, die aber nicht allzu lang seyn darf, wenn sie uns nicht beim nachherigen Ausarbeiten stören und verwirren soll", hält eine von Bergks Schreibregeln fest (Bergk 1802, 232). Statt materialgestützter, wenn nicht gar materialgebundener Wissensproduktion, wie sie noch die gelehrtentechnischen Anleitungen der frühen Neuzeit allenthalben propagieren (vgl. Blair 2004), soll Schreiben nun die Abbreviatur und zugleich Repräsentation jener „natürliche[n] Ordnung" fixieren, die ihr Regime über allen Diskurs angetreten zu haben beansprucht: „Jeder Satz, den die Skitze enthält, muß bestimmt und deutlich ausgedrückt, wirklich von dem Andern verschieden seyn und zur Sache als ein Theil zum ganzen gehören. [...] In der Verbindung der einzelnen Sätze muß eine natürliche Ordnung herrschen, jeder muß der Nächste von dem Vorhergehenden seyn und jeder muß zur Erläuterung und zur Aufhel-lung des Ganzen dienen." (Bergk 1802, 233).

Bergks Abhandlungen zur *Kunst zu denken* (1802) und der *Kunst, Bücher zu lesen* (1799), deren Titel schon Lesen und Denken in ein Komplementärverhält-nis setzen, bilanzieren in aller Deutlichkeit die Etablierung eines Umgangs mit Schrift, den man seit den 1980er Jahren unter den Begriffen der ‚Entsinnlichung‘ und ‚Substitution‘ beschrieben hat (vgl. Schön 1987; Koschorke 1999). Zumindest deren Rhetoriken persistieren bis weit ins 20. Jahrhundert. Noch unter Bedingun-gen eines ganz anderen, nun dezidiert wahrnehmungszentrierten Lese-Verständ-nisses, wie es seit dem späten 19. Jahrhundert in den Experimentalarrangements von Physiologen und Psychologen erprobt wird und den Akt der Lektüre dezi-diert unter dem Gesichtspunkt einer „Hygiene des Sehens" (Javal 1907 [1905], 65) erkundet, schert sich die Hermeneutik – unter diesem Namen rangiert nun eine textbezogene Kunst des Denkens, die der Formel ‚Lesen heißt Verstehen‘ folgt – kaum um die Äußerlichkeiten der Literatur. Noch in den frühen 1960er Jahren beispielsweise gilt dem Doyen dieser Methodik das schrift(sprach)liche bezie-hungsweise typografische Spezifikum der Interpunktion zwar als „Lesehilfe"; er dekretiert aber: „In jedem Fall gehört Interpunktion nicht zur Substanz des dichterischen Wortes" (Gadamer 1993 [1961], 282 und 284).

Aufmerken auf den Gegenstand: Lesen als Wahrnehmungstätigkeit

Seit den 1980er Jahren ist gegen eine derartige Materialvergessenheit in der (wissenschaftlichen) Beschäftigung mit Literatur eine Vielzahl von Einwänden formuliert worden. Die Motivationen, für eine profilierte Auseinandersetzung mit der Materialität und insbesondere Visualität der Literatur zu plädieren, sind dabei außerordentlich vielfältig. Man vermag sie deshalb kaum auf einen gemeinsamen und verbindlichen theoretischen respektive methodischen Nenner zu bringen. Wollte man die entsprechenden Ansätze in Gruppen bündeln, deren Vertreter wenigstens die hauptsächlichen Bezugsmerkmale ihrer Argumentation teilen, ließen sich drei unterscheiden: Erstens medientheoretisch und medienhistorisch ausgerichtete Ansätze, die nicht länger von der Neutralität des ‚Kanals' gegenüber den von ihm transportierten ‚Inhalten', von seiner Transparenz auf diese hin ausgehen wollen oder die das kommunikationstheoretische Medienmodell ‚Sender – Botschaft – Empfänger' grundsätzlich infrage stellen, zweitens sprachtheoretisch und semiotisch begründete Ansätze, die in der Schrift nicht mehr nur ein Derivat gesprochener Sprache sehen wollen, weil sie entweder sprachbezogen diese herkömmliche Hierarchisierung infrage stellen – das wäre, vereinfacht gesagt, der ‚grammatologische' Einwand gegen die (sprach-)philosophische Tradition (vgl. Derrida 1974 [1967]) – oder sich auf einen weiten (generalisierten) Zeichenbegriff beziehungsweise auf ein tendenziell materialaffines Zeichenmodell (zum Beispiel Charles Sanders Peirce) beziehen, und drittens produktionsästhetisch oder entstehungsgeschichtlich orientierte Ansätze, die den Logiken und Eigenlogiken schriftlicher Arbeitsprozesse in der Literatur, aber auch in den Wissenschaften und anderen an die Grafie gebundenen Produktionszusammenhängen nachspüren.

Von dieser Unterscheidung darf man sich allerdings kaum mehr versprechen als eine erste heuristische Grobsortierung. Vor allem sei dabei vor der doppelten Annahme gewarnt, die genannten Gruppen und ihre Interessen stünden einerseits zu denen der beiden anderen in einem ausschließenden Verhältnis und teilten andererseits intern über ihren Hauptbezugspunkt weitere entscheidende methodische und/oder epistemologische Kriterien. Der folgende Überblick skizziert, wissensgeschichtlich fundiert, die methodischen Entscheidungen, auf denen die (Wieder-)Entdeckung einer ‚Materialität der Literatur' basiert. Er beschränkt sich dabei auf deren visuelle Materialität – auf Wahrnehmung und Thematisierung des buchstäblich Augenfälligen also, das Schriftformen und Tintenfarben, Drucktypen und die Hinterlassenschaften unterschiedlichster Schreibwerkzeuge, Layout und Buchgestaltung zur Erscheinung bringen. Andere materiale Akzentsetzungen, etwa auf die Haptik von Pergament und Papieren oder auf das Rascheln der Blätter, werden dabei ebenso vernachlässigt wie die reiche Tradition poetischer Schrift-Bildlichkeit von der *mise en page* mittelalterlicher Handschriften über die Schrift-Bild-Assemblagen des Barock bis zur Konkreten Poesie des 20. Jahrhunderts (vgl. dazu 2.7 Rippl, 4.4 Neuber, 4.9 Behrmann, 4.14 Weingart).

Literatur als optisches Medium

Der Titel eines Tagungsbandes, der aus einem Dubrovniker Kolloquium von 1987 hervorgegangen ist, hat sich inzwischen zu einem medientheoretischen Grundbegriff gemausert: *Materialität der Kommunikation* (vgl. Gumbrecht und Pfeiffer 1988; Gumbrecht 2005). Das Problembewusstsein, das mit dem so umrissenen Sachverhalt benannt werden kann, ist allerdings älter – älter selbst als der ja erst um die Mitte des 20. Jahrhunderts vollends etablierte Medienbegriff. Es entstammt, historisch und epistemologisch betrachtet, jenen psychologischen und physiologischen Experimentallabors, in deren Versuchsanordnungen und Erkenntnissen Friedrich Kittlers Studie zu den ‚Aufschreibesystemen‘ des ausgehenden 19. Jahrhunderts schon einen bedeutsamen Beitrag zur Rekonfiguration (bei Weitem nicht nur) der Literatur entdeckt hat (vgl. Kittler 1985).

So schlägt der Augenarzt Émile Javal die Unterscheidung zwischen *„vollkommene[r] Sichtbarkeit"* und *„Lesbarkeit"* vor (Javal 1907 [1905], 8), um die Materialwiderstände unterschiedlicher Schriftformen und Alphabete angesichts der Variablen Sehschärfe und Beleuchtungsverhältnisse genauer zu bestimmen: „Der Hauptzweck der vorstehenden Untersuchungen ist der, das Lesen und Schreiben zu erleichtern und beschleunigen" (ebd., 169). Dementsprechend gilt Javals Interesse dem Gleichgewicht einer ebenso „grammatikalisch und materiell richtigen Schrift" (ebd., 11), von dem er die europäischen Alphabetschriften trotz ihrer langen Erfolgsgeschichte deutlich entfernt sieht: „[E]s wäre leicht, hunderte von Systemen zu erfinden, welche unserem traditionellen Alphabet vom Standpunkt der Lesbarkeit vorzuziehen sein würden, ohne die Leichtigkeit der Ausführung zu beeinträchtigen" (ebd., 10). Zur Erhellung dieser provokanten Behauptung zieht Javal alle nur erdenklichen Faktoren der Schrift-, Schreib, und Druckgeschichte heran: Papierpreise und -herstellungstechniken, Schreibgeräte und Federschnitt-

methoden, die Erfindung geschliffener Linsen, Herstellungs- und Verwendungs-
bedingungen von Typen bilden die „historischen Beweisstücke" (ebd., 63) seiner
Verhandlung über die Schrift, ophthalmologische Grundeinsichten und ihre
technischen Konsequenzen (wie etwa Beleuchtung, Strichstärken und -propor-
tionen) deren theoretisches Gegenstück. Dieses Vorgehen führt zu überraschen-
den Einsichten, von denen Leseforschung und (experimentelle) Schriftgestaltung
nachhaltig geprägt worden sind: die Feststellung etwa, dass Lesen physiologisch
kein linearer, sondern ein sprunghafter Vorgang ist – die sogenannten Sakkaden – gehört zu den Ergebnissen von Javals Leseforschungslabor; ebenso die
Beobachtung, dass der ‚Fixationspunkt' des Auges beim Lesen im oberen Drittel
der Mittellänge liegt – wenn Phil Baines mit seinem experimentellen Schriftent-
wurf „You Can Read Me" (1991) die Grenzen des typografisch Lesbaren auslotet,
scheint dieser sich direkt darauf zu beziehen. Am konkreten „Berührungspunkt
von Typografie und [...] Experiment" hat man Javals Forschungen denn auch
unlängst lokalisiert (vgl. Ganslandt 2012, 113). Entsprechend ist das Layout seiner
eigenen Abhandlung auf die darin vertretene Schriftoptimierung zugeschnitten:
Der Augenarzt und Leseforscher teilt stolz mit, dass seine Abhandlung in einer
Type gedruckt ist, die diesbezüglich den eigenen Anforderungen weitgehend entspricht (Javal 1907[1905], xxi, Anm. 1). Aber nicht nur in der Typografie sollen
Javal zufolge die unterschiedlichen, oft genug divergierenden Ansprüche der
Physiologie und der „Tradition [...], welche die Form der Buchstaben vorschreibt"
(ebd., 267), vermittelt werden. Auch im Schreibunterricht werden die Materialitäten des Buchstabens, des Blatts und der am Schreibpult installierten Schüler
zum Einsatzpunkt ‚hygienischer' Bestrebungen. Mithilfe der George Sand zuge-
schriebenen Formel „gerade Schrift, gerades Papier und gerade Körperhaltung"
(ebd., 260; vgl. deren ausführlichere Formulierung bei Sand 1873, 229) sollen
Grundschüler/innen im Schreib- und Leseunterricht künftig vor den drohenden
Gefahren von Kurzsichtigkeit und Rückgratverkrümmung (Skoliose) gleichermaßen bewahrt werden.

Javals Ansatz steht für eine erhöhte Aufmerksamkeit für die visuelle Materialität der Schrift, die man um 1900 zwar selten so grundsätzlich, aber doch in
verschiedensten Zusammenhängen antrifft. Der seiner Abhandlung zugrunde liegende Modernismus – „es ist nicht logisch, Typen beizubehalten, die ihre Daseins-
berechtigung hatten, als man Kerzen oder qualmende Lämpchen benutzte"
(Javal 1907[1905], 118) – allerdings findet in seiner Zeit nur wenig Zustimmung.
Im Gegenteil liegt vielen typografischen Ansätzen, die sich von Transparenz
und Neutralität des Gedruckten programmatisch verabschieden, ein zumindest
ästhetisch konservativer, antimodernistischer Gestus zugrunde.

Das gilt insbesondere für die Buchkunstbewegungen, deren Kritik auf die
industrielle Verfertigung von Druckerzeugnissen und, oft genug, die damit ver-

bundene ‚Industrialisierung' auch der Inhalte geistiger Arbeit zielt. Die „Jugend-stilmode, Bücher als Luxusgegenstände zu produzieren", kann beispielsweise in der Schrift- und Publikationspolitik des George-Kreises in ein poetisches Programm umschlagen, das Leseerschwernis und Rezeptionsverknappung glei-chermaßen als Mittel zum Distinktionsgewinn kalkuliert (vgl. Schäfer 2005, 95). Selbst ambivalentere (und buchgeschichtlich wichtigere) Protagonist/innen wie William Morris – auf dessen Privatdruckerei, die Kelmscott Press, sich zu berufen kaum jemand versäumt, der um 1900 für die Aufwertung von Buchgestaltung und Typografie plädiert – werden in ihren Grundsätzen und ästhetischen Schlussfol-gerungen von der fundamentalen Frage umgetrieben, „if a reproducible medium intricately tied up with industrial modernity can be expected to produce anything *but* apologies for capitalism" (Miller 2008, 482). Ausgehend von dieser Problem-stellung verfolgt Morris zwei Druckunternehmen, die zwar auf den ersten Blick gegensätzlicher nicht sein könnten, die Elizabeth C. Miller aber auf überzeugende Weise gleichermaßen als ‚utopische' bezeichnet hat: Einerseits publiziert er ab 1885 die Wochenzeitung *Commonweal* – das in einer Auflage von ca. 3.000 Exem-plaren und zum Verkaufspreis von einem Penny gedruckte Organ der vergleichs-weise radikalen *Socialist League* –, andererseits begründet er anschließend 1891 mit der *Kelmscott Press* „a very different kind of print project characterized by pre-industrial methods, handmade materials, and ornate typography and illus-tration" (ebd., 489). Man hat die begeisterte Aufnahme ihrer Druckerzeugnisse als exemplarische Geste eines demonstrativen Konsums verstehen wollen, deren Dysfunktionalität auf der materialen Absurdität ästhetisch nicht-moderner buch-gestalterischer Mittel beruht: „a somewhat cruder type, printed on hand-laid, deckel-edged paper, with excessive margins and uncut leaves, with bindings of a painstaking crudeness and elaborate ineptitude" (Veblen 1912 [1899], 163). Gerade das Insistieren auf dem Produktionsvorgang aber, das die Publikationen der *Kelmscott Press* solchermaßen auszeichnet, kann als materialistisch-utopi-sche Umbesetzung und Reinszenierung einer revolutionären Zäsur verstanden werden: „The books coming out of the Kelmscott Press were meant to recall that historical moment when a newly discovered tool of mechanical reproduc-tion – the printing press – had not yet become an engine of cultural alienation." (McGann 1991, 139; vgl. Miller 2008, 482).

Von daher mag weniger erstaunen, dass die Bestandsaufnahmen beinahe aller Typografie-Reformer und -Revolutionäre um 1900 für sich genommen wenig Dissens zeigen: Es geht darum, sich zur durchgreifenden Mechanisierung und Maschinisierung der Buchproduktion zu verhalten, die von der Typenherstel-lung über den Satz bis zum Druck überall ihre Spuren hinterlassen. Die einen begegnen dem, wie Morris, indem sie den Verhältnissen des *mechanical age* eine gehörige Dosis manufakturelles Wissen entgegenhalten beziehungsweise implantieren, andere – insbesondere die Vertreter der ‚Neuen Typografie' oder ‚Elementaren Typografie' der 1920er Jahre – plädieren entschieden dafür, „jedem Entweder-Oder" das „Sowohl-Als-auch" entgegenzusetzen und eine „Buchkunst" zu entwickeln, die „Handwerk *und* Maschine" gleichermaßen in den Dienst nimmt (Preetorius 1927, 98), um so den „schlimmsten Historismus" der „‚modernen' Künstlerschriften" mit einer „Schrift unserer Zeit" zu überwinden (Renner 1927, 109).

Wenngleich einer Formulierung von Abraham Moles zufolge die Erkenntnis der „Materialität jeglicher Kommunikation" ein Produkt des Medienzeitalters, das heißt der Ausdifferenzierung von Kommunikationskanälen, und zugleich mit der Einsicht verbunden ist, dass diese Materialität „über Papiergewicht und Anzahl der Telefonkabel" hinausgeht (Moles 1971 [1958], 255): Auch für Moles liegt ein wesentlicher Grund für das Offenbarwerden dieser Materialität in der spezifischen Geschichte der Schriftmedialität – konkret im Buchdruck und der von ihm ermöglichten durchgreifenden Quantifizierbarkeit des Geschriebenen beziehungsweise Gedruckten. „Die Vermehrung der *Quantität* der Zeichen mußte den konkreten Charakter ihrer Existenz unabhängig von ihrem ideellen Wert sichtbar machen, wie groß auch immer ihre Wertminderung infolge ihrer Vervielfältigung sein mochte" (ebd., 255). Ein methodisches (das heißt nicht etwa allfälligen Ausnahmephänomenen experimenteller Poesie geschuldetes) Problembewusstsein für die visuelle Materialität der Literatur ist mithin vor den 1980er Jahren längst dingfest zu machen. Es findet sich allerdings in Diskurszusammenhängen, die man lange nicht ohne Weiteres zum Kanon literaturwissenschaftlicher, ja selbst ästhetischer Wissensgewinnung hat schlagen dürfen. Und so scheint sich Karl Ludwig Pfeiffers Ende der 1980er Jahre gestellte Ausgangsdiagnose eines materialitätsblinden „Interpretationsverhaltens" (Pfeiffer 1988, 23) der Literaturwissenschaften, die Diagnose der Materialitätsvergessenheit als Wissenschaftsstil also, durchaus zu bestätigen.

Zeichen sehen, Zeichen lesen

Die Aufmerksamkeit dafür, dass die Materialien der Literatur, „Format und Satzspiegel, Drucktype und Einband, Papierart, Farbgebung, Titel an sich sowohl wie in ihrem Zusammenspiel werbend, anregend, vertiefend ein literarisches Werk mitbestimmen können oder aber verwirrend, abschreckend, entstellend" (Preetorius 1927, 97) wirken, bleibt weder gegenstandsbezogen auf die Sachverhalte der Typografie beschränkt, noch methodenbezogen auf medienarchäologische und (im weitesten Sinne) aisthetische Fragestellungen. Eine Extensivierung des

Interesses an der visuellen Materialität der Literatur respektive der Schriftlichkeit und Grafie überhaupt findet man einerseits in Versuchen zu einer semiotischen Klassifikation des Gegenstands Literatur, die auch der nicht-textuellen Zeichenhaftigkeit ihrer Objekte Rechnung tragen wollen; andererseits ist sie in Ansätzen zu einer Generalisierung und Operationalisierung des Schriftbegriffs zu beobachten.

Während noch Gérard Genette in seiner maßgeblichen Kartografie des Textbeiwerks „alles, was zu den typographischen Entscheidungen gehört, die bei der Herstellung eines Buches mitunter sehr bedeutsam sind", umstandslos dem „materielle[n]" Paratext zuschlägt und so die Grenze zwischen Text und Text-Außen letztlich noch einmal behauptet (Genette 2001 [1987], 14), schicken sich andere an, diese Grenze zur „externe[n] Materialität des Zeichens" (Weimar 1990, 29) selbst infrage zu stellen. Die „Äußerlichkeit der Schrift" wird zunehmend als „nichtreduzierbare[s] Element[] auf dem Schauplatz der Bedeutung" verstanden (Wellbery 1993, 343); ihre Latenz als physiologisches und unbewusstes Korrelat des Lesevorgangs soll durch Modalitäten der Wahrnehmungssteuerung behoben werden, die der kategorialen Differenz von Sehen und Lesen anders Rechnung tragen.

So hat Aleida Assmann unter dem methodischen Stichwort einer „wilde[n] Semiose" dem ‚Lesen' als „referentielle[m] Verfahren" das ‚Starren' „auf ein kompaktes Zeichen" entgegengestellt: Während Lesen als „transitorische[r]" und „transitive[r]" Prozess den materiellen Signifikanten zugunsten seiner Bedeutung dematerialisiert, soll Starren nicht nur diese Auflösung in Signifikant und Signifikat verhindern, sondern als „medialer Akt" eine „anhaltende Aufmerksamkeit" für die Oberfläche erzeugen und so „neue unmittelbare Bedeutung" produzieren (Assmann 1988, 239–242). Damit aber behält – auch weil die entsprechenden Umsetzungen dieses Programms vornehmlich an Beobachtungen zweiter Ordnung, also Schrift- und Schreibreflexionen in der Literatur der Moderne gebunden bleiben – die Frage nach der Grenze zwischen Bild und Schrift und damit die nach der genannten Differenz von Sehen und Lesen ihr beunruhigendes Potential. „Wo beginnt die Schrift? Wo beginnt die Malerei?" (Barthes 1981 [1970], 35), fragt eine Bildlegende in Roland Barthes' *Das Reich der Zeichen* (1970) und damit vielleicht nicht von ungefähr in einem Zusammenhang, in dem die (Un-)Lesbarkeit von Schrift angesichts einer kulturellen Alteritätserfahrung diskutiert werden kann. Barthes selbst, der einige Aufsätze zu schriftbildlichen Grenzphänomenen und Grenzgängern wie André Masson, Erté und Cy Twombly verfasst hat, wird diese relationale Unlesbarkeitserfahrung zuspitzen und zu einer kategorialen Nagelprobe radikalisieren, die den Zuständigkeitsbereich der Schrift (*écriture*) weit in das Reich des Sichtbaren hinein erweitert. Eine Schrift brauche, heißt es in Barthes' *Variations sur l'écriture* (1973), keineswegs ‚lesbar' zu sein, um voll und ganz Schrift sein zu können. Ganz im Gegenteil trage gerade die Preisgabe der Lesbarkeit als „alibi référentiel" dazu bei, den Text als Zeichengewebe erscheinen zu lassen und so dessen entscheidende Bedingung, die Differentialität des Zeichens sichtbar zu machen: „Ces écritures illisibles nous disent (et cela seulement) qu'il y a des signes, mais non point du sens" (Barthes 2002, 284; zu Barthes siehe auch 2.6 LÖFFLER).

Neben solchen grundsätzlichen semiotischen Überlegungen gibt es zahlreiche Versuche, eine eher pragmatische – und deutlich weniger sinn-skeptische – Klassifikatorik der visuellen Materialität von Literatur zu entwickeln. Das betrifft zunächst den Gegenstandsbereich, an dem, wie eben gezeigt, die ‚Materialität der Kommunikation' auch vor der Etablierung dieses Forschungsfelds dringlich geworden ist: die Typografie. Susanne Wehde hat in einer maßgeblichen Studie „die Darstellung grundlegender bedeutungsrelevanter Funktionen typografischer Formen bei der Erstellung, der Wahrnehmung und Deutung von gedruckten Texten" (Wehde 2000, 11) untersucht. Wehde klassifiziert das Repertoire typografischer Zeichen, indem sie zwischen ‚Typenmaterial' und den ‚Flächenformen' „typographische[r] Dispositive" (ebd., 119), also letztlich zwischen Gesetztem beziehungsweise Setzbarem (alphabetische/nicht-alphabetische Drucklettern, Satz- und Sonderzeichen, aber auch Buchschmuck) und Satz (Wortbild, Zeile, Absatz, Satzspiegel) unterscheidet. So kann sie den semiotischen Status der Typografie als „Ausdrucks- und Inhaltssystem" (ebd., 64) anhand von Peirces Zeichendefinition umreißen. Obgleich sie vor dem letzten konsequenten Schritt zurückschreckt, den Textbegriff auf eine historische Phänomenologie typografischer Erscheinungsformen hin aufzulösen, bietet Wehde überdies sowohl realisierungs- als auch dispositivbezogene Fallstudien zu einigen wichtigen Etappen der deutschen literarischen Typografie. Insbesondere an den Verhandlungen über Fraktur und Antiqua, die sie akribisch rekonstruiert (vgl. ebd., 216–326), wird deutlich, wie vielfältig und zum Teil widersprüchlich die kulturellen Semantiken sind, mit denen typografische Debatten geführt werden: Gilt die Antiqua beispielsweise im ausgehenden 18. Jahrhundert als ‚klassisch', so wird sie im beginnenden 20. Jahrhundert zum Signum der ‚Moderne'. Solche historischen Analysen machen Wehdes leitende These einer „fortschreitende[n] Semiotisierung des schriftsprachlichen Zeichenmaterials" (ebd., 86) ohne situationsentbunden zu fixierende Bedeutung plausibel.

Daneben trifft man in der Forschungsdiskussion auf Ansätze, die auf das spatiale Arrangement von Zeichenträger und Inskriptionen generell ausgerichtet sind und sich von der Fokussierung auf Typografie und typografische Dispositive, ja zum Teil sogar von der ‚normalen' Alphabetschrift zumindest programmatisch lösen. Jean Gérard Lapacherie hat im Rekurs auf Roman Jakobsons Kommunikationsmodell und wiederum die Peircesche Semiotik ein generelles strukturales

Klassifikationssystem schriftbildlicher Zeichen entwickelt (vgl. Lapacherie 1990 [1984]). Er schlägt vor, zwischen vier verschiedenen Graden schriftbildlicher Darstellung zu unterscheiden – Ikon, Ideogramm, Diagramm, Alphabet –, die sich aus der Kombinatorik der Determinanten Bild und Sprache erschließen lassen. Diese Darstellungsgrade sind Lapacherie zufolge auf zwei Inskriptionsniveaus (Buchstabe, Seite) zu finden. Der Bildlichkeits- respektive Schriftlichkeitsgrad der ‚Grammatexte' bewegt sich also gegenläufig zueinander, von vollständiger Bildlichkeit und Nicht-Schriftlichkeit beim Ikon über partielle (Ideogramm) respektive relationale (Diagramm) Bildlichkeit und Schriftlichkeit bis hin zur Nicht-Bildlichkeit des Alphabets (vgl. ebd., 79 und 86).

Bleibt dieser Versuch deskriptiv und zumal an seinen Extrempositionen prekär, so verbindet Sybille Krämer einen letztlich notationstheoretisch bestimmten Definitionsansatz von Schriftbildlichkeit mit dessen Extensivierung auf nicht-alphabetische, operative Schriften (z. B. die algebraische Notation und andere formale Schriften). Krämer plädiert für ein Konzept von ‚Schrift', das „sprachneutral" funktioniert, weil es auf der „mediale[n] Leitdifferenz von Zwischenräumlichkeit" aufbaut, und das deshalb nicht mehr mit der „Unterscheidung von graphisch/visuell und phonisch/akustisch" zusammenfällt, sondern mit der „Unterscheidung von digital und analog" (Krämer 1996, 93 und 99). Ein solches „lautsprachenneutrales Schriftkonzept" soll der Medialität, Semiotizität und Operativität der Schrift Rechnung tragen, indem es grundsätzlich jede Form von Schrift als Sprach-Bild-Hybrid auffasst: „Schriftbildlichkeit" ist damit kein Phänomen zwischen den Extremen von Bild und Alphabet wie bei Lapacherie, sondern für alle Schriften konstitutiv (Krämer 2006, 77); das „nur Schriften eigen[e] Wechselverhältnis zwischen einer (zumeist) im Visuellen gründenden Wahrnehmbarkeit, ihrer unabweislichen Materialität und einer in ihrer Handhabbarkeit verwurzelten Operativität" (Brandstetter et al. 2012, 15) lässt sich überdies nicht auf sinnvolle Weise in die Grenzen der Alphabetschrift zwingen. Wenn allerdings Krämers Herleitung des entscheidenden Schriftkriteriums ‚Zwischenräumlichkeit' die Prämissen von Nelson Goodmans Notationsbegriff heranzieht – Disjunktivität und endliche Differenziertheit (vgl. Krämer 2006, 77; Goodman 1995 [1976], 130–132) –, so verblüfft dies insofern, als diese beiden Prämissen bei Goodman ja gerade zur Abgrenzung der Schrift (als Notationsform) von nicht-notationalen Künsten wie insbesondere der Malerei respektive Zeichnung gesetzt werden. Besonders angesichts von Manuskripten etwa, die man ja wohl kaum aus dem Zuständigkeitsbereich der Schriftlichkeit und erst recht nicht aus dem der Schriftbildlichkeit ausschließen wollte, werden diese Kriterien für Zwischenräumlichkeit höchst fragwürdig – die Leitunterscheidung von digital (Schrift) und analog (Bild) nicht minder (vgl. Giuriato und Kammer 2006).

Deshalb scheint es sinnvoller, die Extensivierung der Grafie nicht auf Systemaspekte zu konzentrieren, sondern die Gegenstandsgrenzen selbst maximal zu fassen. Jerome McGann hat in Auseinandersetzung mit der Tradition der angloamerikanischen Editionswissenschaft vorgeschlagen, die geläufige Grenzziehung zwischen dem (sprachlichen) Text und seinem materialen Außen zugunsten eines konzeptuellen Neuansatzes aufzugeben: McGann legt dem Textbegriff nicht die übliche Ausschlussbeziehung von strukturalen und materialen Aspekten einer gegebenen medialen Einheit zugrunde, sondern versteht den Text als Summe beider. Erst im komplexen Zusammenspiel von *linguistic* und *bibliographical code* konstituiere sich die Bedeutung des Texts (vgl. McGann 1991). Gegenstand der Lektüre wird so die *iconic page* beziehungsweise die *material page* konkreter Textrealisationen (vgl. Bornstein und Tinkle 1998); sprachliche Signifikanz und mediale Erscheinung gelten nicht länger als dichotomische Kategorien, wie sie etwa in Assmanns Opposition von ‚Lesen‘ und ‚Starren‘ noch einen Widerhall finden, sondern als gleichwertige Partner literarischer Sinnstiftung. Das bedeutet aber auch, dass die Frage nach dem Text nicht mehr von dessen konkreten Realisierungen zu lösen ist: „[A]ny material page on which we read any poem is a constructed object that will encode certain meanings even while placing others under erasure. [...] As opposed to [...] single-text notions, studying any one material page should remind us of the other material pages that might have been presented instead“ (Bornstein 2001, 31). Die materiale Relationalität von Literatur ist in den Ansätzen von McGann und Bornstein damit nicht länger an strukturale Systemerfordernisse gebunden, wie dies in Krämers Schriftbildlichkeits-Konzept der Fall ist.

Schreiben als grafische Praxis

Allerdings fehlt dort wiederum die zentrale Komponente der Operationalisierung, auf die Krämer zu Recht großen Wert legt, denn ‚Schriftbildlichkeit‘ „entfaltet immer auch einen kompositorischen und problemlösenden Operationsraum, in welchem Auge und Hand zusammenwirken“ (Krämer 2006, 80). Dementsprechend rückt die visuelle Materialität der Literatur – und auch hier: von schrift- und aufzeichnungsbasierten Wissensformen überhaupt – in den Blick, wo philologisch fundierte, kultur-, medien- und wissensgeschichtlich erweiterte Ansätze ihr Augenmerk weniger auf Textlektüre als vielmehr auf die Analyse und Beschreibung von Aufzeichnungspraktiken sowie deren historische und mediale Voraussetzungen im weitesten Sinn richten. In mehreren Forschungszusammenhängen ist beinahe gleichzeitig, aber zunächst weitgehend unabhängig voneinander, die Produktivität des Schreibens respektive Aufzeichnens anhand von dessen Spuren ergründet beziehungsweise ergründbar gemacht worden: (1.) In der deutschsprachigen Editionswissenschaft hat 1975 der Einleitungsband der *Frankfurter Hölderlin-Ausgabe* (FHA) Epoche gemacht, in der zum ersten Mal Faksimiles aller erhaltenen Handschriften zum integralen Bestandteil einer historisch-kritischen Werkausgabe werden sollten. Der Hauptherausgeber Dietrich E. Sattler wollte damit den Rezipient/innen eine Handhabe bieten, die editorischen Entscheidungen von der Entzifferung bis zur Textkonstitution nicht nur nachzuvollziehen, sondern auch kritisch zu überprüfen. Die Präsentation „des Wortlauts, der Textentstehung und des Textzusammenhangs" (Leiner et al. 1975, 18), für die üblicherweise die Autorität des Herausgebers bürgt und deren materiales Bedingungsgefüge für die Leser/innen von Text- und Materialbänden unsichtbar bleibt, erhält dadurch ihr dokumentarisches Korrelat – ein Editionsverfahren, das in zahlreichen, vor allem neugermanistischen Editionen der letzten Jahrzehnte mit Gewinn umgesetzt und verfeinert worden ist (vgl. Zeller 1998). (2.) Aus einem Bündnis von Literaturarchiv und strukturalistischer Literaturwissenschaft ist in den 1970er Jahren die *critique génétique* hervorgegangen, die über die Untersuchung (zunächst vor allem) literarischer Handschriften den Logiken und Erscheinungsformen schreibgebundener Produktion nachspürt. Nicht auf den publizierten Text hin und von ihm aus haben die Mitglieder des 1982 gegründeten, aus der mit der Erschließung des Heine-Nachlasses der *Bibliothèque Nationale* betrauten *équipe Heine* hervorgegangenen *Institut des textes et manuscrits modernes* (ITEM) die Fragestellungen ihrer Forschung entwickelt; Gegenstand der Arbeit sind vielmehr von Anfang an die Manuskripte – der *avanttexte* (Bellemin-Noël 1972) –, aus denen ein *dossier génétique* erstellt und so der Schreibprozess rekonstruiert und dargestellt wird. Über einzelne Textgenesen und die Rekonstruktion individueller Schreibpraktiken hinaus zielt die *critique génétique* außerdem ganz grundsätzlich auf eine „science de la production écrite", die einerseits den „espace graphique" des Aufgezeichneten kartografiert und beschreibt, andererseits die Regelmäßigkeiten des Schreibens und Überarbeitens analysiert: Material- und medienunabhängig sei, so Almuth Grésillon, jede Form des Schreibens und Überarbeitens von den vier (rhetorischen) Basisoperationen Hinzufügen, Weglassen, Ersetzen, Umstellen sowie vom reflexiven Kommentar („le métascriptural") bestimmt (Grésillon 1994, 217 und 221). (3.) Ebenfalls Mitte der 1970er Jahre schließlich haben die Soziologen Bruno Latour und Steve Woolgar feststellen können, dass selbst unter den Bedingungen hochtechnologischer naturwissenschaftlicher Forschung das Schreiben noch zu den elementaren und zentralen Bestandteilen wissenschaftlicher Praxis gehört. Bei ihrer wissenschaftsanthropologischen Feldforschung in den Laboratorien und Büros des Teams um den Hormonforscher Roger Guillemin (Salk Institute, La

Jolla, CA) sahen sie sich, zu ihrer Überraschung, mit „a strange tribe" (Latour und Woolgar 1986, 49; ‚einem eigenartigen Stamm') konfrontiert, der den überwiegenden Teil seiner Arbeitszeit mit verschiedenstem *paper work* bestritt. Die tägliche wissenschaftliche Arbeit bestehe vornehmlich in einer komplexen, aber geregelten Zirkulation von Aufzeichnungen („files, documents, and dictionaries"; ebd., 48), die von unterschiedlichen technischen oder menschlichen Schreibvorrichtungen angefertigt würden. Zu deren Kodierung und Dekodierung, Transformation und Umschrift bräuchten die Wissenschaftler/innen nicht nur quantitativ die meiste Zeit ihres Arbeitstages, diese Praktiken machten auch qualitativ das vorrangige Produktionsziel der von Latour und Woolgar beobachteten Akteure aus: „material dictionaries" (ebd., 48) von Präparaten, Proben und Chemikalien sowie Messdaten und Protokolle ‚literalisieren' auch die mittels aufwendiger und teurer Apparaturen betriebenen technischen Abläufe im Laborbereich.

In den letzten Jahren hat die Profilierung dieser Ansätze zu größer angelegten materialorientierten Forschungsprojekten zur Genealogie des Schreibens und zur Wissensgeschichte der Aufzeichnung geführt (vgl. die Projektbeschreibungen auf http://www.schreibszenen.net und http://knowledge-in-the-making.mpiwg-berlin.mpg.de/knowledgeInTheMaking/de/index.html). Zu einem maßgeblichen konzeptuellen Integral für diese historisch-produktionsorientierten Thematisierungen des Schreibens ist Rüdiger Campes Definition der „Schreibszene" (Campe 1991) geworden. Campe versteht das Schreiben als Praktik, die sich aus einem „Repertoire von Gesten und Vorkehrungen" (ebd., 759) sowie deren variabler Relationierung zusammensetzt. Bedingungsgefüge und zugleich Rahmen dieser Praktik bezeichnet er als „nicht-stabiles Ensemble von Sprache, Instrumentalität und Geste" (ebd., 760). Sowohl historisch als auch situativ ist das Schreiben damit eine je eigens zu spezifizierende Angelegenheit von Zeichen(-gebrauch), (Medien-)Techniken und Körperlichkeit, deren Genealogie deshalb – wie letztlich die Lektüren der *material* beziehungsweise *iconic page* auch – nur in fall- und umstandsbezogener Rekonstruktion ihrer Spuren nachzuvollziehen ist.

Möglich ist dies in doppelter, heuristisch wie epistemisch durchaus unterschiedlicher Weise: Man kann die Bedingungen und Effekte dieser Praxis einerseits anhand der diskursiven „Selbstdarbietung[en]" zu rekonstruieren versuchen, wie sie in „innerliterarische[n] Thematisierungen oder literaturnahe[n] Regulierungen" des Schreibens gegeben sind (ebd., 759). Dabei ist der von Campes Begriff pointierten Semantik der Inszenierung ganz besonders Rechnung zu tragen: Die ‚Szenen', in denen das Ensemble von Sprache, Instrumentalität und Geste ausgestellt und damit zum Anlass themenbezogen-poetischer beziehungsweise verfahrensbezogen-poetischer Reflexion wird, müssen als solche erkannt und bestimmt werden. Der Status dieser Szenen ist durchaus prekär und zieht ein epistemisches Problem nach sich, das in Selbstthematisierungen dieser Art stets anzutreffen ist. Wenn (zumal literarische) Texte ihre materialen Bedingungen auf diese Weise thematisieren, bieten sie Kommentare eines Zusammenhangs, dessen Teil sie gleichzeitig sind – oder doch zumindest zu sein vorgeben: Sie beanspruchen gewissermaßen Text und Metatext zugleich zu sein. Nicht die visuelle Materialität der Literatur erschließt sich so, sondern vielmehr deren mögliche Semantisierungen; diese müssen selbst wiederum mit ihren historischen, medial-technischen Bedingungen korreliert werden, wie dies beispielsweise Lothar Müller in seiner Kulturgeschichte des Papiers mit Gewinn unternommen hat (vgl. Müller 2012).

Andererseits bilden die materialen Spuren von Schreibpraktiken den Anlass, die Spezifika jeweiliger Schreibszenen zu rekonstruieren. In diesem Fall gilt es, die normalerweise für die editorische Textgewinnung nur indirekt relevanten instrumentalen und gestischen Komponenten der ‚Schreibszene' herauszustellen (vgl. Stingelin 2004; Giuriato et al. 2005, 2006 und 2008). Das kann im Einzelnen selbst dann mit erheblichem Aufwand verbunden sein, wenn sich die visualitäts-bezogene Materialerschließung auf dem oben erwähnten technischen Stand der Faksimilierung befindet – soll deren dokumentarische Funktion doch vornehm-lich Transparenz und Überprüfbarkeit der Textkonstitution und -rekonstruktion gewährleisten und damit die Spuren von Schreibpraktiken lesbar, nicht aber per se sichtbar machen. Ob die eigenen buchmedialen Standardisierungen vieler Faksimiles, die in das Format von Editionen eingepasst und in der Regel (druck-kostenbedingt) als Graustufenreproduktionen wiedergegeben werden, eine zureichende Informationsdichte für die Beschreibung und Analyse von Schreib-praktiken zulassen, ist bisher nicht ausreichend diskutiert worden (gestellt hat die Frage z. B. Annette Steinich in ihrer Rezension zur Edition von Kafkas Oktav-heften im Rahmen der Historisch-Kritischen Kafka-Ausgabe; vgl. Steinich 2008, 22). Inwiefern und ob alternative mediale Vermittlungen der visuellen Materi-alität von Schrift, beispielsweise hochauflösende Digitalisierungen, einen in dieser Hinsicht befriedigenderen (Erst-)Zugang zu den Dokumenten ermöglichen könnten, wird sich künftig erweisen müssen.

Das Integral der Schreibszene hat in den letzten Jahren nicht nur im engeren Sinn literaturwissenschaftliche Fragestellungen zur (Eigen-)Logik aufzeichnungs-gebundener Arbeitsprozesse hervorgebracht. In den *science studies* ist die oben skizzierte Einsicht von Latour und Woolgar in die Relevanz grafischer Aufzeich-nungspraktiken ebenfalls weiterverfolgt worden; sie hat zu durchaus vergleich-baren, extensivierenden Versuchen einer Historisierung des Schreibens und Auf-zeichnens geführt, in denen die *poiesis* wissenschaftlicher, künstlerischer und literarischer Aufzeichnungsverfahren jenseits der herkömmlichen disziplinären Grenzen untersucht wird (vgl. Hoffmann 2008; Wittmann 2009; Krauthausen und Nasim 2010; Voorhoeve 2011). Latour hat den empirisch erhobenen Befund in einem vielbeachteten Aufsatz auch für die Diachronie der Wissenschaftsgeschichte fruchtbar gemacht, indem er der „Handwerkskunst des Schreibens und der Visualisierung" (Latour 2006, 261) – mithin den Prozessen der Fixierung und zugleich Mobilmachung des Wissens durch eine Vielzahl grafischer Praktiken – eine zentrale Rolle bei der Herausbildung sowie für die Erfolgsgeschichte der neuzeitlichen Wissenschaften zugesprochen hat. Ganz ähnlich wie in Krämers operativer Erweiterung des Schriftbegriffs könnte man bei Latour methodisch gesehen eine Expansion des Schreibszenen-Konzepts festhalten, in der an der Stelle der Sprache jedes Notationssystem grafisch-diagrammatischen Zuschnitts stehen kann, an derjenigen von Instrumentalität und Gestik eine Vielzahl von Inskriptionsvorrichtungen und deren Gebrauch durch menschliche ebenso wie durch nicht-menschliche Akteure. An die Stelle einer Austreibung der Materialität aus dem Lesen und Schreiben, aber auch an diejenige der darauf reagierenden ‚Austreibung des Geistes' aus den Materialitäten der Kultur scheint so mehr und mehr die Eingemeindung der unterschiedlichsten kognitiven Prozesse in die materialen Praktiken der Literatur, Kunst und Wissenschaften zu treten.

Literaturverzeichnis

Assmann, Aleida. „Die Sprache der Dinge. Der lange Blick und die wilde Semiose". *Materialität der Kommunikation*. Hrsg. von Hans Ulrich Gumbrecht und K. Ludwig Pfeiffer. Frankfurt am Main: Suhrkamp, 1988. 237–251.

Barthes, Roland. *Das Reich der Zeichen*. Übers. von Michael Bischoff. Frankfurt am Main: Suhrkamp, 1981 [1970].

Barthes, Roland. „Variations sur l'écriture" [1973]. *Œuvres complètes Bd. 4: 1972–1976*. Nouvelle édition revue, corrigée et présentée par Éric Marty. Paris: Seuil, 2002. 267–316.

Bellemin-Noël, Jean. *Le texte et l'avant-texte. Les brouillons d'un poème de Milosz*. Paris: Larousse, 1972.

Bergk, Johann Adam. *Die Kunst, Bücher zu lesen. Nebst Bemerkungen über Schriften und Schriftsteller*. Jena: Hempel, 1799.

Bergk, Johann Adam. *Die Kunst zu denken. Ein Seitenstück zur Kunst, Bücher zu lesen*. Leipzig: Hempel, 1802.

Blair, Ann. „Note Taking as an Art of Transmission". *Critical Inquiry* 31 (2004): 85–107.

Boghardt, Martin. *Archäologie des gedruckten Buches*. Hrsg. von Paul Heedham in Verbindung mit Julie Boghardt. Wiesbaden: Harassowitz, 2008.

Bornstein, George. *Material Modernism. The Politics of the Page*. Cambridge, MA: Cambridge University Press, 2001.

Bornstein, George, und Theresa Tinkle (Hrsg.). *The Iconic Page in Manuscript, Print and Digital Culture*. Ann Arbor, MI: University of Michigan Press, 1998.

Brandstetter, Gabriele, Eva Cancik-Kirschbaum und Sybille Krämer (Hrsg.). *Schriftbildlichkeit*. Berlin: Oldenbourg, 2012.

Campe, Rüdiger. „Die Schreibszene. Schreiben". *Paradoxien, Dissonanzen, Zusammenbrüche. Situationen offener Epistemologie.* Hrsg. von Hans Ulrich Gumbrecht und K. Ludwig Pfeiffer. Frankfurt am Main: Suhrkamp, 1991. 759–772.

Derrida, Jacques. *Grammatologie.* Übers. von Hans-Jörg Rheinberger und Hanns Zischler. Frankfurt am Main: Suhrkamp, 1974 [1967].

Gadamer, Hans-Georg. „Poesie und Interpunktion" [1961]. *Gesammelte Werke Bd. 9: Ästhetik und Poetik II: Hermeneutik im Vollzug.* Tübingen: Mohr, 1993. 282–288.

Ganslandt, Björn. *Widerspenstige Drucksachen. Störung und Diagrammatik in der digitalen Typographie 1985–1995.* Dissertation Gießen 2012. http://geb.uni-giessen.de/geb/volltexte/2012/8866/(12. Mai 2014).

Genette, Gérard. *Paratexte. Das Buch vom Beiwerk des Buches.* Übers. von Dieter Hornig. Frankfurt am Main: Suhrkamp, 2001 [1987].

Giuriato, Davide, und Stephan Kammer (Hrsg.). *Bilder der Handschrift. Die graphische Dimension der Literatur.* Basel und Frankfurt am Main: Stroemfeld, 2006.

Giuriato, Davide, Martin Stingelin und Sandro Zanetti (Hrsg.). *„Schreibkugel ist ein Ding gleich mir: von Eisen". Schreibszenen im Zeitalter der Typoskripte.* München: Fink, 2005.

Giuriato, Davide, Martin Stingelin und Sandro Zanetti (Hrsg.). *„System ohne General". Schreibszenen im digitalen Zeitalter.* München: Fink, 2006.

Giuriato, Davide, Martin Stingelin und Sandro Zanetti (Hrsg.). *„Schreiben heißt: sich selber lesen". Schreibszenen als Selbstlektüren.* München: Fink, 2008.

Goodman, Nelson. *Sprachen der Kunst. Entwurf einer Symboltheorie.* Übers. von Bernd Philippi. Frankfurt am Main: Suhrkamp, 1995 [1976].

Grésillon, Almuth. *Éléments de critique génétique. Lire les manuscrits modernes.* Paris: Presses universitaires de France, 1994.

Gumbrecht, Hans-Ulrich, und K. Ludwig Pfeiffer (Hrsg.). *Materialität der Kommunikation.* Frankfurt am Main: Suhrkamp, 1988.

Gumbrecht, Hans-Ulrich. „Materialität der Kommunikation". *Grundbegriffe der Medientheorie.* Hrsg. von Alexander Roesler und Bernd Stiegler. Paderborn: Fink, 2005. 144–149.

Hoffmann, Christoph (Hrsg.). *Daten sichern. Schreiben und Zeichnen als Verfahren der Aufzeichnung.* Berlin und Zürich: diaphanes, 2008.

Javal, Émile. *Die Physiologie des Lesens und Schreibens.* Autorisierte Übers. nach der 2. Aufl. des Originals von F. Haass. Leipzig: Wilhelm Engelmann, 1907 [1905].

Kittler, Friedrich. *Aufschreibesysteme 1800–1900.* München: Fink, 1985.

Koschorke, Albrecht. *Körperströme und Schriftverkehr. Mediologie des 18. Jahrhunderts.* München: Fink, 1999.

Krämer, Sybille. „Sprache und Schrift oder: Ist Schrift verschriftete Sprache?" *Zeitschrift für Sprachwissenschaft* 15 (1996): 92–112.

Krämer, Sybille. „Zur Sichtbarkeit der Schrift oder: Die Visualisierung des Unsichtbaren in der operativen Schrift. Zehn Thesen". *Die Sichtbarkeit der Schrift.* Hrsg. von Susanne Strätling und Georg Witte. München: Fink, 2006. 75–83.

Krauthausen, Karin, und Omar W. Nasim (Hrsg.). *Notieren, Skizzieren. Schreiben und Zeichnen als Verfahren des Entwurfs.* Berlin und Zürich: diaphanes, 2010.

Lapacherie, Jean Gérard. „Der Text als ein Gefüge aus Schrift (Über die Grammatextualität)" [1984]. *Bildlichkeit. Internationale Beiträge zur Poetik.* Hrsg. von Volker Bohn. Frankfurt am Main: Suhrkamp, 1990. 69–88.

Latour, Bruno. „Drawing Things Together. Die Macht der unveränderlich mobilen Elemente" [1986]. *ANThology. Ein einführendes Handbuch zur Akteur-Netzwerk-Theorie*. Hrsg. von Andrea Belliger und David J. Krieger. Bielefeld: transcript, 2006. 259–307.

Latour, Bruno, und Steve Woolgar. *Laboratory Life. The Construction of Scientific Facts*. Princeton, NJ: Princeton University Press, 1986.

Leiner, Michael, D. E. Sattler und KD Wolff. „Vorwort". *Friedrich Hölderlin. Sämtliche Werke. ,Frankfurter Ausgabe'. Einleitung*. Hrsg. von D. E. Sattler. Frankfurt am Main: Roter Stern, 1975. 9–19.

McGann, Jerome J. *The Textual Condition*. Princeton, NJ: Princeton University Press, 1991.

Miller, Elizabeth Carolyn. „William Morris, Print Culture, and the Politics of Aestheticism". *Modernism/modernity* 15 (2008): 477–502.

Moles, Abraham A. *Informationstheorie und ästhetische Wahrnehmung*. Übers. von Hans Ronge in Zusammenarbeit mit Barbara und Peter Ronge. Köln: DuMont, 1971 [1958].

Müller, Lothar. *Weiße Magie. Die Epoche des Papiers*. München: Hanser, 2012.

Pfeiffer, K. Ludwig. „Materialität der Kommunikation?" *Materialität der Kommunikation*. Hrsg. von Hans Ulrich Gumbrecht und K. Ludwig Pfeiffer. Frankfurt am Main: Suhrkamp, 1988. 15–28.

Preetorius, Emil. „Die Buchkunst". *Die Form. Zeitschrift für gestaltende Arbeit* 2 (1927): 97–98.

Renner, Paul. „Die Schrift unserer Zeit". *Die Form. Zeitschrift für gestaltende Arbeit* 2 (1927): 109–110.

Sand, George. *Impressions et souvenirs*. Paris: Michel Lévy Frères, 1873.

Schäfer, Armin. *Die Intensität der Form. Stefan Georges Lyrik*. Köln, Weimar und Wien: Böhlau, 2005.

Schön, Erich. *Verlust der Sinnlichkeit oder Die Verwandlungen des Lesers. Mentalitätswandel um 1800*. Stuttgart: Klett-Cotta, 1987.

Steinich, Annette. „Schrift-Bilder. Kafkas Oktavhefte endlich im Faksimile zugänglich [Rez. zu: Franz Kafka: *Oxforder Oktavhefte 1 & 2*. Hrsg. von Roland Reuß und Peter Staengle. Basel und Frankfurt am Main: Stroemfeld, 2006]". *IASLonline*, 23. Februar 2008. http://www.iaslonline.de/index.php?vorgang_id=1893. (12. Mai 2014).

Stingelin, Martin. *„Mir ekelt vor diesem tintenklecksenden Säkulum"*. *Schreibszenen im Zeitalter der Manuskripte*. Hrsg. von Martin Stingelin. München: Fink, 2004.

Veblen, Thorstein. *The Theory of the Leisure Class. An Economic Study of Institutions*. New York, NY, und London: Macmillan, 1912 [1899].

Voorhoeve, Jutta (Hrsg.). *Welten schaffen. Zeichnen und Schreiben als Verfahren der Konstruktion*. Berlin und Zürich: diaphanes, 2011.

Weimar, Klaus. „Der Text, den (Literar-)Historiker schreiben". *Geschichte als Literatur. Formen und Grenzen der Repräsentation von Vergangenheit*. Hrsg. von Hartmut Eggert, Ulrich Profitlich und Klaus R. Scherpe. Stuttgart: Metzler, 1990. 29–39.

Wehde, Susanne. *Typographische Kultur. Eine zeichentheoretische und kulturgeschichtliche Studie zur Typographie und ihrer Entwicklung*. Tübingen: Niemeyer, 2000.

Wellbery, David E. „Die Äußerlichkeit der Schrift". *Schrift*. Hrsg. von Hans Ulrich Gumbrecht und K. Ludwig Pfeiffer. München: Fink, 1993. 337–348.

Wittmann, Barbara (Hrsg.). *Spuren erzeugen. Zeichnen und Schreiben als Verfahren der Selbstaufzeichnung*. Berlin und Zürich: diaphanes, 2009.

Zeller, Hans. „Die Faksimile-Ausgabe als Grundlagenedition für Philologie und Textkritik". *Textgenetische Edition*. Hrsg. von Hans Zeller und Gunter Martens. Tübingen: Niemeyer, 1998. 80–100.

2.2 Literarische Bildlichkeit und Rhetorik

Frauke Berndt

Sprachbildlichkeit

Ut pictura poesis („Das Dichtwerk gleicht dem Gemälde") steht in den Lehrbüchern der antiken Poetik und ausdrücklich in dieser Wendung bei Horaz geschrieben (vgl. Horaz 1967 [ca. 14 v. Chr.], 250–251). Dass literarische Texte freilich ihre eigene, medienspezifische Bildlichkeit haben, führt von der Poetik zur Rhetorik zurück. *Ut pictura oratio* steht zwar in keinem Lehrbuch der antiken Rhetorik, dennoch: Ebenso wie gute Bilder der Dichtung zur Schönheit verhelfen, verschaffen sie dem Redner – Rednerinnen sind in dieser historischen Disziplin nicht oder nur am Rand vorgesehen (vgl. Tonger-Erk 2012) – vor Gericht oder auf dem Marktplatz Gehör. Und weil sie die sprachlichen Mittel der Bildlichkeit und deren Wirkung nicht nur genau beobachtet, sondern auch auf Begriffe bringt und in einem System integriert, bildet die Rhetorik die Grundlage jeder literarischen Medienästhetik, die bis heute sowohl die allgemeinen Stilkategorien als auch die besonderen Namen der sprachlichen Gestaltungsmittel verwendet. Wolfram Groddeck verhandelt die Rhetorik deshalb nicht von ungefähr als Stilistik des Lesens, weil ihr begriffliches Wissen der Analyse literarischer Texte gute Dienste leistet – insbesondere der Analyse ihrer Bildlichkeit (vgl. Groddeck 2008 [1995]).

Die Konjunktion *ut* (‚wie') im Appell an die Dichtung macht schon deutlich, dass der Ausdruck ‚literarische Bildlichkeit' selbst ein bildlicher Ausdruck ist. Denn wie kann ein literarischer Text, der sich sprachlicher Zeichen bedient, bildlich sein? Doch wohl nur dadurch, dass er etwas zu leisten im Stande ist, das sich am Funktions- und Leistungsprofil des Bildes bemisst, sodass das Bild zu seinem Referenzmedium wird. Mit dieser Referenz wird freilich die Unterscheidung zwischen Vorstellungen, Künsten und Medien verwischt: Als Bild gelten sowohl mentale als auch konkrete Bilder – hier wiederum alle Bilder vom Piktogramm bis zum Gemälde. Die Eigenschaft der Bildlichkeit kann Gegenständen nämlich dann zugeschrieben werden, wenn sie eine bestimmte kognitive Wirkung haben – die Wirkung, anschauliche Vorstellungen zu erzeugen (vgl. Willems 1989). Obwohl es sich also bei Sprache und Bild um unterschiedliche Modalitäten handelt, weil sie verschiedenen Zeichensystemen entsprechen, kann beiden die Eigenschaft der Bildlichkeit zugeschrieben werden. In diesem Sinn ist ‚Sprachbildlichkeit' also die Eigenschaft der Sprache, anschauliche Vorstellungen zu erzeugen (vgl. 2.5 BROSCH). Dafür verwendet die Sprache freilich andere Techniken als das wahrnehmungsnahe Medium des Bildes (vgl. Sachs-Hombach 2013 [2003]). Diese Verfahren „rhetorischer Bildgebung" (Campe 1997, 208) werden in der Rhetorik auf eine Art und Weise reflektiert, die bis heute aktuell ist. Denn als Medientheoretiker *avant la lettre* loten die Rhetoriker die Möglichkeiten der Sprache und ihrer medialen Realisierungen in mündlicher Rede und schriftlichem Text aus, bildlich zu verfahren.

In der Summe zielt die antike Rhetorik auf die umfassende Ausbildung des Redners zu einem nicht nur sprachgewandten, sondern auch zu einem ethisch ‚guten Mann' (*vir bonus*) ab. Deshalb umfassen die Lehrbücher neben dem sprachlichen Regelwerk auch didaktische, ethische, pädagogische und politische Aspekte. (Er-)Findungslehre (*inventio*), Anleitungen zur Ordnung der Rede (*dispositio*), Darstellungs- beziehungsweise Stillehre (*elocutio*), Gedächtnislehre (*memoria*) sowie Anleitungen zum Aufführen der Rede (*actio*) bilden die fünf Teile des in der Ausführung dann variablen und flexiblen rhetorischen Systems (*officia oratoris*). Für die bildgebenden Verfahren ist die Stillehre (*elocutio*) zuständig, die im Wesentlichen vier Probleme behandelt und dementsprechend fünf Stilkategorien vorgibt: Kürze (*brevitas*) und Klarheit (*perspicuitas*) der Rede, Richtigkeit (Orthografie und Grammatik) der Sprache (*puritas*), Redeschmuck (*ornatus*) sowie Angemessenheit des Ausdrucks im jeweiligen Redekontext (*aptum*). Historisch wird das System bis ins 18. Jahrhundert überliefert (vgl. Campe 1990). Seitdem übernimmt die Stillehre neue Funktionen in der literarästhetischen Medientheorie (vgl. Berndt 2011).

In der Stillehre katalogisiert der römische Redner Quintilian in seiner *Institutio oratoria* (95 n. Chr.; *Ausbildung des Redners*) den Redeschmuck, den er grundsätzlich in Figuren und Tropen unterteilt. Als Figuren bezeichnet er alle Abweichungen vom ‚normalen', eben schmucklosen Sprachgebrauch: das Weglassen, Hinzufügen und Umstellen von Wörtern, Satzteilen und Sätzen, sowie darüber hinaus den performativen Gebrauch von Äußerungen, den die Gedankenfiguren (*figurae sententiarum*) abdecken – Fragen, Zweifeln, Behaupten, Appellieren etc. Quintilian geht davon aus, dass sich bei den Figuren die Bedeutung der Wörter nicht verändert, die durch das Wörterbuch bestimmt wird. Bei den Tropen – deshalb werden sie ‚Sprachbilder' genannt – hingegen ändert sich die Bedeutung der Wörter. Sowohl Figuren als auch Tropen tragen zur Bildlichkeit der Rede bei.

Veranschaulichen und Verlebendigen

Vor der Aufgabe, einem Gegenstand Klarheit zu verleihen, steht jeder Orator. Mit der Definition der dafür zuständigen Gedankenfigur reiht sich Quintilian in die römische Tradition ein. Er beruft sich auf Ciceros Abhandlungen *De oratore*

(55 v. Chr.; ‚Über den Redner') sowie *Orator* (46 v. Chr.; ‚Der Redner'), in denen Anschaulichkeit (*evidentia*, griech.: ἐνάργεια/*enargeia*) als eine performative Figur definiert wird (vgl. Cicero 1998 [46 v. Chr.], 119, und 1976 [55 v. Chr.], 573–575): „Die Figur nun, die Cicero als Unmittelbar-vor-Augen-Stellen bezeichnet, pflegt dann einzutreten, wenn ein Vorgang nicht als geschehen angegeben, sondern so, wie er geschehen ist, vorgeführt wird, und nicht im Ganzen, sondern in seinen Abschnitten" (Quintilian 1995b [ca. 95 n. Chr.], 287). Die Unterscheidung, auf die es Quintilian bei seiner Definition ankommt, ist diejenige zwischen propositionalem Sagen (*indicare*) und theatralem Zeigen (*ostendere*). Anschaulichkeit steht also weniger im Dienst der Repräsentation von Vergangenem – „als geschehen" –, sondern im Dienst der Aktualisierung, die auf einer der ursprünglichen Situation analogen Präsenz – „wie es geschehen ist" – basiert: Der römische Enzyklopädist Aulus Cornelius Celsus, den Quintilian nun anführt, „hat auch die Figur der Aktualisierung selbst ‚Anschaulichkeit' [...] benannt, bei anderen heißt sie ὑποτύπωσις [*hypotyposis*] (Ausprägung), eine in Worten so ausgeprägte Gestaltung von Vorgängen, daß man eher glaubt, sie zu sehen als zu hören" (ebd.) (siehe zu diesem Zusammenhang auch 4.5 BENTHIEN).

Im Spannungsfeld von Psychologie und Medienästhetik bestimmt Quintilians Definition die emotionale Wirksamkeit der Rede an der Vergegenwärtigung der Gegenstände. Im Gegensatz zum Bild besteht bei der Rede indes keine Ähnlichkeit zwischen dem signifikanten Material (Zeichenträger) und dem Referenten. Die Bildlichkeit der Rede findet vielmehr ‚im Kopf' der Hörerinnen und Hörer statt, ja verdankt sich einem Akt der (Vor-)Täuschung. Wenn aber unter dieser Voraussetzung von einer Rede beziehungsweise – auf diesen Transfer soll es hinauslaufen – von einem literarischen Text gefordert wird, dieselbe Wirkung wie ein Bild zu erzeugen, dann steht für Quintilian dasselbe Problem zur Lösung an, dem sich später Gotthold Ephraim Lessing gewidmet hat: Nicht im Ganzen (*nec universa*), überlegt Quintilian, kann Sprache einen sich zeitlich ausdehnenden Vorgang (*res gesta*) simultan darstellen, sondern in seinen Abschnitten (*per partis*). In der sprachlichen Sukzessivität entsteht also die Pseudo-Simultaneität der Anschaulichkeit. Deshalb betont Quintilian an den sprachlichen Verfahren der Veranschaulichung ausdrücklich die Selbstreferenz gegenüber der Fremdreferenz, oder anders gewendet (vgl. ebd.): Er gibt der Semiosis gegenüber der Mimesis den Vorrang (vgl. Riffaterre 1978b), „weil die Veranschaulichung (*evidentia*) oder, wie andere sagen, Vergegenwärtigung (*repraesentatio*) mehr ist als die Durchsichtigkeit (*perspicuitas*), weil nämlich letztere nur den Durchblick gestattet (*patere*), während die erstere sich gewissermaßen selbst zur Schau stellt (*ostendere*)" (Quintilian 1995b [ca. 95 n. Chr.], 177).

In der „Fülle seiner Rollen und der Vielfalt in Ersetzungsart und Wirkung erscheint das Vor-Augen-Stellen ‚selbst' wie die Unbekannte einer Funktion", so erläutert Rüdiger Campe die rhetorischen Suchbewegungen (Campe 1997, 209) – die Unbekannte einer Funktion ‚Bildlichkeit', bei deren performativer Bestimmung Quintilian nicht nur mit Celsus und Cicero, sondern vor allem auch mit Aristoteles rechnet. In dessen *Rhetorik* (ca. 349–336 v. Chr.) heißt es: „Es muss noch gesagt werden, was wir unter ‚vor Augen führen' [πρὸ ὀμμάτων ποιεῖν/ *pro ommaton poiein*] verstehen und was man tun muss, damit dies | zustande kommt. Ich sage nämlich von allem dem, dass es vor Augen führt, was etwas in einer Aktivität Befindliches bezeichnet", wobei Aristoteles den Akzent nicht auf die Veranschaulichung (ἐνάργεια/*enargeia*), sondern auf die Verlebendigung (ἐνέργεια/*energeia*) legt: „[D]ie Aktivität ist aber eine Bewegung" (Aristoteles 2002 [ca. 349–336 v. Chr.], 146–147). Veranschaulichung und Verlebendigung sind in ihrer langen Begriffsgeschichte sowohl in Konzepten der Ergänzung als auch des Ersatzes stets aufeinander bezogen worden. Diese zum Teil „innerterminologische Verwechslung" geht auf die Rechnung einer „eklektische[n] Zusammenschau verschiedener Sprachkonzepte" (Campe 1990, 230, Anm. 22) – der Zusammenschau des visuell-repräsentativen Sprachkonzepts der römischen Spätantike mit einem auf Aristoteles zurückgehenden energetisch-performativen Sprachkonzept, dessen Spuren in Quintilians selbstreferentieller Definition der Veranschaulichung noch zu finden sind. Campe geht sogar so weit, die Gedankenfigur des Vor-Augen-Stellens als „Metafigur der Rhetorik" zu bezeichnen (ebd., 209).

Während Quintilian buchstäblich auf die Inszenierung von Gegenständen abhebt und die Funktion ‚Bildlichkeit' im Horizont des Vergangenen denkt, bestimmt Aristoteles die Funktion als Verlebendigung unbelebter Gegenstände im Horizont der Zukunft. Die Beispiele in der aristotelischen *Rhetorik* stammen nicht von ungefähr aus literarischen Texten. Über Homer, dessen Epen Aristoteles für besonders gelungen hält, äußert er sich folgendermaßen: „[B]ewegt und lebendig macht er nämlich alles, die Aktivität ist aber eine Bewegung" (Aristoteles 2002 [ca. 349–336 v. Chr.], 147). Als Referenzmedium dient Aristoteles daher auch nicht das Bild; vielmehr greift er auf ein physikalisches Modell zurück. Mit der Bewegung geht es ihm um das Prinzip der Verwirklichung einer Möglichkeit. Das Kategorienpaar ‚Potenz' und ‚Akt' (δύναμις/*dynamis*; ἐνέργεια/*energeia*), das dieses Prinzip ausdrückt, hat Aristoteles bereits aus der *Physik* in die *Metaphysik* und in die *Nikomachische Ethik* (alle 4. Jh. v. Chr.) übersetzt. In *Rhetorik* und *Poetik* (beide um 335 v. Chr.) bindet er die Bewegung nun sowohl an unbildliche Verfahren der Aktualisierung (Verbformen des Präsens, Imperativ, Apostrophe, direkte Rede) als auch an bildgebende Verfahren. Neben der Metonymie, die „Unbeseeltes [...] zu Beseeltem" macht, spielt vor allem die „nach der Analogie gebildete[] Metapher" eine zentrale Rolle für die Verlebendigung (ebd., 146). Mit ihrem Bewegungsaspekt dynamisiert Aristoteles die statische Funktion ‚Bildlichkeit', sodass in der Folge die emotionale Wirksamkeit der Rede gegenüber der

Veranschaulichung gesteigert wird. Diesem Umstand trägt auch Quintilian in seiner Affektenlehre Rechnung, in der er die Gefühlswirkungen der „Phantasiebilder" (*visiones*) analysiert: „Daraus ergibt sich die ἐνάργεια [*enargeia*] (Verdeutlichung), die Cicero *illustratio* (Ins-Licht-Rücken) und *evidentia* (Anschaulichkeit) nennt, die nicht mehr in erster Linie zu reden, sondern vielmehr das Geschehene anschaulich vorzuführen scheint, und ihr folgen die Gefühlswirkungen so, als wären wir bei den Vorgängen selbst zugegen" (Quintilian 1995a [ca. 95 n. Chr.], 711).

Vergegenwärtigen

Die Spannung zwischen Fremd- und Selbstreferenz der Anschaulichkeit tritt auch bei den Figuren der Vergegenwärtigung (ὑποτύπωσις/*hypotyposis*) offen zutage – das sind vor allem: Metapher (μεταφορά/*metaphora*), Metonymie (μετωνυμμία/ *metonymia*) und Synekdoche (συνεκδοχή/*synekdoche*) (vgl. Kurz 2004 [1976]; Kohl 2007). Ebenso wenig wie bei den beiden Gedankenfiguren geht es bei den Tropen lediglich um bildgebende Verfahren im Besonderen. Denn eigentlich interessiert die Rhetorik das Funktions- und Leistungsprofil symbolischer Zeichen (*signa visibiles*) im Allgemeinen (vgl. Berndt 2011). Die Formen der Vergegenwärtigung sind dementsprechend vielfältig: Bildlich werden vor allem Verben, Adjektive und Nomen – hier vor allem Konkreta und Eigennamen – in unterschiedlichen grammatischen Funktionen verwendet. Deren durch ihren Gegenstandsbezug ohnehin bereits gegebene Anschaulichkeit wird durch eine von Theorie zu Theorie ganz unterschiedlich begründete Bedeutungserweiterung gesteigert. Vor allem der aristotelischen Semantik liegt daher eine voraussetzungsreiche Ontologie zugrunde (vgl. Ricœur 1986 [1975]), wenn er definiert: „Denn gute Metaphern zu finden, hängt von der Fähigkeit ab, Ähnlichkeiten [d. h. in Verschiedenem das Gleiche] zu erkennen." (Aristoteles 2011 [ca. 335 v. Chr.], 33) Unter den drei Metapherntypen rangiert bei Aristoteles die Analogiemetapher an oberster Stelle: „Von einer analogen ‚Verwendungsweise' spreche ich, wenn sich das Zweite zum Ersten genauso verhält wie das Vierte zum Dritten. Man wird nämlich anstelle des Zweiten das Vierte oder anstelle des Vierten das Zweite nennen. Und manchmal setzt man hinzu, | worauf der Ausdruck, der stellvertretend verwendet wird, bezogen ist" (ebd., 30). Die Proportionen folgen dem Schema des Dreisatzes (vgl. Groddeck 2008 [1995], 257): A : B = C : D. Über Kreuz erhält man die folgende Gleichung: A : D = C : B.

In seinen *Beiträgen zu einer Kritik der Sprache* (1912) erklärt Fritz Mauthner die aristotelische Tropologie folgendermaßen: „Es verhalte sich z. B. die Trinkschale des Dionysos zu diesem Gotte wie der Schild zum Gotte Ares" (Mauthner 1967 [1912], 457). Die Pointe besteht darin, dass man „darum ganz mechanisch die Glieder der Proportion miteinander vertauschen und geistreich sagen" könne, „die Trinkschale sei der Schild des Dionysos (was immerhin nicht ohne Witz wäre, füge ich hinzu), oder der Schild sei die Trinkschale des Ares (was schon recht abgeschmackt wäre)" (ebd.). Offenbar stört sich Mauthner daran, dass diese Metapher den Gott des Blutbades und Massakers zu einem Vampir macht. Nicht nur für die gewöhnliche Metapher, sondern auch für die Katachrese (κατάχρησις/ *katachresis*), bei der ein lexikalisches Element fehlt, funktioniert das Analogie-Verfahren tadellos, zum Beispiel bei der Metapher ,Säend das göttliche Licht'. Die Tätigkeit der Sonne (A) verhält sich zum göttlichen Licht (B) wie das Säen (C) zum Samen (D). Über Kreuz erhält man die Metapher für das fehlende Prädikat zum Subjekt des Sonnenlichts.

Im Spannungsfeld von Fremd- und Selbstreferenz zeigen aber auch die aristotelischen Beispiele, dass es konzeptuell zu kurz greift, literarische Bildlichkeit auf Anschaulichkeit und Anschaulichkeit auf Gegenständlichkeit zu verpflichten. Die auf Aristoteles folgenden Definitionen entkoppeln die Metapher deshalb nicht von ungefähr von den ontologischen Grundlagen. Dementsprechend wertet Quintilian die Tropik zur universalen Übersetzungsmaschine auf beziehungsweise um: „Ein Tropus ist die kunstvolle Vertauschung der eigentlichen Bedeutung eines Wortes oder Ausdruckes mit einer anderen" (Quintilian 1995b [ca. 95 n. Chr.], 217). Tropen operieren hier bloß noch auf der Ebene des Zeichens: „Übertragen wird also ein Nomen oder Verbum von der Stelle, wo seine eigentliche Bedeutung liegt, auf die, wo eine eigentliche (*proprium*) Bedeutung fehlt oder die übertragene (*improprium*) besser ist als die eigentliche" (ebd., 219). Jacques Derrida erkennt in der Metapher daher die strukturelle Matrix aller „symbolischen oder analogen Figuren", die er *per definitionem* für selbstreferentiell hält: „Die Metapher wurde immer definiert als die Trope der Ähnlichkeit; nicht bloß zwischen einem Signifikant und Signifikat, sondern bereits zwischen zwei Zeichen, von denen das eine das andere darstellt" (Derrida 1988 [1972], 210). Als Übersetzungen (*translationes*) dienen die Metapher und sämtliche ihr neben- oder untergeordneten Tropen der Bedeutungsverschiebung (*synecdoche*) und Umbenennung (*metonymia*) stets der Ersetzung von Abstrakta durch Konkreta, damit die Anschaulichkeit des literarischen Textes zunimmt. Davon zeugt nicht zuletzt die schlichte Definition der Metapher als verkürzter Vergleich (*metaphora brevior est similitudo*): „Eine Vergleichung (*comparatio*) ist es, wenn ich sage, ein Mann habe etwas getan ,wie ein Löwe', eine Metapher, wenn ich von dem Mann sage: ,er ist ein Löwe'" (Quintilian 1995b [ca. 95 n. Chr.], 221).

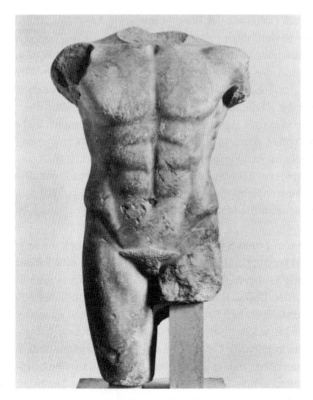

Abb. 1: *Torso aus Milet,* Marmorplastik, um oder nach 480 v. Chr.

Wie Fremd- und Selbstreferenz bei den Tropen ineinandergreifen, zeigt die literarische Bildlichkeit in Rainer Maria Rilkes Sonett auf den Torso von Milet (Abb. 1). Im *Archaïschen Torso Apollos* (1908) ersetzt Rilke die Wahrnehmung des entstellten Steins durch die Imagination eines lächelnden Gesichts:

Archaïscher Torso Apollos

Wir kannten nicht sein unerhörtes Haupt,
darin die Augenäpfel reiften. Aber
sein Torso glüht noch wie ein Kandelaber,
in dem sein Schauen, nur zurückgeschraubt,

sich hält und glänzt. Sonst könnte nicht der Bug
der Brust dich blenden, und im leisen Drehen
der Lenden könnte nicht ein Lächeln gehen
zu jener Mitte, die die Zeugung trug.

Sonst stünde dieser Stein entstellt und kurz
unter der Schultern durchsichtigem Sturz
und flimmerte nicht so wie Raubtierfelle;

und bräche nicht aus allen seinen Rändern
aus wie ein Stern: denn da ist keine Stelle,
die dich nicht sieht. Du mußt dein Leben ändern.

(Rilke 1996 [1908], 513)

Den Ausgangspunkt dieses Prozesses bildet eine Negation („wir kannten nicht"),
die den metaphorischen Prozess in Gang setzt: Der Torso ist buchstäblich kopflos.
Dass das unerhörte Haupt eine Synekdoche für den griechischen Gott des Lichts,
der Weissagung und der Künste (vor allem der Musik, aber auch der Dichtung) ist,
wird vom Schluss des Sonetts her deutlich, an dem dieser Gott spricht; nach 13
Versen des Sonetts wird er im letzten nun endlich ‚erhört'. Doch gehorcht die auf
die Negation folgende Imagination keinen mimetischen Regeln. Bereits der erste
Anschluss im zweiten Vers mit dem Pronominaladverb ‚darin' ist ebenso ungram-
matisch wie der folgende Ausdruck der reifenden Augenäpfel. Metaphorisch wäre
er, würde man das Verb ‚reifen' im Kompositum auf das Genitivattribut ‚Augen'
beziehen; im Bezug auf die Äpfel ist das Reifen aber keineswegs metaphorisch.
Die semantische Doppeldeutigkeit (*ambiguitas*) des Ausdrucks sorgt insofern für
Unanschaulichkeit, als sie gegen die Stilkategorie der Klarheit verstößt. Denn
das Wortspiel (παρονομασία/*paronomasia*) ist eben nicht auf einen Gegenstand –
weder die Augen noch die Äpfel – hin durchsichtig, sondern erzeugt sprachliche
Undurchsichtigkeit (*obscuritas*). Diese Opazität nimmt mit der komplexen Bildlichkeit noch weiter zu, die durch die adversative Verbindung des Hauptes mit
dem Körper gesteigert wird. Dabei wird der Körper mit einer Leuchte verglichen:
„Aber sein Torso glüht noch wie ein Kandelaber". Im Relativsatz anagrammiert
Rilke das Wortfeld des Sinnesorgans ‚Auge' mit dem Wortfeld der Leuchttechnik
des Kandelabers (vgl. Starobinski 1980, 125–126).

Was in Rilkes Sonett der Macht der philologischen Gewohnheit folgend als
literarische Bildlichkeit bezeichnet wird, verdankt sich bei genauerer Überlegung
einer topischen Kombinatorik. Denn die vermeintlichen Bilder sind Topoi, das
heißt semantische Versatzstücke aus dem Apollon-Archiv, sodass man Rilkes
bildgebendes Verfahren als etymologisches bezeichnen könnte (vgl. Willer 2004,
39). Alle visuellen Ausdrücke, die organischen wie die technischen, verweisen
auf die Licht- oder Feuernatur des Gottes, die „Raubtierfelle" auf seine Löwen-
gestalt. Die Etymologie führt vom Glänzenden über die Sonne zum ‚Äugler'; ja
selbst der Apfelgott Apollon kann im Archiv gefunden werden (vgl. Fauth 1964,
441). Dass die Bilder im Irrealis stehen, betont das Paradox anschaulicher Unan-

schaulichkeit, das wie gehabt durch die Spannung zwischen Fremd- und Selbst-referenz entsteht. Jedenfalls erzeugen die Verse eine dergestalt surrealistische Gegenständlichkeit wie sie René Magrittes Gemälde *Le viol* (‚Die Vergewaltigung‘; 1934) abbildet (Abb. 2). ‚Vergewaltigt‘ oder zumindest: missverstanden wird Rilkes Sonett nämlich, sobald der Rezipient die einzelnen Bilder ‚in seinem Kopf‘ hermeneutisch zu einem Ganzen zusammensetzt. Gegenüber seinen Teilen verliert ein solches Ganzes sowohl an semantischer Komplexität als auch an emotionaler Wirksamkeit.

Abb. 2: René Magritte: *Le viol*, Öl auf Leinwand, 1934

Mit dem Paradox anschaulicher Unanschaulichkeit setzt Rilkes Sonett offenbar weniger auf statische Veranschaulichung in quintilianscher Tradition als auf dynamische Verlebendigung in aristotelischer Tradition, weniger auf Repräsentation als auf Präsenz. Sie wird nicht zuletzt dadurch erreicht, dass die einzelnen Teile des ‚Haupt-Körpers‘ durch Verbmetaphern aktiviert werden: reifen, glühen, glänzen, blenden, flimmern, ausbrechen. Da Aristoteles nur beseelten Gegenständen Strebungsvermögen (Willen) zuspricht, ist es die Aufgabe der Metapher, unbeseelte Gegenstände zu beseelen. In Homers *Ilias* findet Aristoteles etwa das Beispiel: „Und die Spitze fuhr ihm durch die Brust hindurch, begierig" (Homer 1977 [8./7. Jh. v. Chr.], 257; vgl. Aristoteles 2002 [ca. 349–336 v. Chr.], 147). Um die Brust des Feindes zu durchbohren, stürmt der Pfeil dahin. Sein eigentliches Wesen liegt einzig und allein in dem Zweck (ἐντελέχεια/*entelecheia*) begründet, den Feind zu töten.

In den römischen Lehrbüchern werden dergestalt emotionale ‚Sprachbilder' nicht in der Stillehre, sondern in den Gedächtnislehren behandelt. In diesem Teil werden alle Schwierigkeiten, Probleme, Aporien und Ambiguitäten der Rhetorik in das System zurückgeholt, sodass man ihn als einen *re-entry* innerhalb des rhetorischen Systems bezeichnen kann (vgl. Berndt 2004, 33–35). In ihrem Zentrum steht das theatrale Bild (*imago agens*), das eben gerade kein mimetisches Bild ist. Genauso wie Rilkes Metaphern sind die *imagines agentes* emotionale und dem Gedächtnis deshalb gut einprägsame Bilder, die nicht fremd-, sondern selbstreferentiell konzipiert sind, das heißt, denen „keine bildliche Analogie (*nulla similitudine*)" zugrunde liegt (Cicero 1976 [55 v. Chr.], 437). In der von einem Unbekannten im ersten vorchristlichen Jahrhundert verfassten Rhetorik *De ratione dicendi ad C. Herennium* (ca. 86–82 v. Chr.) heißt es in diesem Sinn: „Da nun also den Vorgängen die Bilder ähnlich sein müssen und wir aus allen Vorgängen für uns Ähnlichkeiten auswählen müssen, müssen also die Ähnlichkeiten doppelt sein, zum einen mit den Vorgängen, zum anderen mit den Worten (*unae rerum, alterae verborum*)" (*Rhetorica ad Herennium* 1998 [ca. 85 v. Chr.], 171). Weil solche Bilder ihre Gegenstände nicht abbilden, wird in ihnen „die Repräsentations- durch eine Erinnerungsfunktion" überlagert (Lachmann 1990, 29): „Im Konzept des Fingierens der imagines oder simulacra [...] ist die Entähnlichung enthalten" (ebd.).

Detaillieren

„Eine Sprachbildlichkeit im Sinne von Metaphorik kommt nicht durch Gegenstandsreferenz, sondern durch Autoreferenz zustande", so fasst es Eckhard Lobsien zusammen (Lobsien 1990, 97). Von den Figuren der Vergegenwärtigung unterscheidet die Rhetorik deshalb die Figuren der Detaillierung (*amplificatio*) (vgl. Campe 1990, 5). Ihr „Texteffekt [...], der durch gezielte Strategien einer Rücknahme jener Selbstpräsentationstendenzen der Sprache erzeugt wird", steht im Dienst einer „quasi-wahrnehmungsmäßige[n] Gegenstandserfassung" (Lobsien 1990, 97). Detaillierungen basieren darauf, dass ein Gegenstand in seinen Eigenschaften erfasst, und das heißt umgekehrt, in seine Eigenschaften zerlegt wird. Weil Detaillierung mehr oder weniger ausdrücklich mit Wahrnehmung kalkuliert, sodass dieses bildgebende Verfahren in literarischen Texten nicht selten mit einer personalisierten Wahrnehmungssituation einhergeht (vgl. Mergenthaler 2002, 321–345), fallen in den entsprechenden Figuren Rhetorik und Ästhetik in eins. Indem Detaillierungen auf die – in einer Formulierung von Martin Seel – „phänomenale Präsenz" (Seel 2000, 52) der Gegenstände treffen, basieren sie auf „phänomenale[r] Individualität" (ebd., 56). Seel veranschaulicht die ästhetische Wahrnehmung am Beispiel eines roten Balls, der seinem Nachbarsjungen Oskar gehört: Dieser Ball ist nicht nur rund, rot und aus Leder, sondern darüber hinaus hat er auch Eigenschaften, die von einer Person wie Oskar oder seiner Mutter – sowohl von ihrem Standpunkt und ihrer Perspektive als auch von ihren Neigungen, Meinungen und Interessen – abhängen.

Die Rhetorik katalogisiert zwar sehr viele Figuren der Detaillierung, jedoch liegt strukturell allen die Matrix der Wiederholung (geminatio) zugrunde. Denn mit jeder Detaillierung wird die einstellige res-verbum-Relation verdoppelt: Mindestens zwei, tendenziell (unendlich) viele Wörter drücken eine Sache aus, sodass auch in der Detaillierung Semiosis über Mimesis triumphiert. Grundsätzlich lassen sich inner- von außerthematischen Detaillierungen unterscheiden: Erstere bestimmen nur einen Gegenstand, letztere überschreiten die Grenze von einem Gegenstand zu anderen. Zu dieser ersten Unterscheidung kommt eine zweite hinzu. Denn es gibt Detaillierungen, die einen Gegenstand in seine Eigenschaften gliedern, indem sie diese subordinieren. Sie bezwecken eine abgeschlossene beziehungsweise geschlossene Darstellung des Gegenstands, die ihn in sämtlichen Eigenschaften erfassen soll. Detaillierungen können jedoch auch die Eigenschaften eines Gegenstands sammeln und lediglich koordinieren, ohne den Gegenstand in seinen mannigfaltigen Eigenschaften und Beziehungen vollständig darzustellen (vgl. Lausberg 2008 [1960], 336–346). „Texte dieser Art" können sowohl „anschaulicher als auch kryptischer sein als andere" (Plett 1991 [1971], 45). In literarischen Texten gehen Detaillierung und Reihenbildung daher Hand in Hand – etwa wenn der Sänger im zweiten Gesang der Ilias anhebt: „Die Führer aber der Schiffe will ich nennen und die Schiffe allesamt" (Homer 1977 [8./7. Jh. v. Chr.], 35), um sie im Folgenden aneinanderzureihen. Sabine Mainberger unterscheidet drei Reihungstypen: die endliche, erschöpfend darzustellende Reihe, die unendliche, nicht erschöpfend darzustellende Reihe sowie die endliche, aber empirisch kaum zu erfassende, deshalb nicht erschöpfend darzustellende Reihe (vgl. Mainberger 2003, 11). Geht man davon aus, dass es den ersten Typ nur idealiter geben kann, sind Detaillierungen realiter immer davon bedroht, ihren Gegenstand ‚aus den Augen zu verlieren' beziehungsweise ihn buchstäblich zu zerreden.

Unter den Detaillierungen spielt die Beschreibung (descriptio) eine Hauptrolle für die literarische Bildlichkeit. In den ersten Sätzen seiner Erzählung Der

Schatten des Körpers des Kutschers (1960) verbindet etwa Peter Weiss Beschreibung und Aufzählung (*enumeratio*): „Durch die halboffene Tür sehe ich den lehmigen, aufgestampften Weg und die morschen Bretter um den Schweinekofen. Der Rüssel des Schweins schnuppert in der breiten Fuge [sic!] wenn er nicht schnaufend und grunzend im Schlamm wühlt. Außerdem sehe ich noch ein Stück der Hauswand, mit zersprungenem, teilweise abgebröckeltem gelblichen Putz, ein paar Pfähle, mit Querstangen für die Wäscheleinen, und dahinter, bis zum Horizont, feuchte, schwarze Ackererde" (Weiss 1991 [1960], 9). In dieser Beschreibung machen nicht nur die iterativ-durativen Zeitraffungen mithilfe der Verben, sondern vor allem auch die mit einer konzessiven, koordinierenden Konjunktion eingeleitete Negation in selbstreflexiver Wendung auf den referentiellen Fehlschluss (*referential fallacy*) der Detaillierung aufmerksam (vgl. Riffaterre 1978a). Tatsächlich kann der Ich-Erzähler nicht sehen, ob der Rüssel des Schweins „in der breiten Fuge" „schnuppert" oder – ‚x ist der Fall, wenn nicht y der Fall ist' – „schnaufend und grunzend im Schlamm wühlt" und selbstverständlich auch nicht, dass der Rüssel – Synekdoche des Schweins – schnauft und grunzt. Letzteres kann er möglicherweise hören, die gesamte Szene aber allenfalls erinnern. Dergestalt erweist sich die Beschreibung als eine radikal konstruktivistische Figur, die Wahrnehmungen, Erinnerung und vor allem Wissen akkumuliert, sodass sich die Beschreibung mit ‚sozialer Energie' anreichert (vgl. Drügh 2006, 371–409). Deshalb wendet sich Emil Angehrn entschieden gegen die „Grundillusion [...] des Immediatismus des Beschreibens" (Angehrn 1995, 65) – und zwar sowohl gegen den Immediatismus der Beschreibung im Allgemeinen als auch der Bildbeschreibung (ἔκφρασις/*ekphrasis*; siehe 2.7 Rippl und 4.1 Wandhoff) sowie Kunstbeschreibung im Besonderen: „Die Differenz zwischen Fiktion und Abbildrealismus" ist lediglich „eine Frage der Konvention" (ebd., 72). Denn ein Bild ihres Gegenstandes produziert die Beschreibung völlig unabhängig davon, ob sie auf Wirklichkeit referiert oder nicht. Deshalb kann Rilke in seinem ekphrastischen Sonett – um das Beispiel des *Archaïschen Torsos Apollos* noch einmal aufzugreifen – durch ein bildgebendes Verfahren, das Vergegenwärtigung mit Detaillierung verbindet, dem Gott ein Gesicht geben. Mittels der Gedankenfigur der Erfindung von Personen (*fictio personae*, griech.: προσωποποιία/*prosopopoiia*) ertönt im letzten Vers in selbstreferentieller Wendung die Stimme Apollons als Stimme des Gedichts (vgl. Menke 2000, 137–216). Seine Botschaft variiert die Inschrift am Eingang des Delphischen Tempels ‚Erkenne dich selbst' (γνῶθι σεαυτόν/*gnothi seauton*): „Du mußt dein Leben ändern" (Rilke 1996 [1908], 513).

Erzählen

Das Problem der Anschaulichkeit führt in der Rhetorik also zum einen zur Stillehre und dort zu den Figuren der Vergegenwärtigung und Detaillierung, zum anderen zur Gedächtnislehre und dort zu den *imagines agentes*. Darüber hinaus spielt Anschaulichkeit aber auch im ersten Teil des rhetorischen Systems, der (Er-)Findungslehre, und dort bei der Einteilung der Rede unter dem Stichwort ‚Erzählung' (*narratio*) eine wichtige Rolle (vgl. Solbach 1994, 75–97): „Anschaulichkeit (*evidentia*) ist zwar [...] in der Erzählung ein großer Vorzug, indem etwas Wahres nicht nur ausgesprochen (*dicere*), sondern gewissermaßen vorgeführt zu werden verdient (*ostendere*), doch kann man sie zur Deutlichkeit (*perspicuitas*) rechnen" (Quintilian 1995a [ca. 95 n. Chr.], 461 und 463). Mit dieser Wendung verweist Quintilian zur weiteren Klärung des Problems auf die Gedankenfiguren ἐνάργεια/*enargeia* und ἐνέργεια/*energeia*. Sieht man vom Wahrheitsproblem einmal ab, geht es Quintilian auch hier um den Unterschied von propositionalem Sagen und theatralem Zeigen mit belehrender, aber ohne emotionale Wirkung. Gedankenfiguren und narratives Genre verweisen innerhalb des rhetorischen Systems also wechselseitig aufeinander, wobei beider Performativität den Dreh- und Angelpunkt der Beziehung bildet.

Tatsächlich verhandelt Quintilian die *narratio* aber nicht nur als Abschnitt der Rede (*pars orationis*), sondern auch als „gerahmte[] Stelle" (Campe 1997, 219), die den Stellenwert einer Figur oder eines Tropus hat. Um die Wirkung einer solchen ‚Stelle' zu erklären, greift er in der Stillehre auf den Tropus der Allegorie zurück – den Narrationstropus. „[A]nders als auf dem öffentlichen Marktplatz, der Agora, reden" (Kurz 2004 [1976], 34), so lautet die wörtliche Übersetzung der griechischen Wendung ἄλλος ἀγορεύειν/*allos agoreuein*. Quintilian definiert den Tropus in diesem Sinn als *metaphora continua*: „Die *Allegorie*, die man im Lateinischen als *inversio* (Umkehrung) bezeichnet, stellt einen Wortlaut dar, der entweder einen anderen oder gar zuweilen den entgegengesetzten Sinn hat [Ironie, d. Verf.]. Die erste Art erfolgt meist in durchgeführten Metaphern" (Quintilian 1995b [ca. 95 n. Chr.], 237). Sein Beispiel findet er bei Horaz: „So etwa, ‚Schiff, dich treibt die Flut wieder ins Meer zurück! | Weh, was tust du nur jetzt! Tapfer dem Hafen zu' und die ganze Stelle bei Horaz, an der er Schiff für das Gemeinwesen, Fluten und Stürme für Bürgerkriege, Hafen für Frieden und Eintracht sagt" (ebd.).

Während sich die Allegorieforschung vorwiegend um das Verhältnis von wörtlicher (*sensus litteralis*) und allegorischer Bedeutung (*sensus allegoricus*) in vollständigen (*allegoria tota*) oder ausgelegten Allegorien (*allegoria permixta*) gekümmert hat, ist die narrative Struktur des Tropus ins Hintertreffen geraten (vgl. Alt 1995, 3–33; Drügh 2000, 7–30). Weil diese Narrativität aber bereits in der Sukzessivität der Veranschaulichung angelegt ist, verlangt sie gewissermaßen nach einem eigenen Tropus. Dabei kennt Quintilian ebenso Allegorien mit Wörtern, die in übertragener, uneigentlicher Bedeutung verwendet werden (*allegoria cum translationibus*), wie solche mit Wörtern, die in eigentlicher Bedeutung verwendet werden (*allegoria sine translationibus*); was sie verbindet, ist ihre Zeitlichkeit. „The problem of allegorical narrative [is] primarily a temporal issue" (Fineman 1981, 26), so bringt es Joel Fineman in Bezug auf Roman Jakobsons strukturalistisches Sprachmodell auf den Punkt. „[A]llegory would be the poetical projection of the metaphoric axis onto the metonymic" (ebd., 31) – und zwar unter folgender Voraussetzung: „[M]etaphor is understood as the synchronic system of difference, which constitutes the order of language (*langue*), and metonymy as the diachronic principle of combination and connection by means of which structure is actualized in time in speech (*parole*)" (ebd.).

Eine Sonderform der Allegorie ist die Ersetzung von Abstrakta durch handelnde und sprechende Personen mittels der bereits erwähnten Gedankenfigur der Prosopopoiia, die im Hinblick auf die in der Anrede erzeugte Performativität des Quintilian-Beispiels („Schiff, dich treibt ...") interessant ist. Durch diese Verlebendigung gewinnt die Allegorie nämlich an Anschaulichkeit. Während allegorische Personifikationen normalerweise intradiegetisch auftauchen, figuriert die Gedankenfigur der Anrede (ἀποστροφή/*apostrophe*) in der Adresse an das intradiegetische Schiff eine extradiegetische Stimme in der zweiten Person Singular, die den Erzählakt durch den Ausruf (*exclamatio*) inszeniert, ja theatralisiert: „Weh was tust Du nur jetzt!" (Quintilian 1995b [ca. 95 n. Chr.], 237) Dergestalt implementiert er der Allegorie also eine Vermittlungsinstanz, während die Verben – zurücktreiben, treiben und (zu-)bewegen – den Tropus verzeitlichen, sodass Erzählzeit und erzählte Zeit in einer doppelten zeitlichen Sequenz auseinandertreten. Allegorie und Erzählung fallen also in dieser narrativen Struktur zusammen.

Daraus folgt, dass Erzählungen in der ersten Person Singular besonders anschaulich, weil besonders lebendig sind. Denn in der Regel ist der narrative Akt in solchen Erzählungen sowohl körper- und perspektivgebunden als auch kommunikations- und traditionsbezogen. Man kann sich also die Figur vorstellen, die wie beispielsweise in Franz Kafkas Erzählung *Die Brücke* (1917) ihre eigene Geschichte erzählt: „Ich war steif und kalt, ich war eine Brücke, über einem Abgrund lag ich. Diesseits waren die Fußspitzen, jenseits die Hände eingebohrt, in bröckelndem Lehm habe ich mich festgebissen. Die Schöße meines Rockes wehten zu meinen Seiten. In der Tiefe lärmte der eisige Forellenbach" (Kafka 1993 [1917], 304). Die Anschaulichkeit der Erzählung basiert auf der Fokalisierung beziehungsweise Konzeptualisierung durch die in erster Person Singular (intradiegetisch-autodiegetisch) erzählende Brücke, genauer gesagt von der Verkörperung (*embodiment*) dieses Erzählens, zum Beispiel der Position der Hände, der Füße sowie der Wahrnehmung der Brücke (vgl. Herman 2002, 301–330). Die Anschaulichkeit nimmt ab, sobald stattdessen eine logisch außerhalb der fiktiven Welt angesiedelte Instanz in dritter Person (extradiegetisch-heterodiegetisch) über die Brücke erzählt, bis die Erzählsituation von dieser Rahmen- wieder in die Binnenerzählung wechselt: „Kein Tourist verirrte sich zu dieser unwegsamen Höhe, die Brücke war in den Karten noch nicht eingezeichnet. – So lag ich und wartete; ich mußte warten. Ohne einzustürzen kann keine einmal errichtete Brücke aufhören, Brücke zu sein" (Kafka 1993 [1917], 304).

Das Leistungsprofil des Referenzmediums ‚Bild', an dem sich das Funktions- und Leistungsprofil des literarischen Textes bemisst, wenn ihm Bildlichkeit zugeschrieben wird, gerät mit der narrativen Allegorie freilich an seine Grenzen. Erst am Ende des 19. Jahrhunderts holen die visuellen Medien die literarischen Texte wieder ein, die im Spannungsfeld von Narrativität und Performativität bewegte Bilder erzeugen. Denn ‚filmisch' verfährt die Allegorie, lange bevor der Film als bewusstseins-, wahrnehmungs- und erfahrungsprägendes Leitmedium für die Besetzung der Unbekannten in der Funktion ‚Bildlichkeit' dem Bild den Rang abläuft (siehe 4.10 HARRIS und 4.11 TRIPP); das zeigt beispielhaft die proto-kinematografische Wahrnehmung einer Eisenbahnfahrt in Julius Harts *Auf der Fahrt nach Berlin* (1885), in dem die Landschaftsbilder vor dem inneren Auge des Rezipienten vorbeifliegen: „[...] Zerzauste Wolken, winddurchwühlter Wald | Und braune Felsen schießen wirr vorüber, | Dort graut die Havel, und das Wasser schwallt, | Die Brücke, hei! dumpf braust der Zug hinüber." (Hart 1982 [1885], 42) In der Kombination von Figuren der Detaillierung, Narrativierung und Performativität („hei!") erzeugt das Gedicht kein statisches Gesamtbild, sondern eine dynamische Bildfolge, die als Allegorie des Fortschritts darüber hinaus die literarische Bildlichkeit in den Dienst semantischer Komplexität stellt.

Textbildlichkeit

Für das Funktions- und Leistungsprofil des literarischen Textes, anschauliche Vorstellungen zu erzeugen, gibt die Rhetorik Begriffe an die Hand, die bis heute an Aktualität nichts verloren haben. Doch im Gegensatz zu späteren Literaturtheorien beschränkt die Rhetorik ihr Interesse an der Bildlichkeit keineswegs auf Figuren und Tropen. Stattdessen kalkuliert diese Texttheorie sehr differenziert mit den beiden Modalitäten ‚Sprache' und ‚Bild'. Neben der gesprochenen Rede berücksichtigt die Rhetorik daher auch den geschriebenen Text. Immer wieder finden sich in den Lehrbüchern Hinweise auf die Schrift, die nicht nur als (sekundäres) Zeichensystem der Rede, sondern auch in ihrer eigenen ‚Schriftbildlichkeit' beachtet wird (vgl. 2.1 KAMMER). So sind eine Reihe von Figuren rein grafisch bestimmt, wie das von Cicero 44 v. Chr. in *De Divinatione* (,Über die Weissagung') angeführte Akrostichon „Q. Ennius fecit" („Q. Ennius ist der Verfasser"), das die Anfangsbuchstaben eines Gedichts des Quintus Ennius bildet (Cicero 1991 [44 v. Chr.], 238). Ebenso wie die antiken Rhetoriker kennt auch Alexander Gottlieb Baumgarten, der aus der Rhetorik eine literarische Medienästhetik entwickelt, das Buchstabenspiel (*ludus litterarum*). Darüber hinaus führt er in seinen *Meditationes philosophicae de nonnullis ad poema pertinentibus* (1735) in der Tradition der frühneuzeitlichen Rhetorik Gestalt-Figuren (*expressiones figurarum*) ein (vgl. Baumgarten 1983 [1735], 78–79), die man heute unter dem Oberbegriff der visuellen Poesie zusammenfasst (vgl. Berndt 2011, 75; Ernst und Adler 1987, 73–86). Mit ihnen steht freilich mehr als die ,Schriftbildlichkeit' zur Diskussion. Baumgarten entdeckt vielmehr eine genuine ,Textbildlichkeit' (vgl. Giuriato und Kammer 2006, 7–24). Literarische Texte, die sich durch eine solche Eigenschaft auszeichnen, sind wie Bilder selbst Gegenstände der Wahrnehmung, weil sie sowohl gelesen als auch gesehen werden wollen (vgl. 4.14 WEINGART).

Abb. 3: Reinhard Döhl: *Apfel*, Postkarte, 1965, Stuttgart

Ein bekanntes Beispiel für ein dergestalt wahrnehmungsnahes Textbild stellt Reinhard Döhls als sogenannte ,Konkrete Poesie' entstandener *Apfel* (1965) dar (Abb. 3). Dieses Beispiel zeigt, dass Bildlichkeit in einem literarischen Text gleichzeitig mit sprachlichen und bildlichen Mitteln realisiert werden kann. Der Text basiert nämlich auf der Figur der Wiederholung, die das Wort „Apfel" vervielfältigt. Schon durch die fehlende Worttrennung (*scriptura continua*) widersetzt sich der *Apfel* dem ‚Gelesen-Werden'. Zum ‚Gesehen-Werden' fordert der Text dadurch auf, dass er die Form eines Apfels abbildet. Beim ‚Sehen' wiederum springt nun ein grafisches Element besonders ins Auge: In der rechten unteren Mitte des Apfels befindet sich das Wort ‚Wurm'. Dieser nimmt jedoch nicht visuell Gestalt an, sondern dadurch, dass das im Lexikon abgelegte Wort „Wurm" eine anschauliche Vorstellung erzeugt. Im wahrgenommenen Apfel ist also der vorgestellte Wurm ‚drin'. Durch dieses Zusammenspiel von ‚Sehen' und ‚Lesen' entsteht ein Medienhybrid, dessen Bildlichkeit sowohl sprachliche Zeichen (‚Sprachbildlichkeit') als auch bildliche Zeichen (‚Textbildlichkeit') erzeugen. Seine semantische Komplexität erhält der Wurm, der im Apfel ‚drin' ist, dabei allerdings erst im Horizont des kulturellen Gedächtnisses durch die mannigfalt vermittelte Ähnlichkeit mit demjenigen Wurm, der in der ganzen Schöpfung ‚drin' ist. War es nicht die Schlange, die Eva verführt hat, Adam zu verführen, den Apfel vom Baum der Erkenntnis zu pflücken? Doch würde man die Multimodalität des Textes nicht berücksichtigen, könnte der *Apfel* nicht die volle Bedeutung entfalten, die genau diesen Medienhybrid zum witzigen Symbol des Sündenfalls macht.

Literaturverzeichnis

Alt, Peter-André. *Begriffsbilder. Studien zur literarischen Allegorie zwischen Opitz und Schiller.* Tübingen: Niemeyer, 1995.

Angehrn, Emil. „Beschreibung zwischen Abbild und Schöpfung". *Beschreibungskunst – Kunstbeschreibung. Ekphrasis von der Antike bis zur Gegenwart.* Hrsg. von Gottfried Boehm und Helmut Pfotenhauer. München: Fink, 1995. 59–74.

Aristoteles. *Werke in deutscher Übersetzung Bd. 4: Rhetorik.* Übers. und erl. von Christof Rapp. Hrsg. von Hellmut Flashar. Berlin: Akademie-Verlag, 2002 [ca. 349–336 v. Chr.].

Aristoteles. *Werke in deutscher Übersetzung Bd. 5: Poetik.* Übers. und erl. von Arbogast Schmitt. Hrsg. von Hellmut Flashar. 2., durchges. und ergänzte Aufl. Berlin: Akademie-Verlag, 2011 [ca. 335 v. Chr.].

Baumgarten, Alexander Gottlieb. *Meditationes philosophicae de nonnullis ad poema pertinentibus/Philosophische Betrachtungen über einige Bedingungen des Gedichtes.* Übers. und hrsg. von Heinz Paetzold. Neudruck des lateinischen Textes von 1936. Hamburg: Meiner, 1983 [1735].

Berndt, Frauke. „Topik-Forschung". *Gedächtniskonzepte der Literaturwissenschaft. Theoretische Grundlegung und Anwendungsperspektiven.* Hrsg. von Astrid Erll und Ansgar Nünning. Berlin und New York, NY: De Gruyter, 2004. 31–52.

Berndt, Frauke. *Poema/Gedicht. Die epistemische Konfiguration der Literatur um 1750.* Berlin und Boston, MA: De Gruyter, 2011.

Campe, Rüdiger. *Affekt und Ausdruck. Zur Umwandlung der literarischen Rede im 17. und 18. Jahrhundert.* Tübingen: Niemeyer, 1990.

Campe, Rüdiger. „Vor Augen stellen. Über den Rahmen rhetorischer Bildgebung".
Poststrukturalismus. Herausforderung an die Literaturwissenschaft. DFG-Symposion 1995.
Hrsg. von Gerhard Neumann. Stuttgart und Weimar: Metzler, 1997. 208–225.

Cicero, Marcus Tullius. *Über die Wahrsagung/De Divinatione. Lateinisch/deutsch*. Übers., hrsg.
und erl. von Christoph Schäublin. Darmstadt: Wissenschaftliche Buchgesellschaft, 1991
[44 v. Chr.].

Cicero, Marcus Tullius. *Orator. Lateinisch/deutsch*. Hrsg. und übers. von Bernhard Kytzler. 4.,
durchges. Aufl. Düsseldorf und Zürich: Artemis & Winkler, 1998 [46 v. Chr.].

Cicero, Marcus Tullius. *De Oratore/Über den Redner. Lateinisch/deutsch*. Übers. und hrsg. von
Theodor Nüßlein. Düsseldorf und Zürich: Artemis & Winkler, 2007 [55 v. Chr.].

Derrida, Jacques. „Die weiße Mythologie. Die Metapher im philosophischen Text" [1972].
Randgänge der Philosophie. Übers. von Gerhard Ahrens. Hrsg. von Peter Engelmann.
Wien: Passagen, 1988. 205–258.

Döhl, Reinhard. *Apfel*. Postkarte. Stuttgart, 1965.

Drügh, Heinz J. *Anders-Rede. Zur Struktur und historischen Systematik des Allegorischen*.
Freiburg im Breisgau: Rombach, 2000.

Drügh, Heinz J. *Ästhetik der Beschreibung. Poetische und kulturelle Energie deskriptiver Texte
(1700–2000)*. Tübingen: Francke, 2006.

Ernst, Ulrich, und Jeremy Adler. *Text als Figur. Visuelle Poesie von der Antike bis zur Moderne*.
Weinheim: VCH, 1987.

Fauth, Wolfgang. „Apollon". *Der kleine Pauly. Lexikon der Antike Bd. 1: Aachen bis Dichalkon*.
Hrsg. von Konrat Zeigler und Walther Sontheimer. Stuttgart: Druckenmüller, 1964.
441–448.

Fineman, Joel. „The Structure of Allegorical Desire". *Allegory and Representation*. Hrsg. von
Stephen J. Greenblatt. Baltimore, MD, und London: Johns Hopkins University Press, 1981.
26–59.

Giuriato, Davide, und Stephan Kammer (Hrsg.). *Bilder der Handschrift. Die graphische
Dimension der Literatur*. Frankfurt am Main und Basel: Stroemfeld, 2006.

Groddeck, Wolfram. *Reden über Rhetorik. Zu einer Stilistik des Lesens*. 2., durchges. Aufl.
Frankfurt am Main und Basel: Stroemfeld, 2008 [1995].

Hart, Julius. „Auf der Fahrt nach Berlin" [1885]. *Lyrik des Naturalismus*. Hrsg. von Jürgen
Schulte. Stuttgart: Reclam, 1982. 42–44.

Herman, David. *Story Logic. Problems and Possibilities of Narrative*. Lincoln, NE: University of
Nebraska Press, 2002.

Homer. *Ilias*. Übers. von Wolfgang Schadewaldt. 2. Aufl. Frankfurt am Main: Insel, 1977 [8/7. Jh.
v. Chr.].

Horaz [Quintus Horatius Flaccus]. „De arte poetica liber/Das Buch von der Dichtkunst" [14 v.
Chr.]. *Sämtliche Werke. Lateinisch und Deutsch*. Teil I nach Kayser, Nordenflycht, Burger
hrsg. von Hans Färber, Teil II übers. und bearb. von Hans Färber und Wilhelm Schöne.
Darmstadt: Wissenschaftliche Buchgesellschaft, 1967. 230–259.

Kafka, Franz. „Die Brücke" [1917]. *Schriften, Tagebücher, Briefe. Kritische Ausgabe Bd. 4.1:
Nachgelassene Schriften und Fragmente I*. Hrsg. von Malcolm Pasley. Frankfurt am Main:
Fischer, 1993. 304–305.

Kohl, Katrin. *Metapher*. Stuttgart und Weimar: Metzler, 2007.

Kurz, Gerhard. *Metapher, Allegorie, Symbol*. 5., durchges. Aufl. Göttingen: Vandenhoeck &
Ruprecht, 2004 [1976].

Lachmann, Renate. *Gedächtnis und Literatur. Intertextualität in der russischen Moderne.* Frankfurt am Main: Suhrkamp, 1990.

Lausberg, Heinrich. *Handbuch der literarischen Rhetorik. Eine Grundlegung der Literaturwissenschaft.* 4. Aufl. Stuttgart: Steiner, 2008 [1960].

Lobsien, Eckhard. „Bildlichkeit, Imagination, Wissen: Zur Phänomenologie der Vorstellungsbildung in literarischen Texten". *Bildlichkeit. Internationale Beiträge zur Poetik.* Hrsg. von Volker Bohn. Frankfurt am Main: Suhrkamp, 1990. 89–114.

Mainberger, Sabine. *Die Kunst des Aufzählens. Elemente zu einer Poetik des Enumerativen.* Berlin und New York, NY: De Gruyter, 2003.

Mauthner, Fritz. *Beiträge zu einer Kritik der Sprache Bd. 2: Zur Sprachwissenschaft.* Reprografischer Nachdruck der Ausgabe Leipzig 1923. Hildesheim: Olms, 1967 [1912].

Menke, Bettine. *Prosopopoiia. Stimme und Text bei Brentano, Hoffmann, Kleist und Kafka.* München: Fink, 2000.

Mergenthaler, Volker. *Sehen schreiben – schreiben sehen. Literatur und visuelle Wahrnehmung im Zusammenspiel.* Tübingen: Niemeyer, 2002.

Plett, Heinrich F. *Einführung in die rhetorische Textanalyse.* 8. Aufl. Hamburg: Buske, 1991 [1971].

Quintilian [Marcus Fabius Quintilianus]. *Ausbildung des Redners. Teil 1: Buch I–VI.* Übers. und hrsg. von Helmut Rahn. 3. Aufl. Darmstadt: Wissenschaftliche Buchgesellschaft, 1995a [ca. 95 n. Chr.].

Quintilian [Marcus Fabius Quintilianus]. *Ausbildung des Redners. Teil 2: Buch VII–XII.* Übers. und hrsg. von Helmut Rahn. 3. Aufl. Darmstadt: Wissenschaftliche Buchgesellschaft, 1995b [ca. 95 n. Chr.].

Rhetorica ad Herennium. Lateinisch/deutsch. Übers. und hrsg. von Theodor Nüßlein. 2. Aufl. Düsseldorf und Zürich: Artemis & Winkler, 1998 [ca. 85 v. Chr.].

Ricœur, Paul. *Die lebendige Metapher.* Übers. von Rainer Rochlitz. München: Fink, 1986 [1975].

Riffaterre, Michael. „Referential Fallacy". *Columbia Review* 57.2 (1978a): 21–35.

Riffaterre, Michael. *Semiotics of Poetry.* Bloomington, IN: Indiana University Press, 1978b.

Rilke, Rainer Maria. „Archaïscher Torso Apollos" [1908]. *Werke. Kommentierte Ausgabe in vier Bänden Bd. 1: Gedichte 1895 bis 1910.* Hrsg. von Manfred Engel und Ulrich Fülleborn. Frankfurt am Main: Insel, 1996. 513.

Sachs-Hombach, Klaus. *Das Bild als kommunikatives Medium. Elemente einer allgemeinen Bildwissenschaft.* 3., verbesserte Aufl. Köln: Halem, 2013 [2003].

Seel, Martin. *Ästhetik des Erscheinens.* München: Hanser, 2000.

Solbach, Andreas. *Evidentia und Erzähltheorie. Die Rhetorik anschaulichen Erzählens in der Frühmoderne und ihre antiken Quellen.* München: Fink, 1994.

Starobinski, Jean. *Wörter unter Wörtern. Die Anagramme von Ferdinand de Saussure.* Übers. von Henriette Beese. Frankfurt am Main, Berlin und Wien: Ullstein, 1980.

Tonger-Erk, Lily. *Actio. Körper und Geschlecht in der Rhetoriklehre.* Berlin und Boston, MA: De Gruyter, 2012.

Weiss, Peter. „Der Schatten des Körpers des Kutschers" [1960]. *Werke Bd. 2: Prosa II. Der Schatten des Körpers des Kutschers. Abschied von den Eltern. Fluchtpunkt. Das Gespräch der drei Gehenden. Rekonvaleszenz.* Hrsg. vom Suhrkamp Verlag in Zusammenarbeit mit Gunilla Palmstierna-Weiss. Frankfurt am Main: Suhrkamp, 1991. 7–56.

Willems, Gottfried. *Anschaulichkeit. Zu Theorie und Geschichte der Wort-Bild-Beziehungen und des literarischen Darstellungsstils.* Tübingen: Niemeyer, 1989.

Willer, Stefan. „Orte, Örter, Wörter. Zum *locus ab etymologia* zwischen Cicero und Derrida".
Rhetorik. Figuration und Performanz. DFG-Symposion 2002. Hrsg. von Jürgen Fohrmann.
Stuttgart und Weimar: Metzler, 2004. 39–58.

2.3 Die Laokoon-Debatte: Kunstreflexion und Medienkonkurrenz im 18. Jahrhundert

Sabine Schneider

Krise der Repräsentation

Die von der aktuellen Bildwissenschaft gestellte Diagnose einer ‚ikonischen Wende' sieht im Zeitalter der Moderne das kulturelle Leitmedium der Schrift in besonderer Weise mit der Konkurrenz von Bildwelten konfrontiert (vgl. Boehm 1994). Bereits für die Anfänge der modernen *episteme* im 18. Jahrhundert hat diese These Plausibilität. Die Bilderfrage ist in der kulturgeschichtlichen Forschung eng mit der Modernedebatte verknüpft. Die Genese der Makroepoche der Moderne in der Umbruchszeit zwischen Spätaufklärung und Romantik lässt sich als Doppelbewegung von krisenhaftem Traditionsabbruch und reflexivem Neuansatz an medialen und semiotischen Fragen beobachten. So hat die jüngere Romantikforschung die dialektische Verschränkung von „kühnen und spielerischen Anfangsexperimenten" mit einer „Medienkrise ersten Ranges" konstatiert, „die im Feld der neu entwickelten wissenschaftlichen und künstlerischen Medien aufbricht und dabei deren Verwendung im Akt des Erkennens und des Bildens nachhaltig beeinflusst und umstrukturiert" (Neumann und Oesterle 1999, 9).

Es ist symptomatisch für das ausgehende 18. Jahrhundert, dass sich das Bewusstsein für mediale Eigenlogiken zum einen innerhalb des ästhetischen und kunsttheoretischen Diskurszusammenhangs artikuliert und somit Medienreflexion als Konkurrenzverhältnis zwischen den Künsten betreibt, zum anderen seine Sensibilisierungen vor allem in Auseinandersetzung der Sprachkunst mit der bildenden Kunst gewinnt (vgl. Pethes 2002; Pfeiffer 1999): „Malerei und Dichtung sind die Paradigmen, an denen das 18. Jahrhundert die Mediengebundenheit der ästhetischen Erfahrung entdeckt hat" (Stierle 1984, 23). Dass sich mediale Neuerungskrisen und deren reflexive Aufarbeitung im 18. Jahrhundert gerade an der Mediendifferenz zwischen Sprache und Bild artikulieren (und nicht etwa an der zur Musik), hat mit der internen Logik des Aufklärungsprozesses zu tun, aber auch mit Veränderungen im Kunstsystem und in den kulturellen Praktiken der Kunstproduktion sowie -rezeption. Gründe für diese Entwicklungen können nicht monokausal aufgefunden werden. Sie sind vielfältig und entstammen unterschiedlichen Bezugssystemen.

Eines dieser in der zweiten Jahrhunderthälfte in die Krise geratenen Systeme ist die rationalistische Logik und Sprachtheorie der Schulphilosophie. Hier ist die Dialektik von Krise und Neuerung besonders augenfällig. Die von der Aufklärungsforschung der letzten Jahrzehnte unter dem Stichwort ‚Rehabilitierung der Sinnlichkeit' verhandelte Aufmerksamkeit auf die Eigenlogiken des Bildlichen und Visuellen und deren Abgrenzung zum Sprachlich-Diskursiven ist die Folge einer radikalisierten Aufklärung, der ihr eigenes im Zuge eines Rationalisierungs- und Abstraktionsprozesses durchgesetztes Bildverbot zum Problem geworden ist. Demgegenüber macht sich zunehmend ein anthropologisches Bildbedürfnis geltend. Die Konsequenzen sind einerseits die Herausbildung der Ästhetik als eigenständige Erkenntnisform des Sinnlichen, andererseits veränderte poetologische Konzepte in der Literatur. Deren besondere Herausforderung zur Ausbildung „neuer, sprachlich konstituierter Bildkonzepte" liegt darin, dass ihr eigenes, sprachliches Medium das Leitmedium für die aufklärerische Austreibung der Bilder aus Denken und Sprechen dargestellt hatte und nun einer Selbstkorrektur von innen bedurfte (vgl. Schneider et al. 2001, 9). Die Literatur übernimmt das von der Philosophie marginalisierte Geschäft der ‚Bildkritik' – in einem Kantischen Sinn als Bildreflexion und Auslotung ihrer Möglichkeiten und Grenzen (vgl. Simon 2009). Die neue Disziplin der Ästhetik mit ihrem Bezugssystem der aufgeklärten Erkenntnislehre und Logik auf der einen Seite und die aufgeklärte Poetik mit ihrem Bezugssystem der antiken Rhetorik auf der anderen Seite haben also den Plausibilitätsverlust der Rationalität und die sich daraus ergebenden Chancen für eine Neubewertung des Bildlichen zu verhandeln. *Analogon rationis* lautet die Formel für diese Neubewertung in der Ästhetik, welche die Sinnlichkeit als eigenständige Erkenntnisform der Rationalität gleichberechtigt an die Seite stellt. *Ut pictura poesis* ist die entsprechende Formel der Poetik, die beide Schwesterkünste, Poesie und bildende Kunst, auf dasselbe Prinzip der Nachahmung verpflichtet. Zwischen beiden Feldern bestehen vielfältige argumentative Verbindungen, die vermittelt sind über anthropologische Theorien der Seelenvermögen, über die Leistungen von Anschauung, Einbildungskraft und Abstraktion sowie deren Beziehung zu Zeichenprozessen. Anthropologische, ästhetische und semiotische Argumentationen gehen Hand in Hand.

Die Aufmerksamkeit der Spätaufklärung auf die leibnahen niederen Seelenvermögen nobilitiert die Anschauung. Sie wird in der Terminologie der Schulphilosophie bestimmt als *cognitio clara et confusa* (vgl. Leibniz 1999 [1684], 585–586). Als nicht im Sinne der analytischen Abstraktion distinkte, sondern im Sinne konturierter sinnlicher Erkenntnis klare und prägnante Wahrnehmung ist sie nun nicht mehr nur untergeordnetes Hilfsinstrument für die abstrakte Vernunft wie in der Frühaufklärung. Der sinnlichen Erkenntnis wird als „*analogon rationis*" (Baumgarten 2007 [1750–1758], 21), so die Formulierung des Begründers der Ästhetik, Alexander Gottlieb Baumgarten, eine fundamentale und eigenständige Bedeutung für die Erfassung der Wirklichkeit zugebilligt (vgl. Adler 1988).

Damit wird die Ästhetik im Sinne von *aisthesis* (sinnliche Wahrnehmung) der Logik zur die Seite gestellt. Verbunden damit ist die Aufwertung von Kriterien wie ‚Prägnanz' als Einheit in der Mannigfaltigkeit der Sinnesdaten sowie von sinnlicher Fülle, die den Abstraktionen des rationalen Denkens gegenüber ins Spiel gebracht werden kann (vgl. Adler 1998).

Die Neubewertung der sinnlichen Erkenntnis hat Verunsicherungspotential, das mit den Hierarchien des erkennenden Denkens auch die Verbürgtheit der *adaequatio* von Welt und Erkenntnis erschüttert und die Repräsentationsfunktion der Zeichensysteme infrage stellt. Die historische Einsicht in die Eigenlogiken des Bildlichen ist somit durchaus nicht ohne Risiko. Eine Erkenntniskrise und eine semiotische Krise gehen damit einher. Erstere artikuliert sich innerhalb der Ästhetik und der Psychologie in der Neubewertung der Einbildungskraft, die von einem rein reproduktiven Vermögen der mentalen Übersetzung visueller Eindrücke zu einem selbsttätigen, produktiven Vermögen der Neuschöpfung von bildlichen Vorstellungen ermächtigt wird. Damit findet in den Jahren zwischen der rationalistischen Vermögenspsychologie Christian Wolffs am Anfang und der transzendentalen Subjektphilosophie Immanuel Kants am Ende des 18. Jahrhunderts ein Paradigmenwechsel statt. Das freigesetzte Vorstellungsbild verliert mit dem einheitlichen Vernunftgrund auch den Gegenstandsbezug und wird zur Vorstellungsart subjektiviert (vgl. Kant 1977b [1790], 294). Damit verbunden ist eine „Rhetorisierung des Denkens" (Gaier 2001, 19), die – vermittelt über die Theorie der assoziativen Verknüpfung über Kontiguitäten – lange vor Friedrich Nietzsche die Transparenz des Denkens infrage stellt und das „Denken als Bildprozess" (ebd., 27) ohne festen Referenzpunkt fasst. Die Literatur der Klassik und Romantik am Jahrhundertende wird diese Theorie mentaler Bildlichkeit aufgreifen und daraus ein Bewusstsein für den Eigensinn des literarisch generierten Bildes entwickeln, das sich aus seiner intellektualistischen Repräsentationsfunktion löst und als konfiguratives Gebilde eine eigene, *poietisch* erzeugte, Wirklichkeit darstellt, (vgl. Pfotenhauer 2000, 7–9). Die destabilisierende Wirkung dieser Neubewertung zeigt die zeittypische Pathologisierung der produktiven Einbildungskraft als Komplementärform ihrer Entmimetisierung. Der ästhetischen Freisetzung der Einbildungskraft wird eine Warnung vor ihren Chimären und Kopfverrückungen beigesellt (vgl. Kant 1977a [1798], 476; Jakob 1791, 297).

Mit der rationalistischen Erkenntnistheorie war eine Semiotik des arbiträren Zeichens verknüpft, die das distinkte Denken und seine Abstraktionsoperationen in eine Theorie der sprachlichen Repräsentation münden ließ und die Einheit von Gegenstand, Denken und Sprache garantierte. Vom Plausibilitätsverlust der schulphilosophischen Erkenntnistheorie betroffen ist auch ihr rationalistisches Zeichenkalkül. Dem abstrakten, durch Konvention gesetzten und auf Merkmalsabstraktionen beruhenden ‚willkürlichen Zeichen' – und damit der Sprache –

wird nicht mehr zugetraut, die sinnliche Wirklichkeit der Dinge zu erfassen. Die im Kontext der Sprachkritik der Aufklärung geprägte zeittypische Rede vom ‚toten Buchstaben' nach Paulus (2 Kor 3,1–6) ist dafür ebenso ein Indikator wie die Hochschätzung des ‚natürlichen Zeichens'. Diese aus dem Sensualismus stammende zeichentheoretische Unterscheidung zwischen den arbiträren konventionellen Zeichen der Wortsprache und den entweder ikonisch, expressiv oder kausal motivierten Zeichen, wie sie den Bildern oder auch dem expressiven unwillkürlichen Körperausdruck zugeschrieben werden, führt Moses Mendelssohn 1757 in die deutschsprachige Debatte ein (vgl. Mendelssohn 1986 [1757], 182). Die Konsequenzen für die Medienkonkurrenz im 18. Jahrhundert und den Legitimierungszwang der Literatur liegen auf der Hand. Die semiologische Unterscheidung der Zeichentypen stellt die Voraussetzung dar für die Konzeptionen des ästhetischen Zeichens in der Kunstreflexion in Abgrenzung zum arbiträren Zeichen der Aufklärungssemiotik. Sowohl die Konjunktur des ‚natürlichen Zeichens' in der Kunsttheorie wie auch die Redeform der Überbietung, derzufolge die Sprache wie bei Karl Philipp Moritz oder Wilhelm Heinrich Wackenroder eine ‚höhere Sprache' zu sein hat, die das ästhetische Zeichen mit metaphysischen Signaturmodellen auflädt oder sich bei der Renaissance-Hieroglyphik rückversichert (vgl. Moritz 1995 [1788], 373–374; Wackenroder 1991 [1796]), zeugen von dieser Verunsicherung (vgl. Pfotenhauer 1991).

Unmittelbar relevant für die Kunstreflexion und das Verhältnis der Künste wird die Krise der Sprache schließlich in der semiotischen Präzisierung des seit der Antike in der Poetik etablierten Unsagbarkeitstopos, der besagt, die Schönheit des Kunstwerks lasse sich nicht in Worte fassen, und der in der Kunstliteratur der Klassik und Romantik eine neue Konjunktur erfährt. In der sprachlichen Beschreibung eines Werks der bildenden Kunst verschärft sich der Tautologie-Vorwurf an das in seinen Repräsentationen befangene Sprachsystem, dem es an sinnlicher Konkretion und Motiviertheit mangele. Infolgedessen könne, so der konsequenteste Vertreter einer Nichtübersetzbarkeit der Bildkunst in Sprache, Karl Philipp Moritz, das Schöne der bildenden Kunst „nur mittelbar durch Worte beschrieben werden [...], die oft erst einen sehr weiten Umweg nehmen, und manchmal eine Welt von Verhältnissen in sich begreifen müssen, ehe sie auf dem Grunde unseres Wesens dasselbe Bild vollenden können, das von außen auf einmal vor unserm Auge steht" (Moritz 1995 [1788], 379).

Medienkonkurrenz der Künste: Das „Laokoon-Paradigma"

Das Verhältnis von Poesie und Bildkunst steht nicht nur in der Textgattung der Kunstliteratur neu zur Disposition und zwingt insbesondere die Sprachkünste zur Reflexion ihrer medialen Vermitteltheit in Auseinandersetzung mit der Leistung anderer Medien. Es muss auch innerhalb der traditionellen Poetik das Verhältnis von Sprache und Bild, wie es unter Berufung auf Horaz in den Poetiken seit der Antike unter die Formel *ut pictura poesis* gefasst worden war, neu ausgelotet werden (vgl. 2.2 BERNDT und 3.1 WETZEL). Im Schnittpunkt beider Begründungszusammenhänge – der Kunstliteratur im Gefolge Johann Joachim Winckelmanns und der sich auf antike Autoritäten berufenden Aufklärungspoetik – steht Gotthold Ephraim Lessings Abhandlung *Laokoon oder Über die Grenzen der Malerei und Poesie* (1766), die als erste moderne Formulierung einer Medienästhetik gelten kann. Die Bedeutung dieser Schrift liegt dabei weniger in der Originalität der einzelnen Argumente – Lessing fasst vielmehr die Diskussion zur Medienbezogenheit der ästhetischen Erfahrung zusammen und fokussiert sie neu – als in der Radikalisierung der medientheoretischen Perspektive auf die Kunst und im Willen zu kategorischen Grenzziehungen zwischen den Einzelkünsten. „Lessings *Laokoon* ist die erste konsequente Ausarbeitung der Medienästhetik, die in der Natur des Mediums die Natur der Kunst begründet sein läßt. So wird hier, was bisher nur eine technische Voraussetzung zu sein schien, zu einem Moment der Kunst selbst" (Stierle 1984, 38).

Wie sehr diese konsequente medienästhetische Perspektive auf die Künste die Veränderungen in der Kunstauffassung auf den Punkt brachte, zeigt die beispiellose Rezeptionsgeschichte von Lessings Schrift. Die Provokation seiner Radikalisierung fordert nicht nur in den folgenden drei Jahrzehnten alle maßgeblichen Vertreter der ästhetischen Theoriebildung zu einer Entgegnung oder Fortführung heraus, angefangen mit Johann Gottfried Herder über Wilhelm Heinse, Moritz, Friedrich Schiller, Aloys Hirt bis hin zu Johann Wolfgang von Goethe (vgl. Pfotenhauer et al. 1995, 530–559). Die ‚Laokoon-Debatte' dauert noch das ganze 19. Jahrhundert über und im Grunde bis heute an: „Laokoon und kein Ende" (vgl. Koebner 1989). An ihr zeigt sich der paradigmatische Zusammenhang zwischen der Bewusstwerdung von Mediengrenzen zwischen den Künsten und der Herausforderung, diese scharf gezogenen Grenzen wieder zu überschreiten. Wann immer die Künste die Grenzen ihres Materials zu überschreiten beanspruchen, die Literatur gegen das Sukzessivitätsgebot des Narrativen aufbegehrt oder die bildende Kunst die Zeit und das Unsichtbare für sich entdeckt, steht Lessings Medienästhetik neu zur Disposition. „Das Laokoon-Paradigma", wie die jüngere Forschung im Anschluss an Lessings Schrift die Dialektik von Grenzziehung und Entgrenzung zwischen den Künsten genannt hat, ist zum Katalysator für die Medienreflexivität der Künste in der Moderne avanciert (vgl. Baxmann et al. 2000).

Ausgangspunkt ist das von den Barock- wie Aufklärungspoetiken transportierte *ut pictura poesis*-Gebot. Unter Berufung auf Horaz verpflichtet es die Poesie auf das Vorbild der Malerei und umgekehrt die Malerei auf das kulturelle Schriftwissen der Poesie. Für die Malerei implizierte dieses Gebot einen Intellektualismus, der sich noch in Winckelmanns Programmschrift *Gedanken über die Nachahmung der griechischen Werke in Malerei und Bildhauerkunst* (1755) geltend macht – in der Formulierung, der Pinsel des Malers müsse „im Verstand getunckt seyn" (Winckelmann 1995b [1755], 50). Dabei erfuhr eine normative Verfestigung, was in den Malereitraktaten von der italienischen Renaissance bis zur französischen Klassik einst einem legitimatorischen Diskurs der Malerei gegolten hatte (siehe dazu 3.1 WETZEL). Die artistische Malerei sollte, so in Leonardos Vorstoß im Wettstreit der Künste, in den Stand einer *ars liberalis* erhoben und vom Verdikt des bloßen Handwerks befreit werden. Diese Nobilitierung konnte nur durch die Berufung auf die kanonischen rhetorischen Autoritäten der Antike erfolgen. Die in Plutarchs *De gloria Atheniensium* (2012 [1. Jh. n. Chr.], 603–604) überlieferte Anekdote, wonach der griechische Maler Simonides die Malerei eine ‚stumme Poesie' und die Poesie eine ‚sprechende Malerei' genannt habe, gehört seit der Renaissance ebenso zum Bestand dieser wechselseitigen Bezugnahme wie die Stelle aus Horaz' *De arte poetica* (Horaz 1967 [ca. 14 v. Chr.], 250–251, V. 361–365), die seit dem 17. Jahrhundert zur normativen Formel erstarrte (vgl. Buch 1972, 20–22; Willems 1989, 216–295). Ontologische Voraussetzung für diese Formel war die unangefochtene Legitimität des aristotelischen Mimesis-Gebots, das bis in die zweite Hälfte des 18. Jahrhunderts mit dem Repräsentationsparadigma der rationalistischen Logik und Semiotik vereinbar war. Alle Künste waren über das Gebot der Nachahmung auf denselben ontologischen Grund verpflichtet, was das ästhetische Zeichen auf seine Repräsentationsfunktion reduzierte und ihm einen rein instrumentellen Status zum Transport der Merkmale des Bezeichneten zugestand. Weder der mediale Anteil an der Sinnkonstitution noch die Eigenart des Bildlichen – geschweige denn dessen Ausdifferenzierung – konnten im Horizont dieser rationalistischen Ontologie in den Blick geraten. ‚Bild' oder ‚Gemälde' bezeichnet in der Semantik des 18. Jahrhunderts ununterschieden die Repräsentation eines Gegenständlichen entweder im Vorstellungsbild oder in der künstlerischen Realisation und dabei wiederum unterschiedslos im materiellen Gemälde auf einer Leinwand wie in der poetischen Beschreibung.

In den Poetiken des 18. Jahrhunderts artikuliert sich dieser Zusammenhang in der Rede über die ‚malende Poesie', die dann zum Zielpunkt von Lessings Attacke werden sollte. Theoretisch ausformuliert wurde diese Poetik von Johann Jakob Bodmer und Johann Jakob Breitinger. Dabei ist deren noch der rationalistischen Repräsentationstheorie verpflichteter, mimetischer Ansatz keineswegs spannungsfrei. Auch für diese frühaufklärerische Poetik ist die im Bereich der sensualistischen Ästhetik bereits Anfang des Jahrhunderts formulierte Zeichentheorie mit ihren wirkungsästhetischen Implikationen zur Herausforderung geworden, auf die es zu reagieren gilt und die den Wettstreit der Künste erneut aufruft: Jean-Baptiste Dubos hat in seinen wirkungsmächtigen *Réflexions critiques sur la poésie et sur la peinture* (1719) den Begriff der Mimesis konsequent wirkungsästhetisch aufgefasst und ihn auf die durch die Nachahmung vermittelten Emotionen bezogen. Da der Fokus solcherart von der Repräsentationslogik des Kunstwerks (also dessen Objektbezug in der durch Zeichen repräsentierten Nachahmung) auf die ästhetische Erfahrung (und damit auf die Vermittlung zwischen Werk und Rezeptionsakt) verschoben wird, tritt erstmals die Eigenart des Medialen als Vermittlung dieser Erfahrung in den Blick. Erst diese ermöglicht eine mediale Ausdifferenzierung der Künste.

Bei Dubos artikuliert sich das neue mediale Bewusstsein wie nach ihm bei Lessing als Zeichentheorie: Dass die Malerei sich der *signes naturels* bedient, welche durch die unmittelbare Ähnlichkeit zwischen Zeichen und Bezeichnetem unmittelbare Evidenz erzeugen, sichert ihr *a priori* eine größere Wirkungskraft zu. Demgegenüber hat nach Dubos die Poesie mit ihren *signes artificiels* die komplexere mediale Vermittlungsleistung zu erbringen, was ihre Wirkung aufgrund des zeitlichen Verschiebungsfaktors und der potenzierten Prozedur der Übertragung, aber auch wegen der konventionellen Beziehung zwischen Wort und Idee, abschwächt: „Die Worte müssen erst diejenigen Ideen rege machen, deren blos willkührliche Zeichen sie sind. Darauf müssen sich diese Ideen in der Einbildungskraft in Ordnung stellen, und daselbst die Gemählde bilden, die uns rühren und interessieren sollen" (Dubos 1760 [1719], 369). Während Dubos aus dieser Zeichentheorie eine Überlegenheit der Malerei im Paragone der Künste folgert, kehren Bodmer und Breitinger die Argumentation zugunsten der Poesie um. Die unmittelbar einsichtigen natürlichen Zeichen der Malerei sichern ihr zwar sinnliche Evidenz zu, schränken sie aber auch auf den Bereich des Sichtbaren ein. In einer Überbietungslogik ist demgegenüber die Poesie die höhere Form von Malerei: „Der Poet mahlet nicht für das Auge allein, sondern auch für die übrigen Sinnen, und er kann auch das unsichtbare sichtbar machen, er giebt dem Menschen nicht nur die vollkommenste Bildung, sondern auch die Rede [...]" (Breitinger 1966 [1740], 19; siehe dazu auch Koschorke 1999, 282).

Mit der größeren Freiheit der durch die Poesie erzeugten Vorstellungsbilder argumentiert auch Lessing drei Jahrzehnte später – mit dem wesentlichen Unterschied, dass er den Begriff des ‚Gemäldes' für die Poesie nun einer semantischen Kritik unterzieht und ihn in Abgrenzung zur Malerei als poetische Illusion spezifiziert. Er kritisiert die „Zweideutigkeit des Wortes" und möchte es durch

„Phantasie", „Illusion" oder – unter Berufung auf Plutarch – durch „Enargie, Träume der Wachenden" ersetzt sehen (Lessing 1990 [1766], 113–114). Der Begriff der *enargeia* verweist auf das Bezugssystem der Rhetorik (vgl. 2.2 BERNDT). Er bezeichnet den Medienwechsel vom Hören zum inneren Sehen durch eine sinnlich gemachte Rede, also die rhetorische Technik der *evidentia*, welche die Darstellungsleistung der Einbildungskraft zur Erzeugung sinnlicher Evidenz mobilisiert. Die Umsetzung dieser Forderung für die Poesie in der sinnlich gemachten Sprache folgt dann aber in Lessings Argumentation nicht mehr der klassischen Rhetorik, sondern einer spezifisch semiotischen Argumentation und der Forderung der Ästhetik nach sinnlicher Erkenntnis: „[J]eder Zug, jede Verbindung mehrerer Züge, durch die uns der Dichter seinen Gegenstand so sinnlich macht, daß wir uns dieses Gegenstandes deutlicher bewußt werden als seiner Worte, heißt malerisch" (Lessing 1990 [1766], 113). Lessing folgt hier der Zeichentheorie Mendelssohns, der in seiner Abhandlung *Über die Hauptgrundsätze der schönen Künste und Wissenschaften* (1757) eine spezifisch literarische, sprachliche Motivierung der Sprachzeichen in der Poesie fordert und dabei die Semiotik auf die sinnliche Erkenntnis der Ästhetik verpflichtet: „Das Mittel, eine Rede sinnlich zu machen, besteht in der Wahl solcher Ausdrücke, die eine Menge von Merkmalen auf einmal in das Gedächtniß zurück bringen, um uns das Bezeichnete lebhafter empfinden zu lassen als das Zeichen. Hierdurch wird unsere Erkenntnis anschauend" (Mendelssohn 1986 [1757], 183). Die Anschaulichkeit der Dichtung ist somit schon bei Mendelssohn keine an der Malerei orientierte Gegebenheit mehr, sondern Ergebnis einer semiotischen und medialen Reflexion, die wie bei Lessing im Dienst einer Illusionstheorie steht. Um das Vergessen der Zeichen auszulösen, bedarf es Techniken der Illusionierung. Wirkungstheoretische Konzepte haben somit im Zuge der Medienreflexion die aristotelische Mimesis abgelöst.

Lessing wendet das Argument gegen die „Schilderungssucht" (Lessing 1990 [1766], 209) in der Poesie, mit der Stoßrichtung gegen das deskriptive Lehrgedicht, für das er als Beispiel Albrecht von Hallers *Die Alpen* (1729) anführt (siehe dazu auch 4.6 KÖHNEN). Hallers Text verfährt noch rationalistisch, indem er die Beschreibung eines morgendlichen Alpenszenarios als sukzessive Addition von Teilbeschreibungen wiedergibt, aus deren Merkmalssumme der Totaleindruck additiv zusammengesetzt werden muss. Das Nacheinander von Merkmalanalyse und begrifflicher Synthese entspricht der rationalistischen Erkenntnistheorie. Lessing führt gegen dieses zergliedernde Verfahren die zugleich wahrnehmungspsychologische und ästhetische Kategorie der ‚Ganzheit' ins Feld. Sie wird der Wahrnehmungsform der Simultaneität zugeordnet und in ein Spannungsverhältnis zum sukzessiven Verfahren der Beschreibungspoesie gesetzt. Lessings Theorem des „bequemen Verhältnisses" (ebd., 116) konturiert Literarizität in Abgrenzung zum außerliterarischen Sprachgebrauch. Diese Theorie ist semiologisch fundiert. Sie formuliert die zeichentheoretische Unterscheidung zwischen den natürlichen und willkürlichen Zeichen aber in Richtung eines Medialitätsbewusstseins weiter. Denn die literarische Qualität ist nicht in der Eigenart der verwendeten Zeichen begründet, sondern in ihrer spezifischen Verwendung, also in literarischen Techniken des sinnlich gemachten Sprachgebrauchs, denen wiederum die Vermittlung einer bestimmten Qualität der Rezeption zugeordnet wird.

Die mediologische Argumentation ergänzt in Lessings Text die semiologische – mit dem Ziel, die Einzelkünste in einer bis dahin ungekannten Radikalität medial auszudifferenzieren. Eine vom Willen zur normativen Grenzziehung geleitete Medienkonkurrenz zersprengt in Lessings Programmschrift die Gleichung des *ut pictura poesis*-Gebots und deren Herleitung von Horaz und Simonides. „Die blendende Antithese des griechischen Voltaire, daß die Malerei eine stumme Poesie und die Poesie eine redende Malerei sei" (ebd., 14), wird zunächst einer philologischen Kritik unterzogen, um sie dann systematisch zu widerlegen. Der Wille zur Grundsätzlichkeit der medialen Ausdifferenzierung bedingt eine Rückführung der Einzelkünste auf ihre ersten und einfachsten Parameter als mediale Bedingungen ihrer Existenz. Nur von dieser Intention her ist der in seiner Simplizität gleichermaßen geniale wie reduktionistische Gestus der Entgegensetzung von bildender Kunst als Raumkunst vs. Poesie als Zeitkunst angemessen zu verstehen. Mit systematischem Anspruch wird die medientheoretische Argumentation zugespitzt auf den Kardinalgegensatz, wonach „die Malerei zu ihren Nachahmungen ganz andere Mittel oder Zeichen gebrauchet als die Poesie; jene nämlich Figuren und Farben in dem Raume, diese aber artikulierte Töne in der Zeit" (ebd., 116).

„Pygmalion als Betrachter": Hermeneutik der bildenden Kunst

Lessings Bezugsfeld für die Aufkündigung des *ut pictura poesis*-Gebots und die Formulierung einer spezifischen Medienästhetik für Literatur und Bildkunst war ein doppeltes, in diskursiver Verschränkung: erstens die Aufklärungspoetik und zweitens die neue Gattung der Kunstliteratur, wie sie von Winckelmann mit seiner Programmschrift des Klassizismus, den *Gedanken über die Nachahmung der griechischen Werke in Malerei und Bildhauerkunst* (1755), begründet worden war. Von Moses Mendelssohn bereits 1756 auf dieses diskursbegründende Werk zur kanonischen Geltung der antiken Bildwerke für die Kunstproduktion der Gegenwart aufmerksam gemacht, sah Lessing in Winckelmanns Formulierung des Schönheitsideals als Affektdämpfung unter der Formel ‚edle Einfalt und stille Größe' (vgl. Winckelmann 1995b [1755], 30–31) eine Beschränkung für die

Ausdrucksmöglichkeiten der Literatur. Es ist ein Beleg für die diskursive Dominanz des Klassizismus und seines bevorzugten Paradigmas, der antiken Plastik der Menschengestalt, dass die erste moderne Medienästhetik ihre Trennschärfe gerade in Abgrenzung zur kanonischen Geltung der klassizistischen Kunstliteratur ausgebildet hat. Lessing formulierte seine medienästhetische Wendung der Kunsttheorie in Auseinandersetzung mit dem zentralen Gebot Winckelmanns, das dieser an der in den Vatikanischen Museen befindlichen hellenistischen Laokoon-Gruppe exemplifiziert hatte. Der ungehemmte Ausdruck des Schmerzes sei unvereinbar mit dem antiken Schönheitsgebot. Lessing schränkt dieses Gebot auf die Bildkünste ein, deren Gesetz die Schönheit der Körper sei, während er die Literatur von ihm ausnimmt, weil ihre Essenz Handlung, Leben und Bewegung sei. Die Formulierung des Fundamentalgegensatzes zwischen der Sukzessivität ihres medialen Vorzugs im Unterschied zur Simultaneität der Bildkunst dient somit gegen die kanonische Formulierung des klassizistischen Ideals durch Winckelmann der Rechtfertigung des Leidenschaftsausdrucks in der Literatur. Daher schreie der Laokoon der antiken Statuengruppe nicht, während die Figur des Laokoon in Vergils *Aeneis* ebenso ungehemmt seinen Schmerz durch Schreien ausdrücken dürfe wie die Helden Homers oder der leidende Philoktet in Sophokles' gleichnamiger Tragödie (vgl. Lessing 1990 [1766], 17).

Auch wenn Lessings Medienästhetik die Poetik weit mehr im Blick hat als die bildende Kunst, situiert sie sich doch im Feld der von Winckelmann begründeten Form der Kunstreflexion, reagiert auf diese und wirkt gewichtig auf sie zurück. Lessings Lehre von der medialen Trennung der Künste liefert systematische Argumente für die Autonomie des Visuellen, die in der klassizistischen Kunstliteratur erstmals durch Winckelmanns neue ästhetisierte Hermeneutik der Kunstbetrachtung ins Blickfeld getreten war. Lessings Kritik an der „Allegoristerei" (ebd., 209) in der Malerei gilt der Emanzipation der reinen Körperschönheit von gedanklichen Gehalten aus dem humanistischen und christlichen Bildungskosmos. Angelegt fand er diese Argumentation zugunsten der Befreiung des Visuellen aus der Überformung durch das Wort schon bei Winckelmann in seinen Überlegungen zur Allegorie und vor allem in seinen radikal subjektivierten, literarisierten Statuenbeschreibungen. Denn auch wenn Winckelmann nachdrücklich die Auffassung vertrat, die bildende Kunst sei auch Weisheitslehre, und insofern der humanistischen Prägung des *ut pictura poesis*-Gebots mit seiner Orientierung am Bildungswissen verpflichtet blieb, so zeigt sich doch in seinem Allegoriekonzept, dass der auf gedankliche Gehalte verweisende Charakter der Allegorie als eines konventionellen ikonografischen Zeichens als unkünstlerisch empfunden wird. Gerade am Problem der Versinnlichung der Allegorie und ihrer Einbindung in die selbstreferentielle Bedeutung des ästhetischen Zeichens artikuliert sich im Klassizismus ein Problemdruck, der sich bis zu Winckelmanns Spätwerk, dem

Versuch einer Allegorie (1766), in ständigen Nachbesserungen am Konzept der Allegorie manifestiert (vgl. Pfotenhauer et al. 1995, 365–366).

Die Immanenz des Sinnlichen wird aber nicht nur konzeptuell gedacht. Sie wird literarisch evoziert durch Winckelmanns emphatische und im Ton unerhört neue Hermeneutik der antiken Plastik. Allen voran seine ambitionierte Beschreibung des „Torso vom Belvedere" in ihren verschiedenen Fassungen hat diese ästhetisierte, den Standpunkt des Hermeneuten und die historische Distanz thematisierende Betrachtungsweise in die Kunstdebatte eingeführt. Nicht mehr die antiquarisch zu rekonstruierende römische Geschichte, sondern ein seiner religiösen und historischen Bezüge entkleideter, literarisierter griechischer Mythos ist der hermeneutische Bezugspunkt für die Ekphrasis (vgl. 4.1 WANDHOFF, 2.6 RIPPL) der fragmentarisch vorgefundenen und erst halluzinativ zu vervollständigenden Kunstdenkmäler. Sieht Winckelmann beim ersten Blick vor dem „halb vernichtet[en]" Torso nichts als einen „ungeformten Stein" (Winckelmann 1995a [1759], 176), so muss der hermeneutische Widerstand erst überwunden, der Steinklumpen durch Eros, assoziative Erinnerung an Homer und phantasmatische Ergänzung durch die Einbildungskraft zu lebendigem Kunsterleben transformiert werden. Bezugspunkt dieser hergestellten Präsenz ist die Gegenwart des Betrachtens, das konkrete sinnliche Erlebnis, die Autopsie des Blicks, der sich in den fließenden Linien der Muskeln verliert und von ihnen „gleichsam mit verschlungen" wird (ebd., 177). Der Mythos dient in dieser ästhetisierten Form nicht mehr als ikonografischer Kommentar. Das konkrete sinnliche Werk entfaltet in der literarischen Beschreibung ein Eigenleben, unabhängig vom Bildungswissen (vgl. Käfer 1986, 61–93). Als Beschreibungsmodell für diese neue Art der Kunsthermeneutik dient im zeitgenössischen Diskurs der Mythos von Pygmalion aus Ovids *Metamorphosen* (vgl. Ovid 2007 [ca. 1–8 n. Chr.], 495–498), der um 1750 eine erstaunliche Konjunktur hat, so bei André-François Boureau-Deslandes, Jean-Jacques Rousseau, Denis Diderot, Wilhelm Heinse, Winckelmann und Herder (vgl. Neumann 1997). Die vom zyprischen Bildhauer Pygmalion geschaffene Statue, die bei Ovid von Venus erweckt wird, wird zum Sinnbild für die erotisch motivierte, phantasmatisch gesteigerte und radikal subjektivierte Betrachtungskunst. „Pygmalion als Betrachter" – so fasst der Kunsthistoriker Oskar Bätschmann diese verlebendigende Hermeneutik in eine prägnante Formel (vgl. Bätschmann 1978).

Der Mythos von Pygmalion geht in der Kunstreflexion des ausgehenden 18. Jahrhunderts eine beziehungsreiche Synthese mit Lessings Theorem des „prägnanten Moments" (Lessing 1990 [1766], 32) ein, wodurch die Kategorie der Illusionierung als Eigenschaft der produktiven Einbildungskraft des Betrachters näher bestimmt wird. Auch hier zeigt sich der prägende Einfluss von Lessings Medienästhetik auf die Kunstliteratur des Klassizismus wie des Antiklassizismus um 1800 (vgl. Wolf 2002). Lessing musste mit diesem Theorem auf Umwegen das Problem der Zeitbehandlung in der Bildkunst lösen, das sich durch deren Festlegung auf die Raumdimension und den prinzipiellen Ausschluss der Zeitfolge ergab. Auch im Falle der Bildkunst denkt Lessing in narrativen Kategorien, wenn er den dargestellten einzigen Moment der Bildkunst als zeitverdichtete Form ansieht, die das soeben Vergangene ebenso erahnen lässt wie das unmittelbar Zukünftige. Die Rückübersetzung des im Moment gebannten zeitlichen Geschehens in Ablauf und Bewegung aber leistet die Einbildungskraft des Betrachters. Daraus ergeben sich ästhetische Gesetzlichkeiten für die Art der Darstellung, welche der Einbildungskraft freien Spielraum gewähren muss. Lessings Konsequenz ist eine Trennung der ästhetischen Qualität der Einbildungskraft von bloßer Affektivität, wie sie noch Dubos' Variante der Wirkungsästhetik bestimmt hatte: „Dasjenige aber nur allein ist fruchtbar, was der Einbildungskraft freies Spiel läßt. Je mehr wir sehen, desto mehr müssen wir hinzudenken können. Je mehr wir dazudenken, desto mehr müssen wir zu sehen glauben" (Lessing 1990 [1766], 32).

Goethe hat gegen dieses verlebendigende Paradigma der Bewegungsillusion Einspruch erhoben. In seiner Kommentierung der Übersetzung von Diderots *Versuch über die Malerei* (1799) nennt er den Pygmalion-Mythos „ein lüsternes Geschichtchen", des wahren Künstlers unwürdig, und formuliert als Merksatz: „Doch dieses merke: der Fuß ist von Marmor, er verlangt nicht zu gehen, und so ist der Körper auch, er verlangt nicht zu leben"; gemäß dem Programm der Weimarer Klassizisten sieht er darin ein unzulässiges „Vermischen von Natur und Kunst" (Goethe 1998d [1799], 569–570). So findet sich in der programmatischen Einleitung in die *Propyläen* (1798) auch ein versteckter Seitenhieb auf Lessings Formulierung des prägnanten Moments: „Das beste Kunstwerk [...] fesselt die Gefühle, und die Einbildungskraft, es nimmt uns unsere Willkür, wir können mit dem Vollkommenen nicht schalten und walten, wie wir wollen" (Goethe 1998b [1798], 468). Goethes eigener Beitrag zur Laokoon-Debatte, programmatisch in den *Propyläen* veröffentlicht, ist daher sowohl gegen die imaginative Steigerung des Gesehenen im Theorem des ‚prägnanten Moments' als auch gegen eine Hermeneutik des Leidenschaftsausdrucks im Zeichen gesteigerter Expressivität gerichtet. „Den Blick auf das Geschehen an der skulpturalen Oberfläche zu lenken" (Mülder-Bach 2000, 472), und zwar im Namen einer Immanenz der ästhetischen Gestalt als selbstreferentieller Konfiguration, ist Goethes Anliegen im Aufsatz *Über Laokoon* (1798). Goethe denkt somit Lessings Medienästhetik weiter, modifiziert und korrigiert sie sowohl in Bezug auf ihre Gegenstandslehre als auch ihren Zentralbegriff der Illusion. Erstere, bei Lessing durch „Figuren und Körper in dem Raume" (Lessing 1990 [1766], 116) bestimmt, wird in Goethes Aufsatz um den Faktor genuin bildnerischer Zeitlichkeit und die Erkenntnis bildnerischer Syntax und Logik ergänzt, letzterer wird durch die Autonomie des Kunstwerks gegenüber der Suggestion von Leben und Natur ersetzt. Goethe erkennt in der

Laokoon-Gruppe ein bildnerisches Gefüge, das von einem zentralen „Lebens-
punkt" (Goethe 1994 [1797], 97), dem Biss der Schlange, in seinen Ursachen und
Wirkungen in sich stimmig organisiert ist. Die Bewegtheit der Figuren ist durch
diese bildnerischen Kausalitätszusammenhänge motiviert und bedarf nicht der
Einbildungskraft zu ihrer Realisierung: „Es ist also dieses ein Hauptsatz: der
Künstler hat uns eine sinnliche Wirkung dargestellt, er zeigt uns auch die sinnliche Ursache" (Goethe 1998c [1798], 494).

Goethes *Laokoon*-Aufsatz versteht sich als programmatischer Beitrag zur
Gegenstandslehre des Weimarer Klassizismus, welche die Konsequenzen der
medialen Ausdifferenzierung und damit letztlich auch Lessings mediologisches
Argument des „bequemen Verhältnisses" (Lessing 1990 [1766], 116) zwischen ästhe-
tischem Medium und seinem Inhalt weiterdenkt. Die Befreiung des Visuellen von
der Vorherrschaft des Diskursiven im Namen der Kunstautonomie hat Konsequenzen für die Auffassung des bildnerischen Gegenstands, der ohne ikonografisches
Bezugsystem rein auf der Ebene der sinnlichen Erscheinung bestimmt werden
will (vgl. Pfotenhauer 2004, 157–159; Osterkamp 2011a, 15–19). „Die vorteilhaftes-
ten Gegenstände sind die, welche sich durch ihr sinnliches Dasein selbst bestimmen", schreibt Goethe im Aufsatz *Über die Gegenstände der bildenden Kunst*; sie
müssen sich „beim ersten Anschauen sowohl im ganzen als in ihren Theilen selbst
erklären" (Goethe 1998a [1797], 441–442). Entsprechend verfährt Goethe bei seinen
Bildbeschreibungen, die konsequent vom ikonografischen Kontext absehen und
auf das rein menschliche Geschehen und die Bildordnung abzielen (vgl. Osterkamp 1991 und 2011, 15–19). Die semiologische Konsequenz aus dieser Immanenz
der sinnlichen Gestalt zieht Moritz für die Weimarer Klassik, indem er das Kunstwerk als selbstreferentielles Zeichen bestimmt, bei dem Signifikant und Signifikat zusammenfallen. Moritz radikalisiert, beispielhaft für die Kunstliteratur der
Klassik wie der Frühromantik, die Konsequenzen dieser Medientrennung für die
Kunstbeschreibung. Der klassische Unsagbarkeitstopos der Kunstliteratur, demzufolge das Spezifische des Kunsterlebens nicht verbalisierbar sei, erhält bei ihm
eine mediologische Zuspitzung zur Frage, „[i]n wie fern Kunstwerke beschrieben
werden können" (Moritz 1995 [1788], 372). Weil das „in sich selbst vollendete" Bildwerk „sich durch sich selbst beschreibt", führt die Mediendifferenz zur ihm fremd
gegenüberstehenden Beschreibungssprache letztlich zum Abbruch gemeinsamer
Referenz. Der künstlerische Ausdruck ist kondensierter Sinn, „der nun über allen
ferneren Ausdruck durch Worte erhaben ist, welche eben da aufhören müssen,
wo das ächte Kunstwerk anfängt" (ebd., 374). Moritz zieht nicht die Konsequenz
des Verstummens, sondern zeigt der aporetisch gewordenen Kunstbeschreibung
Wege aus dem Dilemma auf. Sie müsse sich auf eine Formanalyse der abstrakten
Bildgesetze beschränken oder aber selbst zur Kunst werden, in jedem Fall sich
selbstthematisch ihrer Mediendifferenz zum Beschriebenen bewusst sein.

Ausblick: Literarische Bilderlust

Die Kunstliteratur der Romantik greift die Anregung der Übersetzung der Kunstbeschreibung in Literatur dankbar auf. Das romantische Projekt einer verwan-
delnden Übersetzung der Künste ineinander, wie es das Schlegelsche Kunstge-
spräch *Die Gemälde* (1799) formuliert, hat die mediale Sensibilisierung in der
Kunstliteratur zur Voraussetzung (vgl. Schlegel 1996 [1799]). Die Kunstliteratur
wird im 18. Jahrhundert zum Experimentierfeld für mediologische Neubestim-
mungen und avanciert damit auch zur Schule für die Medienbewusstheit der
Literatur (vgl. Schneider 2002, 92–94 und 115–122). Goethes Romane, die – in den
Wilhelm-Meister-Texten (1795–1796 und 1829) – den anthropologischen Zusammenhang wie auch die Differenz von ‚Bild' und ‚Bildung' ausbuchstabieren (vgl.
Pfotenhauer 2000, 45–66; Voßkamp 2004; Osterkamp 2011b; Tausch 2013) oder –
in den *Wahlverwandtschaften* (1809) – das ästhetische Risiko des Bilderzaubers
(vgl. Schneider 2012, 114–123) vorführen, zeugen ebenso von diesem Zusammenhang (etwa die romantischen Poetiken der Arabeske;vgl. Oesterle 1991) wie
E. T. A. Hoffmanns *Fantasiestücke in Callots Manier* (1814–1815) oder seine Orientierung am *capriccio* und anderen zeichnerischen Gattungen (vgl. Schmidt 1999;
Neumann 1999). Ekphrasis, fiktive und phantasmatische Bildszenarien, sich
belebende Bilder und Tableaus, die den Handlungsverlauf stillstellen, prägen die
Literatur der Kunstperiode. An ihr lässt sich die Dialektik von medialer Ausdifferenzierung und intermedialen Transgressionen zwischen den Künsten zeigen
(vgl. 2.7 RIPPL), die das historische Ergebnis der skizzierten Veränderungen im
System der Künste im Laufe des Jahrhunderts sind. Die in der Kunsttheorie reflektierte Medienkonkurrenz zwischen Sprache und Bild wird zum Ausgangspunkt
für die Bilderlust der Literatur. Der Intermedialität kommt für die Modernedia-
gnose der Literatur um 1800 daher paradigmatische Bedeutung zu.

Literaturverzeichnis

Adler, Hans. „Fundus Animae – der Grund der Seele. Zur Gnoseologie des Dunklen in der
    Aufklärung". *Deutsche Vierteljahrsschrift für Literaturwissenschaft und Geistesgeschichte*
    62.2 (1988): 197–220.
Adler, Hans. „Prägnanz – Eine Denkfigur des 18. Jahrhunderts". *Literatur und Geschichte.*
    Festschrift für Wulf Koepke zum 70. Geburtstag. Hrsg. von Karl Menges. Amsterdam und
    Atlanta, GA: Rodopi, 1998. 15–34.
Bätschmann, Oskar. „Pygmalion als Betrachter. Hans Heinrich Füssli, die Niobiden und die
    Rezeption von Plastik und Malerei in der zweiten Hälfte des 18. Jahrhunderts". *Beiträge*
    zur Kunst des 17. und 18. Jahrhunderts in Zürich. Hrsg. von Peter Vignau-Wilberg und Jana
    Hofmeister. Zürich: Schweizerisches Institut für Kunstwissenschaft, 1978. 179–198.

Baumgarten, Alexander Gottlieb. *Ästhetik. Lateinisch-Deutsch.* Übers. und hrsg. von Dagmar
    Mirbach *Bd. 1.* Hamburg: Meiner, 2007 [1750–1758].
Baxmann, Inge, Michael Franz und Wolfgang Schäffner (Hrsg.). *Das Laokoon-Paradigma.*
    Zeichenregime im 18. Jahrhundert. Berlin: Akademie, 2000.
Boehm, Gottfried. „Die Wiederkehr der Bilder". *Was ist ein Bild?* Hrsg. von Gottfried Boehm.
    München: Fink, 1994. 11–38.
Breitinger, Johann Jakob. *Critische Dichtkunst.* Faksimiledruck nach der Ausgabe Zürich 1740.
    Stuttgart: Metzler, 1966 [1740].
Buch, Hans Christoph. *Ut pictura poesis. Die Beschreibungsliteratur und ihre Kritiker von*
    Lessing bis Lukács. München: Hanser, 1972.
Dubos, Jean-Baptiste. *Kritische Betrachtungen über die Poesie und Mahlerey.* Übers. von
    Gottfried Benediktus Funk. 1. Theil. Kopenhagen: Mummische Buchhandlung 1760 [1719].
Gaier, Ulrich. „Denken als Bildprozeß. Vorstellungsart und Denkbild um 1800". *Bildersturm*
    und Bilderflut um 1800. Zur schwierigen Anschaulichkeit der Moderne. Hrsg. von Helmut J.
    Schneider, Ralf Simon und Thomas Wirtz. Bielefeld: Aisthesis, 2001. 19–51.
Goethe, Johann Wolfgang von. „Aus einer Reise in die Schweiz im Jahre 1797" [1797]. *Sämtliche*
    Werke, Briefe, Tagebücher und Gespräche Abt. 1. Sämtliche Werke. Bd. 16: Campagne in
    Frankreich, Belagerung von Mainz, Reiseschriften. Hrsg. von Klaus-Detlef Müller. Frankfurt
    am Main: Deutscher Klassiker Verlag, 1994. 90–214.
Goethe, Johann Wolfgang von. „Über die Gegenstände der bildenden Kunst" [1797]. *Sämtliche*
    Werke, Briefe, Tagebücher und Gespräche Abt. 1. Sämtliche Werke. Bd. 18: Ästhetische
    Schriften. 1771–1805. Hrsg. von Friedmar Apel. Frankfurt am Main: Deutscher Klassiker
    Verlag, 1998a. 441–444.
Goethe, Johann Wolfgang von. „Einleitung in die *Propyläen*" [1798]. *Sämtliche Werke,*
    Briefe, Tagebücher und Gespräche Abt. 1. Sämtliche Werke. Bd. 18: Ästhetische
    Schriften. 1771–1805. Hrsg. von Friedmar Apel. Frankfurt am Main: Deutscher Klassiker
    Verlag, 1998b. 457–475.
Goethe, Johann Wolfgang von. „Über Laokoon" [1798]. *Sämtliche Werke, Briefe, Tagebücher*
    und Gespräche Abt. 1. Sämtliche Werke. Bd. 18: Ästhetische Schriften. 1771–1805. Hrsg. von
    Friedmar Apel. Frankfurt am Main: Deutscher Klassiker Verlag, 1998c. 489–500.
Goethe, Johann Wolfgang von. „Diderots Versuch über die Malerei" [1799]. *Sämtliche*
    Werke, Briefe, Tagebücher und Gespräche Abt. 1. Sämtliche Werke. Bd. 18: Ästhetische
    Schriften. 1771–1805. Hrsg. von Friedmar Apel. Frankfurt am Main: Deutscher Klassiker
    Verlag, 1998d. 559–608.
Horaz [Quintus Horatius Flaccus]. „De arte poetica liber/Das Buch von der Dichtkunst" [14 v.
    Chr.]. *Sämtliche Werke. Lateinisch und Deutsch.* Teil I nach Kayser, Nordenflycht, Burger
    hrsg. von Hans Färber, Teil II übers. und bearb. von Hans Färber und Wilhelm Schöne.
    Darmstadt: Wissenschaftliche Buchgesellschaft, 1967. 230–259.
Jakob, Ludwig Heinrich. *Grundriß der Erfahrungs-Seelenlehre.* Halle: Hemmerde &
    Schwetschke, 1791.
Käfer, Markus. *Winckelmanns hermeneutische Prinzipien.* Heidelberg: Winter, 1986.
Kant, Immanuel. „Anthropologie in pragmatischer Hinsicht" [1798]. *Werkausgabe Bd. 12:*
    Schriften zur Anthropologie, Geschichtsphilosophie, Politik und Pädagogik 2. Register
    zur Werkausgabe. Hrsg. von Wilhelm Weischedel. Frankfurt am Main: Suhrkamp, 1977a.
    399–694.
Kant, Immanuel. *Werkausgabe Bd. 10: Kritik der Urteilskraft.* Hrsg. von Wilhelm Weischedel.
    Frankfurt am Main: Suhrkamp, 1977b [1790].

Koebner, Thomas (Hrsg.). *Laokoon und kein Ende. Der Wettstreit der Künste*. München: edition text + kritik, 1989.

Koschorke, Albrecht. *Körperströme und Schriftverkehr. Mediologie des 18. Jahrhunderts*. München: Fink, 1999.

Leibniz, Gottfried Wilhelm. „Meditationes De Cognitione, Veritate, et Ideis, per G. G. L." [1684]. *Sämtliche Schriften und Briefe. Reihe 6: Philosophische Schriften. Bd. 4: 1677–Juni 1690. Teil A*. Hrsg. von der Leibniz-Forschungsstelle der Universität Münster. Berlin: Akademie, 1999. 585–592.

Lessing, Gotthold Ephraim. „Laokoon" [1766]. *Werke und Briefe Bd. 5.2: Werke 1766–1769*. Hrsg. von Wilfried Barner. Frankfurt am Main: Deutscher Klassiker Verlag, 1990. 9–321.

Mendelssohn, Moses. „Über die Hauptgrundsätze der schönen Künste und Wissenschaften" [1757]. *Ästhetische Schriften in Auswahl*. Hrsg. von Otto F. Best. 2. Aufl. Darmstadt: Wissenschaftliche Buchgesellschaft. 1986. 173–197.

Moritz, Karl Philipp. „Die Signatur des Schönen/In wie fern Kunstwerke beschrieben werden können?" [1788]. *Bibliothek der Kunstliteratur Bd. 3: Klassik und Klassizismus*. Hrsg. von Helmut Pfotenhauer und Peter Sprengel. Frankfurt am Main: Deutscher Klassiker Verlag, 1995. 372–383.

Mülder-Bach, Inka. „Sichtbarkeit und Lesbarkeit. Goethes Aufsatz *Über Laokoon*". *Das Laokoon-Paradigma. Zeichenregime im 18. Jahrhundert*. Hrsg. von Inge Baxmann, Michael Franz und Wolfgang Schäffner. Berlin: Akademie, 2000. 465–479.

Neumann, Gerhard. „Pygmalion. Metamorphosen des Mythos". *Pygmalion. Die Geschichte des Mythos in der abendländischen Literatur*. Hrsg. von Matthias Mayer und Gerhard Neumann. Freiburg im Breisgau: Rombach, 1997. 11–60.

Neumann, Gerhard. „Narration und Bildlichkeit. Zur Inszenierung eines romantischen Schicksalsmusters in E. T. A. Hoffmanns Novelle *Doge und Dogaresse*". *Bild und Schrift in der Romantik*. Hrsg. von Gerhard Neumann und Günter Oesterle. Würzburg: Königshausen & Neumann, 1999. 107–142.

Neumann, Gerhard, und Günter Oesterle. „Einleitung". *Bild und Schrift in der Romantik*. Hrsg. von Gerhard Neumann und Günter Oesterle. Würzburg: Königshausen & Neumann, 1999. 9–23.

Oesterle, Günter. „Arabeske, Schrift und Poesie in E. T. A. Hoffmanns Kunstmärchen *Der goldene Topf*". *Athenäum. Jahrbuch für Romantik* 1 (1991): 69–107.

Osterkamp, Ernst. *Im Buchstabenbilde. Studien zum Verfahren Goethescher Bildbeschreibungen*. Stuttgart: Metzler, 1991.

Osterkamp, Ernst. „Goethes Beschäftigung mit den bildenden Künsten. Ein werkbiographischer Überblick". *Goethe-Handbuch. Supplemente Bd. 3: Kunst*. Hrsg. von Andreas Beyer und Ernst Osterkamp. Stuttgart und Weimar: Metzler, 2011a. 3–27.

Osterkamp, Ernst. „Kunst und Künstler in Goethes dichterischem Werk". *Goethe-Handbuch. Supplemente Bd. 3: Kunst*. Hrsg. von Andreas Beyer und Ernst Osterkamp. Stuttgart und Weimar: Metzler, 2011b. 197–209.

Ovid. *Metamorphosen*. Übers. und hrsg. von Gerhard Fink. 2. Aufl. Düsseldorf: Artemis & Winkler, 2007 [ca. 1–8 n. Chr.].

Pethes, Nicolas. „Intermedialitätsphilologie? Lichtenbergs Textmodell und der implizite Mediendiskurs der Literatur". *Deutsche Vierteljahrsschrift für Literaturwissenschaft und Geistesgeschichte* 76.1 (2002): 86–104.

Pfeiffer, Ludwig K. *Das Mediale und das Imaginäre. Dimensionen kulturanthropologischer Medientheorie*. Frankfurt am Main: Suhrkamp, 1999.

Pfotenhauer, Helmut. „*Die Signatur des Schönen* oder *In wie fern Kunstwerke beschrieben werden können?* Zu Karl Philipp Moritz und seiner italienischen Ästhetik". *Kunstliteratur als Italienerfahrung.* Hrsg. von Helmut Pfotenhauer. Tübingen: Niemeyer, 1991. 67–83.

Pfotenhauer, Helmut. *Sprachbilder. Untersuchungen zur Literatur seit dem achtzehnten Jahrhundert.* Würzburg: Königshausen & Neumann, 2000.

Pfotenhauer, Helmut. „‚Weimarer Klassik' als Kultur des Sichtbaren". *Begrenzte Natur und Unendlichkeit der Idee. Literatur und Bildende Kunst in Klassizismus und Romantik.* Hrsg. von Jutta Müller-Tamm und Cornelia Ortlieb. Freiburg im Breisgau: Rombach, 2004. 145–182.

Pfotenhauer, Helmut, Markus Bernauer und Norbert Miller (Hrsg.). *Bibliothek der Kunstliteratur Bd. 2: Frühklassizismus. Position und Opposition: Winckelmann, Mengs, Heinse.* Frankfurt am Main: Deutscher Klassiker Verlag, 1995.

Plutarch. „Ob die Athener im Kriege oder in der Weisheit berühmter waren" [1. Jh. n. Chr.]. *Moralia Bd. 1.* Übers. von J. C. F. Bähr. Hrsg. von Christian Weise und Manuel Vogel. Wiesbaden: Marix, 2012. 601–611.

Schlegel, August Wilhelm von. *Die Gemählde. Gespräch.* Hrsg. von Lothar Müller. Amsterdam und Dresden: Verlag der Kunst, 1996 [1799].

Schmidt, Olaf. „Die Wundernadel des Meisters" – Zum Bild-Text-Verhältnis in E. T. A. Hoffmanns Capriccio ‚Prinzessin Brambilla'. *E. T. A. Hoffmann-Jahrbuch* (1999): 29–49.

Schneider, Helmut J., Ralf Simon und Thomas Wirtz (Hrsg.). *Bildersturm und Bilderflut um 1800. Zur schwierigen Anschaulichkeit der Moderne.* Bielefeld: Aisthesis, 2001.

Schneider, Sabine. „Klassizismus und Romantik – Zwei Konfigurationen der *einen* ästhetischen Moderne. Konzeptuelle Überlegungen und neuere Forschungsperspektiven". *Jahrbuch der Jean-Paul-Gesellschaft* 37 (2002): 86–128.

Schneider, Sabine. „‚Wilde Semiose'. Kontaminierte Zeichen und infektiöse Bilder bei Goethe und Kleist". *Kultur-Schreiben als romantisches Projekt. Romantische Ethnographie im Spannungsfeld zwischen Imagination und Wissenschaft.* Hrsg. von David E. Wellbery. Würzburg: Königshausen & Neumann. 2012. 105–134.

Simon, Ralf. *Der poetische Text als Bildkritik.* München: Fink, 2009.

Stierle, Karlheinz. „Das bequeme Verhältnis. Lessings *Laokoon* und die Entdeckung des ästhetischen Mediums". *Das Laokoon-Projekt. Pläne einer semiotischen Ästhetik.* Hrsg. von Gunter Gebauer. Stuttgart: Metzler, 1984. 23–58.

Tausch, Harald. „Architektur und Bild in Goethes Roman *Wilhelm Meisters Wanderjahre* (1821)". *Zwischen Architektur und literarischer Imagination.* Hrsg. von Andreas Beyer, Ralf Simon und Martino Stierli. München: Fink, 2013. 275–315.

Voßkamp, Wilhelm. *Ein anderes Selbst. Bild und Bildung im deutschen Roman des 18. und 19. Jahrhunderts.* Göttingen: Wallstein. 2004.

Wackenroder, Wilhelm Heinrich. „Von zwei wunderbaren Sprachen und deren geheimnisvoller Kraft" [1796]. *Sämtliche Werke und Briefe Bd. 2: Werke.* Hrsg. von Silvio Vietta. Heidelberg: Winter. 1991. 97–100.

Willems, Gottfried. *Anschaulichkeit. Zu Theorie und Geschichte der Wort-Bild-Beziehungen und des literarischen Darstellungsstils.* Tübingen: Niemeyer, 1989.

Winckelmann, Johann Joachim. „Beschreibung des Torso im Belvedere zu Rom" [1759]. *Bibliothek der Kunstliteratur Bd. 2: Frühklassizismus. Position und Opposition: Winckelmann, Mengs, Heinse.* Hrsg. von Helmut Pfotenhauer, Markus Bernauer und Norbert Miller. Frankfurt am Main: Deutscher Klassiker Verlag, 1995a. 174–180.

Winckelmann, Johann Joachim. „Gedanken über die Nachahmung der griechischen Werke in der Malerei und Bildhauerkunst" [1755]. *Bibliothek der Kunstliteratur Bd. 2: Frühklassizismus. Position und Opposition: Winckelmann, Mengs, Heinse.* Hrsg. von Helmut Pfotenhauer, Markus Bernauer und Norbert Miller. Frankfurt am Main: Deutscher Klassiker Verlag, 1995b. 9–50.

Wolf, Norbert Christian. „‚Fruchtbarer Augenblick' – ‚prägnanter Moment': Zur medienspezifischen Funktion einer ästhetischen Kategorie in Aufklärung und Klassik (Lessing, Goethe)". *Prägnanter Moment. Studien zur deutschen Literatur der Aufklärung und Klassik. Festschrift für Hans-Jürgen Schings.* Hrsg. von Peter-André Alt, Alexander Košenina, Hartmut Reinhard und Wolfgang Riedel. Würzburg: Königshausen & Neumann, 2002. 373–404.

2.4 Bilder-Denken und Symbolisierungs-prozesse in der frühen Kulturwissenschaft

Barbara Naumann

Einführung

Aby Warburgs Bestimmung des Bildes als „Prägewerk seelischer Ausdruckswerte" (Warburg 2012b [1926], 101), Walter Benjamins Deutung des Bildes als Instanz, in der „das Gewesene mit dem Jetzt blitzhaft zu einer Konstellation zusammentritt" (Benjamin 1982 [1928–1940], 576) und schließlich Ernst Cassirers Charakterisierung des Bildes als einen „bestimmten geistigen Brennpunkt" im „fast unmerklichen Übergang zur Darstellung" (Cassirer 1982 [1929], 126–127) markieren bedeutende Stationen einer Umorientierung im Umgang mit Bildern und Bildtheorien in der ersten Hälfte des 20. Jahrhunderts. Sie entstanden in zeitlicher Nähe zueinander und – im Falle Warburgs und Cassirers – im gemeinsamen Kontext der Renaissance- und Mythosforschung an der Kulturwissenschaftlichen Bibliothek in Hamburg.

Warburg stellt den seelisch-körperlichen, gestischen Ausdruck ins Zentrum des „Bilder-Denkens" (Naumann und Pankow, 2004), Benjamin liest dem Bild die entscheidende Aussagekraft über historische Zusammenhänge und gesellschaftliche Konflikte ab, Cassirer schätzt das Bild als symbolische Form und hebt die bildliche Abstraktionsleistung als historisch-systematische Etappe auf dem Weg zur sprachlich-begrifflichen Darstellung hervor. Bei aller unterschiedlichen Akzentuierung wird deutlich, dass Bilder im Denken der drei Autoren eine zentrale Rolle einnehmen. Das Bild figuriert bei ihnen nicht mehr nur als Gegenstand kunsthistorischer, formalästhetischer und stilkritischer Analysen oder als Ausdruck des Paragone der Künste (vgl. Walzel 1917 sowie 3.1 Wetzel). Schon lange bevor W. J. T. Mitchell mit der berühmt gewordenen Wendung vom *pictorial turn* (Mitchell 1992) der Tatsache Rechnung zu tragen suchte, dass das Denken über Bilder und mit Bildern gegenüber dem begrifflichen Denken keine defizitäre Form darstelle, sondern ein integraler Bestandteil der Erkenntniskritik und Kulturtheorie sein müsse, vollziehen die genannten Autoren in den 1920er Jahren eine entscheidende epistemische Aufwertung des Bildkonzepts (vgl. auch 3.2 Gil).

Bemerkenswert ist, dass Bilder beziehungsweise die ikonologische Analyse bei keinem der drei Theoretiker ein isoliertes Telos der Untersuchungen darstellt. Häufig entsteht die Auseinandersetzung mit dem Bild im engen Dialog mit literarischen Texten. Bilder fungieren als genuine Reflexionsmedien für sprachtheoretische, mediologische und vor allem kulturwissenschaftliche Erkenntnisinteressen. Warburg, Cassirer und Benjamin stimmen darin überein, dass der Bildbegriff an zentraler Stelle in den Kontext der Ausdrucks- und Darstellungstheorie zu situieren sei. Die Reflexion der Krise des sprachlichen Ausdrucks führt sie darüber hinaus auf unterschiedlichen Wegen zur Neubewertung der epistemischen Rolle der Bilder. In Verbindung damit steht der Dialog mit bedeutenden Werken der Literatur: Insbesondere Benjamin entwickelt in seinen Studien zu Charles Baudelaire, Marcel Proust und Franz Kafka eine Reihe von erkenntniskritisch einschlägigen Bildbegriffen.

Die Vieldimensionalität des Bilder-Denkens ergibt sich insbesondere aus dem Umstand, dass das Phänomen der Bildlichkeit in der ersten Hälfte des 20. Jahrhunderts in ganz unterschiedlichen akademischen Disziplinen eine rege Aufmerksamkeit hervorrief. Warburg, Cassirer und Benjamin waren mit ihrer interdisziplinären und kulturwissenschaftlichen Orientierung für diese Entwicklung paradigmatisch: zugleich unkonventionell, innovativ und zukunftsweisend. Ihre kulturwissenschaftliche Bildwissenschaft, die sich im Dialog mit der Literatur entwickelte und im Falle Benjamins mit dem Buch *Berliner Kindheit um Neunzehnhundert* (1932–1938) auch zu einer neuen Literatur führte, stellt für die Medien- und Kulturdebatten bis heute eine Herausforderung dar.

Kunst und Affektbewältigung, Medialität und Mnemosyne: Aby Warburg

Warburgs Bildwissenschaft aktualisiert das mehrdeutige Konzept des Bilder-Denkens in einer ganz eigenständigen Weise: Zum einen stellt er die wissenschaftliche Untersuchung von Bildern, Skulpturen, Riten und anderen Ausdrucksgebärden ins Zentrum der Aufmerksamkeit. Zum anderen entwickelt Warburg neue Möglichkeiten einer sich bildhaft darstellenden Wissenschaft. Auf eine solche Verbindung von Bildlichkeit und Wissen angelegt waren Warburgs Ausstellungsprojekte, die „Bildersammlung zur Geschichte von Sternenglaube und Sternenkunde", der unvollendete „Mnemosyne-Atlas" und nicht zuletzt die innovative Organisation und Farb-Systematik der von ihm gegründeten Kulturwissenschaftlichen Bibliothek Warburg" (K. B. W.).

Ungewöhnlich zu seiner Zeit waren Warburgs umfangreiche kulturwissenschaftliche Forschungen, deren viele Facetten vielleicht am besten unter den Begriffen einer Psychohistorie der Kunst und einer Stilistik der Kultur gebündelt werden können. Grundlagen der kulturtheoretisch informierten Wendung der Bildwissenschaft bildeten Warburgs Studium bei dem Religionswissenschaftler

Hermann Usener, dessen Überzeugung von einer psychologischen Motivation der antiken Mythenbildung er folgte, und Jacob Burckhardts „synthetische Kulturgeschichte" (Warburg 1998 [1932], 193). Ebenfalls wegweisend wurden Friedrich Nietzsches und Sigmund Freuds Überlegungen zum Zusammenhang von Affektkontrolle und Kulturleistung. Warburg, der ausgebildete Kunsthistoriker und Renaissancespezialist, folgt von Beginn an Fragestellungen, die ihn an die Randzonen der etablierten akademischen Disziplinen führen. Er interessiert sich für den Ausdruck starker Emotionen in der Kunst und deren Überlieferung von der Antike bis zur Gegenwart (vgl. Warburg 1998 [1932]). Er verbindet damit die Wahrnehmung des kulturellen Kontexts der Werke sowie die Verabschiedung eines präskriptiven ästhetischen Ideals der Antike, etwa desjenigen Winckelmannscher Prägung.

Warburg sieht in der Kunst in erster Linie ein Überlieferungsmedium konfligierender Emotionen und Situationen. Paradigmatisch findet er dies in der florentinischen Renaissancekunst dargestellt: Die Renaissance als eine Zeit des Umbruchs, des Konflikts zwischen mittelalterlicher christlicher Glaubensbefangenheit, heidnischen Mysterien, antiker Kosmologie und neuplatonischer Philosophie war für ihn eine Schlüsselepoche. An ihrer widerspruchs- und bildfreudigen Kultur erkennt er eine überindividuelle kulturelle Dynamik: einen Prozess des energetischen Austauschs, der den Kontakt mit stark geprägten Formen, also der Kunst, begleitet. Warburgs Begriff für solche affektiv aufgeladenen Formen ist die „Pathosformel" (vgl. Warburg 1992 [1912], u. a. 125–126, 153, 173). In vielfachen terminologischen Varianten durchzieht die darin gebündelte Frage nach der Bewältigung von Angst sein gesamtes Werk. Warburgs Forschung gilt den „Prägewerken seelischer Ausdruckswerte" (Warburg 2012b [1926], 101), zu denen er nicht nur Kunstwerke zählt, sondern auch kulturell sedimentierte Formen wie Rituale und Tänze. Das übergreifende Ziel seiner Unternehmungen ist eine „energetische Lehre menschlichen Ausdrucks", und zwar auf der „Grundlage einer philologisch-historischen Untersuchung des Zusammenhangs zwischen der bildhaftkunstwerklichen Gestaltung und der Dynamik des wirklichen oder dramatisch gestaltenden Lebens" (Warburg 2012b [1926], 101). Eine „rein formale Ästhetik" (ebd.), wie sie in der Kunstgeschichte seiner Zeit dominant war, klassifiziert er als „steriles Wortgeschäft", angesiedelt zwischen „Religion und Kunstausübung" (Warburg 1988 [1923], 65); für die damit in Verbindung stehende „ästhetisierende Kunstgeschichte" empfindet er „aufrichtigen Ekel" (ebd.).

Das kritische Verhältnis zur Kunstgeschichte fand seinen Niederschlag in den Notizen zu einem Vortrag über das Schlangenritual der Hopi-Indianer. Darin kristallisiert sich Warburgs Interesse, die formalästhetisch orientierte Bildwissenschaft durch kulturwissenschaftliche Breite und psychologische Sensibilität zu erweitern. Die „Ausweitung des Gegenstandsbereichs auf nicht-künstlerische

Bilder", auf „Lebensstile, Rituale, habituelle Muster" (Hensel 2011, 13) und auf „Bild- und Wortquellen aller qualitativen Grade und medialen Formen" (Böhme 1997, 140) – mithin ein ebenso interkulturelles wie intermediales Interesse –, profilieren von Beginn an seine Forschungen. Seine Theorie sucht die „Gesamtkultur" (Warburg 1992 [1912], 406) zu erschließen und stellt als deren allgemeinste und stärkste affektive Bewegung die Angstbewältigung ins Zentrum. Hierin schließt Warburg an die großen Theorien des 19. und frühen 20. Jahrhunderts an, die die kulturelle Formierung im Zusammenhang mit dem sich selbst problematisierenden Subjekt entwerfen und die vor allem mit Namen wie Søren Kierkegaard, Nietzsche und Freud verbunden sind.

Ähnlich wie Cassirer sieht Warburg im ‚Ausdruck' ein Konstrukt der Affektbearbeitung, das als komplexe symbolische Form zu verstehen ist. Doch gibt es erhebliche Unterschiede zwischen beiden Denkern. Cassirer versteht den Prozess der Symbolisierung als eine anthropologisch verankerte Möglichkeit, von der Irrationalität der Affekte frei zu werden; optimistisch setzt er auf eine Versöhnung von vernünftigen und irrationalen Strebungen im konstruktiven Akt der Schaffung symbolischer Formen. Warburg hingegen betont im Symbol die Latenz einer immerwährenden Bedrohung. Sie dauert selbst in jenen Refugien an, die dem unmittelbaren Zwang, der Angst und dem Mythos abgerungen wurden. Wie die italienische Renaissance, so sah Warburg auch das Denken der Moderne mit der „Erbmasse phobischer Engramme" konfrontiert (Warburg 2012a [ca. 1927], 4).

Den Pathosformeln kommt die Funktion einer ambivalenten Bewältigungsstrategie zu: Sie sind Teil des Verhaftetseins im affektiven Zustand, machen diesen aber auch sichtbar und finden eine Form für den Konflikt, die Angst, die Phobien, das starke Potential der Selbstzerstörung oder das Gefühl der Schuld. Georges Didi-Huberman hat vorgeschlagen, das Symbolische der Pathosformeln als Verkörperung des Symptomalen zu verstehen, als das *„konkrete Symptom* einer Spaltung, die in der ‚Tragödie der Kultur' permanent geschieht" (Didi-Huberman 2004, 209). Die Überlieferungsgeschichte der Pathosformeln, das Nachleben der Antike – sei es in den Kunstwerken der Renaissance, sei es in den Ritualtänzen der Hopi –, wäre dann vor allem eine Geschichte der Symptome, die sich unter dem Regime der Dialektik von Verdrängung und Wiederkehr des Verdrängten vollzieht und die Kunst in diesem Prozess als eine „‚plastische Kompromißformel[]'" (ebd., 211) in Erscheinung treten lässt.

Pathosformeln durchziehen nach Warburg die großen historischen und kulturellen Räume von der Antike über die Renaissancekunst Italiens bis zu den Riten, Artefakten und alltagskulturellen Objekten der Gegenwart. Die bildliche Ausdrucksdarstellung interessiert ihn nicht aufgrund ihrer ästhetischen Formalisierung, sondern aufgrund der Tatsache, dass in ihr emotionale wie gestische ‚Bewegung' festgehalten ist. Schon die Dissertation zu Sandro Botticelli von

1893 akzentuierte eine Theorie des bedeutsamen „bewegten Beiwerks" – etwa flatternde Haare und Gewänder (vgl. Warburg 1998 [1932], u. a. 54; siehe dazu auch Didi-Huberman 2010 [2002]). Warburg versteht die Pathosformel nicht nur als Körperbild oder Gebärdensprache. Er sieht in ihr die Überschreitung „hin zu einem umfassenderen Begriff des Stils als ‚Ausdrucksweise'" (Zumbusch 2004, 184) und von der Affektbannung der Kunst erwartete er nicht weniger als die Eröffnung eines „Denkraums" (ebd., 59).

Die Auseinandersetzung mit der Tradierung von Pathosformeln hat Warburg mit einem zweiten umfangreichen Forschungsinteresse verbunden: der Geschichte der Magie, der Astrologie und dem antiken Sternenglauben. Damit in Zusammenhang steht die Innovation von kulturwissenschaftlichen Darstellungstechniken, die die zeitlich-räumliche Dimensionen der Überlieferung im Zuge eines *cultural mapping* nachzeichnen. Als ein bedeutendes Beispiel sei die Studie „Italienische Kunst und internationale Astrologie im Palazzo Schifanoja zu Ferrara" genannt (Warburg 1992 [1912], 173–198), die den Einbruch der astrologischen Bildwelten Ägyptens und des Vorderen Orients in die christliche Ikonografie synchron – als Bildschichtung – und zugleich diachron – als 1500 Jahre dauernde Wanderbewegungen der Bilder – beschreibt. Warburg selbst charakterisierte seine ‚kulturwissenschaftliche Methode', ähnlich wie Freud, gern mit Rückgriff auf das Vokabular der Archäologie. Deren Erkenntnisinteresse führt „durch die Schichten der historischen Lagerung (zeitlich-räumlich als Querschnittseinheiten) zurück auf den Urgrund denkraumzerstörender magischer Praktik" (unveröff. Manuskript Warburgs, zit. bei Zumbusch 2004, 50), die den menschlichen gebärdensprachlichen Ausdruck durch realen Handlungsreiz hervorbringt.

Die Bildersammlungen des Mnemosyne-Atlas, die Warburg über Jahrzehnte seines Forscherlebens zusammengestellt hat, suchen die religiösen und artistischen Spuren nachzuzeichnen, in denen die „Dauerfunktionen" (Warburg 2012a [ca. 1927], 3) des menschlichen Leidens ihren formelhaft-pathetischen Ausdruck finden (Abb. 1). Hierin zeigt sich ebenso ein kulturhistorisches wie mediologisches Engagement, denn der Atlas ist für Warburg das Medium *par excellence*, um den Thesen zum Nachleben der Antike Evidenz zu verleihen und sein bildwissenschaftliches Denken zu demonstrieren. In der Ausstellung des Mnemosyne-Atlas vermochte die Betrachterin oder der Betrachter zunächst einmal nichts anderes als thematisch organisierte Serien von Abbildern (Fotografien, Reproduktionen) unterschiedlicher Provenienz und Qualität zu erblicken. Man kann den Bilderatlas deshalb auch als „Schatz- und Wunderkammer des kulturellen Gedächtnisses" verstehen (Böhme 1997, 153), eine Kammer zudem, die ihre Materialien nach assoziativen und Kontiguitäts-Gesichtspunkten ordnet und ästhetisch enthierarchisiert. In jedem Fall zeigt sich in Warburgs assoziativem

Verfahren der suchende, vagierende Charakter einer in Entwicklung befindlichen Bildwissenschaft. Warburg betitelte die Bilderserie: „Mnemosyne, Bilderreihe zur Untersuchung der Funktion vorgeprägter antiker Ausdruckswerte bei der Darstellung bewegten Lebens in der Kunst der europäischen Renaissance" (Warburg 2012a [ca. 1927], XVIII). Wie die Überfülle der Titelbegriffe zeigt, meint ‚Bild' in diesem Zusammenhang unter anderem: Prägung, Engramm der starken Gefühlsbewegung und zugleich – darin auf Mnemosyne bezogen – deren Wiedererinnerung und lebendige beziehungsweise bewegte ‚Re-Aktualisierung'. Die gestisch-bildliche Überlieferung der Pathosformeln von der Antike bis zur Moderne sind ebenso in den Atlas eingegangen wie – aufgezeichnet in Landkarten – deren räumliche, geografische und topologische Überlieferungswege. Mit dem neuartigen Arrangement der Bilder soll der „Austausch der Ausdruckswerte zwischen Norden und Süden" als ein „vitaler Vorgang im Kreislaufprozess der europäischen Stilbildung" verdeutlicht werden (Warburg 2012a [ca. 1927], 5). Warburg zufolge ist dieser motiviert durch die Dynamik einer tragischen, bipolar ausgespannten Kulturentwicklung, die zwischen dem „Ausdruckszwang" und dem „Ordnungsbedürfnis" der Sophrosyne oszilliert (Böhme 1997, 153). Ähnlich wie Nietzsche und Jacob Burckhardt situiert auch Warburg die Triebkräfte der Kultur in der Leidensbewältigung und deren symbolischer Formierung, ihrer Erinnerung und immer neu durchlebter Aktualisierung. Die historische Veränderung der Formensprachen im Zuge der Überlieferung, das Formieren der Kultur als Stil, wird in diesem Modell ebenso adressiert wie die Integration des mythischen Denkens in das Nachleben der Antike. So ist es bereits bei Nietzsche zu lesen. Über Nietzsche hinaus aber offeriert Warburg mit dem *Mnemosyne-Atlas* einen neuen, bild-, kultur- und mediengeschichtlich bedeutsamen Wissensspeicher. Die Geschichte des durch Affekte geformten Ausdrucks ist darin nicht nur beschrieben. Sie ist durch die Komposition der Bilder zugleich erinnert, dargestellt und zur Anschauung gebracht.

Abb. 1: Aby M. Warburg: *Mnemosyne-Atlas*, 1924–1929, Tafeln der Rembrandt-Ausstellung, 1926

Symbolische Form, symbolische Prägnanz – kunstphilosophische Grundlagen: Ernst Cassirer

Zwischen Warburgs ikonologischer Bildwissenschaft und dem symboltheoretischen Denken Cassirers gibt es zahlreiche Bezüge. Cassirer begann die Zusammenarbeit mit der K. B. W. während der Arbeit am zweiten Teil der *Philosophie der symbolischen Formen*, *Das mythische Denken* (1924), und fand in der Sammlung „nicht nur ein reiches, in seiner Fülle und Eigenart fast unvergleichliches Material" vor; überdies erschien ihm dieses Material in seiner „Gliederung und Sichtung, in der geistigen Prägung, die es durch Warburg erhalten hat, auf ein einheitliches geistiges Problem bezogen, das sich mit dem Grundproblem [s]einer eigenen Arbeit aufs nächste berührte" (Cassirer, 1987 [1925], XIII). Im Unterschied zu Warburg entwickelte Cassirer keine explizite Theorie des Bildes oder der bildenden Kunst. Vielmehr integrierte er sämtliche bildtheoretische Überlegungen in die Konzeption eines symbolischen Prozesses, der zugleich als Erkenntnis- und als Konstruktionsprozess der Kultur zu denken sei.

Cassirers Symboltheorie antwortet auf die Grundsatzfrage nach der Genese von Bedeutung. Eine Antwort, die Gültigkeit über alle Ausdifferenzierung der einzelnen symbolischen Formen hinweg beansprucht, liefert der Begriff der „symbolischen Prägnanz". Darunter versteht er „die Art [...], in der ein Wahrnehmungserlebnis, als ‚sinnliches' Erlebnis, zugleich einen bestimmten nichtanschaulichen ‚Sinn' in sich faßt und ihn zur unmittelbaren konkreten Darstellung bringt" (Cassirer 1982 [1929], 235). Wahrnehmung bestehe nicht in „bloß ‚perzeptive[n]' Gegebenheiten, denen später irgendwelche ‚apperzeptiven' Akte aufgepfropft wären und durch die sie gedeutet, beurteilt und umgebildet würden" (ebd., 235). In der *Philosophie der symbolischen Formen* gibt Cassirer unterschiedliche, nämlich anthropologische, zeichentheoretische, erkenntnistheoretische und phänomenologische Antworten auf die Frage nach dem Konnex von Sinnlichkeit und Sinn. Allen aber ist gemeinsam: Sie verwerfen die Annahme eines transzendentalen Signifikanten und akzeptieren Bedeutung allein als Element des Symbolprozesses. In jeder sinnhaften symbolischen Form – der Sprache, dem Mythos, der Kunst, der Wissenschaft – verbindet sich die prägende Spur der materiell-sinnlichen Seite mit einem abstrakten, nicht-anschaulichen ‚Sinn'.

Den Künsten misst Cassirer aufgrund ihres symbolischen Charakters epistemische Valenz zu. Demnach liege es in der Logik des Symbolprozesses, dass die Kunst über die Nachahmung hinausgehe. Ihre gestalterische Lösung von der Unmittelbarkeit der ersten Eindrücke impliziere einen Bruch mit dem traditionellen Mimesis-Gebot. Cassirer situierte die „Wechselbestimmung" (Cassirer 1983[1921–1922], 235) zwischen Bezugsrahmen und einzelnem Phänomen innerhalb dieses Rahmens als Grundlage jeden Symbolisierungsprozesses und jeder Semiose. In direkter Anlehnung an Johann Wolfgang von Goethes Symbolauffassung und Darstellungstheorie – wie sie unter anderem in dessen kleinem wissenschaftstheoretischen *Versuch als Vermittler zwischen Subjekt und Objekt* (1792) niedergelegt ist – erläutert Cassirer, dass die „phänomenale[] Beschaffenheit" eines Datums immer „schon von der Ordnung abhängig" sei, in der sie steht. Die „reine Erscheinungsweise" der Farbe zum Beispiel werde „durch eben diese Ordnung [der Farben untereinander, d. V.] bestimmt" (Cassirer 1982 [1929], 234–235).

Die Ausführungen zur allgemeinen Funktion der symbolischen Prägnanz bieten den bildwissenschaftlich bedeutsamsten Aspekt der Symbolphilosophie. Unübersehbar ist die Verwandtschaft des phänomenologisch konturierten Begriffs der symbolischen Prägnanz mit Warburgs Konzept der Pathosformel. Warburg beschrieb die Formwerdung des Pathos als einen Transformationsprozess des gestischen Ausdrucks. Für Cassirer wie Warburg geht es darum, den symbolischen Prozess als Dynamik des kulturellen Wandels zur Geltung zu bringen. Cassirer zieht aber aus der Beschreibung der Formgenese andere kulturtheoretische Schlüsse. Unübersehbar ist die Differenz zu Warburgs Denken vor allem im Hinblick auf die Funktion der Angst und der Affektkontrolle. Cassirer sieht die Freiheit des Menschen als durch die Aufklärung rationalisierte anthropologische Gegebenheit; er erklärt sie zur Grundlage des *animal symbolicum*. Warburg hingegen leitet die Energien zu Formgebung und Wandel aus dem Zwang zur Affektkontrolle und hier vor allem aus dem Aspekt der Angstbewältigung her.

Cassirer geht davon aus, dass sich die symbolischen Formen in einem „dreifachen Stufengang" entfalten; die Formen Mythos, Sprache und Kunst durchlaufen diesen Stufengang als einen semiotischen Prozess, der je spezifische Relationen zwischen „Zeichen und Bezeichnetem" ausprägt (Cassirer 1983 [1921–1922], 178). Von der ersten Stufe, auf der sich das Zeichen dem Bezeichneten „möglichst nahe anschmiegt", um es „gleichsam in sich aufzunehmen" (ebd.), führt die Entwicklung über eine zweite, „analogische" Stufe, die schon eine „Subjektivität des Denkens" erkennen lässt, aber immer noch nach einer „Entsprechung" zum Bezeichneten sucht (ebd., 180). Auf der dritten, abstrakten Stufe schließlich wird „auf jede Form der wirklichen Nachahmung [...] verzichtet, und statt dessen tritt die Funktion der Bedeutung in reiner Selbständigkeit hervor" (ebd., 182). Cassirer stellt diese allgemeine semiotische Stufung auf dem Gebiet der Sprachentwicklung dar und erkennt in der Sprachgeschichte die Dynamik einer zunehmenden Abstraktionsleistung, die sich über die Schritte der mimetischen, analogischen und rein symbolischen Form – auch Darstellungsform genannt – vollzieht (vgl. Cassirer 1988 [1923], 5, 1982 [1929], u. a. 126–127).

Cassirers Insistenz auf die Zusammengehörigkeit von Theorie und Anschaulichkeit im symbolischen Prozess, die interdisziplinäre, Natur- und Geisteswissenschaften einbeziehende Ausrichtung seiner Philosophie, und schließlich der *poietische* Kern des Symbolisierungsvorgangs, der sich im Konstruktionscharakter seiner Philosophie als Kulturtheorie zeigt, sind Bausteine einer allgemeinen Theorie des Bildes. Entscheidende Aspekte dieser Gedankenkette verdanken sich zudem einem konkreten literarischen Werkkomplex, nämlich der lebenslangen Auseinandersetzung Cassirers mit den Werken Goethes. Diese Auseinandersetzung zieht sich als ein roter Faden durch Cassirers Schriften und bezieht sowohl die Dichtung als auch die naturwissenschaftlichen Schriften Goethes ein. Goethes Werk verkörpert nach Cassirer das, was die Symbolphilosophie im Einzelnen zu zeigen versucht (vgl. Naumann 1998, 98; siehe auch Cassirer 2003a [1922], 2003b [1940–1941], 2006 [1925–1944; bes. 1934 und 1935]). Nicht selten nutzte er Texte und Theoreme Goethes als Sprachmasken für eigene Argumentationen und sah in ihnen die Paradigmen einer modernen Kulturphilosophie vorgeprägt. Eine Affinität zu seinen eigenen theoretischen Interessen erkannte er nicht zuletzt in Aspekten, die für eine bildtheoretische Diskussion relevant sind, wie Goethes expliziter Auseinandersetzung mit dem Symbolbegriff, der Entfaltung des Denkens in Stufen zunehmender Abstraktion – zum Beispiel in Goethes Aufsatz *Einfache Nachahmung der Natur, Manier, Stil* (1789) –, weiterhin im Vorentwurf eines interdisziplinären Dialogs zwischen Natur- und Geisteswissenschaften, und schließlich in der kritischen Diskussion von Kants Transzendentalphilosophie. Cassirer bedient sich der Denk-Figuren Goethes, um zu zeigen, „was als symbolische Kulturphilosophie im umfassenden Sinne zu verstehen sei" (Naumann 1998, 12).

In der Kunst sieht Cassirer zwei unterschiedliche Aspekte zusammenkommen: Sie sei ebenso unmittelbarer oder „intuitiver" Ausdruck wie „Rationalität der Form" und besitze in dieser Doppelung ihren spezifischen Erkenntnismodus (Cassirer 1990 [1944], 260 und 257). Die bildende Kunst vermöge „die Dinge zu visualisieren, statt sie nur zu konzeptualisieren" (ebd., 261). Wie der Symbolisierungsprozess generell bringt auch die Kunst im Speziellen zugleich eine performative und mediale Seite zur Erscheinung. Cassirer begreift Ausdruck zugleich als Form; jeder Ausdruck besitze eine Gestalt, einen „bestimmten ,physiognomischen' Charakter" (Cassirer 1982 [1929], 526). Der wesentliche Unterschied zu Warburgs Bildtheorie liegt in der Annahme, dass die Leidenschaft „ohne Zwang" (Cassirer 1990 [1944], 229) in eine formenbildende Kraft verwandelt werden könne. Die freie Bindung aller Ausdrucksgesten an die Form und schließlich an den artistischen Werkcharakter machte für ihn das Kunstwerk aus.

Bemerkenswert ist Cassirers ebenfalls an Goethe angelehnte Wertschätzung des lebendigen Charakters der Kunst, die für ihn, ähnlich wie für Warburg, eine Ausdrucksform des bewegten Menschen ist (vgl. Recki 2004, u. a. 115). Er sieht die Kunst als Zeugnis der menschlichen „Empfänglichkeit für das dynamische

Leben von Formen" (Cassirer 1990 [1944] 232); wie Warburg interessiert ihn die „Lehre vom bewegten Menschen" (Krois 2011, 78). Keine Rolle spielt hingegen für Cassirers Kunst- und Bildkonzept die Ästhetik der Mortifikation, der Stillstellung, die seit Gotthold Ephraim Lessings Schrift *Laokoon oder Über die Grenzen der Malerei und Poesie* (1766) den Vergleich der bildenden Kunst mit der Dichtung maßgeblich bestimmt hatte (siehe dazu 2.3 SCHNEIDER). Ganz auf Lebendigkeit, Dynamik und Formwandel orientiert, hat für Cassirer das Bild, hat überhaupt die bildende Kunst nicht das letzte Wort in Bezug auf die Erkenntnis- und Deutungs- funktion: „Eine künstlerische Form [...] entsteht erst dort, wo die Anschauung sich von jeder Gebundenheit im bloßen Eindruck gelöst, wo sie sich zum reinen Ausdruck befreit hat." (Cassirer 1983 [1921–1922], 182) Der ‚reine Ausdruck‘, die ‚reine Bedeutung‘ wird von Cassirer in der „Philosophie der symbolischen Formen" gleichgesetzt mit der Darstellungsfunktion der Sprache.

In der Architektur der symbolischen Formen besetzen also die symbolische Prägnanz – und damit ein Begriff, der bildliche Aspekte in sich aufgehoben hat –, und die Sprache in ihrer abstraktesten Funktion, der Darstellungsfunktion, die entscheidenden Positionen. „Denn solange die Repräsentation, die Darstellung als solche, noch eines bestimmten Anschauungsbildes ihres Trägers bedarf, hebt sie sich nicht scharf und prinzipiell von diesem ihrem Substrat ab. Der Blick des Geistes verfängt sich allzu leicht in die Einzelheiten des Bildes selbst. Erst die Sprache bringt hierin eine neue und entscheidende Wendung", so Cassirer, denn sie sei „sozusagen mit keiner eigenen sinnlichen Materie mehr belastet" (Cassirer 1982 [1929], 385). Cassirer möchte die Tendenz zur zunehmenden Abstraktion im Erkenntnisprozess zum Ausdruck bringen. Mit der Sprache verbindet er – ‚sozu- sagen‘ – den Horizont einer bild- und materielosen Erkenntnis; doch kehrt er regelmäßig zur Notwendigkeit der bild- und materialhaltigen symbolischen Prä- gnanz zurück.

Gleichwohl zeigt sich in aller Deutlichkeit, dass Cassirers Beitrag zur Bildwis- senschaft eingefügt ist in die allgemeine Differenzierung und Entwicklung sym- bolischer Formen, die er als übergreifendes kulturelles Prinzip verstand. Das Bild wird aus systematischen Gründen, nämlich im Hinblick auf seine Abstraktionsfä- higkeit, der zu größerer Abstraktion fähigen sprachlichen Darstellungsfunktion nachgeordnet. Cassirer sieht das Bild lediglich als ein Element innerhalb der Pluralität möglicher symbolischer Formen. Die Philosophie der symbolischen Formen vollzieht keinen *iconic turn*. So sehr aus heutiger Sicht eine explizite mediale Reflexion des Bildbegriffs als Baustein einer Theorie der visuellen Kultur vielleicht wünschbar wäre – man kann Cassirer dessen Fehlen nicht zum Vorwurf machen, denn der Begriff der symbolischen Prägnanz nimmt sowohl mediale als auch erkenntniskritische Perspektiven auf.

Mit den zum Teil ähnlich orientierten Studien Warburgs verbindet Cassirers Bildtheorie, dass beide die von ihnen besonders akzentuierte Lebendigkeit der Kunst in Zusammenhang bringen mit einem kulturell informierten Begriff des Stils. Geschult an Goethe wollte Cassirer den „Begriff des Stils mit dem der Erkenntnis" und des „geistigen Ausdrucks" verknüpft sehen (Cassirer 1983 [1921–1922], 183). Den Begriff des Stils bezieht Cassirer auf „jede Art des Fortschritts vom natürlichen Dasein zum geistigen Ausdruck" (ebd., 185); er markiert insbesondere deren bewegliche, lebendige Entwicklung. Stil ist für Cassirer wie für Warburg kein repetitives Formeninventar und mehr als ein bloß subjektives Ausdrucksgebaren. Der Stil erschließt eine in allen symbolischen Formen auffindbare symbolische Form.

Bilder-Denken und Sprachkritik: Walter Benjamin

Im Werk Benjamins findet sich eine Fülle bildtheoretischer Überlegungen. Neben der Extensität und Intensität des Bilder-Denkens ist es die Heterogenität der Bildkonzepte, die seine Schriften prägt. Seine philosophische und ästhetische Orientierung und entsprechend auch sein Bilder-Denken unterliegen einem deutlichen historischen Wandel von einer theologisch-sprachspekulativ orientierten Position zu einer an der materialistischen Ästhetik ausgerichteten Geschichtsphilosophie. Stets jedoch erwächst es aus dem direkten Zusammenhang mit seinen kritischen Schriften zur Literatur und Literaturtheorie, zur Geschichte und Philosophie. Benjamin verfolgt bildtheoretische Interessen nicht in erster Linie mit dem Ziel, eine kunsthistorisch oder ikonologisch informierte Analyse von Bild-Kunstwerken zu leisten. Malerei als Thema zum Beispiel nimmt in Benjamins Schriften keinen breiten Raum ein. Jedoch finden zahlreiche Werke der bildenden Kunst in bedeutsamer Weise Eingang in seine Schriften (vgl. Weigel 2008, 265–296 und 297–332). Zu nennen wäre hier unter anderem die Aquarell-Zeichnung „Angelus novus" (1920) des Paul Klee, die in Benjamins Besitz war und ihn zu geschichtskritischen Überlegungen anregte. Klees Angelus-Figur wurde für Benjamin zu einem „Vorstellungsbild", das er mit historischen und theologischen Spekulationen verknüpfte (vgl. Benjamin 1980e [1925], 276). Als „Engel der Geschichte" tritt er in den geschichtsphilosophisch orientierten Thesen „Über den Begriff der Geschichte" (1942) auf. Mit dem Rücken zur Geschichte gewandt, sieht der ‚Angelus novus' keinen historischen Fortschritt, sondern erblickt nur „eine einzige Katastrophe", die „unablässig Trümmer auf Trümmer häuft". Er wird von einem Sturm fort vom Paradies und „unaufhaltsam in die Zukunft" geweht (Benjamin 1980d [1942], 697). Benjamins Denkbild des Engels gewinnt gegenüber der pikturalen Darstellung Klees ein deutliches Eigenleben und beansprucht nicht, Bildinterpretation zu sein. Der ‚Angelus novus‘, transformiert in ein erinnertes Vorstellungsbild, erhält neue Geltung als eine geschichtsphilosophische Denkfigur. Sie gemahnt an die Toten und an die Geschichte als fortlaufenden Zerstörungsprozess.

Einen ebenso wichtigen Punkt im Bilder-Denken Benjamins markiert Albrecht Dürers Kupferstich „Melencolia I" (1514), dem in der Habilitationsschrift *Ursprung des deutschen Trauerspiels* (Benjamin 1980e [1925], bes. 329–335) die Rolle eines epistemisch bedeutsamen Denkbildes zukommt. Benjamin beschreibt die Ding-Symbole auf diesem für ihn „unsagbar tiefen, ausdrucksvollen Blatt" (Benjamin 1993, 143), um an ihnen die Geschichte des Deutungswandels in der Renaissance zu illustrieren. Dürers „Melencolia" sei umgeben von „Bruchstücken der Dingwelt als ihren eigensten, sie nicht überfordernden Gegenständen" (ebd., 334) und machten einen dialektischen Umschlagspunkt deutlich, an dem sich die „Allegoriefülle des Barock" im Renaissancebild bereits einen Weg bahnt (ebd., 331). Der Stich vermag Benjamin zufolge einen historischen Mentalitätswandel deutlich zu machen: die Umdeutung der saturnischen entscheidungsunfähigen Melancholie hin zu einer Figur, die „um des Wissens willen" die Welt verrät (ebd., 334).

Den Ausgang nahm Benjamins Auseinandersetzung mit Bildlichkeit bei der barocken Allegorie, dem Gegenstand des *Trauerspielbuches*. Im Zuge dieser Argumentation formuliert er eine Reihe kritischer Vorbehalte gegen den Symbolbegriff. Insbesondere das metaphysische beziehungsweise theologische Modell des Symbols, wie es durch die Romantik geprägt wurde, habe die artistische und ästhetische Deutung des Symbols in den Hintergrund gerückt. Benjamin verwirft den „Mißbrauch" des Symbols als „Erscheinung einer Idee" (ebd., 336). In einer Welt ohne Heilsversprechen könnten die Zeichen nicht auf Göttliches, das Symbol nicht auf Transzendenz verweisen, sondern nur noch auf sich selbst. Dieser Denkform werde die Allegorie, die die Erinnerung an die unerlöste Leidensgeschichte der Welt festhalte, gerechter (vgl. dazu auch 4.9 BEHRMANN).

Mit deutlichen Akzentverschiebungen setzt Benjamin die Allegoriediskussion im Essay über Goethes *Wahlverwandtschaften* (1924) und in späteren Schriften fort. In den Arbeiten zu Baudelaire und zur Analyse von Paris als Hauptstadt des 19. Jahrhunderts geht es ihm um das Geschick der Allegorie in der Moderne. Zwar teilt nach Benjamin Baudelaires Gebrauch der Allegorie mit der barocken Allegorie noch die Ablesbarkeit aus der Dingwelt, doch eigne ihr ein zerstörerischer Zug: Ihr Schauplatz seien die Heteronomien der Großstadt, sie gebe sich nur mehr im Fragment, im augenblickshaften Aufblitzen zu erkennen, sie trage Spuren des „Ingrimms" und suche ihre Gegenstände, „ihre harmonischen Gebilde in Trümmer zu legen" (Benjamin 1980f [1938], 671). Die moderne Allegorie Baudelaires „zerstört, ohne zu bewahren" (Zumbusch 2004, 272).

Die Kristallisation des Bildes als augenblickshaftes Innehalten im Fluss der Wahrnehmung mündet in das bedeutende Konzept des dialektischen Bildes. Im vielzitierten Satz aus dem *Passagen-Werk* – „Bild ist die Dialektik im Stillstand" (Benjamin 1982 [1928–1940], 578) – wird das Bild nicht als materiale pikturale Darstellung (Zeichnung, Tafelbild etc.) in Anspruch genommen, sondern als Unterbrechung, als Diskontinuität: Es erscheint blitzhaft als „Konstellation" aus „Gewesenem" und „Jetzt" (ebd., 576). Im Begriff des dialektischen Bildes kristallisiert sich das Interesse, die Geschichte – in diesem Fall die Geschichte des 19. Jahrhunderts – an der emphatisch als Hauptstadt des Jahrhunderts aufgefassten Stadt Paris anschaulich aus der Beschreibung der materialen Kultur der Zeit hervortreten zu lassen. Auch in diesem Zusammenhang ist die Figur des Momenthaften und der Unterbrechung entscheidend für Benjamins Bildbegriff: Die „Beziehung des Gewesnen [sic!] zum Jetzt" wird als „dialektisch" und „sprunghaft" aufgefasst, nicht als Kontinuum (ebd., 577). Im Bild sucht Benjamin jenen Bruch des geschichtlichen Kontinuums zu verorten, der nicht Bild bleiben kann, sondern zur Sprache kommen muss. Tatsächlich ist sein Bilder-Denken auf die Sprache als dem eigentlichen Milieu und Medium des dialektischen Bildes gerichtet und liefert das kritische Instrument der Darstellung und der Übersetzung; durch sie lässt sich die Unterbrechung und Störung des blitzhaft aufscheinenden Bildes auf den „Ursprung der Gestaltungen und Veränderungen" (ebd.) übertragen. Die Sprache ist schließlich für Benjamin das Scharnier, das ihm erlaubt, die Begriffe des Bildes, der Allegorie, des Denkbildes und des dialektischen Bildes ineinander übergehen zu lassen und als Schauplätze einer sich blitzartig herstellenden Einsicht in Anspruch zu nehmen.

In den 1930er Jahren widmete sich Benjamin den optischen Bildmedien Fotografie und Film. In den Aufsätzen „Kleine Geschichte der Photographie" (1931) und „Das Kunstwerk im Zeitalter seiner technischen Reproduzierbarkeit" (1935) nahm er die technisch-mediale Erscheinung des Kunstwerks in den Blick. Eine prominente Stellung in der Benjamin-Rezeption hat vor allem die medientheoretische Reflexion des Zusammenhangs von technischer Reproduzierbarkeit und Auraverlust des Kunstwerks eingenommen. Bedingt durch die massenhafte Reproduktionsmöglichkeit der Kunst, sieht er eine kollektive Veränderung der Kunstwahrnehmung sich vollziehen, die zum Auraverlust des Kunstwerks führt. So kontrovers diskutiert diese These heute auch ist, sie hat doch die Entwicklung einer allgemeinen Theorie der Medien in der Moderne nachhaltig geprägt. Für Benjamin war die Aura das, was nur noch in Verfallsformen sich zeigte. Im „Kunstwerk"-Aufsatz definiert er sie als „sonderbares Gespinst aus Raum und Zeit", als „einmalige Erscheinung einer Ferne, so nah sie sein mag" (Benjamin 1980a [1935], 440). Daraus erklärt sich seine Faszination für die Paris-Fotografien des Eugène Atget (Abb. 2). Wie im hier abgebildeten Foto einer stillen Straße neben dem Panthéon zu erkennen, ist das Bild durch eine Leere, durch das Nicht-Erreichbare geprägt. Solche Figuren der Unverfügbarkeit im Bild liest Benjamin im Kontext seiner Theorie der ‚Ent-Auratisierung' des Bildes. Atgets neue Foto-Ästhetik leite „die Befreiung des Objekts von der Aura ein" und habe das Potential, auch der Literatur neue Impulse zu verleihen. Benjamin erhoffte sich nicht weniger als „literarische Pointierungen von Motiven, die Atget entdeckte" (ebd., 378).

Abb. 2: Eugène Atget: *Coin de la rue Vallette/Pantheon, Mars 1925*, Fotografie, 1925

Der Umstand, dass Benjamin den ursprünglich theologisch gefärbten Aurabegriff für die säkulare Erfahrung der Moderne in Anwendung bringt, ist bezeichnend für die epistemische Struktur einer Reihe von ähnlich gelagerten Begriffsbildungen. Benjamins Kritik am Symbolbegriff gründete vor allem in seiner Kritik an einer repräsentationistisch verstandenen Auffassung des Symbols und verband sich mit seiner Hinwendung zum Begriff der Allegorie. Diese Chiffre wurde später für viele Autoren und Autorinnen im Umfeld der Dekonstruktion und des Poststrukturalismus wegweisend. In anderen Kontexten aber – zum Beispiel in seinem Buch *Berliner Kindheit um Neunzehnhundert* (1932–1938), im *Passagen-Werk* (1928–1940) und in den Studien zu Proust (1929) – gelangte Benjamin zu einer positiveren Einschätzung des Symbols und im Zuge dessen zu einer Neu-bewertung der Rolle des Bildes in der Sprache. Benjamin entwickelt in diesen Schriften ein Symbolkonzept jenseits der Logik der reinen Repräsentation. So etwa in der *Berliner Kindheit*, wo er Transformationsprozessen zwischen an sich unähnlichen, nämlich grafischen, phonetischen und semantischen Ebenen im Rahmen einer allgemeinen Semiotik nachgeht. Diese Semiotik ist nicht auf das sprachliche Zeichen begrenzt, sondern versucht, „die Welt als Ganzes zeichen-haft zu lesen" und betrifft insofern auch den Begriff des Symbols (Lemke 2008

58). Entscheidend ist in diesem Zusammenhang Benjamins Rekonfiguration des Begriffs der Ähnlichkeit. Da alle Dinge – insofern sie Zeichen sind – aufeinander verweisen können, tragen sie zwar Spuren eines ursprünglichen mimetischen Verhaltens des Menschen, lösen diese Spuren der Ähnlichkeit im historischen Prozess aber gewissermaßen wieder auf. Daher stünden Zeichen und insbesondere Sprache und Schrift grundsätzlich im Modus einer „unsinnlichen" oder auch „entstellten Ähnlichkeit"; sie seien stets Ergebnis von Übersetzungsprozessen (Benjamin 1980c [1933], 212; vgl. Waldow 2006, 98–99; Weigel 1997, passim).

Für Benjamin wird der kategoriale Gegensatz von Bild und Schrift hinfällig; in den Vordergrund tritt ihre gegenseitige Übersetzbarkeit. Die in der *Berliner Kindheit* geschilderte Erinnerung ist als ein Symbolisierungsprozess zu verstehen, der sich aus der Übersetzung zwischen Bild, Sprache und Sprachbild ergibt: „Die in der Kindheitserinnerung aufgerufenen Bilder sind weniger Verweise auf natürliche Referenten, sondern folgen als Sprachbilder den Gesetzen der Verknüpfung ihrer Zeichen als Entstehen, Gleiten und Verschwinden" (Lemke 2008, 83). Benjamin hebt den Aspekt der entstellten Ähnlichkeit nicht nur an der Ding- und Zeichenwelt hervor, sondern ebenso an den durch technische Medien erzeugten Bildern und Tönen, an Fotografie, Fonografie, Kinematografie. Entsprechend heißt es im *Passagen-Werk*: „Daß zwischen der Welt der modernen Technik und der archaischen Symbolwelt der Mythologie Korrespondenzen spielen, kann nur der gedankenlose Betrachter leugnen." (Benjamin 1982 [1928–1940], 576).

An dieser Stelle lässt Benjamins Zeichentheorie deutliche Parallelen zu anderen Theorien des Bilder-Denkens, wie etwa denjenigen Warburgs, Freuds oder Cassirers, erkennen. Bereits die Funktion der ‚Entstellung' in *Berliner Kindheit* weist zahlreiche Beziehungen zum psychoanalytisch informierten Begriff des symbolischen Bildes auf: Wie in der *Traumdeutung* Freuds oder in Warburgs *Mnemosyne-Atlas* ist es die Dynamik der Verdichtung und Verschiebung, die die entstellte Ähnlichkeit der Erinnerungs- und Sprachbilder hervorbringt. Die Entstellung avanciert für Benjamin zu einem Charakteristikum der Semiose und Medialität im Allgemeinen. Mit Cassirers Symboltheorie (die er nicht rezipierte) verband ihn die Auffassung, dass der Prozess der Symbolisierung einhergehe mit zunehmender Entstellung der „mythischen Namenssprache" oder auch reinen Sprache, die nur noch als Leerstelle oder als mythische Erinnerung aufscheint (vgl. Waldow 2006, 266–267). Anders als Cassirer verknüpfte Benjamin, vor allem im *Passagen-Werk*, seine Reflexion des Entstellungsprozesses mit dem Studium der konkreten, historisch und gesellschaftlich imprägnierten Materialität der Zeichen.

Das variantenreiche Bilder-Denken Benjamins führt über ganz unterschiedliche Stationen: Allegorie und Allegorese, Symbol, Denkbild, dialektisches Bild, Vexier- oder Kippbild, Erinnerungsbild und Traumbild (vgl. Baumann 2002). In allen Bilddiskussionen ist aber nicht das Bild allein Ziel der Auseinandersetzung, sondern die Geburt des Bildes aus der Sprache, die Deutung des Bildes als Sprache und die Übersetzbarkeit des Bildes in andere Sprachen und Medien. Schon der Umstand, dass Benjamin den bildtheoretischen Reichtum seiner Überlegungen zunächst aus der Kritik der Literatur schöpfte und auch seine späteren kulturellen und historischen Analysen in direkter Verbindung mit der Literatur entwickelte – man denke nur an die zentrale Stellung Baudelaires, des Surrealismus und Prousts in seinem Werk –, macht den Beitrag dieses Denkens zu einer ‚Bildwissenschaft der Literatur‘ deutlich. Die Figuren und Sprach-Bilder der Ähnlichkeit, der Mimesis und der Entstellung, des Erinnerns und des Vergessens, der Verschiebung und der Verdichtung, der Spur und des Entzugs stehen zwar in dem großen philosophischen Rahmen der Auseinandersetzung mit dem Mythos, der Theologie und der Säkularisierung. Ihr primärer Ort aber ist für Benjamin die Reflexion und Kritik der Sprache, und ihr Ziel eine Beschreibung der *poiesis* und des Lesens: „Jede Gegenwart ist durch diejenigen Bilder bestimmt, die mir ihr synchronistisch sind: jedes Jetzt ist das Jetzt einer bestimmten Erkennbarkeit. [...] Das gelesene Bild [...] trägt den Stempel des kritischen, gefährlichen Moments, welcher allem Lesen zugrunde liegt." (Benjamin 1982 [1928–1940], 578).

Das Bilder-Denken Warburgs, Cassirers und Benjamins entfaltet sich im Zuge einer epistemischen Wende in den 1920er Jahren, die, äußerst folgenreich, der veränderten kulturellen Funktion der Visualität Rechnung trägt (siehe auch 2.8 STIEGLER). Dass das Bild in der medialen Abgrenzung von Sprache und Literatur reflektiert werden müsse und zugleich durch seine Übersetzung in literarisch-sprachliche Prozesse Kontur gewinnt – in dieser Orientierung kommen die drei Autoren trotz unterschiedlicher Akzentuierung ihrer Bildkonzepte überein. Begriffe wie Geste, Ausdruck und Darstellung rücken in den Vordergrund des kulturwissenschaftlich informierten Bilder-Denkens. Benjamin und Warburg werten es durch Aspekte wie Diskontinuität, Unterbrechung, Krise und Symptom auf. Anders Cassirer: Sein Symbolbegriff formuliert ein kulturelles Konzept der Imagination, für die das Bild ein unverzichtbares Zwischenstadium auf dem Weg zur abstrakten Darstellung ist. Es ist der Symbolbegriff und es sind nicht die expliziten Aussagen zum Bild, in dem sich eine Korrespondenz zu den Bildkonzepten Warburgs und Benjamins zeigt.

Literaturverzeichnis

Baumann, Valérie. *Bildnisverbot. Zu Walter Benjamins Praxis der Darstellung: Dialektisches Bild, Traumbild, Vexierbild.* Eggingen: Edition Isele, 2002.

Benjamin, Walter. „Das Kunstwerk im Zeitalter seiner technischen Reproduzierbarkeit. Erste Fassung" [1935]. *Gesammelte Schriften Bd. 1.2: Abhandlungen*. Hrsg. von Rolf Tiedemann und Hermann Schweppenhäuser. Frankfurt am Main: Suhrkamp, 1980a. 431–469.

Benjamin, Walter. „Goethes Wahlverwandtschaften" [1924]. *Gesammelte Schriften Bd. 1.1: Abhandlungen*. Hrsg. von Rolf Tiedemann und Hermann Schweppenhäuser. Frankfurt am Main: Suhrkamp, 1980b. 123–201.

Benjamin, Walter. „Über das mimetische Vermögen" [1933]. *Schriften Bd. 2.1: Aufsätze, Essays, Vorträge*. Hrsg. von Rolf Tiedemann und Hermann Schweppenhäuser. Frankfurt am Main: Suhrkamp, 1980c. 210–213.

Benjamin, Walter. „Über den Begriff der Geschichte" [1942]. *Gesammelte Schriften Bd. 1.2: Abhandlungen*. Hrsg. von Rolf Tiedemann und Hermann Schweppenhäuser. Frankfurt am Main: Suhrkamp, 1980d. 691–706.

Benjamin, Walter. „Ursprung des deutschen Trauerspiels" [1925]. *Gesammelte Schriften Bd. 1.1: Abhandlungen*. Hrsg. von Rolf Tiedemann und Hermann Schweppenhäuser. Frankfurt am Main: Suhrkamp, 1980e. 202–430.

Benjamin, Walter. „Zentralpark" [1938]. *Gesammelte Schriften Bd. 1.2: Abhandlungen*. Hrsg. von Rolf Tiedemann und Hermann Schweppenhäuser. Frankfurt am Main: Suhrkamp, 1980 f. 657–690.

Benjamin, Walter. *Gesammelte Schriften Bd. 5.1: Das Passagen-Werk*. Hrsg. von Rolf Tiedemann. Frankfurt am Main: Suhrkamp, 1982 [1928–1940].

Benjamin, Walter. *Gesammelte Briefe. Bd. 1: 1910–1918*. Hrsg. von Gershom Scholem und Theodor W. Adorno. 2. Aufl. Frankfurt am Main: Suhrkamp, 1993.

Böhme, Hartmut. „Aby M. Warburg". *Klassiker der Religionswissenschaft*. Hrsg. von Axel Michaels. München: Beck. 1997. 133–156.

Cassirer, Ernst. „Der Begriff der symbolischen Form im Aufbau der Geisteswissenschaften" [1921–1922]. *Wesen und Wirkung des Symbolbegriffs*. 7. Aufl. Darmstadt: Wissenschaftliche Buchgesellschaft, 1983. 169–200.

Cassirer, Ernst. *Philosophie der symbolischen Formen. Bd. 1*. 9. Aufl. Darmstadt: Wissenschaftliche Buchgesellschaft, 1988 [1923].

Cassirer, Ernst. *Philosophie der symbolischen Formen. Bd. 2*. 8. Aufl. Darmstadt: Wissenschaftliche Buchgesellschaft, 1987 [1925].

Cassirer, Ernst. *Philosophie der symbolischen Formen. Bd. 3*. 8. Aufl. Darmstadt: Wissenschaftliche Buchgesellschaft, 1982 [1929].

Cassirer, Ernst. *Versuch über den Menschen. Einführung in eine Philosophie der Kultur*. Übers. von Reinhard Kaiser. Frankfurt am Main: Fischer, 1990 [1944].

Cassirer, Ernst. „Der Begriff der symbolischen Form im Aufbau der Geisteswissenschaften" [1922]. *Aufsätze und kleine Schriften (1922–1926)*. Hrsg. von Birgit Recki. Hamburg: Meiner, 2003a. 75–104.

Cassirer, Ernst. *Goethe-Vorlesungen (1940–1941). Ernst-Cassirer-Nachlassausgabe Bd. 11*. Hrsg. von John M. Krois Hamburg: Meiner, 2003b.

Cassirer, Ernst. *Kleinere Schriften zur Goethe und zur Geistesgeschichte. Ernst-Cassirer-Nachlassausgabe. Bd. 10*. Hrsg. von Barbara Naumann. Hamburg: Meiner, 2006 [1925–1944].

Didi-Huberman, Georges. „Dialektik des Monstrums. Aby Warburg und das Paradigma des Symptomalen". *Bilder-Denken. Bildlichkeit und Argumentation*. Hrsg. von Barbara Naumann und Edgar Pankow. München: Fink, 2004. 203–233.

Didi-Huberman, Georges. *„Das Nachleben der Bilder". Kunstgeschichte und Phantomzeit nach Aby Warburg*. Übers. von Michael Bischoff. Frankfurt am Main: Suhrkamp, 2010 [2002].

Hansen, Miriam Bratu. „Benjamin's Aura". *Critical Inquiry* 34 (2008): 336–375.

Hensel, Thomas. *Wie aus der Kunstgeschichte eine Bildwissenschaft wurde. Aby Warburgs Graphien*. Berlin: Akademie, 2011.

Krois, John Michael. „Die Universalität der Pathosformeln". *Körperbilder und Bildschemata*. Hrsg. von Horst Bredekamp und Marion Lauschke. Berlin: Akademie, 2011. 76–91.

Lemke, Anja. *Gedächtnisräume des Selbst. Walter Benjamins „Berliner Kindheit um neunzehnhundert*. 2. Aufl. Würzburg: Königshausen und Neumann, 2008.

Mitchell, William J. T. „The Pictorial Turn". *Artforum* 30 (1992): 89–94.

Naumann, Barbara. *Philosophie und Poetik des Symbols. Cassirer und Goethe*. München: Fink, 1998.

Naumann, Barbara, und Edgar Pankow (Hrsg.). *Bilder-Denken. Bildlichkeit und Argumentation*. München: Fink, 2004.

Recki, Birgit. *Kultur als Praxis. Eine Einführung in Ernst Cassirers Philosophie der symbolischen Formen*. Berlin: Akademie, 2004.

Waldow, Stephanie. *Der Mythos der reinen Sprache: Walter Benjamin, Ernst Cassirer, Hans Blumenberg*. Paderborn: Fink, 2006.

Walzel, Oskar. *Die wechselseitige Erhellung der Künste. Ein Beitrag zur Würdigung kunstgeschichtlicher Begriffe*. Berlin: Reuther & Reinhard, 1917.

Warburg, Aby. *Das Schlangenritual. Ein Reisebericht*. Mit einem Nachwort von Ulrich Raulff. Berlin: Wagenbach, 1988 [1923].

Warburg, Aby. *Ausgewählte Schriften und Würdigungen*. Hrsg. von Dieter Wuttke. 3. Aufl. Baden-Baden: Valentin Körner, 1992.

Warburg, Aby. „Italienische Kunst und internationale Astrologie im Palazzo Schifanoja zu Ferrara" [1912]. *Ausgewählte Schriften und Würdigungen*. Hrsg. von Dieter Wuttke. 3. Aufl. Baden-Baden: Valentin Körner, 1992. 173–198.

Warburg, Aby. *Die Erneuerung der heidnischen Antike. Kulturwissenschaftliche Beiträge zur Geschichte der europäischen Renaissance. Gesammelte Schriften Bd. 1*. Repr. d. Ausg. von Gertrud Bing u. Mitarb. von Fritz Rougemont [1932]. Neu hrsg. von Horst Bredekamp, und Michael Diers et al. Berlin: Akademie, 1998.

Warburg, Aby. *Der Bilderatlas Mnemosyne*. Hrsg. von Martin Warnke unter Mitarbeit von Claudia Brink. 4. Aufl. Berlin: Akademie, 2012a [ca. 1927].

Warburg, Aby. „Italienische Antike im Zeitalter Rembrandts" [1926]. *Nachhall der Antike. Aby Warburg. Zwei Untersuchungen*. Hrsg. von Pablo Schneider. Zürich: Diaphanes, 2012b.

Weigel, Sigrid. *Entstellte Ähnlichkeit. Walter Benjamins theoretische Schreibweise*. Frankfurt am Main: Suhrkamp, 1997.

Weigel, Sigrid. Walter Benjamin. *Die Kreatur, das Heilige, die Bilder*. Frankfurt am Main: Fischer, 2008.

Zumbusch, Cornelia. *Wissenschaft in Bildern. Symbol und dialektisches Bild in Aby Warburgs Mnemosyne-Atlas und Walter Benjamins Passagenwerk*. Berlin: Akademie, 2004.

2.5 Literarische Lektüre und imaginative Visualisierung: Kognitionsnarratologische Aspekte

Renate Brosch

Einführung

Literarische Visualität entsteht aus einer komplexen Interaktion, an der die Imagination der Autorinnen und Autoren, die spezifischen literarischen Darstellungsverfahren, die mentale Partizipation der Lesenden sowie die sowohl für Autor/innen wie Leser/innen als Rahmenreferenz zur Verfügung stehende visuelle Kultur beteiligt sind. Was die Textproduktion betrifft, ist jegliche noch so fantasievolle *inventio* eine Auseinandersetzung mit dem kulturellen Imaginären und weist deshalb intertextuelle und intermediale Spuren auf. Diese Spuren werden von Lesenden aus ihren kulturellen Wissensbeständen und ihrem Bildgedächtnis aktualisiert. Sowohl die Erfindung wie auch das Verständnis von literarischen Texten nutzen also Bildvorstellungen, die sich zum kulturellen Gedächtnis in Bezug setzen und an seinem stetigen Wandel partizipieren. Somit wirken literarische Texte und ihre Rezeption wiederum auf die visuelle Kultur zurück.

Die traditionelle Literaturwissenschaft geht allgemein recht schnell vom Lektüreerlebnis zum Verständnis über oder schließt die beiden Vorgänge in einem zusammen. Damit reduziert sie die Erkenntnismöglichkeit auf die Semantisierung und versagt sich den Einblick in die Wirkung der Lektüre im Prozess der Leseerfahrung. Die Verlagerung des Fokus auf die ästhetische Erfahrung eröffnet die Möglichkeit, genauer zu untersuchen, wie die mentalen Prozesse im Vollzug der Lektüre auf die speziellen Eigenarten des Textes reagieren. Oft wird dagegen der Einwand vorgebracht, die Reaktion tatsächlicher Leserinnen und Leser sei individuell verschieden und nur einer empirischen Analyse zugänglich. Sicherlich kann die Verarbeitung eines Textes durch diesen nicht absolut determiniert sein, und sicherlich hängen die imaginativen Prozesse auch von persönlicher Erfahrung, individuellen Bedürfnislagen und Erwartungshaltungen ab. Ohne eine Übertragung kulturellen Wissens auf die Lektüre würde aber kein Verständnis zustande kommen. Deshalb ist das Verarbeiten von literarischen Texten eben nicht rein individuell und subjektiv. Eine Mikroanalyse des Leseerlebnisses kann den Zusammenhang eines Werkes mit dem kulturellen Gedächtnis aufzeigen. Dafür sind die Erkenntnisse der Kognitionswissenschaften über die mentalen Vorgänge beim Prozessieren von Texten dienlich, die bereits in die Narratologie und die *cognitive poetics* Eingang gefunden haben (vgl. Fludernik 1996). Methodisch ist der Vorschlag von Sven Strasen einleuchtend, der für eine Zusammenschau der textuellen, psychologischen und kulturellen Ebene des Rezeptionsprozesses unter Berücksichtigung ihrer wechselseitigen Beeinflussung plädiert (vgl. Strasen 2008, 10). Auch bieten Introspektion und Erfahrungsaustausch mit anderen Leserinnen und Leser eine legitime Ergänzung.

In diesem Beitrag geht es um die Herstellung von visuellen Vorstellungen durch Literatur, insbesondere Erzählliteratur, die bisher der bevorzugte Gegenstand der kognitionspsychologisch orientierten Literaturwissenschaft ist. Viele Lesende erfahren unter Anleitung von literarischen Texten eine außerordentliche ‚Lebhaftigkeit' der Vorstellungen. Es stellt sich die Frage, warum und wodurch ausgerechnet die Literatur, die im Gegensatz zu Malerei, Musik oder Theater nahezu frei ist von sensorischen Inhalten, derart wirkungsmächtig sein soll, zumal die Zeichen, die wir sehen, wenn wir lesen, nichts mit den inneren Bildern zu tun haben, die sie hervorrufen. Im Folgenden wird weder der recht unscharfe Bereich literarischer Bildlichkeit behandelt noch das schillernde Phänomen ‚Bild', für das die Bildwissenschaft seit einiger Zeit einen disziplinenübergreifenden Theorierahmen sucht (vgl. stellvertretend Sachs-Hombach 2006, 76). Vielmehr werden die imaginativen Prozesse der Leseerfahrung und die Darstellungsverfahren, die sie auslösen, in den Blick genommen.

Gerade die kognitiven Prozesse der Partizipation im „Akt des Lesens" (Iser 1984 [1976]) stellen eine neuere Herausforderung an die Forschung dar. Teil dieser Partizipation ist der textuell evozierte, imaginative Vorstellungsprozess, der hier mit ‚Visualisierung' bezeichnet werden soll. Im Gegensatz zur weitgefassten Imagination, die in der abendländischen Diskurstradition sowohl als reproduktives und repräsentatives Vermögen wie auch als schöpferische Potenz des menschlichen Bewusstseins verstanden wird, bezieht sich Visualisierung nur auf die bildlichen Anteile des Vorstellungsvermögens. Im anglophonen Sprachraum ist der Begriff *visualization* bereits etabliert für die von Texten ausgelösten visuellen Vorstellungsvorgänge bei der Erstlektüre (vgl. Ellen Esrocks Definition im *Routledge Encyclopedia of Narrative Theory* 2005, 633). Trotz ihrer scheinbaren Mühelosigkeit erfordert literarische Visualisierung, anders als die visuelle Wahrnehmung, ständige Aufmerksamkeit, um die kulturell und individuell geprägten Vorstellungen, wie etwas aussieht (auszusehen hat), mit den oft kompliziert dargestellten visuellen Ereignissen des Textes zu synthetisieren. Visualisierung befördert das Verständnis, die Erinnerbarkeit und die Anteilnahme. Ihre Analyse sollte sich nicht auf die Ebene der individuellen kognitiven Prozesse beschränken, sondern diese mit dem „kulturellen Imaginären" verbinden; diese Verbindung lässt sich am besten mithilfe der Schematheorie leisten (vgl. Fluck 1997, 20–21).

Lesen und Verstehen

Schon am basalen Lesevorgang zeigt sich, dass das Lesen keine passive Sinnentnahme ist, sondern aktive Sinnkonstitution. Beim Lesevorgang schwenkt der fortlaufende Blick der Rezipientinnen und Rezipienten über die Zeichenfolge. Die Wahrnehmung des Textes erfolgt gleichzeitig von der Wort- über die Satz- bis zur Textebene und umgekehrt. Psychologische Studien haben ergeben, dass sich der Blick nicht völlig gleichmäßig und linear über die Wörter bewegt. Stattdessen treten mitunter ‚Regressionen‘ nach links oder oben auf, die dem Zweck dienen, Missverständnisse oder Ambiguitäten auszuräumen, indem bereits prozessierte Wörter in einen nachträglichen Kontext gestellt werden (vgl. Schubert 2009, 53). Das Auge springt dabei ruckartig von einem zum nächsten Fixationspunkt. Zwischen diesen liegen die sogenannten Sakkaden, minimale Vorwärts- und Rückwärtsbewegungen des Auges, in denen es weitgehend ‚blind‘ ist (vgl. ebd., 55). Besonders beim Verarbeiten von Ambiguitäten müssen verschiedene Hypothesen gleichzeitig im Arbeitsgedächtnis behalten werden; an Fixationsverlängerungen der Augen beim Lesen zeigt sich, dass Lesende hier länger verweilen im Bemühen, Bedeutungen oder Bezüge von Mehrdeutigkeiten zu befreien (vgl. Hertrampf 2011, 136; Gross 1994, 19). Während der Informationsverarbeitung beim Lesen werden ständig Entscheidungen getroffen, viele davon automatisch und unbewusst. Deshalb verläuft der Lesevorgang diskontinuierlich, und auch die Abfolge der einzelnen Fixationen entspricht nicht immer der Textfolge.

Mithilfe von Rückkoppelung und Vorausschau durchkreuzen Leserinnen und Leser die lineare Sukzession der sprachlichen Zeichen, was aber nicht heißt, dass letztere ihre Rezeption nicht beeinflusst. So werden Informationen am Anfang eines Romans besonders genau aufgenommen und die am Anfang entstandenen Eindrücke werden länger im Gedächtnis behalten. Dieser *primacy effect* zuerst präsentierter Informationen kann im Verlauf der weiteren Lektüre signifikante Überraschungen auslösen (vgl. Zerweck 2002, 223), wie die Redefinition der Erzählerin und der Erzählmotivierung im letzten Teil des Romans *Atonement* von Ian McEwan (2001). Auch im Ganzen des literarischen Textes erzeugt die Reihenfolge der Nennung eine für die Alltagswahrnehmung charakteristische Organisation in binäre Oppositionen von Figur und Grund mit ihren entsprechenden Wertigkeiten. Neben diesen kommunikationsökonomischen Organisationsprozessen laufen Naturalisierungsprozesse ab, mit denen Leserinnen und Leser unbewusst die Fiktion mit realen Welterfahrungen in Einklang bringen (vgl. Culler 1975, 138).

Nach neueren Erkenntnissen der Kognitionswissenschaften formen Lesende ‚mentale Repräsentationen‘, die ihnen helfen, einen Text kohärenzstiftend zu verstehen. Bei der Zuordnung von Personalpronomina beispielsweise beruht das Textverstehen nicht nur auf der Verarbeitung linguistischer Einheiten, sondern benötigt mentale Repräsentationen, um Sinn herzustellen (vgl. Emmott 1997, 44–45). Die wichtigste Leistung der Kognitionswissenschaften für die Literaturwissenschaften besteht sicher im Nachweis der Einwirkung von physiologischen Prozessen auf mentale Vorstellungs- und Verstehensprozesse (*embodied cognition*) (vgl. Stockwell 2002, 4 und 27). Neuro- und kognitionswissenschaftliche Experimente stützen nämlich die Annahme einer Analogie von realer Wahrnehmung und imaginativer Visualisierung, da bei der visuellen Wahrnehmung und der visuellen Imagination dieselben Zentren im Gehirn aktiv sind und außerdem die visuelle Imagination mit der visuellen Wahrnehmung interferiert (vgl. Kosslyn 1980; Sadoski und Paivio 2001). Dies bedeutet nicht nur, dass eine Affinität von visueller Wahrnehmung und Imagination besteht, sondern sogar, dass die visuelle Vorstellung nach denselben Gesetzen und Regeln verläuft wie die tatsächliche Wahrnehmung (vgl. Hogan 2011, 48). Gleichwohl bleibt ein erkennbarer Unterschied bestehen, sodass die Annahme einer Strukturähnlichkeit relativiert werden muss. Nach Colin McGinn muss eine entscheidende Differenz zwischen Visualisierung und visueller Wahrnehmung hervorgehoben werden: Visualisierungen sind intentional und von Willen und Aufmerksamkeit abhängig. McGinn lehnt die weitreichenden Analogieannahmen der ‚Kognitivisten' ab und vergleicht die visuelle Vorstellung eher mit dem Denken als mit dem Sehen (vgl. McGinn 2004, 26–30). Im Gegensatz zum passiven Sehen benötigt die Vorstellung eine gerichtete Aufmerksamkeit, ähnlich dem interpretierenden Schauen. Das führt dazu, dass die imaginative Visualisierung enorm angeregt wird, wenn im literarischen Text ein dekodierendes Betrachten dargestellt ist, das den leserseitigen Imaginationsprozess spiegelt (siehe unten).

Literarische Texte fordern aufgrund ihrer unvollständigen ontologischen Strukturen eine imaginäre Komplettierung heraus (vgl. Gutenberg 2000, 5). Winfred Fluck zufolge kommt die ästhetische Erfahrung durch imaginativen Transfer zustande: „Fiktionale Texte und andere ästhetische Objekte müssen somit durch einen Transfer von Seiten des Lesers bzw. Zuschauers realisiert werden und können erst über dessen Vorstellung Gestalt, Bedeutung und Wirkung gewinnen" (Fluck 2011, 15). Was Lesende ‚transferieren', sind einerseits Erfahrungsbestände aus dem persönlichen Erleben – innere Bilder, Gefühle und Körperempfindungen aus der eigenen Welt, andererseits Wissensbestände aus unterschiedlichen Bereichen, zum Beispiel historisches oder literaturbezogenes Wissen (vgl. Fludernik 1996, 12; Zwaan 1993). Dieses Wissen ist im Gedächtnis nicht als ungeordnete Einzelinformationen gespeichert, wie die Schematheorie festgestellt hat, sondern bildet zusammengefasste Informationscluster, die ein semantisches Feld abstecken und typische kulturspezifische Gegenstände und Situationen zusammenfassen (vgl. van Dijk und Kintsch 1983, 46–47). Die Begriffe für diese gespeicherten Wissenscluster (Schemata, *frames*, Skripte oder

Szenarien) entstammen unterschiedlichen Stadien der Theorieentwicklung (vgl. Schneider 2000, 40). Die Bezeichnung ‚Skript' ist eine flexiblere Variante des Schemabegriffs, da sie nicht nur physische und biologische Gegebenheiten umfasst, sondern auch Konventionen und Normen in der sozialen Interaktion (vgl. ebd., 40). Mithilfe von Schemata und Skripten lassen sich Speicher- und Prozessaufwand beim Textverarbeiten verringern, da sie die zum Verständnis nötigen kontextuellen Rahmenreferenzen liefern (vgl. Strasen 2008, 37). Ihre kulturelle Verfasstheit erleichtert die Kommunikation unabhängig davon, ob die Kommunikationspartnerinnen und Kommunikationspartner die gespeicherten Informationen für richtig halten oder nicht.

Für die hier behandelte Fragestellung ist von Bedeutung, dass Skripte mentale Modelle sind, die bereits größtenteils visuellen Charakter haben. Wenn etwa ein Arztbesuch erzählt wird, liefern schematische Bildvorstellungen kontextuelle Informationen davon, wie es in einer Praxis aussieht. Wenn wir vom Bestellen eines Gerichts lesen, bieten schematisierte Skripte Bildfolgen für die Handlungs-muster in einem Restaurant. Solche schematisierten Ansichten stehen als Fundus beim kognitiven Verarbeiten literarischer Texte zur Verfügung und werden bei der Visualisierung aktiviert (vgl. Esrock 1994, 201). Schema und uneindeutige textu-elle Vorgaben (‚Leerstellen') bedingen sich gegenseitig; die visuelle Vervollstän-digung von Uneindeutigkeit funktioniert durch schematisierte Vorstellungen, welche wiederum von den fortlaufenden textuellen Aussagen revidiert werden. Diese leserseitige kognitive Leistung wird bei hoher Literarizität intensiviert (siehe unten).

Visualisierungsprozesse und Visualisierungsweisen

Wie wichtig Visualisierungen sind, zeigt sich daran, dass wir bei der Lektüre nicht Wörter oder Sätze speichern, sondern Vorstellungen. Vorstellungsbilder stellen sich simultan zum Leseprozess ein (vgl. Iser 1984 [1976], 219–225). Diese Visualisierungen sind nicht statisch, denn sie ereignen sich während des gesam-ten Leseerlebnisses, in einem fließenden Prozess der Evokation, Anpassung und Substitution von Bildern. Zum Teil halten sie nach Abschluss der Lektüre an. Visualisierungen bleiben jedoch notwendig schemenhaft, unvollständig und flüchtig, weil die Erstlektüre einigermaßen ergebnisoffen bleiben muss. Während des Lesevorgangs ist die Visualisierung – wie das Verstehen – ein dynamischer Prozess der Hypothesenbildung und ihrer Modifikation, wodurch es zu einer fortlaufenden Konkretisierung der fiktionalen Welt kommt (zu Verfahren der narrativen Visualisierung siehe auch 4.11 TRIPP). Diese ist aber selbst am Ende der Lektüre nicht so vollständig wie ein Film.

Eine lektürebegleitende, indistinkte Visualisierung gehört zu den automatisierten Prozessen des Textverstehens. Die primäre Visualisierung folgt mehr oder weniger automatisch und passiv dem Fluss der Illusionsbildung. Sie konstruiert Räume, Gegenstände und Figuren und stattet so nach und nach die fiktionale Welt aus, indem sie Vorstellungsbilder, solange es geht, relativ schemakonform und analog zur Alltagswahrnehmung entwirft. Diese spontanen, intuitiv ablaufenden Visualisierungen werden automatisch mithilfe von Schemata und Skripten kognitiv organisiert. Die Lesenden halten sie im Arbeitsgedächtnis („visual short term memory buffer"; Kosslyn 1980, 82), doch nach der Lektüre sind sie größtenteils vergessen.

Eine andere Art von visueller Vorstellung ist dagegen auffällig und hochgradig erinnerbar. Sie hebt bestimmte Bilder aus dem zeitlichen Fluss der Illusionsbildung heraus. Dies geschieht an Stellen des Textes, die Leserinnen und Leser auf besondere Weise affizieren und zur kognitiven Partizipation anregen. Durch besonders wirkungsmächtige Darstellungsweisen verdichten sich dann die diffusen Bildfolgen der primären Visualisierung zu besonders eindringlichen und erinnerbaren Bildern. Solche intensiv visualisierbaren Szenen scheinen schon während der ersten Lektüre besonders signifikant. Man hält sich länger an solchen Textpassagen auf und problematisiert vielleicht sogar die Sichtweise und Sehanlässe des Textes. Die entstandenen Bildvorstellungen können zu Schlüsselbildern für bestimmte Aussagen eines Textes werden (vgl. Paivio 1983, 13–14; Esrock 1994, 190).

Bei der Erinnerung an einen Text lassen sich nicht sämtliche Visualisierungen erhalten, sie reduzieren sich auf bestimmte bildliche Zusammenfassungen beziehungsweise Kondensierungen, in denen die intensivsten Eindrücke einer Geschichte enthalten sind. Die Vorstellungen, die im Prozess des Lesens aufgebaut, modifiziert, konkretisiert werden, unterscheiden sich demnach von der Gestalt, die Leserinnen und Leser vom Ganzen des Werkes nach Ende der Lektüre in Erinnerung behalten. Dies hängt mit dem zeitlichen Ablauf der Rezeption zusammen, der eine gleichbleibend intensive Vorstellung verhindert (vgl. Lobsien 1975, 30). Bestimmte Vorstellungen, von denen wir besonders affiziert werden, nisten sich im Langzeitgedächtnis ein und verfestigen sich in der Erinnerung, die mit einem bestimmten Text assoziativ verbunden ist. Durch Evokation von Bildern sprechen literarische Texte Ängste und Sehnsüchte an, die jeglicher Repräsentation vorgängig sind. Unsere intensivsten Vorstellungen und denkwürdigsten Erinnerungen beruhen auf Bildern, daher scheint auch die Visualisierung eines literarischen Textes seine emotionale Wirkungskraft zu erhöhen.

Im Vergleich zur prozessualen Visualisierung sind die im Nachhinein erinnerbaren Bilder wirkungsmächtiger durch ihre spezifische Kombination von kultureller Konstruiertheit und affektivem Appell. Die erinnerbaren Bilder und Bildfolgen entstehen aus einer vom Text mit Nachdruck evozierten Visualität durch einen deutlichen Bezug zum ikonischen Teil des kulturellen Gedächtnisses. Dieser Bezug auf das Bildgedächtnis einer Kultur muss nicht unbedingt affirmativ sein. Im Gegenteil, wenn Bildinhalte des kulturellen Gedächtnisses revidiert werden, wird die Wirkungsmächtigkeit größer sein als bei ihrer Bestätigung. Das bedeutet aber, dass visuelle Aspekte des Textes selbst in unsere schematisierten Wissensbestände eingehen und diese verändern können. Die nachfolgende Differenzierung zwischen primären Visualisierungen und intensiveren Bildvorstellungen sollte man sich nicht als Optionen, sondern eher als graduelle Phänomene denken.

Primäre Visualisierung: Illusionsbildung, kognitive Verortung und Perspektive

Die primäre Visualisierung während der Erstlektüre orientiert sich zunächst am Inhalt; sie gründet in einem „standard mode of engagement with narrative" (Currie 2010, 106). Diese Zugangsweise wendet sich der Beschaffenheit und den Ereignissen der fiktiven Welt zu, „nach dem Was der Dinge und Ereignisse fragend" (Griem 2010, 178). Sie ist daher eng verbunden mit dem sogenannten Wirklichkeitseffekt oder *effet de réel* (vgl. Barthes 2005 [1968]; siehe hierzu auch 4.7 Vinken). Nach Eckard Lobsien und Werner Wolf beruht dieser Effekt auf einer bestimmten Textstruktur, nämlich der Struktur „illusionsbildender Medien" (Wolf 1993, 118), deren zentrale Bedingung Wahrscheinlichkeit ist und die eine Kontextualisierung mit Alltagswissen erleichtern (vgl. ebd.; Lobsien 1975, 4). Mit Blick auf die Analyse des Rezeptionsprozesses ist aber zumindest ein Minimum an illusionsbildender Visualisierung unvermeidbar. Erzähltexte sind schließlich auf das Bewusstsein der Lesenden angewiesen, die die fiktionalen Ereignisse mithilfe von mentalen Repräsentationen interpretieren. Hinzu kommt das kommunikationsökonomische Bestreben, möglichst viele Erfahrungsweisen der realen Welt in der fiktiven gelten zu lassen.

Beim Lesen wird ein zeitlicher Vorgang in räumlichen Vorstellungseinheiten erfasst (vgl. Herman 2009, 263). Als Leserinnen und Leser müssen wir relationale Vorstellungen von Figuren und Objekten im Raum erstellen. Grundbedingung einer Erzeugung von Vorstellbarkeit ist die Schaffung von Objekten in einem raum-zeitlichen Koordinatensystem, einer „Raumbühne" (Wolf 1993, 138) für die

Figuren. Eine erhellende Metapher für diese gedankliche Organisation bei Wolfgang Iser und Michael Toolan ist „prospecting" (Iser 1993 [1989]; Toolan 2009 [2008], 12), ein Wort, das nicht nur ‚Erkundung', sondern speziell die ‚Suche nach Gold' bedeutet, also mehrwertschöpfend gemeint ist (vgl. ebd.). Die Formulierung verweist auf die Bedeutung des literarischen Raumes. Ohne deskriptive Elemente kommt die Visualisierung nicht aus, denn ohne eine räumliche Vorstellung der fiktionalen Welt ist Verständnis schlechterdings unmöglich. Das bedeutet nicht, dass Schauplätze anschaulich detailliert werden müssen. Vielmehr muss es für Lesende möglich sein, ein Orientierungssystem zu entwickeln, in dem die dargestellten Gegenstände und Figuren zueinander gerichtet sind. Das bedeutet weiterhin, dass neben der Deskription die Deixis eines Textes zentral für die Vorstellungsbildung ist. Beide zusammen konstituieren die fiktionale Welt als räumlichen, zeitlichen und sozialen Entwurf. Deixis und Deskription bilden die Grundlage von Personen- und Ereignisvorstellungen (vgl. Banfield 1982, 275). Sie sind wesentlich für die Visualisierung, weil sie die Orientierung in der fiktionalen Welt schaffen, indem sie für die Lesenden wie ein „Zeigfeld" (Smuda 1979, 48) im imaginären Raum wirken.

Erst die Aktualisierung eines fiktionalen Raumes ermöglicht alle Arten von Bewegung, die im Handlungsablauf nötig sind. Ein dynamisches Geschehen stärkt die Illusion lebhaften Miterlebens. Anstelle einer älteren Konzeption als Schauplatz mit Containerfunktion für die Handlung sollten wir uns den Erzählraum eher als dynamische Ermöglichungsstruktur denken, was den Vorteil hat, seine Leistung für die Geschehensillusion zu verdeutlichen (vgl. Friedman 2005, 193). Damit verlagert sich der Blick der Analyse auf die interessanten dynamischen Prozesse, die aus räumlichen, sozialen und symbolischen Oppositionen entstehen; zum Beispiel ethnische Trennungen, soziale Hierarchien oder Bereiche von Privat und Öffentlich, aus denen Konflikt, Veränderung und Transgression hervorgehen.

Zugleich entspricht eine dynamische Raumauffassung dem prozessualen Charakter der leserseitigen Vorstellungsleistung. Wie die reale Umwelt so ist auch die Vorstellung kinetisch. Bestimmte Erzählmodi fördern den in der „verkörperten Kognition" angelegten Hang zur Dynamisierung der Textvorgaben (vgl. Christoph Schuberts Modell der literarischen Vermittlung von Blickrichtungen, 2009, 73–80). So kann eine Konstellation von bewegtem Subjekt und bewegtem Objekt „die größte Anzahl und Variabilität von Blickbeziehungen" realisieren (ebd., 80), zum Beispiel bei der Verfolgungsjagd im Kriminalroman. Nicht nur ist eine Dynamik der Darstellung der illusionsbildenden Visualisierung förderlich, vielmehr neigt die Visualisierung dazu, auch relativ statische Textelemente zu dynamisieren. Wie Peter Stockwell zeigt, bestehen Figur-Grund-Visualisierungen fast immer aus einer beweglichen Figur im Vordergrund, deren Spur Lesende gedanklich von einem Orientierungspunkt zum anderen folgen (vgl. Stockwell 2002, 14–15).

Kognitionspsychologisch betrachtet beruht die mentale Vorstellung einer Erzählung auf dem Muster realer körperlicher Weltorientierung mit ihrer sensomotorischen Erfahrung. Schon Iser verweist auf den Verkörperungsaspekt der leserseitigen Vorstellungsleistung (vgl. Iser 1993 [1989], 244). Das *cognitive mapping* scheint eine Basisaktivität des Gehirns zu sein, die die Sinnkonstruktion erleichtert. Doch die von der postklassischen, kognitiven Narratologie behauptete imaginative Kartierung der Topografie des fiktionalen Raumes („fictional recentering"; vgl. Ryan 2001, 103–105; Caracciolo 2011, 118) muss auch die Unbestimmtheit der Visualisierung berücksichtigen. Die Leseerfahrung erfordert natürlich keine vollständige Kartierung der räumlichen Verhältnisse, denn die Vorstellung kann sich problemlos auch in unbestimmten Raumverhältnissen bewegen. Jeder Raumentwurf setzt eine Perspektive voraus, die wiederum deiktisch verankert und gerichtet ist. Die Perspektivenstruktur von Erzähltexten ist nicht selbst anschaulich, sie macht jedoch den Teil einer Erzählung, genauer: des *discourse*, aus, der die Einstellung, den Ausschnitt und den Standpunkt der fiktionalen Welt bestimmt.

Bei einer externen Fokalisierung wird der Wahrnehmungshorizont der erlebenden Figuren deutlich überschritten, es herrscht eine „Übersicht", die interne Fokalisierung erlaubt dagegen eine „Mitsicht" (vgl. Martinez und Scheffel 1999, 66). Eine allwissende Erzählinstanz vermittelt Lesenden das Gefühl, an einer mit Autorität ausgestatteten Perspektive teilnehmen zu dürfen und mit dieser die normierenden Rahmensetzungen zu teilen (vgl. Currie 2010, 87). Interne Fokalisierung macht Lesenden die Begrenztheit der figuralen Wahrnehmung bewusst, bringt ihnen aber auch die Innenwelt der Figur nahe (vgl. Adamson 2001, 90; Keen 2007, 96). Intern fokalisierte Perspektiven sind durch Deixis in einem individuellen Bewusstsein verankert und intentional gerichtet. Aufmerksamkeit, Perzeptionsweise und kognitive Verarbeitung des fokalisierten Sehaktes resultieren in der spezifischen Repräsentation eines Gegenstandes. Diese entspricht der Welterfahrung und Wahrnehmung der Lesenden (vgl. Margolin 2003, 283).

Für die Visualisierung ist jedoch die für die strukturalistische Erzähltheorie leitende Frage ‚Wer sieht?' weder allein ausschlaggebend noch dauerhaft bestimmend: Weder zwingt uns eine omniszente, externe Perspektive zum urteilenden Herrschaftsblick, noch eine interne Fokalisierung zur Identifikation (vgl. Brosch 2008, 65). Leider sind narratologische Erklärungen der Perspektivstruktur, trotz ihrer verwirrenden Vielfalt, nicht in der Lage zu beschreiben, wie Perspektive auf die Lesenden wirkt und wie diese sich in der fiktionalen Welt situieren und zurechtfinden. Hier schaffen kognitive Modelle Abhilfe. Diese gehen zunächst einmal davon aus, dass Leserinnen und Leser aufgrund der illusionsbildenden

Wirkung fiktionaler Texte ihr normales deiktisches Referenzsystem suspendieren, von dem aus fokalisierendes Bewusstsein sowie räumliche, zeitliche und soziale Beziehungen gedacht werden. Die Deixis des fiktionalen Textes zieht Lesende so in die Welt des Textes hinein, dass die vorgestellten Gegenstände von innertextlichen deiktischen Zentren aus imaginiert werden. Die Lesenden projizieren sich in das deiktische Feld einer Erzählinstanz oder der Charaktere hinein, doch diese Projektion wechselt im Laufe der Lektüre mehrfach, manchmal sogar innerhalb eines Absatzes oder Satzes (vgl. McIntyre 2007, 124). Leserinnen und Leser müssen also ihre alltägliche Ich-Zentriertheit aufgeben und von unterschiedlichen deiktischen Zentren aus denken. Da die visuelle Vorstellung den Vorteil hat, unbestimmt zu sein, können sogar zwei oder mehrere deiktische Zentren simultan parat gehalten werden.

Erzähltexte nutzen dies als Herausforderung an die kognitive Verarbeitung, die viele Lesende gerne annehmen. Dass die visuelle Vorstellung nicht unbedingt der im Text vorherrschenden Perspektive folgt, wird besonders deutlich im unzuverlässigen Erzählen, das die Affinität zur alltäglichen Wahrnehmung ausnutzt, um Lesende hinters Licht zu führen, denn ‚unzuverlässige Fokalisierende' sind gerade solche Figuren, denen das Vertrauen aberkannt werden soll. Ohne eine von der vorherrschenden Textperspektive unabhängige Visualisierung wäre dies nicht erkennbar. Unzuverlässige Fokalisierende beweisen, dass das simultane Nachvollziehen der Standpunkte unterschiedlicher fiktionaler Charaktere (und Erzählerfiguren) funktioniert. Lesende sind aber auch ohne sie in der Lage, unterschiedliche Sichtweisen nebeneinander zu imaginieren.

Die Vorstellung der fiktionalen Welt hängt wesentlich von der kognitiven Fähigkeit zur deiktischen Projektion ab, das heißt, wir können uns problemlos gedanklich an andere Orte versetzen und andere Perspektiven einnehmen. Eine fortlaufende Erzählung nötigt zu einer ständigen Veränderung des deiktischen Zentrums, so dass die Visualisierung nahtlos zwischen verschiedenen Betrachterperspektiven wechselt oder eine vorherrschende Blickrichtung ergänzt oder kontrastiert. Solch gedankliche Multiperspektivik, die von der kognitiven Narratologie mit der *deictic shift theory* erfasst wird, zeigt den flexiblen und beweglichen Charakter der Visualisierung (vgl. McIntyre 2007, 124–125). Da das menschliche Bewusstsein primär intersubjektiv orientiert ist (vgl. Trevarthen 2001, 415), macht es einen Großteil des Lesevergnügens aus, sich sowohl in Rotkäppchen wie auch in den Wolf hineinzuversetzen (vgl. Clover 1989, 95).

Erinnerbare Bilder: Beschreibungen des Schauens und Beobachtens

Beschreibung scheint eine unabdingbare Voraussetzung für intensive Vorstellungen. In einem Erzähltext wird normalerweise nicht eine Folge isolierter Gegenstände, sondern ein dynamisches Geschehen dargestellt, was, wie oben erläutert, die Illusion lebhaften Miterlebens stärkt. Das bedeutet aber auch, dass eine Unterbrechung des Geschehensflusses beziehungsweise der Situationsillusion als Unterbrechung der primären Vorstellungsbildung fungieren kann. Ein Wechsel des Diskursmodus kann ein Aufmerksamkeitssignal sein, das zum intensiveren Visualisieren überleitet.

Üblicherweise wird Deskription als relativ statisches Textelement begriffen, das die Detaillierung einer narrativen Sequenz bis zu dem Punkt treibt, „wo die zeitliche Sukzession des Erzählvorgangs in die Dichte einer Bildbeschreibung umschlägt" (Campe 2007, 165). Das ist schon deshalb nicht einleuchtend, weil der Gegenstand vieler Beschreibungen – unter anderem die im Folgenden noch näher zu behandelnde Wahrnehmungsbeschreibung – selbst dynamisch ist. Dies weist Guido Isekenmeier anhand einer Ausdifferenzierung verschiedener Möglichkeiten der Bewegungsbeschreibung um 1900 nach (Isekenmeier 2011, 196). Weiterhin gelten deskriptive Textpassagen als „dem zeitlich-dynamischen narrativen Medium wesensfremd" (Wolf 1993, 97). Die Annahme, dass Beschreibung etwas dem Narrativen Entgegengesetztes sei, ist jedoch zu relativieren. Rein deskriptive Textpassagen stellen eine Seltenheit in Erzähltexten dar. Fast immer vermischen sich Beschreiben und Erzählen. Diese Hybridität verweist auf die Interdependenz der beiden Diskursmodi. Ferner ist es unzureichend, Beschreibung nur als Aneinanderreihung von anschaulichen Details zu verstehen. Eine parataktische Akkumulierung würde schließlich nicht die Relationen der dargestellten Einzelheiten zueinander etablieren. Und letztlich müssen sich die Bezüge zwischen dem Beschriebenen und dem fiktionalen Kontext erschließen. All dies ist möglich, weil Beschreibung ausgehend von einem deiktischen Zentrum eine gerichtete Bewegung unter den beschriebenen Gegenständen vollführt. Der deiktische Zeigegestus leitet die Visualisierung an; dies wird an den vielen Verben des Schauens deutlich, die Wahrnehmungsbeschreibungen einleiten und fiktionale Gestalten zum Schauen auffordern.

Beschreibung ist aber nicht per se anschaulich (vgl. Rippl 2005, 90–91). Es sind besonders Beschreibungen von Seh-Akten, welche intensive Visualisierung hervorrufen. Anscheinend funktionieren die Anleitungen des Textes am besten, wenn die Lesenden sich das Schauen eines anderen vorstellen können (vgl. dazu auch Scarry 1996, 161). Wenn das Sehen selbst zum Thema wird, beziehen sich literarische Seh-Akte unausweichlich auf kulturell bedingte Wahrnehmungsweisen: „By de-scribing vision, literature partakes in the construction and maintenance of scopic regimes" (Isekenmeier 2011, 195). Gerade Beschreibungen des Betrachtens wirken anregend auf unsere Vorstellung, weil durch sie eine Beobachtung zweiter Ordnung entsteht, die den Lesenden die Frage ‚wie wird gesehen‘ nahelegt (vgl. Griem 2010, 178). In der Umorientierung vom manifesten Gehalt zu den Bedingungen des Schauens scheint die Latenz dessen auf, was ausgeblendet wird. „Stets ist Interesse an eine Defizienz, an eine Erwartung oder einen Wunsch gekoppelt: Damit ein Gegenstand Interesse erweckt, darf er weder völlig aus dem Muster der Erwartung und vorhandenen Konzepten herausfallen noch ganz in ihnen aufgehen, denn beide Male würde das Gesehene keine vorhandene Defizienz ausfüllen können" (Wolf 1993, 81).

Das heißt jedoch, dass nicht jede Wahrnehmungsbeschreibung erinnerbare Bilder auslöst. Es gehört noch etwas dazu, das den fiktiven Wahrnehmungsakt heraushebt und unserer erhöhten Aufmerksamkeit anempfiehlt, damit eine besondere visuelle Vorstellung entsteht. Beispiele, die etwa Elaine Scarry anführt, sind Beschreibungen aus Marcel Prousts *In Swanns Welt* (1913). Das erste verfolgt die Bilder einer Laterna Magica (vgl. Proust 1964a [1913], 18), die teilweise durch den Schatten eines Menschen überlagert sind, ein anderes zeichnet das wachsame Betrachten von Landschaft nach, die sich in den Glasscheiben eines Interieurs spiegelt (Hotelzimmer in Balbec; vgl. Proust 1964b [1913], 507). Beide Beschreibungen intensivieren die Visualisierung durch die Betonung der unvollständigen Sichtbarkeit. Im ersten Beispiel ist das langsame Abtasten der optischen Registratur, gefiltert durch die Erinnerung, eine Wahrnehmungsbeschreibung in *slow motion*. Die zeitlupenhafte Ausdehnung suggeriert eine Suche nach verborgener Bedeutung. Im zweiten Textbeispiel macht die Überlagerung der Bilder die Wahrnehmungssituation zu einem geheimnisvollen Vorgang. An solchen Stellen zeigt sich, dass Beschreibungen Verlebendigung und gesteigerte Evidenz schaffen können. Ihre Details sind weder handlungsfunktional überflüssig noch lenken sie vom Wesentlichen ab. Solche Szenen entfalten ihre Wirkung, indem sie sich nachhaltig in den Visualisierungsprozess einnisten. Auch später, nach der Erstlektüre, wird man sich noch an sie erinnern.

Fiktionale Wahrnehmungsakte versprechen Erkenntnisse über die beteiligten Figuren, auch deshalb wecken sie die Neugier. Kognitionswissenschaftlich informierte Literaturwissenschaftler/innen betonen, dass das Interesse an Literatur von der Neugier auf andere Menschen angetrieben ist – und zwar nicht so sehr auf das Kollektiv, sondern auf Individuen (vgl. Vermeule 2010, xii). Dieser intersubjektive Erwartungshorizont beim Lesen von fiktionaler Literatur bezieht seine Spannung aus aussparenden Verfahren der Darstellung, die von den Lesenden eine kognitive Ergänzung verlangen. Für Ernest Hemingways filmische Schreibweise ist zum Beispiel typisch, dass Gefühle ausgespart und durch „camera eye narration" (Zunshine 2003, 277) in Handlungsabläufe übersetzt sind, die sich in der verkörperten Rezeption leicht nachvollziehen lassen. Für die kognitive Ergänzung von Emotionen, Absichten und Gemütsverfassungen stehen Skripte aus psychologischem und kulturellem Wissen zur Verfügung, die Leserinnen und Lesern auch schon in anderen Repräsentationen begegnet sind. Gerade der Roman stellt seit seiner Entstehung solche Skripte bereit, die die emotionale und kognitive Empathie schulen. Die „Beobachteremotion" (Schneider 2000, 107) Empathie erlaubt uns, die literarischen Ereignisse mitzuerleben und sie gleichzeitig von außen zu betrachten, wobei das Bewusstsein der Differenz zwischen Lesendem und Figur erhalten bleibt (vgl. Fluck 2011, 16). Durch imaginative und emotionale Anteilnahme und Einfühlung wird der Text lebendig und sinnvoll, doch zugleich genießen wir die Möglichkeit zur Distanznahme und kritischen Beurteilung. Diese Doppelung macht überhaupt erst die ästhetische Erfahrung aus.

Das selbstreflexive Potential von Wahrnehmungsbeschreibungen steigert sich noch, wenn die dargestellte Wahrnehmung ähnlich motiviert ist wie das Leserinteresse. Hinweise auf signifikantes gegenseitiges Anschauen unter den Charakteren, Selbstbetrachtungen im Spiegel oder heimliche Beobachtungen sind solche eindrucksvollen Visualisierungsintensivierungen. Diese Blickszenen psychologisch dekodierbarer Betrachterkonstellationen wecken die Aufmerksamkeit durch ein nie ganz eingelöstes Versprechen, die fiktionalen Charaktere zu durchschauen (vgl. Tripp 2013, 84). Sie verbildlichen die Tätigkeit der Lesenden, sich in viele Charaktere oder Aspekte von Charakteren hineinzuversetzen, und sich daher wie ein Nomade „im Lektüreakt in konstanter Bewegung zwischen verschiedenen Positionen [zu befinden]" (Fluck 2011, 17). Ausgedehnte Blickwechsel unter fiktionalen Gestalten, deren Verständnis füreinander immer wieder an seine Grenzen stößt, sind Signale für die leserseitige kognitive Ergänzung und zugleich eine spannungssteigernde Allegorie unserer eigenen partizipatorischen Leseaktivität.

Ein Topos literarischer Wahrnehmungsbeschreibung, der das Reflexionspotential der dargestellten Sehanlässe erweitert, ist die Erwähnung einer weiteren Figurenrepräsentation – als Gemälde, Fotografie oder Spiegelung. Im Werk von Henry James etwa finden sich zahlreiche Gemäldebetrachtungen, die für die Betrachterinnen und Betrachter Erkenntnismomente auslösen. James' aussparende Darstellung der Innenwelt der Figuren verdichtet sich in solchen Betrachterszenen zu angedeuteten psychologischen Erklärungen (vgl. Brosch 2000). Diese Darstellungen von Wahrnehmungsakten greifen das leserseitige Interesse an der Enthüllung von charakterlicher Motivierung auf, weil sie – wie Julika Griem bemerkt – „die skopophile Neugier seiner Figuren immer wieder mit der seiner Leser [koppeln]" (Griem 2010, 190).

Vorstellungserschwerung und Schemarevision

Literarische Texte bergen aber auch die Möglichkeit, dass visuelle Vorstellung enorm erschwert oder unterbunden wird. Bei der Illusionsstörung wird ein automatisiertes Verstehen unterbrochen und erhöhtes kognitives Dissonanzmanagement erforderlich. Die Visualisierung wird dort gestört oder erschwert, wo eine Analogie zur realen Weltwahrnehmung nicht mehr möglich ist. Die Verfremdung des dargestellten Sehens kann so weit gehen, dass sie den Lesenden eine semantische Revision abverlangt. Joseph Conrads sogenannter ‚Impressionismus' ist beispielhaft für verfremdete Wahrnehmungsbeschreibungen, die optische Fehlleistungen seiner Charaktere in psychologischer Sequenz nachzeichnen. Die figurale Perspektive gerät zur unzuverlässigen Fokalisierung, die Ian Watt „delayed decoding" nennt (Watt 1979, 176). Die leserseitige Visualisierung wird im Verlauf der Beschreibung gezwungen, ihre Gestalt zu ändern. Dies ist schon eine Vorstufe zur Vorstellungserschwerung, da eine anfängliche Visualisierung mit *primacy effect* überwunden und ersetzt werden muss, und die bereits aktivierten Schemata revidiert werden müssen.

Art und Grad der Aufmerksamkeit korrelieren mit Konventionalisierung und Innovation des Textes. Eine erhöhte Poetizität von literarischen Texten bedingt eine bestimmte Art zu lesen. Dieses literarische Lesen deckt die den Leseprozess vorantreibenden kognitiven Strategien auf und entautomatisiert sie (vgl. Gross 1994, 30). Ähnliche Verfremdungseffekte können durch die geschilderten Verfahren auch im Visuellen entstehen: Durch das Erschweren der automatisierten Wahrnehmung wird ein neues Sehen erzwungen. Hier bringt die Vorstellung nicht den Reichtum der Anschauung in das abstrakte Denken hinein, sondern die Vorstellung selbst wird zum Träger von Erkenntnis.

Wie angedeutet, imitiert literarische Beschreibung den Zeigemodus eines Bildes. Bilder bedeuten aber stets eine Setzung, weder können sie negieren noch hypothetisch darstellen (vgl. Heßler und Mersch 2009, 21 und 23). Visuelle Vorstellungen hingegen können genau das: Sie können negieren oder im Konjunktiv oder Konditional bestehen, ihre Gestalt anpassen oder wandeln. Darin liegt der Schlüssel für die Überlegenheit des Vorstellungsbildes über die reale Wahrnehmung, die Iser konstatiert. Für Iser ist die Vorstellungserschwerung eine entscheidende Konstituente des epistemischen Potentials literarischer Texte. Die Funktion dieser Vorstellungserschwerung „bewirkt vor allem [...], etwas zu entdecken, das wir gar nicht sehen konnten, solange die gewohnte Perspektive herrschte, durch die wir über das Gewußte verfügen. So läuft die Vorstellungserschwerung darauf hinaus, den Leser von habituellen Dispositionen abzulösen, damit er sich das vorzustellen vermag, was durch die Entschiedenheit seiner habituellen Orientierungen vielleicht unvorstellbar schien" (Iser 1984 [1976], 293). Aus der Perspektive einer kognitionspsychologischen Rezeptionstheorie bedeutet diese Ablösung von habituellen Dispositionen eine Schemaerneuerung, die sich als Erkenntnis-leistung im Rezeptionsprozess ergibt (vgl. Strasen 2008, 33). Die Umstrukturie-rung der in Anschlag gebrachten Schemata führt den Rezipienten die eigenen habituellen Sehweisen, die immer schon in die visuelle Kultur eingebunden sind, vor Augen und ermöglicht so eine Revision des kulturellen Gedächtnisses.

Literaturverzeichnis

Adamson, Sylvia. „The Rise and Fall of Empathetic Narrative: A Historical Perspective on Perspective". *New Perspectives on Narrative Perspective*. Hrsg. von Willie van Peer and Seymour Chatman. New York, NY: State University of New York Press, 2001. 83–100.

Banfield, Ann. *Unspeakable Sentences*. Boston, MA: Routledge & Kegan, 1982.

Barthes, Roland. „Der Wirklichkeitseffekt" [1968]. *Das Rauschen der Sprache*. Übers. von Dieter Hornig. Frankfurt am Main: Suhrkamp 2006. 164–172.

Brosch, Renate. *Krisen des Sehens. Henry James und die Veränderung der Wahrnehmung im 19. Jahrhundert*. Tübingen: Stauffenburg, 2000.

Brosch, Renate. „Weltweite Bilder, lokale Lesarten. Visualisierungen der Literatur". *Visual Culture: Beiträge zur XIII. Tagung der Deutschen Gesellschaft für Allgemeine und Vergleichende Literaturwissenschaft*. Hrsg. von Monika Schmitz-Emans und Gertrud Lehnert. Heidelberg: Synchron, 2008. 61–82.

Campe, Rüdiger. „Aktualität des Bildes. Die Zeit rhetorischer Figuration". *Figur und Figuration. Studien zu Wahrnehmung und Wissen*. Hrsg. von Gottfried Boehm, Gabriele Brandstetter und Achatz von Müller. München: Fink, 2007. 163–182.

Caracciolo, Marco. „The Reader's Virtual Body: Narrative Space and Its Reconstruction". *Storyworlds. A Journal of Narrative Studies* 3 (2011): 117–138.

Clover, Carol J. „Her Body. Himself. Gender in the Slasher Film". *Fantasy in the Cinema*. Hrsg. von Donald James. London: British Film Institute, 1989. 91–133.

Culler, Jonathan. *Structuralist Poetics. Structuralism, Linguistics and the Study of Literature*. London: Routledge & Kegan Paul, 1975.

Currie, Gregory. *Narratives and Narrators. A Philosophy of Stories*. Oxford: Oxford University Press, 2010.

Dijk, Teun Adrianus van, und Walter Kintsch. *Strategies of Discourse Comprehension*. London: Academic Press, 1983. Emmott, Catherine. *Narrative Comprehension. A Discourse Perspective*. Oxford: Clarendon Press, 1997.

Esrock, Ellen J. *The Reader's Eye. Visual Imaging as Reader Response*. Baltimore, MD: Johns Hopkins University Press, 1994.

Esrock, Ellen J. „Visualisation". *Routledge Encyclopedia of Narrative Theory*. Hrsg. von David Herman, Manfred Jahn und Marie-Laure Ryan. London und New York, NY: Routledge, 2005. 633–634.

Fluck, Winfried. *Das kulturelle Imaginäre. Funktionsgeschichte des amerikanischen Romans, 1790–1900*. Frankfurt am Main: Suhrkamp, 1997.

Fluck, Winfried. „Lesen als Transfer. Funktionsgeschichte und ästhetische Erfahrung". *Theorien der Literatur. Grundlagen und Perspektiven Bd. 5*. Hrsg. von Günter Butzer und Hubert Zapf. Tübingen und Basel: Francke, 2011. 7–31.

Fludernik, Monika. *Towards a ‚Natural' Narratology*. London und New York, NY: Routledge, 1996.

Friedman, Susan Stanford. „Spatial Poetics and Arundhati Roy's *The God of Small Things*". *A Companion to Narrative Theory*. Hrsg. von James Phelan und Peter J. Rabinowitz. Malden, MA: Blackwell, 2005. 192–205.

Griem, Julika. „Unsichtbares und Unbeobachtbares. Überlegungen zur metaphorischen Erzeugung von Latenz am Beispiel von G. Eliots ‚The Lifted Veil' und H. James' ‚The Figure in the Carpet'". *Medialisierungen des Unsichtbaren um 1900*. Hrsg. von Susanne Scholz und Julika Griem. München: Fink, 2010. 177–191.

Gross, Sabine. *Lese-Zeichen. Kognition, Medium und Materialität im Leseprozeß*. Darmstadt: Wissenschaftliche Buchgesellschaft, 1994.

Gutenberg, Andrea. *Mögliche Welten. Plot und Sinnstiftung im englischen Frauenroman*. Heidelberg: Winter, 2000.

Herman, David. „Cognitive Approaches to Narrative Analysis". *Cognitive Poetics. Goals, Gains and Gaps*. Hrsg. von Geert Brône und Jeroen Vandaele. Berlin: De Gruyter, 2009. 79–118.

Hertrampf, Marina Ortrud M. *Photographie und Roman. Analyse – Form – Funktion. Intermedialität im Spannungsfeld von nouveau roman und postmoderner Ästhetik im Werk von Patrick Deville*. Bielefeld: transcript, 2011.

Heßler, Martina, und Dieter Mersch (Hrsg.). *Logik des Bildlichen. Zur Kritik der ikonischen Vernunft*. Bielefeld: transcript, 2009.

Hogan, Patrick Colm. *Affective Narratology. The Emotional Structure of Stories*. Lincoln, NE: University of Nebraska Press, 2011.

Isekenmeier, Guido. „Motion Pictures: Literary Images of Horizontal Movement". *Moving Images – Mobile Viewers: 20th Century Visuality*. Hrsg. von Renate Brosch. Berlin: LIT, 2011. 195–207.

Iser, Wolfgang. *Der Akt des Lesens. Theorie ästhetischer Wirkung*. 2. Aufl. München: Fink, 1984 [1976].

Iser, Wolfgang. *Prospecting. From Reader Response to Literary Anthropology*. Baltimore, MD: Johns Hopkins University Press, 1993 [1989].

Keen, Suzanne. *Empathy and the Novel*. Oxford: Oxford University Press, 2007.

Kosslyn, Stephen M. *Image and Mind*. Cambridge, MA: Harvard University Press, 1980.

Lobsien, Eckhard. *Theorie literarischer Illusionsbildung*. Stuttgart: Metzler, 1975.

Margolin, Uri. „Cognitive Science, the Thinking Mind and Literary Narrative". *Narrative Theory and the Cognitive Sciences*. Hrsg. von David Herman. Stanford, CA: CSLI Publications, 2003. 271–294.

Martinez, Matias, und Michael Scheffel. *Einführung in die Erzähltheorie*. München: Beck, 1999.

McGinn, Colin. *Mindsight. Image, Dream, Meaning*. Cambridge, MA: Harvard University Press 2004.

McIntyre, Dan. „Deixis, Cognition and the Construction of Viewpoint". *Contemporary Stylistics*. Hrsg. von Marina Lambrou und Peter Stockwell. London: Continuum, 2007. 118–130.

Paivio, Allan. „The Mind's Eye in Arts and Science". *Poetics* 12.1 (1983): 1–18.

Proust, Marcel. *Auf der Suche nach der verlorenen Zeit Bd. 1: In Swanns Welt, Teil 1*. Übers. von Eva Rechel-Mertens. Frankfurt am Main: Suhrkamp, 1964a [1913].

Proust, Marcel. *Auf der Suche nach der verlorenen Zeit Bd. 1: In Swanns Welt, Teil 2*. Übers. von Eva Rechel-Mertens. Frankfurt am Main: Suhrkamp, 1964b [1913].

Rippl, Gabriele. *Beschreibungs-Kunst. Zur intermedialen Poetik angloamerikanischer Ikontexte (1880–2000)*. München: Fink, 2005.

Ryan, Marie-Laure. *Narrative as Virtual Reality. Immersion and Interactivity in Literature and Electronic Media*. Baltimore, MD: Johns Hopkins University Press, 2001.

Sachs-Hombach, Klaus. „Bildwissenschaft als interdisziplinäres Unternehmen". *Bilder: ein (neues) Leitmedium?* Hrsg. von Torsten Hoffmann und Gabriele Rippl. Göttingen: Wallstein, 2006. 65–78.

Sadoski, Mark, und Allan Paivio. *Imagery and Text. A Dual Coding Theory of Reading and Writing*. Mahwah, NJ: Lawrence Erlbaum Associates, 2001.

Scarry, Elaine. „Die Lebhaftigkeit der Vorstellung. Der Unterschied zwischen Tagtraum und angeleiteter Phantasie". *Texte und Lektüren. Perspektiven in der Literaturwissenschaft*. Hrsg. von Aleida Assmann. Frankfurt am Main: Fischer, 1996. 156–187.

Schneider, Ralf. *Grundriß zur kognitiven Figurenrezeption am Beispiel des viktorianischen Romans*. Tübingen: Stauffenburg, 2000.

Schubert, Christoph. *Raumkonstitution durch Sprache. Blickführung, Bildschemata und Kohäsion in Deskriptionssequenzen englischer Texte*. Tübingen: Niemeyer, 2009.

Smuda, Manfred. *Der Gegenstand in der bildenden Kunst und Literatur*. München: Fink, 1979.

Stockwell, Peter. *Cognitive Poetics. An Introduction*. London und New York, NY: Routledge, 2002.

Strasen, Sven. *Rezeptionstheorien. Literatur-, sprach- und kulturwissenschaftliche Ansätze und kulturelle Modelle*. Trier: Wissenschaftlicher Verlag Trier, 2008.

Toolan, Michael. *Narrative Progression in the Short Story. A Corpus Stylistic Approach*. Amsterdam: Benjamins, 2009 [2008].

Trevarthen, Colwyn. „Intersubjectivity". *The MIT Encyclopedia of the Cognitive Sciences*. Hrsg. von Robert A. Wilson und Frank C. Keil. Cambridge, MA: MIT Press, 2001. 415–419.

Tripp, Ronja. *Mirroring the Lamp. Visual Culture, Literary Visuality, and Strategies of Visualizations in British Interwar Narratives*. Trier: WVT, 2013.

Vermeule, Blakey. *Why Do We Care About Literary Characters?* Baltimore, MD: Johns Hopkins University Press, 2010.

Watt, Ian. *Conrad in the Nineteenth Century*. Berkeley, CA: University of California Press, 1979.

Wolf, Werner. *Ästhetische Illusion und Illusionsdurchbrechung in der Erzählkunst. Theorie und Geschichte mit Schwerpunkt auf englischem illusionsstörenden Erzählen*. Tübingen: Niemeyer, 1993.

Zerweck, Bruno. „Der *cognitive turn* in der Erzähltheorie. Kognitive und ‚Natürliche' Narratologie". *Neue Ansätze in der Erzähltheorie*. Hrsg. von Ansgar Nünning und Vera Nünning. Trier: Wissenschaftlicher Verlag Trier, 2002. 219–242.

Zunshine, Lisa. „Theory of Mind and Experimental Representations of Fictional Consciousness". *Narrative* 11.3 (2003): 270–291.

Zwaan, Rolf A. *Aspects of Literary Comprehension. A Cognitive Approach*. Amsterdam: Benjamins, 1993.

2.6 Semiologie und Rhetorik des Bildes

Petra Löffler

„Ergographie" oder die Kunst der Bildbeschreibung

Die Frage, welche Rolle Bilder in der modernen Kultur spielen, lässt sich nicht jenseits ihrer Beziehung zur Sprache klären. Das Verhältnis zwischen Bild und Sprache interveniert auch dann in Theorien des Bildes, wenn eine fundamentale Alterität von Bildern, eine ikonische Differenz behauptet wird, die durch Sprache nicht zu überbrücken sei (vgl. Boehm 1994). Dabei geht es längst nicht mehr nur darum, was ein Bild ist, sondern welches Wissen Bilder generieren (vgl. Daston und Galison 2007) und welche Handlungsmacht ihnen zugeschrieben werden kann (vgl. Mitchell 2005; Bredekamp 2010). Insofern sind Bilder immer auch historisch bestimmt, auf Diskurse und Aussageformationen bezogen. Diesem Umstand trägt Michel Foucault mit seiner These Rechnung, das Sichtbare und das Sagbare seien irreduzibel, gleichwohl miteinander verflochtene Objekte einer Epistemologie (vgl. Deleuze 1987 [1986], 73 und 95). In seinen präzisen Bildbeschreibungen von Werken Diego Velázquez' und René Magrittes (vgl. Foucault 1974 [1966], 31–45, 1974 [1973]) hat Foucault zugleich den Wunsch geäußert, dass durch „Vermittlung dieser grauen, anonymen, stets peinlich genauen und wiederholenden, weil zu breiten Sprache [...] die Malerei vielleicht ganz allmählich ihre Helligkeiten erleuchten" wird (Foucault 1974 [1966], 38).

Die Mitte der 1990er Jahre aufgekommene Rede vom *pictorial turn* (W. J. T. Mitchell) beziehungsweise *iconic turn* (Gottfried Boehm) muss deshalb zunächst als Echo verstanden werden. In ihr hallt die frühere Ausrufung eines *linguistic turn* durch Richard Rorty im Jahr 1967 wider, der die Sprachbedingtheit jeglichen Weltbezugs behauptet hatte (vgl. Rorty 1967). Wenn nicht nur Begriffe, sondern bereits Sachverhalte zuallererst durch Sprache gebildet werden, dann betrifft das auch Bilder. Sie existieren, so gesehen, nicht jenseits dessen, was von ihnen (zu einem bestimmten Zeitpunkt und innerhalb bestimmter Diskurse beziehungsweise Disziplinen) gesagt werden kann. „Das Bild", unterstreicht auch Roland Barthes zwei Jahre nach Rortys Ankündigung in seinem Essay *Ist die Malerei eine Sprache?* (1969), „existiert nur in der Erzählung" oder in der Summe seiner Lektüren; es „ist immer nur seine eigene vielfältige Beschreibung" (Barthes 1990d [1969], 158). Damit adressiert er zugleich die Problematik der Transkribierbarkeit: Es geht im Folgenden also um die Frage, durch welche unterschiedlichen semiologischen oder rhetorischen Verfahren Bilder zum Gegenstand textueller Strategien werden.

Barthes ist nicht nur einer der bestimmenden Zeichentheoretiker des 20. Jahrhunderts. Er hat auch wie kaum ein anderer die spezifischen Relationen zwischen Texten und Bildern und deren Leser/innen beziehungsweise Betrachter/innen ausgelotet, neue Begriffe in die Debatte eingeführt und methodische Anregungen gegeben. Darüber hinaus hat er in seinen zahlreichen, in mehr als 20 Jahren entstandenen wissenschaftlichen Beiträgen die eigene Position zur Frage, wie über Bilder zu schreiben ist, immer wieder überdacht und teilweise revidiert. Dies wird besonders deutlich in seinem letzten Buch *Die helle Kammer* (1980; *La chambre claire*), in dem er mit Jean-Paul Sartres Abhandlung über *Das Imaginäre* (1940), der es gewidmet ist, einen spezifischen phänomenologischen Zugang gewählt, aber zugleich Jacques Lacans' psychoanalytische Theorie des Blicks aufgegriffen hat.

Barthes gibt der im Titel seines Essays gestellten Frage *Ist die Malerei eine Sprache?* zugleich eine besondere Wendung, wenn er mit Bezug auf den französischen Philosophen und Bildtheoretiker Jean-Louis Schefer eine „*Umleitung* oder Umkehrung der Sausurreschen Linguistik" (Barthes 1990d [1969], 158) in Angriff nimmt. Durch diese Wendung werde die Analyse von Bildern „ein ständiger Sprachakt" (ebd.) und verbinde sich die Arbeit des Schreibens mit der Praxis des Bildes. (Eine Umleitung bedeutet schließlich, ein Ziel nicht auf direktem Weg erreichen zu können, die Richtung dahin, seine Direktion aber nicht aus den Augen zu verlieren. Dies ist gleichsam ihre Direktive.) Barthes stellt über den ‚Umweg' einer gemeinsamen Praxis oder Arbeit an den Zeichen eine indirekte Beziehung zwischen dem Bild und seiner Beschreibung her.

Auf diese Weise sucht er eine neue Wissenschaft zu begründen, die die Distanz zwischen Kunstgeschichte und Semiologie aufzuheben berufen sei und die er entsprechend „Ergographie" nennt – was hier so viel wie ‚Arbeit des Schreibens' meint und damit die landläufigen Bedeutungen des Begriffs (Aufzeichnung der Muskelarbeit mithilfe eines Ergografen beziehungsweise Werdegang eines Künstlers oder Gelehrten im Hinblick auf sein Lebenswerk) erweitert. Die Bezeichnung beinhaltet zugleich eine methodisch ausschlaggebende Zäsur: Denn das Schreiben, das diese Wissenschaft im Namen führt, ist – anders als die Rede – nicht der Stimme, sondern der Hand verbunden (vgl. Barthes 1988 [1970], 30). Barthes' Ergografie akzentuiert damit zunächst die Vorstellung vom Bild als *manufactum*, bevor sie sich automatisch generierten, also nicht ‚von Hand' gemachten Bildern wie der Fotografie zuwendet. Gleichzeitig verschiebt er bereits in dieser frühen Stellungnahme zu Fragen der Übersetzung von Bildern in Texte den Blick vom fertigen Werk auf die Arbeit des Bildermachens und auf die Arbeit des Schreibens, genauer: auf das Schreiben des Bildes.

Wie lassen sich dieses Schreiben des Bildes, die Verbalisierung und Verschriftlichung seiner Praxis, die zugleich Theorie ist, verwirklichen? Welche methodischen Entscheidungen sind mit dieser Arbeit des Schreibens verbunden? Barthes hat diesen Fragen in allen seinen Schriften höchste Aufmerksamkeit gewidmet, egal welche konkreten Objekte er jeweils untersucht hat. Das Wechseln der Bildobjekte (nicht aber der Ergografie als Disziplin und Methode) stellt genau genommen die erste methodische Entscheidung dar, die er bewusst getroffen hat (vgl. Barthes 1990d [1969], 159). Deshalb beschäftigt sich Barthes mit Kunstwerken ebenso wie mit populären Bildern der Massenkultur, schreibt über Gemälde ebenso wie über Werbeanzeigen, über Pressefotografien ebenso wie über Filmbilder.

Bilder existieren in der visuellen Kultur stets im Plural, sind eingebettet in kulturelle Praktiken, gerahmt von Sinnerwartungen und geformt durch Ideologien. Sie stehen immer schon im Austausch, in Relationen zu anderen Bildern, Texten und Räumen (vgl. Faßler 2002). Aus diesem Grund interessiert sich Barthes nicht vordergründig für Klassifikationen von Bildern oder für ihre soziologisch distinkten Gebrauchsweisen, sondern zuerst und zuletzt für das Hervorbringen einer Schreibweise über Bilder, die zugleich interpretiert und affiziert. Die Bilder Cy Twomblys sind aufgrund ihrer gestischen Malweise ein willkommener Testfall für die ergografische Methode. Barthes erschließt sie mittels Figuren der Schrift, den Gesten der Handschrift und der Körnigkeit des Papiers, um im Anschluss daran „die Idee einer graphischen Textur" (Barthes 1990a [1979], 169) zu entwickeln. Er beobachtet auf diese Weise vor allem die Ränder und Zwischenräume der Schrift wie des Bildes. Dieser mediale Zwischenraum ist zugleich der Ort, an dem sich Schrift und Bild berühren. In vergleichbarer Weise bilden das Sichtbare und das Sagbare für Foucault eine gemeinsame Grenze, an der sich die blinde Rede und der stumme Blick kreuzen (vgl. Deleuze 1987 [1986], 94). Bilder durch die Arbeit des Schreibens zu erschließen und dadurch den Zwischenraum zwischen Bild und Schrift zu öffnen, ist eine Aufgabe, der sich Barthes von den 1957 als Buch herausgebrachten *Mythen des Alltags* (*Mythologies*) bis zu seinen posthum erschienenen Vorlesungen *Die Vorbereitung des Romans* (1978–1980; *La Préparation du roman*) gewidmet hat.

Semiologie des Bildes

Barthes hat zunächst an einer Übertragung semiotischer und kommunikationstheoretischer Begriffe auf massenmediale Bilder in Illustrierten und Zeitungen gearbeitet, wie seine seit Mitte der 1950er Jahre entstandenen Lektüren von Werbeanzeigen belegen, die er als moderne Mythen gedeutet hat. Unter Mythos versteht er ein differenzielles Zeichensystem, in dem Bild und Schrift gleichermaßen wirksam sind, ein „sekundäres semiologisches System" (Barthes 2010 [1957], 258), das die primären Zeichenbedeutungen überlagert und daher nur schwer beherrscht werden kann. Dem liegt seine Überzeugung zugrunde, dass Schrift in der Moderne weiterhin vorrangig ist, auch wenn sie – wie zum Beispiel in Illustrierten – Bildern unterstellt wird (vgl. Därmann 2011, 25).

In den 1960er Jahren hat Barthes eine ‚Semiologie des Bildes' ausgearbeitet, die verbale, bildliche und gestische Zeichen umfasst. Ein Sonderfall bildlicher Zeichen liegt für ihn mit der Fotografie vor, die nicht wie die Sprache eine arbiträre Beziehung, sondern ein analoges Verhältnis zwischen Sache und Bedeutung unterhalte und deshalb als ‚Botschaft ohne Code' charakterisiert wird. Der daraus resultierende „Mythos der fotografischen ‚Natürlichkeit'" (Barthes 1990e [1964], 39) trägt gleichzeitig zu einer folgenreichen „Naturalisierung des Kulturellen" (Barthes 1990c [1961], 21) bei. Aufgrund dieser Naturalisierung ist, um Fotografien als Bilder erfassen zu können, scheinbar kein besonderes Wissen nötig. Sie setzen demnach der Sprache eine visuelle Erfahrung entgegen, bei der diese „suspendiert und die Bedeutung blockiert" (ebd., 25) wird. Fotografien stellen deshalb eine besondere Herausforderung für die ergografische Methode, das Schreiben des Bildes, dar: Aufgrund ihrer vermeintlichen Natürlichkeit provozieren sie geradezu eine ‚künstliche' Sprache.

Deshalb ist an dieser Stelle daran zu erinnern, dass Barthes im Auftreten der Fotografie ein „zugleich absolut neues und gänzlich unüberschreitbares anthropologisches Faktum" gesehen hat, das „einer entscheidenden Umwandlung der Informationssphäre" gleichkomme (Barthes 1990e [1964], 40). Dass ihre analogische Bildlichkeit „die Zeichen der Kultur als natürlich erscheinen" (ebd.) lasse, führe zu einem eigentümlichen historischen Paradox: „Je mehr die Technik die Verbreitung der Informationen (und insbesondere der Bilder) entwickelt, um so mehr Mittel steuert sie bei, den konstruierten Sinn unter der Maske eines gegebenen Sinns zu verschleiern" (ebd.). Bereits am Anfang seiner Auseinandersetzung mit der visuellen Kultur und angesichts der gewachsenen Rolle von Bildern als Informationsträger der Massenkultur weist Barthes also auf die Notwendigkeit einer medienkritischen Bildanalyse hin.

Die Übertragung linguistischer oder semiotischer Begriffe auf Objekte der visuellen Kultur hat vor allem zur Klärung des besonderen Zeichencharakters apparativ erzeugter Bildlichkeiten wie der Fotografie beigetragen und entsprechende Bildlektüren angeleitet. So hat die Kunsthistorikerin Rosalind Krauss das von Émile Benveniste und Roman Jakobson entwickelte linguistische Konzept des *shifters* in die Fototheorie eingeführt und damit eine Pragmatik des Bildes begründet. *Shifter* sind hinweisende Zeichen wie ‚du' oder ‚dort', die je nach Aussagekontext verschiedene Subjekte und Objekte bezeichnen können. Außerdem bezieht sie sich auf die drei Zeichenklassen des Semiotikers Charles Sanders

Peirce – Ikon, Index und Symbol (vgl. Peirce 1986 [1893]) – und seine Diskussion besonders der ikonischen, also auf Ähnlichkeit beruhenden, sowie der indexikalischen Zeichenqualitäten der Fotografie, die auf ihrem physischen Kontakt mit dem Referenten beruhen (vgl. Löffler 2010). Krauss zufolge besitzt auch die Fotografie aufgrund ihrer primären Indexikalität einen solchen hinweisenden Charakter und ist deshalb als eine zunächst „bedeutungslose Bedeutung" (Krauss 2000 [1985], 260) zu verstehen. In dieser Zuspitzung der fotografischen Referentialität liegt zugleich die besondere Verführung (und Gefahr), die Fotografien für eine semiotisch angeleitete Bildlektüre darstellen, da ihre Verweisfunktion stets prekär bleibt und damit Raum für widerstreitende Interpretationen schafft. Der notorische Manipulationsverdacht, dem apparativ erzeugte Bilder wie Fotografien ausgesetzt sind, bezeugt diese Unsicherheit.

Deshalb hat Barthes das Bild als „eine *Grenze* des Sinns" bezeichnet und angesichts seiner Sperrigkeit die Frage aufgeworfen: „Wie gelangt der Sinn ins Bild?" (Barthes 1990e [1964], 28). Beantwortet hat er sie innerhalb seiner Untersuchung zur *Rhetorik des Bildes* (1964), worin er die Methode einer „Spektralanalyse der Botschaften" (ebd.) entworfen hat, aus denen Bilder seiner Meinung nach bestehen: Während die sprachliche Botschaft einfach kodiert sei, bestehe die bildliche Botschaft aus kulturell kodierten und nicht kodierten Anteilen. Notwendig sei deshalb eine „strukturale Beschreibung" (ebd., 33), in der das Buchstäbliche des Bildes – das nicht kodierte Analogische – zum Träger der bildlichen Botschaft wird. Denn nur das, was an einem Bild kodiert ist (seine Konnotation), lässt sich im Akt der Lektüre entschlüsseln, was nicht kodiert ist (seine Denotation) kann hingegen nur angedeutet, umschrieben – und das heißt, „ergografisch" hervorgebracht – werden. Das bedeutet, Bilder bleiben nicht nur aufgrund der sprachlichen Botschaft, die ihre Beschriftung gewährleistet, Teil der Schriftkultur, die ihre Mehrdeutigkeit gleichsam unentwegt festschreibt, sondern auch durch die kodierten Anteile des Bildes selbst. Die Bildbeschreibung wird dabei zu einer anhaltenden Arbeit des Schreibens, zu einer *poiesis*, die die Intentionalität der Bedeutung als „*Symptom der Lektüre*" (Barthes 2008 [1980], 472) entwickelt. Damit jedoch bleibt das Projekt der Transkription von Bildern prinzipiell unabschließbar.

Die Bildlektüre mobilisiert Barthes zufolge verschiedene koexistierende kulturelle Wissensbestände, die sich aus der alltäglichen Lebenspraxis sowie nationalen, kulturellen und ästhetischen Wertesystemen speisen. Sie greift also auf verschiedene Lexiken zurück, worunter Korpora von kulturellen Praktiken und Techniken gefasst werden. Barthes strebt ein umfassendes Inventar der Konnotationssysteme nicht nur des Bildes, sondern auch der Sprache, der Objekte und Verhaltensweisen an – mehr noch: ein allgemeines System kultureller Signifikationsformen, eine ‚totale' Semiologie, wenn er behauptet, man finde „dieselben Signifikate im Pressetext, im Bild oder in der Gebärde des Schauspielers" (Barthes 1990e [1964], 43). Das heißt, für Barthes sind Text, Bild und Geste prinzipiell ineinander übersetzbar.

Dem System der rhetorischen Figuren weist er in diesem Zusammenhang eine besondere Rolle zu. Es bildet die Gesamtheit aller Signifikanten und ihrer konnotativen Beziehungen, denn rhetorische Figuren beruhen stets auf formalen Relationen zwischen den Elementen der Signifikation. Sie gelten deshalb für alle Zeichensysteme gleichermaßen. Die Rhetorik stellt so gesehen ein Relais für Zeichenbeziehungen aller Art dar. Das System der rhetorischen Figuren bietet Barthes die methodische Grundlage für sein Projekt einer allgemeinen Semiologie. Er unterscheidet dabei Figuren der Aufzählung wie das Asyndeton von Figuren der Ersetzung wie der Metonymie, die „dem Bild die größte Anzahl von Konnotatoren" (ebd., 45) liefere. Gleichwohl hat er das System der rhetorischen Figuren an dieser Stelle nicht weiter ausgearbeitet. Insofern bleibt Barthes' *Rhetorik des Bildes* den Nachweis ihrer Nützlichkeit für Analysen der visuellen Kultur schuldig.

In durchaus vergleichbarer Weise hat der Philosoph Gilles Deleuze die rhetorische Verknüpfungslogik des aufzählenden ‚und' auf die Ebene der filmischen Bildverkettung übertragen und auf diese Weise die (dis-)kontinuierlichen Serien audiovisueller Zeit-Bilder charakterisiert. In seinen beiden Büchern zum Kino analysiert er verschiedene Bildtypen, die er zunächst als *Bewegungs-Bild* und als *Zeit-Bild* bestimmt und weiter differenziert (vgl. Deleuze 1989 [1983], 1991 [1985]). Seine Analysen betreffen vor allem die Regeln der kontinuierlichen beziehungsweise diskontinuierlichen Bildmontage. Dabei hat Deleuze beobachtet, dass besonders im nachklassischen Kino die Verknüpfung der Filmbilder auf dem rhetorischen Modus der Aufzählung basiert, die zugleich eine Dissemination des Sinns produziert.

Barthes' rhetorische Fundierung der Bildanalyse findet zudem ihre Grenze darin, dass sich bei Bildern nicht alle Elemente einer Lexie in Konnotatoren verwandeln lassen. Es bleiben vielmehr gewisse Denotationen „wie erratische Blöcke" bestehen, die „Elemente ohne System" (Barthes 1990e [1964], 45) assoziieren und einen eigensinnigen Raum beanspruchen, ohne den der Diskurs nicht möglich wäre. Die grundsätzliche Polarität von Denotation und Konnotation lässt sich demnach nicht auflösen. Die Ergografie des Bildes wird für Barthes zum Schauplatz für die konkurrierenden Kräfte der Natur und der Kultur, die in der Bildwissenschaft als „subtile Wechselwirkungen zwischen Akkulturation und Dekulturation" (Mersmann und Schulz 2006, 13) namhaft gemacht werden. Der Widerstand des Bildes gegen Kodierungsprozesse ist von daher als ein Ausagieren dieser beiden stets virulenten Kräfte zu verstehen.

Von dieser Einsicht können Bildanalysen profitieren, indem sie Praktiken des Umgangs mit Bildern und vor allem das Subjekt der visuellen Kultur in den Blick nehmen (vgl. 2.8 STIEGLER). Einen Wink in diese Richtung hat Barthes in einem anderen Zusammenhang gegeben: Die „Lust am Text", darauf verweist er eingangs seines Buches, das diesen Titel trägt, „leugnet niemals etwas" (Barthes 1992 [1973], 7), einzig das Abwenden des Blicks gestattet sie sich. Das Abwenden des Blicks ist wie das Stocken der Sprache ein Aussetzen des Kontakts mit einem Gegenüber, in dem das Begehren sich ausdrückt und das genau deshalb das Schreiben in Gang bringt. Auch Analysen der visuellen Kultur haben es mit einem Nebeneinander verschiedener Sprachen zu tun, mit einer „Kohabitation" (ebd., 8) voller Brüche, Unentschiedenheit und Offenheit. Gerade diese Brüche führen zu einer Neuverteilung der Sprachen ebenso wie der Bilder. Schließlich kennt bereits die Rhetorik Brüche der Konstruktion (Anakoluthe) und der Unterordnung (Asyndeta), wie Barthes ebenfalls betont hat (vgl. ebd., 15).

Das Subjekt der visuellen Kultur

Barthes' Schreiben des Bildes ist an eine weitere wichtige methodische Entscheidung geknüpft. Er ist stets der eigentümlichen Wirkung von Bildern auf ihre Betrachterinnen und Betrachter auf der Spur, der Faszination, die sie bei ihnen auszulösen vermögen. Diese Wirkung beschreibt Barthes in seinen Vorlesungen über die Romane Marcel Prousts als „eine *Intoxination*" (Barthes 2008 [1980], 466) und vergleicht sie mit der verheerenden Wirkung eines Gifts, das, so ließe sich ergänzen, den Körper verkrampft und die Rede ins Stocken bringt. Wenn Bilder, wie er an gleicher Stelle ebenfalls zugibt, ontologisch betrachtet das sind, „*worüber man nichts sagen kann*", dann bedarf es gerade einer „diffizilen Kunst" (ebd., 466) wie der Bild*beschreibung*, einer List, um das Nicht(aus) sagbare dennoch zum ‚Sprechen' zu bringen. Sie stellt ebenfalls eine Technik der Umleitung dar, die das affizierte Verstummen vor Bildern in ein ‚Beiseitesprechen' überführt (vgl. ebd., 467). Es ist ein Sprechen hinter vorgehaltener Hand, eine Geste und darüber hinaus eine Darstellungstechnik des Theaters, durch die Schauspieler das Publikum über den Bühnenraum hinaus direkt ansprechen können.

Diese schwierige Kunst des gestischen *à part* übt Barthes zum Beispiel in seinen Proust-Vorlesungen, wenn er eine Sammlung von Fotografien durchsieht, sie durchblättert und gerade dem Stocken der Rede die Arbeit des beschreibenden Schreibens entlockt. Er kontert also die petrifizierende Macht des Bildes durch die List des Beiseitesprechens: Am ‚Nullpunkt des Bildes', wie man in

Anlehnung an Barthes' erstes Buch, *Am Nullpunkt der Literatur* (1953), sagen könnte, dem Verstummen des faszinierten Betrachters, setzt die stockende Rede ein, die gerade aufgrund des Stockens die Ergografie, das Schreiben als Arbeit, in Gang bringt. Dies trifft umso mehr zu, als Barthes' Buch im französischen Original den Titel *Le Degré zéro de l'écriture* trägt und damit die Schrift ins Zentrum seiner Überlegungen rückt.

Das Stocken wird in der Schrift zum Einschub und typografisch durch das Setzen von Bindestrichen, Klammern oder Kommata markiert. Die eingeklammerte Parenthese, die sich in nahezu allen Texten von Barthes finden lässt, dient wie das Beiseitesprechen auf der Bühne der direkten Ansprache, in diesem Fall der Leserin oder des Lesers. Die typografische Punktierung bestimmter Wörter (Kapitälchen, Kursivierung) rhythmisiert die Schrift, gibt ihr einen geradezu tänzelnden Charakter. Sie erscheint dadurch skandiert wie eine Rede und insofern gestisch, als in ihr die Arbeit des Schreibens zum Ausdruck kommt. In gewisser Weise wird die Schrift damit selbst zum Bild, genauer: zum Schriftbild. Als Schriftbild bringt sie die Ergografie, das Schreiben des Bildes zum Ausdruck. Barthes stellt auf diese Weise eine gewisse Symmetrie zwischen der Schreibarbeit und der Arbeit des Bildes her.

An dieser Stelle verdient die Lektüretechnik des Blätterns genauer analysiert zu werden. Nicht von ungefähr hat Barthes sein Seminar *Proust und die Photographie* als ein zerstreutes bezeichnet (Barthes 2008 [1980], 466). Wenn es ihm also bei der Durchsicht durch eine Reihe von Fotografien – die Personen aus dem persönlichen Umfeld, der Welt des Schriftstellers Marcel Proust wiedergeben – darum geht, diese Bilder durchsichtig zu machen für Markierungen des Sozialen, wie es sich in Kleidung, Posen oder Gesten abzeichnet, dann kann es sich dabei nur um ein Begehren der Betrachterin oder des Betrachters dieser Fotos handeln, um *„ein Symptom der Lektüre"* (ebd., 472) selbst. Jede Bildbeschreibung ist demzufolge (wie jede Interpretation) affiziert von der Lust an der Entschlüsselung. Diese Erkenntnis, die das Subjekt der Lektüre an seinen Gegenstand heftet, der es gewissermaßen erst hervorbringt, ist für Analysen der visuellen Kultur unabdingbar. Mit ihr verbindet sich die Aufgabe, das Subjekt der Sprache, seine Handlungsmacht, bei jedem interpretatorischen Akt ebenso infrage zu stellen wie die vermeintliche Macht oder Souveränität der Bilder. Damit deckt Barthes' luzide Analyse der affektiven Übertragungsmechanismen zwischen Bild und Betrachtendem zugleich einen blinden Fleck der Bildanthropologie auf, die Betrachter/innen als historisch und affektiv stabile Subjekte konzipiert (vgl. Belting 2001).

Wie Barthes hat auch der Kunsthistoriker Hal Foster die affektive Beziehungslogik zwischen Bildern und Betrachtenden analysiert und dabei zugleich Kritik am spezifischen Subjektbegriff der visuellen Kultur geübt. Deren ideales Subjekt erzeuge nicht nur Bilder, sondern werde auch selbst als Bild definiert.

Foster zufolge konstituieren sich Betrachterinnen und Betrachter erst im mimetischen Akt einer Identifikation mit dem Bild. Umgekehrt gelte: „Wenn das Subjekt als Bild definiert wird, so wird das Bild als Subjekt definiert, als sein *Eben*bild." (Foster 2002 [1996], 454) Im Chiasmus dieser Spiegelung ersetzen sich Bild und Subjekt gegenseitig – sie setzt gerade keinen Verstehensprozess in Gang, sondern potenziert sich ins Unendliche.

Auch der Kunst- und Literaturwissenschaftler W. J. T. Mitchell hat die grundlegende Abhängigkeit des Subjekts von Sprache und Bild aufgedeckt (vgl. 2.8 STIEGLER, 3.1 WETZEL). Er gibt dem von ihm geprägten Begriff des *pictorial turn* zugleich eine Wendung ins Politische, wenn er den Begriff der Ideologie, wie ihn der Philosoph Louis Althusser geprägt hat (vgl. Althusser 1977 [1970]), mit der kunsthistorischen Methode der Ikonologie Erwin Panofskys (vgl. Panofsky (1978 [1955]) verbindet. Mitchell vergleicht die theoretischen Urszenen beider Denkmodelle und bringt in seiner Interpretation Althussers Subjektbegriff der Anrufung ins Spiel. In beiden Szenen geht es um eine alltägliche Grußsituation, die er in Anlehnung an Althusser als Anrufung des Anderen, als ein Distanzen überbrückendes Wiedererkennen deutet, das überhaupt erst Subjekte hervorbringt. Durch diese Konfrontation verdeutlicht Mitchell die Notwendigkeit, Ideologie als Bildkritik und umgekehrt Ikonologie als angewandte Ideologie zu verstehen (Mitchell 1997 [1994], 27–36). Indem er Althussers marxistische Ideologiekritik mit Panofskys kunsthistorisch argumentierender Ikonologie verschränkt, kann er das Subjekt jeder Lektüre von Bildern als historisch, politisch und psychisch spezifiziertes analysieren.

Mitchell geht es bei dieser Engführung vor allem um eine Wiederbelebung der Ikonologie durch eine Begegnung mit der Ideologiekritik, die sich als Kritik des verkennenden Erkennens des Anderen versteht. Kritische Ikonologie bedeute (in Anlehnung an Methoden der Dekonstruktion) daher, die Art und Weise zu erforschen, „wie Bilder sich selbst repräsentieren" (ebd., 27), und den „Widerstand des Ikons gegen den Logos" (ebd., 31) zu erkennen. Sie untersucht dabei in Foucaults Sinne vor allem den epistemischen Rahmen, innerhalb dessen Subjekte und Objekte Beziehungen eingehen, „den Raum des Sehens und des Wiedererkennens, den Grund, der den Figuren zu erscheinen erlaubt" (ebd., 33), und lotet das Wechselspiel von Identität und Differenz, von Mimesis und Alterität (vgl. Taussig 1997 [1993]) aus, das dabei in Gang gesetzt wird.

Praktiken der Mimesis spielen nicht umsonst eine wichtige Rolle im Umgang mit Bildern (vgl. Löffler 2012). In der Literatur besonders der Romantik und in Horror-Genres sind Doppelgänger, Verwandlungen, Vertauschungen und Animationen als Figuren des Unheimlichen Legion (vgl. Kittler 1993). Solchen literarischen Figuren sind, wie Barthes an anderer Stelle betont hat, Redefiguren vergleichbar, die zugleich „eingekreist (wie ein Zeichen) und erinnerbar (wie ein

Bild oder eine Geschichte)" (Barthes 1984 [1977], 16) sind. Akte der Identifikation affizieren unweigerlich genauso die Lektüre von Texten wie das Betrachten von Bildern. Mimesis löst die Distanzen zwischen Subjekten und Objekten, zwischen Realem und Imaginärem zugunsten einer „oszillierenden Relation" (Weingart 2012, 300) auf.

Die Bedeutung des Imaginären als Relais zwischen Subjekten und Objekten des ‚lesenden Sehens' oder ‚sehenden Lesens' für Barthes' ergografische Methode ist kaum zu überschätzen. Sie ist informiert durch Jacques Lacans psychoanalytische Theorie des Sehens, die in der Spaltung zwischen Auge und Blick den Ausdruck des Begehrens des Anderen findet und die Zwischenräume zwischen Bild und Betrachter/in und zwischen den Bildern produktiv macht (vgl. Lacan 1978 [1964]). Eine solche „Theorie der Abstände" (Krauss 1998 [1990]), die zugleich eine Theorie der Alterität darstellt, hat Barthes in seinem Buch *Das Reich der Zeichen* (1971) entwickelt, das anlässlich einer Japanreise entstanden ist. Darin sind zahlreiche Fotografien und handschriftliche Notate abgebildet, die jenes „visuelle Schwanken" zwischen Text und Bild auslösen, das die Zirkulation, den „Austausch der Signifikanten: Körper, Gesicht, Schrift" (Barthes 1981 [1970], 11) ermöglicht. Dieses Schwanken zeigt der Text selbst als eine „Choreographie der Gesten" (Därmann 2011, 35). Einmal mehr vermittelt das Gestische zwischen Bild und Schrift, weil der Körper in beiden Zeichenregimen prominent ist: Das Schreiben ist in der japanischen Kalligrafie genauso gestisch wie das geschminkte Gesicht und die Körperkunst japanischer Schauspieler. Es handelt sich dabei gleichermaßen um alltägliche gestische Verhaltensweisen, um einen sozialen Gestus im Sinne Bertolt Brechts, den Barthes in Fotografien ebenso wiedererkennt wie in der Schriftkultur.

Zugleich ermöglicht die Fremdheit gegenüber der japanischen Kultur und Sprache einen Perspektivwechsel, der die Erkundung ihrer andersartigen Symbolsysteme wahrhaftig zu einem ‚ergografischen' Abenteuer macht. In diesem Sinne behauptet Barthes, Japan habe ihn „in die Situation der Schrift versetzt" (Barthes 1981 [1970], 14) und dadurch „eine Umwälzung der alten Lektüren, eine Erschütterung des Sinns" (ebd., 16) ausgelöst. Diese, die westlich sozialisierten Beobachterinnen und Beobachter alarmierende Erkenntnis kommt wie ein Schock: Die kalligrafischen Züge der Bilderschrift bewirken „eine *Leere in der Sprache*" (ebd.), die für Barthes allein schon dadurch zum Ausdruck kommt, dass das Japanische „das Subjekt zu einer großen leeren Sprachhülle macht" (ebd., 20). Diese Leere versteht er als Zwischenraum, in dem Bedeutungen möglich, jedoch nicht voll entfaltet sind (vgl. ebd., 22). Die Entmachtung des Subjekts in der japanischen Sprache und Schrift ermöglicht jedoch andersartige Symboltechniken und Bildpraktiken wie zum Beispiel Grußrituale oder die Sinnlichkeit beim Zubereiten und Arrangieren von Speisen. Gerade diese kulinarischen Arrangements sind beispielhaft für das Projekt einer Ergografie, weil sie nur gemacht werden, um verspeist zu werden.

Diese Erweiterung der visuellen Kultur auf alltägliche Praktiken erweist sich auch insofern als produktiv, als das Visuelle nicht auf Bilder im engen Sinn beschränkt bleibt. Dadurch wird die Stadt Tokio für Barthes zu einem Ideogramm, dessen Zentrum auf bezeichnende Weise zugleich umgrenzt wie leer bleibt und damit den Verkehr zu Umwegen zwingt. Einmal mehr ist es diese Umleitung, die geradewegs ins Zentrum des Imaginären führt, das sich „zirkulär über Umwege und Rückwege um ein leeres Subjekt" (ebd., 50) entfaltet. Dieser Zwischenraum ohne klare Grenzen hegt die Bedeutungen nicht ein, sondern lässt sie explodieren. Entscheidend bleibt auch hier die Leere des Subjekts, die Barthes auch in den ausgiebigen Grußritualen der japanischen Kultur entdeckt, die gleichermaßen auf keinerlei Subjekt verweisen.

Bezogen auf den Subjektbegriff der westlichen Kultur ist es deshalb nicht unerheblich, wenn Barthes an gleicher Stelle feststellt, dass der japanische Gruß „buchstäblich niemanden grüßt" (ebd., 92). Diese Formulierung weist in die gleiche Richtung wie Mitchells spätere Engführung von westlicher Ideologiekritik und Ikonologie. Barthes' Verblüffung resultiert jedoch aus der Einsicht in die ungleich radikalere Aufhebung des Subjekts im japanischen Grußritual, das ein Grüßen ohne Anrufung in Althussers Sinn darstellt. Erhellend ist diese Einsicht vor allem, weil sie auf einen Grundsatz jeglicher kultureller Analysen aufmerksam macht – auf die Verschränkung zweier Perspektiven: Der Blick auf eine fremde Kultur wird zurückgeworfen zum Blick auf die eigene. Analysen der visuellen Kultur tun gut daran, sich diesen doppelten Blick auf das Eigene und das Fremde anzueignen.

In vergleichbarer Weise hat Barthes in seiner Schrift *Die helle Kammer* die Fotografie als einen „Wechselgesang von Rufen" (Barthes 1985 [1980], 13) bezeichnet und damit die implizite Erwartung des Betrachtenden gemeint, von Fotografien angesprochen – und das bedeutet wiederum, als Subjekt ‚erkannt' – zu werden. Subjekt und Objekt der Bildlektüre bedingen sich demnach gegenseitig. Im fotografischen *punctum*, jenen bestechenden Details, die seine Aufmerksamkeit immer wieder angezogen haben, hat Barthes deshalb das Wesen des fotografischen Bildes erkannt. Das *punctum* ist im Unterschied zum *studium* das, was den Betrachter buchstäblich trifft, ihn nicht nur anruft, sondern nachhaltig in Bann zieht, ihn affiziert und insofern sogar verletzen kann. Im fotografischen *punctum* überdenkt Barthes seine Überlegungen zur Eigensinnigkeit von Bildern, die er mit seiner semiotisch inspirierten Konzeption eines „dritten Sinns" (Barthes 1990b [1970], 49) fast 20 Jahre zuvor in Angriff genommen hatte, und unterstellt sie nun explizit einer Phänomenologie der Affekte. Barthes' Bildlektüren interessieren sich demnach nicht mehr so sehr dafür, wie der Sinn ins

Bild kommt (vgl. Barthes 1990e [1964], 28), sondern wie er durch die Affizierung des Betrachtenden gleichsam aus dem Bild heraus gelangt. Diese ‚Verrückung‘ der Perspektive stellt eine Revison seiner früheren semiotischen Positionen dar, wie im Folgenden deutlich wird.

Der dritte Sinn

Für Barthes war es vor allem dieser immer wieder namhaft gemachte dritte Sinn, der Bilder zu besonderen Objekten der Analyse von Kultur macht. Gerade dass er angesichts eines offensichtlich sprachlich und eines symbolisch kodierten Sinns, als ‚überflüssig‘ erscheint, qualifiziert ihn für eine „prüfende Lektüre“ (ebd., 28). Die Ebenen der Kommunikation und der Bedeutung, die Barthes unter dem Begriff des „entgegenkommenden Sinns“ (ebd.) zusammenfasst, werden von der Ebene der Signifikanz übertrumpft. Dies ist die Ebene des dritten, stumpfen Sinns, der Barthes zufolge eine entscheidende „Öffnung des Sinnfeldes“ bewirkt, denn „er gehört zur Familie der Wortspiele, der Possen, der nutzlosen Verausgabungen“ (ebd., 50) und ist mithin ein Zusatz, der die beiden anderen Ebenen der Bildlektüre stört. Dieser überzählige Sinn zieht seine Wirksamkeit daraus, dass er den Adressaten aufsucht, ihn betrifft oder genauer: ihn wie das *punctum* einer Fotografie trifft.

Diese supplementäre Sinnschicht sieht Barthes zum Beispiel bei Fetischobjekten wirksam, die zusätzliche Signifikanten freisetzen, ohne tatsächlich auf ein Signifikat zu verweisen. Für Barthes ist der stumpfe Sinn deshalb „ein Signifikant ohne Signifikat“ (ebd., 60): Er bildet nichts nach (er ist nicht mimetisch) und stellt nichts dar (er repräsentiert nichts), sondern ist vielmehr das, was „im Bild nichts als Bild“ (ebd.) ist. Er taucht auf und wieder ab, wechselt zwischen An- und Abwesenheit und entzieht sich dadurch der Metasprache der Kritik. Insofern entspricht er für Barthes dem Wesen des japanischen Haikus – „einer anaphorischen Geste ohne bezeichnenden Inhalt, einer Schramme quer durch den Sinn“ – und stellt im syntagmatischen Sinn „die Gegenerzählung schlechthin“ (ebd., 61) dar.

Die Ergografie als Methode wird durch die Stumpfheit des dritten Sinns genauso provoziert wie durch die Buchstäblichkeit des Bildes. Wenn das Bildliche des Bildes dasjenige ist, „das sich nicht beschreiben lässt“ (ebd., 63), dann scheint die Bildbeschreibung an dieser Stelle zum Scheitern verurteilt zu sein. Für Barthes ragt es wie die „erratischen Blöcke“ (ebd., 45) der Denotation aus dem Raum des Beschreibbaren heraus und bringt die Sprache zum Stocken. Das ausschließlich Bildliche (das Denotat) verlangt wiederum eine Umleitung – das heißt eine genuin ergografische Operation. Anhand einiger Fotogramme

Sergej Eisensteins erläutert Barthes, dass das ausschließlich Bildliche des Films *„niemals über das Fragment hinausgeht"* (ebd., 66). Er führt damit einen theoretisch ausgewiesenen Begriff ein, um das Bildliche einzelner Filmbilder zu bezeichnen. Damit holt er die spezifische Bildlichkeit des Films in die Sprache der Kritik zurück. Eisensteins Fotogramme können auf diese Weise ebenso wie die „erratischen Blöcke" eine Insel des stumpfen Sinns im breiten Strom kulturell kodierter Zeichen bilden.

Das Konzept des stumpfen Sinns hat Barthes in seiner Auseinandersetzung mit der Fotografie aufgegriffen und modifiziert, wenn er zwischen dem *studium* als einer aktiven Bildlektüre, die vom Subjekt ausgeht, und dem *punctum* als Potential des Bildes unterscheidet, den Betrachtenden zu affizieren. Während durch das *studium* die konnotierte bildliche Botschaft entschlüsselt werden kann, vermag das *punctum* als Träger der denotierten Botschaft diese Aktivität zu durchkreuzen, da sie dem Betrachter nur zustoßen kann und demnach von ihm erlitten wird. Das Schreiben des Bildes wird entsprechend in eine doppelte Bewegung zwischen Bild und Betrachtendem, zwischen Lesen und Affiziertsein überführt: Seine Aktivität trifft auf die des Bildes, gegenüber der er genauso passiv ist wie es gegenüber der seinen. Zwischen den Subjekten und Objekten der visuellen Kultur besteht demnach eine gegenseitige Affizierung.

Das Eigentliche des Bildes lässt sich nicht voll artikulieren, sondern nur affektiv erfahren; es bleibt Rätsel, Überschuss oder Fragment. Wo das Schreiben des Bildes an eine Grenze kommt, setzt Barthes Figuren der Inkommensurabilität, die gleichwohl bestimmt und sinnvoll „eingekreist" und „erinnerbar" (Barthes 1984 [1977], 16) sind. Das Werk der Ergografie ist eben keine kontinuierliche Erzählung, sondern eine diskontinuierliche Ausbreitung von Sinn, eine Dissemination ohne Zentrum oder Einheit – eine Ausbreitung, die auf Hindernisse und Grenzen trifft. Nicht umsonst hat Barthes in der *Hellen Kammer* die Fotografie als Emanation des Referenten, also als ein Ausströmen, bezeichnet. Damit wird auch klar, warum er seine Semiologie zunehmend affektlogisch begründet hat. Denn für ihn bezeichnet das Bildliche „eine affektive Kraft, die sowohl die Sprache als auch die analogische Ordnung unterbricht" (Därmann 2011, 31).

Barthes misstraut deshalb konventionellen Erzählformen wie dem Spielfilm, der die Bilder der Handlung unterordnet. Deshalb ist er dem narrativen Film, der seine Herkunft aus dem Mythos nicht leugnen könne, stets mit großer Skepsis begegnet, während er vor allem in einzelnen Fotografien beziehungsweise Fotogrammen ein immenses affektives Potential – die Voraussetzung einer „fotografischen Ekstase" (Barthes 1985 [1980], 130) – erkannt hat. Barthes' Bildtheorie ist von einem Gegensatz zwischen Fotografie und Film, statischem und bewegtem Bild geprägt. An letzterem konnte sich seine ergografische Methode nicht bewähren – vielleicht weil, wie Deleuze gezeigt hat, die filmischen ‚Bewegungs-'

wie ‚Zeit-Bilder' selbst ergografisch organisiert sind, indem sich Sinn erst in der Arbeit der Bildmontage herstellen lässt. Diese Arbeit lässt sich nicht einzelnen Einstellungen oder gar einzelnen Filmbildern entlocken, sondern eher an Serien von Bildern studieren.

In seinem Buch *Die helle Kammer* amalgamiert Barthes zudem Begriffe aus verschiedenen Disziplinen (wie zum Beispiel der Psychiatrie) und Wissensordnungen (wie zum Beispiel der Phänomenologie). In diesem Sinn ist die von ihm lancierte Ergografie als Wissenschaft und Methode anzusehen, die konsequent Lücken zwischen Disziplinen und Wissensordnungen aufspürt und produktiv macht. Die zahlreichen Untersuchungen, die der Kunsthistoriker Georges Didi-Huberman den verschiedenen Bildlichkeiten der visuellen Kultur gewidmet hat (vgl. Didi-Huberman 1997 [1982]; 2007 [2003], 2011 [2009]), können insofern als eine Fortsetzung der Barthesschen Ergografie betrachtet werden. Seine bildwissenschaftlichen Untersuchungen kennzeichnet das Entwenden und Freisetzen von Begriffen im Akt des Schreibens, das immer wieder Umwege nimmt, neu ansetzt und auf diese Weise die Möglichkeiten visuellen Sinns auslotet.

Barthes interessieren Bilder vor allem, weil sie die semiologischen Operationen der Sinnbildung stören, zum Stocken bringen können und auf diese Weise das Schreiben des Bildes zugleich antreiben und umlenken. Diese Schreibgeste, die den Sinn zerstreut, erklärt auch seine Vorliebe für den Vorstellungsraum des Szenischen, das sich vor allem als Verteilung von Kräften in einem bestimmten Raum verstehen lässt. Barthes' Bildbeschreibungen sind daher immer szenisch angelegt, verfahren gleichermaßen gestisch wie polyfokal. Das Schreiben des Bildes wird damit zu einem ‚Schauspiel', das die Betrachtenden einbegreift. Wenn der Filmtheoretiker Christian Metz „Landschaften der Enunziation" (Metz 1997 [1991], 29) beschreibt und analysiert, dann impliziert dieser Begriff ebenfalls ein szenisches Verständnis von Zeichenprozessen. Er versteht darunter Formen der Adressierung durch spezifische filmische Stilmittel wie Stimme, Schrift, Rahmen, Spiegel oder Zeigegesten, die die Zuschauer an den Raum des Films binden. Dieses Bildverständnis ist also relational, das heißt, Sinn kann erst durch das Zusammenspiel von subjektiven und objektiven Kräften im medialen Zwischenraum entstehen. Analysen der visuellen Kultur sind demnach stets an die medialen Infrastrukturen verwiesen, in denen und durch die diese Kräfte entfaltet werden.

Bildtheorie nach Barthes

Gerade *Die helle Kammer*, Barthes' letztes Buch, hat seit seinem Erscheinen zahlreiche Auseinandersetzungen provoziert. Besonders Barthes' Unterscheidung zwischen *punctum* und *studium* sowie sein als *mathesis singularis* ausgewiesenes Erkenntnisinteresse und sein Schreibstil wurden kontrovers diskutiert. Bis heute beeinflussen seine provokanten Überlegungen Analysen der gegenwärtigen visuellen Kultur, wie zahlreiche Veröffentlichungen aus Anlass der *Hellen Kammer* zeigen (vgl. Batchen 2009; Holzer 2009; Sykora und Leibrandt 2012).

Sein Projekt einer Ergografie hat zudem ein Echo in bildwissenschaftlichen Ansätzen gefunden, die „eine postlinguistische, postsemiotische Wiederentdeckung des Bildes" betreiben und das „komplexe Wechselspiel von Visualität, Apparat, Institutionen, Diskurs, Körpern und Figurativität" untersuchen (Mitchell 1997 [1994], 18). Die Problematik der visuellen Repräsentation ist demnach auf allen Ebenen der visuellen Kultur virulent, sie umfasst künstlerische ebenso wie massenkulturelle Bilder. In dieser Hinsicht hat der Kunsthistoriker James Elkins Kritik an Barthes' affektgeleiteten Bildlektüren und insbesondere an seiner Konzeption des *punctum* geübt (vgl. Elkins 2011). Er führt dabei ins Feld, dass die meisten fotografischen Bilder weder der Kunst angehören noch Objekte einer fotografischen Ekstase in Barthes' Sinne sind, sondern schlicht langweilige, nichtssagende visuelle Oberflächen. Gleichwohl hält auch er am Verfahren der genauen Bildbeschreibung fest.

Mitchell wiederum plädiert angesichts der immensen Zunahme und Vervielfältigung von Bildpraktiken, die zunehmend durch digitale Technologien entstehen und Verbreitung finden, für eine Politik der „globalen elektronischen visuellen Kultur" (Mitchell 1997 [1994], 26). Für ihn liegt das Problem weniger in der digitalen (von manchen Bildwissenschaftler/innen als prekär angesehenen) Bildlichkeit von Computeranimationen, elektronischer Bilderkennung, Flugsimulatoren oder Magnetresonanzbildern, sondern vor allem in der Konstruiertheit von Metasprachen wie der Ikonologie. Er fordert dezidiert eine Bildkritik ein, die die epistemologischen Rahmenbedingungen von Diskursen und Dispositiven einbezieht.

Im Sinne dieses Anspruchs untersucht etwa der Kunsthistoriker Tom Holert „Prozesse und Netzwerke, in denen Bilder zirkulieren und Bild-Ereignisse entstehen" (Holert 2008, 16), sowie mit Bezug auf Foucaults Analyse der Macht historisch spezifische Gebrauchsweisen und Praktiken des Visuellen als Regierungstechnologien. Holert geht davon aus, dass die „Umgebung des Visuellen formiert und *informiert*" (ebd., 17) – das heißt, dass die sozialen, kulturellen und politischen Kontexte von Bildern zugleich ihren Informationswert bestimmen. Kritik habe hier anzusetzen und einen Raum für politisches Handeln zu schaffen.

Durch den Bezug zur Bildkritik als kultureller Praxis lässt sich für Holert auch das Subjekt der visuellen Kultur neu bestimmen: Angesichts verstärkt massenmedial erzeugter (digitaler) Bildwelten und immersiver Bildstrategien, die neue Rationalitäten des Regiertwerdens hervorbringen, müsse Subjektivität ebenso neu begründet werden wie eine Politik der Bilder. Bildkritik ist deshalb auf eine Sprache angewiesen, die Subjektivität im Akt des Schreibens produziert. Barthes' Schreiben des Bildes, seine Wissenschaft der Ergografie kann dabei als Anleitung dienen, denn die Praxis des Bildes wird darin mit der Praxis des Schreibens in eine produktive Beziehung des Widerstreits gestellt.

Literaturverzeichnis

Althusser, Louis. *Ideologie und ideologische Staatsapparate. Aufsätze zur marxistischen Theorie*. Übers. von Rolf Löper. Hamburg und Berlin: VSA, 1977 [1970].

Barthes, Roland. *Das Reich der Zeichen*. Übers. von Michael Bischoff. Frankfurt am Main: Suhrkamp, 1981 [1970].

Barthes, Roland. *Fragmente einer Sprache der Liebe*. Übers. von Hans-Horst Henschen. Frankfurt am Main: Suhrkamp, 1984 [1977].

Barthes, Roland. *Die helle Kammer. Bemerkung zur Photographie*. Übers. von Dietrich Leube. Frankfurt am Main: Suhrkamp, 1985 [1980].

Barthes, Roland. „Die alte Rhetorik" [1970]. *Das semiologische Abenteuer*. Übers. von Dieter Horning. Frankfurt am Main: Suhrkamp, 1988. 15–101.

Barthes, Roland. „Cy Twombly oder *Non multa sed multum*" [1979]. *Der entgegenkommende und der stumpfe Sinn. Kritische Essays III*. Übers. von Dieter Horning. Frankfurt am Main: Suhrkamp, 1990a. 165–183 f.

Barthes, Roland. „Der dritte Sinn. Forschungsnotizen über einige Fotogramme S. M. Eisensteins" [1970]. *Der entgegenkommende und der stumpfe Sinn. Kritische Essays III*. Übers. von Dieter Horning. Frankfurt am Main: Suhrkamp, 1990b. 47–66.

Barthes, Roland. „Die Fotografie als Botschaft" [1961]. *Der entgegenkommende und der stumpfe Sinn. Kritische Essays III*. Übers. von Dieter Horning. Frankfurt am Main: Suhrkamp, 1990c. 11–27.

Barthes, Roland. „Ist die Malerei eine Sprache?" [1969]. *Der entgegenkommende und der stumpfe Sinn. Kritische Essays III*. Übers. von Dieter Horning. Frankfurt am Main: Suhrkamp, 1990d. 157–159.

Barthes, Roland. „Rhetorik des Bildes" [1964]. *Der entgegenkommende und der stumpfe Sinn. Kritische Essays III*. Übers. von Dieter Horning. Frankfurt am Main: Suhrkamp, 1990e. 28–46.

Barthes, Roland. *Die Lust am Text*. Übers. von Traugott König. 7. Aufl. Frankfurt am Main: Suhrkamp, 1992 [1973].

Barthes, Roland. *Die Vorbereitung des Romans. Vorlesungen am Collège de France 1978–79 und 1979–80*. Übers. von Horst Brühmann. Hrsg. von Éric Marty. Frankfurt am Main: Suhrkamp, 2008 [1980].

Barthes, Roland. *Mythen des Alltags*. Übers. von Horst Brühmann. Berlin: Suhrkamp, 2010 [1957].

Batchen, Geoffrey (Hrsg.). *Photography Degree Zero. Reflections on Roland Barthes's ,Camera Lucida'*. Cambridge, MA, und London: MIT Press, 2009.

Belting, Hans. *Bild-Anthropologie. Entwürfe für eine Bildwissenschaft*. München: Fink, 2001.

Boehm, Gottfried. „Die Wiederkehr der Bilder". *Was ist ein Bild?* Hrsg. von Gottfried Boehm. München: Fink, 1994. 11–38.

Bredekamp, Horst. *Theorie des Bildakts. Frankfurter Adorno-Vorlesungen 2007*. Berlin: Suhrkamp, 2010.

Därmann, Iris. „Roland Barthes". *Bildtheorien aus Frankreich. Ein Handbuch*. Hrsg. von Kathrin Busch und Iris Därmann. München: Fink, 2011. 25–37.

Daston, Lorraine, und Peter Galison. *Objektivität*. Übers. von Christa Küger. Frankfurt am Main: Suhrkamp, 2007.

Deleuze, Gilles. *Foucault*. Übers. von Hermann Kocyba. Frankfurt am Main: Suhrkamp, 1987 [1986].

Deleuze, Gilles. *Kino Bd. 1: Das Bewegungs-Bild*. Übers. von Ulrich Christians und Ulrike Bokelman. Frankfurt am Main: Suhrkamp, 1989 [1983].

Deleuze, Gilles. *Kino Bd. 2: Das Zeit-Bild*. Übers. von Klaus Englert. Frankfurt am Main: Suhrkamp, 1991 [1985].

Didi-Huberman, Georges. *Erfindung der Hysterie. Die photographische Klinik von Jean-Martin Charcot*. Übers. von Silvia Henke, Martin Stingelin und Hubert Thüring. München: Fink, 1997 [1982].

Didi-Huberman, Georges. *Bilder trotz allem*. Übers. von Peter Geimer. München: Fink, 2007 [2003].

Didi-Huberman, Georges. *Wenn die Bilder Position beziehen. Das Auge der Geschichte I*. Übers. von Markus Sedlaczek. München: Fink, 2011 [2009].

Elkins, James. *What Photography is*. New York, NY, und London: Routledge, 2011.

Faßler, Manfred. *Bildlichkeit. Navigationen durch das Repertoire der Sichtbarkeit*. Wien, Köln und Weimar: Böhlau, 2002.

Foster, Hal. „Das Archiv ohne Museen" [1996]. *Paradigma Fotografie. Fotokritik am Ende des fotografischen Zeitalters*. Hrsg. von Herta Wolf. Frankfurt am Main: Suhrkamp, 2002. 428–457.

Foucault, Michel. *Die Ordnung der Dinge. Eine Archäologie der Humanwissenschaften*. Übers. von Ulrich Köppen. Frankfurt am Main: Suhrkamp, 1974 [1966].

Foucault, Michel. *Dies ist keine Pfeife*. Übers. von Walter Seitter. München: Hanser, 1974 [1973].

Holert, Tom. *Regieren im Bildraum*. Berlin: b-books, 2008.

Holzer, Anton. *Fotogeschichte. Beiträge zur Geschichte und Ästhetik der Fotografie*; Themenheft ,Barthes' Bilder. Roland Barthes und die Fotografie' 114 (2009).

Kittler, Friedrich. „Romantik – Psychoanalyse – Film: eine Doppelgängergeschichte". *Draculas Vermächtnis. Technische Schriften*. Leipzig: Reclam, 1993. 81–104.

Krauss, Rosalind. *Das Photographische. Eine Theorie der Abstände*. Übers. von Henning Schmidgen. München: Fink, 1998 [1990].

Krauss, Rosalind. „Anmerkungen zum Index: Teil 1". *Die Originalität der Avantgarde und andere Mythen der Moderne*. Übers. von Jörg Heininger. Hrsg. von Herta Wolf. Dresden und Amsterdam: Verlag der Kunst, 2000 [1985]. 249–264.

Lacan, Jacques. „Die Spaltung zwischen Auge und Blick" [1964]. *Das Seminar. Buch XI: Die vier Grundbegriffe der Psychoanalyse*. Weinheim und Berlin: Quadriga, 1978. 71–126.

Löffler, Petra. „Licht, Spur, Messung. Kritik des fotografischen Bildes". *Bild/Kritik*. Hrsg. von Bernhard Dotzler. Berlin: Kulturverlag Kadmos, 2010. 83–114.

Löffler, Petra. „Horsemanning. Mimesis der Fotografie". *Archiv für Mediengeschichte 2012: Mimesis*. Hrsg. von Friedrich Balke, Bernhard Siegert und Joseph Vogl. München: Fink, 2012. 113–126.

Mersmann, Birgit, und Martin Schulz. *Kulturen des Bildes*. München: Fink, 2006.

Metz, Christian. *Die unpersönliche Enunziation oder der Ort des Films*. Übers. von Frank Kessler, Sabine Lenk und Jürgen E. Müller. Münster: Nodus, 1997 [1991].

Mitchell, W. J. T. „Der Pictorial Turn" [1994]. *Privileg Blick. Kritik der visuellen Kultur*. Hrsg. von Christian Kravagna. Berlin: Edition ID-Archiv, 1997. 15–40.

Mitchell, W. J. T. *What do Pictures Want? The Lives and Loves of Images*. Chicago, IL: University of Chicago Press, 2005.

Panofsky, Erwin. „Ikonographie und Ikonologie. Eine Einführung in die Kunst der Renaissance" [1955]. *Sinn und Deutung in der bildenden Kunst (Meaning in the Visual Arts)*. Übers. von Wilhelm Höck. Köln: DuMont, 1978. 36–67.

Peirce, Charles Sanders. „Was ist ein Zeichen?" [1893]. *Semiotische Schriften Bd. 1*. Übers. und hrsg. von Christian Kloesel und Helmut Pape. Frankfurt am Main: Suhrkamp, 1986. 191–201.

Rorty, Richard (Hrsg.). *The Linguistic Turn. Recent Essays in Philosophical Method*. Chicago, IL: University of Chicago Press, 1967.

Sykora, Katharina, und Anna Leibrandt (Hrsg). *Roland Barthes revisited. 30 Jahre ‚Die helle Kammer'*. Köln: Salon-Verlag, 2012.

Taussig, Michael. *Mimesis und Alterität. Eine eigenwillige Geschichte der Sinne*. Übers. von Regina Mundel und Christoph Schirmer. Hamburg: Europäische Verlagsanstalt, 1997 [1993].

Weingart, Brigitte. „Text-Bild-Relation". *Handbuch der Mediologie. Signaturen des Medialen*. Hrsg. von Christina Bartz, Ludwig Jäger, Markus Krause und Erika Linz. München: Fink, 2012. 295–303.

2.7 Intermedialität: Text/Bild-Verhältnisse

Gabriele Rippl

Einleitung

In der Literatur-, Kultur- und Theaterwissenschaft, der Kunstgeschichte, der Bild- und Filmwissenschaft ist Intermedialität in den letzten Jahrzehnten zu einem zentralen theoretischen Konzept geworden. Allgemein gesprochen bezeichnet der Begriff ‚Intermedialität' Beziehungen zwischen verschiedenen Medien, beispielsweise die zwischen Texten und (statischen und beweglichen, analogen und digitalen) Bildern oder zwischen Texten und Musik. Der Erfolg der Intermedialitätsforschung hat mehrere Gründe, einer der wichtigsten ist die intermediale Qualität zahlreicher Artefakte und kultureller Phänomene der Gegenwartskultur, welche die Grenzen ihres eigenen Mediums thematisieren und auf vielfältige und innovative Weise überschreiten. Produktionen wie *The Fall of the House of Usherettes* von Forkbeard Fantasy (1996) oder *Gob Squad's Kitchen* von Gob Squad (1994; vgl. Georgi 2014) sind nur zwei Beispiele für die intermediale Experimentierfreudigkeit des Gegenwartstheaters und der Performance Art. Auch bei der ins Internet eingestellten Performance-Poesie beziehungsweise Spoken-Word-Dichtung, die an mittelalterliche Liedvorträge erinnert und meist die Länge von Popsongs hat, handelt es sich um komplexe intermediale Konstellationen der Gegenwartskultur, deren Beliebtheit sich an den zahlreichen Klicks ablesen lässt. Beispiele sind die über *YouTube* zugänglichen *poetry clips* von Bas Böttcher (etwa „Dot-Matrix"), Fabian Navarro („Schlaflos"), Jürg Halter („Spiegelbild") sowie Maximilian Humpert und Svenja Gräfen („Stillstand").

Wendet man sich der (anglofonen) Gegenwartsliteratur zu, dann zeigen sich ebenfalls ausgeprägte intermediale Verfahren: Romane, Erzählungen und Gedichte enthalten häufig Abbildungen und Diagramme, sie diskutieren abwesende Bilder oder evozieren mit verbalen Mitteln Bilder und Bildverfahren. In der britischen und irischen Gegenwartsliteratur setzen sich unter anderem A. S. Byatt (*The Matisse Stories*, 1993, und *Still Life*, 1985), John Banville (*The Book of Evidence*, 1989) und Adam Thorpe (*Ulverton*, 1992) mit Bildern auseinander; in den postkolonialen Literaturen sind etwa Autorinnen und Autoren wie David Dabydeen (*Turner*, 1994), Salman Rushdie (*The Moor's Last Sigh*, 1995) oder Raj Kamal Jha (*Fireproof*, 2006) und in der nordamerikanischen Literatur Michael Ondaatje (*Running in the Family*, 1982), Charles Simic (*Dime-Store Alchemy*, 1992), Carol Shields (*The Stone Diaries*, 1993), Mark Z. Danielewski (*House of Leaves*, 2000), John Updike (*Seek My Face*, 2002), Siri Hustvedt (*What I Loved*, 2003) oder Jonathan Safran Foer (*Extremely Loud and Incredibly Close*, 2005) für ihre intermedialen Grenzgänge bekannt. Zu den erfolgreichsten intermedialen, Text und Bild kombinierenden Genres der Gegenwartskultur gehört nicht zuletzt die grafische Literatur (Comics, *graphic novels* etc.; siehe 4.15 BÖGER).

Intermedialität ist ein theoretisches Konzept, welches erlaubt, literarische Texte mit Blick auf ihre Rolle in medialen Netzwerken in historischer und systematischer Perspektive zu analysieren (vgl. Rippl 2005a). Die Intermedialitätsforschung ermöglicht folglich die Untersuchung von komplexen Mechanismen der Bedeutungsbildung in und durch inter- und multimediale Konstellationen und stellt dabei das Erklärungspotential von Sprachmodellen für andere Medien wie Bilder oder Musik infrage. Zudem privilegiert sie ein ‚demokratisches' Vorgehen, das heißt, sie beschäftigt sich nicht ausschließlich mit hochkulturellen Kunstformen, sondern auch und gerade mit Produkten der Populärkultur und den neuen Medien. Literatur, Zeitungen, Oper, Popmusik, Malerei, Film, Comics und Videokunst sind gleichberechtigte mediale Phänomene, deren Allianzen und Konkurrenzen die Intermedialitätsforschung in ihren jeweiligen kulturhistorischen Konstellationen analysiert. Dabei legte sie zunächst den Fokus auf Medienunterschiede, untersucht heute jedoch zunehmend mediale Überlappungen und Netzwerke sowie deren kulturelle Funktionen.

Text/Bild-Konzeptualisierungen: Ein historischer Überblick

Die literaturwissenschaftlichen Debatten um W. J. T. Mitchells Buch *Bildtheorie* (1994; *Picture Theory*) und den darin proklamierten *pictorial turn* haben wesentlich dazu beigetragen, dass literarische Texte heute vermehrt als Teil einer *visual culture* auf ihre Kollaborationen und Kompetitionen mit visuellen Medien befragt werden. Die Intermedialitätsforschung – und im Besonderen die Erforschung von Text-Bild-Beziehungen – setzt jedoch keineswegs erst im späten 20. Jahrhundert ein, sondern beginnt in der Antike. Seither wurde das Verhältnis von Text und Bild, von Literatur und visuellen Medien von Epoche zu Epoche sowie innerhalb einzelner Epochen sehr unterschiedlich konzeptualisiert. Zunächst wurde in der griechisch-römischen Antike die strukturelle Ähnlichkeit von Text und Bild und damit ihr Analogieverhältnis betont. Horaz hielt in seiner *Ars poetica* (ca. 14 v. Chr.) die Simonides von Keos (spätes 6. Jh. v. Chr.) zugeschriebene einflussreiche *ut pictura poesis*-Formel fest, die folgendermaßen ausgelegt wurde: Malerei sei ‚stumme Dichtung' und Dichtung ‚redende Malerei' (vgl. 3.1 WETZEL). Noch in der Frühen Neuzeit lässt sich der Einfluss dieser Formel ausmachen. Allerdings verdeckt die nun gängige Redeweise von den komplementären ‚Schwesterkünsten' (vgl. Hagstrum 1958), dass sich Dichtung, Malerei und Bildhauerei zunehmend als konkurrierende Kunstformen verstanden, denn Maler wie Leonardo da Vinci haben die bildende Kunst aufgrund ihrer besseren Erfüllung des Ähnlichkeitspostulats aus dem Stand eines dienenden Handwerks in den Rang einer eigenständigen, der Dichtung überlegenen Kunst gehoben. Ein auffälliges Charakteristikum der frühneuzeitlichen Kultur war folglich der Wettkampf zwischen den Künsten, der sogenannte *paragone* (vgl. u. a. Preimesberger 2011). In England setzten sich zum Beispiel Dichter wie Edmund Spenser, Philip Sidney und William Shakespeare in ihren Werken mit den visuellen Medien der Zeit (Malerei, Zeichnung, Druckgrafik, Bildhauerei und Gobelinkunst) auseinander (vgl. Rippl 2005b). An ihren Texten lässt sich die neue, vom Neoplatonismus eingeleitete Wertschätzung des Visuellen und die Orientierung an der in Quintilians antiker Rhetorik *Institutio oratoria* (95 n. Chr.; *Ausbildung des Redners*) propagierten sprachlichen Qualität der Anschaulichkeit (griech. *enargeia*, lat. *evidentia*) ablesen (siehe 2.2 BERNDT).

Im 18. Jahrhundert verabschiedete Gotthold Ephraim Lessing das mediale Analogieverhältnis und arbeitete in seiner wirkungsmächtigen Schrift *Laokoon oder Über die Grenzen der Malerei und Poesie* (1766) grundlegende mediensemiotische Unterschiede zwischen Dichtung und Malerei, Text und Bild heraus (vgl. 2.3 SCHNEIDER): Während die Dichtung dem Prinzip der Sukzessivität unterliege und eine Zeitkunst sei, folge die Malerei den Gesetzen der Simultaneität und gehöre zu den Raumkünsten. Es gibt jedoch gute Gründe, die von Lessing vorgeschlagene strikte kategoriale Trennung der Künste zu hinterfragen, denn diese weisen semiotisch und medial gesprochen nicht nur Unterschiede, sondern auch Gemeinsamkeiten auf – zum Beispiel hinsichtlich der Rezeption. Deshalb überrascht es nicht, dass die Romantikerinnen und Romantiker nur wenige Dekaden später nach dem Gesamtkunstwerk strebten, das Lessings Trennungsversuch der Künste/Medien durch die Vorstellung ihrer Verwandtschaft wieder nivellierte.

Im 20. Jahrhundert etablierten sich dann in der Literaturwissenschaft die sogenannten *interart studies* beziehungsweise *comparative arts*, die sich dem Vergleich der Künste widmeten und erneut Analogien zwischen Bildkunst und Literatur hervorhoben (vgl. Weisstein 1992). Dagegen betonte die Philosophin Susanne K. Langer aus der Perspektive der „symbolischen Logik" die Unterschiede zwischen Wörtern und Bildern (Gemälden, Zeichnungen und Fotografien): „Wörter kennen nur eine lineare, gesonderte, sukzessive Ordnung; sie reihen sich, wie die Perlen eines Rosenkranzes, eins ans andere; [...] es [gibt] für uns keine Möglichkeit, in simultanen ‚Namensbündeln' zu sprechen. Wir müssen ein Ding nach dem anderen beim Namen nennen" (Langer 1984 [1942], 87). Die sequentielle Qualität von Sprache wird laut Langer dann zum Problem, wenn man in Beschreibungen dazu gezwungen ist, die simultane Gegenwärtigkeit der Dinge, ihren präsentativen Charakter, in Form von nacheinander aufgereihten Ideen darzubieten, und das, „obgleich Gegenstände ineinanderliegen; so wie Kleidungsstücke, die übereinander getragen werden, auf der Wäscheleine nebeneinander hängen" (ebd., 88). Dinge, die sich der diskursiven Darstellung nicht fügen – so folgert Langer –, können eigentlich nicht zur Sprache gebracht werden. Visuelle Formen wie Linien, Farben, Proportionen usw. sind ebenso „der Artikulation, d. h. der komplexen Kombination fähig wie Wörter. Aber die Gesetze, die diese Art von Artikulation regieren, sind von denen der Syntax, die die Sprache regieren, grundverschieden. Der radikalste Unterschied ist der, daß visuelle Formen nicht diskursiv sind" (ebd., 99). An Langers Konzeptualisierung der Unterschiede zwischen Text und Bild lässt sich das Nachwirken der ‚Laokoon-Debatte' ablesen, das bis heute andauert und entscheidende Impulse für die Weiterentwicklung einer postklassischen, intermedialen Narratologie geliefert hat (vgl. Wolf 2002).

Intramedialität – Intermedialität – Transmedialität: Definitionen und Typologien

Der historische Überblick hat verdeutlicht, dass das Verhältnis von Text und Bild sehr unterschiedlich konzeptualisiert wurde. Der substantialisierenden Festschreibung von Medienunterschieden einerseits stehen die Betonung der Gemeinsamkeiten von Text und Bild und die Ablehnung einer strikten Trennung andererseits gegenüber. Diese divergierenden Perspektiven auf mediale Differenzen beruhen nicht zuletzt auf der Semantik des Medienbegriffs selbst: ‚Medium' heißt wörtlich so viel wie ‚Mitte' oder ‚Vermittler' und ist erst spät, am Ende des 19. Jahrhunderts, im Zusammenhang mit dem Spiritismus in Lexika nachgewiesen (vgl. Faulstich 1991, 8; Rippl 2012). Medien beziehen sich auf ein ‚Zwischen', da sie Informationen kodieren und die Distanz zwischen Sender und Empfänger überbrücken, wobei im Sinne des berühmten Diktums von Marshall McLuhan „the medium is the message" davon auszugehen ist, dass das jeweilige Medium die Botschaft immer auch mitformt. Auch Marie-Laure Ryan geht davon aus, dass Medien keineswegs als bloße Übertragungskanäle zu verstehen sind: „[They] are not hollow conduits for the transmission of messages but material supports of information whose materiality, precisely, ‚matters' for the type of meanings that can be encoded" (Ryan 2004, 1–2). Ryan ordnet die zahlreichen Definitionsangebote in drei (sich ergänzende) Kategorien ein: (1.) semiotische Definitionen des Mediums, die sich auf unterschiedliche Codes und die jeweils adressierten Sinneskanäle beziehen und drei übergeordnete Medientypen – verbale, visuelle und auditive – unterscheiden; (2.) material-technologische Ansätze, welche die

Materialien und Technologien analysieren, auf die sich semiotische Typen von Medien stützen; sowie (3.) kulturelle Definitionen, die an sozialen und kulturellen Aspekten von Medien und ihrer Rolle im Mediennetzwerk interessiert sind (vgl. ebd., 14–16).

Lange diente ,Intertextualität' als Oberbegriff auch für intermediale Phänomene. Heute werden intertextuelle Verweise, also Text-Text-Beziehungen, gelegentlich unter dem Stichwort ,Intramedialität' verhandelt, weil die Beziehungen *„innerhalb* eines Mediums bestehen, mit denen also eine Überschreitung von Mediengrenzen nicht einhergeht" (Rajewsky 2004, 12). Von Intramedialität unterschieden wird ,Intermedialität', ein Begriff, der wörtlich ,zwischen den Medien' bedeutet und damit die Semantik des ihm zugrunde liegenden Begriffs Medium (der sich ja bereits auf ein ,Zwischen' bezieht) noch einmal verdoppelt. Der Begriff ,Intermedialität' wurde 1983 durch Aage A. Hansen-Löve im Zusammenhang mit den „intermediale[n] Beziehung[en] zwischen Gattungen (bzw. Einzeltexten) verschiedener Kunstformen" (Hansen-Löve 1983, 291) in die literaturwissenschaftliche Diskussion eingeführt, jedoch prägte Dick Higgins bereits 1966 den verwandten Begriff *intermedia* (Higgins 1984; vgl. zur Entwicklung des Konzepts ,Intermedialität' Todorow 2011 sowie Paech und Schröter 2008). Einflussreiche Definitionen stammen von Werner Wolf (Wolf 2005) und Irina Rajewsky; letztere bestimmt Intermedialität als ein „Hyperonym für die Gesamtheit aller Mediengrenzen überschreitenden Phänomene" (Rajewsky 2004, 14), welches mindestens „zwei konventionell als distinkt wahrgenommene Medien" involviert (ebd., 13).

Rajewsky zufolge dreht sich die derzeitige Debatte um zwei Auffassungen von Intermedialität: „a broader and a narrower one, which are not in themselves homogeneous. The first concentrates on *intermediality as a fundamental condition or category* while the second approaches *intermediality as a critical category for the concrete analysis of specific individual media products or configurations"* (Rajewsky 2005, 47). Rajewskys literarische Konzeption von Intermedialität im letzteren, engeren Sinn umfasst drei Kategorien und geht von klaren Mediengrenzen aus. Wie die Diskussion einiger Beispiele zeigen wird, weisen mediale Konfigurationen natürlich häufig Merkmale auf, die sich mehr als nur einer dieser drei Kategorien zuordnen lassen: (1.) Medienkombination, das heißt ein „mediales Zusammenspiel, Medien-Fusion, Multi-, Pluri- oder Polymedialität" (Rajewsky 2004, 14), Beispiele sind Oper, Film, Theater, Comics, illustrierte Romane etc.; (2.) „Medienwechsel" oder „Medientransfer" beziehungsweise „Medientransformation", das heißt „Literaturverfilmungen bzw. Adaptionen, ,Veroperungen', ,Buch zum Film' etc." (ebd., 15); (3.) „intermediale Bezüge", das heißt „der Bezug eines literarischen Textes, eines Films oder Gemäldes auf ein bestimmtes Produkt eines anderen Mediums oder auf das andere Medium" (ebd., 16). Beispiele sind die

Musikalisierung von Erzählliteratur, visuelle und filmische Schreibmodi in der Literatur (*zoom shots*, *montage editing*) und am Visuellen orientierte Beschreibungsmodi in der Literatur, zum Beispiel Bildbeschreibungen (Ekphrasen).

W. J. T. Mitchell hat bemerkt, „all media are mixed media" (Mitchell 1994, 94–95). Gerade weil Medienfusionen und Medientranspositionen ein so zentrales Merkmal der Gegenwartskultur sind, wurde in jüngster Zeit vermehrt die Frage gestellt, ob es denn überhaupt sinnvoll ist, Einzelmedien separat zu untersuchen und von kategorialen Mediengrenzen auszugehen. Infolge dieser Diskussion wurde auch das Konzept der Intermedialität kritisch beleuchtet, weil es die Mediengrenzen, deren Überschreitung es behauptet, gleichzeitig immer auch voraussetzt und bestätigt (vgl. Weingart 2010). Die Vorstellung rigider, substantieller Mediengrenzen geriet unter Essentialismusverdacht, und Text-Bild-Unterscheidungen wurden in der Folge als relationale Konstellation aufgefasst, deren Bestandteile zwar situativ zu bestimmen, nicht aber zu substantialisieren sind. Dennoch erscheint es Forscherinnen und Forschern wie Marie-Laure Ryan (2005), Irina Rajewsky (2010) und Werner Wolf (2011) problematisch, das Konzept der Mediengrenze gänzlich aufzugeben: „Currently, efforts are being made to strengthen common and crossover features [...] in intermediality studies [...]. Contrary to this tendency, I have advanced the thesis that medial differences and the notion of media borders play a crucial and extremely productive role in the context of intermedial practices. [...] [I]t is precisely the concept of the border which can be strengthened." (Rajewsky 2010, 63–64) Andere Forscherinnen und Forscher, etwa Brigitte Weingart, betonen mit Berufung auf W. J. T. Mitchell, Jacques Derrida und andere viel stärker die Durchlässigkeit zwischen den Medien und damit auch der Text-Bild-Unterscheidung (vgl. Weingart 2001) und warnen mit Blick auf vermeintliche Mediengrenzen vor Essentialismen: „In Abgrenzung auch zu einem Medienpurismus [...] gehen wir davon aus, dass die mediale Differenz von Bild und Text jeweils nur *als Grenzziehung* thematisch und beobachtbar wird. Das bedeutet zugleich, dass sich das Verhältnis von Bild und Text nur als Differenz in einer konkreten Situierung dieser Grenze beschreiben lässt und dass sich Aussagen zum Status des Bildes und des Textes nur in einem historisch-kulturellen Kontext machen lassen, der es überhaupt erst ermöglicht, die Unterscheidung von Bildern und Texten als solche still zu stellen." (Voßkamp und Weingart 2005, 10) Gerade weil intermediale Artefakte und Phänomene Mediengrenzen durchlässig werden lassen, gilt es, starre, essentialistisch gedachte Mediengrenzen zu vermeiden und jedweden Medienpurismus zu hinterfragen (siehe dazu auch 3.6 Benthien, 4.14 Weingart).

In diesem Zusammenhang ist das Konzept der Transmedialität von Interesse, anhand dessen „medienunspezifische Phänomene, die in verschiedensten Medien mit den dem jeweiligen Medium eigenen Mitteln ausgetragen werden können, ohne daß hierbei die Annahme eines [...] Ursprungsmediums wichtig oder möglich ist" (Rajewsky 2002, 13). Das Konzept der Transmedialität ist jüngst insbesondere im Forschungsgebiet der postklassischen Narratologie, das sich unter anderem mit dem Narrationspotential von Bildern und Musik beschäftigt, gewinnbringend weiterentwickelt und operationalisiert worden (vgl. Ryan 2005; Wolf 2011). Für Marie-Laure Ryan ist Transmedialität dann gegeben, wenn eine Geschichte, die zunächst in einem Medium erzählt wird, später in einem anderen Medium erneut erzählt wird; allerdings wird das Ergebnis aufgrund von Medienspezifika nie dasselbe sein (Ryan 2004, 31–32). Als Beispiele für transmediale Phänomene und Prozesse der Gegenwartskultur lassen sich gemäß Ryan Comics und *graphic novels* anführen, die durch die charakteristischen Text-Bild-Kombinationen nicht nur intermedial verfasst sind, sondern von denen einige zudem erfolgreich verfilmt wurden. Ein Beispiel ist James McTeigues Filmversion (2005) von Alan Moores und David Lloyds *V for Vendetta* (1982–1988), das zudem 2006 von Stephen Moore als Roman adaptiert wurde. Ein weiteres Beispiel für Transmedialität ist Paul Karasiks und David Mazzucchellis gleichnamige Adaption von Paul Austers postmodernem Roman *City of Glass* (1985) im *graphic novel*-Format (2004). Ein weiteres treffendes Beispiel für Adaptionsprozesse ist das Multimediaprojekt *Die Dichte* (2012) der französischen Schriftstellerin Marie NDiaye, dem ein Langgedicht NDiayes zugrunde liegt, welches in verschiedenen Gattungen und Medien adaptiert und aufgeführt wurde, als *live performance*, als Kunstfilm und als Hörspiel im Radio.

Zur Intermedialität von Text und Bild: Literarische Beispiele

Typologien intermedialer Phänomene laufen Gefahr, Mediengrenzen und -unterschiede allererst an Artefakten hervorzutreiben, die gerade darauf angelegt sind, Mediengrenzen zu überwinden. Dennoch ist es heuristisch sinnvoll, Text-Bild-Beziehungen in der Literatur nach Gruppen zu unterteilen, auch wenn viele literarische Beispiele mehr als nur einer Gruppe zuzuordnen sind. Es lassen sich unterscheiden: a) Schrift-Bilder produzierende typografische Experimente, b) Texte, die mit Abbildungen, also konkreten Bildern versehen sind, und c) Texte, die intermediale Bezüge herstellen, indem sie das Bildmedium verbal evozieren.

Schrift-Bilder: Typografische Experimente

Im Rahmen der bis ins 18. Jahrhundert verbindlichen *imitatio*-Lehre und Mimesis-Ästhetik versuchten Dichter wie Edmund Spenser und Philip Sidney möglichst lebendige, anschauliche verbale Bilder zu schaffen. In diese literarische Tradition gehören auch die in der Frühen Neuzeit außerordentlich beliebten Figurengedichte (vgl. Adler und Ernst 1987). Bei Figurengedichten, auch ‚Technopägnien' genannt, ergibt die Anordnung der Buchstaben und Wörter eine ikonische Form. Ein Beispiel für ein solches intermediales Verfahren liefert der *metaphysical poet* George Herbert mit seinem Gedicht „Easter-wings" (Abb. 1; vgl. Rippl 2005a, 40–41).

GEORGE HERBERT

Easter-wings

Lord, who createdst man in wealth and store,
　Though foolishly he lost the same,
　　Decaying more and more,
　　　Till he became
　　　　Most poore:
　　　　With thee
　　　O let me rise
　　As larks, harmoniously,
　And sing this day thy victories:
Then shall the fall further the flight in me.

　My tender age in sorrow did beginne:
　And still with sicknesses and shame
　　Thou didst so punish sinne,
　　　That I became
　　　　Most thinne.
　　　　With thee
　　　Let me combine
　　And feel this day thy victorie:
　For, if I imp my wing on thine,
Affliction shall advance the flight in me.

Abb. 1: George Herbert: *Easter-wings*, Figurengedicht, 1633

Dieses Figurengedicht, das den Aufstieg der menschlichen Seele zu Gott beschreibt, kann durch die für Texte übliche lineare Rezeptionsweise nicht gänzlich erfasst, sondern muss auch als Bild zweier Stundengläser – als Leitsymbol der Vergänglichkeit des Lebens – beziehungsweise (dreht man den Text um neunzig Grad) einer doppelten Flügelform gesehen werden. Die Diskursivität von Schrift ist hier eng mit Präsentativität, das heißt ihrem visuellen Aspekt verknüpft, was die Semantik des Textes durch seine ikonische Gestaltung verdichtet. Figurengedichte erfreuten sich bereits in der Antike großer Beliebtheit, aber auch noch in der Moderne (etwa in den historischen Avantgarden wie dem Dadaismus und der Konkreten Poesie) und Postmoderne werden sie von zahlreichen Autoren geschätzt. In dem Figurengedicht „Swan and Shadow" (1969) des amerikanischen Dichters John Hollander zum Beispiel, wird das Thema, ein Schwan und sein Schatten, nicht nur beschrieben, sondern anhand der ikonischen Anordnung der (auf einer Schreibmaschine getippten) Buchstaben auch visuell präsentiert. Die Inhaltsebene des Gedichts – die philosophischen Reflektionen über den Schwan und seinen Schatten – wird also eng mit der Präsentationsform verbunden. Lauren Redniss' experimentelle grafische Biografie der Atomphysiker Marie und Pierre Curie, *Radioactive – Marie & Pierre Curie. A Tale of Love and Fallout* (2010), lässt sich ebenfalls als ein Beispiel für die anhaltende Relevanz technopägnischer Verfahren in der grafischen Gegenwartsliteratur anführen (vgl. Redniss 2010, 124–125; Abb. 2). Auch bei diesem Beispiel werden die dargestellte Person und ihre Geschichte nicht nur beschrieben, sondern die Wörter auf der Seite werden so angeordnet, dass sie die Form des Kopfes und Oberkörpers der Person wiedergeben.

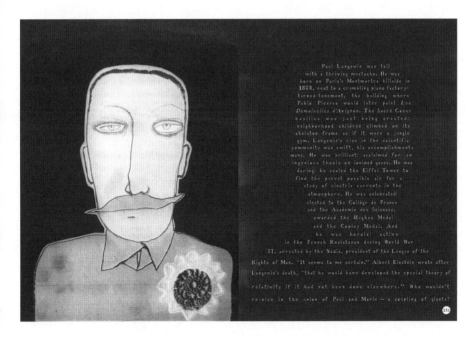

Abb. 2: Lauren Redniss: *Radioactive – Marie & Pierre Curie. A Tale of Love and Fallout*, 2010

Kopräsenz von Text und konkretem Bild

Comics und *graphic novels* – etwa Neil Gaimans zehn-bändige *Sandman*-Serie (1989–1996), Alan Moores *Watchmen* (1986–87) und Art Spiegelmans *Maus* (1980–1991) – gehören heute zu den populärsten Beispielen komplexer Text-Bild-Kombinationen, die dieser zweiten Gruppe zuzuordnen sind (siehe 4.15 BÖGER). In *graphic novels* kommt Bildern eine tragende Rolle zu, sie werden dem Text kaum untergeordnet. Anders verhält es sich bei den insbesondere in der Frühen Neuzeit weit verbreiteten Emblemen (vgl. Henkel und Schöne 1996 [1967]), welche ebenfalls Text und konkrete Bilder kombinieren (siehe 4.4 NEUBER). Das bimediale Emblem weist eine dreiteilige Struktur auf: ein schriftliches Motto *inscriptio* beziehungsweise ‚Inschrift‘), eine *pictura* (‚Bild‘) und eine *subscriptio* (‚Unterschrift‘, das heißt ein Text in Form eines Gedichtes). Diese *subscriptio* schränkt das – häufig enigmatische – Bild in seiner Polysemie ein und legt es auf eine bestimmte Bedeutung fest.

Oliver asking for more

Abb. 3: Illustration/Frontispiz aus der Erstausgabe von Charles Dickens' *Oliver Twist*, 1838, Illustrator: George Cruikshank

Als weitere Kategorie in der Gruppe der Text-Bild-Kombinationen sind die schon seit dem Mittelalter verbreiteten illustrierten Texte zu nennen. So lenken etwa die den Romanen von Charles Dickens beigegebenen Bilder die Aufmerksamkeit der Leserinnen und Leser, indem sie die Semantik wichtiger Textpassagen visuell verdichten – wie das Bild des schmächtigen Oliver Twist verdeutlicht, der um mehr

Suppe bittet (Abb. 3) und das die missliche Lage der hungernden Waisenkinder ebenso eindrücklich vor Augen führt wie die unerbittliche, korrupte Natur der Wärter. Demgegenüber hat die Illustration heute längst ihre dienende Rolle als Erleuchtung und Veranschaulichung des Textes abgelegt und ein mit dem Text konkurrierendes Eigenleben entwickelt. So finden sich in Foers Roman *Extremely Loud and Incredibly Close* (2005) viele Bilder, bei denen es sich allerdings selten um Illustrationen im traditionellen, oben genannten Sinn handelt; vielmehr sind die Text-Bild-Beziehungen meist enigmatisch und laden zum Rätseln und Spekulieren ein (Abb. 4; was das Türschloss mit dem Satz auf der gegenüberliegenden Seite zu tun hat, bleibt unklar). Dies trifft auch auf einige der Text-Bild-Interaktionen in W. G. Sebalds Roman *Austerlitz* (2001) und seinem Reisebericht *Die Ringe des Saturn* (1995) zu. In den letzten Jahren wurden zahlreiche Romane publiziert, denen die Autorinnen und Autoren Bilder in Form von Fotografien beigegeben haben: Raj Kamal Jhas *Fireproof* (2006) und Aleksandar Hemons *The Lazarus Project* (2008) sind zwei Beispiele, in denen, wie bei Foer, die im 19. Jahrhundert noch typische Illustrationsfunktion von Bildern häufig außer Kraft gesetzt und die für die Fotografie typische Funktion der Authentifizierung des Dargestellten ironisch unterlaufen wird.

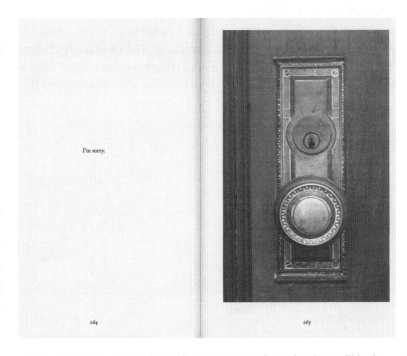

Abb. 4: Buchseiten aus Jonathan Safran Foer: *Extremely Loud and Incredibly Close*, 2005

Diese Beispiele legen nahe, dass Kategorisierungen immer nur erste Annähe-
rungsversuche an die komplexen, multifunktionalen intermedialen Experimente
sein können. So wurden zum Beispiel Embleme in der zweiten Gruppe von Text-
Bild-Kombinationen gelistet; wenn Embleme jedoch in den Textteilen Beschreibungsstrategien einsetzen, die ihrerseits Visualität produzieren, dann können sie
zusätzlich in der dritten Gruppe verortet werden.

Intermediale Bezüge: Pikturalismus – Ekphrasis

Texte können mithilfe spezifischer Beschreibungsstrategien Bilder evozieren,
die als solche jedoch nicht medial in Erscheinung treten. Häufig werden bei
der Untersuchung solcher intermedialer Verfahren, bei denen auf Bilder lediglich verbal verwiesen wird, pikturalistische Beschreibungen von ekphrastischen
unterschieden: Wenn mittels sprachlicher Beschreibung Bildeffekte erzielt und
Bildqualitäten evoziert werden, indem man Personen, Landschaften und Objekte
so beschreibt, als handelte es sich um tatsächlich vorhandene oder fiktive Kunstwerke, dann spricht man von Pikturalismus (vgl. Bender 1972; Torgovnick 1985).
Der amerikanische Lyriker William Carlos Williams hat beispielsweise in seinem
berühmten modernistischen Gedicht „The Red Wheelbarrow" (1923) pikturalistische Strategien eingesetzt, die das, was sie beschreiben, so präsentieren,
als handle es sich dabei um ein konkretes, materiales Bild (was auch an dem
verbalen Rahmungsverfahren in den Zeilen 1–2, „so much depends/upon", abzu-
lesen ist, das der Aufmerksamkeitslenkung dient und den Bildeffekt verstärkt).

The Red Wheelbarrow

so much depends
upon

a red wheel
barrow

glazed with rain
water

beside the white
chickens.

(Williams 1991 [1923], 224)

Ende der 1980er Jahre wurde die Ekphrasis, das heißt die Bildbeschreibung, zum Gegenstand literaturtheoretischer Debatten (vgl. Krieger 1992; Heffernan 1991 und 1993; Boehm und Pfotenhauer 1995; Hollander 1995; Mitchell 1990 und 1994; Wagner 1996; Klarer 1999; Robillard und Jongeneel 1998; Schmitz-Emans 1999; Wandhoff 2003; Rippl 2005a) und ist heute – trotz anspruchsvoller interdisziplinärer methodologischer Herausforderungen – zu einem wichtigen Forschungsgebiet der Literatur-, Kultur- und Kunstwissenschaft geworden (siehe 4.1 WAND-HOFF). Der Begriff stammt aus dem Griechischen, setzt sich aus ‚*ek*‘ (‚aus‘) und ‚*phrazein*‘ (‚zeigen‘, ‚bekannt, deutlich machen‘) zusammen und bedeutet so viel wie ‚völlig, restlos deutlich machen beziehungsweise zeigen‘. Gemäß der Definition von James A. W. Heffernan steht Ekphrasis für „the verbal representation of visual representation“, das heißt für die Beschreibung von real existierenden oder fiktiven Werken bildender Kunst (Heffernan 1993, 2). Heffernans Definition, die eine Ekphrase als eine Repräsentation zweiten Grades bestimmt, hat den Vorteil, dass sie die reflexive Ebene betont, die Ekphrasen auszeichnet: Sie reflektieren immer das eigene wie das fremde ‚Repräsentationsmedium‘ (also die Bilder) mit und tragen damit wesentlich zur Problematisierung von Mimesis-, Referentialitäts- und Repräsentationskonzepten bei. Hingegen ergibt sich der Nachteil von Heffernans Ansatz aus dem Repräsentationsbegriff selbst, der im Verdacht steht, eine Allianz mit Konzepten wie Referentialität und Ähnlichkeit zu bilden.

Ein ekphrastisches Gedicht oder eine ekphrastische Passage in einem Prosatext kann visuelle Objekte und Qualitäten sehr unterschiedlich evozieren: von kürzeren, abbreviatorischen Verfahren bis hin zu äußerst detail- und umfangreichen Ekphrasen ist alles möglich. Während ekphrastische Gedichte das Interesse der Forschung besonders oft auf sich gezogen haben, wurde die Form der narrativen Ekphrasis lange vernachlässigt. Folgt man Tamar Yacobi, dann ist dafür die Tendenz vieler Theoretikerinnen und Theoretiker verantwortlich, Text-Bild-Relationen immer noch anhand von Mimesis-Modellen und irreführenden, vermeintlichen Dichotomien (episch vs. lyrisch; Handlung vs. Beschreibung; Narrativität vs. Pikturalität) bestimmen zu wollen (Yacobi 1995, 600–602). Während die klassische Narratologie die Deskription noch als narrative Pause verstand, die die Präsentation der Handlungskette unterbricht, so machen neuere narratologische Untersuchungen wie die von Ruth Ronen (1997) deutlich, dass die Beschreibung mit Blick auf die Erzählung keine ausschließlich dienende, amplifikatorische Rolle einnimmt und auch nicht als Gegenbegriff zur Erzählung verstanden werden muss. Um zu verdeutlichen, dass von Beschreibungen auch narrative Impulse ausgehen und Erzählelemente der Beschreibung dienen können, hat Harold Mosher die Begriffe „narratized descriptions“ und „descriptized narrations“ (Mosher 1991, 426) in die Diskussion eingebracht, welche verdeutlichen, dass ‚reine Beschreibung‘ und ‚reine Erzählung‘ alles andere als der Regelfall sind.

Historisch gesehen gibt es in der englischen (sowie europäischen) Literatur zahlreiche Beispiele für frühneuzeitliche Ekphrasen (vgl. Klarer 2001), denn die Dichterinnen und Dichter lagen mit den Maler/innen in einem Wettstreit darüber, wer die besseren, mithin lebendigeren und farbigeren Bilder liefern kann. Meist werden fiktive Kunstwerke beschrieben, etwa in Edmund Spensers Versepos *The Faerie Queene* (1590; vgl. zum Beispiel Bücher I–III) und Philip Sidneys Prosaromanze *The New Arcadia* (1583–84). Auch in der Literatur des 18. und 19. Jahrhunderts stehen Ekphrasen noch weitgehend im Dienste der *enargeia* (‚Anschaulichkeit‘). Jedoch setzt in der Moderne eine Problematisierung der von antiken Rhetoren gepriesenen Beschreibungskunst und der Techniken der Veranschaulichung und des ‚Vor-Augen-Stellens‘ (*evidentia*; *hypotyposis*) ein. In der modernen und postmodernen Literatur, die einer Poetik der Visualisierung folgen, lässt sich häufig ein Spannungsverhältnis zwischen *eleutheromanie* (‚Beschreibungssucht‘) und der gleichzeitigen Subversion von Mimesis-Doktrin und Anschaulichkeitsrhetorik feststellen. Die hochkomplexe intermedial verfahrende angloamerikanische Literatur des 20. und 21. Jahrhunderts reflektiert notwendig die eigene Materialität. Die Auseinandersetzung mit dem Bild ist jedoch keinesfalls nur eine Defensivstrategie, sondern birgt Chancen, die der Literatur auch neue ästhetische Möglichkeiten und Dimensionen eröffnet, was sich an Charles Simics Gedichtband *Dime-Store Alchemy. The Art of Joseph Cornell* (1992) ebenso ablesen lässt wie an John Updikes Roman *Seek My Face* (2004), wo von Ekphrasen starke narrative und imaginative Impulse ausgehen. Die kanadische Gegenwartsautorin Margaret Atwood hat sich bereits in einem ihrer frühen Gedichte „This Is a Photograph of Me" (1966) auf subversive Weise mit dem Thema Bildbeschreibung auseinander gesetzt:

This Is a Photograph of Me

It was taken some time ago.
At first it seems to be
a smeared
print: blurred lines and grey flecks
blended with the paper;

then, as you scan
it, you see in the left-hand corner
a thing that is like a branch: part of a tree
(balsam or spruce) emerging
and, to the right, halfway up
what ought to be a gentle
slope, a small frame house.

In the background there is a lake,
and beyond that, some low hills.

(The photograph was taken
the day after I drowned.

I am in the lake, in the center
of the picture, just under the surface.

It is difficult to say where
precisely, or to say
how large or small I am:
the effect of water
on light is a distortion

but if you look long enough,
eventually
you will be able to see me.)

(Atwood 1985 [1966], 2292–2293)

In der ersten Gedichthälfte (Zeile 1–14) wird ein etwas unscharfes, vielleicht schon älteres Foto beschrieben. Die sachlich-präzise Beschreibung, die das Bild von links nach rechts nachzeichnet, zeigt ein Häuschen an einem kleinen See vor einem Hügelzug, porträtiert also ein typisch ländliches kanadisches Setting. Während man zunächst meint, es hier mit einer ekphrastischen Fotobeschreibung zu tun zu haben, wird in der zweiten, mit Klammern gerahmten Gedichthälfte schnell deutlich, dass es sich um einen Atwood-Text handelt, der wie immer an der Grenze zum Grotesken, zum *gothic* angesiedelt ist und viel schwarzen Humor besitzt. Es spricht nun ein lyrisches Ich, das bereits verstorben ist und sich somit als Tote aus einer unmöglichen narrativen Position heraus mit einer eigentlich unmöglichen Ekphrase an die Nachwelt wendet. Die Sprecherin ist im Foto nicht zu sehen, da die Leiche unter der Wasseroberfläche des Sees treibt und deshalb nicht genau geortet werden kann. Die Leserinnen und Leser werden eingeladen, länger ‚hinzuschauen‘, ihre Aufmerksamkeit wird gedehnt, um das Sprecher-Ich doch noch zu entdecken.

Dass Atwood in ihrem ekphrastischen Gedicht anhand einer Fotografie – und nicht einer Zeichnung oder einem Gemälde – Mediengrenzen auslotet, überrascht nicht, wenn man sich an Susan Sontags berühmte Definition der Fotografie erinnert: „Jede Fotografie ist eine Art *memento mori*" (Sontag 2000 [1977], 21). Bei Atwood handelt es sich um ein *memento mori*, das über Negativität funktioniert; gezeigt wird nämlich nicht eine Person, sondern niemand. Atwood setzt sich hier auf spielerische Weise mit dem indexikalischen Wert des visuellen Mediums

Fotografie auseinander, indem sie diese wichtige Funktion der Fotografie infrage stellt. Ihre Beschreibung macht darüber hinaus deutlich, dass Bilder ohne Beschreibung und ‚Beschriftung' keine spezifische zeitlich-räumliche Verortung und keine spezifische Botschaft haben. In diesem Sinne hatte schon Roland Barthes in seiner *Rhetorik des Bildes* (Barthes 1990 [1964]) erklärt, dass die Polysemie des Bildes durch die Sprache gezähmt wird (vgl. 1 BENTHIEN/WEINGART). Atwoods literarisches Spiel mit der Fotografie und ihrer Dokumentations- und Authentifizierungsfunktion eröffnet ihr die Möglichkeit, das Medium Fotografie im Medium Literatur kritisch zu beleuchten und die imaginäre Kraft von Literatur herauszustellen.

Ausblick: Intermedialität im digitalen Zeitalter

Seit einigen Jahrzehnten wird von Kulturtheoretikern eine rasant fortschreitende Marginalisierung von Sprache, Schrift und Druckkultur diagnostiziert und das Ende des gedruckten Buches heraufbeschworen (vgl. Mitchell 1994; Bolter 1996). Tatsächlich haben Zahl und Macht der Bilder im digitalen Zeitalter mit den immer kürzer werdenden Distributionszeiten, ihrem universellen Verbreitungsgrad und ihrer Manipulierbarkeit deutlich zugenommen. Fragen, die das intermediale Verhältnis von Texten und Bildern betreffen, sind in der Folge noch dringlicher geworden, gerade auch hinsichtlich der neuen Sorte hypertextuell kodierter fiktionaler Texte, die ausschließlich in einer elektronisch medialen Form existieren (vgl. Jannidis 1998; Simanowski 2002; Heibach 2003; Segeberg und Winko 2005) und Text, Bild und Diagramm intermedial verschränken. Michael Joyces *Afternoon. A Story* (1990), Stuart Moulthrops *Victory Garden* (1992), Simon Biggs' *Great Wall of China* (1996) und Douglas Adams' *Starship Titanic* (1997), eine *novelization* eines Computerspiels gleichen Namens von Terry Jones, gehörten zu den Wegbereitern der digitalen Literatur, der sogenannten *hyperfiction*. Computer-generierte *hyperfiction* hat nicht dieselbe Stabilität und lineare Form wie traditionelle Texte und stellt aufgrund ihrer interaktiven und multimedialen Form das Konzept einer rein monomedialen verbalen Kunst infrage. Denn stärker noch als gedruckte literarische Texte machen ihre digitalen Verwandten deutlich, was eigentlich für alle Texte, auch die gedruckten, gilt: Sie sind auf vielfältige Weise mit visuellen Elementen verknüpft.

Dass in der Gegenwartskunst und -kultur Mediengrenzen nicht nur nachdrücklich problematisiert, sondern auch offensichtlich durchlässig werden, hat auch Auswirkungen auf andere der hier diskutierten Konzepte, wie etwa die Ekphrasis. Wenn das konstante Recycling von Bildern und Geschichten und damit Phänomene wie Remediation (vgl. Bolter und Grusin 1999), Transmedialität (vgl. Wolf 2005 und 2011), Hybridisierung (vgl. Rajewsky 2005), Adaptation (vgl. Hutcheon 2006), Medienkonvergenz und *transmedia story telling* (das heißt die gleichzeitige Präsentation von Geschichten auf verschiedenen Medienplattformen; vgl. Jenkins 2006), eine so wichtige Rolle spielen wie heute, dann wird es immer schwieriger, bestimmten Bildern und Narrativen den Status von ‚Originalen' zuzuschreiben. Zugespitzt formuliert kann man sagen, dass heute alles zu Ekphrasis geworden und in den nicht endenden Zyklus von Repräsentation von Repräsentation von Repräsentation und so weiter eingetreten ist. Diese Überlegung zur heutigen Rolle von Ekphrasis verdeutlicht, dass die neuen digitalen Medien neue inter-/mediale Möglichkeiten eröffnet haben, die nach einer Erweiterung älterer Theoretisierungsansätze und Konzeptionalisierungen intermedialer Phänomene und kultureller Praktiken verlangen, um das Potential und die Funktionen intermedialer Konstellationen und Kunstformen austarieren und beschreiben zu können.

Literaturverzeichnis

Adler, Jeremy, und Ulrich Ernst. *Text als Figur*. Weinheim: Acta Humaniora, VCH, 1987.

Atwood, Margaret. „This Is a Photograph of Me" [1966]. *The Norton Anthology of Literature by Women*. Hrsg. von Sandra M. Gilbert und Susan Gubar. New York, NY: Norton, 1985. 2292–2293.

Barthes, Roland. „Rhetorik des Bildes" [1964]. *Der entgegenkommende und der stumpfe Sinn. Kritische Essays III*. Übers. von Dieter Horning. Frankfurt am Main: Suhrkamp, 1990. 28–46.

Bender, John B. *Spenser and Literary Pictorialism*. Princeton, NJ: Princeton University Press, 1972.

Biggs, Simon. *Great Wall of China*. http://www.littlepig.org.uk/wall/greatwall.htm. 1996 (12. Mai 2014).

Boehm, Gottfried, und Helmut Pfotenhauer (Hrsg.). *Beschreibungskunst – Kunstbeschreibung. Ekphrasis von der Antike bis zur Gegenwart*. München: Fink, 1995.

Bolter, Jay David. „Ekphrasis, Virtual Reality, and the Future of Writing". *The Future of the Book*. Hrsg. von Geoffrey Nunberg. Berkeley, CA: University of California Press, 1996. 253–272.

Bolter, Jay David, und Richard Grusin. *Remediation: Understanding New Media*. Cambridge, MA: MIT Press, 1999.

Dickens, Charles. *Oliver Twist*. London: Penguin, 1971 [1838].

Faulstich, Werner. *Medientheorien*. Göttingen: Vandenhoeck & Ruprecht, 1991.

Foer, Jonathan Safran. *Extremely Loud and Incredibly Close*. London: Hamish Hamilton, Penguin, 2005.

Gardner, Helen (Hrsg). *The Metaphysical Poets*. Harmondsworth: Penguin, 1957.

Georgi, Claudia. *Liveness on Stage. Intermedial Challenges in Contemporary British Theatre and Performance*. Berlin und Boston, MA: de Gruyter, 2014.

Hagstrum, Jean H. *The Sister Arts. The Tradition of Literary Pictorialism and English Poetry from Dryden to Gray*. Chicago, IL: The University of Chicago Press, 1958.

Hansen-Löve, Aage A. „Intermedialität und Intertextualität. Probleme der Korrelation von Wort- und Bildkunst. Am Beispiel der russischen Moderne". *Dialog der Texte. Hamburger Kolloquium zur Intertextualität*. Hrsg. von Wolf Schmid und Wolf-Dieter Stempel. Wien: Gesellschaft zur Förderung slawistischer Studien, 1983. 291–360.

Heffernan, James A. W. „Ekphrasis and Representation". *New Literary History* 22 (1991): 297–316.

Heffernan, James A. W. *Museum of Words. The Poetics of Ekphrasis from Homer to Ashbery*. Chicago, IL, und London: The University of Chicago Press, 1993.

Heibach, Christiane. *Literatur im elektronischen Raum*. Frankfurt am Main: Suhrkamp, 2003.

Henkel, Arthur, und Albrecht Schöne (Hrsg.). *Emblemata. Handbuch zur Sinnbildkunst des XVI. und XVII. Jahrhunderts*. Stuttgart und Weimar: Metzler, 1996 [1967].

Higgins, Dick. *Horizons. The Poetics and Theory of the Intermedia* (1966). Carbondale, IL, und Edwardsville, IL: Southern Illinois University Press, 1984.

Hollander, John. *The Gazer's Spirit. Poems Speaking to Silent Works of Art*. Chicago, IL, und London: The University of Chicago Press, 1995.

Horaz [Quintus Horatius Flaccus]. „De arte poetica liber/Das Buch von der Dichtkunst" [14 v. Chr.]. *Sämtliche Werke*. Lateinisch und Deutsch. Teil I nach Kayser, Nordenflycht, Burger hrsg. von Hans Färber, Teil II übers. und bearb. von Hans Färber und Wilhelm Schöne. Darmstadt: Wissenschaftliche Buchgesellschaft, 1967. 230–259.

Hutcheon, Linda. *A Theory of Adaptation*. New York, NY: Routledge, 2006.

Jannidis, Fotis. „Computerphilologie". *Metzler Lexikon Literatur- und Kulturtheorie. Ansätze – Personen – Grundbegriffe*. Hrsg. von Ansgar Nünning. Stuttgart und Weimar: Metzler, 1998. 70–72.

Jenkins, Henry. *Convergence Cultures. Where Old and New Media Collide*. New York, NY, und London: New York University Press, 2006.

Klarer, Mario. „Introduction". *Word & Image* 15.1 (1999): 1–4.

Klarer, Mario. *Ekphrasis. Bildbeschreibung als Repräsentationstheorie bei Spenser, Sidney, Lyly und Shakespeare*. Tübingen: Niemeyer, 2001.

Krieger, Murray. *Ekphrasis. The Illusion of the Natural Sign*. Baltimore, MD: The Johns Hopkins University Press, 1992.

Langer, Susanne K. *Philosophie auf neuem Wege. Das Symbol im Denken, im Ritus und in der Kunst*. Frankfurt am Main: Fischer, 1984 [1942].

Lessing, Gotthold Ephraim. *Laokoon oder Über die Grenzen der Malerei und Poesie*. Stuttgart: Reclam, 1994 [1766].

Mitchell, W. J. T. „Was ist ein Bild?" *Bildlichkeit*. Hrsg. von Volker Bohn. Frankfurt am Main: Suhrkamp, 1990. 17–68.

Mitchell, W. J. T. *Picture Theory. Essays on Verbal and Visual Representation*, Chicago, IL, und London: The University of Chicago Press, 1994.

Mosher, Harold F., Jr. „Towards a Poetics of Descriptized Narration". *Poetics Today* 3 (1991): 425–445.

Paech, Joachim, und Jens Schröter (Hrsg.). *Intermedialität – Analog/Digital. Theorien, Methoden, Analysen*. München: Fink, 2008.

Preimesberger, Rudolf. *Paragons and Paragone. Van Eyck, Raphael, Michelangelo, Caravaggio and Bernini*. Los Angeles, CA: Getty Research Institute, 2011.

Rajewsky, Irina O. *Intermedialität*. Tübingen und Basel: Francke, 2002.

Rajewsky, Irina O. „Intermedialität – Eine Begriffsbestimmung". *Intermedialität im Deutschunterricht*. Hrsg. von Marion Bönnighausen und Heidi Rösch. Baltmannsweiler: Schneider Verlag Hohengehren, 2004. 8–30.

Rajewsky, Irina O. „Intermediality, Intertextuality, and Remediation: A Literary Perspective on Intermediality". *Intermédialités* 6 (2005): 43–64.

Rajewsky, Irina O. „Border Talks: The Problematic Status of Media Borders in the Current Debate about Intermediality". *Media Borders, Multimodality and Intermediality*. Hrsg. von Lars Elleström. Basingstoke: Palgrave Macmillan, 2010. 51–68.

Redniss, Lauren. *Radioactive – Marie & Pierre Curie. A Tale of Love and Fallout*. New York, NY: Harper Collins, 2010.

Rippl, Gabriele. *Beschreibungs-Kunst. Zur intermedialen Poetik angloamerikanischer Ikontexte (1880–2000)*. München: Fink, 2005a.

Rippl, Gabriele. „Literatur und (visuelle) Medien in der frühen Neuzeit". *Kulturgeschichte der englischen Literatur. Von der Renaissance bis zur Gegenwart*. Hrsg. von Vera Nünning. Tübingen und Basel: Francke, utb, 2005b. 36–47.

Rippl, Gabriele. „Intermediale Poetik: Ekphrasis und der ‚iconic turn' in der Literatur/-wissenschaft". *Bilder: ein (neues) Leitmedium?* Hrsg. von Torsten Hoffmann und Gabriele Rippl. Göttingen: Wallstein, 2006. 93–107.

Rippl, Gabriele. „Film and Media Studies". *English and American Studies. Theory and Practice*. Hrsg. von Martin Middeke, Timo Müller, Christina Wald und Hubert Zapf. Stuttgart: Metzler, 2012. 314–332.

Robillard, Valerie, und Els Jongeneel (Hrsg.). *Pictures into Words. Theoretical and Descriptive Approaches to Ekphrasis*. Amsterdam: VU University Press, 1998.

Ronen, Ruth. „Description, Narrative and Representation". *Narrative* 5.3 (1997): 274–286.

Ryan, Marie-Laure. „Introduction". *Narrative Across Media. The Languages of Storytelling*. Hrsg. von Marie-Laure Ryan. Lincoln, NE, i. a.: University of Nebraska Press, 2004. 1–40.

Ryan, Marie-Laure. „On the Theoretical Foundations of Transmedial Narratology". *Narratology beyond Criticism. Mediality, Disciplinarity*. Hrsg. von Jan Christoph Meister. Berlin: De Gruyter, 2005. 1–23.

Schmitz-Emans, Monika. *Die Literatur, die Bilder und das Unsichtbare. Spielformen literarischer Bildinterpretation vom 18. bis zum 20. Jahrhundert*. Würzburg: Königshausen & Neumann, 1999.

Segeberg, Harro, und Simone Winko (Hrsg.). *Digitalität und Literatur. Zur Zukunft der Literatur*. München: Fink, 2005.

Simanowski, Roberto. *Interfictions. Vom Schreiben im Netz*. Frankfurt am Main: Suhrkamp, 2002.

Sontag, Susan. *Über Fotografie. Essays*. Übers. von Mark W. Rien. 12. Aufl. Frankfurt am Main: Fischer, 2000 [1977].

Todorow, Almut. „Intermedialität". *Historisches Wörterbuch der Rhetorik Bd. 10*. Hrsg. von Gert Ueding. Tübingen: Max Niemeyer, 2011. 299–410.

Torgovnick, Marianna. *The Visual Arts, Pictorialism, and the Novel. James, Lawrence, and Woolf*. Princeton, NJ: Princeton University Press, 1985.

Voßkamp, Wilhelm, und Brigitte Weingart. „Sichtbares und Sagbares. Text-Bild-Verhältnisse – Einleitung". *Sichtbares und Sagbares. Text-Bild-Verhältnisse*. Hrsg. von Wilhelm Voßkamp und Brigitte Weingart. Köln: DuMont 2005. 7–22.

Wagner, Peter (Hrsg.). *Icons – Texts – Iconotexts. Essays on Ekphrasis and Intermediality*, Berlin: De Gruyter, 1996.

Wandhoff, Haiko. *Ekphrasis. Kunstbeschreibungen und virtuelle Räume in der Literatur des Mittelalters*. Berlin und New York, NY: De Gruyter, 2003.

Weingart, Brigitte. „Where is your rupture? Zum Transfer zwischen Text- und Bildtheorie". *Die Adresse des Mediums*. Hrsg. von Stefan Andriopoulos, Gabriele Schabacher und Eckhard Schumacher. Köln: DuMont, 2001. 136–157.

Weingart, Brigitte. „Bastards: Text/Image Hybrids in Pop Writing by Rolf Dieter Brinkmann and Others". *Media, Culture, and Mediality. New Insights into the Current State of Research*. Hrsg. von Ludwig Jäger, Erika Linz und Irmela Schneider. Bielefeld: transcript, 2010. 429–461.

Weisstein, Ulrich (Hrsg.). *Literatur und Bildende Kunst. Ein Handbuch zur Theorie und Praxis eines komparatistischen Grenzgebietes*. Berlin: Schmidt, 1992.

Williams, William Carlos. „XXII (The Red Wheelbarrow)" [1923]. *The Collected Poems of William Carlos Williams Bd. 2: 1909–1939*. Hrsg. von A. Walton Litz und Christopher MacGowan. New York, NY: New Directions, 1991. 224.

Wolf, Werner. „Das Problem der Narrativität in Literatur, bildender Kunst und Musik. Ein Beitrag zu einer intermedialen Erzähltheorie". *Erzähltheorie transgenerisch, intermedial, interdisziplinär*. Hrsg. von Vera Nünning und Ansgar Nünning. Trier: Wissenschaftlicher Verlag Trier, 2002. 23–104.

Wolf, Werner. „Intermediality". *Routledge Encyclopedia of Narrative Theory*. Hrsg. von David Herman, Manfred Jahn und Marie-Laure Ryan. London und New York, NY: Routledge, 2005. 252–256.

Wolf, Werner. „Narratology and Media(lity): The Transmedial Expansion of a Literary Discipline and Possible Consequences". *Current Trends in Narratology*. Hrsg. von Greta Olson. Berlin und New York, NY: De Gruyter, 2011. 146–180.

Yacobi, Tamar. „Pictorial Models and Narrative Ekphrasis". *Poetics Today* 16.4 (1995): 599–649.

2.8 Visual Culture

Bernd Stiegler

Theoriegeschichten

Während sich in den angloamerikanischen Ländern seit Ende des letzten Jahrhunderts vielerorts die *visual studies* oder *visual culture studies* als Fach erfolgreich etabliert haben, ist das hierzulande nach wie vor nicht der Fall. Im deutschsprachigen Bereich wird man, wenn man nach einem vergleichbaren Fragenhorizont sucht, wohl zuerst an das Aufkommen der Bildwissenschaften denken, das seit einigen Jahren zu beobachten ist (vgl. Belting 2001, Sachs-Hombach 2005). Ihre Fragen und Überzeugungen, theoretischen Hintergründe und Referenzrahmen sind jedoch mit jenen der Visual Culture Studies bestenfalls teilidentisch.

Viele der Fragen, die in den Visual Culture Studies diskutiert werden (zum Beispiel nach den Beziehungen von Medien, Macht und Wahrnehmung und jenen von Medien und Krieg oder auch nach der Bedeutung der Massenmedien, um nur einige Beispiele zu nennen), finden sich hierzulande eher in den Medienwissenschaften, die durchaus eine parallele Geschichte aufweisen: Beide setzen ein mit einer Ablösung aus fest etablierten Fächern und unter explizitem Rekurs auf philosophische, soziologische, aber auch kulturwissenschaftliche und kulturkritische Theoriesettings. Für beide gilt eine gewisse Buntscheckigkeit der theoretischen Referenzen mitsamt einer nachhaltigen Kanonisierung einiger Autoren wie etwa an vorderster Front Michel Foucault oder Walter Benjamin. Und schließlich: Nicht wenige der wichtigen Theoretiker stammen – und das gilt wiederum für beide Theoriefelder – aus der Literaturwissenschaft: W. J. T. Mitchell und Friedrich A. Kittler wären hier als ‚Gründungsväter‘ der jeweiligen Disziplinen prominente Beispiele (vgl. zur Geschichte der Visual Culture Studies anhand von Biografien und akademischen Werdegängen Dikovitskaya 2006). Beide haben als Literaturwissenschaftler mit diesem Fach ihre, um es so zu sagen, ‚besonderen‘ Erfahrungen gemacht. Die kritische Absetzung von der Literaturwissenschaft ist für die Herausbildung dieser neuen Richtungen ein wichtiges Movens. Dementsprechend sind auch die Beziehungen, die beide Bereiche mit dem traditionellen Fach unterhalten, von einer gewissen Ambivalenz geprägt. Die Literaturwissenschaft ist zwar nicht der erste Ansprechpartner der Visual Culture Studies, wenn es um strategische Allianzen geht, aber gleichwohl auch nicht ein Erzfeind, mit dem man nichts zu tun haben will. Allmählich ist auch seitens der Literaturwissenschaft eine Sensibilität für Fragen zu verspüren, die aus den Visual Culture Studies stammen. Diese gehen über traditionelle Topoi wie jene der Ekphrasis oder der Illustrationen hinaus, die bereits seit geraumer Zeit Gegenstand der Forschung waren (vgl. exemplarisch Boehm und Pfotenhauer 1995; siehe 2.7 RIPPL und 4.1 WANDHOFF). Gleichwohl steht eine grundlegende wie programmatische Profilierung einer literaturwissenschaftlichen Perspektivierung der Visual Culture Studies noch an ihren Anfängen. Weiterhin ist sowohl bei den Visual Culture Studies wie bei den Medienwissenschaften zu beobachten, dass sich beide, die zuallererst als kritische Intervention und theoretische Dissidenz gestartet waren, allmählich institutionalisieren, Zeitschriften gründen (einige der wichtigsten sind *Culture, Theory and Critique, Journal of Visual Culture, Parallax. A Journal of Metadiscursive Theory and Cultural Practices, Transcript. A Journal of Visual Culture, Visual Anthropology, Visual Anthropology Newsletter* [später *Visual Anthropology Review*], *Visual Arts and Culture, Visual Culture in Britain, Visual Sociology Review* [ab 2002 *Visual Studies*], *Visual. Zeitschrift für das Sehen und das Sichtbarmachen*) und Studiengänge einrichten. Die zahlreichen Einführungsbände und Reader, die für beide Bereiche mittlerweile erschienen sind (für die Visual Culture Studies etwa Stafford und The BLOCK editorial board 1996, „Questionnaire on Visual Culture" 1996, Kravagna 1997, Hall und Evans 1999, Mirzoeff 1999 und 2002 [1998], Holert 2000, Elkins 2003, Howells und Negreiros 2011, Rimmele und Stiegler 2012), sind sichtbares Zeichen der Etablierung eines eigenen Kanons, einer disziplinären Binnendifferenzierung und nicht zuletzt eines theoretischen Referenzrahmens.

Warum nun aber dieser Vorschlag einer vielleicht erst einmal kontraintuitiven Wahlverwandtschaft zwischen Visual Culture Studies und Medienwissenschaften – und nicht vielmehr mit der Kunstgeschichte oder den Bildwissenschaften, die mit dem weiten Feld der Bilder über einen gemeinsamen Untersuchungsbereich zu verfügen scheinen? Die Antwort ist einfach und kompliziert zugleich: Die Visual Culture Studies verstehen sich als dezidierter Bruch mit der klassischen Kunstgeschichte mit ihrer Fokussierung auf Bilder und der weitgehenden Beschränkung auf die etablierten schönen Künste. In den Blickpunkt rückt nun vielmehr der große Bereich des Visuellen mitsamt seiner Geschichte, seiner gesellschaftlichen Verankerung, seinen subjektivierenden Implikationen oder auch seiner notwendigen Nähe zu Fragen der *gender* oder *postcolonial studies*. Es geht, mit anderen Worten, nicht (allein) um Bilder und noch viel weniger um den etablierten Kanon der Kunstgeschichte. An ihre Stelle treten vielmehr Fragen nach den Beziehungen von Text und Bild und der Ikonophobie der Tradition, die, so viele der Theorien unisono, die Sprache und die Schrift zuungunsten der Bilder favorisiert hätte, den Macht-Dimensionen des Visuellen, seinen hegemonialen kulturellen Formen oder der massenmedialen Dominanz bestimmter Typen von Sichtbarkeit, Visualität oder eben auch Bildlichkeit. Bilder sind daher nur ein kleiner, wenn auch eminent wichtiger Bereich der Visual Culture Studies.

Ihre Überschreitung hin zu komplexeren gesellschaftlichen Zusammenhängen ist jedoch konstitutiver Teil des theoretischen Programms mitsamt seiner politischen Agenda.

Programme

Der kleinste gemeinsame Nenner des breit gefächerten Themen- und Theoriespektrums der Visual Culture Studies ist wohl die These einer Kulturalität des Visuellen. Daher auch der in diesem Sinne sprechende Name des Fachs. Die Visual Culture Studies gehen zuallererst davon aus, dass sich, wie Benjamin es in seinem berühmten Aufsatz *Das Kunstwerk im Zeitalter seiner technischen Reproduzierbarkeit* (1935–1936) formuliert hat, „mit der gesamten Daseinsweise der menschlichen Kollektiva auch die Art und Weise ihrer Sinneswahrnehmung [verändert]", dass diese „nicht nur natürlich, sondern auch geschichtlich bedingt" sei (Benjamin 2007 [1935–1936], 14). Wahrnehmung wird nachdrücklich nicht als biologisches Faktum oder physiologische Konstante, sondern als kulturelle Variable verstanden, die von verschiedenen Faktoren abhängig ist und vielfältige Effekte nach sich zieht. Jede Form von Naturalisierung der Wahrnehmung ist daher einer kritischen Revision zu unterziehen. Das ist der kritische Impetus, der die Visual Culture Studies auszeichnet. Roland Barthes hat bekanntlich in seinem Buch *Mythen des Alltags* (1957; *Mythologies*), das daher auch zum engeren Kanon der Visual Culture Studies gehört, eine solche Naturalisierung kritisch unter die Lupe genommen. Mythen sind in seinen Augen Strategien, um historische und somit veränderbare Formationen als Naturgegebenheiten zu präsentieren. Sie erweisen sich insofern als explizite Machtstrategien, als sie kritisierenswerte und auch gesellschaftlich veränderbare Phänomene als notwendige, unumstürzliche und somit alternativlose vorstellen. So werden die bestehenden Zustände, Ordnungen, Deutungsschemata zementiert und gegen Kritik immunisiert. Sie wieder zu historisieren und somit kritisier- und angreifbar zu machen, ist Kernprogramm der Visual Culture Studies und auch der *Cultural Studies*, aus denen erstere in Großbritannien hervorgegangen sind. Zu nennen sind hier insbesondere Stuart Hall (Hall und Evans 1999) und das Birminghamer Centre for Contemporary Cultural Studies. Die Visual Culture Studies verstehen es als ihre zentrale Aufgabe, die verschiedenen kulturellen, politischen, gender-bestimmten oder auch eurozentrischen Prägungen unserer Wahrnehmung zu erkennen, zu kritisieren – um sie dann in einem zweiten Schritt zu vermeiden und zu überwinden. Es gilt daher Strategien zu entwickeln, die unsere ideologischen Voreinstellungen einklammern, neutralisieren, um sie dann letztlich zu überschreiten oder zumindest kritisch zu kommentieren. Dieser dezidiert politische wie zum Teil auch interventionistische Zug ist für die Visual Culture Studies von entscheidender Bedeutung. In diesem Sinn sprach Nicholas Mirzoeff, einer der führenden Theoretiker der Visual Culture Studies, davon, dass diese weniger als Wissenschaft denn als „tactic" (Mirzoeff 1999, 5) zu verstehen seien. In diesem Sinne sind die politisch-taktische Intervention und die dezidierte kritische (und auch mitunter betont subjektive) Positionierung einer wissenschaftlichen Distanz und Neutralität vorzuziehen.

In der Tat ist das Theoriespektrum, das aufgerufen wird, enorm breit und differiert je nach dem besonderen Fokus der Untersuchungen, ihrer politischen Zielrichtung oder auch den Gegenständen. Die Visual Culture Studies sind betont transdisziplinär und stellen, so Mitchell, eine „hybride Disziplin" dar (Mitchell 2008 [1994], 238). Nicht selten werden die Theorien strategisch eingesetzt, um den Blick zu schärfen, eine kritische Distanz herzustellen oder überkommene Deutungen gegen den Strich zu bürsten. Theorien dienen einer kritisch-politischen Positionierung und nicht einer analytischen Neutralisierung. Dementsprechend spielen diskursanalytische und poststrukturalistische Theorien zumeist französischer Provenienz eine zentrale Rolle; aber auch die Frankfurter Schule mitsamt ihrer Kritik der Massenkultur und andere ideologiekritische Theorien, die Psychoanalyse, die Gender Studies oder zentrale Texte des Postkolonialismus werden herangezogen, um den Blick auf die gesellschaftlich-politischen Dimensionen der Frage nach der Visualität zu schärfen. Diese ist, einmal in den Fokus der theoretischen Neugierde gerückt, so komplex und so umfassend, dass sich ein Forschungsprogramm der Visual Culture Studies abzeichnet, das mit der Antike beginnt und bis zur Gegenwart reicht, sich dabei auch nicht auf die europäische Tradition beschränkt, die Grenze zwischen ‚E' und ‚U' ebenso überschreitet wie jene zwischen Natur-, Gesellschafts- und Geisteswissenschaften und nicht zuletzt auch die aktuelle Politik in ihren visuellen Artikulationsformen kritisch analysiert. Es finden sich daher sowohl breit angelegte diachrone Studien als auch kleinteilige filigrane Analysen von zeitgenössischen Gegenständen. Durchweg geht es jedoch um einen expliziten Bezug zur Gegenwart, um eine kritische Diagnostik, die notwendig ihren Widerpart in der zeitgenössischen Kultur hat.

Wenn man etwa den Studiengang von W. J. T. Mitchell an der University of Chicago betrachtet, den er in seinem Aufsatz *Was ist Visuelle Kultur?* (ebd., 238–261) vorstellt, so wird ein mögliches Programm deutlich. Im ersten Trimester geht es um „Zeichen". Das Spektrum reicht dabei von semiotischen Theoriebildungen über klassische kunsthistorische Kategorien wie Ikonologie, Ikonografie und Ikonizität, die Hierarchisierungen und Differenzierungen der verschiedenen visuellen Medien bis hin zu Fragen der Repräsentation und Reproduktion. Das zweite Trimester ist der Frage nach „Körpern" gewidmet und beschäftigt sich so etwa mit den visuellen Dimensionen von Körperlichkeit, Gewalt, Ikonoklasmus und Gender, aber auch Gebärden, Blindheit oder Pornografie. Das dritte Trimester schließlich ist mit „Welten" überschrieben und nimmt dabei „Institutionen des Sichtbaren" (ebd., 247), Fragen der Macht und der visuellen Regime, der Bedeutung des Visuellen für Nationen, Kulturen, Gedächtnisräume und Ideologien in den Blick, untersucht Museen, Shopping Malls oder andere öffentliche Räume, aber auch Beispiele aus der Architektur, des Tourismus und der Warenkultur. Auch wenn andernorts die Studiengänge eine gänzlich andere Struktur aufweisen und Mitchells Beispiel historisch ist, so wird gleichwohl deutlich, dass der Bereich des Visuellen, der hier umrissen wird, sich nicht auf Bilder und Kunstwerke, Artefakte und Zeichen beschränkt, sondern auch Bereiche mit einschließt, die nun ebenfalls in der Bildwissenschaft Aufmerksamkeit gefunden haben, wie etwa jene nach ‚Bildakten' (vgl. Bredekamp 2010; Mitchell 2008 [1994] und 2012 [2005]), Performanz und Körperlichkeit (vgl. Belting 2001 und 2007; Schade und Wenk 2011), aber auch nach visueller Lesbarkeit (vgl. Elkins 2003 und 2008), kultureller Hegemonie oder (diskursiven) Praktiken (vgl. Sturken und Cartwright 2001; Mirzoeff 1999 und 2002 [1998]), Dispositiven und visuellen Technologien (vgl. Crary 1996).

Auf der Agenda steht zudem die nun vielerorts breit diskutierte Frage nach der *visual literacy*, nach einer kritischen Bildkompetenz (siehe3.2 GIL). Diese setzt ein mit einer erneuten Lektüre klassischer Texte, die eine strategische Privilegierung der Schrift gegenüber den Bildern vornehmen und daraus eine Vielzahl von Konsequenzen ableiten. Platons scharfe Bildkritik etwa impliziert eine grundsätzliche Skepsis gegenüber Bildern, die im Vergleich zur Stimme und Schrift als defizitär angesehen werden. Bilder täuschen und dem sei Rechnung zu tragen. Nicht die Bilder und das Visuelle bestimmen daher hier wie andernorts die philosophische Theorie, sondern die Schrift und die Texte. Dies führe, so die Diagnose, die sich auch in den Bildwissenschaften findet, zu einer einseitigen Favorisierung der Schrift und zu einer Abwertung anderer Bereiche des Visuellen. Eine solche allgemein ansetzende Kritik der abendländischen Philosophie ist ein Topos, den wir etwa auch in Heideggers Seinsphilosophie oder Derridas Theorie der Dekonstruktion begegnen, die ebenfalls jeweils die abendländische Tradition als solche einer Kritik unterziehen. Doch auch Heideggers Konzept des „Seins" oder Derridas der *différance* blenden die Komplexität und Spezifizität visueller Kulturen weitgehend aus. Um nun eine visuelle Kompetenz ausbilden zu können, muss man nicht nur um bestimmte dominante tradierte philosophisch-ideologische Voreinstellungen und ihre Verfahren der theoretischen Degradierung wissen, sondern auch einen theoretischen Werkzeugkasten zur Verfügung haben, der es gestattet, an den Stellschrauben der aktuellen dominierenden visuellen Kulturen anzusetzen. Einer der maßgeblichen Theoretiker ist dabei Foucault.

Panoptismus als Paradigma

Ob nun Foucault als systematisch ansetzender Theoretiker des Visuellen wird gelten können, sei dahingestellt. Gleichwohl spielen Fragen nach Visualität in vielen seiner Texte eine wichtige Rolle, wenn man etwa an *Wahnsinn und Gesellschaft* (1961) und seine Überlegungen zu Goya, die Velázquez-Interpretation zu Beginn von *Die Ordnung der Dinge* (1966), die Reflexion über die Regime der Sichtbarkeit in *Die Geburt der Klinik* (1963), die Texte zum Theorem der Heterotopie oder seinen Aufsatz über Magritte denkt (vgl. Foucault 2005 [1966] und 2001 [1968], 812–830). Auch die Unterscheidung zwischen dem Sichtbaren und dem Sagbaren, die nicht zuletzt Gilles Deleuze in seiner Deutung als zentral für Foucaults Theorie herausarbeitet (vgl. Deleuze 1992 [1986]), stellt einen Grundzug seiner Überlegungen dar. Jedoch sind es weniger diese visuellen Beispiele, als ein bestimmtes Theoriesetting, das die Attraktivität von Foucaults Theorien für die Visual Culture Studies ausmacht. Foucault stellt wie diese immer einen Bezug zur Gegenwart her: Archäologie und Genealogie sind als zwei der zentralen Strategien Foucaults auch zwei Modi, eine solche kritische Perspektive zu eröffnen. Während erstere auf eine Rekonstruktion von historischen Schichtungen samt ihrer epistemologischen Brüche setzt, die mittels der diskursiven Archäologie erkennbar werden, versucht letztere, die Konstitution des Subjekts mittels seiner Herkunft über Praktiken, Institutionen und auch Diskurse zu bestimmen. Beide spielen für die Visual Culture Studies eine wichtige Rolle, gestatten sie es doch, auch in historischen Analysen, die erst einmal wenig mit der zeitgenössischen Kultur zu tun zu haben scheinen, Bezüge zu dieser zu erschließen.

So etwa lässt sich, um nur zwei Beispiele unter vielen anzuführen, in der Ordnung der Zentralperspektive eine Gender-Dimension ausbuchstabieren, die sich bis heute findet, oder hat der Diskurs der Fotografie im 19. Jahrhundert ein Wahrheitsregime mithervorgebracht, das bestimmte Wahrnehmungsformen geprägt hat, die noch heute das Bild der Fotografie bestimmen. Wie zum Beispiel Linda Hentschel gezeigt hat, sind die Entwicklungen von der *camera obscura* über die Stereoskopie bis hin zu den Ego-Shootern der zeitgenössischen Computerspiele darin verwandt, dass sie sämtlich „Raumpenetrationsmaschinen" sind, die den Raum sexualisieren und mittels der Bilderzeugung auf Unterwerfung zielen (vgl. Hentschel 2001). Und die Fotografie hat als eigentümliches ‚Reflexionsmedium' immer wieder neue Modi des ‚Realen' aufgezeigt, die von der Objektivität bis hin zur digital montierten Simulation reichen (vgl. Stiegler 2009).

Ein berühmtes und gleichzeitig programmatisches Beispiel Foucaults, das sich oft in den Analysen der Visual Culture Studies findet, ist das sogenannte Panoptismus-Modell, das er in seinem Buch *Überwachen und Strafen* (1975) entwickelt hat. Es sei daher exemplarisch herangezogen, um die Herangehensweise und mögliche Argumentationsstrategien zu verdeutlichen. In den Visual Culture Studies findet es sich oft im Zusammenhang mit CCTV (*closed circuit television*), der Videoüberwachung, die wiederum deutlich zeigt, dass Visualität eine komplexe Konstellation ist, für deren Analyse eine Vielzahl von Faktoren eine wichtige Rolle spielt, wie etwa die Mediendispositive, die gesellschaftlichen Funktionen, die Rolle der Subjekte oder auch die Phantasmatik, die an die CCTV-Techniken geknüpft wird (vgl. Hempel und Metelmann 2005). Weiterhin stellt die Praxis von CCTV ein Paradebeispiel dessen dar, was Foucault als „Gouvernementalisierung" (Foucault 2004a [1977–1978]; 2004b [1978–1979]) bezeichnet hat (vgl. Bröckling et al. 2000). Foucault schließt mit diesem Konzept neuzeitliche Regierungstechniken mit Selbstpraktiken kurz. Im Zuge des Neoliberalismus kommt es, so Foucault, zur Ausbildung von Strategien der Selbstführung, Selbstorganisation, Selbstdisziplinierung und Selbstkontrolle. Es geht also um Formen der Selbstbeobachtung – und in diese reicht das Feld der Visual Culture Studies weit hinein.

In diesem Kontext geht insbesondere von Foucaults Deutung des „Panopticons" eine besondere Attraktivität aus, da sie *in nuce* über einen architektonischen Entwurf Regime der Sichtbarkeit und ein visuelles Dispositiv zu rekonstruieren gestattet, die Fragen der Subjektivität und der Macht ebenso einschließen wie solche nach Regierungstechniken und gesellschaftlichen Ordnungssystemen. Dieses theoretische Modell findet sich in *Überwachen und Strafen* im Zusammenhang eines subjektivitäts- wie gesellschaftstheoretischen Entwurfs einer „Technologie der Individuen" (Foucault 1977 [1975], 288), das Foucault anhand dieses prägnanten historischen Beispiels erläutert.

Das Panopticon wurde von dem englischen utilitaristischen Philosophen Jeremy Bentham Ende des 18. Jahrhunderts entworfen. Bentham hatte es als architektonischen Entwurf konzipiert, der dann auch verschiedentlich in die Tat umgesetzt und für jede Form von Disziplinaranstalt als geeignet erachtet wurde: für Gefängnisse, Schulen, Fabriken, Armenhäuser oder auch Spitäler und Kasernen. Es handelt sich dabei um ein Rundgebäude, in dessen Mitte ein Beobachtungsturm steht, um den herum die einzelnen Zellen der zu beobachtenden Räume gruppiert sind. Diese können von dem Turm jederzeit eingesehen werden, ohne dass aber die Beobachteten sehen können, ob sie beobachtet werden oder nicht. Ziel ist eine Internalisierung der Machtverhältnisse, also die Etablierung einer Selbstbeobachtung, die an die Stelle der Fremdbeobachtung tritt. Da man nicht weiß, ob man beobachtet wird, bildet man allmählich Selbstbeobachtung und Selbstkontrolle als Habitus aus. Wenn Foucault das panoptische Gefängnis in den Kontext einer Genealogie der Subjektivität stellt, so geschieht das im Sinne einer Technologie des Selbst, die hier Visualität als Machtmechanismus deutet. Das macht auch die Attraktivität des Modells für die Analyse visueller Kulturen aus. Es wird deutlich, dass die Frage nach der Visualität eine Fülle von Analyseoptionen eröffnet, die, um nur einige zu nennen, von Institutionen und architektonischen Entwürfen über die Organisation von Sichtbarkeiten bis hin zur bereits skizzierten Frage der Gouvernementalisierung und zur Theorie der Subjektivierung reichen.

Foucault geht es dabei um den Entwurf einer neuen Theorie der Macht, der das überkommene Modell der Unterwerfung und Unterdrückung mitsamt ihren Praktiken der Überwachung und Kontrolle ablösen soll. Theoriehistorisch finden sich im Rahmen des marxistischen Machtmodells bereits bei Antonio Gramsci (1980 und 1983) und bei Louis Althusser Überlegungen, Macht dynamisch und unter aktiver Einbeziehung der Subjekte zu denken: Subjekte handeln, um überhaupt solche zu sein, nach Althusser freiwillig im Sinne einer Ideologie, nicht weil sie von isolierbaren Instanzen gezielt getäuscht oder gar gezwungen werden (vgl. Althusser 1977 [1970], 108–153). Foucault denkt nun entsprechend das Subjekt als Teil einer Macht, die nicht verbietend und untersagend, sondern produktiv und nicht verhindernd, sondern stimulierend und anregend sei. Er spricht von Dispositiven, von einer Mikrophysik und einer Produktivität der Macht. „Die Macht", so Foucault, „hat positive Effekte, sie bringt Wissen hervor und erregt Lust. Die Macht ist liebenswert" (Foucault 2002 [1975], 1016). Es gibt nicht einfach Herrscher und Beherrschte und nicht einfach eine Repression von Wünschen, Begierden oder der Sexualität. Foucaults These ist, dass die Formen der Subjektivierung, also der Art und Weise, wie sich Subjekte wahrnehmen und konstituieren, auch Formen der Regierung sind, also der Art und Weise, wie Gesellschaften sich organisieren. Sie tun dies, indem sich Subjekte organisieren, bestimmen und verhalten, ohne dazu gezwungen zu werden. Entscheidend ist hierbei, dass die Subjekte aktiv Technologien ausbilden, die sie selbst mit einschließen. So stehen sie nicht außerhalb der Macht, sondern sind immer schon Teil von gesellschaftlichen Macht-Dispositiven, Gegenstand von Subjektivierungsprozessen und eingebunden in Wissensformen. Foucault hat diese drei Bereiche als Konstanten seiner Überlegungen herausgestellt: Es gehe ihm um Gestalten des Wissens, die Beziehungen der Macht und Modi der Konstitution des Selbst (vgl. Foucault 2010 [1983–1984]).

Wie sind nun aber diese abstrakt klingenden Bestimmungen mit der zeitgenössischen Überwachungstechnologie des CCTV, dem historischen Panoptismus-Modell und mit Fragen der Visual Culture Studies in Verbindung zu bringen? Versteht man CCTV als Versuch, Sicherheit zu erzeugen, so hat dies eine doppelte Komponente, die den Beobachteten notwendig mit einschließt, da dieser gerade dadurch, dass er beobachtet wird, sich sicherer fühlen soll. Es geht nicht nur um die Gewährleistung öffentlicher Sicherheit, sondern auch um das Gefühl der Sicherheit seitens der beobachteten Subjekte. CCTV ist eine Technologie des Regierens aus der Distanz, die „das räsonierende, sich selbst kontrollierende Individuum bereits voraussetzt" (Hempel und Metelmann 2005, 316). Als solche zielt sie daher auf eine externe Beobachtung, die ihr notwendiges Korrelat in der Selbstbeobachtung hat, und macht deutlich, „dass die Technik ihrerseits ein Regime der Selbstkontrolle evoziert" (ebd., 318). Überwachungstechnik geht mit einer Technologie des Selbst Hand in Hand. Zugleich handelt es sich seitens der Beobachtenden um ein Verfahren, das den Raum scannt und strategisch parzelliert, indem es einzelne Segmente oder Subjekte identifiziert, die nicht der Norm entsprechen. Auch diese spezifische Art der Raumordnung weckt evidenterweise das Interesse der Visual Culture Studies, da sie exemplarisch ist für einen bestimmten Modus der Strukturierung des Raums und somit CCTV sich als mehr erweist als ein Verfahren der Überwachung öffentlicher Plätze. CCTV ist nicht nur überall einsetzbar, sondern kann sich auch höchst unterschiedlichen Anforderungen flexibel anpassen: Es geht eben nicht nur um Verbrechensprävention im öffentlichen Raum, sondern auch um technische Defekte in einem Kernkraftwerk. Doch während in einem AKW Reparaturen erforderlich sind, wird der Gesellschaftskörper als weitgehend selbstregulativ vorgestellt. Das ist die subjektivitätstheoretische Pointe der Analyse von CCTV in der Perspektive der Kategorien Foucaults: Die Subjekte sollen sich selbst kontrollieren, um so besser funktionieren zu können. Und das soll mittels einer Fremdbeobachtung erfolgen, die in Selbstbeobachtung übergeht und so ungleich effizienter funktioniert.

Literaturwissenschaft als Visual Culture

Doch was hat das alles noch mit den Literaturwissenschaften zu tun? Auf den ersten Blick wenig, haben diese es doch vor allem mit Texten und somit mit Schrift und nicht mit Gebäuden, Bildern und Visualität zu tun. Gustav Frank hat in einem programmatischen Aufsatz versucht, Prolegomena zu einer dezidiert literaturwissenschaftlichen Theorie im Rahmen der Visual Culture Studies zu formulieren (vgl. Frank 2009). In einem ersten Schritt versucht er dabei die Grenzziehung zwischen Text und Bild zu entsubstantialisieren und hingegen als „instabile Trennungen" (ebd., 362) zu begreifen (siehe auch 2.7 RIPPL und 4.3 PUFF). Das ist ein entscheidender Punkt, da die Literaturwissenschaft über den Umweg der Kultursemiotik für sich einen hegemonialen Deutungsanspruch proklamiert hat, der sich durch die Verwandlung von kulturellen Phänomenen in textuelle begründete. Kultur war so weiterhin zu ,lesen' und nicht etwa zu ,betrachten' oder ,anzuschauen', wenn man sie analysieren wollte. Die Schrift stellte weiterhin das Modell der Analyse dar und gab dieses somit vor; einzig die Gegenstände wechselten. Wenn als Paradigma einer ,Lesbarkeit der Kultur' die Schrift gilt, dann erweist sich die Literatur als prädisponiert, Maßgebliches zu deren Entzifferung beizutragen (vgl. dazu auch Bachmann-Medick 1996). Diese Textualisierung der Welt ist eine strategische Operation, die eine Trennung zwischen Bildern und Texten vornimmt und zugleich Kompetenzbereiche festschreibt. Um deutlich zu machen, was der Einsatz beziehungsweise der Widerstand einer solchen disziplinären Zementierung ist, sei an die Geschichtswissenschaft und ihren Widerstand gegen die *visual history* und die Akzeptanz von Bildern als historische Quellen erinnert (vgl. Paul 2006). Quellen waren lange Zeit einzig in ihrer Textgestalt akzeptiert, Bilder dienten bestenfalls als illustrative Begleitinstrumente.

Frank rekurriert nun bei seiner Kritik dieser Trennung auf Überlegungen Mitchells, der immer wieder in Absetzung etwa von Überlegungen Gottfried Boehms die strukturelle Interferenz von Text und Bild unterstrichen und deren vermeintliche kategoriale Differenz kritisiert hat (vgl. Boehm 2008; Mitchell 2008 [1994] und 2012 [2005]). Frank geht so mit Mitchell von einem „kulturfundierenden Wechselbezug von Bild und Sprache, Kunst und Literatur" aus und versucht, Text und Bild nicht als Antipoden, sondern als Konstituenten eines „Interfeldes" zu denken (Frank 2009, 363). Die Absetzung von der Kultursemiotik und einer somit implizit linguistischen Deutung von Bildern, die diese wie eine Sprache zu lesen versuchen, soll abgelöst werden durch eine differenzierte Analyse von „Bildtexten", „Bild/Texten" und „Bild-Texten", so die kategorialen Unterscheidungen von Mitchell (2008 [1994], 136–171). Literatur hat es immer auch mit Bildtexten, sprich einer effektiven wie kompositorischen Koexistenz von Bildern und Texten (so zum Beispiel dadaistische Text-Bild-Montagen oder Fotoromane), Bild/Texten, ihrer dezidierten wie strategischen Absetzung, und eben Bild-Texten wie beim Film, in Comics oder im Theater zu tun. Will sie diese angemessen analysieren, so hat sie ihre „hegemonialen Gesten gegenüber dem Bild" (Frank 2009, 361) kritisch in den Blick zu nehmen und neue Deutungsoptionen auszubilden. Es komme darauf an, eine Perspektive zu entwickeln, *„die Bilder und Literaturen zur visuellen Kultur verschränkt* zeigt" (ebd., 370). Eine solche theoretische Neupositionierung schließt auch eine Neujustierung der Literaturwissenschaft ein. Dazu gehört auch eine kritische Revision zentraler Konzepte, die mit Fragen der Sichtbarkeit zu tun haben. Ekphrasis, Emblem und Metapher sind solche Modelle, die aber, wie Frank überzeugend ausführt, in der literaturwissenschaftlichen Diskussion eben jene strukturelle Absetzung von der Visualität ein weiteres Mal in Szene setzen, indem „bildbearbeitende Kunstgeschichte" und „textverarbeitende Literaturgeschichte" (ebd., 378) säuberlich voneinander getrennt werden. Verhandelt werden so traditionelle literaturwissenschaftliche Fragen nach Gattungen und Epochen, hermeneutischen und semiotischen Deutungsoptionen oder rhetorischen Repräsentationssystemen. Dass die Rhetorik vor allem auf Texten basiert, versteht sich dabei von selbst (siehe 2.2 Berndt). Die Literaturwissenschaft erweist sich als beständiges wie effizientes ‚Textverarbeitungsprogramm‘, das andere Typen von Phänomenen in für sie lesbare Zeichen umschreibt und zugleich eigenen Voreinstellungen folgt.

Will man nun seitens der Literaturwissenschaft die Impulse durch die Visual Culture Studies aufnehmen oder auf die disziplinären Verwerfungen durch die Auswirkungen des *iconic, visual* oder *pictorial turn* zu reagieren versuchen, so gibt es verschiedene Optionen, von denen einige skizziert seien. Andere werden in diesem Handbuch ausbuchstabiert:

(1.) Die erste Option wäre ein Beharren auf dem traditionellen Deutungsanspruch der Literaturwissenschaft(en). Diese Entscheidung dürfte angesichts der fraglos zu konstatierenden schwindenden öffentlichen Sichtbarkeit und des zu konstatierenden *cultural turn* auch in den Philologien kaum von Erfolg gekrönt sein. (2.) Die zweite bestünde in einer Konzentration auf den eigenen Kompetenzbereich und eine Beschränkung auf den tradierten Kernbestand. Dies würde allerdings auch bedeuten, kritische Fragen der Visual Culture Studies auszublenden, konservativ dem Bewährten treu zu bleiben und Veränderungen schlicht zu ignorieren. Ekphrasis- sowie Bild und Text-Forschung auf Dauer zu stellen oder sich auf Fragen wie die Bildlichkeit der Metapher zu konzentrieren, liegt zwar im Kompetenzbereich der Literaturwissenschaften, ist aber bestenfalls eine Option, die in der Vergangenheit eine Zeit lang möglich gewesen wäre, nun aber bereits historisch geworden ist. (3.) Eine dritte Möglichkeit könnte darin liegen, Literatur „als Einflußgröße innerhalb der visuellen Kultur zu konzipieren" (ebd., 384), das heißt, die spezifische Funktion des Literarischen als Teil von visuellen Kulturen in den Blick zu nehmen. Die Literaturwissenschaft könnte in dieser Perspektive zumindest Fragen der Visual Culture Studies nicht zurückweisen, sondern hätte sich neu zu verorten – und hätte dabei mit Feldern wie der Theatralität, der Performanz oder auch diverser Spielformen der Intermedialität durchaus einige Trümpfe in der Hand. (4.) Eine vierte Option, die mit dieser einherzugehen hätte, besteht in einer kritischen Revision zentraler Grundkategorien der Literaturwissenschaft, die für das Selbstverständnis des Fachs von entscheidender Bedeutung sind – wie etwa das *ut pictura poesis*-Theorem und seine Rezeptionsgeschichte von Gotthold Ephraim Lessing bis zur Gegenwart (siehe 2.3 SCHNEIDER) oder auch das Modell der Montage in den Avantgarden des frühen 20. Jahrhunderts, das nach wie vor erstaunlich textzentriert entworfen wird. Auch die strategischen Abgrenzungen der Literatur in Praxis und Poetologie, wie sie etwa im Sinne einer Medienkonkurrenz zu beobachten waren und sind, wären neu zu bewerten. An die Stelle einer disziplinären funktionalen Differenzierung sollte eine interdisziplinäre Neuorientierung treten. (5.) Eine fünfte Option erfordert schließlich eine Neujustierung der theoretischen Optik des Fachs. So wie in bestimmten Bereichen, wie etwa den Gender oder Post Colonial Studies, bereits exemplarisch vorgeführt wurde, dass eine neue theoretische Perspektive die Wahrnehmung von kanonischen Texten signifikant wie nachhaltig zu verändern imstande ist, so wäre das für die Visual Culture Studies zuallererst zu leisten. Aufgabe wäre es zu zeigen, in welcher Weise die Literatur mit visuellen Kulturen verflochten ist, Regime der Sichtbarkeit ausgebildet oder ihren Vorgaben gefolgt ist, Wahrnehmungsweisen eingeübt und praktiziert hat. Um nur zwei Beispiele zu nennen: Im Realismus etwa geht es eben auch um eine Art zu sehen, wahrzunehmen, um ein Regime des Blicks, das notwendig auch die Malerei und die Fotografie mit einschließt. Und wenn die Avantgarden sich über synästhetische Experimente entwerfen, so versteht sich die Literatur nicht zuletzt als neues Sehen und neues Wahrnehmen. Selbst die Typografie hat daran einen maßgeblichen Anteil (siehe 2.1 KAMMER). Die Geschichte der Literatur wäre als Teil einer Geschichte der Wahrnehmung und der Kulturalität des Visuellen in den Blick zu nehmen, deren kritische Analyse die Visual Culture Studies zu leisten versuchen.

Literaturverzeichnis

Althusser, Louis. „Ideologie und ideologische Staatsapparate. Anmerkungen für eine Untersuchung." *Ideologie und ideologische Staatsapparate. Aufsätze zur marxistischen Theorie*. Hamburg: VSA-Verlag, 1977 [1970]. 108–153.
Bachmann-Medick, Doris (Hrsg.). *Kultur als Text. Die anthropologische Wende in der Literaturwissenschaft*. Frankfurt am Main: Suhrkamp, 1996.
Belting, Hans. *Bild-Anthropologie. Entwürfe für eine Bildwissenschaft*. München: Fink, 2001.
Belting, Hans (Hrsg.). *Bilderfragen. Die Bildwissenschaften im Aufbruch*. München: Fink, 2007.
Benjamin, Walter. *Das Kunstwerk im Zeitalter seiner technischen Reproduzierbarkeit*. Frankfurt am Main: Suhrkamp, 2007 [1935–1936].
The BLOCK editorial board, und Sally Stafford (Hrsg.). *The BLOCK Reader in Visual Culture*. London und New York, NY: Routledge, 1996.
Boehm, Gottfried, und Helmut Pfotenhauer (Hrsg.). *Beschreibungskunst – Kunstbeschreibung. Ekphrasis von der Antike bis zur Gegenwart*. München: Fink, 1995.
Boehm, Gottfried. *Wie Bilder Sinn erzeugen. Die Macht des Zeigens*. 2. Aufl. Berlin: Berlin University Press, 2008.
Bredekamp, Horst. *Theorie des Bildakts. Frankfurter Adorno-Vorlesungen 2007*. Frankfurt am Main: Suhrkamp 2010.
Bröckling, Ulrich, Susanne Krasmann, und Thomas Lemke (Hrsg.). *Gouvernementalität der Gegenwart. Studien zur Ökonomisierung des Sozialen*. Frankfurt am Main: Suhrkamp, 2000.
Crary, Jonathan. *Techniken des Betrachters. Sehen und Moderne im 19. Jahrhundert*. Dresden und Basel: Verlag der Kunst, 1996.
Deleuze, Gilles. *Foucault*. Übers. von Hermann Kozyba. Frankfurt am Main: Suhrkamp, 1992 [1986].
Dikovitskaya, Margaret. *Visual Culture. The Study of the Visual after the Cultural Turn*. Cambridge, MA, und London: MIT, 2006.

Elkins, James. *Visual Studies. A Skeptical Introduction*. London und New York, NY: Routledge, 2003.

Elkins, James (Hrsg.). *Visual Literacy*. London und New York, NY: Routledge, 2008.

Foucault, Michel. *Überwachen und Strafen. Die Geburt des Gefängnisses*. Übers. von Walter Seitter. Frankfurt am Main: Suhrkamp, 1977 [1975].

Foucault, Michel. „Dies ist keine Pfeife" [1968]. *Dits et Écrits. Schriften Bd. 1*. Übers. von Michael Bischoff. Hrsg. von Daniel Defert. Frankfurt am Main: Suhrkamp, 2001. 812–830.

Foucault, Michel. „Michel Foucault. Die Antworten des Philosophen" [1975]. *Dits et Écrits. Schriften Bd. 2*. Übers. von Michael Bischoff. Hrsg. von Daniel Defert. Frankfurt am Main: Suhrkamp, 2002. 1001–1018.

Foucault, Michel. *Die Heterotopien. Der utopische Körper*. Übers. von Michael Bischoff. Frankfurt am Main: Suhrkamp, 2005 [1966].

Foucault, Michel. *Geschichte der Gouvernementalität I: Sicherheit, Territorium, Bevölkerung. Vorlesung 1977/78*. Übers. von Claudia Brede-Konersmann und Jürgen Schröder. Frankfurt am Main: Suhrkamp, 2004a.

Foucault, Michel. *Geschichte der Gouvernementalität II: Die Geburt der Biopolitik. Vorlesung 1978/79*. Übers. von Jürgen Schröder. Frankfurt am Main: Suhrkamp, 2004b.

Foucault, Michel. *Der Mut zur Wahrheit. Vorlesung am Collège de France 1983/84*. Übers. von Jürgen Schröder. Frankfurt am Main: Suhrkamp, 2010.

Frank, Gustav. „Literaturtheorie und Visuelle Kultur". *Bildtheorien. Anthropologische und kulturelle Grundlagen des Visualistic Turn*. Hrsg. von Klaus Sachs-Hombach. Frankfurt am Main: Suhrkamp, 2009. 354–392.

Gramsci, Antonio. *Zur Politik, Geschichte und Kultur*. Hrsg. von Guido Zamiš. Leipzig: Reclam, 1980.

Gramsci, Antonio. *Marxismus und Kultur. Ideologie, Alltag, Literatur*. Hrsg. und übers. von Sabine Kebir. Hamburg: VSA-Verlag, 1983.

Hall, Stuart, und Jessica Evans (Hrsg.). *Visual Culture. The Reader*. London und Los Angeles, CA: Sage, 1999.

Hempel, Leon, und Jörg Metelmann (Hrsg.). *Bild – Raum – Kontrolle. Videoüberwachung als Zeichen gesellschaftlichen Wandels*. Frankfurt am Main: Suhrkamp, 2005.

Hentschel, Linda. *Pornotopische Techniken des Betrachtens. Raumwahrnehmung und Geschlechterordnung in visuellen Apparaten der Moderne*. Marburg: Jonas Verlag, 2001.

Holert, Tom (Hrsg.). *Imagineering. Visuelle Kultur und Politik der Sichtbarkeit*. Köln: Oktagon, 2000.

Howells, Richard, und Joaquim Negreiros. *Visual Culture*. Oxford: Polity, 2011.

Kravagna, Christian (Hrsg). *Privileg Blick. Kritik der visuellen Kultur*. Berlin: Edition ID-Archiv, 1997.

Mirzoeff, Nicholas (Hrsg.). *The Visual Culture Reader*. 2. Aufl. London und New York, NY: Routledge, 2002 [1998].

Mirzoeff, Nicholas. *An Introduction to Visual Culture*. London und New York, NY: Routledge, 1999.

Mitchell, W. J. T. *Bildtheorie*. Frankfurt am Main: Suhrkamp, 2008 [1994].

Mitchell, W. J. T. *Das Leben der Bilder. Eine Theorie der visuellen Kultur*. 2. Aufl. München: Beck, 2012 [2005].

Paul, Gerhard (Hrsg.). *Visual History. Ein Studienbuch*. Göttingen: Vandenhoeck & Ruprecht, 2006.

„Questionnaire on Visual Culture". *October 77* (1996).

Rimmele, Marius, und Bernd Stiegler. *Visuelle Kulturen – Visual Culture zur Einführung.* Hamburg: Junius, 2012.

Sachs-Hombach, Klaus (Hrsg.). *Bildwissenschaft. Disziplinen, Themen, Methoden.* Frankfurt am Main: Suhrkamp, 2005.

Schade, Sigrid, und Silke Wenk. *Studien zur visuellen Kultur. Einführung in ein transdisziplinäres Forschungsfeld.* Bielefeld: transcript, 2011.

Stiegler, Bernd. *Montagen des Realen. Photographie als Reflexionsmedium und Kulturtechnik.* München: Fink. 2009.

Sturken, Marita, und Lisa Cartwright (Hrsg.). *Practices of Looking. An Introduction to Visual Culture.* Oxford: Oxford University Press, 2001.

3. Problematisierungen und Forschungsfragen

3.1 Der blinde Fleck der Disziplinen: Zwischen Bild- und Textwissenschaften

Michael Wetzel

Zur Ausdifferenzierung von *poesis* und *pictura*

Wer glaubt, Konzepte wie Intermedialität oder Intertextualität seien erst in den Theorielaboren des Strukturalismus oder Poststrukturalismus kreiert worden, den belehrt die Geschichte der Künste eines Besseren. Es ist vielleicht sogar umgekehrt: Am Anfang der Kunstreflexion war noch alles offen, spielte man noch mit den Formen, Gattungen und Medien, bevor der Theoriekanon die Grenzen dichtmachte und Entscheidungen forderte. Schaut man sich nämlich nur als Beispiel das Verhältnis von Dichtung und Malerei in einer der frühesten Reflexionen durch den übrigens seinerseits gedichteten Lehrbrief *Buch von der Dichtkunst* des Horaz (ca. 14 v. Chr.; *De arte poetica*) an, so stößt man auf die Bereitschaft beider Kunstformen, wechselseitig voneinander zu lernen. *Ut pictura poesis*, diese legendäre Formel besagt nichts anderes, als dass sich der Poet beim Bildner umschauen und an dessen Techniken orientieren solle: „Das Dichtwerk gleicht dem Gemälde", heißt es in der Übersetzung, und es werden die piktoralen Merkmale wie zum Beispiel Dunkelheit und Belichtung empfohlen (Horaz 1967 [ca. 14 v. Chr.], 250–251). Und auch bei dem von Cicero und Plutarch wieder in Erinnerung gerufenen Simonides von Keos klingt die Formel von der ‚Malerei als stumme oder lautlose Dichtung' und der ‚Dichtung als sprechende oder redende Malerei' nicht nach Konkurrenz. Die dominierende Figur ist vielmehr die des Chiasmus als wechselseitige Einbindung im Zeichen einer intermedialen Potenzierung.

Allerdings hat die Formel des Simonides einen Schönheitsfehler: Im *tertium comparationis* von Malerei und Dichtung wird Sprache – und zwar als auditives Medium – einmal im Modus des Verlautens und einmal in dem des Verstummens der bildkünstlerischen Darstellung übergeordnet. Wer sagt aber, dass Malen überhaupt mit Sprechen, mit *phōnḗ*, und sei es auch als stummes, zu tun habe? Offensichtlich konstatierte Simonides eine Ordnung der Künste aus der Position der Rhetorik heraus, für die Darstellungsmacht an die Macht der Stimme des Sprechenden gekoppelt war. Dies zeigt auch die Rezeptionsgeschichte des berühmten Diktums: Schon im Kontext des bei Plutarch angeführten Beispiels ist von einer höheren Kraft des Wortmächtigen zur Erzeugung von Anschaulichkeit und lebendiger Darstellung (*enargeia*) durch innere Bilder die Rede (vgl. Plutarch

2012 [1. Jh. n. Chr.], 603–604), und auch in den *Eikones* des Philostratos basiert die Wertschätzung der Malerei als lebendige Darstellung des Heroischen auf der Teilhabe „auch am Logos" als Überleben derselben in den Reden über sie (Philostratos 2004 [2./3. Jh. n. Chr.], 85). Konsequenterweise hegte die Nachwelt immer mehr Zweifel an der wirklichen Existenz der wortreich beschworenen Bilder, wie zum Beispiel an Appeles' Gemälde „Die Verleumdung", bekannt nur durch die Ekphrasis des ‚Lügenbarons' Lukian (Lukian 1922 [2. Jh. v. Chr.], 119–136). Am Anfang steht aber Ciceros Rhetoriktraktat *De oratore* (55 v. Chr.), in dem Simonides auch als Begründer eines *topological turns* gefeiert wird, insofern dieser als Erster die Gedächtnisleistung durch eine Zuweisung der Inhalte an bestimmte räumliche Stellen in einer imaginären Anordnung visualisiert habe (vgl. 4.4 NEUBER). Cicero schließt aus dieser Entdeckung zunächst auf eine klare Überlegenheit des „Gesichtssinns", also einen mnemotechnischen Vorteil dessen, was „durch Vermittlung der Augen ins Bewußtsein dringt", gegenüber dem Gehör. Allerdings gibt er zu bedenken, dass diese körperliche Gestaltung in der Anschauung eines Platzes bedarf, der Zuweisung eines Ortes, wobei die unterschwellige Betonung auf Zuweisung liegt, die sodann in drei Techniken ausgeführt wird: Übung (*exercitio*), Kennzeichnung (*notatio*) und Verkörperung (*informatio*) (Cicero 1976 [55 v. Chr.], 431–439).

Mit *informatio* ist dabei die „Verkörperung des gesamten Sinnzusammenhanges im Bild eines Wortes" („totius sententiae informatio"; ebd., 436) gemeint, also ein syntaktisches Verhältnis der Verdichtung, das zwar im Nachsatz wieder mit der Positionierungstechnik des Malers von Figuren im Bildraum verglichen wird, aber zugleich die Oberhoheit der rhetorisch-linguistischen, phonozentrischen Ordnung affirmiert. Was nämlich dabei unterschlagen wird, ist die eigentliche Gemeinsamkeit von Dichtung und Malerei, die im griechischen Wort *graphein* wurzelt, das ‚schreiben' und ‚zeichnen' beziehungsweise ‚malen' bedeutet (denn zwischen beiden Bildtechniken wurde in der Antike noch nicht unterschieden; siehe dazu auch 2.1 KAMMER). Die Gemeinsamkeit liegt also im Herstellungsprozess durch den Griffel oder *stylos*, wobei ein davon ausgehender Vergleich zwischen Dichtung als ‚Schrift' mit der Malerei als ‚Zeichnung' die Symmetrie der Künste ins Wanken brächte. Auch Schrift ist ‚stumme Dichtung' wie Malerei, mit der sie gerade eine Gemeinsamkeit hat, nämlich dass sie sich mit ihrer Botschaft ans Auge richtet. Mit dieser visuellen Botschaft stört sie aber nicht nur das Gleichgewicht der sogenannten ‚Schwesterkünste', sondern gerät in den von Platon prominent formulierten Verdacht einer Täuschung durch den trügerischen Anschein von Lebendigkeit, denn, „der Malerei ähnlich", stelle die Schrift „ihre Ausgeburten hin als lebend, wenn man sie aber etwas fragt, so schweigen sie gar ehrwürdig still" (Platon 1958 [5.–4. Jh. v. Chr.], 56).

Als Schrift reagiert die Sprache also doppelt falsch, will durch Figürliches reden und bleibt doch als Rede stumm. Jacques Derrida hat dies später als den abendländischen ‚Logozentrismus' rekonstruiert, der einer grammatologischen Materialität des Bildes ebenso wie der Schrift eine geistige Valenz aberkennt beziehungsweise sie der Herrschaft des schrift- und bildfernen Logos unterstellt (vgl. Derrida 1974 [1967]). Gleichzeitig stützt die Rhetorik mit ihrer Topik von Sprach-Bildern eine metaphysische Gegentradition, die im Sinn-Bild des Sprechens eine höhere geistige Ausdruckspotenz konstatiert, die im Visuellen des Bildes nicht nur nicht erreicht werden kann, sondern nachgerade einer Degradation unterliegt. Deutlich wird diese polemische Grenzziehung nicht zuletzt in einem der Gründungsmanifeste der neueren Literaturwissenschaft, nämlich in Ernst Robert Curtius' fast ein halbes Jahrhundert als kanonisch geltender Schrift *Europäische Literatur und lateinisches Mittelalter* (1947). Im Vorwort holt er zu einem fundamentalen Schlag gegen jegliche Versuche einer Wiederkehr der ins Exil entschwundenen bildwissenschaftlichen Ikonologie aus, der er schlichtweg die intellektuelle Kompetenz abspricht. Die europäische Literatur – und das heißt auch implizit: ‚Kultur' – ist für ihn etwas, das sich „dem Blick entzieht", weil sie „Träger von Gedanken ist, die Kunst nicht" (Curtius 1973 [1947], 24). Dem Visuellen fehle aber nicht nur die gedankliche Verankerung, sondern vor allem die Freiheit, die für Curtius allein in einer durch das Buch gegebenen realen Allgegenwärtigkeit des Gegenstandes – im Gegensatz zur Abwesenheit des realen Kunstgegenstandes im bildwissenschaftlichen Diskurs – offenbar wird. Und diese setzt eine Anstrengung des Verstehens voraus, während die Bildwissenschaft als gewissermaßen vulgäre Disziplin sich eher mit Gegenständen abgebe, die „mühelos" sind und kein „Kopfzerbrechen" erfordern – oder, um es abgekürzt zu formulieren: „Der Logos kann sich nur im Wort aussprechen" (ebd., 24–26).

Was sich in dieser harschen Abgrenzung zeigt, ist das in der Tat aus der Tradition des lateinischen Mittelalters herstammende Vorurteil der buch- beziehungsweise bibliotheksorientierten *artes liberales*, deren Autorschaftskonzept sich von der Autorität der Texte ableitet und alle anderen kulturellen Praktiken zur bloßen Handwerklichkeit degradiert. Nun vollzieht sich aber in der Renaissance als Kunstepoche nicht nur die entscheidende intellektuelle Nobilitierung der Künstlerinnen und Künstler, sondern gleichzeitig treten mit den Arbeiten von Forschern wie Galileo Galilei und Roger Bacon Bild und Zahl als neue Paradigmen des Naturverständnisses auf. Sie vertrauen ganz dem technischen – genauer: durch optische Medien armierten – Blick und nehmen, wie gerade das Beispiel Galileis zeigt, künstlerische Techniken zur Wissensgenerierung in Anspruch, bei der die bildliche Darstellung zum *disegno* einer „formend denkenden Hand" (Bredekamp 2007, 336) wird. So stehen sich in der weiteren Entwicklung Literatur- beziehungsweise im medialen Sinne ‚Textwissenschaft' und eine allerdings erst ein halbes Jahrtausend später konsolidierte ‚Bildwissenschaft' immer mehr als disziplinäre Konkurrenten gegenüber, die bei aller Beachtung wechselseitiger Einflüsse die jeweils eigene Leitform zur dominanten erklären. Verloren geht bei dieser Entwicklung aber der Zwischenraum zwischen beiden oder eine aus der Überkreuzung beider hervorgehende mögliche dritte Dimension. Wie sich zeigen wird, haben es gerade die in diesem Raum einer Unentscheidbarkeit zwischen Oralität, Visualität, Textualität oder Plastizität operierenden Kunstformen besonders schwer, von den etablierten Disziplinen anerkannt zu werden.

Der Paragone

Unter dem Begriff ‚Paragone', in dem zwei etymologische Stränge zusammenkommen, nämlich das Denken nach Modellen (franz. *parangon*) als Antrieb (von griech. *parakonan*: ‚schärfen', ‚wetzen') und der Wettstreit (griech. *agon*), werden ganz unterschiedliche Konkurrenzen zwischen den Kunstformen zusammengefasst. Das erste Auftauchen des Begriffs innerhalb von Kunstdebatten des 16. Jahrhunderts kreist eigentlich mehr um die Konfrontation der beiden Leitmedien der Renaissance, nämlich Malerei und Plastik. Mit der Wiederentdeckung der Handschriften Leonardo da Vincis im 19. Jahrhundert kristallisiert sich aber dieser immer mehr als Stichwortgeber heraus, und zwar im Sinne eines Paragone zwischen Malerei und Dichtung. In dem mittlerweile legendären Traktat über die Malerei (*Trattato della pittura*) vollzieht er nichts weniger als die Nobilitierung der Maler als Wissenschaftler, das heißt als wissende Autoritäten im Sinne der *artes liberales*, und damit die erstmalige Erhebung des Mediums Bild in die Höhe eines Wissens, einer Bildwissenschaft. Mit Leonardos Traktat beginnt sich nach über 1.000 Jahren christlicher Polemik gegen die „Begierlichkeit der Augen" (Augustinus 1966 [um 400], 573) das visuelle Weltverhältnis als Weltbild zu konfigurieren: Das Imperium der bildenden Kunst schlägt zurück und dreht die antike *ut pictura poesis*-Formel dahingehend um, dass in der visuellen Konstruktion der Wirklichkeit durch die Perspektive alle schöpferischen Momente der *poiesis* in dem wiederkehren, was fortan mit aller Mehrdeutigkeit als *disegno* bezeichnet wird (vgl. Kruse 2003). Es ist der Beginn des Regimes jener von Gottfried Boehm so genannten „Logik der Bilder" (Boehm 2004), also der epistemischen Aufrüstung des Visuellen, die der 200 Jahre später von Giambattista Vico formulierten „poetischen Logik" sowie „poetischen Physik" der Fantasie als Begründung der Kulturwissenschaft vorausgeht (Vico 1924 [1744], 167–170 und 287; vgl. Kittler 2000, 19–28).

Vor dem Hintergrund der dominanten Geschichte der Rhetorik ist diese Wende als Paradigmenwechsel einer Ideologie und in diesem Sinne ebenfalls als Paragone zu bewerten: gewissermaßen als Reaktion der sich emanzipierenden bildenden Künstler auf das mittelalterliche Privileg des schriftgelehrten Autors. Wie schon vor Leonardo Leon Battista Alberti in seinem Buch *Über die Malkunst* (1435–1436; *De Pictura*) festgestellt hatte, reduziert sich das *disegno* nicht mehr auf eine bloße handwerkliche Fertigkeit des Zeichnens, sondern erlangt zusammen mit dem *concetto* und der *historia* der künstlerischen Erfindung des zwischen Genie und Ingenieur stehenden Malers den Status einer ‚Weisheit der Hand' (vgl. Alberti 2010 [1435–1436]). Es darf zwar nicht vergessen werden, dass die bildenden Künste sich ihrerseits in einem prosperierenden Paragone weiterer Gattungen – neben Malerei und Skulptur beispielsweise auch Architektur, Musik oder Tanz – zerstritten. Die zentrale Frontlinie verlief aber schon in der Renaissance zwischen Bild und Text, so wie sie Leonardo in bewusster Ausblendung der logo- beziehungsweise phonozentrischen Dimension der Stimme vertieft hatte: Auch er knüpfte wieder an das Diktum des Simonides an, veränderte es allerdings in dem entscheidenden Aspekt, der die Differenz von ‚Hören' und ‚Sehen' betrifft. Einleitend statuiert Leonardo schon das moralische Verdikt, dass es eine „Sünde wider die Natur" sei, „etwas, das für das Auge bestimmt ist, dem Ohr anvertrauen zu wollen". Es folgt das verfälschte Zitat: „Die Malerei ist eine stumme Dichtung, und die Dichtung ist eine blinde Malerei, die eine wie die andere ahmt die Natur nach, wie es ihren Fähigkeiten entspricht" (Leonardo 1990 [1480–1516], 139). Leonardo ersetzt also in der Formulierung des Simonides das ‚Reden der Malerei', als welches die Dichtung zu gelten habe, durch deren Blindheit, wobei er in folgenden Fragmenten immer wieder auf die höhere Dramatik des Verlustes der Augen vor dem Gehör zu sprechen kommt. Indem er die Blindheit so sehr in den Vordergrund stellt, nimmt er auch den visuellen Aspekt der Dichtung als Text für sich in Anspruch und begründet das darstellungstheoretische Vorrecht des Malers mit seiner Universalität. Es war dann zwar erst Giorgio Vasari, der Autor der *Viten* (1550), der mit dieser ersten Sammlung von Künstlerbiografien zugleich das kulturelle Monopol der bildenden Kunst im metaphysischen Vorrecht des *disegno* verankerte und mit der Gründung der Accademia del Disegno (1563) institutionalisierte. Doch Leonardo war der intellektuelle Stichwortgeber für dieses neuzeitliche Vorurteil einer „Okulartyrannis" (Sonnemann 1987, 279–298), die mit der Fixierung auf das Sichtbare ihrerseits auf einem privilegierten Zugang zur übersinnlichen Wahrheit der Ideen beharrte und gegen die Gelehrtheit der Bücher ein absolutes Wissen propagierte, das sich dem panoptischen Sehen der Seele (zu der die Augen die Fenster sein sollen) verdankt. Und aus dieser Perspektive setzt er noch zu einem letzten Angriff gegen die Dichtung an, der sich auf den erst später durch Jacques Lacans „Spiegelstadium" populär gemachten Gegensatz vom zerstückelten und ganzen Körper stützt: So wie dieser nämlich die Ich-Bildung auf die Identifikation mit dem ganzheitlichen Spiegelbild zurückführt (vgl. Lacan 1975 [1949], 67), optiert auch Leonardo für die höhere Kompetenz des bildenden Künstlers mit einem holistischen Harmonieargument: „[D]enn, wenn der Dichter die Schönheit oder die Häßlichkeit irgendeines Körpers beschreibt, läßt er ihn Glied für Glied und nacheinander vor dir erstehen, der Maler dagegen zeigt ihn dir ganz und gleichzeitig" (Leonardo 1990 [1480–1516], 142).

Gotthold Ephraim Lessing konnte diese Formulierungen noch nicht kennen, aber es ist überraschend, dass er gut ein Vierteljahrtausend später die gleiche Argumentation umgekehrt für die Überlegenheit der sprachlichen Dichtung ins Feld führt: nämlich ihre sukzessive Erzählweise (vgl. 2.3 SCHNEIDER). Allerdings muss Lessings Intervention auch vor dem Hintergrund der seit über einem halben Jahrhundert währenden Diskussionen um eine Regelpoetik gesehen werden, in denen das Vorbild der Malerei nicht zuletzt angesichts der sich etablierenden Akademien der Künste wieder seine kulturelle Würdigung erfuhr und die Autorität der Schrift durch die Reproduzierbarkeit des Buchmediums schwand. Johann Jakob Bodmers und Johann Jakob Breitingers *Discourse der Mahlern* (1721), eine Sammlung fiktiver Reden berühmter Renaissance-Künstler, die die Leserinnen und Leser schon programmatisch als ‚Zuschauende' verstehen, sprechen von einem Malen der Natur durch den Dichter. Und vorher schon haben die Emblem-Bücher des Barocks (vgl. Schöne 1968 [1964]; 4.4 NEUBER) und die „Rahmen-schau" als Erzählprinzip (Langen 1968 [1934]) ganz klar auf visuelle Strukturen der Sinnvermittlung gesetzt (vgl. Wetzel 1997, 49). Lessings Kritik einer solchen Überschätzung visueller Praktiken in *Laokoon oder Über die Grenzen der Malerei und Poesie* (1766) kommt taktisch geschickt im Gewande eines scheinbaren Lobs daher: Die vor dem Hintergrund eines Enthusiasmus-Kultes überzeugende Einführung des prägnanten „fruchtbaren Augenblicks", in dem der Maler die Handlung auf dem höchsten Moment der Spannung – beziehungsweise genauer einen genau kalkulierten Grad davor – darstellt, wird sogleich zur Falle des Visuellen, denn das Eigentliche sieht man nicht, wir müssen es „hinzu denken können" (Lessing 1974 [1766], 26). Lessing kann sich hier auf eine im 18. Jahrhundert entscheidende Instanz berufen, die Einbildungskraft, die – wie der Name schon sagt – die bildgebenden Verfahren reguliert, sie zugleich aber abstrahiert. Was die Einbildungskraft erzeugt, sind innere, mentale Bilder, die nach Lessing mehr zu sehen vorgeben, als was das Auge wirklich wahrnimmt, beziehungsweise als Denkbilder uns „zu sehen glauben" (ebd.) machen.

Von der Kunsttheorie zur Bildrhetorik

In der Folge sollte Kant in seiner *Kritik der reinen Vernunft* (1781) dieses Verfahren der Einbildungskraft, „einem Begriff sein Bild zu verschaffen", als ‚Schematismus' genauer beschreiben, wobei er gegenüber der piktorialen Qualität empirischer Bilder wieder zu skripturalen Metaphern greift und vom „Monogramm der reinen Einbildungskraft" oder vom Ziehen einer Linie in Gedanken, um „von einem Punkt alle Teile nach und nach zu erzeugen", spricht (Kant 1956 [1781], 189–190 und 205; vgl. Wetzel 1985, 176–178). Damit formalisierte er das Prinzip, das Lessing für seine Grenzziehung zwischen Malerei und Poesie in Anspruch nimmt, nämlich die Reduzierung der Visualität auf die Wahrnehmung von Körpern durch „neben einander geordnete Zeichen" im Gegensatz zur poetischen Erzählung, die Handlungen durch „auf einander folgende Zeichen" darstellt (Lessing 1974 [1766], 103 und 109).

Dieser poetologischen Verweisung des Bildes in die Grenzen seiner Darstellungsfähigkeit war aber keine Dauer beschieden, denn schon die nächste Generation der Klassik und Romantik zelebrierte nicht nur ein emphatisches Bekenntnis zur bildenden Kunst und Kultur der Antike und der Renaissance, sondern war auch der Beginn eines neuen Phänomens der Grenzüberschreitung, nämlich der Doppelbegabung von Autor-Künstlerinnen und -Künstlern. Johann Wolfgang von Goethe selbst konnte sich lange Zeit nicht entscheiden, welche künstlerische Richtung er einschlagen sollte, ganz besonders aber E. T. A. Hoffmann ebnete den Weg zum Konzept des ‚Gesamtkunstwerks' als Wiedergeburt der Literatur aus dem Geiste der Malerei und Musik. Von den *Fantasiestücken in Callots Manier*, also Erzählformen, die das von Lessing benannte Manko der Malerei – ihre mediale Festlegung auf Simultaneität – in eine Chance verwandeln, „in einem kleinen Raum eine Fülle von Gegenständen zusammenzudrängen, die, ohne den Blick zu verwirren, nebeneinander, ja ineinander heraustreten, so daß das Einzelne, als Einzelnes für sich bestehend, doch dem Ganzen sich anreiht" (Hoffmann 1976 [1814], 12), bis hin zu Charles Baudelaires „Tableaux Parisiens" (in *Die Blumen des Bösen*; 1857, *Les fleurs du mal*) zieht sich eine Entwicklungslinie, die visuelle Verfahren narrativ als neue Beschreibungsformen dessen erprobt, was der Fall ist.

Von der offiziellen Kunstlehre werden solche formalen Abweichungen vom klassischen Kunstkanon mit der Außenseiterposition einer „Ästhetik des Häßlichen" (Rosenkranz 1853) bedacht, aber es wird seine Zeit dauern, bevor das Einbrechen der ‚nicht mehr schönen Künste' (Marquard 1968, 375–392) als Darstellung jedes beliebigen Gegenstandes (inklusive Flaschentrockner, Urinal oder Tomatensuppendosen) theoretisch realisiert wird.

Gegen die von der Aufklärung vorgenommene Redefinition des Begriffs ‚Ästhetik' als Geschmackslehre entdeckt schon Friedrich Schlegel in der griechischen Poesie wieder die szientifische Kraft der bildenden Kunst im Sinne einer „ästhetischen Theorie" (Schlegel 1979 [1795–1797], 272), das heißt einer im Wechselverhältnis von Poetik und Ikonologie sich herausbildenden epistemologischen Theoriefähigkeit des Ästhetischen, die mehr intendiert als eine bloß immanente Logik der Bilder. Die ‚Ein-Bildungs-Kraft‘, modern fast wortwörtlich übersetzbar als ‚In-Formations-Kraft‘ (vgl. Wetzel 1991, 98–106), wäre dann ein de(kon)textualisierter Algorithmus der Konversion von Text und Bild als nur zwei Erscheinungsweisen des Wissens – eines Wissens, das sich seit dem 19. Jahrhundert immer mehr den positivistischen medialen Bedingungen von bildgebenden Verfahren verdankt. Der frühromantische Universalitätsanspruch des Ästhetischen verliert sich aber recht schnell in der gleichzeitigen wissenschaftsdisziplinären Auseinanderentwicklung der Nationalphilologien und der Kunstwissenschaften, die ihre jeweiligen Felder sprachlicher und bildender Kunstwerke abstecken.

Während die Literaturwissenschaft sich als Poetik vor allem in der nachhegelianischen Tradition auch zuständig für die Ästhetik und damit für die Künste im Allgemeinen erklärt (zum Beispiel in Doppellehrstuhlnominationen wie ‚Ästhetik und deutsche Literatur‘ im Fall von Theodor Friedrich Vischer), bemüht sich die Kunstwissenschaft darum, das Geistige als eigentlichen Kern des materiell erscheinenden Kunstwerks in seiner Funktion der Widerspiegelung der Entwicklung von Form als Kultur (vgl. Burckhardt 1935 [1869/1870], 57–60) herauszuschälen. Vereint werden beide Fächer im bildungspolitischen Anspruch der Qualitätssicherung der Traditionen von Rhetorik und Ikonografie als sprachbeziehungsweise textbasierte Daseinshermeneutiken.

Curtius hätte sich in diesem Sinne kunstwissenschaftliche Verstärkung bei Erwin Panofsky holen können. Als prominentester Vertreter der sogenannten ‚Warburg-Schule‘ lenkte er die sich neu begründende Bildwissenschaft wieder zurück in die Regale der Bibliothek. Aus dem ambitionierten Projekt des „Mnemosyne-Atlas" Aby Warburgs, der mit den „Pathosformeln" eine Art Algorithmus ikonischer Module einer primitiven Gebärdensprache auf einer rein „bildmateriellen Grundlage" (Warburg 2010 [1929], 634) formulierte und Evidenz allein durch Bilderreihen oder eine Art von Bildsprache erzeugen sollte (vgl. 2.4 NAUMANN), wird eine Art Exorzismus des Bildes durch die Idee (vgl. Didi-Huberman 2010 [2002], 102–103). Aus der am Anfang der Arbeiten Panofskys stehenden Einsicht, dass die perspektivische Zeichnung keine objektive Wiedergabe des natürlichen Sehens sei, sondern eine symbolische Konstruktion des Weltbildes der Renaissance, folgt das metaphysische Dogma: „So gewiß die Wahrnehmungen des Gesichts nur durch ein tätiges Eingreifen des Geistes ihre lineare oder malerische Form gewinnen können, so gewiß ist die ‚optische Einstellung‘ streng genommen eine geistige Einstellung zum Optischen, so gewiß ist das ‚Verhältnis des Auges zur Welt‘ in Wahrheit ein Verhältnis der Seele zur Welt des Auges." (Panofsky 1974

[1915], 22) Durch die kleine Verschiebung von der Ikonografie zur Ikonologie wird der letzte grafische Rest an Visualität einem Programm der ‚De-Visualisierung' und ‚Re-Literarisierung' der Bilder geopfert. So rächt sich die Redeweise von der ‚Logik der Bilder', die von der nicht zuletzt durch die Genesis des Johannes-Evangeliums propagierten Bedeutung des Wortes *logos* als ‚Wort' eingeholt wird. Panofsky folgt in seinem Verständnis des Symbolischen dem Neukantianismus Ernst Cassirers, um hinter jedem Bild seinen Schematismus zu suchen, nach dem man sich keine Figur vorstellen kann, ohne sie zuvor in Gedanken hervorzubringen. Genau damit errichtet er, aus der kritischen Sicht Georges Didi-Hubermans, die „Tyrannei des Begriffs", die jedes Bild dem „Kern des Benennbaren und Lesbaren" ausliefert (Didi-Huberman 2000 [1990], 130).

Auch Sigmund Freuds Psychoanalyse, die ja eigentlich mehr den bildlich übertragenen Mehrdeutigkeiten der Symptome Geltung verschaffen wollte, folgt im Grunde diesem Ikonoklasmus als Folge eines Bekenntnisses zum *linguistic turn*, indem sie dem visuellen Bildsinn zutiefst misstraut und ihn auf seine verborgenen Sprachfiguren hin analysiert. Die berühmte „Rebus"-Metapher, mit der Freud seine *Traumdeutung* neu fundiert (Freud 1942 [1900], 284) und die ja dafür optiert, jedes Bild durch Silben und Wörter zu ersetzen und diesem damit zur Lesbarkeit zu verhelfen, ist paradigmatisch für ein Verfahren, das den metaphorischen Verdichtungen und metonymischen Verschiebungen der Elemente einer Rede seine Aufmerksamkeit schenkt. Fast zeitgleich schafft Ferdinand de Saussure die linguistische Grundlage für den Strukturalismus, der alle Kulturphänomene nach Zeichenrelationen konjugiert und dekliniert. Alle denotativen Verweisungen von Bildern auf eine in ihnen abgebildete Wirklichkeit werden als durch konnotative Mehrdeutigkeiten einer „Rhetorik des Bildes" überkodiert verstanden, wie sie zum Beispiel Roland Barthes anhand des fotografischen Codes als „Mythologie" hinterfragt (Barthes 1990 [1964], 28–46, und 2010 [1957], 251–316; vgl. 2.6 LÖFFLER und 3.2 GIL). Gegenstimmen mehrten sich nach der Kritik Derridas am Phonozentrismus des Saussureschen Zeichenmodells (vgl. Derrida 1974 [1967]) verstärkt in den 1980er Jahren, als von Vertreterinnen und Vertretern des sogenannten Poststrukturalismus deutlich gemacht wurde, dass es andere ‚Logiken des Sinns' (Deleuze 1993 [1969]) gibt, nämlich nicht nur Kräfte- oder Intensitätsströme der Körper, sondern auch andere „Mächte des Bildes" (Marin 2007 [1993]) als eigenständige visuelle Virtualitäten, wie sie auch Gilles Deleuze als dynamische ‚Diagramme' der bezeichnenderweise „asignifikanten und nichtrepräsentativen Striche und Flecken" (Deleuze 1995 [1981], 63) bei Francis Bacon aufzeigt. Sie sind vergleichbar dem ‚Figuralen' bei Jean-François Lyotard, das sich dezidiert als „démenti à la position du discours" (‚Dementierung der Position des Diskurses'; Lyotard 1971, 13) versteht.

Barthes selbst hatte in seinem letzten Werk über *Die helle Kammer* versucht, die fotografische ‚Botschaft' als nicht-sprachliche zu begreifen und zum Beispiel im „punctum" Phänomene einer Überschreitung des Codes zu benennen (Barthes 1985 [1980], 60). Radikaler stellt Jacques Derrida am Beispiel eines Fotoromans ohne Text die Frage nach dem „Recht auf Einsicht" als Befreiung der Bilder von der Herrschaft der logo-/phonozentrischen Sprache – einem visuellen Recht also, das sich einem stummen Gesetz verdankt: „[D]ie Stummheit, von der zu reden hier gefordert ist, [...] steht in einem anderen Bezug zur möglichen Rede. Die Strategie ihres Schweigens hat nichts zu tun mit dem Medium jener anderen Künste. Das photographische Ereignis hat eine andere Struktur, das ist es, was ich unter seinem Gesetz verstehen sollte." (Derrida 1985, IV; vgl. Wetzel 2002) Die Konsequenzen für einen neuen kunstgeschichtlichen Blick auf die Bilder hat aber vor allem Didi-Huberman formuliert, indem er die Affinität der konkurrierenden Hegemonien des Auges und des Geistes beziehungsweise des Sichtbaren und des Lesbaren herausarbeitete und für eine Überwindung des Gegensatzes durch eine „Arbeit des Visuellen" plädierte, die als Öffnung für eine virtuelle Mehrdeutigkeit des Bildes verstanden werden kann (Didi-Huberman 2000 [1990], 39, 83 und 192).

Medien und künstlerische Avantgarde

Didi-Huberman steht in einer langen französischen Tradition der Medienkritik, die sich in der Entgegensetzung zweier Formen von Visualität bewegt, einer bloß oberflächlich exponierten Sichtbarkeit einerseits und einer mehr der Dialektik von Ent- und Verbergen verpflichteten Tiefe des Bildes andererseits. Zu nennen wären etwa Guy Debords Kritik an der „Gesellschaft des Spektakels" (Debord 1996 [1967]), Serge Daneys Kampf gegen ein Kino der bloßen Demonstration von optischer Beweiskraft (vgl. Daney 1997, 610–612) oder Paul Virilios Polemik gegen die Obszönität der „Sehmaschinen" (Virilio 1989 [1988]). Gesucht wird nach einer Erfahrung des Bildes, das seine dialektische Historizität im Sinne der von Walter Benjamin herausgearbeiteten Spannung zwischen zeitlich Gewesenem und dem Jetzt seiner Lesbarkeit nicht verloren hat (vgl. Benjamin 1982 [1927–1940], 576–578; siehe dazu auch 2.4 NAUMANN).

In diesem mediengeschichtlichen Sinne kommt der Visualität aber noch eine andere Bedeutung zu, nämlich als Funktion der optischen Medien, an der epistemischen Entmachtung der Sprache – beziehungsweise im Sinne Marshall McLuhans: am ‚Ende der Gutenberg-Galaxis' – mitzuarbeiten (vgl. McLuhan 1995 [1962]). Carlo Ginzburg hat diese Zäsur am Paradigma der „Spurensicherung" einschlägig untersucht, indem er, auf die semiotischen Unterscheidungen von

Charles Sanders Peirce zurückgreifend, neue Methoden der Datenverarbeitung zum Beispiel in den Detektivromanen Arthur Conan Doyles beschreibt, die nicht mehr von symbolischen oder ikonologischen Zusammenhängen ausgehen, sondern von materialen Spuren, Abdrücken, Zeugnissen eines „Indizienparadigmas" (Ginzburg 1983, 69; vgl. Wetzel 1991, 129 und 143). Der damit zugleich angesprochene Einbruch naturwissenschaftlicher Methoden der Empirie durch optische Medien in die hermeneutische Domäne (vgl. Kittler 1985 und 1986), der nicht zuletzt in der Etablierung einer Bildwissenschaft als Integration aller, das heißt auch der apparativen bildgebenden Verfahren seinen Niederschlag fand (vgl. Boehm 2007), erforderte schließlich auch eine kunst- beziehungsweise kulturgeschichtliche Neusicht auf die Auseinandersetzung der Künstlerinnen und Künstler mit den medientechnischen Voraussetzungen ihres Sehens, wie sie in den USA vor allem von Theorieansätzen im Umfeld der Zeitschrift *October* ratifiziert wurde (vgl. u. a. Crary 1992 [1990]; Krauss 1993; Stafford 1998 [1994]).

Entscheidend ist dabei aber die Brechung, die die rein technischen Verfahren der Visualisierung in den ästhetischen Reaktionen der literarisch-künstlerischen Avantgarde erfahren. Die vielzitierten Sprachkrisen bei Hugo von Hofmannsthal und Rainer Maria Rilkes Programm des „Sehen-Lernens" im *Malte Laurids Brigge* (1910) sind auch Ausdruck einer Anpassung des Erzählens an die neuen visuellen Informationssysteme, die dann in den 1920er Jahren unter anderem Bertolt Brecht, Alfred Döblin oder Irmgard Keun davon träumen lassen, Texte schreiben zu können wie Filme (vgl. 4.10 HARRIS). Überhaupt ist der Film neben der Fotografie das führende Medium für die Entwicklung einer Visualität auch des Textes – nicht nur durch die Wiederentdeckung von Kameratechniken wie der Fokalisierung im Blick des Erzählers (vgl. Horstkotte und Leonhard 2006; Horstkotte 2009), sondern schon durch seine narrative Sonderstellung zwischen den von Lessing benannten Gegensätzen von handlungsorientiertem Text und körperbetontem Bild. Als Verbindung von bildräumlicher Körperdarstellung und zeitlicher Handlung in der Schnittfolge ist er Vorbild für die literarische Qualifikation des Sehens als „transmediales Phänomen" (Poppe 2008, 187–199), denn, wie der Name ‚Kinematografie' schon besagt, kommen zwei Dimensionen zusammen: das Grafisch-Visuelle und das Zeitlich-Kinetische, Bild und Bewegung.

Panofsky stellt genau diese Merkmale in den Mittelpunkt: Das Besondere des Films als Kunst liege darin, das Bild „in ständiger Bewegung" zu halten und ähnlich wie im *comic strip* eine „Reihung von Bildfolgen" zu präsentieren, deren Möglichkeiten „als *Dynamisierung des Raumes* und entsprechend als *Verräumlichung der Zeit*" zu sehen sind (Panofsky 1999 [1937], 25–27). Damit steht er nicht nur im Gegensatz zum Literarischen und seinen Bauformen, sondern entzieht sich speziell der Analogie zum Theater, wie auch Susanne Langer konstatiert: „The moving camera divorced the screen from the stage." (Langer 1953, 411)

Gleichwohl setzte mit der französischen Filmtheorie seit André Bazin schon eine Tendenz ein, die unter dem Stichwort des *cinéma impur* vor einer Isolierung des Films in rein visuellen Ausdrucksmitteln des „bloßen Registrierens von Bildern" (Bazin 2004 [1952], 119) warnte und an die fruchtbare Vermischung mit den literarischen Gattungen erinnerte, hatte doch diese ihrerseits „von der Montagetechnik oder der Auflösung der linearen Chronologie den subtilsten Gebrauch gemacht" (ebd., 121). Während also in der amerikanischen Filmgeschichtsschreibung mehr der „visual style in cinema" (Bordwell 2001) in den Vordergrund gestellt wurde, stellte sich in französischer Tradition eher die Frage nach der Schreibweise des Filmischen (vgl. Ropars-Wuilleumier 1981), die nicht zuletzt vor dem Hintergrund des Konzepts des Autorenfilms das Verhältnis von Text und Film neu zur Disposition stellte (vgl. Bateman et al. 2013).

Mit der im Kinematografischen benannten Kategorie der Bild-Bewegung kommt aber noch eine weitere kritische Dimension für das Visuelle ins Spiel, die ‚vierte Dimension' der Zeit. Hier stößt die Vorstellung von Visualität an eine neue Grenze von ‚Sichtbarem und Sagbarem', insofern nämlich die künstlerische Produktion nicht nur grundsätzlich die Darstellbarkeit des Nichtsichtbaren beziehungsweise Undarstellbaren zu diskutieren, sondern auch die Zukunft ihrer Rezeption mitzubedenken beginnt. Dies zeigt sich besonders deutlich im lange Zeit für esoterisch gehaltenen Werk Marcel Duchamps, der die traditionellen Kunstkriterien außer Kraft setzte – angefangen bei seinen fotografisch inszenierten *ready-mades* als kunstfernen Alltagsartikeln über die meta-piktorialen Strategien seiner in tragbaren Boxen archivierten Reproduktionen des Gesamtwerks bis hin zum piktorialen Nominalismus seiner in den Schriften artikulierten Ablehnung aller ‚retinalen' Effekte des Malerischen zugunsten pseudowissenschaftlicher Versuchsanordnungen (vgl. Perloff 2002, 116–120; Wetzel 2011). Die eigentliche Provokation seines Konzeptualismus war aber nicht nur die Vermischung bildlicher und textueller Effekte, sondern die Ersetzung der Präsenz des Werkes durch den Gestus der Verweisung auf seine Rezeptionsweisen. Zugleich wird im gezielten Kalkül dieser Performanz ein anderer Paragone obsolet, nämlich der von ‚Kunst' und ‚Nicht-Kunst' (vgl. Duchamp 1994 [1975]; Schnitzler 2007, 80).

Die Überschreitung dieser Grenze von ernster und unterhaltender Kunst bestimmt auch andere zeitgenössische Beispiele wie den populären *comic strip*, der unter dem Einfluss der Rezeption der japanischen Variante des Mangas zur *graphic novel* als ‚ernsthafte' Kunstform weiterentwickelt wurde (vgl. 4.15 BÖGER). Auch hier nämlich stehen die Visualisierungsstrategien dieses ‚postfilmischen' Mediums im Zeichen eines anderen Umgangs mit Zeit und Bewegung im Bild, der Panofskys Doppelfigur einer Dynamisierung des Raums und der Verräumlichung der Zeit unterstreicht. Erreicht wird diese Sprengung des narrativen Kontinuums durch nicht-lineare Verschränkungen der Panelsequenzen, durch

Überlappungen und Fokalisierungen mittels sogenannter *speedlines*, die gewissermaßen Hoffmanns Vorstellung von der Simultaneität eines Nebeneinanders von Einzelnem und einem Ineinander als Ganzem einlösen und die Zweidimensionalität der Fläche in einer rotierenden Tiefendimension auflösen (vgl. Brunner 2009, 61–101; Berndt 1995, 75–93). Im Grunde genommen wird damit eine Idee umgesetzt, die sich bereits in Warburgs Pathosformel als Prinzip der Bewegung beziehungsweise als dynamisches Kraftfeld der Kinesis zwischen den Bildern formuliert findet: Mnemosyne ist für Warburg nämlich eine „Transformatio energetica" (Warburg 2010 [1927–29], 644), Ziel seiner Zusammenstellung der Bilder zu symbolisch geordneten Reihen sind „energetische Inversionen" (ebd., 646), um so eine „Ikonologie des Zwischenraums" als „Entwicklungsphysiologie des Pendelgangs zwischen bildhafter und zeichenmässiger Ursachensetzung" (ebd., 643) zu erstellen.

Neue Medien wie der Manga eröffnen also nicht nur eine neue Visualität, sondern setzen auch Bild und Zeichen in ein anderes, dynamischeres Verhältnis. Hinzu kommt die anders als in der westlichen Kultur funktionierende Schrift der Ideogramme, die selbst an der Grenze von Figuration und Diskurs stehen und somit für dieses populäre Medium nicht nur eine transmediale, sondern auch eine interkulturelle Kompetenz eines visuellen Kulturverständnisses erfordern (vgl. Mahne 2007, 44–76; Nawata 2012). Somit kommt im Manga auf symptomatische Weise die Auflösung der Grenze zwischen Text und Bild, zwischen Sichtbarem und Sagbarem zum Ausdruck, eine Tendenz, die sich in der filmischen Adaption als japanischer *Anime* noch verstärkt. Anders als in der westlichen Tradition des Zeichentrickfilms steht im zunehmend digital produzierten Animationsfilm das energetische Moment von Visualität im Vordergrund, das sich über eine Dialektik von Sichtbarkeit und Unsichtbarkeit aufbaut: „Perhaps more than any other medium, filmic animation – the hysterical unleashing of dynamic movements resulting from the wilful animation of the inanimate – is precisely suited to visualizing the invisible lines and fields of energy which exist in our physical reality and beyond." (Brophy 2007 [1995], 191) In diesem Zusammenhang wird oft auch auf den animistischen Glauben an die unsichtbare Anwesenheit göttlicher Geister in der schintoistischen Tradition der japanischen Kultur verwiesen, aber diese Befreiung – wie der französische Regisseur Chris Marker es in seinem Japan-Film *Sans Soleil* (1983) nannte – von der „Eitelkeit der westlichen Welt, die nicht aufgehört hat, das Sein dem Nicht-Sein und das Gesagte gegenüber dem Nicht-Gesagten zu privilegieren" (Marker 1983, 26), entspricht generell der Transversalität des postmodernen Weltbildes. Wie Susan Napier zusammenfasst, zeichnet sich ein postmodernes Konzept von Visualität gerade dadurch aus, dass die Grenzen fließend werden und die unterschiedlichen Zeichenformationen ihre Identität verlieren: „Indeed, anime may be the perfect medium to capture what is perhaps the overriding issue of our day, the shifting nature of identity in a constantly changing society. With its rapid shifts of narrative pace and its constantly transforming imaginary, the animated medium is superbly positioned to illustrate the atmosphere of change [...] the postmodern obsession with fluctuating identity." (Napier 2001, 12) Bild und Text sind vor allem aber im Zeitalter der digitalen Datenströme nicht mehr in ein entscheidbares Gegensatzverhältnis zu bringen, wie es die Tradition des Paragone noch unterstellte (vgl. 2.7 RIPPL). Auch wenn Ansätze wie *hyperfiction* oder *cyberfiction*, die vor über zehn Jahren noch als vielversprechende Innovation der Multimedialität galten, sich heute als Sackgassen erwiesen haben, stehen Fragen der Konvertierbarkeit der „Immaterialien" (Lyotard 1985) des World Wide Web im Vordergrund. Es gibt weiterhin Bilder und Texte, aber sie sind nur noch die Oberfläche der *interfaces*, unter der eine virtuelle Unendlichkeit weiterer Hybridisierungen sich verbirgt.

Literaturverzeichnis

Alberti, Leon Battista. *Über die Malkunst.* Übers. und hrsg. von Oskar Bätschmann und Sandra Gianfreda. 3. Aufl. Darmstadt: Wissenschaftliche Buchgesellschaft, 2010 [1435/1436].

Augustinus. *Confessiones/Bekenntnisse.* Lateinisch und deutsch. Übers. von Joseph Bernhart. 3. Aufl. München: Kösel, 1966 [um 400].

Barthes, Roland. *Die helle Kammer. Bemerkung zur Photographie.* Übers. von Dietrich Leube. Frankfurt am Main: Suhrkamp, 1985 [1980].

Barthes, Roland. „Rhetorik des Bildes" [1964]. *Der entgegenkommende und der stumpfe Sinn. Kritische Essays III.* Übers. von Dieter Horning. Frankfurt am Main: Suhrkamp, 1990. 28–46.

Barthes, Roland. *Mythen des Alltags.* Übers. von Horst Brühmann. Berlin: Suhrkamp, 2010 [1957].

Bateman, John, Matthis Kepser, und Markus Kuhn (Hrsg.). *Film, Text, Kultur. Beiträge zur Textualität des Films.* Marburg: Schüren, 2013.

Bazin, André. „Für ein unreines Kino – Plädoyer für die Literaturverfilmung" [1952]. *Was ist Film?* Übers. und hrsg. von Robert Fischer. Berlin: Alexander, 2004. 110–138.

Benjamin, Walter. *Gesammelte Schriften Bd. 5: Das Passagen-Werk.* 2 Bde. Hrsg. von Rolf Tiedemann. Frankfurt am Main: Suhrkamp, 1982.

Berndt, Jaqueline. *Phänomen Manga. Comic-Kultur in Japan.* Berlin: edition q, 1995.

Boehm, Gottfried. „Jenseits der Sprache? Anmerkungen zur Logik der Bilder". *Iconic turn – Die neue Macht der Bilder.* Hrsg. von Hubert Burda und Christa Maar. Köln: DuMont, 2004. 28–43.

Boehm, Gottfried. *Wie Bilder Sinn erzeugen. Die Macht des Zeigens.* Berlin: Berlin University Press, 2007.

Bordwell, David. *Visual Style in Cinema. Vier Kapitel Filmgeschichte.* Übers. von Mechtild Ciletti. Hrsg. von Andreas Rost. Frankfurt am Main: Verlag der Autoren, 2001.

Bredekamp, Horst. *Galilei der Künstler. Der Mond. Die Sonne. Die Hand.* Berlin: Akademie, 2007.

Brophy, Philip. „Sonic – Atomic – Neumonic: Apocalyptic Echoes in Anime" [1995]. *The Illusion of Life II: More Essays on Animation.* Hrsg. von Alan Chodolenko. Sydney: Power, 2007. 191–205.

Brunner, Miriam. *Manga – Die Faszination der Bilder. Darstellungsmittel und Motive.* München: Fink, 2009.

Burckhardt, Jacob. *Weltgeschichtliche Betrachtungen.* Hrsg. von Rudolf Marx. Stuttgart: Kröner, 1935 [1869–1870].

Cicero, Marcus Tullius. *De oratore/Über den Redner.* Lateinisch und deutsch. Übers. und hrsg. von Harald Merklin. 2. Aufl. Stuttgart: Reclam, 1976 [55 v. Chr.].

Crary, Jonathan. *Techniques of the Observer. On Vision and Modernity in the Nineteenth Century.* Cambridge, MA, und London: MIT Press, 1992 [1990].

Curtius, Ernst Robert. *Europäische Literatur und lateinisches Mittelalter.* 8. Aufl. Bern und Tübingen: Francke, 1973 [1947].

Daney, Serge. „Vor und nach dem Bild". *Politics – Poetics. Das Buch zur documenta X.* Hrsg. von Jean-François Chevrier und Catherine David. Ostfildern-Ruit: Cantz, 1997. 610–612.

Debord, Guy. *Die Gesellschaft des Spektakels.* Übers. von Jean-Jacques Raspaud. Berlin: Edition Tiamat, 1996 [1967].

Deleuze, Gilles. *Logik des Sinns.* Übers. von Bernhard Dieckmann. Frankfurt am Main: Suhrkamp, 1993 [1969].

Deleuze, Gilles. *Francis Bacon. Logik der Sensation.* 2 Bde. Übers. von Joseph Vogl. München: Fink, 1995 [1981].

Derrida, Jacques. *Grammatologie.* Übers. von Hans-Jörg Rheinberger und Hanns Zischler. Frankfurt am Main: Suhrkamp, 1974 [1967].

Derrida, Jacques, und Marie Françoise Plissart. „Lektüre". *Recht auf Einsicht.* Übers. von Michael Wetzel. Hrsg. von Peter Engelmann. Graz und Wien: Böhlau, 1985.

Didi-Huberman, Georges. *Vor einem Bild.* Übers. von Reinold Werner. München: Hanser, 2000 [1990].

Didi-Huberman, Georges. *Das Nachleben der Bilder. Kunstgeschichte und Phantomzeit nach Aby Warburg.* Übers. von Michael Bischoff. Berlin: Suhrkamp, 2010 [2002].

Duchamp, Marcel. *Duchamp du signe. Écrits.* Paris: Flammarion, 1994 [1975].

Freud, Sigmund. *Gesammelte Werke. Bd. 2.3: Die Traumdeutung. Über den Traum.* Hrsg. von Anna Freud. London: Imago, 1942 [1900].

Ginzburg, Carlo. *Spurensicherungen. Über verborgene Geschichte, Kunst und soziales Gedächtnis.* Übers. von Karl Friedrich Hauber. Berlin: Wagenbach, 1983.

Hoffmann, E. T. A. „Jacques Callot". *Fantasiestücke in Callots Manier. Fantasie- und Nachtstücke.* Hrsg. von Walter Müller-Seidel. München: Winkler, 1976 [1814]. 12–13.

Horaz [Quintus Horatius Flaccus]. „De arte poetica liber/Das Buch von der Dichtkunst" [14. v. Chr.]. *Sämtliche Werke. Lateinisch und Deutsch.* Teil I nach Kayser, Nordenflycht, Burger hrsg. von Hans Färber, Teil II übers. und bearb. von Hans Färber und Wilhelm Schöne. München: Heimeran, 1967. 230–259.

Horstkotte, Silke, und Karin Leonhard. „‚Lesen ist wie Sehen' – über Möglichkeiten und Grenzen intermedialer Wahrnehmung". *Lesen ist wie Sehen. Intermediale Zitate in Bild und Text.* Hrsg. von Silke Horstkotte und Karin Leonhard. Köln, Weimar und Wien: Böhlau, 2006. 1–16.

Horstkotte, Silke. „Seeing or Speaking: Visual Narratology and Focalization, Literature to Film". *Narratology in the Age of Cross-Disciplinary Narrative Research.* Hrsg. von Sandra Heinen und Roy Sommer. Berlin und New York, NY: De Gruyter, 2009. 170–192.

Kant, Immanuel. *Werke Bd. 3: Kritik der reinen Vernunft*. Hrsg. von Wilhelm Weischedel. Wiesbaden: Insel, 1956 [1781].

Kittler, Friedrich A. *Aufschreibesysteme 1800–1900*. München: Fink, 1985.

Kittler, Friedrich A. *Grammophon, Film, Typewriter*. Berlin: Brinkmann & Bose, 1986.

Kittler, Friedrich A. *Eine Kulturgeschichte der Kulturwissenschaft*. München: Fink, 2000.

Krauss, Rosalind. *The Optical Unconscious*. Cambridge, MA, und London: MIT Press, 1993.

Kruse, Christiane. „Ein Angriff auf die Herrschaft des Logos. Zum Paragone von Leonardo da Vinci ". *Text und Wissen. Technologische und anthropologische Aspekte*. Hrsg. von Renate Lachmann und Stefan Rieger. Tübingen: Narr, 2003. 75–90.

Lacan, Jacques. „Das Spiegelstadium als Bildner der Ichfunktion" [1949]. *Schriften I*. Übers. von Rodolphe Gasché et al. Hrsg. von Norbert Haas. Olten: Walter, 1975. 61–70.

Langen, August. *Anschauungsformen in der deutschen Literatur des 18. Jahrhunderts. Rahmenschau und Rationalismus*. Darmstadt: Wissenschaftliche Buchgesellschaft, 1968 [1934].

Langer, Susanne K. *Feeling and Form. A Theory of Art Developed from Philosophy in a New Key*. London: Routledge & Kegan Paul, 1953.

Leonardo da Vinci. „Die Schriften zur Malerei" [1480–1516]. *Sämtliche Gemälde und die Schriften zur Malerei*. Übers. von Marianne Schneider. Hrsg. von André Chastel. München: Schirmer/Mosel, 1990.

Lessing, Gotthold Ephraim. „Laokoon oder Über die Grenzen der Malerei und Poesie" [1766]. *Werke Bd. 6: Kunsttheoretische und kunsthistorische Schriften*. Hrsg. von Herbert G. Göpfert. München: Hanser, 1974. 9–187.

Lukian. „Gegen die Verleumdung" [2. Jh. v. Chr.]. *Sämtliche Werke Bd. 5*. Nach der Übersetzung von Christoph Martin Wieland bearbeitet und ergänzt von Hanns Floerke. 2. Aufl. Berlin: Propyläen, 1922. 119–136.

Lyotard, Jean-François. *Discours, figure*. Paris: Klincksieck, 1971.

Lyotard, Jean-François. „Immaterialien". Jean-François Lyotard mit Jacques Derrida. *Immaterialität und Postmoderne*. Übers. von Marianne Karbe. Berlin: Merve, 1985. 7–18.

Mahne, Nicole. *Transmediale Erzähltheorie. Eine Einführung*. Göttingen: Vandenhoeck & Ruprecht, 2007.

Marin, Louis. *Von den Mächten des Bildes*. Übers. von Till Bardoux. Berlin und Zürich: Diaphanes, 2007 [1993].

Marker, Chris. *Sans Soleil. Unsichtbare Sonne*. Übers. von Elmar Tophoven. Hamburg: FiFiGe/ AG-Kino, 1983.

Marquard, Odo. „Zur Bedeutung der Theorie des Unbewussten für eine Theorie der nicht mehr schönen Kunst". *Die nicht mehr schönen Künste. Grenzphänomene des Ästhetischen*. Hrsg. von Hans Robert Jauß. München: Fink, 1968. 375–392.

McLuhan, Marshall. *Die Gutenberg-Galaxis. Das Ende des Buchzeitalters*. Bonn i. a.: Addison-Wesley, 1995 [1962].

Napier, Susan J. *Anime from Akira to Howl's Moving Castle. Experiencing Contemporary Japanese Animation*. New York, NY: Palgrave Macmillan, 2001.

Nawata, Yûji. *Vergleichende Mediengeschichte. Am Beispiel deutscher und japanischer Literatur vom späten 18. bis zum späten 20. Jahrhundert*. München: Fink, 2012.

Panofsky, Erwin. „Das Problem des Stils in der bildenden Kunst" [1915]. *Aufsätze zu Grundfragen der Kunstwissenschaft*. Hrsg. von Hariolf Oberer und Egon Verheyen. Berlin: Hessling, 1974. 19–27.

Panofsky, Erwin. „Stil und Medium im Film" [1937]. Übers. von Reiner Grundmann. *Stil und Medium im Film & Die ideologischen Vorläufer des Rolls-Royce-Kühlers*. Frankfurt am Main: Fischer, 1999. 19–57.

Perloff, Marjorie. *21st-Century Modernism. The „New" Poetics*. Oxford und Malden, MA: Blackwell, 2002.

Philostratos. *Die Bilder*. Griechisch und deutsch. Übers. und hrsg. von Otto Schönberger. Würzburg: Königshausen & Neumann, 2004 [2.–3. Jh. n. Chr.].

Platon. *Sämtliche Werke Bd. 4: Phaidros, Parmenides, Theaitetos, Sophistes*. Übers. von Friedrich Schleiermacher. Hrsg. von Walter F. Otto, Ernesto Grassi und Gerd Plamböck. Hamburg: Rowohlt, 1958 [5./4. Jh. v. Chr.].

Plutarch. „Ob die Athener im Kriege oder in der Weisheit berühmter waren" [1. Jh. n. Chr.]. *Moralia Bd. 1*. Übers. von J. C. F. Bähr. Hrsg. von Christian Weise und Manuel Vogel. Wiesbaden: Marix, 2012. 601–611.

Poppe, Sandra. „Visualität als transmediales Phänomen in Literatur und Film". *Textprofile intermedial*. Hrsg. von Dagmar von Hoff und Bernhard Spies. München: Meidenbauer, 2008. 187–199.

Ropars-Wuilleumier, Marie-Claire. *Le texte divisé. Essai sur l'écriture filmique*. Paris: PUF, 1981.

Rosenkranz, Karl. *Ästhetik des Hässlichen*. Königsberg: Verlag der Gebrüder Bornträger, 1853.

Schlegel, Friedrich. „Über das Studium der griechischen Poesie. Studien des klassischen Altertums" [1795–1797]. *Kritische Friedrich-Schlegel-Ausgabe Bd. 1*. Hrsg. von Ernst Behler. Paderborn: Schöningh, 1979. 217–367.

Schnitzler, Andreas. *Der Wettstreit der Künste. Die Relevanz der Paragone-Frage im 20. Jahrhundert*. Berlin: Reimer, 2007.

Schöne, Albrecht. *Emblematik und Drama im Zeitalter des Barocks*. 2., überarbeitete und ergänzte Aufl. München: Beck, 1968 [1964].

Sonnemann, Ulrich. *Tunnelstiche. Reden, Aufzeichnungen und Essays*. Frankfurt am Main: Athenäum, 1987.

Stafford, Barbara Maria. *Kunstvolle Wissenschaft. Aufklärung, Unterhaltung und der Niedergang der visuellen Bildung*. Übers. von Anne Vonderstein. Dresden: Verlag der Kunst, 1998 [1994].

Virilio, Paul. *Die Sehmaschine*. Übers. von Gabriele Ricke und Ronald Voullie. Berlin: Merve, 1989 [1988].

Vico, Giambattista. *Die neue Wissenschaft über die gemeinschaftliche Natur der Völker*. Übers. von Erich Auerbach. München: Allgemeine Verlag-Anstalt, 1924 [1744].

Warburg, Aby. „Mnemosyne Einleitung" [1929]. *Werke in einem Band*. Hrsg. von Martin Treml, Sigrid Weigel und Perdity Ludwig. Berlin: Suhrkamp, 2010. 629–639.

Warburg, Aby. „Mnemosyne I. Aufzeichnungen" [1927–1929]. *Werke in einem Band*. Hrsg. von Martin Treml, Sigrid Weigel und Perdity Ludwig. Berlin: Suhrkamp, 2010. 640–646.

Wetzel, Michael. *Autonomie und Authentizität. Untersuchungen zur Konstitution und Konfiguration von Subjektivität*. Frankfurt am Main i. a.: Lang, 1985.

Wetzel. Michael. *Die Enden des Buches oder die Wiederkehr der Schrift. Von den literarischen zu den technischen Medien*. Weinheim: VCH, Acta Humaniora, 1991.

Wetzel, Michael. *Die Wahrheit nach der Malerei*. München: Fink, 1997.

Wetzel, Michael. „Die Grammatologie der Medien. Derrida über Datenverarbeitung". *Sprache und Literatur* 90 (2002): 7–23.

Wetzel, Michael. „Die Möglichkeit der Möglichkeit. Marcel Duchamp und Henri Bergson". *Just not in Time. Inframedialität und non-lineare Zeitlichkeiten in Kunst, Film, Literatur und Philosophie.* Hrsg. von Ilka Becker, Michael Cuntz und Michael Wetzel. München: Fink, 2011. 67–97.

3.2 Von der Semiologie zur ‚visuellen Literalität‘?

Isabel Capeloa Gil

Das Visuelle und das Verbale

‚Sehen heißt erzählen‘ – so beschreibt der Hilfsbuchhalter Bernardo Soares, das Heteronym des Dichters Fernando Pessoa, in *Livro do desassossego* (ca. 1913–1934; *Das Buch der Unruhe*) die Aporie, die den ‚Willen zum Bild‘ in einen ‚Willen zum Wort‘ umschlagen lässt. Zwei zentrale Voraussetzungen des Verhältnisses zwischen Sehen und Sprechen werden dabei zusammengefasst. Die erste besagt, dass das Visuelle, um sich in Kultur zu verwandeln, eine Art Mediation erfordert, die häufig durch die Verbalsprache erfolgt. Die zweite besagt, dass diese Mediation notwendigerweise eine Deutung erfordert, weil der Akt des Sehens ohne kulturelle Kontextualisierung, die das, was man sieht, strukturiert und definiert, nicht denkbar ist. Entsprechend formuliert Ludwig Wittgenstein über das Betrachten einer Illustration: „Wir deuten sie also, und *sehen* sie, wie wir sie *deuten*." (Wittgenstein 2001 [1953], 1025)

Das Verhältnis zwischen Visuellem und Verbalem wurde im Laufe des 20. Jahrhunderts vor allem hinsichtlich zweier Fragestellungen bestimmt: Zum einen als medientheoretische Problematisierung des Dialogs zwischen unterschiedlichen semiotischen Systemen und somit der Frage nach den Möglichkeiten, das Verbale visuell sowie das Visuelle verbal zu repräsentieren; dies wurde vor allem von der französischen semiologischen Schule – von Autoren wie Roland Barthes, Michel Foucault, Gilles Deleuze und Louis Marin – konsequent diskutiert. Zwar wurden das Verbale und das Visuelle grundsätzlich als eher unvermittelbare Zeichensysteme betrachtet; gleichwohl ging für manche, wie etwa für Barthes, die Analyse ihres Dialogs mit der Universalisierung des Textbegriffes einher. Der an Barthes' strukturalistisches Denken anschließende Poststrukturalismus aber entfernte sich, vor allem mit Foucault, von dieser ‚Hegemonie des Textes‘, indem das Visuelle nunmehr als ein System betrachtet wurde, dessen sinnstiftende Strategien jenseits des Verbalen zu verorten sind. Foucaults Diskussion von René Magrittes berühmtem Bild *Der Verrat der Bilder* (1929; *La trahison des images*), das eine Pfeife zeigt, die mit dem Schriftzug versehen ist „Ceci n'est pas une pipe" (‚Dies ist keine Pfeife‘), versucht eben diese Kombination von Zeichen der Sichtbarkeit und ihrer Verbalisierung zu erörtern und schließt mit dem Bekenntnis, dass sie nicht isomorph sind, das heißt, sie gehören nicht zur selben Kategorie und funktionieren nicht auf die gleiche Weise (vgl. Foucault 1974 [1973], 26). Wie Gilles Deleuze in seiner Foucault-Lektüre erläutert, gibt es trotz der ,wunderbaren Verflechtung' (Foucault 1989 [1963], 114) keinen gemeinsamen Nenner von Sehen und Sprechen, Sichtbarem und Sagbarem. Zwischen beiden besteht eine Spannung, die dadurch bedingt ist, dass die eine Form die andere vorwegnimmt (vgl. Deleuze 1992 [1986], 95).

Die zweite Fragestellung in Bezug auf das Verhältnis des Verbalen und des Visuellen ist kulturwissenschaftlich orientiert und findet sich vor allem im Denken des Literaturwissenschaftlers und Kunsttheoretikers W. J. T. Mitchell und seiner Schülerinnen und Schüler. Beeinflusst vom französischen Poststrukturalismus und dessen Reflexion von Machtdiskursen interessiert sich Mitchell weniger für die Eigenart der semiotischen Systeme als vielmehr für die Art und Weise, wie diese Sinn stiften, das heißt, wie durch Bilder Deutungen erfolgen, die eine spezifische Weltsicht erzeugen. So wird ihm zufolge das Visuelle nicht einfach durch Machtdiskurse konstruiert, sondern „visuelle Kultur ist die visuelle Konstruktion des Sozialen und nicht [...] die soziale Konstruktion des Sehens" (Mitchell 2008a, 323). Bilder haben symbolischen Wert und sind eigenständige Sinnsysteme, die nicht nur als soziale Konstrukte aufzufassen sind, sondern auch eine konstitutive Funktion für die Erzeugung von Wirklichkeit einnehmen. Um sich mit der bildlichen Erzeugung der Welt auseinandersetzen zu können, soll daher eine ,visuelle Literalität' entwickelt werden, die auf Medienkompetenz wie auch einem fundierten Wissen über politische, soziale und kulturelle Zusammenhänge beruht. Im Zeitalter des *pictorial turn* (vgl. Mitchell 2008a) erweist sich eine solche visuelle Literalität als Strategie, die auf dem ,semiologischen Abenteuer' (Barthes 1988 [1985]) aufbaut und das Lesen von Bildern zum Desiderat kulturpolitischer Entwicklungen in den komplexen Gesellschaften der späten Moderne macht.

Zur Konkurrenz von Bild und Sprache in Philosophie und Medientheorie

Die Konkurrenz von Bild und Sprache stellt eine Konstante medientheoretischer Debatten dar. Sie wurde und wird oft verbunden mit Fragen der Wahrnehmung und ihres Wahrheitsgehaltes, weshalb eine medienorientierte Diskussion sowohl ontologische als auch epistemologische Aspekte in Betracht zieht. Schon in der antiken Tradition – etwa in Platons *Politeia* (ca. 370 v. Chr.) und in den (pseudo-) aristotelischen Schriften *Problemata Physica* (3. Jh. v. Chr.) – wird dem Sehen anderen Sinnen gegenüber der Vorrang gewährt, da die visuelle Wahrnehmung der ‚Idee an sich' insofern näherstehe, als das Sehvermögen jenes Sinnesorgan sei, welches dem Gehirn und folglich der Vernunft am nächsten liege. Diese Privilegierung enthüllt nicht zuletzt eine Furcht vor den Möglichkeiten der ‚Sichtbarmachung' durch andere Sinne als dem des Sehens – und damit einhergehend: vor anderen Medien. Bereits in der Antike wurde davon ausgegangen, dass es sich beim Sehvorgang um einen multimodalen und multisensorischen Konstruktionsprozess handelt. Seit dem vielzitierten Diktum des Horaz *ut pictura poesis* („Das Dichtwerk gleicht dem Gemälde"; Horaz 1967 [14 v. Chr.], 250–251) wird die Sprache auch als bildschaffendes Instrument wahrgenommen, das Sichtbarkeit erzeugt und demzufolge Bilder produziert. Gotthold Ephraim Lessing betont in seiner *Laokoon*-Schrift (1766) eben dieses Argument und behauptet, dass der Text in der Vorstellung der Lesenden mentale Bilder produziere. Bilder sind Lessing zufolge aber nicht bloß materielle Objekte, die semiologisch dem Bereich der bildenden Künste angehören, sondern bezeichnen jede Form der Produktion von mentalen Bildern durch sprachliche Vermittlung, sodass das Bild (*imago*) auch als Begriff aus der Rhetorik sowie als Stilfigur Verwendung findet.

So entsteht ein erweiterter Bildbegriff, der für die Moderne von Nutzen ist. ‚Bilder' umfassen demnach sowohl mentale Bilder, die durch ein Objekt der Kunst oder eine soziokulturelle Erfahrung hervorgerufen werden, als auch institutionell als ‚Kunst' definierte visuelle Artefakte wie Malerei, Fotografie, Film, Videokunst etc. Mitchell hat diesbezüglich auf die im Englischen mögliche Unterscheidung zwischen *image* und *picture* zurückgegriffen, wobei ersteres das ‚mentale' und letzteres das ‚materielle' Bild bezeichnet (vgl. Mitchell 2008a, 16). Der Begriff des Bildes bezieht sich also gleichzeitig auf das visuelle Objekt und auf das ‚Abbild' – das in anderen Medien und Formaten geschaffene Bild, etwa in der Literatur. Oder, wie es Jacques Rancière ausdrückt: „Das Bild [ist] nicht ausschließlich ein Element des Sichtbaren" (Rancière 2005 [2003], 14).

Die mediale Konkurrenz von Sprache und Bild verweist auch auf ein Begehren nach dem Bildlichen und enthüllt den Zwang, es durch andere Mittel zu ersetzen beziehungsweise zu ergänzen, was jedoch immer wieder aufs Neue zum Ausgangspunkt des Nachdenkens über das Bild wird und was gleichwohl die vor allem post-aufklärerische philosophische Tradition einer Bevorzugung des Wortes nicht verhindern konnte (vgl. 2.3 SCHNEIDER). So wurden die visuellen Künste im ästhetischen System des deutschen Idealismus, zum Beispiel in Hegels *Vorlesungen über die Ästhetik* (1817–1829), der Philosophie und der Literatur untergeordnet. Obwohl der Rationalismus sich gegen den ontologischen und epistemologischen Vorrang des Sehens richtete und vor allem die sinnliche Wahrnehmung durch den Verstand kontrollieren ließ, stellte im 20. Jahrhundert die ‚Lust am Bild' die epistemologische Kritik der Visualität infrage. Die hegemoniale Vorstellung der ‚Welt als Text' ließ sich in der Moderne durch die Explosion der technischen Reproduzierbarkeit von Bildern – vor allem durch Medien wie Fotografie und Film – nicht mehr aufrecht erhalten. „[D]aß überhaupt die Welt zum Bild wird, zeichnet das Wesen der Neuzeit aus", behauptet etwa Martin Heidegger (1977 [1938], 88). Die Erfahrung einer technisch vermittelten Welt im Modus von Bild und Repräsentation trägt dazu bei, eine Vorstellung des Subjekts zu entwickeln, das sich auch im Traum bildlich konstituiert, wie es etwa die Psychoanalyse annimmt (vgl. Freud 1999b [1916–1917], 86).

Die technische Reproduzierbarkeit von Bildern begünstigt die Vorstellung der ‚Welt als Bild' und des Menschen als visuell dependentes Wesen. Analog dazu sieht die nach Objektivität strebende Moderne im technisch reproduzierten Bild einen direkten, demokratischen, generalisierten und wohl auch wirklichkeitsnäheren Zugang zu dem ‚Genauso ist es passiert', wie es Susan Sontag in ihrem Essay *Über Fotografie* betont (vgl. Sontag 2003 [1977], 11–12). Die Frankfurter Schule vertritt in dieser Frage eine ambivalente Position, die zwischen Anerkennung und Kritik des Bildlichen schwebt, oder anders gesagt: zwischen Walter Benjamins Bild-Lust und seinem Einsatz für die epistemologischen sowie politischen Möglichkeiten technisch reproduzierbarer Bilder einerseits und Theodor W. Adornos Kritik des Bildfetischismus andererseits. Adorno zufolge trägt das Bild nicht zur Erkenntnis der Welt bei. Weil „nur bilderlos [...] das volle Objekt zu denken" (Adorno 1973, 207) wäre, werden „die epistemologischen Möglichkeiten des Sichtbaren zugunsten der semiotischen Distanzierung, wie sie das Verbale ermöglicht, bestritten.

Medientechnisch lässt sich aber auch das Verbale letztlich auf eine visuelle Medialität zurückführen. Wie Walter Ong argumentiert, verweist das ‚Lesen' des Schrift-Bildes auf eine erlernte Technik der Übertragung zwischen dem Visuellen und dem Verbalen. Er schlägt vor, das Schreiben als Technik zu begreifen, die eine radikale Verwandlung des menschlichen Denkens vom Auditiven ins Visuelle und dann weiter ins Textuelle ermöglicht (vgl. Ong 1987 [1982], 83–84). In ihrem Ursprung ist also die Alphabetisierung als zeichendekodierender Akt primär visuell, doch durch die Literalität (*literacy*) beim Lesenlernen wird die Schrift als eine neue, zwischen dem Wortklang und dem Bild vermittelnde Technik verstanden.

Die üblicherweise dem Strukturalismus respektive dem Poststrukturalismus subsumierten Ansätze versuchen, das Problem des Verhältnisses zwischen Text und Bild durch die Universalisierung des Textbegriffs zu lösen, was mitunter, wie Martin Jay betont, mit einer generellen Bild-Phobie und einer Unterwerfung des Visuellen unter das Wort einhergeht (vgl. Jay 1994, 35). Trotz des theoretischen Unbehagens bei der Thematisierung der spannungsvollen Beziehung zwischen Bild und Sprache, wie es bei Autoren wie Barthes und Foucault zu spüren ist und im Folgenden noch ausführlicher diskutiert wird, ist eine gewisse „Tyrannei des

Buchstabens" (Rancière 2005 [2003], 15) auffallend, die im Grunde – obgleich relativiert von denen, die sich wie etwa Rancière verzweifelt um eine Vermittlung bemühen – nie vollständig überwunden wurde.

Wie die komplexe Geschichte der medialen Konkurrenz von Text und Bild verdeutlicht, handelt es sich beim *pictorial turn* weder einfach um eine ‚epistemologische Wende', die in den 1990er Jahren entstanden ist, noch um einen Paradigmenwechsel, sondern vielmehr um eine anhaltende Entwicklung. Zu ihren Elementen gehört neben der Erweiterung des Bildbegriffes auch die Abwendung von medienneutralen Bewusstseins- und Wahrnehmungstheorien (vgl. Voßkamp und Weingart 2005, 7). Die ‚Denaturalisierung' des Visuellen und die Betonung der kulturellen Bedingtheit des Bildlichen haben im Zuge des *cultural turn* auch dazu beigetragen, das Konkurrenzverhältnis zwischen Wort und Bild neu zu gestalten. Die kulturtheoretischen Überlegungen von Mitchell sind in diesem Bereich wegweisend. Durch das Beispiel des *show and tell* hat er eindrücklich gezeigt, inwiefern die Art und Weise, wie ein visuelles Objekt verbalisiert wird, kontextabhängig ist und immer auch eine gewisse Kontingenz aufweist. Mitchell bezieht sich dabei auf ein in der angelsächsischen Welt bekanntes pädagogisches Spiel, das darin besteht, dass eine Studentin oder ein Student ein nicht sichtbares visuelles Objekt verbal beschreiben soll. Durch dieses in seinen Seminaren zur visuellen Kultur durchgeführte Spiel sucht er die Unterschiedlichkeit der mentalen Vorstellungen zu illustrieren, die ein bestimmtes Bild hervorruft, und gleichzeitig auf die Vielfalt der Projektionen hinzuweisen, die durch die Beschreibung eines abwesenden Objekts hervorgerufen werden (vgl. Mitchell 2008a, 336–343). Der Zusammenhang von Sprache und Bild ist demnach arbiträr, kulturell kodiert und hängt sowohl vom Status eines Objekts in der jeweiligen Kultur als auch von der Situation des handelnden Menschen ab, der es ‚liest'. Sowohl beim Text als auch beim Bild handelt es sich um künstliche Formen der Weltdarstellung, die miteinander konkurrieren.

Gegenwärtig scheint aber das Konkurrenzverhältnis von Bild und Sprache unter dem Einfluss der Medientheorie eher einer Konvergenz Platz zu machen. So behaupten die Medientheoretiker Jay Bolter und Richard Grusin, dass vor allem in der Moderne und im Besonderen mit dem Auftauchen der Neuen Medien Medienkonkurrenz primär in Form der Transposition und Remediation erscheine (vgl. Bolter und Grusin, 2000). Diese Konkurrenz entwickele sich weiter zu einer Konvergenzbewegung zwischen Text und Bild, wie sie Henry Jenkins in seiner Diskussion des Transmedialitätskonzepts beschrieben hat (vgl. Jenkins 2006).

Das ‚semiologische Abenteuer' – zwischen Psychoanalyse und Sprachtheorie

Die von Roland Barthes geprägte Idee des ‚semiologischen Abenteuers' bezieht sich auf die Entzifferbarkeit einer als zeichenhaft wahrgenommenen Welt, wobei die Verhandlungen zwischen dem Sagbaren und dem Sichtbaren im Zentrum stehen. Barthes' Analyse bezieht sich insbesondere auf zwei theoretische Zusammenhänge: zum einen auf die psychoanalytische Bildtheorie und zum anderen auf die Sprachtheorie in der Folge von Ferdinand de Saussure.

Die ‚Lust am Bild' bildet die Voraussetzung jeglichen Aktes visueller Wahrnehmung; sie ist verbunden mit dem Begehren, die Widersprüche des betrachtenden Subjekts in seiner Beziehung zur Umwelt zu kompensieren. Die Psychoanalyse hat die Spannung zwischen dem Sichtbaren und dem Sagbaren thematisiert, indem sie ersteres unter das Primat der ‚Lust', letzteres unter das Primat des ‚Aufklärens' stellte. Das Bild wird in Freuds *Vorlesungen zur Einführung in die Psychoanalyse* als Urform von Erfahrungsäußerung während des Traumes konzipiert (vgl. Freud 1999b [1916–1917], 86). Der ‚manifeste Trauminhalt' enthüllt sich auf optischem Wege wie eine Art Bildschirm oder Ersatzbild – was Freud ‚Deckerinnerung' nennt, womit auf die Latenz eines unterdrückten psychischen Inhalts hingewiesen wird, der wiederum die verbale Enthüllung durch den Dialog erfordert, um erinnert zu werden (vgl. Freud 1999a [1899], 551). Freud ist also darum bemüht, Visualität – die er häufig geradezu als Synonym des Traums behandelt – generell als eine Art ‚Deckmedium' zu präsentieren, das die verdrängte Erfahrung zugleich schützt und vermittelt. Diese Vermittlung erfolgt durch die Traumarbeit und die Strategien der Verdichtung, Verschiebung, Umsetzung und Verkehrung, die schließlich die visuelle Darstellung der verdrängten Erinnerung als ‚Entstellung' offenbart. Als frei von den normativen Begrenzungen des Bewussten verstanden, wird das Bild auch mit dem Fetisch konnotiert, als kompensatorische Prothese der perversen Libido des Fetischisten (vgl. Freud 1999c [1927], 314–317).

Die *talking cure* hingegen, als welche die Psychoanalyse bekannt wurde, versteht das Bild als Einschreibung, als Spur, die eine erklärende Vermittlung der Verbalsprache erfordert. In den *Vorlesungen zur Einführung in die Psychoanalyse* reflektiert Freud ausführlich über die Notwendigkeit, das Bild der erhellenden Macht der Sprache unterzuordnen. Demnach verweise Visualität auf eine psychische Dissonanz, eine Art ‚(Un-)Ordnung' des Unbewussten, die durch Verbalisierung gerettet und in Kultur transformiert werde. Samuel Weber etwa behauptet im Kapitel „The Blindness of the Seeing Eye" seines Buches *Institution and Interpretation*, dass der Prozess visueller Darstellung sich vor allem als ‚Entstellung' manifestiert, und weist darauf hin, dass der Traum sich durch Interpretation bildet – anders gesagt: dass der Traum erst *ex post* im Prozess der Interpretation, der vor allem verbal ist, entsteht (vgl. Weber 2001 [1987], 80). Zentral für Freuds (implizite) Bildtheorie also ist, dass das Bild erst durch den Akt der Verbalisierung zur ‚Kultur‘ wird – ein Prozess, der notwendigerweise auf Verdrängung basiert. Das Bild ermöglicht die psychoanalytische Enthüllung, aber es funktioniert auch als dichter Bildstreifen, der das Traumatische kanalisiert sowie die Beziehung zum radikal Anderen – dem ‚anderen Schauplatz‘ der Psyche – vermittelt und reguliert. Die unendlich komplexen Prozesse der Visualisierung transportieren daher immer auch ein ‚Unbehagen in der Kultur‘, auf das die Psychoanalyse durch die ‚Sprechkur‘ zu reagieren sucht.

Jacques Lacans Psychoanalyse folgt Freuds Lehre, indem sie ein Subjekt postuliert, das im Wesentlichen durch die Sprache entsteht (vgl. Lacan 1996 [1964]). Das heißt, die Subjektivität manifestiert sich, obwohl sie sich in der Form visueller Interpellationen konstruiert und verstärkt, vor allem in der Sphäre des Symbolischen, die erst mit dem Spracherwerb überhaupt entsteht. Mieke Bal und Norman Bryson schlagen in ihrer Diskussion um die Semiologie vor, die Psychoanalyse als eine besondere Spielart der semiologischen Analyse aufzufassen. Demnach interpretiert die Psychoanalyse die Zeichen, die ein Bild konstituieren, nicht – wie es die Semiotik tut – in Bezug auf Referenzen, dominante Codes oder Mythologien, sondern in Bezug auf das Unbewusste; dieses stellt das eigentliche Referenzsystem der Zeichen dar (vgl. Bal und Bryson 1991, 174–208). Auch Jacques Derrida bestätigt diese Annahme, indem er den Begriff der Textualität auf den psychischen Apparat ausweitet und ebenfalls das komplexe Wechselverhältnis von Sprache und Bild thematisiert, in dem die Texttheorie der Dekonstruktion sowohl mit der Semiologie als auch mit der Psychoanalyse steht und welches sie letztlich als Variation semiologischer Theorie ausweist (vgl. Derrida 1976 [1967]).

Das 20. Jahrhundert brachte schon in seinen ersten Jahrzehnten eine Reihe von Sprachtheorien hervor, die entscheidenden Einfluss auf die Entwicklung der Semiologie nahmen und bis in die 1980er Jahre hinein grundlegend für die Theoretisierung des Bildes waren. Ferdinand de Saussures Thesen in *Grundfragen der allgemeinen Sprachwissenschaft* (1916; *Cours de linguistique générale*) und sein Verständnis von Sprache als System integrierter Zeichen, deren Sinn sich aus einem sozial konstruierten System von Differenzen erschließt, sind hier ebenso zu nennen wie die Pragmatik von Charles Sanders Peirce und seine Unterscheidung von Ikon, Index und Symbol (vgl. Peirce 1986 [1894], 191–193). Während Saussures Modell aufzeigt, wie Zeichensysteme entstehen und durch relationale Ausdifferenzierung, die im System selbst erschaffen wird, Sinn erzeugen – so etwa in den syntaktischen Beziehungen eines Satzes –, beschreibt das Peircesche Modell, wie verschiedene Modi von Sinnproduktion in der Beziehung zwischen Zeichen und Bezeichnetem funktionieren, das heißt zwischen Repräsentation und Welt, zum Beispiel zwischen Wetterhahn und Windrichtung (vgl. ebd., 198).

Ziel der von Barthes, Peirce und anderen entwickelten Zeichentheorien ist es, auf die Frage zu antworten, wie Sinn entsteht – wobei die visuelle Semiotik zu verstehen sucht, wie Bilder Sinn erzeugen.

Das durch den Strukturalismus beförderte ‚semiologische Abenteuer' hat erst im Zuge des sogenannten Poststrukturalismus eine Ausweitung erfahren. Der Strukturalismus tendierte zu einer Universalisierung der Textualität, indem symbolische und soziale Analysen anhand eines der Sprache analogen Systems von Differenzen erfolgten, was zu einem *linguistic turn* der Geisteswissenschaften führte – so die von Richard Rorty eingeführte und in der Folge vielzitierte Formel (vgl. Rorty 1987 [1967]). Der Poststrukturalismus hingegen brachte ein Lektüremodell hervor, bei dem nichts als ‚Kontext' existierte. Die Formel „ein Text-Äußeres gibt es nicht" (Derrida 1983 [1967], 274), die Jacques Derrida in seiner *Grammatologie* prägte, bestimmt den Text als Grundelement jeglicher Darstellung, das nur auf andere (textuelle) Kontexte verweist. Wenn aber ein Text sich in eine Referenzeinheit sowohl für das, was ihn innerlich konstituiert, als auch für das, was er äußerlich repräsentiert, transformiert, dann ist folglich jeder Akt der Darstellung textuell, und auch der visuelle Diskurs hat sich dem Textualitätsparadigma zu unterwerfen. Derrida betreibt eine Verschiebung und Ausweitung des Konzeptes ‚Text', das somit jedes Zeichensystem, diesseits und jenseits des Verbalen, bezeichnet.

Barthes, als herausragender Exponent eines *linguistic turn* in der Auseinandersetzung mit Bildern (vgl. 2.6 LÖFFLER), verknüpft das Problem der Entzifferung und des Gebrauchs jener Informationen, die ein Bild enthält, mit dem der Hierarchie von Bild und Text. Dennoch wäre es nicht opportun, Barthes' Beziehung zum Bild – genauer: zur Fotografie – auf eine einfache Unterwerfung des Visuellen unter den Text zu reduzieren. Barthes' Fotografie-Buch *Die helle Kammer* (1989 [1980]) stellt die Schlussphase eines langen Prozesses der Auseinandersetzung dar, der dem spannungsreichen Verhältnis von Wort und Bild gewidmet ist. Dieser Prozess wurde in früheren Texten vorbereitet, nämlich in „Die Fotografie als Botschaft" (1961) und „Rhetorik des Bildes" (1964). Barthes versucht, gerade die phänomenologischen und ontologischen Dimensionen der Fotografie in Verbindung mit ihrer technologischen Dimension zu verstehen. In „Die Fotografie als Botschaft" wird die Fotografie vor allem als eine Technik gesehen, die auf die Wirklichkeit einwirkt, sie zerlegt und in einem anderen Zeichensystem neu gestaltet. Der Übergang vom Wirklichen zum Fotografischen wäre dann nicht notwendigerweise kulturell kodiert. Auf diese Weise wird die Fotografie zu einer Botschaft ohne Code erklärt: „Was übermittelt die Fotografie? Definitionsgemäß die Begebenheit als solche, das buchstäblich Wirkliche. [...] [E]s ist keineswegs notwendig, zwischen diesem Objekt und dem Bild von ihm ein Relais, das heißt einen Code, anzubringen; gewiß ist das Bild nicht das Wirkliche:

Aber es ist zumindest das perfekte Analogon davon [...]. Somit tritt der Sonderstatus des fotografischen Bildes hervor: *Es ist eine Botschaft ohne Code*, ein Lehrsatz, aus dem man sofort eine wichtige Folgerung ableiten muss. Die fotografische Botschaft ist eine kontinuierliche Botschaft." (Barthes 1990a, 12–13) Dennoch erfordert diese mechanische Analogie zum Wirklichen zwangsläufig die Integration in einen Diskurs, der wiederum die Entzifferung des Bildes erst ermöglicht.

Barthes verweist entsprechend auf Prozesse, die trotz der semiotischen Eigenart fotografischer Zeichenhaftigkeit – die ‚ohne Code' zu existieren scheint – gleichwohl aber die kulturelle Bedingtheit des Fotografischen implizieren. Zu diesen Verfahren zählt er die Fotomontage, die Pose des Fotografierenden und schließlich Textelemente, wie sie insbesondere in der Werbefotografie das Bild heimsuchen (vgl. ebd., 21). Gerade die Werbefotografie mit ihren ‚drei Botschaften' – der linguistischen oder verbalen, der denotativen und der konnotativen Mitteilung –, wie sie in „Die Rhetorik des Bildes" diskutiert werden (vgl. Barthes 1990b [1964], 29–30), dient als repräsentatives Beispiel, das die Unentrinnbarkeit des Textualisierungsmusters in Barthes' Auslegung vom visuellem Sinn bestätigt. Doch der zwar konstruierte, aber trotz allem mythische Charakter des Bildes ist dem Effekt geschuldet, dass die Fotografie eine ‚Naturalisierung des Kulturellen' bewirkt. Die Kamera trägt also dazu bei, die Wirklichkeit zu mystifizieren, indem sie diese, aufgrund von diskursiven Praktiken, technischen Requisiten und semiologischen und kulturellen Codes, als durchsichtig und objektiv simuliert (vgl. ebd., 45–46).

Diese Überlegungen Barthes' kulminieren in der phänomenologischen Deutung in *Die helle Kammer*, wo die Wirkung der Fotografie vor allem als Präsenzsimulation von Abwesendem charakterisiert wird, als ein „‚*Es-ist-so-gewesen*'" (Barthes 1989 [1980], 110), das die Wiedererlangung einer längst verlorenen Vergangenheit anstrebt. Die Fotografie weist auf eine Dimension jenseits ihrer Materialität hin, indem das Bild als spektrale Spur einer existentiell unwiederholbaren Vergangenheit aufgefasst wird. Dennoch und trotz der Anerkennung der semiotischen Eigenartigkeiten der Fotografie und des Visuellen, die nicht auf andere Zeichensysteme – wie das Verbale – reduzierbar sind, gipfelt *Die helle Kammer* in einem Akt visueller Lektüre, und zwar in der Dekodierung der Fotografie der Mutter im Wintergarten (vgl. Barthes 1989 [1980], 80). Das Foto der verstorbenen Mutter aber wurde in Barthes' Buch nicht abgedruckt, denn das Foto „kann nicht *sagen*, was es zeigt" (ebd., 111). Das Bild der Mutter, ihr singuläres ‚Wesen', das der Verfasser diskursiv vermittelt, überschreitet demnach die Grenzen der visuellen Ökonomie. Das Buch stellt durch dieses *prose picture* – ein verbal vermitteltes Bild (vgl. Mitchell 1994) – das Verhältnis zwischen den beiden Medien als irreduzible Unterschiedlichkeit dar.

Das Bewusstsein dieser bleibenden Differenz prägt auch Foucaults Untersuchung zum Wort-Bild-Verhältnis. In *Die Ordnung der Dinge* (1966) präsentiert der Philosoph dieses Verhältnis als grundsätzlich unlösbaren Widerspruch in der dialektischen Ökonomie der Zeichen – hier allerdings nicht anhand der Differenz von Sprache und Fotografie, sondern von Sprache und dem weniger mit Faktizität und dem Dokumentarischen assoziierten Bildmedium der Malerei: „Aber die Beziehung der Sprache zur Malerei ist eine unendliche Beziehung; das heißt nicht, daß das Wort unvollkommen ist und angesichts des Sichtbaren sich in einem Defizit befindet, das es vergeblich auszuwetzen versuchte. Sprache und Malerei verhalten sich zueinander irreduzibel: vergeblich spricht man das aus, was man sieht: das was man sieht, liegt nie in dem, was man sagt; und vergeblich zeigt man durch Bilder, Metaphern, Vergleiche das, was man zu sagen im Begriff ist. Der Ort, an dem sie erglänzen, ist nicht der, den die Augen freilegen, sondern der, den die syntaktische Abfolge definiert." (Foucault 1993 [1966], 38) Demnach existiert für Foucault keine semiotische Übertragung zwischen dem Verbalen und dem Visuellen. Wie er im einleitenden Kapitel seines Buches, das Diego Velázquez' Gemälde *Las Meninas* (1656) gewidmet ist, zeigt, ist dennoch eine Annäherung möglich, und zwar mittels der Analyse der Machtdiskurse, welche die Ordnung des Sichtbaren und des Sagbaren bestimmen, nicht aber durch eine materiale Annäherung zwischen den beiden Zeichensystemen.

Was strukturalistische und poststrukturalistische Diskurse vor allem zeigen, ist, dass die Unvereinbarkeit der ‚Sprachen', um die es hier geht, den hegemonialen Anspruch einer ‚Textualisierung' der Welt infrage stellt. Auch wenn der theoretische Diskurs über Visualität notwendig mit sprachlichen Mitteln erfolgt, darf für Foucault das Visuelle nicht auf die kleinste Bedeutungseinheit zurückgeführt werden. Wie Deleuze im Hinblick auf Foucaults Ansätze erklärt, nimmt die Heterogenität von Sichtbarem und Sagbarem die wechselseitige Voraussetzung zwischen beiden Systemen vorweg – eine Spannung, die keine Überschneidung erlaubt (vgl. Deleuze 1992 [1986], 67); gleichwohl aber erfolgt die Problematisierung dieser unüberbrückbaren Beziehung in diskursiver Form.

Transdisziplinarität und *visual culture studies*

Der Ruf nach einer ‚visuellen Literalität' ist als Resultat des ‚semiologischen Abenteuers' zu begreifen, das die Sprachkritik des Strukturalismus mit der Machtanalyse des Poststrukturalismus verknüpft, und auch als Versuch, einen Diskurs nicht nur über das Visuelle, sondern auch vom Visuellen – das heißt ein Diskurs, der aus der Eigenständigkeit der Visualität entsteht – zu ermöglichen (vgl. Marin 1993, 91). Vor dem Hintergrund des *pictorial turn* scheint die Auffassung, dass das Bild sich im Grunde verbalisieren will, an Legitimität verloren zu haben, und der Wunsch nach direktem Umgang mit der Wirklichkeit erscheint als Gegensatz zum hermeneutischen Bedürfnis nach Verstehen und Interpretation. In Zeiten, in denen Interpretation gegenüber Erfahrung an Boden zu verlieren scheint, wird das Lesen und Interpretieren von Bildern zu einer geradezu frevlerischen, die Integrität der traditionellen Disziplinen untergrabenden Aktivität, die im Rahmen der *visual culture studies* sowohl die Philologien als auch die Kunstgeschichte infrage zu stellen scheint.

Aus diesem Grund wird von Autorinnen und Autoren wie James Elkins die Entwicklung einer neuen ‚Literalität' eingefordert, die es erlaubt, die Diversität visueller Systeme (Malerei, Fotografie, Film, digitales Bild etc.) in ihrer historisch-sozialen Bedingtheit und in der Eigenheit der jeweiligen Mediationsmodelle zu erkennen (vgl. Elkins 2008). Gleichzeitig beinhaltet das Konzept ein Verständnis des beständigen Verhandlungsprozesses, in dem sich visuelle Produkte mit der sie umgebenden Kultur befinden. Es geht also bei der Forderung nach einer ‚Bild-Literalität' darum, neue Kompetenzen zu entwickeln: eine neue Hermeneutik, die wiederum Voraussetzungen schafft für das Verständnis der visuellen Konstruktion des Sozialen, dessen es zur Orientierung des Subjekts in der heutigen Welt bedarf.

Die Diskussion um visuelle Literalität ging in den 1990er Jahren mit der Etablierung der ‚Transdisziplin' einer ‚Visuellen Kulturwissenschaft' (*visual culture studies*) einher (vgl. 2.8 STIEGLER). Wichtig für diese Entwicklung ist erstens die Unzufriedenheit mit der rigiden Disziplinarität zum Beispiel der traditionellen Kunstgeschichte, die in ihrer Konzentration auf Fragen der Periodisierung und Stilgeschichte sowie auf einzelne Künstlerinnen und Künstler neuen Herausforderungen beim Nachdenken über das Bild nicht gewachsen schien. Zweitens ist die Erkenntnis der Unzulänglichkeit des *linguistic turn* für die Künste zu nennen und drittens die Tendenz einer konsequenten ‚Denaturalisierung' kultureller Objekte innerhalb der Kulturwissenschaften, die dazu führt, dass auch das Bild nunmehr als sozial konstruiertes und historisch verortetes Kulturprodukt betrachtet wird. Vor allem Stuart Hall und Jessica Evans haben darauf aufmerksam gemacht, dass sich weder Bilder wie Texte noch verschiedene Bildwerke immer gleich verhalten (vgl. u. a. Hall und Evans 1999, 5). Damit stellt sich die Frage, ob es Sinn macht, ein theoretisches Modell zu etablieren, das – ähnlich wie die Literarizität für literarische Texte – ‚Visualität' als grundsätzliche Charakteristik von Bildern postuliert. Obwohl die mediale Materialität der Fotografie sich etwa von der des Films oder der Malerei unterscheidet und diese Medien je anders sozial und kulturell rezipiert werden und somit Sinn stiften, ist Visualität nicht als Entität zu verstehen, die diesen Medien innewohnt, sondern eher als Praxis und Diskurs.

Tatsächlich funktioniert ‚Visualität' als heterogene und komplexe soziokulturelle Praxis, deren Verhältnis zur Realität weder ein mimetisches noch eines der Kontiguität ist, auch wenn einige visuelle Genres, wie im Fall des Fotojournalismus, beanspruchen, die Wirklichkeit mitunter ‚genauso, wie sie gewesen war', wiederzugeben. Als kulturelle Praxis, die die Struktur des Sehens organisiert, umfasst Visualität jegliche Form von Bildproduktion (materiell, psychisch, virtuell) sowie die Beziehungen, die diese Bilder, ihre Produzentinnen und Produzenten und die Technologien, mit denen sie mediatisiert werden, mit dem sie umgebenden kulturellen System eingehen. Visualität ist multisensorial, indem sie die Techniken des Sehens tangiert, aber auch die physiologischen Grenzen des Sehens und des Gesehenen überschreitet, weil sie eng mit anderen Sinneswahrnehmungen, wie dem Tastsinn oder dem Gehör, verbunden ist (vgl. Crary 2002 [1999], 15). Visualität ist überdies eine Praxis, welche die visuelle Konstruktion des Sozialen sichtbar macht (vgl. Mitchell 2005, 343) und folglich eine potentiell kritische Funktion einnimmt. Es ist eben diese Definition der ‚Sichtbarkeit als Praxis', die sowohl die Öffentlichkeit wie auch die Bildschaffenden vor die Aufgabe stellt, eine visuelle Literalität zu kultivieren, die der Erfahrung des Visuellen in all ihrer Komplexität gerecht wird.

Visuelle Literalität oder: Über die ‚Lesbarkeit' von Bildern

Der Begriff der ‚visuellen Literalität' gilt durchaus als enigmatisch und provokant. Manchen erscheint er willkürlich, zu textbezogen und visuellen Objekten gegenüber inadäquat; andere plädieren dafür, ihn zu ersetzen, etwa durch den von dem englischen *visualcy* (vgl. Mitchell 2008b, 11) abgeleiteten Begriff der ‚Visualizität'. Als Konzept wurde ‚visuelle Literalität' (*visual literacy*) von dem Kunsthistoriker James Elkins geprägt, der damit auf die Tatsache hinzuweisen versuchte, dass Bilder per se ‚gelesen' werden (vgl. Elkins 2003, 105). Das Paradox dieses Kompositums, das seither in den *visual culture studies* Karriere gemacht hat, liegt zunächst in der Verbindung von Literalität und Visualität. ‚Literalität' bezeichnet wörtlich die Lesefähigkeit. Der Begriff wurde zunächst zur Bezeichnung des kognitiven Umgangs mit sprachlichen Informationen in verbaler oder schriftlicher Form verwendet. Erst später wurde er auf andere Medien ausgedehnt; entsprechend steht etwa ‚digitale Literalität' für den kompetenten Umgang mit Neuen Medien.

Visuelle Literalität bezeichnet demnach sowohl eine Kompetenz als auch eine Strategie. Sie ist nicht gleichzusetzen mit der biologischen Sehfähigkeit, obwohl sie ohne diese nicht möglich ist; sie ist nicht das bloße Resultat der ausgebildeten Lesekompetenz, obwohl sie Lernen erfordert; sie ist auch nicht das besondere Merkmal einer einzigen Disziplin, sondern erfordert multiple Kompetenzen; sie ist nicht ausschließlich utilitaristisch, obwohl immer dann von elementarer Bedeutung, wenn es um das Studium von Bildern geht. Die visuelle Literalität präsentiert sich als Strategie kulturellen Handelns (vgl. Gil 2011). Indem sie auf die Anforderungen der visuellen Kultur zu antworten und die Art und Weise zu ergründen sucht, wie das Soziale mittels Bildern und visuellen Strategien konstruiert wird, etabliert sich die visuelle Literalität als Akt der Citoyenität, die in demokratischen Gesellschaften das Recht des Subjekts am Bild stiftet. In diesem Sinne hat Derrida die Dispositive des Sehens, von denen die Gesellschaft durchdrungen wird, die Macht-Strategien, welche die Bereiche des Sichtbaren und die des Unsichtbaren definieren, und schließlich die Entzifferung der ‚schrägen Mächte' (vgl. García Canclini 1990), die sich in den technischen Formaten des Bildes – von Fotografie und Film bis hin zu Videospielen und neuen Foren virtueller Interaktion – widerspiegeln, einer kritischen ‚Lektüre' unterzogen (vgl. Derrida 1997 [1985]).

Mitchell geht in seinen Thesen über den Ort des Bildes innerhalb der visuellen Kultur davon aus, dass das Bild weder ein ‚natürliches Produkt', noch transparent oder ‚wahr' ist, sondern vielmehr kulturell konstruiert (vgl. Mitchell 2008a, 323). Obwohl im Falle einiger Formate und Genres – zum Beispiel beim Fotojournalismus – die Indexikalität die Ikonizität übertreffen kann, steht das Wirkliche im Bild nicht unvermittelt zur Verfügung. Visuelle Literalität lehrt das betrachtende Subjekt, dass es mit kulturell geformten Objekten zu tun hat und nicht mit der Realität. Wie Wittgenstein im Zusammenhang mit den unterschiedlichen Wahrnehmungsweisen des ‚Hase-Enten-Bildes' ausführt, ist das, was wir sehen, vor allem die Repräsentation einer kulturell bedingten Wahrnehmung und keine universelle biologische Tatsache: „Was ist das Kriterium des Seherlebnisses? [...] Die Darstellung dessen, ‚was gesehen wird'." (Wittgenstein 2001 [1953], 1031) Das, was gesehen wird, hängt nicht von der biologischen Ausstattung oder der natürlichen Begabung des Individuums ab, sondern sichtbar sind immer nur kulturell geformte Bilder, die kulturelle Kompetenzen der Dechiffrierung erfordern.

Die visuelle Literalität ist somit als Begriff wie auch als Praxis relational und prozessbezogen, das heißt, sie entsteht aus den jeweiligen kulturhistorischen Bedingungen komplexer Gesellschaften und reflektiert zugleich deren Werte und Probleme. Weil sie die kritische Dechiffrierung von Bildern befördert, erweist sich die visuelle Literalität als Kompetenz von Individuen, Gruppen und Gesellschaften und ist daher ebenfalls eine kulturell bedingte Praxis. Weil das, was wir sehen, von Werturteilen abhängt, von Glaubensinhalten, vom Geschlecht, vom Alter und von der sozialen Schicht, der wir zugehören, ist die visuelle Literalität notwendigerweise eine instabile Entität – sie ist selbstreflexiv und selbstkritisch, ein *work in progress*, das sich den Metamorphosen der Bildkultur und den Komplexitäten des Alltags anpasst. Visuelle Literalität hat jedoch auch eine anthropologische Dimension, indem sie zum Verständnis beiträgt, wie sich Kulturen selbst sehen und wie sie von anderen wahrgenommen werden. Um die visuelle Konstruktion des Sozialen zu analysieren, die nur in einem Prozess ständigen Verhandelns, das heißt strenggenommen als ‚Transvisualität', bestehen kann, verlangt die visuelle Literalität nach transdisziplinären Kompetenzen, die es erlauben, die Herausforderungen der vergangenen und gegenwärtigen Kulturen in prismatischer Form zu diskutieren.

Darüber hinaus definiert sich visuelle Literalität weder auf der Grundlage eines linguistischen Systems noch versteht sie die Beziehung zwischen Text und Bild als hierarchisch. Auch wenn wir Sprache benutzen müssen, um zu zeigen, was wir sehen, sperrt die visuelle Literalität das Bild keineswegs in die diskursiven Beschränkungen der Verbalsprache ein. Sie ist nicht ‚augenfeindlich' (*okulophob*), aber auch nicht dazu geschaffen, die Angst vor der Pluralität visueller Herausforderungen in der Moderne – insbesondere im urbanen Raum – sowie die physische Unmöglichkeit, alles zu sehen, durch die Verbalsprache zu überwinden. Ihre Strategie gleicht eher der der Übersetzung, die das visuelle System in seinen eigenen Gesetzmäßigkeiten akzeptiert und seine Besonderheit in eine andere Sprache zu übermitteln sucht.

Daher kann die Beziehung, die sie zwischen Objekt und Betrachter herstellt, als dialogisch aufgefasst werden: Visuelle Literalität entsteht nicht einfach aufgrund der Autonomie und Kompetenz der oder des Betrachtenden, sondern auch in der Aktivierung des Objekts bei der Apperzeption. Wie Lacan in seinen Studien über den Blick gezeigt hat, erwächst dieser nicht bloß aus dem Willen des Subjekts, sondern wird auch von außen, vom Anderen hervorgerufen (vgl. Lacan 1996 [1964], 11). So wie der Blick von dem, was man anschaut, angezogen wird, also eine Interpellation des Objekts vorwegnimmt, wird auch die visuelle Literalität von außen aktiviert. Als Strategie der Lesbarkeit verbindet sie die Ausbildung der Sinne über die Möglichkeiten visueller Sinnstiftung mit der Interpellation vom Gesehenen her, das heißt, sie lässt sich vom *punctum* des visuellen Objekts affizieren, also von jenem Zufälligen an der Fotografie, das laut Barthes als ein Pfeilwurf aus ihrem Inneren wirkt und den Betrachter „besticht" und gefangen nimmt (Barthes 1989 [1980], 35).

Aus soziopolitischer Perspektive ist die visuelle Literalität ‚re-visionistisch'. Diese Auffassung wird vor allem von Nicholas Mirzoeff vertreten (vgl. Mirzoeff 2009 [1999]) und mit der Forderung nach einem Recht auf den Blick und das Schauen (*droit de regard*) verknüpft (vgl. Derrida 1997 [1985]). Historisch verortet, ohne aber deskriptiv zu sein, dringt die visuelle Literalität, ausgehend vom aktuellen Wissen über die Gegenwart, in die Tiefenschichten des Vergangenen ein.

Auf diese Weise erscheint sie ‚re-visionistisch‘ – nicht, weil sie aus ideologischen Gründen überholte Muster zurückweisen will, sondern weil sie ihre eigene Perspektive und Praxis ständig hinterfragt. Die visuelle Literalität richtet demnach ihre Aufmerksamkeit auch auf die Vergangenheit und versteht diese in ihrer Spezifizität, nicht ohne sie jedoch mit aktuellen Entwicklungen zusammenzudenken. Sie beruht also auf dem Bewusstsein, dass die früheren Kulturen des Sehens in der Gegenwart in neuer Form ‚remediiert‘ werden. Dabei wird auch die ‚Prämediation‘ der neueren Kulturen durch die älteren zum Thema – etwa, wie im folgenden Beispiel, durch den affektökonomischen Rekurs auf vergangene visuelle Produkte aus der Perspektive der Gegenwart (vgl. Grusin 2010, 6). Die infamen Fotografien aus Abu Ghraib, vor allem das seit 2004 vielfach verbreitete Foto des Gefangenen mit Kapuze auf einem Pappkarton (Abb. 1), veränderten den Blick auf eine Radierung von der Front in Galizien während des Ersten Weltkriegs. In einer Art retrospektivem Erschrecken zeigt diese Karikatur mit dem Titel „Bitte, recht freundlich!" (1927) von George Grosz einen Gefangenen mit Kapuze, mit ausgebreiteten Armen und auf einer Kiste sitzend – eine Radierung, die übrigens erstmalig nach dem Folterskandal 2010 in der Ausstellung *Georg Grosz. Korrekt und anarchisch* in der Berliner Akademie der Künste gezeigt wurde (Abb. 2). Im Hintergrund wird ein Fotoapparat mit Stativ von einem österreichischen Soldaten bedient, der, über die Kamera gebeugt, auf das Objekt blickt und ankündigt, er werde jetzt fotografieren. Die satirische Bildunterschrift „Bitte, recht freundlich!" verstärkt den sarkastischen visuellen Kommentar zum Gebrauch des Fotos zu Propagandazwecken in der Ausnahmesituation auf dem Schlachtfeld des Ersten Weltkriegs. Aber in der heutigen Gegenwart verlangt eine visuell kompetente Analyse dieser Radierung nach einer prospektiven, komparatistischen und transmedialen Verortung im Kontext der Bilder von Abu Ghraib. Das Beispiel zeigt, dass die visuelle Literalität einem Prozess der *longue durée* unterliegt. Ihr Handlungsfeld ist nicht nur die punktuelle Intersektion der visuellen Konstruktion von Geschichte, sondern sie agiert idealerweise auch reflexiv und selbstkritisch, um aktiv den Sinn, den der Zeitgeist Bildern verleiht, immer wieder neu zu befragen und zu revidieren – oder, um im Bild zu bleiben: ihn zu ‚re-visionieren‘.

Abb. 1: Gefangener aus Abu Ghraib mit Kapuze auf einem Pappkarton stehend, anonyme Fotografie, seit 2004 in den Medien verbreitet

Abb. 2: George Grosz: *Bitte, recht freundlich!*, Manualtiefdruck, 1927

Die visuelle Literalität ist demnach eine Antwort auf die demokratische Forderung nach informiertem Sehen, danach, Bedeutung im ‚Wald der Zeichen' zu differenzieren und sowohl zur Artikulation des Sichtbaren als auch zu der anderer Räume, denen des Unsichtbaren, beizutragen. Es geht also nicht um ein Plädoyer für einen umfassenden Voyeurismus, sondern um ein Recht (und eine Pflicht) des informierten Hinsehens und Beobachtens, ein Recht auf die Durchdringung der Machtmechanismen, die das, was wir sehen und wie wir es sehen, kontrollieren. Darin liegt, nicht zuletzt, die politische Relevanz der visuellen Literalität.

Von der Semiologie zur visuellen Literalität führt kein direkter Weg, aber letztere baut zweifelsohne auf dem semiologischen ‚Zwang' auf, die Formen visueller Sinngebung zu entziffern. Die visuelle Semiologie hat dazu beigetragen, die komplexe Aufgabe des ‚Bilderlesens' und die Irreduzibilität verbaler und visueller Zeichensysteme darzulegen. Der Impuls der visuellen Literalität gründet sich demgegenüber nicht auf den methodologischen Interessen einer strukturellen Vermittlung verschiedener Zeichen, sondern sucht sowohl das Visuelle als auch das Verbale in ihren je eigenen Zeichenökonomien zu erfassen und ihre Sinngebungsstrategien durch kulturkritische Kompetenzen zu ergründen. Angesichts der Flut der Bilder und eines zunehmend visuell konstruierten gesellschaftlichen Gewebes möchte die visuelle Literalität dazu beitragen, einen historisch kompetenten kritischen Diskurs über die visuelle Kultur zu begründen und so den epistemologischen, sozialen, technologischen und politischen Herausforderungen des Wandels zeitgenössischer Gesellschaften gerecht zu werden.

(Übersetzt aus dem Portugiesischen von Anne Martina Emonts)

Literaturverzeichnis

Adorno, Theodor. *Gesammelte Schriften Bd. 6: Negative Dialektik. Jargon der Eigentlichkeit.* Hrsg. von Rolf Tiedemann. Frankfurt am Main: Suhrkamp, 1973.

Bal, Mieke, und Norman Bryson. „Semiotics and Art History". *Art Bulletin* 73.2 (1991): 174–208.

Barthes, Roland. *Das semiologische Abenteuer.* Übers. von Dieter Hornig. Frankfurt am Main: Suhrkamp, 1988 [1985].

Barthes, Roland. *Die helle Kammer. Bemerkung zur Photographie.* Übers. von Dietrich Leube. Frankfurt am Main: Suhrkamp, 1989 [1980].

Barthes, Roland. „Die Fotografie als Botschaft" [1961]. *Der entgegenkommende und der stumpfe Sinn. Kritische Essays III.* Übers. von Dieter Horning. Frankfurt am Main: Suhrkamp, 1990a. 11–27.

Barthes, Roland. „Rhetorik des Bildes" [1964]. *Der entgegenkommende und der stumpfe Sinn. Kritische Essays III.* Übers. von Dieter Horning. Frankfurt am Main: Suhrkamp, 1990b. 28–46.

Bolter, Jay David, und Richard Grusin. *Remediation. Understanding New Media*. Cambridge, MA, und London: MIT Press, 2000.

García Canclini, Nestor. *Culturas híbridas. Estrategias para entrar y salir de la modernidad*. Ciudad de México: Grijalbo, 1990.

Crary, Jonathan. *Aufmerksamkeit. Wahrnehmung und moderne Kultur*. Übers. von Heinz Jatho. Frankfurt am Main: Suhrkamp, 2002 [1999].

Deleuze, Gilles. „Die Schichten oder historischen Formationen. Das Sichtbare und das Sagbare (Wissen)". *Foucault*. Übers. von Hermann Kocyba. Frankfurt am Main: Suhrkamp, 1992 [1986]. 69–98.

Derrida, Jacques. *Grammatologie*. Übers. von Hans-Jörg Rheinberger und Hanns Zischler. Frankfurt am Main: Suhrkamp, 1983 [1967].

Derrida, Jacques, und Marie-Françoise Plissart. *Recht auf Einsicht*. Übers. von Michael Wetzel. Hrsg. von Peter Engelmann. 2. Aufl. Wien: Passagen, 1997 [1985].

Derrida, Jacques. *Die Schrift und die Differenz*. Übers. von Rodolphe Gasché. Frankfurt am Main: Suhrkamp, 1976 [1967].

Dikovitskaya, Margaret. *Visual Culture. The Study of the Visual After the Cultural Turn*. Cambridge, MA, und London: MIT Press, 2005.

Elkins, James. *Visual Studies. A Skeptical Introduction*. London und New York, NY: Routledge, 2003.

Elkins, James (Hrsg.). *Visual Literacy*. London und New York, NY: Routledge, 2008.

Foucault, Michel. *Dies ist keine Pfeife*. Übers. und mit einem Nachwort von Walter Seitter. München: Hanser, 1974 [1973].

Foucault, Michel. *Raymond Roussel*. Übers. von Renate Hörisch-Helligrath. Frankfurt am Main: Suhrkamp, 1989 [1963].

Foucault, Michel. *Die Ordnung der Dinge. Eine Archäologie der Humanwissenschaften*. Übers. von Ulrich Köppen. 12. Aufl. Frankfurt am Main: Suhrkamp, 1993 [1966].

Freud, Sigmund. „Über Deckerinnerungen" [1899]. *Gesammelte Werke Bd. 1: Werke aus den Jahren 1892–1899*. Hrsg. von Anna Freud. Frankfurt am Main: Fischer, 1999a. 529–554.

Freud, Sigmund. *Gesammelte Werke Bd. 11: Vorlesungen zur Einführung in die Psychoanalyse*. Hrsg. von Anna Freud. Frankfurt am Main: Fischer, 1999b [1916–1917].

Freud, Sigmund. „Fetischismus" [1927]. *Gesammelte Werke Bd. 14: Werke aus den Jahren 1925–1931*. Hrsg. von Anna Freud. Frankfurt am Main: Fischer, 1999c. 311–317.

Gil, Isabel Capeloa. *Literacia visual. Estudos sobre a inquietude das imagens*. Lissabon: Edições 70, 2011.

Grusin, Richard. *Premediation. Affect and mediality after 9/11*. Basingstoke und New York, NY: Palgrave Macmillan, 2010.

Hall, Stuart, und Jessica Evans (Hrsg.). *Visual Culture. The Reader*. London und Los Angeles, CA: Sage, 1999. 1–7.

Hegel, G. W. F. *Werke Bd. 13: Vorlesungen über die Ästhetik I*. Hrsg. von Eva Moldenhauer und Karl Markus Michel. Frankfurt am Main: Suhrkamp, 1986 [1835–1838].

Heidegger, Martin. „Die Zeit des Weltbildes" [1938]. *Gesamtausgabe Abt. 1: Veröffentlichte Schriften. Bd. 5: Holzwege*. Hrsg. von Friedrich-Wilhelm von Herrmann. Frankfurt am Main: Klostermann, 1977. 75–113.

Horaz [Quintus Horatius Flaccus]. „De arte poetica liber/Das Buch von der Dichtkunst" [14 v. Chr.]. *Sämtliche Werke. Lateinisch und Deutsch*. Teil I nach Kayser, Nordenflycht, Burger hrsg. von Hans Färber, Teil II übers. und bearb. von Hans Färber und Wilhelm Schöne. München: Heimaran, 1967. 230–259.

Jay, Martin. *Downcast Eyes. The Denigration of Vision in Twentieth-Century French Thought.* Berkeley, CA: University of California Press, 1994.

Jenkins, Henry. *Convergence Culture. Where Old and New Media Collide.* New York, NY: New York University Press, 2006.

Lacan, Jacques. *Das Seminar. Buch XI (1964): Die vier Grundbegriffe der Psychoanalyse.* Übers. und hrsg. von Norbert Haas. 4. Aufl. Berlin: Quadriga, 1996 [1964].

Lessing, Gotthold Ephraim. *Laokoon oder Über die Grenzen der Malerei und Poesie.* Hrsg. und mit einem Nachwort versehen von Kurt Wölffel. Frankfurt am Main: Insel, 1988 [1766].

Marin, Louis. „Picasso. Image Writing in Process". *October* 65 (1993): 89–105.

Mirzoeff, Nicholas. *An Introduction to Visual Culture.* 2. Aufl. London und New York, NY: Routledge, 2009 [1999].

Mitchell, W. J. T. *Picture Theory. Essays on Verbal and Visual Representation.* Chicago, IL: University of Chicago Press, 1994.

Mitchell, W. J. T. *Bildtheorie.* Übers. von Heinz Jatho, Jürgen Blasius, Christian Höller, Wilfried Prantner und Gabriele Schabacher, sämtliche Übersetzungen durchges. und revidiert von Heinz Jatho und Gustav Frank. Hrsg. von Gustav Frank. Frankfurt am Main: Suhrkamp, 2008a.

Mitchell, W. J. T. „Visual Literacy or Literary Visualcy". *Visual Literacy.* Hrsg. von James Elkins. London und New York, NY: Routledge, 2008b. 11–29.

Ong, Walter J. *Oralität und Literalität. Die Technologisierung des Wortes.* Übers. von Wolfgang Schömel. Opladen: Westdeutscher Verlag, 1987 [1982].

Peirce, Charles S. „Die Kunst des Räsonierens" [1894]. *Semiotische Schriften Bd. 1.* Übers. und hrsg. von Christian Kloesel. Frankfurt am Main: Suhrkamp, 1986. 191–201.

Pessoa, Fernando. *Livro do Desassossego Composto por Bernardo Soares, Ajudante de Guarda-Livros na Cidade de Lisboa. Obra Essencial de Fernando Pessoa Bd. 1.* Hrsg. von Richard Zenith. 3. Aufl. Lissabon: Assírio e Alvim, 2006 [ca. 1913–1934].

Rancière, Jacques. *Politik der Bilder.* Übers. von Maria Muhle. Berlin und Zürich: diaphanes, 2005 [2003].

Rorty, Richard. *Der Spiegel der Natur. Eine Kritik der Philosophie.* Übers. von Michael Gebauer. Frankfurt am Main: Suhrkamp, 1987 [1967].

Sontag, Susan. *Über Fotografie. Essays.* Übers. von Mark W. Rien. 15. Aufl. Frankfurt am Main: Fischer, 2003 [1977].

Voßkamp, Wilhelm, und Brigitte Weingart. „Sichtbares und Sagbares. Text-Bild-Verhältnisse – Einleitung". *Sichtbares und Sagbares. Text-Bild-Verhältnisse.* Hrsg. von Wilhelm Voßkamp und Brigitte Weingart. Köln: DuMont, 2005. 7–22.

Weber, Samuel. *Institution and Interpretation.* Erweiterte Ausgabe. Stanford, CA: Stanford University Press, 2001 [1987].

Wittgenstein, Ludwig. *Philosophische Untersuchungen. Kritisch-genetische Edition.* Hrsg. von Joachim Schulte. Frankfurt am Main: Suhrkamp, 2001 [1953].

3.3 Ausnahmesituationen: Verhandlungen der Darstellbarkeit von existentiellem Leid

Silke Segler-Meßner

„Wie könnte der Gräuel auch Gegenstand des Ästhetischen werden, wenn es darin nichts Originelles mehr gibt?" (Kertész 1999 [1988], 59), lässt Imre Kertész den Protagonisten und Erzähler in seinem Roman *Fiasko* (1988) fragen, der sein Scheitern als Schriftsteller zu verarbeiten sucht, indem er über die Ablehnung seines ersten Manuskripts *Roman eines Schicksallosen* (1975) schreibt. Die Frage nach den medialen Verhandlungen von Ausnahmesituationen in Bild und Text konstituiert den Ausgangspunkt des folgenden Beitrags. Auch wenn zu Beginn des 21. Jahrhunderts die Erfahrung von Leiden und Gewalt dominant visuell vermittelt scheint, erschließen sich die ethischen Implikationen des Wahrgenommenen oft erst im Zusammenspiel mit textuellen Zeugnissen, die den namenlosen Gesichtern und Leibern eine Stimme und damit eine Geschichte geben. Bild und Text sind in ihrer Wirkungsmacht daher nicht als Opposition zu verstehen, sondern mit Blick auf ihre wechselseitigen Austauschbeziehungen. Ihre Interaktion eröffnet spezifische Möglichkeiten einer Aktualisierung des Vergangenen, wie am Beispiel ausgewählter Darstellungsformen nationalsozialistischer Gräuel entfaltet wird. Mögliche Korrelationen zwischen Bild und Text, die sich durch die parallele Rezeption der beiden Medien ergeben, werden auf zwei Ebenen veranschaulicht: zum einen als Spannungsverhältnis von Gesehenem und Gelesenem anhand der Darstellung der Konzentrationslager und zum anderen als ästhetisches Verfahren künstlerischer Auseinandersetzung mit Ausnahmesituationen in zwei literarischen Texten von Claudine Galéa und Samuel Beckett.

Bilder und Zeugnisse: Aktualisierungen der Vergangenheit

Als die alliierten Streitkräfte im Mai 1945 die Deportierten in den deutschen Konzentrationslagern befreien, entdecken sie das bis dahin unvorstellbare Ausmaß der nationalsozialistischen Vernichtungsmaschinerie, die sich mit dem Vorrücken der Roten Armee und der amerikanischen Truppen vergeblich selbst zu zerstören suchte, um alle Spuren der Auslöschung zu beseitigen. Noch bevor die Überlebenden von ihren Erlebnissen und Erfahrungen zu erzählen beginnen und damit den Blick auf den in sich geschlossenen Kosmos der Entmenschlichung öffnen, entstehen erste visuelle Zeugnisse, die die Situation in den Lagern zum Zeitpunkt der Befreiung dokumentieren (vgl. Chéroux 2001). Diese Fotos und Dokumentarfilme der Alliierten liefern eine einprägsame Bestandsaufnahme des Leidens in den Lagern und haben die Wahrnehmung nationalsozialistischen Terrors maßgeblich geprägt. Neben dem Bild der Deportierten, die ihre Befreier jubelnd hinter dem Stacheldrahtzaun empfangen, haben sich die Aufnahmen vollkommen ausgemergelter Leiber ebenso tief in das Gedächtnis der Nachkriegszeit eingegraben wie der Anblick von Leichenbergen, die zum Bestandteil jener Bildkultur des Grauens werden, die vielfach tradiert wurde und in jüngerer Zeit mit Roberto Benignis *Das Leben ist schön* (1997) sogar Eingang in eine Filmkomödie gefunden hat. In ihren Reflexionen zu den Möglichkeiten und Grenzen fotografischer Darstellung beschreibt Susan Sontag den Anblick der Bilder aus den befreiten Lagern Bergen-Belsen und Dachau als traumatischen Riss, der ihre Wahrnehmung für immer verändert hat. „Nichts, was ich jemals gesehen habe – ob auf Fotos oder in der Realität –, hat mich so jäh, so tief und unmittelbar getroffen. [...] Als ich diese Fotos betrachtete, zerbrach etwas in mir." (Sontag 2011 [1977], 25)

Mit ihrer Qualifizierung des Wahrgenommenen als „negativer Epiphanie" (ebd.) versucht Sontag die doppelte Bewegung zu erfassen, die der Anblick zerstörter, ausgezehrter und verstümmelter Leiber auslöst: Auf der einen Seite reagieren wir mit Schock und Entsetzen, schließen die Augen oder blicken gar weg aufgrund der unerträglichen Präsenz der erlittenen Gewalt, auf der anderen Seite affiziert uns der Schmerz und das Leiden der Anderen, deren Verwundbarkeit die prekären Bedingungen menschlicher Existenz spiegelt und an die Möglichkeit des unfreiwilligen Verlusts körperlicher Unversehrtheit gemahnt (vgl. Sontag 2005 [2003]; Butler 2010 [2009]). Diese unmittelbare Wirkung verliert sich jedoch mit zunehmender zeitlicher Distanz, sodass Georges Didi-Huberman zu Recht betont, dass der Anblick der Bilder von der Befreiung der Lager zu Beginn des 21. Jahrhunderts die Betrachterinnen und Betrachter zwar immer noch zu paralysieren vermag, aber gleichzeitig stumm zurücklässt, da sich das Wahrgenommene in seiner historischen Dimension nicht von selbst erschließt (vgl. Didi-Huberman 2010, 19). Für die Verlebendigung beziehungsweise Aktualisierung des Dargestellten müssen sich die Fotografien Didi-Huberman zufolge in ‚dialektische Bilder' verwandeln, in denen – um Benjamin zu zitieren – „das Gewesene mit dem Jetzt blitzhaft zu einer Konstellation zusammentritt." (Benjamin 1991a [1928–1940], 576) Demnach ist es möglich, dass bei der Betrachtung von Bildern und Zeugnissen der Vergangenheit ein Moment der Erinnerung auftaucht, der das zeitliche Kontinuum durchbricht und als „kritischer Punkt" (ebd., 578) zu bestimmen ist. Dieses plötzliche Aufblitzen eines Funkens der Erkenntnis kennzeichnet das Verhältnis des Vergangenen zur Gegenwart und wird von Benjamin als dialektisch bezeichnet, da sich in diesem Augenblick bereits das Zukünftige abzeichnet (vgl. Benjamin 1991b [1928–940], 1037–1038).

Um in diesem Zusammenhang den Schrecken, den die Gräuelbilder der Alliierten auslösen, in eine produktive Auseinandersetzung mit der Vergangenheit zu überführen, müssen die Fotografien als Medien des kollektiven Gedächtnisses anerkannt und lesbar gemacht werden. Dafür ist es einerseits notwendig, den historischen Kontext ihrer Genese zu rekonstruieren und damit ihre Funktionalisierung im Rahmen einer 1945 primär juristischen Bestandsaufnahme hervorzuheben. Andererseits resultiert die Besonderheit der Bilder in ihrer Reduktion auf einen Ausschnitt, der die damit assoziierte Erfahrung nur andeuten, aber nicht zeigen kann. Erst durch die Montage der Fotografien in die Zeugnisse von Überlebenden öffnet sich der Blick auf die Dauer des Erlebten, sodass die Erfahrung des Lebens im Konzentrationslager eine Verzeitlichung erfährt (vgl. Didi-Huberman 2010, 26–27). So korreliert dem Bild der Häftlinge, die in Dachau jubelnd ihre Befreier begrüßen, in Robert Antelmes Zeugnis *Das Menschengeschlecht* (1947; *L'espèce humaine*) der Eindruck einer unmittelbar einsetzenden Derealisierung der erfahrenen Gräuel, die den Amerikanern nicht vermittelbar sind. *„Frightful, yes frightful!"* (Antelme 2001 [1947], 404) lautet die erste Reaktion der amerikanischen Befreier. „Wenn der Soldat das laut sagt, versuchen einige, ihm so manches zu erzählen. Zuerst hört der Soldat zu, aber dann hören die Kerle nicht mehr auf: sie erzählen und erzählen, und bald hört der Soldat nicht mehr hin." (Ebd.) Der langersehnte Moment der Öffnung der Lager fällt demnach mit der Wahrnehmung einer unüberbrückbaren Fremdheit der befreiten Deportierten zusammen, die auf sich selbst zurückgeworfen sind.

Die ,Lesbarkeit' eines historischen Ereignisses – ob es sich, um zwei zentrale Geschehnisse von Massengewalt im 20. Jahrhundert anzuführen, um die Shoah oder um den Genozid an den Tutsis in Ruanda handelt – hängt maßgeblich von der Perspektive ab, mit dem die zahllosen einzelnen Versatzstücke der Wirklichkeit wahrgenommen und in Beziehung zueinander gesetzt werden. In Claude Lanzmanns Film *Shoah* (1985) erläutert der Historiker Raul Hilberg, dass er, statt sich mit den grundsätzlichen Fragen nach dem Ursprung und Entstehung des Bösen zu beschäftigen, den spezifischen Aspekt der Transporte als Ausgangspunkt seiner Dechiffrierung des nationalsozialistischen Vernichtungsapparates wählte (vgl. Hilberg 2011 [1992]). Auch im Falle Ruandas widersetzen sich die Historiker Nigel Eltringham und Scott Straus der Versuchung einer übergeordneten Meta-Erzählung, die vorgibt, die Ursache des Genozids an den Tutsi erschöpfend erklären zu können. Während Eltringham den Genozid an den Tutsi als Schnittstelle unterschiedlicher Diskurse präsentiert, um die Pluralität der Deutungsmöglichkeiten aufzuzeigen (vgl. Eltringham 2004), stellt Straus klar heraus, dass sich weder die These des ethnisch motivierten Hasses noch die problematische

Annahme einer afrikanischen ‚Kultur des Gehorsams‘ bewahrheitet, und wendet sich stattdessen den Aussagen der Täter und Täterinnen zu, um die Beziehung zwischen Macht, Gewalt und lokaler Dynamik aus der Perspektive der Akteure zu beleuchten (vgl. Straus 2006).

In dem Maße, in dem die Bedeutung eines historischen Ereignisses zu einem Konzept erstarrt, das von der Komplexität des Stattgefundenen auf allgemeine Modelle und Prinzipien zu abstrahieren sucht (etwa in der Gleichsetzung der Konzentrationslager mit ‚Auschwitz‘ oder in der Verabsolutierung der Shoah als Grenze des Sag- und Darstellbaren), verlieren die Bilder ihre verstörende Wirkung und dienen ausschließlich der Bestätigung einer vereinfachenden Lesart der Vergangenheit. Hinter Auschwitz als Chiffre der Massenvernichtung drohen das ausdifferenzierte System der nationalsozialistischen Vernichtungslager und die Vielzahl der Opferperspektiven zu verschwinden. Ein vergleichbarer Prozess der Komplexitätsreduktion lässt sich im Zusammenhang mit der europäischen Darstellung von (Massen-)Gewalt in Afrika beobachten, deren Ursprung immer wieder auf schwelende Stammeskonflikte zurückgeführt und damit historisch-kritischen Erklärungsmöglichkeiten entzogen wird (vgl. Sontag 2005 [2003], 84–85).

Auch die vermeintliche Überlegenheit des Bildes gegenüber dem Wort gehört zu den gern wiederholten Topoi der fortschreitenden Medialisierung der westlichen Welt (vgl. Hofmann 2006, 158–160), deren Bilderflut darauf ausgerichtet zu sein scheint, Geschichte als ununterbrochene Serie von Katastrophen zu inszenieren, und damit einer Relativierung und Entwertung der singulären Konflikte Vorschub leistet. Benjamin hat in seinen Thesen über die Möglichkeit der Erkennbarkeit von Geschichte bereits 1940 die Möglichkeit einer objektiven Erschließung von Vergangenem verworfen und im Gegenzug die Subjektivität der Aneignung als notwendige Prämisse von Erkenntnis herausgestellt. In seinem Konzept der Erkennbarkeit befinden sich Gegenwart und Vergangenheit ebenso in einem Wechselverhältnis wie Wort und Bild, deren Montage erst eine Aktualisierung des Stattgefundenen und damit eine Einfühlung in eine unbekannte, nicht selbst erlebte Situation gewährleistet (vgl. Benjamin 2010 [1940]).

(Un-)Darstellbarkeit: Die Aporien der Zeugenschaft

Die Diskrepanz von Sprache und Erlebtem stellt sich in Zeugnissen der Shoah oftmals als unaufhebbarer Bruch heraus. So hat der französische Widerstandskämpfer und erste Ehemann Marguerite Duras’, Robert Antelme, in *Das Menschengeschlecht* seine Erfahrungen im Lager zu verschriftlichen gesucht.

Antelme war nach Buchenwald deportiert worden, wurde in einem der zahlreichen Außenkommandos eingesetzt und schließlich aus Dachau befreit. In einem Vorwort reflektiert er die Unmöglichkeit der Artikulation des Erlebten. „Vor zwei Jahren, als wir gerade zurückgekehrt waren, haben wir in den ersten Tagen, glaube ich, alle unter dem Druck eines regelrechten Fieberwahns gestanden. Wir wollten sprechen, endlich angehört werden. Man sagte uns, unser physischer Zustand allein sei schon beredt genug. Aber wir kamen gerade zurück, wir brachten unsere Erinnerung mit, unsere noch ganz lebendige Erfahrung, und wir verspürten ein irrsinniges Verlangen, sie so auszusprechen, wie sie war. Und doch scheint es uns vom ersten Tag an unmöglich, die uns bewusst gewordene Kluft zwischen der Sprache, über die wir verfügten, und jener Erfahrung, die wir größtenteils immer noch am eigenen Leib spürten, auszufüllen. Aber wie sollten wir uns damit abfinden können, auf den Versuch zu verzichten, zu erklären, wie wir in diesen Zustand geraten waren, in dem wir uns immer noch befanden? Und doch war es unmöglich. Kaum begannen wir zu erzählen, verschlug es uns schon die Sprache. Was wir zu sagen hatten, begann uns nun selber *unvorstellbar* zu werden." (Antelme 2001 [1949], 7)

In diesem Abschnitt wird der Aporie der Zeugenschaft von Antelme auf exemplarische Weise Ausdruck verliehen (vgl. Agamben 2003 [1998]). Angefangen mit dem unbedingten Bedürfnis der Überlebenden zu erzählen, um von den Anderen gehört zu werden, über die Abwehr der Zuhörerinnen und Zuhörer, die bereits vom Anblick der vollkommen abgemagerten Leiber überwältigt sind, bis hin zum Insistieren der Opfer auf der Artikulation der noch physisch spürbaren Erfahrung, die sich in letzter Konsequenz dann jedoch der sprachlichen Vermittlung entzieht – für die erlittene Entmenschlichung gibt es kein anderes Idiom als die existierende Sprache, die jedoch gleichzeitig an ihre Grenzen stößt (vgl. Assmann 2007, 45). Damit ist nicht gesagt, dass das Leben im Lager undarstellbar ist. Im Gegenteil, die Vielzahl der nach dem Zweiten Weltkrieg publizierten Texte von Überlebenden, die zwischen kunstlosen Erzählungen der Erlebnisse eines Individuums, die primär dokumentarischen Charakter haben, und dem Zeugnis als neuer Form literarischer Kommunikation oszillieren, belegen nachdrücklich die Darstellbarkeit der unmenschlichen Existenzbedingungen in den deutschen Konzentrationslagern (vgl. Wieviorka 2002 [1998]; Segler-Meßner 2005).

Antelmes *Menschengeschlecht* gehört zu den Werken, deren literarische Kunstfertigkeit immer wieder betont wird. Viele Zeugnisse von Shoah-Überlebenden – wie eben Antelme oder auch Primo Levi, Charlotte Delbo und Kertész – erschöpfen sich nicht in der Dokumentation der Vergangenheit, sondern bereiten die Lagererfahrung literarisch auf, indem sie aus der Vielzahl an Erinnerungen singuläre Momente auswählen, anordnen, verdichten und montieren (vgl. Koppenfels 2007, 323–369; Günter 2004). Durch ästhetische Vermittlungsverfahren wie den Wechsel der Erzählperspektive oder die Aussparung von Emotionen, die eine Identifikation der Leserinnen und Leser mit dem Geschilderten ermöglichen, gelingt es diesen Zeugnissen, in der retrospektiven Vergegenwärtigung des Erlebten einen Modus zu finden, den unbeteiligten Außenstehenden gerade durch die bewusste Enttäuschung seiner Erwartungshaltung in die Auseinandersetzung über das Stattgefundene zu involvieren (vgl. Hartman 2000 [1997]). Die Frage nach der Möglichkeit einer spezifischen Ästhetik des Unvorstellbaren ist damit jedoch nicht gelöst. Denn die parataktische Aneinanderreihung von Wahrnehmungen in Antelmes *Menschengeschlecht*, die von der Erfahrung eines Lebens zeugen, das auf seine Grundbedürfnisse reduziert ist, ist keine Ausdrucksform, die aus der Erfahrung der Lager entstanden ist, sondern gehört zum Spektrum literarischer Darstellungsformen, die sich, wie Jacques Rancière herausstellt, bei Albert Camus ebenso findet wie bei Gustave Flaubert. „Diese extreme Erfahrung des Unmenschlichen kennt weder die Unmöglichkeit der Repräsentation noch eine eigene Sprache. Es gibt keine eigene Sprache des Zeugen." (Rancière 2009 [2008], 146)

Wenn Antelme am Ende des obigen Zitates schreibt: „Was wir zu sagen hatten, begann uns nun selbst *unvorstellbar* zu werden", artikuliert sich in dieser evozierten Unvorstellbarkeit ein Paradox, das die mediale, künstlerische Vermittlung einer Ausnahmesituation grundsätzlich kennzeichnet: die Notwendigkeit und gleichzeitige Unmöglichkeit, die erlittene Negation der (eigenen) menschlichen Existenz zu bezeugen (vgl. Guyer 2007). Darüber hinaus impliziert der zeitliche Abstand zugleich auch das Bewusstsein der Distanz als Prämisse von Zeugenschaft. Erst im Rückblick, im Akt des Zuschauens, wird eine Darstellung des Leidens möglich, das immer schon an die Bewusstwerdung des eigenen Entronnen-Seins geknüpft ist, das die Überlebenden von den umgekommenen Opfern trennt (vgl. Weigel 2000).

Wie kulturpolitisch aufgeladen die Diskussion über das Undarstellbare und damit über die Frage einer medialen Aktualisierung der Vergangenheit ist, zeigt beispielhaft eine Ausstellung zu Beginn des 21. Jahrhunderts, in der Didi-Huberman vier Fotografien präsentiert, die von Mitgliedern des Sonderkommandos in Auschwitz aufgenommen und versteckt wurden (Abb. 1–2). Die Vorstellung, dass es möglich war, aus dem Zentrum der Vernichtung die Auslöschung der europäischen Jüdinnen und Juden zu dokumentieren, lässt in Frankreich einen heftigen Streit in Bezug auf die Frage entbrennen, ob es sich um eine Visualisierung der Shoah handelt oder nicht. Didi-Hubermans Position kann mit dem Titel seines 2003 erschienenen Werkes umrissen werden, das die Etappen der Auseinandersetzung rekonstruiert: Es handelt sich um *Bilder trotz allem* (2003): Angesichts der Tatsache, dass die Mitglieder des Sonderkommandos ihr Leben aufs Spiel gesetzt haben, um Bilder des vermeintlich Undarstellbaren zu liefern, hat die

Nachwelt die Pflicht, die Fotografien als Zeugnisse der Shoah wahrzunehmen (vgl. Didi-Huberman 2007 [2003]).

Abb. 1: Eines von vier Bildern, die anonym von Mitgliedern des ‚Sonderkommandos' in Auschwitz aufgenommen und versteckt wurden

Abb. 2: Eines von vier Bildern, die anonym von Mitgliedern des ‚Sonderkommandos' in Auschwitz aufgenommen und versteckt wurden

Ebenso wie Didi-Huberman beziehen auch Jean-Luc Nancy und Rancière Position gegen den Diskurs der Undarstellbarkeit, der auf einer Fehldeutung des alttestamentarischen Darstellungsverbots und auf der Ausblendung der formalen Besonderheiten des Bildes beruht. Das biblische Darstellungsverbot referiert primär auf die Verurteilung von Skulpturen, die als Verkörperungen göttlicher Präsenz fungieren und der Götzenanbetung dienen (vgl. Nancy 2006 [2003], 55–56). „Das Bild ist nicht das Duplikat einer Sache", schreibt Rancière. „Es ist ein komplexes Beziehungsspiel zwischen dem Sichtbaren und dem Unsichtbaren, dem Sichtbaren und dem Wort, dem Gesagten und dem Ungesagten. Es ist nicht die einfache Wiedergabe dessen, was sich vor dem Fotografen oder Filmemacher befand." (Rancière 2009 [2008], 111)

Die Visualisierung eines Gegenstands oder einer Person erschöpft sich demnach nicht in der mimetischen Reproduktion des Sichtbaren, sondern erweist sich als künstlerische Figuration von etwas Darstellbarem, das im selben Augenblick auf das Undarstellbare verweist oder zu ihm in Beziehung tritt. Die bildliche Vermittlung akzentuiert den medialen Konstruktcharakter von Wirklichkeit und wirft damit die Frage nach Wahrheit und Authentizität von Zeugenschaft auf. Insofern die Shoah als Krise der Repräsentation selbst verstanden wird, ist ihre mediale Vermittlung Nancy zufolge nicht nur möglich, sondern unabdingbar, widerlegt doch bereits jeder Darstellungsversuch die nationalsozialistische Vernichtung aller Spuren des jüdischen Volkes. „Die ‚Darstellung des Holocaust' ist nicht nur möglich und berechtigt, sie ist notwendig und unerlässlich – vorausgesetzt, der Begriff der ‚Darstellung' wird im engen und eigentlichen Sinne aufgefasst." (Nancy 2006 [2003], 55)

Als Beispiel für einen hochgradig reflexiven Umgang mit dieser Darstellungsproblematik lässt sich Claude Lanzmanns neunstündiger Dokumentarfilm *Shoah* anführen. Im ersten Teil werden Überlebende, Täter und Täterinnen, Mitläufer und Dritte vor laufender Kamera zu ihrem Wissen über die Deportationen und Konzentrationslager befragt oder sie werden aufgefordert, das Erlebte nachzustellen. Hier findet sich auch eine Sequenz, die am Bahnhof Sobibór spielt. Zu Beginn der Einstellung ist der Innenraum der Bahnhofshalle im Halbdunkel zu sehen: Im Mittelpunkt des Bildes befindet sich ein weißes Metallschild, das an der Wand hängt und den Namen der Station wie die Abfahrtzeiten der Züge in schwarzer Schrift deutlich lesen lässt (Abb. 3). Während der linke Bildrand im Dunkeln liegt, ist auf der rechten Seite eine alte Frau mit Kopftuch zu sehen, die auf einer Bank vor dem Fenster sitzt; im vorderen rechten Bildrand, kaum erkennbar, scheint eine weitere Person auf die Ankunft eines Zuges zu warten. Mit diesem Szenario wird den Zuschauerinnen und Zuschauern der Eindruck vermittelt, dass hier die Zeit stehengeblieben ist, ja dass sie sich jenseits der Hektik der modernen Welt in der Provinz befinden, die noch unberührt von technologischen Neuerungen des Verkehrssystems zu sein scheint.

Abb. 3: Szene aus Claude Lanzmanns Dokumentarfilm *Shoah*, 1985

Im Voice-Over beginnt ein Mann zu erzählen, dass er ab 1942 als Hilfsweichensteller in Sobibór tätig war. Seine polnischen Worte werden von einer Übersetzerin ins Französische übertragen, wie bei allen Gesprächen Claude Lanzmanns mit polnischen Zeitzeug/innen, deren Namen im Verlauf der Gespräche im unteren Bildrand eingeblendet werden. Diese Dopplung des Ausgesagten hat eine zeitliche Verzögerung und damit eine Verlangsamung zur Folge, die die Aufmerksamkeit der Zuschauerinnen und Zuschauer auf die Gesichter und Gesten der sprechenden Personen lenkt, die in der folgenden Einstellung auf einer Bank an der Rückseite des Bahnhofsgebäudes sitzen. Mit der ersten Frage Lanzmanns nach etwaigen Änderungen der Bahnhofsanlage zwischen 1942 und der zeitgenössischen Gegenwart, auf die Jan Piwonski verneinend reagiert, wird deutlich, dass das Bahnhofsgebäude, die Gleise und das umgebende Gelände Originalschauplätze sind, an dem die Geschichte latent immer noch präsent ist. In der folgenden Einstellung bittet Lanzmann den ehemaligen Hilfsweichensteller, ihm die Grenze zu zeigen, an der das Lager begann. Piwonski erhebt sich, überschreitet die ersten Gleise, bleibt stehen, zeigt auf den Boden und sagt: „Hier", dabei mit der Hand nach rechts zum Waldrand deutend. Lanzmann überschreitet die ausgewiesene Grenze und fragt, ob er sich nun im Lager befände, was Piwonski bejaht, woraufhin der Filmemacher auf die andere Seite zurücktritt und erneut fragt, ob er nun außerhalb des Lagers sei, was der Augenzeuge abermals bestätigt (Abb. 4).

Abb. 4: Szene aus Claude Lanzmanns Dokumentarfilm *Shoah*, 1985

Mit diesem *reenactment*, das die Demarkationslinie zwischen Leben und Tod als Zäsur im Raum sinnfällig werden lässt, die 1942 durch den Stacheldrahtzaun, in der Gegenwart jedoch allein in der Differenz zwischen ‚hier' und ‚dort' visualisiert wird, appelliert Lanzmann unmittelbar an die Imagination der Zuschauerinnen und Zuschauer, die durch die vorangegangenen Zeugnisse der Überlebenden der Shoah wissen, was dieser Unterschied bedeutet. Hier Tod, dort Leben, lautet das Fazit Lanzmanns im Gespräch mit Piwonski. Hier die Negation des Menschseins, dort die stumme Billigung der Anderen – in diesem Fall der Polinnen und Polen –, die ahnten und zum Teil wussten, was hinter dem Zaun mit den Menschen passierte, die mit Zügen aus ganz Europa dorthin – nach Sobibór, Auschwitz oder Treblinka – gebracht wurden. Gleichzeitig verdeutlicht die skizzierte Nachstellung der Grenze zwischen Leben und Tod Lanzmanns Ästhetik der halluzinatorischen Vergegenwärtigung der Shoah, die mit einer radikalen Ablehnung von Fotografien als vermeintlich authentischer Wiedergabe des Historischen einhergeht. An die Stelle stummer, bedeutungsloser Archivaufnahmen tritt die imaginäre Realisierung des Stattgefundenen, deren Intensität die Grenzen zwischen Vergangenheit und Gegenwart aufhebt (vgl. D'Arcy 2008). Damit wird den historischen Aufnahmen jeglicher Erkenntnischarakter abgesprochen, was insofern paradox ist, als auch sie eine Geschichte erzählen und längst Teil unserer Imagination geworden sind. Ohne die Aufnahmen der Alliierten nach der Befreiung bleibt der Tod im Lager dem Reich des Unvorstellbaren verhaftet, denn allein die Überlebenden und Augenzeugen verfügen über das Wissen, was sich hinter dem Stacheldrahtzaun abgespielt hat. „Um zu wissen, muss man sich ein Bild machen" (Didi-Huberman 2007 [2003], 15) – so eröffnet Didi-Huberman sein Plädoyer für eine Relektüre der Bilder als Zeugnisse des Undarstellbaren. Um zu wissen, so möchte man hinzufügen, sind Bilder und Texte erforderlich, die sich wechselseitig in ihren unterschiedlichen Bedeutungsschichten aufschließen.

Vom Leben und Sterben: literarische Visualisierungen

Im Mai 2004 gelangt eine Serie von Fotografien in die Medien, die Folterszenen irakischer Gefangener durch Angehörige des US-Militärs in Abu Ghraib zeigen und weltweit Entsetzen und Empörung auslösen. Zu den Bildern, die als besonders obszön empfunden werden, gehört die Aufnahme einer Frau, die einen nackten, am Boden liegenden Gefangenen an einer Leine hält. Lynndie England, die Soldatin auf der Fotografie, wurde ein Jahr später zu drei Jahren Haft verurteilt und zeigte weder beim Prozess noch nach ihrer vorzeitigen Haftentlassung Reue. Im Gegenteil, ihr fehlendes Unrechtsbewusstsein kommt deutlich in einem Interview mit der *Daily Mail* im Juni 2009 zum Ausdruck, in dem sie die Absurdität einer Entschuldigung damit begründet, dass es sich bei dem Opfer um einen ‚Feind' handelt, der im Zusammenhang mit dem amerikanischen Kampf gegen den Terror nach dem 11. September zu bekämpfen sei (vgl. Jones 2009; zu den Abu Ghraib-Bildern siehe auch 3.2 GIL).

Das allgemeine Entsetzen angesichts des unmenschlichen Umgangs der Sieger mit den Besiegten, der auch weibliche Militärs erfasste und ihre Lust an der Folter offen zur Schau stellen ließ, währte nicht lange und wurde rasch von weiteren Skandalaufnahmen überdeckt, ja überboten, die im Zeitalter der Medialisierung aller Lebensbereiche nicht nur im Fernsehen und im Netz, sondern auch auf Handys zu betrachten sind und das an fast jedem möglichen und unmöglichen Ort der Welt (vgl. Chéroux 2011 [2009]). Trotz der medialen Omnipräsenz der Folterbilder blieb eine Auseinandersetzung mit dem Gezeigten aus, die die ethischen Implikationen des Rollenwechsels von Opfer und Täter oder die Funktion der Frauen in dem Foltergefängnis reflektierte. Eine Diskussion über die

Rückkehr der Folter im Dienste des Allgemeinwohls zur Verhinderung weiterer Terroranschläge spaltet seitdem die Geister und verdeckt nur unzureichend die fehlende Empathie der Öffentlichkeit für die irakischen Opfer.

Die französische Autorin Galéa setzt sich diesem beschleunigten Bilderkonsum zu Beginn des 21. Jahrhunderts entgegen, der die Indifferenz gegenüber dem Leiden der Anderen zu verstärken droht, und hat sich das Bild der folternden Soldatin an die Wand gehängt, um es zu betrachten und auf sich wirken zu lassen. In ihrem Theater-Monolog *Au bord* (2011) geht sie der irritierenden Faszination nach, den die erotisch konnotierte Visualisierung der Unterwerfung auf die Welt und auf sie ausübt. Mit „Je suis cette laisse en vérité" (Galéa 2010, 7; ‚Ich bin in Wahrheit diese Leine.') setzt ihr Theatertext ein, der Zuschauerinnen und Zuschauer zu Komplizen einer Entäußerung werden lässt, die ihre Kraft aus dem Brechen von Tabus wie der Identifikation mit der Täterin zieht. Mehrfach stellt die Sprecherin in diesem Monolog heraus, dass das auf dem Boden liegende Opfer sie nicht interessiert. Im Gegenzug löst der Anblick der amerikanischen Soldatin Assoziationen aus, die zum einen mit möglichen kindlichen Erinnerungen an die Grausamkeit der Mutter und zum anderen mit dem Machtgefälle im homosexuellen Liebesspiel zwischen der Sprecherin und ihrer Geliebten verbunden sind.

Nach anfänglichen Schwierigkeiten, das Wahrgenommene in Worte zu fassen, nimmt das weibliche Ich das Foto schließlich ab und gibt im Folgenden der Artikulation jener Fesselung Raum, die das Bild der Leine in ihrem Bewusstsein auslöst und zu einem ununterbrochenen Strom von Gedanken, Empfindungen, Erinnerungen und Urteilen führt. Ausgehend von der offensichtlichen Demonstration der Macht seitens der amerikanischen Soldatin geht die Sprecherin in *Au bord* allen Spuren und Verbindungen nach, die mit der Opposition Macht vs. Ohnmacht, Überlegenheit vs. Unterlegenheit, Täter/in vs. Opfer assoziiert sind, bis sie sich schließlich selbst zu verlieren droht. Doch nur, indem sie sich selbst aufs Spiel setzt, wie Galéa in einem Interview sagt, spürt sie die Ambivalenzen einer vermeintlich klaren Trennung von Gut und Böse auf und demonstriert deutlich die Unmöglichkeit, historische Ereignisse auf einen klaren Dualismus zu reduzieren.

Galéas theatrale Intervention gegen eine globale Bildpolitik, die den Akt der Demütigung des Opfers durch seine öffentliche, mediale Zurschaustellung wiederholt, liefert mit ihrer Fokussierung der Pose der Soldatin, die ihre Macht in vollkommener Beiläufigkeit präsentiert, ein exemplarisches Beispiel für die Möglichkeiten der Literatur, einen anderen Umgang mit Bildern zu eröffnen (vgl. Müller-Schöll 2012). Die Internalisierung der Fotografie als Verfahren einer bewusst subjektiven Auseinandersetzung mit dem Gesehenen lässt ein Werk entstehen, das jeden (gattungsspezifischen) Rahmen sprengt. In einem Interview betont die Autorin, dass es sich um einen Theatertext handelt, dessen Theatralität sich insbesondere in seinem gesprochenen Charakter offenbart. Gleichzeitig stellt die vollkommen schonungslose Exposition der Sprecherin in dem ununterbrochenen Bewusstseinsstrom, der – gerahmt von einem Prolog und einem Epilog – das Zentrum des Monologs bildet, einen Akt der Entblößung dar, der Zuschauer/innen ebenso verstört wie involviert (vgl. Galéa 2011). Die Fotografie der folternden amerikanischen Soldatin wird in diesem Zusammenhang zum Auslöser einer theatralen Interaktion, die ausgehend von der Begegnung mit dem radikal Anderen die blinden Flecken einer Politik der Bilder problematisiert, die vorgibt, dem Menschlichen oder dem Unmenschlichen ein Gesicht zu geben, dabei aber die Kriterien ausblendet, die darüber entscheiden, welches Leben betrauernswert ist und welches nicht (vgl. Butler 2005 [2004], 36–68).

Löst in Galéas Monolog die Aufnahme der Soldatin, die den irakischen Gefangenen an einer Leine hinter sich herzieht, eine sowohl ästhetisch gelungene als auch politisch überzeugende Auseinandersetzung aus, so lässt sich in der Spätprosa Becketts ein umgekehrtes Verfahren beobachten, insofern seine Kurztexte selbst zu Bildern werden und den Fokus auf die Visualisierung von Räumen, Bewegungen und Gesten legen (vgl. Segler-Meßner 2011, 165). Die Endzeitvisionen, die Beckett entfaltet, lassen sich dabei weniger als rein abstrakte künstlerische Experimente definieren, die ihre Produktivität aus dem Prinzip der Negation schöpfen, denn als bildliche Echos auf die Katastrophen des 20. Jahrhunderts. Insbesondere das Prosadrama *Der Verwaiser* (1972; *Le dépeupleur*) präsentiert eine Welt, die an das Konzentrationslager als Reich der Sterbenden und Halbtoten gemahnt, was durch den intertextuellen Hinweis auf Levis *Ist das ein Mensch?* (1947; *Se questo è un uomo*) am Ende des Textes nahe gelegt wird (vgl. Beckett 1972 [1970], 129). Die circa 200 Körper befinden sich, so die Beschreibung des Textes, in einem Zylinder, dessen Wände aus gummiartigem Material bestehen, wodurch der Eindruck vollkommener Tonlosigkeit entsteht. Die Beschreibung der allesamt nackten menschlichen Leiber evoziert aufgrund der gräulich-weißen Farbgebung der Haut den Eindruck von Halbtoten, die sich in einem letzten Akt der Willensanstrengung gegen die Agonie, in der sie sich befinden, in zum Teil grotesk verzerrten Posen aufzubäumen scheinen (vgl. ebd., 129). Eine Analogie zu den Bildern der Leichenberge oder zu der Schilderung der Transporte der ausgezehrten Deportierten, kurz bevor die Lager befreit werden, drängt sich an dieser Stelle auf.

Beckett entwirft in *Der Verwaiser* ein Szenario, das durch den Wechsel zwischen Licht und Dunkelheit, zwischen Wärme und Kälte und damit zwischen Agilität und Starre die Ausnahmesituation zwischen Leben und Tod als literarisches Bild zu aktualisieren sucht. In Analogie zu dem Prozess der Entmenschlichung, den Antelme, aber auch Kertész oder Levi als konsequente Reduktion der Deportierten auf ihre physischen Bedürfnisse schildern, erscheinen die Wesen in dieser

Bleibe nicht als Menschen, sondern als bloße Körper, die aufgrund der besonderen Lebensbedingungen sogar die Fähigkeit zur sexuellen Reproduktion verloren haben. Die vollständige Nacktheit impliziert eine Zurschaustellung körperlicher Verletzbarkeit als Signum des Menschen, der, eingeschlossen in den Zylinder, von der Flucht oder von einem möglichen Ausweg träumt, ohne ihn jemals zu finden. „Ich bin pinkeln gegangen" (Antelme 2001 [1947], 13) – mit diesen Worten eröffnet Antelme seinen Zeugenbericht und lenkt damit von Anfang die Aufmerksamkeit auf den entblößten Leib, durch den der Mensch dem Anderen gänzlich ausgeliefert ist. Gleichzeitig beginnt sein Zeugnis im Lager und endet auch dort, obwohl die Alliierten Dachau bereits befreit haben, sodass die Ausnahmesituation als Dauerzustand evoziert wird, was im Gegensatz zu den glücklich winkenden Deportierten steht, die auf den Fotos der Alliierten gezeigt werden (vgl. Didi-Huberman 2010, 26–32). Auch im *Verwaiser* realisiert sich der Kampf ums Überleben nicht als ethische Entscheidung, sondern als Widerstand der biopolitischen Substanz, auf die der Körper reduziert wird – eine Vision, die unmittelbar auf die Zeugnisse der Überlebenden zu referieren scheint.

Parallel zur physischen Auflösung befindet sich auch die soziale Gemeinschaft der Lebewesen in dem Zylinder in einem Zersetzungsprozess. Zwar werden zu Beginn noch verwandtschaftliche und freundschaftliche Relationen erwähnt, diese haben jedoch ihre stabilisierende Funktion verloren, da die Identifikation des Anderen aufgrund der Dichte und Dunkelheit fast unmöglich geworden ist. An die Stelle verbaler Kommunikation treten Gesten und Augenbewegungen, mit denen die Bewohnerinnen und Bewohner den Kontakt mit den anderen suchen. Paradoxerweise versinnbildlichen die „Besiegten" (Beckett 1972 [1970], 59), die an der Wand gelehnt mit gesenktem Kopf sitzen, den paradigmatischen Existenzmodus innerhalb des Bewegungssystems des Zylinders, der sie aus der Masse der noch aktiven Lebewesen heraushebt. Als Sinnbild der Hoffnungslosigkeit verkörpern sie einen Seinszustand, der jenseits von Verdammnis und Heil zu situieren ist. Sie konstituieren den eigentlichen Fluchtpunkt der Suche nach einem möglichen Ausweg und sind an die wiederkehrende Vision einer Endzeit gebunden, in der die Bewegung zum Stillstand und damit alles Leben zum Ende gekommen ist.

In der letzten *Verwaiser*-Szene fährt der kameraähnliche Blick des Erzählers über die Masse der erstarrten Leiber auf dem Boden des Zylinders, die sitzend oder stehend in ihrer Bewegung eingefroren sind, da es aufgrund der Begrenztheit des Raumes und der Vielzahl an Körpern, wie in den überfüllten Deportationswaggons der Nazis, keine Möglichkeit gibt, sich hinzulegen. In den Fokus der Wahrnehmung gerät ein letzter Überlebender, der sich in der Menge zu regen beginnt und dessen Zugehörigkeit zur Gattung Mensch mehrfach mit der wiederauftauchenden konditionalen Formel „wenn es ein Mann ist" infrage gestellt wird. Er sucht nicht mehr nach einem Ausweg, sondern bahnt sich den Weg zu jener Besiegten, die zuvor den „Suchern" als Orientierungspunkt diente. „Da ist er also, wenn es ein Mann ist, er öffnet die Augen wieder und bahnt sich nach einer gewissen Zeit einen Weg bis zu jener ersten Besiegten, die so oft als Richtpunkt gewählt wurde." (Beckett 1972 [1970], 129–131) Die „Besiegte" verkörpert exemplarisch jene Haltung des *épuisé* (‚Erschöpften'), der aller Existenz vorausgeht und der dem Überlebenden nun als Antwort auf seine letzte Suche dient (vgl. Deleuze 1992, 63). Beim Blick in ihre Augen entdeckt er jene „ruhigen Einöden" (Beckett 1972 [1970], 131), in denen er seinen Platz und seine Haltung findet, die es ihm ermöglicht, sich der Selbstpreisgabe hinzugeben.

Becketts späte Prosa und insbesondere *Der Verwaiser* liefert ein narrativ aktualisiertes Bild verlöschenden Lebens, das mit konventionellen Lektüregewohnheiten bricht und an die Imagination der Leserinnen und Leser appelliert. Als literarische Reminiszenz auf die Welt der Lager vermittelt es eine sinnliche Erfahrung jenes absterbenden Lebensfunkens, den Kertész als letztmögliche Form des Widerstands gegen den Tod beschrieben hat. Der Verlust metaphysischer Seinsgewissheit beziehungsweise jenes Weltvertrauens, das mit dem Betreten der Lager verloren ging, wie Jean Améry treffend beschreibt (vgl. Améry 1997 [1966], 73), wird in dem pulsierenden Raumgebilde sinnlich erfahrbar. In der lesenden Aktualisierung dieses Bildes realisiert sich eine Auseinandersetzung mit der Frage nach den Grenzen menschlicher Existenz, auf die es keine definitive Antwort gibt.

Literaturverzeichnis

Agamben, Giorgio. *Was von Auschwitz bleibt. Das Archiv und der Zeuge. Homo sacer III*. Übers. von Stefan Monhardt. Frankfurt am Main: Suhrkamp, 2003 [1998].

Améry, Jean. *Jenseits von Schuld und Sühne. Bewältigungsversuche eines Überwältigten*. 3. Aufl. Stuttgart: Klett-Cotta, 1997 [1966].

Antelme, Robert. *Das Menschengeschlecht*. Übers. von Eugen Helmlé. Frankfurt am Main: Fischer, 2001 [1947].

D'Arcy, Michael. „Claude Lanzmann's *Shoah* and the Intentionality of Image". *Visualizing the Holocaust. Documents, Aesthetics, Memory*. Hrsg. von David Bathrick, Brad Prager und Michael D. Richardson. Rochester, NY: Camden House, 2008. 138–161.

Assmann, Aleida. „Vier Grundtypen von Zeugenschaft". *Zeugenschaft des Holocaust. Zwischen Trauma, Tradierung und Ermittlung*. Hrsg. im Auftrag des Fritz Bauer Instituts von Michael Elm und Gottfried Kößler. Frankfurt am Main: Campus, 2007. 33–51.

Beckett, Samuel. *Le dépeupleur. Der Verwaiser*. Übers. von Elmar Tophoven. Frankfurt am Main: Suhrkamp, 1972 [1970].

Benjamin, Walter. *Gesammelte Schriften 5.1: Das Passagen-Werk*. Hrsg. von Rolf Tiedemann. Frankfurt am Main: Suhrkamp, 1991a [1928–1940].

Benjamin, Walter. *Gesammelte Schriften 5.2: Das Passagen-Werk.* Hrsg. von Rolf Tiedemann. Frankfurt am Main: Suhrkamp, 1991b [1928–1940].

Benjamin, Walter. *Über den Begriff der Geschichte. Werke und Nachlass – Kritische Gesamtausgabe Bd. 19.* Hrsg. von Gérard Raulet. Berlin: Suhrkamp, 2010 [1940].

Butler, Judith. *Gefährdetes Leben. Politische Essays.* Übers. von Karin Wördemann. Frankfurt am Main: Suhrkamp, 2005 [2004].

Butler, Judith. *Raster des Krieges. Warum wir nicht jedes Leid beklagen.* Übers. von Reiner Ansén. Frankfurt am Main und New York, NY: Campus, 2010 [2009].

Chéroux, Clément. *Diplopie. Bildpolitik des 11. September.* Übers. von Robert Fajen. Konstanz: University Press, 2011 [2009].

Chéroux, Clément (Hrsg.). *Mémoire des camps. Photographies des camps de concentration et d'extermination nazis (1933–1999).* Paris: Patrimoine photographique Marval, 2001.

Deleuze, Gilles. „L'épuisé". Nachwort zu: Samuel Beckett. *Quad et autres pièces pour la télévison.* Paris: Minuit, 1992. 55–106.

Didi-Huberman, Georges. *Bilder trotz allem.* Übers. von Peter Geimer. München: Fink, 2007 [2003].

Didi-Huberman, Georges. *Remontages du temps subi. L'œil de l'histoire 2.* Paris: Minuit, 2010.

Eltringham, Nigel. *Accounting for Horror. Post-Genocide Debates in Rwanda.* London: Pluto Press, 2004.

Galéa, Claudine. *Au bord.* Saint-Gély-du-Fesc: Editions espaces, 2010.

Galéa, Claudine. „Entretien avec C. Galea, lauréate du Grand Prix de littérature dramatique". theatre-video.net, 7. November 2011. http://www.theatre-video.net/video/Entretien-avec-Claudine-Galea-laureate-du-Grand-Prix-de-litterature-dramatique. (12. Mai 2014).

Günter, Manuela. „Repräsentation im Schreiben Überlebender". *Verbot der Bilder – Gebot der Erinnerung. Mediale Repräsentation der Schoah.* Hrsg. von Bettina Bannasch und Almuth Hammer. Frankfurt am Main und New York, NY: Campus, 2004. 305–318.

Guyer, Sara. *Romanticism after Auschwitz.* Stanford, CA: Stanford University Press, 2007.

Hartman, Geoffrey. *Das beredte Schweigen der Literatur. Über das Unbehagen an der Kultur.* Übers. von Frank Jakubzik. Frankfurt am Main: Suhrkamp, 2000 [1997].

Hilberg, Raul. *Täter, Opfer, Zuschauer. Die Vernichtung der Juden 1933–1945.* Übers. von von Hans Günter Holl. 5. Aufl. Frankfurt am Main: Fischer, 2011 [1992].

Hofmann, Wilhelm. „Die Politik der Bilder und der Worte. Anmerkungen zum Verhältnis sprachlicher und visueller Kommunikation bei Susan Sontag und Roland Barthes". *Bildpolitik – Sprachpolitik. Untersuchungen zur politischen Kommunikation in der entwickelten Demokratie.* Hrsg. von Wilhelm Hofmann. Münster: LIT, 2006. 157–180.

Jones, David. „Why the hell should I feel sorry, says girl soldier who abused Iraqi prisoners at Abu Ghraib prison". *Daily Mail online,* 13. Juni 2009. http://www.dailymail.co.uk/news/article-1192701/Why-hell-I-feel-sorry-says-girl-soldier-abused-Iraqi-prisoners-Abu-Ghraib-prison.html. (12. Mai 2014).

Kertész, Imre. *Fiasko.* Übers. von György Buda. 2. Aufl. Berlin: Rowohlt, 1999 [1988].

Koppenfels, Martin von. *Immune Erzähler. Flaubert und die Affektpolitik des modernen Romans.* München: Fink, 2007.

Müller-Schöll, Nikolaus. „Auf der Suche nach der verlorenen Realität". *Theater heute* 1 (2012): 42–45.

Nancy, Jean-Luc. *Am Grunde der Bilder.* Übers. von Emanuel Alloa. Zürich und Berlin: diaphanes, 2006 [2003].

Rancière, Jacques. *Der emanzipierte Zuschauer*. Übers. von Richard Steurer. Hrsg. von Peter Engelmann. Wien: Passagen, 2009 [2008].

Segler-Meßner, Silke. *Archive der Erinnerung. Literarische Zeugnisse des Überlebens nach der Shoah in Frankreich*. Köln, Weimar und Wien: Böhlau, 2005.

Segler-Meßner, Silke. „(Text-)Körper und Räumlichkeit in Becketts ‚Le Dépeupleur'". *Raum und Objekt im Werk von Samuel Beckett*. Hrsg. von Franziska Sick. Bielefeld: transcript, 2011. 165–184.

Sontag, Susan. *Das Leiden anderer betrachten*. Übers. von Reinhard Kaiser. Frankfurt am Main: Fischer, 2005 [2003].

Sontag, Susan. *Über Fotografie*. Übers. von Mark W. Rien. 20. Aufl. Frankfurt am Main: Fischer, 2011 [1977].

Straus, Scott. *The Order of Genocide. Race, Power, and War in Rwanda*. Ithaca, NY, und London: Cornell University Press, 2006.

Weigel, Sigrid. „Zeugnis und Zeugenschaft, Klage und Anklage. Die Geste des Bezeugens in der Differenz von ‚identity politics', juristischem und historiographischem Diskurs". *Zeugnis und Zeugenschaft. Jahrbuch des Einstein Forums 1999*. Hrsg. von Rüdiger Zill. Berlin: Akademie, 2000. 111–135.

Wieviorka, Annette. *L'ère du témoin*. Paris: Hachette, 2002 [1998].

3.4 Pornografie und Bildkritik in Texten des 20. Jahrhunderts

Peter Rehberg

Pornografisierung von Gesellschaft: *Sexting*

Unter Jugendlichen in den USA ist der Austausch von intimen Bildern per SMS oder Email derzeit populär. Als eine neue Form sexueller Kommunikation, bei der Intimität über Bildlichkeit beschworen wird, wirft diese Praktik des sogenannten *sexting* (entsprechend dem englischsprachigen Verb *texting*, das für das Schreiben von SMS verwendet wird) eine Reihe von Fragen auf: Ist der Austausch von Schnappschüssen von Körperteilen, insbesondere der Genitalien eine Art erotische Parodie des Liebesbriefes, dessen Poesie hier auf krude Weise durch Pornografie ersetzt wurde? Dokumentiert *sexting* nur ein vorzeitiges Ende romantischer Vorstellungskraft, oder ist damit die Vormachtstellung des Bildes gegenüber dem Wort total geworden, der sich das potentielle Paar von nun an zu unterwerfen hat? Hat, wer schon alles gezeigt hat, nichts mehr zu sagen?

Mit Blick auf die Diskussion von Text-Bild-Relationen in Bezug auf die Pornografie könnte die Kommunikationsform des *sexting* als vorläufiger Endpunkt einer Pornografisierung von Gesellschaft – als eines visuellen Spektakels – in der Kultur der Gegenwart gelten. Man könnte sie als Symptom dafür lesen, dass sich die Frage nach dem Verhältnis von Visualität und Text in der Pornografie, wie sie etwa im Kontext von Zensurdebatten zu Romanveröffentlichungen der 1950er und 1960er Jahre noch leidenschaftlich verhandelt oder zum Gegenstand literarischer Strategien der feministischen und queeren Avantgarde der 1980er und 1990er wurde, weitestgehend erledigt hat. Denn immerhin ist der pornografische Film, der seit den 1970er Jahren mit Produktionen wie *Deep Throat* (1972) ein Massenpublikum erreichte und aus dem Underground in den Mainstream rückte, sowohl hinsichtlich der Produktion wie der Rezeption (über Super 8, VHS, DVD und schließlich Handykameras und das Internet), immer billiger geworden und hat damit privat und kommerziell eine größere Verbreitung gefunden. Aus der Perspektive medientechnologischer Entwicklungen erscheint der pornografische Text – inwieweit er auch Literatur ist, wird noch zu diskutieren sein – also auf den ersten Blick rückständig, und es stellt sich die Frage, ob er nur solange im Umlauf bleibt, wie kein visuelles Material zur Verfügung steht, das ihn ersetzen kann. Geht man von einer solchen medientechnischen Verankerung der Bild-Text-Hierarchie aus, so ließe sich schlussfolgern, dass das Pornografische im digitalen

Bild schließlich ,zu sich selbst' gekommen ist – wie *sexting* mit der bildlichen Durchdringung des Mailwechsels und der subjektiven Begehrensstruktur dann belegen würde. Innerhalb eines solchen Narrativs verliefe die erfolgreiche Popularisierung des pornografischen Bildes auf Kosten des Textes: Der pornografische Auftrag, *user* zu erregen, muss nicht mehr den Umweg über die Abstraktion der Schrift nehmen. Doch könnte es sein, dass beim Bildertausch per Handy oder Tablet-PC, der ja nicht zuletzt an die kleinen Zettel mit Botschaften erinnert, die früher heimlich unter der Schulbank weitergereicht wurden, nicht nur das Wort durch das Bild ersetzt wird, sondern dass gerade die Konkurrenz der Medien zueinander zum Vorschein bringt, was das Wort kann? Denn die pornografische Korrespondenz läuft ja keineswegs sprachlos ab. Vielmehr sind beim *sexting* die privaten Aufnahmen im Rahmen eines schriftlichen Dialogs platziert: Eher als den Wortwechsel zu ersetzen, wird das pornografische (Selbst-)Bild an der Schnittstelle von Textlichkeit und Visualität entworfen. Aber welche Rolle übernimmt dabei das Bild, welche der Text?

Dass die Frage nach dem Text-Bild-Verhältnis im Genre der Pornografie nicht lediglich auf eine Gegenüberstellung von Schrift- und Bildmedien hinauslaufen kann, gilt nicht erst innerhalb einer Kultur der *media convergence*, in der Bild und Text durch Technologien wie PC und Mobiltelefon neu miteinander kombiniert werden. Denn diese Frage stellt sich insofern auch am Ort der Literatur selbst – und damit also im Medium Schrift –, als diese von der Bildlichkeit der Pornografie bereits heimgesucht wurde. So findet eine Gleichsetzung von Pornografie und Bildlichkeit sowohl innerhalb von kritischen als auch von literarischen Diskursen des 20. Jahrhunderts statt, die hier durch Essays von Susan Sontag und Steven Marcus einerseits und durch Romane von Elfriede Jelinek und Dennis Cooper andererseits vorgestellt werden sollen. Als Inszenierung eines pornografischen Text-Bild-Verhältnisses kann *sexting* also nicht nur als dessen mediale Implementierung verstanden werden, sondern vielmehr auch als Sinnbild für die Frage nach literarischen Text-Bild-Beziehungen dienen. Demnach wäre zu unterscheiden zwischen einer Materialisierung der Pornografie im Medium Bild – vor allem im (inzwischen hauptsächlich digitalen) fotografischen und filmischen Bild – und dem Vorkommen und der Bearbeitung von ,visueller' Pornografie im kommentierenden und literarischen Text (also von ,Porno*grafie*' im engeren Sinne). Der visuelle Charakter von Pornografie erweist sich in den Debatten der 1960er Jahre zu pornografischer Literatur bei Marcus und Sontag insofern als zentral, als über ihn Abgrenzungen von *high* und *low* und damit von literarischen und nichtliterarischen Texten unternommen werden. Wie die literarischen Beispiele von Jelinek und Cooper aus den 1980er und 1990er Jahren zeigen, folgen auch literarische Texte selbst, gerade in ihren kritischen Gesten gegenüber der Pornografie, dem Imperativ, die Darstellung von Sexualität als sichtbares (und nicht zum

Beispiel als ‚inneres') Spektakel aufzufassen. Pornografie, so lässt sich zeigen, bleibt für die untersuchten Autor/innen dabei gerade in dem Maße verdächtig, wie die Pornografie von einer Dominanz des Bildes her gedacht wird. Gegenüber einer Denunziation des Pornografischen als Bild arbeitet sich allerdings die Literatur, in diesem Fall die feministische oder queere Avantgarde des ausgehenden 20. Jahrhunderts, gerade an der Visualität des Pornografischen ab – nicht nur um eine anti-pornografische (Jelinek), sondern auch um eine alternative pornografische (Cooper) Poetologie zu entwickeln. Während Jelinek als antipornografische Spielverderberin die Immanenz der pornografischen Bildmacht in der literarischen Wiederholung als sexistische Gewalt gegen Frauen entlarvt, wird das Gewaltpotential, das auch Cooper dem pornografischen Bild attestiert, durch einen Perspektivwechsel im Kontext schwuler Literatur nicht zum auffälligsten Beweis kapitalistisch-patriarchaler Machtverhältnisse, sondern vielmehr zum Ausgangspunkt nichtphallischer Subjektivität.

Das Bild als Ware und Fetisch

In ihren bis heute nachwirkenden spezifischen Produktions- und Rezeptionsformen ist visuelle Pornografie erst im 19. Jahrhundert ‚erfunden' worden (vgl. Kendrick 1996 [1987]). Die hauptsächlich kritische Bewertung einer bildlichen Darstellung von Sexualität, wie sie in der pornografischen Literatur des 20. Jahrhunderts und ihren Kommentierungen anzutreffen ist, kann demnach nur über die Kultur- und Mediengeschichte der letzten 150 Jahre erklärt werden. Kulturgeschichtlich sind Kinematografie und Sexualwissenschaften in der zweiten Hälfte des 19. Jahrhunderts parallel aufgetreten. Aus mediengeschichtlicher Perspektive betrachtet, ist Sexualität selbst durch die Erfindung der Kinematografie zu einer visuellen Erfahrung geworden, wie Gertrud Koch und andere gezeigt haben (vgl. Koch 1981). Diese Privilegierung des Visuellen hat sich auch in den Diskursen zur Sexualität im 20. Jahrhundert fortgesetzt: Die Repräsentation von Sexualität, und damit auch die Pornografie, ist im 20. Jahrhundert primär als visuell vorstellbar. Vor dem Hintergrund dieser historischen Entwicklung der Visualisierung von Sexualität ist auch der Paradigmenwechsel von einer Gesellschaft, die Sexualität wirkungsvoll versteckt, um sie dann gestehen zu können, zu einer Gesellschaft, die es sich zur Aufgabe gemacht hat, alles zu zeigen, zu sehen, den Linda Williams für die Kultur der Gegenwart diagnostiziert und als „on/scenity" (Williams 2004, 3) beschrieben hat (und der durch das Beispiel des *sexting* bestätigt wird).

Während diese Vorherrschaft der Visualität von Pornografie-Konsument/innen ja durchaus gefeiert wird, bleibt ihr Stellenwert in den kritischen und ästhetischen Verhandlungen von Pornografie problematisch. Der kultur- und mediengeschichtliche Siegeszug des pornografischen Bildes im 20. Jahrhundert ist begleitet von einem tiefen Misstrauen gegenüber der Visualisierung von Sexualität. Diese Skepsis, die nicht zuletzt auch die *PorNo*-Debatten seit den 1970er Jahren bedingt, lässt sich vor allem auf zwei Diskurse zurückführen: zum einen auf eine neomarxistische Kapitalismuskritik und zum anderen auf die Psychoanalyse.

Folgt man den Diagnosen von Guy Debord und Fredric Jameson, so gewinnt Sexualität in Gestalt des pornografischen Bilds einen neuen warenförmigen Austauschwert (vgl. Debord 1996 [1967]; Jameson 1992 [1979]). Die spätkapitalistische Kultur ist im Kontext dieser neomarxistischen Debatte in erster Linie als eine visuelle verstanden worden. Das heißt, dass weder wirtschaftliche Prozesse wie Gewinnmaximierung oder die Symbolisierung von Wohlstand noch die Repräsentation individueller, sozialer und politischer Prozesse ohne Bezugnahme auf Bildlichkeit zu denken sind. Dabei geht Jameson sogar von einem noch intimeren Zusammenhang von Pornografie und Kapitalismus aus: Pornografie stelle nicht nur ein Beispiel für das innige Verhältnis von Kapitalismus und visueller Kultur dar, das Debord zufolge die „Gesellschaft des Spektakels" charakterisiert (Debord 1996 [1967]); vielmehr lasse sich anhand von Pornografie das Wesen kapitalistischer Bildkultur selbst erfassen: „The visual is essentially pornographic. Which is to say it has its end in rapt, mindless fascination." (Jameson 1992 [1979], 1) Der *porno user* – für Debord und Jameson zweifellos eine bemitleidenswerte Figur – überantwortet sich in seiner Hingabe an nur scheinbar begehrenswerte Bilder weniger seinem Verlangen, sondern vor allem dem kapitalistischen Entfremdungsprozess. Die korrumpierende Macht der Pornografie kommt erst in ihrer Bildlichkeit voll zum Zuge. Die pornografische Fantasie eröffnet nicht etwa ein Reich der Freiheit. Als Paralleluniversum muss „Pornotopia" (Marcus 1966, 266) eher als eine Parodie von Utopie gelten – und damit als Symptom des Verlusts der politischen Dimension des Utopischen.

Diese negative Einschätzung der Pornografie im Kontext von Kapitalismuskritik wird wiederum seitens des psychoanalytischen Diskurses vor allem in seiner feministischen Rezeption bestätigt: Vom pornografischen Bild, das im heterosexuellen Kontext in erster Linie als rätselhafte Mystifizierung des weiblichen Körpers verstanden werden muss, geht demzufolge eine Faszination aus, deren stabilisierende Funktion für beide Geschlechterrollen zu entlarven ist. So benutzt Laura Mulvey in ihrem einflussreichen Aufsatz *Visual Pleasure and Narrative Cinema* (1975) Sigmund Freuds Vokabular von Voyeurismus, Exhibitionismus und Fetischismus als Instrumente der Patriarchatskritik in Bezug auf das Medium Film, indem sie zeigt, dass das klassische Hollywood-Erzählkino Geschlechterrollen entlang der Oppositionen ‚kastriert' vs. ‚nicht kastriert', sadistisch vs. masochistisch, narrativ vs. bildlich und vor allem Träger oder Objekt des Blicks in Szene setzt (vgl. Mulvey 2009 [1975]).

Aus dieser Perspektive basiert auch das Sichtbarkeitsparadigma zumindest des heterosexuellen Pornos auf einer phallischen Repräsentationsökonomie und ihren Paradoxien. Die Suche nach der Wahrheit des weiblichen Genitals und seiner Lust macht – dem heterosexistischen Paradigma der Psychoanalyse folgend – einerseits nur ‚Sinn' im Vergleich zur privilegierten Sichtbarkeit phallischer Lust. Doch wenn Erektion und Ejakulation das Modell für die Sichtbarkeit sexueller Lust stellen, erscheint die Darstellung weiblicher Lust in der heterosexuellen Begegnung insofern als problematisch, wie sie nicht nach den gleichen Prinzipien der Sichtbarmachung abläuft. Das phallische Regime der Visualisierung etabliert Kriterien, die am Körper der Frau nicht ‚erfüllt' werden können. Auf dieses Problem reagiert der heterosexuelle Pornofilm damit, dass der weibliche Körper im Verhältnis zum männlichen auf disproportionale Weise dem Paradigma unterworfen wird, ‚alles' (was er dieser Logik zufolge nicht hat) zeigen zu müssen (vgl. Williams 1995 [1989], 82): Nahaufnahmen von Körperteilen, die in ihrer Perspektive kaum einen subjektiven Blick der Sexpartner/innen wiedergeben; Ausleuchtungen von Körperzonen, die beim Sex den Akteurinnen und Akteuren nicht ohne Weiteres zugänglich sind; sexuelle Stellungen, die weniger der Intensivierung der Lust als der Sichtbarmachung von Geschlechtsteilen und Penetration dienen. Mehr als einem sexuellen Realismus ist der pornografische Blick einer Obsession mit exzessiver Sichtbarmachung geschuldet. Die Exzessivität sexueller Visualisierung im Pornofilm wäre demnach durch ihr ‚skandalöses' Scheitern im Falle weiblicher Lust bedingt.

Selbst wenn man eine feministische und queere Dekonstruktion, die diese heterosexistische Anordnung zwangsläufig provoziert, nicht ausbuchstabiert, zeigen sich mit der asymmetrischen Bilderpolitik der Psychoanalyse schon eine Reihe von Problemen, die die Stabilität des pornografischen Bildes als wirkungsvolle Verblendung verunsichern. Das labile Gleichgewicht heterosexueller visueller pornografischer Repräsentation beruht auf einem Blick, der sich täuschen lässt, um weiter suchen zu können. Diese im Pornokontext fast ‚irre gehende' männliche Schaulust führt zwar zu einer Machtfülle pornografischer Bildlichkeit, die aber insofern stets den Verlust der eigenen Stellung riskiert, wie sie die Paradoxien phallischer Bildökonomien nicht auflösen kann. Denn der phallische Machtanspruch geht von einer Konzeption der Geschlechterdifferenz aus, die auf dem Konzept genau jenes Mangels basiert, der ihn selbst wieder heimsucht. So erweist sich mit der feministischen Psychoanalyse-Lektüre das pornografische Bild zwar in erster Linie als Zumutung für die sich unter phallischen Vorzeichen repräsentierende Frau; allerdings bedroht ihre Position als ‚täuschendes' Bild stets auch das auf Sichtbarkeit verpflichtete System als Ganzes: Der Funktion des Bildes in der Psychoanalyse ist ihre Kritik schon eingetragen.

Literatur als die ‚bessere' Pornografie

Betrachtet man vor diesem Hintergrund die Auseinandersetzung Susan Sontags mit Pornografie aus den 1960er Jahren, so zeigt sich, dass ihr Problem zunächst ein anderes war: Da der dominierende Diskurs über Pornografie zu diesem Zeitpunkt von der Frage geleitet war, ob sie überhaupt sein darf, nimmt ihr Versuch der Bestimmung literarischer Pornografie den Charakter einer Verteidigungsschrift an. Dabei sind ihre Überlegungen auch geprägt von den juristischen Auseinandersetzungen der 1950er und 1960er Jahre um Autoren wie Jean Genet, Norman Mailer, Allen Ginsberg und andere, bei denen die ‚Obszönität' der Texte vor Gericht verhandelt wurde. In Sontags Beitrag geht es um die Nobilitierung pornografischer Literatur im Kontext modernistischer Ästhetik. Nicht zuletzt hatte diese, zum Beispiel im Schlusskapitel von James Joyces *Ulysses* (1922) oder bereits im 19. Jahrhundert in Gustave Flauberts *Madame Bovary* (1856), schon längst pornografische Elemente mobilisiert. Pornografie in der Literatur war für die Avantgarden des 19. und 20. Jahrhunderts mit der Absicht verbunden, durch moralischen Tabubruch ihre Modernität zu demonstrieren. Mehr noch, die Forderung nach einer Aufhebung der Differenz zwischen Leben und Kunst sollte sich im libertären Lifestyle der Boheme als Testfall ästhetisch-praktischer Experimente verwirklichen (vgl. Ross 1989, 183). Sontags Intervention könnte auch als Versuch beschrieben werden, den modernistischen Standpunkt europäischer Kunstavantgarden für die US-Öffentlichkeit der 1960er Jahre zu reklamieren. Bei ihrer Transaktion, die aus verbotener Literatur ästhetisch anerkannte machen soll, ergeben sich allerdings eine Reihe von Problemen. Für die Frage nach der Medienkonkurrenz von Text und Bild ist Sontags Projekt gewissermaßen *ex negativo* aufschlussreich, weil es in dem Versuch, das Pornografische auf einen exklusiven Literaturbegriff zu beziehen, das Pornografische und seinen spezifischen Medienbezug insofern verpasst, als Pornografie hier als das Andere von Literatur positioniert wird.

Als *pornographic imagination* wird Pornografie in Sontags Betrachtung Teil einer *liberal imagination*, also einer Avantgarde-Sensibilität und eines Programms, das immer noch modern zu nennen wäre: Zwar teilt sie die postmoderne Aufmerksamkeit für Pornografie als Genre, wie sie zum Beispiel bei Leslie Fiedler benannt und von Schriftsteller-Kolleg/innen wie Philip Roth bereits in den 1960er Jahren praktiziert wurde (im deutschsprachigen Kontext bei Popautor/innen der ersten Generation wie Hubert Fichte und Rolf Dieter Brinkmann; vgl. Weingart 2005; siehe auch 3.5 DRÜGH). Gleichzeitig aber hält sie an einer Unterscheidung von *high* und *low* fest, die allerdings nicht länger an Genregrenzen gekoppelt wird: „The ratio of authentic literature to trash in pornography may be somewhat lower than the ratio of novels of genuine literary merit to the entire volume of subliterary fiction produced for mass taste" (Sontag 1969, 36) Massengeschmack auf der einen und Avantgarde auf der anderen Seite: Hier zeigt sich Sontag vom pessimistischen Blick auf die Kulturindustrie beeinflusst, wie er sich seit der Frankfurter Schule sowohl für die marxistisch wie für die psychoanalytisch geprägte Kulturkritik nach 1945 etabliert hatte.

Als Kriterien der Literaturfähigkeit einer auf diese Weise für den kulturellen Dialog zu rettenden Pornografie nennt Sontag neben „artistic excellence" vor allem „authenticity" (Ebd., 47). Kriterien der Bewertung von Literatur als bürgerlicher Kunst werden auf die Pornografie, die „art" und nicht „trash" sein soll, übertragen, welche dann von Sontag allerdings pornografiegerecht ausbuchstabiert werden: „What makes a work of pornography part of the history of art rather than of trash is [...] the originality, thoroughness, authenticity, and power of that deranged consciousness itself, as incarnated in a work." (Ebd.) Sontags Überlegungen zur Horizonterweiterung eines modernistischen Literaturkanons durch den literarischen *high porn* der 1950er und 1960er Jahre reihen sich damit ein in eine im 20. Jahrhundert am prominentesten in Frankreich vertretene Denktradition, die sexuelle Transgressionen mit der Erfahrung religiöser Transzendenz in Beziehung setzt: Georges Batailles *Der heilige Eros* (1957, *L'érotisme*). Mit dem grenzüberschreitenden Potential pornografischer Literatur ginge es demnach also keinesfalls um einen hedonistischen Eskapismus. Vielmehr böte sich damit eine Erfahrung an, über die sich zugleich ein neues Wissen konstituiert: „That discourse one might call the poetry of transgression is also knowledge." (Ebd., 71)

Sontags implizite Unterscheidung von *high porn* und *low porn* funktioniert entlang einer Reihe von Ausschlusskriterien. Im Visier ihrer Kritik stehen das Fehlen einer „beginning-middle-and-end"-Erzählform, die Vernachlässigung der „means of expression" und schließlich „tireless transactions of depersonalized organs" (Ebd., 39–40) – Eigenschaften, die für pornografische Texte, so wäre Sontag zu entgegnen, gerade kennzeichnend sind. Mit ihrer Rettung von Pornografie als Literatur im Zuge der Etablierung eines modernistischen literarisch-pornografischen Kanons riskiert sie damit das spezifisch Pornografische der Pornografie zu verpassen. Es wird sich nämlich zeigen, dass es gerade jene Art von Pornografie ist, die Sontag aus ihrem Literaturbegriff ausschließt, über die sich das Verhältnis von Literatur, Pornografie und Bild entwickeln lässt.

Literatur als Instrument visueller Pornografie

Seit den spätaufklärerischen Schriften des Marquis de Sade wird die Darstellung von Sexualität als Pornografie an die Kombinatorik sexueller Szenen, Stellungen und Körperteile gekoppelt (vgl. Marcus 1966, 277). In dieser Hinsicht ist eine literarische Pornografie, die sich in ihrer Darstellungsweise nicht um die Entwicklung von Charakteren, einen dramatischen Handlungsverlauf oder um die Gestaltung eines literarischen Bewusstseins (im Sinne Sontags) kümmern muss und damit jede Innerlichkeit vermeidet, streng formalisierbar: Wiederholung und Serialität gehören zu den klassischen Strukturelementen pornografischer Erzählweisen, was die Pornografie, etwas überraschend, in eine erzählökonomische Nähe zum Musical rückt (vgl. Dyer 1992). Eine auf diese Weise verstandene pornografische Erzählweise kann offensichtlich nicht ohne Weiteres mit den von Sontag angeführten Kriterien wie *artistic excellence* und *authenticity* erfasst werden. Etwas beunruhigt zieht Marcus die Konsequenzen aus dieser Beobachtung und stellt immerhin schon 1966 folgerichtig fest, „a pornographic novel might be written by a computer" (Marcus 1966, 385).

Ebenso wie Sontag war auch Marcus nicht bereit, den formalistischen und damit vermeintlich ‚dehumanisierenden' Charakter einer pornografischen Erzählweise jenseits von Individualität auf seine kulturkritischen Potentiale hin zu befragen, wie dies später etwa von Michel Foucault und daran anschließend auch im Rahmen der *queer theory* unternommen wurde (vgl. Halperin 1995, 94). Denn wenn die Konstruktion sexueller Identitäten als historischer Machteffekt verstanden werden muss, zeigt sich eine Kritik sexueller Hegemonie folgerichtig an alternativen Darstellungsweisen von Sexualität interessiert, die ihrer Organisation als Ausdruck eines individuellen Begehrens entkommen. Marcus' Darstellung hingegen mündet nach der Zusammenfassung der für die Pornografie charakteristischen Erzählstruktur in der apodiktischen Aussage: „Despite all this, we know as well that pornography is not literature." (Marcus 1966, 278) Aber was ist eine Pornografie, die keine Literatur sein ‚kann'?

Die Spezifik pornografischer Narration kann im Kontext der 1960er Jahre offenbar nur als Defizit wahrgenommen werden. Entweder wird sie von einem Literaturbegriff deutlich ausgeschlossen (wie bei Marcus) oder in einem pornografisch ausgeweiteten verpasst (wie bei Sontag). Es ist aber gerade jene Pornografie, die – folgt man den Diskussionsbeiträgen von Marcus und Sontag – als Literatur scheitert, die sich wiederum durch ein spezifisches Verhältnis von Text und Bild kennzeichnen lässt. Die sprachliche Armut der Pornografie, weit davon entfernt zum Beispiel als eigenständige Form der Literatur anerkannt zu werden, wird von Marcus zunächst mit den Genres Werbung oder Propaganda verglichen – mit Text- oder Kommunikationsformen also, die auf die Eindimensionalität eines instrumentellen Spracheinsatzes zurückzuführen sind (vgl. Ebd., 278). Im Zuge dessen wird Pornografie bei Marcus zu einer *„lingua franca* of sex" (Ebd., 269), die die Grenzen nationalsprachlicher Kulturen transzendiert. Dieser Universalismus ließe sich eben damit erklären, dass Pornografie nicht im engeren Sinne als linguistische Sprache gelten kann: Zur *lingua franca* wird sie nicht aufgrund ihrer vermeintlich rein zweckgebundenen, eindimensionalen sprachlichen Qualitäten, sondern mittels ihrer kulturübergreifenden Bildlichkeit. Wie Sontag, hier Marcus folgend, bemerkt: „[T]he aim of pornography is to inspire a set of nonverbal fantasies in which language plays a debased, merely instrumental role." (Sontag 1969, 39)

Auch im Medium der Literatur – einer Literatur, die Marcus und Sontag zufolge gerade deshalb keine ist, weil sie den bildgenerierenden pornografischen Verfahren Raum gibt – wäre der Auftrag von Pornografie also letztlich in erster Linie ein visueller. Entsprechend erweist sich das Verhältnis einer an sich bildlichen Pornografie und Sprache als brisant: „[L]anguage for pornography is a prison from which it is continually trying to escape. [...] [F]or its function in pornography is to get going a series of non-verbal images, of fantasies, and if it could achieve this without the mediation of words it would" (Marcus 1966, 279). Das Nicht-Literarische einer Pornografie, die als Literatur scheitert, läge demnach in ihrer Bildlichkeit begründet. Mit ihrer Privilegierung des Visuellen ist in einer als nicht-literarisch verstandenen pornografischen Literatur demnach bereits die Überwindung des Literarischen angelegt. Pornografische Literatur arbeitet insofern permanent an ihrer eigenen Abschaffung, wie sie Visualität beziehungsweise die „pornographic imagination" (Sontag 1969) als den eigentlichen Ort des Pornografischen markiert. Die sprachliche Armut führt zur Realisierung der Pornografie als Bild. In ihrer Einigkeit bei der Identifizierung von Pornografie und Bildlichkeit erweisen sich Marcus und Sontag als Erben des 19. und 20. Jahrhunderts, kann doch Pornografie hier nicht anders denn visuell gedacht werden. Die Übermacht pornografischer Bildlichkeit verleitet also ausgerechnet die Kulturkritik der 1960er Jahre zu einem Literaturbegriff, der sich vom Pornografischen als Bild deutlich distanziert. Anders in der feministischen und queeren Literatur der 1980er und 1990er Jahre, die gerade die Skepsis gegenüber dem pornografischen Bild, wie sie seitens der Kapitalismuskritik und der feministisch rezipierten Psychoanalyse artikuliert wurde, zum Ausgangspunkt literarischer Verfahren nimmt.

(Anti-)pornografische Poetologie: Elfriede Jelinek und Dennis Cooper

Sowohl Jelinek wie Cooper schreiben jenseits der von Marcus und Sontag vorgeschlagenen Grenzziehung zwischen einer unliterarischen Pornografie einerseits und nicht-pornografischer Literatur andererseits (Marcus) beziehungsweise zwischen *high porn* und *low porn* (Sontag). Ihre Schreibweisen können insofern als postmodern gelten, als sie auf die Überwindung der kulturellen *high-low*-Unterscheidung abzielen und sich damit einer Klassifizierung entziehen, die in der Bewertung literarischer Ästhetiken einem modernistischen Paradigma folgte. Entsprechend funktioniert auch die Denunziation von Pornografie als Bildlichkeit nicht mehr in der gleichen Weise wie in den Debatten der 1960er Jahre: Wie sich an diesen Texten aus den späten 1980er und frühen 1990er Jahren zeigen lässt, wird das pornografische Bild, das zuvor noch zum Anlass ästhetischer Hierarchisierungen taugen sollte, gerade zum Gegenstand von Bearbeitungen, das heißt also literarisch produktiv.

Jelineks Prosatext *Lust* (1989) erweist sich hinsichtlich der dargestellten Gewalt unaufhörlicher Anläufe, den weiblichen Körper zu penetrieren, tatsächlich als eine regelrechte Literarisierung der von Williams im Pornofilm konstatierten ‚irre gehenden' männlichen Schaulust. Damit schreibt sich Jelinek, wie schon in früheren Texten wie *Die Klavierspielerin* (1983), auf deutliche Weise in feministische Diskussionen der Patriarchatskritik ein, wie sie auf politischer Ebene von Andrea Dworkin und Catharine MacKinnon geführt worden sind. Allerdings ist Jelineks Texten mit ihren komplizierten Zitierverfahren, diesen „Auffahrunfällen des Sprachgebrauchs" (Koch 1990, 138), die einen deftigen Pornojargon genauso behandeln wie Motive aus der Bibel oder Hölderlin-Stellen (vgl. Koch 1990), keine eindeutig anti-pornografische Haltung im Sinne eines Bilderverbots ablesbar.

Von den Zurichtungen des männlichen Körpers als Objekt sexueller Lust, wie sie etwa in Coopers Texten *Closer* (1989) oder *Frisk* (1991) beschrieben werden, kann nicht gerade behauptet werden, dass sie weniger gewaltsam wären. Nicht selten laufen Coopers Texte auf die Szenerie des *snuff*-Films zu – als dem konsequenten Ende einer Erzähllogik, die der Pornografie als reglementierter ästhetischer Form, wie sie Marcus beschrieben hat, einiges zu verdanken hat. Im schwulen Kontext jedoch kann eine pornografische Bildlogik eben nicht zur zentralen Metapher der Gewalt zwischen den Geschlechtern werden und eröffnet entsprechend auch andere literarische Erzählweisen.

Jelinek geht eine kalkulierte Komplizenschaft mit der herrschenden Sprache als Machtinstrument ein: „Kaum ein Satz, dem nicht die Anstrengung anzumerken wäre, die herkömmlichen Diskurse über Liebe und Sexualität aufzunehmen und zugleich aufzubrechen." (Janz 1995, 113) Mit der auf den Körper der Frau projizierten Erniedrigung stellt sich eine patriarchale Kultur zur Schau, die sich in dieser Geste immerzu triumphierend zeigt. Dieser Welt phallischer Immanenz ist nur beizukommen, so Jelineks Vorschlag, indem sie literarisch überboten wird. Coopers Texte funktionieren ganz anders: Seine Prosa umkreist eine semantische Leere (die bei Jelinek als Vernichtung inszeniert wird) am Ort penetrierbarer, jugendlicher Männerkörper: Bei Cooper sind es durchweg männliche Teenager, die begehrt werden. Sie wurden insofern als emblematisch für die US-amerikanische *blank generation* gelesen, als sie die narkotisierenden Effekte einer kapitalistischen Konsumgesellschaft am Ende des 20. Jahrhunderts – vor allem ihrer Unterhaltungskultur – vorführen, wie sie auch besonders in den frühen Texten von Bret Easton Ellis thematisiert werden. Nicht indem ein parodistischer Pornojargon ohne Unterlass auf dieses verführerische Geheimnis am Ort des männlichen Körpers zusteuert, um ihn in Besitz zu nehmen, sondern indem Coopers Sprache sich von der Unintelligibilität des penetrierbaren Jungenkörpers affizieren lässt, wird er zum Zentrum poetischer Produktivität. „Never again will his face be as gripped by what's deep in his body but slipping from his possession." (Cooper 1992, 83) Zum ästhetischen Ideal dieser Texte wird eine kaum artikulierbare, nicht-phallische Schönheit spielsüchtiger, drogenabhängiger, apathischer Teenager. So hat, unter anderen, Leora Lev diese Qualität von Coopers Texten als „poetics of anality" (Lev 2006, 18) bezeichnet und im Anschluss an die Überlegungen von Guy Hocqenghems und Leo Bersani zum Verhältnis von schwuler Sexualität und Subjektivität (vgl. Hocquenghem 1974 [1972]; Bersani 2010 [1987]) bei Cooper ein Schreibverfahren ausgemacht, das die Integrität des männlichen Subjektes über die Verletzung von Körpergrenzen und ihre semantischen Folgen infrage stellt. Die von Bersani analysierte Erfahrung des *self-shattering* wird dabei zum literarischen Schreibprinzip.

Diese unterschiedlichen poetologischen Programmatiken wirken sich auch auf die hier diskutierte Bildproblematik aus: Bei Jelinek wird die in der pornografischen Bildlichkeit angelegte Verfügbarkeit der Frau als sexuelles Objekt total: In seiner noch harmloseren Variante wird Sex bei Jelinek zum Nachstellen von Fotos aus Unterwäsche-Katalogen – „die Frau [wird] durstig mit Fotos und Filmen verglichen" (Jelinek 1989, 35). Nach ihren Fluchtversuchen „soll [sie] ins Heimkino zurückgelegt werden" (ebd., 25), denn „[n]ur ihr Mann handelt mit ihr und handelt ganz allein" (ebd., 76). Die permanenten Aufdringlichkeiten von Ehemännern und Liebhabern sind stets auch als visuelle Besitznahmen im Sinne einer kapitalistischen Bildlogik inszeniert. „Die Macht der Medien und der audiovisuellen Porno-Industrie ist das eigentliche Thema von Lust" (Janz 1995, 112). Ein Grund für die Gewaltsamkeit des Textes liegt bei Jelinek allerdings auch gerade darin, dass diese Logik nicht nur auf weiblicher Seite zu einer offensichtlichen Entindividualisierung beziehungsweise Vernichtung führt – „wie ausradiert erscheint die Frau in der neu gekauften Reizwäsche" (Jelinek 1989, 50–51). Vielmehr operieren auch die frauenverachtenden männlichen Akteure mit ihren Manövern lediglich als folgsame Diener einer allgegenwärtigen kulturellen Logik, die bei Jelinek bevorzugt von Fabrikbesitzern und Wintersportlern repräsentiert wird.

Auch bei Cooper ist die Stellung des pornografischen Bildes in Form von Magazinen oder Filmen in jeder Weise zentral – „Porn as a blueprint for sex." (Cooper 1989, 64) Pornografie wird beschrieben oder zitiert, etwa indem sich der Textaufbau zu Beginn des Romans *Frisk* an verschiedenen Einstellungen des (Porno-)Films wie „medium-shot" oder „close-up" orientiert (Cooper 1991, 3). Pornografie wird jedoch nicht bedingungslos unter dem Gesichtspunkt der degradierenden Verwandlung in verfügbare Körper angegangen. Wie in experimentellen Pornofilmen und in bestimmten Ansätzen der *queer theory* (vgl. Dean 2009) fallen die depersonalisierenden Momente der Darstellung von Sexualität nicht einer „Ridikülisierung der Pornografie" (Hartwig 2008, 81) zum Opfer, wie sie Jelinek unermüdlich unternimmt, sondern werden als Strukturmomente des Sexuellen, zum Beispiel einer fetischistischen Struktur, gelten gelassen. Dabei kommt dieser Tendenz nicht zuletzt zugute, dass solche Momente im schwulen Kontext nicht in gleicher Weise naturalisiert und mit sozialen Rollen kurzgeschlossen werden können wie im heterosexuellen Kontext. Jelineks Aussagen zur Unmöglichkeit eines weiblichen Pornos und einer weiblichen Sprache für das Obszöne (vgl. ebd., 74) können jenseits eines heterosexuell verstandenen Geschlechtsunterschiedes auch auf diesen Unterschied zwischen der symbolischen Position von Frauen und Schwulen bezogen werden.

Während Bildlichkeit bei Cooper der Psychoanalyse folgend als privilegierter Darstellungsmodus von Sexualität anerkannt wird, wird das pornografische Bild auf eine Weise kontextualisiert, die seine Wirkungsmacht zugleich bestätigt und infrage stellt: „Reality is behind the veil, but its a disconsolate discovery, and one that leaves the ineffability of the screen image intact." (Jackson 2006, 159) So inszeniert Coopers Essay „Square One" aus dem Erzählband *Wrong* (1992) ein kompliziertes Geflecht von Erinnerungsbildern und *darkroom*-Sex, an dem das pornografische Bild zwar stets prominent beteiligt ist und wie auch in anderen seiner Texte immer wieder nachinszeniert wird. Beim Sex mit „Ro-", an dessen vollständigen Namen sich der Erzähler bemerkenswerterweise nicht erinnern kann, im Raum hinter der Leinwand des Pornokinos, heißt es explizit: „I was creating pornography." (Cooper 1992, 90) In Coopers Universum traumatisierter Teenager ist schließlich kaum noch eine Pornografie-freie Zone auszumachen. Und dennoch kann das pornografische Bild hier nicht als gesicherter Ursprung sexueller Darstellung oder als Garantie seiner Fortführung gelten wie bei Jelinek. Vielmehr ist es in einen zyklischen Austausch von individuellen Erinnerungsbildern und Erfahrungen ohne Bilder und Namen verstrickt, die es herbeizitieren, bevor es wieder an Bedeutung verliert. Jackson charakterisiert die Logik des pornografischen Bildes bei Cooper dementsprechend wie folgt: „While pornography aids in concretizing and confirming fantasies through its maximalization of the visible, it is also predicated upon the impossibility of the ‚total fulfillment' it depicts." (Jackson 2006, 159–160) Seine Macht verleitet nicht zur andauernden Übererfüllung der ihm innewohnenden Norm, sondern wird vielmehr in andere Medien übersetzt oder an andere Schauplätze transportiert.

Jelinek kennt in ihrem ästhetischen Recycling pornografischen Abfalls kein Jenseits der Bildlogik – abgesehen von der Geste der übertriebenen Wiederholung selbst. Pornografie dient als Beweismaterial dafür, dass die im Titel ihres Anti-Pornos versprochene „Lust" keine sein kann. Für weibliche Lust ist kein Platz vorgesehen (vgl. Hartwig 2008, 80) beziehungsweise kommt diese bestenfalls im Modus verblödeter romantischer Liebessehnsucht vor, die die Frau in die Falle der männlichen Herrschsucht treibt, welche sie dann auf ihre Weise mitträgt. Damit wird auch die Idee einer ‚weiblichen Schreibweise' für den Roman undenkbar. Jelinek selbst hat *Lust* als gescheiterten Versuch angekündigt, Georges Batailles *Geschichte des Auges* (1928; *Histoire de l'œil*) aus weiblicher Perspektive umzuschreiben (vgl. Janz 1995, 111). Der Befund des Textes ist, dass es eine weibliche Pornografie nicht geben kann. Bei Cooper hingegen wird die sich selbst dekonstruierende schwule Pornografie zur Manifestation einer Lust, die in ihrer masochistischen Identifizierung mit ihren Objekten kein Interesse daran zeigt, sich phallisch zu behaupten. So ist es nur scheinbar überraschend, wenn Cooper noch einen Schritt weiter geht und zu dem Schluss kommt: „pornography's not about what it appears to observe – sex" (Cooper 1992, 82). Für das eigentliche, weniger sichtbare Thema der Pornografie findet er einen anderen Namen: „That subject is lust – theirs, their directors'. Their viewers'." (Ebd.)

Während eine die Bildlichkeit transzendierende *lust* (‚Begierde', ‚Wollust') Cooper einerseits in eine Nähe zu Sontags Forderungen für eine pornografische Literatur rückt, die das für sie spezifische Bewusstsein ausdrückt (wie Sontag ist auch er der französischen Tradition verpflichtet, wie etwa das *Frisk* vorangestellte Zitat von Jean Genet zeigt), unternimmt er diesen Schritt allerdings nicht auf Kosten pornografischer Bildlichkeit, sondern kommt dabei gerade nicht ohne sie aus. Denn auch wenn der Gegenstand der Pornografie schließlich nicht der dargestellte Körper sein soll, sondern eine Lust, die ihn transzendiert, manifestiert sich diese nur im räumlichen und zeitlichen Verhältnis zu ihrer bildhaften Literarisierung als Pornografie.

Anstatt das Jenseits des literarisch ‚verarmten' Textes wie Sontag und Marcus als bildliche Pornografie zu imaginieren, wird umgekehrt Lust bei Cooper zum Jenseits des Bildes. Diese Fokussierung auf ein Begehren, das in seiner bildlichen

Darstellung noch nicht aufgeht, ist auch der Ausgangspunkt für die Behauptung einer intimen Beziehung zwischen Pornografie und Kunst, die Cooper für seine eigene Arbeit reklamiert (vgl. Brandt 2008, 12) und von der er auch in seinen zahlreichen Kommentaren zur zeitgenössischen Kunst spricht: „In a recent issue of Art News, painter David Salle is quoted as saying most artists he knows are obsessed with pornography." (Cooper 1992, 81)

Bei Jelinek und Cooper wird die konstitutive Bildlichkeit der Pornografie nicht nur in den literarischen Text mit einbezogen, sie wird zum Ausgangspunkt literarischer Schreibweisen. Jelinek führt sie in ihrer unausweichlichen Dominanz im Modus der Übertreibung weiter und folgt damit implizit einem auch von Sontag und Marcus in ihrer Pornografie-Kritik zugrunde gelegten Humanismus – ohne dass diesem innerhalb ihres literarischen Projekts jemals Platz gewährt werden würde; er kann nur *ex negativo*, über seine Abwesenheit, eine Rolle spielen: „[I]n einem Diskurs, der die Deformation aller Erfahrung durch die kommerzielle Gewaltpornographie zum Gegenstand hat, [kann] es keine Wahrheitsposition geben." (Janz 1995, 119) Demgegenüber affirmiert Cooper das Potential des pornografischen Bilds – ästhetisch, psychologisch, literarisch –, um diesem sowohl seinen Einfluss als auch seine Grenzen einzuräumen; es wird nicht lediglich als Machtinstrument denunziert, sondern als Inspiration künstlerischer Arbeit ebenso immer wieder angesteuert. Dieses Verfahren kann aber nicht als bloße Affirmation von Pornografie aufgefasst werden, insofern es auf eine Lust jenseits der visuellen Repräsentation setzt. Ironischerweise – oder wohl doch eher zynischerweise – ist ‚Lust' bei Jelinek der Name männlicher Terroranschläge auf den weiblichen Körper, während Coopers *lust* zur Chiffre des heimlichen Zentrums der Pornografie wird, die über die bildliche Darstellung von Sex hinausweist.

Damit rückt Coopers Projekt in eine Nähe zur Textästhetik Roland Barthes': „Cooper is writing, as far as is possible, what Roland Barthes termed ‚a text of bliss' and Barthes refers to Jacques Lacan's contention that bliss ‚cannot be spoken except between the lines'." (Young 2006, 47) Barthes schien es bemerkenswert, dass das von einer Pornografie – die das sexuelle Objekt vorführt – beanspruchte Monopol auf die Darstellung von Lust kaum aufrecht erhalten werden kann. Denn „[d]ie Lust der Darstellung ist nicht an ihren Gegenstand gebunden: Die Pornographie ist nicht sicher" (Barthes 1974 [1973], 83). Diese Radikalisierung der Darstellungsweise von Lust bricht dabei – wie schon Sigmund Freud in den *Drei Abhandlungen zur Sexualtheorie* (1905) – mit der Annahme, dass das sexuelle Objekt Ursprung und Garantie von Lust sei. Nicht aus der Perspektive des sexuellen Objektes als vermeintlicher Autorität pornografischer Signifikanz stellt sich bei Barthes die Frage nach der Darstellung von Sexualität, sondern umgekehrt: Erst unter den Bedingungen des Textes kann Lust erzeugt werden. Geglückte Pornografie im Sinne einer Artikulation von Lust wäre demnach nicht an eine Direktheit des Ausdrucks gebunden, die dem Objekt der pornografischen Szene über seine bildliche Repräsentation möglichst treu bleibt. Vielmehr stellt sich ‚Lust' als Vermögen erst in Beziehung zum Text her, und nicht etwa im idealerweise direkten Zugang zum Objekt, das dann den Umweg über ein Medium leider in Kauf nehmen muss. Lust ist bei Barthes immer schon symbolisch bedingt.

Bild oder Text – Bild und Text

Wie der literaturkritische Diskurs der 1960er Jahre gehen auch die exemplarisch diskutierten literarischen Texte von Elfriede Jelinek und Dennis Cooper in ihrer Auseinandersetzung mit Pornografie von einer Vormachtstellung des Bildes aus. Während das pornografische Bild in Jelineks pausenloser Überbietung seine manisch-gewaltsamen Züge zur Schau stellt, die es endlos aufblähen, verwandelt es sich bei Cooper zur Urszene literarischer und künstlerischer Produktion. In beiden literarischen Beispielen beinhaltet die Bezugnahme auf das pornografische Bild noch seine Überwindung, auch wenn im Fall Jelineks ein Jenseits des Bildes im Text nicht realisiert werden kann. Während die angeführten literaturkritischen Texte der 1960er Jahre ohne Frage auf eine Distanzierung gegenüber einer abgewerteten Pornografie als Bild setzen, mobilisieren die literarischen Texte der 1980er und 1990er das pornografische Bild, um entweder seine Unausweichlichkeit grausam vorzuführen oder um es mit weniger Skepsis in wechselnden Arrangements zu umkreisen, bis es als Episode innerhalb einer Ästhetisierung von Sexualität – und damit nicht länger als privilegierter Bedeutungsträger von Lust – vor Augen tritt. Jelinek treibt pornografiekritische Argumente, wie sie aus der neomarxistischen und feministischen Kritik bekannt sind, im Text voran, indem sie ihre absolute Notwendigkeit angesichts der Gewaltsamkeit pornografischer Bildlichkeit demonstriert. Coopers literarische Sezierungen pornografischer Bilderordnungen sind eher als queere Weiterführungen einer feministischen Dekonstruktion sexueller Machthierarchien zu lesen. Trotz dieser Unterschiede scheint es in beiden Fällen, als könnte eine als bildlich bestimmte Pornografie im Text nicht affirmiert werden. Auf unterschiedliche Weise teilen damit alle hier besprochenen Texte von den 1960er bis zu den 1990er Jahren nicht nur die Annahme einer kultur- und mediengeschichtlich erklärbaren Dominanz pornografischer Bildlichkeit, sondern praktizieren Pornografiekritik als Bildkritik.

Die kulturelle Dominanz des Bildes, die mit der Gleichsetzung von Pornografie und Bildlichkeit einhergeht, wird also nicht erst medientechnisch durch digitale Bildmedien implementiert. Sie erweist sich vielmehr als charakteristischer

Zug sowohl des kulturkritischen wie des literarischen Diskurses über Pornografie. Dabei legen es die hier untersuchten Texte auf verschiedene Weise darauf an, die diagnostizierte Macht des Bildes konzeptuell oder literarisch an- und aufzugreifen. Während die kritischen und literarischen Texte damit einerseits die kultur- und mediengeschichtliche Vormachtstellung pornografischer Bildlichkeit bezeugen, bringen sie gleichzeitig Literatur als das Andere von Pornografie ins Spiel. Damit dokumentieren die Texte in ihrer Verhandlung von Pornografie auch eine mediale Selbstbehauptung als Text, dem sowohl kritische wie ästhetische Funktionen zugesprochen werden.

Aus dieser Perspektive wird schließlich auch das Text-Bild-Verhältnis in den zeitgenössischen *convergence media* noch einmal auf andere Weise interessant, insofern dieses sich im *user*-Kontext neu denken lässt, wie das eingangs angeführte Beispiel des *sexting* verdeutlicht. Zwar kann die schriftliche *message* als Teil von *sexting* im Sinne der erwähnten Bestimmung von Pornografie als Manifestation einer instrumentell-reduzierten Sprache aufgefasst werden, die wie Werbung oder Propaganda einen handlungsanleitenden Charakter hat. Die Sprache übernimmt dabei in jedem Fall auch die Aufgabe, Informationen über Zeitpunkt und Ort eines möglichen Treffens weiterzugeben oder den vorgezeigten Körper in Bezug auf Maße und Alter und sexuelle Vorlieben realitätsgetreu zu kategorisieren. Diese Informationen verankern das pornografische Bild auf eine Weise in der Realität, wie es ihm allein in seiner Eigenschaft als Bild nicht möglich ist. Damit wird das Bild durch sprachliche Kontextualisierung verifiziert. Doch bleibt die schriftliche Botschaft nicht nur nüchternes Beiwerk des visuell dargestellten sexuellen Objekts, sondern kann ihrerseits pornografisch tätig werden, indem sie zum Beispiel die sexuellen Potentiale des Bildes in einer Sprache der Obszönität ausbuchstabiert. Die Sprache kann sowohl zum Medium der Authentifizierung des pornografischen Bildes werden, wie auch umgekehrt zu einer Fortführung der Fantasieleistung beitragen, die das Bild bewirkt. Dasselbe lässt sich aber wiederum für das am *sexting* beteiligte Bild behaupten: während es einerseits seine Macht als visuelle Wunscherfüllung ausspielt, hat es gleichzeitig – besonders in der spontanen Ästhetik des Schnappschusses – einen dokumentarischen Wert und dient als deutliches Beweismittel für die Beschaffenheit des angebotenen Körpers, von dem sprachlich sonst ja alles Mögliche behauptet werden könnte (die Empörung über eine Verletzung dieser Spielregeln belegen ihre Wirkungsweise).

Im *sexting* wird damit die für Pornografie insgesamt charakteristische Spaltung in Realität (die Szene muss wirklich stattgefunden haben) und Fantasie (Pornografie verspricht ungehinderten Zugang zur Wunscherfüllung) durch den Text-Bild-Bezug noch einmal verdoppelt. In dieser gewissermaßen dramatischen Konstellation kann der Text das Bild verifizieren und umgekehrt. Beim

Auftreten des pornografischen Bildes im literarischen oder kritischen Text geht es darum, politische oder ästhetische Fragen der Pornografie auszuhandeln. Im *user*-Kontext des *sexting* wird das Zusammenspiel von Bild und Text hingegen zur provozierenden Reaktion auf ein epistemologisches Dilemma der Pornografie als Realität und Fantasie zugleich, bei dem die Vormachtstellung des Bildes immer wieder dazu führt, dass auch der Text mit in den Vordergrund rückt.

Literaturverzeichnis

Barthes, Roland. *Die Lust am Text*. Übers. von Traugott König. Frankfurt am Main: Suhrkamp, 1974 [1973].

Bersani, Leo. „Is the Rectum a Grave?" [1987]. *Is the Rectum a Grave? And Other Essays*. Chicago, IL, und London: University of Chicago Press, 2010. 3–30.

Brandt, Wilfred. „Why Do You Think That Is? Interview with Dennis Cooper ". *They Shoot Homos Don't They?* 5 (2008): 8–13.

Cooper, Dennis. *Closer*. New York, NY: Grove, 1989.

Cooper, Dennis. *Frisk*. New York, NY: Grove, 1991.

Cooper, Dennis. „Square One". *Wrong*. New York, NY: Grove, 1992. 81–92.

Dean, Tim. *Unlimited Intimacy. Reflections on the Subculture of Barebacking*. Chicago, IL: University of Chicago Press, 2009.

Debord, Guy. *Die Gesellschaft des Spektakels*. Übers. von Jean-Jacques Raspaud. Berlin: Edition Tiamat, 1996 [1967].

Dyer, Richard. „Coming to Terms: Gay Pornography". *Only Entertainment*. London und New York, NY: Routledge, 1992. 121–134.

Halperin, David. *Saint Foucault. Towards a Gay Hagiography*. New York, NY: Oxford University Press, 1995.

Hartwig, Ina. „Schwere Arbeit am Monument des Sexus. Über Elfriede Jelineks *Lust*". *Text + Kritik*; Themenheft ,Elfriede Jelinek ' 117 (2008): 74–84.

Hocquenghem, Guy. *Das homosexuelle Verlangen*. Übers. von Burkhart Kroeber. München: Hanser, 1974 [1972].

Jackson, Earl, Jr. „Death Drives Across Pornotopia: Dennis Cooper on the Extremities of Being". *Enter at Your Own Risk. The Dangerous Art of Dennis Cooper*. Hrsg. von Leora Lev. Madison, NJ, und Teaneck, NJ: Fairlight University Press, 2006. 151–174.

Janz, Marlies. *Elfriede Jelinek*. Stuttgart: Metzler, 1995.

Jameson, Fredric. „Reification and Utopia in Mass Culture" [1979]. *Signatures of the Visible*. New York, NY, und London: Routledge, 1992. 9–34.

Jelinek, Elfried. *Lust*. Reinbek bei Hamburg: Rowohlt, 1989.

Kendrick, Walter. *The Secret Museum. Pornography in Modern Culture*. Berkeley, CA: University of California Press, 1996 [1987].

Koch, Gertrud. „Im Schattenreich der Körper. Zum pornografischen Kino." *Lust und Elend. Das erotische Kino*. Hrsg. von Karola Gramann, Gertrud Koch, Bernhard Pleschinger, Heide Schlüpman, Mona Winter und Karsten Witte. München und Luzern: Bucher, 1981. 16–49.

Koch, Gertrud. „Sittengemälde aus einem röm. kath. Land. Zum Roman *Lust*". *Gegen den schönen Schein. Texte zu Elfriede Jelinek*. Hrsg. von Christa Gürtler. Frankfurt: Verlag Neue Kritik, 1990, 135–141.

Lev, Leora (Hrsg.). *Enter at Your Own Risk. The Dangerous Art of Dennis Cooper*. Madison, NJ, und Teaneck, NJ: Fairlight University Press, 2006.

Marcus, Steven. *The Other Victorians. A Study of Sexuality and Pornography in Mid-Nineteenth-Century England*. New York, NY: Basic Books, 1966.

Mulvey, Laura. „Visual Pleasure and Narrative Cinema" [1975]. *Visual and Other Pleasures*. 2. Aufl. Houndsmills, Basingstoke und Hampshire: Palgrave Macmillan, 2009. 14–30.

Ross, Andrew. „The Popularity of Pornography". *No Respect. Intellectuals & Popular Culture*. New York, NY, und London: Routledge, 1989. 171–208.

Sontag, Susan. „The Pornographic Imagination". *Styles of Radical Will*. New York, NY: Farrar, Straus and Giroux, 1969. 35–73.

Weingart, Brigitte. „In/Out. Text/Bild-Strategien in Pop-Texten der sechziger Jahre". *Sichtbares und Sagbares. Text-Bild-Verhältnisse*. Hrsg. von Wilhelm Voßkamp und Brigitte Weingart. Köln: DuMont, 2005. 216–253.

Williams, Linda. *Hard Core. Macht, Lust und die Traditionen des pornographischen Films*. Übers. von Beate Thill. Frankfurt am Main und Basel: Stroemfeld, 1995 [1989].

Williams, Linda (Hrsg.). *Porn Studies*. Durham und London: Duke University Press, 2004.

Young, Elizabeth. „Death in Disneyland: The Work of Dennis Cooper ". *Enter at Your Own Risk. The Dangerous Art of Dennis Cooper*. Hrsg. von Leora Lev. Madison, NJ, und Teaneck, NJ: Fairlight University Press, 2006. 42–67.

3.5 Schreibweisen der Oberfläche und visuelle Kultur

Heinz Drügh

Der Streit um Semiotizität und Sprachlichkeit der Oberflächenwahrnehmung

Will man den Stellenwert der Oberflächenwahrnehmung in der gegenwärtigen Ästhetik und in der aktuellen Debatte um die Visuelle Kultur einleitend skizzieren, dann lohnt der Blick in einen Einführungsband zur Ästhetischen Theorie aus den späten 1960er Jahren, der gleichwohl ein Kapitel zur *aesthetic surface* anbietet. Die Tatsache selbst ist noch nicht erstaunlich, gelingt die Etablierung der Ästhetik zu einer eigenständigen Disziplin im 18. Jahrhundert doch bekanntlich in der Folge von Alexander Gottlieb Baumgartens Aufwertung der unteren Seelenvermögen. Mit der Anerkennung der Sinne als einer eigenständigen, durch besondere Prägnanz und Datenfülle ausgezeichneten Erkenntnisform (*cognitio sensitiva*) gerät auch dasjenige in den Fokus, worauf sich die Sinne richten: die Oberfläche der Dinge. Einer differenzierten und insofern kultivierten Wahrnehmung kommt folglich ein Wert auch unabhängig von Qualitäten zu, die nach Maßgabe hermeneutischer Bemühungen in den Objekten, also in ihrer Tiefe verborgen liegen, oder auf welche die Objekte außerhalb ihrer selbst, etwa im Zusammenhang einer Struktur oder gemäß einer sich auf die Zukunft richtenden Nützlichkeitserwägung, bezogen werden können. „Discriminating perception", schreibt der dem Pragmatismus zugerechnete amerikanische Philosoph David W. Prall in dem angesprochenen Band, „focused upon an object as it appears directly to sense, without ulterior interest to direct that perception inward to an understanding of the actual forces or underlying structure giving rise to appearance, or forward to the purposes to which the object may be turned or the events its presence and movement may presage, or outward to its relations in the general structure and the moving flux – such free attentive activity may fairly be said to mark the situation in which beauty is felt" (Prall 1969, 49).

Einlässliche Oberflächenwahrnehmungen erscheinen hier also als Basis des ästhetischen Urteils. Rasch wird aber deutlich, dass die Oberflächenwahrnehmung in Pralls Darstellung nie für sich allein bestehen kann, braucht sie doch ihrerseits das Urteil, die sprachliche Benennung oder ein subjektives Gefühl des Schönen, um mehr zu sein als eine beiläufige Wahrnehmung, mehr als bloß in irgendeiner Weise ‚da'. Der Oberflächenreiz erhält seine Dignität in diesem Modell zwar als Auslöser des ästhetischen Urteilsprozesses. Vollends zu dem, was er ist, wird der Reiz aber nur im Verbund mit jenem Urteil, das den Phänomenen – wie Michel Foucault bemerkt – „jenseits ihrer unmittelbaren Erscheinung (*visibilité*) [...] eine[] Art Hinterwelt" erschließt, „die tiefer und dicker" (Foucault 1974 [1966], 295) ist als diese selbst. „It is the occurrence of such activity [die Wahrnehmung, die sich auf ein Objekt bezieht, wie es unmittelbar den Sinnen erscheint; d. V.] that makes possible the records put down in what we have called aesthetic judgments. Only the red that has really caught our attention fully, and upon which the attention has actually rested, is more than merely red – bright or glaring or hard or stirring, or lovely and rich and glowing, or fresh and clear and happy, or harsh or muddy or dull or distressing, ugly or beautiful in any one of a thousand determinate and specific meanings of those words" (Prall 1969, 49). Ein durch den Kantianismus hinlänglich bekanntes Argumentationsmuster: Anschauungen ohne Begriffe sind blind, und wo Oberflächenwahrnehmungen nicht sprachlich präzisiert oder auf den emotionalen Haushalt eines urteilenden Subjekts bezogen werden, bleiben sie nach Pralls Ansicht limitiert: „There is a limited range of hues to see, a limited range of sounds to hear, and even a limit to the dimensions of shapes perceived or imagined. [...] For the beauty of color is not simply its specific hue or shade or tint or intensity or saturation, but that specific color as upon an object, [...] as felt to be delightful or the reverse to the perceiving subject. And this is plainly indicated, this relational character of the situation in which the beauty of sense elements is present, a relation involving feeling, in the long list of typical words used in describing such elements" (ebd., 49 50).

Es gibt also gewissermaßen eine Longlist von Begriffen, in welche als ‚schön' empfundene visuelle Reize vorzugsweise übersetzt werden. Wenn in diesem Beitrag von Oberflächenästhetik visueller Kultur und Literatur die Rede ist, dann ist auf den grundsätzlichen Konflikt hinzuweisen, der die Debatte an dieser Stelle kennzeichnet. Folgen die einen der exemplarisch bei Prall vorzufindenden Linie, derzufolge die Versprachlichung des Schauens dessen Aspektvielfalt erst ‚richtig' wahrnehmbar mache, so sehen die anderen darin eine Reduktion, im Zuge derer die vom Sehsinn gelieferte Datenfülle, welche die Sprache tendenziell überfordert, beschnitten wird. Das Schlagwort, unter dem die letztgenannte Position firmiert, lautet *pictorial turn* und besagt in aller Kürze. „daß visuelle Erfahrung [...] nicht zur Gänze nach dem Modell der Textualität erklärbar sein dürfte" (Mitchell 2008, 108). Damit sei aber, so W. J. T. Mitchell, der wichtigste Vordenker dieser Position, nicht etwa eine Rückkehr von Konzepten wie „naive[] Mimesis-, Abbild- oder Korrespondenztheorien von Repräsentation oder eine erneuerte Metaphysik von pikturaler ‚Präsenz'" insinuiert, sondern vielmehr „eine postlinguistische, postsemiotische Wiederentdeckung des Bildes als komplexes Wechselspiel von Visualität, Apparat, Institutionen, Diskurs, Körpern und Figurativität" (ebd.).

Zweierlei ist an dieser Bemerkung hervorzuheben: erstens ihre idiosynkratische Haltung zur Semiotik. Hatten Mieke Bal und Norman Bryson die Semiotik noch als „transdisciplinary theory" (Bal und Bryson 1991, 175) gewürdigt, die gerade deshalb dazu beitrage, jene Privilegierung der Sprache zu vermeiden, welche die Interaktion von Disziplinen häufig verhindere, so markiert Mitchell seine Skepsis im Hinblick auf „die Möglichkeit der Transdisziplinarität und die Vermeidung von ‚Vorurteilen'" (Mitchell 2008, 142). Denn Semiotik impliziert für Mitchell nun einmal die Hegemonie des Sprachparadigmas. Zweitens zeigen die Begriffe „Visualität, Apparat, Institutionen, Diskurs, Körper[] und Figurativität" an, dass es bei Mitchell um mehr geht als um eine bloße *picture theory*, beziehungsweise dass dieser Terminus unzureichend verstanden wäre, würde man ihn nur als Anleitung zur Analyse von Bildern – und womöglich nur von künstlerisch ‚wertvollen' – fassen. Theoretisch geht es vielmehr darum, den kulturellen Stellenwert von Bildern überhaupt einschließlich ihrer Erzeugungs-, Distributions- und Rezeptionsweisen zu würdigen, so Mirzoeff: „When I engage with visual apparatuses, media and technology, I experience a visual event. By visual event, I mean an interaction of the visual sign, the technology that enables and sustains that sign, and the viewer" (Mirzoeff 1999, 13). Schauplatz dieser Überlegung ist eine Kultur, die durch eine „growing tendency to visualize things" (ebd., 5) gekennzeichnet ist und die deshalb als *visual culture* bezeichnet wird. In einer solchen eignet dem „Schauen" stets auch ein „politische[s] Moment", geschieht es doch nie von neutraler Warte, sondern operiert unvermeidlich von einer spezifischen Position aus: „Durch optische, technische, kulturelle, soziale, politische und andere Instrumente werden Standpunkte vermittelt" (Holert 2005, 233). Dennoch wendet sich auch Mirzoeff gegen die Semiotik als bildanalytische Leitdisziplin, verdächtigt auch er sie als paternale Verkennung und Domestizierung des ungebärdigen Visuellen durch ein „total language system", und zwar durch Akteur/innen, die im Zweifelsfall eher Bücherwürmer sind als Kinogänger/innen oder Flaneur/innen mit ausgeprägter Fähigkeit, den Blick schweifen zu lassen: „The idea that culture is understood by means of signs has been a part of European philosophy since the seventeenth century. [...] In the first enthusiasm for semiotics, theorists came to believe that all interpretation was a derivative of reading, perhaps because as academics they were so acculturated to reading in their everyday life" (Mirzoeff 1999, 14).

Es wird im Folgenden diskutiert, worin der Reiz von Oberflächenphänomenen für literarische Texte besteht, ob die Rede von der sprachlichen Kolonisierung des Visuellen zutrifft und ob man sich mit der Absage an die Semiotik zufrieden geben kann, wie sie maßgebliche Adepten des *pictorial turn* formuliert haben, beziehungsweise was die Implikation einer solchen Absage wäre.

Ästhetik der Oberfläche

In den vergangenen Jahren lässt sich in den Literatur- und Kulturwissenschaften eine wachsende Aufmerksamkeit für das Thema der Oberfläche verzeichnen. Erstens werden Oberflächen als Signum des technischen Zeitalters und der Vielfalt dort neu entstehender Materialien und ihrer sensorischen Qualitäten identifiziert. „Lexikalisch gesehen" ist die „physikalisch-technische Bedeutungsebene von ‚Oberfläche' [...] bis heute dominant" (von Arburg 2008, 23). Sachlich stehen Oberflächen besonders in angewandten Künsten wie Design oder (Innen-)Architektur auf der Agenda (vgl. Erlhoff 2013; Düchting und Plüm 2012). Das technische ist freilich auch ein industrielles Zeitalter, dessen Kennzeichen unter anderem die Massenproduktion von Waren ist. In Bezug auf diese wird zweitens vielfach behauptet, dass sie als Kompensation ihrer zunehmenden Unpersönlichkeit beziehungsweise ihrer schwindenden Qualität mit glänzenden Oberflächen versehen werden, und zwar mit dem Ziel, die Aufmerksamkeit der Kunden auf sich zu ziehen und ihr Konsumbegehren zu wecken (vgl. Haug 1971). In den Bereich technisch erzeugter und meist auch kommodifizierter Oberflächenphänomene fällt ein Typus, der wegen seiner gesellschaftlichen Dominanz drittens gesondert aufzuführen ist: das visuelle Geschehen auf Bildschirmen, das in Form des Fernsehens oder des Computerdisplays nicht nur heimische Wohnzimmer und Schreibtische dominiert, sondern in Gestalt von Laptops oder Tablets (Microsoft nennt sein 2013 auf den Markt gebrachtes Gerät sogar ‚Surface'), Navigationssystemen, Infoscreens oder Smartphones auch den öffentlichen Raum erobert hat und das menschliche Agieren dort prägt (vgl. Flusser 1995 [1993]; Friedberg 2006).

  Im Bereich der Literaturtheorie hat sich viertens eine Beachtung der Materialität der Künste etabliert, eine Sicht, in der „Laute als Laute, Grapheme als Grapheme und körpersprachliche Gesten als körpersprachliche Gesten thematisiert werden können, ohne als Signifikanten mit der Identifizierung der von ihnen bezeichneten Signifikate verlorenzugehen" (Gumbrecht 1988, 915). Konkret sind darunter beispielsweise die Forschung zur Materialität der Schrift (vgl. Barthes 2006 [1973]; Krämer et al. 2005; Zanetti 2012) oder die editionsphilologische *critique génétique* (vgl. Grésillon 1999 [1994]) zu verstehen (siehe 2.1 KAMMER). Nicht selten ergibt sich bei der Beachtung der Schriftmaterialität ein Überlappen in den Bereich sogenannter Schriftbildlichkeit, in welcher unterschiedliche ikonische Qualitäten der Schrift zum Thema werden (vgl. Krämer 2009). Gegen die inkriminierte ‚Episteme der Tiefe' ist schließlich fünftens die literarästhetische Aufwertung solcher Verfahren zu verstehen, die hermeneutisch nicht zu durchdringen sind, sogenannter ‚Texturen', wie sie Moritz Baßler in einer Studie zur emphatischen Moderne im Anschluss an Roland Barthes nennt (vgl. Baßler 1996; Barthes 1992 [1973]). Verstanden werden diese als „Textoberfläche[n]" (Stauffer und von

Keitz 2008, 13), die nicht mehr durchsichtig auf einen darunter verborgenen Sinn sind, sondern sich selbst als Verfahren in Szene setzen.

Der Stärkung des (materiellen) Signifikanten zu Lasten des (ideellen) Signifikats entspricht problemgeschichtlich auch die Wiederaufwertung der von der idealistischen Ästhetik als oberflächlicher Glanz diskreditierten Rhetorik (vgl. Wagner-Egelhaaf 2008). Nicht zuletzt lässt sich auch die Beachtung von Aspekten physischer Präsenz in der jüngeren Symbolforschung unter dem Schlagwort einer Ästhetik der Oberfläche verzeichnen (vgl. Berndt und Drügh 2009, 13 und 109–110; Drügh 2006a). Es geht dabei im Gegensatz zu jener ‚dicken Semantik‘, mit welcher der goethezeitliche Symbolbegriff herkömmlich beladen wird, um den „Reiz" des „Wechsels einer auch im kleinsten Raum nie einförmigen Oberfläche [...], durch welche das unstete Auge schwindelnd gleitet, ungewiß, wo es hafte und wohin es geführt wäre" (Justi 1923 [1866–1872], 191) – so formuliert nicht etwa von einem zeitgenössischen Ästhetiker, sondern noch im 19. Jahrhundert von dem Kunsthistoriker und Winckelmann-Biografen Carl Justi, hier mit Blick auf Winckelmanns Statuenbeschreibungen.

Der literarische Oberflächendiskurs in der Prosa der 1960er Jahre

Der Sprung von Winckelmann zu einem Autor wie Rolf Dieter Brinkmann erscheint nicht unbeträchtlich. Doch viel besser als mit einer Formulierung wie der vom Wechsel auf „einer auch im kleinsten Raum nie einförmigen Oberfläche, durch welche das Auge schwindelnd gleitet, ungewiß, wo es hafte und wohin es geführt werde", lässt sich das Verfahren eines Texteingangs wie des folgenden kaum beschreiben: „Es sind mattweiß schimmernde, verwischte Flecken, die flach und körperlos durch eine schattig-abgestumpfte, blinde Fläche treiben und nach dem Eintritt sogleich während eines raschen, flüchtigen Umherblickens an der Seite wahrgenommen werden" (Brinkmann 1982c [1967], 61). Fährt man im Zitat fort, materialisieren sich die optischen Oberflächenreize, die zunächst ohne semantische Tiefe bleiben, zu „Modellen oder lebende[n] Statuen", die auf der „Bühne" „grellweiß herausgehoben" werden „und auf der sie am Schluß jedes Mal augenblicklang nackt und unbeweglich verharren [...], erstarrt inmitten einer unmißverständlichen Haltung, breitbeinig dastehend und den Unterleib leicht vorgewölbt" (ebd.).

Geschildert wird also eine Situation in einer Striptease-Bar. Die Tänzerinnen erscheinen in einem *chiaroscuro* der Scheinwerfer und einem *sfumato* von Zigarettenrauch. Als „Statuen" sind sie bezogen auf einen Kunstdiskurs, als

„Modelle" mit einer auf der „Bühne" zur Schau gestellten Warenförmigkeit assoziiert. Ein Dispositiv aus Kunst, Theatralität, Sexualität, Konsum und Sehbe-
gierde regiert also die Oberflächenästhetik dieser literarisierten Wahrnehmung.
Aber auch die Art der Literarisierung erhält Oberflächenmarkierungen durch
Verfahren wie Alliteration und Gleichlautung (*Flecken, flach, Fläche, flüchtig* ...).
Von programmatischer Oberflächlichkeit ist das Dargestellte ferner auch inhaltlich. Das Sujet zeugt „für die Hereinnahme alltäglicher Details" in die Kunst, für
eine Ästhetik, „der alle Momente gleichwertig" sind, und das heißt: auch für
den Fall, dass sie „banal" und „oberflächlich" scheinen, dennoch ebenso „tief"
sind wie alle anderen Phänomene auch (Brinkmann 1982b [1969], 210–211). Es
geht Brinkmann darum, „die gleiche Tiefe des Banalen und totale Verklamme-
rung von subjektivem Interesse und objektiven Gegebenheiten zu einer durch-
gehenden Oberfläche" (ebd., 210) zu erweisen beziehungsweise zu erwirken.
Wenn damit in gewisser Hinsicht die idealistische „Konvention ‚Literatur'" aufgelöst wird, der Brinkmann auch noch die „‚revolutionäre[] Literatur'" seiner Zeit
zurechnet – jüngster Ausläufer eines „verrottete[n] romantische[n] Glaube[ns]",
beziehungsweise „fades Prinzip Hoffnung an Literatur als vorrangiges Heilmit-
tel" (ebd., 215) –, so wird hier dennoch nicht das Ende der Kunst verkündet. Der
Autor fordert vielmehr eine den „Oberflächen verhaftete Sensibilität" (Brinkmann 1982a [1969], 223) für „das Bildhafte", worunter er die noch nicht in herge-
brachte Narrative aufgelöste Intensität „täglichen Lebens" versteht (Brinkmann
1982b [1969], 215). „Aufgeklärtes Bewußtsein", so führt er in dem Essay „Der Film
in Worten" aus, „auf das europäische Intellektuelle so lange stolz Monopolan-
sprüche erhoben haben, nutzt allein nichts, es muß sich in Bildern ausdehnen,
Oberfläche werden" (Brinkmann 1982a [1969], 225). Als Kardinalformen hierfür
gelten die „Sexualität" und deren Katalysator, die „Reklame": „ein langer Zug
von Bildern, die vor dem Produkt, für das sie werben, ihre Eigenbewegung durchgesetzt haben" (ebd.).

Es ist keine neue Erkenntnis, dass die Ästhetik des Pop, vor deren Hintergrund
Brinkmann seine Poetologie formuliert, ebenso den Oberflächen wie sexuell aufgeladenen Intensitäten huldigt. Für Steven Shaviro stellt beispielsweise Andy
Warhols notorische Behauptung, er sei ausschließlich an der ‚Oberfläche der
Dinge' interessiert eine – nicht abwertend gemeinte – „unqualified embrace of
static materiality" dar, eine „affection of the flesh rather than a structural deter-
mination of language and consciousness" (Shaviro 1993, 215 und 217; zum Konzept
der Oberfläche im Pop vgl. Schumacher 2003; Vogel 2010). Entsprechend fordert
Leslie Fiedler in seinem epochemachenden Essay *Cross the Border – Close the
Gap* (1968) eine „*ekstasis* des Lesens", deren Gegenstand „nicht Wörter auf dem
Papier, sondern Wörter im Leben" sein sollen; dieser „Pop-Literatur" – Fiedler ist
der erste, der diesen Begriff verwendet – gilt „Pornographie" als „die *eigentliche*

Form" (Fiedler 1994 [1968], 58, 60 und 66; siehe 3.4 REHBERG). Als Einziger, der in der deutschsprachigen Debatte Partei für Fiedler ergreift, inszeniert Brinkmann sein Schreiben stets auch als drohende Unterbietung rauschhaften Erlebens: „Ich schreibe das hier, während auf meinem Dual-Plattenspieler HS 11 eine Platte der Doors abläuft, Disques Vogue, CLVLXEK 198, mit Jim Morrison – vocals, Ray Manzarek – organ, piano, bass, Robby Krieger – guitar, John Densmore – drums, und sollte ich nicht lieber die Musik um ein paar Phonstärken erhöhen und mich ihr ganz überlassen, anstatt weiterzutippen ..." (Brinkmann 1994 [1968], 66). Das Listen- oder Aufzählungsverfahren ließe sich hier also als der Versuch werten, an der Oberfläche des Erlebens zu verbleiben und sich nicht in ein hermeneutisch auszubeutendes Narrativ hineinziehen zu lassen. Die popliterarische Augenblicks- und Oberflächenemphase kennt immer auch sprachkrisenhafte Momente. „Sprache: no. Yes: ein konkretes Leben", heißt es etwa in Rainald Goetz' Erzählung *Rave* (1998), einem der prominentesten popliterarischen Texte der 1990er Jahre. Damit verbunden ist die sogenannte „Krypse-Regel": „Ein Text soll kein Geheimnis haben. Er sollte nichts verschweigen, was er selber von sich selber weiß. Diese Maxime ist hilfreich, um gegen eventuell sich einschleichende, obskurantistische Poetisierungen und Scheintiefgründigkeiten gezielt vorgehen und sich zur Wehr setzen zu können." (Goetz 1998, 209 und 264).

Das Interesse für Oberflächen teilt Brinkmann mit der zu seiner Zeit prominentesten europäischen Avantgardebewegung auf dem Gebiet der Literatur, dem französischen *nouveau roman*. Dessen ‚Chefpoetologe' Alain Robbe-Grillet fordert, sowohl den „Mensch[en]" als auch „die Dinge von ihrem systematischen Romantizismus" zu reinigen, sprich, „die Wirklichkeit [...] nicht mehr unaufhörlich anderswo" zu suchen, „sondern hier und jetzt" (Robbe-Grillet 1969b [1963], 106). „Die alten Mythen der ‚Tiefe'" hätten „abgedankt" und infolgedessen „hörte für uns die *Oberfläche* der Dinge auf, die Maske ihres Herzens zu sein, was eine offene Tür zu den schlimmsten Jenseitsvorstellungen", zu „Spekulationen der Metaphysik" gewesen sei (Robbe-Grillet 1969a [1963], 48–49).

In die deutschsprachige Version des *nouveau roman* und seine deskriptive Oberflächenerfassung der Dinge mischt sich indes eine weitere Stimme, diejenige von Peter Weiss und seines für die avancierte deutschsprachige Prosa der 1960er Jahre „Schule machend[en]" (Bohrer 1984, 182) Kurzromans *Der Schatten des Körpers des Kutschers* (1960). Diesen Text, der mit dem verstörenden Plan antritt, schlichtweg „alle Eindrücke festzuhalten, die sich ihm in der nächsten Umgebung, einem winzigen, alltäglichen, banalen Umkreis aufdrängen" (Krolow 1960), verfasst Peter Weiss 1952 noch im schwedischen Exil. Von der Sache her ist er nichts anderes als die forcierte Überbietung jener trümmerliterarischen Devise, derzufolge in der Stunde Null (für Weiss auch ganz persönlich ein Nullpunkt, ist der *Kutscher* doch der erste Text, den er wieder in deutscher Sprache schreibt) zunächst eine ästhetisch demütige, nüchterne Bestandsaufnahme anstehe, und die Dinge, die „man am Rande der Wege und Ruinen findet," gerade so darzustellen seien, „wie sie sind", „offen und ohne Arabesken" – so Gustav René Hocke im typischen Duktus der Zeitschrift *Der Ruf* (Hocke 1962 [1946], 207). Für solche Postulate gerät Weiss' Text jedoch viel zu befremdlich, ist er zu sehr vom Versuch bestimmt, per Deskription wieder an Verfahren der emphatischen Moderne anzuknüpfen (vgl. Drügh 2006b, 371–409). Folglich handelt sich der Autor bei seiner Suche nach einem Verlag für den *Kutscher* zunächst eine Fülle von Absagen ein. Erst 1960 gelingt die Publikation bei Suhrkamp in einer bibliophilen Ausgabe mit kleiner Auflage. Dadurch jedoch fällt die Veröffentlichung in die Hochphase des *noveau roman*.

Die Beschäftigung mit dem „undurchdringlichen Vorhandensein der Dinge" (Best 1971, 51), das heißt mit ihrer Oberfläche, scheint für den Erzähler von Weiss' Mikroroman allerdings nicht ohne Mühe zu sein, „stößt" sich sein „Blick" doch an den „Begrenzungen und festen Formen" (Weiss 1964 [1960], 18). Sein Ausweg besteht in einem phantasmagorischen „Erdenken von Bildern" (ebd.). Dazu streut er sich Salzkörner in die Augen. Die ‚Grundapparatur' dieses optischen „Versuch[s]" lautet: „In Reichweite neben mir auf dem Tisch habe ich einen Teller mit Salz stehen, von dem ich mir zuweilen ein paar Körner in die Augen streue. Die Aufgabe der Salzkörner ist es, meine Tränendrüsen zu reizen, und damit meinen Blick verschwommen zu machen; die entstehenden Tränenfäden, Lichtpünktchen und anschwellenden und zerfließenden Lichtkeile legen sich über das deutlich in meine Netzhaut eingeätzte Abbild des Raumes [...]" (ebd.). Vor den Augen des Erzählers entstehen darauf hin „ungewisse[] hin und herflackernde[] Schatten, Strahlen, Prismen, Farbflecken und Linien" (ebd.) – flüchtige, flackernde Flecken also auch hier.

Die „ersten Andeutungen von Gestaltungen", die sich „allmählich aus den ungewissen" Oberflächenreizen herauskristallisieren, fokussieren – ähnlich Brinkmanns oben diskutiertem *Strip* (1967) – weibliche Nacktheit, auch hier dargeboten in einer eigentümlichen Mischung aus Voyeurismus und anatomischer Taxierung: „Es war als lehnte ich mich an die Brüstung eines Altans, hoch über der nächtlichen Stadt [...]. Tief unter mir lag eine Straße und ringsum breiteten sich die Dächer aus, doch die Straße war nur wie eine schwarze Schlucht, oder nur wie eine schmale Spalte, und dicht unter mir, auf der Dachterrasse des gegenüberliegenden Hauses, schimmerte, wie vom Mond beschienen, [...] ein Gesicht, mit mageren Wangenknochen, breitem dunklen Mund, dunkel beschatteten Augen, und unter dem Gesicht ein schmaler Hals, dahinter das geöffnete Haar, und unter dem Halsansatz das scharf gezeichnete Schlüsselbein, daran die nackten geraden Schultern, und unter den Schultern die, von scharfen Schattenlinien begrenzten nackten Brüste mit den schwarzen Mittelpunkten der Brustwarzen, und unter den Brüsten die durch leichte Schatten angedeuteten Rippen und die glatte, nackte Wölbung des Bauches mit dem dunklen Mittelpunkt des Nabels, und unterhalb des Bauches die dreieckige Dunkelheit des Schoßes" (ebd., 19–20).

Es wird deutlich, wie die literarische Oberflächenwahrnehmung von Brinkmanns *Strip* in ein komplexes intertextuelles und -mediales Geflecht eingelassen ist, dessen Fäden von Warhol zu Weiss und vom *nouveau roman* zur Trümmerliteratur führen und in dessen Verflechtung und gegenseitiger Kommentierung wahrnehmungstheoretische Aspekte (Sehexperiment), literarästhetische Reminiszenzen (*nouveau roman*; das Anknüpfen an die emphatische Moderne), politische Kontexte (Trümmerliteratur) und geschlechtertheoretische Implikationen (Sexualisierung des Blicks) zur Verhandlung stehen. Man könnte darin auf dem Terrain der Literatur durchaus ein Pendant zu Holerts These vom positionierten Schauen sehen. Doch mit welchen Argumenten wäre eine solche Lesart ‚postsemiotisch', wie von Mitchell gefordert? Denn schließlich erweist sich der Blick hier einmal mehr als von Texten und Leseprozessen umstellt. Ein leibliches, über den Verstand hinausgehendes Moment des Sehens ist in diesen Arrangements zwar durchaus prominent: „Je konkreter", schreibt Brinkmann in dem Essay *Einübung einer neuen Sensibilität* (1969), „in der subjektiven Verwendung der Bilder das einzelne Bild = Image, Vorstellung, Eindruck, ‚die sinnliche Erfahrung als Blitzlichtaufnahme' in einem literarischen Text da ist, desto leerer wird der vorgegebene Bedeutungsgehalt, und das wiederum bewirkt, wie leicht einzusehen ist, ein Ansprechen größerer Einheiten als nur die des Verstandes" (Brinkmann 1995 [1969], 154). Im analytischen Zugriff wird eine solche über den Verstand und den korrespondierenden Modus des Textuellen hinausgehende Rezeptionsform aber – ob man will oder nicht – in ein zeichenhaftes Ensemble transformiert. „Eine Repräsentation, die man analysieren kann, ist ein Text" (Baßler 2005, 111). Wohlgemerkt: Nicht das intensive Erlebnis des Sehens für sich genommen wird damit schon als ‚Text' bezeichnet, wohl aber dessen kulturelle Repräsentation in Speichermedien, seien sie dominant bildlich oder schriftlich. Mögen sich manche, die den *pictorial turn* beziehungsweise den *shift* zur *visual culture* propagieren, noch so sehr um eine Emanzipation des Bildlichen von der Sprache bemühen: die Analyse des visuellen Dispositivs, das heißt des von ästhetischen, technischen oder politischen Parametern umstellten, medial implementierten und damit immer auch historisierten Wirkens der Bilder und des Sehens, ist und bleibt ein zeichenbezogener Vorgang. „Cultural Studies rests on the achievements of semiotics as a whole and stakes its distinctiveness upon the analysis of the symbolic, classificatory and, in short, meaning-making practices that are at the heart of all cultural production and consumption" (Evans und Hall 1999, 3). Dieselbe Akzentuierung wählt auch eine jüngere Einführung in die Visuelle

Kultur in Form der Kursivsetzung: „Kulturen sind *Symbolsysteme*, deren beobachtbare Oberfläche hochgradig visueller Natur ist" (Rimmele und Stiegler 2012, 16). Statt also das eine gegen das andere auszuspielen, wäre es adäquater, im Rahmen einer Diskussion des Verhältnisses von Literatur und visueller Kultur beziehungsweise Oberflächenästhetik einen differenzierten Blick zu bewahren und bildliche Oberflächen erstens als beständige und nicht stillzustellende Herausforderung der textuellen Kontrolle ebenso zu verstehen wie zweitens als faszinierende Lieferanten sonst nicht zugänglicher Datenmengen sowie dabei drittens die historisch-kulturelle Situierung dieser Faszination zu beachten.

Die visuelle Oberfläche: Unendliches Datenreservoir und mediale Wucht (Benjamin, Barthes)

In dem Aufsatz *Das Kunstwerk im Zeitalter seiner technischen Reproduzierbarkeit* (1935) wendet sich Walter Benjamin insbesondere dem Film und seiner spezifischen Art der Rezeption zu. Als eine der zentralen „gesellschaftlichen Funktionen" dieses populären visuellen Mediums begreift Benjamin „die Art", wie der Mensch mithilfe der „Aufnahmeapparatur [...] die Umwelt sich darstellt" (Benjamin 1991 [1935], 460–461). Ein wichtiger Bezugspunkt ist dabei die Technik der Großaufnahme, der Béla Balázs bereits im Jahr 1924 in der Abhandlung *Der sichtbare Mensch* einige zentrale Überlegungen gewidmet hatte. „Großaufnahmen", so wird dort ausgeführt, seien die „Lupe des Kinematographs", eröffneten „das Neuland dieser neuen Kunst", das sogenannte „‚kleine Leben'": „Auch das größte Leben besteht aus diesem ‚kleinen Leben' der Details und Einzelmomente, und die großen Konturen sind meist nur das Ergebnis unserer Unempfindlichkeit und Schlamperei, mit der wir das Einzelne verwischen und übersehen" (Balázs 2001 [1924], 49). Auch Benjamin interessiert sich für jene Welt der Details, die er indes ambivalenter auffasst. Einerseits offenbare sich darin ein ungeheures, bewusst nicht wahrnehmbares Gespinst, in das der Mensch eingewoben, gleichsam festgezurrt sei. Andererseits eröffne sich im Kleinen aber, wenn man es durch eine Darstellungsform wie etwa die Kinematografie dynamisiere, auch ein unendlicher Möglichkeitsraum. „Indem er durch Großaufnahmen aus ihrem Inventar [i. e. der Welt; d. V.], durch Betonung versteckter Details an den uns geläufigen Requisiten, durch die Erforschung banaler Milieus unter der genialen Führung des Objektivs auf der einen Seite die Einsicht in die Zwangsläufigkeiten vermehrt, von denen unser Dasein regiert wird, kommt er auf der andern Seite dazu, eines ungeheuren und ungeahnten Spielraums uns zu versichern" (Benjamin 1991 [1935], 461). Diesen Spielraum, den die ungeheure Datenfülle des kinematografischen Bildes bereite, nennt Benjamin in Anspielung auf das „Triebhaft-Unbewußte[]", von dem die Psychoanalyse handelt, „das Optisch-Unbewußte[]" (ebd., 460). Einem solchen Seh-Terrain ist freilich jene „freischwebende Kontemplation" (ebd., 464), wie sie dem bürgerlichen Kunstgenuss zugeschrieben wird, nicht mehr angemessen. Die Eigenart insbesondere der filmischen Bilder, sich mit „Chocwirkung" (ebd., 464) zu präsentieren, die „Kerkerwelt" des gewohnten Lebens – „unsere Kneipen und Großstadtstraßen, unsere Büros und möblierten Zimmer, unsere Bahnhöfe und Fabriken" – „mit dem Dynamit der Zehntelsekunden" zu sprengen (ebd., 461), macht die Wahrnehmung zu einer „taktil[en]" (ebd., 465) Erfahrung, zu einem „Geschoß" (ebd., 463).

Die Taktilität des Sehens, die Benjamin hier ins Spiel bringt, gilt der neueren Filmtheorie als Korrektiv, das ausgehend von der körpernäheren Haptik gegen ein „okularzentrisches Paradigma" (Elsaesser und Hagener 2007, 138) eingebracht wird, ein Paradigma, welches das Sehen und damit den distanzschaffenden Sinn *par excellence* ins Zentrum stellt (vgl. ebd., 156–157; Benthien 1999, bes. 265–279). Bei dieser Naherfahrung geht es freilich nicht darum, die mediale Dar- oder Entstellung von Welt zugunsten einer im emphatischen Sinne „realistische[n] Welt-Wiedergabe" (Robnik 2007 [2002], 268) auszusetzen. Vielmehr ist damit eine „vom Filmbild erregte, freigesprengte Materialität" (ebd.) gemeint, wie sie schon Siegfried Kracauers *Theorie des Films* beschäftigt hat: ein „Leben unterhalb der Bewußtseinsschwelle", ein „Geflecht von Eindrücken und Ausdrücken, das tief in [...] [das] physische[] Sein in seiner Endlosigkeit" und – Abweisung an den semiotischen Zugriff – tendenziellen „Unbestimmbarkeit" hinabreicht (Kracauer 1985 [1960], 104–105 und 109). Allerdings impliziert das nicht, dass sich ein solches „Murmeln" der „materielle[n] Realität" bloß „passiv" rezipieren ließe (ebd., 224). Vielmehr fordert es vom Kinobesucher eine „besondere Art von Sensibilität", kraft derer „er sich endlos" um jene Realität zu „bemühe[n]" habe (ebd., 224). Die wuchtige Präsenz des (Kino-)Bildes führt also bei Kracauer und Benjamin zur Erkenntnis seiner „syntaktischen" und „semantischen Dichte", die Entschlüsselungsversuche vor Probleme stellt (Goodman 1997 [1969], 128–149). Diese auf Nelson Goodman zurückgehenden Termini beziehen sich auf die Tatsache, dass es bei der bildlichen Darstellungsform nicht bloß auf disjunkte Merkmale ankommt wie bei einem sprachlich-schriftlichen System: „Für Bilder gibt es keine Alphabete, keine endlichen Listen wohlunterschiedener Zeichencharaktere. Bilder können nicht einfach buchstabiert werden" (Scholz 1991, 93). Bei ihnen ist gewissermaßen die ‚ganze Oberfläche' von Bedeutung: „alle Nuancen der Farbe, der Linie und des Hintergrundes, die Dicke und Textur der Linie, die absolute Größe und manches andere" (ebd., 104).

Wie aber könnte die Bemühung um solch dichte Oberflächentexturen aussehen? Als Kardinaltext zu dieser Frage ist nach wie vor Roland Barthes' klassischer Essay *Rhetorik des Bildes* aus dem Jahr 1964 zu Rate zu ziehen, der im Rahmen der Diskussion um den *pictorial turn* ein wenig in Verruf gekommen ist, vertritt er doch ein eher klassisch semiologisches Paradigma (siehe 2.6 LÖFFLER). Barthes geht es bekanntlich darum, Niveaus der bildlichen Botschaft voneinander zu unterscheiden. Er wählt dazu eine Spaghettireklame der Marke Panzani und identifiziert darin drei verschiedene semiotische Niveaus: Erstens gibt es eine genuin sprachliche Botschaft zu entdecken, die – nicht weiter erstaunlich – ihren Sitz in der Beschriftung der Nudelpackung oder in den Etiketten hat. Zweitens benennt Barthes eine sogenannte „nicht-kodierte bildliche Botschaft", das heißt ein Wahrnehmungswissen, das „beinahe anthropologisch[]" zu nennen ist und das die Identifikation bildlicher Darstellungen als Tomate oder Teigwarenpaket weitgehend losgelöst von kultureller Spezifikation ermöglicht (Barthes 1990b [1964], 32). „Lesen'" wird die Entzifferung einer solchen Botschaft – selbst von einem Semiologen wie Barthes – nurmehr in Anführungsstrichen genannt (ebd.). Am Kompliziertesten und Interessantesten ist drittens jene Botschaft, die Barthes als „kodiert[] bildlich[]" (ebd.) bezeichnet. Dabei handelt es sich um „hochgradig kulturell" vermittelte „Signifikat[e]", die von der Abbildung suggeriert werden: „euphorische Werte" wie Marktfrische oder die Zubereitung von Speisen am heimischen Herd oder die berühmte, nicht zuletzt in den Farben (rot, weiß, grün) dargestellte „Italianität" der Abbildung, ferner eine Ebene der Bedeutung, welche die Konserve dem Naturprodukt gleichzustellen sucht, und schließlich ein „ästhetisches Signifikat", das die Abbildung an die Tradition der Stillebenmalerei anschließt (ebd., 30). Was in der Erkundung des kodiert bildlichen Sinns auffällt, ist, dass „jedes Bild polysemisch" ist: „es impliziert eine unterschwellig in seinen Signifikanten vorhandene ‚fluktuierende Kette' von Signifikaten, aus denen die Leserin oder der Leser manche auswählen und die übrigen ignorieren kann. Die Polysemie bringt die Frage nach dem Sinn hervor" – ja diese Frage, dieses Bemühen gehört Barthes zufolge zu jenen „diverse[n] Techniken zur Fixierung der fluktuierenden Kette der Signifikate, um gegen den Schrecken der ungewissen Zeichen anzukämpfen" (ebd., 34).

Visuelle Oberflächenreize werden hier, so scheint es zunächst, wie in einem Abwehrzauber in eine Tiefe von Bedeutsamkeit perspektiviert. Es ist aber verkehrt, Barthes der linguistischen Kolonisierung des Visuellen zu verdächtigen. Denn die Intention seiner bildlichen Lektüren, ja seiner Semiologie überhaupt, ist ideologiekritisch. „Konnotationssignifikate" stellen solange „*Ideologie*" (ebd., 43) dar, wie sie als Natur wahrgenommen werden, und die Tradition ist lang, in der Bilder als ‚natürliche Zeichen' aufgefasst wurden (wenn sie denn überhaupt als Zeichen galten). Folglich ist Barthes jene „mythische Auffassung" suspekt, derzufolge Bilder einen „Ort des Widerstands gegen den Sinn" darstellen und „Bedeutung [...] den unsäglichen Reichtum des Bildes nicht ausschöpfen" könne (ebd., 28). Allerdings lässt sich in Barthes' Œuvre im Übergang zum Poststrukturalismus eine „zunehmende Skepsis gegenüber der Annahme" verzeichnen, „die semantische Struktur von Bildern ließe sich in ein System von Coderegularitäten übersetzen" (Weingart 2001, 141–142). So unterscheidet er in einem Text über einige *stills* aus Filmen Sergej Eisensteins neben der nicht-kodierten und der kodierten bildlichen Botschaft einen sogenannten „dritten Sinn", den er in der Dichte des Bildes an „signifikanten Beiläufigkeiten" festmacht, der Art der Schminke von Filmfiguren, der Zeichnung ihrer Nase oder Augenbrauen, ihren Frisuren (Barthes 1990a [1970], 48–49). „Hartnäckig und schweigend" kann sich der dritte Sinn auch dort, „wo man ihn nicht braucht", etwa „in der Stirnregion" einer Eisensteinschen Figur breitmachen. So muss der Erzsemiologe Barthes einräumen, dass es hier darum gehe, „das ‚Leben' und somit das ‚Wirkliche' selbst zu lesen", wobei es erstaunlich ist, dass der Begriff des ‚Lesens' überhaupt auftaucht, zumal ohne Anführungsstriche (ebd., 59). Denn „der stumpfe Sinn", wie Barthes diesen dritten im Unterschied zum entzifferbaren, „entgegenkommende[n]" Sinn des Bildes nennt, „ist nicht struktural angesiedelt", er ist „ein Signifikant ohne Signifikat", eingesenkt in die materielle Oberfläche des Bildes und mit dem assoziiert, was Barthes den „Starrsinn" nennt, „den jeder Körper aufbringt, um da zu sein" (ebd., 49 und 53).

Bei dieser Form des ‚Da-Seins' geht es um einen Modus, der seinen Sitz in der materiellen Präsenz der Körper, Objekte oder Bilder und insbesondere in deren Oberflächentexturen hat. Ein solcher „auf räumlicher Nähe beruhende[r]" – eben taktiler – „Präsenzbegriff" unterscheidet sich, wie Hans Ulrich Gumbrecht betont hat, von jener insbesondere von Jacques Derrida immer wieder attackierten und als metaphysisch ausgewiesenen „Idee geistiger Selbst-Präsenz" (Gumbrecht 1997, 211). Stattdessen geht es um Wahrnehmungsintensitäten in Bezug auf „Residuen des ‚Asemiotischen' oder ‚Amedialen'", als welche Dieter Mersch die *„Materialität der Dinge"* oder die *„Leiblichkeit des Körpers"* bezeichnet (Mersch 2010, 13). Für eine solche „Wiederkehr des Präsentischen" im Bereich des „Nichttextuelle[n] oder Unverständliche[n]" finde indessen, so Mersch weiter, „eine textuell immer schon vorentschiedene Figuration" – wie Hermeneutik oder Semiotik – „keine angemessene Sprache oder Darstellung" (ebd., 9).

Merschs oder Gumbrechts skeptische Haltung gegenüber einer ‚Sinnkultur' oder der Semiotik lässt sich auch in der neueren Bildtheorie entdecken, die – sei es aus einem Affekt gegen die alte Kolonisierung der Bilder durch die Sprache, sei es aus dem Kampf um Anerkennung und Distinktion im akademischen Wettbewerb – frühere Forderungen nach einer Bild-Alphabetisierung hinter sich lässt, um nun vermehrt das mitunter mystifizierende Lob bildlicher ‚Präsenz', ‚Kraft', ‚Wucht', ‚Eigenenergie' etc. zu künden. Der *linguistic turn* wird dann gerne so tendenziös dargestellt wie in Horst Bredekamps *Theorie des Bildakts*, nämlich dergestalt, dass er „alles Leben aus" der „dünnen Luft der begrifflichen Bereinigung ausgetrieben" habe und nun aufgrund seiner akuten „Vitalitätsnot", also geradezu aus „innerem Antrieb in den iconic turn münden" müsse (Bredekamp 2010, 345). Leitmotivisch durchzieht diese Studie ein Ausspruch Leonardos da Vinci in Bezug auf ein verhülltes Bild – laut Bredekamp eine der „tiefgründigsten Aussagen, die jemals über die Bildern innewohnende Kraft geäußert wurden": „Nicht enthüllen, wenn dir die Freiheit lieb ist, denn mein Antlitz ist Kerker der Liebe" (ebd., 17). Es geht also um Bilder als Faszinosum. Doch was bedeutet dies genau? „Keinesfalls einen Terrainkampf zwischen dem Bild und der Sprache", räumt Bredekamp ein, denn letztere könne „im Zusammenspiel mit dem Bild oder auch im Konflikt mit der Sphäre des Visuellen zur höchsten Entfaltung ihrer selbst [...] gelangen" (ebd., 53–54). Vielleicht sollte man das Weihevolle des Tons auch hier ein wenig dämpfen (vgl. polemisch dazu auch Hornuff 2012, 9). Denn was wäre ‚die höchste Entfaltung' der Sprache konkret? Über die experimentierfreudigen, wenn auch eher spröden und sicherlich nicht einfach zu genießenden Texte von Brinkmann oder Weiss wäre mit einer solchen Bezeichnung noch nicht allzu viel gesagt, ja wären sie damit überhaupt adäquat bezeichnet? Würden wir Winckelmanns Ekphrasen antiker Statuen zu den ‚höchsten Entfaltungen der Sprache' zählen?

Es ist daher besser, die textuelle Verhandlung visueller Oberflächen nicht zu einer die Lungen weitenden (und in der Sache ungenau bleibenden) Andachtsübung zu stilisieren, sondern immer wieder als Weg in die ‚dünne Luft' begrifflicher Analyse wahrzunehmen. Zu diskutieren bleibt dann, wie das Visuelle Texte immer wieder aufs Neue in Details verstrickt und dadurch an die Grenze dessen führt, was semiotisch beschreibbar ist, ohne dass damit schon das Ende der Semiotik ausgerufen werden müsste. Denn diese Details können, nimmt man sie überhaupt einmal wahr, als wichtiger Katalysator für eine in den Kulturwissenschaften so genannte „science of the particular" (Fiske 1992, 159; vgl. Baßler 2005, 50–53) gelten, für das Aufspüren von Verbindungswegen zwischen den Oberflächen der Bilder und dem, was man kulturell gerne als marginal oder oberflächlich einstuft. Dass auf diesem Weg die im Verborgenen wirksamen „hegemonic" zu „negotiated codes" werden können und das Feld für eine „„politics of signification'" (Hall 1993, 98 und 102–103) überhaupt erst öffnen, ist eine Bewegung, die – so man sie denn wünscht – allein durch die Feier feinsinniger Aisthesis von Oberflächennuancen kaum zu erreichen ist.

Literaturverzeichnis

Arburg, Hans-Georg von. *Alles Fassade. ‚Oberfläche' in der deutschsprachigen Architektur- und Literaturästhetik*. München: Fink, 2008.

Bal, Mieke, und Norman Bryson. „Semiotics and Art History". *Art Bulletin 73* (1991): 174–208.

Balázs, Béla. *Der sichtbare Mensch oder die Kultur des Films*. Frankfurt am Main: Suhrkamp, 2001 [1924].

Barthes, Roland. „Der dritte Sinn. Forschungsnotizen über einige Fotogramme S. M. Eisensteins" [1970]. *Der entgegenkommende und der stumpfe Sinn. Kritische Essays III*. Übers. von Dieter Hornig. Frankfurt am Main: Suhrkamp, 1990a. 47–66.

Barthes, Roland. „Rhetorik des Bildes" [1964]. *Der entgegenkommende und der stumpfe Sinn. Kritische Essays III*. Übers. von Dieter Hornig. Frankfurt am Main: Suhrkamp, 1990b. 28–46.

Barthes, Roland. *Die Lust am Text*. Übers. von Traugott König. 7. Aufl. Frankfurt am Main: Suhrkamp, 1992 [1973].

Barthes, Roland. *Variations sur l'écriture/Variationen über die Schrift. Französisch/Deutsch*. Übers. von Hans-Horst Henschen. Mainz: Dieterich, 2006 [1973].

Baßler, Moritz. *Die Entdeckung der Textur. Unverständlichkeit in der Kurzprosa der emphatischen Moderne 1910–1916*. Tübingen: Niemeyer, 1996.

Baßler, Moritz. *Die kulturpoetische Funktion und das Archiv. Eine literaturwissenschaftliche Text-Kontext-Theorie*. Tübingen: Francke, 2005.

Benjamin, Walter. „Das Kunstwerk im Zeitalter seiner technischen Reproduzierbarkeit. Erste Fassung" [1935]. *Gesammelte Schriften. Band 1.2: Abhandlungen*. Hrsg. von Rolf Tiedemann und Hermann Schweppenhäuser. Frankfurt am Main: Suhrkamp, 1991. 435–469.

Benthien, Claudia. *Haut. Literaturgeschichte – Körperbilder – Grenzdiskurse*. Reinbek bei Hamburg: Rowohlt, 1999.

Berndt, Frauke, und Heinz Drügh (Hrsg.). *Symbol. Grundlagentexte aus Ästhetik, Poetik und Kulturwissenschaft*. Frankfurt am Main: Suhrkamp, 2009.

Best, Otto F. *Peter Weiss. Vom existentialistischen Drama zum marxistischen Welttheater. Eine kritische Bilanz*. Bern: Francke, 1971.

Bohrer, Karl Heinz. „Die Tortur – Peter Weiss' Weg ins Engagement – Die Geschichte des Individualisten". *Peter Weiss*. Hrsg. von Rainer Gerlach. Frankfurt am Main: Suhrkamp, 1984. 182–207.

Bredekamp, Horst. *Theorie des Bildakts. Frankfurter Adorno-Vorlesungen 2007*. Berlin: Suhrkamp, 2010.

Brinkmann, Rolf Dieter. „Der Film in Worten" [1969]. *Der Film in Worten. Prosa, Erzählungen, Essays, Hörspiele, Fotos, Collagen 1965–1974*. Reinbek bei Hamburg: Rowohlt, 1982a. 223–247.

Brinkmann, Rolf Dieter. „Die Lyrik Frank O'Haras" [1969]. *Der Film in Worten. Prosa, Erzählungen, Essays, Hörspiele, Fotos, Collagen 1965–1974*. Reinbek bei Hamburg: Rowohlt, 1982b. 207–222.

Brinkmann, Rolf Dieter. „Strip" [1967]. *Der Film in Worten. Prosa, Erzählungen, Essays, Hörspiele, Fotos, Collagen 1965–1974*. Reinbek bei Hamburg: Rowohlt, 1982c. 61–64.

Brinkmann, Rolf Dieter. „Angriff aufs Monopol. Ich hasse alte Dichter" [1968]. *Roman oder Leben. Postmoderne in der deutschen Literatur*. Hrsg. von Uwe Wittstock. Leipzig: Reclam, 1994. 65–77.

Brinkmann, Rolf Dieter. „Einübung einer neuen Sensibilität" [1969]. *Rolf Dieter Brinkmann.* Hrsg. von Maleen Brinkmann. Reinbek bei Hamburg: Rowohlt, 1995. 147–155.

Drügh, Heinz. „‚Allenthalben auf seiner Oberfläche'. Zur Präsenz des Körpers im klassizistischen Symbol". *Aktualität des Symbols.* Hrsg. von Frauke Berndt und Christoph Brecht. Freiburg im Breisgau: Rombach, 2006a. 135–156.

Drügh, Heinz. *Ästhetik der Beschreibung. Poetische und kulturelle Energie deskriptiver Texte (1700–2000).* Tübingen: Francke, 2006b.

Düchting, Susanne, und Kerstin Plüm. *Surface.* Berlin: LIT, 2012.

Elsaesser, Thomas, und Malte Hagener. *Filmtheorie zur Einführung.* Hamburg: Junius, 2007.

Erlhoff, Michael. *Theorie des Designs.* Paderborn: Fink, 2013. 79–89.

Evans, Jessica, und Stuart Hall. „What is visual culture?" *Visual Culture. The Reader.* Hrsg. von Jessica Evans und Stuart Hall. London, New Delhi und Thousand Oaks, CA: Sage, 1999. 1–7.

Fiedler, Leslie A. „Überquert die Grenze, schließt den Graben! Über die Postmoderne" [1968]. *Wege aus der Moderne. Schlüsseltexte der Postmoderne-Diskussion.* Hrsg. von Wolfgang Welsch. 2., durchges. Aufl. Berlin: Akademie Verlag, 1994. 57–74.

Fiske, John. „Cultural Studies and the Culture of Everyday Life". *Cultural Studies.* Hrsg. von Lawrence Grossberg, Cary Nelson und Paula A. Treichler. London und New York, NY: Routledge, 1992. 154–173.

Flusser, Vilém. *Schriften 1: Lob der Oberflächlichkeit. Für eine Phänomenologie der Medien.* Hrsg. von Stefan Bollmann und Edith Flusser, 2., durchges. Aufl. Mannheim: Bollmann, 1995 [1993].

Foucault, Michel. *Die Ordnung der Dinge. Eine Archäologie der Humanwissenschaften.* Übers. von Ulrich Köppen. Frankfurt am Main: Suhrkamp, 1974 [1966].

Friedberg, Anne. *The Virtual Window. From Alberti to Microsoft.* Cambridge, MA: MIT Press, 2006.

Goetz, Rainald. *Rave. Erzählung.* Frankfurt am Main: Suhrkamp, 1998.

Goodman, Nelson. *Sprachen der Kunst. Entwurf einer Symboltheorie.* Übers. von Bernd Philippi. Frankfurt am Main: Suhrkamp, 1997 [1969].

Grésillon, Almuth. *Literarische Handschriften. Einführung in die ‚critique génétique'.* Übers. von Frauke Rother und Wolfgang Günther. Bern und Berlin: Lang, 1999 [1994].

Gumbrecht, Hans Ulrich. „Flache Diskurse". *Materialität der Kommunikation.* Hrsg. von Hans Ulrich Gumbrecht und K. Ludwig Pfeiffer. Frankfurt am Main: Suhrkamp, 1988. 914–923.

Gumbrecht, Hans Ulrich. „Die Schönheit des Mannschaftssports: American Football – Im Stadion und im Fernsehen". *Medien – Welten – Wirklichkeiten.* Hrsg. von Gianni Vattimo und Wolfgang Welsch. München: Fink, 1997. 201–228.

Hall, Stuart. „Encoding/Decoding". *The Cultural Studies Reader.* Hrsg. von Simon During London: Routledge, 1993. 90–103.

Haug, Wolfgang Fritz. *Kritik der Warenästhetik.* Frankfurt am Main: Suhrkamp, 1971.

Hocke, Gustav René. „Deutsche Kalligraphie oder Glanz und Elend der modernen Literatur" [1946]. *Der Ruf. Eine deutsche Nachkriegszeitschrift.* Hrsg. von Hans Schwab-Felisch. München: dtv, 1962. 203–208.

Holert, Tom. „Kulturwissenschaft/Visual Culture". *Bildwissenschaft. Disziplinen, Themen, Methoden.* Hrsg. von Klaus Sachs-Hombach. Frankfurt am Main: Suhrkamp, 2005. 226–235.

Hornuff, Daniel. *Bildwissenschaft im Widerstreit: Belting, Boehm, Bredekamp, Burda.* München: Fink, 2012.

Justi, Carl. *Winckelmann in Rom.* Leipzig: Vogel, 1923 [1866–1872].

Kracauer, Siegfried. *Theorie des Films. Die Errettung der äußeren Wirklichkeit.* Übers. von Friedrich Walter und Ruth Zellschan. Hrsg. von Karsten Witte. Frankfurt am Main: Suhrkamp, 1985 [1960].

Krämer, Sybille, Gernot Grube und Werner Kogge (Hrsg.). *Schrift. Kulturtechnik zwischen Auge, Hand und Maschine.* München: Fink, 2005.

Krämer, Sybille. „Von der ‚Tiefe' des intellektuellen Sprachbildes zur ‚Oberfläche' der verkörperten Sprache". *Oberfläche und Performanz. Untersuchungen zur Sprache als dynamische Gestalt.* Hrsg. von Angelika Linke und Helmuth Feilke. Tübingen: Niemeyer, 2009. 33–48.

Krolow, Karl. „Freude am verzögernden Genitiv". *Deutsche Zeitung* 15./16. Oktober 1960.

Mersch, Dieter. *Posthermeneutik.* Berlin: Akademie Verlag, 2010.

Mirzoeff, Nicholas. *An Introduction to Visual Culture.* London und New York, NY: Taylor & Francis, 1999.

Mitchell, W. J. T. *Bildtheorie.* Übers. von Heinz Jatho, Jürgen Blasius, Christian Höller, Wilfried Prantner und Gabriele Schabacher. Hrsg. von Gustav Frank. Frankfurt am Main: Suhrkamp, 2008.

Prall, David W. „Aesthetic Surface". *Introductory Readings in Aesthetics.* Hrsg. von John Hospers. New York, NY: The Free Press, 1969. 49–60.

Rimmele, Marius, und Bernd Stiegler. *Visuelle Kulturen/Visual Culture zur Einführung.* Hamburg: Junius, 2012.

Robbe-Grillet, Alain. „Dem Roman der Zukunft eine Bahn" [1963]. *Plädoyer für eine neue Literatur.* Hrsg. von Kurt Neff. München: dtv, 1969a. 43–49.

Robbe-Grillet, Alain. „Über ein paar veraltete Begriffe" [1963]. *Plädoyer für eine neue Literatur.* Hrsg. von Kurt Neff. München: dtv, 1969b. 95–112.

Robnik, Drehli. „Körper-Erfahrung und Film-Phänomenologie" [2002]. *Moderne Film-Theorie.* Hrsg. von Jürgen Felix. 3. Aufl. Mainz: Bender, 2007. 246–280.

Scholz, Oliver R. *Bild, Darstellung, Zeichen. Philosophische Theorien bildhafter Darstellung.* Freiburg: Alber, 1991.

Schumacher, Eckhard. *Gerade eben jetzt. Schreibweisen der Gegenwart.* Frankfurt am Main: Suhrkamp, 2003.

Shaviro, Steven. *The Cinematic Body.* Minneapolis, MN: University of Minnesota Press, 1993.

Stauffer, Isabelle, und Ursula von Keitz. „Lob der Oberfläche. Eine Einleitung". *Mehr als Schein. Ästhetik der Oberfläche in Film, Kunst, Literatur und Theater.* Hrsg. von Hans-Georg von Arburg, Philipp Brunner, Christa Haeseli, Ursula von Keitz, Valeska von Rosen, Jenny Schroedel, Isabelle Stauffer und Marie Theres Stauffer. Berlin und Zürich: diaphanes, 2008. 13–32.

Vogel, Juliane. „‚Ich möchte seicht sein.' Flächenkonzepte in Texten Elfriede Jelineks". *Lob der Oberfläche. Zum Werk von Elfriede Jelinek.* Hrsg. von Juliane Vogel und Thomas Eder. München: Fink, 2010. 9–18.

Wagner-Egelhaaf, Martina. „Vom Glanz der Rede". *Mehr als Schein. Ästhetik der Oberfläche in Film, Kunst, Literatur und Theater.* Hrsg. von Hans-Georg von Arburg, Philipp Brunner, Christa Haeseli, Ursula von Keitz, Valeska von Rosen, Jenny Schroedel, Isabelle Stauffer und Marie Theres Stauffer. Berlin und Zürich: diaphanes, 2008. 239–253.

Weingart, Brigitte. „Where is your rupture? Zum Transfer zwischen Text- und Bildtheorie". *Die Adresse des Mediums.* Hrsg. von Stefan Andriopoulos, Gabriele Schabacher und Eckhard Schumacher. Köln: DuMont, 2001. 136–157.

Weiss, Peter. *Der Schatten des Körpers des Kutschers*. Frankfurt am Main: Suhrkamp, 1964
[1960].
Zanetti, Sandro (Hrsg.). *Schreiben als Kulturtechnik. Grundlagentexte*. Berlin: Suhrkamp, 2012.

3.6 Literarizität in der Medienkunst

Claudia Benthien

Einleitung: Sprache, Stimme und Schrift in der Medienkunst

Dass Sprache und Literatur auch in zeitgenössischen audiovisuellen Medien und nach dem als Überwindung des *linguistic turn* in Szene gesetzten *pictorial turn* eine wichtige Rolle spielen, verdeutlicht der Gegenstandsbereich, der seit der zweiten Hälfte des 20. Jahrhunderts unter der Bezeichnung ‚Medienkunst' subsumiert wird. Aspekte und Ebenen des Literarischen manifestieren sich zum Beispiel in Form von poetischen Titeln, integrierten Textsegmenten, akustischen Sprachpassagen, lyrischen Sprechweisen, stimmlich-performativen Elementen, narrativen Strukturen oder dramatischen Handlungsverläufen. In Medienkunst-Arbeiten finden sich ästhetische Verfahren, in denen es speziell mündliche Sprache ist, die literarische Qualitäten exponiert. Im Unterschied zur Literaturtheorie, die Literarizität eher als Merkmal von Schriftsprache versteht, geht es im Folgenden daher auch um verbalisierte Sprache – sowie um Schrift, die ästhetisch eingesetzt wird und somit nicht allein Bedeutung transportiert, sondern auch als visuelle Komponente wahrzunehmen ist.

Ausgangspunkt ist die Annahme, dass audiovisuelle Künste Potentiale für eine an kulturwissenschaftlichen Theorien orientierte Philologie aufweisen. Dies geht mit einer erneuten Aufwertung des Interpretationsaktes in der Auseinandersetzung mit medialen Kunstformen einher, im Kontrast zu der in jüngerer Zeit geläufigen Tendenz, das Materielle über die Signifikation zu stellen. Gewählt wird mithin eine „hermeneutische Perspektive auf diese neuen künstlerischen Phänomene", um die „Möglichkeit[en] einer deutenden und bedeutungsgebenden Interaktion mit digitaler Kunst" (Simanowski 2012, 19 und 20) auszuloten. Die Analyse von Medienkunst erfolgt unter der Prämisse, dass die in der Literaturwissenschaft entwickelten, semiotisch grundierten Lektüretechniken auch auf nicht-literarische Texte anwendbar sind. Zu den für die Philologien eher neuen Kriterien wären etwa Intermedialität und Interaktivität zu zählen, zu den älteren zum Beispiel Gattungstheorie oder Rhetorik.

‚Medienkunst' – bisweilen auch als ‚digitale Kunst' (*digital art*) bezeichnet (vgl. Paul 2003; Bell et al. 2004, 59; Simanowski 2012) – dient als Oberbegriff für künstlerische Arbeiten, „die neue Medientechnologien verwenden und sich mit den kulturellen, politischen Möglichkeiten dieser Instrumente beschäftigen" (Jana und Tribe 2006, 6–7). Ausgehend von dieser allgemeinen Bestimmung umfasst Medienkunst eine Reihe von Genres, in denen Techniken, Zeichen, Codes und kommunikative Kontexte elektronischer und digitaler Medien künstlerisch genutzt und reflektiert werden. Diese Genres sind: Ein- oder Mehrkanal-Videos und Videoinstallationen, Videoperformances, interaktive Netzwerkinstallationen, Netzkunst und digitale Lichtprojektionen.

Sprachliche Bedeutungserzeugung tritt in der Medienkunst notwendig in Beziehung zu anderen Elementen: „Es kommt nicht allein zu spezifischen Formen des Zusammenspiels von visuellen und textuellen Dimensionen, die vielfach experimentell erprobt werden, sondern auch zur Neukonstruktion, Dekonstruktion und Entgrenzung narrativer Strukturen und Textpraktiken." (Lehmann 2008, 16) Von der Genese der Medienkunst in den 1960er Jahren bis zur Gegenwart, spielen Literatur und poetische Strukturen eine signifikante Rolle, was bislang weitgehend übersehen wurde. Zwar waren sie in der bildenden Kunst bereits in früheren Phasen des 20. Jahrhunderts wichtig – in Kunstrichtungen wie Kubismus, Dadaismus und Pop Art –; es ist jedoch offensichtlich, dass sie für die Medienkunst ebenso zentral sind, wie etwa für die Avantgarde-Kunst (vgl. Louis 2004; siehe auch 4.9 BEHRMANN). Auch die in den 1960er Jahren gegründete Künstlergruppe *Art & Language* hatte Einfluss auf sprachbasierte Konzeptkunst im Bereich der Neuen Medien (vgl. Maenz und de Vries 1972).

Im Unterschied zu bisherigen Forschungen, die sich mit digitaler Literatur befassen (vgl. Block 1999; Heibach 2003; Morris und Swiss 2006; Gendolla und Schäfer 2007; Hayles 2008; Ricardo 2009), geht es in diesem Beitrag um Werke, die bislang nicht mit literaturwissenschaftlichen Methoden untersucht wurden, weil sie eher dem Bereich der bildenden Kunst zugerechnet werden. Aber selbst in der Kunstgeschichte (und der Medienwissenschaft) gehört die wissenschaftliche Erforschung von Medienkunst eher zu den Randgebieten. Für die Untersuchung von Literarischem und Literarizität in einem nicht-literarischen Korpus ist das Konzept der Literarizität transmedial zu erweitern. Dafür ist ein Bündel von Parametern zu veranschlagen, die sich mittels Schlagworten wie Plurimedialität, Interaktivität, konstitutive Überforderung und ‚Entzug von Synthesis' beschreiben lassen: Sie beziehen sich auf (1.) den Umstand, dass audiovisuelle Medien gegenüber literarischen Präsentationsformen plurimedial und daher ästhetisch komplexer sind – wenn Sprache etwa mit visuellen und auditiven Elementen kombiniert wird und es auch um die Wechselbeziehungen zwischen diesen sowie um temporäre Dominanzbildungen einzelner Elemente geht; (2.) die Einbeziehung des Parameters der Aktivität, wie sie in interaktiver Medienkunst, aber auch in sämtlichen Mehrkanal-Videos oder Multimedia-Installationen erfolgt, in denen sich Wahrnehmung raumgebunden und aktiv gestaltet, weil die Rezipierenden sich in Relation zu *screens* und Lautsprechern – mithin auch zur les- oder hörbaren Sprache – positionieren müssen; (3.) die durch die Synchronizität von Zeichenebenen, insbesondere der Pluralität von Sprachen (als Schrift,

Stimmen) erzeugte konstitutive Überforderung der Rezipierenden, die oft nur partiale Bedeutungen erfassen können; (4.) den dadurch entstehenden „Entzug von Synthesis" (Lehmann 1999, 139), der in einem aus Performance-Kunst und Postdramatik bekannten Spiel mit der Zeichendichte resultiert (vgl. ebd., 151) – indem entweder eine Überfülle simultaner Zeichen vorherrscht oder aber eine konzeptuelle Entleerung und Reduktion (zum Beispiel durch Wiederholung einzelner Worte). Diese Parameter finden sich vielfach in der Medienkunst und sind konkret auf ihre Literarizität hin zu befragen.

Zum Begriff der Literarizität und seiner transmedialen Erweiterung

Das Konzept der Literarizität entstammt dem Russischen Formalismus und bezeichnet jene „Qualität, die in allen literarischen Werken manifest ist und wodurch wir sie als Literatur erkennen und benennen können" (van Peer 2003, 111). Literarizität ist „die auf Texte bezogene Variante einer Eigenschaft, die man als ,Ästhetizität' bezeichnen könnte, ein Merkmal, das Objekte der Kunst ganz allgemein von nicht zur Kunst gehörigen Gegenständen unterscheidet" (Rühling 2003 [1996], 26). Reflexionen über Literarizität werden entweder in eine allgemeine Ästhetik eingebettet, oder es finden sich Versuche einer Definition des Literarischen unabhängig vom Kunstbegriff. So etwa, wenn literarische Sprache von Alltagssprache auf drei Ebenen – Pragmatik, Semantik und Syntax – unterschieden wird: Erstens weist Literatursprache andere Arten der Zeichenverwendung auf, zweitens Veränderungen und Erweiterungen ihrer Signifikationsmodi und drittens Abweichungen in der syntaktischen Zeichenkombination (vgl. Saße 1980, 698).

Die Literaturtheorie hat entsprechende ,Abweichungspoetiken' (vgl. Levin 1971) entwickelt, wobei eine Sprachverwendung als ,poetisch' gilt, wenn der jeweiligen Abweichung eine Funktion zukommt (vgl. Fricke 1981, 87 und 90; Rühling 2003 [1996], 43). Literarizität als ,Abweichung' von Standardsprache gilt nicht nur für schriftliche, sondern auch für mündliche Texte (vgl. Mukařovský 1964 [1932], 20–21). Es können drei signifikante Strukturen unterschieden werden: „Beziehungen der ,Ähnlichkeit', der ,Entgegensetzung' und der ,geordneten Reihung'", wobei nach Harald Fricke in der Dichtungspraxis „funktionsstiftende Beziehungen der *Ähnlichkeit* [die größte Rolle] spielen" (Fricke 1981, 93–94); Effekte werden hier zum Beispiel durch Parallelismen, Wiederholungen und Spiegelungen erzielt. Die „funktionale Bindung abweichender Sprachelemente durch *Entgegensetzung*" (ebd., 94) wird durch Antithesen, Widersprüche, Dissonanzen etc.

erreicht. Unter der Kategorie der ,geordneten Reihung' schließlich sind morpho-
logische oder semantische Steigerungen zu verstehen (vgl. ebd., 95). Vor allem
in der Lyrik lassen sich solche Elemente poetischer Abweichung beobachten; sie
ist auch diejenige Gattung, in der die meisten nicht-linguistischen Abweichungen von Alltagssprache zu finden sind, so etwa die Versifizierung oder die grafische Anordnung des Textmaterials (vgl. Fabb 2010). Das relevanteste Merkmal ist
jedoch der potenziert poetische Gebrauch des Sprachmaterials: „Das spezifische
Verfahren der Lyrik besteht darin, primäre und sekundäre sprachliche Formen
(phonetische und rhythmisch-prosodische, grammatische – also morphologi-
sche und lexikalisch-semantische –, sowie Phraseologie, Tropen und Figuren)
im besonderen Maße zu aktivieren, bloßzulegen und produktiv zu machen, zu
verdichten, zu überformen und auszustellen." (Helmstetter 1995, 30)

Mit pragmatischen, semantischen und syntaktischen Devianzen geht in
literarischen Sprechweisen oft eine erhöhte Selbstbezüglichkeit einher – eine
Aufmerksamkeit auf den Vorgang des Aussagens und die „materielle Substanz"
(Eagleton 1997 [1983], 2) der Darstellung. Diese selbstreferentielle Dimension
poetischer Sprache „consists in the maximum of foregrounding of the utterance".
Foregrounding wird dabei als „the opposite of automatization, that is, the deau-
tomatization of an act" definiert (Mukařovský 1964 [1932], 19). Poetische Sprache
ist wahrnehmbar, wenn eine erhöhte Aufmerksamkeit auf die Materialität der
Sprachzeichen oder Verfremdungen kreiert werden und derart ein ästhetischer
surplus entsteht, der die kommunikativen Aussagefunktionen überschreitet (oder
hinterfragt): „Die poetische Sprache macht die im Sprachgebrauch [...] latenten
sprachlichen Mittel manifest, ,spürbar' (Jakobson) und beobachtbar. Die poetische Rede beeindruckt durch eine spürbare Differenz zur Alltagssprache, zu
den Normen, Gewohnheiten und Automatismen der Rede; sie hebt das Gesagte
hervor –, zugleich aber bindet sie es an die Mittel und Möglichkeiten des Sagens."
(Helmstetter 1995, 30)

Weil die Unterscheidung von alltäglichem und literarischem Sprachgebrauch nicht eindeutig ist, muss Literarizität als „eine Funktion der *differentiellen*
Beziehungen zwischen einer Art von Diskurs und einer anderen" (Eagleton 1997
[1983], 6) bezeichnet werden und Literatur als „nicht-pragmatische[r] Diskurs"
(ebd., 8). Die Kennzeichnung von Sprache als literarisch kann nur kontextabhängig erfolgen (vgl. ebd., 6–7), was auch für den hier behandelten Gegenstandsbereich zutrifft, insofern die Werke schon durch die Einordnung in die Kategorie ,Medienkunst' zu ästhetischen Aussageformen werden. Gleichwohl sind die
medienspezifischen Verfahren, die den dortigen Sprachgebrauch von dem der
Alltagssprache abheben, aufschlussreich und die Klassifikation als ,Kunst' beinhaltet nicht notwendig eine Zuschreibung von Literarizität.

In der Auseinandersetzung mit Literarizität in der Medienkunst liegt der Fokus evidenterweise auf den Sprachelementen und ihren kommunikativen Settings; gleichwohl müssen andere Elemente wie Bilder, Farben, Sound, Musik und Bewegung in die Analyse einbezogen werden, als wichtige Bestandteile der Sinngenerierung, der ästhetischen Erfahrung – und der Poetizität. Zugrunde liegt ferner die Annahme, dass Sprache nicht nur kommunikative Bedeutung transferiert, sondern überdies „von der Phonie unabhängige Potentiale", wie etwa die „räumlich-visuelle[] Repräsentation[]" auf einer Buchseite oder, einem PC-Bildschirm sowie die räumlich-atmosphärische Gestalt mündlicher Rede (Androutsopoulos 2007, 73). Auch Schrift, die in Medienkunst ‚in Bewegung gerät', erhält offensichtlich außersprachliche Bedeutungsdimensionen und performative Qualitäten – zum Beispiel wenn die Bewegung der Zeichen durch die Rezipierenden interaktiv beeinflusst wird (vgl. Gendolla und Schäfer 2010).

Es geht also auch um das semiotische Wechselspiel von Sinnerzeugung und Sinnentzug als künstlerischem Effekt. Dabei wird die „traditionelle Aufteilung der Rezeptionsmodi in Sehen und Lesen" durch das „Eindringen von Schrift in Bildkontexte" aufgehoben, indem „Lesen zum Sehen und Sehen zum Lesen" wird (Schneider 1998, 228–229). Medienkunst sucht, „verschiedene Kunstsysteme zu fusionieren". Sie sucht den „Reibungsprozeß, der entsteht, [...] wenn Strategien der Semantisierung neuer Materialien wie der Desemantisierung konventioneller Zeichen erprobt werden" (ebd., 237). Unter der Perspektive der Literarizität lassen sich medienkünstlerische Arbeiten in verschiedener Hinsicht untersuchen. Vier leitende, oftmals miteinander verknüpfte künstlerische Strategien sollen hier vorgestellt werden: erstens die poetische Integration von Schrift und Schriftelementen; zweitens der literarisierte Gebrauch von mündlicher Sprache und der Einsatz der Stimme; drittens die Exploration und Adaptation von literarischen Genres; viertens die Transformation konkreter literarischer Werke. Für den Zusammenhang von Literatur und visueller Kultur sind alle vier Strategien von Bedeutung. Dass die nachfolgend gewählten Beispiele jeweils aus unterschiedlichen Dekaden und kulturellen Kontexten stammen, soll die Ubiquität des poetischen Sprachgebrauchs in der Medienkunst illustrieren.

Zur poetischen Integration von Schrift in der Medienkunst – am Beispiel von Peter Weibels *Video Texten*

Viele Medienkünstler/innen integrieren Schrifttexte, Worte oder Buchstaben derart in ihre audiovisuelle Kunst, dass diesen eine poetische Funktion zukommt. So etwa in verschiedenen Bildwerken und Installationen des Künstlers Ferdinand

Kriwet (siehe hierzu auch 4.14 WEINGART), in Bruce Naumans Neonarbeiten (zum Beispiel *Violence Violins Silence* [1981–1982] oder *One Hundred Live and Die* [1984]) oder in Jeffrey Shaws interaktiver Installation *The Legible City* (1988–1991), in der die Besucherinnen und Besucher im Museum auf einem realen Fahrrad durch eine virtuelle Stadt ,fahren', die aus Worten und Satzteilen gebaut ist. Ferner sind Werke von Jenny Holzer zu nennen, etwa ihre Videoarbeit *Television Texts* (1990) oder ihre *Xenon Works* (vgl. Louis 2004) – riesenhafte digitale Lichtprojektionen aus Schrift im öffentlichen Raum, die vielfach auf Literatur, etwa Gedichte von Wisława Szymborska, Yehuda Amichai und Henri Cole zurückgreifen. Einschlägig ist auch David Links interaktive Netzwerkinstallation *Poetry Machine* (2001), die einen endlosen (auto-)poetischen Hypertext kreiert, der im Museumsraum visuell erfahrbar ist. Die in solchen medienkünstlerischen Arbeiten verwendeten Worte und Syntagmata erfüllen kommunikative, aber auch ästhetische Funktionen, sowohl in visueller Hinsicht – der Art ihrer grafischen Gestaltung – als auch in sprachlicher, etwa durch semantische Ambiguitäten und Wortspiele. Hinzu kommt die Bewegung der Sprachzeichen, ihre Mobilität und Fluidität, wie auch die Kombination mit anderen visuellen und akustischen Komponenten. Schrift wird in der Medienkunst derart als „visuelles Artefakt und als Medium" eingesetzt und betrifft damit den „Bereich der Semantik ebenso wie den der Bildlichkeit" (Schneider 1998, 240).

Abb. 1: Peter Weibel: *Das Recht mit Füßen treten*, Videoperformance aus der Serie *Video Texte*, 1967/1975

Peter Weibel hat in den Jahren 1967 und 1975, zum Teil gemeinsam mit Valie Export, die *Video Texte* produziert. In den kurzen, explorativen Videoperformances werden Körper in Interaktion mit Schrift und der Videokamera gezeigt – zum Beispiel in der Etüde *Das Recht mit Füßen treten*, die ein gängiges Sprichwort buchstäblich nimmt und performativ umsetzt, indem mehrere Menschen, von denen nur die Beine zu sehen sind, auf dem mit Kreide auf dem Boden geschriebenen Wort ,Recht' herumtrampeln (Abb. 1). In anderen werden minimalistische

Gedichte des Künstlers verwendet, die auf den zeitlichen, plastischen und technischen Möglichkeiten des Mediums Video aufbauen. Methoden der Konkreten Poesie werden, so Weibel, auf eine Weise angewendet, „daß, das Fernsehgerät zu einem Textprozessor wird" (www.medienkunstnetz.de/werke/video-texte/; 12. Mai 2014); der Medialität der Schrift entsprechend handelt es sich hierbei um kleine ‚Stummfilme'. Weibel spielt mit den *Video Texten* auf die von Marshall McLuhan formulierte Diagnose vom ‚Ende der Gutenberg-Galaxis' an, derzufolge das Massenmedium Fernsehen die Nachfolge des ‚Individualmediums' Buch antrete (vgl. McLuhan 1995 [1962]). Denn die *Video Texte* werden, wie es in der frühen Videokunst üblich war, auf einem TV-Gerät gezeigt, wodurch der vermeintliche Medienumbruch reflektiert wird. Die spielerische Reintegration der Schrift in das seinerzeit noch recht ‚neue' Medium Fernsehen nimmt in Weibels Video-Etüden verschiedene Formen an. Zum Beispiel wird der TV-Monitor als Spiegel genutzt, in den ein Buch gehalten wird, der Künstler hat einen hellen Eiswürfel im Mund, auf den handschriftliche Worte projiziert werden, die Verdauungsorgane des Menschen bezeichnen oder er schreibt seitenverkehrt Worte auf eine Glasscheibe, die sich zwischen ihm und der Kamera befindet, wodurch die Schrift – zum Beispiel das selbstreferentielle Wort ‚schreiben' – eine Trennwand zwischen den Betrachtenden und dem Performer kreiert (zugleich wird durch den materiellen Vorgang des ‚Sich selbst Beschreibens' auf das literarische Genre der Autobiografie rekurriert).

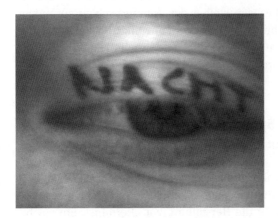

Abb. 2: Peter Weibel: *Augentexte*,
Videoperformance aus der Serie
Video Texte, 1967/1975

Als Beispiel herangezogen werden soll eine mit *Augentexte* überschriebene Etüde: Gezeigt wird ein in Großaufnahme gefilmtes Auge beziehungsweise Augenpaar (von Export oder Weibel), auf dessen Lid oder Lidern beim Schließen ein mit Filzstift handgeschriebenes Wort in Versalien sichtbar wird. Schrift wird nicht von, sondern auf den Augen gelesen! Das erste im Video zu lesende Wort ist

„SEE", was entweder deutsch als Substantiv ‚See' oder englisch als auf den Wahrnehmungsakt selbst rekurrierendes Verb *to see* zu lesen ist. Das zweite Wort ist ‚Stein', das dritte ‚Nacht' (Abb. 2). Dann stehen auf beide Lider verteilt die Silben ‚Him-mel'. Sodann links das Wort ‚Liebe', rechts *love*, schließlich links „FICK" und rechts „FUCK" (wobei durch die Verwendung von Großbuchstaben ambivalent bleibt, ob es sich dabei um Substantive oder Verben handelt). Auf je konkrete Weise wird so die Vielfalt menschlicher Sprachen und der Vorgang der Übersetzung vergegenwärtigt, indem auf dem einen Auge ein Wort auf Deutsch steht, auf dem anderen auf Englisch. Simultan scheinen beide Bezeichnungen kurz auf – Sinn wird so als Selektion begreifbar. Der Vorgang des Lesens wird durch das Auge verbildlicht, wobei Blick und Lektüreoption sich abwechseln und dadurch ausschließen. Die Folge und Kombinatorik der Einzelworte lässt einen rudimentären ‚poetischen Sinn' entstehen, wenn zum Beispiel *love* und *fuck* verknüpft werden. Der Reduktionismus der Aussage erinnert an ästhetische Prämissen der expressionistischen Lyrik wie Verknappung und Abstraktion sowie natürlich an Konkrete Poesie. Zunächst verändern sich die Worte bei jedem Augenaufschlag, später bleibt ein Signifikant, das Wort *fuck*, auf dem Lid stehen. Das Auge schließt und öffnet sich in immer schnellerem Rhythmus, wodurch die Augenbewegung eine konkrete und zwar offensichtlich obszöne Bedeutung erlangt. Signifikanten und Körperbewegung gleichen sich performativ an: Das Auge tut, wovon es zeitgleich ‚spricht'. Weibels *Augentexte* realisieren derart das medienspezifische Vergehen von Zeit in einer steten Aneinanderreihung singulärer ‚Augenblicke'. Auf den menschlichen Körper bezogen stellen der Wimpernschlag zusammen mit dem Puls und dem Atemrhythmus, die kleinsten, unwillkürlich fortlaufenden Zeiteinheiten dar. Das zeitbasierte Medium Video wird durch die mit ihm performierte Konkrete Poesie dem anthropologischen Rhythmus unterworfen.

Verbalisiert-literarisierte Sprache in medienkünstlerischen Arbeiten – am Beispiel von Gary Hills *Around & About*

Vielfach findet sich in der Medienkunst auch verbalisierte Sprache, die poetisch eingesetzt wird, etwa durch Rhythmus, Assonanzen, Alliterationen, Wortspiele, die Wiederholung von Versen oder die Herstellung von ‚Refrains'. Ein solcher Einsatz von poetischen Stilmitteln, der vermehrt im Falle von akusmatischen – also ‚unsichtbar' erzeugten – Stimmen erfolgt, findet sich zum Beispiel in Ulrike Rosenbachs Videoperformance *Eine Scheibe berühren* (1971). Sie baut auf der Assonanz der Worte ‚Scheibe' und ‚Scheide' auf, welche simultan von einer Frauen- und einer Kinderstimme geflüstert werden, wodurch ein semantisches

Oszillieren zwischen Medium und Körper erzeugt wird. Während die Worte zu hören sind, sieht man eine Frau, die mittels einer merkwürdigen Federkonstruktion an ihrer Stirn die Nähe der Kamera sucht. Durch minimalistische poetische Mittel – den Wechsel eines Buchstabens – in Kombination mit Bewegtbildern wird auf medientheoretische Fragen angespielt, etwa auf die Differenz zwischen dem Distanzsinn des Sehens ('Scheibe') und dem Nahsinn der Berührung ('Scheide') sowie damit assoziierten Kommunikationskonzepten (Sender und Empfänger vs. Reziprozität und Interaktivität). Ein zweites Beispiel ist Jill Scotts Videoperformance *Moved up Moved down* (1978), ursprünglich Teil einer Closed-Circuit-Installation, in welcher durch das beständige Addieren einzelner Worte, ähnlich wie in der Visuellen Poesie, die Figur eine 'Treppe' aus Sprache kreiert wird, zu hören im Voice-Over – „A b | A beat | A beat in | A beat in step | A beat in step instead | A beat in step instead of | A beat in step instead of a turn" –, was von Videobildern der Künstlerin begleitet wird, die eine gigantische Treppe zu erklimmen versucht, bis sie schließlich auf der obersten Stufe zum liegen kommt, um dann nach hinten abzurollen und aus dem Bildfeld zu verschwinden – eine verbal-visuelle Sequenz, die als *loop* gezeigt wird. Ein drittes Beispiel für den hochgradig selbstreferentiellen und poetischen Gebrauch von verbalisierter Sprache in der Medienkunst ist Gary Hills *single-channel*-Videoarbeit *Mediations* (1986), in welcher sich ein männliches Voice-Over durch einen Lautsprecher artikuliert, der am Boden liegend von oben gefilmt wird, die Bildfläche ausfüllt und in den von einer Hand Sand gestreut wird, bis die mediatisierte Stimme schließlich ihr Volumen verliert und schwindet (vgl. Benthien 2012a, 228–231). Gedruckt im grafischen Erscheinungsbild eines Gedichts in Hills *catalogue raisonée*, finden sich im Text zahlreiche poetische Stilmittel und rhetorische Figuren, die die auf dem Bildschirm gesehenen Handlung duplizieren, aber auch Mehrdeutigkeiten erzeugen. Literaturtheoretisch wird eine solche autoreflexive Wiederholung und Verweisstruktur als 'Potenzierung' beziehungsweise 'unendliche Iteration' der ästhetischen Zeichen gefasst (vgl. Fricke 2003, 144).

Abb. 3: Gary Hill: *Around & About*, Einkanal-Videoarbeit, 1980, 4:45 min.

Für das eigentümliche Zusammenspiel von poetischer Stimme und Bildern in der Medienkunst liefert Hills Videoarbeit *Around & About* (1980) ein aussagekräftiges Beispiel. In diesem *single-channel*-Video richtet sich eine männliche

Off-Stimme an ein nicht identifiziertes Gegenüber; es scheint ein Beziehungs-konflikt zu bestehen. Indirekt wird mit dem *you* aber auch jeder Rezipient und jede Rezipientin adressiert. Zu hören ist ein „in Ich-Form gehaltene[r] Monolog des Künstlers, der sich vor allem mit dem Reflexions- und Kommunikationsver-mögen von Sprache auseinandersetzt." (Lehmann 2008, 71) – zum Beispiel: „I mean you don't have to listen, just hear me out. I don't want you to be involved in deciphering anything but that's your prerogative and I don't want to get in your way. There's something that can be said for that and I hear you but I don't want to listen to it. I realize it's easy for one to say that I'm being ambiguous but I don't think so. I mean if you want to leave you can do that or you can just turn off. I'm not trying to say I'm indifferent. I just think there's a way here. Maybe you really do hear me and I'm going on and on but we have to continue for some time." (*Gary Hill* 2002, 90) Es ist eine Kommunikation, in der das Sprechen, Hören und Verstehen beständig mitthematisiert wird. Im Silbenrhythmus der monoton gesprochenen Worte wechseln thematisch unverbunden wirkende Standbilder in schneller Folge (Abb. 3). Die Sprache ,bestimmt' also die Bilder, die aber keines-falls Illustrationen des Gesagten darstellen. „Obwohl der Sinn der meist simplen Sätze auf der Hand zu liegen scheint, entstehen in der Konfrontation mit den Bildern irritierende und widersprüchliche Bedeutungen" (Lehmann 2008, 71). Einem Selbstkommentar des Künstlers zufolge wird auf diese Weise „eine Art ,organische Animation'" erzeugt, „wenn die Sprache die Bilder vom Bildschirm verschwinden, wieder auftauchen und wieder verschwinden lässt. Das Zeitgefühl des Betrachters im Verhältnis zu Bildern und Sprache wird hochgradig manipu-liert" (*Gary Hill* 2002, 89).

Die Struktur der Arbeit kennzeichnet, dass sie die phonetische gegenüber der grammatischen und semantischen Sprachdimension in den Vordergrund rückt: Zunächst wechselt mit jeder Silbe das Gesamtbild, später verändert sich diese Struktur, indem nun pro Silbe ein erweitertes gerastertes Bildsegment sichtbar wird. Dabei handelt es sich um seitlich angeschnittene Standbilder. Die Stimme fungiert einerseits als Machtinstrument, weil die Bilder nur wechseln, wenn die Stimme sich artikuliert. Andererseits wird ihre bildgenerierende Wirkmacht rela-tiviert, insofern Sinnzusammenhänge zwischen Sprache und Bildern kaum ent-stehen. Hill kreiert ein „Alphabet der Bilder", indem er diese „wie eine Sprache benutzt, in welcher er doch nur von sich spricht und von nichts anderem" (Belting 1994, 50). In Hills Œuvre finden sich viele Videoarbeiten, die gesprochene Sprache und Bilder experimentell miteinander korrelieren (vgl. Spielmann 2005, 321). Auf sinnfällige Weise zeigt sich, dass Bedeutung nur in ephemerer Verbin-dung mit anderen Referenzen existiert; der Sinngehalt der Sprachzeichen bleibt vage, sie tauchen auf und verschwinden wieder, die Rezipient/innen haben keine

Kontrolle über sie, sie ‚erleiden' vielmehr die gebieterischen Worte und Bilder und sind ihnen passiv ausgesetzt.

Medienkünstlerische Adaptionen literarischer Genres – am Beispiel von Mona Hatoums *Measures of Distance*

Ein dritter Ansatz besteht darin, literarische Gattungen und Genres in der Medienkunst zu adaptieren oder zu erkunden. In manchen Arbeiten werden formale Elemente der Gattung Drama aufgegriffen, wie etwa das dialogisch-szenische Setting in Naumans Mehrkanal-Installation *World Peace. Projected* (1997). Andere verwenden spezifische Tragödienbestandteile wie versifiziertes und chorisches Sprechen – so in Keren Cytters Videoarbeit *Dreamtalk* (2005; vgl. Benthien 2012b, 323) – oder die Berichtsform der Teichoskopie – so in Magdalena von Rudys Videoarbeit *Regnava nel silenzio* (2008; vgl. ebd., 328–331). Oder es finden sich Werke, die die Gattung Lyrik oder lyrische Schreib- und Sprechweisen reflektieren. Andere medienkünstlerische Arbeiten wiederum greifen auf Strukturen von Erzähltexten zurück. Der Umgang etwa mit intra- oder extradiegetischen Erzählinstanzen unterscheidet sich aber dezidiert von ihrem Einsatz im narrativen Film – sei es, indem sie diese auf selbstreflexive Art und Weise thematisiert, sie mittels der zur Verfügung stehenden medialen ‚Kanäle' pluralisiert werden oder indem die Problematik einer Nichtlokalisierbarkeit des Sprechers oder der Sprecherin exponiert wird.

Dabei ist bemerkenswert, dass viele der in ihrer Ästhetik und Thematik sehr unterschiedlichen, an Erzähltexten orientierten Medienkunstarbeiten auf die Untergattung der Biografie beziehungsweise Autobiografie zurückgreifen, etwa in Form von Selbstberichten, biografischen Reflexionen oder ‚subjektiven' – zum Teil ostentativ fingierten oder autofiktionalen – Interviews. In diesen Verfahren manifestiert sich Literarizität unter anderem in der klar identifizierbaren Schriftlichkeit der gesprochenen Sprache, die sich anhand der Syntax wie auch der Intonation offenbart und die erzählerische Stilmittel (zum Beispiel episches Präteritum) nutzt. Der erste Teil von Emins Videoarbeit *Why I Never Became a Dancer* (1995) etwa erzählt von der Jugend der Künstlerin im englischen Strandbad Margate. Die im Bild zu sehenden unpersönlichen Orte – Häuser, Geschäfte, Lokale, Straßenzüge, Strände und Piers – werden durch das von sich sprechende Ich zu biografisch signifikanten Schauplätzen. Synchron zu den mit einer amateurhaft geführten Super-8-Kamera gefilmten Erinnerungsbildern mit ihrer nostalgischen, nachkoloriert wirkenden Ästhetik beschreibt die Künstlerin im Voice-Over ihre Jugend mit beklemmenden Worten, die jedoch keine inhaltlichen Korrespondenzen zu den Bildern aufweisen (vgl. ebd., 235–238). Der mittels Authentifikationsstrategien nahegelegte autobiografische Charakter weist auto-fiktionale Elemente auf, wodurch die (scheinbar) intime Offenbarung einer Chif-frierung der Künstlerin dient.

Abb. 4: Mona Hatoum: *Measures of Distance*, Einkanal-Videoarbeit, 1988, 15:26 min.

Das Verfahren der Gattungsadaptation lässt sich an einer Videoarbeit von Mona Hatoum veranschaulichen, die gleich zwei Erzähltext-Genres aufgreift: das der Autobiografie und das des monoperspektivischen Briefromans. Mit *Measures of Distance* (1988) thematisiert die palästinensisch-britische Künstlerin ihre Rolle im Exil (Abb. 4). Die Arbeit besteht aus einer Montage von Bild, Schrift und Stimmen und verbindet persönliche mit politischen Aspekten. Vier parallel zu perzipierende Ausdrucksebenen werden verknüpft, zwei akustische und zwei visuelle: Den Bildhintergrund bilden von Hatoum angefertigte Fotografien ihrer Mutter beim Duschen in der elterlichen Wohnung in Beirut. Davor befinden sich Texte in arabischer Handschrift auf transparentem Grund; es sind vergrößerte Ausschnitte aus den Briefen, die die Mutter ihrer Tochter nach England schrieb und in denen diese gemeinsame Erlebnisse reflektiert. Zu hören sind leise eine in Beirut 1981 aufgezeichnete Konversation der beiden Frauen in arabischer Sprache, und lauter die von der Künstlerin im Voice-Over vorgelesenen Briefe der Mutter in englischer Übersetzung. Während die visuelle Ebene eher statisch ist – langsam wechselnde Standbilder –, ist die akustisch-verbale Ebene bewegt und lebendig: sie transportiert den affektiven Gehalt der thematisierten Beziehung.

Evoziert wird eine Vielzahl an Dichotomien: zwischen Heimat und Exil, zwischen Schreiben und Lesen, zwischen Lesen und Übersetzen, zwischen Mutter und Tochter, zwischen Autobiografie und künstlerischer Imagination. Insbesondere das Medium der Schrift wird inhaltlich mit Fragen körperlicher Präsenz und Absenz verbunden, weil das, was zu sehen ist – die duschende Mutter –, durch die von Hatoum vorgetragenen Briefe derselben zu einem für beide Biografien signifikanten vergangenen Ereignis wird. Durch die Überblendung der Briefe – als (arabische) Schrift und als mündlich zu hörender (englischer) Text – mit dem (arabischen) Dialog werden Vergangenheit und Gegenwart korreliert und so das ‚Bio-grafische' sowohl wörtlich genommen als auch in seiner Prozessualität gezeigt. Ausgewählt wurden primär die Briefanfänge, man hört wieder und wieder die Anrede „My dear Mona, …", was durch die Wiederholung zu einem literarischen Stilmittel avanciert. Durch die Anrede adressiert sich die Künstlerin fortwährend selbst. „In *Measures of Distance*, the viewer hears ‚Mona' but never sees her. ‚Mona' exists in the void between the somber voice of a daughter in London, recorded in 1988, and the laughter of a mother in Beirut, recorded in 1981" (Khan 2007, 319).

Die arabische Handschrift wirkt wie eine zarte Textur, die den Körper der Mutter zugleich ver- und entschleiert. Die Funktion der Schrift kann unterschiedlich gedeutet werden: Eine konventionelle Lesart wäre es, sie als Demarkation eines ‚fremden' Territoriums zu verstehen sowie als nahöstlich-patriarchale Strategie, den weiblichen Körper vor der westlichen Hegemonie (verbal) zu schützen (vgl. ebd., 329). Optisch aber erscheint die Schrift nicht als finale Grenzmarkierung, sondern eher wie ein sanfter Schleier, eine permeable Zeichentextur. Diese wird überdies der Mutter nicht aufoktroyiert, sondern wurde von ihr selbst hergestellt. Speziell für westliche Rezipient/innen sind Schrift und Körper nur bedingt lesbar: Hatoum „deliberately intended to alienate both non-Arabic-speaking and Arabic-speaking audiences with *Measures of Distance*" (ebd., 325). Aber selbst eine mit beiden Sprachen und Kulturen vertraute Person bleibt einem beständigen Changieren zwischen den vier semiotischen Polen von arabischer Schrift, Körper, englischer Stimme und arabischen Stimmen ausgesetzt, wodurch die *migratory experience* konkretisiert und erfahrbar wird (vgl. Pollock 2008, 247–248). Zwischen Schrift und Ton, Bild und Sprache: Störung und Transparenz (vgl. Jäger 2010) wechseln sich in Hatoums Videoarbeit beständig ab, je nachdem, ob es temporär gelingt, sich momenthaft auf eine der vier semiotischen Ebenen zu konzentrieren.

Zur Transformation literarischer Werke in Medienkunst – am Beispiel von Nalini Malanis *In Search of Vanished Blood*

Auch konkrete literarische Werke werden in Medienkunst transformiert – zum Beispiel in Hills monumentaler Videoarbeit *Incidence of Catastrophe* (1977–1978), einer bildgewaltigen Auseinandersetzung mit Maurice Blanchots Roman *Thomas l'Obscur* (*Thomas der Dunkle*; 1941), jenem hochgradig selbstreferentiellen Text, in dem der Protagonist ein Buch liest, in dem er selbst zur Hauptfigur wird (vgl. Benthien 2015). Oder die Zweikanal-Videoinstallation *Empire of the Senseless. Part II* (2006) von Natascha Sadr Haghighian, in der die Künstlerin auf Kathy Ackers gleichnamigen surrealen Roman (1988) zurückgreift. Haghighian extrahiert einzelne Substantive aus dem Roman, jeweils biologische oder sozio-kulturelle Bezeichnungen für Menschen oder andere Lebewesen (zum Beispiel *straight man, human being, partner, dead, wild animal, new bourgeois worker, kid, anarchist* oder *daughter*). Diese Bezeichnungen werden mit zwei Videoprojektoren an eine Wand geworfen, und zwar derart, dass beide an der gleichen Stelle erscheinen, wodurch sie nicht lesbar sind – was sie erst werden, wenn ein Mensch die Installation begeht, sich zwischen die Projektionen stellt. Er wird Teil des Werks, indem ein Wort auf seinem Körper lesbar ist und das andere in (oder neben) seinem Schatten an der Wand. Widersprüche werden hergestellt, etwa wenn auf dem Rücken einer Frau das Wort *woman* zu lesen ist, während in ihrem Schatten das Wort *man* steht. Es wird körperlich erfahrbar, wie sich Signifikationsprozesse Individuen willkürlich einschreiben, denn die ‚beschriebene' Person, so die Pointe der Installation, ist ausschließlich für andere lesbar. Ein drittes Beispiel stellen die Netzkunst-Arbeiten des Künstlerkollektivs Young You-Hae Chang Heavy Industries dar, eine Reihe von extrem schnellen ‚Text-Filmen', in denen mit Jazz unterlegte Worte in rascher Folge im Fenster des Webbrowsers erscheinen und den Bildschirm mit monochromer Schrift füllen. In den von akusmatischen Stimmen stark rhythmisierten Texten ihrer zumeist in unterschiedlichen Sprachen vorliegenden Arbeiten geht es um Sex, Gewalt und Leidenschaft. Mehrere gehen von literarischen Texten aus und bearbeiten diese mittels der reduzierten Elemente von Schrift, Stimme und Musik. So greift *Samsung Means to Come* (2000–2003) auf Vladimir Nabokovs Roman *Lolita* (1955) zurück und *Dakota* (2001–2003) auf Ezra Pounds Gedichtzyklus *The Cantos* (1922–ca. 1962). Young You-Hae Chang Heavy Industries fast ausschließlich online präsentierte Arbeiten sind im Zwischenbereich von *digital poetry* und *digital art* zu verorten und ermöglichen eine neuartige Erfahrung im Umgang mit poetischer Sprache. Auch viele andere Medienkünstlerinnen und -künstler greifen Literatur auf, sie adaptieren literarische Charaktere, übernehmen Versatzstücke des Plots, Symbole oder Syntagmata. Zum Teil handelt es sich dabei um experimentelle künstlerische Filmessays oder Etüden in digitalen Formaten, die das Literarische in Bilder, Klänge und ästhetisierte Schriftelemente überführen.

Stellvertretend für diese Verfahren der Transformation literarischer Werke in Medienkunst sei auf die Multimedia-Installation *In Search of Vanished Blood* (2012) der indischen Künstlerin Nalini Malani genauer eingegangen. Die komplexe und vielschichtige, für die Documenta 13 produzierte Arbeit, bei der sich Film, Malerei und Ton überlagern, besteht aus sechs Videoprojektionen und einem Schattenspiel mit fünf großen, hängenden und rotierenden Zylindern, die aus einem transparenten Polyestermaterial gefertigt und von der Künstlerin bemalt wurden (Abb. 5). Die Zylinder werden durch Videoprojektionen beleuchtet, wodurch an den Wänden des Ausstellungsraumes Überlagerungen von Bild- und Schriftelementen entstehen, die einer fluiden Bewegung unterworfen sind.

Abb. 5: Nalini Malani: *In Search of Vanished Blood*, Multimedia-Installation 2012, 11:00 min.

Auf akustischer Ebene beinhaltet die Installation orientalisch anmutende Klänge (Sitarmusik, Synthesizer), weibliche Stimmen sowie maschinell-technische Geräusche, die an Fabrikproduktion oder eine Schreibmaschine erinnern. Die von der Künstlerin als *video/shadow play* bezeichnete immersive Medienkunstarbeit ist inspiriert von literarischen Werken des 20. Jahrhunderts, die unterschiedlichen kulturellen Kontexten entstammen (und auf die ein Schild in der Documenta-Halle explizit hingewiesen hat): Rainer Maria Rilkes Roman *Die Aufzeichnungen des Malte Laurids Brigge* (1910), Samuel Becketts Monolog *Krapp's Last Tape* (1958), Faiz Ahmed Faiz' Gedicht *Lahu Ka Surag [In Search of Vanished Blood]* (1965), Heiner Müllers Theatertext *Hamletmaschine* (1977), Christa Wolfs Erzählung *Kassandra* (1984) und Mahasveta Devis Erzählung *Draupadi* (1988). Diese Intertexte werden jeweils in englischen Übersetzungen verwendet. Das Gedicht von Faiz gab der Arbeit nicht nur ihren Titel, sondern wird auch vollständig, in der Übersetzung durch Agha Sahid Ali, an eine der Wände, über das mit einem weißen Tuch verhüllte Gesicht einer jungen Frau projiziert, indem es wie ein Filmabspann von unten nach oben ,heraufscrollt' (Abb. 6).

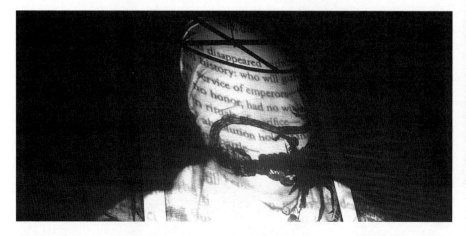

Abb. 6: Nalini Malani: *In Search of Vanished Blood*, Multimedia-Installation 2012, 11:00 min.

In dem verwirrenden Bild- und Klangteppich erklingt an einer Stelle eine weibliche Stimme – es ist die der Künstlerin –, die Auszüge aus Wolfs Erzählung spricht („This is Cassandra speaking ...") und der von einem Chor aus Frauenstimmen respondiert wird, der sich „in the name of the victims" artikuliert. Cassandras Stimme kommt aus Lautsprechern in den Zylindern, die Chorstimmen von der Peripherie des Raumes. Die Figur der antiken Seherin wird aufgegriffen, weil Wolf, wie die Künstlerin in der Begleit-DVD zum Documenta-Katalog ausführt, den antiken Mythos in die Moderne und in die Sphäre des Politischen überführt habe (vgl. DVD in *Nalini Malani* 2012). Leitendes Thema der Multimedia-Installation ist die Auseinandersetzung mit politisch oder religiös motivierter Gewalt, die Malani als phallozentrische fasst. Die weibliche Position, die sie mit Wolf sowie der von Gayatri Chakravorty Spivak bekanntgemachten indischen Aktivistin und Autorin Devi wesentlich als von patriarchaler Macht unterdrückte fasst, wird in der Installation nicht nur stimmlich, sondern auch bildlich figuriert, mittels in Tusche gemalter Frauenfiguren sowie Videoaufnahmen von Frauenkörpern und -gesichtern, auf die gezeichnete menschliche Figuren und andere Motive – unter anderem sich gegenseitig jagende Tiere sowie orientalische und mythologische Gestalten – projiziert werden. Durch die Rotation der Bilder und die ineinander übergehenden Farbflächen und Schatten wird der Prozess der Auslöschung und Unsichtbarwerdung von Gewalt abgebildet. Politische Konflikte, die Malani in ihrer Arbeit thematisiert, sind unter anderem der prekäre Status von Witwen in Indien und die Hindu-Pogrome gegen Muslims in den frühen 1990er Jahren. Sie belässt es aber nicht bei solchen konkreten Gewaltereignissen, sondern verwebt historische und aktuelle Konflikte in ein multidimensionales Bild- und Tonarchiv (vgl. Huyssen 2012, 52). Schwer identifizierbar sind die Theatertexte von Müller und Beckett, aus denen einzelne Sätze und Satzfragmente entnommen und, zum Teil kaum hörbar, in die *soundscape* eingeflochten wurden. Die verwendete Literatur wird auch in Bilder transformiert. Malanis Installation kann daher als „a kind of writing in images and sounds" beschrieben werden, dem eine „hieroglyphic dimension" eignet (ebd., 57).

Schlussbemerkung

Wie die Beispielanalysen zeigen, ist das Verhältnis von Literatur und Medienkunst komplex und vielschichtig. Sprachelemente werden in medienkünstlerischen Arbeiten als akustisch-orale und visuell-skriptuelle verschränkt und mit anderen Ausdrucksdimensionen verknüpft. Dabei führt die Pluralität der synchronen semiotischen Sinnschichten nicht nur zu einer erhöhten Poetizität, sondern oft auch zu konstitutiver Überforderung, wodurch weniger die Konkurrenz von Modalitäten und Einzelmedien in Szene gesetzt wird als deren Zusammenspiel. Das Verhältnis von Literatur und visueller Kultur erweist sich in der Medienkunst als komplementär: Indem viele Arbeiten literarische Genres oder konkrete Werke aufgreifen und in audiovisuelle, zeitbasierte Raumkunst transformieren, wird das Referenzmedium Literatur zugleich aktualisiert und überboten. Es dient dazu, ästhetische, mediale oder auch politische Themen zu verhandeln – in den hier diskutierten Beispielen etwa im Bereich von Körper- und Geschlechterpolitiken sowie von politisch und ethnisch motivierter Gewalt. Durch Transformationen von Literatur in Genres wie Videoperformance, Videoinstallation, Lichtinstallation oder Netzkunst wird etwas fundamental Neues kreiert – keine ‚Remediatisierung' im Sinne einer „representation of one medium in another" (Bolter und Grusin 1999, 45), sondern autonome Kunstwerke, die zum Teil enge, zum Teil nur lose intertextuelle und intermediale Verknüpfungen zur Literatur aufweisen. Weil Medienkunst sowohl mit visualisierter Schrift als auch mit verbalisierter Sprache arbeitet, ist Literarizität nicht auf Schriftsprache beschränkt; sie ist Teil der bildlichen wie auch der akustischen Gestaltung. Im Kontext des *Handbuchs Literatur & Visuelle Kultur* verdeutlicht dieser Beitrag, inwiefern sich nicht nur die visuelle Kultur in der literarischen spiegelt und diese beeinflusst, sondern umgekehrt auch das Literarische in der (audio-)visuellen Kultur seinen Platz hat und zur ästhetischen Gestaltung nicht unwesentlich beiträgt.

Literaturverzeichnis

Androutsopoulos, Jannis. „Neue Medien – neue Schriftlichkeit?" *Mitteilungen des deutschen Germanistenverbandes* 54.1 (2007): 72–97.

Bell, David, Brian D. Loader, Nicholas Pleace und Douglas Schuler (Hrsg.). *Cyberculture. The Key Concepts*. London und New York, NY: Routledge, 2004.

Belting, Hans. „Gary Hill und das Alphabet der Bilder". *Gary Hill. Arbeit am Video*. Hrsg. von Theodora Vischer. Ostfildern: Hatje Cantz, 1994. 43–70.

Benthien, Claudia. „Medialität, Materialität und Literarizität der Stimme in der Videokunst". *KulturPoetik. Zeitschrift für kulturgeschichtliche Literaturwissenschaft/Journal for Cultural Poetics* 11.2 (2011): 221–239.

Benthien, Claudia. „Literarizität in der Videokunst – am Beispiel von Gary Hills Single-Channel-Arbeit ‚Mediations'". *Akten des XII. Internationalen Germanistenkongresses, Warschau 2010: ‚Vielheit und Einheit in der Germanistik weltweit*. Hrsg. Franciszek Grucza und Jianhua Zhu für die Internationale Vereinigung für Germanistik. Bern i. a.: Lang, 2012a. 19–25.

Benthien, Claudia. „The Literariness of New Media Art – A Case for Expanding the Domain of Literary Studies (with Analyses of Recent Video Art by Keren Cytter, Freya Hattenberger, and Magdalena von Rudy)". *Journal of Literary Theory* 6.2 (2012b): 311–336.

Benthien, Claudia. „The Subjectification of Disaster in Video Art: ‚Incidence of Catastrophe' by Gary Hill ". *Hazardous Future. Disaster, Representation and the Assessment of Risk*. Hrsg. von Isabel Capeloa Gil und Christoph Wulf. Berlin und New York: De Gruyter, 2015 [im Druck].

Block, Friedrich W. „New Media Poetry". *Konfigurationen. Zwischen Kunst und Medien*. Hrsg. von Sigrid Schade und Georg Christoph Tholen. München: Fink, 1999. 198–208.

Bolter, Jay David, und Richard Grusin. *Remediation. Understanding New Media*. London und Cambridge, MA: MIT Press 1999.

Eagleton, Terry. *Einführung in die Literaturtheorie*. Übers. von Elfi Bettinger und Elke Hentschel. 4. Aufl. Stuttgart: Metzler, 1997 [1983].

Fabb, Nigel. „The Non-linguistic in Poetic Language. A Generative Approach". *Journal of Literary Theory* 4.1 (2010): 1–18.

Fricke, Harald. *Norm und Abweichung. Eine Philosophie der Literatur*. München: Beck, 1981.

Fricke, Harald. „Potenzierung". *Reallexikon der deutschen Literaturwissenschaft Bd. 3*. Hrsg. von Jan-Dirk Müller gemeinsam mit Georg Braungart, Harald Fricke, Klaus Grubmüller, Friedrich Vollhardt und Klaus Weimar. Berlin und New York, NY: De Gruyter 2003. 144–147.

Gary Hill. Selected Works. Catalogue raisonné. Hrsg. von Holger Broeker. Köln: DuMont 2002.

Gendolla, Peter, und Jörgen Schäfer (Hrsg.). *The Aesthetics of Net Literature. Writing, Reading and Playing in Programmable Media*. Bielefeld: transcript, 2007.

Gendolla, Peter, und Jörgen Schäfer (Hrsg.). *Beyond the Screen. Transformations of Literary Structures, Interfaces and Genres*. Bielefeld: transcript, 2010.

Hayles, N. Katherine. *Electronic Literature. New Horizons for the Literary*. Notre Dame, IN: University of Notre Dame Press, 2008.

Heibach, Christiane. *Literatur im elektronischen Raum*. Frankfurt am Main: Suhrkamp, 2003.

Helmstetter, Rudolf. „Lyrische Verfahren. Lyrik, Gedicht und poetische Sprache". *Einführung in die Literaturwissenschaft*. Hrsg. von Miltos Pechlivanos, Stefan Rieger, Wolfgang Struck und Michael Weitz. Stuttgart und Weimar: Metzler, 1995. 27–42.

Huyssen, Andreas. „Shadow Play as Medium of Memory". *Nalini Malani. ‚In Search of Vanished Blood'*. Hrsg. von dOCUMENTA (13). Ostfildern: Hatje Cantz, 2012. 46–59.

Jäger, Ludwig. „Intermedialität – Intramedialität – Transkriptivität. Überlegungen zu einigen Prinzipien der kulturellen Semiosis". *Sprache intermedial. Stimme und Schrift, Bild und Ton*. Hrsg. von Arnulf Deppermann und Angelika Linke. Berlin und New York, NY: De Gruyter, 2010. 301–324.

Jana, Reena, und Mark Tribe. *New Media Art*. Übers. von Uta Grosenick. Köln und London: Taschen, 2006.

Khan, Mehre Y. „‚Shaking up' Vision: The Video Diary as Personal and Pedagogical Intervention in Mona Hatoum's *Measures of Distance*". *Intercultural Education* 18.4 (2007): 317–334.

Lehmann, Annette Jael. *Kunst und Neue Medien. Ästhetische Paradigmen seit den sechziger Jahren*. Tübingen und Basel: Francke, 2008.

Lehmann, Hans-Thies. *Postdramatisches Theater*. Frankfurt am Main: Verlag der Autoren, 1999.

Levin, Samuel R. „Interne und externe Abweichung in der Dichtung". *Literaturwissenschaft und Linguistik. Ergebnisse und Perspektiven Bd. 2.2: Zur linguistischen Basis der Literaturwissenschaft 1*. Hrsg. von Jens Ihwe. Frankfurt am Main: Athenäum, 1971. 343–357.

Louis, Eleonora. „Sprache in der bildenden Kunst". *Jenny Holzer. Die Macht des Wortes. I Can't Tell You: Xenon for Duisburg*. Hrsg. von Söke Dinkla. Ostfildern: Hatje-Cantz, 2004. 30–35.

Maenz, Paul, und Gerd de Vries (Hrsg.). *Art & Language. Texte zum Phänomen Kunst und Sprache*. Übers. von Wilhelm Höck. Köln: DuMont, 1972.

McLuhan, Marshall. *Die Gutenberg-Galaxis. Das Ende des Buchzeitalters*. Übers. von Max Nänny. Bonn, Paris und Reading, MA: Addison-Wesley, 1995 [1962].

Morris, Adalaide, und Thomas Swiss (Hrsg.). *New Media Poetics. Contexts, Technotexts, and Theories*. London und Cambridge, MA: MIT Press. 2006.

Mukařovský, Jan. „Standard Language and Poetic Language" [1932]. *A Prague School Reader on Esthetics, Literary Structure, and Style*. 3. Aufl. Übers. und hrsg. von Paul L. Garvin. Washington, D. C.: Georgetown University Press, 1964. 17–30.

Nalini Malani. ‚In Search of Vanished Blood'. Hrsg. von dOCUMENTA (13). Ostfildern: Hatje Cantz, 2012.

Paul, Christiane. *Digital Art*. London: Thames & Hudson, 2003.

Peer, Willie van. „Poetizität". *Reallexikon der deutschen Literaturwissenschaft Bd. 3*. Hrsg. von Jan-Dirk Müller, Georg Braungart, Harald Fricke, Klaus Grubmüller, Friedrich Vollhardt und Klaus Weimar. Berlin und New York, NY: De Gruyter 2007. 111–113.

Pollock, Griselda. „Beyond Words. The Acoustics of Movement, Memory, and Loss in three Video Works by Martina Attille, Mona Hatoum, and Tracey Moffatt, ca. 1989". *Migratory Settings*. Hrsg. von Murat Aydemir und Alex Rotas. Amsterdam und New York, NY: Rodopi, 2008. 247–270.

Ricardo, Francisco J. (Hrsg.). *Literary Art in Digital Performance. Case Studies in New Media Art and Criticism*. London und New York, NY: Continuum, 2009.

Rühling, Lutz. „Fiktionalität und Poetizität" [1996]. *Grundzüge der Literaturwissenschaft*. Hrsg. von Heinz Ludwig Arnold und Heinrich Detering. 6. Aufl. München: dtv, 2003. 25–51.

Saße, Günter. „Literatursprache". *Lexikon der Germanistischen Linguistik Bd. 4*. 2. vollständig neu überarbeitete und erweiterte Ausgabe. Hrsg. von Hans P. Althaus, Helmut Henne und Herbert Ernst Wiegand. Tübingen: Niemeyer, 1980. 698–706.

Simanowski, Roberto. *Textmaschinen – kinetische Poesie – interaktive Installationen: zum Verstehen von Kunst in digitalen Medien*. Bielefeld: transcript, 2012.

Schneider, Irmela. „„Please Pay Attention Please'. Überlegungen zur Wahrnehmung von Schrift und Bild innerhalb der Medienkunst". *Bildschirmfiktionen. Interferenzen zwischen Literatur und neuen Medien*. Hrsg. von Julika Griem. Tübingen: Narr, 1998. 223–243.

Spielmann, Yvonne. *Video. Das reflexive Medium*. Frankfurt am Main: Suhrkamp, 2005.

4. Medienhistorische Konstellationen und exemplarische Analysen

4.1 Ekphrasis in der Literatur des Mittelalters

Haiko Wandhoff

Die Frage, was unter ‚Ekphrasis' zu verstehen sei, lässt sich gut am *Pfaffen Amis*, einem um 1230 entstandenen Schwankroman eines Autors, der sich ‚der Stricker' nennt, verdeutlichen. Amis, der Protagonist, kommt eines Tages an den Hof des französischen Königs in Paris. Er verspricht dem Herrscher, gegen angemessene Entlohnung den Saal seines Palastes mit Bildern großer Schönheit auszumalen. Diese Bilder hätten außerdem die Besonderheit, dass sie nur von denjenigen gesehen werden könnten, die von rechter Geburt seien; die unehelich Geborenen sähen dagegen einfach nichts. Amis selbst habe diese Technik erfunden. Der König ist fasziniert von dem Angebot und erspäht darin die Gelegenheit, einige seiner Vasallen der unadeligen Herkunft zu überführen und ihre Lehen einzuziehen. Später, nach Vollendung des versprochenen ‚Gemäldes', wird jedoch auch der König keine Bilder sehen, aus dem schlichten Grund, weil Amis gar keine gemalt hat; gleichwohl versucht der König, sein Nicht-Sehen zu vertuschen, und lässt sich die vermeintlichen Bilder von ihrem Maler beschreiben. Es geht also in der Episode um ‚unsichtbare Bilder'; um Bilder, die gar nicht existieren – und die in gewisser Weise eben doch da sind.

Mit dieser paradoxen Verschränkung von Sehen und Nicht-Sehen, Bild und Wort, Malerei und Dichtkunst trifft die Maler-Episode des *Pfaffen Amis* ein wesentliches Merkmal der literarischen Ekphrasis, die als „verbal representation of visual representation" (Mitchell 1994, 152; vgl. Heffernan 1993, 3) zu verstehen ist. Der Begriff wird zumeist auf die aus der Antike stammende Technik der Kunstbeschreibung bezogen (vgl. Friedländer 1912; Ratkowitsch 1991; Becker 1995; Klarer 2001; Wandhoff 2003), gelegentlich jedoch auch weiter gefasst (vgl. Krieger 1992). Eine Ekphrasis erzeugt mit dem Mittel der Sprache Bilder, die nicht für sich existieren, sondern erst in der Rede entstehen. In dieser Hinsicht sind die in einer ‚herkömmlichen' Ekphrase vorgestellten Bildkunstwerke ebenso ‚unsichtbar' wie die Wandgemälde des Amis: Sie werden von einem Redner (oder Dichter) lediglich behauptet. Daher kann die metafiktionale Zuspitzung der Kunstbeschreibung im *Pfaffen Amis* gut als Ausgangspunkt dienen, um in die Grundzüge dieser ‚Wortbildkunst' einzuführen (vgl. Klarer 2008).

‚Unsichtbare Bilder': Der Maler als Dichter und der Dichter als Maler

Amis reist von Hof zu Hof, um hohen Herren seine Künste anzubieten. Stets verspricht er dabei spektakuläre Kunststücke, die sich am Ende als raffiniert fingierte Täuschungen entpuppen und seine Auftraggeber um einen beachtlichen Teil ihres Einkommens bringen. Dazu nutzt Amis vor allem die Mehrdeutigkeiten der Sprache aus, sodass das eingangs Behauptete und am Ende nie ganz Eingelöste wenigstens in einer Hinsicht doch als wahr gelten kann. Auf diese Weise entlarvt der gewitzte Pfaffe die Geistlosigkeit seiner Herren. Zugleich verschafft der Stricker seinem Publikum Einblicke in die Kunst des sprachlichen Fingierens, in der zu guter Letzt seine eigene Dichtkunst gründet.

Alles beginnt damit, dass Amis in der ersten Episode des Romans einem Esel buchstäblich das Lesen beibringt, indem er Haferkörner auf eine Buchseite legt, die das Tier dort ,aufliest'. Im Sinne einer Bedeutung von ,lesen' liest der Esel also tatsächlich, wenngleich sein Bischof, der Amis für dieses Kunststück entlohnt, an eine andere Bedeutung von ,lesen' gedacht hatte (vgl. Stricker 1994 [ca. 1230], V. 181–315). Kurz darauf wird das Romanpublikum mithilfe eines Malers in die Geheimnisse der fiktionalen Hofkünste eingeweiht. Dass hierbei immer auch an die Literatur zu denken ist, zeigt schon die sprachliche Form der eingesetzten Listen. Außerdem ist zu bedenken, dass die Begriffe für Malen und Schreiben im Mittelalter (wie schon in der Antike) weitgehend austauschbar waren (vgl. Wenzel 1995, 292; Wandhoff 2003, 23–24), was auf eine enge Verbindung der „sister arts" (Hagstrum 1958) verweist. Versteht man den (Wort-)Maler Amis als Chiffre für den Hofdichter, dann hieße dies, dass jeder Wortkünstler von der Erzeugung ,unsichtbarer Bilder' lebt – von Bildern eben, die rein sprachlicher Natur sind.

Als der König das Kunstwerk in Auftrag gibt, lässt Amis die Fenster verhängen und bittet darum, dass niemand, auch nicht der Mäzen selbst, während des Produktionsprozesses Einblick in den Bildersaal nehme. Sechs Wochen bedingt Amis sich aus, in denen er sich und seine Helfer mit Fleisch, Met und Wein reichlich versorgen lässt, ohne einen einzigen Pinselstrich zu tun. Nach Ablauf der Zeit führt er den König zunächst allein in den Saal, wo dieser seinem großen Erschrecken zum Trotz beteuert, wie klar und prächtig ihm das Gemalte vorkomme. Er sieht, dass er nichts sieht, was ihn auf die Idee bringt, sich die Bilder mit Worten beschreiben zu lassen: „Nun erklärt mir, Meister, welche Szenen ihr so herrlich gemalt habt." (Der Stricker 1994 [ca. 1230], V. 645–647) Darauf setzt Amis an, ihm den Bildersaal zu beschreiben und auf diese Weise ein Bildprogramm zu erzeugen, das zwar als reales, raumfüllendes Gemälde vorgestellt wird, aber tatsächlich nur in den Artefakten des Sprachkünstlers existiert: Auf dem ersten Wandbild sei Salomon zu sehen und sein Vater David im Kampf mit Absalom; das zweite zeige König Alexander, wie er Darius und Porus von Indien besiegte, und all seine anderen Taten; auf dem dritten werde gezeigt, was die römischen Könige vollbracht haben; und das vierte Wandbild schildere, was sich zu Babel begab, bis die Strafe Gottes es durch die Sprachverwirrung zerstreute. Das Deckengemälde habe der Maler schließlich ganz dem König selbst gewidmet: Dort sei der Saal abgebildet, wie seine Ritter ihn gemeinsam mit ihm betreten und sehen, wie jeder, der das Bild nicht sehen kann, bekümmert sei, diejenigen dagegen erleichtert, die es sehen könnten (ebd., V. 648–677). „‚Ich habe alles genau gesehen', behauptete der König, wiewohl er log. ‚Wenn jemand es nicht erblicken kann, muß er selbst damit fertig werden. Ich habe nie ein schöner ausgemaltes Gebäude gesehen.'" (ebd., V. 678–682) Der ‚Maler' Amis, so zeigt sich hier, ist eigentlich ein Dichter, denn er ‚malt' dem König ein Kunstwerk, das nur als Dichtung existiert. Die Bilderlist des Amis verweist also auf die fundamentale Bildermacht der Sprache.

Die Lesenden zu Augenzeugen machen: Ekphrasis und die Bildermacht der Sprache

Versteht man Ekphrasis als verbale Darstellung einer visuellen Darstellung, dann beinhaltet dies zwei Unterscheidungen, die beide in den ‚unsichtbaren Bildern' des Strickers zutage treten: (1) verbal vs. visuell und (2) Repräsentation erster Ordnung vs. Repräsentation zweiter Ordnung. Einerseits ‚sehen' wir mithilfe der Sprache etwas, das wir nicht wirklich mit unseren Augen sehen (allenfalls mit den ‚inneren Augen'); andererseits ist dieses (vermeintlich) ‚Gesehene' seinerseits schon als Kunstwerk gestaltet. Der Gegensatz von Bild und Wort, Sehen und Hören verbindet sich auf diese Weise nicht nur mit der Opposition von Bildkunst und Wortkunst, Malerei und Literatur, sondern auch mit dem Gegensatz von Kunst und Natur, Darstellung und Nicht-Darstellung, wodurch die Ekphrasis zu einem Topos ästhetischer Selbstreflexion wird. „By evoking an *object* rendered in visual *art*, ekphrasis implicitly differentiates between art and nature, i. e. it distinguishes between representation and non-representation. The intersection of competing media and classes of objects thus draws attention to the dichotomies of ‚art' vs. ‚nature' and ‚word' vs. ‚image', which lie at the heart of representational theorizing." (Klarer 1999a, 2)

Die Begriffsgeschichte der Ekphrasis führt zurück in den Bereich einer rhetorisch fundierten Beschreibungskunst. Der griechische Begriff *ekphrasis* entstammt der Fachsprache der antiken Rhetorik und leitet sich von dem Verb *ekphrazein* ab, welches wiederum eine Weiterbildung von *phrazein* ist, das etwa

‚zeigen', ‚bekannt machen', ‚deutlich machen' bedeutet. Mit dem Präfix *ek-* ergibt sich daraus „ein Tun, das ohne Rest an sein Ziel gelangt. Eine *ekphrasis* ist mithin ein ‚völlig und restlos deutlich Machen'" (Graf 1995, 143). In diesem Sinne gehört die Ekphrasis zu den *progymnasmata* der griechischen Kaiserzeit, sie stellt eine Art von Übung dar, mit der angehende Rhetoren auf ihre Tätigkeit vorbereitet werden. Darunter wird jede Art der ausführlichen, detailreichen Beschreibung gefasst; der entsprechende Terminus der lateinischen Rhetorik ist in der Antike wie im Mittelalter *descriptio* (vgl. ebd., 143). In den griechischen Rhetorikhandbüchern wird *ekphrasis* immer wieder im Zusammenhang mit der Erzeugung von *enargeia* erwähnt, was sich etwa mit ‚Anschaulichkeit und Deutlichkeit' übersetzen lässt. Daran wird deutlich, dass die rhetorische Ekphrasis weniger auf eine bestimmte Art von Objekten festgelegt ist, als vielmehr auf eine bestimmte Technik der Darstellung, die die Zuhörer/innen durch besondere Veranschaulichung, durch ein Vor-Augen-Führen beeindrucken soll (vgl. Webb 1999, 11–13). Erst in der Neuzeit hat der Ekphrasis-Begriff auch als Terminus für ein besonderes Objekt der Visualisierung Verbreitung gefunden: die Beschreibung eines Bildkunstwerks (vgl. Wandhoff 2003, 2–12).

In der rhetorischen Ekphrasis geht es hingegen noch um eine allgemeine, breit einsetzbare Technik der sprachlichen Visualisierung: „[A]ll define it as: a speech which leads one around (*periegematikos*), bringing the subject matter vividly (*enargos*) before the eyes." (Webb 1999, 11). Das Ideal der *enargeia* oder – wie Cicero es ins Lateinische übersetzt – *evidentia* (vgl. Graf 1995, 145) zielt im Kern also darauf ab, die Augenwahrnehmung der Zuhörer/innen und Leser/innen zu stimulieren. Ekphrasis wird damit als eine rhetorische Visualisierungsstrategie kenntlich, die das Mitgeteilte den Hörer/innen anschaulich vor Augen führen und sie gewissermaßen zu Zuschauer/innen machen soll (vgl. ebd., 144–145; Becker 1995, 24–26). „*Enargeia* ist mithin die Eigenschaft der Rede, Vergangenes – oder allgemeiner: nicht Gegenwärtiges – innerlich präsent zu machen und dabei scheinbar den Wortcharakter des Textes aufzuheben: das eben meint die Formel ‚aus Zuhörern Zuschauer machen': an die Stelle der äußeren tritt die innere Schau" (Graf 1995, 144–145).

Im Hinblick auf ihre Begriffsgeschichte steht die Ekphrasis als Bildbeschreibung mit anderen Formen der sprachlichen Visualisierung (wie *descriptio*, aber auch Metapher und Allegorie) in Verbindung. Gemeinsam ist all diesen Visualisierungsstrategien, die Murray Krieger in einem „ekphrastic principle" (Krieger 1992, 267 und passim) der Literatur verbunden sieht, die Adressierung des ‚inneren Auges'. „An *ekphrasis* appeals to the mind's eye of the listener, making him or her ‚see' the subject-matter, whatever it may be." (Webb 1999, 11–12) In Form des Botenberichts oder der Teichoskopie (‚Mauerschau') finden sich Techniken des sprachlichen ‚Vor-Augen-Stellens' sogar im Drama, was freilich im Rahmen der Ekphrasis-Forschung noch kaum reflektiert wird (vgl. Wandhoff 2007a und 2007b). Dass ein solches ‚inneres Sehen', das in Analogie zum ‚äußeren Sehen' gedacht wird, nicht nur möglich ist, sondern eine grundlegende Voraussetzung für jede Art des Denkens bildet, war in der Vormoderne unstrittig (vgl. Bundy 1927; Cocking 1991). Im Anschluss an Cicero, Quintilian und die *Rhetorica ad Herennium* wird der Vorstellung einer rhetorisch erzeugten Verwandlung von Zuhörer/innen in Augenzeug/innen auch im Mittelalter breiter Raum zugebilligt (vgl. Wandhoff 1996a, 162–258; Kelly 1999).

Neben den rhetorischen Konzepten der visuellen Imagination, die auf einer eher empirischen Psychologie basieren (vgl. Bundy 1927, 107), kommt in der mittelalterlichen Wahrnehmungs- und Erkenntnistheorie den platonischen Denktraditionen bezüglich des ‚inneren Sehens' eine große Bedeutung zu. Die innere Schau wird vor allem deshalb hoch bewertet, weil man in ihr einen bevorzugten ‚Kanal' der Gotteserkenntnis vermutet, demgegenüber die äußeren Sinne an Bedeutung verlieren. Seit dem Frühmittelalter differenziert man das Geistesvermögen des Menschen in *imaginatio*, *ratio* und *memoria* – eine Gliederung, die schon in der aristotelischen Seelenlehre angelegt war –, wobei die *virtutes* des Geistes den verschiedenen Ventrikeln des Gehirns zugeordnet werden, wie sie aus der physiologischen Theorie Galens bekannt waren (vgl. ebd., 179; Klarer 1999b, 36). So wird ihnen ein genau zu lokalisierender Ort in der Hirntopografie zugewiesen: vorn die Kammer der *imaginatio* (gelegentlich erweitert um den *sensus communis*), in der Mitte die der *ratio* und im hinteren Teil des Gehirns schließlich die Kammer der *memoria* (Bundy 1927, 179–180): „Was das Auge gesehen hat, wird von der *imaginatio* zu einem Bild geformt, und dieses Bild wird an die *memoria* weitergegeben. Die *memoria* vergleicht das Bild mit anderen Bildern, die sie bewahrt, und identifiziert das Bild mit einem ihr schon bekannten. So begreift der Mensch, wen oder was er gesehen hat. Dieses Begreifen setzt eine Tätigkeit der *ratio* in Gang: Ein Nachdenken über das Gesehene" (Bumke 2001, 36–37).

Da also die Bilder in unserem Inneren entstehen, kann der König sie sich mithilfe von Worten aufzeigen lassen, insofern „die Ekphrasis die Zeigefähigkeit der Sprache aktiviert" (Boehm 1995, 35). „Im Zeigen konvergiert die bildgebende Leistung der Sprache mit der ursprünglichen Leistung des Bildes, hier läßt sich die Voraussetzung bestimmen, vermöge derer die Ekphrasen hoffen konnten, mit Worten das Bild zu treffen." (Ebd.)

Erzählungen in Erzählungen: Vergils *Aeneis* und die narrative Struktur mittelalterlicher Ekphrasen

Amis beschreibt dem König nicht ein einzelnes Bild, sondern einen ganzen Bilderzyklus, der sich in vier Registern über die vier Wände des Palasts erstreckt. Es handelt sich um eine Reihe miteinander verkoppelter Bilderzählungen, die Inhalte welthistorischen Ausmaßes zum Ausdruck bringen. Auch in dieser Hinsicht können die ‚unsichtbaren Bilder' des Strickers exemplarisch für die mittelalterliche Malerei stehen: Vormoderne Bildkunstwerke sind meist narrativ organisiert, weil sie kulturelle Erzählungen darstellen. Sei es die an spektakulären Narrationen reiche antike Mythologie oder die christliche Religion mit ihrem Schatz an biblischen Geschichten – jeweils haben Bild, Sprache und Schrift eine gemeinsame Stoffgrundlage, die es zu tradieren gilt. Von diesen „Bedeutungswelten des tradierten Sprachhumanismus" (ebd., 24) hat sich erst die moderne Kunst im Zuge einer Forderung nach Reinigung und Reinheit radikal verabschiedet.

Für die Beschreibung antiker oder mittelalterlicher Kunstwerke im Rahmen einer Ekphrasis bedeutet dies zweierlei. Zum einen sind die in Bildprogramme umgesetzten Stoffe des kulturellen Gedächtnisses in der Regel hinreichend bekannt, sodass oft schon ein kurzes sprachliches Anreißen ausreicht, damit das Publikum sich ‚ein Bild machen kann'. Ekphrasen können daher in mittelalterlichen Texten recht knapp ausfallen, ohne dadurch an Bedeutung einzubüßen. In Strickers Maler-Episode handelt es sich um wichtige Exempel der offiziösen Weltreichlehre, die Amis in groben Zügen skizziert – und an entscheidenden Stellen abwandelt, wenn er beispielsweise die babylonische Sprachverwirrung, die eigentlich an den Anfang der Weltreiche gehört, ans Ende setzt und damit als Signum der Gegenwart markiert. Zum andern lassen sich auf Erzählungen zurückgehende Bildprogramme gerade in narrativen Texten besonders gut reproduzieren und erscheinen daher im Mittelalter oft als ‚Erzählung in der Erzählung' (vgl. Haferland und Mecklenburg 1996).

Das wohl wichtigste ‚Vor-Bild' des Mittelalters in dieser Hinsicht findet sich in Vergils *Aeneis* (29–19 v. Chr.), einem Schultext, den jeder Schriftkundige kannte. Vergils unter Kaiser Augustus verfasstes Nationalepos weist eine Reihe spektakulärer Ekphrasen auf (vgl. Putnam 1998). Neben der Beschreibung des neuen Kampfschildes, den Aeneas im achten Buch erhält, dürfte das ausführlich beschriebene Wandgemälde des Trojanischen Krieges, das der Protagonist in Karthago vorfindet, die größte Wirkung auf das Mittelalter ausgeübt haben (vgl. Wandhoff 1996b und 2003, 181–225). Der aus dem untergehenden Troja flüchtende Aeneas, der in Italien ein ‚neues Troja' gründen soll, trifft hier unverhofft auf einen reich bebilderten, der Göttin Juno geweihten Tempel. Zu seiner Überraschung, aber auch zu seiner Freude erkennt er in den Bildern des Trojanischen Krieges seine eigene Geschichte, die bereits um die Welt gegangen ist, während ihn die Götter zu einer jahrelangen Odyssee verdammten. Hier, in Karthago, ist seine Geschichte bereits zu einem festen Bestandteil des kulturellen Gedächtnisses geworden. Während er die Tempelbilder betrachtet, „videt Iliacas ex ordine pugnas | bellaque iam fata totum volgata per orbem, | Atridas Priamumque et saevum ambobus Achillem." („sieht er die Kämpfe um Ilium der Reihe nach, | die Kriege, deren Kunde schon über dem ganzen Erdkreis verbreitet ist, | sieht die Atriden und Priamus und den über beide ergrimmten Achilles"; Vergil 1994 [29–19 v. Chr.], 1. Buch, V. 456–458)

Aeneas' Blick fällt also auf eine bildliche Aufreihung der Ereignisse um seine Heimatstadt Troja. Er betrachtet sie eingehend, bis er sich auf einem der gemalten Bilder schließlich selbst erkennt (ebd., 488). Die Begegnung mit dem Bild bedeutet für den Fremden eine Wiederbegegnung mit den vor Troja gestorbenen Freunden und Verwandten; sie ist als emotionales Wiederfinden seiner eigenen Geschichte gestaltet. Kurz darauf wird er Dido die Geschichte des Trojanischen Krieges aus seiner Perspektive neu erzählen. Die Begegnung mit dem Selbst-Bild hat zu einer Selbst-Erkenntnis geführt, aus der eine Selbst-Erzählung resultiert (die das zweite Buch der *Aeneis* füllt).

Vergils Nationalepos erzählt von der Übertragung der Weltherrschaft von Griechenland nach Rom, wo das Imperium unter Kaiser Augustus seinen Höhepunkt erreicht. Dieses Translationsmodell wird in Vergils Troja-Bilddenkmal auf drei Ebenen entfaltet: Auf welthistorisch-imperialer Ebene steht Aeneas vor der Aufgabe, das untergegangene griechische Reich zu erneuern. Das Bildprogramm erinnert die Leserinnen und Leser also daran, dass das gegenwärtige römische Weltreich – in dem man sich auch im Mittelalter noch wähnte – auf dem Fundament des griechischen Weltreichs errichtet ist. Auf individualgeschichtlicher Ebene sieht Aeneas in der Bilderzählung auf der Tempelwand seine Freunde und Verwandten wieder. Von ihnen muss er Abschied nehmen, will er dem *fatum* gehorchen und von einem Trojaner zu einem Römer werden. Auf einer poetologischen Ebene schließlich spiegelt sich in Vergils Bildkunstwerk jenes monumentale Werk, das mit dem Schild des Achilles eine Urszene der Ekphrasis geliefert hatte, nämlich Homers *Ilias* (vgl. Becker 1995). Das römische Nationalepos Vergils präsentiert sich mithin als Überbietung der großen griechischen Epen Homers, nach deren Vorbildern es bis ins Detail gebaut ist (vgl. Herzog 1993).

Dieser vielschichtige Gegensatz von Altem und Neuem wird von Vergil in die Opposition von Bild und Text übersetzt: Das Bildprogramm der Ekphrasis am Anfang der Erzählung hält das Alte und Normative, gleichwohl zu Überwindende fest, ruft es in Gestalt eines steinernen Bilddenkmals noch einmal in Erinnerung, ehe der Text buchstäblich neuen Ufern zustrebt. Am Ende wird aus dem Trojaner ein Römer und aus dem mythischen Epos der Griechen ein historisches Epos der Römer geworden sein, mit dem zugleich Vergil den Platz des großen Homer einnimmt. Der Text nimmt die ‚alte große Erzählung' im Bild also zunächst wegweisend zur Kenntnis, als ein Modell jedoch, das nur noch begrenzt Orientierung verleiht und am Ende überflüssig wird.

Markiert das Bildkunstwerk hier in gewisser Weise ‚das Andere des Textes' (vgl. Mitchell 1994), so wird es zugleich von ihm einverleibt. Indem Vergils Erzählung in der Ekphrasis eine andere, nämlich Homers Erzählung bildlich in Szene setzt, wird die Unterscheidung von Erzählen und Beschreiben, aber auch der Gegensatz von (verbaler) Zeitkunst und (visueller) Raumkunst, den etwa Gotthold Ephraim Lessing in seinem *Laokoon* (1766) stark gemacht hatte (vgl. 2.3 SCHNEIDER), unterlaufen. Die Schilderung der auf den Bildern dargestellten Ereignisse wirkt durch ihre narrative Struktur, aber auch durch die Ergriffenheit des textinternen Bildbetrachters so bewegt und lebendig – geradezu kinästhetisch aufgeladen –, dass von der vermeintlichen Statik der Kunstbeschreibung bei Vergil wenig übrig bleibt. „The work of art", so führt Heffernan gegen Lessing ins Feld, „has entered so deeply into the rhythm and texture of the narrative – has been so fully converted from the fixity of its poses to the dynamism of its kinetic effect – that it ceases to be interruptive, ornamental, or even antithetical to the poetic world." (Heffernan 1993, 36)

Die Wirkung von Vergils Troja-Ekphrasis auf die westeuropäische Literatur des Mittelalters kann kaum überschätzt werden. Hier spielte der Trojanische Krieg als Ursprungsereignis der säkularen Geschichte eine zentrale Rolle im Selbstverständnis des weltlichen Adels. Vergil stellte mit der Ekphrasis eine dem *ordo artificialis* zugehörende Technik bereit, die es ermöglicht, fundierende, (nicht nur) antike Vor-Zeiten mithilfe eines Bildkunstwerks in eine Erzählung einzublenden (vgl. Patterson 1987). Freilich haben auch andere lateinische Epiker (wie Ovid, Catull, Sallust oder Statius) die mittelalterliche Form der Kunstbeschreibung beeinflusst (vgl. Ratkowitsch 1991). Doch Vergils Leistung besteht nicht zuletzt darin, mit Aeneas einen textinternen Bild-Betrachter eingeführt zu haben, dessen subjektiver, emotional gefärbter Blick sich von dem kollektiven, öffentlichen ‚Lektürevorschlag' der Bilderzählung abhebt (vgl. Wandhoff 2003, 271–323). Denn als Schmuck eines Juno-Tempels verherrlichen die Bilder ja eigentlich den Sieg der Griechen über die Trojaner, zu dem die Göttin tatkräftig beigetragen hatte. Auch diese Aufspaltung der Ekphrasis in ein öffentliches, politisch motiviertes Bildprogramm und die davon abweichende, individuelle Lektüre eines Betrachters findet sich zugespitzt in der Maler-Episode des Strickers wieder: Ebenso wie Aeneas erkennt der König sich in dem Bildprogramm selbst und ‚liest' das welthistorische Wandgemälde vor allem im Hinblick auf den eigenen, prekären Status.

Im deutschen Sprachraum ist es zunächst die Gattung des Artusromans, die ein besonderes Interesse an Vergils Ekphrasen offenbart. Anspielungen auf den Trojanischen Krieg sind häufig in der mittelhochdeutschen Dichtung; in Form einer Ekphrasis finden wir das Motiv wohl erstmalig in Hartmanns von Aue *Erec* (um 1180) (vgl. ebd., 157–179), der es aus seiner Vorlage, Chrétiens de Troyes *Erec et Enide* (um 1170), übernimmt (vgl. Haupt 1999). Es folgen Heinrichs von dem Türlin *Crône* (um 1230), Pleiers *Meleranz*, Konrads von Stoffeln *Gauriel von Muntabel*, der anonym überlieferte *Wigamur* (alle 2. Hälfte 13. Jh.) sowie der deutsche *Prosa-Lancelot* (um 1250). Hier geht es immer wieder darum, die alte, trojanische Ritterschaft als ‚Vor-Bild‘ der neuen, arthurischen Ritterschaft aufzurufen. Konrad Flecks *Flore und Blanscheflur* (vor 1235), Wernhers der Gartenaere *Helmbrecht* (2. Hälfte 13. Jh.), Johanns von Konstanz *Minnelehre* (um 1300) sowie – in Form einer Inschrift – der *Alexander* Ulrichs von Etzenbach (um 1284) bilden bis zum Ende des 13. Jahrhunderts wichtige Ausnahmen, die Troja-Bildkunstwerke in nicht-arthurischen Texten zeigen (vgl. Wandhoff 1996b und 2003, 181–225 und 238–258).

Bauwerke des Geistes: Prudentius' *Psychomachie* und die allegorische Räumlichkeit mittelalterlicher Ekphrasen

Zu Beginn des 5. Jahrhunderts stellt der spanische Christ Prudentius in seiner *Psychomachie* (um 400) die Schlachten der sieben Tugenden gegen die Laster in der Seele des Menschen dar. Mit seinem allegorischen Hexameter-Epos verleiht er der Ekphrasis-Tradition neue Impulse. Die sprachliche Führung durch dreidimensionale, oft architektonisch gerahmte Schauräume kann als die eigentliche Besonderheit der mittelalterlichen Kunstbeschreibung gelten. Die epische Ekphrasis-Tradition der Antike wird hier mit den Gedächtnisräumen der römischen *ars memoriae*, aber auch mit den ‚Vor-Bildern‘ der biblischen Bauwerke amalgamiert. Die literarische Ekphrasis nimmt dabei bisweilen Züge heilsgeschichtlich-enzyklopädischer Wissensarchitekturen an (vgl. Carruthers 1993 und 1998; Cowling 1998; Wandhoff 2003, 69–115, und 2004; Bußmann 2011).

In der *Psychomachie* bauen die siegreichen Tugenden zur Verewigung ihres Triumphs auf dem Schlachtfeld der Seele einen Tempel, der an die heilsgeschichtlich bedeutsamen Bauwerke der Bibel erinnert. Wie einst Salomon nach dem Ende der Kämpfe in Jerusalem einen Tempel mit Altar und goldenem Dach als Haus Gottes bauen ließ, so soll auch im Inneren des Menschen ein architektonischer Ort des Heiligen errichtet werden (vgl. Prudentius 1959 [ca. 400], V. 805–887). Der Bauplan dieses Gebäudes folgt dem des Himmlischen Jerusalem der

Johannes-Apokalypse: Zunächst wird der neue Tempel von *fides* und *concordia* mit einem goldenen Rohr vermessen, sodass ein quadratisches Fundament entsteht. Nach Osten, Süden, Westen und Norden gehen jeweils drei Tore aus Edelstein, über denen in Gold die Namen der zwölf Apostel leuchten. Auf Fundament und Tore folgt die Beschreibung der hohen Mauern, die wie die Himmelsstadt mit zwölf verschiedenen Edelsteinen geschmückt sind und von oben herab in allen Farben leuchten. Dann wendet sich der Blick ins Innere des Tempels, in dem *sapientia* als Herrscherin der Seele thront.

Dieses statische Bauwerk am Ende des Textes steht in einem Gegensatz zu der Bewegtheit der vorausgehenden Kriegshandlung. Die dynamische *narratio* mündet in einem Herrscherbild, das die siegreichen Protagonisten, die sieben Tugenden, in den sieben tragenden Säulen des Seelentempels zu Stein werden lässt. In der ewigwährenden Friedensordnung des Bauwerks kommt auf diese Weise die zeitlose Harmonie der Seele in einem gereinigten Körper zum Ausdruck: „[T]he stasis of the building images the timeless harmony of eternity" (Mann 1994, 197). Wir treffen bei Prudentius auf eine architektonische Inszenierung von Merkorten und Bildern, die an die Kombination von *loci* und *imagines* in der antiken Gedächtniskunst erinnert (vgl. Goldmann 1989). Doch sind die Unterschiede signifikant: So ist das mentale Bauwerk bei Prudentius nicht mehr wie beim antiken Rhetor ein neutraler Schauraum zum Einstellen von Bildern, sondern die Architektur wird mit ihren Orten und Baumaterialien selbst bedeutungsstiftend. Die allegorische Transparenz der einzelnen Bauteile auf die ‚Plätze' der Heilsgeschichte verwischt die klare Grenze zwischen *imagines* und *loci*. Bereits im frühmittelalterlichen Kloster wird die *ars memoriae* von Mönchen für ihre Zwecke modifiziert, indem man die empirischen Bauwerke des Redners durch ‚objektive', zumeist der Bibel entnommene Gebäude der Gläubigen ersetzt, deren äußere Formen mit ihren heilsgeschichtlichen Inhalten korrespondieren. Es handelt sich zumeist um ideale Gotteshäuser, deren Baupläne selbst Abbilder des Kosmos sind und die so die Ordnung der Dinge in einer heilsgeschichtlichen Perspektive restituieren. Diese Bauwerke des Geistes sind „a device for ‚finding' out meanings, rather than one that ‚imparts' knowledge or (worse yet) information" (Carruthers 1993, 891).

Um 1100 verfasst der Abt und spätere Erzbischof von Dol, Baudri de Bourgueil, einen Text, den er der Gräfin Adele von Blois widmet und in dem er nichts anderes tut, als ihr enzyklopädisch bebildertes Brautgemach (*thalamus*) zu beschreiben (vgl. Baudri de Bourgueil 1974 [1046–1130], 196–231; Otter 2001; Ratkowitsch 1991, 16–127). Die Decke zeigt den Himmel mit Planeten und Gestirnen, der Milchstraße sowie Stern- und Tierkreiszeichen; am Boden ist eine Weltkarte zu sehen, die die gesamte irdische Welt mit den drei Kontinenten und dem sie umgebenden Ozean abbildet; die vier Wände sind von Teppichen bedeckt, die

die wichtigsten Etappen der Welt-Heilsgeschichte zeigen: Der erste reicht von der Weltschöpfung bis zur Sintflut, der zweite zeigt die Geschichte des Alten Testaments bis zu den jüdischen Königen, der dritte stellt die antike Mythologie bis zu den römischen Königen dar, und der vierte Wandteppich zeigt den letzten Abschnitt der Geschichte, der von dort bis zur Schlacht von Hastings mit dem siegreichen Wilhelm dem Eroberer reicht. Auf der Folie einer solchen, im Raum aufgespannten, dynastisch motivierten Welt- und Heilsgeschichte ist offenkundig auch das fiktive Palastgemälde des Pfaffen Amis zu verstehen (vgl. Klarer 2008, 95–97).

Adeles Schlafgemach ist als ein von der Heilsgeschichte durchwirktes Abbild des Kosmos zu lesen, „a sort of anthology of basic matters to be learned" (Carruthers 1998, 213). In dieser Hinsicht ähnelt es dem allegorischen Seelentempel des Prudentius, und wie dort ist die Ekphrasis offenbar als allegorischer Einblick in einen mentalen Innenraum angelegt. Bereits bei Augustinus finden sich Formulierungen, wonach der Gläubige sich in seine innere Kammer, sein *cubiculum*, *secretum*, *cellarium* oder eben seinen *thalamus* zurückziehen solle, um dort über die göttliche Ordnung der Welt zu meditieren (vgl. Ohly 1986, 994). Das enzyklopädische Gemach der Normannenherrscherin, in das Baudri de Bourgueil das Publikum seiner Dichtung schauen lässt, kann somit als ein Rückzugsort des inneren Menschen verstanden werden, hier: eine Konkretisierung von Adeles Geist (vgl. Otter 2001, 62), in dem sich die göttliche Schöpfung in all ihrer Vielfalt mikrokosmisch spiegelt. Dabei bemüht Baudri poetische Mittel der Ekphrasis-Tradition, indem er die Materialität des Beschriebenen in Zweifel zieht und auf diese Weise die Wahrnehmung der Kostbarkeiten in Adeles Schlafzimmer in ein inneres, imaginierendes Schauen übergehen lässt. Erst schickt er seinen personifizierten Text in das Frauengemach, um dort Einblick zu nehmen, wo er selbst als Person keinen Zutritt hat. Später beruft er sich dann doch auf eine Autopsie, aber nur in der Undeutlichkeit eines Traums. Und obwohl es zuerst heißt, Adele habe die Anfertigung der kunstvollen Wandteppiche persönlich angeordnet, erklärt der Erzähler den Bilderraum am Ende zur Fiktion (was an die ‚unsichtbaren Bilder' des Amis erinnert): Nicht Adele und auch kein anderer menschlicher Bildkünstler, sondern sein Text allein habe dieses ideale ‚Brautgemach' erschaffen (vgl. Baudri de Bourgueil 1974 [1046–1130], Z. 1350; Wandhoff 2006c, 154–157).

Nicht zuletzt also feiert sich die Literatur hier selbst – in einem (neu aufgelegten) ‚Wettstreit der Künste' –: als überlegene Erschafferin von Bilderräumen des Wissens und der Liebe, in deren enzyklopädischer Fülle sich der gesamte göttlich durchwirkte Kosmos spiegelt. Das Bauwerk aus Stein, Textilien und Elfenbein, der mit Statuen der Freien Künste des Triviums am Fußende des Bettes nicht zufällig auch für die Wortkunst einen prominenten *locus* aufweist, dient einmal mehr als imaginäre Inszenierung eines Gedächtnisraums, der am Ende nur mit und durch die Literatur sichtbar wird.

Das Eigene und das Andere: Ekphrasis als Ort poetologischer Selbstreflexion

Als verbale Darstellung einer visuellen Darstellung ist die Ekphrasis stets eine „Abbildung des Abgebildeten", eine „Beschreibung des schon Vorgeformten" oder auch eine „‚Mimesis' in zweiter Potenz" und kann daher als eine „Kunst doppelter Vermittlung des Realen" (Neumann 1995, 445) angesehen werden. Besonders in den älteren Literaturen kommt oft noch eine dritte Vermittlungsebene hinzu, wenn die im Text dargestellten Bildkunstwerke, wie wir sehen konnten, ihrerseits ikonografische Übersetzungen kultureller Texte sind. In den *Eikones* (3. Jh. v. Chr.) des älteren Philostratos beispielsweise, einem spätantiken Text, der die Ekphrasis als eigene Gattung begründet (vgl. Schönberger 1995), wird eine ganze Galerie von Bildern mythologischen Inhalts beschrieben. Im Gegensatz zu dem enzyklopädischen Wissensraum, den Baudri de Bourgueil einige Jahrhunderte später entwirft, werden hier sogar die Dichter erwähnt, deren Erzählungen uns die *Bilder* des Philostratos sprachlich vor Augen führen. „Hast du erkannt", so heißt es schon beim ersten Gemälde, das den Fluss Scamander aus der homerischen *Ilias* zeigt, „daß dies nach Homer gemalt ist" (Philostratos 1968 [3. Jh. v. Chr.], 89). Das gemalte Bild ist hier „twice removed from reality – the first time, through a dubious reference to a work of art (mostly a painting), whose existence cannot be ascertained, and the second time through an explicit reference to a literary text whose status remains legendary" (Blanchard 1978, 239). Philostratos' Text beschreibt nicht, wie sich ein anderes, visuelles Kunstwerk zur Realität verhält, sondern wie dieses die Art und Weise darstellt, wie ein drittes, wiederum verbales Kunstwerk Realität abbildet.

Diese mehrfache Vermittlung des Realen, die Fähigkeit „to incorporate the space of reference within the space of representation" (ebd., 266), macht die Kunstbeschreibung zu einem Paradigma für die (Selbst-)Reflexion ästhetischer Darstellungspraxis. Als „hyper-conscious creation of art within art" (Clemente 1992, 5) hebt die Ekphrasis die Gemachtheit ihrer Gegenstände ins Bewusstsein der Hörer/innen und Leser/innen und unterstreicht die Artifizialität des beschriebenen Bildes wie des beschreibenden Textes. Zugleich lotet sie dabei die Grenzen zwischen Wort und Bild aus und kann „as a quasi-archeological site preserving general representational concepts of the period" (Klarer 1999a, 2) verstanden werden. Schließlich dient die literarische Auseinandersetzung mit der visuellen

‚Schwesterkunst' dazu, die eigene Text-Poetik im Anderen des Bildkunstwerks zu spiegeln und auf diese Weise zu reflektieren. Häufig lässt sich der von einer Ekphrasis eingeblendete Bildtext als eine Form der *mise en abyme* verstehen (vgl. Dällenbach 1977): eine ins Visuelle gespiegelte Miniatur-Replik des eigentlichen Textes. Das Bildnis im Text gibt dabei in ‚verkleinerter' Form die Struktur des ‚großen', die Ekphrasis umgebenden Textes modellhaft wieder (vgl. Clemente 1992). So etwa, wenn ein Bilddenkmal des Trojanischen Krieges einen Artusroman einleitet und auf diese Weise die vorchristliche, trojanische Ritteridee als unvollkommenes ‚Vor-Bild' des christlichen, arthurischen Ritterromans markiert (vgl. Wandhoff 1996b). Das Wortkunstwerk inszeniert das (imaginäre) Bildkunstwerk in diesen Fällen, um im Durchgang durch sein Anderes das Eigene auszustellen. Dabei wird die Form des Bildes im westeuropäischen Mittelalter oft mit dem Alten und Überkommenen, nicht selten auch mit Heidentum und Tod konnotiert, wohingegen der Text dem Neuen und gegenwärtig Gültigen, vor allem der Christenheit und dem ewigen Leben zustrebt (vgl. Wandhoff 2006a).

Daher ist es auch kein Zufall, dass derartige Bildprogramme oft am Anfang einer Erzählung auftauchen, wie wir schon an Vergils Troja-Bilddenkmal sehen konnten. In der Forschung hat man diesbezüglich von einem „Bildeinsatz" gesprochen (vgl. Schissel von Fleschenberg 1913; Wandhoff 2006b). Dabei macht der Text sich die Fähigkeit des Bildes zunutze, Dinge räumlich-simultan darzustellen wie auf einer Landkarte: „*Bildeinsatz* starts off a work by addressing the memory of both the fictional onlooker and the reader/hearer with a summary of the principal ‚matters' of the work to follow, seen as a set of painted or sculpted, embroidered or mosaic images." (Carruthers 1998, 197) Diese vorab bei Leserinnen und Lesern implementierten Bilder fungieren „as the elementary foundation, the *dispositio* of what follows. Introductory rhetorical pictures serve as orienting maps and summaries of the matters which are developed within the work. They provide its *memoria rerum*" (ebd., 199).

Es fällt aber auch auf, dass die orientierende Funktion solcher ‚Vor-Bilder' im Verlauf der Erzählungen, die sie eröffnen, immer mehr abnimmt. Bisweilen verschwinden die Eingangsbilder am Ende sogar vollständig aus ihnen, wie sich an Wernhers der Gartenaere Verserzählung *Helmbrecht* aus dem 13. Jahrhundert zeigen lässt (Wernher der Gartenaere 1972 [2. Hälfte 13. Jh.], V. 1–116). Dort wird gleich zu Anfang das Bildprogramm einer kunstvollen Haube beschrieben, mit der sich ein zum Rittertum aufstrebender Bauernsohn seine vermessenen Ambitionen gleichsam auf die Stirn schreiben lässt. Eine Besonderheit dieser Ekphrase besteht darin, dass uns die Bilder auf der Kopfbedeckung zugleich auf das verweisen, was darunter ist: Die Anordnung des Bildprogramms, so argumentiert Klarer, lässt das oben skizzierte Modell der mittelalterlichen Gehirnanatomie durchscheinen (Klarer 1999b). Folgt man dieser Deutung, dann macht die

Ekphrasis wie ein Röntgenbild die Fehlfunktionen in Helmbrechts Hirn sichtbar und präsentiert dem Rezipienten eine *mental map* des Protagonisten, auf der die Gründe für sein späteres Scheitern von Beginn an ablesbar sind. Am Ende wird der Haubenträger, der es nur zum Raubritter geschafft hat, getötet und das bebilderte Kleidungsstück demonstrativ in kleine Stücke gerissen (vgl. Wernher der Gartenaere 1972 [2. Hälfte 13. Jh.], V. 1877–1895).

Ein anderes Beispiel gibt der Troja-Bildpokal mit Abbildungen der welthistorischen Liebe von Paris und Helena, der in Konrad Flecks *Floreroman* dem Protagonisten lange Zeit Orientierung bietet, als dieser versucht, seine (christliche) Freundin Blancheflur wiederzufinden und aus den Händen eines (heidnischen) Gewaltherrschers zu befreien. Doch auch dieses ‚heidnische‘ Bilddenkmal wird später aus der Handlung verabschiedet, als die neue Liebe und das durch sie anbrechende christliche Friedensreich in der Erzählung Gestalt annehmen (vgl. Fleck 1846 [vor 1235], 1587–1654; vgl. Wandhoff 2006a, 59–61). Am Ende hat der Text seine zwar orientierenden, aber nur vorläufigen und unvollkommenen Vor-Bilder gleichsam ‚verdaut‘. Mit dem finalen Sieg der christlichen Liebe und des ewigen Lebens über das heidnische Reich des Todes triumphiert bei Konrad Fleck das lebendige Wort der (christlichen) Literatur über die Künstlichkeit der (heidnischen) Bildkunst. „The ‚otherness‘ of visual representation from the standpoint of textuality“, so hat Mitchell diese Interpretationslinie gezogen, „may be anything from a professional competition (the *paragone* of poet and painter) to a relation of political, disciplinary, or cultural domination in which the ‚self‘ is understood to be an active, speaking, seeing subject, while the ‚other‘ is projected as a passive, seen, and (usually) silent object“ (Mitchell 1994, 156–157).

‚Unsichtbare Bilder, mit Worten gemalt‘ – auf diese Formel ließe sich die Ekphrasis also bringen. Man könnte auch von einer „oszillierenden Transkription“ (Jäger 2002) reden, in der die Grenzen von Wort und Bild ständig umspielt und doch nie klar gesetzt werden. Wie sehr diese aus der Antike ererbte Technik, die neben der Verheißung eines visuellen Durchblicks auf das Reale (vgl. Krieger 1992) stets auch ein Ort poetologischer Selbstreflexion ist, gerade mittelalterliche Dichter faszinierte, lässt sich an der Maler-Episode des Strickers ablesen: Aus der ekphrastischen ‚Wortmalerei‘ des klugen Hofkünstlers entwickelt sein Dichter gar eine (implizite) Theorie der Literatur (vgl. Klarer 2008, 97–100). Mit ihren verdeckten Zitaten, heimlichen Anspielungen und virtuosen Konspirationen (vgl. Kelly 1999) kann man die mittelalterliche Ekphrasis geradezu als eine ‚Fiktionalisierungsmaschine‘ beschreiben, die das Spiel mit den Grenzen von Wort und Bild, Repräsentation und Nicht-Repräsentation, Nachahmung und Erfindung, Wiederholung und Variation antreibt – und am Ende stets aufs Neue die Überlegenheit der Wortkunst über die Bildkunst behauptet.

Literaturverzeichnis

Baudri de Bourgueil. Œuvres poétiques (1046–1130). Kritische Edition nach dem Manuskript des Vatikans hrsg. von Phyllis Abraham. Reprint. Genève: Slatkine, 1974 [1046–1130].

Becker, Andrew Sprague. The Shield of Achilles and the Poetics of Ekphrasis. Lanham, MD, und London: Rowman & Littlefield, 1995.

Blanchard, J. M. „The Eye of the Beholder: On the Semiotic Status of Paranarratives". Semiotica 22.3/4 (1978): 235–268.

Boehm, Gottfried. „Bildbeschreibung. Über die Grenzen von Bild und Sprache". Beschreibungs-kunst – Kunstbeschreibung. Ekphrasis von der Antike bis zur Gegenwart. Hrsg. von Gottfried Boehm und Helmut Pfotenhauer. München: Fink, 1995. 23–40.

Bumke, Joachim. Die Blutstropfen im Schnee. Über Wahrnehmung und Erkenntnis im ‚Parzival‘ Wolframs von Eschenbach. Tübingen: Niemeyer, 2001.

Bundy, Murray Wright. The Theory of Imagination in Classical and Medieval Thought. Urbana, IL: University of Illinois Press, 1927.

Bußmann, Britta. Wiedererzählen, Weitererzählen, Beschreiben. Der ‚Jüngere Titurel‘ als ekphrastischer Roman. Heidelberg: Winter, 2011.

Carruthers, Mary. „The Poet as Master Builder. Composition and Locational Memory in the Middle Ages". New Literary History 24.4 (1993): 881–904.

Carruthers, Mary. The Craft of Thought. Meditation, Rhetoric, and the Making of Images, 400–1200. Cambridge: Cambridge University Press, 1998.

Clemente, Linda M. Literary ‚objet d'art‘. Ekphrasis in Medieval French Romance. 1150–1210. New York, NY, und Berlin: Lang, 1992.

Cocking, J. M. Imagination. A Study in the History of Ideas. London und New York, NY: Routledge, 1991.

Cowling, David. Building the Text. Architecture as Metaphor in Late Medieval and Early Modern France. Oxford: Clarendon, 1998.

Dällenbach, Lucien. Le récit spéculaire. Essai sur la mise en abyme. Paris: Seuil, 1977.

Fleck, Konrad. Flore und Blanscheflur. Eine Erzählung. Hrsg. von Emil Sommer. Quedlinburg und Leipzig: Basse, 1846 [vor 1235].

Friedländer, Paul. Johannes von Gaza und Paulus Silentiarius. Kunstbeschreibungen justinianischer Zeit. Leipzig und Berlin: Teubner, 1912.

Goldmann, Stefan. „Statt Totenklage Gedächtnis. Zur Erfindung der Mnemonik durch Simonides von Keos". Poetica 21.1/2 (1989): 43–66.

Graf, Fritz. „Ekphrasis. Die Entstehung der Gattung in der Antike". Beschreibungskunst – Kunstbeschreibung. Ekphrasis von der Antike bis zur Gegenwart. Hrsg. von Gottfried Boehm und Helmut Pfotenhauer. München: Fink, 1995. 143–155.

Haferland, Harald, und Michael Mecklenburg (Hrsg.). Erzählungen in Erzählungen. Phänomene der Narration in Mittelalter und Früher Neuzeit. München: Fink, 1996.

Hagstrum, Jean H. The Sister Arts. The Tradition of Literary Pictorialism and the English Poetry from Dryden to Gray. Chicago, IL: University of Chicago Press, 1958.

Haupt, Barbara. „Literarische Bildbeschreibung im Artusroman – Tradition und Aktualisierung. Zu Chrétiens Beschreibung von Erecs Krönungsmantel und Zepter". Zeitschrift für Germanistik N. F. 9 (1999): 557–585.

Heffernan, James. The Museum of Words. The Poetics of Ekphrasis from Homer to Ashbury. Chicago, IL: University of Chicago Press, 1993.

Herzog, Reinhart. „Aeneas' episches Vergessen. Zur Poetik der ‚memoria'". *Memoria – Vergessen und Erinnern*. Hrsg. von Anselm Haferkamp und Renate Lachmann. München: Fink, 1993. 81–116.

Jäger, Ludwig. „Transkriptivität. Zur medialen Logik der kulturellen Semantik". *Transkribieren. Medien/Lektüre*. Hrsg. von Ludwig Jäger und Georg Stanitzek. München: Fink, 2002. 19–41.

Kelly, Douglas. *The Conspiracy of Allusion. Description, Rewriting, and Authorship from Macrobius to Medieval Romance*. Leiden: Brill, 1999.

Klarer, Mario (Hrsg.). „Einleitung". *Word & Image*; Themenheft ‚Ekphrasis' 15.1 (1999a): 1–4.

Klarer, Mario. „*Ekphrasis*, or the Archeology of Historical Theories of Representation: Medieval Brain Anatomy in Wernher der Gartenaere's *Helmbrecht*". *Word & Image*; Themenheft ‚Ekphrasis' 15.1 (1999b): 34–40.

Klarer, Mario. *Ekphrasis. Bildbeschreibung als Repräsentationstheorie bei Spenser, Sydney, Lily und Shakespeare*. Tübingen: Niemeyer, 2001.

Klarer, Mario. „Spiegelbilder und Ekphrasen. Spekulative Fiktionspoetik im *Pfaffen Amis* des Strickers". *Das Mittelalter* 13.1 (2008): 80–106.

Krieger, Murray. *Ekphrasis. The Illusion of the Natural Sign*. Baltimore, MD: Johns Hopkins University Press, 1992.

Lessing, Gotthold Ephraim. *Laokoon oder Über die Grenzen der Malerei und Poesie*. Hrsg. und mit einem Nachwort versehen von K. Wölfel. Frankfurt am Main: Insel, 1988 [1766].

Mann, Jill. „Allegorical Buildings in Mediaeval Literature". *Medium Aevum* 63.2 (1994): 191–210.

Mitchell, W. J. T. „Ekphrasis and the Other". *Picture Theory. Essays on Verbal and Visual Representation*. Chicago, IL: University of Chicago Press, 1994. 151–181.

Neumann, Gerhard. „‚Eine Maske, … eine durchdachte Maske'. Ekphrasis als Medium realistischer Schreibart in Conrad Ferdinand Meyers Novelle *Die Versuchung des Pescara*". *Beschreibungskunst – Kunstbeschreibung. Ekphrasis von der Antike bis zur Gegenwart*. Hrsg. von Gottfried Boehm und Helmut Pfotenhauer. München: Fink, 1995. 445–491.

Ohly, Friedrich. „‚Haus' III (Metapher)". *Reallexikon für Antike und Christentum Bd. 13*. Stuttgart: Hiersemann, 1986. 905–1063.

Otter, Monika. „Baudri of Bourgueil, *To Countess Adela*". *The Journal of Medieval Latin* 11 (2001): 61–141.

Patterson, Lee. „Virgil and the Historical Consciousness of the Twelfth Century. The *Roman d'Eneas* and *Erec et Enide*". *Negotiating the Past. The Historical Understanding of Medieval Literature*. Hrsg. von Lee Patterson. Madison, WI: University of Wisconsin Press, 1987. 157–195.

Philostratos. *Die Bilder*. Übers. und hrsg. von Otto Schönberger. München: Heimeran, 1968 [3. Jh. v. Chr.].

Prudentius. *Psychomachie*. Lateinisch/Deutsch. Übers. von Ursmar Engelmann. Mit 24 Bildtafeln nach Handschrift 135 der Stiftsbibliothek St. Gallen. Freiburg: Herder, 1959 [ca. 400].

Putnam, Michael C. J. *Virgil's Epic Designs. Ekphrasis in the ‚Aeneid'*. New Haven, CT, und London: Yale University Press, 1998.

Ratkowitsch, Christine. *Descriptio picturae. Die literarische Funktion der Beschreibung von Kunstwerken in der lateinischen Großdichtung des 12. Jahrhunderts*. Wien: Österreichische Akademie der Wissenschaften, 1991.

Schissel von Fleschenberg, Otmar. „Die Technik des Bildeinsatzes". *Philologus* 72 N. F. 26 (1913): 83–114.

Schönberger, Otto. „Die ‚Bilder' des Philostratos". *Beschreibungskunst – Kunstbeschreibung. Ekphrasis von der Antike bis zur Gegenwart.* Hrsg. von Gottfried Boehm und Helmut Pfotenhauer. München: Fink, 1995. 157–175.

Der Stricker. *Der Pfaffe Amis.* Mittelhochdeutsch/Neuhochdeutsch. Nach der Heidelberger Handschrift cpg 341. Hrsg. und übers. von Michael Schilling. Stuttgart: Reclam, 1994 [ca. 1230].

Vergil. *Aeneis.* 1. und 2. Buch. Lateinisch/Deutsch. Hrsg. und übers. von Edith und Gerhard Binder. Stuttgart: Reclam, 1994 [29–19 v. Chr.].

Wandhoff, Haiko. *Der epische Blick. Eine mediengeschichtliche Studie zur höfischen Literatur.* Berlin: Erich Schmidt, 1996a.

Wandhoff, Haiko. „Gemalte Erinnerung. Vergils *Aeneis* und die Troja-Bilddenkmäler in der deutschen Artusepik". *Poetica* 28.1/2 (1996b): 66–96.

Wandhoff, Haiko. *Ekphrasis. Kunstbeschreibungen und virtuelle Räume in der Literatur des Mittelalters.* Berlin und New York: De Gruyter, 2003.

Wandhoff, Haiko. „Von der antiken Gedächtniskunst zum mittelalterlichen Seelentempel. Literarische Expeditionen durch die Bauwerke des Geistes". *Sprache und Literatur* 94 (2004): 9–28.

Wandhoff, Haiko. „Bilder der Liebe – Bilder des Todes. Konrad Flecks Flore-Roman und die Kunstbeschreibungen in der höfischen Epik des deutschen Mittelalters". *Die poetische Ekphrasis von Kunstwerken. Eine literarische Tradition der Großdichtung in Antike, Mittelalter und früher Neuzeit.* Hrsg. von Christine Ratkowitsch. Wien: Österreichische Akademie der Wissenschaften, 2006a. 55–76.

Wandhoff, Haiko. „Found(ed) in a Picture: Ekphrastic Framing in Ancient, Medieval, and Contemporary Literature". *Framing Borders in Literature and Other Media. Studies in Intermediality.* Hrsg. von Walter Bernhart und Werner Wolf. Amsterdam: Rodopi, 2006b. 207–227.

Wandhoff, Haiko. „In der Klause des Herzens. Allegorische Konzepte des ‚inneren Menschen' in mittelalterlichen Architekturbeschreibungen". *‚anima' und ‚sêle'. Darstellungen und Systematisierungen von Seele im Mittelalter.* Hrsg. von Katharina Philipowski und Anne Prior. Berlin: Erich Schmidt, 2006c. 145–163.

Wandhoff, Haiko. „Botenbericht". *Metzler Literatur Lexikon.* Begründet von Günther und Irmgard Schweikle. Hrsg. von Dieter Burdorf, Christoph Fasbender und Burkhard Moennighoff. 3., vollständig neu bearbeitete und erweiterte Aufl. Stuttgart: Metzler, 2007a. 95–96.

Wandhoff, Haiko. „Teichoskopie". *Metzler Literatur Lexikon.* Begründet von Günther und Irmgard Schweikle. Hrsg. von Dieter Burdorf, Christoph Fasbender und Burkhard Moennighoff. 3., vollständig neu bearbeitete und erweiterte Aufl. Stuttgart: Metzler, 2007b. 756–757.

Webb, Ruth. „Ekphrasis Ancient and Modern: The Invention of a Genre". *Word and Image* 15.1 (1999): 7–18.

Wenzel, Horst. *Hören und Sehen, Schrift und Bild. Kultur und Gedächtnis im Mittelalter.* München: Beck, 1995.

Wernher der Gartenaere. *Helmbrecht.* Hrsg. und übers. von Helmut Brackert, Winfried Frey und Dieter Seitz. Frankfurt am Main: Fischer, 1972 [2. Hälfte 13. Jh.].

4.2 Visualität in der höfischen Literatur und Kultur des Mittelalters

Hans Rudolf Velten

Einleitung: eine ‚Kultur der Sichtbarkeit‘

Die kultur- und medienwissenschaftlich orientierte Mediävistik hat in den letzten beiden Jahrzehnten auf vielfache Weise gezeigt, dass die mittelalterliche Kultur stärker als bisher angenommen auf Visualität, Präsenz und performative Partizipation ausgelegt war. Vor allem die Untersuchung von individuellen und kollektiven körperlichen Vollzügen mit zeichenhaftem Charakter – wie Gesten und Gebärden, Rituale und Aufführungen aller Art – hat ergeben, in welch hohem Maße das Mittelalter eine Kultur der Sichtbarkeit, der gegenseitigen visuellen Wahrnehmung war. Dieser Befund bezieht sich prinzipiell auf alle Gesellschaftsschichten, Adel und Klerus haben jedoch auf Grund der höheren Quellenpräsenz stärkere Aufmerksamkeit erhalten. Gerade die zeremoniellen Umgangsformen der Adelsgesellschaft, ihre ostentative Statusdarstellung in der höfischen Aufführungs- und Festkultur und die der herrschaftlichen Repräsentation dienenden Rituale und Inszenierungen sind in den Fokus der Forschung gerückt, aber auch religiöse (liturgische oder prozessionale) Choreografien und symbolische Kommunikationsformen in der Rechtsprechung wurden Gegenstand mediävistischer Untersuchungen, die die Bedeutung der Präsenz von sicht- und hörbaren Zeichen unterstreichen (vgl. Schmitt 1992 [1990]; Wenzel 1995; Althoff 1997 und 2003; Starkey 2005).

Die politische, religiöse und juristische Kommunikation der mittelalterlichen Gesellschaften sowie ihre kulturellen Praktiken waren jeweils von einem starker als in der Neuzeit ausgeprägten verbal-nonverbalen, körpergebundenen und sich an Regeln orientierenden öffentlichen ‚Schauhandeln‘ geprägt, auf das die ständischen Gruppen ihr Selbstverständnis gründeten. Somit kam der auditiven, mehr aber noch der visuellen Wahrnehmung und der Deutung des visuell Wahrgenommenen hohe Relevanz zu. Über die visuelle Wahrnehmung konnte etwa die soziale Rangordnung, religiöse Verehrung, Freundschaft und Feindschaft, Herrschaft, Gewalt, Recht und vieles mehr kommuniziert werden. Rituale sind wie die Sprache körperliche – akustische und optische – Mittel der Kommunikation: Während die Zeichen der Sprache über die Stimme und ihre Laute übertragen und auditiv wahrgenommen werden, sind Rituale multimediale Ereignisse, die sich in erster Linie über visuelle Körperzeichen und ihre Situierung im Raum konstituieren. In beiden Fällen ergänzen sich Hören und Sehen, auditive und visuelle Kommunikation zu einer multisensorischen Perzeption, welche eine entscheidende Bedingung vormoderner Medialität und ihrer Erforschung ist (vgl. Kellermann 2004).

Die Literatur nimmt teil an dieser spezifisch mittelalterlichen Kultur der körperlich-oralen Sichtbarkeit und Hörbarkeit, wenn sie die multimediale Rezeptionssituation von kulturellen Aufführungen in die medialen Dimensionen von Schrift und Bild überträgt (vgl. Velten 2002, 229–232). Gleichzeitig sichert sie damit die *memoria* der nonverbalen Vollzüge auf eine medial andere, dauerhaftere und von der jeweiligen Kommunikationssituation unabhängige Weise (zur *memoria* siehe 4.4 NEUBER). Gerade die höfische Literatur ist somit als ‚Repräsentation der Repräsentation' gedeutet worden: Die unmittelbare Wahrnehmung von Wort und Geste wird in der Literatur zur vermittelten Wahrnehmung von Text und Bild (vgl. Wenzel 2009, 12). Die Schrift- und Bildmedien fungieren als Zeichenträger in einem Kommunikationsraum, in dem Mündlichkeit und Schriftlichkeit, Aufführung und Text, Gedächtnispraktiken und Didaxe untrennbar miteinander verbunden sind. Dabei grundiert das anthropologische, nonliterale Medium der Sprache – was häufig übersehen wird – alle anderen medialen Technologien: Die Sprache ist das zentrale audiovisuelle Dispositiv des Medialen (vgl. Jäger 2001, 19–22).

Text und Bild als kulturell geprägte Medienformationen finden vielfältige Kombinationsmöglichkeiten im Mittelalter. Sie spiegeln die Verschiebungen im Verhältnis von performativer Rede-Praxis und schriftlicher Textspeicherung wider: Auf der materiellen Ebene gibt es Bilder in handschriftlichen Texten (Miniaturen, Initialen, Autorenbilder), die eng an Schrift, Wort und Geste geknüpft sind und den Text aus- und umdeuten; auf der sprachlichen Ebene sind eine ganze Reihe von (rhetorischen) Imaginationsstrategien zu erkennen, die das Abwesende im Bild visualisieren und so für die Vorstellung gegenwärtig machen (vgl. Wandhoff 2003). Somit lassen sich Text und Bild nicht auf Darstellungs- und Illustrationsfunktion reduzieren, sondern sind „verbunden durch eine wechselseitige Semiosis, die beide Bereiche durchdringt" (Wenzel und Jaeger 2006, 9). Dies gilt nicht nur für die höfische Literatur; auch im geistlichen Schrifttum und in den Codices der lateinischen Wissenstradition im 12. und 13. Jahrhundert zeigt sich der Versuch einer Visualisierung der wissenschaftlichen Gesprächssituation (vgl. Schnyder 2001, 141).

Innerhalb der mittelhochdeutschen Literatur nehmen der Minnesang (vgl. Fuchs-Jolie 2006), vor allem aber Erzähltexte wie Heldenepen, Artusromane, Antiken- und Liebesromane eine Schlüsselposition für die Untersuchung von Visualität und Text-Bild-Bezügen ein. Nicht nur liefern die Erzählungen über ihre Beschreibungen von körperlichen und rituellen Vollzügen der höfischen Kultur, von Innen- und Außenräumen, von Mimik, Gestikulation und Körpersprache, von Kleidung und Waffen starke sprachliche Anreize zur Visualisierung (vgl. Peters 2006), sondern sie werden auch als spezifisch literarische Ausdrucksformen einer noch weitgehend durch die Mündlichkeit organisierten feudalen Gesellschaft konzipiert (vgl. Haug 1996; Gumbrecht 1988; Haferland 2004). Diese Texte sind geprägt von ihrer medialen Interdependenz zwischen ,Aufführung und Schrift' (vgl. Müller 1996), in einem Wahrnehmungsraum, der sich zwischen Stimme und Ohr konstituiert, und somit die Bildlichkeit des Schrifttextes untrennbar mit der Dimension des stimmlich Produzierten und akustisch Wahrgenommenen verbindet. Der Text transportiert seine Aufführungssituation quasi mit sich, er wird gleichzeitig gelesen und gehört (*twofold reception*; vgl. Green 1994). Durch das Hören evoziert er imaginierte Bildlichkeit, durch das Sehen repräsentiertes Zeichenverständnis.

Diese besondere Konstellation hat zahlreiche Probleme und Fragen aufgeworfen: Wie und inwieweit wird die Oralität und Körperlichkeit der *performance* im Schrifttext resorbiert (vgl. Zumthor 1994 [1984])? Wie ist das Verhältnis von ,präsenten' und ,repräsentierten' Zeichen? Wie lässt sich der mediale Status der Sprecherinnen und Sprecher der Erzähltexte bestimmen, wenn sie eine mündliche Kommunikationsform imaginieren und quasi visuell in Erscheinung treten? Wie können Visualisierungsstrategien zwischen Mündlichkeit und Schriftlichkeit, zwischen Vergegenwärtigung und Erinnerung, zwischen Text und pararituellem Kontext am effektivsten beschrieben werden (vgl. Müller 2003)?

Hören und Sehen, Blicken und Zeigen in der höfischen Literatur

Voraussetzung für die Entstehung von Inszenierungen des Visuellen in mittelalterlichen Texten ist der Medienwandel, der in der volkssprachlichen Literatur des 12. und frühen 13. Jahrhunderts als Verschriftlichung der mündlichen Dichtung zu beobachten ist. In diesem umfassenden Prozess wird die visuelle Wahrnehmung narrativiert und für eine rezipientenorientierte Poetik eingesetzt. Die Interdependenz von *sehen* und *hœren* ist in den überlieferten Schrifttexten auf verschiedenen Ebenen greifbar. Wenn der Erzähler des *Parzival* (1200–1210) Wolframs von Eschenbach sagt, „swelhiu mîn reht wil schouwen, | beidiu sehen und hœren, | dien sol ich niht betœren. | schildes ambet ist mîn art" (Wolfram von Eschenbach 2003 [1200–1210], 117, V. 115.8–11; ,Einer jeden, die mich erkennen will, die sehen und hören möchte, wer ich wirklich bin, sei ohne Trug folgendes gesagt: dem Ritterstand gehöre ich an'; Übers. durch d. V.), dann bedeutet dies nicht nur eine Selbstbestimmung des Erzählers als Ritter, sondern diese Selbstnennung erfolgt im Medium des Sehens und Hörens, mithin im Kontext einer fingierten *face-to-face*-Situation, die der Erzählung zugrunde liegt und in deren Rahmen ein Sehen und Hören erst möglich und beweiskräftig wird. Wolfram eröffnet seinem Publikum, wie viele bereits vor ihm, eine große Zahl von Blicken und Sichtfeldern auf Szenen seines Romans. Er verlagert gewissermaßen die Zusammenwirkung verschiedener Sinne in einer Kommunikationssituation auf die visuelle Wahrnehmung im Medium der Schrift. Er muss dabei die Einschränkung auf ein Zeichensystem, das der Schrift, in Kauf nehmen, doch gelingt es ihm, mit diesen Zeichen Bilderwelten zu evozieren, die „Präsenzeffekte" (Gumbrecht 2004, 11) zeitigen, welche wiederum helfen, die unmittelbare Situation zu imaginieren.

Blicken und Zeigen, wie sie hundertfach im höfischen Roman erscheinen (vgl. Burrow 2002), sind Grundtechniken der Visualisierungsstrategien von Szenen und Szenenfolgen, die für das Publikum als „Sichträume" (Wenzel 1995, 403) aufbereitet werden. So schildert der Erzähler im *Parzival* beispielsweise die Ankunft der Ritter im Wald von Soltane, wo der junge Held gerade jagt, in einer Sukzession der sinnlichen Wahrnehmung: Zunächst ist sie rein akustisch: „dâ hôrter schal von huofslegen" (Wolfram von Eschenbach 2003 [1200–1210], 123, V. 120.15; ,da hörte er den Klang von Hufschlägen'; Übers. durch d. V.), dann kommt die visuelle Dimension hinzu: „nu seht, dort kom geschûfet her | drî ritter nâch wunsche var, | von fuoze ûf gewâpnet gar" (ebd., 123, V. 120.24–26; ,seht nur, da kamen drei Ritter herbeigesprengt, die waren herrlich anzusehen, von Kopf bis Fuß gewappnet'; Übers. durch d. V.). Das „nu seht" als Aufforderung an das Publikum, zu sehen, was erzählt wird, ,zeigt' in der Tradition des rhetorischen ,Vor-Augen-Stellens' die erzählten Bilder und Bildfolgen. Dabei wird auch die Erzählerfigur selbst hör- und sichtbar.

Verschiedene narrative Strategien der Visualisierung in epischen Erzähltexten lassen sich grob unterscheiden in: erstens die Vogelperspektive oder Mauerschau, die bei Schlachtbeschreibungen oder beim Blick in die Ferne, etwa bei der Ankunft in einer fremden Stadt oder beim Anblick einer Burg eingesetzt wird, zweitens die mittlere Distanz – wie der Blick aus dem Fenster auf den Burghof oder der Blick hoch zu den Fenstern oder Zinnen – sowie drittens die nahe Distanz – das Blicken auf ein heimliches Geschehen, eine Einzelperson, bis hin zur ,Großaufnahme' eines Gegenstandes (Schwert, Gürtel, Haube etc.). Auch die Vermittlung zwischen verschiedenen Blickperspektiven, meist den Bewegungen der sehenden Protagonist/innen (oder der Erzähler/innen) folgend, ist häufig: der Blickwechsel, die Fokussierung, aber auch die Analepse (etwa Hagens Erzählung von Siegfried als Heros im *Nibelungenlied* [ca. 1200]). In vielen Fällen werden Personenbeschreibungen mit Licht- und Glanzmetaphern sowie Bildvergleichen verbunden, so etwa Kriemhilds erstmaliges Erscheinen im Nibelungenlied, das im Modus des sehnenden Blickes Siegfrieds („er sach") dargestellt wird: „Jâ lûhte ir von ir wæte vil manec edel stein. | ir rôsenrôtiu varwe vil minneclîchen schein. [...] Sam der liehte mâne vor den sternen stât | des scîn sô lûterlîche ab den wolken gât, | dem stuont si nu gelîche vor maneger frouwen guot" (Nibelungenlied 1994 [ca. 1200], 87, 281–283; ,An ihrem Kleid erstrahlten viele Edelsteine, die rosige Farbe ihrer Haut schimmerte lieblich. [...] So wie der helle Mond, der so rein aus den Wolken herausleuchtet, die Sterne überstrahlt, so stand sie nun vor den vielen anderen trefflichen Frauen'; Übers. durch d. V.). Kriemhild erscheint im prozessionalen Schreiten als leuchtende, glänzende Gestalt, deren Bild – unter Verwendung prägnanter Metaphern aus dem Minnesang – sich dem schauenden Siegfried und dem ganzen Hof offenbart. Das Bild setzt sich gleichermaßen aus einer symbolischen Zeichenbedeutung, die im Vergleich mit Blume und Gestirnen Kriemhilds Exzeptionalität zeigt, und einer auf die Imagination ausgelegten Apotheose des schönen Leibs und der höfischen Prachtentfaltung zusammen. Gefeiert wird aber auch das emphatische Sehen, die Schaulust Siegfrieds wie der anderen Anwesenden erscheint als Inbegriff irdischen Glücks. Das Bild Kriemhilds wird ikonisch, es erscheint als Idealbild einer unverfügbaren Schönheit, das dem Verlangen nach Verstetigung und Dauer entspricht. So werden Siegfried und Kriemhild quasi aus dem Erzählfluss herausgehoben, entzeitlicht und als bildliche Ikonen stillgestellt (vgl. Bulang 2006, 192).

Die Stelle gibt Aufschluss über die Funktionen der Visualisierung als Strategie der Rezeptionssteuerung (zu diesem Ansatz siehe auch 2.5 BROSCH): Wie für Siegfried und den burgundischen Hof, soll auch für die Hörer/innen oder Leser/innen der Erzählung die Kriemhildfigur in dieser Szene als Idealbild in strahlendem Glanz ,gesehen' und ,geschaut' werden können, um sie desto besser zu vergegenwärtigen und zu erinnern. Eine narratologische Funktion der Stelle ist die paradigmatische Zuordnung der beiden Bilder zueinander im Bild der sehnenden Minne, welche eine ,Wie-Spannung' (Lugowski 1976 [1932], 40–51) evoziert und der ,höfischen' Ausprägung der Siegfried-Figur dient. Damit vollziehen die Erzähltexte der Zeit um 1200 die visuell organisierte höfische Kultur mit, sie inszenieren in Räumen gegenseitiger Sichtbarkeit ein Regime des Sehens und der Blicke, überschreiten aber in ihrer Poetologie eine reine Abbild- oder Verlebendigungsfunktion dieser Bildlichkeit. Daraus ergaben sich für die mediävistische Visualitätsforschung verschiedene Aufgaben: Aus mediengeschichtlicher Perspektive galt es erstens, anhand von rezeptionsästhetischen Untersuchungen nach Techniken und Verfahren zu fragen, mittels derer Schrifttexte sinnliche Präsenz bei ihrem außertextuellen Publikum erzeugen (vgl. Lechtermann 2005). Blicksteuerung und Visualisierung als Möglichkeit der Rezipienten- und Sympathielenkung beim höfischen Auditorium sind hier genauso untersucht worden wie die Zusammenhänge mit den mittelalterlichen Wahrnehmungstheorien, die das Verhältnis zwischen sprachlicher Visualisierung und Imagination bei den

Zuhörer/innen oder Leser/innen betreffen (siehe Abschnitt 3). Zweitens stellte man sich auch die Frage, wie die literarischen Visualisierungen eine bestimmte mittelalterliche Literarizität und Poetik zeigen können, welche den Schwerpunkt auf die ästhetischen Funktionen solcher Strategien legt. So sind für das im Mittelalter entwickelte Beschreibungsverfahren der ‚schönen Frau' nicht allein die rhetorischen Vorgaben der *descriptio* entscheidend, sondern auch die Farben, die sowohl zeichenhaft-repräsentativen als auch performativen – hier: auf die Wirkung bezogenen – Charakter haben (vgl. Schausten 2012). Um von einer Poetik sprechen zu können, muss die Visualisierung nicht nur Bilder evozieren, sondern diese Bilder mit einer eigenen Fiktionalität ausstatten, damit diese der Wirklichkeit ähneln und sie nicht spiegeln, dabei aber eine Wirklichkeit eigenen Rechts schaffen. Dies wird an den beiden nachfolgenden Beispielen gezeigt.

Wahrnehmung und Imagination

In höfischen Erzählungen stimulieren die sprachlichen Beschreibungen sowie Stimme, Mimik und Gestik des Erzählenden die Imagination der Wahrnehmenden, welche sie wiederum in Vorstellungsbilder und -handlungen überträgt, sie gewissermaßen ‚verlebendigt'. Doch auch beim Vorlesen und Lesen überträgt die menschliche Vorstellung das Wahrgenommene in Bilder. Solche ‚inneren Bilder' oder ‚Bilder im Geiste' – das ‚innere Sehen' – haben eine lange Geschichte in der abendländischen Philosophie; nicht immer wurde es mit der Imagination beziehungsweise ihrer griechischen Wurzel, der *phantasía*, verbunden, doch ist es als Phänomen von der Spätantike und dem Mittelalter bis in die Neuzeit hinein nie infrage gestellt worden (vgl. Camille 2000). Augustinus, Alkuin sowie eine große Anzahl mittelalterlicher Schriftsteller/innen nahmen an, dass *phantasía* beziehungsweise *vis imaginativa* das eigentliche menschliche Vermögen ist, das Bilder in der Vorstellung entstehen lässt, indem es das mit den Ohren Gehörte und mit den Augen Gesehene (und was die anderen Sinne ebenfalls aufnehmen) verarbeitet und so eine Art Übersetzung des Gelesenen vollzieht (vgl. Carruthers 1998, 130–134).

Bereits die römischen Rhetoriken haben sich mit den Funktionen der Imagination beschäftigt; für Quintilian, der sich auf die aristotelische Poetik bezieht, ist die *imaginatio* eine rhetorische Technik, mithilfe derer das im Medium der Rede Gehörte bebildert werden kann. Wenn die *imaginatio* über etwas Gemachtes wie die Rede stimuliert und beeinflusst werden kann, dann muss es rhetorische Verfahren dafür geben: Für Quintilian ist dies die *enargeia*, eine aus der byzantinischen Rhetoriktradition kommende Technik der Bildhaftigkeit von Sprache, die für die Beschreibung von Kunstwerken (*ekphrasis*) und fiktive Reden (*prosopopeia*) gebraucht wurde (vgl. Wandhoff 2003; siehe 2.2 BERNDT; 2.7 RIPPL; 4.1 WANDHOFF). Die von Quintilian als ‚Qualität' bezeichnete *enargeia* war die treibende rhetorisch-poetische Kraft, um den Prozess der Visualisierung abwesender Dinge einzuleiten. Quintilian sah in ihr das zentrale Mittel für die Manipulation der Emotionen bei den Hörer/innen. Die Imagination wurde somit zu einem Vermögen, das die Rhetor/innen beziehungsweise Erzähler/innen mit ihren Rezipient/innen teilte: Denn die Visualisierung von Gegenständen, die mit der *enargeia* bewerkstelligt werden konnte – Quintilian nennt Wortbilder, Szenen, die Hervorhebung oder Reihung von Details, Exempla, *verisimilia* etc. –, muss zunächst in der Vorstellung des Sprechenden evoziert werden, bevor sie dann effektiv in Sprache gefasst und von der Imagination des Hörenden wieder in Bilder verwandelt werden konnte (vgl. Mack 2004, 61).

Der Redner sollte so sehr in die Erfahrung der abwesenden Gegenstände eintauchen, dass er weniger als ein Erzählender, sondern mehr als Darstellender, Zeigender erscheine („quae non tam dicere videtur quam ostendere"; Quintilian 1995 [95 n. Chr.], 710). *Ostendere* ist hier im Sinne des Vorzeigens zu verstehen, und Quintilian macht dies am Beispiel des Antonius deutlich, der die ehrenhaften Narben seines Angeklagten Manius Aquilius vorgezeigt hat, und somit nicht auf die Kraft der Worte, sondern auf die direkte Wirkung des Zeigens gesetzt hat, damit das römische Volk sehe und somit überzeugt werde. Es geht also um die deiktische Fähigkeit des Redners, die Dinge sprachlich zu zeigen und vor die Augen seiner Zuhörerschaft zu stellen, als ob sie sich auf einem Theater abspielen würden und er selbst unter ihnen anwesend wäre. Nur wenn der Redner sich ganz in seine abwesenden Gegenstände hineinversetzen könne, dann könne ihm deren Vorstellen gelingen. Imagination hat somit weniger mit *inventio* zu tun, als mit der Schaffung einer eigenen Bilderwelt, an der Sprecher/innen und Hörer/innen gleichermaßen affektiv beteiligt sind, um sie erstehen zu lassen.

Die Rede von der *enargeia* als Technik der Visualisierung zur Stimulierung von Imaginationen wurde nicht erst im Humanismus wieder aufgegriffen, sondern blieb während der gesamten Spätantike und des Mittelalters immer präsent. Im vierten Jahrhundert trat die *enargeia*, wenn auch unter ihrem lateinischen Namen der *evidentia*, in die christliche Schriftenauslegung ein. So betont Augustinus in *De magistro* die begriffliche Untrennbarkeit von Wort und Vorstellungsbild (vgl. Augustinus 1998 [388 n. Chr.], 8–10.1–2). Mit diesen Wort-Bild-Hybriden wird den Vorstellungen eine dreidimensionale körperliche Bildhaftigkeit zugewiesen, die beim Sprechen und Hören aktiviert wird. Murray Bundy und Mary Carruthers haben in ihren umfassenden Studien zur Imagination und Erinnerung im christlichen Mittelalter vielfach belegen können, dass das Vorstellen mentaler Bilder als Fähigkeit schon bei den Kirchenvätern konzeptuell vorhanden war und bis zur Scholastik und zum Spätmittelalter mit leichten Variationen bestehen blieb (vgl. Bundy 1927; Carruthers 1990).

In der *Poetria Nova* (ca. 1200) des englischen Rhetorikers Galfredus de Vinosalvo gilt die Imagination jedoch nicht als Fähigkeit der Leser/innen, Worte zu Vorstellungen und Bildern zu machen, sondern als Fähigkeit der Autor/innen, Gegenstände und Handlungen zu imaginieren und sie dann verbal zu skizzieren. Es geht darum, geeignete Bilder zu finden, um eine Intention anschaulich zu machen. Dies bedeutete einerseits durchaus eine Eingrenzung der Wirkung auf die Affekte der Zuhörer/innen, wie sie noch Quintilian und Cicero beschrieben hatten; andererseits wurde die Imagination mit der *integumentum*-Lehre der allegorischen Verhüllung der Wahrheit in Verbindung gebracht und so als Fertigkeit besser lehr- und lernbar. Dies zeigt sich auch im deutschen Sprachraum, wenn Thomasin von Zirklaere in *Der Welsche Gast* (1215–1216) imaginierte Bilder zu Bildern des Lernens, als einer Wieder-Vergegenwärtigung einer immer schon vorhandenen Ordnung macht. Nach dieser Auffassung soll die Produktion und Rezeption literarischer Texte zur Schaffung von vorbildlichen Imaginationsräumen beitragen, in denen Sagen und Zeigen das Hören und Sehen im Raum der wechselseitigen Wahrnehmung koordinieren (vgl. Wenzel 1995, 25–32).

Es liegt nahe, dass die mittelalterlichen Dichterinnen und Dichter die antiken und scholastischen Imaginationstheorien gekannt haben oder zumindest die Techniken der *evidentia* beherrschten. Erkennbar in den höfischen Romanen ist auch, dass in ihnen die Imaginationssteuerung als Prozess aufgefasst wird, der sich über den gesamten Vortrag hinzieht; daher sind auch Abfolgen von Bildern und Bewegungen zu den Visualisierungen zu rechnen: das Sich-Nähern und Sich-Entfernen, die Visualisierung in Weite und Nähe, die Sequenzen von Kämpfen und Liebesszenen etc. Die Verlebendigung betrifft ganze Cluster von Bewegungen und Handlungen, die von der Imagination aufgerufen und im Prozess des Hörens vorgestellt werden können. Allerdings ist die Rezeptionssteuerung durch Techniken des Zeigens und der Verlebendigung nicht das einzige Forschungsfeld der Visualität. Die Frage nach dem Umgang mit den mittelalterlichen imaginationstheoretischen Vorgaben hat auch Zweifel daran aufkommen lassen, ob die Vorstellung einer abbildbaren Wirklichkeit auf einen grundsätzlich zeichenhaften Charakter des Wahrnehmungsprozesses, wie er in der Theorie erscheint, zurückgeführt werden kann. So zeigt etwa Joachim Bumkes Studie *Die Blutstropfen im Schnee* (2001), dass die Farbzeichen in Parzivals Imaginationsprozess modellhaft jede naive Vorstellung einer direkten Wahrnehmung durchkreuzen, wie sie durch die Vertreter/innen des Artushofes repräsentiert wird, und in einer Art ikonografischem Programm auf die Geliebte Condwiramurs verweisen, welche in der Vorstellung des Ritters erscheint (vgl. Bumke 2001, 35–76).

Visualität der Narration

In Hartmanns von Aue Artusroman *Erec* (1180–1190) findet sich eine mustergültige Beschreibung eines Reitpferdes. Es ist das Pferd, welches König Guivreiz der Ehefrau Erecs, der schönen Enite, zum Abschied schenkt. In dieser rhetorisch als brillant geltenden *descriptio* werden die Gestalt des Tieres, seine Eigenschaften und seine merkwürdige Färbung gerühmt. Noch mehr Raum nimmt die Schilderung des kostbaren Reitzeugs ein: Der Sattel aus Elfenbein ist mit Gold und Edelsteinen verziert und mit figürlichen Darstellungen aus der Aeneas-Sage ausgeschmückt. Darauf liegt eine golddurchwirkte Seidendecke, auf der die vier Elemente abgebildet sind. Die Steigbügel haben die Form von Drachen und sind aus Gold, wie auch der Sattelgurt und die Steigriemen mit Gold beschlagen sind. Auf dem Sattelkissen ist Ovids Erzählung von Pyramus und Thisbe dargestellt. Auch Zaumzeug und Zügel sind aus wertvollen Materialien kunstvoll geschaffen.

Hartmann hat das Pferd mit einer besonderen Farbensymbolik ,gemalt': Die linke Seite ist weiß, die rechte schwarz, und beide Farben trennt eine feine grüne Linie. Man hat die Symbolik dieses artifiziellen Pferdes unterschiedlich interpretiert, und wichtig ist dabei vor allem die farbliche Intensität seiner Erscheinung: „alsô was ez gezieret | rehte geparrieret, | schilthalben garwe, | mit volblanker varwe, | daz niht wîzers mohte sîn | und alsô schœn, daz der schîn | den ougen widerglaste. | ez enmohte niemen vaste | deheine wîle ane gesehen: | des hôrte ich im den meister jehen" (Hartmann von Aue 2004 [1180–1190], 410–413, V. 7290–7298; ,es war mehrfarbig; auf der linken Seite von so reinem Weiß wie nichts sonst und so strahlend, dass der Glanz die Augen blendete. Keiner konnte es unverwandt über längere Zeit hinweg anschauen: so hörte ich den Meister sagen.'; Übers. von Susanne Held)

Die Textstelle macht deutlich, dass Hartmann es nicht bei einer üblichen *descriptio* belassen wollte. Und dies zunächst quantitativ, stellt sie doch die umfangreichste Erweiterung im Vergleich zur Vorlage Chrétiens dar – Franz-Josef Worstbrock nannte den entsprechenden Abschnitt (die Verse 7264–7766) in einem vielbeachteten Aufsatz deshalb auch eine „dilatatio [Erweiterung] einer ihm vorgegebenen descriptio" (Worstbrock 1985, 20). Qualitativ allerdings belässt Hartmann es ebenfalls nicht bei der Beschreibung eines geschenkten Pferdes, sondern er macht aus der Textstelle ein poetologisches Meisterstück der Fiktionalisierung. Entscheidend ist dabei die Visualisierung von Pferd, Sattel und Kissen, oder vielmehr, die Unmöglichkeit einer naturnahen Visualisierung des Tieres. Denn in dichter Bildfolge liegt hier nicht allein die Beschreibung eines märchenhaft mehrfarbigen Pferdes vor, sondern auch eine erzählte Bildfolge, welche wiederum auf zwei antike Erzählungen verweist. Somit ,glänzen' die Visualisierungen nicht nur durch das Vor-Augen-Stellen ihres Gegenstandes – das bei dem gleißenden Weiß fast nicht möglich ist – sondern vor allem durch die symbolische Verweisstruktur ihrer Bild-TextZeichen. Evidenz erhält das vorgestellte Pferd weniger als prächtig ausgestattetes Reittier, sondern vielmehr als ein ideales, fiktives Märchenwesen, welches im doppelten Sinn als Kunstwerk bezeichnet werden kann. Kein Mensch hat je so ein prachtvolles Pferd besessen, keiner ein schöneres erblickt, weil es in der Wirklichkeit nicht existiert, sondern nur in Hartmanns fiktionaler Welt; hier soll das Kunstschöne das Naturschöne übertreffen.

Dennoch wird auch dieses ‚Fantasiepferd‘ und seine Ausstattung mit den rhetorischen Techniken der *evidentia* vorstellbar. Auf dem Sattel befinden sich Bilder, die wiederum eine Geschichte erzählen: den Untergang Trojas („daz lange liet von Troiâ“; Hartmann von Aue 2004 [1180–1190], 425, V. 7546) in einer visualisierten Bildfolge. Die in der Erzählung Hartmanns evozierten (materiellen) Bilder lösen sich so wieder in Erzählung (ihren Ursprung) auf: *Pictura* und *poiesis* wechseln sich gegenseitig ab, ja laufen ineinander. Die Funktion der erzählten Bilder ist es, auf Geschichten zu verweisen, welche der Erzähler in einem „buoche“ (ebd., 422, V. 7491) gelesen hat, mit dem Ziel, die Zuhörer/innen auf ihre eigene Kenntnis dieser anderen Erzählung hinzuweisen, um sich die Bilder vorzustellen – eine indirekte Aufforderung, die Erzählung selber zu vervollständigen (vgl. Schnyder 2001, 148–150). Visualisierung bedeutet hier nicht mehr allein Erinnerung und Unterweisung, sondern enthält vor allem den Hinweis, die bekannten Erzählungen, von denen hier in Bildern gesprochen wird, zu ergänzen. Dass dies auch ‚falsch‘ geschehen kann, zeigt das Einschalten eines fiktiven Zuhörers, der zeigen will, dass er selber eine adäquate Vorstellung des wunderbaren Sattels hat und sich daher als *wîser man* beweisen möchte: „nû swîc, lieber Hartman“ (Hartmann von Aue 2004 [1180–1190], 422, V. 7498; ‚Nun schweig, lieber Hartmann‘, Übers. von Susanne Held). Doch was der ‚vorlaute‘ Zuhörer nun von sich gibt, zeigt nur, dass er die Fiktionalität der Beschreibung nicht verstanden hat und ein prachtvoll ausgestattetes höfisches Pferd im Sinne hat – eine offensichtlich unzureichende Visualisierung, die bis zur Täuschung reicht.

Abgesehen davon, dass man es hier mit einer radikal neuen Fiktionalisierung einer realen Vortragssituation in der Schrift zu tun hat – Hartmann reflektiert sich als fiktiver Erzähler, und den *wîsen man* als generalisierten Hörer – und somit die Realisierung des Textes in der Lektüre und im Zuhören thematisiert wird, führt Hartmann auch die Strategien der Visualisierung und der Blicksteuerung an ihre Grenzen: Der Erzähler kann mit seiner rhetorischen Raffinesse nicht alle Rezipient/innen erreichen, da die in der Sprache sich verwirklichende Erzählung in der Vorstellungswelt jedes einzelnen Zuhörers eine andere Tönung annehmen kann, einen bestimmten Horizont des Verstehens ausbildet.

Hartmann macht transparent, dass der Text in eine mediale Kommunikationssituation eingebettet ist, in einem Wahrnehmungsraum, der sich zwischen

Stimme und Ohr konstituiert, aber auch zwischen der evozierten Bildlichkeit der Sprache und der Imagination, also dem inneren Auge des Hörerenden. In diese Wahrnehmungssituation wird der schriftliche Text hineingeschrieben und richtet sich wiederum an das Auge – diesmal das äußere Auge des Lesenden, der die Schriftzeichen entschlüsseln kann und die von ihnen repräsentierte Bildlichkeit zu ‚lesen‘ vermag. Doch Enites Pferd ist nicht einfach zum Nachvollziehen eines schönen Bildes gemacht, sondern es ist gleichzeitig eine Allegorie der Dichtung beziehungsweise des Textes – es bleibt eine Leerstelle, die aber ‚sehend‘ machen kann: „[D]as blendende Weiß und das blinde Schwarz des Pferdes werden erst über den Blick auf den grünen Pinselstrich zwischen ihnen wahrnehmbar" (Schnyder 2001, 151).

Eine andere Funktion der Visualität lässt sich im etwa 80 Jahre später entstandenen, unvollendeten *Trojanerkrieg* (ca. 1281–1287) Konrads von Würzburg beobachten, wo sie sich als eine ästhetische Antwort auf die theoretisch unmögliche Aufgabe erkennen lässt, den größten Krieg aller Zeiten zu erzählen. Dies ist die These Hartmut Bleumers, der die Reflexionsstufe des Visuellen in diesem späthöfischen Antikenroman herausgearbeitet hat (vgl. Bleumer 2010). Für Bleumer dienen die Visualisierungsstrategien Konrads nicht vornehmlich dem rhetorischen Konzept der Verlebendigung, sondern vor allem der kritischen Selbstreflexion und als ästhetische Antwort auf komplexes Erzählen: Der Prozess des Erzählens selbst wird ästhetisch. Dies zeigt Bleumer an der Verbindung von visuellen Reizen mit metaphorischer Funktion: Die blitzenden Waffen erzeugen einen leuchtenden Funkenflug (vgl. Konrad von Würzburg 1965 [ca. 1281–1287], 48, V. 3958–3961), das aus den Schilden geschlagene rot-leuchtende Gold wird zu einer Blumensaat (vgl. ebd., V. 3975), welche die von den Kämpfern zertretenen Blüten des Maies ersetzt (vgl. ebd., V. 3986–3993). Die visuellen Effekte werden durch die textinternen Beobachter als solche markiert (etwa: „des nâmen die götinne war | mit vlîzeclichen ougen"; vgl. ebd., V. 3978–3979; ‚das betrachteten die Göttinnen mit lebhaft bewegten Augen‘; Übers. durch d. V.) und somit als ästhetische Strategien durchsichtig gemacht.

An Konrads Spätwerk erkennt Bleumer, dass die Frage nach dem Umgang mit den mittelalterlichen imaginationstheoretischen Vorgaben auch die zeichenhafte Verfassung der Wahrnehmung einschließen muss. Im Rückgriff auf Peter Czerwinskis These vom unmittelbaren Nebeneinander von körpergebundener Kommunikation und abstrakt-zeichenhafter Reflexion, die Sinn verfügbar macht (vgl. Czerwinski 1993), zielt die *evidentia* bei Konrad von Würzburg „prinzipiell auf einen lebendigen, d. h. gesteigerten und intensivierten visuellen Eindruck, also nicht auf die Simulation von Abbildungen, sondern auf die Stimulation von dynamischen Bildprozessen im Betrachter" (Bleumer 2010, 28).

Wahrnehmung erscheint hier nicht als ein Vermögen der Vorstellung, sondern als ein zu reflektierender Zeichenprozess, dessen Verweisfunktion sich auch selbst zu löschen vermag. Damit wäre in Umsetzung mittelalterlicher mentaler Konzepte der Text ein „Prozess zur Erzeugung von Intensität" (Scheuer 2005, 35) und somit selbst Gegenstand von Wahrnehmung. Genau dies machen die Visualisierungen des *Trojanerkrieges* deutlich: Sie sind gleichzeitig Vorstellungsbilder der Vergangenheit und Reflexionsmedien des schriftlichen Textes. Hier deutet sich bereits der Übergang zur Frühen Neuzeit an, zu ihrer ausgeprägten Emblematik, Allegorisierung und Metaphorik (siehe 4.4 Neuber).

Text und Bild im skriptografischen Medium

Eine ganz andere Ebene der Visualität in der höfischen Literatur schließt an die Materialität und Medialität der mittelalterlichen Handschriften an und manifestiert sich im Verlauf des 13. Jahrhunderts: Es geht um die Gleichzeitigkeit beziehungsweise die Korrespondenz von Text und Illustration auf der Buchseite in reich ausgestatteten Handschriften. Entgegen bisheriger Annahmen von den Bildern als rein ‚dienendem‘ Illustrationsmaterial des Textes, haben neuere Forschungen die gegenseitige Angewiesenheit und den Zusammenhang der medialen Ebenen unterstrichen. Autor/innen und bildende Künstler/innen experimentierten mit verschiedenen Strategien, Text und Bild zusammenzubringen. Damit stellt sich die Frage nach der Funktion dieser ‚direkten‘ Form der Visualisierung: Sollte sie einem mündlich geschulten Publikum das Lesen lehren? War sie ein Effekt der semi-oralen Medialität des Mittelalters und machte die Handschrift somit verschiedenen Rezeptionsgruppen gleichzeitig verfügbar? Gab es sie nur aus Repräsentationsgründen oder war sie ein Medium eigenen Rechts?

Vorab kann man bereits sagen, dass diese Fragen für jede überlieferte bebilderte Handschrift individuell beantwortet werden müssen und nicht generalisiert werden können; so sind Handschriften mit separaten Folioseiten für Illustrationen von jenen zu unterscheiden, in welchen Text und Bild auf denselben Seiten miteinander in Beziehung treten (vgl. Starkey 2002, 22). Als Beispiel für die letzte Gruppe kann hier das früheste illustrierte Handschriftenfragment des *Willehalm* (1270) Wolframs von Eschenbach angeführt werden, welches zahlreiche Bilder aufweist. Es zeigt „den bewußten Versuch, zwischen dem geschriebenen Wort und der Tradition der mündlichen Überlieferung zu vermitteln" (ebd., 23). Die Handschrift ist, das legen die dominanten Illustrationen nahe, von Beginn an auf einen textuell-visuellen Zusammenhang angelegt. Kathryn Starkeys These ist folglich, dass die Illustrationen der visuellen Repräsentation des Textes dienten, um das neue Medium der Schrift zugänglich und verständlich zu machen – ungleich späteren bebilderten *Willehalm*-Handschriften (vgl. ebd., 45). Dennoch besitzen die Bilder eine hohe Eigenständigkeit; statt die Handlung wiederzugeben, sind sie auf die verschiedenen narrativen Ebenen der Erzählung bezogen, indem sie Erzählmodus und -perspektive wiedergeben, mithin den Erzähler als zentrale Figur darstellen (Abb. 1 und 2). So werden die Stimme des Erzählers, der Erzählerstandpunkt und die Position des Publikums in den Bildern durchgängig thematisiert und der narrative Rahmen visualisiert. Die theatralen Gesten unterstreichen die Erzählsituation und lenken die Aufmerksamkeit auf die Redeführung. Dies zeigt, dass die Handschrift versucht, zwischen dem mündlichen Vortrag und dem schriftlichen Text mithilfe der Bilder zu vermitteln (vgl. ebd., 35–36). Michael Curschmann hatte angenommen, dass die Visualisierung des Erzählers als eine Verkörperung von dessen Stimme aufgefasst werde und damit der Vortrag realistisch dargestellt werden solle (vgl. Curschmann 1992, 221); Starkey verweist auf die wechselnde Erzählhaltung, welche nahelegt, dass hier die innere Struktur der Erzählung und die Erzählsituation wiedergegeben werden.

Abb. 1: Farbiges Faksimile aus der Großen Bilderhandschrift (um 1270) des *Willehalm* Wolframs von Eschenbach (Tafel 1)

Abb. 2: Farbiges Faksimile aus der Großen Bilderhandschrift (um 1270) des *Willehalm* Wolframs von Eschenbach (Tafel 2)

Eine weitergehende Position nimmt Henrike Manuwald ein, die an der Vermittlungsfunktion der Visualisierungen zwischen Aufführung und Text zweifelt und mit Verweis auf die Reziprozität von visuellen und textuellen Elementen für eine *visual literacy* des Publikums plädiert (zur *visual literacy* siehe 3.2 GIL). Aus dieser Perspektive schließen sich auch eine Selbstständigkeit der Bilder und ihre gleichzeitige Abhängigkeit vom Text nicht aus. Relevant wird nun die Frage, ob die Bilder den Text ‚übersetzen' oder ob sie eine eigene Geschichte erzählen, die in einen Dialog mit dem Text tritt. Grundsätzlich ist festzuhalten, dass die Frage nach der Visualität sich in einer bebilderten Handschrift schon deshalb verkompliziert, weil sie sowohl sprachliche Visualisierungsstrategien als auch bildliche, reziproke Abbildungen als unterschiedliche mediale Komponenten eines komplexen Ganzen vereint. Häufig interferieren beide Techniken der Verbildlichung auf widersprüchliche Weise, da in den Bildern ein eigenes System von Ausdrucksmitteln verwendet wird, und ergänzen sich im besten Fall zu einer Szenenfolge aus Stimme, Schrift und Bild. Dann begleiten die Bilder den Text in einer weitgehend linear angelegten Szenenfolge mit Vor- und Rückverweisen und es kommt zu einer „doppelten Stimulierung" (Manuwald 2008, 248) durch die Visualität von Text und Bild.

Bilder in Handschriften sind somit auf vielfältige Weise auf Text und Erzählsituation bezogen: sie visualisieren nicht allein Körper, Stimme und Gesten des

Erzählenden beim Erzählen und vermitteln so zwischen Text und Aufführung als medialen Ebenen, sondern sie strukturieren auch die Handlung auf ihre eigene Weise. Durch diese Reziprozität von visuellen und textuellen Elementen kommt es zu stimulierenden Effekten des Mit- und Gegeneinanders verschiedener Visualisierungsstrategien.

Literaturverzeichnis

Althoff, Gerd. *Spielregeln der Politik im Mittelalter. Kommunikation in Frieden und Fehde.* Darmstadt: Primus, 1997.

Althoff, Gerd. *Die Macht der Rituale. Symbolik und Herrschaft im Mittelalter.* Darmstadt: Wissenschaftliche Buchgesellschaft, 2003.

Augustinus, Aurelius. *De magistro/Über den Lehrer.* Übers. und hrsg. von Burkhard Mojsisch. Stuttgart: Reclam, 1998 [388 n. Chr.].

Bleumer, Hartmut. „Zwischen Wort und Bild. Narrativität und Visualität im *Trojanischen Krieg* Konrads von Würzburg". *Zwischen Wort und Bild. Wahrnehmungen und Deutungen im Mittelalter.* Hrsg. von Hartmut Bleumer und Hans-Werner Goetz. Köln, Weimar und Wien: Böhlau, 2010. 109–156.

Bulang, Tobias. „Visualisierung als Strategie literarischer Problembehandlung. Beobachtungen zu *Nibelungenlied, Kudrun* und *Prosa-Lancelot*". *Visualisierungsstrategien in mittelalterlichen Bildern und Texten.* Hrsg. von Horst Wenzel und Stephen C. Jaeger. Berlin: Schmidt, 2006. 188–212.

Bumke, Joachim. *Die Blutstropfen im Schnee. Über Wahrnehmung und Erkenntnis im ‚Parzival'* Wolframs von Eschenbach. Tübingen: Niemeyer, 2001.

Bundy, Murray Wright. *The Theory of Imagination In Classical and Mediaeval Thought.* Urbana, IL: University of Illinois Press, 1927.

Burrow, John Anthony. *Gestures and Looks in Medieval Narrative.* Cambridge und New York, NY: Cambridge University Press, 2002.

Camille, Michael. „Before the Gaze. The Internal Senses and Late Medieval Practice of Seeing". *Visuality Before and Beyond the Renaissance. Seeing as Others Saw.* Hrsg. von Robert S. Nelson. Cambridge und New York, NY: Cambridge University Press, 2000. 197–223.

Carruthers, Mary. *The Book of Memory. A Study of Memory in Medieval Culture.* Cambridge und New York, NY: Cambridge University Press, 1990.

Carruthers, Mary. *The Craft of Thought. Meditation, Rhetoric and the Making of Images, 400–1200.* Cambridge und New York, NY: Cambridge University Press, 1998.

Curschmann, Michael. „*Pictura laicorum litteratura*? Überlegungen zum Verhältnis von Bild und volkssprachlicher Schriftlichkeit im Hoch- und Spätmittelalter". *Pragmatische Schriftlichkeit im Mittelalter. Erscheinungsformen und Entwicklungsstufen.* Hrsg. von Hagen Keller, Klaus Grubmüller und Nikolaus Staubach. München: Fink, 1992. 211–229.

Czerwinski, Peter. *Exempel einer Geschichte der Wahrnehmung Bd. 2: Gegenwärtigkeit. Simultane Räume und zyklische Zeiten, Formen von Regeneration und Genealogie im Mittelalter.* München: Fink, 1993.

Das Nibelungenlied Bd. 1. Mittelhochdeutscher Text und Übertragung. Übers. von Helmut Brackert. Frankfurt am Main: Fischer, 1993 [ca. 1200].

Fuchs-Jolie, Stephan. *„under diu ougen sehen*. Zu Visualität, Mouvance und Lesbarkeit von Walthers *Kranzlied* (L 74, 20)". *Beiträge zur Geschichte der deutschen Sprache und Literatur* 128 (2006): 275–297.

Green, Dennis H. *Medieval Listening and Reading. The Primary Reception of German Literature 800–1300*. Cambridge und New York, NY: Cambridge University Press, 1994.

Gumbrecht, Hans Ulrich. „Beginn von ‚Literatur'/Abschied vom Körper?" *Der Ursprung von Literatur. Medien, Rollen, Kommunikationssituationen zwischen 1450 und 1650*. Hrsg. von Gisela Smolka-Koerd. München: Fink, 1988. 15–50.

Gumbrecht, Hans Ulrich. *Diesseits der Hermeneutik. Die Produktion von Präsenz*. Übers. von Joachim Schulte. Frankfurt am Main: Suhrkamp. 2004.

Haferland, Harald. *Mündlichkeit, Gedächtnis und Medialität. Heldendichtung im deutschen Mittelalter*. Göttingen: Vandenhoeck & Ruprecht, 2004.

Hartmann von Aue. *Erec*. Übers. von Susanne Held. Hrsg. von Manfred Günter Scholz. Frankfurt am Main: Deutscher Klassiker Verlag, 2004 [1180–1190].

Haug, Walter. „Die Verwandlung des Körpers zwischen ‚Aufführung' und ‚Schrift'". *„Aufführung" und „Schrift" in Mittelalter und früher Neuzeit*. Hrsg. von Jan-Dirk Müller. Stuttgart und Weimar: Metzler, 1996. 229–253.

Jäger, Ludwig. „Sprache als Medium. Über die Sprache als audio-visuelles Dispositiv des Medialen". *Audiovisualität vor und nach Gutenberg. Zur Kulturgeschichte der medialen Umbrüche*. Hrsg. von Horst Wenzel, Wilfried Seipel und Gotthard Wunberg. Wien und Mailand: Skira, 2001. 19–42.

Kellermann, Karina. „Medialität im Mittelalter. Zur Einführung". *Das Mittelalter* 9 (2004): 4–7.

Konrad von Würzburg. *Der Trojanische Krieg*. Hrsg. durch Adelbert von Keller. Nachdruck der Ausgabe Stuttgart 1858. Amsterdam: Rodopi, 1965 [ca. 1281–1287].

Lechtermann, Christina. *Berührt werden. Narrative Strategien der Präsenz in der höfischen Literatur um 1200*. Berlin: Schmidt, 2005.

Lugowski, Clemens. *Die Form der Individualität im Roman*. Frankfurt am Main: Suhrkamp, 1976 [1932].

Mack, Peter. „Early Modern Ideas of Imagination. The Rhetorical Tradition". *Imagination in the Later Middle Ages and Early Modern Times*. Hrsg. von Lodi Nauta und Detlev Pätzold. Leuven: Peeters, 2004. 59–76.

Manuwald, Henrike. *Medialer Dialog. Die ‚Große Bilderhandschrift' des Willehalm Wolframs von Eschenbach und ihre Kontexte*. Tübingen: Francke, 2008.

Müller, Jan-Dirk (Hrsg.). *„Aufführung" und „Schrift" in Mittelalter und früher Neuzeit*. Stuttgart und Weimar: Metzler, 1996.

Müller, Jan-Dirk. „Visualität, Geste, Schrift. Zu einem neuen Untersuchungsfeld der Mediävistik". *Zeitschrift für deutsche Philologie* 122.1 (2003): 118–132.

Peters, Ursula. „From Social History to the Poetics of the Visual: Philology of the Middle Ages as Cultural History". *The Journal of English and Germanic Philology* 105.1 (2006): 185–206.

Quintilian [Marcus Fabius Quintilianus]. *Ausbildung des Redners. Zwölf Bücher. Teil 1: Buch I-VI*. Übers. und hrsg. von Helmut Rahn. 3. Aufl. Darmstadt: Wissenschaftliche Buchgesellschaft, 1995 [95 n. Chr.].

Schausten, Monika (Hrsg.). *Die Farben imaginierter Welten. Zur Kulturgeschichte ihrer Codierung in Literatur und Kunst vom Mittelalter bis zur Gegenwart*. Berlin: Akademie, 2012.

Scheuer, Hans-Jürgen. „Cerebrale Räume. Internalisierte Topographie in der Literatur und Kartographie des 12./13. Jahrhunderts (Hereford-Karte, ‚Straßburger Alexander')".

Topographien der Literatur. Deutsche Literatur im transnationalen Kontext. Hrsg. von Hartmut Böhme. Stuttgart und Weimar: Metzler, 2005. 12–36.

Schmitt, Jean-Claude. *Die Logik der Gesten im europäischen Mittelalter.* Übers. von Rolf Schubert und Bodo Schulze. Stuttgart: Klett-Cotta, 1992 [1990].

Schnyder, Mireille. „Der unfeste Text. Mittelalterliche ‚Audiovisualität'". *Der unfeste Text. Perspektiven auf einen literatur- und kulturwissenschaftlichen Leitbegriff.* Hrsg. von Barbara Sabel und André Bucher. Würzburg: Königshausen & Neumann, 2001. 132–153.

Starkey, Kathryn. „Bilder erzählen – Die Visualisierung von Erzählstimme und Perspektive in den Illustrationen eines *Willehalm*-Fragments". *Mediale Performanzen. Historische Konzepte und Perspektiven.* Hrsg. von Jutta Eming, Annette Jael Lehmann und Irmgard Maassen. Freiburg im Breisgau: Rombach, 2002. 21–48.

Starkey, Kathryn. *Visual Culture in the German Middle Ages.* New York, NY: Palgrave Macmillan, 2005.

Velten, Hans Rudolf. „Performativität. Ältere deutsche Literatur". *Germanistik als Kulturwissenschaft. Eine Einführung in neue Theoriekonzepte.* Hrsg. von Claudia Benthien und Hans Rudolf Velten. Reinbek bei Hamburg: Rowohlt, 2002. 217–242.

Wandhoff, Haiko. *Ekphrasis. Kunstbeschreibungen und virtuelle Räume in der Literatur des Mittelalters.* Berlin und New York, NY: De Gruyter, 2003.

Wenzel, Horst. *Hören und Sehen, Schrift und Bild. Kultur und Gedächtnis im Mittelalter.* München: Beck, 1995.

Wenzel, Horst, und Stephen C. Jaeger. „Einleitung". *Visualisierungsstrategien in mittelalterlichen Bildern und Texten.* Hrsg. von Horst Wenzel und Stephen C. Jaeger. Berlin: Schmidt, 2006. 7–16.

Wenzel, Horst. *Spiegelungen. Zur Kultur der Visualität im Mittelalter.* Berlin: Schmidt, 2009.

Wolfram von Eschenbach. *Parzival.* Übers. von Peter Knecht. Studienausgabe. Mittelhochdeutscher Text nach der 6. Ausgabe von Karl Lachmann. 2. Aufl. Berlin und New York, NY: De Gruyter, 2003 [1200–1210].

Wolfram von Eschenbach. *Die Bruchstücke der großen Bilderhandschrift von Wolframs Willeham: farbiges Faksimile in zwanzig Tafeln nebst Einleitung.* Hrsg. von Karl von Amira. München: Hanfstaengl, 1921.

Worstbrock, Franz-Josef. „Dilatatio materiae. Zur Poetik des *Erec* Hartmanns von Aue". *Frühmittelalter Studien* 19 (1985): 1–30.

Zumthor, Paul. *Die Stimme und die Poesie in der mittelalterlichen Gesellschaft.* Übers. von Klaus Thieme. München: Fink, 1994 [1984].

4.3 Textualität und Visualität um 1500

Helmut Puff

Einführung

Epochenbezeichnungen transportieren wirkmächtige Vorstellungen vom Stellenwert von Text und Bild. So hat man die Renaissance als eine Erfassung der Welt verstehen wollen, in deren perspektiviertem Zentrum der Mensch zu stehen kam. Wenn Jacob Burckhardt das Staatswesen der Renaissance als ein Kunstwerk beschreibt, dann liefert die Bildkunst ein Modell für die Erfassung der ganzen Epoche (vgl. Burckhardt 1989 [1860], 12). Demgegenüber heißt es von der Reformation, sie habe das Wortzeichen in den Mittelpunkt ihrer religiösen Erneuerungsbewegung gestellt (vgl. Schneider 1987, 18–22). Diese Sicht kann sich auf Martin Luthers programmatische Formel *sola scriptura* berufen, mit welcher der Wittenberger Reformator den Bibeltext zum vorrangigen Maßstab des Glaubens erklärte. Die Vernichtung, Entfernung oder Anpassung von religiösen Andachtsbildern scheint darüber hinaus die Bilderfeindschaft der Protestanten schlagkräftig unter Beweis zu stellen. Die Ikonoklasten des 16. Jahrhunderts hätten demnach das Bibelwort aufgewertet, indem sie dessen Konkurrenten, das religiöse Bild, aus der Welt schafften.

Den skizzierten Epochenbildern ist gemeinsam, dass sie Text und Bild zueinander in Konkurrenz setzen. Demzufolge würde ‚das Bild‘ dann an Stellenwert gewinnen, wenn ‚der Text‘ verliert, und umgekehrt. Diese Gegenüberstellung von Bild- und Wortkunst lässt sich unter anderem auf die Idee vom Wettstreit der Künste (*paragone*) zurückführen, deren Fluchtpunkt die Autonomie der Einzelkünste ist. Aus diesem Blickwinkel heraus begriff man die Kontaktzone zwischen den Künsten schon in der Renaissance als Abweichung von ihrer angeblich naturgegebenen Vereinzelung. Auch die verbreitete Auffassung vom unaufhaltsamen Aufstieg des Bilds seit dem Spätmittelalter ist problematisch. Möglicherweise ist dieser Topos einer in der philosophischen Tradition verankerten Bildskepsis geschuldet, die in der immer wieder heraufbeschworenen Macht der Bilder Bedrohliches ausmacht (vgl. Jay 1993). Eine strikte Abgrenzung von Textlichkeit und Bildlichkeit kann schon deswegen nicht überzeugen, weil eine solche Unterscheidung das, was ein Text ist, und das, was ein Bild ist, auf eine überzeitliche Norm festschreibt. Der Vielfalt der Text-Bild-Konstellationen ist so nicht beizukommen. Wer sich dem historischen Befund stellt, wird von der Vorstellung Abschied nehmen müssen, dass Bild und Text sich unversöhnlich gegenüberstehen. Mit Mieke Bal gilt es deswegen, eine ‚Bildtextwissenschaft' jenseits der Kontrastierung von Bild und Wort zu lancieren (Bal 1991, 27–59).

Kulturwissenschaftliche Zugänge zu Textualität und Visualität spielen deswegen Wort und Bild nicht gegeneinander aus, sondern erfassen diese in ihrer wechselseitigen Bezogenheit. Auf diese Weise kann der Blick auf die Vielfalt der Bild-Text-Phänomene frei werden. Bal spricht von „interaction" (ebd., 39). W. J. T. Mitchell erfasst diese Mischverhältnisse mit dem provokanten Begriff „imagetext" (Mitchell 1994, 5, 83 und 152). Diese Bezeichnung fokussiert, wie Texte und Bilder sich aufeinander beziehen, durchdringen und gegenseitig prägen. Das Plädoyer Mitchells, Textualität und Visualität in historisch spezifischen Situationen aufzusuchen, muss dabei einer theoriegeleiteten Erfassung des Bild-Text-Spektrums keineswegs entgegenstehen. Im Gegenteil, gerade von Untersuchungen zu Text-Bild-Konfigurationen in der Vormoderne gehen Impulse aus, die transhistorische Gültigkeit ästhetischer Beschreibungskategorien zu relativieren, eine konsequente Historisierung von Bild-Text-Mischungen voranzutreiben und einer Synthese der gewonnenen Erkenntnisse zuzuarbeiten.

Gegen die Annahme, Bild und Text konkurrierten miteinander, spricht allein schon die Ikonizität der Schrift (vgl. Hamburger 2011). Schrift ist eben mehr als ein Medium der Mitteilung und Bildlichkeit lässt sich nicht auf gerahmte Bilder reduzieren. So verschränkt das Figurengedicht Bild- und Textcharakter miteinander, ohne dass man genau sagen könnte, wo die Sphäre des Bilds beginnt und die des Texts endet (vgl. Adler und Ernst 1987). Von diesem Sonderfall ausgehend lässt sich ein Schlaglicht auf die gesamte Bandbreite der Bild-Text-Relationierungen um 1500 richten. Die Begriffe Visualität und Textualität erlauben es in diesem Zusammenhang, den terminologisch-konzeptuellen Bogen weit zu spannen: von den physiologischen Wahrnehmungsprozessen zu den Diskursen, Erscheinungsformen und Inhalten ebenso wie zu den Verbreitungs- und Rezeptionsformen.

Verbildlichung und Verschriftlichung

Im Spätmittelalter intensivierten sich die Relationen von Texten und Bildern. Frank Bösch spricht von einem „Visualisierungsschub" (Bösch 2011, 37). Auch wenn es bei Marshall McLuhan in erster Linie um die Rezeption der Druckschrift geht (vgl. McLuhan 1995 [1962]), beruft sich Bösch bei dieser Formulierung auf den Medientheoretiker, demzufolge der *typographic man* dem Gesichtssinn den Vorzug gab. Dieser Visualisierungsschub griff verändernd in die Alltagswelt ein. Beispielsweise klebten fromme Männer und Frauen Einblattholzschnitte in ihre Gebetbücher ein. Solche Bildtexte lieferten Nonnen und Mönchen, aber auch religiösen Laien Vorlagen zur meditativen Versenkung. Dabei verwiesen bildhafte liturgische Texte und sprechende religiöse Bilder aufeinander. Das heißt nichts anderes, als dass Gebetsformeln Bilder heraufbeschworen haben und Texte ihrerseits Bilder evozierten.

Gelegentlich steuern religiöse Bilder selbst die Andachtspraxis. Auf einer Altartafel aus der Mitte des 15. Jahrhunderts schauen Maria und Johannes den gekreuzigten Christus nicht mit eigenen Augen an (Abb. 1). Der unbekannte Künstler führt vor, wie sich die Anteilnahme am Passionsgeschehen auf ein inneres Bild (Maria) oder ein Buch (Johannes) beschränkt: „Die Meditation des Betrachters über das Dargestellte wird nicht mittels einer emotionalen Ansprache gelenkt, sondern durch die additive Zusammenstellung der Motive" und „das innerbildliche Thematisieren der andächtigen Betrachtung" (Hoffmann 2001, 184). Ein Inventar des 18. Jahrhunderts weist diesen Altar als Besitz des bedeutenden Freiburger Frauenklosters Adelhausen aus. Ob das Triptychon davor in dieser oder einer anderen religiösen Frauengemeinschaft in der Stadt aufgestellt gewesen ist, lässt sich nicht belegen. Die eindrücklich gestalteten Szenen aus dem Leben Christi (Verkündigung, Geburt Christi, Kreuzigung, Auferstehung und Himmelfahrt Christi) sowie die diese Szenen einrahmenden Heiligendarstellungen stellen den Beschauerinnen und Beschauern der Feiertagsseite des Altars jedenfalls klar strukturierte, einprägsame Bildvorlagen zur Versenkung bereit. Sie arbeiten damit einer rein mimetischen Bildauffassung entgegen und betonen den Abbildcharakter des Dargestellten. Eine Gotteserfahrung, die ihre Glaubensgewissheit in erster Linie aus Bildern gewann, forderte die Kritik von Kloster- und Kirchenreformern des 15. Jahrhunderts heraus. Man wollte also möglicherweise mittels der genannten Darstellungsmodi die Sprengkraft einer Theologie visueller Unmittelbarkeit bannen.

Abb. 1: Unbekannter oberrheinischer Künstler, Altarretabel (so genannter *Adelhausener Altar*), Öl auf Holz, Mitte 15. Jh.

Ausschnitt von **Abb. 1**

Ein weiteres Beispiel für die zunehmende Präsenz von Bildern in der Lebenswelt sind die Kruzifixe oder ‚Gnadenbilder', die man Sterbenden in die Hand gab, um sie gegen die Anfechtungen des Teufels im Angesicht des Todes zu wappnen – eine Praxis, die auf den Pastoraltheologen Jean Gerson zurückgeht. Die Reformationspublizistik in Wort und Bild brachte schließlich den *gemeinen man* in den Bannkreis reformatorischer Debatten. Die weite Verbreitung von Flugschriften in den 1520er Jahren hat nicht nur als Auslöser der reformatorischen Wende zu gelten, sie beeinflusste auch den Verlauf der Reformation (vgl. Sandl 2011).

Der zitierte Visualisierungsschub findet dabei nicht allein im Medium Druck statt. Handschriften wie die *Seligenstädter Lateinpädagogik* (nach 1487; vgl. Asztalos 1989) verbildlichen grammatische Lerninhalte auf geradezu ingeniöse Weise; ihr Erfindungsreichtum übertrifft den der gedruckten Grammatiklehrbücher aus demselben Zeitraum (vgl. Puff 1995, 143). Bilderhandschriften erlebten um 1500 regelrecht eine Blütezeit, wie an repräsentativ gestalteten Rechtscodices oder den Stundenbüchern flämischer Illuminatoren zu sehen ist. Berthold Furtmeyr, ein Regensburger Buchmaler des Spätmittelalters (1460–1502 nachweisbar), liefert dafür ein eindrückliches Beispiel (Abb. 2). Die grandios komponierte, farben- und detailreich gestaltete Seite, welche der Künstler datierte und signierte, steht am Anfang einer deutschen Bibelhandschrift: Sibyllen- und Prophetendarstellungen rahmen Maria mit dem Christuskind auf der Mondsichel ein. Die zentral gesetzte Marienfigur auf Goldgrund und die diese einrahmenden Motive sind dabei auf vielfache Weise miteinander verwoben. So scheinen die papiernen Zettel mit den Weissagungen zur Seite zu rollen, als wollten sie den Blick auf Maria freigeben und damit deren eminente Ausstrahlung ins Bild setzen. Durch raffinierte Bildtechniken wie diese wird der Gesamteindruck der gemalten Buchseite auf den Betrachter nachhaltig verstärkt.

Neben Drucken und Handschriften ist beim genannten Visualisierungsschub aber auch an eine Vielzahl weiterer Bildträger zu erinnern: Blockbücher einerseits und Bildtextträger wie Münzen, Wappenschilder, Fresken auf Kirchen- und Hauswänden, Landkarten und Ähnliches andererseits. Es ist diese schwer zu überblickende mediale Vielfalt, die einer Hybridisierung der Medien, wie sie McLuhan diagnostiziert, Vorschub leistete (vgl. McLuhan 1994 [1964]). Bebilderungsschub und die Verschriftlichung des Lebens, das heißt die Verwendung von Schriftmedien in immer mehr Lebenszusammenhängen, verliefen demnach parallel, ohne dass einem der beiden Wandlungsprozesse notwendigerweise Priorität beizumessen wäre.

Der älteste Drucktext, der Holzschnitte aufweist, ist Ulrich Boners Fabelsammlung *Der Edelstein* (1461). Die Sammlung von einhundert *bîspeln* (‚Fabeln‘) aus der Feder dieses Berner Dominikaners (urkundlich zwischen 1324 und 1349 nachweisbar) geht auf lateinische Vorlagen Avians und des Anonymus Neveleti zurück; es handelt sich um die erste deutschsprachige Inkunabel überhaupt. Das Vorgehen der Bamberger Druckwerkstatt Pfister „ist umso bemerkenswerter, als alle anderen Offizinen zu dieser Zeit [...] auf eine Bildausstattung ihrer Druckwerke vollständig verzichteten" (Häußermann 2008, 17). In der Regel überließ man die künstlerische Gestaltung von Handschriften oder Wiegendrucken Illuminatoren, welche die einzelnen Texte auf Kosten des Käufers mit Initialen, Bordüren und ähnlichem Bildschmuck ausstatteten. Die Aufmachung des Pfister-Drucks orientiert sich dabei an der Einrichtung illustrierter Handschriften. So gliedern die Holzschnitte den Text in einzelne Abschnitte. Das Layout des Bamberger Drucks lässt sich aber nicht allein aus manuskripturalen Vorbildern ableiten. Zu den auffälligen Charakteristika dieses Drucks gehört die konsequente Rahmung der Bildteile. Außerdem hat man einen sogenannten ‚Zeigemann‘ eingeführt. Er verkörpert den Erzähler und soll, wie man vermuten kann, die Leserschaft bei Stange halten. Ein Bild des Zeigemanns wurde dabei jeweils mit der Illustration der Fabelhandlung kombiniert (Abb. 3). Während der lehrhafte Zeigemann mit seinem die Didaxe belebenden Gestus Fabel für Fabel wiederholt wird, nimmt die danebenstehende Fabelillustration inhaltliche Elemente des betreffenden *bîspels* auf. Auf der abgebildeten Seite etwa warnt die Geschichte des einen Löwen beschimpfenden Esels die Leserinnen und Leser vor den ernsten Folgen, die ein

Abb. 2: Deutsche Bibelhandschrift (so genannte *Furtmeyr-Bibel*), 1470

jeder zu gewärtigen hat, der die soziale Hierarchie missachtet. Der Text wurde nach der Drucklegung rubrifiziert; die Abbildungen wurden von Hand koloriert.

Abb. 3: Buchseite mit koloriertem Holzschnitt aus Ulrich Boner: *Der Edelstein*, Bamberg 1461

Publikationen wie die *Peregrinatio in terram sanctam* (‚Reise ins heilige Land‘; 1486) bauten auf diesem und anderen Bildtexten auf und erweiterten zugleich die verfügbaren Modelle für eine hochwertige Ausstattung von bebilderten Drucken. Bernhard von Breidenbach, ein Domherr zu Mainz (gest. 1497), ist der Verfasser eines Reiseberichts ins Heilige Land, auf den Sinai und nach Ägypten (1483–1484); Erhard Reuwich, ein „ingeniosu[s] et eruditu[s] pictor“ aus Utrecht, war sein Begleiter (von Breidenbach 1486, 7v). Die enge Zusammenarbeit zwischen Autor und Künstler setzte dabei einen neuen Standard für gedruckte ‚Bildtexte‘. Auffällig ist das Spektrum der Bild-Genera, die dem Text beigegeben wurden: Karten, Stadtansichten, Veduten der Heiligen Stätten, Tierabbildungen, Trachtendarstellungen und Alphabete. Die Reuwichsche Abbildung der Grabeskirche etwa besticht durch eine große Klarheit der Bildkonzeption und Brillanz in der Ausführung (Abb. 4). Es sind wohl vor allem die 26 Holzschnitte des Werks, welche dem Reisebericht mit zehn verschiedenen Ausgaben in fünf Sprachen bis 1522 zu anhaltendem Erfolg auf dem Buchmarkt verhalfen.

Abb. 4: Buchseite mit Holzschnitt Erhard Reuwichs aus Bernhard von Breidenbach: *Peregrinatio in terram sanctam*, Mainz 1486

Folgt man Frederike Timm, basieren die Holzschnitte Reuwichs nicht auf Skizzen vor Ort (vgl. Timm 2006, 11, 121–194 und 357–359). Vielmehr gewinnen die Holzschnitte an Überzeugung, indem sie bestehende Bildkonventionen aufrufen und bekannte Bildvorlagen zitieren. Die Bildausstattung war dennoch wegweisend. So musste die Venedig-Ansicht der *Peregrinatio* aufgeklappt werden. Bei einer Höhe von 26,5 cm erreicht sie ausgefaltet eine Breite von nicht weniger als 162,5 cm. Venedig-Bild und Venedig-Beschreibung konnten also nicht ohne Weiteres simultan rezipiert werden. Mittels dieser Abbildung traten die Lesenden gleichsam aus dem Lesetext heraus. Stadtansichten mit Begleittexten wie diese regten zum *armchair traveling* an. Die Veduten von Städten des ganzen Erdkreises – wie in dem sowohl auf lateinisch wie auf deutsch in sechs Bänden publizierten Städteatlas Georg Brauns und Frans Hogenbergs (1572–1618) – richten sich an einen weiten Adressatenkreis. Sie ermöglichen eine vielschichtige Lektüre, deren mannigfaltige Angebote Stadtarchitektur, Stadtgeschichte, Sitten fremder Gegenden und vieles andere mehr umfassen.

Zeugnisse zur Entstehungsgeschichte der *Margarita philosophica*, einer Wissensenzyklopädie des Freiburger Kartäusers Gregor Reisch (erste Druckausgabe aus dem Jahr 1503), geben die außerordentliche Sorgfalt einiger Illustratoren bei der Erstellung von Bildvorlagen für die Drucklegung zu erkennen; im Fall der

Margarita basierten die Holzschnitte auf Anweisungen und Vorzeichnungen des Autors (vgl. Halporne 2000). Einige Texte wurden geradezu auf ihre Bebilderung hin komponiert. Die Ausstattung von Drucktexten variierte allerdings mitunter von Ausgabe zu Ausgabe. Studien von Buchpublikationen wie Sebastian Brants *Narrenschiff* (1494) beziehungsweise dessen lateinischem Pendant, der *Stultifera navis* (1497), welche die Variabilität der Texttradition mit derjenigen der Bildausstattung über einen längeren Zeitraum vergleichend untersuchen, stehen noch aus. Jedenfalls waren sowohl der literarische Text als auch seine visuelle Ausstattung unfest, wie schon eine vorläufige Bestandsaufnahme zeigt.

Zur Komplementarität von Text und Bild

Text und Bild waren „eine unauflösliche Einheit für eine Laiengesellschaft, die erst auf dem Weg zum Lesepublikum [ist]" (Müller 1990, 1007). Diese griffige Formulierung lässt die Frage nach der *visual literacy* aufkommen – mithin der Kompetenz der Adressatinnen und Adressaten, Bildtexten Sinn abzugewinnen, Allegorien zu identifizieren oder Inhalte zu dechiffrieren. Im Allgemeinen geht die Forschung davon aus, dass die Fähigkeit, Bildtexte zu ‚lesen‘, im Spätmittelalter und in der Frühen Neuzeit weit verbreitet war; im Unterschied zur Lese- und Schreibfähigkeit fehlen jedoch Studien zur Frage der *visual literacy* weitgehend (siehe 3.2 GIL). Jede Beschäftigung mit Textualität und Visualität um 1500 hat sich dabei den epochenspezifischen Rezeptionsweisen zu stellen. Das heißt nichts anderes, als Lesemodi in Rechnung zu stellen, die dem heute gängigen Verhaltensrepertoire im Umgang mit Texten nur bedingt oder gar nicht entsprechen. So koexistierte die Einzellektüre von Text und Bild in religiöser Andacht mit der kollektiven Rezeption von bebilderten Flugschriften, um zwei Eckpunkte aus dem einschlägigen Verhaltensregister zu benennen.

Ob man beim Zusammenspiel von Texten und Bildern in jedem Fall von einem Primat sprachlicher Informationsübermittlung ausgehen kann, wie Keith Moxey es nahelegt, erscheint fraglich: „The reader was expected to fill out the suggestions offered by the visual sign system by using the information found in the primary or linguistic sign system" (Moxey 1989, 127). Was für ein bestimmtes Korpus wie das Flugblatt unter Umständen gelten mag, lässt sich nicht auf sämtliche Bild-Text-Kompositionen übertragen. Zwar ist davon auszugehen, dass Produzenten den *modus simplex* der *imagines* bewusst eingesetzt haben. Die Annahme, dass „bildnis der laien bucher" (*pictura laicorum litteratura*) waren, wie Andreas Bodenstein zu Karlstadt diese traditionell Papst Gregor dem Großen zugeschriebene Formel übersetzt, vereinfacht die Sachlage indes ungebührlich.

Dieser griffige Ausdruck ist eher als eine in Worte gefasste Apologie des Bildes zu verstehen denn als adäquate Deskription dessen, was Bilder um 1500 leisteten (vgl. Karlstadt 1995 [1522], 17; Sprigath 2009). Bildmotive sind jedenfalls nicht prinzipiell von einer ihnen zugrunde liegenden Schriftvorlage ableitbar. Im Fall des nördlich der Alpen weit verbreiteten Motivs der Gregorsmesse etwa ging die Bildproduktion der einschlägigen Legendenbildung sogar voraus (vgl. Lentes und Gormans 2007). Druckwerke, die sowohl Bild als auch Text aufweisen, sprechen deshalb in der Regel auch von deren Komplementarität. So heißt es in einem Blockbuch zur ‚Kunst des Sterbens': „Die zwei [Bilder und Texte] also gelich [gleichermaßen] mithellung haben daz man in in als in ainem Spiegel vergangene ding und künftige als ob sy gegenwurtig syen, mag betrachten" (*Ars moriendi* 1468–1469, 2r).

Die Intensivierung des Geflechts von Texten und Bildern um 1500 lässt sich insbesondere an der Entstehung neuer Textsorten ablesen. Dazu gehören die illustrierten Einblattdrucke und Flugschriften ebenso wie Anthologien mit seriellen Bildtextfolgen wie die zitierte *Ars moriendi*, Totentänze, Kostümbücher, Ständebücher und dergleichen mehr. Die Mehrzahl der Einblattdrucke des 15. Jahrhunderts weisen zwar keine Bilder auf (vgl. Eisermann 2004). Dennoch war gerade dem illustrierten Flugblatt ein bleibender Erfolg beschieden. Dieser Texttypus verlieh dem annoncierten Geschehen Ereignischarakter, indem die Produzenten dem Publikum Deutungsangebote unterbreiteten (vgl. Wuttke 1974, 1976, 1977 und 1994). „Mit der Verquickung von Wort und Bild als prinzipiell gleichrangigen Bestandteilen, von denen keines ohne Aussageverlust getilgt werden kann, also keines nur subsidiär-additiven Charakter hat, hat das illustrierte Flugblatt als ein bewegliches Instrument der Publizistik durch seine praktische Wirkung eine relativ feste Form gefunden" (Harms 1985, VII).

Am 7. November 1492 ging bei Ensisheim (Elsass), dem Sitz der habsburgischen Verwaltung in Vorderösterreich, ein Meteorit nieder. Noch im selben Monat publizierte Sebastian Brant, Professor der Rechte an der Universität Basel, in der Werkstatt Johann Bergmanns von Olpe einen einseitigen Druck, der das Ereignis erzählt, kommentiert und mit einem Holzschnitt bebildert – Teil einer Diskussion, die dem außergewöhnlichen Ereignis Sinn abzuringen suchte. In den drei Texten des gedruckten Flugblatts – von denen einer auf Lateinisch und zwei auf Deutsch gehalten sind – empfiehlt sich der Autor Maximilian I. als Mahner, der den Meteoriten als günstiges Zeichen für den Ausgang des militärischen Konflikts mit dem französischen König zu deuten weiß. Bei dem abgebildeten Flugblatt handelt es sich allerdings nicht um den Basler Erstdruck, sondern um einen unautorisierten Reutlinger Nachdruck, was die weite Verbreitung dieses Flugblatts belegt (Abb. 5). Bei der Greyffschen Publikation wurde der originale Holzschnitt denn auch durch eine krude Collage von Versatzstücken ersetzt. Das Beispiel des illustrierten Flugblatts verdeutlicht eindringlich, dass sich die Text-Bild-Relationen um 1500 nicht auf das Verhältnis von Vorlage und Illustration reduzieren lassen. Selbst dort, wo ein oder mehrere Bilder eine Episode erzählen, sei es aus dem Alten Testament oder aus Ovids *Metamorphosen* (ca. 1–8 n. Chr.), liefern sie mehr als eine Narration des Passus in Bildform. Vielmehr generieren Bilder spezifische Lesarten eines Texts. Sie sind also in ihrem Verhältnis zum Wort alles andere als tautologisch (vgl. Bal 1991, 34–35).

Abb. 5: Sebastian Brant: *Der Donnerstein von Ensisheim*, Reutlingen 1492

In einer Kultur, in der eine Vielfalt von Medien kursierten, heischen die Bilder und Bildtexte um Aufmerksamkeit. Mittels verschiedener Strategien soll ihnen Nachhaltigkeit zuteilwerden. Sie wollen den Betrachter affizieren, verhaften und involvieren. Sie appellieren an die Sinne oder fordern zum haptisch-motorischen Zupacken auf, wie beispielsweise beim Aufklappen der erwähnten Leporello-Formate (vgl. Münkner 2008). Albrecht Dürer verwendet im sogenannten *Großen ästhetischen Exkurs* (1528) den schillernden Begriff ‚gewalt‘, um die außerordentliche Wirkung herausragender Bildwerke auf den Betrachter kenntlich zu machen (vgl. Dürer 1969, 291, 293 und 297). Gelehrte Bilder etwa erfassen komplexe Inhalte in prägnanter Form. Sie regen zum Nachdenken oder Memorieren an. Ein herausragendes Beispiel für ein solches Denkbild ist der Titelkupfer zu Thomas Hobbes *Leviathan* von 1651. Er verbildlicht die politische Philosophie dieses überaus vielschichtigen Traktats und führt so das große Potential einer gelehrten Bildprägung vor Augen (vgl. Bredekamp 1999). Gelegentlich machen Bilder auch auf andere Weise auf sich aufmerksam. Sie hypostasieren ihre eigene Materialität durch die gekonnte Nachbildung der in ihnen dargestellten Welt. Man kann hier an Gemälde von aufgeschlagenen Büchern denken, die so echt wirken, als könnte man sie begreifen und durchblättern (vgl. Lorenz 1996, 414–417). Die Technik der *trompe l'œil*-Malerei bringt somit auch die Grenzen zwischen Bildrepräsentation und Schriftmedium zum Verschwimmen. Überhaupt inkorporieren, kopieren oder verwenden Bilder, insbesondere Gemälde, Elemente der Schriftlichkeit: Auf der Bildoberfläche sind mitunter Signaturen oder Monogramme des Künstlers auszumachen; Schriftzitate auf liturgisch-religiösen Bildern autorisieren beziehungsweise auratisieren das Dargestellte; Bücher, Briefe und andere Schriftträger werden gelegentlich so abgebildet, dass man den gemalten Schreibtext entziffern kann. Im Gegensatz zu dieser naturalistisch-illusionistischen Verwendung der Schrift findet aber auch Kauderwelsch Verwendung, um Juden oder andere Randgruppen zu markieren und zu diffamieren (vgl. Mellinkoff 1993).

Ein weiteres Indiz für die Wandlungen im Bild-Text-Gefüge ist die Tatsache, dass der lateinische Wissensdiskurs im 15. Jahrhundert die von Künstlerhand erschaffenen Bilder erfasst. Traktate wie Leon Battista Albertis *De pictura* (1435) oder Nikolaus von Kues' *De visione dei* (1453) behandeln die Bildkunst vor dem Hintergrund einer Lehre vom Sehen, der Optik, der Geometrie beziehungsweise – bei Cusanus – einer auf den Gesichtssinn hin ausgerichteten mystisch-theologischen Gottesschau. Bei allen Unterschieden in der Konzeption stellen beide Autoren dabei das Potential der Bilder ins Zentrum, bei den Betrachtenden Affekte zu erzeugen (vgl. Alberti 2010 [1435]; Cusanus 2000 [1453]). In ihren Abhandlungen werden somit die Wirkmechanismen von Bildern und Texten analog gesetzt.

Von gelehrten Traktaten wie den eben genannten sind die auf die künstlerische Praxis ausgerichteten Unterweisungstexte zu unterscheiden. Seit dem frühen 16. Jahrhundert arbeitete etwa Dürer an einem systematischen Grundriss der Bildkunst in Form einer illustrierten Abhandlung. Mit Fachprosa ist der geradezu monumentale Anspruch dieser unvollendet gebliebenen Arbeiten nur unzureichend beschrieben. Was der ‚neue Apelles' aus Nürnberg von diesem Projekt fertiggestellt hat, verdeutlicht die außerordentlichen Schwierigkeiten dieses Unterfangens. Dürers Fundierung der bildenden Kunst im Medium eines Bildtexts musste ihre volkssprachliche Terminologie von Grund auf aus der künstlerischen Praxis entwickeln. Das Textverständnis war unter solchen Umständen erheblich erschwert. Jedenfalls war die Erwartung, dass Rezipientinnen und Rezipienten die Malkunst von der Pike erlernen könnten, mit einer Veröffentlichung diesen Zuschnitts kaum zu erfüllen. Man fragt sich daher, wie die Äbtissin Sabina Pirckheimer, Schwester des Dürerfreunds Willibald Pirckheimer, reagiert haben mag, als sie das „köstlich puch …, wie man malen sol" (Dürer 1956, 282) in den Händen hielt, um dessen Übersendung sie dringlich gebeten hatte.

Textualität und Visualität im Zeichen der Konfessionalisierung

Bei aller Verschränkung von Textualität und Visualität um 1500 darf man allerdings deren Heterogenität nicht unterschätzen. Trotz Querverweisen und Verknüpfungen führen Bilder und Texte vielfach ein Eigenleben, das nicht in einem ‚Textbild' aufgeht. Dieser Befund ist unter anderem auf die Produktionsbedingungen in den Druckwerkstätten zurückzuführen. Arbeitsteilung zwischen Bild- und Textproduzenten war die Regel, die konzertierte Produktion von Text und Bild die Ausnahme. Existierende Bildstöcke wurden häufig wiederverwendet. In einer Vielzahl von Drucken des 16. Jahrhunderts werden Abbildungen außerdem nicht primär illustrativ, sondern auch strukturierend eingesetzt. Unter anderem deswegen kamen bei den Drucken der Prosaromane Jörg Wickrams bestimmte Holzschnitte wiederholt zum Einsatz. Es kann also nicht darum gehen, die um 1500 irreführende Vorstellung von der Autonomie der Verbal- und visuellen Diskurse durch eine Gegenvorstellung zu ersetzen, welche die generelle oder gar unbegrenzte Durchlässigkeit beider Sphären postuliert.

Bei allen Korrespondenzen, bei aller Verzahnung und Verquickung ist das spannungsreich-dynamische Spiel zwischen Bild- und Textfunktionen um 1500 nicht zu übersehen. Für bestimmte Textsorten ist diese Spannung geradezu gattungsbildend. Andrea Alciatos Epigrammsammlung von 1529 wurde in einem Augsburger Druck von 1531 mit *picturae* aus der Werkstatt Jörg Breus d. Ä. versehen. Das Zusammenspiel von *inscriptio* (‚Überschrift'), *pictura* (‚Bild') und *subscriptio* (‚Bildunterschift', Epigramm) prägte den neuen Typus des Emblems als eines Bildtexträtsels von europaweiter Geltung aus (vgl. Henkel und Schöne 1967; siehe auch 4.4 NEUBER). Bei der Genese der pornografisch-libertinen Tradition im Rom der 1520er Jahre stehen nicht wie bei Alciato Texte, sondern Bilder am Anfang einer neuen Gattung. Giulio Romanos Zeichnungen kopulierender Paare wurden von Marcantonio Raimondi in Kupfer gestochen; zu einem Zeitpunkt, als Raimondi bereits für diese Provokation eine Gefängnisstrafe abbüßte, hat Pietro

Aretino die Stiche mit Sonetten versehen (ca. 1525–1526). Ihr satirisch-antikleri-
kaler Impetus hat die weitere Gattungsgeschichte stark beeinflusst. Einerseits ist
das Entstehen der libertinen Literatur, in der Illustrationen eine wichtige Rolle
spielen, ohne die Anonymität des Druckmarkts undenkbar. Andererseits war es
gerade die Drucklegung, welche die päpstliche Zensur auf den Plan rief (vgl. Talvacchia 1999). Beim Emblembuch wie bei der pornografisch-libertinen Literatur
ging die Initiative für neue Genera bezeichnenderweise jedoch auf die Verbindungen zurück, die humanistische Gelehrte zu Druckern und Offizinen unterhielten. Ihre überregionalen Netzwerke waren Bild-Text-Experimenten in besonderem Maße förderlich.

Im Gefolge der Reformationen des 16. Jahrhunderts unternahm man dann den
Versuch, Bild- und Textelemente in ein eindeutiges, hierarchisches Verhältnis zu
bringen. Auf Bildtextträgern werden Bibelzitate deswegen häufig eingerahmt. Sie
werden durch Kartuschen herausgehoben beziehungsweise vom Bildgeschehen
separiert. Solche Modi in der Wiedergabe von Text auf Bild waren zwar schon vor
der Reformation in Gebrauch. Sie wurden nun aber verstärkt eingesetzt – insbesondere dann, wenn es um Glaubenswahrheiten und deren Verbreitung ging. Bei
dem die evangelische Rechtfertigungslehre thematisierenden Bildtypus ‚Gesetz
und Gnade' beispielsweise wird die Bildzone der zahlreichen Gemälde, Druck-
grafiken und Skulpturen von einer Sockel- oder Titelzone beziehungsweise von
Textkartuschen mit Bibelzitaten visuell geschieden (vgl. Reinitzer 2006). Mit der-
artigen Markierungen, Akzentuierungen und Differenzierungen wollte man das
Primat des Bibelworts signalisieren. Allerdings werfen solche Darstellungsmittel
immer wieder auch Fragen auf. In den protestantischen Predigtbildern ist jedenfalls die Konkordanz von Text und Bild alles andere als bruchlos oder schlüssig.

Die Problematik des konfessionellen Bildtexts soll abschließend anhand
eines aus den 1570er Jahren stammenden und heute im Metropolitan Museum
in New York befindlichen Triptychons vertieft werden – einem Gruppenbild
mit Christus, das von einem im norddeutschen Raum tätigen, namentlich nicht
bekannten Maler stammt (vgl. Lorenz 1996, 644–645; Abb. 6). Dieses Dreiflügel-
Gruppenporträt einer Familie mit Christus stammt, wenn man der Stadtsilhou-
ette in der Weltkugel folgt, aus Hamburg. Der Künstler setzte das reformatori-
sche Grundanliegen von der unmittelbaren Präsenz Christi bildlich um. Um die
Botschaft von der Erreichbarkeit des Heils für alle Gläubigen Gestalt werden
zu lassen, bedient sich der Maler mehrerer ikonografischer Traditionen, deren
Mischung dem Gemälde einen unkonventionellen Anstrich gibt. Dabei kommen
die der lutherischen Bildauffassung inhärenten Spannungen zwischen Priorisie-
rung der Heiligen Schrift einerseits und der Eigengesetzlichkeit einer malerischen
Umsetzung von Glaubenssätzen andererseits zum Vorschein.

Abb. 6: Norddeutsche Schule: *Christus segnend, im Kreis einer Stifterfamilie*, Öl auf Holz, ca. 1573–1582

Um die mit einem Heiligenschein versehene Christusfigur haben sich Eltern und Kinder geschart: der Hausvater mit seinen drei Söhnen – von denen der älteste auf einer eigenen Tafel abgebildet ist, wohl weil er als Stifter des Dreiflügelgemäldes zu gelten hat – zu Christi Rechten; die Hausmutter mit einer Tochter sowie einer ebenfalls auf einer eigenen Tafel abgebildeten jungen Frau, möglicherweise einer Schwiegertochter, auf seiner Linken. Gott selbst erscheint somit inmitten einer Familie von beträchtlichem Wohlstand.

Das Triptychon evoziert eine Stelle aus dem Matthäus-Evangelium: „Denn wo zwei oder drei in meinem Namen versammelt sind, da bin ich mitten unter ihnen" (Mt 18, 20). Nur dass auf unserem Gemälde die Berufung auf den ‚Namen' Christi schon geschehen ist und Christus in der Tat nun mitten unter den Familienangehörigen in ihrem Sonntagsstaat zu sitzen kommt. Der aller vermittelnden Instanzen entledigte Zugang zu Gott auf Erden, wie ihn dieses Porträt-Triptychon zur Darstellung bringt, kann geradezu als das Hauptanliegen der Reformation angesehen werden. Die Reformatoren wollten die Kommunikation zwischen Gott und den Menschen vom vermeintlichen ‚Ballast' kirchlicher Tradition befreien und durch den Rekurs auf das allein gültige Bibelwort auf eine neue Grundlage stellen. In den Worten einer Luther-Predigt von 1523: „keyn ander mittel ist sund hynweg zu nemen denn Christus" -- es gibt keinen anderen Weg zur Erlassung der Sünden als Christus (Luther 1891 [1523], 559). Eine solch unmittelbare Gegenwart des Mensch gewordenen Gottes vermag, wie man an dieser lutherischen Bildkomposition sehen kann, sogar ohne den Klerus auszukommen.

Nach reformatorischem Verständnis ist das Sakrale nicht mehr auf einen heiligen Ort, eine heilige Zeit oder einen klerikalen Mittler angewiesen. Es ist allenthalben und jederzeit anzutreffen, wo Menschen in Nachfolge Christi zusammenkommen. Die mit dieser Auffassung einhergehende Sakralisierung des Alltags wird schon in der für ein Familienbild ungewöhnlichen Form des Triptychons fassbar; sie verweist unweigerlich auf vorreformatorische Altargemälde (vgl. Abb. 1). Im besonderen Fall dieses Gemäldes tritt dabei Gott bemerkenswerterweise nicht ‚von oben' als göttliche Instanz in die irdische Sphäre ein. Vielmehr kommt das friedliche Wirken Gottes im familialen Kreis zur Darstellung. Diese Realpräsenz wird im Bild über eine auf Christus zentrierte Horizontale erfasst. Lässt sich das Göttliche aber ohne Weiteres familiarisieren? Christi Präsenz ist gleichsam eine mehrfache. Er erscheint im Kreis einer Familie, ohne dass er einer der ihren würde. Als Einziger thront er unter einem grünen Baldachin. Als Einziger stellt er sich frontal dem Betrachter. Im Gegensatz zu den Familienmitgliedern, deren Augen auf den Betrachter gerichtet sind, blickt er nach unten. Christus wird den Porträtierten also körperlich nahegerückt und ihnen zugleich wieder entzogen.

Jeder abgebildeten Figur, einschließlich Christus, ist ein Bibelzitat zugewiesen (die dargestellten Personen sind nicht namentlich, sondern allein durch eine in Gold gefasste Altersangabe und die ihnen zugeordneten Bibelverse gekennzeichnet). Einzig der mit sechs Jahren jüngste Sohn des Hausvaters kommt ohne einen solchen Spruch aus; sein Antlitz ist Teil der farblich und textil abgesetzten Sphäre Christi – sei es, weil er als Kind dem Heiland besonders nahesteht oder weil er wegen seines Alters noch nicht in die Glaubensgemeinschaft aufgenommen worden ist. Damit das Schriftwort jedoch die Gemeinschaft zwischen Christus und seinen Anhängern nicht stört, tritt es in der Bildkomposition buchstäblich zur Seite. Einzig der Christus zugeordnete, in Versalien gesetzte Vers „ick leve vnd gy scholen ock leven" – ‚ich lebe und ihr werdet auch leben' (Joh 14, 19) – der eine enge Relation zwischen dem besonderen Leben Christi und dem Leben dieser Familie herstellt, bekrönt die Szenerie. Die den Porträts zugeordneten Bibelsprüche erscheinen demgegenüber in Kartuschen, welche auf die den dargestellten Raum begrenzende Holzvertäfelung im Bildhintergrund eingelassen sind. Die der Komposition zugrunde liegende Stelle aus dem Matthäusevangelium wird dabei der Assoziation der Betrachtenden überlassen.

Die Spannungen zwischen Über- und Gleichordnung, Exzeptionalität und Integration, göttlicher Sphäre und Familiensphäre, Sakralität und Alltagswelt, Bildmedium und Schriftmedium zeugen von den Risiken eines Bildkonzepts, welches Profanes und Sakrales miteinander vermengt. Der gedeckte Tisch, der die mittlere Bildzone abschließt und Christus vom Betrachter separiert, ist eben nicht der Abendmahlstisch, sondern ein profanes Möbelstück, auf dem Bücher und Blumen verstreut liegen. Der *salvator mundi* mit seinem Segensgestus ist, wenn man das Weichbild der auf der Weltkugel abgebildeten Stadt zu identifizieren vermag, ein ‚salvator Hamburgensis'. Diese Spannungen kommen möglicherweise erst dann völlig zur Ruhe, wenn die beiden Seitentafeln des Triptychons geschlossen und die Familienmitglieder mit Christus jenseits der Sichtbarkeit vereint werden.

Die Bildabstinenz des zwinglianischen und calvinistischen Protestantismus hat derartige Risiken in der Verbildlichung des Schriftworts vermieden. Gegenüber der radikalen Bildskepsis dieser Reformatoren hat Luther die grundsätzliche Bildhaftigkeit sprachlicher Zeichen und damit das Argument ins Feld geführt, dass Worte unweigerlich mentale Bilder erzeugen (vgl. Luther 1995 [1525], 39). Mit dieser Apologie sind allerdings die Probleme, wie eine biblisch begründete Theologie konkret zu visualisieren ist, noch keineswegs aus der Welt geschafft. Die Spannungen zwischen Heiliger Schrift einerseits und Bildwerdung andererseits werden in unserem Triptychon denn auch durch den Rekurs auf sich überlagernde Ordnungsprinzipien und -diskurse entschärft, zu denen die soziale und Geschlechterordnung ebenso gehören wie eine klar geordnete Bildfläche.

Dass im Zuge der Konfessionalisierungsbewegungen des 16. Jahrhunderts bei aller Kontinuität das Text-Bild-Verhältnis neuen Ordnungsprinzipien unterworfen werden sollte, steht außer Frage (vgl. Koerner 2004). Das zeigt unter anderem die Bildproduktion der katholischen Reformation, welche Glaubensanreize schaffen und Lehren vermitteln wollte. In der jesuitischen Druckgrafik des ausgehenden 16. Jahrhunderts wurde sogar der Versuch unternommen, Bild und Kommentar theologisch so nahtlos zu verzahnen, dass die in diesem Zusammenhang publizierten Bildtexte – in der Regel Vorlagen für Gebet und meditative Versenkung – auf eine wissenschaftlich-exegetische Basis gestellt waren, die sie jeder Kritik entheben sollte (vgl. Melion 2009).

Es kommt also weder in protestantisch-lutherischen Medien noch in der nach-tridentinischen katholischen Glaubenskunst zu einer konsequenten Hierarchisierung oder Scheidung von Text- und Bildsphäre. Überhaupt muss man sich davor hüten, sämtlichen Bildtextmedien einen konfessionellen Ort zuzuweisen. Die zentrale Rolle, welche die Text-Bild-Propaganda bei der Rezeption protestantischen Gedankenguts in der frühen Reformation gespielt hat (vgl. Scribner 1994 [1981]), hat möglicherweise eine ausgewogene Sicht auf das 16. Jahrhundert mit seinen irenäischen Strömungen, überkonfessionellen Tendenzen oder schlichter Unentschiedenheit verstellt. Entgegen der Auffassung, wonach katholische und protestantische Glaubenswelten stark differierten, blieb etwa auch die Jungfrau Maria in Bild und Text unter Lutheranern bemerkenswert präsent (vgl. Heal 2007, 64–115). Drucker hatten zudem wenig Interesse daran, ihren Abnehmerkreis konfessionell einzugrenzen. Anhand einer Durchsicht der gut publizierten nachreformatorischen Einblattdrucke lässt sich diese Hypothese erhärten. Ein Gutteil dieses Korpus ist konfessionell nicht eindeutig zu verorten. Die Bildtextwelten

im Zeitalter der Konfessionalisierung haben sich also nicht konsequent ausein-
anderentwickelt.

Wie am Beispiel konfessioneller *textimages* deutlich gemacht werden sollte,
zeichnen sich kulturwissenschaftliche Analysen dadurch aus, dass sie Widersprüche, Paradoxien und Aporien im Verhältnis von Visualität und Textualität
nicht in Essenzen des Bild- und Textbegriffs auflösen, sondern diese Spannungen
als geradezu konstitutiv für eine historisch-dynamische Erfassung von Bild-Text-
Relationen begreifen.

Literaturverzeichnis

Adler, Jeremy, und Ulrich Ernst. *Text als Figur. Visuelle Poesie von der Antike bis zur Moderne.*
    Weinheim: VCH, 1987.
Alberti, Leon Battista. *Über die Malkunst.* Übers. und hrsg. von Oskar Bätschmann und Sandra
    Gianfreda. 3. Aufl. Darmstadt: Wissenschaftliche Buchgesellschaft, 2010 [1435].
Ars moriendi. Ulm [ca. 1468–1469].
Asztalos, Monika (Hrsg.). *Die 'Seligenstädter Lateinpädagogik'. Eine illustrierte
    Lateingrammatik aus dem deutschen Frühhumanismus. Die Handschrift C 678 der
    Universitätsbibliothek zu Uppsala.* 2 Bde. Stockholm: Almqvist & Wiksell, 1989.
Bal, Mieke. *Reading 'Rembrandt'. Beyond the Word-Image Opposition.* Cambridge und New
    York, NY: Cambridge University Press, 1991.
Bösch, Frank. *Mediengeschichte. Vom asiatischen Buchdruck zum Fernsehen.* Frankfurt am
    Main i. a.: Campus, 2011.
Bredekamp, Horst. *Thomas Hobbes visuelle Strategien. Der Leviathan, Urbild des modernen
    Staates. Werkillustrationen und Portraits.* Berlin: Akademie, 1999.
Breidenbach, Bernhard von. *Peregrinatio in terram sanctam.* Mainz: Erhard Reuwich, 1486.
Burckhardt, Jacob. *Die Kultur der Renaissance in Italien.* Hrsg. von Horst Günther. Frankfurt am
    Main: Deutscher Klassiker Verlag, 1989 [1860].
Cusanus, Nicolaus. *De visione Dei.* Hrsg. von Adelaida Dorothea Riemann. Hamburg: Meiner,
    2000 [1453].
Dürer, Albrecht. *Schriftlicher Nachlaß Bd. 1: Autobiographische Schriften, Briefwechsel,
    Dichtungen, Beischriften, Notizen und Gutachten, Zeugnisse zum persönlichen Leben.*
    Hrsg. von Hans Rupprich. Berlin: Deutscher Verlag für Kunstwissenschaft, 1956.
Dürer, Albrecht. *Schriftlicher Nachlaß Bd. 3: Die Lehre von menschlicher Proportion: Entwürfe
    zur Vermessungsart der Exempeda und zur Bewegungslehre, Reinschriftzyklen, der
    ästhetische Exkurs. Die Unterweisung der Messung. Befestigungslehre. Verschiedenes.*
    Hrsg. von Hans Rupprich. Berlin: Deutscher Verlag für Kunstwissenschaft, 1969.
Eisermann, Falk. *Verzeichnis der typographischen Einblattdrucke des 15. Jahrhunderts im
    Heiligen Römischen Reich Deutscher Nation.* 3 Bde. Wiesbaden: Reichert, 2004.
Häußermann, Sabine. *Die Bamberger Pfisterdrucke. Frühe Inkunabelillustration und
    Medienwandel.* Berlin: Deutscher Verlag für Kunstwissenschaft, 2008.
Halporne, Barbara C. „The ‚Margarita Philosophica': A Case Study in Early Modern Book
    Design". *Journal of the Early Book Society for the Study of Manuscripts and Printing History*
    3 (2000): 152–166.

Hamburger, Jeffrey (Hrsg.). *Word & Image*; Themenheft ,The Iconicity of Script: Writing as Image in the Middle Ages' 27.3 (2011): 249–346.

Harms, Wolfgang, Michael Schilling, Barbara Bauer und Cornelia Kemp (Hrsg.). *Deutsche illustrierte Flugblätter des 16. und 17. Jahrhunderts Bd. 1: Die Sammlung der Herzog-August-Bibliothek in Wolfenbüttel. Teil 1: Ethica, Physica*. Tübingen: Niemeyer, 1985.

Heal, Bridget. *The Cult of the Virgin Mary in Early Modern Germany. Protestant and Catholic Piety 1500–1648*. Cambridge und New York, NY: Cambridge University Press, 2007.

Henkel, Arthur, und Albrecht Schöne (Hrsg.). *Emblemata. Handbuch zur Sinnbildkunst des XVI. und XVII. Jahrhunderts*. Stuttgart: Metzler, 1967.

Hoffmann, Ingrid-Sibylle. „Das Bildprogramm des sog. Adelhausener Altars". *Freiburger Diözesan-Archiv* 121 (2001): 157–188.

Jay, Martin. *Downcast Eyes. The Denigration of Vision in Twentieth-Century French Thought*. Berkeley, CA: University of California Press, 1993.

Karlstadt, Andreas Bodenstein zu. „Von abtuhung der Bylder" [1522]. *Bibliothek der Kunstliteratur Bd. 1: Renaissance und Barock*. Hrsg. von Thomas Cramer und Christian Klemm. Frankfurt am Main: Deutscher Klassiker Verlag, 1995. 9–35.

Koerner, Joseph Leo. *The Reformation of the Image*. Chicago, IL: University of Chicago Press, 2004.

Lentes, Thomas, und Andreas Gormans (Hrsg.). *Das Bild der Erscheinung. Die Gregorsmesse im Mittelalter*. Berlin: Reimer, 2007.

Lorenz, Angelika (Hrsg.). *Die Maler tom Ring Bd. 2*. Münster: Westfälisches Landesmuseum für Kunst und Kulturgeschichte, 1996.

Luther, Martin. „Auff das Euangelion Marci am letzten" [1523]. *D. Martin Luthers Werke. Kritische Gesammtausgabe Abt. 1: Werke. Bd. 12: Reihenpredigt über 1. Petrus 1522; Predigten 1522/23; Schriften 1523*. Hrsg. von Paul Pietsch. Weimar: Böhlau, 1891. 555–565.

Luther, Martin. „Wider die himmlischen Propheten, von den Bildern und Sakrament" [1525]. *Bibliothek der Kunstliteratur Bd. 1: Renaissance und Barock*. Hrsg. von Thomas Cramer und Christian Klemm. Frankfurt am Main: Deutscher Klassiker Verlag, 1995. 39–41.

McLuhan, Marshall. *Die magischen Kanäle. Understanding Media*. Übers. von Meinrad Amann. Dresden und Basel: Verlag der Kunst, 1994 [1964].

McLuhan, Marshall. *Die Gutenberg-Galaxis. Das Ende des Buchzeitalters*. Übers. von Max Nänny. Bonn i. a.: Addison-Wesley, 1995 [1962].

Melion, Walter. *The Meditative Art. Studies in the Northern Devotional Print 1550–1625*. Philadelphia, PA: Saint Joseph's University Press, 2009.

Mellinkoff, Ruth. *Outcasts. Signs of Otherness in Northern European Art of the Late Middle Ages*. 2 Bde. Berkeley, CA, i. a.: University of California Press, 1993.

Mitchell, W. J. T. *Picture Theory. Essays in Verbal and Visual Representation*. Chicago, IL, i. a.: University of Chicago Press, 1994.

Moxey, Keith. *Peasants, Warriors, and Wives. Popular Imagery in the Reformation*. Chicago, IL: University of Chicago Press, 1989.

Müller, Jan-Dirk (Hrsg.). *Romane des 15. und 16. Jahrhunderts. Nach den Erstdrucken mit sämtlichen Holzschnitten*. Frankfurt am Main: Deutscher Klassiker Verlag, 1990.

Münkner, Jörn. *Eingreifen und Begreifen. Handhabungen und Visualisierungen in Flugblättern der Frühen Neuzeit*. Berlin: Schmidt, 2008.

Puff, Helmut. „Von dem schlüssel aller Künsten/nemblich der Grammatica". *Deutsch im lateinischen Grammatikunterricht 1480–1560*. Tübingen und Basel: Francke, 1995.

Reinitzer, Heimo. *Gesetz und Evangelium. Über ein reformatorisches Bildthema, seine Tradition, Funktion und Wirkungsgeschichte*. 2 Bde. Hamburg: Christians, 2006.

Sandl, Marcus. *Medialität und Ereignis. Eine Zeitgeschichte der Reformation*. Zürich: Chronos, 2011.

Schneider, Manfred. „Luther mit McLuhan. Zur Medientheorie und Semiotik heiliger Zeichen". *Diskursanalysen Bd. 1: Medien*. Hrsg. von Friedrich Kittler, Manfred Schneider und Samuel Weber. Opladen: Westdeutscher Verlag, 1987. 13–25.

Scribner, Robert W. *For the Sake of Simple Folk. Popular Propaganda for the German Reformation*. Oxford: Clarendon Press, 1994 [1981].

Sprigath, Gabriele. „Zum Vergleich von scriptura und pictura in den Briefen von Papst Gregor d. Gr. an Serenus Bischof von Marseille". *Jahrbuch für internationale Germanistik* 41.2 (2009): 69–111.

Talvacchia, Bette. *Taking Positions. On the Erotic in Renaissance Culture*. Princeton, NJ: Princeton University Press, 1999.

Timm, Frederike. *Der Palästina-Bericht des Bernhard von Breidenbach und die Holzschnitte Erhard Reuwichs. Die ‚Peregrinatio in terram sanctam' (1486) als Propagandabericht im Mantel der gelehrten Pilgerschrift*. Stuttgart: Hauswedell, 2006.

Wuttke, Dieter. „Sebastian Brants Verhältnis zur Wunderdeutung und Astrologie". *Studien zur deutschen Literatur und Sprache des Mittelalters. Festschrift für Hugo Moser zum 65. Geburtstag*. Hrsg. von Werner Besch, Günther Jungbluth, Gerhard Meissburger und Eberhard Nellmann. Berlin: Schmidt, 1974. 272–286.

Wuttke, Dieter. „Sebastian Brant und Maximilian I. Eine Studie zu Brants Donnerstein-Flugblatt des Jahres 1492". *Die Humanisten in ihrer politischen und sozialen Umwelt*. Hrsg. von Otto Herding und Robert Stupperich. Boppard: Bold, 1976. 141–176.

Wuttke, Dieter. „Wunderdeutung und Politik. Zu den Auslegungen der sogenannten Wormser Zwillinge des Jahres 1495". *Landesgeschichte und Geistesgeschichte. Festschrift für Otto Herding zum 65. Geburtstag*. Hrsg. von Kaspar Elm, Eberhard Gönner und Eugen Hillenbrand. Stuttgart: Kohlhammer, 1977. 217–244.

Wuttke, Dieter. „Erzaugur des Hl. Römischen Reiches Deutscher Nation. Sebastian Brant deutet siamesische Tiergeburten". *Humanistica Lovaniensia* 43 (1994): 106–131.

4.4 ‚Sinn-Bilder': Emblematik in der Frühen Neuzeit

Wolfgang Neuber

Definition, typologische Muster und Grundlagen

Ein Emblem beruht auf der Kombination von Text- und Bildelementen. Der Begriff entstammt dem griechischen Wort ἔμβλημα beziehungsweise dem lateinischen *emblema*: ‚das Eingesetzte', Einlegearbeit, Mosaik- beziehungsweise Intarsienwerk (vgl. Heckscher und Wirth 1967, 85–228). Es steht in der langen Tradition der *ut pictura poesis*, einer von Horaz stammenden Formel, die bildliche und sprachliche Darstellungsweisen analogisiert („Das Dichtwerk gleicht dem Gemälde"; Horaz 1967 [14 v. Chr.], 250–251). In der Emblematik soll das argumentative Ziel uneigentlich vermittelt werden, indem abstrakte Sachverhalte durch sinnlich wahrnehmbare Gegenstände fassbar gemacht werden. Die Emblematik ist eine genuin frühneuzeitliche Kunstform mit europäischer Verbreitung (vgl. Freeman 1948; Henkel und Schöne 1996 [1967]; Pelc 1973; Daly 1985–1998) in Latein sowie den Volkssprachen und ist die erfolgreichste Text-Bild-Kombination der Frühen Neuzeit; ihre Blütezeit liegt zwischen der Mitte des 16. bis zum Ende des 17. Jahrhunderts. Im 18. Jahrhundert gerät die Emblematik in eine grundlegende Krise, die auf der Ablehnung der ihr zugrunde liegenden Allegorie beziehungsweise Allegorese beruht und die ihr historisches Ende bedeutet.

Die Text-Bild-Kombination war der Emblemgattung allerdings nicht in die Wiege gelegt (vgl. Scholz 1988, 289–308): Auf Anregung von Ambrosio Visconti veröffentlichte der Mailänder Jurist und Humanist Andrea Alciato im Jahr 1521 eine Sammlung von 104 Epigrammen in lateinischer Sprache, der er den Titel *Emblematum liber* gab (vgl. Köhler 1986). Es handelt sich dabei teils um Neudichtungen, teils um Entlehnungen aus seiner Übersetzung der *Griechischen Anthologie* (entstanden in der Antike, tradiert bis in die Frühe Neuzeit; Erstdruck 1494) sowie aus seinen Jugendgedichten; die jeweiligen Titel der Epigramme sind eine lehrhafte Essenz des Gedichts. Durch die Vermittlung von Konrad Peutinger gelangte das Manuskript 1531 in Augsburg bei Heinrich Stainer anonym in den Druck, durchgehend ergänzt mit von vermutlich durch Hans Schäufelein ausgeführten Holzschnitten nach Zeichnungen von Jörg Breu dem Älteren. Das Buch wurde zu einem so großen Erfolg, dass Alciato 1534 eine zweite, um neun Epigramme erweiterte Ausgabe, nun unter seinem Namen, bei Christian Wechel in Paris veranlasste, hier mit Holzschnitten von Mercure Jollat nach Zeichnungen eines deutschen Schülers von Hans Holbein dem Jüngeren. Im Jahr 1542 wurde die erste deutschsprachige Übersetzung von Wolfgang Hunger erneut in Paris bei Wechel unter dem Titel *Das Buechle der verschroten Werck* publiziert, wobei „verschroten" als Eindeutschung des Begriffs *emblema* gilt: „schnitzen des holzes, herstellen von schnitzwerk, eingelegter arbeit, dann auch auf andres material übertragen: emblemata, verschroten werck [...]; verschroten werck (das) ein werck von eyngelegter arbeit, vermiculatum emblema" (Grimm 1984 [1862], Sp. 1166). Bis zum Jahr 1781 erschienen insgesamt rund 125 Ausgaben von Alciatos Emblembuch, teilweise mit Illustrationen von bedeutenden Bildkünstlern, so etwa die Ausgabe Frankfurt am Main 1567 mit Holzschnitten von Jost Amman und Virgil Solis.

In seiner historisch häufigsten Form besteht ein Emblem seit Heinrich Stainers Edition von Alciatos *Emblematum liber* aus drei Teilen (vgl. Praz 1939): der *inscriptio*, der *pictura* und der *subscriptio*. Die *inscriptio* (Titel, Lemma, Motto) hat die Gestalt eines knappen lateinischen, griechischen oder volkssprachlichen Sinnspruchs; sie ist eine sentenzhafte Moral, Lebensregel oder Handlungsanweisung, die eine ethische Wahrheit ausdrückt. Von der *inscriptio* abhängig sind die *pictura*, ein zumeist eine allegoretische Deutung verlangendes Bild, sowie die *subscriptio*, das Epigramm, das häufig als Bildbeschreibung (Ekphrasis) gestaltet ist, also ‚malende Worte' beinhaltet, die zum Entwurf der *pictura* dienen (vgl. Bässler 2012).

Die *inscriptio* soll nach der zeitgenössischen Theorie möglichst knapp gefasst sein, sodass ihr voller Sinn erst durch den Text des Epigramms (*subscriptio*) erschlossen werden muss und zunächst rätselhaft bleiben kann. Diese Exegese kann nicht durch die *pictura* erfolgen, da die *inscriptio* sich zur *pictura* uneigentlich verhält, die *pictura* ist eine Allegorie des Emblemsinns. Die *subscriptio* ist mithin der überwiegend auslegende Emblemteil, sie erweist „sprachlich den Sinn, den die im Bild gezeigte Sache über ihre konkrete Gegenständlichkeit hinaus enthält" (Mödersheim 1994, Sp. 1099). Dies gilt zumal in Fällen von Emblemen, die sich außerhalb des Mediums Buch befinden (dies wurde früher etwas unglücklich als ‚angewandte Emblematik' bezeichnet, dient doch die Emblematik, ganz unabhängig von ihrer medialen Präsentationsform, stets moralisch-didaktischen Zwecken), etwa im Kirchenraum, wo eine *subscriptio* auch fehlen kann. Der Text ist dann allerdings impliziert, da die standardisierte Ikonografie der *pictura* ihre Lektüre und Deutung im erinnerten Zusammenhang des biblischen Textes möglich macht.

Im 17. Jahrhundert entstehen noch komplexere Formen im Sinne eines sogenannten ‚mehrständigen Emblems', das beispielsweise aus drei einzelnen Emblemen gebildet wird, „die durch gereimte Motti oder variierte *picturae* über dasselbe Bildmotiv miteinander verbunden sind" (ebd., Sp. 1100). Als Beispiele sind Franz Julius von dem Knesebecks *Dreiständige Sinnbilder* (Braunschweig 1643) oder die *Drei-ständigen Sonn- und Festtag-Emblemata, oder Sinnebilder* (Nürnberg o. J.) von Johann Michael Dilherr und Georg Philipp Harsdörffer zu nennen. Erstens die Ergänzung von Alciatos bildlosen Epigrammen durch Bilder, zweitens deren ständig erneuerte Komposition auf der Basis der Texte und drittens die große Produktion von Emblemen im Medium des Buchs sowie der Malerei (nicht zuletzt im architektonischen Raum) verweisen auf die Dominanz des Visuellen in der Kultur der Frühen Neuzeit, wie sie sich andernorts in der Popularisierung von Bildkünsten wie Malerei und Grafik, des Theaters (vgl. Schöne, 1964) oder beispielsweise in den festlichen Um- und Einzügen im städtisch-höfischen Bereich zeigt. Es ist daher wenig überraschend, dass eine nicht geringe Zahl der bedeutendsten Bildkünstler der Frühen Neuzeit sich emblematisch betätigt hat. Neben den bereits erwähnten Alciato-Illustratoren sind Otto van Veen, Hendrick Goltzius, Peter Paul Rubens, Jacques Callot oder Stefano della Bella zu nennen.

Im engeren Kontext der frühneuzeitlichen visuellen Kultur lassen sich zwei wesentliche Grundlagen der Emblematik nachweisen: in typologischer Hinsicht das didaktische Bildbuch der Frühen Neuzeit (vgl. Knape 1988, 133–178), sowie in funktional-struktureller Hinsicht die Mnemonik (*ars memorativa* oder ‚Gedächtniskunst‘; vgl. Neuber 1993; Strasser 2000). Beide operieren mit der Kombination von Text- sowie Bildelementen, wobei das Bildbuch selbst funktional deutlich durch die Prinzipien der Gedächtniskunst geprägt ist: Aufgabe der Bilder ist es, die Erinnerung an einen vorgängigen und bereits bekannten Text zu aktivieren. Das didaktische Bildbuch ermöglicht sogar einem nicht-lesefähigen Publikum im Medium des Druckes eine Geschichte erinnernd nachzuvollziehen, die der Text erzählt. Ist das Bildbuch an materielle Bilder gebunden, so lässt sich anhand des Verfahrens der Mnemonik, die konstitutiv an Imagination, an die Herstellung ‚innerer Bilder‘ gekoppelt ist, verdeutlichen, dass sich die Text-Bild-Beziehungen in der Emblematik nicht nur auf die ‚sichtbare‘ Interaktion von Texten mit materiellen Bildern beschränken, sondern sich auch auf ‚unsichtbare‘ Bilder – *imagines* oder Imaginationen – beziehen lassen. Man hat somit, wenn es um die frühneuzeitliche visuelle Kultur geht, zwei Ebenen von Visualität identifiziert.

Ihrer Ursprungslegende zufolge wurde die Mnemonik von Simonides von Keos im 6. oder 5. vorchristlichen Jahrhundert entdeckt und einige Jahrhunderte später in der antiken Rhetorik systematisiert, um das natürliche Gedächtnis beim Halten einer Rede zu stärken. Der Grundgedanke ist der, dass der Redner sich seinen Text wesentlich besser einprägen kann, indem er imaginativ stark affekthaltige Bilder (*imagines*) konstruiert, die wesentlich räumlich strukturiert sind, und diese an ihm vertrauten ‚Orten‘ (*loci*) eines Hauses oder des Stadtbildes unterbringt (vgl. *Rhetorica ad Herennium* 1998 [ca. 85 v. Chr.], 165–181; Cicero

1976 [55 v. Chr.], 431–439; Quintilian 1995 [ca. 95], 587–609). Dieser im Geist dann abgeschrittene architektonische Raum garantiert die sequentielle Richtigkeit der Textargumentation, das geistige Betrachten der Bilder gewährleistet die Erinnerung an das, was zu sagen ist. Damit birgt die Mnemonik zwei unterschiedliche Theoriepotentiale: erstens jenes, das die Konstruktion von (Imaginations-) Bildern, und zweitens jenes, das die Ordnung – Lozierung – dieser Bilder betrifft. Der erste Bereich war Gegenstand affekt-, kognitions- und zeichentheoretischer Überlegungen, die Erinnerungsdisposition aber blieb in der Antike dem Individuum freigestellt. Ob anhand des eigenen oder eines fremden Hauses, ob anhand eines Bildes oder anhand dessen, was sich vom Stadtbild durch tägliche Rundgänge festsetzt: Es war dem Einzelnen überlassen, sich räumliche Ordnungsmuster zurechtzulegen, wodurch die Erinnerung strukturiert werden konnte.

Anders unter christlichen Prämissen: Hier gerät die *memoria naturalis* bereits bei Augustinus (vgl. Augustinus 1987 [397–401], 10. Buch) zu einem theologischen Gegenstand, ja zum zentralen Austragungsort von Welt- und Gotteserkenntnis (vgl. Leinkauf 1993). Diese forthin unhintergehbare Theologisierung des Gedächtnisses hat Konsequenzen für den Begriff der Ordnung. Denn sie liegt nach dem Sündenfall nicht mehr in den Phänomenen oder Dingen selbst, die ja in Verwirrung geraten sind, sondern sie entspringt einem kognitiven Akt in heilsgeschichtlicher Absicht, der die primordiale Ordnung rekonstruiert: „Die Aussicht auf universales Wissen und auf eine zureichende mnemotechnische Beherrschung dieses Wissens konnte [...] die Funktion eines Kompensationsmediums gegenüber der Läsion durch den Sündenfall erhalten" (ebd., 7). Ordnung wird aus der Einstellung des Geistes gegenüber dem Chaos geboren und ist damit – als eine kategoriale Gegebenheit – schlechthin meta-räumlich oder besser: unräumlich. Für diese heilsgeschichtlich relevante Ordnung sind nun Logik oder Ethik zuständig. Hier ist der kognitive und historische Begründungszusammenhang der Emblematik zu suchen (vgl. Scholz 2002). Es ist (1.) die bildbeschreibende Epigrammatik, der sie ihre Existenz verdankt; (2.) war die Monumental-Epigrafik intentional wie funktional in ein Memorialkonzept einbezogen, das sich auf den öffentlichen wie privaten Architekturraum gleichermaßen bezog.

Zu Punkt 1: Alciatos *Emblemata* genannte Gedichtsammlung bestand lediglich aus Titel-Lemmata mit Epigrammen. Die auf Veranlassung des Verlegers Stainer hinzugefügten Bilder sind nichts als ein verdeutlichendes, den abstrakten Text versinnlichendes Akzidens einer Veröffentlichung innerhalb der Bildbuchtradition. Nicht anders verhält es sich im begriffsgeschichtlich so wichtigen Fall von Heinrich Hudemanns *Hirrnschleiffer* (1626), der im Untertitel seines Buches erstmals das deutsche Wort „Sinnbild" als Übersetzung für *emblema* einführt. Was Hudemann als Sinnbilder bezeichnet, sind – wie bei Alciato – epigrammatische Ekphrasen die ohne Ergänzung durch eine *pictura* präsentiert werden.

Radikal erscheint damit die Emblematik als Anwendungsfall der Ekphrasis (vgl. 2.7 Rippl, 4.1. Wandhoff), was auch für die Mnemonik gilt, die ebenfalls mit der Verbildlichung eines bereits bestehenden Textes operiert. Das Emblem gehört, wie die Mnemonik, in dieser Hinsicht gänzlich zur Rhetorik und ihrer Verfahrenspraxis; es ist daher nur konsequent, wenn die Poetik der Frühen Neuzeit, die bekanntlich ein Sonderfall der Rhetorik ist, sich der Emblematik unter dem Blickwinkel des Epigramms annimmt. Nicht allein in historischer, auch in systematischer Hinsicht bezieht sich jedes einzelne Emblem des *Emblematum liber* von Alciato auf die Rhetorik, genauer gesagt auf ihren primären Verfahrensschritt, die Topik (*inventio* [Erfindung]; siehe 2.2 Berndt), die auch der Mnemonik zugrunde liegt. „Topik und die Erzeugung von Bildern gehören unmittelbar zusammen" (Kocher 2007, 44). Das jeweilige Lemma, als Topos beziehungsweise Titel argumentativ mittels Ekphrasis erfüllt, konstituiert erst das Emblem. Zentralstelle des Emblems ist somit das Lemma, das exakt dem Merkort, dem *locus*, der Mnemonik entspricht. Das Voranschreiten – Schritt für Schritt einen neuen Topos aufsuchend und ihn wiederum argumentativ als Ekphrasis erfüllend – konstituiert Alciatos Sammlung. Auch dies entspricht präzise der Mnemonik, die durch das Abschreiten der *loci* die Rede oder das enzyklopädische System konstituiert. Das Lemma regiert das Emblem; rhetorisch gesprochen: Der *locus* beziehungsweise Titel wird in Epigramm und *pictura* gleicherweise und gleichberechtigt amplifiziert.

Diese mnemonische Grundierung der Emblematik ist verantwortlich für zwei Entwicklungen: erstens die rasch einsetzende Pädagogisierung der Gattung zu Ende des 16. Jahrhunderts, das heißt ihren Einsatz zu systematisch-didaktischen Zwecken (vgl. Scholz 1981), wie sie etwa bei Joachim Camerarius' *Symbolorum & Emblematum centuriae quattuor* (4 Bde., 1590–1604), Nicolaus Taurellus' *Emblemata physico-ethica* (1595) oder Gabriel Rollenhagens *Nucleus emblematum* (2 Bde., 1611–1613) zu finden ist; und zweitens die Entstehung des geistlichen protestantischen Emblembuchs (Andachts- und Prediktemblematik) in den 1720er Jahren mit seinem deutlichen Sprachprimat, seiner thematischen Offenheit und seiner didaktischen Ausrichtung, die sich der bildlosen emblematischen Predigt sowie dem emblematischen Erbauungsbuch öffnet (vgl. Höpel 1987).

Zu Punkt 2: Die Theorie der Emblematik im 16. Jahrhundert schreibt sich explizit in das historische Kontinuum der rhetorischen Mnemonik ein. Aus ihrer Perspektive stellen sich die antiken Monumente in ihrer Kombination von *locus* und Bildzeichen als strukturidentische Vorläufer der Emblemkunst dar. Johann Fischart hat dies in seiner Vorrede zu Holtzwarts *Emblematum Tyrocinia* deutlich herausgestrichen. Sein „Kurtzer und Woldienlicher Vorbericht/von Vrsprung/Namen vnd Gebrauch der Emblematen/oder Eingeblömeten Zierwercken" benennt die Embleme als die „Poetischen Geheymnußlehrigen Gemälen" (‚die poetischen rätselhaften [Sprach-]Gemälde'; Fischart 1581, 7) und stellt sie damit begrifflich in den Kontext von ,redenden Bildern' und ,malenden Worten', also einem semiotischen Mischkonzept (vgl. Manns 2007). Fischart knüpft dann in seiner historischen Herleitung bezeichnenderweise zuallererst explizit an ein *locus*-System an, das genau jenem der Mnemonik entspricht, wenn er die *emblemata* etymologisch auf die antike Architekturtradition und ihren distinkten Zierrat bezieht; ihn finde man auch heute noch im Sinne von „erhauenen/versetzten vnd gewelbten Vorbauen/Erckern/Bildwercken vnd Gemälen" (Fischart 1581, 8) an Bauwerken. Ist dieser Primat des *locus*-Systems einmal etabliert, geht Fischart auf den modernen Begriffshorizont ein und hält fest, der Name sei „den Sinnreichen Erfindungen/Poetischen Dichtungen/Gemälmysterien vnd verdeckten Lehrgemälen [...] angewachssen" (ebd., 10). Die Reihenfolge zeigt die Frontstellung der Topik, gefolgt von der Poesie und dann erst der Bildkunst. Die daran anschließende Diskussion der emblematischen Symbolografie bindet Fischart mit radikaler Ausschließlichkeit an die Mnemonik; die Nachkommen Noahs hätten „zur Gedächtnus der Weltflut [...] das forter theyl eynes Schiffes/oder eyner Gallee auff vnd inn jren Wafen/Gewehren/Fahnen/Festzirden/Segelen/Gebäuen/geführt [...]; Deßgleichen [...] allerley Mörfisch: auch Oelzweig [...] und andere dergleichen vom Sündflut her erinnerliche sachen mehr" (ebd., 12). Der historische Anschluss der Emblemtheorie an die eigentlichen (,realistischen') und uneigentlichen (symbolischen, allegorischen) mnemonischen *imagines* ist hiermit festgeschrieben.

Die *inscriptiones* von Emblemen bezeichnen in ihrer sequentiellen Reihe die argumentative Struktur, das heißt ihre Topik, im Medium des Emblembuchs beziehungsweise im architektonischen Raum; sie entsprechen der Reihe der mnemonischen *loci*, sei es in oratorischer oder systematischer Absicht. Einzeln und für sich genommen werden sie amplifiziert in Ekphrasis und *pictura* nach dem Verfahren der *ars memorativa*, deren hermeneutische Arbeit das Kernstück der Emblematik bildet. Der hermeneutische Antrieb der Emblematik ist somit nicht durch die duale Struktur von Gegenstandsrepräsentation im Bild und Gegenstandsauslegung in der Ekphrasis festgeschrieben, sondern durch die moralische Veruneigentlichung dieses Vorgangs der Auslegung in einem Merkort, einem topischen Lemma (*inscriptio*), das durch eine Ekphrasis (und häufig auch ein Bild) amplifiziert wird. Nur dieser Fall ist als Emblem zu bezeichnen und deutlich von allen anderen Vorgängen der Allegorese abzuheben. Wenn jede allegoretische Auslegungsarbeit ein Emblem darstellte, wäre der gattungsgeschichtliche Begriff ,Emblematik' schlichtweg sinnlos.

Exemplarische Analyse

An zwei Beispielen soll die spezifische Hermeneutik der Emblemdeutung verdeutlicht werden. Das geschieht anhand von zwei Emblemen, die in allen Alciato-Ausgaben seit der *editio princeps* enthalten sind, auch in jener von Jeremias Held veranstalteten zweisprachigen Edition mit dem Titel *Liber Emblematum/Kunstbuch* (1567). Das erste Beispiel trägt den Titel *Prudentes vino abstinent* beziehungsweise *Klug/weiß/fürsichtig Leut enthalten sich vom Wein* (Abb. 1). Es hat eine *pictura*, die eine Flusslandschaft mit prominenter Architektur auf der linken Seite darstellt. In der Bildmitte, den Vordergrund einnehmend, ist ein Baum zu sehen, der von einem Rebstock umrankt wird; beide tragen Laub, der Weinstock auch Trauben. Betrachtet man das Bild allein, so stellt sich die Frage, was sein Thema ist – die Landschaft, die Architektur oder der Baum mit dem Rebstock? Selbst die Lektüre der *inscriptio* hilft nur wenig weiter, außer dass vom Wein die Rede ist. Man muss zur Enträtselung die *subscriptio* (in der lateinischen Fassung: ein Distichon; in der deutschen: zwei Knittelvers-Reimpaare) zu Rate ziehen, um zu erfahren, dass es sich bei dem Baum um jenen der Pallas, also den Ölbaum handelt, der hier selbst in der ersten Person Singular spricht. Er drückt sein Missfallen an der Umklammerung durch den Weinstock aus, da die Göttin Trunkenheit hasst.

Es ist ein weiter hermeneutischer Weg vom Bild zu seinem Verständnis. Der Emblemtitel gibt einen ersten indirekten Hinweis darauf, dass der Wein am Baum das Bildthema konstituiert. Nur die Lektüre der *subscriptio* aber stellt klar, dass es sich um den Baum der Pallas handelt; mitteleuropäische Leser/innen dürften anhand des Bildes kaum sofort auf die Lösung ‚Ölbaum' gestoßen sein. Und nur die Interpolation, dass Pallas die griechische Göttin der Weisheit ist, stellt den Bezug zur *inscriptio* her. Bei diesem Emblem ist es zudem wichtig zu beachten, dass hier die lateinische *subscriptio* vor der *pictura* steht. Es gibt, wie sich hier zeigt, kein fixes Emblemschema, nach dem konsekutiven Muster ‚Titel – Bild – Epigramm', die Anordnung der drei Elemente variiert vielmehr aufgrund der jeweiligen Möglichkeiten des Seitenformats und -layouts.

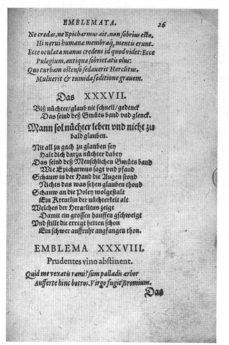
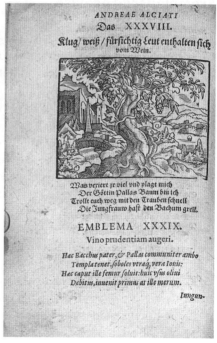

Abb. 1: *Prudentes vino abstinent* oder *Klug/weiß/fürsichtig Leut einhalten sich vom Wein*, Emblem aus Andrea Alciato: *Emblemata*, 1567

Nur wenige Seiten später ist im Buch ein Emblem zu sehen, das mit einem nahezu identischen Bild argumentiert. Das zweite Beispiel ist ein Emblem mit dem Titel *Amicitia etiam post mortem durans* beziehungsweise *Freundschafft die auch nach dem Tod wärt* (Abb. 2). Die zu der *inscriptio* gehörende *pictura* zeigt wieder eine Flusslandschaft, hier jedoch mit weniger prominenter Architektur. Im Hintergrund erscheint die Sonne vom Horizont nahezu verdeckt. Im rechten Bildteil, dem Vordergrund des Bildes, steht wieder ein Baum, diesmal jedoch ohne Blätter, ein Baum, der von einem Weinstock umrankt wird, der seinerseits Trauben und Blätter trägt. Man wird innerbildlich aufgrund empirischen Wissens die Blattlosigkeit des Baumes im Gegensatz zum Laub und den Früchten des Rebstocks nicht als winterlich deuten können, sondern als ‚abgestorben vs. lebendig sein' interpretieren müssen – abgesehen von der Kolorierung, die ihrerseits die Wiese am Fuße der Gewächse als sommerlich grün interpretiert. Im Unterschied dazu ist die kaum sichtbare Sonnenscheibe mit ihrem großen Strahlenkranz durchaus ambivalent; es lässt sich nicht entscheiden, ob sie auf- oder untergeht.

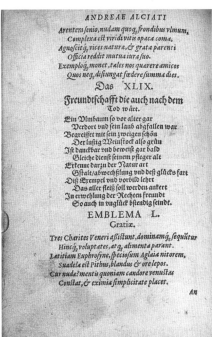

Abb. 2: *Amicitia etiam post mortem durans* oder *Freundschafft die auch nach dem Tod wärt*, Emblem aus Andrea Alciato: *Emblemata*, 1567

Eine Bedeutung kommt der *pictura* auch hier erst durch die *inscriptio* zu, die das Bild zu einer *nature moralisée* macht; der weitere Bedeutungshorizont wird durch den Titel als Opposition von Leben und Tod im Allgemeinen kenntlich. Spezifischere Deutungshinweise ergeben sich durch die *subscriptiones*. Der Text der lateinischen (drei Distichen) wie der deutschen (sechs Knittelvers-Reimpaare) *subscriptio* macht klar, dass es sich bei dem Baum um eine Ulme handelt – eine Information, die für die Deutung des Emblems allerdings irrelevant ist. Beide Texte nennen in einer unbezeichneten Sprecherrolle explizit das *exemplum*, das man dem Bild entnehmen soll: Sich Freunde zu wählen, deren Treue unverbrüchlich ist. Die Natur ist dem Menschen ein moralisches Vorbild, sie ist zeichenhaft-bedeutungsvoll, was auch heißt: auslegungsbedürftig.

Damit unterscheidet sich die Hermeneutik des ersten Epigramms von jener des zweiten. Im zweiten Fall ist es eine Metapher, die den exegetischen Stachel ausmacht, im ersten aber eine Metonymie. Nimmt man die *picturae* für sich, so unterscheiden sich die beiden Bilder kaum. Nimmt man Vordergründiges nur vordergründig ernst, dann hat man es in beiden Fällen mit einen Baum plus Rebstock zu tun. Das Differenzkriterium ‚Belaubung vs. Unbelaubtheit' trägt nichts zur differentiellen Bildanalyse bei; im Falle der Metapher ist es konstitutiv (Pflanzen repräsentieren die Begriffe ‚abgestorben' bzw. ‚Tod'), im Falle der Metonymie (die Götting Pallas repräsentiert durch ihren mythologischen Baum) akzidentiell – abgesehen von dem Umstand, dass ein unbelaubter Baum noch schwieriger als Ölbaum zu identifizieren wäre, und gesetzt den Fall, die Identifikation durch die Darstellung der Blätter allein, also ohne Text, kann überhaupt gelingen. Nimmt man diesen Fall als unwahrscheinlich an, dann wären die beiden *picturae* austauschbar.

Mit aller Deutlichkeit muss daher festgehalten werden, dass ein Bild nicht ‚gelesen' werden kann, ohne dass ihm ein Text unterlegt würde, das heißt: ohne dass es – durch einen Titel oder eine *subscriptio* – semantisiert würde. Die Bilder erzählen nichts, je nach textueller Semantisierung ändert sich ihre Bedeutung. Der hermeneutische Akt zur Exegese eines Emblems ist stets auf *inscriptio* und *subscriptio* angewiesen, die *pictura* für sich bleibt stumm. Ihr Wert ist einerseits ein ästhetischer, andererseits – wie bei der mnemonischen *imago* – ein affektiver, eben weil sie rätselhaft ist.

Gattungsgeschichtliche Grundlagen und Entwicklungen

Neben den funktionalen und hermeneutischen Grundlagen der Emblematik sind auch die gattungsgeschichtlichen festzuhalten (vgl. Scholz 1992). Da die Epigrammatik zunächst ganz im Horizont humanistischer Gelehrsamkeit angesiedelt ist, steht hier an zentraler Stelle die Epigrammatik der Antike – vor allem die Veröffentlichung der *Griechischen Anthologie* durch Andreas Johannes Laskaris (*Anthologia epigrammatum Graecorum*, Florenz 1494) erweiterte die Kenntnis der griechischen Epigrammatiker in entscheidender Weise. Dieser Antikenbezug wird bereits bei Alciato, am Beginn der Emblematik, fassbar. Des Weiteren ist in diesem Kontext die Hieroglyphik zu nennen. Sie war eine auf die hellenistische Zeit zurückgehende, von der altägyptischen Bilderschrift im missverstandenen Sinn abgeleitete Geheimlehre, die sich rätselhafter Symbolzeichen bediente. Am Ursprung steht die 1419 nach Italien gekommene Handschrift der *Hieroglyphica* des Horapollo (2. Jh. v. Chr.); allgemeine Verbreitung fand die Hieroglyphik durch die *Hypnerotomachia Poliphili* (1499) des Francesco Colonna, ein bei Aldus Manutius in Venedig publiziertes Bildbuch. An dritter Stelle ist sodann die Heraldik, genauer gesagt: die spätritterlich-höfische französische und burgundische Impresenkunst zu nennen. Impresen wurden von Adeligen als persönliche Abzeichen im Krieg und bei Turnieren getragen, zum Beispiel auf Schilden. Die Imprese operiert in ihrer Verbindung eines allegorischen Sinnbildes mit einem moralischen

Wahlspruch, der Devise, und weist damit deutliche Anschlussstellen an die Mnemonik auf. Der Begründer der Impresenliteratur war der italienische Humanist Paolo Giovio mit seinem *Dialogo dell'imprese militari et amorose* (1554).

Zu guter Letzt ist auf die Tradition der naturkundlichen und -philosophischen Literatur hinzuweisen (vgl. Höpel 1987, 131–153; siehe etwa der griechische *Physiologus*, ein frühchristliches Traktat des 2. bis 4. Jahrhunderts mit Mineralien-, Pflanzen- und Tiersymbolik). Zumeist mittels Texten und Bildern sowie in didaktischer Absicht wird in dem dieser Gattung eigenen Begründungszusammenhang die Dingwelt als auf ein Höheres verweisend begriffen, das heißt, als auslegungsbedürftig betrachtet. Die Welt wird hier als *mundus symbolicus* aufgefasst und kann nach den Prinzipien des vierfachen Schriftsinns (Literalsinn, allegorischer Sinn, moralischer oder tropologischer Sinn, anagogischer Sinn) allegoretisch erschlossen werden. Wichtige Beispiele sind Taurellus' *Emblemata physico-ethica* oder das alchemistische Emblembuch *Atalanta fugiens* (1618) von Michael Maier. Wenn das Emblem solcherart mit der Darstellung abstrakter Sachverhalte durch sinnlich Erfahrbares operiert, so gilt auch der Umkehrschluss: Ein Emblem demonstriert, dass die sinnlich apperzipierbare Realität auf ein Höheres, Abstraktes, moralisch Kodiertes verweist; ihr operativer Modus ist damit als allegoretische Hermeneutik definiert.

Die geschichtliche Entwicklung der Emblematik lässt sich in Kürze wie folgt skizzieren. Die erste Blüte der Gattung verdankt sich der für den Humanismus programmatischen Vorstellung von der Einheit von Wissenschaft und Kunst. Dazu kommt, dass die neue Kunstform „sofort eine Lücke im System der Künste und deren theoretischer Begründung besetzen konnte. Die fehlende inhaltliche Festlegung [...] wurde darüber hinaus zum Anstoß für eine grundsätzliche *Problematisierung gemischter Formen* und ihrer Text-Bild-Relationen überhaupt" (Höpel 1987, 17). Die weitere gattungsgeschichtliche Entwicklung der Emblematik steht allerdings unter dem Primat von zwei anderen Gegebenheiten. Ihre Begründung im Lozierungskonzept der *ars memorativa* ebnete ihr – gemeinsam mit ihrer thematischen Offenheit – den Weg für lebensweltliche Verwendungszusammenhänge; ihre mnemonisch grundierte didaktisch-moralische Funktion machte sie in allen Bereichen der Wissensvermittlung applizierbar.

Alciato hatte seine Sammlung von lateinischen (!) Epigrammen als Musterbuch für Kunsthandwerker empfohlen. Im Anschluss daran erhielt die Emblematik einen dekorativen Verwendungszweck, der sie regelrecht zur Mode werden ließ. Neben ihrem erwartbaren (vgl. Fischart 1581) Auftreten im architektonischen Raum als Decken- und Wandmalerei wurden emblematische Darstellungen als Verzierungen von Wandteppichen, Möbeln, Öfen, Medaillen, Münzen, Trinkgefäßen und Geschirr eingesetzt, sowie im Bereich von Festen und Umzügen. Im Buchwesen finden sich Embleme auf Titelblättern, in Druckermarken, Verlagssigneten, Autorenimpresen, Widmungen, Besitzvermerken und Exlibris. Vor allem in Deutschland wurde die Emblematik in den Stammbüchern gepflegt: Die *alba amicorum* als oft mit weißen Blättern durchschossene Emblembücher regten die private *inventio* jenseits des Buchmarktes an (vgl. Schnabel 2003). Leere Blätter mit privaten Einträgen finden sich dabei durchaus auch in gedruckten Emblembüchern, so etwa in Jeremias Helds zitierter Alciato-Edition (1566/67) oder in Andreas Friedrichs *Emblemata nova* (1617).

Wenn die Stammbücher die Beziehungen und Leistungen des Individuums würdigen, dann ist es von hier aus nur ein kleiner Schritt zu ihrer Öffentlichmachung und zu einer panegyrischen Emblematik, wie sich etwa am Beispiel der römisch-deutschen Kaiser nachweisen lässt (vgl. Klecker 2002 und 2010). Embleme eigneten sich freilich nicht allein zur Verherrlichung, sondern auch zur ideologischen Propaganda (vgl. Mödersheim und Probes 2013) und zur Polemik im politisch weiteren Sinne. So wurden die revolutionären Zeiten im England des 17. Jahrhunderts von Emblembüchern begleitet: George Withers *A Collection of emblemes, ancient and modern* (1635) vertrat die puritanisch-parlamentarische Seite, auf der anglikanisch-royalistischen finden sich die *Emblemes* (London 1635) und die *Hieroglyphikes of the life of man* (1638) von Francis Quarles. In der Frühen Neuzeit sind Politik und Religion nicht zu trennen. Beide Werke von Quarles erfüllen neben ihrer politischen daher auch Meditations- und Andachtsfunktion, was ihren Nachdruck bis zum Ende des 19. Jahrhunderts sicherte, als die Emblematik längst ihre Bedeutung verloren hatte. Sie sind dabei in Text und Bild nach jesuitischen Emblemmustern geformt, vor allem nach den *Pia Desideria* von Hermann Hugo (1624) und dem anonymen *Typus mundi* (1627), der seinerseits auf Hugo basiert (es ist im 17. Jahrhundert keineswegs ungewöhnlich, dass protestantische Autor/innen auf Muster aus dem katholischen und besonders jesuitischen Bereich zurückgreifen). Das erste jesuitische Emblembuch hatte Jan David mit seinem *Veridicus Christianus* (1601) vorgelegt, das im Dienst der Unterrichtspraxis der Jesuiten stand.

Damit ist jene Verschiebung markiert, die als Entwicklung vom „Kunstbuch zum Erbauungsbuch" (Höpel 1987) beschrieben wurde. Als besonders wichtige erbauliche Emblembücher sind beispielsweise Daniel Cramers *Emblemata Sacra* (Frankfurt am Main 1622), Johann Mannichs *Sacra Emblemata* (1624–1625) und Johann Sauberts des Älteren *ΔΥΟΔΕΚΑΣ [Ein Dutzend] Emblematum sacrorum* (1625–1630) zu erwähnen. Der Situierung des Emblemlemmas im Bereich der Ethik sind politisch-ethische Emblembücher zu verdanken, wie etwa Nicolaus Reusners *Emblemata* (1581) oder Johann Kreihings *Emblemata ethico-politica* (1661).

In den Niederlanden, wo die Emblematik besonders beliebt war, entstehen im 17. Jahrhundert ‚realistische‘, bürgerliche Emblembücher „mit ausdrücklichem Bezug auf bürgerliche Normen, geografische Umstände und zeitgenössische Artefakte" (Scholz 1997, 437), wie etwa *Quæris quid sit Amor* (‚Du fragst, was die Liebe sei'; o. O. 1601) von Daniel Heinsius (das erste Emblembuch, das sich ausschließlich der weltlichen Liebe widmet), Jacob Cats' *Sinn- en minne-Beelden* (‚Sinnes- und Liebesbilder'; Middelburg 1618) und der *Spiegel van den ouden en nieuwen tyt* (‚Spiegel der alten und neuen Zeit'; Amsterdam 1632), beide mit Illustrationen von Adriaen van de Venne, Roemer Visschers *Sinnepoppen* (‚Sinnbilder'; Amsterdam 1614; die ‚Sinnepoppe' – „bestaet half in een Poppe ofte Beeldt, en de ander helft by een sententie, spreeckwoordt of ghegghetjen" – ‚besteht halb aus einer Poppe oder Bild, und zur anderen Hälfte aus einer Sentenz, einem Sprichwort oder einer bäuerischen Spruchweisheit', S. III), oder Jacob Cats' *Silenus Alcibiadis sive Proteus* (o. O. 1618).

Das letztgenannte Buch operiert mit den Sprachen Latein, Griechisch, Niederländisch und Französisch (jeweils innerhalb eines einzigen Emblems) und ist damit ein extremes Beispiel für die Vielsprachigkeit von Emblembüchern, die ihrerseits zur Verbreitung und Beliebtheit der Gattung beitrug. Bereits frühe Ausgaben des *Emblematum liber* erschienen zweisprachig (lateinisch-französisch, Paris 1536, und lateinisch-deutsch, Paris 1542, beide gedruckt von Wolfgang Hunger; sowie von Jeremias Held, Frankfurt am Main 1566/1567); nur wenig später erfolgte der Wechsel zu den Volkssprachen, zunächst in Frankreich, erst ab dem Ende des 16. Jahrhunderts auch im deutschen Sprachraum.

Das Ende der Emblematik

Ab dem 17. Jahrhundert finden sich Auflösungsformen des triadischen Schemas von Emblemen. Hudemanns *Hirrnschleiffer* (1626) restituiert Alciatos originäre Bildlosigkeit, die Mehrständigkeit als emblematische Erweiterungsform wird erfunden und die Uneigentlichkeit der *pictura* wird teilweise aufgegeben. Bereits bei Laurens van Haecht Goidtsenhouens μικρόκοσμος *[Mikrokosmos]* PARVUS MUNDUS (1579; 1613 neu bearbeitet von Joost van den Vondel) tritt an die Stelle des Lemmas ein Bibelzitat und die *pictura* ist durch szenische Darstellungen von Historien und Fabeln ersetzt.

Die Produktion von Emblemen und Emblembüchern erfolgt bis zum Ende des 18. Jahrhunderts. Nur unter frömmigkeitsgeschichtlichen Vorzeichen hält sich die Emblematik noch darüber hinaus, vor allem im England des 19. Jahrhunderts; für den deutschen Sprachraum ist Johann Arndts protestantisches Erbauungsbuch *Vier Bücher vom wahren Christentum* (1610) zu nennen, das zuerst 1678–1679 emblematisch illustriert erschien und noch 1930 aufgelegt wurde. Der Grund für das Überleben dieser Emblematikform ist, dass das religiöse Wissen innerhalb bestehender Theologien keine wesentliche Neuerung aufweist und seine Vermittlung in devotionspraktischer Absicht weiterhin in synästhetischer Gestaltung erfolgen kann. Denn für das allgemeine Ende der Emblematik sind vor allem zwei Gründe zu nennen: das Ende der ästhetischen Vermittlung von Wissen und die Neudefinition der Aufgaben der Künste.

Johann Joachim Winckelmann etwa schrieb um die Mitte des 18. Jahrhunderts in seinen *Gedanken von der Nachahmung der griechischen Werke in der Malerey und Bildhauerkunst* (1755): „Es erschien aber eine Zeit in der Welt, wo ein großer Haufe der Gelehrten gleichsam zur Ausrottung des guten Geschmacks sich mit einer wahrhaften Raserey empörete. [...] Junge und Alte fingen an Devisen und Sinnbilder zu malen, nicht allein für Künstler, sondern auch für Weltweise und Gottesgelehrte; und es konnte kaum ferner ein Gruß, ohne ein Emblema anzubringen, bestellet werden. Man suchte dergleichen lehrreicher zu machen durch eine Umschrift desjenigen, was sie bedeuteten, und was sie nicht bedeuteten. [...] Nachdem nun einmal diese Gelehrsamkeit Mode worden war, so wurde an die Allegorie der Alten gar nicht mehr gedacht" (Winckelmann 1808 [1755], 183–184; zur Kunstliteratur des 18. Jahrhunderts vgl. 2.3 SCHNEIDER). Was Winckelmann hier moniert, ist also zum einen die auf einer privaten *inventio* beruhende Konzeption von *picturae*, die zum anderen einer Auslegung bedurften, weil sie, so ist hinzuzufügen, eben nicht a priori semantisiert sind. Zu ihrer Exegese wird ein expliziter Text benötigt, was die allegorische *pictura* im Emblem von dem entfremdet, was Winckelmann als „die Allegorie der Alten" versteht (vgl. Morgner 2002). Abgelehnt wird nicht zuletzt die Bimedialität, die Text-Bild-Kombination, die der Emblematik zwar nicht generisch zu eigen ist, aber immerhin die historisch dominierende Erscheinung der Gattung ausmacht. Wenn schließlich Immanuel Kant in seiner *Critik der Urtheilskraft* (1790) Kunst auf Schönheit und Schönheit auf interesseloses Wohlgefallen verpflichtet, dann ist damit das Ende der didaktischen Aufgabe von Kunst erreicht und auch das Ende der Emblematik.

Literaturverzeichnis

Alciato, Andrea. *Emblematum Libellus*. Nachdruck der Ausgabe Paris 1542. Darmstadt: Wissenschaftliche Buchgesellschaft, 1975.

Alciato, Andrea. *Liber Emblematum/Kunstbuch*. Hrsg. und übers. von Jeremias Held, Frankfurt am Main: Sigmund Feyerabend und Simon Hüter, 1567.

Augustinus, Aurelius. *Bekenntnisse*. Lateinisch und deutsch. Übers., eingel. und erl. von Joseph Bernhart. Frankfurt am Main: Insel, 1987. 397–401 [ca. 397–398 n. Chr.].

Bässler, Andreas. *Die Umkehrung der Ekphrasis. Zur Entstehung von Alciatos ‚Emblematum liber'*. Würzburg: Königshausen & Neumann, 2012.

Cicero, Marcus Tullius. *De oratore/Über den Redner*. Lateinisch/Deutsch. Übers. und hrsg. von Harald Merklin. 2. Aufl. Stuttgart: Reclam, 1976 [55 v. Chr.].

Daly, Peter M. (Hrsg.). *Index Emblematicus Bd. 1–6*. Toronto: Scholarly Publishing Division, 1985–1998.

Fischart, Johann. „Vorbericht". Mathias Holtzwart. *Emblematum Tyrocinia*. Stuttgart: Reclam, 1968. 7–18 [1581].

Friedrich, Andreas. *Emblemata nova; das ist/New Bilderbuch*. Frankfurt am Main: Lucas Jennis, 1617.

Freeman, Rosemary. *English Emblem Books*. London: Chatto & Windus, 1948.

Grimm, Jacob und Wilhelm. *Deutsches Wörterbuch Bd. 25*. München: Deutscher Taschenbuchverlag, 1984 [1862].

Heckscher, William S., und Karl-August Wirth. „Emblem, Emblembuch". *Reallexikon zur Deutschen Kunstgeschichte Bd. 5*. Stuttgart: Druckenmüller, 1967. Sp. 85–228.

Henkel, Arthur, und Albrecht Schöne. *Emblemata. Handbuch zur Sinnbildkunst des XVI. und XVII. Jahrhunderts*. Stuttgart: Metzler, 1996 [1967].

Höpel, Ingrid. *Emblem und Sinnbild. Vom Kunstbuch zum Erbauungsbuch*. Frankfurt am Main: Athenäum, 1987.

Horaz [Quintus Horatius Flaccus]. „De arte poetica liber/Das Buch von der Dichtkunst" [14 v. Chr.]. *Sämtliche Werke. Lateinisch und Deutsch*. Teil I nach Kayser, Nordenflycht, Burger hrsg. von Hans Färber, Teil II übers. und bearb. von Hans Färber und Wilhelm Schöne. München: Heimaran, 1967. 230–259.

Hudemann, Heinrich. *Hirrnschleiffer. Das ist: Außerlesene teutsche Emblemata/oder Sinnenbilder; welche zu schärffung der Verstands/besserung des sündlichen Lebens/unnd Erlustigung des gantzen Menschen mit Verssen gezieret/unnd in dieser Sprach hiebevor nicht außkommen seynd*. o. O.: o. V., 1626.

Klecker, Elisabeth. „Me fovet atque movet. Dichter und Kaiser in einer Emblemhandschrift für Ferdinand II. (Johannes Steinmetz, Fortuna Bohemica, cod. Vind. 7762)". *Polyvalenz und Multifunktionalität der Emblematik/Multivalence and Multifunctionality of the Emblem Bd. 1*. Hrsg. von Wolfgang Harms und Dietmar Peil. Frankfurt am Main: Lang, 2002. 431–457.

Klecker, Elisabeth. „‚non manus magis quam ingenia exercere'. Imperial Propaganda on Emblematic Targets". *The International Emblem. From Incunabula to the Internet*. Hrsg. von Simon McKeown. Newcastle upon Tyne: Cambridge Scholars Publishing, 2010. 235–262.

Knape, Joachim. „Mnemonik, Bildbuch und Emblematik im Zeitalter Sebastian Brants (Bran, Schwarzenberg, Alciati)". *Mnemosyne. Festschrift für Manfred Lurker zum 60. Geburtstag*. Hrsg. von Werner Bies und Hermann Jung. Baden-Baden: Koerner, 1988. 133–178.

Kocher, Ursula. „*Imagines* und *picturae*. Wissensorganisation durch Emblematik und Mnemonik". *Topik und Tradition. Prozesse der Neuordnung von Wissensüberlieferungen des 13. bis 17. Jahrhunderts*. Hrsg. von Thomas Frank, Ursula Kocher und Ulrike Tarnow. Götingen: V&R Unipress, 2007. 31–45.

Köhler, Johannes. *Der „Emblematum liber" von Andreas Alciatus (1492–1550). Eine Untersuchung zur Entstehung, Formung antiker Quellen und pädagogischen Wirkung im 16. Jahrhundert*. Hildesheim: Lax, 1986.

Kreihing, Johann. *Emblemata ethico-politica*. Nachdruck der Ausgabe Antwerpen 1661. Hrsg. von G. Richard Dimler. Turnhout: Brepols, 1999.

Leinkauf, Thomas. „Scientia universalis, memoria und status corruptionis. Überlegungen zu philosophischen und theologischen Implikationen der Universalwissenschaft sowie zum

Verhältnis von Universalwissenschaft und Theorien des Gedächtnisses". *Ars memorativa. Zur kulturgeschichtlichen Bedeutung der Gedächtniskunst 1400–1750*. Hrsg. von Jörg Jochen Berns und Wolfgang Neuber. Tübingen: Niemeyer, 1993. 1–34.

Manns, Stefan. „Nucleus emblematum. Überlegungen zu einer Semiotik des Emblems". *Topik und Tradition. Prozesse der Neuordnung von Wissensüberlieferungen des 13. bis 17. Jahrhunderts*. Hrsg. von Thomas Frank, Ursula Kocher und Ulrike Tarnow. Göttingen: V&R Unipress, 2007. 47–65.

Mödersheim, Sabine. „Emblem, Emblematik". *Historisches Wörterbuch der Rhetorik Bd. 2*. Hrsg. von Gert Ueding. Tübingen: Niemeyer, 1994. Sp. 1098–1108.

Mödersheim, Sabine, und Christine Probes (Hrsg.). *Emblems and Propaganda*. Genf: Librairie Droz, 2013.

Morgner, Ulrike. *„Das Wort aber ist Fleisch geworden". Allegorie und Allegoriekritik im 18. Jahrhundert am Beispiel von K.Ph. Moritz' ‚Andreas Hartknopf. Eine Allegorie'*. Würzburg: Königshausen & Neumann, 2002.

Neuber, Wolfgang. „Locus, Lemma, Motto. Entwurf einer mnemonischen Emblematiktheorie". *Ars memorativa. Zur kulturgeschichtlichen Bedeutung der Gedächtniskunst 1400–1750*. Hrsg. von Jörg Jochen Berns und Wolfgang Neuber. Tübingen: Niemeyer, 1993. 351–372.

Pelc, Janusz. *Obraz – Słowo – Znak. Studium o emblematach w literaturze staropolskiej*. Breslau: Ossolineum, 1973.

Praz, Mario. *Studies in Seventeenth-Century Imagery*. London: The Warburg Institute, 1939.

Quintilian [Marcus Fabius Quintilianus]. *Ausbildung des Redners. Zwölf Bücher. Teil 2: Buch VII–XII*. Übers. und hrsg. von Helmut Rahn. 3. Aufl. Darmstadt: Wissenschaftliche Buchgesellschaft, 1995 [ca. 95 n. Chr.].

Rhetorica ad Herennium. Hrsg. und übers. von Theodor Nüßlein. 2. Aufl. Düsseldorf, Zürich: Artemis & Winkler, 1998 [ca. 85 v. Chr.].

Schnabel, Werner Wilhelm. *Das Stammbuch. Konstitution und Geschichte einer textsortenbezogenen Sammelform bis ins erste Drittel des 18. Jahrhunderts*. Tübingen: Niemeyer, 2003.

Scholz, Bernhard F. „Didaktische Funktion und Textkonstitution im Emblem". *Jahrbuch für Internationale Germanistik* 13 (1981): 10–35.

Scholz, Bernhard F. „Das Emblem als Textsorte und als Genre". *Zur Terminologie der Literaturwissenschaft*. Hrsg. von Christian Wagenknecht. Stuttgart: Metzler, 1988. 289–308.

Scholz, Bernhard F. „Emblematik: Entstehung und Erscheinungsweisen". *Literatur und Bildende Kunst. Ein Handbuch zur Theorie und Praxis eines komparatistischen Grenzgebietes*. Hrsg. von Ulrich Weisstein. Berlin: Schmidt, 1992. 113–137.

Scholz, Bernhard F. „Emblem". *Reallexikon der deutschen Literaturwissenschaft Bd. 1*. Hrsg. von Klaus Weimar. Berlin: De Gruyter, 1997. 435–438.

Scholz, Bernhard F. *Emblem und Emblempoetik. Historische und systematische Studien*. Berlin: Schmidt, 2002.

Schöne, Albrecht. *Emblematik und Drama im Zeitalter des Barock*. München: Beck, 1964.

Strasser, Gerhard F. *Emblematik und Mnemonik der frühen Neuzeit im Zusammenspiel. Johannes Buno und Johann Justus Winckelmann*. Wiesbaden: Harrassowitz, 2000.

Winckelmann, Johann Joachim. „Erläuterung der Gedanken Von der Nachahmung der griechischen Werke in der Malerey und Bildhauerkunst, und Beantwortung des Sendschreibens über diese Gedanken". *Winckelmann's Werke Bd. 1*. Hrsg. von C. L. Fernow. Dresden: Walthersche Hofbuchhandlung, 1808. 129–212.

4.5 Augenzeugenschaft und sprachliche Visualisierung im Drama (A. Gryphius: *Catharina von Georgien*, H. von Kleist: *Penthesilea*)

Claudia Benthien

Theater und Visualität

Das Theater ist ein audio-visuelles Medium: Das Publikum sieht das Bühnenbild, die Requisiten und die kostümierten Schauspielerinnen und Schauspieler, es hört ihre Stimmen sowie Musik, Klänge und Geräusche. Der visuellen Wahrnehmung wird von der Forschung mehr Aufmerksamkeit geschenkt als der akustischen, was sich auch in einschlägigen theaterwissenschaftlichen Untersuchungen spiegelt (vgl. Haß 2005; Darian 2011). Betrachtet man den Konnex von Theater und Visualität im engeren Sinne, so ist letzteres vor allem in drei Dimensionen relevant: „(a) zum einen als Bühnen- und Kulissenbilder, in neuerer Zeit auch als Projektionen von Film- und Videobildern, das heißt als konkrete visuelle Gestaltungen des Bühnenraumes, mit dessen Möglichkeiten und historischen Entwicklungen sich die Szenografie beschäftigt; (b) zum anderen als ästhetische und theoretische Auseinandersetzung der Kunstform Theater mit dem Vorbild der Malerei im Rahmen eines Wettstreits der Künste, der seit der Renaissance bis zum beginnenden 20. Jahrhunderts die Theaterdebatte mit jeweils unterschiedlichen Akzentuierungen und Hierarchisierungen begleitet; sowie schließlich (c) in der bildlichen Spannung von Darstellungsmedium und Dargestelltem, von Zeigen und Verbergen, von Darstellungsmustern und Wahrnehmungskonventionen, aber auch in der perspektivischen Anlage des modernen Bühnenraums als Thematisierung grundlegender Fragen von Sichtbarkeit, Darstellung und (Un-) Darstellbarkeit, von Wahrnehmung, Verkörperung und Inszenierung." (Kolesch 2005, 43–44) Der dritte Bereich, speziell die Frage der Darstellbarkeit, steht im Zentrum des vorliegenden Beitrags. Dafür sollen zwei mit Visualität eng verbundene Theoriekonzepte – das der Zeugenschaft und das der Ekphrasis – für die Analyse von Theatertexten nutzbar gemacht werden.

Der visuellen Szenografie sind im Theater spezifische Grenzen gesetzt – insbesondere in seinen historischen und traditionellen Ausprägungen, die von Volker Klotz mit dem Schlagwort des ‚geschlossenen Dramas‘ und von Hans-Thies Lehmann mit dem des ‚dramatischen Theaters‘ belegt wurden (vgl. Klotz 1969

[1960]; Lehmann 1999): Erstens aufgrund der für die traditionelle Dramaturgie maßgeblichen ‚Einheit des Ortes‘, die Schauplatzwechsel untersagt, um Kohärenz nicht zu zerstören; zweitens wegen der technischen Unmöglichkeit, bestimmte Ereignisse szenisch darzustellen (zum Beispiel Schlachten, große Tiere, Naturkatastrophen); drittens, bezogen auf Darstellungstabus, Dinge zu zeigen, die Moral, Ästhetik oder Anstand verletzen (etwa Gewaltverbrechen, Inzest, Hinrichtungen). Exemplarisch heißt es in Horaz' *Buch von der Dichtkunst* (14 v. Chr.): „[L]aß Dinge, die ins Haus gehören, nicht vor der Bühnenwand geschehen; laß vieles den Augen entrückt bleiben: dann mag beredter Zeugenmund es anschaulich erzählen. Nicht darf vor allem Volk Medea ihre Kinder schlachten; nicht darf der grausige Atreus Menschenfleisch auf offener Bühne kochen, nicht Prokne in den Vogel, Kadmus in die Schlage sich verwandeln. Was du mir so handgreiflich zeigst, erregt Unglauben nur und Widerwillen." (Horaz 1967 [14 v. Chr.], 241)

Botenbericht und Teichoskopie

Wenn ein für die Handlung wichtiges Ereignis nicht szenisch gezeigt werden kann (oder soll), dann wird es von ‚beredtem Zeugenmund erzählt‘, wofür sich schon in der Antike zwei Konventionen entwickelt haben: zeitgleiches Erzählen in der Mauerschau (Teichoskopie), nachträgliches Erzählen im Botenbericht. Weil der Botenbericht auf das Geschehen folgt, wird dieses als rhetorisch Geformtes gezeigt und die Narration enthält unter Umständen Elemente sowohl der Bewertung als auch der psychologisch-affektiven Bewältigung (vgl. Klotz 1969 [1960], 31). Teichoskopie als „reportagehafte Schilderung von Ereignissen [...], die sich simultan zum Bühnengeschehen im fiktionalen Wahrnehmungsraum des [...] Sprechers abspielen" (Keiper 2007, 283), unterscheidet sich vom Botenbericht, weil die temporale – und damit auch reflexive – Distanz hier fehlt. Der Begriff ‚Mauerschau‘ entstammt allerdings nicht einem Dramentext, sondern einem Versepos: dem 3. Gesang der *Ilias* (ca. 8.–7. Jh. v. Chr.), wo Helena von der Stadtmauer aus den Anblick der griechischen Helden schildert; als Vorbild für die Dramaturgie der Moderne gilt William Shakespeares Tragödie *Julius Caesar* (1599).

Dramentheoretisch gelten Berichte von sogenannter ‚verdeckter‘ oder ‚hinterszenischer‘ Handlung als „Episierung durch spielinterne Figuren" (Pfister 1997 [1977], 112). Im Unterschied zum sichtbaren Bühnengeschehen, das „plurimedial und a-perspektivisch" ist, sind sie sowohl „rein verbal" als auch perspektiviert: „Wird im ersten Fall der Rezipient zum unmittelbaren Zeugen eines mit konkreter Anschaulichkeit dargestellten Geschehens, von dem er sich selbständig ein Bild machen kann, so ist er im zweiten Fall auf einen figurenperspektivisch gebrochenen und in seiner reinen Sprachlichkeit weniger konkret-anschaulichen Bericht angewiesen, bezieht er seine Informationen also ‚aus zweiter Hand'" (ebd., 276). Manfred Pfister bezieht sich auf die antike Rhetorik und ihre Privilegierung des Augensinns, wie sie etwa bei Horaz ausformuliert wurde: „Eine Handlung kommt als Ereignis auf die Bühne oder durch Bericht von ihrem Hergang. Schwächer ist der Eindruck, der der Seele durch das Ohr zugeht, minder wirksam, als was das zuverlässige Auge unmittelbar aufnimmt und was der Zuschauer sich selbst zuträgt." (Horaz 1967 [14 v. Chr.], 241) Wirkungsästhetisch wird die visuelle Perzeption hier nicht nur als zuverlässiger, also objektiver, sondern gegenüber der auditiven auch als eindrücklicher angesehen.

Diese postulierte Zweitrangigkeit berichtender Passagen gegenüber dem konkreten visuellen Bühnengeschehen findet sich indirekt schon bei Aristoteles, der das Drama (die Tragödie) als „Nachahmung von Handelnden und nicht durch Bericht" definiert (Aristoteles 1982 [nach 335 v. Chr.], 19). Sie hält sich in der Dramentheorie bis weit in die Moderne, so etwa bei Klotz, der bemängelt, dass das Geschehen im Bericht „nicht nackt und unmittelbar auf die Szene [trete], sondern [...] gezähmt [werde]", von der Sprache „unterworfen und artikuliert": „Das Drama der geschlossenen Form verdrängt alle gewaltsamen Taten, alle sinnlich dynamische Aktion in die verdeckte Handlung und läßt sie nur durch Abstand und rhetorische Verarbeitung entstofflicht in die Szene ein" (Klotz 1969 [1960], 32). An zwei Botenberichten Jean Racines (Tod des Pyrrhus in *Andromache*, Tod des Hippolyte in *Phèdre*; beide 1667) moniert Klotz, dass die „Mitteilungen von Tatbeständen" hier „ihres lebendigen dramatischen Fluidums entkleidet" seien und dass der Bote die „gewaltsame Begebenheit [...] aus ihrer brutalen Gegenwart und Faktizität in stilisierende Sprache" übersetze (ebd., 32–33).

Neuere Ansätze sehen demgegenüber die narrative Wiedergabe der dem Blick verborgenen Ereignisse und Entitäten nicht als Hilfskonstruktion an, um szenisch Undarstellbares in die Handlung zu integrieren. Sie gehen vielmehr davon aus, dass Botenberichte und Teichoskopien eigene Intensitäten und ästhetische Qualitäten aufweisen. Die narrative Vermittlung ist nicht nur ein „wichtiges Mittel der dramatischen Ökonomie", sondern eben auch der „Fokus- und Emphasebildung" (Pfister 1997 [1977], 277). Sie dient dem Aufbau von Spannung und der Steigerung des Interesses an einem Geschehen, sei es, indem sie die Peripetie herbeiführt oder indem sie die nahende Katastrophe bereits heraufbeschwört (vgl. Muzelle 1992, 157).

Karl Heinz Bohrer etwa hat den Botenbericht in der (antiken) Tragödie als „Evokation des Furchtbaren" bezeichnet, der nicht als „sichtbares Szenenereignis" wahrnehmbar sei, sondern nur „im Medium der Sprache der Akteure": als eine „*Erscheinung* des Schreckens qua sprachlicher Darstellung" (Bohrer 2009, 213–214). Die Konsequenz dieser mittelbaren Präsentation aber sei die „Gewinnung der imaginativen Gewalt der dramatischen Sprache" (ebd., 213). Ähnlich hat Dorothea Zeppezauer bezüglich des antiken Botenberichts hervorgehoben, dass „Schreckliches sich in der indirekten Darstellung einer Erzählung unter Umständen eindringlicher und damit wirkungsvoller gestalten lässt, als in einer nur eingeschränkt realisierbaren szenischen Umsetzung" (Zeppezauer 2011, 10). Die Macht sprachlich evozierter Bilder kann die szenische Gestaltung sogar in den Schatten stellen: „[Es] wird deutlich, dass zwar dem Gesehenen ein hohes Maß an Glaubwürdigkeit und Genauigkeit zugestanden wird, die emotionale Beteiligung sich aber genauso gut oder womöglich sogar besser auch durch andere sinnlich-intellektuelle Vermittlung über die Vorstellungskraft (*phantasia*) erzielen lässt." (Ebd., 12) In der Forschung finden sich also divergierende Ansichten, was die Potentiale und Grenzen einer szenisch-visuellen vs. einer rein sprachlichen Darstellungsweise betrifft, was nachfolgend anhand von zwei Szenenanalysen diskutiert wird.

Botenbericht und Teichoskopie finden sich besonders häufig in der attischen Tragödie, im barocken Trauerspiel, in der französischen Klassik des 17. und der deutschen des späten 18. Jahrhunderts sowie noch in antikisierten Dramen des 19. und 20. Jahrhunderts. Sie zeichnen sich durch zwei Merkmale aus, die hier mittels der kulturtheoretischen Konzepte ‚Zeugenschaft' und ‚Ekphrasis' näher beschrieben und expliziert werden sollen. Diese Konzepte stehen in einem gewissen Widerspruch zueinander, insofern Zeugenschaft kulturtheoretisch an eine Realerfahrung gebunden ist, weswegen der Zeuge oder die Zeugin speziell bei schrecklichen und traumatischen Ereignissen darum ringt, diese in möglichst authentische Worte zu kleiden. Ekphrasis hingegen steht in der Kunst- und Literaturtheorie für ein artifizielles, rhetorisch geformtes Sprechen. Speziell in klassischen Tragödien wird dieser Widerspruch offenbar aber nicht als solcher betrachtet, sondern vielmehr im Sinne der Wirkungssteigerung eingesetzt.

Zur Problematik theatraler Zeugenschaft

Beim Botenbericht wie auch bei der Teichoskopie kommt dem oder der Berichtenden ‚Augenzeugenschaft' zu: Etwas den Zuhörenden visuell nicht Zugängliches wurde oder wird gesehen, was durch die sprachliche Visualisierung sowohl performativ hergestellt als auch, durch die Zuhörenden, beglaubigt wird („the speaker makes his hearer into a kind of pseudo eyewitness", De Jong 1991, 39; „Bearing witness can therefore be designated as performative, it belongs to a performative-pragmatic order and not a theoretical-constative one", Müller-Schöll 2013, Manuskripts. 20). Botenfiguren oder Mauerschauende sind somit ‚primäre

Zeug/innen', die auf der Bühne Zuhörenden hingegen werden durch die Interaktion zu ,sekundären Zeug/innen'. Dieses auf aktuelle Zeugenschaftstheorien im Kontext der Shoah rekurrierende Modell impliziert eine Interdependenz beider Instanzen: „Eine Aussage wird erst dadurch zu einem Zeugnis, daß sich der Zeuge in seiner Erzählung an einen anderen richtet. Die persönlichen Belange des Zeugen werden erst in der Ansprache an andere überschritten, und die Aussage des Zeugen steht erst dann, durch diese Ansprache und diesen Anruf um Gehör, für eine universelle Wahrheit ein. [...] Es geht um die Verpflichtung und um die Möglichkeit, ,für den Zeugen zu zeugen', indem wir auf die in jedem Zeugnis erhaltene Aufforderung zum Zuhören und zur Antwort dadurch reagieren, daß wir für die Wahrheit der bezeugten Erfahrung mitverantwortlich werden" (Baer 2000, 7). Ulrich Baer beschreibt hier, wie die subjektiven Wahrnehmungen einer Augenzeugin oder eines Augenzeugen erst durch den Bericht über das Ereignis überindividuelle Relevanz erlangen. Den Hörer/innen kommt hierbei – quasi als ,Zeug/innen der Zeug/innen' – die konstitutive Funktion der Beglaubigung wie auch die aktive Teilhabe am Prozess der ,Übersetzung' des Erlebten in realitätstiftende Sprache zu: „Damit die Wahrheit der extrem traumatischen Erfahrungen ans Licht gelangt, benötigen Augenzeugen eine Art der Zuhörerschaft, die sich als *sekundäre Zeugenschaft*, als Zeugenschaft durch Vorstellungskraft oder als ,Zeugenschaft der Erinnerung' verstehen läßt." (Ebd., 11)

Was Baer bezogen auf die extreme Situation der Zeuginnen und Zeugen der Shoah formuliert, die aufgrund ihrer Traumatisierung das Erlebte selbst nicht vollständig zu erfassen in der Lage sind (siehe hierzu auch 3.3 SEGLER-MESSNER), lässt sich strukturell auf andere Konstellationen einer „Krise der Zeugenschaft" übertragen, „die über die historische Spezifizität des Holocaust hinausgehen" (ebd., 12): „Es geht darum, wann und wie der Akt der *Wahrnehmung* zum Akt des Bezeugens und schließlich zum Bewußtsein der Verantwortung für die mitangesehene Realität werden kann." (Ebd., 22) Dabei soll die fundamentale Differenz zwischen realem Leid und tatsächlichen Gräueltaten einerseits und deren theatraler Bühnengestaltung andererseits selbstverständlich nicht in Abrede gestellt werden. Gewalthandlungen kommt innerhalb der dramatischen Fiktion jedoch in der Regel Wirklichkeitsstatus zu, weswegen das Verhältnis von primären und sekundären Zeuginnen und Zeugen ein durchaus ähnliches ist, was die Möglichkeiten und Grenzen der Verbalisierung und des Verstehens betrifft. Die sprachliche Visualisierung einer mit eigenen Augen gesehenen Gewalthandlung ist gleichermaßen auf die Existenz einer Zuhörerschaft angewiesen, die einerseits Mitverantwortung übernimmt und andererseits dem traumatischen Geschehen durch ihre empathische Reaktion überhaupt erst den Status von Realität verleiht. Nikolaus Müller-Schöll hingegen analogisiert das (unter anderem) der Shoah-Forschung entnommene Konzept der Zeugenschaft mit dem – ebenfalls prekären – Verhältnis von Bühnendarsteller/innen und Publikum, was insofern problematisch ist, als dass sich hier beide Personengruppen auf unterschiedlichen Realitätsebenen ansiedeln und den Zuschauenden (in der Regel) bewusst ist, dass sie einer Fiktion beiwohnen. Demgegenüber wird in der Bühnenhandlung eine der Augenzeugenschaft in realen Gewalterfahrungen strukturell vergleichbare Logik in Szene gesetzt, bei der der sekundären Zeugenschaft eine konstitutive Rolle zukommt: „Die Erzählung entsteht im Zuhören und Gehörtwerden. In diesem Prozeß wird die Kenntnis, das ‚Wissen' von dem Erlebnis hervorgebracht." (Laub 2000, 68)

Folgt man der Annahme einer „grundsätzlich dialogisch verfassten Zeugenschaft" (Schneider 2007, 63), wird erst durch den Bericht über ein entsetzliches Geschehen auch im Theater (performativ) Realität hergestellt. Der Status der von Augenzeuginnen und Augenzeugen wahrgenommenen Ereignisse ist unsicher, speziell „in Bezug auf die Sinnhaftigkeit des Erzählten" (Segler-Meßner 2006, 25). Diese „Skepsis gegenüber Zeugenaussagen ist so alt wie die Notwendigkeit, auf sie zurückzugreifen" (Weitin 2009, 7) – ein Umstand, der in der Tragödie reflektiert wird, indem etwa szenisch gestaltete Befragungen unterschiedlicher Zeugen von außerszenischen Ereignissen erfolgen (zum Beispiel in Sophokles analytischer Tragödie *König Ödipus*, 429–425 v. Chr.) oder Berichte über hinterszenische Ereignisse mehrfach und aus verschiedenen Perspektiven erzählt werden. Dabei geht es nicht ausschließlich um die Rekonstruktion von Fakten oder Ereignissen, sondern auch um „[j]enes Moment des Zeugnisses [...], das nicht in die Reduktion zum Beweis aufgeht und das die Differenz zwischen Zeugnis und [juristischer] Zeugenschaft ausmacht": das Moment der „Sprache der Klage" (Weigel 2000, 131). Diese wiederum stellt ein bedeutendes Element speziell der Tragödie dar (vgl. Bohrer 2009, 336–380).

Ekphrasis und *evidentia* in der Figurenrede

Während in der kulturtheoretischen Zeugenschaftsdiskussion die Stärkung des Realitätsbezugs und die Referenz auf faktische Leiderfahrungen betont wird, steht im Zentrum der Debatte um ekphrastische Visualisierung die Versprachlichung optischer Eindrücke von künstlerischen Artefakten oder anderen, als artifiziell wahrgenommenen Entitäten. Beide divergierenden Konzepte zu relationieren, ist gleichwohl sinnvoll, weil Augenzeugenberichte im Drama, im Unterschied zu nicht-theatralen, faktualen Berichten, zumeist eine erhöhte Literarizität und Bildlichkeit aufweisen, was zu Vorstellungen von ‚Zeugenschaft' (sowie Ansprüchen an dieselbe) durchaus konträr steht (vgl. Schmidt und Voges 2011,

13–14). Die stilistische Anhebung in ekphrastischen Beschreibungen dient dazu, die Aufmerksamkeit der Zuhörenden zu erhalten und ihnen ein ‚ästhetisches Vergnügen' (*delectare*) zu bereiten (vgl. Zeppezauer 2011, 1–5; siehe 2.2 BERNDT).

Neben den hier im Zentrum stehenden Botenberichten und Teichoskopien finden sich in Dramen weitere Formen verbaler Beschreibung und Kommentierung visueller (zum Teil auch audiovisueller) Entitäten, die sich in drei Gruppen rubrizieren lassen: Erstens bildliche Beschreibungen von Visionen und Erscheinungen, zweitens ikonische Traumerzählungen, die zumeist vorausdeutende Funktion haben, und drittens verbale Kommentierungen von Objekten oder Körpern auf der Bühne, welche vielfach die Funktion einer *subscriptio* im Sinne der Emblemtheorie übernehmen. Solche sprachlichen Visualisierungen erzeugen zwar weniger Spannung als Berichte über hinterszenisches Geschehen, sie setzen jedoch ähnliche rhetorische Techniken ein. Und sie erfüllen gleichfalls die Funktion, Nicht-Repräsentiertes (oder auch nicht Wahrnehmbares) sprachlich darzustellen, es also mit verbalen Mitteln ‚sichtbar' zu machen.

Aufgrund ihrer Abgeschlossenheit, Kohärenz und Eloquenz ähneln Berichte über hinterszenisches Geschehen Bildbeschreibungen, wie sie seit der Antike eher aus Erzähltexten (Versepen) bekannt sind. Diese werden in der Forschung unter dem Begriff der ‚Ekphrasis' gefasst (siehe 2.7 RIPPL und 4.1 WANDHOFF). In der Kunsttheorie steht er primär für die verbale Repräsentation visueller Repräsentationen Heffernan 1993, 1). Würde man diese Definition zugrunde legen, können Berichte und Beschreibungen im Drama nicht angemessen mittels dieses Konzepts erfasst werden, weil es sich zumeist eben nicht um sprachliche Beschreibungen von ‚visuellen Repräsentationen', sondern von Räumen, Objekten, Körpern oder Ereignissen handelt. Anders gesagt: Wenn Ekphrasis als eine „Abbildung des Abgebildeten", eine „Beschreibung des schon Vorgeformten", mithin also als eine „‚Mimesis' in zweiter Potenz" verstanden wird (Neumann 1995, 445), so ließe sich dieses Konzept schwerlich auf Dramentexte applizieren – nämlich nur dann, wenn in der Figurenrede tatsächlich Kunstwerke beschrieben werden. Gabriele Rippl weist diesbezüglich auf die terminologische Differenzierung von Ekphrasis und ‚Pikturalismus' (*pictorialism*) hin: erstere als sprachliche Evokation von tatsächlichen künstlerischen Bildern, letztere als Evokation von Bildeffekten und Bildqualitäten mittels spezieller rhetorischer und sprachlicher Formen der Beschreibung von Personen, Landschaften und Objekten, ‚als ob' es sich dabei um Kunstwerke handelt (siehe 2.7 RIPPL). Weil sich diese Begriffsdifferenzierung jedoch im deutschsprachigen Raum nicht durchgesetzt hat, wird hier stattdessen für eine Ausweitung des Ekphrasis-Begriffs plädiert.

Die Verengung der Bedeutung von Ekphrasis auf literarische Beschreibungen von bildender Kunst kam erst in der Ästhetik des 18. Jahrhunderts auf und wurde im 20. Jahrhundert normativ; zuvor umfasste der Begriff verschiedenste Formen

‚anschaulicher Beschreibung' (vgl. Boehm und Pfotenhauer 1995, 9; Starkey 2013, Manuskripts. 5). An diese weitere Wortbedeutung wird nunmehr vielfach, so auch hier, wieder angeknüpft, „a definition that includes non-literary texts and those textual passages that not only describe but refer to, recall or evoke visual representations" (Brosch 2002, 103; vgl. diesbezüglich auch Wandhoff 2003, 4). Eine Ausweitung des Begriffs ist sinnvoll, wenn die verbal beschriebenen Phänomene tatsächlich eine dominante visuelle Dimension aufweisen und diese ‚Bilderzählung' als kohärentes Ganzes konzipiert und auch als solches vorgetragen wird, denn „zum ‚Bild' werden sowohl die materialen als auch die geistigen Bilder erst im Modus der Beschreibung" (Berndt 2001, 295).

Ekphrasis steht dann in unmittelbarer Nähe zur rhetorischen Kategorie der *evidentia* (griech. *enargeia*) und wurde auch bereits in der Antike anhand dieser expliziert (vgl. Darian 2011, 25). Das verbale ‚Vor-Augen-Stehen' greift auf jene Visualisierungsstrategien zurück, die in der Rhetorik unter dem Schlagwort der *descriptio* rubriziert werden: „Die Augenscheinlichkeit (*evidentia*) besteht in einer ‚in Worten so ausgeprägte[n] Gestaltung von Vorgängen, daß man eher glaubt, sie zu sehen als zu hören' [Quintilian]. Um ein solches ‚Sehen' über Worte realisieren zu können, muß zunächst der komplexe Redegegenstand in wirkliche oder erfundene (aber wahrscheinliche!) Einzelheiten zerlegt und aufgelöst werden in sinnliche Details, die zusammengenommen einen lebendigen Gesamteindruck von der Sache ergeben: der Redner macht den Zuhörer durch konkretisierende Detaillisierung quasi zum Augenzeugen." (Ueding und Steinbrink 1994, 284–285). Mittels des ‚Vor-Augen-Stellens' durch detailliertes Beschreiben werden die Zuhörenden zu ‚Quasi-Augenzeug/innen': „Enargeia [oder *evidentia*] ist mithin die Eigenschaft der Rede, Vergangenes – oder allgemeiner: nicht Gegenwärtiges – innerlich präsent zu machen und dabei scheinbar den Wortcharakter des Textes aufzuheben: das eben meint die Formel ‚aus Zuhörern Zuschauer machen': an die Stelle der äußeren tritt die innere Schau" (Graf 1995, 145–146; zu Augenzeugenschaft und Evidenz siehe ferner Voges 2011, 169–170). Es erfolgt eine Transformation von akustischen in quasi-visuelle Eindrücke: „Ohr wird Auge, der Zuhörer zum Zuschauer, der geschilderte Vorgang zum erlebbaren *Ereignis*" (Darian 2011, 27).

Sprachliche Visualisierung ist aber nicht das einzige Verfahren der Überführung von Außerszenischem in dramatische Figurenrede. Denn in Botenberichten und Teichoskopien kann auch die akustische Ebene dominieren. Die Differenz von ekphrastischen Augenzeugenberichten zu solchen, die primär auditiv sind, besteht unter anderem darin, dass der Sprecher oder die Sprecherin sich selbst ja ebenfalls akustischer Zeichen bedient, um sich zu artikulieren, und dabei zum Beispiel grässliche Geräusche durch ein Anheben der Stimme oder klangliche Nachbildung mimetisch gestalten kann. Klassische Beispiele für eine solche

‚Ohrenzeugenschaft' sind der Botenbericht über die Zerreißung des Hippolytos in Racines *Phèdre* (in dem vom schrecklichen ‚Gebrüll' der Naturgewalt die Rede ist; vgl. Racine 1982 [1667], 337–338, V. 1498–1570) oder die ‚akustische Teichoskopie' der Enthauptung der schottischen Königin in Friedrich Schillers *Maria Stuart* durch den Grafen Leicester (Schiller 1981a [1800], 679, V. 3861–3876).

Augenzeugenschaft im Trauerspiel – zwei Beispielanalysen

Für den Zusammenhang von Augenzeugenschaft und sprachlicher Visualisierung sollen nun zwei Textbeispiele angeführt werden. Sie entstammen Andreas Gryphius' barockem Trauerspiel *Catharina von Georgien* und Heinrich von Kleists anti-klassischem Trauerspiel *Penthesilea* und wurden gewählt, weil sich in beiden die ausführliche sprachliche Visualisierung einer sich im *off* ereigneten Gräuelszene findet, und weil der geschändete Körper – als visuelle Objektivierung des Berichts – im Anschluss auf die Bühne gebracht wird. In der Forschung zur antiken Tragödie wird dieses Phänomen „Ecce-Szene" genannt: das nachträgliche Zeigen des Opfers, das verwundet oder tot auf die Bühne getragen wird, als „sichtbare Präsentation einer bereits vollzogenen und bekannten schrecklichen Tat" (Zeppezauer 2011, 51). Ob die Sichtbarkeit des versehrten Körpers auf dem Schauplatz aber wirklich grässlicher und anschaulicher ist, als die verbale Schilderung der Zerreißung – wie dies etwa Klotz und Pfister nahelegen – ist fraglich.

Andreas Gryphius: *Catharina von Georgien*

Catharina von Georgien oder Bewehrete Beständikeit (verfasst vermutlich 1647–1648, publiziert 1657) gilt als Muster des Märtyrerdramas. Behandelt wird ein zeitgeschichtlicher Stoff: der Martertod der Königin Katharina von Georgien-Gurgistan unter dem Schah Abbas von Persien im Jahr 1624. Sie hatte sich in politischer Mission an den persischen Hof begeben, wurde dort gefangen gesetzt und sollte gezwungen werden, zum Islam zu konvertieren. Der Schah aber verliebt sich in sie und versucht sie zu erpressen, seine Geliebte zu werden. Weil er seinen Leidenschaften unterworfen ist, fungiert er als Negativexempel des Tyrannen. Catharina hingegen, Personifikation der *constantia*, bleibt bis in den Tod standhaft, ihrem christlichen Glauben, dem Andenken ihres ermordeten Mannes und ihrer patriotischen Aufgabe treu. Die Zuschauerinnen und Zuschauer müssen grässliche Dinge hören und sehen, was sie von der Glaubensfestigkeit der Heldin überzeugen soll. Das Barocktheater lebt von der Schaulust und der visuellen Imagination; es nimmt auf sadistische Folterszenarien Bezug oder auf die mittelalterliche Strafpraxis mit ihren öffentlich exerzierten Strafritualen. Dies verdeutlicht eine zeitgenössische Radierung, in der die Folterung der Königin, entgegen dem Drama von Gryphius, tatsächlich visualisiert wird (Abb. 1): Man sieht Catharina an eine Säule gefesselt und einen Folterer, der an ihrer entblößten Brust mit einem heißen Eisen eine Tortur vollzieht, während links im Bild ein anderer weitere Eisen im Feuer vorbereitet (die insgesamt acht Radierungen sind vermutlich anlässlich einer Aufführung des Stücks im Herzogtum Wohlau im Jahr 1655 entstanden; vgl. Zielske 1971).

Abb. 1: Gregor Beibe und Johann Using: *Theatrali Tragiche per la Catharina di Giorgia*, Radierung, 1655

Bei Gryphius wird die Folterung der Königin nicht gezeigt, sondern ausschließlich verbal beschrieben. Dies liegt vermutlich sowohl am zeitgenössischen *aptum* – dem Umstand, dass der Körper einer Königin nicht entblößt werden darf, schon gar nicht in der hohen Tragödie – als auch an der amplifizierenden Wirkung, die man der Sprache zuschrieb. Der Bericht wird dadurch verstärkt, dass es sich, im Unterschied zur Mehrzahl der Botenfiguren (insbesondere in der antiken Tragödie) bei dieser Augenzeugin nicht um eine neutrale Figur handelt, sondern um eine enge Vertraute der Königin – ein Prinzip, das auch andere frühneuzeitliche Autoren zur affektiven Verstärkung einsetzen, etwa Racine in seiner

Tragödie *Phèdre* mit dem Bericht über den grausamen Tod des Hippolyt durch dessen Erzieher Theramen (vgl. Racine 1982 [1667], 337–338, V. 1498–1616). Bei Gryphius muss die Vertraute der Königin, Serena, Catharinas Tortur beiwohnen und danach den entsetzten Frauenzimmern (und mithin indirekt dem Publikum) berichten, was sie sah: „*Seren.* Man riß die Kleider hin. Die unbefleckten Glider | Sind offentlich entblöst/sie schlug die Wangen nider | [...] | *Die Jungfr.* So hat ihr Heyland selbst entblöst erblassen müssen. | *Seren.* Man hiß die zarten Händ' und Füß' in Fessel schlissen/| Vnd zwang Arm Leib und Kny mit Ketten an den Pfahl. | *Die Jungfr.* Jhr König schid' am Holtz' aus disem Jammerthal. | *Seren.* Sie stund gleich einem Bild von Jungfern-Wachs bereitet | Das Har fil umb den Hals nachlässig außgebreitet/| Vnd flog theils in die Lufft/theils hing' als in der Wag | Jn dem man auff der Brust spürt jden Aderschlag. | Der Hencker setzt in sie mit glüendrothen Zangen/| [...] Vnd griff die Schultern an/der Dampff stig in die Höh | Der Stahl zischt in dem Blutt/das Fleisch verschwand als Schnee | Jn den die Flamme fält. | [...] | *Die Jungfr.* So läst sich Gottes Krafft in Gottes Kindern mercken. | So pflegt der starcke Geist das schwache Fleisch zu stärcken" (Gryphius 1991 [1657], 208–209, V. 61–90).

Catharina, die ‚gleich einem Bild dasteht', wird mit zeitgenössischen Darstellungen der Jungfrau Maria in der christlichen Kunst korreliert. Es ist bemerkenswert, dass die traumatisierte Augenzeugin die Folter ihres Körpers sodann detailliert und ekphrastisch, aber ohne emotionale Reaktionen oder die Beifügung religiöser Kommentare schildert. Die primäre Zeugin beschreibt sie als physisches Ereignis, nahezu mit anatomischer Präzision. Dabei dominiert die visuelle Sphäre, die mittels topischer Elemente erfasst wird (Farben, bildliche Analogien: weiße Haut – Schnee etc.); andere sich aufdrängende Sinnesdimensionen, etwa olfaktorische, werden angedeutet, verbal jedoch ausgeblendet. Der Bericht zeichnet sich des Weiteren durch zahlreiche Tempuswechsel aus, was als Indiz für Traumatisierung und Unfassbarkeit lesbar ist.

Es ist eine andere Frau aus Catharinas Gefolgschaft („*Die Jungfr.*"), die als sekundäre Zeugin zur Trägerin des Affekts wird. Zugleich aber fungiert diese Jungfrau als christliche Deuterin, die konsolatorischen Sinn in der Qual der Königin aufweist. Ihren Analogien liegt ein emblematisches Prinzip zugrunde: Die *pictura* – die gemarterte Königin – wird durch verbale Kommentare (*subscriptiones*) in einen (theologischen) Sinnzusammenhang integriert (vgl. Schöne 1993 [1964]; siehe 4.4 NEUBER; zur Auslegung von Bildern in diesem Trauerspiel siehe auch Berndt 1999; Borgstedt 2000). Ihre Deutung Catharinas im Schema der *imitatio Christi* wird später durch ähnlich lautende Kommentare des Priesters bestätigt.

Was Serena mit ansehen muss, ist so grässlich, dass sie schließlich das Bewusstsein verliert: „Die Stücker hingen nu von beyden Schenckeln ab; | Als man jhr auff die Brust zwey grimme Züge gab. | Das Blut sprützt umb und umb vnd leschte Brand vnd Eisen/| Die Lunge ward entdeckt. Der Geist fing an zu reisen. | Durch die von scharffem Grimm new' auffgemachte Thor. | Mich stiß Entsetzen an. Das Klingen in dem Ohr/| Der Stirnen kalter Schweiß/das Zittern aller Glider | Nam plötzlich überhand. Die trüben Augenlider | Erstarrten nach und nach. Jch nam nichts mehr in acht | Vnd bin/ich weiß nicht wie/auff disen Platz gebracht" (Gryphius 1991 [1657], 209–210, V. 91–100). Diese Ohnmachtsnarration dient nicht zuletzt der Beglaubigung des Gesehenen, indem sie Serena zu einer *body-witness* macht (vgl. LaCapra 2009, 62).

Die gemarterte und ihrerseits nahezu bewusstlose Königin wird noch einmal auf die Bühne geführt, in einer Ecce-Szene gemeinsam mit ihren Henkern, dem Blutrichter sowie dem Priester. Sie soll nun, außerhalb des Schauplatzes, bei lebendigem Leibe verbrannt werden. Eine andere Getreue der Königin, Salome, fleht den Blutrichter an, ihr diesen schrecklichen Tod nicht aufzuzwingen. Catharina spricht nur noch wenige Sätze, worauf der Priester, Christus implizierend, respondiert „Er komm't er reicht ihr seine Händ'/Er beut ihr seinen Kuß!" (Gryphius 1991 [1657], 211, V. 123–124) und ihr Ableben feststellt: Die göttliche Vorsehung hat verhindert, dass die Märtyrerin auf dem Scheiterhaufen stirbt; ihr Tod wird als Gnade interpretiert.

Die sprachliche oder szenische Visualisierung der Gräuel hat aber hier noch kein Ende, denn kurz darauf erscheint der Priester laut Bühnenanweisung „mit dem verbrannten Haubt der Königin" (ebd., 213). Das Haupt – im politischen Imaginären der Frühen Neuzeit *pars pro toto* des Herrschers – wird von ihm und weiteren Trauernden sprachlich adressiert, bis sie es schließlich mit einem weißen Seidentuch bedecken. Am Ende aber erscheint die – nunmehr wieder unversehrte – Königin dem unter Gewissensqualen leidenden Schah Abbas als Geist und droht mit entsetzlicher Rache durch das göttliche Gericht. Mit ihrem Martyrium bezeugt Catharina von Georgien den Leidensweg Jesu. Weil sie stirbt, bedarf sie jedoch der primären wie auch der sekundären Zeugenschaft, die ihren „Tod wahrnimmt, ihn als Opfer (*sacrificium*) anerkennt und als sinnhaftes Zeugnis weiter tradiert" (Assmann 2007, 37). In der christlichen Ikonografie wird diese Transformation oft als visuelle Deixis gestaltet, zum Beispiel dem Zeigegestus des Apostel Johannes in Matthias Grünewalds berühmtem Isenheimer Altarbild der Kreuzigung Christi: „Zeugen und Zeigen liegen hier nahe beieinander." (Ebd., 38)

Heinrich von Kleist: *Penthesilea*

Als zweites Beispiel soll kurz auf die Zerreißungsszene in Kleists Trauerspiel *Penthesilea* (verfasst 1807, publiziert 1808) eingegangen werden, jene Sequenz, in der die Amazonenkönigin zu ihrem Zweikampf gegen den griechischen Heros Achilles antritt. Es handelt sich um einen Stoff aus der Zeit Homers. Dass aber die Amazone den Griechen tötet und nicht er sie, stellt eine nur selten aufgegriffene Variante des Mythos dar. In der entsprechenden Szene bei Kleist ist Achilles nur leicht bewaffnet; er geht von einem Scheingefecht aus und will sich der Königin unterwerfen (vgl. Kleist 1987 [1808], 412, V. 2627–2628). Penthesilea hingegen erscheint hochgerüstet und mit einer Meute wilder Hunde sowie laut Regieanweisung mit „Elefanten, Feuerbrände[n], Sichelwagen usw." (Ebd., 404) – was auf der Bühne aber nicht sichtbar ist. Auch der Kampf erfolgt hinter dem Schauplatz; er wird teichoskopisch im Präsens vermittelt, wobei die Bühnenanweisungen des Herauf- und Herabsteigens Anfang und Ende der Mauerschau markieren (vgl. Huff 2009, 102): „*Die Oberpriesterin.* Wer schafft mir Kund, ihr Jungfraun? | *Die Zweite Priesterin.* Terpi! rasch! | Sag an, was du auf jenem Hügel siehst? | *Eine Amazone die während dessen den Hügel erstiegen, mit Entsetzen.* | Euch, ihr der Hölle grauenvolle Götter, | Zu Zeugen ruf ich nieder – was erblick' ich! | *Die Oberpriesterin.* Nun denn – als ob sie die Medus' erblickte! | *Die Priesterinnen.* Was siehst du? Rede! Sprich! | *Die Amazone.* Penthesilea, | Sie liegt, den grimmgen Hunden beigesellt, | Sie, die ein Menschenschoß gebahr, und reißt, – | Die Glieder des Achills reißt sie in Stücken! | *Die Oberpriesterin.* Entsetzen! o Entsetzen! | *Alle.* Fürchterlich! | *Die Amazone.* Hier kommt es, bleich, wie eine Leiche, schon | Das Wort des Gräuelrätsels uns heran. | *Sie steigt vom Hügel herab.*" (Kleist 1987 [1808], 411, V. 2589–2600) Die Mauerschauende ruft zu Beginn des Zitats nicht die anderen Amazonen, sondern die ‚Götter der Hölle' als Zeugen an, weil das, was sie sieht, die Grenzen des menschlich Fassbaren übersteigt. Entsprechend wird das von ihr Gesehene auch von einer der sekundären Zeuginnen mit dem Blick der monströsen Medusa assoziiert, der klassischen Trope für das vor Entsetzen ‚zu Stein werden' (oder Sterben) der Beobachtenden. Und auch die Augenzeugin selbst bezeichnet sich als „afrikanische Gorgone" (ebd., 412, V. 2603), die die Zuhörenden zu Stein machen wird.

Die als ‚Wort des Gräuelrätsels' apostrophierte Amazonenfürstin Meroe war noch näher am Geschehen als die Mauerschauende. Als Augenzeugin legt sie nun, in einem langen Bericht, Zeugnis über das Gesehene ab. Zunächst erzählt sie im epischen Präteritum, dann – mit dem Ausruf „Doch jetzt" (ebd., V. 2626) – zumeist im historischen Präsens, ein für Botenberichte nicht eben typisches Tempus, das diese der Teichoskopie annähert (vgl. den als Paradigma der Klassik geltenden, durchgehend im Präteritum verfassten Bericht vom heroischen Sterben Max Piccolominis in *Wallensteins Tod*; Schiller 1981b [1799], 515–516, V. 3018–3051). Durch die Tempusform des historischen Präsens, die sich auch in antiken Botenberichten nachweisen lässt (vgl. de Jong 1991, 38–45), wird von Kleist ein paradoxer Effekt des Zugegenseins erzeugt: „Mit allen Schrecknissen der Waffen rüstend. | Von Hunden rings umheult und Elefanten, | Kam sie daher, […] | [Achilles] naht sich ihr, voll süßer Ahndungen, | Und läßt die Freunde hinter sich zurück. | […] | Ha! sein Geweih verrät den Hirsch, ruft sie, | Und spannt mit Kraft der Rasenden, sogleich | Den Bogen an, daß sich die Enden küssen, | Und hebt den Bogen auf und zielt und schießt, | Und jagt den Pfeil ihm durch den Hals; er stürzt: | […] | Jetzt gleichwohl lebt der Ärmste noch der Menschen, | Den Pfeil, den weit vorragenden, im Nacken, | Hebt er sich röchelnd auf, und über-schlägt sich, | Und hebt sich wiederum und will entfliehn; | Doch, hetz! schon ruft sie: Tigris! hetz, Leäne! | Hetz, Sphynx! Melampus! Dirke! Hetz, Hyrkaon! | Und stürzt – stürzt mit der ganzen Meut, o Diana! | Sich über ihn, und reißt – reißt ihn beim Helmbusch, | Gleich einer Hündin, Hunden beigesellt, | Der greift die Brust ihm, dieser greift den Nacken, | Daß von dem Fall der Boden bebt, ihn nieder! | […] | Sie schlägt, die Rüstung ihm vom Leibe reißend, | Den Zahn schlägt sie in seine weiße Brust, | Sie und die Hunde, die wetteifernden, | Oxus und Sphinx den Zahn in seine rechte, | In seine linke sie; als ich erschien, | Troff Blut von Mund und Händen ihr herab." (Kleist 1987 [1808], 412–414, V. 2610–2674)

Die Fürstin Meroe, eine Nebenfigur, fungiert als Medium. Auch in ihrem Bericht dominiert die visuell-ekphrastische Ebene, die durch rhetorische Figuren und Stilmittel gestaltet wird: Meroe wählt Metaphern (zum Beispiel, dass sich die Bogenenden ‚küssen'), sie impliziert Intertexte (z. B. die Zerreißung des Aktaeon; vgl. Ovid 1990 [ca. 1–8 n. Chr.], 82–85, V. 138–252) und setzt Steigerungsfiguren ein, wie Anapher, Parataxe oder Geminatio (speziell bei Verben wie ‚hetzen', ‚stürzen', ‚reißen', ihm in die Brust ‚schlagen'; vgl. Huff 2009, 102 und 105).

Anders als in *Catharina von Georgien* handelt es sich bei Meroes Bericht um eine monologische Schilderung, die nicht unterbrochen wird – und auf die keine dialogische Anerkennung und Anteilnahme durch die sekundären Zeuginnen erfolgt, weswegen dieser Bericht als bloße „Aussage" stehenbleibt und letztlich nicht „zum Zeugnis werden [kann]" (Baer 2000, 16). Nach einer *„Pause voll Ent-setzen"* wendet sich Meroe mit den Worten an die Amazonen, „Vernahmt ihr mich, ihr Fraun, wohlan, so redet, | Und gebt ein Zeichen eures Lebens mir", worauf erneut eine Pause folgt (Kleist 1987 [1808], 414, V. 2675–2676). Die Amazonen aber beklagen nicht den Tod Achilles' oder artikulieren ihr Mitgefühl gegenüber der erschütterten Zeugin, sondern weinen über die unbegreifliche Wandlung der Täterin Penthesilea, die doch so „sittsam", „reizend", „voll Verstand und Würd und Grazie" war (ebd., V. 2677–2680).

Kleists Trauerspiel weist eine starke ‚Meta-Theatralität' auf und macht exzes-siven Gebrauch von erzählenden Elementen (vgl. Brandstetter 1997; Greiner 2003). So wird die Zerreißung des Achilles ausschließlich indirekt, dafür aber gleich dreimal gestaltet: erstens als Teichoskopie, zweitens als Botenbericht, drittens in der Rekonstruktion durch die Täterin (vgl. Kleist 1987 [1808], 422–426; siehe dazu Huff 2009, 104). Penthesilea bleibt nach ihrer Tat zunächst stumm und ihre nonverbalen Gebärden werden von den Amazonen sprachlich übersetzt, wobei auch hier visuell-ikonische Analogien dominieren („Wie ein junger Schwan", ebd., 420, V. 2832). Es wirkt fast, als würde Penthesilea hier die Rolle der traumatisierten primären Zeugin übernehmen, die der sekundären Zeugenschaft bedarf, um das Geschehene zu ‚realisieren'. Erst am Ende enthüllt Penthesilea die Leiche und spricht ihre Tat, als tragische Anagnorisis, selbst aus („Ich zerriß ihn."; ebd., 425). Zuvor aber deutet sie den blutigen Körper wie bei Gryphius durchaus christologisch („Ach, diese blutgen Rosen! | Ach, dieser Kranz von Wunden um sein Haupt!"; ebd., 423, V. 2907–2908; vgl. Fetscher 2003; Huff 2009, 110), was durch barocke *vanitas*-Ikonografie ergänzt wird: „Ach, wie die Knospen, frischen Grabduft streuend, | Zum Fest für die Gewürme, niedergehn!" (Kleist 1987 [1808], 423, V. 2909–2910) Auch die abschließenden ‚Lektüren' des Leichnams erfolgen demnach im Modus ekphrastischer Beschreibungen – wobei die religiös grundierte Rosen-Imagologie nicht nur Kleists, sondern auch Gryphius' Trauerspiel durchzieht (vgl. Gryphius 1991 [1657], 135–137, V. 297–352).

Resümee

Mit dem Augenzeugenbericht, der die dramatische Handlung unterbricht, geht eine paradoxe Steigerung einher, die durch den Entzug des Visuellen generiert wird. Die erzähltheoretische Differenz von *showing* und *telling* wird invertiert. Bei der Schilderung von Gräueln und Gewaltexzessen wird das transgressive Geschehen durch den Einsatz sprachlicher Bildlichkeit sowohl intensiviert als auch in kulturelle Semantiken überführt. Mauerschauende und Botenfiguren fungieren als primäre Zeugen, die der Zuhörerschaft bedürfen. Die Funktion der sekundären Zeuginnen und Zeugen ist in den beiden Trauerspielen durchaus unterschiedlich: Während bei Gryphius die Interaktion von primärer und sekundärer Zeugin ‚glückt' – in Form der sprachlichen Verbalisierung der gesehenen Gräuel und deren Ausdeutung –, stellt Kleist diesen Prozess als misslingenden dar, insofern die primäre Zeugin hier zwar Gehör findet, eine empathische Reaktion auf ihren Bericht jedoch ausbleibt. Sprachliche Visualisierungen im Drama weisen, so lässt sich schließen, eigene Potenzen und Intensitäten auf und setzen eine Imagination der Hörenden frei – auf der Bühne wie auch im Zuschauerraum. Die auf den Augenzeugenbericht oder die Teichoskopie folgende Ecce-Szene, in der der geschundene Körper oder Leichnam auf der Bühne demonstriert wird, stellt weder bei Gryphius noch bei Kleist eine Amplifikation gegenüber dieser aufwendigen sprachlichen Realisation dar.

Literaturverzeichnis

Aristoteles. *Poetik*. Griechisch/deutsch. Übers. und hrsg. von Manfred Fuhrmann. Stuttgart: Reclam, 1982 [nach 335 v. Chr.].

Assmann, Aleida. „Vier Grundtypen von Zeugenschaft". *Zeugenschaft des Holocaust. Zwischen Trauma, Tradierung und Ermittlung*. Hrsg. im Auftrag des Fritz Bauer Instituts von Michael Elm und Gottfried Kößler. Frankfurt am Main und New York, NY: Campus, 2007. 33–51.

Baer, Ulrich. „Einleitung". *'Niemand zeugt für den Zeugen'. Erinnerungskultur und historische Verantwortung nach der Shoah*. Hrsg. von Ulrich Baer. Frankfurt am Main: Suhrkamp, 2000. 7–31.

Berndt, Frauke. „'So hab ich sie gesehen'. Repräsentationslogik und Ikonographie der Unbeständigkeit in Andreas Gryphius' *Catharina von Georgien*". *Frühneuzeit-Info* 10 (1999): 231–256.

Berndt, Frauke. „'Oder alles ist anders'. Zur Gattungstradition der Ekphrasis in Heiner Müllers ,Bildbeschreibung'". *Behext von Bildern? Ursachen, Funktionen und Perspektiven der textuellen Faszination durch Bilder*. Hrsg. von Heinz Drügh und Maria Moog-Grünewald. Heidelberg: Winter, 2001. 287–312.

Boehm, Gottfried, und Helmut Pfotenhauer. „Einleitung: Wege der Beschreibung". *Beschreibungskunst – Kunstbeschreibung. Ekphrasis von der Antike bis zur Gegenwart*. Hrsg. von Gottfried Boehm und Helmut Pfotenhauer. München: Fink, 1995. 9–19.

Bohrer, Karl Heinz. *Das Tragische. Erscheinung, Pathos, Klage*. München: Hanser, 2009.

Borgstedt, Thomas. „Andreas Gryphius: *Catharina von Georgien*. Poetische Sakralisierung und Horror des Politischen". *Dramen vom Barock bis zur Aufklärung*. Stuttgart: Reclam, 2000. 37–66.

Brandstetter, Gabriele. „*Penthesilea*. ,Das Wort des Greuelrätsels'. Die Überschreitung der Tragödie". *Kleists Dramen*. Hrsg. von Walter Hinderer. Stuttgart: Reclam, 1997. 75–115.

Brosch, Renate. „Verbalizing the Visual. Ekphrasis as a Commentary on Modes of Representation". *Mediale Performanzen. Historische Konzepte und Perspektiven*. Hrsg. von Irmgard Maassen, Annette Jael Lehmann und Jutta Eming. Freiburg im Breisgau: Rombach, 2002. 103–123.

Darian, Veronika. *Das Theater der Bildbeschreibung. Sprache, Macht und Bild in Zeiten der Souveränität*. Paderborn: Fink, 2011.

Fetscher, Justus. „'Ach dieser Kranz von Wunden um sein Haupt!' Zur erotisierten Christus-Imago der *Penthesilea*". *Beiträge zur Kleist-Forschung* 17 (2003): 89–111.

Graf, Fritz. „Ekphrasis. Die Entstehung der Gattung in der Antike". *Beschreibungskunst – Kunstbeschreibung. Ekphrasis von der Antike bis zur Gegenwart*. Hrsg. von Gottfried Boehm und Helmut Pfotenhauer. München: Fink, 1995. 143–155.

Greiner, Bernhard. „'Ich zerriss ihn.' Kleists Re-Flexionen der antiken Tragödie (*Die Bakchen*, *Penthesilea*)". *Beiträge zur Kleist-Forschung* 17 (2003): 13–28.

Gryphius, Andreas. „Catharina von Georgien oder Bewehrete Beständigkeit" [1657]. *Dramen*. Hrsg. von Eberhard Mannack. Frankfurt am Main: Deutscher Klassiker Verlag, 1991. 117–226.

Haß, Ulrike. *Das Drama des Sehens. Auge, Blick und Bühnenform*. München: Fink, 2005.

Heffernan, James A. W. *Museum of Words. The Poetics of Ekphrasis from Homer to Ashberry*. Chicago, IL: University of Chicago Press, 1993.

Horaz [Quintus Horatius Flaccus]. „De arte poetica liber/Das Buch von der Dichtkunst" [14 v. Chr.]. *Sämtliche Werke. Lateinisch und Deutsch*. Teil I nach Kayser, Nordenflycht, Burger hrsg. von Hans Färber, Teil II übers. und bearb. von Hans Färber und Wilhelm Schöne. München: Heimaran, 1967. 230–259.

Huff, Steven R. „Kleistian Teichoskopy: Cannibalism Made Palatible – or Not". *Heinrich von Kleist's Poetics of Passivity*. Rochester, NY: Camden House, 2009. 71–128.

Jong, Irene J. F. de. *Narrative in Drama. The Art of the Euripidean Messenger-Speech*. Leiden, New York, NY, Kopenhagen und Köln: Brill, 1991.

Keiper, Hugo. „Bühnenrede". *Reallexikon der deutschen Literaturwissenschaft Bd. 1*. Hrsg. von Klaus Weimar gemeinsam mit Harald Fricke, Klaus Grubmüller und Jan-Dirk Müller. Berlin und New York, NY: De Gruyter, 2007. 282–285.

Kleist, Heinrich von. „Penthesilea" [1808]. *Sämtliche Werke und Briefe 1*. Hrsg. von Helmut Sembdner. 7. Aufl. München: dtv, 1987. 321–428.

Klotz, Volker. *Geschlossene und offene Form im Drama*. 4. durchges. und überarb. Aufl. München: Hanser, 1969 [1960].

Kolesch, Doris. „Bild". *Metzler Lexikon Theatertheorie*. Hrsg. von Erika Fischer-Lichte, Doris Kolesch und Matthias Warstat. Stuttgart und Weimar: Metzler, 2005. 43–46.

LaCapra, Dominick. *History and its Limits. Human, Animal, Violence*. Ithaca, NY: Cornell University Press, 2009.

Laub, Dori. „Zeugnis ablegen oder Die Schwierigkeit des Zuhörens". Übers. von Jörg Kreienbrock und Johanna Bodenstab. *Niemand zeugt für den Zeugen. Erinnerungskultur und historische Verantwortung nach der Shoah*. Hrsg. von Ulrich Baer. Frankfurt am Main: Suhrkamp, 2000. 68–83.

Lehmann, Hans-Thies. *Postdramatisches Theater*. Frankfurt am Main: Verlag der Autoren, 1999.

Müller-Schöll, Nikolaus. „The Unrepresentable Audience". *Points of Departure: Samuel Weber between Spectrality and Reading*. Hrsg. von Kevin McLaughlin und Marc Redfield. Evanston, IL: Northwestern University Press, 2014 [Manuskript].

Muzelle, Alain. „Mauerschau". *Theaterlexikon. Begriffe und Epochen, Bühnen und Ensembles*. Hrsg. von Manfred Brauneck und Gérard Schneilin. 3. vollst. überarb. und erw. Aufl. Reinbek: Rowohlt, 1992. 157.

Neumann, Gerhard. „‚Eine Maske, … eine durchdachte Maske'. Ekphrasis als Medium realistischer Schreibart in Conrad Ferdinand Meyers Novelle *Die Versuchung des Pescara*". *Beschreibungskunst – Kunstbeschreibung. Ekphrasis von der Antike bis zur Gegenwart*. Hrsg. von Gottfried Boehm und Helmut Pfotenhauer. München: Fink, 1995. 445–491.

Ovid. *Metamorphosen*. Übers. und hrsg. von Erich Rösch. München, dtv, 1990 [ca. 1–8 n. Chr.].

Pfister, Manfred. *Das Drama*. 9. Aufl. München: Fink, 1997 [1977].

Racine, Jean. „Phèdre" [1667]. *Théâtre complet 2*. Hrsg. von Jean-Pierre Collinet. Paris: Gallimard, 1982. 281–341.

Schiller, Friedrich. „Maria Stuart" [1800]. *Sämtliche Werke 2: Dramen II*. Hrsg. von Gerhard Fricke und Herbert G. Göpfert. München: Hanser, 1981a. 549–686.

Schiller, Friedrich. „Wallensteins Tod" [1799]. *Sämtliche Werke 2: Dramen II*. Hrsg. von Gerhard Fricke und Herbert G. Göpfert. München: Hanser, 1981b. 407–547.

Schmidt, Sibylle, und Ramon Voges. „Einleitung". *Politik der Zeugenschaft. Zur Kritik einer Wissenspraxis*. Hrsg. von Sybille Krämer, Sibylle Schmidt und Ramon Voges. Bielefeld: transcript, 2011. 7–20.

Schneider, Christian. „Trauma und Zeugenschaft. Probleme des erinnernden Umgangs mit Gewaltgeschichte". *Mittelweg 36.3* (2007): 59–74.

Schöne, Albrecht. *Emblematik und Drama im Zeitalter des Barock*. 3. Aufl. München: Beck, 1993 [1964].

Segler-Meßner, Silke. „„Une connaissance inutile'. Zum Paradox literarischer Zeugenschaft". *Vom Zeugnis zur Fiktion. Repräsentation von Lagerwirklichkeit und Shoah in der französischen Literatur nach 1945.* Hrsg. von Silke Segler-Meßner, Monika Neuhofer und Peter Kuon. Frankfurt am Main: Lang, 2006. 21–36.

Starkey, Kathryn. „From Enslavement to Discernment: Learning to See in Gottfried's *Tristan*". *The Art of Vision. Ekphrasis in Medieval Literature and Culture.* Hrsg. von Ethan Knapp, Andrew James Johnston und Margitta Rouse. Columbus, OH: Ohio State University Press, 2015 [Manuskript].

Ueding, Gerd, und Bernd Steinbrink. *Grundriss der Rhetorik.* Stuttgart: Metzler, 1994.

Voges, Ramon. „Augenzeugenschaft und Evidenz. Die Bildberichte Franz und Abraham Hogenbergs als visuelle Historiografie". *Politik der Zeugenschaft. Zur Kritik einer Wissenspraxis.* Hrsg. von Sybille Krämer, Sibylle Schmidt und Ramon Voges. Bielefeld: transcript, 2011. 159–181.

Wandhoff, Haiko. *Ekphrasis. Kunstbeschreibungen und virtuelle Räume in der Literatur des Mittelalters.* Berlin und New York, NY: De Gruyter, 2003.

Weigel, Sigrid. „Zeugnis und Zeugenschaft, Klage und Anklage. Die Geste des Bezeugens in der Differenz von ‚identity politics', juristischem und historiografischem Diskurs." *Zeugnis und Zeugenschaft. Jahrbuch des Einstein Forums 1999.* Berlin: Akademie, 2000. 111–135.

Weitin, Thomas. *Zeugenschaft. Das Recht der Literatur.* München: Fink, 2009.

Zeppezauer, Dorothea. *Bühnenmord und Botenbericht. Zur Darstellung des Schrecklichen in der griechischen Tragödie.* Berlin und New York, NY: De Gruyter, 2011.

Zielske, Harald. „Andreas Gryphius' *Catharina von Georgien* auf der Bühne. Zur Aufführungspraxis des schlesischen Kunstdramas". *Maske und Kothurn* 17 (1971): 1–17.

4.6 Literatur als Reflexionsmedium von Visualität: Mediologische Perspektiven auf das Panorama

Ralph Köhnen

Zwei Ausdruckssysteme: Wort und Bild in mediologischen Zusammenhängen

Interaktionen von Literatur und Bildkunst haben eine lange, mitunter auch kompetitive Geschichte. Man kann nun ihre wechselseitige Inspiration und die daraus resultierenden Transgressionen von Zeichensystemen an sich beschreiben – etwa auf der Ebene der thematisch-motivischen Übernahmen, der Kunstprogrammatik oder auch der formalen Konstruktionsprozesse – und dies mit semiotischen oder narratologischen Analysen präzisieren. Allerdings sind Motive, Formen und Verfahren immer noch in einem umfassenderen Zusammenhang zu sehen – nämlich im Kontext einer sozialen Praxis, die kulturelle und politische, aber auch physiologische, medientechnische und philosophische Dimensionen besitzt und ihrerseits aus Zeichen konstituiert ist. Die Forschungsansätze der Mediologie kennzeichnet der Versuch, diese vielstelligen Faktoren in Konstellationen zu bringen, um damit Aufschlüsse über Seh- und Bildkulturen sowie visuelle Wahrnehmung als Gesellschaftstechnik zu gewinnen. Entsprechende Perspektiven sollen hier am Beispiel bildkünstlerischer Illusionstechniken (insbesondere des Panoramas) sowie ihren literarischen Spiegelungen um 1800 skizziert werden. Dies beinhaltet, die spezifische Konstellation zu rekonstruieren, innerhalb derer dieser Typus des Großbildes seinen Weg in die Literatur gefunden hat, aber auch von ihr mit hervorgebracht worden ist.

Wort- und Bildsysteme strukturieren die Masse der Welterscheinungen, indem sie Begriffs- und Anschauungswelten hervorbringen. Sie tun dies auf spezifische Weise nach ihren Zeichenbeschaffenheiten, die nicht erst im 18. Jahrhundert, dort aber prägnant und für die Darstellungsformen der Künste folgenreich ausgearbeitet wurden. Hier ist insbesondere Gotthold Ephraim Lessings Traktat *Laokoon oder Über die Grenzen der Malerei und Poesie* (1766) zu nennen, in dem das Wort als willkürliches Zeichen mit sukzessiver Präsentationsform und das Bild als natürliches Zeichen mit simultaner Erscheinungsform bestimmt werden (siehe 2.3 SCHNEIDER). Im Sinne eines direkten, ‚bequemen‘ Verhältnisses des Zeichens zum Bezeichneten eignet sich demnach das Wort für Handlungsschilderungen in der Zeit, das Bild für die Repräsentation des räumlich Sichtbaren (vgl. Lessing 1996 [1766], 102–116; siehe 3.1 WETZEL).

Allerdings lassen sich diese Zuweisungen auf Kunstbeispiele und ihre Rezeption nicht immer strikt übertragen. Dies hat bereits Johann Gottfried Herder in unmittelbarer Reaktion auf die Grenzsetzungen Lessings gezeigt, wenn er nicht mehr objektive Zeichenstrukturen behandelt, sondern in seinen *Kritischen Wäldern* (1. Teil 1769) mit Begriffen der ,Energie', der ,Kraft' oder ,Einbildungskraft' subjektive Wirkungsweisen der Dichtung reflektiert, die ebenso wie die Malerei auf „Täuschung" des Auges oder der Seele beruhen (Herder 1878 [1769], 159). Herder empfiehlt nicht nur, Gedankenbilder zu dichten, sondern rückt Wort und Bild in einen gemeinsamen Erfahrungszusammenhang: „Unser ganzes Leben ist also gewissermaßen eine Poetik: wir sehen nicht, sondern wir erschaffen uns Bilder" (Herder 1888 [1787], 526). Damit ist die Differenz der Zeichen jedoch nicht obsolet geworden – vielmehr ist das Bild als das ,Andere' des Begriffs auch maßgeblich dafür, dass dichterische Einbildungskraft um 1800 als kreatives Vermögen konzipiert werden kann. Begleitet wird diese Verknüpfung beider Ausdruckssysteme von Immanuel Kants *Kritik der Urteilskraft* (1790), wo gesagt wird, dass die ästhetische Idee sich nicht im Begriff erschöpfen lasse, sondern jenseits des Sprachlichen in der Anschauung beziehungsweise der Einbildungskraft ihr ,belebendes' Element habe (Kant 1998a [1790], 413–414). Auf der Eigendynamik des Visuellen beruht auch der Reiz, das Sehen selbst immer neu zu erproben, um das diskursiv verfasste Wissen zu übertreffen oder zu verändern – sicher ein Grund dafür, warum das Sehen für viele Autorinnen und Autoren zu einer Heuristik des Schreibens geworden ist.

Mit Hinweis auf Ludwig Wittgensteins pragmatistischen Sprachspielbegriff, der Worte, Bilder und andere Zeichensysteme als in einer Lebenspraxis verbundene und Regeln erst hervorbringende ,Spiele' bezeichnet (vgl. Wittgenstein 1984 [1953], z. B. 250, 262 und 280), lässt sich festhalten: Produktiver als eine einseitige Beantwortung der anthropologischen Streitfrage, ob man es beim Bild mit einer vorgängigen oder aber einer a priori durch kulturelle Semantiken geprägten Entität zu tun hat (siehe 3.5 DRÜGH), scheint es, jeweils genau zu beobachten, wie die Zeichen Bedeutungswelten stiften. Damit lässt sich zeigen, auf welche Weise die Zirkulationen und Interaktionen zwischen den Ausdruckssystemen kulturelles Wissen generieren und wie sich die beteiligten Medien in diese Signifikationsvorgänge einschreiben. So geht bereits das Plädoyer des Vorreiters des *iconic turn*, W. J. T. Mitchell, dahin, das Bild als ein „complex interplay between visuality, apparatus, discourse, bodies, and figurality" (Mitchell 1992, 90) zu untersuchen, es also in einen übergreifenden Erfahrungszusammenhang zu stellen. Und tatsächlich hat die neuere Kunstgeschichte begonnen, die unterschiedlichen, gesellschaftsweit distribuierten – und eben nicht nur kunsthistorisch kanonisierten – Bildformen unter solchen Aspekten zu beschreiben, um die zwischen Wahrnehmungsphysiologie, Betrachtertechniken, Bildstrukturen und Mediensoziologie bestehenden Regelkreise zum Vorschein zu bringen (vgl. Crary 1996 [1990]). Innerhalb solcher diskursiver Konstellationen lassen sich auch literarische Texte analysieren. Der mediologische Ansatz von Régis Debray stellt allgemeine anthropologische Perspektiven bereit, die Kunstwerke, soziale Organisationsformen und Medien umfassen (vgl. Debray 1991). Daran anschließend und unter zusätzlicher Berücksichtigung der Diskursanalyse hat etwa Albrecht Koschorke mit der Physiologie und der Psychologie des 18. Jahrhunderts Wissensbestände der historischen Anthropologie, deren Reflexe in der Literatur und die damit einhergehenden Änderungen der Kommunikationsverhältnisse untersucht (vgl. Koschorke 1999). Medien sind in dieser Sicht nicht einfach positivistisch als Apparate oder Träger von Bedeutungen zu beschreiben – weder in ihrer Genese noch in ihren Wirkungen. Sie werden sowohl von den jeweils geltenden Wissensformen als auch vom praktischen, politisch-gesellschaftlichen Bedarf hervorgebracht und wirken auf die Verfassung von Inhalten oder auf symbolisch-künstlerische Ausdruckssysteme zurück.

Die systematische Grundlage der mediologischen Tätigkeit hat Daniel Bougnoux in der „Untersuchung der Beziehungen von Techniken der Übertragung und des Transports auf der einen Seite und den symbolischen Produktionen sowie den sozialen Praktiken auf der anderen Seite" (Bougnoux 2001, 23) gesehen. Analysen eines freien Spiels der sozialen, kulturellen oder linguistischen Formen sind demnach nichts als „Schattentheater"; ohne Betrachtung technischer Fragen, die die „Grammatik des Bildschirms" oder anderer Medien ausmachen, bleiben sie unvollständig (vgl. ebd., 24). Umgekehrt müssen aber auch Medien mit Wissensformen, sozialen Zusammenhängen sowie kulturellen und politischen Konzepten zusammengebracht werden. Die Mediologie geht demzufolge der Frage nach, wie Medien unser Denken verändern können und zugleich Ideen ihre symbolische Wirklichkeit entfalten, um dann institutionelle Zusammenhänge zu bilden. Sie bezieht sich auf Geräte im materialen Sinn, auf Subjekte beziehungsweise Mediateure und Objekte (Techniken) und auf die dafür nötigen sozialen Organisationsformen (Körperschaften, Parteien, Kirche).

Der starke Einfluss, den die Mediologie auf die Kultur- und Medienwissenschaften ausübt, erklärt sich durch diese Vernetzung der Arbeitsterrains. Davon zeugen die Arbeiten, die zwischen 1996 und 2004 in den *Cahiers de Médiologie* veröffentlicht wurden, aber auch die seit 2001 erschienenen 25 Bände der Schriftenreihe *Mediologie*, die der Sonderforschungsbereich *Medien und kulturelle Kommunikation* herausgegeben hat. Sie zielen darauf ab, das „gemeinsame Terrain, auf dem sich kulturelle Artefakte, technische Apparate und soziale Sinn-Kommunikation begegnen" (Bartz et al. 2012, 9), in den Blick zu rücken. Aber nicht nur

Ensembles von Medien, die den Inhalten ihre Signatur geben beziehungsweise sie formatieren, sondern auch Differenzen zwischen Medien, die in wechselseitigen ‚Remediationen' wirksam werden, sind zu beobachten (vgl. ebd., 10 und 13; sowie mit Blick auf Änderungen der Schrift durch die neuen Medien Bolter und Grusin 1999). Wie Oliver Grau aus einer mediengeschichtlichen Perspektive gezeigt hat, kann das Panorama als ein erster Höhepunkt der visuellen Illusionstechnik gelten, mit dem die Immersionsstrategien der digitalen Medien vorbereitet wurden (vgl. Grau 2001). An den Reflexionen der Literatur um 1800 über optische Medien und deren Begleitdiskurse sowie an der Erzählpraxis wiederum lässt sich zeigen, dass Literatur einen eigenständigen Systemplatz als veritables Illusionsmedium beansprucht und ein Spielfeld für Wahrnehmungsformen darstellt, wie sie durch die ‚neuen' Medien ermöglicht werden.

Visuelle Konstellationen der Textkultur um 1800: Zwischen Wahrnehmung und Einbildungskraft

Im Laufe des 18. Jahrhunderts orientiert sich das Literatursystem zunehmend am Visus und intensiviert Blicke nach außen und innen. Daraus ergeben sich Illusionsansprüche der Darstellung, die schließlich die Möglichkeiten der Malerei in ihren Immersionswirkungen sogar noch zu übertreffen versuchen. In den visuellen Strategien beider Künste machen sich die Auswirkungen bemerkbar, die Teleskop und Mikroskop im 17. Jahrhundert zunächst auf den wissenschaftlichen Blick hatten, der sich nun seitens der Literatur in verfeinerten Beobachtungstechniken niederschlägt. Gestützt wurde diese Akzentuierung des Sichtbaren beziehungsweise der ausführlichen Schilderungen und optischen Darstellungsformen durch den Einfluss von medizinisch-physiologischen Aussagesystemen, wie sie etwa bei Albrecht von Haller (*Die Alpen*, 1729) oder in etlichen Gedichten in Barthold Hinrich Brockes' neunbändiger Sammlung *Irdisches Vergnügen in Gott* (1721–1748) zum Tragen kommen; beide begründen eine physiologische Poetik, die im fortgeschrittenen 18. Jahrhundert ihre Wirkung zeigen wird. Ausgehend von Aspekten der Sinneslehre werden in Johann Jakob Bodmers *Kritischen Betrachtungen über die poetischen Gemälde der Dichter* (1741) Diskussionen über die malerische Dichtung angestoßen – ein Kontext, in dem die Einbildungskraft prominent hervortritt, die hier noch als nachvollziehende, aber schon erkenntnisprägende Kraft gedacht und später dann als kreatives Vermögen eines schöpferischen Individuums konzeptualisiert wird. Unter diesen Vorzeichen erschließt die Literatur zunächst in der Lyrik, später auch in Erzählformen neue, vormals nicht bekannte Farb- und Raumwelten, denen die Verarbeitung subjektiver Sinnesdaten zugrunde liegt.

Eine wichtige Rolle für diese Erweiterung von Außen- wie Innenwelten spielt dabei die Frage, wie sich die Bildverarbeitung in den Nervenleitungen vollzieht: Das Wahrnehmungsmodell der modernen Physiologie wird ab 1750 langsam auf elektrochemische Impulse des Nervenreizes umgestellt. In diesem Zusammenhang bildet sich in Abgrenzung vom mechanistisch-sensualistischen Gedanken einer kontinuierlichen, direkten Reizleitung ein Konzept subjektiven Sehens aus, das dadurch gekennzeichnet ist, dass bewegliche Sinnesimpulse in eine Menge von Erregungsfaktoren zerlegt werden, die die Wahrnehmung wiederum als Zeichen interpretiert und neu zusammensetzt (vgl. Koschorke 1999). Werden nun aber solche Unschärfen, die der je eigenen Spezifik eines Wahrnehmungsapparates entsprechen, als für die visuelle Datenverarbeitung konstitutiv erachtet, können Zweifel hinsichtlich der Umweltreferenz auftreten – eine Situation, die in der romantischen Erzählliteratur Jean Pauls, Heinrich von Kleists, Joseph von Eichendorffs, E. T. A. Hoffmanns und vieler anderer Autorinnen und Autoren weiträumig reflektiert wird und die Kant mit einem philosophischen Vorbehalt in seiner *Anthropologie* (1798) pointiert hat. Alle Erkenntnis der Gegenstände, heißt es hier, vollziehe sich so, „wie sie uns erscheinen, nicht wie sie (für sich allein betrachtet) sind" (Kant 1998b [1798], 427–428). Dieser Zweifel kann als Verlustdiagnose formuliert und vielleicht beklagt, andererseits jedoch für das Programm einer produktiven Einbildungskraft genutzt werden. August Wilhelm Schlegel hat genau dies konsequenterweise für die Malerei behauptet: „Die Mahlerey unternimmt ja nicht die Gegenstände abzubilden wie sie sind, sondern wie sie erscheinen" (Schlegel 1992 [1799], 55). Parallel dazu hat die Literatur seit der Empfindsamkeit mit zunehmender Deutlichkeit innerhalb einer Textkultur Bilder prozessiert, die erweiterte Blicke auf Innen- und Außenwelten bieten und bezweifelbare Erscheinungswelten aufbauen – dafür steht epochentypisch das von Kleist vielfach variierte ‚als ob', das den Übergang zur Bildung von fiktiven Welten signalisiert.

Diese Zusammenhänge von Wahrnehmungspsychologie, Poetologie und Philosophie sind mit weiteren Bedingungen des Sehens in Konstellation zu bringen, die an der Verbindung von Panorama und Literatur mitwirken. An der Etablierung der spezifischen Techniken des Sehens sind, wie im Folgenden weiter ausgeführt wird, naturwissenschaftliche Interessen ebenso beteiligt wie Bildungsabsichten – die philosophische Kategorie des Erhabenen verbindet sich mit dem Kalkül auf die Nervenreize, das die Entwicklung ökonomischer Unterhaltungsbetriebe vorantreibt; Kriegs- und Fernmeldetechniken sind involviert, aber auch ästhetiktheoretische Begriffe der Ganzheit. In diesem Prozess fungieren Malerei und Literatur sowohl als Profilierungs- wie als rückverstärkende Verbreitungsmedien (vgl. Oettermann 1980; Grau 2001; Köhnen 2009, 268–308).

Als Robert Barker am 17. Juni 1787 seinen Entwurf eines runden Holzhauses, das innen mit riesigen Gemälden ausgestattet ist und für ein großes Publikum begehbar sein soll, zum Patent anmeldet, gewinnt die Erfindung schon allein dadurch einen wissenschaftlichen Anspruch, dass das Unternehmen auf die Dokumentation von tatsächlich Gesehenem oder Geschehenem abstellt (vgl. Oettermann 1980, 7). Doch die Leistung des ‚neuen' Bildmediums besteht nicht einfach in der Nachbildung, sondern es inszeniert selbst schon in den angewandten Bildtechniken historisches und/oder geografisches Wissen. Das Panorama ist als Schauplatz des Wissens auch eine experimentelle Versuchsanordnung, die die Tradition des *Theatrum scientiarium* des 17. Jahrhunderts (vgl. Schramm et al. 2003) in popularisierter Variante weiterführt. Es produziert Wissen in seiner Darstellungsform und wird darüber hinaus zur epistemologischen Figur, mit der man die Bündelung von mannigfachen Einzelpunkten in einem übergeordneten Ganzen bezeichnet. Von einem solchen Überblick träumt noch Alexander von Humboldt 1834, wenn er danach trachtet, „die ganze materielle Welt, [...] alles in Einem Werke darzustellen" (Humboldt 1860 [1834], 20). Im panoramatischen Blick artikuliert sich ein enzyklopädisches Wissenschaftsethos, angeleitet vom Versuch, die um 1800 unüberschaubar werdenden, empirisch ermittelten Einzelfakten auf ein umfassendes Ganzes zu beziehen und dort zu systematisieren – auch wenn dieses Erkenntnisdispositiv letztlich durch eine immer kleinteiligere Empirie außer Kraft gesetzt wird und den neuentstehenden Einzelwissenschaften weichen muss (vgl. Breidbach und Burwick 2012, u. a. 16).

Die großen Holzhäuser beziehungsweise Rotunden, die einen 360-Grad-Umblick über Geschichts- oder Gegenwartslandschaften, Historienbilder sowie Städteansichten boten, sollten unter anderem die bürgerliche *grand tour* simulieren und mit dem Weitblick, der imaginär die Herrschaft über die Szenerie ermöglicht, ein Bildungsprogramm eröffnen. Gegen Bezahlung sollten virtuelle Bildwelten erlebbar gemacht werden, die mit ihren „malerischen Zaubereyen", wie es im zeitgenössischen *Journal des Luxus und der Moden* heißt (zit. nach Oettermann 1980, 8), auf die Zeitgenossinnen und Zeitgenossen offenkundig einen großen Reiz ausübten. Die machtvolle Blicktechnik des durch Malerei aktivierten Fernsinnes zeigt sich auch in der Architektur von Regierungsgebäuden, Spitälern oder Gefängnisbauten mit zentralem Überwachungsturm. Michel Foucault hat dies in seiner Justizgeschichte von *Überwachen und Strafen* (1975) als Panoptismus bezeichnet: 1787, im Patentierungsjahr des Panoramas, ist es der Staatsrechtler Jeremy Bentham, der einen zentralen Überwachungsturm (*panopticum*) konzipiert, um den herum kreisförmig die einzelnen Gefängniszellen angeordnet sind (vgl. Foucault 1995 [1975], 251). Während das überwachende Auge selbst anonym und unsichtbar bleibt, soll es von den Häftlingen als permanentes Kontrollorgan derart internalisiert werden, dass sie auch ohne Kontrolle diese Instanz in sich spüren – im Namen der modernen, täterpsychologischen Rechtsphilosophie werden über Blicktechniken psychische Apparate zur Besserung umstrukturiert (siehe 2.8 STIEGLER).

Vorgearbeitet wird den Raumschöpfungen des Panoramas unter anderem in der Literatur, die – mit dem vergleichbar geringen semiotischen Aufwand, der ihre Medialität kennzeichnet – diejenigen Fernblicke realisiert, die durch den Gebrauch des Galileischen Fernrohrs und dessen Perfektionierung im 17. Jahrhundert, aber auch durch die Entdeckung der Fernlandschaft in der flämischen und italienischen Malerei des 15. Jahrhunderts möglich geworden waren. In Hans Jakob Christoffel von Grimmelshausens *Simplicissimus*-Roman (1668–1669) noch eher flächig gestaltet, werden dann deutlicher in Herzog Anton Ulrichs *Aramena* (1669–1673) Fernblicke konstruiert, die sowohl Labyrinthisches, Vielfältiges als auch Arkadisches und Bedrohliches zu Riesenräumen mit mannigfachen Tiefeneffekten aufbauen. Der literarisch-ästhetische Blick auf die Landschaft, wie er durch den bereits erwähnten *Alpen*-Gedichtzyklus Albrecht von Hallers katalysiert wird, wirkt um 1770 dann entscheidend dabei mit, jene Fernsicht literarisch auszuarbeiten, welche realiter zunächst noch ein Wagnis bedeutete. Mit dem Konzept des Erhabenen verbindet sich der Nervenreiz zu dem ästhetischen Verlangen, den gefährlichen Höhenblick in einen künstlerischen Impuls umzuwandeln. Ob bei Johann Wolfgang von Goethe, Wilhelm Heinse oder Karl Philipp Moritz – wenn die erweiterte, in die Tiefe gehende Optik noch einen Schauder des Dynamisch-Erhabenen der Natur verrät (vgl. Kant 1998a [1790], 348–353), so wandelt sich diese Haltung in den alles umgreifenden, emphatischen Höhenblick, der sich dann über die Romantik zur narrativen, häufig genutzten Standardsituation entwickeln wird. Diese Blickhaltung, verbunden mit feinem Gespür für Farbsensationen, richten die schreibenden Italienfahrer als Sehpraxis ein, wenn sie wie Goethe „alles mit einem Blick zu übersehen" trachten und einen Standpunkt empfehlen, der es dem Auge ermöglicht, simultan alles „mit einmal fassen" zu können im Eindruck des „großen Ganzen" (Goethe 1993a [1817], 369).

Die literarischen Fern- und Höhenblicke sind als Reizpraktiken des Sehens dem Panorama teilweise vorgängig. Sie lassen wiederum einen Zusammenhang mit der Idee der Kunstautonomie beziehungsweise der Ästhetik des in sich ruhenden Schönen erkennen. Als reizvoll nämlich wird von Karl Philipp Moritz der Zusammenklang von Teil und Ganzem empfunden; in seinem literarischen Tagebuch *Reisen eines Deutschen in Italien 1786 bis 1788* (1792–1793) werden immer wieder abwechslungsreiche und schöne Perspektiven gefordert und mit der Weite des Raumes abgeglichen. Von einem Blickpunkt in der Kuppel des Petersdoms heißt es: Aus „dieser Höhe beherrscht das Auge" (Moritz 1981 [1792–1793], 317) die

Dinge, indem es sie „mit einem Blick" (ebd., 163) übersehen und in der Zusammenschau von Teil und Ganzem zum „Bild des höchsten Schönen runden" soll (ebd., 463). Im literarischen Sehprotokoll, das Eindrucksdetails auflistet und mit dem Gesamteindruck abgleicht, wird auch ein zentrales Credo der alteuropäischen Kunst pointiert: Die möglichst weitreichende sinnliche Anschauung bringt mannigfache Bilder hervor, wobei aber die Einbildungskraft auf eine Idee zu fixieren beziehungsweise auf ein Sinnzentrum auszurichten bleibt. Das klassische Kunstprogramm entsteht also aus der panoramatischen Umsicht und dem Bemühen, das Teil auf das Ganze zu beziehen und gegen die Umwelt abzugrenzen – und ist damit aus zentralen Begriffen der Betrachtertechnik abgeleitet.

Dieser literarischen Raumauffassung ist eine weitere mediologische Perspektive hinzuzufügen: Der Höhen- und Weitblick wird nicht selten mit einem physiologischen Thema verknüpft, was etwa an Goethes Beschreibung seines Aufstiegs auf das Straßburger Münster erkennbar wird (vgl. Goethe 1986 [1811–1833], 408). Die Höhensicht wird zur Probe des ungeübten Betrachters, der seine Höhenangst wegtrainieren will und sich zum Zweck der Selbstoptimierung kontrollierten Schocks aussetzt, um die Sehdaten in einen stimulierenden Reiz umwandeln zu können (vgl. Koschorke 1996, 160–163). Ähnliches probieren zahlreiche literarische Figuren aus, die die erhabene Naturdynamik beschwören und furchterregende Blicke in Täler oder Schluchten schweifen lassen, um das Schwindelgefühl des Höhenblicks beherrschbar zu machen, das um 1800 von Ärzten wie Marcus Herz mit Versuchsapparaturen messbar gemacht wird. Entsprechende ästhetische Erfahrungen sind bei zeitgenössischen Panoramabesuchern belegt (vgl. Grau 2001, 58) und geradezu zum literarischen Topos geworden.

Literarische Folgen des Fern- und Höhenblicks

Die in wissenschaftlichen Diskursen verbreiteten Konzepte der gesteigerten Nervenreize ebenso wie die Vorstellung eines Farbensinns und des Weitblicks, der Teil und Ganzes vereint, werden also von der Literatur potenziert. Von der Physiologie unterstützt und vom Panorama mit seinen wissenschaftlichen und ökonomischen Ansprüchen beeinflusst, bewirken die Blicktechniken der Außenwahrnehmung dann eine Verfeinerung der literarischen Blickkonstruktionen, die wiederum den Panorama-Illusionismus verstärken. Für die äußerst vielfältigen literarischen Verarbeitungen des Fernblicks um 1800 lassen sich zahlreiche Beispiele finden. Man kann hier Abstufungen von toposhafter Benennung bis zur emotionalen Erzählerbeteiligung mit einer davon affizierten Sprachtechnik unterscheiden. In Eichendorffs *Ahnung und Gegenwart* (1815) zum Beispiel finden

sich nicht nur Fernblicke in allen möglichen Varianten, es werden auch Blickli-
nien thematisiert, die eine Vernetzung aller Sehpunkte untereinander ermöglichen. So heißt es in der Schilderung eines Gartens: „Von jedem Punkte desselben hatte man die erheiternde Aussicht in das Land, das wie in einem Panorama
ringsherum ausgebreitet lag. Nirgends bemerkte man weder eine französische
noch englische durchgreifende Regel, aber das Ganze war ungemein erquicklich,
als hätte die Natur aus fröhlichem Übermute sich selber aufschmücken wollen"
(Eichendorff 1985a [1815], 129). Die Kriterien der Gartenkunst werden abgelöst
durch den Reiz der Ubiquität, den der Panoramablick verspricht – er stärkt das
subjektive Sehvermögen, das über die konventionalisierten Landschaftsbegriffe
triumphiert.

Clemens Brentanos *Godwi* (1801) weist etliche Passagen mit Höhen- oder
Weitblick auf, in denen der einfühlsame Rundblick die Naturdinge animiert:
„Als ich auf dem Berg angelangt war, ergoß sich eine herrliche Aussicht um
mich, die Sonne ging schön auf, und es war mir sehr wohl. Ein schöner Wald
drängte sich von der entgegengesetzten Seite, und rauschte freudig mit seinen
Zweigen des Friedens in der frischen Morgenluft. [...] Friede, Versöhnung, freu-
digen Ernst, und schaffende Ruhe könnte ich nur singen in Wäldern, bey den
allmächtigen Stämmen, die nicht streitbar sind, in der Ruhe freudig verwachsen,
sich umarmen und ausweichen, still und ernst, leises Wehen ihrer Küsse, und
leichtes Sinken sterbender Blätter" (Brentano 1963 [1801], 232). Die Satzgestalt
der fortlaufenden Beobachtungen verliert sich in asyndetischen Reihungen, die
nach dem Additionsprinzip gebaut sind: Immer kommt noch etwas hinzu, was
dem allumfassenden Charakter des Sehens entspricht. Das orphische Motiv des
Naturgesangs ist beteiligt, aber vor allem ist es das panoramatische Sehen, das
hier die Verschmelzungsfantasien grundiert.

Wenn in der Erzählliteratur entgrenzte Fernräume mit emotionaler Wirkung
entstehen, so haben dazu auch die wissenschaftlichen Erzählungen des Höhenblicks beigetragen, namentlich die *Voyage dans les Alpes* (1780–1796) des Mont-
blanc-Erstbesteigers Horace-Bénédict de Saussure, der panoramatische Ansichten zahlreicher Bergtouren veröffentlicht. Im Vorwort zum ersten Band bekennt
er, die vorgebahnten Wege verlassen zu wollen, um auch neue wissenschaftliche
beziehungsweise geologische Blicke zu gewinnen. Entscheidendes Seitenstück
dazu ist der aviatische Blick, der 1783 mit dem Aufstieg der Montgolfière entsteht
und von Berichten der Aeronauten begleitet wird, die die neue Vogelperspek-
tive artikulieren. So beschwört Jacques-Alexandre César Charles in ästhetischen
Begriffen die lebhaften Empfindungen, die ihn angesichts eines majestätischen
Schauspiels bewegt hätten, welches ‚den anmutigsten Anblick' („l'aspect de plus
délicieux"; Charles 1783, IV) eröffne. Dass aber das Ballonfliegen die Imagination durch Grenzüberschreitung anspornt und zum literarischen Sujet wird, lässt

sich rasch absehen, wenn man Christoph Martin Wielands unmittelbar zu diesen Ereignissen niedergeschriebene Betrachtungen über die *Aeropetomanie* (1783) oder über die *Aeronauten* (1784) berücksichtigt. Die Erhabenheitserfahrung, die Emphase des Höhenblicks und dessen Nervenreiz werden dort zum Thema der Literatur erklärt (vgl. Wieland 1984 [1797], 77–80). Beispiele für die ästhetisierte Teleperspektive lassen sich auch in Jean Pauls *Des Luftschiffers Giannozzo Seebuch* (1801) oder Adalbert Stifters *Der Condor* (1840) finden mit ihren Neologismen, kühnen Vergleichen, Synästhesien und atemlosen Parataxen, die das Höhenerlebnis auch in der Sprachform als grenzüberschreitendes Faszinosum sichtbar machen.

Dass literarische Darstellungen spätestens nach 1800 von diesen Höhenblicken affiziert sind, zeigt sich im visuellen Intertext auch an der berühmt gewordenen Bildbeschreibung, die Heinrich von Kleist zu Caspar David Friedrichs *Mönch am Meer* (1810; Abb. 1) verfasst hat. Vom Panorama hat Kleist profundes Wissen, wie der Bericht über den Besuch des Panoramas der Stadt Rom in einem Brief vom August 1800 dokumentiert: Er diskutiert den Anspruch der Bildillusion, der „Täuschung" oder des „Betrugs" (Kleist 1984a [1800], 518–519), lobt etwa die Beleuchtungstechnik und die Interessantheit des Gegenstandes, die Allansichtigkeit einer „Fülle von Gegenständen" mit ihrem Reichtum an „Schönheiten und Partien" (ebd., 519), tadelt aber ausführlich mögliche Fehler im Aufbau, die die Illusion einer vollständigen Naturnachahmung stören würden (ebd., 518–519). Die Sehbewegungen und Entgrenzungen des Panoramas werden in den *Empfindungen vor Friedrichs Seelandschaft* realisiert (vgl. Kleist 1984b [1810], 327); das Problem der Ortlosigkeit des Mönches in der Meeresweite, mithin der Polyfokussierung des panoramatischen Bildes, wird hier geradezu in einen romantischen Existenzbefund gewendet. Während der direkte Sehvorgang auch durch den unmerklichen Übergang, das *faux terrain*, für den Sehenden derart immersiv wirkt, als ob ihm „die Augenlider weggeschnitten wären" (ebd.), zeitigt der Text einen etwas anderen Effekt. Dieser spaltet sich nämlich, ganz typisch für Erzählliteratur, in zwei Aspekte auf: Er macht den Sehprozess einerseits bewusst (siehe 4.7 Vinken, 4.11 Tripp), andererseits bietet er eine zur Identifikation einladende Darstellung landschaftlicher Weite. Wenn hingegen im Bild die winzige Mönchsfigur nahezu ohne Raumkoordinaten an einem Meeresstrand steht, sind alle nur möglichen Merkmale der Totale in die planimetrische Gestaltung übersetzt. Jeder feste Blickpunkt ist aufgelöst, stattdessen kann prinzipiell jedes Bilddetail in den Vordergrund rücken – zwischen Einzelteil und Bildgesamt der Natureindrücke vollzieht sich eine Pendelbewegung.

Abb. 1: Caspar David Friedrich: *Mönch am Meer*, Öl auf Leinwand, 1809–1810,
Alte Nationalgalerie, Berlin

In diesen flexibilisierten, ubiquitären Blick spielen auch Strategien der Kriegs-
führung, Waffen- und Optotechnik hinein. Napoleon hat nicht nur Teleskope,
den optischen Telegrafen und den Heißluftballon zu Kriegszwecken genutzt; das
panoramatische Sehen und die Aeronautik stehen überdies im engen Zusammenhang mit seinen Kampfstrategien (vgl. Schneider 1998). So gibt Napoleon den
punktuellen Einsatz der Militäreinheiten in fest definierten Räumen zugunsten
einer möglichst variablen Schlachtordnung mit mehreren Stoßrichtungen auf –
die Angriffslinien werden zu Punkten aufgefächert, und zwar mit der Option, an
mehreren Stellen eines Schlachtfeldes gleichzeitig zuzuschlagen. Den militärisch
geordneten, linear agierenden Rokoko-Aufgeboten seiner Feinde begegnet Napoleon mit äußerst beweglichen Einheiten, die sich in bis dahin nicht gekannter
Raumtiefe zerstreuen und große Schlagkraft erzeugen. In dieser polemologi-
schen Sicht wird klar, inwiefern auch die militärische Strategie auf dem flexibel
zwischen Teil und Ganzem agierenden Blick beruht, der sich am Panorama erlernen lässt – und wie dies dem militärkundigen Kleist wiederum die Augen öffnet.

Illusions- und Immersionstechniken der Literatur

Dem Triumph des Optischen im 18. Jahrhundert geht eine längere Geschichte der Bildprojektion sowie des gelehrten Gebrauchs von Fernrohr, Mikroskop und farbigen Gläsern voraus. Das Panorama wird perfektioniert durch Technikeinsatz (etwa die *laterna magica*, die Bilder auf Rauch projiziert) oder Durchlichteffekte des Dioramas, das mit Bildern auf einer halbtransparenten Gazeleinwand arbeitet und somit auch zeitliche Abläufe von Tag/Nacht, Sommer/Winter etc. vorspiegelt und entsprechende Illusionswirkungen erzeugt. Dass das Panorama damit zum Motor einer expandierenden Kulturindustrie geworden ist, zeigen Äußerungen des Herstellers Adam Breysig, der in einer *Skizze zu einem Autokinesittheater* (1854) ein Panorama forderte, „in welchem alle Wirkungen der Natur und Kunst täuschend hervorgebracht werden" und die gemalten Szenerien „Natur darstellende Gemälde" wären (zit. nach Oettermann 1980, 21). Damit sollen die Bildertheater Rendite abwerfen, was sie auch reichlich tun: „Sie sehen auf Wirkung (Effekt) und dies füllt die Kassen. [...] Aus dem Grunde geht die Wirkung dem übrigen Guten und Schönen vor" (zit. nach ebd.). So lautet die Maxime des industrialisierten Kunstbetriebs, der synthetische, virtuelle Kunstwelten für eine breite, zahlende Öffentlichkeit schafft und mit zuarbeitenden Berufsgruppen eine neue Marktbranche hervorbringt – eine ökonomische Konstellation, in der die moderne Unterhaltungsindustrie begründet ist.

Wenn auch auf Seiten der Kunstdistributoren ein geschärftes Bewusstsein dafür entstanden ist, dass es hauptsächlich darauf ankommt, durch optische Valeurs Effekte zu erzielen, um Nervenströme und Imaginationskräfte des Publikums zu stimulieren, so macht sich die Literatur um 1800 diese verfeinerten Effekte intensiv zunutze, um Realitätsverdoppelungen mit eigenen Mitteln umzusetzen. Wenn etwa Friedrich Schiller in *Der Geisterseher* (1787–1789) optische Taschenspielertricks oder gar Medienschauspiele auf der technischen Höhe ihrer Zeit narrativ inszeniert, liefert er ganz aufklärerisch die Bauanleitungen der Täuschungsmechanismen mit. In der romantischen Erzählliteratur hingegen wird diese Distanz weitgehend aufgegeben, weil die Illusionsbildungen einem anderen Interesse dienen, nämlich dem, die mediale Rahmung mit der authentisch gehaltenen Fiktion zu überschreiten. Dieser Grenzgang, der sich besonders deutlich etwa bei E. T. A. Hoffmann erkennen lässt, führt in *Des Vetters Eckfenster* (1822) zu reflektierten panoramatischen Blicken sowie zu eigenständigen Fiktionsbildungen anlässlich des Gesehenen. Im Märchen *Meister Floh* (1822) kommen optische Geräte zum Einsatz, um damit das Publikum in fantastische Zustände zu versetzen, aber auch, um in das Nervensystem von Figuren zu blicken, ihre Gedanken und Einbildungen zu erforschen und insgesamt mit solchen bildgebenden Erzählverfahren die Imaginationstätigkeit der Leserinnen und Leser zu steigern. Bemerkenswert ist dabei, welche Erzähltechniken Hoffmann in den Strategien des Sehens aufbietet: Ironie, Flucht vom darstellenden Bericht in die akzelerierte Satzdiktion, gelegentliche Tempuswechsel zwischen Präteritum und Präsens, vor allem aber das stete Changieren der Erzählperspektive ohne eine verbleibende ‚Schaltzentrale' prägen die erzählerische Modernität seiner Texte. Der große erotisch-religiöse Schauerroman Hoffmanns, *Die Elixiere des Teufels* (1815–1816), kommt zwar meist ohne optisches Gerät aus, hat dafür aber die Techniken des Blicks schon weitgehend zum Bestandteil der Fiktion gemacht. Hoffmann inszeniert diesen Vorgang des Imaginationstransfers mittels einer verführerischen Erzählerfigur, um dennoch (oder gerade deswegen) die Leserimagination zu gewinnen: „Dich umwehen die geheimnisvollen Schauer der wunderbaren Sagen und Legenden, die dort abgebildet, dir ist, als geschähe alles vor deinen Augen, und willig magst du daran glauben. In dieser Stimmung liesest du die Geschichte des Medardus, und wohl magst du auch dann die sonderbaren Visionen des Mönchs für mehr halten, als für das regellose Spiel der erhitzten Einbildungskraft" (Hoffmann 1961 [1815–1816], 7). Der Gebrauch des Präsens ist typisch für solche suggestiven Vorgänge, und zusätzlich schwenkt der Modus dann vom einladend-suggestiven Konjunktiv zum Indikativ, der die sagenhaften Gestalten scheinbar leibhaftig hervortreten lässt. Hoffmann macht hier den Vorgang der Imaginationslenkung selber durchsichtig – und steuert mit den Worten nach, die Leserin beziehungsweise der Leser habe wirklich „soeben Heiligenbilder, ein Kloster und Mönche geschaut" und wäre vom Erzähler in den Kapuzinerklostergarten geführt worden (ebd.). Diese ‚Hypnosestrategie' der Bildproduktion funktioniert durchaus auch innerhalb der Figuren beziehungsweise unter ihnen (vgl. Kittler 2002, 150) – so etwa, wenn Medardus dem folgen will, was ihm seine „glühende Einbildungskraft in tausend üppigen Bildern vorgemalt" (Hoffmann 1961 [1815–1816], 69) oder wenn er das Begehren Aurelies erfüllt sieht, wenn, ihr unbewusst, „die in ihre Seele geworfenen Bilder sich wunderbar entfalten" (ebd., 70). Solch malerisches Kolorit, das hier die Innenwelt erschließen soll, wird um 1800 intensiv auch zur Schilderung der äußeren Welt genutzt – so etwa in den Farb-, Licht- und Schattenspielen, die Eichendorff in *Ahnung und Gegenwart* inszeniert, um die Leserinnen und Leser in den Mittelpunkt des Lebens zu versetzen, „wo alle die Farbenstrahlen, gleich Radien, ausgeh'n und sich an der wechselnden Oberfläche zu dem schmerzlichschönen Spiele der Erscheinung gestalten" (Eichendorff 1985a [1815],130) oder Lichtstrahlen im „zauberischen Glanze" (ebd., 129) zum poetischen Effektprogramm werden.

Der Vorgang funktioniert aber nur dann, wenn die implizite Leserin oder der implizite Leser die skeptische Distanz aufgibt und, wie Samuel Taylor Coleridge schreibt, bereit ist zur „willing suspension of disbelief for the moment, which constitutes our poetic faith" (Coleridge 1983 [1817], 6). Der distanzierte, kommentierende Rahmen, den Hoffmann gelegentlich aufbaut, wird dann zugunsten eines magischen Erzählens zurückgestellt, versteht man Magie mit Novalis poetologisch als „Kunst, die Sinnenwelt willkührlich zu gebrauchen" (Novalis 1978a [1798], 335). In diesem Sinne wird noch das Schriftmedium selbst magisch aufgeladen, wie an der Hieroglyphen- und Zeichenkunde der Frühromantiker mit ihren leuchtenden Schriftzeichen – etwa in Novalis' Romanfragment *Heinrich von Ofterdingen* (1801) oder in Hoffmanns *Goldnem Topf* (1814) – zu erkennen ist.

Dieser Zusammenhang von Optik, Textkultur und Illusionsbildung findet sich bei Jean Paul mit einem besonderen Akzent: Der Roman als Lebensbild bewegt sich ständig auf einer Grenze zwischen Illusionsbildung und Dekonstruktion. So heißt es in den *Flegeljahren* (1804–1805) über den Notar Walt: „Die Zauberlaterne des Lebens warf jetzt ordentlich spielend bunte laufende Gestalten auf seinen Weg; und die Abendsonne war das Licht hinter den Gläsern" (Jean Paul 2000a [1804–1805], 876). Jean Paul gestaltet in der anschließenden Auflistung von Sinneseindrücken in Parataxen und Ellipsen, die durch Gedankenstriche getaktet werden, eine poetisierte Sicht auf das Leben, die bis in die Diktion hinein von der Visualität geprägt ist. Das Beispiel Jean Pauls belegt aber auch, dass Medienkenntnis schon um 1800 in eine gelernte, routinierte, nachgerade klassische Synthese mit Bildungsabsichten überführt werden kann – so etwa im Roman *Titan* (1800), dessen Protagonist Albano lernt, sich in Bildwelten und vom Hof inszenierten optischen Täuschungsmanövern zu behaupten, sie in seine Einbildungskraft zu integrieren und seinen Bildungsgang zu durchlaufen. Dieser Gedanke ist auch für Jean Pauls Dichtungsprogramm zentral, dargelegt in der *Vorschule der Ästhetik* (1804) oder in dem Essay *Über die natürliche Magie der Einbildungskraft* (1796), wo ebenfalls der Zusammenhang von Optik und Textkultur geradezu schulmäßig formuliert wird. Sinneseindrücke werden demnach nicht nur passiv empfangen, sondern innerlich mit erzeugt. Sie sind produktives Vermögen der Fantasie – die „metamorphotische *Einbildung*" erweitert jenen Eindruck, den die „plane *Netzhaut*" empfängt (Jean Paul 2000b [1796], 197). Der Text bringt einige technische Beispiele dafür, wie die Einbildungskraft uns „mit Zauberspiegeln und Zauberflöten so süß betören und so magisch blenden könne" (ebd., 196), um damit schließlich eine Synthese von frei waltender Einbildungskraft und einfacher Wiedergabe der Wirklichkeit zu erreichen.

Der romantische Modus, Bücher nach einem Goethewort so „täuschend wie die Bilder einer Zauberlaterne, wie ein prismatisches Farbenbild, wie die atmosphärischen Farben" (Goethe 1993b [1808], 362) zu malen, operiert also jenseits der Mimesis und projiziert poetische Welten in das Auge der gewünschten Leser/innen. Deren Disposition hat Novalis bündig formuliert: „Wenn man recht ließt, so entfaltet sich in unserm Innern eine wirckliche, sichtbare Welt nach den Worten" (Novalis 1978b [1798–1799], 614). Diese Befunde aus der Literatur werden durch Erich Schöns Analysen des tiefgreifenden Lesewandels im 18. Jahrhundert gestützt: Immobilisierung und körperliche Disziplinierung, damit einhergehend „Formen mental-phantasiehafter Teilnahme an einer fiktionalen Welt" prägen die moderne Form des Lesens (vgl. Schön 1987, 326). In der einsamen Rezeption der Bücher besteht ein wesentlicher Unterschied zu den gesellschaftlich konsumierten optischen Medien (vgl. Kittler 2002, 147–148). Gerade dadurch führt die Einbildungskraft, nach Novalis „der wunderbare Sinn, der uns alle Sinne ersetzen kann – und der so sehr schon in unsrer Willkühr steht" (Novalis 1978a [1798], 423), mit den Rückverstärkungen durch optische Technik und Bildertauschprozesse zu einem immersiven Leseverhalten, das nur gelegentlich durch reflexive Distanzsignale ironisiert und gerahmt wird.

Fazit

Im Angesicht der hochentwickelten Illusionskunstform des Panoramas produzieren die Bildwelten der Literatur um 1800, die ihrerseits an der Genese des Panoramas beteiligt waren, bei Leserinnen und Lesern einen Wahrnehmungszustand der Immersion. Damit ist der Zustand des Realitätsgefühls, das sich im Erlebnishorizont der gegenwärtig ‚neuen' Medien vom Subjekt in die virtuelle Umgebung verlagert (vgl. Grau 2001), bereits vorweggenommen – und auch wenn Lesen keinen ganzkörperlichen, polysensoriellen Übergang in eine virtuelle Sphäre bedeutet, ist der Vorgang in der literarischen Einbildungskraft um 1800 möglicherweise sogar intensiver als bei der Bildbetrachtung und diesem Zustand schon sehr nahe. Solche Rezeptionseffekte werden durchaus auch in anderen westeuropäischen Literaturen, die von ähnlichen Medienkonstellationen geprägt waren, formuliert. In *Madame Bovary* (1857) hat Gustave Flaubert das Konzept der gemischten Welten zwischen Imagination und Wirklichkeit bezeichnet und das romantische Leseprogramm zusammengefasst: „Reglos durchstreift man Länder, die man zu sehen glaubt, und die Vorstellungskraft [...] mischt sich unter die Figuren, fast scheint uns, als poche das eigene Herz unter ihren Kleidern" (Flaubert 2012 [1857], 115; zu Flaubert siehe auch 4.7 VINKEN).

Dieser Wort-Bild-Illusionismus ereignet sich jedoch nicht im freien Spiel der Künste, er ist vielmehr in seinen mediologischen Umgebungen zu sehen: der modernen Wahrnehmungspsychologie, den optotechnischen Verbesserungen, einer wachsenden Unterhaltungsindustrie und einer Philosophie, die von Erkenntniszweifeln handelt. Die mediologische Auffassung, dass dem Zugang zu den ‚Dingen' eine permanente Zeichengenese vorangeht, schlägt sich schließlich auch in der Einsicht nieder, dass das historische Wissen nicht einfach Fakten benennen und auch (seien es Bild- oder Text-)Medien nicht schier positivistisch verzeichnen kann, sondern selbst erst seine Gegenstände konstruiert. Plausibel scheint insofern der Vorschlag Joseph Vogls, „einen generellen Medienbegriff zurückzustellen und stattdessen jeweils historisch singuläre Konstellationen zu betrachten, in denen sich eine Metamorphose von Dingen, Symboliken oder Technologien zu Medien feststellen lässt" (Vogl 2001, 122). Strukturelles Merkmal einer derart verfahrenden Historiografie ist die Dezentrierung, die Entpflichtung von einem Zielgedanken, auf den hin alle Diskursbereiche mehr oder weniger ausgerichtet wären: In jeder Entwicklung gibt es auch retardierende Elemente oder Sackgassen, und es sind keine monokausalen Wirkrichtungen, sondern immer polyphone Netzwerke von zusammentreffenden Diskursen, die in ihren Konstellationen zu beobachten sind. Im Sinne der Mediologie werden diese Zusammenhänge eine heuristische, „kritische Baustelle" (Debray 2003 [2000], 209) bleiben, deren Zugänge immer neu zu öffnen sind.

Literaturverzeichnis

Bartz, Christina, Ludwig Jäger, Marcus Krause und Erika Linz. „Einleitung – Signaturen des Medialen". *Handbuch der Mediologie. Signaturen des Medialen.* Hrsg. von Christina Bartz, Ludwig Jäger, Marcus Krause und Erika Linz. München: Fink, 2012. 7–15.

Bolter, Jay David, und Richard Grusin. *Remediation: Understanding New Media.* Cambridge, MA: MIT Press, 1999.

Bougnoux, Daniel. „Warum Mediologen …". *Archiv für Mediengeschichte 1: Mediale Historiographien.* Hrsg. von Lorenz Engell und Joseph Vogl. Weimar: Universitätsverlag, 2001. 23–31.

Breidbach, Olaf, und Roswitha Burwick. „Einleitung: Physik um 1800: Kunst, Wissenschaft oder Philosophie – eine Annäherung". *Physik um 1800 – Kunst, Wissenschaft oder Philosophie?* Hrsg. von Olaf Breidbach und Roswitha Burwick. München: Fink, 2012. 7–18.

Brentano, Clemens. „Godwi" [1801]. *Werke Bd. 2.* Hrsg. von Friedhelm Kemp. München: Hanser, 1963. 7–459.

Charles, Jacques-Alexandre César. „Représentation du globe aérostatique qui s'est elevé de dessus l'un des bassins du Jardin Royal des Tuilleries le 1er Décembre 1783 à 1. heure 40. min. tel qu'il a été vû du Pont Royal". *Journal de Paris* (13./14. Dezember 1783): III–XV.

Coleridge, Samuel Taylor. *The Collected Works of Samuel Taylor Coleridge Bd. 7.2: Biographia Literaria or Biographical Sketches of My Literary Life and Opinions.* Hrsg. von James Engell und W. Jackson Bate. London: Routledge & Kegan Paul, 1983 [1817].

Crary, Jonathan. *Techniken des Betrachters. Sehen und Moderne im 19. Jahrhundert.* Übers. von Anne Vonderstein. Dresden und Basel: Verlag der Kunst, 1996 [1990].

Debray, Régis. *Cours de médiologie générale.* Paris: Gallimard, 1991.

Debray, Régis. *Einführung in die Mediologie.* Übers. von Susanne Lötscher. Bern: Haupt, 2003 [2000].

Eichendorff, Joseph von. „Ahnung und Gegenwart" [1815]. *Werke Bd. 2: Ahnung und Gegenwart. Erzählungen I.* Hrsg. von Wolfgang Frühwald und Brigitte Schillbach. Frankfurt am Main: Deutscher Klassiker Verlag, 1985a. 53–382.

Flaubert, Gustave. *Madame Bovary.* München: Hanser, 2012 [1857].

Foucault, Michel. *Überwachen und Strafen. Die Geburt des Gefängnisses.* Übers. von Walter Seitter. Frankfurt am Main: Suhrkamp, 1995 [1975].

Goethe, Johann Wolfgang von. *Sämtliche Werke, Briefe, Tagebücher und Gespräche Abt. 1: Sämtliche Werke. Bd. 14: Aus meinem Leben. Dichtung und Wahrheit.* Hrsg. von Klaus-Detlef Müller. Frankfurt am Main: Deutscher Klassiker Verlag, 1986 [1811–1833].

Goethe, Johann Wolfgang von. „Italienische Reise II" [1817]. *Sämtliche Werke, Briefe, Tagebücher und Gespräche Abt. 1: Sämtliche Werke. Bd. 15.1: Italienische Reise. Teil II.* Hrsg. von Christoph Michel und Hans-Georg Dewitz. Frankfurt am Main: Deutscher Klassiker Verlag, 1993a. 191–372.

Goethe, Johann Wolfgang von. „Tagebucheintrag 28.8.1808, notiert durch Riemer" [1808]. *Sämtliche Werke, Briefe, Tagebücher und Gespräche Abt. 2: Briefe, Tagebücher und Gespräche. Bd. 6: Napoleonische Zeit: Briefe, Tagebücher und Gespräche vom 10. Mai 1805 bis 6. Juni 1816. Teil I: Von Schillers Tod bis 1811.* Hrsg. von Rose Unterberger. Frankfurt am Main: Deutscher Klassiker Verlag, 1993b. 361–363.

Grau, Oliver. *Virtuelle Kunst in Geschichte und Gegenwart. Visuelle Strategien.* Berlin: Reimer, 2001.

Herder, Johann Gottfried. *Sämmtliche Werke Bd. 3: Kritische Wälder.* Hrsg. von Bernhard Suphan. Berlin: Weidmann, 1878 [1769].

Herder, Johann Gottfried. „Über Bild, Dichtung und Fabel" [1787]. *Sämmtliche Werke Bd. 15.* Hrsg. von Bernhard Suphan. Berlin: Weidmann, 1888. 523–568.

Hoffmann, E. T. A. „Die Elixiere des Teufels" [1815–1816]. *Sämtliche Werke Bd. 2: Die Elixiere des Teufels. Lebens-Ansichten des Katers Murr.* München: Winkler, 1961. 5–291.

Humboldt, Alexander von. *Briefe von Alexander von Humboldt an Varnhagen von Ense aus den Jahren 1827 bis 1858.* Leipzig: Brockhaus, 1860 [1834].

Jean Paul (Johann Paul Friedrich Richter). „Flegeljahre" [1804–1805]. *Sämtliche Werke Abt. 1. Bd. 2: Siebenkäs. Flegeljahre.* Hrsg. von Norbert Miller. Darmstadt: Wissenschaftliche Buchgesellschaft, 2000a. 577–1088.

Jean Paul (Johann Paul Friedrich Richter). „Über die natürliche Magie der Einbildungskraft" [1796]. *Sämtliche Werke Abt. 1. Bd. 4: Kleinere erzählende Schriften. 1796–1801.* Hrsg. von Norbert Miller. Darmstadt: Wissenschaftliche Buchgesellschaft, 2000b. 195–205.

Kant, Immanuel. „Kritik der Urteilskraft" [1790]. *Werke Bd. 5: Kritik der Urteilskraft und Schriften zur Naturphilosophie.* Hrsg. von Wilhelm Weischedel. Darmstadt: Wissenschaftliche Buchgesellschaft, 1998a. 233–620.

Kant, Immanuel. „Anthropologie in pragmatischer Hinsicht" [1798]. *Werke Bd. 6: Schriften zur Anthropologie, Geschichtsphilosophie, Politik und Pädagogik.* Hrsg. von Wilhelm Weischedel. Darmstadt: Wissenschaftliche Buchgesellschaft, 1998b. 395–690.

Kittler, Friedrich. *Optische Medien. Berliner Vorlesung 1999.* Berlin: Merve, 2002.

Kleist, Heinrich von. „Brief an Wilhelmine von Zenge vom 16. Aug. 1800" [1800]. *Sämtliche Werke und Briefe Bd. 2.* Hrsg. von Helmut Sembdner. 7., ergänzte und revidierte Aufl. München: Hanser, 1984a. 515–522.

Kleist, Heinrich von. „Empfindungen vor Friedrichs Seelandschaft" [1810]. *Sämtliche Werke und Briefe Bd. 2.* Hrsg. von Helmut Sembdner. 7., ergänzte und revidierte Aufl. München: Hanser, 1984b. 327–328.

Köhnen, Ralph. *Das optische Wissen. Mediologische Studien zu einer Geschichte des Sehens*. München: Fink, 2009.

Koschorke, Albrecht. „Das Panorama. Die Anfänge der modernen Sensomotorik um 1800". *Mediengeschichte des Films Bd. 1: Die Mobilisierung des Sehens. Zur Vor- und Frühgeschichte des Films in Literatur und Kunst*. Hrsg. von Harro Segeberg. München: Fink, 1996. 149–169.

Koschorke, Albrecht. *Körperströme und Schriftverkehr. Mediologie des 18. Jahrhunderts*. München: Fink, 1999.

Lessing, Gotthold Ephraim. „Laokoon oder über die Grenzen der Malerei und Poesie" [1766]. *Werke Bd. 6: Kunsttheoretische und kunsthistorische Schriften*. Hrsg. von Herbert G. Göpfert. Darmstadt: Wissenschaftliche Buchgesellschaft, 1996. 7–188.

Mitchell, W. J. T. „The Pictorial Turn". *Artforum* 30 (1992): 89–94.

Moritz, Karl Philipp. „Reisen eines Deutschen in Italien 1786 bis 1788. In Briefen" [1792–1793]. *Werke Bd. 2: Reisen. Schriften zur Kunst und Mythologie*. Hrsg. von Horst Günther. Frankfurt am Main: Insel, 1981. 127–485.

Novalis (Friedrich von Hardenberg). „Vorarbeiten zu verschiedenen Fragmentsammlungen" [1798]. *Werke, Tagebücher und Briefe Friedrich von Hardenbergs Bd. 2: Das philosophisch-theoretische Werk*. Hrsg. von Hans-Joachim Mähl und Richard Samuel. München i. a.: Hanser, 1978a. 311–424.

Novalis (Friedrich von Hardenberg). „Das allgemeine Brouillon" [1798–1799]. *Werke, Tagebücher und Briefe Friedrich von Hardenbergs Bd. 2: Das philosophisch-theoretische Werk*. Hrsg. von Hans-Joachim Mähl und Richard Samuel. München i. a.: Hanser, 1978b. 473–720.

Oettermann, Stefan. *Das Panorama. Die Geschichte eines Massenmediums*. Frankfurt am Main: Syndikat, 1980.

Schlegel, August Wilhelm. „Die Gemählde. Ein Gespräch von W" [1799]. *Athenäum Bd. 2*. Hrsg. von August Wilhelm und Friedrich Schlegel. Nachdruck der Ausgabe Berlin 1799. Darmstadt: Wissenschaftliche Buchgesellschaft, 1992. 39–151.

Schneider, Manfred. „Die Gewalt von Raum und Zeit. Kleists optische Medien und das Kriegstheater". *Kleist-Jahrbuch* (1998): 209–226.

Schön, Erich. *Der Verlust der Sinnlichkeit oder die Verwandlungen des Lesers. Mentalitäts-wandel um 1800*. Stuttgart: Klett-Cotta, 1987.

Schramm, Helmar, Ludger Schwarte und Jan Lazardzig (Hrsg.). *Kunstkammer, Laboratorium, Bühne. Schauplätze des Wissens im 17. Jahrhundert*. Berlin und New York, NY: De Gruyter, 2003.

Vogl, Joseph. „Medien-Werden. Galileis Fernrohr". *Archiv für Mediengeschichte Bd. 1: Mediale Historiographien*. Hrsg. von Lorenz Engell und Joseph Vogl. Weimar: Universitätsverlag, 2001. 115–123.

Wieland, Christoph Martin. *Sämtliche Werke Bd. 30: Vermischte Aufsätze*. Hrsg. von der „Hamburger Stiftung zur Förderung von Wissenschaft und Kultur" in Zusammenarbeit mit dem „Wieland-Archiv", Biberach/Riß und Hans Radspieler. Nachdruck der Ausgabe Leipzig 1797. Nördlingen: Greno, 1984 [1797].

Wittgenstein, Ludwig. „Philosophische Untersuchungen" [1953]. *Werkausgabe Bd. 1: Tractatus logico-philosophicus. Tagebücher 1914–1916. Philosophische Untersuchungen*. Hrsg. von G. E. M. Anscombe, G. H. von Wright und Rush Rees. Frankfurt am Main: Suhrkamp, 1984. 225–580.

4.7 Effekte des Realen: Bildmedien und Literatur im Realismus (G. Flaubert: *L'Éducation sentimentale*)

Barbara Vinken

Prolog

Den „effet de réel" (‚Wirklichkeitseffekt'), dem in den Literaturwissenschaften eine so steile Karriere beschieden sein würde, illustriert Roland Barthes in einem Aufsatz mit diesem Titel aus dem Jahr 1968 am Beispiel Flauberts (vgl. Barthes 2006 [1968]). Der *effet de réel* hat erst einmal mit den Bildmedien nichts zu tun. Barthes geht es vielmehr um die Frage, wie Wirklichkeit in der Literatur der Moderne beglaubigt wird. Was macht, fragt er sich, ein sinnloses, willkürliches, überflüssiges, im wahrsten Sinne des Wortes ‚un-bedeutendes' Detail wie das Barometer, das auf kein Ganzes mehr verweist, auf dem Klavier im Salon der Madame Aubain in Gustave Flauberts *Cœur simple* (1877)? Was ist die Funktion dieser vollkommenen Funktionslosigkeit? Die Bedeutung dieses ‚Un-bedeutenden', Sinn und Zweck dieses Sinnlosen, das nicht mehr ‚schön lebendig glänzend' vor Augen stelle, sei, so Barthes, Realität zu markieren. Barthes wählt die Metaphorik des ‚Glänzenden' mit Blick auf zwei unterschiedliche literarische Techniken der Visualisierung: Zum einen bezeichnet er die Ekphrasis (Kunstbeschreibung) als „herauslösbares Glanzstück", zum anderen bemerkt er über die Hypotypose (das rhetorische ‚vor Augen Stellen'), sie sei „keineswegs neutral, sondern konstatierend" – zwar solle sie „dem Zuhörer die Dinge vor Augen führen", dies geschehe aber, „indem sie [...] der Darstellung den ganzen Glanz des ausgeleuchteten Begehrens beließ" (ebd., 167 und 169). Denn innerhalb der Mythologie der Moderne, die konkrete Wirklichkeit, tatsächliches Vorfallen und Sinnhaftigkeit als Opposition setze, könne das Tatsächlich-Konkrete, Wirklich-Stattgefundene eben nur durch das ‚Sinnlose', durch das, was sich aller Signifikation widersetzt, bedeutet werden.

Diese Analyse Barthes' lässt sich noch einen Schritt weitertreiben. Das ‚unbedeutende', ‚sinn-lose', auf keinen geordneten Zusammenhang mehr rekurrierende Detail, das Signifikant des tatsächlich Wirklichen ist, verweist dieses tatsächliche Wirkliche und damit den Wirklichkeitsbegriff der Moderne in die Gattung der bildenden Kunst. Die *vanitas* zeigt die Wirklichkeit in unendlicher Liebe zum Detail als eine eben solche. Das unbedeutend und unzusammenhängend metonymisch, sinnlos Zusammengewürfelte zeigt den Zerfall einer so sinnvoll wie schön geschaffenen Ordnung der ‚Schöpfung'. Jedes Ding, aus eben dieser kosmischen Ordnung herausgefallen, markiert so alles Wirkliche gleichzeitig als kontingent, nichtig, sinnlos und todesverfallen.

Nach der Kunst geschrieben

Die realistische Literatur ist weniger nach dem Leben als nach der Literatur geschrieben, wie schon Michel Foucault gezeigt hat (vgl. Foucault 1993 [1964]). Weniger Beachtung hat der Umstand gefunden, dass die Romane des 19. Jahrhunderts nicht nur Texte über Texte, sondern Texte über bildende Kunst sind. Sie sind nicht nur in wirklichen oder imaginären Bibliotheken, sondern nach Vorbildern in den Museen, den Salons, Kirchen und Kunstsammlungen, wie man sie etwa auf der *grand tour* zu sehen bekam, geschrieben. Das geschilderte Vorbild wird dabei oft gar nicht genannt, sondern der Bezug darauf bleibt implizit.

Die ungemilderte, schmerzhaft detaillierte Darstellung des Leichnams – mehr schon: des Kadavers – der Madame Bovary, vom Tode und dem Todeskampf gezeichnet, gilt als schrecklicher Höhepunkt des Realismus. Doch hat Flaubert diesen Körper nicht nach der Natur gemalt und auch nicht nur nach anatomischen Texten, sondern nach einem Kunstwerk geschrieben: Er schildert Giuseppe Sanmartinos berühmte Plastik des „Cristo velato" (1753) in der Kapelle des Heiligen Severus in Neapel, die Christus im Grab liegend zeigt (Abb. 1). Flaubert erwähnt diese Plastik im Text nicht, er markiert seinen Bezug auf den toten Christus nicht, und so ist dieser auch bis heute in der Forschung unbemerkt geblieben. Es handelt sich also um eine versteckte Ekphrasis. Bei der Lektüre von Flauberts Text ‚liegt' dieser Leichnam Christi, hat man ihn je gesehen, einem sofort lebhaft vor Augen. Oder umgekehrt: man denkt sofort an den Leichnam Emma Bovarys, sieht man den verschleierten Christus von Sanmartino: „Emma avait la tête penchée sur l'épaule droite. Le coin de sa bouche, qui se tenait ouverte, faisait comme un trou noir au bas de son visage; les deux pouces restaient infléchis dans la paume des mains; une sorte de poussière blanche lui parsemait les cils, et ses yeux commençaient à disparaître dans une pâleur visqueuse qui ressemblait à une toile mince, comme si les araignées avaient filé dessus. Le drap se creusait depuis ses seins jusqu'à ses genoux se relevant ensuite à la pointe des orteils; et il semblait à Charles que des masses infinies, qu'un poids énorme pesait sur elle." (Flaubert 1951 [1857], 593; „Emmas Kopf lag auf der rechten Schulter. Ihr Mundwinkel stand offen und sah aus wie ein schwarzes Loch in der unteren Gesichtshälfte; die Daumen waren in die Handflächen hineingebogen; eine Art weißer Staub lag auf ihren Wimpern, und ihre Augen begannen unter einer schleimigen blassen Schicht zu verschwinden, die wie ein dünnes Gewebe war; es sah aus, als hätten Spinnen ihre Netze darüber gesponnen. Das Bettuch senkte sich von ihren Brüsten bis an ihre Knie und stieg dann gegen die Fußspitzen an, und Charles schien es, unendliche Massen, ein ungeheures Gewicht laste auf ihr."; Flaubert 1979 [1857], 382)

Abb. 1: Giuseppe Sanmartino: *Cristo velato*, Marmorplastik, 1753

Sanmartino verkehrt in seinem „Cristo velato" den klassischen Effekt der unter dem hauchdünnen Schleier nur umso reizenderen Nacktheit. Wohl selten war ein Schleier so zart wie dieses Leichentuch; Sanmartino übertrifft das Können der ‚Alten Meister', die aus dem schweren, steifen, steinharten Marmor hauchdünne, durchsichtige Falten hervorzuzaubern. Aber er verkehrt das erotische Versprechen des Steines, der sich darunter in umso lebendigeres, lockendes Fleisch verwandelte. Indem er den Tod lebendig vor Augen stellt, könnte man überlegen, ob Sanmartino nicht als ein verkehrter Pygmalion fungiert (vgl. Vinken 1997).

Der in seiner anatomischen Genauigkeit ganz unideale, erschreckende Leib Christi von Sanmartino könnte toter nicht sein. Wie dieser Leichnam hat der Leichnam der Madame Bovary die Daumen nach innen gedreht; und bei einer bestimmten Beleuchtung wirkt auch dieser Christus so, als habe er statt des Mundes ein schwarzes Loch in der unteren Hälfte des Gesichtes. Wie bei Sanmartinos Christus, so sinkt das Tuch auch bei Emma von der Brust bis zu den Knien trotz aller Zartheit schwer auf den Leib herab, um von den Zehenspitzen

angehoben zu werden. Die Verschleierung des Hauptes Christi durch das hauch-
feine Tuch übersetzt Flaubert in das Motiv der Spinnweben, die die erloschenen
Augen schon verwesend überziehen. Besser als in dieser morbiden Schilderung
des Leichnams von Emma Bovary hätte man den verschleierten Christus nicht
beschreiben können. Gleichzeitig schreibt Flaubert seine unselige Heldin durch
die Metapher der Spinnweben endgültig in die Tradition der ovidischen Arachne
ein (vgl. Zollinger 2007). Das unendliche Gewicht, das auf ihrem Leichnam
zu lasten scheint, übersetzt die Last des Todes, die bei Sanmartino unter dem
zarten, eigentlich erotischen Schleier umso drückender hervortritt. Nie ist der
Tod in seiner trostlosen Endgültigkeit lebendiger vor Augen gestellt worden als in
der Beschreibung des Kadavers von Flauberts unglückseliger Heldin.

Die Funktion dieser intermedialen Beziehung gilt es genauer zu beleuchten. Der Realismus Flauberts – aber nicht nur dieser – zeichnet sich durch eine
Paradoxierung der rhetorischen Funktion der Hypotypose aus. Das ‚Lebendig-
vor-Augen-Stellen' ist eben die Figur, in der klassisch der Wettstreit der Künste
seit Homer und Vergil ausgetragen wird (siehe dazu 2.3 Schneider, 3.1 Wetzel,
4.3 Puff). Welchem Medium – der Literatur oder der bildenden Kunst – gelingt
es, glänzender, wirklicher, eben lebendiger vor Augen zu stellen? Die Synästhe-
sie wird für diese Form des lebendigen ‚Vor-Augen-Stellens' bemüht: Man meint,
beispielsweise die samtweiche Haut der Pfirsiche streichelnd zu erfühlen, ihren
süßen Duft einzusaugen, das Kind atmen zu hören. Pygmalions Statue verwandelt sich von kaltem Marmor in blutdurchpulstes, lebendiges Fleisch, dessen elas-
tische Wärme man zu spüren glaubt (vgl. Ovid 2007 [ca. 1–8 n. Chr.], 495–498).
Eine der Hypotypose verwandte, für die Medienkonkurrenz einschlägige Technik
ist die Ekphrasis: das lebhafte Schildern nämlich nicht nach der Natur, sondern
nach der Kunst (siehe auch 2.7 Rippl; 4.1 Wandhoff). In der Ekphrasis treten die
Künste – ut pictura poesis – nicht nur in einen Wettstreit, sondern reflektieren ihn
auch. Flauberts Schilderung der Leiche der Madame Bovary, nach der Kunst und
nicht nach der Natur geschrieben, ist eine Ekphrasis, ohne sich als solche erkennen zu geben. Aber was hier lebendig, zum Anfassen gewissermaßen, evident
vor Augen gestellt wird, ist nicht das Leben, sondern der Tod: Wirklich ist nur er.
Jeder Gedanke an Auferstehung von den Toten ist diesem vom Tode gezeichneten, Verwesung ausströmenden Leichnam ausgetrieben.

Nach platonischen Kriterien wäre Flauberts Beschreibung der Leiche der
Madame Bovary eine Imitation nicht bloß zweiten, sondern dritten Grades, von
den Urbildern noch einen Schritt weiter entfernt und damit endgültig wertlos, ja
in ihrem Verzerrungspotential gefährlich (vgl. Platon 1989 [ca. 370 v. Chr.], 385–
405). Auch im Realismus des 19. Jahrhunderts geht es um eine epistemologische
Reflexion. Nicht die Wirklichkeit, sondern die Wahrheit wirklich darzustellen,
ist das Ziel. Nachhegelianisch kann die Wahrheit in der sinnlichen Erscheinung

nicht mehr ganz ausgedrückt werden. Misstrauisch sind die Schriftsteller gegen das, was lebendig vor Augen steht. Fast alle Realisten verfolgen so eine negative Poetik. Die Problematik der Idolatrie, des täuschenden Verführens der Kunst, die ja bereits in Ovids Version des Mythos von Pygmalion, der idolatrisch in die Vollkommenheit seiner eigenen Potenz verliebt ist, eine Rolle spielt, wird zentral. Der uralte Wettstreit – welche der Künste wirklicher und lebendiger vor Augen stellen kann – wird umformuliert; die sinnlich überzeugende Wirklichkeit der Darstellung, wie sie in der Hypotypose erreicht werden soll, wird als Idolatrie oder Fetischismus zur täuschenden Blendung, gegen die es die Wahrheit des Romans, der Schrift zu behaupten gilt. Rhetorisch wird die Ekphrasis gegen die Hypotypose geführt. Dem täuschenden Bild trägt der Text in seiner Bildbeschreibung das Moment der Täuschung ein und beraubt es so seiner Wirkungskraft zwar nicht auf die Betrachterinnen und Betrachter im Roman, wohl aber auf die Leserinnen und Leser desselben.

Die Romane und Erzählungen des 19. Jahrhunderts, wie etwa Honoré de Balzacs *Le Chef-d'œuvre inconnu* (1831) oder Émile Zolas *L'Œuvre* (1886) aus dem *Rougon-Macquart*-Zyklus, artikulieren ihre Poetik am Beispiel des Mediums der bildenden Kunst (vgl. Vinken 1995). In diesen Werken streiten nicht nur Texte untereinander über Deutungshoheiten. Vielmehr wird die uralte Frage des Paragone, wer lebendiger vor Augen stellen kann, verschoben zur Frage, welches Medium wahrer darstellt: Kunst oder Literatur, Bild oder Buchstabe? Damit drängt sich die epistemologische Problematik, welches Medium anfälliger und befördernder für Idolatrie ist, in den Vordergrund. Eben diese Frage, ob das Bild oder die Schrift ,wahrer' darstellt, beschäftigte bereits Erasmus in seinem berühmten Traktat über die richtige Nachahmung, dem *Ciceronianus* (1528). Erasmus gibt der Schrift den Vorzug vor dem Bild: nur diese kann uns ein seelenerfülltes Porträt eines Freundes lebendig atmend vor Augen stellen. Dem gemalten Bild aber bliebe immer etwas Künstliches, äußerlich Seelenloses. Erasmus hält an einer positiven Poetik fest, deren Ziel lebendige Darstellung ist. Gleichzeitig wird bereits hier der Gedanke des Trugbildes zentral. Die Malerei nämlich schafft nur scheinbar belebte Bilder, die die Wahrheit verzerren. Im 19. Jahrhundert ist es nun in Verkehrung des Mimesisgedankens gerade die Fähigkeit, lebendig vor Augen zu stellen, die Argwohn erweckt (vgl. Erasmus 1972 [1528], 107–109; Vinken 2001, 8–18).

Ein gutes Beispiel für eine solche idolatrische Kunst ist das in Guy de Maupassants *Bel-Ami* (1885) beschriebene Bild eines gewissen Karl Marcovitch, das, als Bild im Text gleich zweifach medial vermittelt und zudem frei erfunden, dennoch zum Greifen nah ausgerechnet ein Wunder darstellt, das allem Realismus ins Gesicht schlägt: „le Christ marchant sur les flots" (Maupassant 2011 [1885], 350). Walter, der steinreiche Bankier, hat es gerade gekauft, in seinem Wintergarten ausgestellt und ganz Paris eingeladen, um es zu bewundern. Die Gattin des Bankiers erkennt in diesem Christus ihr Liebesidol, Bel-Ami, und sinkt vor ihm in Anbetung auf die Knie (vgl. ebd., 369–370).

Cliché: Marienbilder und blendende Idole

Diese neu aufgelegte Medienkonkurrenz von Text und Bild erhält durch das Aufkommen einer ersten veritablen Populärkultur, die sich mechanischen Formen der Reproduktion verdankt, eine neue Wendung. Zum ersten Mal erobert das Bild als Reklame die Straße; im öffentlichen Raum wird das Plakat allgegenwärtig. Durch die aufkommenden Modeillustrierten dringen reproduzierte Bilder in einer bisher nie dagewesenen Weise in die Salons noch der entlegensten Provinz vor. Die von Charles Pellerin 1796 gegründete Druckerei, die Imagerie d'Epinal, verbreitet die *clichés* französischer Geschichte, erbauliche Bilder der kaiserlichen Familie und religiösen Kitsch bis in den letzten Dorfwinkel. Massenhafte Verbreitung finden auch pornografische Postkarten. Nicht zuletzt verliert die Kunst in diesem Jahrhundert der, wie Benjamin es nannte, ‚technischen Reproduzierbarkeit' die Aura ihrer Einmaligkeit (vgl. Benjamin 1980 [1935]). Noch nie ist so viel kopiert worden; das Bürgertum will auch seine Kunstgalerien haben und kauft in großem Maßstab kopierte Bilder oder lässt Porträts ‚im Stil von' anfertigen. Individueller Stil verkommt zur beliebig reproduzierbaren Masche. Kopien von Bildern spielen deswegen etwa bei Flaubert und Theodor Fontane eine entscheidende Rolle (vgl. Encke 1998; Neumann 2001). Fontanes Erzählung *L'Adultera* (1882) zeigt eine solche bürgerliche Gemäldegalerie, in der eine kopierte „Hochzeit zu Cana" von Paolo Veronese und die „Ehebrecherin vor Christus", eine Tintoretto-Kopie, hängen (vgl. Fontane 1959 [1882], 154). Die Figuren im Text sind dazu verdammt – wie Madame Bovary, wie Fontanes Melanie van der Straaten aus seiner *Adultera* – in Literatur und Kunst vorgeprägte Formen nachzuleben: ihr Leben ist ein kopiertes Leben, ein Leben im Klischee, im Zitat.

Es waren aber religiöse Gegenstände, die erstmals eine tatsächlich massenhafte Verbreitung fanden: Heiligenbilder und -statuen. Wenige Bilder haben universal das kollektive Imaginäre so geprägt wie die heute zur ‚*trash*-Ikone' gewordene Statue der Notre-Dame-de-Lourdes. Ihre religiöse, zum Kitsch verkommene Ikonografie hat gerade als Marienleben das 19. Jahrhundert, das man auch als das Goldene Jahrhundert Mariens bezeichnet hat, geprägt (vgl. für diese Persistenz auf der rein faktischen Ebene für Fontane: Neumann 2001, 139–158; für Alphonse de Lamartine, Flaubert etc.: Esslinger 2010, 61–66; Vinken 2009, 374–418). Kunst wird Kunsthandwerk und Kunsthandwerk Kitsch. Flauberts *L'Éducation senti-*

mentale (1869) und Zolas *Lourdes* aus dem Zyklus *Les trois villes* (1893–1898) etwa setzen sich mit diesem Phänomen auseinander.

Für den vorliegenden Zusammenhang nun ist interessant, dass die realistischen Romane ausführlich und meistens implizit auf die Marienikonografie zurückgreifen. Theodor Fontanes Roman *Effi Briest* (1886) etwa ist bis ins kleinste Detail nach Marienbildern geschrieben (vgl. Schuster 1978) und in Madame Arnoux werden die Bilder des Marienlebens von der ,Maria im Tempel' über die ,Verkündigung' bis zur ,Pietà' systematisch verkehrt. Im Mittelpunkt dieser Auseinandersetzung zwischen Bild und Schrift steht auch hier die Frage nach Götzendienst oder Idolatrie und damit die Frage nach ,falscher Belebung'. Diese Frage kreist, sowohl mit Blick auf die Malerei als auch auf die Literatur, um die Opposition von ,wahrer Maria' vs. ,blendendem Idol'.

Der Autor, der der Frage der Medienkonkurrenz am programmatischsten nachgeht, und diese auch explizit thematisiert, ist aber wohl Flaubert. Die *Éducation sentimentale* kann aufgrund der Figur Arnoux, der als Galerist für Kunstkopien beginnt und als Hersteller von religiösem Kitsch endet, als Reflexion über Kunst im Zeitalter ihrer technischen Reproduzierbarkeit gelesen werden. Die *Legende des Heiligen Julian* (1877) ist ,in etwa' nach einem Kirchenfenster geschrieben. Am interessantesten kommt die Medienkonkurrenz aber vielleicht dort zum Tragen, wo sie, unthematisiert, dem Text versteckt eingeschrieben ist. Es ist interessant, dass Flaubert die Frage der Medienkonkurrenz, die zu einer von wahrer vs. blendender, Trugbilder erschaffender Darstellung geworden ist, am hierfür einschlägigen Lokus, nämlich an der Gegenüberstellung von Maria vs. Idol durchführt und diese Opposition systematisch dekonstruiert.

Als Zeugnis für die Medienkonkurrenz zwischen Text und Bild unter den verschärften Bedingungen der Moderne soll deshalb die für diesen Zusammenhang exemplarische, ikonische Szene der Literatur des 19. Jahrhunderts dienen: In der *Éducation sentimentale* schildert Flaubert den ersten ,Augen-Blick' – „Leurs yeux se rencontrèrent" (Flaubert 1984 [1869], 7; „Ihre Augen begegneten einander"; Flaubert 1969 [1869], 15) – zwischen Frédéric und der Frau, von der er glaubt, sie sei die Liebe seines Lebens, Madame Arnoux. Kann man die ganze *Éducation* als ,ver-rückten' Bilderbogen eines Marienlebens lesen, dann stellt diese Szene im Subtext die auch in der bildenden Kunst prominenteste Szene des Marienlebens dar, deren Protagonisten Marie Angèle Arnoux als ,Maria' und ,Engel' bereits im Namen trägt: Mariä Verkündigung. Frédéric verliebt sich, weil er in seiner ,Erscheinung' die Frau als Bild, als ,Bild der Frau' (vgl. Menke 2003), als berühmtestes aller Frauenbilder, nämlich als Marienbild sieht. Was Frédéric dort in nicht zu überbietender Lebendigkeit vor Augen steht, vom Lufthauch umfächelt, lichtumglänzt, ist Inbegriff der Hypotypose.

Idolatrien, das zeigt die Etymologie an (griechisch εἴδωλον/*eidolon*: ‚Bild‘), haften bekanntlich an Bildern. Das Idol blendet und fasziniert; letzten Endes spiegelt sich in ihm nichts als das durch seine Verehrung zu ihm erhöhte, vervollkommnete und sich als solches genießende, sich selbst beweihräuchernde Ich. Diese Kunstreligion heißt bei Flaubert *sentimental*. Zwischen den Zeilen gibt er in der *Éducation* die Täuschung zu lesen, der Frédéric bereits in der ersten Begegnung mit Madame Arnoux erliegt. Den Wettstreit der Künste hat vielleicht die bildende Kunst gewonnen, die lebendiger vor Augen stellt; die Wahrheit der nur scheinbaren Belebung wird aber vom Buchstaben der Literatur zutage gefördert und damit ‚ent-täuscht‘. Bereits dieser ersten Erscheinung des Ideals ist die idolatrische Selbstblendung eingetragen. Die Liebe von Frédéric zu Madame Arnoux ist als Liebeskult eine Religion, in der es um Sakralisierung und Profanierung, um Vergeistigung und Verfleischlichung geht. Als Idol, als Renaissancemadonna und Odaliske, tritt Madame Arnoux ganz buchstäblich ins Bild und wird zum solchen: zum Objekt von Frédérics Idolatrie.

Bildwerdung I: Eine Erscheinung

Madame Arnoux erscheint im Auftakt des Romans, als Frédéric sie auf dem auslaufenden Schiff erblickt, als Antithese zu einer Welt, die reinster Ausdruck sinnloser Todesverfallenheit ist. Diese Welt zeigt in einem unbegreiflichen Chaos aus Vulgarität, Hässlichkeit und Zerstörtheit nichts als Spuren des Verfalls. Nichts könnte eindrücklicher den Wirklichkeitsbegriff, den Barthes für die Moderne annimmt, illustrieren als dieses Tableau Flauberts. Was hier vorfällt, ist Inbegriff des ‚Un-bedeutenden‘. Nichts macht mehr Sinn. Der Abfall, die zerfetzten und befleckten Stoffe sind eine Kurzformel für das Unzusammenhängend-Nichtige dieser Welt: „Des gens arrivaient hors d’haleine; des barriques, des câbles, des corbeilles de linge gênaient la circulation; les matelots ne répondaient à personne; on se heurtait; [...] et le tapage s’absorbait dans le bruissement de la vapeur, qui [...] enveloppait tout d’une nuée blanchâtre, tandis que la cloche [...] tintait sans discontinuer" (Flaubert 1984 [1869], 3; „Atemlos kamen Leute gelaufen. Stückfässer, Taue und Wäschekörbe behinderten den Verkehr. Die Matrosen gaben keinem Menschen Antwort. Die Menge stieß sich. [...] [U]nd der Lärm ging im Zischen des Dampfes unter, der [...] alles in einen weißlichen Dunst hüllte, indessen vorn die Glocke ohne Unterlaß läutete."; Flaubert 1969 [1869], 9). In diesem unglaublichen Durcheinander, diesem absurden Zusammengewürfeltsein, dem zusammenhanglosen Nebeneinander, stößt sich in einem ohrenbetäubenden, dissonanten Lärm jeder an jedem. Die verschiedenen technischen Störgeräusche verhindern ein Verstehen des eigenen Wortes und auch der Sehsinn wird durch die Dampfwolken außer Gefecht gesetzt.

Madame Arnoux erscheint als Kontrafaktur dieser verschmutzten, sinnlosen, vom zusammenhanglosen Zufall willkürlich gesteuerten Welt, in der nichts intakt bleibt, alles Zeitzeichen des Verfalls ist und keiner mehr begreift und erkennt, sondern orientierungslos und gehetzt herumwuselt. So heißt es, als sie erscheint: „Ce fût comme une apparition" (Flaubert 1984 [1869], 6) – ein erfüllter Augenblick der Ewigkeit. Alles wird still, lichtvoll durchglänzt hebt sich eine ‚ganze Figur' („toute sa personne", ebd.) klar konturiert vor dem blauen Himmel ab. Sie wird nicht wie alles andere durch den Dampf vernebelt, sondern vielmehr vom fächelnden Hauch der blauen Luft belebt, von weichen Stoffen liebend umfangen, auratisch verklärt. Sie ist nicht zerstreut an Nichtigkeiten, sondern bei sich, und wie Maria in den apokryphen Evangelien versenkt in die Stickerei in ihrem Schoß: Ewigkeit steht gegen *vanitas*.

Eine solche Opposition von erfüllter, mit sich eins seiender, wahrer Ewigkeit und einer zerstückelten Zeit, die nur Zeitzeichen zum Tode ist und in wahnhaften Idolen diese Zeitzeichen zu einem ‚Wahren' und ‚Ganzen' zu einigen sucht, bestimmt schon Francesco Petrarcas *Canzoniere* aus dem 14. Jahrhundert im Gegensatz von Maria Himmelskönigin – die mit Attributen wie „bella", „di sol vestita", „saggia", „pura", „intera", „santa", „unica et sola", „chiara et stabile in eterno" (Petrarca 1992 [1348], Canzone 366, 455–459) belegt wird – und Madonna Laura, die, zu Staub zerfallen, am Ende als trügerisches Bild sinnlicher Faszination zur Medusa wird. Und bereits hier gelingt diese *conversio* zur wahren Maria, die eine hermeneutische ist, nicht. Bei Flaubert wird die Macht des Auratischen – wörtlich des belebenden Hauchs – gegen die vom Dampf verunklärte, gegen die verdampfende und somit flüchtige Welt gestellt.

Frédéric grüßt die Erscheinung der Dame, wie der Erzengel die Madonna, als sie den Kopf hebt. Zwar beugt er nicht, wie dieser, das Knie, aber immerhin die Schultern. Und er greift ihren Schal, der von den Schultern gleitet und ins Wasser zu fallen droht. Dieser Moment erfüllter Ewigkeit wird vom Ehemann der Madame Arnoux, kaum ist es zum sublimen ‚Liebesaugenblick' gekommen, durch die Frage unterbrochen, ob sie fertig sei („Ma femme, est-tu prête?"; Flaubert 1984 [1869], 7) Aus der erfüllten Ewigkeit, in der die Zeit stillzustehen scheint, werden die Liebenden zurückgeholt in die reale Zeit der Fahrpläne, in der die Zeit, in Sekunden zerstückelt, bleischwer wird: Madame Arnoux wird bald von Bord gehen. Die Kontrafaktur dieser Unterbrechung des Ehemannes zum marianischen Gruß wird erst im Nachhinein, in einer zweiten Lektüre entzifferbar: Ja, Madame Arnoux war wie Maria bereit. Und wie Maria hat sie durch das Ohr empfangen, in das ihr Mann, wie die Erzählinstanz annimmt, eine Koketterie flüstert („[I]l chuchota dans son oreille une gracieuseté sans doute"; ebd., 8). Anders als Maria, voll der

Gnade, empfängt Madame Arnoux durch diese Graziösität allerdings nicht durch den Heiligen Geist, von dem der Engel kündet, im Herzen, sondern durch ihren Mann im Fleische, ganz im Sinne des Evangeliums: „mir geschehe, wie du gesagt hast" (Lukas 1,38). Die anagrammatische Verkehrung der die Marienfigur bestimmenden, erlösenden Verkehrung – ‚Eva' in ‚Ave'– wird hier wieder verkehrt zu einem ‚Ave' in ‚Eva'. Das wird schon hier, zu Beginn des Romans, lesbar.

Ex negativo werden die Marienattribute in seltener Vollständigkeit fast obsessiv durch die Welt, vor deren Hintergrund Madame Arnoux erscheint, profiliert: Ihre Intaktheit, ihre Ganzheit, ihre Unbeflecktheit, auch ihre Einzigartigkeit, ihr überwältigender Glanz, ihr helles Strahlen, ihre Schönheit, ihre Reinheit und Vollkommenheit, die sie vom sinnlosen Durcheinander, der überwältigenden Hässlichkeit, der Verbraucht- und Verschlissenheit, dem Verfall, dem Dreck, dem Krach, der Verunklärung und dem Müll der Welt abheben. Selbst das marianische Attribut des Meeressternes klingt in Frédérics Vorstellung von ihren Schiffsreisen – man ist versucht zu sagen: der Vollständigkeit halber – an.

Die Szene der Erscheinung selbst zersetzt die Opposition von Maria vs. Idol. Als *vera beatrice* (Petrarca 1992 [1348], 456), als die Maria bei Petrarca, mit einem Seitenhieb auf Dantes Beatrice, zum wahren Erkennen und damit zu wirklicher Glückseligkeit führen soll, steht Maria im klassischen Gegensatz zum blendenden, trügerischen Idol. Mariä Empfängnis ist ein hermeneutischer Umschlag: Die durch und in Maria gegebene, wahre Erkenntnisfähigkeit steht gegen die wahnhaft geblendete Idolatrie der Welt. In Flauberts Text nun scheint Maria als eben das auf, dessen Antithese sie traditionell ist: als Idol. Der Kern der Idolatrie ist eine Verbuchstäblichung des Geistigen, oder, um mit Augustinus zu reden, eine ‚Verfleischlichung' des Geistigen statt umgekehrt eine Vergeistigung des Fleischlichen (zu diesem Komplex bei Augustinus vgl. Vinken 2009, 350–360 und 394–413). Die Verkündigungsszene ist die Urszene des Umschlagens des einen in das andere: Durch Maria, die dem Herzen nach empfängt, wird eine hermeneutische Revolution eingeleitet. Bei Flaubert schlägt dieser Umschlag zurück: *perversio* der *conversio*.

Ob das Glänzen, das Frédéric verzückt, der Strahl von Madame Arnoux' Augen ist, der sich in seine Seele ergießt, oder ob er durch seine eigenen Augen geblendet wird, lässt der Text durch die Ambiguität des Possessivpronomens ‚ses'– „dans l'éblouissement qui lui envoyèrent ses yeux" (Flaubert 1984 [1869], 6) – in der Schwebe. Dass ihre Blicke sich zu diesem Zeitpunkt noch nicht getroffen haben, wird dadurch nahegelegt, dass der bereits zitierte erste Augenkontakt erst später, und dann sehr emphatisch, eintritt (vgl. dazu auch Rousset 1981, 24–27). Nicht Verklärung, sondern Blendung erlebt Frédéric durch „die ganze Nicht-Person dieser Hypostase des weiblichen religiösen wie ikonographischen Ideals" (Nehr 2003, 124), mit einem entscheidenden Unterschied: „In diesem Fall wären es Frédérics eigene Augen, die ihm die Blendung ins Herz schicken." (Ebd., 125) Die Antithese zwischen todesverfallener, trügerischer Welt und belebender Erscheinung wird vom Text aufgebaut und gleichzeitig durchkreuzt. Zwischen den Zeilen wird lesbar, dass Frédéric in Madame Arnoux seine eigene Fähigkeit zu edler Liebe idolatrisiert.

Bildwerdung II: Ein Kunstgegenstand

Für die Frage nach der Medienkonkurrenz ist nun zentral, dass diese ‚Ent-täuschung' dadurch geschieht, dass Madame Arnoux im Modus der bildenden Kunst wahrgenommen und wesentlich als Bild beschrieben wird. Ihre Erscheinung wird im Text als Inbegriff klischierter Weiblichkeit lesbar. Sie erscheint als bis zum Überdruss zitierte Ikone der Schönheit der Zeit. Mit ihrer Beschreibung werden den Leserinnen und Lesern indirekt die Madonnen Raffaels vor Augen gestellt, was bereits frühe Kommentatoren bemerkt haben („On dirait une vierge de Raphael" konstatiert etwa der Herausgeber Peter Michael Wetherill; Flaubert 1984 [1869], 433, Anm. 12). Der blaue Hintergrund, der als *fond* unübersehbar auf ein Renaissance-Gemälde verweist, das Oval des Gesichtes und der Faltenwurf des Kleides sind Gemeinplätze der Beschreibungen einer solchen Madonnenerscheinung. Aber bei dem Aufrufen dieser historischen Ikone lässt Flaubert es nicht bewenden. Er ruft nämlich gleichzeitig jene zeitgenössische künstlerische Bewegung auf, die wie keine andere neoklassizistisch in Kopien eben dieser scheinbar antik-zeitlosen Madonnen Raffaels lebte: Jean-Auguste-Dominique Ingres und seine Schule. *Raffael à la Ingres* wird den Leserinnen und Lesern hier vor Augen gestellt. Dass Flaubert Madame Arnoux als Bild, und zwar als Bild Ingres'scher Provenienz beschreibt, wird im Nebeneinanderstellen von Vorderansicht und Profil deutlich: „et son nez droit, son menton, toute sa personne se découpait sur le fond de l'air bleu" (Flaubert 1984 [1869], 6; „ihre gerade Nase, ihr Kinn und ihre ganze Gestalt zeichneten sich klar vor dem blauen luftigen Hintergrund ab"; Flaubert 1969 [1869], 14). Die Beschreibung der Madame Arnoux geht mit den klaren Konturen, der antikisch geraden Nase, dem farblich nicht bestimmten Kleid auf kunsthistorische Ekphrasen der klassizistischen Ingristen ein; in dieser Schule waren die Werke Raffaels bereits zu einem stereotypen Schönheitsideal verkommen, zu einer reproduzierbaren Masche. Ihr Strohhut, der hier die Aureole der Madonna ersetzt, bringt es auf den Punkt: abgedroschen.

Ein Klischee jagt das nächste, und so tritt das Orientalisch-Exotische – als *clin d'œil* an die Leserinnen und Leser eine Anspielung auf Ingres' Gemälde „La grande odalisque" (1814) und „Le bain turc" (1862) – unmittelbar neben das

Antik-Madonnenartige. Das ist Flauberts Variante des sich zwangsläufig einstellenden antagonistischen Frauenpaares von Maria und Venus. In einem Zeitalter, das sich seitenlang über die Milchigkeit der Haut, deren strahlendes Weiß, deren zartes Rosé ergeht, ist der „splendeur de sa peau brune" (Flaubert 1984 [1869], 6; „Schimmer [...] ihrer bräunlichen Haut", Flaubert 1969 [1869], 14) erstes Indiz für eine fremdartige, orientalische Herkunft. Wenig später ist Madame Arnoux in Frédérics Augen bereits zur Andalusierin – damals eine sehr orientalische Provinz – geworden, die in Begleitung einer noch exotischeren Dienerin erscheint: „Il la supposait d'origine andalouse, créole peut-être; elle avait ramené des îles cette négresse avec elle?" (Flaubert 1984 [1869], 7; „Er nahm an, daß sie andalusischer Herkunft sei, vielleicht sogar eine Kreolin; sie mußte die Negerin von den Inseln mitgebracht haben", Flaubert 1969 [1869], 15). Der Madonna wird sogleich – in der Zeit der Wiederentdeckung von Maria als der schönen Jüdin durchaus zeitgemäß – von Anfang an im orientalischen Register die Hure eingetragen. Dass der Satz „ce fut comme une apparition" (Flaubert 1984 [1869], 6; „Da war es wie eine Erscheinung"; Flaubert 1969 [1869], 13) ein Zitat aus den ägyptischen Tagebüchern von Flauberts Zeitgenossen Maxime Du Camp ist (Du Camp 1853 [1852], 116), ist für die Leserinnen und Leser unerheblich. Das Wissen um dieses Zitat unterstreicht nur, was der Text im Orientalismus sowieso mitliefert: die prinzipiell erotische Konnotation nämlich dieses Registers, wird es auf Frauen angewandt. Du Camp erfasst mit diesem Satz den Augenblick der Erscheinung der Kurtisane Koutchouk-Hânem, die er und Flaubert zusammen besuchen. In Flauberts Beschreibung eben dieses Momentes hebt sich die Koutchouk-Hânem genauso wie Madame Arnoux vom Blau des Himmels ab: „[S]e détachant sur le fond bleu du ciel" (Flaubert 1991 [1849], 280). Das Entscheidende ist jedoch nicht der moralische Aspekt, der Madonna und Odaliske als Oppositionen gegeneinander stellt und der hier zersetzt wird. Entscheidender ist der verdinglichende, der idolatrisierende Aspekt, der Madonna und Hure im Blick des Mannes vereint. Ganz ist Madame Arnoux in den Augen Frédérics nur als ausgeschnittenes Bild: zweidimensional, zum Kunstgegenstand geworden (vgl. Danius 2006, 137–138). Und es ist dieses Zum-Bild-Werden, diese Idolatrisierung im wörtlichen Sinne, welche sie, egal ob als Madonna oder als Odaliske, zum Objekt des Begehrens macht. Dass dieses Bild ein Idol ist, das für Frédéric – nicht jedoch für die Leserinnen und Leser – als solches funktioniert, macht der Text dadurch lesbar, dass er die Erscheinung als geronnenes, als im Zitat erstarrtes Bild ausstellt und im Déjà-vu inszeniert. Die Perspektive Frédérics wird also durch die Art der Beschreibung konterkariert. Das Bild als Bild wird von der Schrift durchkreuzt; der Beschreibung ist eingeschrieben, was Frédéric nicht sieht, uns aber zu lesen aufgegeben ist. So wird die Antithese zwischen *vanitas* und Ewigkeit zersetzt. Die Madonna erweist sich nicht als Gegenteil der Welt, als wahre, lebensspendende *vera beatrice*, Gegenfigur zu Verblendung, zu Tod und Chaos – wahr ist vielmehr das sinnlose Chaos, verblendet ist die Marienerscheinung.

Für Frédéric verkörpert Madame Arnoux das, was er schon kennt: nichts Individuell-Einmaliges, sondern alles, was an idolatrisierter Weiblichkeit auf dem Markt, zum Bild geronnen, im Klischee erstarrt ist. Für die Leserinnen und Leser wird die Hypotypose von der Ekphrasis durchkreuzt. Was Frédéric lebendig vor Augen steht, enthüllt sich im Text nicht als natürliches Leben, sondern als künstlich-kunstvolles Bild. Dadurch wird der einmalige Moment der Erscheinung in eine Serialität der Wiederkehr des Gleichen zerstückelt. Den Leserinnen und Lesern tritt Madame Arnoux als beschriebenes Bild, als Bildbeschreibung zweidimensional und nicht als ,lebendiges Bild' vor Augen. Sie erscheint – das gibt der Text zu lesen – als raffaeleske Madonna und damit als eine bis zum Überdruss zitierte Ikone der Schönheit der Zeit. Das ekphrastische Moment wird dadurch verstärkt, dass Flaubert kunsthistorische Gemeinplätze der Beschreibungen der klassizistischen Ingristen zitiert. Die idolatrische Perspektive des Frédéric wird also durch die Art der Beschreibung konterkariert, Ekphrasis gegen Hypytypose geführt. Das Leben gewordene Bild wird von seiner eigenen Beschreibung durchkreuzt und als kitschiger Abklatsch, als abgegriffenes Zitat lesbar.

Wie die Beispielanalyse gezeigt hat, zeichnen sich die Autoren des Realismus bei aller Intermedialität durch ein Misstrauen gegenüber der Fähigkeit aus, lebendig vor Augen zu stellen. In einer negativen Poetik führen sie die Ekphrasis gegen die Hypotypose. Sie wetteifern nicht mit der bildenden Kunst und deren schon in der Antike gepriesener Fähigkeit, die Trauben, wie Zeuxis, so wirklichkeitsgetreu zu malen, dass selbst die Vögel geblendet werden und sich gierig auf die Leinwand stürzen (vgl. Plinius 1978 [ca. 77 n. Chr.], 55–56). Sie verschieben den Paragone und entwickeln ihren Wirklichkeitsbegriff gegen den Strich der Hypotypose. Gegen die Idolatrie der Bildmedien stellen sie den Buchstaben des Textes, der diese als Illusion zu lesen gibt. Ihr Wirklichkeitsbegriff korrespondiert mit demjenigen, den Roland Barthes für die Moderne angenommen hatte. Als wirklich und nicht als täuschend wird die Welt begriffen, wenn sie, unbedeutend, nichtig und todesverfallen, keine Spur von Erlösung weit und breit hat. Ganz klassisch traditionell wird dies gezeigt – und darin liegt die radikale Zuspitzung von Barthes' These – indem die Figur, die eben diese Erlösung sinnvoll verkörpert, im Medium des Bildes vom Text als blendendes Idol entlarvt wird.

Literaturverzeichnis

Barthes, Roland. „Der Wirklichkeitseffekt" [1968]. *Das Rauschen der Sprache*. Übers. von Dieter Hornig. Frankfurt am Main: Suhrkamp, 2006. 164–172.

Benjamin, Walter. „Das Kunstwerk im Zeitalter seiner technischen Reproduzierbarkeit" [1935]. *Gesammelte Schriften Bd. I.2*. Hrsg. von Rolf Tiedemann und Hermann Schweppenhäuser. Frankfurt am Main: Suhrkamp, 1980. 431–470.

Danius, Sara. *The Prose of the World. Flaubert and the Art of Making Things Visible*. Uppsala: Uppsala Universitet, 2006.

Du Camp, Maxime. *Le Nil. Égypt et Nubie*. Paris: Michel Lévy Frères, 1852.

Encke, Julia. *Kopierwerke. Bürgerliche Zitierkultur in den späten Romanen Fontanes und Flauberts*. Frankfurt am Main i. a.: Lang, 1998.

Erasmus von Rotterdam. *Ausgewählte Schriften Bd. 7: Dialogus cui titulus Ciceronianus sive De optimo dicendi genere/Der Ciceronianer oder Der beste Stil, ein Dialog*. Lateinisch/deutsch. Übers. von Theresia Payr. Hrsg. von Werner Welzig. Darmstadt: Wissenschaftliche Buchgesellschaft, 1972 [1528].

Esslinger, Eva. „Dienstmädchen". *Arsen bis Zucker. Flaubert-Wörterbuch*. Hrsg. von Barbara Vinken und Cornelia Wild. Berlin: Merve, 2010. 61–66.

Flaubert, Gustave. „Madame Bovary" [1857]. *Œuvres Bd. 1*. Paris: Gallimard 1951, 271–683.

Flaubert, Gustave. *Die Erziehung des Herzens. Der Roman eines jungen Mannes*. Übers. von Emil Alphons Rheinhardt. München: List, 1969 [1869].

Flaubert, Gustave. *Madame Bovary. Sitten der Provinz*. Übers. von René Schickele und Irene Riesen. Zürich: Diogenes, 1979 [1857].

Flaubert, Gustave. *L'Éducation sentimentale. Histoire d'un jeune homme*. Hrsg. von Peter Michael Wetherill. Paris: Garnier, 1984 [1869].

Flaubert, Gustave. *Voyage en Egypte*. Hrsg. von Pierre-Marc de Biasi. Paris: Grasset, 1991 [1849].

Fontane, Theodor. *Sämtliche Werke Bd. 4: L'Adultera*. Hrsg. von Edgar Groß. München: Nymphenburger Verlagshandlung, 1959 [1882].

Foucault, Michel. „Un ‚fantastique' de bibliothèque" [1964]. *Schriften zur Literatur*. Hrsg. und übers. von Karin von Hofer und Anneliese Botond. 3. Aufl. Frankfurt am Main: Fischer, 1993. 157–177.

Maupassant, Guy de. *Bel-Ami*. Hrsg. von Jean-Louis Bory. Paris: Gallimard, 2011 [1885].

Menke, Bettine. „Fontanes Melusinen. Bild. Arabeske. Allegorie". *Das verortete Geschlecht. Literarische Räume sexueller und kultureller Differenz*. Hrsg. von Petra Leutner und Ulrike Erichsen. Tübingen: Attempto, 2003. 101–125.

Nehr, Harald. „Sehen im Klischee – Schreiben im Klischee. Zum Verhältnis von Wahrnehmung, bildender Kunst und Künstlern in Gustave Flauberts *Éducation sentimentale*". *Romanistische Zeitschrift für Literaturgeschichte* 27 (2003): 117–130.

Neumann, Gerhard. „Speisesaal und Gemäldegalerie. Die Geburt des Erzählens aus der bildenden Kunst. Fontanes Roman *L'Adultera*". *Roman und Ästhetik im 19. Jahrhundert. Festschrift für Christian Grawe zum 65. Geburtstag*. Hrsg. von Tim Mehigan und Gerhard Sauder. St. Ingbert: Röhrig, 2001. 139–169.

Ovid. *Metamorphosen*. Hrsg. und übers. von Gerhard Fink. 2. Aufl. Düsseldorf: Artemis & Winkler, 2007 [ca. 1–8 n. Chr.].

Petrarca. *Canzoniere*. Hrsg. von Roberto Antonelli, Gianfranco Contini und Daniele Ponchiroli. Torino: Einaudi, 1992 [1348].

Platon. *Der Staat*. Übers. von Otto Apelt. Hamburg: Meiner, 1989 [ca. 370 v. Chr].

Plinius. *Naturalis Historia Bd. 35*. München: Heimeran, 1978 [ca. 77 n. Chr].

Rousset, Jean. *Leurs yeux se rencontrèrent. La scène de la première vue dans le roman*. Paris: Corti, 1981.

Schuster, Peter-Klaus. *Theodor Fontane. ,Effi Briest'. Ein Leben nach christlichen Bildern.* Tübingen: Niemeyer, 1978.

Vinken, Barbara. „Zola – alles sehen, alles wissen, alles heilen. Der Fetischismus im Naturalismus". *Historische Anthropologie und Literatur. Romanistische Beiträge zu einem neuen Paradigma der Literaturwissenschaft.* Hrsg. von Rudolf Behrens und Roland Galle. Würzburg: Königshausen & Neumann, 1995. 215–226.

Vinken, Barbara. „Pygmalion à rebours: Zolas Œuvre". *Pygmalion. Die Geschichte des Mythos in der abendländischen Kultur.* Hrsg. von Mathias Mayer und Gerhard Neumann. Freiburg: Rombach, 1997. 593–621.

Vinken, Barbara. *Du Bellay und Petrarca. Das Rom der Renaissance.* Tübingen: Niemeyer, 2001.

Vinken, Barbara. *Flaubert. Durchkreuzte Moderne.* Frankfurt am Main: Fischer, 2009.

Zollinger, Edi. *Arachnes Rache. Flaubert inszeniert einen Wettkampf im narrativen Weben. ,Madame Bovary', ,Notre-Dame de Paris' und der Arachne-Mythos.* München: Fink, 2007.

4.8 Foto-Poetiken der Erinnerung in der Literatur des 20. Jahrhunderts (Proust: *À la recherche du temps perdu*)

Irene Albers

Die Literatur im Spiegel der Fotografie

Die Fotografie habe „im Bereich der sprachlichen Kunstwerke keinen legitimen Ort", konnte man noch 1957 in Käte Hamburgers *Logik der Dichtung* lesen (1977 [1957], 177). Die Unvereinbarkeit wird in der Tradition von Gotthold Ephraim Lessings *Laokoon oder Über die Grenzen der Malerei und Poesie* (1766; siehe dazu 2.3 SCHNEIDER) mit der irreduziblen Differenz zwischen einem auf Sprache beruhenden und einem technischen Verfahren der Mimesis begründet. Inzwischen haben zahlreiche literar- und diskurshistorische Studien die Vorgeschichte und Funktion solcher Abgrenzungsstrategien analysiert (vgl. Buddemeier 1970; Shloss 1987; Plumpe 1990; Armstrong 1999; Ortel 2001; Stiegler 2001; Albers 2002b; Caraion 2003; Thélot 2003; Neumann 2006; Edwards 2008; Brunet 2009; Becker 2010). Diese Bausteine zu einer „Literaturgeschichte der Fotografie" (Neumann 2006) konnten zeigen, dass die Mediendifferenz zwischen Literatur und (analoger) Fotografie als produktive Herausforderung gewirkt hat, und zwar insofern, als die Literatur seit dem 19. Jahrhundert ihre eigenen Grenzen und Möglichkeiten immer wieder gerade mit Bezug auf die Fotografie definiert hat. Der Akzent dieser Forschungsrichtung liegt nicht wie in den älteren Studien (Albersmeier 1984; Koppen 1987) auf dem ‚Einfluss' der Fotografie auf die Literatur oder der Suche nach ‚fotografischen' Schreibweisen (zum Beispiel im Realismus), sondern auf den poetologischen Effekten und den Redefinitionen des literarischen Mediums angesichts des technischen Abbildungsmediums (vgl. von Amelunxen 1995, 212). Das beginnt im Realismus (wenn nicht schon in der Romantik) und setzt sich fort bis in aktuelle Texte – man denke an die vielfach kommentierten fotografischen Abbildungen in den Romanen von W. G. Sebald oder an literarische Texte, die sich formal und inhaltlich auf Fotoalben beziehen (vgl. Pelz 2013).

Begegnungen zwischen Literatur und Fotografie sind nicht erst seit dem „Albenphänomen" (ebd.) in der Gegenwartsliteratur häufiger, als man auf den ersten Blick vermuten würde. Immer wieder haben sich Schriftstellerinnen und Schriftsteller des 20. Jahrhunderts explizit über Fotografie geäußert: von Paul Valérys Rede zum Centenaire von Louis Daguerres Erfindung (1939) bis zu Italo Calvinos narrativem Essay „L'avventura di un fotografo" (1955), Hervé Guiberts

Das Phantombild (1981; *L'Image fantôme*), Wilhelm Genazinos „Der gedehnte Blick" (2004) und Sebalds Gespräch über Literatur und Fotografie (2000). Handelt es sich hier um eine überschaubare Zahl von Texten, so omnipräsent sind die verstreuten und impliziten Verweise auf Fotografien, Fotografen und Fotografisches in den literarischen Texten selbst: Kaum eine Autorin oder ein Autor des 19. oder 20. Jahrhunderts, bei der oder dem die Untersuchung dieses thematischen Feldes nicht vielversprechend wäre. Von einem „unmapped territory" (Rabb 1995, ixi) kann man indes kaum noch reden. Das starke Interesse an Beziehungen zwischen Literatur und Fotografie gehört zu den Forschungsfeldern ‚Bild und Text', ‚Intermedialität' (siehe 2.7 Rɪᴘᴘʟ) sowie ‚Literatur und technische Medien'. Anregungen kamen einerseits aus der interdisziplinär ausgerichteten fotohistorischen Forschung, die den Akzent sowohl auf die kultur- und wissenschaftsgeschichtlichen Kontexte legt, in denen die Fotografie Verwendung findet, als auch auf die Genealogie der verschiedenen Deutungen, welche dem Medium seit seiner Erfindung zuteilgeworden sind (vgl. Crary 1996 [1990]; Solomon-Godeau 1991; Tagg 1993 [1988]; Frizot 1998 [1995]; Wolf 2003; Geimer 2002 und 2010). Andererseits hat sich auch die Theorie der Fotografie als anschlussfähig erwiesen (vgl. Dubois 1998 [1983]; Stiegler 2006b; Didi-Huberman 2007 [2003]; Geimer 2009). Insbesondere Roland Barthes' faszinierender, zwischen Fototheorie und Literatur anzusiedelnder Essay *Die helle Kammer* (1980) hat vielfach Literaturwissenschaftlerinnen und Literaturwissenschaftler herausgefordert, am Leitfaden seiner Kategorien nach der Bedeutung des Verweises auf Fotografie oder Fotografisches im Kontext von literarischen Werken zu fragen (siehe dazu auch 2.6 Löꜰꜰʟᴇʀ). Dabei prägt Barthes' ebenso semiotischer wie phänomenologischer und psychoanalytischer Ansatz diese Arbeiten insofern, als hier nicht Motivgeschichte betrieben, sondern die literarische Rede über das Fotografische auf Fragen der Poetik und der Ästhetik – Referentialität, Medialität von Repräsentationen, Mimesis und Simulation, Fotografie und Erinnerung, Zeitlichkeit, Abwesenheit und Präsenz, Mortifikation und Verlebendigung – bezogen wird (vgl. Wagner-Egelhaaf 1991; Kolesch 1995; Zetzsche 1994; Haustein 2012; Gerstner 2012).

Das Fotografische erscheint mithin als eine Ebene der Selbstreflexion der spezifischen Möglichkeiten literarischer Medialität, fungiert als ein mal imaginäres, mal reales Gegenüber der Literatur (‚real' im Fall von ‚Ikonotexten' oder ‚Foto-Texten', welche fotografische Abbildungen in das Buch integrieren; dazu von Steinaecker 2007 und Rentsch 2010; siehe auch 4.13 Rɪʙʙᴀᴛ). Die Literatur reflektiert sich als Medium, indem sie sich (kritisch oder affirmativ) auf die Fotografie (das heißt auf Fotografen und ihre Tätigkeit, auf Fotografien, auf den Prozess des Fotografierens und Entwickelns von Bildern) bezieht. Dabei muss nicht immer explizit von fotografischen Bildern und Apparaten oder Fotografen die Rede sein. Genauso relevant sind die Metaphern aus dem Bereich des Fotografischen (vgl.

Neumann 2006): Seit seiner Erfindung wird das Medium zur Metapher für die Literatur, für menschliches Gedächtnis, für bestimmte Formen des Sehens oder für einen spezifischen – zugleich indexikalischen und ikonischen – Zeichentyp. Die Metaphorik aus dem Bereich der Fotografie ist zugleich nicht allein ein Phänomen der Literatur, sie findet sich auch in anderen Diskursen, welche ihrerseits Metaphern zur Charakterisierung des Mediums bereitstellen (vgl. Stiegler 2006a). Neben monografischen Arbeiten zur Rolle der Fotografie bei einzelnen Autoren (über Walter Benjamin: Cadava 1997; über Thomas Mann: Turck 2004; über Marcel Proust: Chevrier 2009; über Patrick Deville: Hertrampf 2011; über Uwe Johnson: Zetzsche 1994; über W. G. Sebald: Patt 2007 und Eggers 2011) fokussieren viele Studien die Bedeutung der Fotografie in der Autobiografie und Erinnerungsliteratur des 20. Jahrhunderts (vgl. Rugg 1997; Hirsch 1997; Adams 2000; Blazejewski 2002; Méaux und Vray 2004; Horstkotte 2009; Kawashima 2011; Haustein 2012; Gerstner 2012). Es ist kein Zufall, dass sich diese Arbeiten (oft vermittelt über Benjamin und Barthes) immer wieder auf einen zentralen und für die Frage der literarischen Bezugnahmen auf die Fotografie nicht nur für die französische Literatur des 20. Jahrhunderts emblematischen Text beziehen, Marcel Prousts *À la recherche du temps perdu* (1913–1927).

Die innere Dunkelkammer: Von der Fotomimesis zur Fotomnemonik

Geht es bei der Rezeption der Fotografie in der Literatur des 19. Jahrhunderts, vor allem im Kontext der Programme des Realismus und Naturalismus, zunächst primär um die Positionierung des Romans gegenüber der spezifischen Darstellungsleistung der Fotografie, um die Definition der literarischen und narrativen Konstruktion von Wirklichkeit im Gegensatz zur fotografischen Repräsentation, so steht um die Jahrhundertwende die Frage der unterschiedlichen Zeitlichkeit und Gedächtnishaftigkeit von Roman und fotografischem Bild im Mittelpunkt. Im Zuge der Abkehr vom Naturalismus entsteht eine neue Semantisierung des Fotografischen. Sie entwirft das Subjekt und seine psychischen Prozesse nach dem Modell des fotografischen Prozesses als *chambre noire*, als Dunkelkammer. Charakteristisch für den Diskurs über Gedächtnis um die Jahrhundertwende ist außerdem, dass auch die indexikalisch-spurhafte Referentialität der Fotografie (und anderer analoger Medien) auf das Gedächtnis übertragen wird (vgl. Klippel 1997, 35–36). Die Umbesetzung der Semantik des Fotografischen geschieht im Wesentlichen durch die Verlagerung des Modellcharakters der Fotografie vom Produkt, dem fotografischen Bild und seinen mimetischen Qualitäten, zum

Apparat, zur Dunkelkammer und zu der Entstehung der (latenten) Bilder im Innern des Apparates. Anstelle der Reflexion über die ‚Fotomimesis', die mimetischen Qualitäten des Bildes und die Beziehung zwischen Bild und Abgebildetem, tritt jetzt eine ‚Fotomnemonik' (vgl. McQuire 1988, 13–17 und 105–106; Ortel 2001, 299–314), die Reflexion über die Beziehung zwischen mentalen ‚inneren' Bildern und fotografischen Aufnahmen, in den Mittelpunkt der intermedialen Reflexionen über Literatur und Fotografie. Wahrnehmung, Zeitbewusstsein, Imagination und Gedächtnis werden dabei nach dem Modell des fotografischen Prozesses von Aufnahme, Entwicklung und Speicherung konzipiert, das Subjekt als ‚Foto-Medium' entworfen. Dabei ist es Henri Bergsons *Matière et mémoire* zufolge nicht das Bewusstsein, das ‚fotografiert', sondern das Unbewusste (Bergson 1982 [1896], 77; zu fotografischen Metaphern bei Freud vgl. Dubois 1998 [1983], 261–283). Diese Entwicklung zeigt sich besonders deutlich bei Proust: Im Gewebe der Gedächtnismetaphern der *Recherche* sind Begriffe aus dem Wortfeld der Fotografie außerordentlich häufig vertreten und markieren eine aufschlussreiche Ebene der medialen Kodierung in Prousts ‚Poetik der Erinnerung' (vgl. Albers 2001b und 2004, auf die der vorliegende Aufsatz zurückgreift).

Die Fotografie in Prousts Poetik der Erinnerung

Im Vergleich mit der Malerei scheint die Bedeutung der Fotografie in Prousts Roman zunächst marginal. Namen von zeitgenössischen Fotografen sucht man in der *Recherche* vergeblich. Und während die Geschichte der Malerei von den Anfängen bis in Prousts Gegenwart im Roman präsent ist (vgl. Stierle 1996), kann man dies von der Geschichte der Fotografie nicht behaupten. Ist man jedoch einmal auf das Thema aufmerksam geworden – zum Beispiel durch das Buch von Brassaï *Proust und die Liebe zur Photographie* (1997) –, finden sich bei jeder neuen Lektüre wieder neue Stellen zur Fotografie. Brassaï konzentriert sich auf die Rolle der fotografischen Porträts von Personen, die im Roman zirkulieren und in Liebesbeziehungen zu Fetischobjekten werden. Die medienspezifische Ästhetik und poetologische Bedeutung der Fotografie kommt in dieser Perspektive ebenso zu kurz wie historische Kontextualisierungen von Prousts Reflexionen über Fotografie.

Wenn es bei Proust eine Wende von der Aufmerksamkeit auf den Gegenstand der Wahrnehmung zu den Bedingungen der Wahrnehmung gibt, zur *vision des choses*, dann werden auch die Medientechniken thematisch, welche die visuelle Wahrnehmung prägen. Proust ist in einem modernen Sinn medienbewusst. Wurde in der Literaturkritik und Romanpoetik des 19. Jahrhunderts der Roman mit einer Fotografie verglichen, als könne ein literarischer Text sich ihre spezifischen medialen Qualitäten aneignen (vgl. Albers 2002b), so verlagert sich bei Proust die Analogie auf die Apparatur, das optische Medium, das die Bilder zuallererst hervorbringt und zwischen Subjekt und Realität tritt. Jonathan Crary hat gezeigt, dass die Erfindungen neuer optischer Apparate und Medien im 19. Jahrhundert wesentlich zur Subjektivierung des Sehens und zur Vorstellung von der Produktivität des Betrachters beigetragen haben und mit entsprechenden ästhetischen und wissenschaftlichen Theorien des Sehens verknüpft wurden (Crary 1996 [1990], 103–140). Vor allem die Erfindung des Stereoskops, dessen zweidimensionale Bilder vom Auge zu einem dreidimensionalen Bild synthetisiert werden, machte deutlich, dass Wahrnehmung eine subjektive Konstruktion darstellt und nicht einfach eine ‚objektive' Wiedergabe der Realität. Wahrnehmungstheorie und Medienreflexion stehen hier in engem Austausch. Dieser Zusammenhang besteht auch bei Proust.

Dafür spricht insbesondere, dass Begriffe aus dem Wortfeld des Fotografischen in der *Recherche* zu Metaphern für Wahrnehmungs- und Erinnerungssituationen werden, Metaphern, die auch in den literaturtheoretischen Passagen des Romans Verwendung finden. Dazu gehören Verben wie *fixer, poser, tirer, développer, clicher, révéler, enregistrer, capturer, immobiliser, retoucher* und Substantive wie *superposition, négatif, épreuve, cliché, chambre noire, instant* und schließlich *instantané* – ‚Momentaufnahme' (vgl. dazu Gülich 1965; Hanney 1983). Diese Begriffe erfassen den gesamten für die Fotografie im Gegensatz zur Malerei charakteristischen mehrstufigen Entstehungsprozess der Bilder: die Aufnahme des Bildes, die Speicherung der Aufnahmen, die Entwicklung in der ‚inneren Dunkelkammer', in der „chambre noire intérieure" (Proust 1988 [1919–1921], 227; vgl. Proust 1995 [1919], 641), die Fixierung und schließlich die Betrachtung des entwickelten Bildes. Es gibt also mehr Fotografisches in der *Recherche* als Fotografien. Nicht zuletzt dadurch, dass Wahrnehmung und Erinnerung des Erzählers immer wieder charakterisiert werden, als würde er fotografieren, könnte man zu dem Ergebnis kommen, dass er selbst es ist, der die eigentlich nicht existierende Fotografenfigur des Romans darstellt. Dabei entsteht eine komplexe Semantik des Fotografischen. Es ist immer wieder versucht worden, sie auf einen Begriff zu bringen und die *Recherche* für bestimmte Theorien der Fotografie zu vereinnahmen. Prousts ästhetische und theoretische Reflexionen über Fotografie sind eingegangen in einige der wichtigsten theoretischen Texte des 20. Jahrhunderts über Fotografie: das gilt für die Medientheorie Siegfried Kracauers und Benjamins genauso wie für die Fotoessays von Susan Sontag und Barthes. Deshalb wird in vielen Publikationen häufig in Zirkeln argumentiert, wenn die Interpretinnen und Interpreten aus Prousts Text genau die Reflexionen über Fotografie herauslesen, welche selbst aus der Rezeption seines Textes entstanden sind.

Lange dominierte dabei die Lektüre der *Recherche* als Kritik an der Fotografie. Sowohl in Kracauers „Die Photographie" (1963 [1927], 21–39) als auch bei Benjamin (vgl. 1974 [1939], 644–646) wird die Fotografie mit der defizienten *mémoire volontaire* gleichgesetzt.

Der immer wieder zitierte Beleg dafür steht im siebten und letzten Teil der *Recherche, Le Temps retrouvé*, unmittelbar vor den drei glückverheißenden Wiedererinnerungen. Und es ist vielleicht kein Zufall, dass die fotografiekritischen Reflexionen sich vor allem in den Teilen *Combray* und *Le Temps retrouvé* finden, also in der ältesten Textschicht des Romans. Es heißt hier: „Ich versuchte jetzt aus meinem Gedächtnis andere Momentaufnahmen hervorzuholen, besonders Momentaufnahmen, die es in Venedig aufgenommen hatte, doch schon dieses Wort allein ließ mir die Stadt langweilig erscheinen wie eine Ausstellung von Photographien" (Proust 2002 [1927], 256). Noch Susan Sontag argumentiert ausgehend von dieser Stelle in ihrem Buch über Fotografie gegen den Wert fotografischer Erinnerungsbilder und ihre „seichte, zu ausschließlich visuelle, bloß willkürliche Beziehung zur Vergangenheit": „Es ist schwer vorstellbar", schreibt sie, „daß die Ouvertüre zu *In Swanns Welt* damit endet, daß der Erzähler auf einen Schnappschuss der Kirche in Combray stößt [...], statt den Geschmack des bescheidenen, in Tee getauchten Gebäcks auszukosten, der ihm ein vollständiges Stück seiner Vergangenheit in Erinnerung ruft" (Sontag 1978 [1977], 151). Was vermag schon eine Fotografie von Combray gegen die Madeleine? Die *Recherche* erscheint hier ausschließlich geprägt von einer dezidiert antifotografischen Ästhetik, als Unternehmen einer Rettung der Erinnerung vor der Fotografie, als eine Verteidigung unmediatisierter gegen mediatisierte Erinnerung.

In dem Maß, wie die neuere Proust-Forschung die Poetik der *mémoire involontaire* relativiert oder dekonstruiert hat (vgl. Warning 2000), hat sich auch die Einschätzung der Bedeutung der Fotografie in der *Recherche* gewandelt. Statt der zitierten kulturkritischen Thesen entstehen nun Lektüren, welche die Fotografie weniger auf der Seite der *mémoire volontaire* als vielmehr auf der der „Poetik der Flüchtigkeit und der Kontingenz" situieren (vgl. Weber 2002; Bal 1997). Symptomatisch für Prousts Verhältnis zur Fotografie ist aber gerade ihre doppelte Rolle. Sie ist zugleich Technik und Kunst, Gegenmodell und Modell der *mémoire involontaire*, Antikunst und ästhetisches Faszinosum, Chiffre einer bloß objektiven Reproduktion der Wirklichkeit und einer subjektiven und kreativen Verformung der Realität.

Fotografischer Blick und mnemonische Spuren

Um die Eigenständigkeit und Besonderheit der Fotografie im Ensemble der Künste herauszuarbeiten, werden im Folgenden die für die Wirkung Prousts bis in die Gegenwart relevanten Bedeutungen der Fotografie herausgegriffen: die Inanspruchnahme des Mediums einerseits für eine passive und unbewusste ‚Impression' in der Erinnerung, andererseits für eine aktive und manipulative Wahrnehmung. Beides, die Fotografie als eine von keiner Vermittlung getrübte ‚Spur' der Realität und die Fotografie als Medium, das auch nur optische Irrtümer produziert, ist für den Erzähler ambivalent, zugleich traumatisch besetzt und ästhetisch faszinierend.

Exemplarisch für diesen Zusammenhang ist eine Szene aus dem dritten Teil der *Recherche, Le Côté de Guermantes,* die den Blick des Erzählers auf seine Großmutter als kalten Blick einer Kamera entwirft, wohl die bekannteste und am meisten kommentierte Fotografiestelle des Romans (Proust 1996 [1920–1921], 192–194; vgl. Albers 2001b; Beckett, 1970 [1931], 28). Beim unangemeldeten Eintreten in den Salon seiner Großmutter nach seiner übereilten Rückkehr aus Doncières fällt Marcels Blick auf das vom Tod schon gezeichnete Gesicht der sich unbeobachtet glaubenden, in ihre Lektüre vertieften Großmutter, die ihn nicht bemerkt, sodass er den Eindruck hat, nicht wirklich anwesend zu sein: „Was auf diese Weise mechanisch in meinem Auge zustande kam, als ich meine Großmutter bemerkte, war wirklich eine Fotografie." (Proust 1996 [1920–1921], 193) Eine Fotografie deshalb, weil der Blick nur das zeigt, was ein unbeteiligter Fremder an Marcels Stelle sehen würde. Erst ganz am Ende der Passage wird dieses ‚Bild' formuliert: „[I]ch erblickte [...] schwerfällig und gewöhnlich, kränkelnd, vor sich hin sinnierend und mit leicht irrem Blick ein Buch musternd, eine verzagte alte Frau, die ich nicht kannte." (Ebd., 194–195) Statt dem „gedankenbeladenen Auge" wird ein „rein materielles Objektiv" (ebd., 193) für dieses Bild einer Fremden verantwortlich gemacht. Dem fotografischen Blick wird dabei der Effekt zugeschrieben, einen Augenblick aus den bedeutungsgebenden Kontexten herauszulösen: Als reine Gegenwart ist er ohne Bezug zur Vergangenheit und zur Zukunft, ist von allem befreit, was der Blick sonst an Affekten und Erinnerungen hineinlegt (vgl. Schneider 1986, 97). Die Fotografie erlaubt somit einen Blick hinter die ‚optischen Irrtümer' („erreurs d'optique", Proust 1988 [1919–1921], 229) der subjektiven Wahrnehmung, macht damit die Differenz zwischen Wahrnehmung und ‚Realität' allererst bewusst. Für den Erzähler allerdings ist das Bild der lesenden alten Frau in einem schmerzhaften Sinn ‚objektiv': es nimmt ihren Tod vorweg, macht aus seiner Großmutter ein unheimliches ‚Phantom' und aus ihm selbst einen Voyeur. Es handelt sich um eine der in der *Recherche* häufig anzutreffenden Erfahrungen eines plötzlichen Auraverlustes. Indem Proust auf einen ‚mechanischen Vorgang' in den Augen verweist, betont er den unbewussten Automatismus, der dieses Bild hervorbringt. Als solcher ist er der natürlichen Wahrnehmung, die selektiv verfährt, entgegengesetzt (vgl. Hörisch-Helligrath 1986, 17). Die Fotografie steht für das, was Benjamin in seiner *Kleinen Geschichte der Photographie* das „Optisch-Unbewußte" genannt hat (Benjamin 1977b [1931], 371). Sie ist als Produkt eines rein materiellen und dadurch sinnindifferenten Vorgangs das Gegenteil von ‚Kunst' und ‚Erinnerung' im emphatischen Sinn. Das erinnernde Ich ist für einen Moment wie ausgelöscht. Wenn, wie es in *Le Temps retrouvé* entwickelt wird, die Realität von der ‚Beziehung', dem „rapport" (Proust 1989 [1925–1927], 468; Proust 2002 [1927], 294) zwischen Wahrnehmungen und Erinnerungen konstituiert wird, dann repräsentiert der fotografische Blick auf die Großmutter ein beziehungsloses Bild.

Zugleich wird die Fotografie dort als Metapher für das Gedächtnis valorisiert, wo es um das Aufnehmen von *impressions*, von ‚Eindrücken' in das Gedächtnis geht. In diesem Zusammenhang ist die Fotografie der *mémoire involontaire* nicht entgegengesetzt, sondern erlaubt es Proust, eine ihrer wesentlichen Voraussetzungen zu veranschaulichen. So ist in Bezug auf die erste Begegnung mit Albertine von der ‚inneren Dunkelkammer' die Rede: „Es ist mit solchen Freuden wie mit Photographien. Was man in Gegenwart der Geliebten aufnimmt, ist nur ein Negativ, man entwickelt es später, wenn man zu Hause ist und wieder über die Dunkelkammer im Inneren verfügt, deren Eingang, solange man andere Menschen sieht, ‚vernagelt' ist." (Proust 1995 [1919], 641) Solange das Bild noch nicht in der ‚inneren Dunkelkammer' bearbeitet wurde, ist es nur latent. Diese Ungleichzeitigkeit von Erfahrung und Verarbeitung ist für Proust ein Charakteristikum allen Erlebens. Erst die *mémoire involontaire* vermag sie aufzuheben. Solange sie ausbleibt, ruht die ungelebte (‚verlorene') Vergangenheit im Gedächtnis wie ein unentwickelter Film. Der fotografische Prozess wird hier zum Modell eines sowohl dem Vergessen als auch der bewussten Erinnerung entgegengesetzten Zustandes von Latenz. Es handelt sich, wie sich Benjamin in seiner „Kleinen Rede über Proust" (1932) ausdrückt, „um Bilder, die wir nie sahen, ehe wir uns ihrer erinnerten" (Benjamin 1977a [1932], 1064; siehe dazu auch Cadava 1997).

Metaphern aus dem Bereich der Fotografie waren in der Psychologie und Physiologie des Gedächtnisses im 19. Jahrhundert verbreitet. Autoren wie Gabriel Tarde, Théodule Ribot oder Henri Bergson, mit denen sich Proust nachweislich beschäftigt hat, haben sich dieser Analogie bedient oder sie kritisiert (vgl. Draaisma 1999 [1995], 107–140). Die Psychophysiologie „verglich das Gehirn mit einer fotografischen Platte und sah in den Gedächtnisprozessen die organischen Parallelen technischer Bearbeitungen wie ‚Sensibilisieren' und ‚Fixieren'" (ebd., 126). Zwischen dem latenten und dem manifesten Bild liegt immer eine zeitliche Distanz, die bewirkt, dass das Foto, wenn es zum ersten Mal betrachtet wird, etwas immer schon Vergangenes repräsentiert. Analog zu diesen Theorien wird das wahrnehmende Subjekt in der *Recherche* als ein Fotoapparat entworfen, dem sich ‚Spuren' und ‚Eindrücke' gleichsam ohne Vermittlung eingezeichnet haben (vgl. Proust 1989 [1925–1927], 458). Solange diese *impressions* nicht entwickelt werden, verbleiben sie im eigentümlichen Zustand der Latenz, und bei vielen Menschen, denen die Begabung fehle, sei deshalb die ‚Vergangenheit', wie Proust schreibt, voller Aufnahmen, die nutzlos bleiben, solange die Intelligenz sie nicht entwickelt habe (vgl. Proust 1989 [1925–1927], 474; Proust 2002 [1927], 301). Eine dem Bewusstsein nicht zugängliche Erinnerung gleicht einer Fotografie, die zwar aufgenommen, aber nicht entwickelt wurde. Das fotografische Archiv der latenten Bilder steht daher für ein Gedächtnis, in dem mehr registriert ist, als je bearbeitet werden kann, sodass die ‚Entwicklung' (vgl. Proust 1989 [1925–1927], 474; Proust 2002 (1927), 301) zu einem literarischen „édifice immense du souvenir" (Proust 1987 [1913–1919], 46; „unermessliche[n] Gebäude der Erinnerung", Proust 1994 [1913], 70) für den Schriftsteller eine unendliche Aufgabe darstellt. In der unendlichen Lektüre des Buches, dessen Ende jeweils wieder zum Anfang zurückführt, wird diese Erfahrung zur Erfahrung der Leserin oder des Lesers, immer nur einen Teil der internen Bezüge und Verweisungen erschöpfen beziehungsweise ‚entwickeln' zu können.

Optische Irrtümer

Wesentliches Merkmal der fotografischen ‚Aufnahme' des Bildes ist zugleich das, was Proust die „optiques [...] déformantes" (Proust 1988 [1919–1921], 577) nennt. Sie verweist auf Wahrnehmungssituationen, in denen das Subjekt die Realität nicht nur verformt, sondern auch die „vision juste des choses" (ebd.) verfehlen muss. Die Fotografie steht hier entgegen der Rhetorik der spurhaften ‚Impression' der Imagination und ihren von den Obsessionen der Eifersucht getrübten Trugbildern näher als der Erinnerung. Die ‚Aufnahmen' des Erzählers misslingen: sie sind verwackelt und unscharf, was Marcels Unfähigkeit metaphorisiert, seine Aufmerksamkeit im Moment der Begegnung zu konzentrieren (vgl. ebd., 201; Proust 1995 [1919], 603–604). Das Ergebnis ist eine „photographie tremblée" (Proust 1988 [1919–1921], 932). Im Gegensatz zu den perfekten Posen der Studioporträts entsprechen sie eher der Ästhetik des sogenannten ‚Knipsers' (vgl. Starl 1995), dessen Auftreten man in der Fotogeschichte mit der Erfindung der Kodakbox (1888) datiert. Statt dem einen sorgfältig inszenierten und garantiert scharfen Porträt, das man etwa aus dem Atelier von Paul Nadar mitbrachte, erlaubte es der Rollfilm der Kodakbox mit seinen 100 Aufnahmen, Serien von *instantanés*, also Momentaufnahmen, herzustellen.

So steht die Fotografie immer auch für eine Wahrnehmung, welche gerade nicht die „connaissance exacte" oder, wie es an anderer Stelle heißt, die „vision juste des choses" hervorbringt, sondern vielmehr nur jeweils neue „erreurs d'optique", neue ‚optische Irrtümer' (Proust 1988 [1919–1921], 229; vgl. Proust 1995 [1919], 644), produziert, sodass es nie zu einer Koinzidenz zwischen subjektivem Bild und Realität kommen kann. Während man im 19. Jahrhundert das Adjektiv ‚exakt' als besonders geeignet empfand, die spezifische Abbildungsleistung der Fotografie zu charakterisieren, steht sie nun für eine fortgesetzte Deformation der Realität, die genauso ästhetisch faszinierend ist, wie sie für Prousts Erzähler zur Ursache der Eifersucht und des Leidens an der Ununterscheidbarkeit von Realität und Imagination wird.

Der Erzähler vergleicht in einer berühmten Szene, die einen Kuss zum Gegenstand hat, die Multiplikation der Ansichten des Gesichtes von Albertine und die raschen Perspektivwechsel während der Annäherung seines Gesichtes an ihre Wange mit den „neuesten Anwendungen der Photographie" (Proust 1996 [1920–1921], 511–512). Wie die anderen optischen Instrumente, die in der *Recherche* eine Rolle spielen, kann die Fotografie also die Wahrnehmung in überraschender Weise verändern. Prousts hier zum Vergleich herangezogene Beispiele beziehen sich, ohne dass die Stadt genannt wird, auf Fotografien von Venedig, genauer vom Markusplatz und der Piazzetta. Proust könnte hier an die Serien gedacht haben, welche die Gebrüder Alinari von Sehenswürdigkeiten wie dem Markusplatz angefertigt haben (vgl. Albers 2004, 222–226; zu Alinari: Heilbrun 1998 [1995]). Die medienspezifischen Mittel, die in dieser Form der Fotografie zum Einsatz kommen, liegen im Gegensatz zu denen des Piktorialismus, der sich stilistisch an die Malerei anlehnt, auf der Ebene der Optik: die Wahl des Ausschnitts, das Verhältnis von Vordergrund und Hintergrund, die Tiefenschärfe, die Brennweite des Objektivs und der Standpunkt der Kamera. Die Überlagerung zwischen den verschiedenen unvereinbaren Ansichten des Markusplatzes und den Gesichtern von Albertine präfiguriert die spätere Assoziation und ist ein typisches Beispiel für die Ästhetisierung der Wahrnehmung durch die Überlagerung von Realität und Kunst, von Wahrnehmung und Imagination. Dabei bedeutet der Kuss gegenüber der Reihe von Architekturfotografien eine Beschleunigung, die den Faktor der Zeit ins Spiel bringt: Wenn der Erzähler vorher schon eine Serie von Momentaufnahmen von Albertine hatte, dann scheint es ihm jetzt, als würde er diese disparaten Bilder in schneller Folge ‚in wenigen Sekunden' nacheinander sehen. Eine Folge von Bildern, welche nicht etwa einen ‚Film' ergibt (es ist häufig zu lesen, dass eine ‚Kamerafahrt' beschrieben wird), sodass Prousts Wahrnehmungsexperiment auch über die Bildexperimente im Kontext des Futurismus, die seit 1911 mit Bewegungsunschärfen arbeiten, hinausgeht (vgl. Hohl 1977). Eher antizipiert Proust das Verfahren der Mehrfachbelichtung (*superposition*), wie man es etwa bei Raoul Hausmann in den 1930er Jahren findet. Aus dem Kuss wird also ein bewusstes ‚Experiment' mit der Wahrnehmung und ihrer Fähigkeit zur Erkenntnis der Realität. So faszinierend die vielen Perspektiven sind, so enttäuschend sind sie für jemanden, der eigentlich einen Blick ‚hinter' die Oberfläche anstrebt. Zusammen mit dem Impressionismus ist die Momentaufnahme deshalb nicht ohne Grund das spezifische Medium des sogenannten *roman d'Albertine*. Unter den *instantanés*, die Marcel von ihr aufnimmt, gibt es nicht das eine ‚wahre' Bild der Person, in dem sie sich, zumindest imaginär, besitzen ließe. Die Momentbilder bezeugen vielmehr die Unendlichkeit der möglichen Perspektiven und Ansichten: „chacune de ces Albertine était différente" (Proust 1988 [1919–1921], 299). Denn genauso wenig wie die Ansichten von Venedig lassen sich die Aufnahmen von Albertine zu einem Bild synthetisieren. Wenn am Ende der Kussszene die Vielgestaltigkeit von Albertine in den Vergleich mit einer „déesse à plusieurs têtes" (ebd., 660) mündet, dann zeigt die Stelle auch eine Grenze zwischen Fotografie und Sprache. Denn die Synthese der Einzelbilder zu der ‚Göttin mit mehreren Köpfen' ist schließlich nicht mehr fotografisch. Mithilfe des sprachlichen Bildes und seiner Verweiskraft auf andere Szenen wird der fragmentierten fotografischen Wahrnehmung etwas entgegengesetzt, das sie überschreitet. Das der fotografischen Poetik der Flüchtigkeit und des Perspektivismus inhärente Darstellungsproblem fordert die spezifische mediale Leistung der Sprache, besonders der Metapher, heraus.

Im Unterschied zu Interpretinnen und Interpreten, welche der Auffassung sind, dass Prousts Beschreibungsstil an solchen und anderen Stellen ‚fotografisch' ist (vgl. Bal 1994, 117–118), zeigt sich hier, dass die mediale Leistung der Sprache in der *Recherche* immer wieder Prägnanz gewinnt gerade aus der Konfrontation mit der Fotografie. Literarische Medienreflexion ist immer auch eine Form der Selbstreflexion des Mediums Sprache (vgl. Albers 2001a, 547–549). Das ist seit der Erfindung der Fotografie eine Konstante in der literarischen Auseinandersetzung mit dem Medium und gilt auch für Proust: Dabei steht die Sprache mit ihrer offenen Dynamik virtueller Bezüge und Analogien zwischen der zu großen Objektivierung und Fixierung der Fotografie – man denke an den Blick auf die Großmutter – und der zwar ästhetisch interessanten, aber bedrohlichen Serialisierung von Perspektiven durch das Medium (wie in der Kussszene).

Während Proust dort, wo er die Wahrnehmung in fotografischen Begriffen beschreibt, häufig den konstruktiven Charakter der Fotografie betont und sie auf eine Ebene mit anderen optischen Instrumenten stellt, referiert er, wo es um die Beziehungen zwischen Erinnerung und Fotografie geht, auf das, was man in der Fototheorie den ‚indexikalischen' Charakter des Bildes nennt, also die Eigenschaft, die ‚materielle Spur' eines realen Augenblicks zu sein (vgl. Geimer 2009, 13–69). Im ersten Fall steht die Optik der Kamera im Vordergrund, im zweiten die

Chemie und das zu belichtende Material. Darin spiegelt sich eine für die Fototheorie seit ihren Anfängen festzustellende Unentschiedenheit zwischen der formgebenden Tätigkeit der Optik und des Fotografen auf der einen Seite und der ihren Realitätsgehalt garantierenden Selbsttätigkeit des Mediums auf der anderen Seite, zwischen Fotografie als Kunst oder Übersetzung der Realität und Fotografie als Aufzeichnung von Spuren oder als „Emanation des Referenten" aus den Silbersalzen, wie Barthes schreibt (Barthes 1985 [1980], 126). Bei Proust zeigt sich, dass beide Seiten der Fotografie nicht zu trennen sind, dass sie der Erinnerung genauso nahesteht wie der Imagination.

Die Lesbarkeit der Fotografie nach Proust

Die Ambivalenz, welche die Fotografie in der *Recherche* auszeichnet, wird im 20. Jahrhundert in vielen literarischen und theoretischen Texten zur Fotografie weiterentwickelt. Dabei entsteht auch eine neue Form von Intermedialität zwischen Texten und Fotos: Sie bringt nicht mehr nur die unterschiedlichen mimetischen oder mnemonischen Qualitäten, sondern auch die konträren semiotischen Qualitäten der beiden Medien ins Spiel. Um die irreduzible Differenz von Sprache und Fotografie geht es insbesondere bei Barthes. In seinen Antinomien ist die Fotografie jeweils das Andere der Sprache (*dénotation* vs. *connotation*, *punctum* vs. *studium*) oder besetzt als „Botschaft ohne Code" (Barthes 1990 [1961], 11–27) eine semiologische Paradoxie. Diese spezifisch spurhafte Referentialität der Fotografie ist nicht in die Sprache übertragbar: „Die Beschreibung einer Photographie [ist] genaugenommen unmöglich" (ebd., 14). Zugleich braucht die Fotografie den Text, so wie der Text die Fotografie braucht. Während die Fotografie nicht sagen kann, was sie zeigt, und etwas beweist, aber nicht preisgibt, was, ist die Sprache für Barthes mit dem komplementären Mangel behaftet. Sie kann nicht beweisen oder zeigen, was sie sagt, sie kann keinerlei Gewissheit über die Realität vermitteln: „Darin liegt das Übel (vielleicht auch die Wonne) der Sprache: daß sie für sich selbst nicht bürgen kann." (Barthes 1985 [1980], 96) In literarischen Texten, die sich wie Marguerite Duras' *Der Liebhaber* (1984; *L'amant*), Günther Grass' *Die Blechtrommel* (1959) und *Die Box* (2008), Uwe Johnsons *Jahrestage* (1970–1983), Julio Llamazares' *Stummfilmszenen* (1994; *Escenas de cine mudo*), Ronit Matalons *Was die Bilder nicht erzählen* (1995), Dubravka Ugrešić' *Museum der bedingungslosen Kapitulation* (1996), Patrick Modianos *Dora Bruder* (1997), Marcel Beyers *Spione* (2000), Sebalds *Austerlitz* (2001), Reinhard Jirgls *Die Stille* (2009) – um nur einige zu nennen – intensiv auf (eigene oder gefundene, reale oder fiktive, zeithistorische oder private) Fotografien beziehen, werden ‚Unglück' und ‚Lust' der Sprache angesichts der Fotografie in eine spannungsreiche Konstellation von Fiktion und Faktizität gebracht und damit auch neue Verfahren der Vertextung von Erinnerungen entwickelt, wie unter anderem in der Formulierung einer „Poetik des Albums" (Ugrešić 2000 [1996], 23) deutlich wird (siehe dazu auch Holzer 2001). So wie im 19. Jahrhundert literarische Wahrheits-, Wirklichkeits- und Subjektbegriffe auf die Fotografie bezogen werden, so werden im 20. Jahrhundert Text- und Schriftbegriffe mit dem Medium und seinem Modus einer ‚einschreibenden' Aufzeichnung assoziiert. Der Text beziehungsweise die Schrift selbst wären gern ‚spurhaft'.

Claude Simon beispielsweise entwickelt in seinen in der Tradition Prousts stehenden Erinnerungsromanen, vor allem in den langen Fotografiebeschreibungen von *Geschichte* (1967; *Histoire*), eine Lektüretechnik, welche die (fiktive) Aufnahme gewissermaßen ein zweites Mal entwickelt (vgl. Albers 2002a, 196–218). Wie in *Blow-Up* (1966), Michelangelo Antonionis Verfilmung der Erzählung von Julio Cortázar („Las babas del diablo", 1959), muss Simons Erzähler sich aber am Ende fragen, ob das, was er aus den Bildern herausgelesen hat, nicht ebenso gut allein seiner Fantasie entsprungen sein könnte, statt von den Aufnahmen ‚bewiesen' worden zu sein. Hier zeigt sich exemplarisch ein in der Gegenwartsliteratur angesichts der fotografischen Archive und Alben immer wieder verhandeltes Dilemma: So unabweisbar die fotografischen Spuren von der Vergangenheit zeugen, so hartnäckig verweigern sie zugleich weitere Auskünfte über das Abgebildete, sodass sie ein Verfahren des vermutenden Erzählens und der Fiktionalisierung in Gang setzen, das schließlich nicht mehr von den fotografischen Spuren gedeckt sein kann. Der Bildtheoretiker Georges Didi-Huberman hat am Beispiel von vier Fotografien, die jüdische Häftlinge des Sonderkommandos 1944 in Auschwitz aufgenommen haben, eine Methode der archäologischen Analyse von Fotografien entwickelt, welche dem Zeugnischarakter dieser Bilder gerecht wird, ohne den konstitutiven Mangel der fotografischen Spuren auszulöschen (vgl. Didi-Huberman 2007 [2003]; siehe dazu auch 3.3 SEGLER-MESSNER). Es ist kein Zufall, dass Didi-Huberman in Bezug auf die „Notwendigkeit einer *Annäherung ohne Vereinnahmung*" (ebd., 130) die Stelle aus Prousts *Recherche* zitiert, in der es um Marcels Erfahrung beim unangemeldeten Eintreten in das Zimmer seiner Großmutter geht, und es über diese Erfahrung heißt, sie stelle das „wenig dauerhafte Privileg" dar, „das es uns erlaubt, „während des kurzen Augenblicks des Heimkommens überraschend unserer eigenen Abwesenheit beizuwohnen" (Proust 1996 [1920–1921], 193–194). Beim Betrachten von Fotografien „der eigenen Abwesenheit beizuwohnen", verlangt nach Didi-Huberman „dem Blick eine gnoseologische, ästhetische und ethische Anstrengung ab, auf der die *Lesbarkeit* des Bildes – so wie Warburg und Benjamin sie verstanden haben – beruht" (Didi-Huberman 2007 [2003], 131; zum ‚Bild-Denken' von Aby Warburg und Walter Benjamin siehe auch 2.4 Naumann). Für diese ‚Anstrengung' gegenüber visuellen Dokumenten gibt es in der Literatur des 20. Jahrhunderts vielleicht die besten Beispiele.

Literaturverzeichnis

Adams, Timothy Dow. *Light Writing & Life Writing. Photography in Autobiography*. Chapel Hill, NC: University of North Carolina Press, 2000.

Albers, Irene. „Das Fotografische in der Literatur". *Ästhetische Grundbegriffe – Ein historisches Wörterbuch in sieben Bänden Bd. 2:* Dekadent – Grotesk. Hrsg. von Karlheinz Barck, Martin Fontius, Friedrich Wolfzettel und Burkhart Steinwachs. Stuttgart und Weimar: Metzler, 2001a. 534–550.

Albers, Irene. „Prousts photographisches Gedächtnis". *Zeitschrift für französische Sprache und Literatur* 111.1 (2001b): 19–56.

Albers, Irene. *Photographische Momente bei Claude Simon*. Würzburg: Königshausen & Neumann, 2002a.

Albers, Irene. *Sehen und Wissen. Das Photographische im Romanwerk Émile Zolas*. München: Fink, 2002b.

Albers, Irene. „Proust und die Kunst der Photographie". *Marcel Proust und die Künste*. Hrsg. von Wolfram Nitsch und Rainer Zaiser. Frankfurt am Main: Insel, 2004. 205–239.

Albersmeier, Franz-Josef. „‚Enfin Daguerre vint …'. Die Herausforderung der Photographie an die französische Literatur des 19. Jahrhunderts". *Lendemains* 34 (1984): 4–12.

Amelunxen, Hubertus von. „Photographie und Literatur. Prolegomena zu einer Theoriegeschichte der Photographie". *Literatur intermedial. Musik – Malerei – Photographie – Film*. Hrsg. von Peter V. Zima. Darmstadt: Wissenschaftliche Buchgesellschaft, 1995. 209–231.

Armstrong, Nancy. *Fiction in the Age of Photography. The Legacy of British Realism*. Cambridge, MA, und London: Harvard University Press, 1999.

Bal, Mieke. „Instantanés". *Proust contemporain*. Hrsg. von Sophie Bertho. Amsterdam und Atlanta: Rodopi, 1994. 117–130.

Bal, Mieke. „Platitudes: Effets photographiques". *Images littéraires ou Comment lire visuellement Proust*. Toulouse und Montréal: Presses universitaires du Mirail und XYZ éditeur, 1997. 161–204.

Barthes, Roland. *Die helle Kammer. Bemerkung zur Photographie*. Übers. von Dietrich Leube. Frankfurt am Main: Suhrkamp, 1985 [1980].

Barthes, Roland. „Die Fotografie als Botschaft" [1961]. *Der entgegenkommende und der stumpfe Sinn. Kritische Essays III*. Übers. von Dieter Hornig. Frankfurt am Main: Suhrkamp, 1990. 11–27.

Becker, Sabina. *Literatur im Jahrhundert des Auges. Realismus und Fotografie im bürgerlichen Zeitalter*. München: edition text + kritik, 2010.

Beckett, Samuel. „Proust" [1931]. *Proust and Three Dialogues with Georges Duthuit*. London: Calder & Boyars, 1970. 11–93.

Benjamin, Walter. „Über einige Motive bei Baudelaire" [1939]. *Gesammelte Schriften Bd. 1.2: Abhandlungen*. Hrsg. von Rolf Tiedemann und Hermann Schweppenhäuser. Frankfurt am Main: Suhrkamp, 1974. 605–653.

Benjamin, Walter. „Aus einer kleinen Rede über Proust, an meinem vierzigsten Geburtstag gehalten" [1932]. *Gesammelte Schriften Bd. 2.3: Aufsätze, Essays, Vorträge*. Hrsg. von Rolf Tiedemann und Hermann Schweppenhäuser. Frankfurt am Main: Suhrkamp, 1977a. 1064–1065.

Benjamin, Walter. „Kleine Geschichte der Photographie" [1931]. *Gesammelte Schriften Bd. 2.1: Aufsätze, Essays, Vorträge*. Hrsg. von Rolf Tiedemann und Hermann Schweppenhäuser. Frankfurt am Main: Suhrkamp, 1977b. 368–385.

Bergson, Henri. *Materie und Gedächtnis. Eine Abhandlung über die Beziehungen zwischen Körper und Geist*. Übers. von Julius Frankenberger. Frankfurt am Main, Berlin und Wien: Ullstein, 1982 [1896].

Blazejewski, Susanne. *Bild und Text. Photographie in autobiographischer Literatur. Marguerite Duras',L'amant' und Michael Ondaatjes ,Running in the Family'*. Würzburg: Königshausen & Neumann, 2002.

Brassaï. *Proust und die Liebe zur Photographie*. Übers. von Max Looser, Frankfurt am Main: Suhrkamp, 2001 [1997].

Brunet, François. *Photography and Literature*. London: Reaktion Books, 2009.

Buddemeier, Heinz. *Panorama, Diorama und Photographie. Entstehung und Wirkung neuer Medien im 19. Jahrhundert. Untersuchungen und Dokumente*. München: Fink, 1970.

Cadava, Eduardo. *Words of Light. Theses on the Photography of History*. Princeton, NJ: Princeton University Press, 1997.

Caraion, Marta. *Pour fixer la trace. Photographie, littérature et voyage au milieu du XIXe siècle*. Genf: Droz, 2003.

Chevrier, Jean-François. *Proust et la photographie. La résurrection de Venise*. Paris: L'Arachnéen, 2009.

Crary, Jonathan. *Techniken des Betrachters. Sehen und Moderne im 19. Jahrhundert*. Übers. von Anne Vonderstein. Dresden und Basel: Verlag der Kunst, 1996 [1990].

Didi-Huberman, Georges. *Bilder trotz allem*. Übers. von Peter Geimer. München: Fink, 2007 [2003].

Draaisma, Douwe. *Die Metaphernmaschine. Eine Geschichte des Gedächtnisses*. Übers. von Verena Kiefer. Darmstadt: Wissenschaftliche Buchgesellschaft, 1999 [1995].

Dubois, Philippe. *Der fotografische Akt. Versuch über ein theoretisches Dispositiv*. Übers. von Dieter Hornig. Hrsg. von Herta Wolf. Hamburg: Philo Fine Arts, 1998 [1983].

Edwards, Paul. *Soleil noir. Photographie et littérature des origines au Surréalisme*. Rennes: Presses universitaires de Rennes, 2008.

Eggers, Christoph. *Das Dunkel durchdringen, das uns umgibt. Die Fotografie im Werk von W. G. Sebald*. Frankfurt am Main i. a.: Lang, 2011.

Frizot, Michel (Hrsg.). *Neue Geschichte der Fotografie*. Übers. von Rolf W. Blum. Köln: Könemann, 1998 [1995].

Geimer, Peter (Hrsg.). *Ordnungen der Sichtbarkeit. Fotografie in Wissenschaft, Technologie und Kunst*. Frankfurt am Main: Suhrkamp, 2002.

Geimer, Peter. *Theorien der Fotografie zur Einführung*. Hamburg: Junius, 2009.

Geimer, Peter. *Bilder aus Versehen. Eine Geschichte fotografischer Erscheinungen*. Hamburg: Philo Fine Arts, 2010.

Gerstner, Jan. *Das andere Gedächtnis. Fotografie in der Literatur des 20. Jahrhunderts*. Bielefeld: transcript, 2012.

Gülich, Elisabeth. „Die Metaphorik der Erinnerung in Prousts *À la recherche du temps perdu*". *Zeitschrift für französische Sprache und Literatur* 75.1 (1965): 51–74.

Hamburger, Käte. *Die Logik der Dichtung*. 3. Aufl. Stuttgart: Klett-Cotta, 1977 [1957].

Hanney, Roxanne. „Proust and Negative Plates: Photography and the Photographic Process in *À la recherche du temps perdu*". *Romanic Review* 74.3 (1983): 342–354.

Haustein, Katja. *Regarding Lost Time. Photography, Identity, and Affect in Proust, Benjamin, and Barthes*. Oxford: Legenda, 2012.

Heilbrun, Françoise. „Die Brüder Alinari in Florenz". *Neue Geschichte der Fotografie*. Hrsg. von Michel Frizot, Köln: Könemann, 1998 [1995]. 156.

Hertrampf, Marina Ortrud M. *Photographie und Roman. Analyse – Form – Funktion. Intermedialität im Spannungsfeld von nouveau roman und postmoderner Ästhetik im Werk von Patrick Deville*. Bielefeld: transcript, 2011.

Hirsch, Marianne. *Family Frames. Photography, Narrative, and Postmemory*. Harvard, MA, und London: Harvard University Press, 1997.

Hohl, Reinhold. „Marcel Proust in neuer Sicht. Kubismus und Futurismus in seinem Romanwerk". *Neue Rundschau* 88.1 (1977): 54–72.

Holzer, Anton. „Das Familienalbum im Exil. Zur Fotografie in den Texten von Dubravka Ugrešić". *Fotogeschichte* 79 (2001): 41–55.

Hörisch-Helligrath, Renate. „Das deutende Auge. Technischer Fortschritt und Wahrnehmungsweise in der *Recherche*". *Marcel Proust. Motiv und Verfahren*. Hrsg. von Edgar Maas. Frankfurt am Main: Insel, 1986. 14–29.

Horstkotte, Silke. *Nachbilder. Fotografie und Gedächtnis in der deutschen Gegenwartsliteratur*. Köln, Weimar, Wien: Böhlau, 2009.

Kawashima, Kentaro. *Autobiographie und Photographie nach 1900: Proust, Benjamin, Brinkmann, Barthes, Sebald*. Bielefeld: transcript, 2011.

Klippel, Heike. *Gedächtnis und Kino*. Frankfurt am Main und Basel: Stroemfeld, 1997.

Kolesch, Doris. „Vom Lesen und Schreiben der Photographie. Bildlichkeit, Textualität und Erinnerung bei Marguerite Duras und Roland Barthes". *Poetica* 27 (1995): 187–214.

Koppen, Erwin. *Literatur und Photographie. Über Geschichte und Thematik einer Medienentdeckung*. Stuttgart: Metzler, 1987.

Kracauer, Siegfried, „Die Photographie" [1927]. *Das Ornament der Masse*. Frankfurt am Main: Suhrkamp, 1963. 21–39.

McQuire, Scott. *Visions of Modernity. Representation, Memory, Time and Space in the Age of the Camera*. London: Sage, 1998.

Méaux, Danièle, und Jean-Bernard Vray (Hrsg.). *Traces photographiques, traces autobiographiques*. Saint-Étienne: Université de Saint-Étienne, 2004.

Neumann, Michael. *Eine Literaturgeschichte der Photographie*. Dresden: Thelem, 2006.

Ortel, Philippe. *La littérature à l'ère de la photographie. Enquête sur une révolution invisible*. Nîmes: Chambon, 2001.

Patt, Lise (Hrsg.). *Searching for Sebald. Photography after W. G. Sebald*. Los Angeles, CA: Institute of Cultural Inquiry, 2007.

Pelz, Annegret. „Vom Bibliotheks- zum Albenphänomen". *Album. Organisationsformen narrativer Kohärenz*. Hrsg. von Annegret Pelz und Anke Kramer. Göttingen: Wallstein, 2013. 40–58.

Plumpe, Gerhard. *Der tote Blick. Zum Diskurs der Photographie in der Zeit des Realismus*. München: Fink, 1990.

Proust, Marcel. *À la recherche du temps perdu I*. Hrsg. von Jean-Yves Tadié. Paris: Gallimard, 1987 [1913–1919].

Proust, Marcel. À la recherche du temps perdu II. Hrsg. von Jean-Yves Tadié. Paris: Gallimard, 1988 [1919–1921].

Proust, Marcel. À la recherche du temps perdu IV. Hrsg. von Jean-Yves Tadié. Paris: Gallimard, 1989 [1925–1927].

Proust, Marcel. Werke II: Auf der Suche nach der verlorenen Zeit Bd. 1: Unterwegs zu Swann. Übers. von Eva Rechel-Mertens, revidiert von Luzius Keller und Sibylla Laemmel. Hrsg. von Luzius Keller. Frankfurt am Main: Suhrkamp, 1994 [1913].

Proust, Marcel. Werke II: Auf der Suche nach der verlorenen Zeit Bd. 2: Im Schatten junger Mädchenblüte. Übers. von Eva Rechel-Mertens, revidiert von Luzius Keller und Sibylla Laemmel. Hrsg. von Luzius Keller. Frankfurt am Main: Suhrkamp, 1995 [1919].

Proust, Marcel. Werke II: Auf der Suche nach der verlorenen Zeit Bd. 3: Guermantes. Übers. von Eva Rechel-Mertens, revidiert von Luzius Keller und Sibylla Laemmel. Hrsg. von Luzius Keller. Frankfurt am Main: Suhrkamp, 1996 [1920–1921].

Proust, Marcel. Werke II: Auf der Suche nach der verlorenen Zeit Bd. 7: Die wiedergefundene Zeit. Übers. von Eva Rechel-Mertens, revidiert von Luzius Keller und Sibylla Laemmel. Hrsg. von Luzius Keller. Frankfurt am Main: Suhrkamp, 2002 [1927].

Rabb, Jane Marjorie (Hrsg.). Literature & Photography. Interactions 1840–1990. A Critical Anthology. Albuquerque, NM: University of New Mexico Press, 1995.

Rentsch, Stefanie. Hybrides Erzählen. Text-Bild-Kombinationen bei Jean Le Gac und Sophie Calle. München: Fink, 2010.

Rugg, Linda Haverty. Picturing Ourselves. Photography & Autobiography. Chicago, IL, und London: University of Chicago Press, 1997.

Schneider, Manfred. Die erkaltete Herzensschrift. Der autobiographische Text im 20. Jahrhundert. München: Hanser, 1986.

Shloss, Carol. In Visible Light. Photography and the American Writer: 1840–1940. New York, NY, und Oxford: Oxford University Press, 1987.

Solomon-Godeau, Abigail. Photography at the Dock. Essays on Photographic History, Institutions, and Practices. Minneapolis, MN: University of Minnesota Press, 1991.

Sontag, Susan. Über Fotografie. Übers. von Mark W. Rien und Gertrud Baruch. München: Hanser, 1978 [1977].

Starl, Timm. Knipser. Die Bildgeschichte der privaten Fotografie in Deutschland und Österreich von 1880 bis 1980. München: Koehler & Amelang, 1995.

Steinaecker, Thomas von. Literarische Foto-Texte. Zur Funktion der Fotografien in den Texten Rolf-Dieter Brinkmanns, Alexander Kluges und W. G. Sebalds. Bielefeld: transcript, 2007.

Stiegler, Bernd. Philologie des Auges. Die photographische Entdeckung der Welt im 19. Jahrhundert. München: Fink, 2001.

Stiegler, Bernd. Bilder der Photographie. Ein Album photographischer Metaphern. Frankfurt am Main: Suhrkamp, 2006a.

Stiegler, Bernd. Theoriegeschichte der Photographie. München: Fink, 2006b.

Stierle, Karlheinz. „Proust, Giotto und das Imaginäre". Ästhetische Rationalität. Kunstwerk und Werkbegriff. München: Fink, 1996. 439–476.

Tagg, John. The Burden of Representation. Essays on Photography and Histories. Minneapolis, MN: University of Minnesota Press, 1993 [1988].

Thélot, Jérôme. Les inventions littéraires de la photographie. Paris: Presses universitaires de France, 2003.

Turck, Eva-Monika. Thomas Mann. Fotografie wird Literatur. Frankfurt am Main: Fischer, 2004.

Ugrešić, Dubravka. *Das Museum der bedingungslosen Kapitulation*. Übers. von Barbara
Antkowiak. Frankfurt am Main: Suhrkamp, 2000 [1996].

Wagner-Egelhaaf, Martina. „,Wirklichkeitserinnerungen'. Photographie und Text bei Robert
Musil". *Poetica* 23 (1991): 217–256.

Warning, Rainer. *Proust-Studien*. München: Fink, 2000.

Weber, Annette. „Dysphorische Bilder. Anmerkungen zur Inszenierung des fotografischen
Wahrnehmungsdispositivs in Marcel Prousts *À la recherche du temps perdu*". *Die
Endlichkeit der Literatur*. Hrsg. von Eckart Goebel und Martin von Koppenfels. Berlin:
Akademie, 2002. 162–174.

Wolf, Herta. (Hrsg.). *Fotokritik am Ende des fotografischen Zeitalters Bd. 2: Diskurse der
Fotografie*. Frankfurt am Main: Suhrkamp, 2003.

Zetzsche, Jürgen. *Die Erfindung photographischer Bilder im zeitgenössischen Erzählen. Zum
Werk von Uwe Johnson und Jürgen Becker*. Heidelberg: Winter, 1994.

4.9 Grenzen in Bewegung: Bild und Text in den historischen Avantgarden

Nicola Behrmann

„Avantgarde" als Grenzüberschreitung

Dem *avant-garde*, jener Vorhut also, die als erste vorrückt, um Neuland zu erkunden und Hindernisse zu beseitigen, ist die Idee der Grenze bereits dem Namen nach inhärent. Jede Avantgarde ist mithin auf ihre eigene Grenze gerichtet; sie vollzieht sich als eine Entgrenzung im Hinblick auf Genre, Medium und Materialität der jeweiligen Ausdrucksmittel. Jean-François Lyotard zufolge definiert sich die Avantgarde über einen „Widerstreit", den er als „instabile[n] Zustand" beschreibt, als „Moment der Sprache, in dem etwas, das in Sätze gebracht werden können muß, noch darauf wartet" (Lyotard 1987 [1983], 33). Die Avantgarde revidiert die idealistische Ästhetik auf radikale Weise und setzt Paralogie, Differenz, Pluralität und Störung des Diskurses an Stelle von Epochenzusammenhängen und Meta-Narrativen, wie sie sich in der Idee der Emanzipation und des Fortschritts der Menschheit, der Teleologie der Geschichte oder der Hermeneutik des Sinns manifestieren. Die Geste der Verneinung, auf die eine Avantgardebewegung wie Dada meistens reduziert wird, ist der *caesura* unterstellt: der Unterbrechung der Wiederholung, aber einer Unterbrechung, die sich der Einholung in eine „negative Dialektik" (Adorno 1973 [1966]) oder ‚Anti-Kunst' verweigert. In einem temporalen Sinne impliziert dabei die Rede von der Avantgarde – Vorhut, Vortrupp, Vorstoß – eine Ausrichtung auf die Zukunft, genauer auf ein *futur antérieur*. „Aber diesmal werde ich geschrieben werden", heißt es bereits in Rainer Maria Rilkes *Aufzeichnungen des Malte Laurids Brigge* (1910) im Hinblick auf das künftige Schreibprogramm der Titelfigur: „Ich bin der Eindruck, der sich verwandeln wird." (Rilke 1966 [1910], 755) Im Modus dieses prophetischen *futur antérieur* künden die Avantgarden vom Kommenden und zerschlagen das Bestehende. Jenes Ereignis der Unterbrechung lässt sich sogar historisch fixieren: Im *Cabaret Voltaire* in der Zürcher Spiegelgasse manifestierte sich zu Beginn des Jahres 1916 in einem eruptiven, spontanen Ausbruch, was unter dem Namen ‚Dada' oder ‚Dadaismus' für das Ereignis der Entgrenzung der Künste steht und zum Höhepunkt all jener Bewegungen geworden ist, die sich der ‚Avantgarde' verschrieben haben.

Über diesen kleinsten gemeinsamen Nenner der Unterbrechung und Entgrenzung hinaus kann ‚Avantgarde' konservativ oder anarchistisch, politisch oder unpolitisch, religiös oder atheistisch definiert werden. Die unterschiedlichen Ansätze zu Beginn des 20. Jahrhunderts, die unter dem Oberbegriff „historische Avantgarden" (Bürger 1984 [1974], 22) zusammengefasst werden, konstituieren sich über den Versuch einer Überwindung der durch Medium und Genre gesetzten Grenzen von Kunstgattungen, und ihre künstlerische Produktion siedelt in einem unbestimmbaren, unentschiedenen ‚Zwischen', welches sich dialektisch nicht einholen lässt. Insofern besetzt Avantgarde die Grenze ‚zwischen' Idealismus und Materialismus, Immanenz und Transzendenz, Kunst und Leben, Ästhetik und Politik, Konkretion und Abstraktion, Bewusstem und Unbewusstem, Erinnerung und Vorausschau. Die Literatur der Avantgarden steht im Zeichen einer Entgrenzung der Künste, einer neuen Internationale der Kunst und dem Versuch einer radikalen Überwindung europäischer Traditionen und Denkmuster.

Die vielleicht folgenreichste Grenzüberschreitung, welche in den Avantgarden vorgenommen wurde, ist die Entgrenzung von Texten auf die ihnen innewohnenden oder sie begründenden Bilder hin und umgekehrt: Texte werden von Bildern eingeholt, vereinnahmt und in sie integriert. Bilder werden von Texten besetzt und auf solche Weise ‚lesbar' gemacht, das heißt, ihrer unmittelbaren visuellen Wirkung beraubt. Wo Worte aufgrund traumatischer Ereignisse zu verstummen drohen, steigen Bilder auf; wo das Bild in Repräsentation und Bedeutung erstarrt, wird es mit Text angefüllt und mobilisiert. Radikaler noch als die Absage an Mimesis und Repräsentation hat diese Grenzüberschreitung von Bild und Wort Konsequenzen für die Möglichkeiten hermeneutischer Lektüre. Wenn Texte Bilder nicht länger produzieren oder repräsentieren, sondern von ihnen heimgesucht werden, bleiben Leserinnen oder Leser oft ratlos: Der ‚Bildtext' beziehungsweise das ‚Textbild' verweigert sich der Lektüre und wird als hermetisch oder obskur erfahren. Bild und Text stehen sich demnach in einem geradezu gewaltsamen Verhältnis gegenüber: In Texte einbrechende Bilder verhalten sich nicht länger illustrativ oder komplementär, sondern verdunkeln oder versperren die Lektüre. In einer ähnlich gewaltsamen Appropriation machen in Bilder einbrechende Texte diese lesbar.

Dadurch stellt sich in den Avantgarden die Frage nach dem Verhältnis zwischen Bild und Text, die Kunst- und Literaturwissenschaften seit Gotthold Ephraim Lessings *Laokoon*-Essay (1766; siehe 2.3 SCHNEIDER) beschäftigt, radikal neu. Sinnzusammenhang und Bedeutung sind in der Avantgarde nicht, wie oftmals angenommen, verloren, sondern konstituieren sich über das, was sich jenseits der Grenze eines Bildes oder eines Textes befindet: Ist Sprache die Grenze des Bildes, so wie das Bild die Grenze der Sprache ist? Was geschieht auf der Grenze zwischen Wort und Bild: Ein Austausch? Ein Unvereinbares? Etwas Komplementäres? Die unterschiedlichen Avantgardebewegungen haben sich, wenn auch auf unterschiedliche Weise, intensiv mit dieser Frage auseinandergesetzt. Wie sich zeigen wird, bezieht sich dabei der Bild- als Gegenbegriff zu dem des Textes sowohl auf verschiedene Ebenen der literarischen Bildlichkeit (Imagination, Metaphorik, visuelle Textgestaltung) als auch auf konkrete, ‚materiale' Bilder (etwa Fotografien). Darüber hinaus bildet die Grenzüberschreitung zwischen Bild und Text eine Erbschaft ohne Erben: Im Deutschland nach dem Zweiten Weltkrieg und der Shoah erwies es sich als ungemein schwierig, auf die historischen Avantgarden anders zu reagieren als mit ihrer Historisierung. Celans *Meridian*-Rede stellt einen zentralen Versuch dar, diese entweder gar nicht und wenn, nur mühevoll und verspätet angetretene Hinterlassenschaft zu bedenken.

„Mallarmé konsequent zu Ende denken?"

Paul Celan, dessen Schreiben nach 1945 unter dem Zeichen des Verstummens und der Barbarisierung der Sprache steht, hat seine Theorie moderner Dichtung als Antwort auf die Frage verstanden, was es bedeuten würde, die in den historischen Avantgarden entwickelten Perspektiven auf die Situation nach 1945 umzusetzen: „Dürfen wir", fragt Celan in seiner 1960 gehaltenen Rede zur Verleihung des Büchner-Preises (*Der Meridian*), „wie es jetzt vielerorts geschieht, von der Kunst als von einem Vorgegebenen und unbedingt Vorauszusetzenden ausgehen, sollen wir, um es ganz konkret auszudrücken, vor allem – sagen wir – Mallarmé konsequent zu Ende denken?" (Celan 1983 [1960], 193) Zögernd und in Ellipsen verwirft Celan – der große Übersetzer Guillaume Apollinaires, Antonin Artauds, Stephane Mallarmés, André Bretons, Ossip Mandelstams, Arthur Rimbauds und Paul Valérys – die Möglichkeit, die in den historischen Avantgarden begonnene Grenzüberschreitung weiterzuführen. Mallarmé hatte 1897 mit der Veröffentlichung seines Gedichtes „Un coup de dés jamais n'abolira le hasard" (‚Ein Würfelwurf niemals tilgt den Zufall') begonnen, die visuelle Gestaltung des Textes (siehe 2.1 KAMMER) in seiner Dichtung gezielt einzusetzen. Er hatte unterschiedliche Drucktypen eingeführt, Worte räumlich auf der Blattfläche angeordnet und nicht zuletzt den weißen Textgrund in das Gedicht mit einbezogen, also die materielle Beschaffenheit und Anordnung eines Gedichts unmittelbar mit dessen Bedeutungsgehalt verknüpft. Mit seiner Frage, ob und auf welche Weise das Projekt der historischen Avantgarden (Stichwort ‚Mallarmé') nach 1945 weitergeführt werden kann, einer Frage also nach der Möglichkeit einer Genealogie und Tradierbarkeit der Avantgarde, nimmt Celan an dieser Stelle implizit Bezug auf zwei wichtige Texte zur Situation der Dichtung nach 1945: zum einen Jean-Paul Sartres Schrift *Was ist Literatur?* (1948; *Qu'est-ce que la littérature?*), in der Sartre Mallarmés Schweigen als melancholischen Rückzug und als Absage an das politische Engagement attackiert, zum anderen Theodor W. Adornos berühmtes Diktum aus dem Jahr 1951: „[N]ach Auschwitz ein Gedicht zu schreiben, ist barbarisch, und das frißt auch die Erkenntnis an, warum es unmöglich ward, heute Gedichte zu schreiben." (Adorno 1995 [1951], 49)

Die Situation, in der sich die Dichtung nach Auschwitz befindet, ist demnach durch das Schweigen geprägt, durch ein Verstummen vor dem Hintergrund der Barbarei. Diese Voraussetzungen sind jedoch auch bei Celan implizit eng verknüpft mit dem Bild: Wenn Celan im *Meridian* davon spricht, die Tropen zu durchkreuzen und die Metaphern *ad absurdum* zu führen, so ist dies einerseits einem tiefen Misstrauen gegen das Bildhafte und Bildliche im modernen Gedicht geschuldet. Der Rückgriff auf Mallarmé, die Rückbesinnung auf die Innovationen der historischen Avantgarden, kann für Celan allein deshalb keine Fortsetzung finden, weil Auschwitz eine historische Zäsur markiert, nach der Kunst nicht länger progressiv ,voranschreiten' und der Kunstbegriff nicht erweitert werden kann: „Die Kunst erweitern?", fragt Celan: „Nein. Sondern geh mit der Kunst in deine allereigenste Enge. Und setze dich frei." (Celan 1983 [1960], 200) Andererseits ist diese Enge der Kunst, welche gleichsam das von den Avantgarden proklamierte Ende der Kunst impliziert, gleichwohl dem (Sprach-)Bild verpflichtet. Denn was Celan auf seiner Suche nach einer Antwort auf die Situation der Lyrik nach Auschwitz ,zufällig' begegnet, ist ein Meridian, der die Sprache von Pol zu Pol durchläuft und die Tropen der Rede durchquert: „Ich finde etwas – wie die Sprache – Immaterielles, aber Irdisches, etwas Terrestrisches, etwas Kreisförmiges, über die beiden Pole in sich selbst Zurückkehrendes und dabei – heitererweise – sogar die Tropen Durchkreuzendes –: Ich finde … einen *Meridian*." (Ebd., 202)

Indem er die Tropen der Sprache zu geografischen Tropen erklärt, um erneut mit dem Bild des Gradnetzes der Erde, dem Meridian, alle Sprachbilder zu durchkreuzen, gelingt es Celan, das Verhältnis von Wort und Bild neu zu ordnen: Sprache und Bilder durchkreuzen sich wie in dem Witz über die Tropen, treten gegeneinander an und sind gleichsam unauflöslich miteinander verbunden. In seinem Versuch, einer unerträglichen Realität gerecht zu werden, die sich nur in Bildern manifestiert, kann das Gedicht nicht länger ungeprüft auf bestehende Figuren und Metaphern zurückgreifen, um diese Bilder in Sprache zu übersetzen. Insofern ist die hier vorgeschlagene „Engführung" des Gedichts in einen die Tropen durchkreuzenden Meridian ein Bild jenseits des Bildlichen, ein in der ,Aufgabe' der Bilder (im doppelten Sinne) und deren Überführung in Text gefundenes Bildliches. Celans Meridian steht auf diese Weise dennoch beispielhaft für die experimentellen Formen der Entgrenzung von Bild und Text, wie sie in den sogenannten historischen Avantgarden vor 1945 auf vielfältige Weise erprobt und wie sie in den 1960er Jahren etwa in der Konkreten Poesie umgesetzt wurden (siehe 2.2 BERNDT, 2.7 RIPPL, 4.14 WEINGART). Im Folgenden soll dem Verhältnis zwischen Wort und Bild – jenem Versuch, ‚Mallarmé zu Ende zu denken' – anhand von drei Beispielen nachgegangen werden: Erstens anhand von Apollinaire, der eine Schriftbildlichkeit entwickelt, die sich weder einer hermeneutischen Lektüre noch einer Bildsprache unterwerfen lässt, sich also der gegenseitigen Übersetzung von Wort und Bild konsequent verweigert; zweitens anhand von Hugo Balls Lautgedichten, die den jeweiligen ‚Wert' von Wort und Bild im Sinne größtmöglicher Unmittelbarkeit verhandeln – seine aus Lauten zusammengesetzten Worte evozieren eindringliche konkrete Bilder, deren Wirkung sich in Klängen entfaltet, in denen Bild und Wort aufgehoben werden –; und drittens anhand von John Heartfields Fotomontagen, in denen sich Bild und Text gegenseitig ersetzen und übersetzen, sodass visuelle Texte entstehen, deren rhetorische Überzeugungskraft aus der Engführung von ‚Lesebildern' und ‚Bildertexten' resultiert.

Worte in Bildern: Guillaume Apollinaires Schriftbildlichkeit

Apollinaire – nicht Mallarmé – war die zentrale Figur für die progressiv und revolutionär gestimmten historischen Avantgardebewegungen. Beeinflusst von Pablo Picassos Kubismus und Filippo Tommaso Marinettis Futurismus, wurde Apollinaire zwischen der Veröffentlichung der Gedichtsammlung *Alcools* im Jahre 1912 und den kurz nach seinem Tod veröffentlichten Bildgedichten *Calligrammes* (1918) zum einflussreichsten Dichter der jungen expressionistischen Generation um Herwarth Waldens Zeitschrift *Der Sturm*, der Zürcher Dada Gruppe während des Ersten Weltkrieges und schließlich dem von Breton etablierten Surrealismus in Paris (die Erfindung des Wortes Surrealismus stammt von Apollinaire). „Ein[en] Prophet[en] und ein[en] Charlatan" nannte ihn Walter Benjamin, aber einen, in dessen Schreiben sämtliche Theorien der Avantgarde „schon wie bereit lagen" (Benjamin 1991a [1929], 177). Im Gegensatz zu Mallarmé, dessen Gedichte im Elfenbeinturm der Kunst eingeschlossen blieben, „steigen" Benjamin zufolge die Gedichte Apollinaires „aus einem geselligen Lärmen auf" und zeugen von der „Fähigkeit, Kitsch, Klatsch und Kunst in einem und demselben Lebensraume, dem seines eigenen Daseins, zu organisieren" (ebd., 178).

Apollinaire ging es um die Synthese der Künste, die Zusammenführung von Bild, Wort und Ton. In einem in der Berliner *Sturm*-Galerie gehaltenen Vortrag im Jahr 1913 forderte er in Bezug auf die bildende Kunst eine „poetisch[e] Malerei, […] die von jeder visuellen Wahrnehmung unabhängig ist" (Apollinaire 1989 [1913], 193) und stattdessen „Bewegungen reiner Kunst" (ebd., 194) markiert. Im Hinblick auf die Dichtung entwickelt er wiederum eine ‚visuelle Lyrik', indem er den Blick des Betrachters auf die Materialität des Gedichts lenkt, ihn einen Text also rein visuell wahrnehmen lässt: Simultane Erfassung unterschiedlicher Perspektiven auf einen Gegenstand anstatt sukzessives Nachvollziehen einer fixierten Perspektive, lautet hier die Formel. ‚Reine Kunst' findet Apollinaire in der Entgrenzung der Medien Bild und Text: „Wir gehen auf einen bildnerischen Lyrizismus zu", verkündet er – „von Begeisterung berauscht" (ebd.) – in Bezug auf die jüngsten Tendenzen der bildenden Kunst wie Futurismus und Kubismus. Komplementär dazu fordert er im Hinblick auf die Literatur einen „konkreten und direkten Lyrizismus, den die beschreibenden Literaten nicht erreicht haben" (ebd.). Dazu gehören eine selbstständige typografische Anordnung, Aufgabe der Syntax, der Interpunktion und des Versmaßes, sowie Wortneuschöpfungen, Onomatopoetik, Simultaneität und sogar Prophetie. Eine solche Schriftbildlichkeit entwickelt Apollinaire in seinen berühmten Umriss- oder Bildgedichten, die kurz nach seinem Tod unter dem Titel *Calligrammes – poèmes de la paix et de la guerre (1913–1916)* erschienen und zu einem wichtigen Vorläufer der Konkreten Poesie geworden sind.

In diesen Band wurde auch das erstmals im März 1913 in der Zeitschrift *Le Gay Scavoir* veröffentlichte Gedicht „Arbre" aufgenommen. Zwar wird hier auf die visuelle Anordnung verzichtet, in der Worte typografisch zu Bildern angeordnet werden, die den Inhalt des Gedichts unterstützen. Dennoch erschließt sich das Gedicht nicht narrativ, sondern ist nur visuell nachvollziehbar; es will nicht als Text gelesen, sondern als ein Bild aufgefasst werden. „Arbre" wurde 1916 an prominenter Stelle erneut abgedruckt: In der von Ball herausgegebenen Anthologie *Cabaret Voltaire* findet es sich neben dem Simultangedicht „L'amiral cherche une maison à louer" von Tristan Tzara und Richard Huelsenbeck, Marinettis futuristischen Buchstabenplakaten „Parole in libertà", Gedichten von Blaise Cendrars, Emmy Hennings, Jakob van Hoddis, Huelsenbeck und Wassily Kandinsky und einem dadaistischen Prosatext von Hugo Ball. Möglicherweise hatte Apollinaire das Gedicht auf eine Anfrage Tzaras hin persönlich nach Zürich geschickt. Obwohl sämtliche der in der Anthologie zusammengestellten Beiträge den Versuch unternehmen, die Grenze zwischen Bild und Wort aufzulösen beziehungsweise zu überschreiten, geschieht dies nirgendwo radikaler als in dem Beitrag von Apollinaire, dessen großer Einfluss auf die Dada-Bewegung sich bereits zu diesem Zeitpunkt abzeichnet. In seinem „Ersten dadaistischen Manifest" aus dem Jahr 1916 nimmt Ball implizit Bezug auf „Arbre", wenn er fragt: „Warum kann der Baum nicht ‚Pluplusch' heißen? Und ‚pluplubasch', wenn es geregnet hat?" (Ball 1988a [1916]) Auch in Ferdinand de Saussures im selben Jahr erschienenen *Grundfragen der allgemeinen Sprachwissenschaft* (1916; *Cours de linguistique générale*) steht das Wort „Baum" paradigmatisch für das Verhältnis von Signifikant und Signifikat: Das bezeichnende Lautbild „B-a-u-m" ist der Signifikant für das bezeichnete

Vorstellungsbild „Baum" (Signifikat) (vgl. Saussure 1967 [1916], 78). Ferner findet Apollinaires Gedicht Eingang in eine weitere dadaistische Produktion: Huelsenbeck paraphrasierte es in seinen *Phantastischen Gebeten* (1920), wo er ebenfalls ein Gedicht mit „Baum" betitelt, scheinbar ohne Zusammenhang zu dem Inhalt des Gedichts. Apollinaire spielt die Visualität des poetischen Bildes gegen die hermeneutischen Impulse seiner Leser aus: „Arbre" scheint einerseits für Bedeutung offen zu sein und sich andererseits jeder Interpretation gegenüber zu verschließen. Stattdessen ist der Text visuell überdeterminiert, bedient sich auf textueller Ebene dem in der bildenden Kunst etablierten Verfahren der Collage und setzt fortwährend Assoziationsketten frei, die sich nicht länger auf einen verbindlichen Bedeutungsgehalt zurückführen lassen.

Die extreme Visualität von Apollinaires poetischer Sprache, in der nicht mehr Sprachbilder (Metaphern, Allegorien) aufgeboten, sondern Schriftbilder entwickelt werden, welche Eindeutigkeit und Verständlichkeit zugunsten assoziativer Abläufe fortwährend hintertreiben, erfordert eine besondere Form der Lektüre, die auf dem Weg der Interpretation und der Entschlüsselung nicht länger gewährleistet werden kann. Das Nacheinander wird zu einem Nebeneinander in der Simultaneität unterschiedlicher Wahrnehmungen. Apollinaire hat diese poetische Technik der Erzeugung von Synästhesien „Orphismus" (Apollinaire 1989 [1913], 192) genannt: Farben und Kontraste entwickeln geheimnisvolle Beziehungen mit musikalischen und mystischen Konnotationen. Was in der bildenden Kunst als ‚Kubismus' umgesetzt wird, die Parallelisierung unterschiedlicher Perspektiven, wird bei Apollinaire zu einer syntaktischen Kongruenz von Raum und Zeit: Vergangenheit und Zukunft, Ost und West, Nord und Süd, Innen und Außen verstricken sich beständig miteinander und halten das Gedicht in Bewegung, lassen es aber auch kryptisch und unzugänglich erscheinen. Obwohl das Gedicht von keinem Baum handelt, übersetzt sich der Titel in eine organische Produktion des Dichtens, in den Fluss oder die ‚Verästelungen' der Erinnerungen, Assoziationen und Adressierungen – in denen unterschiedliche Richtungen in die Zukunft, die Vergangenheit, in die Höhe oder die Tiefe eingeleitet und sogleich wieder umgebogen werden.

Der Versuch, die Frage zu beantworten, welche Stimmung oder Motivation dieses Gedicht zusammenhält und in welchem Verhältnis der Titel „Arbre" zum Gedicht steht, führt in der Interpretation zu einer Vielzahl unterschiedlicher, wenn auch in sich schlüssiger Deutungen. Die vielleicht wichtigste Diskussion dieses Gedichts ist in dem von Wolfgang Iser herausgegebenen Band *Immanente Ästhetik. Ästhetische Reflexion. Lyrik als Paradigma der Moderne* (1966) als Gesprächsprotokoll einer gemeinsamen Interpretation abgedruckt, an der sich unter anderem Siegfried Kracauer, Jacob Taubes, Dieter Henrich und Hans Blumenberg beteiligten. Die Diskussion stellt einen wichtigen literaturwissenschaftlichen Annäherungsversuch an die historischen Avantgarden nach 1945 dar, mithin einen Impuls, ‚Mallarmé' unter den Bedingungen nach 1945 weiterzudenken. „Arbre" wird hier zu einem paradigmatischen Text für den angeblichen Hermetismus und die Unverständlichkeit der modernen Lyrik. Kracauer verweist zu Recht auf die Analogien zu Film und Fotografie. Der Einsatz filmischer Schnitttechniken wie die Bewegung des Gedichts und die Abfolge der visuellen Eindrücke macht ihm zufolge „die Allgegenwart der chaotischen Realität gegenwärtig" (Kracauer im Kolloquium Poetik und Hermeneutik 1966, 466), versucht aber auch, „den perspektivisch eingefangenen Eindruck aus der Einseitigkeit des gewählten Blickpunktes zu befreien" (ebd., 467). Hans Blumenberg zufolge spricht „Arbre" – gleichsam stellvertretend für das moderne Gedicht an sich – an der Leserin oder dem Leser vorbei und eröffnet einen Dialog mit einem Adressaten, dessen Hintergründe und Sinnzusammenhänge ein den Leser/innen unzugängliches Potential evozieren (vgl. Blumenberg im Kolloquium Poetik und Hermeneutik 1966, 482). Die in „Arbre" unternommenen Versuche der Anamnese (Erinnerung) „als einzig noch mögliche Gemeinsamkeit mit einem Partner" ermöglichen nicht mehr die Freilegung einer gemeinsamen Geschichte, an der die Leserin oder der Leser teilhaben könnte. Vielmehr sei „[a]lles [...] Anspielung in diskreten Akten, für die es ein Bezugssystem im Kontinuum von Raum und Zeit geben muß, ohne daß dieses thematisch werden kann" (ebd.).

„Arbre" unterliegt einem beständigen Wechsel der Zeitstufen und einer extremen Diversität der Räume. So heißt es in der zweiten Strophe: „J'entends déjà le son aigre de cette voix à venir | Du camarade qui se promènera avec toi in Europe | Tout restant en Amérique" (Apollinaire 1965 [1913], 178; „Ich höre schon den schrillen Laut der zukünftigen Stimme | Des Gefährten der mit Dir Europa durchstreifen wird | Und doch in Amerika bleibt"; Übers. hier und in den folgenden Zitaten nach Kolloquium Poetik und Hermeneutik 1966, 465–466). Eine stabile Perspektive lässt sich in diesem Gedicht, das fortwährend im Transit zu sein scheint, nirgends ausmachen – Ost und West, Nord und Süd, Europa und Amerika, Gegenwart, Vergangenheit und Zukunft durchkreuzen einander beständig –, und es lässt sich auch nicht endgültig entscheiden, ob „ein Molekül des Gedichts authentisch der Gegenwart des Sprechenden angehört oder ‚Zitat' aus der gemeinsamen Erinnerung ist" (Blumenberg im Kolloquium Poetik und Hermeneutik 1966, 482). Zudem lässt die Vielzahl der Impressionen, Eindrücke und Effekte eine „Stabilisierung der Erwartung" (ebd., 483) nicht zu. Der Text wird wie ein Bild räumlich strukturiert und kann, obwohl sukzessiv gelesen, nur simultan erfahren werden. Zeilen wie „Ispahan s'est fait un ciel de carreaux émaillés de bleu" (Apollinaire 1965 [1913], 178, V. 5; „Ispahan hat sich einen Himmel gemacht aus Kacheln von blauem Emaille") oder „Ce beaux nègre en ancier" (ebd., 179, V. 34; „Die Schönheit dieses Negers aus Stahl") gehen auf Bilder zurück, deren

Evidenz und Zusammenhang bei der Überführung in Worte verloren gegangen sein muss. Die Übersetzung von Bildern in Worte lässt den Text ebenso hermetisch abgeschlossen wie kaleidoskopisch offen wirken, da sich dem vorgängigen Bild nur angenähert wird, es kann nicht eingeholt werden. Seine Wirkung zerfällt in einzelne Gedankensplitter und, einmal in Text überführt, muss das Bild als verloren betrachtet werden. So endet das Gedicht auch in einer Klage: „Tout est plus triste qu'autrefois | Tous les dieux terrestres vieillissent | L'univers se plaint par ta voix" (ebd., V. 39–41; „Alles ist trauriger als einst | Alle irdischen Götter altern | Das All klagt in Deiner Stimme").

Der Titel „Arbre" ist insofern programmatisch, als sich das Wachstum des Baumes mit dem Wachsen eines Gedichts verbindet. „Arbre" entsteht nicht als ein Gedicht über den Baum, sondern als und im Prozess einer Anlehnung an das Wortbild ‚Baum'. Nicht der Baum, der dem Gedicht den Titel gibt, taucht in dem Gedicht auf, sondern ein Blatt dieses Baumes: „La seule feuille que j'aie cueillie s'est changée en plusieurs mirages" (ebd., 178, V. 3; „Das einzige Blatt, das ich gepflückt, ging auf in einige Spiegelbilder"), heißt es gleich im dritten Vers von „Arbre". Das ‚Blatt' birgt mindestens zwei Bilder: das konkrete Blatt des Baumes, das gepflückt wird, und das poetische Bild eines gepflückten Blatt Papiers, der künstlich produzierte poetische Text, der die Wirklichkeit nicht abbildet, sondern nur fragmentarische Spiegelbilder ermöglicht. Der Text ‚spiegelt' demnach das Bild bei Apollinaire, aber nach Art eines Zerrspiegels oder eines dunklen Spiegels.

Überwindung von Wort und Bild: Hugo Balls *performance* seiner Lautgedichte

Ball, der 1916 zusammen mit Hennings das *Cabaret Voltaire* in der Zürcher Spiegelgasse eröffnete und dort zusammen mit Tzara und Huelsenbeck das Wort ‚Dada' und den ‚Dadaismus' (er-)fand, hat nicht nur eine Reihe ‚dadaistischer' Lautgedichte hinterlassen, sondern auch eine Fülle theoretischer Überlegungen zum Verhältnis von Wort und Bild. Da diese Überlegungen von Ball nicht systematisch erfasst, sondern in seinem stark überarbeiteten und erst kurz nach seinem Tod erschienenen Tage- und Gedankenbuch *Die Flucht aus der Zeit* (1927) zusammengestellt wurden, wurde ihnen bislang nur wenig Aufmerksamkeit gewidmet. In seinen Lautgedichten ging es ihm darum, „[e]ine unverständliche, uneinnehmbare Sphäre [zu] erreichen" (Ball 1992 [1927], 112–113) und die von Wörtern und Bildern gesetzten Grenzen hin zum Klang der menschlichen Stimme und zu deren ‚magischen' Effekten zu überschreiten. Die ‚korrumpierte' Sprache wollte er von ihrem kommunikativen Potential und repräsentationalen Gehalt befreien und in einem experimentellen und esoterischen Spiel zum „Herz der Worte" (Ball 1988a [1916], 40) vorstoßen, wie es im „Erstem Dadaistischen Manifest" heißt, das Ball am 14. Juli 1916 in Zürich öffentlich vorlas und in dem er ‚Dada' einerseits verkündete, andererseits verabschiedete. Unmittelbar im Anschluss an dieses Manifest trug er zum ersten und einzigen Mal seine Lautgedichte vor, deren „Balancement [...] nur nach dem Werte der Ansatzreihe" (Ball 1992 [1927], 105) diktiert wurde: „Jolifanta bambla ô falli bambla | grossiga m'pfa habla horem" (Ball 2007 [1916], 68). Die Titel der Lautgedichte („Karawane", „Wolken", „Katzen und Pfauen", „Seepferdchen und Flugfische") markieren jeweils das lautmalerisch zu evozierende Bild. Das Gedicht selber erhält somit den gestischen Charakter einer Beschwörung von Bildern durch Worte, die sich ineinander verschränken und sich – allen Versuchen späterer Sekundärliteratur zum Trotz – nicht in einen Verweisungszusammenhang überführen lassen.

Rückblickend erklärt sich Ball in diesem Moment zu einem „magischen Bischof" (Ball 1992 [1927], 106), dem durch den Vortrag eine magische Anverwandlung von traumatisch erlebten Erinnerungsbildern gelingt. Dies deutet auf die Situation nach 1945 voraus. Wie später Celan beschreibt auch Ball in *Die Flucht aus der Zeit* (1927) die Welt nach Kriegsausbruch als im Zeichen eines Nullpunktes und einer Generalpause stehend: im Zeichen einer *caesura*, die einen Riss zwischen den hergebrachten Verweisungszusammenhängen und Referenzsystemen herstellt. Balls Lautgedichte entstehen aus der durch Krieg und Journalismus gewaltsam gelösten Verbindung zwischen Zeichen (Wort) und Bezeichnetem (Bild). Dieser zerstörte Zusammenhang zwischen Wort und Bild manifestiert sich in einem irren ‚dadaistischen' Gelächter, in Paralysen, hypnotischen Tänzen und pathetischen Gesten, die von Agonien und Alpträumen berichten. Ball zufolge ist das moderne Ich übersensibel, empfindsam und medial geworden; auf ihm bilden sich traumatische, zerstörende Eindrücke ab, welche „außergewöhnliche Bildformen" (ebd., 156) hervorrufen (Ball denkt hier an Kandinskys Malerei). Sein Verfahren zielt darauf ab, eine ganz eigene ‚Bildersprache' hervorzubringen: er bedient sich nicht mehr der Worte, sondern evoziert mit phonetischem Material – mit „magisch erfüllten fliegenden Worten und Klangfiguren" (ebd., 100) – ‚nichtkorrumpierte' Bilder, die der Zerstörung standhalten und einen therapeutischen Effekt haben: Bilder von Elefanten, Wolken, Karawanen, Pferden, Seepferdchen und Flugfischen entstehen lautmalerisch vor dem geistigen Auge der Zuhörerinnen und Zuhörer.

Ball fordert eine Sprache, die nicht nur von der Syntax befreit wäre, sondern in der „eine Verschmelzung von Namen und Sachen" (ebd., 157) stattfindet, und will Worte, „zu denen es keine Bilder gibt" (ebd., 157), möglichst vermeiden. Entsprechend entfernen sich die Lautgedichte von der Schrift. Zugleich stellen sie eine Annäherung an das ‚Wort' dar, welches sich nicht in Form von Text konkretisiert, sondern sich – hier bezieht sich Ball auf den frühneuzeitlichen Gelehrten und Propheten Nostradamus – der ‚göttlichen Substanz' annähert. In diesem Sinne hat Ball die Wirkung, die der Vortrag seiner Lautgedichte auf ihn selber gehabt hat, in *Die Flucht aus der Zeit* beschrieben: „[I]ch begann meine Vokalreihen rezitativartig im Kirchenstile zu singen und versuchte es, nicht nur ernst zu bleiben, sondern mir auch den Ernst zu erzwingen. Einen Moment lang schien es mir, als tauche in meiner kubistischen Maske ein bleiches, verstörtes Jungensgesicht auf, jenes halb erschrockene, halb neugierige Gesicht eines zehnjährigen Knaben, der in den Totenmessen und Hochämtern seiner Heimatspfarrei gierig am Munde der Priester hängt. Da erlosch, wie ich es bestellt hatte, das elektrische Licht, und ich wurde vom Podium herab schweißgebadet als ein magischer Bischof in die Versenkung getragen." (Ebd., 106)

Erst aus dieser nachträglichen Darstellung und in Verbindung mit der einzigen Fotografie, die sich im Zusammenhang mit den Dada-Aktionen im Cabaret Voltaire erhalten hat und die Ball in seinem Vortragskostüm zeigt (Abb. 1), wird die Wirkung der Lautgedichte ‚sichtbar', die von ihrer *performance* nicht zu trennen ist. Eingekleidet in mit blauem und goldenem Glanzpapier beklebte Pappröhren – in einem seltsamen ‚kubistischem Kostüm', halb Larve, halb Panzer – steht der Künstler auf der Bühne. Er überführt Worte in Laute, Schrift in Sprechgesang, Erinnerung in Prophetie und bindet alles an die *persona* eines katholischen Priesters, der als Medium für das Wort Gottes einsteht. Im litaneihaften Sprechen erfährt sich Ball einen Moment lang doppelt: als katholischer Messknabe, der an den Lippen des Priesters hängt, und als Priester selbst – Sender, Medium und Empfänger zugleich.

Mallarmé hatte den ‚Urgrund der Wörter' als das Weiß des Textgrundes umgesetzt: als Nicht-Sprechen, als Abwesenheit eines Bildes. Bei Ball wird der Urgrund prophetisch beschworen und katholisch aufgefasst – als ein Bild aus der Vergangenheit, das erst in der Zukunft greifbar sein wird. Maurice Blanchot zufolge zeichnet sich prophetische Rede nicht allein dadurch aus, dass sie etwas Zukünftiges voraussagt oder vorhersieht, sondern dadurch, dass sie eine „unmögliche Zukunft" ankündigt: „Wenn die Rede prophetisch wird, ist es nicht die Zukunft, die uns gegeben ist; sondern es ist die Gegenwart, die uns entzogen wird, samt jeder Möglichkeit einer festen, beständigen und dauerhaften Gegenwärtigkeit." (Blanchot 1988 [1959], 111) Symptomatisch für die prophetische Rede ist für Blanchot der Auszug in die Wüste, um der „Versuchung einer geschlossenen Welt" (ebd., 112) zu entgehen. Der Wüste, „ein[em] Raum ohne Ort und eine Zeit ohne Zeugung" (ebd., 113), eignet weder etwas Symbolhaftes noch etwas Bildhaftes an. In diesem Sinne verweisen auch Balls Lautgedichte – ganz anders als Apollinaires Kaleidoskope – auf eine ortlose ‚Wüste' als auf einen Bereich jenseits des Bildlichen, aber auch auf ein Jenseits jeder Grenze. Denn das Bild, so Blanchot in

„Die zwei Fassungen des Bildlichen", wird „durch die Grenze [ermöglicht], an der es aufhört" (Blanchot 2007 [1951], 25).

Abb. 1: Hugo Ball in kubistischem Kostüm beim Vortrag seiner Lautgedichte, Zürich 1916

Diese Suche nach dem unversehrten Bild in der modernen Kunst und das Bestreben, „den innersten Rahmen, das letzte Gefängnis" (Ball 1992 [1927], 169) des Ich zu erfassen, findet an der ‚prophetischen' Grenze des Wahnsinns statt. Anders gesagt: In dem aufsteigenden Erinnerungsbild einer möglicherweise traumatischen Kindheitsepisode verbirgt sich Balls Diagnose der „Zeitkrankheit" (Ball 1988b [1926], 102) und gleichzeitig eine magische Evokation, um von dieser Krankheit zu erlösen. Bilder sind Ball zufolge notwendig und heilsam. Er zitiert Franz von Baader: „Bilder tun der Seele wohl!" (ebd., 152), und nennt im darauf folgenden Eintrag das künstlerische Gestalten einen „Beschwörungsprozess und in seiner Wirkung eine Zauberei" (ebd., 152). Bilder legt man über die Wunde, über das Trauma des Dämonischen oder des Krieges. Mit dem Rückgriff auf eine Welt der Bilder und Urbilder kann sich der moderne Künstler gegen die „allgemeine Triebhaftigkeit verteidig[en]" (ebd., 148). Nicht zufällig öffnet Ball nach

Schließung des ‚Cabaret Voltaire' die *Galerie Dada*, in der vor allem Paul Klee, Kandinsky und Picasso gezeigt werden.

Balls Evokationen von Urbild und Ursprache rufen Wort und Bild als mediale Konkurrenten auf den Plan, die im Celanschen Sinne ‚enggeführt' werden – im Bestreben, einen verlorenen „Urgrund der Dinge" einzuholen, wo jedes Bild nur auf ein anderes verweist, es „beleuchtet und durchlichtet, und wo es gleichgültig scheint, was ausgesagt wird" (ebd., 156). Der „Kausalnexus" (Ball 1998 [1916], 8) der Welt sollte im Dada gesprengt werden zugunsten einer dem Sternbild ähnlichen Konstellation. Wort und Bild sind damit eingespannt in den Versuch, eine nicht einholbare Vergangenheit in einer noch ausstehenden Zukunft zu restituieren, in der die Erlösung jedoch ausbleibt. Die ‚Bilder', in welche Apollinaire und Ball Worte zu übersetzen suchen, gehören in die Sphäre prophetischer Evokationen. In diesen ‚Engführungen' von Wort und Bild geht es nicht um Wiedergabe der historischen Wirklichkeit, sondern darum, den Raum der Erfahrung neu zu entwerfen. Anders als Apollinaire versucht Ball jedoch, auch die signifikanten Bilder zu überwinden, um zum Urgrund der Sprache vorzustoßen. Das erinnert an Benjamins Konzept eines „Bildraumes", der sich im Dadaismus und Surrealismus auf einen „Leibraum" (Benjamin 1977 [1929], 309) erweitert: Dieser Bildraum findet sich in Apollinaires *Calligrammes* und Balls *performance* seiner Lautgedichte als ‚magischer Bischof' ebenso wie in Celans Witz über die Tropen, nämlich „überall, wo ein Handeln selber das Bild aus sich herausstellt und ist, in sich hineinreißt und frißt, wo die Nähe sich selbst aus den Augen sieht" (ebd., 309). Benjamin zufolge ist der Bildraum, den die historischen Avantgarden entwerfen, „kontemplativ überhaupt nicht mehr auszumessen", sondern tut sich auf als eine „Welt allseitiger und integraler Aktualität, in der die ‚gute Stube' ausfällt" (ebd.). Ein solcher revolutionärer Bildraum ist identisch mit dem kollektiven „Leibraum", in dem der kontemplative Rückbezug auf sich selbst unmöglich gemacht wird und in dem Betrachter/innen oder Leser/innen nicht mehr von dem Objekt der Betrachtung unterschieden werden können.

Übersetzung von Wort und Bild: John Heartfields Fotomontagen

Die avantgardistische Grenzüberschreitung von Wort und Bild erfolgte auch in umgekehrter Richtung: Die von John Heartfield zwischen 1930 und 1938 für die kommunistische *Arbeiter-Illustrierte Zeitung* produzierten Fotomontagen stellen wohl einen der radikalsten Versuche einer Politisierung der Kunst dar, den das 20. Jahrhundert aufzubieten imstande war. Radikal nicht zuletzt deshalb, weil sich Heartfield der „tension between photography's undiminished promise and its regular failure" (Zervigón 2012, 6) zutiefst bewusst war und daher visuelle narrative Techniken entwickelte, mit denen Wort und Bild auf eine Weise zusammengeführt werden, in der sich beide Medien fortwährend gegenseitig kommentieren. Benjamin hatte die dialektische Durchdringung von Bild- und Leibraum in Bezug auf Apollinaire, Rimbaud und die Surrealisten konzipiert, während Heartfield seine radikalsten politischen Fotomontagen erst in den 1930er Jahren umsetzte. Doch in vieler Hinsicht löst gerade Heartfield Benjamins Hoffnung ein, die Avantgarden für die Revolution zu gewinnen. „Auch das Kollektivum ist leiblich organisiert" (Benjamin 1977 [1929], 310), heißt es am Ende des Surrealismus-Aufsatzes. Heartfields Fotomontagen zielen darauf ab, dieses ‚Kollektivum' neu zu organisieren. In ihnen verschränken sich „revolutionäre Spannung" und „leibliche kollektive Innervation" (ebd.).

Heartfields Überzeugungskraft (häufig fälschlich gleichgesetzt mit Propagandakunst) rührt nicht zuletzt daher, dass er sich nicht der ‚Kunst' oder der ‚Anti-Kunst', sondern der ‚Illustration' verpflichtete und verstand, dass Bilder nur dann einen Bedeutungsgehalt kommunizieren können, wenn die Betrachtenden gezwungen werden, sie in einen Lese- und Verstehensprozess einzubinden. Anstatt den Inhalt eines Textes zu kommunizieren oder zu ergänzen, übersetzt Heartfield Texte in Fotomontagen und Fotografien in Texte. Mit Recht zählt Peter Bürger Montage und Collage zu den zentralen Kategorien der von ihm so genannten historischen Avantgarden, in denen „die Einheit des Bildes als eines in allen Teilen von der Subjektivität des Künstlers geprägten Ganzen zerstört" werde (Bürger 1984 [1974], 104). Im Rückgriff auf den Allegoriebegriff, den Benjamin in *Ursprung des deutschen Trauerspiels* (1928) entwickelte (siehe 2.4 NAUMANN), steht bei Bürger die Collage im Zeichen eines melancholisch erfahrenen Verlustes einer verlorenen Totalität. Im barocken Trauerspiel fungiert das allegorische Bild als Fragment, das sich dem „falsche[n] Schein der Totalität" (Benjamin 1991b [1928], 352) versperrt. Aus seinem bedeutungsstiftenden Funktionszusammenhang beziehungsweise seiner „Lebenstotalität" (Bürger 1984 [1974], 57) gerissen, werden die isolierten Bestandteile einer Montage zu Fragmenten, denen der ‚Monteur-Dada' Heartfield, wie er sich selbst bezeichnete (Ades 1988, 22–23), neue Bedeutung verleiht: „Die avantgardistische Intention der Zerstörung der Kunst wird so paradoxerweise im Kunstwerk selbst realisiert." (Bürger 1984 [1974], 98) Bürgers Rezeption wird jedoch den destruktiven Aspekten der Collage nicht vollständig gerecht. Destruktion zielt hier gerade auf die falsche Totalität vorgeblicher Sinnzusammenhänge. Heartfield mobilisiert die Collage nicht als melancholische Klage, sondern als Anweisung zum ideologiekritischen Lesen. Auch das *espacement* der weißen Stellen im Text bei Mallarmé, das Diktat des Zufalls in den Anordnungen von auf ein Blatt fallenden Papierschnitzeln bei Hans Arp oder das Mandat des Traums in Bretons surrealistischer *écriture automatique* lassen

sich der melancholischen Rezeption von Bruchstück und Ruine kaum unterord-
nen. Lyotard hat nachgewiesen, dass in den Avantgarden der Verlust des Glaubens an Meta-Narrative und Sinnzusammenhänge durchaus nicht länger, wie in
der ‚Moderne‘, von Trauer und Melancholie begleitet ist und auch nicht als Ver-
lusterfahrung begriffen wird (vgl. Lyotard 2009 [1979], 68 und 121–122).

In Heartfields Fotomontagen geht es um die doppelte Markierung des bereits
Sichtbaren. Sie sind weder evident noch affektiv, sondern in besonderer Weise
abhängig von der Schrift und verlangen, gelesen zu werden. Als Illustrationen
fehlt ihnen die „Evidenz des Unsichtbaren" (Nancy 2006 [2003], 22), die Jean-Luc
Nancy zufolge das Bild definiert. Nancy stellt das gemalte Bild, das er als evident
und affektiv versteht, in einen unmittelbaren Bezug zum ‚Heiligen‘. Das Heilige,
das er vom Religiösen getrennt wissen will und das er das „Distinkte" (ebd., 9)
nennt, ist das, was auf Distanz bleibt und sich einer Berührung oder Verbindung
verweigert: „[E]s ist das, womit man keine Verbindung eingeht (oder allenfalls
eine äußerst paradoxe Verbindung). Es ist das Unberührbare (oder allenfalls ein
kontaktlos Berührbares)." (Ebd., 9) Die dem Schnitt, der Wiederholung und der
Kopie verpflichtete Illustration hingegen unterstützt den Prozess der Bedeutungserzeugung und ist für Nancy damit das Gegenteil des Bildes. Kennzeichnet das
seinerzeit neue technische Medium der Fotografie, dass es den Referenten des
Bildes übernimmt ‚so wie er ist‘, so heben Heartfields Fotomontagen gleichzeitig
seine grundlegende Transformation hervor: Nicht das Unsichtbare, sondern das
Sichtbare des Bildes wird zweifach markiert und mithin überdeterminiert. Wie
sein Bruder Wieland Herzfelde festgestellt hat, ging es Heartfield darum, „Fotos
oder Fototeile so mit Text zu kombinieren, daß eine Aussage entsteht, die von den
einzelnen Teilen nicht vermittelt wird. Manchmal kann sogar ein gewöhnliches
Foto durch den Text derart ergänzt werden, dass etwas Drittes entsteht, etwa wie
aus Ton und Wort ein Lied" (Herzfelde 1986 [1962], 50). Anders als bei der herkömmlichen Illustration wird also der Text oder die Aussage durch das Bild nicht
mehr ergänzt oder kommuniziert, sondern die Aussage setzt sich in der Montage
zusammen. Die (von Heartfield fast immer stark bearbeitete und retuschierte)
Fotografie wird nicht als eigenständiges Bild wahrgenommen, sondern in der
Verknüpfung von Bild und Text gelesen. Umgekehrt erklärt sich der Text durch
das, was das Bild reflektiert. Als Beispiel sei die berühmte „Röntgenaufnahme
von John Heartfield" genannt, in der eine Hitler-Fotografie mit dem Röntgenbild
einer Lunge überblendet wird und dieses wiederum mit einer Säule von Goldmünzen. Der Untertitel der am 17. Juli 1932 in der *Arbeiter-Illustrierten-Zeitung*
veröffentlichten Illustration lautet: „Adolf, der Übermensch: schluckt Gold und
redet Blech" (Abb. 2). Hitlers Gesicht ist von Heartfield subtil retuschiert worden,
sodass der beim Sprechen geöffnete Mund tatsächlich so aussieht, als wäre er
zum Schlucken von Goldmünzen aufgesperrt. Der die Fotomontage begleitende

Text ist eigentlich redundant. Die Fotomontage lässt sich auch ohne Text lesen, und umgekehrt ist der Untertitel bereits ein sprechender Titel, der der Leserin oder dem Leser eine präzise Botschaft kommuniziert: Die angebliche Nähe zum Sozialismus und zur Arbeiterklasse ist eine Lüge, da Hitler seine Partei aus Kreisen der Großindustrie finanzieren lässt. Diese Wiederholung hat jedoch nicht nur den Effekt einer gezielten Steuerung der Aussage, die, da sie zweimal erscheint (in der Montage und im Untertitel) nicht vergessen wird. Sie setzt auch einen gewissen Witz frei und eröffnet einen Benjaminschen Bildraum, der sich nicht im Distinkten und Evidenten begründet, sondern in dem „die Nähe sich selbst aus den Augen sieht" (Benjamin 1977 [1929], 309). Diese paradoxe ‚Nähe' markiert einen unmöglich gewordenen Rückbezug auf sich selbst – einen nicht-auratischen Bildraum also, der kontemplativ nicht mehr einzuholen ist: „Der Leser ist vom Handelnden nicht mehr, derjenige, der ein Bild entziffert, nicht mehr von demjenigen, der ein Bild darstellt bzw. in actu ist, zu unterscheiden." (Weigel 1992, 52)

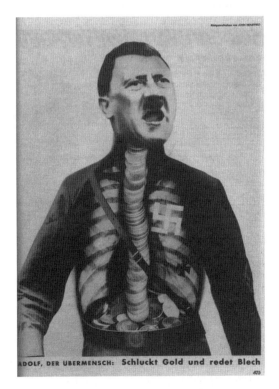

Abb. 2: John Heartfield: *Adolf, der Übermensch*, Fotomontage für die *Arbeiter Illustrierte Zeitung*, 17. Juli 1932

Die gegenseitige Übersetzung von Bild und Wort verdankt sich bei Heartfield nicht zuletzt dem Medium der Fotografie, das in Konkurrenz zur klassischen

Malerei und idealistischen Ästhetik neue Weisen der Kommunikation ermöglicht. Die Fotografie hat gezeigt, dass Wahrnehmung und Technik nicht voneinander zu trennen sind und die Vorstellungen sowohl einer ‚reinen Natur' wie eines vortechnischen, medial nicht ein- und wiederholbaren Wahrnehmungserlebnisses untergraben: „[M]an kann nicht mehr Wahrnehmung und Technik gegenüberstellen", betont Jacques Derrida, denn: „es gibt keine Wahrnehmung vor der Möglichkeit der prothetischen Wiederholbarkeit (itérabilité)" (Derrida 2000 [1992], 287). Die in den frühen Avantgardebewegungen verwendeten visuellen Medien sollen ‚gelesen' und ‚zitiert' werden können. Eben dieser Aspekt von Heartfields Fotomontagen wird dem ‚Hitler-Mythos' so gefährlich. Die unter Einsatz fotografischer und filmischer Schnitttechniken wie Collage und Montage erzeugten Bilder werden ‚lesbar' wie ein Text – dies gilt für den agitatorischen Impetus der russischen Avantgarde, die dadaistischen Collagen von Hannah Höch oder die surrealistischen Collagen von Max Ernst. Indem sie das Medium der Fotografie in das Bild integrieren, geben Heartfields agitatorische Illustrationen und die auf Lesbarkeit und Kommunizierbarkeit abzielende Collage den problematischen Status des ‚Originals' auf und stehen nicht mehr im Zeichen von Mimesis und Hermeneutik. Der Anspruch der Fotografie, die Wirklichkeit eins zu eins zu reproduzieren, wird in der Fotomontage als Illusion überführt. Zugleich wird die Illustration, die stets unter dem Vorwurf der Nicht-Originalität, der bloßen Reproduktion und der Abhängigkeit von einem Text gestanden hat, aufgewertet. Ähnlich wie die Typografie wird Illustration nun zu einem Bindeglied zwischen Visualität und Narration. Lesbare Bilder und sichtbare Texte stehen dabei jedoch im Zeichen einer nicht-repräsentationalen Bildsprache, die sich, wie der Fotoausschnitt, auf eine Vorlage bezieht, die bereits in multipler Form existiert, also ihr Original aufgegeben hat.

Literaturverzeichnis

Ades, Dawn. *Photomontage*. London: Thames and Hudson, 1988.
Adorno, Theodor W. „Negative Dialektik" [1966]. *Gesammelte Schriften Bd. 6: Negative Dialektik. Jargon der Eigentlichkeit*. Hrsg. von Rolf Tiedemann. Frankfurt am Main: Suhrkamp, 1973. 7–412.
Adorno, Theodor W. „Kulturkritik und Gesellschaft" [1951]. *Lyrik nach Auschwitz? Adorno und die Dichter*. Hrsg. von Petra Kiedaisch. Stuttgart: Reclam, 1995. 27–49.
Apollinaire, Guillaume. „Arbre" [1913]. *Œuvres poétiques*. Hrsg. von Marcel Adema und Michel Décaudin. Paris: Gallimard, 1965. 178–179.
Apollinaire, Guillaume. „Die moderne Malerei" [1913]. *Apollinaire zur Kunst. Texte und Kritiken 1905–1918*. Hrsg. von Hajo Düchting. Köln: DuMont, 1989. 192–194.

Ball, Hugo. „Das erste dadaistische Manifest" [1916]. *Der Künstler und die Zeitkrankheit.*
Ausgewählte Schriften. Hrsg. von Hans Burkhard Schlichting. Frankfurt am Main:
Suhrkamp, 1988a. 39–40.

Ball, Hugo. „Der Künstler und die Zeitkrankheit" [1926]. *Der Künstler und die Zeitkrankheit.*
Ausgewählte Schriften. Hrsg. von Hans Burkhard Schlichting. Frankfurt am Main:
Suhrkamp, 1988b. 102–149.

Ball, Hugo. *Die Flucht aus der Zeit.* Hrsg. von Bernhard Echte. Zürich: Limmat, 1992 [1927].

Ball, Hugo. „Der Aufstieg des Sehers" [1916]. *Tenderenda, der Phantast.* Hrsg., erläutert und mit
einem Nachwort von Raimund Meyer und Julian Schütt. Innsbruck: Haymon, 1998. 7–10.

Ball, Hugo. „Karawane" [1916]. *Sämtliche Werke und Briefe Bd. 1: Gedichte.* Hrsg. von Eckard
Faul. Göttingen: Wallstein, 2007. 68.

Benjamin, Walter. „Der Sürrealismus. Die letzte Momentaufnahme der europäischen
Intelligenz" [1929]. *Gesammelte Schriften Bd. 2.1: Aufsätze, Essays, Vorträge.* Hrsg. von
Rolf Tiedemann und Hermann Schweppenhäuser. Frankfurt am Main: Suhrkamp, 1977.
295–310.

Benjamin, Walter. „Bücher, die übersetzt werden sollten" [1929]. *Gesammelte Schriften
Bd. 3: Kritiken und Rezensionen.* Hrsg. von Hella Tiedemann-Bartels. Frankfurt am Main:
Suhrkamp, 1991a. 176–178.

Benjamin, Walter. „Ursprung des deutschen Trauerspiels" [1928]. *Gesammelte Schriften Bd. 1.1:
Abhandlungen.* Hrsg. von Rolf Tiedemann und Hermann Schweppenhäuser. Frankfurt am
Main: Suhrkamp, 1991b. 203–430.

Blanchot, Maurice. „Die prophetische Rede" [1959]. *Der Gesang der Sirenen. Essays zur
modernen Literatur.* Übers. von Karl August Horst. Frankfurt am Main: Fischer, 1988.
111–120.

Blanchot, Maurice. „Die zwei Fassungen des Bildlichen" [1951]. Übers. von Hinrich Weidemann.
Die neue Sichtbarkeit des Todes. Hrsg. von Thomas Macho und Kristin Marek. München:
Fink, 2007. 25–36.

Bürger, Peter. *Theorie der Avantgarde.* 5. Aufl. Frankfurt am Main: Suhrkamp, 1984 [1974].

Celan, Paul. „Der Meridian. Dankrede anläßlich der Entgegennahme des Georg-Büchner-
Preises" [1960]. *Gesammelte Werke Bd. 3: Gedichte III. Prosa. Reden.* Hrsg. von Beda
Allemann und Stefan Reichert. Frankfurt am Main: Suhrkamp, 1983. 187–202.

Derrida, Jacques. „Die Fotografie als Kopie, Archiv und Signatur. Im Gespräch mit Hubertus von
Amelunxen und Michael Wetzel" [1992]. *Theorie der Fotografie IV. 1980–1995.* Hrsg. von
Hubertus von Amelunxen. München: Schirmer/Mosel, 2000. 280–296.

Herzfelde, Wieland. *John Heartfield. Leben und Werk.* Dresden: Verlag der Kunst, 1986 [1962].

Kolloquium Poetik und Hermeneutik. „Gemeinsame Interpretation von Apollinaires *Arbre* (aus
Calligrammes) [Vorsitz Hans Robert Jauß]". *Immanente Ästhetik. Ästhetische Reflexion.
Lyrik als Paradigma der Moderne. Kolloquium Köln 1964.* Hrsg. von Wolfgang Iser.
München: Fink, 1966. 464–484.

Lyotard, Jean-François. *Der Widerstreit.* Übers. von Joseph Vogl. München: Fink, 1987 [1983].

Lyotard, Jean-François. *Das postmoderne Wissen. Ein Bericht.* Übers. von Otto Pfersmann. Hrsg.
von Peter Engelmann. 6., überarbeitete Aufl. Wien: Passagen, 2009 [1979].

Nancy, Jean-Luc. *Am Grund der Bilder.* Übers. von Emmanuel Alloa. Zürich und Berlin:
Diaphanes, 2006 [2003].

Rilke, Rainer Maria. „Die Aufzeichnungen des Malte Laurids Brigge" [1910]. *Sämtliche Werke
Bd. 6: Malte Laurids Brigge. Prosa 1906–1926.* Hrsg. vom Rilke-Archiv in Verbindung mit
Ruth Sieber-Rilke, besorgt durch Ernst Zinn. Frankfurt am Main: Insel, 1966. 707–946.

Sartre, Jean-Paul. *Gesammelte Werke. Schriften zur Literatur Bd. 3: Was ist Literatur?* Übers. und hrsg. von Traugott König. Reinbek bei Hamburg: Rowohlt, 1981 [1948].

Saussure, Ferdinand de. *Grundfragen der allgemeinen Sprachwissenschaft.* Übers. von Herman Lommel. Hrsg. von Charles Bally und Albert Sechehaye. 2. Aufl. Berlin: De Gruyter, 1967 [1916].

Weigel, Sigrid. „Passagen und Spuren des ‚Leib- und Bildraum' in Benjamins Schriften." *Leib- und Bildraum. Lektüren nach Benjamin.* Hrsg. von Sigrid Weigel. Weimar: Böhlau, 1992. 49–64.

Zervigón, Andrés Mario. *John Heartfield and the Agitated Image. Photography, Persuasion, and the Rise of Avant-Garde Photomontage.* Chicago, IL, und London: University of Chicago Press, 2012.

4.10 ‚Kinematografie': Filmische Schreibweisen in der Literatur der Weimarer Republik

Stefanie Harris

Bewegte Bilder

Die Anzahl der Publikationen, die in den ersten Jahrzehnten des 20. Jahrhunderts den Diskurs über das neue Medium Film in Deutschland prägten, war überwältigend groß: Bis 1930 gab es etwa 160 Veröffentlichungen zum Thema, darunter drei Tageszeitungen (vgl. Berg-Ganschow und Jacobsen 1987; Diederichs 1986; Greve, Pehle und Westhoff 1976). Zählt man hierzu noch die steigende Anzahl von Filmrezensionen und Berichterstattungen in den Feuilletons der städtischen Tageszeitungen, so kann der Verdacht aufkommen, dass die Menge an Druckerzeugnissen, die sich dem Thema widmeten, das Ausmaß der eigentlichen Filmproduktionen sogar noch übersteigt. Diese Aufsätze und Artikel – Kritiken, allgemeine Betrachtungen, Parodien und andere Textsorten – bedienten ein breites Spektrum an Themen, die von den beruflichen und ideologischen Absichten der Verfasserinnen und Verfasser und ihren jeweiligen künstlerischen Ansprüchen sowie der Zielgruppe abhingen. So findet man – neben beispielsweise technischen Beiträgen, die sich an Filmvorführer wenden, Vermarktungsstrategien für Betreiber von Lichtspielhäusern, Hinweisen für Kameramänner, wie sich überwältigende Spezialeffekte erzielen lassen, sowie Beiträgen, die in erster Linie der Werbung dienten und von den Filmstudios finanziert wurden – endlose Infragestellungen, Fürsprachen, Hohn und Lob hinsichtlich des künstlerischen Verdienstes des neuen Mediums. Für die vielfältigen Beiträge, die seitens einer Reihe von Schriftstellerinnen und Schriftstellern zu diesen frühen Veröffentlichungen geleistet wurden, hat sich die Bezeichnung ‚Kino-Debatte' etabliert. Aus verschiedenen Perspektiven widmen sich diese Texte insbesondere der industriellen Produktionsweise von Filmen, den Bedingungen der Massenrezeption und den Effekten von Filmen auf die Zuschauerinnen und Zuschauer. Mit der Einführung des ‚Autorenfilms' – eine Bezeichnung, die zu diesem Zeitpunkt für Filme galt, an deren Skript ein (idealerweise bekannter) literarischer Autor beteiligt war – um 1913 (dem Premierenjahr etwa von Max Macks *Der Andere* mit Albert Bassermann und Stellan Ryes *Der Student von Prag* mit Paul Wegener) ging der Wechsel bekannter Persönlichkeiten aus den etablierten Künsten zum Kino einher. Gemeinsam mit der gleichzeitigen Ausdifferenzierung der filmischen

Erzählweisen und Narrative provozierten diese Tendenzen nicht nur den kritischen Vergleich mit dem traditionellen Theater und der Literatur, sondern auch die unvermeidliche Frage: Handelt es sich um Kunst? Von diesem Zeitpunkt an spielt die Frage nach der ästhetischen Einordnung von Filmen und ihrem Verhältnis zu traditionellen Kunstformen im Diskurs über das neue Medium eine wichtige Rolle.

In seiner Studie zum Verhältnis zwischen frühem Film und Literatur in Deutschland hat Anton Kaes drei wesentliche Entwicklungsphasen skizziert, die den ersten drei Jahrzehnten der Filmtechnologie annähernd entsprechen (vgl. Kaes 1978, 1–36). Während der ersten Phase, eingeleitet durch die ersten öffentlichen Vorführungen von Bewegtbildern, wurde Film vornehmlich als eine technische Kuriosität betrachtet. Die wenigsten Schriftstellerinnen und Schriftsteller befassten sich überhaupt mit dem neuen Medium; schriftliche Beiträge über Filme richteten sich zumeist entweder an ein technisch interessiertes Publikum oder setzten sich mit der Neuartigkeit des Mediums auseinander. Mit dem Aufkommen permanenter Filmtheater oder ‚Lichtspielhäuser‘ und dem Fortschritt der Aufnahme- und Projektionstechniken jedoch wird für das zweite Jahrzehnt der Filmgeschichte – die 1910er Jahre – die Konkurrenz zwischen dem Kino auf der einen Seite sowie der am *mainstream* orientierten Produktionen in Literatur und Theater auf der anderen Seite kennzeichnend. Zu dieser Zeit stellten die Besitzer traditioneller Theater einen merklichen Rückgang bei den Verkäufen ihrer Eintrittskarten fest und betrachteten das Kino daher als Bedrohung ihrer Lebensgrundlage. Zugleich erfreuten sich Literaturverfilmungen in jenen Tagen ebenso wachsender Beliebtheit wie die Zusammenarbeit mit Schriftstellerinnen und Schriftstellern beim Verfassen von Drehbüchern.

Paradoxerweise trieb jedoch der ‚literarische Anspruch‘ des Films die zunehmende Kritik am Film – als den traditionellen Künsten unterlegen – weiter an. Die 1920er Jahre schließlich leiteten eine dritte Phase ein, in der die nicht-literarischen Ursprünge des Films zunehmend Anerkennung fanden. In dieser Phase ist auch eine steigende Anzahl von Texten auszumachen, in denen sich sowohl Filmemacher/innen wie Filmfreund/innen um die Ausarbeitung einer spezifisch auf das Medium Film ausgelegten Ontologie bemühen. Zu den namhaften Autorinnen und Autoren dieser Untersuchungen des Filmmediums gehören unter anderem Rudolf Arnheim, Béla Balázs, Siegfried Kracauer sowie der Filmemacher Sergej Eisenstein. Die Analysen dieser Autoren beschränkten sich nicht länger auf die Themen des Films oder auf Aspekte der ästhetischen Gestaltung wie Bewegung, Bildlichkeit und Montage. Vielmehr ging es ihnen darum, seine Einbettung in allgemeinere soziokulturelle sowie technologische Prozesse insgesamt stärker zu berücksichtigen.

In diesem Zusammenhang etablierte sich die folgenreiche Analogisierung des Films mit der modernen Lebenswirklichkeit und insbesondere der Großstadt. Wenn etwa László Moholy-Nagy in seinem Filmskript *Dynamik der Großstadt* festhält, der geplante Film beabsichtige nicht nur Bilder der Stadt einzufangen oder aufzuzeichnen, sondern ihre dynamischen Effekte nachzubilden (vgl. Moholy-Nagy 1992 [1921–1922]), so erklärt er damit explizit jene Verbindung von Stadt und Film zum Programm, welche schließlich die Darstellungen der Weimarer Moderne im Verlauf der 1920er Jahre bestimmen würde. In dem 1920 publizierten Text *Das Kinodram* proklamiert der Dichter Yvan Goll: „Basis für alle neue kommende Kunst ist das Kino. Niemand wird mehr ohne die neue Bewegung auskommen, denn wir rotieren alle in einer anderen Geschwindigkeit als bisher." (Goll 1978 [1920], 25) Wird hier das Kino zur Grundlage der ,neuen kommenden Kunst' erklärt, so sind damit nicht etwa Versuche anderer – sprachlicher, bildlicher, skulpturaler oder musikalischer – Kunstformen gemeint, mit den Geschichten und Erzählungen des Films seine Inhalte nachzuahmen. Vielmehr wird die sinnliche Erfahrung bewegter Bilder als engverwandt mit der Erfahrung der Stadt, dem Sinnbild für das moderne Leben, betrachtet. Um also einen Roman über das moderne Leben zu schreiben, musste man demnach zwangsläufig ,kinematisch' schreiben.

Wenn heutzutage von einem Roman behauptet wird, er besitze ,filmische Ausmaße' oder ,Qualitäten', so ist damit in der Regel gemeint, dass es ihm gelingt, eine ganze Welt in all ihren Einzelheiten zu erschaffen. Wenn davon die Rede ist, dass ein Roman ,sich liest wie ein Film', stellt man sich kurze, eigenständige Szenen vor, die so miteinander verknüpft werden, dass sie eine erzählerische Spannung erzeugen und zu einem unausweichlichen Höhepunkt samt Auflösung führen. Das ,Augenmerk' wird auf eine detaillierte und beschreibende Bildsprache, auf traumähnliche oder halluzinatorische Sequenzen gerichtet; filmanaloge Effekte werden durch die Verwendung von Dialog oder einer Erzählerstimme erzielt oder durch den narrativen Einsatz einer quasi-filmischen Syntax aus ,Parallelmontagen' und *jump cuts*, ,Nahaufnahmen' und ,Kameraschwenks'. Anders gesagt, werden solche Elemente auf eine Weise und mit Rekurs auf Metaphern beschrieben, die für eine einfache Übertragung eines Erzähltexts in einen Film zu sprechen scheinen und eher die problemlose Übersetzbarkeit als die medialen Differenzen hervorheben. Allerdings spiegelt diese Vorstellung eines ,kinematischen' beziehungsweise ,kinematografischen' Romans eine für die Gegenwart zeitgemäße Sichtweise wider, die von der allgemeinen Zugänglichkeit und Globalisierung insbesondere solcher Filme, die auf einem durch den klassischen Hollywood-Film geprägten Erzählmodell beruhen (vgl. Bordwell 1985, 156–166), der längst vollzogenen technischen Integration von Sprache beziehungsweise

Text und Bild im Tonfilm sowie der Tendenz zum Rückzug des Filmpublikums in private Rezeptionsräume geprägt ist.

Der Diskurs über Verhältnis von Film und anderen Künsten zu Beginn des 20. Jahrhunderts – also in der Zeit nach der sogenannten primitiven Phase des Kinos und vor der allgemeinen Zugänglichkeit des Tonfilms seit den 1930er Jahren – ist hingegen anders einzuordnen. Bereits die Tatsache, dass die Aufzeichnung und Vorführung von Text, Bild und Ton je verschiedene technische Ausstattungen voraussetzte, lenkte die Aufmerksamkeit auf die Unterschiede zwischen den jeweiligen Kommunikationsmedien – und damit auf die Grenzen der intermedialen Übersetzungsmöglichkeiten, die sich sowohl mit Blick auf die analoge Aufzeichnung der Bildsequenzen wie auf ihre Manipulation durch den Schnitt ergeben. Hatten bereits die technischen Bilder des 19. Jahrhunderts der Literatur durch ihre spezifischen mimetischen Effekte Konkurrenz gemacht, so werden diese durch den Film zusätzlich mit Geschwindigkeit, Fragmentierung, Schnitt und Montage assoziiert: mit der Bewegung des Bildes.

Der Diskurs über die Beziehungen zwischen Literatur und Film vor den 1930er Jahren stellt sich also in weiten Teilen als eine Auseinandersetzung mit Fragen medialer Spezifizität dar. Das literarische Schreiben orientierte sich zumindest teilweise an den Möglichkeiten dieser anderen Darstellungsformen und Erzählweisen – oder wie Robert Musil in seiner Rezension der Studie *Der sichtbare Mensch* (1924) des frühen Filmtheoretikers Béla Balázs formuliert: an potentiellen „Berührungsflächen" und „Abgrenzungsflächen" (Musil 1978 [1925], 1138). Balázs hatte sich mit seinem Buch bemüht, die gängige Behauptung zu widerlegen, seine grundsätzliche Eigenschaft als industrielles und kommerzielles Produkt schließe die Betrachtung des Mediums Film als Kunst aus. Solchen Vorurteilen hielt er entgegen, dass diese lediglich überholte ästhetische Kategorien zur Anwendung brächten, welche das Aufkommen des Mediums Film eindeutig infrage gestellt hätten; in der Erfindung des Films sah er ein Ereignis, das als nicht weniger richtungsweisend und erschütternd zu gelten habe als die Einführung der Druckerpresse (vgl. Balázs 2001 [1924], 16). Mit der Entstehung eines radikal veränderten technologischen Umfeldes und der damit einhergehenden Anpassung des menschlichen Wahrnehmungsapparats sind Bedingungen angesprochen, die als implizite und konstitutive Eigenschaften in das Konzept der ‚Moderne' an sich eingegangen sind. In diesem Beitrag wird gezeigt, dass die Idee des Kinos – und mehr als bestimmte Filme die dem Medium generell unterstellten Möglichkeiten – den Großstadtroman der Weimarer Zeit insofern mitgeprägt hat, als den zu diesem Zeitpunkt neuen Medientechnologien zugutegehalten wurde, die vielfältigen Verschiebungen im wirtschaftlichen, sozialen und kulturellen Gefüge gleichzeitig mit hervorzubringen, abzubilden und zu repräsentieren (vgl. Harris 2009, worauf der vorliegende Aufsatz zum Teil zurückgreift). Wenn in den

Arbeiten von Alfred Döblin und Irmgard Keun die Anleihen des Romans bei der Kinematografie, die paradigmatisch für die Geschwindigkeit, Fragmentierung und Reizüberflutung der modernen Großstadt einsteht, auf exemplarische Weise sichtbar werden, so gilt das nicht zuletzt für den Befund einer fundamentalen Mediendifferenz und sogar -konkurrenz zwischen Literatur und Film.

„Krisis des Romans": Döblin

Im Jahr 1913 veröffentlichte der Neurologe und Schriftsteller Alfred Döblin sein Medienmanifest „An Romanautoren und ihre Kritiker" in der expressionistischen Kulturzeitschrift *Der Sturm*. In dem auch als ‚Berliner Programm' bekannten Aufsatz schlägt er vor, dass sich die Verfasser von Literatur einen „Kinostil" zu eigen machen, den er folgendermaßen beschreibt: „Der Erzählerschlendrian hat im Roman keinen Platz; man erzählt nicht, sondern baut. Der Erzähler hat eine bäurische Vertraulichkeit. Knappheit, Sparsamkeit der Worte ist nötig; frische Wendungen. Von Perioden, die das Nebeneinander des Komplexen wie das Hintereinander rasch zusammenzufassen erlauben, ist umfänglicher Gebrauch zu machen. Rapide Abläufe, Durcheinander in bloßen Stichworten; wie überhaupt an allen Stellen die höchste Exaktheit in suggestiven Wendungen zu erreichen gesucht werden muß. Das Ganze darf nicht erscheinen wie gesprochen sondern wie vorhanden" (Döblin 1989 [1913], 121–22).

Döblin benennt an dieser Stelle drei wesentliche Elemente seines Kinostils, die über ein Jahrzehnt später in seinem Roman *Berlin Alexanderplatz* (1929) zur Anwendung kommen sollten: hochgradig bildliche und exakte Schilderungen; kurze Wendungen und Sätze, die sich in schneller Abfolge hintereinander fortbewegen; und eine Präsentationsweise der Ereignisse, die diese den Leserinnen und Lesern in der Absicht, die symbolische Vermittlung der Sprachebene und überbestimmte sprachliche Formen zu umgehen, als unmittelbar gegenwärtig darstellt. Mit anderen Worten, Döblin betont genau jene Elemente, die Film und Literatur unterscheiden: Bildlichkeit, Geschwindigkeit sowie die ‚direkte' Aufzeichnung materieller Gegebenheiten. Mit der exzessiven Anhäufung ungefilterter visueller und klanglicher Einzelheiten überschreitet Döblins Roman die wohlgeordneten Schauplätze des realistischen Romans des 19. Jahrhunderts (siehe 4.7 Vinken) ebenso wie die sozialen Detailansichten des Naturalismus. Die Informationen, die der Text beinhaltet, fungieren weniger als kommunikative Symbole, die von der geschlossenen Struktur des Romans her zu interpretieren wären, denn als Serie indexikalischer Referenzen auf die materielle Welt (siehe zu vergleichbaren ‚Schreibweisen der Oberfläche' auch 3.5 Drügh).

Wie Döblin nachdrücklich betont, habe ein Autor, der in einem Zeitalter, das Walter Benjamin als eines der ‚technischen Reproduzierbarkeit' charakterisieren würde, seine Arbeit in einem nicht-mechanischen Medium fortsetze, sich diesen Maßstäben anzupassen: „[D]ie Arbeitsmethode ändert sich, wie die Oberfläche der Erde, in den Jahrhunderten; der Künstler kann nicht mehr zu Cervantes fliehen, ohne von den Motten gefressen zu werden." (Döblin 1989a [1913], 119) Die Umsetzung dieses Programms beschränkt sich nicht auf bloße Verweise auf technologische Neuerungen und neue Medien, obwohl diese ebenfalls seine Schriften durchziehen. Vor allem aber bemüht sich Döblin, die Verfahren alternativer Aufzeichnungsmedien, wie etwa des Films, in die Form und den Stil seiner Prosatexte zu überführen, um die vehementen Auswirkungen dieser anderen Medien auf die Entwicklung einer neuen literarischen Sprache in den Blick zu rücken. Im Bewusstsein über die grundsätzliche mediale Vermitteltheit von Erfahrung hebt er die verschiedenen Arten und Weisen hervor, in denen Subjekte, die im Alltag von Radio, Filmen oder Hochbahnen umgeben sind, hören, sehen und sich durch die Welt bewegen. Im Zentrum von Döblins poetologischem Projekt steht daher eine literarische Herangehensweise, die die Wirkung von Bewegtbildern nicht nur beschreibt, sondern diese nachvollzieht und mit den Mitteln der Literatur reinszeniert – ein Ansatz, der die Anerkennung medialer Besonderheiten und Differenzen eher unterstützt als unterschlägt. Entsprechend sollte seine Forderung nach einem ‚Kinostil' nicht mit der Nachahmung irgendeines konkreten Films verwechselt werden.

Die Technologien des frühen 20. Jahrhunderts galten als paradigmatisch für Modernität, weil ihre Präsentation von Geschwindigkeit, Bewegung und Simultanität und die Privilegierung visueller Wahrnehmung einerseits mit der Erfahrung von Urbanität assoziiert wurden – und andererseits mit den Möglichkeiten filmischer Montage. In den 1920er Jahren hatte sich der frühe Diskurs über Film von der schieren Verwunderung über die naturgetreue Aufzeichnung bewegter Bilder hin zur Auseinandersetzung mit der Art und Weise verschoben, wie die Aufnahme und Montage von Bildern den Informationsfluss selbst prägten und wie diese visuellen Manipulationen wiederum auf die Wahrnehmung des sogenannten ‚echten Lebens' einwirkten. Diese Fragen könnten kaum deutlicher hervortreten als in der anhaltenden diskursiven Fusionierung von Film und Großstadt, wurde doch nun die urbane Beschäftigung mit Filmen mit der Erfahrung des Lebens außerhalb des Kinos kurzgeschlossen. Die Kulturkritik sah sich also mit der Frage konfrontiert, wie sich die Wahlverwandtschaft zwischen Film und Großstadt auf die traditionellen Künste auswirke: „Die Psychologie des kinematographischen Triumphes ist Großstadt-Psychologie. Nicht nur, weil die große Stadt den natürlichen Brennpunkt für alle Ausstrahlungen des gesellschaftlichen Lebens bildet; im Besonderen auch noch, weil die Großstadtseele, diese ewig gehetzte, von flüchtigem Eindruck zu flüchtigem Eindruck taumelnde, neugierige und unergründliche Seele so recht die Kinematographenseele ist!" (Kienzl 1992 [1911], 231) Doch inwiefern ist die ‚Großstadtseele' auch die Seele der Literatur? In einer kurzen Rezension zu James Joyce' Großstadtroman *Ulysses* führt Döblin die Krise des zeitgenössischen Romans auf die Unfähigkeit seiner Zeitgenossen zurück, mit der Neuorganisation der menschlichen Wahrnehmung Schritt zu halten: „Man muß wissen, daß Kunstformen zusammenhängen mit einer gewissen Denkweise und einem allgemeinen Lebensmilieu. Darum werden Formen dauernd überholt. [...] In den Rayon der Literatur ist das Kino eingedrungen, die Zeitungen sind groß geworden, sind das wichtigste, verbreitetste Schrifterzeugnis, sind das tägliche Brot aller Menschen. Zum Erlebnisbild der heutigen Menschen gehören ferner die Straßen, die sekündlich wechselnden Szenen auf der Straße, die Firmenschilder, der Wagenverkehr. [...] Der Fabuliersinn und seine Konstruktionen wirken hier naiv. Dies ist der Kernpunkt der sogenannten Krisis des heutigen Romans. Die Mentalität der Autoren hat sich noch nicht an die Zeit angeschlossen" (Döblin 1963 [1928], 287–288).

Döblin zufolge haben die intensiven Sinneseindrücke auf der Straße, mit ihren sich ständig abwechselnden Szenarien, Ladenschildern, Menschenmengen, Verkehrssituationen – oder in den Worten Siegfried Kracauers: ihrer „entsetzliche[n] Unverbundenheit" (Kracauer 2009 [1932], 51) – tiefgreifende Auswirkungen auf das Verhältnis des Individuums sowohl zu seiner Umwelt als auch seinem Bewusstseinsapparat. In seinem Aufsatz über „Das Kunstwerk im Zeitalter seiner technischen Reproduzierbarkeit" schreibt Walter Benjamin: *„Innerhalb großer geschichtlicher Zeiträume verändert sich mit der gesamten Daseinsweise der menschlichen Kollektiva auch die Art und Weise ihrer Sinneswahrnehmung.* Die Art und Weise, in der die menschliche Sinneswahrnehmung sich organisiert – das Medium, in dem sie erfolgt – ist nicht nur natürlich sondern auch geschichtlich bedingt" (Benjamin 1991a [1935], 438). Mit der zunehmenden Mechanisierung der Lebensbedingungen um die Jahrhundertwende aufgrund der Industrialisierung, der Einrichtung des Nahverkehrs, des Wachstums der Städte sowie der Verbreitung von Zeitungen, Tonaufnahmen und Filmen wurden grundlegende Fragen hinsichtlich der menschlichen Identität, Subjektivität und Erinnerung aufgeworfen, und eine gewisse Unsicherheit hielt Einzug in die Unterscheidung von sogenannter ‚objektiver' und konstruierter Wirklichkeit (siehe dazu mit Bezug auf die Fotografie 4.8 ALBERS). Die durch die Erfahrungen des Großstadtlebens bedingten Irritationen und Verschiebungen im Verständnis von Raum und Zeit wurden immer mehr entlang der radikal unterschiedlichen Darstellungskategorien wahrgenommen, wie sie von den ‚neuen' Medien eingeführt worden waren, die nicht zu den Printmedien zählten. Aus diesem Grund lässt sich in zahlreichen Werken dieser Zeit eine Überblendung von Moderne, Film und Großstadt beobachten.

Mit *Berlin Alexanderplatz* (1929) brachte Döblin seinen ‚Kinostil' zur Anwendung, legte einen der maßgeblichsten Romane über das Berlin der Weimarer Zeit vor und demonstrierte, inwiefern die ästhetischen Erscheinungsformen der neuen Medien wie Bild- und Tonaufnahme auf die Modelle literarischer Sprache rückwirken können. Die zufällig wirkende Kompilation von Werbeanzeigen, Zeitungsartikeln, Regierungsdokumenten, Börsenkursen, Straßenbahnstrecken, Speisekarten, Wetterberichten, wissenschaftlichen Beschreibungen der menschlichen Anatomie und anderer vorgefundener Materialien ist verwoben mit dem roten Faden des Handlungsverlaufs, der die Erlebnisse des Protagonisten Franz Biberkopf in Berlin über den Zeitraum von einem Jahr verfolgt. Die Vorgehensweise des Romans resultiert in einer gezielten Informationsüberflutung, die den Rahmen traditioneller Erzählungen überschreitet und im starken Kontrast zur narrativen Geschlossenheit und Harmonie steht, die als normative Kriterien für den bürgerlichen Roman veranschlagt werden. Döblins Verfahren zielen darauf ab, den Leserinnen und Lesern die Großstadt nicht nur deskriptiv vor Augen zu führen, sondern ein Lektüreerlebnis zu vermitteln, das ihnen die Erfahrung der Stadt in ihrer ganzen Vielfalt an sensorischen Reizen ermöglicht.

In einer wohlwollenden Besprechung mit dem Titel *Krisis des Romans* vergleicht Walter Benjamin den von ihm als „epischen Schriftsteller" bezeichneten Döblin mit traditionellen Autoren: „Stilprinzip dieses Buches ist die Montage. [...] Die Montage sprengt den ‚Roman', sprengt ihn im Aufbau wie auch stilistisch, und eröffnet neue, sehr epische Möglichkeiten." (Benjamin 1972 [1930], 232) Benjamins Formulierung von der den Roman ‚sprengenden' Montage bringt Döblins Werk unmittelbar mit dem Kino in Zusammenhang, indem er frühere Schriften in Erinnerung ruft, in denen Benjamin das Medium Film mit genau denselben Worten beschreibt. So heißt es im *Kunstwerk*-Aufsatz: „Da kam der Film und hat diese Kerkerwelt mit dem Dynamit der Zehntelsekunden gesprengt, so daß wir nun zwischen ihren weitverstreuten Trümmern gelassen abenteuerliche Reisen unternehmen." (Benjamin 1991a [1935], 461) Döblin wiederum führt seine Leserinnen und Leser entlang der ebenso verstreuten Ruinen des traditionellen Romans seinerseits auf eine abenteuerliche Reise, um bei ihnen psychische Effekte hervorzurufen, die die Erfahrung nachahmen, durch eine Großstadt zu laufen oder einen Film zu sehen. Ganz wie ein Film lehrt der Roman die Sinne des Lesenden, auf die Schockwirkung der Großstadt zu reagieren – ein Zusammenhang, den Benjamin in seinem Aufsatz „Über einige Motive bei Baudelaire" beschreibt: „So unterwarf die Technik das menschliche Sensorium einem Training komplexer Art. Es kam der Tag, da einem neuen und dringlichen Reizbedürfnis der Film entsprach. Im Film kommt die chockförmige Wahrnehmung als formales Prinzip zur Geltung." (Benjamin 1991b [1939], 630–631)

Döblins Essay „Der Bau des epischen Werks", der kurz vor *Berlin Alexanderplatz* veröffentlicht wurde, kann durchaus als Meta-Text des Romans und als Gradmesser der poetologischen Anliegen des Verfassers zu dieser Zeit gelesen werden. Döblin verweist ausdrücklich auf die bildlichen und performativen Besonderheiten des Romans – keine Eigenschaften, die üblicherweise mit Druckerzeugnissen in Zusammenhang gebracht wurden –, wenn er versucht, eine Theorie zu entwickeln, wie Sprache im Roman die Wirkung jener technischen Medien erzeugen kann, mit denen sie verglichen wird. Tatsächlich ähnelt seine Beschreibung der strukturellen Einflüsse des Textes auf eigentümliche Weise den Verkehrswegen, welche die Stadt umspannen: „Ich möchte von einem Spannungsnetz, von einem dynamischen Netz sprechen, das sich allmählich über das ganze Werk ausdehnt, an bestimmten Konzeptionen befestigt wird, und in dieses Netz werden Handlungen und Personen eingebettet. Und Sie erkennen hier, daß epische Werke dieser Art weder gleichen dem grenzenlosen alten epischen Typ, noch dem schlechten modernen dramatischen Romantyp" (Döblin 1989b [1928], 240). Der in diesem Sinne ‚epische' Schriftsteller imitiert nicht einfach die Wirklichkeit, so wie es der Romanautor – ein Euphemismus Döblins für unzeitgemäße Schreibpraktiken – zu tun pflegt, sondern muss diese durchdringen und in ihrer Prozessualität simulieren. Entsprechend wird demnach auch die Stadt nicht in ‚epischer Breite' beschrieben, sondern den Leserinnen und Lesern bei ihrer Begegnung mit dem Text vergegenwärtigt.

Auch in *Berlin Alexanderplatz* rücken städtischer Verkehr, mechanisierte Bewegung und flüchtige Bilder in den Vordergrund (angefangen natürlich mit dem Titel des Romans). Der Roman beginnt damit, dass der Protagonist Franz Biberkopf widerwillig eine Straßenbahn besteigt, die ihn vom Gefängnis Tegel in die Stadtmitte bringt. Auf seinem Platz sitzend spürt er eine Zeitung über seine Wange streichen: „Er schüttelte sich, schluckte. Er trat sich auf den Fuß. Dann nahm er einen Anlauf und saß in der Elektrischen. [...] Er drehte den Kopf zurück nach der roten Mauer, aber die Elektrische sauste mit ihm auf den Schienen weg, dann stand nur noch sein Kopf in der Richtung des Gefängnisses. Der Wagen machte eine Biegung, Bäume, Häuser traten dazwischen. Lebhafte Straßen tauchten auf, die Seestraße, Leute stiegen ein und aus. In ihm schrie es entsetzt: Achtung, Achtung, es geht los" (Döblin 1965 [1929], 8).

Wie der Kinobesucher, der die auf der Leinwand vorbeiziehenden Bilder nicht stillstellen kann, ist auch Biberkopf nicht in der Lage, die Bewegung des Fahrzeugs anzuhalten, und wird von einer Serie unverbundener Bilder bestürmt, die er nur flüchtig aus dem Fenster erblicken, aber keiner eingehenden Betrachtung unterziehen kann. Die Aussicht von Fahrgästen eines sich schnell bewegenden Fahrzeugs wurde häufig mit einer Art ‚kinematischer' Wahrnehmung verglichen. Wolfgang Schivelbusch nennt zwei Gründe für diesen Vergleich: Zum einen fliegen die Bilder in Hochgeschwindigkeit vorbei, zum anderen besetzt die Betrachterin oder der Betrachter nicht länger denselben Raum wie das betrachtete Objekt (vgl. Schivelbusch 1977, 54–55). Wenn Biberkopf schließlich am Alexanderplatz aus der Bahn steigt, so hat er das rasante ‚Transit-Theater' noch nicht verlassen, sondern sein Erlebnis der Stadt aus der Perspektive eines Kinozuschauers setzt sich weiter fort. Der Text arbeitet zumindest indirekt mit Filmzitaten, ähnelt doch Biberkopfs Wahrnehmung der Berliner Architektur, und insbesondere die steil umkippenden Hausdächer, die auf ihn herabzurutschen drohen, erinnern an die instabile und bedrohliche urbane Landschaft, wie sie in Robert Wienes Film *Das Cabinet des Dr. Caligari* (1919) zu sehen ist, oder an das unheimliche Hotelgebäude in F. W. Murnaus Film *Der letzte Mann* (1924). Als Biberkopf vor „[h]undert blanke[n] Scheiben" (Döblin 1965 [1929], 9) steht, verwechselt er die Schaufensterpuppen hinter den Glasscheiben mit den Spiegelbildern der Stadt – die Geschäftigkeit der Metropole wird also zunächst als Serie bewegter Bilder auf einem unbewegten, gläsernen Bildschirm wahrgenommen.

Wird demnach Biberkopfs Blick für eine kinematische Wahrnehmung trainiert und werden die vorübereilenden und unverbundenen Bilder von einem beweglichen Fenster aus gesehen, so müssen die Augen der modernen Leserinnen und Leser als kaum weniger programmiert gelten. Döblins Roman reagiert auf die filmischen Mittel zur Aufzeichnung der Großstadterfahrung auf einer stilistischen Ebene – was keineswegs bedeutet, dass sich der Text umstandslos verfilmen ließe. Die Vielzahl der gleichzeitigen Ereignisse in der textuellen und physikalischen Zusammenstellung des Alexanderplatzes vermittelt einen chaotischen Eindruck, der jeglichen linearen, kontinuierlichen Fluss des Romans aufbricht. Das Kapitel mit der Überschrift „Lokalnachrichten" (Döblin 1965 [1929], 167–170) zum Beispiel berichtet in einer schnellen Abfolge von der Selbstmordvereinbarung eines Liebespaars, einem Straßenbahnunglück, von Börsenkursen und der Aufmachung eines Theaterplakats. Das Tempo der Erzählung trägt in hohem Maße zur filmischen Qualität oder dem ‚Kinostil' bei, was nicht auf die Lesegeschwindigkeit der Rezipientinnen und Rezipienten zurückzuführen ist, sondern auf die Abruptheit und die plötzlichen Umschwünge von Döblins Prosa. Der Roman beschleunigt die ‚Wortbilder', die über die Seite strömen – offenbar durch nichts verbunden als ihre rasante Aufeinanderfolge. Geschwindigkeit wiederum ist eine Eigenschaft, die mit der Unbeweglichkeit des Printmediums in einem grundsätzlichen Konflikt steht, sowohl für bild- wie klangbasierte Aufzeichnungsverfahren jedoch grundlegend ist. Die Informationsflüsse, die Döblins Text inszeniert, werden nicht von einer Erzählinstanz geordnet, eingedämmt oder vorhergesagt; vielmehr lassen sie (wie von Benjamin bereits angedeutet) den Roman ‚explodieren'.

In den Verfahren, die in einem Roman wie *Berlin Alexanderplatz* eingesetzt werden, kommt damit letztlich nicht etwa eine Ablehnung des gedruckten Wortes als literarisches Medium zum Ausdruck, sondern vielmehr die Anerkennung des Problems der Sprache und Kommunikation als solches, und dies insbesondere hinsichtlich der Darstellung einer kinetisch und visuell so eindrucksvollen Stadt wie Berlin. Die Erfahrung der modernen Großstadt versetzt die traditionellen Formen der Wahrnehmung wie auch der Darstellung förmlich in Erschütterung. Döblins Werk legt nahe, dass die Großstadt durch eine wie auch immer geartete einheitliche Komposition gar nicht angemessen synthetisiert oder erzählt werden kann. Sie muss unmittelbar vor den Augen der Leserinnen und Lesern aufgebaut werden – ein Ansatz, der ausdrücklich mit der Wirkung des Mediums Film auf die Sinne verknüpft wird. Der Text ‚über' die Stadt muss den Text ‚der' Stadt simulieren und damit die großstädtische Vorstellungswelt selbst als einen dynamischen Prozess darstellen. Auf diese Weise inkorporiert der literarische Text die Wirkung anderer Medien mittels seiner eigenen Sprache. Im Unterschied zu der verbreiteten Perspektive auf die Zeit vor der Tonfilm-Ära, derzufolge die Maßstäbe für die Analyse neuer Medien von den traditionellen Gattungen wie Literatur und Kunst übernommen worden seien, ist also für Döblin festzuhalten, dass er die Rolle der Aufzeichnungstechnologien in seinen Schriften ausdrücklich begrüßt und ihrer wachsenden Bedeutung in neuen Theorien zur Literatur Rechnung trägt.

Krisis des Films: Keun

Dass der Film auf die Literatur der Weimarer Republik einen maßgeblichen Einfluss hatte, bedeutet aber keineswegs, dass die Autorinnen und Autoren den Prozessen der technologischen Rationalisierung und der Kommerzialisierung, wie sie mit der Produktion für das Kino einhergingen, unkritisch gegenüberstanden. Kritik an der Vereinheitlichung und den normativen Vorstellungen, wie sie den modernen, konsumorientierten *lifestyle* prägten und vom populären Film verstärkt würden, wird in zahlreichen Texten geäußert; das Spektrum reicht von Stefan Zweigs Essay „Die Monotonisierung der Welt" (1925) über Kracauers und Joseph Roths regelmäßige Aufsätze in der *Frankfurter Zeitung* in den 1920er und frühen 1930er Jahren (vgl. Bienert 1996) bis zu Bertolt Brechts umfangreicher Analyse seiner eigenen unbefriedigenden Beziehungen zu einem Filmstudio in *Der Dreigroschenprozess* (1931). Wenn Döblins Roman als ein besonders nachhaltiges und sogar paradigmatisches Beispiel für den Versuch gelten kann, die Großstadt seiner Zeit durch die Überführung der filmischen Effekte und insbesondere der Montage in Prosa nachzubilden, so wird dieser Ansatz im Werk von

Irmgard Keun (die angeblich von Döblin selbst zum Schreiben ermuntert wurde; vgl. Rumler 1979, 246) weiter fortgeführt – hier in Form einer selbstreflexiven Auseinandersetzung der Erzählerin mit ihrem medienbestimmten Bewusstsein.

Keuns Roman *Das kunstseidene Mädchen* (1932) fängt damit an, dass Doris, die Erzählerin und Hauptfigur des Romans, die Idee ablehnt, ein Tagebuch zu führen und erklärt, dass sie stattdessen ihr Leben als Drehbuch präsentieren wolle: „[I]ch will schreiben wie Film, denn so ist mein Leben und wird noch mehr so sein. [...] Und wenn ich später lese, ist alles wie Kino – ich sehe mich in Bildern." (Keun 2000 [1932], 8) Die achtzehnjährige Doris hält sich für einen potentiellen Filmstar im Stile einer Colleen Moore – einer der beliebtesten Hollywood-Schauspielerinnen der Stummfilm-Ära – und strebt danach, ein „Glanz" zu werden (ebd., 45): eine Vorstellung, die sie zunächst mit Autonomie, Macht und Reichtum assoziiert, welche sich ihr schließlich jedoch als reines Bild offenbart. Der Roman ist voll von Anspielungen auf Filme, sei es die namentliche Nennung von Filmstars wie Conrad Veidt oder Marlene Dietrich, die Beschreibung von abendlichen Kinobesuchen oder seien es die Reaktionen der Erzählerin auf zeitgenössische Filme wie *Mädchen in Uniform* (Regie: Leontine Sagan, D 1931). Dennoch machen diese Anspielungen auf das Medium Film allein den Roman noch nicht ‚kinematisch'. Vielmehr wirkt der Roman, der veröffentlicht wurde, als die Weimarer Republik sich schon ihrem Ende zuneigte, beinahe wie ein Rückblick auf die Entwicklung der Beziehung zwischen der Literatur dieser Zeit und dem Medium Film. Dabei wird insbesondere das spezielle Verhältnis jener Art von Literatur der 1920er Jahre gegenüber dem Film unterstrichen, die mit dem Rekurs auf den Zusammenhang von Moderne, Film und Großstadt ihre eigene Modernität zum Ausdruck brachte. Anders ausgedrückt: Zum Zeitpunkt der Veröffentlichung von Keuns Roman fungiert der ‚Kinostil' als Bezugspunkt einer bestimmten Sichtweise, die bereits im Begriff ist, in den Hintergrund zu treten, nämlich jene Perspektive auf das Medium Film als privilegierter Schauplatz von Modernität, die die Metropole ‚Berlin' als zugleich semiotischen wie kinematischen Effekt in den Blick rückt.

Der Roman wird in drei Teilen erzählt: Er spielt im Spätsommer 1931 in einer „mittlere[n] Stadt" (ebd., 5), wahrscheinlich Köln; im Spätherbst desselben Jahres in der „große[n] Stadt" (ebd., 65) Berlin; und ebenda von Weihnachten bis Anfang des Jahres 1932, wo er seinen Abschluss im „Wartesaal Zoo" (ebd., 143) findet. Obwohl alle drei Abschnitte aus Doris' Perspektive in der ersten Person Präsens erzählt werden, unterscheiden sie sich in Bezug auf ihre erzählerische Form, sodass sich die drei Teile in etwa den verschiedenen Phasen und Genres des Films zuweisen lassen: dem kommerziellen Film mit seiner Betonung leichter Unterhaltung und des Melodramas; dem *Straßenfilm* als prototypischem ‚Großstadtfilm' mit Anleihen am Avantgarde-Film der 1920er Jahre; und der Rückkehr zum Realismus und der Hervorhebung sozialer Themen unter der weitläufigen, auch für die Literatur maßgeblichen Bezeichnung ‚Neue Sachlichkeit'. Im ersten Teil wird Doris' Figur als ein Beispiel der wachsenden Heerschar weiblicher Büroangestellter eingeführt, als ein ebenso modernes wie modisches und elegantes *city girl*, das sich in seinem Selbstbild an medialen Vorbildern orientiert (vgl. Freytag und Tacke 2011). Er wird als eine Abfolge von klischeehaften Szenen erzählt, die hauptsächlich in Innenräumen spielen: Kaffeehäuser und Tanzlokale sowie Doris' Zimmer, das Büro und das Theater. Die Szenen sind in ihrer Wirklichkeitsnähe überaus detailreich und die Spannung wird von gestenreichen Handlungen erzeugt, die den frühesten Genrefilmen entsprungen sein könnten: verstohlene Blicke mit einem Verehrer austauschen, sich von hinten an eine Widersacherin heranschleichen und sie im Badezimmer einschließen, ihren (einzigen) Moment des Triumphes auf der Bühne zelebrieren. Man könnte diesen Teil der Erzählung wegen seiner Beschreibung von Gesten und Bildern, die eindeutig den immer zahlreicher in Umlauf gebrachten medialen Vorlagen entliehen sind, ‚filmisch' nennen, doch ist dies kein ‚kinematografisches Schreiben', wenn mit dieser Bezeichnung jenes konstitutive Verfahren der Filmproduktion hervorgehoben werden soll, wie es etwa Döblins ‚Kinostil' prägt: die Montage.

Der zweite Teil des Romans beginnt mit den Worten „Ich bin in Berlin" (Keun 2000 [1932], 67). Es ist dieser Teil des Romans, in dem Keun ihre Befähigung zum ‚kinematografischen Schreiben' zur Schau stellt und demonstriert, wie sie sich die modernen Werke der Großstadtliteratur der 1920er Jahre zu eigen gemacht hat. In diesem Teil wird nicht nur die semiotische Landschaft der Großstadt katalogisiert – Licht und Lichtreklame, Kurfürstendamm und Alexanderplatz, Untergrundbahn und Omnibusse –; der Roman bedient sich darüber hinaus mit seiner Betonung der Straße und der Massen der ästhetischen Form des Kinos, um Doris' Umgebung als den Raum darzustellen, „wo sich ungeheures Leben tummelte" (ebd., 71). Die lineare Erzählung des ersten Teils beginnt, in eine Reihe von Episoden zu zerfallen, die durch erzählerische Assoziationen zusammengehalten werden. In diesem Teil des Romans findet sich auch die vielzitierte Aussage der Protagonistin „Mein Leben ist Berlin, und ich bin Berlin" (ebd., 92). Das Kernstück des zweiten Teils bilden die Berichte der Ich-Erzählerin über das Leben auf den Straßen für ihren blinden Nachbarn Brenner: „[D]er kann nichts mehr sehen und keine Geschäfte und karierten Lichter und moderne Reklame und nichts" (ebd., 95). Für ihn – und mithin für die Leserinnen und Leser – wird die Stadt sprachlich visualisiert, indem das, was die Protagonistin auf ihren langen Spaziergängen und -fahrten durch die Stadt sieht, nicht nur aufgelistet, sondern in einem zersplitterten, chaotischen und hastigen Strom reproduziert wird. In einer langen Aneinanderreihung, die mit den Worten „Ich habe gesehen ..." beginnt, stellt Doris die Stadt als bruchstückhafte Montage kaleidoskopischer Bilder und Lichteffekte, Nahaufnahmen und schneller Schnitte dar: „Ich sehe – mich in

Spiegeln von Fenstern, und dann finde ich mich hübsch, und dann gucke ich die Männer an, und die gucken auch – und schwarze Mäntel und dunkelblau und im Gesicht viel Verachtung – das ist so bedeutend – und sehe – da ist die Gedächtniskirche und mit Türmen so grau wie Austernschalen – ich kann Austern essen hochfein – der Himmel hat ein rosa Gold im Nebel – es treibt mich drauf zu – man kann nicht ran wegen der Autos – ein roter Teppich liegt im Betrieb, weil am Nachmittag eine blödsinnige Hochzeit war – der Gloriapalast schillert – ein Schloß, ein Schloß – es ist aber Kino und Kaffee und Berlin W [...]" (ebd., 103). Die Straße fungiert hier als exemplarischer Ort der urbanen Moderne und wird in jenem ‚Kinostil' dargestellt, der das Erleben der modernen Großstadtinteraktion zugleich aufzeichnet und reinszeniert. Wie Döblins *Berlin Alexanderplatz*, so versucht auch die Ich-Erzählung, die Keun ihrer Protagonistin in den Mund legt, nicht lediglich die visuellen Eindrücke als solche zu beschreiben, sondern etwas vom hektischen Chaos ihrer Erfahrungen auf den Straßen der Großstadt zu vermitteln, indem sie deren charakteristische Eigenschaft der Reizüberflutung vorführt. In den Spiegelungen der Schaufenster begegnet sie sich selbst als Bild – der vielleicht einzige Moment, in dem sie als „Glanz" erscheint. Es verwundert nicht, dass die tatsächliche physische Erkundung der Straßen des blinden Mannes, die später geschildert wird, mit der Macht von Doris' Erzählung wenig gemeinsam hat – hatte diese ihm doch eine alternative sprachliche Erfahrung der hektischen und die Sinne anregenden Großstadt geboten, mit deren visueller Dimension er niemals wirklich in Berührung kommen kann. Insofern steht Brenner beinahe für die Leserinnen und Leser, die die Großstadt als filmischen Erzählstrom erfahren.

Im dritten Teil verändert sich der Ton des Romans ein weiteres Mal und wird beherrscht von Doris' kurzentschlossenen und letztlich auch nur kurze Zeit währenden Bemühungen, sich mit einem Leben in bürgerlicher Häuslichkeit anzufreunden. Die Geschwindigkeit des ‚kinematografischen Schreibens' kommt zu einem plötzlichen Halt, als Doris bei ihrem Liebhaber Ernst einzieht; an ihre Stelle tritt die psychologische Erforschung der Entwicklung ihres eigenen Denkens. Will man auch diesen dritten Teil des Romans mit parallel stattfindenden Entwicklungen des Films in Verbindung bringen, so ist die größte Übereinstimmung beim statischen Realismus der ‚Neuen Sachlichkeit' auszumachen. Der Analogie zum Film folgend schließt dieser letzte Abschnitt mit einem Hinweis auf das Ende des Weimarer Films, der spätestens ab den 1930er Jahren mit wachsenden Marktanteilen des Tonfilms zu kämpfen hatte, wenn Doris resigniert feststellt: „Auf den Glanz kommt es nämlich vielleicht gar nicht so furchtbar an" (ebd., 219). Das Medium Film wäre demnach also kein Vehikel für individuelle Autonomie, ist doch der ‚Glanz' lediglich eine Funktion der visuellen Semiotik eines Bildes, das hartnäckig außerhalb der Kontrolle des Subjekts weiterzirkuliert. Keuns Roman endet insofern zumindest implizit mit einer ähnlichen Einschätzung, wie sie

Kracauer in seiner Rezension von Balázs' *Der sichtbare Mensch* formulierte: Das Medium Film habe nicht, wie von Balázs einst hoffnungsvoll postuliert, als ein Vehikel gedient, mittels dessen die Arbeiterklasse sich gegen die Bedingungen auflehnen konnte, die ihr von der kapitalistischen Gesellschaft auferlegt worden waren, sondern: „Die neue Sichtbarkeit des Menschen, die der Film veranschaulicht, ist so durchaus das Gegenteil einer Wendung zu echter Konkretheit, daß sie vielmehr die schlechte Rationalität des kapitalistischen Denkens nur bestätigt und bei ihr festhält." (Kracauer 2001 [1927], 172)

Resümee

Auf die zunehmende Industrialisierung des Films haben Schriftstellerinnen und Schriftsteller nicht nur mit Desillusionierung reagiert. In seinem *Dreigroschenprozeß* (1931) spricht sich Bertolt Brecht gegen die Vorstellung einer „unberührbare[n] Kunst" aus, die ein von materiellen Vorgängen, dem Absatzmarkt und Kommodifikation unabhängiges, autonomes Dasein für sich beansprucht: „In Wirklichkeit gerät natürlich die ganze Kunst ohne jede Ausnahme in die neue Situation, als Ganzes und nicht in absplitternden Teilen hat sie sich auseinanderzusetzen damit, als Ganzes wird sie zur Ware oder nicht zur Ware" (Brecht 1992a [1931], 466–467). Auch wenn Brecht argumentiert, dass sich das Kunstwerk nicht vollkommen aus der Welt der Massenkultur und Modernisierung zurückziehen kann, handelt es sich bei seinem Aufsatz um eine Kritik an der Kunst unter den Bedingungen des Kapitalismus. An anderer Stelle ruft er dazu auf, die neue Kunstform nicht an überkommenen Bewertungsmaßstäben zu messen: „[E]xkommuniziert nicht die Montage, setzt nicht den *inneren Monolog* auf den Index! Erschlagt die jungen Leute nicht mit den alten Namen! Laßt nicht bis 1900 eine Entwicklung der Technik in der Kunst zu und ab da nicht mehr!" (Brecht 1992b [1938], 421) Der traditionelle bürgerliche Roman mag Brecht zufolge zwar vorgeben, die Welt zu reproduzieren, doch tut er dies nur auf idealisierte Art und Weise und aus der persönlichen Weltanschauung der Verfasserin oder des Verfassers heraus. Über diese mögen seine Leserinnen und Leser zwar eine Menge erfahren, über die Welt erfahren sie jedoch nichts.

Vergleicht man Döblins im Jahre 1913 erstmals formulierte Beschreibung des literarischen ‚Kinostils' oder Keuns filmähnliche Prosabilder mit den tatsächlichen Filmproduktionen, so scheinen sie mit dem enormen Angebot der Weimarer Zeit und den Hunderten von Detektiv- und Abenteuerfilmen, Melodramen, Komödien und historischen Epen, die Millionen von Kinogängern Jahr für Jahr unterhielten (vgl. Kaes 1993, 62), nur wenig Ähnlichkeiten aufzuweisen. Weder Döblin noch

Keun verfolgten je die Absicht, Romane zu schreiben, die sich umstandslos in Drehbücher überführen ließen, sondern sie versuchten, eine neue Art des Erzählens zu entwickeln, die den visuellen Effekten des Bewegtbildmediums Rechnung trägt. Ihre Verfahren setzen also nicht beim Inhalt eines bestimmten Films an, sondern widmen sich der kinematischen Form und den filmischen, speziell visuellen Möglichkeiten (Rhythmus und Geschwindigkeit, spektakuläre Effekte), die moderne Wirklichkeit zu erfassen. In dieser Hinsicht zeigt sich anhand von Keuns Roman noch deutlicher, inwiefern der Diskurs über die Beziehungen zwischen Film und Literatur formale mit genrespezifischen und thematischen Konventionen zu verbinden imstande ist – hier in der Absicht, einen Zeitgeist einzufangen, der sich zu diesem Zeitpunkt schon beinahe verflüchtigt hatte. Nach 1932 finden sich nur noch wenige Beispiele für selbstreflexives Schreiben über den Einfluss des Films oder anderer Medien auf die Literatur (wohingegen die Betonung literarischer Vorbilder für den Film eine erneute Konjunktur erfährt); erst in den 1960er Jahren lässt sich ein erneutes Aufkommen vergleichbarer Tendenzen – nun in einer eher politischen denn formal-ästhetischen Ausrichtung – feststellen.

(Übersetzt aus dem Amerikanischen von Steven Wosniack)

Literaturverzeichnis

Balázs, Béla. *Der sichtbare Mensch oder die Kultur des Films*. Mit einem Nachwort von Helmut H. Diederichs und zeitgenössischen Rezensionen von Robert Musil, Andor Kraszna-Krausz, Siegfried Kracauer und Erich Kästner. Frankfurt am Main: Suhrkamp, 2001 [1924].

Benjamin, Walter. „Krisis des Romans: Zu Döblins *Berlin Alexanderplatz*" [1930]. *Gesammelte Schriften Bd. 3: Kritiken und Rezensionen*. Hrsg. von Hella Tiedemann-Bartels. Frankfurt am Main: Suhrkamp, 1972. 230–236.

Benjamin, Walter. „Das Kunstwerk im Zeitalter seiner technischen Reproduzierbarkeit. Erste Fassung" [1935]. *Gesammelte Schriften Bd. 1.2: Abhandlungen*. Hrsg. von Rolf Tiedemann und Hermann Schweppenhäuser. Frankfurt am Main: Suhrkamp, 1991a. 431–469.

Benjamin, Walter. „Über einige Motive bei Baudelaire" [1939]. *Gesammelte Schriften Bd. 1.2: Abhandlungen*. Hrsg. von Rolf Tiedemann und Hermann Schweppenhäuser. Frankfurt am Main: Suhrkamp, 1991b. 605–653.

Berg-Ganschow, Uta, und Wolfgang Jacobsen (Hrsg.) ... *Film ... Stadt ... Kino ... Berlin* ... Berlin: Argon, 1987.

Bienert, Michael (Hrsg.). *Joseph Roth in Berlin. Ein Lesebuch für Spaziergänger*. Köln: Kiepenheuer & Witsch, 1996.

Bordwell, David. *Narration in the Fiction Film*. Madison, WI: University of Wisconsin Press, 1985.

Brecht, Bertolt. „Der Dreigroschenprozeß. Ein soziologisches Experiment" [1931]. *Werke. Große kommentierte Berliner und Frankfurter Ausgabe Bd. 21: Schriften I. 1914–1933*. Hrsg. von Werner Hecht, Jan Knopf, Werner Mittenzwei und Klaus-Detlef Müller. Berlin: Aufbau, 1992a. 448–514.

Brecht, Bertolt. „Praktisches zur Expressionismusdebatte" [1938]. *Werke. Große kommentierte Berliner und Frankfurter Ausgabe Bd. 22: Schriften II. 1933–1942*. Hrsg. von Werner Hecht, Jan Knopf, Werner Mittenzwei und Klaus-Detlef Müller. Berlin: Aufbau, 1992b. 419–423.

Diederichs, Helmut H. *Anfänge deutscher Filmkritik*. Stuttgart: Fischer & Wiedleroither, 1986.

Greve, Ludwig, Margot Pehle und Heidi Westhoff (Hrsg.). *Hätte ich das Kino! Die Schriftsteller und der Stummfilm*. Stuttgart: Klett, 1976.

Döblin, Alfred. *„Ulysses* von Joyce" [1928]. *Aufsätze zur Literatur*. Hrsg. von Walter Muschg. Olten und Freiburg im Breisgau: Walter, 1963. 287–290.

Döblin, Alfred. *Berlin Alexanderplatz. Die Geschichte von Franz Biberkopf*. München: Deutscher Taschenbuch Verlag, 1965 [1929].

Döblin, Alfred. „An Romanautoren und ihre Kritiker. Berliner Programm" [1913]. *Schriften zu Ästhetik, Poetik und Literatur*. Hrsg. von Erich Kleinschmidt. Olten und Freiburg im Breisgau: Walter, 1989a. 119–123.

Döblin, Alfred. „Der Bau des epischen Werks" [1928]. *Schriften zu Ästhetik, Poetik und Literatur*. Hrsg. von Erich Kleinschmidt. Olten und Freiburg im Breisgau: Walter, 1989b. 215–245.

Freytag, Julia, und Alexandra Tacke (Hrsg.). *City Girls. Bubiköpfe & Blaustrümpfe in den 1920er Jahren*. Köln und Wien: Böhlau, 2011.

Goll, Yvan. „Das Kinodrama" [1920]. *Texte zur Poetik des Films*. Hrsg. von Rudolf Denk. Stuttgart: Reclam, 1978. 23–27.

Harris, Stefanie. *Mediating Modernity. German Literature and the „New" Media, 1895–1930*. University Park, PA: Penn State University Press, 2009.

Kaes, Anton. „Einführung". *Kino-Debatte. Texte zum Verhältnis von Literatur und Film 1909–1929*. Hrsg. von Anton Kaes. Tübingen: Niemeyer, 1978. 1–36.

Kaes, Anton. „Film in der Weimarer Republik". *Geschichte des deutschen Films*. Hrsg. von Wolfgang Jacobsen, Anton Kaes und Hans Helmut Prinzler. Stuttgart und Weimar: Metzler, 1993. 39–100.

Keun, Irmgard. *Das kunstseidene Mädchen*. Berlin: List, 2000 [1932].

Kienzl, Hermann. „Theater und Kinematograph" [1911]. *Prolog vor dem Film. Nachdenken über ein neues Medium 1909–1914*. Hrsg. von Jörg Schweinitz. Leipzig: Reclam, 1992. 230–234.

Kracauer, Siegfried. „Bücher vom Film" [1927]. Béla Balázs. *Der sichtbare Mensch oder die Kultur des Films*. Mit einem Nachwort von Helmut H. Diederichs und zeitgenössischen Rezensionen von Robert Musil, Andor Kraszna-Krausz. Siegfried Kracauer und Erich Kästner. Frankfurt am Main: Suhrkamp, 2001. 170–174.

Kracauer, Siegfried. „Die Unterführung" [1932]. *Straßen in Berlin und anderswo*. Frankfurt am Main: Suhrkamp, 2009. 50–55.

Moholy-Nagy, László. *Dynamik der Großstadt. Skizze zu einem Filmmanuskript*. Übers. von Agnes Pretzell. Zweisprachige Ausgabe. Berlin: Rainer, 1992 [1921–1922].

Musil, Robert. „Ansätze zu neuer Ästhetik. Bemerkungen über eine Dramaturgie des Films" [1925]. *Gesammelte Werke Bd. 8: Essays und Reden*. Hrsg. von Adolf Frisé. Reinbek bei Hamburg: Rowohlt, 1978. 1137–1154.

Rumler, Fritz. „Die Kraft von Revolvern". *Der Spiegel* 42/1979: 241–247.

Schivelbusch, Wolfgang. *Geschichte der Eisenbahnreise. Zur Industrialisierung von Raum und Zeit im 19. Jahrhundert*. München und Wien: Hanser, 1977.

Zweig, Stefan. „Die Monotonisierung der Welt" [1925]. *Zeiten und Schicksale. Aufsätze und Vorträge aus den Jahren 1902–1942*. Hrsg. von Knut Beck. Frankfurt am Main: Fischer, 1984. 30–39.

4.11 Visualisierung und Narrativierung in Erzähltexten der Moderne (H. Green: *Blindness*)

Ronja Tripp

Visualität und Erzählliteratur stehen in einem Interaktionsverhältnis, das nicht nur die Text-Kontext-Beziehungen betrifft, sondern auch in vielen narrativen Elementen aufscheint, die insbesondere hinsichtlich ihrer Visualisierungsstrategien zum Gegenstand der Forschung geworden sind. Der vorliegende Beitrag diskutiert diese Interaktion am Beispiel eines Romans des englischen Modernismus, *Blindness* (1926) von Henry Green.

Friedrich Kittler schreibt, dass die Literatur um 1900 angesichts der ‚neuen' visuellen Medien Fotografie und Film nur zwei Möglichkeiten gehabt hätte: sich, erstens, diesen parasitär anzupassen und „konsistente optische Leitmotive einzubauen, die später dann problemlos verfilmt werden können" (Kittler 2002 [1999], 187); oder sich, zweitens, dem Sichtbarkeitspostulat komplett zu entziehen und nur noch „körperlose Gespenster" (ebd.) zu beschwören. Dagegen soll hier die Möglichkeit mindestens einer dritten Variante diskutiert werden. Die Erzählliteratur vom Spätviktorianismus bis zum „Intermodernism" (Bluemel 2004), so das Argument, definiert im Kontext der Umwälzungen in der visuellen Kultur ihre medienspezifischen Visualitäten neu und entwickelt dabei zur Ausdifferenzierung im Mediensystem verstärkt Verfahren, die im Folgenden als ‚narrative Visualisierungsstrategien' thematisiert werden. Damit wird Kittlers Position infrage gestellt, die Literatur müsse sich im Gegensatz zur Malerei nicht neu positionieren (vgl. Kittler 2002, 186–187), sind die medialen Strategien der Erzählliteratur im Vergleich zur Malerei lediglich stärker erkenntnistheoretisch denn repräsentationslogisch motiviert. Die Visualisierungsstrategien heben auf die leserseitigen Visualisierungen ab, um diese für ihre eigene narrative, oft visualitätskritische Agenda zu instrumentalisieren (vgl. Tripp 2013). Die These dieses Beitrags ist demnach sowohl eine literatur- und kulturhistorische als auch medientheoretische.

Die Literatur des frühen 20. Jahrhunderts ist nicht nur in vielfältiger Weise untrennbar mit der zeitgenössischen visuellen Kultur verknüpft, deren wesentliche Paradigmen im ersten Abschnitt kurz in Erinnerung gerufen werden sollen (siehe dazu auch 4.8 ALBERS, 4.9 BEHRMANN, 4.10 HARRIS); darüber hinaus lässt sich hier eine spezifische mediale – in diesem Fall narrative – Verhandlung und Auseinandersetzung mit den Visualitätsdiskursen, Praktiken und Repräsentationsformen beobachten. Diesem Zusammenhang von Visualität und Narrativität wird im zweiten Abschnitt nachgegangen, in dem auch die damit zusammenhängenden zentralen Konzepte und Strategien der Visualisierung kurz erläutert werden. Abschließend dient Greens Roman, der Elemente aus den viktorianischen und modernistischen Visualitätsdiskursen mit entsprechenden narrativen Strategien verknüpft, nicht nur als Fallbeispiel, sondern auch als Ausblick sowie Anschlussmöglichkeit für eine literaturhistorisch orientierte Auseinandersetzung mit visueller Kultur.

Visuelle Mediendispositive

In den zahlreichen Darstellungen der visuellen Kultur des 19. und frühen 20. Jahrhunderts wird immer wieder der Einfluss technischer, medialer und sozialer Neuerungen auf die Gesamtkonfiguration von visueller Kultur betont, vor allem aber deren Auswirkungen auf die visuelle Wahrnehmung. Es besteht Konsens darüber, dass Transportmittel (Eisenbahn und später Auto sowie Flugzeug), neue Medien (Fotografie, Film und andere ‚Illusionstechniken') sowie architektonische Entwicklungen (Glas-Stahl-Konstruktionen) und Erfindungen (elektrisches Licht, bildgebende Verfahren) – um nur die wichtigsten Elemente zu nennen – einen Einfluss auf das alltägliche Sehen hatten (vgl. z. B. Crary 1996 [1990] und 2002 [2001]; Schivelbusch 2011 [1977]). Dies beinhaltet zum Beispiel, dass neue Bewegungsformen, transitorische Räume und „fleeting impressions" (Brosch 2008a, 13) eine Instabilisierung von Wahrnehmungsdaten und damit eine epistemologische Verunsicherung mit sich bringen. Gleichzeitig wird die Beobachtungsinstanz zu einer zentralen Figur, die dieser ‚Bilderflut' zunehmend passiv ausgesetzt ist (vgl. Crary 1996 [1990]). Das wirkt sich auch mittelbar auf die *Victorian Visual Imagination* (Christ und Jordan 1995) sowie die Repräsentationsmedien und deren Dispositive aus: die Entwicklung der Malerei (zum Beispiel Impressionismus, das Ende der Porträtmalerei), des Theaters (unter anderem stärkere Trennung von Bühne und Zuschauerraum, *tableaux vivants*) aber auch der Literatur im 19. Jahrhundert (wie etwa panoramatische Erzählperspektiven, Warenhausästhetik) werden immer wieder mit diesen Umbrüchen in der visuellen Kultur in Verbindung gebracht (vgl. Brosch 2008b).

Bei diesen wohldokumentierten und viel zitierten Veränderungen der visuellen Kultur und ihrer medialen Dispositive drängen sich zwei Kritikpunkte auf: erstens scheint es, wie im oben erwähnten Argument Kittlers, als partizipiere Literatur nur passiv an visueller Kultur – ob sie nun parasitär von einem Visualitätsdiskurs profitiert oder sich gegen den Visualisierungswahn der Viktorianer wendet (vgl. Griem 2008, 245). Mit der Frage, wie Literatur auch aktiv über Visualisierungsstrategien etwa auf visuelle Praktiken einwirken kann, hängt zweitens zusammen, dass in dieser Diskussion trotz heftiger Kritik besonders an Kittler immer noch einer medienontologischen Prämisse Vorschub geleistet wird. Aufgrund des dabei implizierten Technikprimats wird das Sichtbarkeitspostulat gestärkt, anstatt vom Visuellen und von Visualität als der Grundlage von Sichtbarkeits- und Unsichtbarkeitsdiskursen auszugehen. Demgegenüber folgt dieser Beitrag Whitney Davis, der festhält: „[T]he culturality of vision, or true visuality, is not or at least not exclusively – a visual phenomenon. Certainly it is not wholly visible" (Davis 2010, 10; siehe auch Didi-Huberman 2000 [1990]; Tripp 2013). Der bisherige Fokus ist insofern problematisch, als der „Blick auf dieses Apriori" es erschwert, „sich mit Fragen des Gebrauchs von Medien, d. h. beispielsweise mit [...] ästhetischen Zugängen zu befassen, [...] die die Technik und damit den medienkulturellen Generator verbergen könnten" (Leeker 2012, o. S.). Eine Akzentverschiebung hin zu medialen Ästhetiken und den jeweils medial bedingten „symbolischen Formen" (Cassirer 1982 [1929]) visueller Wahrnehmungen könnte die Interaktionen, um die es hier gehen soll, in einem anderen Licht erscheinen lassen. Literatur kann so ihrerseits zu einem visuellen Medium werden, in dem sich visuelle symbolische Formen im Sinne Ernst Cassirers manifestieren.

Weniger eine medienontologische Argumentation, die der Literatur eine genuin visuelle Dimension abspricht, als eine Berücksichtigung des gesamten Wahrnehmungsdispositivs ist hier zielführend. Wie Julika Griem vermutet, findet sich paradoxerweise gerade in der Auseinandersetzung mit den ‚produktiven blinden Flecken' (vgl. Griem 2008, 260) der zeitgenössischen visuellen Kultur und in der Resistenz gegenüber dem viktorianischen Postulat der Sichtbarmachung und Sichtbarkeit in vielen (spät-)viktorianischen und modernistischen Texten „some of [their] most compelling visual signatures" (ebd., 246). In dieser These steckt mehr als Kittlers ‚körperlose Geister'. Im Gegenteil könnte in diesen ‚visuellen Signaturen' genau das Verbindungsglied zwischen der postulierten Verfilmbarkeit sowie medienspezifischen Unsichtbarkeiten literarischer Visualität liegen.

Literarische Visualität, narrative Visualisierungen

Literatur ist Teil der jeweiligen zeitgenössischen visuellen Kulturen, die visuelle soziale Praktiken, Diskurse und Repräsentationen gleichermaßen umfasst; dabei liegt die Betonung auf ‚visuell' im Versuch, damit gleichzeitig Un-/Sichtbarkeiten als Teil dieser Kultur zu denken. Es wird mithin mit Davis und anderen von einer Differenz von Visualität und Sichtbarkeit ausgegangen (vgl. Davis 2010, 10): „[V]isual is what, in the visible, modifies it" (Faure 1998, 790; siehe auch Didi-Huberman 2000 [1990]). Diese Auffassung von Visualität charakterisiert entsprechend auch das Verständnis von ‚literarischer Visualität', welche über die tatsächlich sichtbaren Anteile von Literatur hinaus – Stichworte sind zum Beispiel Schriftbildlichkeit (siehe 2.1 KAMMER, 2.2 BERNDT, 4.14 WEINGART), Text-Bild-Beziehungen (siehe 2.7 RIPPL), Konkrete Poesie – die vielfältigen Interaktionen von visueller Kultur und Literatur beschreibt und so auch rezeptionsästhetische Aspekte mit einschließen kann (vgl. auch 2.5 BROSCH). Letztere sollen für die exemplarische Analyse von Greens *Blindness* in Dienst genommen werden und werden daher hier kurz vorgestellt.

In nuce geht der rezeptionsästhetische Ansatz phänomenologischer Provenienz davon aus, dass der Verstehensprozess grundsätzlich an (zunächst) unbewusste Visualisierungen gebunden ist. Unter Visualisierungen werden dynamische Prozesse im Lektüreakt verstanden, die als Teil der „passiven Synthesen" im „Modus" des Bildes (vgl. Iser 1994 [1976], 220) die leserseitige Vorstellungsbildung als „stereoskopische" (ebd., 313) Überblendung prägen. Durch die Dynamik der „Protention und Retention" (ebd., 220, im Sinne Edmund Husserls) einerseits und den Abgleich von visuellen Schemata und Skripten andererseits werden die Visualisierungen konfiguriert. Die damit verbundene Bildlichkeit – ein „diffuser" (ebd., 223) „Bilderstrom" (ebd., 220) – ist von einer „optischen Kargheit" (ebd., 223) und kann nur durch bestimmte narrative Strategien, die eben auf diesen Visualisierungsprozess zielen, wahrnehmbar gemacht werden.

Visualisierungen sind weder auf den propositionalen Gehalt eines Textes reduzierbar noch bloße Imaginationen der Lesenden, sondern entstehen gerade in der dynamischen Interaktion beider Pole. Damit werden Visualisierungsprozesse im engen Zusammenhang zur Narrativität – sowohl im Sinne der *experientiality* wie der damit zusammenhängenden *narrativization* gesehen (vgl. Fludernik 1996), was vor allen Dingen mit der für den Verstehensprozess unabdingbaren Verräumlichung des Geschehens zusammenhängt (vgl. Hermann 2002, 263–268). Narrative Strategien der Visualisierung werden gerade dort vermutet, wo die „Narrativierung" am stärksten gefragt ist: in jenen Momenten, in denen der literarische Text „nur schwer in Einklang mit den lebensweltlichen Erfahrungen der Leserinnen zu bringen sind" (Zerweck 2002, 226 f.; vgl. Tripp 2007, 42), wenn der Text also entsprechend der modernistischen Kunstauffassung fungiert und eine Alternativwahrnehmung bereitstellt (vgl. Lobsien 1990, 89). Oder wie Renate Brosch im Hinblick auf leserseitige „statische Bildvorstellungen" in *short story*-Lektüren bemerkt, besitzen diese Bildlichkeiten eine „integrationsfördernde oder synthetisierende Funktion [...], die dem Verständnis eines Erzähltextes dient" (Brosch 2007, 180).

Damit ist das, was Mieke Bal unter „visual narrativity" (Bal, 2005) fasst –
Deskription, Metapher, Perspektive –, zunächst als textuelle Technik ausge-
klammert (vgl. auch Lobsien 1990, 89–90). Die Aspekte der Deskription und
Perspektive tragen zwar zur Visualität des Textes bei, sind aber Teil der Text-
‚Konfiguration'. Der Visualisierungprozess stellt nun gerade das Zusammenspiel
aller Ebenen – Präfiguration, Konfiguration, Refiguration – dar (vgl. Ricœur 1988
[1983], 88–115). Hier zeigt sich deutlich der Unterschied zwischen Techniken und
Strategien, die insbesondere bei internen Fokalisierungsinstanzen oft eine skeptische Haltung der Leserin oder des Lesers hervorrufen (vgl. Brosch 2008a, 13),
wodurch eben gerade nicht, wie Manfred Jahn meint, „naturally and automati-
cally" (Jahn 1996, 256) dieser Blickwinkel umgesetzt wird.

Das hat besondere Konsequenzen für die narrativen Visualisierungsstrategien der modernistischen Literatur. Sowohl Carola Surkamp, in ihrer Diskussion
der (offenen) Perspektivenstruktur (vgl. Surkamp 2003), als auch Sabine Buchholz, die andere narrative Innovationen in der Literatur des frühen 20. Jahrhunderts untersucht (vgl. Buchholz 2003), warnen vor einer funktionalen Verkürzung
von Multiperspektivität beziehungsweise Verminderung der Vermittlungsinstanz
oder Plotlosigkeit auf Subjektivität, Relativismus und psychologischen Realismus
(vgl. ebd., 362). Wenn eine heuristische Trennung von Visualisierungen und internen Fokalisierungen hinzukommt, wird die postulierte Tendenz einer ‚impres-
sionistischen Bildhaftigkeit' als dominante literarische Visualisierungsstrategie
dieser Zeit umso fragwürdiger. Und was könnte das auch genau bedeuten, außer
den blinden Fleck des Lesers, seine ‚diffusen' Visualisierungen im ‚Modus' des
Bildes (vgl. Iser 1994 [1976], 220) selbst vorzuführen? Diese Frage führt direkt zur
Interaktion von Visualisierung und Narrativierung der modernistischen Literatur, die im Folgenden exemplarisch diskutiert werden soll.

Henry Green, *Blindness*

Der Plot des 1926 erschienenen psychologischen Romans liest sich wie eine Allegorie auf die Geschichte der literarischen Visualität und Imaginationstheorien
des 19. und frühen 20. Jahrhunderts, die angesichts der modernen Lebenswelt –
und vor allem angesichts psychophänomenologischer Erkenntnisse – abermals
in eine Krise geraten und sich neu ausdifferenzieren müssen. Und das geschieht,
indem Visualisierungen selbst zum Gegenstand gemacht werden. Narrativ zieht
der Roman alle Register des modernistischen Erzählens mit Fokus auf subjektive
Bewusstseinsdarstellung: zeitliche extreme Dehnungen, interne Fokalisierungen,
Zurücktreten der Erzählinstanz, sämtliche ‚mimetischen' Modi der Figurenrede,

offene Perspektivenstruktur, eine starke Semantisierung des Raums bei gleichzeitiger ‚Verflachung' (Verbildlichung) der Räumlichkeit bis hin zur „modernistischen Skizze" (Buchholz 2003, 106–109 und 360). Abgesehen vom Motiv der Blindheit, das alle Textebenen durchzieht, finden sich visuelle Medien wie Film und Foto, die vor allem in ihren Auswirkungen auf die Wahrnehmung thematisiert werden. Neben impliziten poetologischen und ästhetischen Ansätzen zur Vorstellungsbildung werden explizite Selbstversuche der Hauptfigur, entsprechend dieser Ansätze zu imaginieren, verhandelt; viele visuelle Repräsentationskonventionen werden in impliziten Anspielungen oder expliziten Äußerungen benannt, aufgerufen und unterlaufen.

Das Bemerkenswerte ist die Verquickung dieser Aspekte mit Lesedispositiven und -szenen. Der Roman verbindet damit viele bereits erwähnte Techniken und geht durch die metareflexive Thematisierung auch über sie hinaus. Die narrativen Visualisierungsstrategien sind hierbei aufschlussreich, denn neben der expliziten Thematisierung der „optischen Kargheit" (Iser 1994 [1976], 223) von Vorstellungsbildung, heben die Strategien zusätzlich auf die literaturhistorisch geprägten (zum Beispiel im *Romanticism*) und inhaltlich-mimetischen Repräsentationslogiken – in Form der Erschwerung von Vorstellungsbildung – ab, um diese auszuhebeln.

Visualisierungen, Lesen

Der siebzehnjährige Protagonist John Haye möchte Schriftsteller werden, doch muss er seine Ambitionen, die an bestimmte, vom Text als überholt markierte Visualitätsdiskurse und Praktiken des Sehens gekoppelt sind, zunächst aufgeben, als er durch einen Zugunfall beim Blick aus dem Fenster erblindet. Durch diese Erfahrung ist er zu einem imaginierenden, synästhetischen ‚Anders-Sehen' gezwungen, doch seine romantisierten Hoffnungen, in der erzwungenen Innerlichkeit und Wahrnehmung mit anderen Sinnen zu tieferen Einsichten zu gelangen und schriftstellerisch verarbeiten zu können, scheitern. Grund ist eine Blindheit, die sich jenseits physiologischer Parameter auf alle Formen des Lebens erstreckt und durch gesellschaftliche, kulturelle, mediale und intersubjektive Überformungen der Wahrnehmung gekennzeichnet ist. Was naturgemäß nicht wahrgenommen werden kann, ist das Leben und Erleben selbst jenseits vorgängiger Formungen. Der einzige Weg, der für John als Karikatur eines romantischen Dichters, aus dieser ‚Dunkelheit' zum ‚weißen Licht' der Erkenntnis (Green 2001 [1926], 213) herausführen kann, ist der Selbstmord. Auf formaler Ebene manifestiert sich diese Entwicklung in den drei Textteilen – „Caterpillar", „Chrysalis", „Butterfly" – und entsprechend dem Romanende ist das letzte Stadium keine erlösende Synthese der vorangegangen zwei Stufen: Wie im zoologischen und auch tiefenpsychologischen Sinne ist es durch die „Imago" (Jung 1995 [1969]) gekennzeichnet. Letzteres verweist auf die zentrale Rolle der Medialisierungen des kollektiven Imaginären gegenüber einer individuellen, genialischen Schaffenskraft. Diese kann John nicht überwinden, vielmehr bleibt er in seinen ödipalen Projektionen verhaftet, in der jede Frau in die Mutterrolle gedrängt wird.

Was sich somit zunächst wie ein männlicher *coming-of-age*-plot anlässt, ‚entpuppt' sich, um im Bild zu bleiben, als Entlarvung männlich konnotierter Imaginationsdiskurse. John muss schließlich erkennen, dass selbst sein intellektueller Zugang zur Blindheit durch literarische Konventionen und kulturelle Repräsentationen verstellt ist und die Verbindung von Blindheit und Produktionsästhetik – fern von romantischen *visionaries* wie William Blake und deren paradigmatischen Vorbildern wie John Milton – eine kurzsichtige Verknappung darstellt. Die *gender*-sensible und sozialkritische Wendung des Romans vollzieht sich mittels der Frauenfiguren, die aufgrund von Johns Blindheit sein ‚Nicht-Sehen-Können' kompensieren müssen – buchstäblich als ‚Vor-Leserinnen' und durch ekphrastische Landschaftsschilderungen – und durch diese ästhetischen Erfahrungen ihre Sichtweisen ändern können.

Der erste Teil des Romans beginnt mit Tagebuchaufzeichnungen von John Haye und einem kurzen Brief eines Schulkameraden an einen anderen, in welchem der Leser von Johns Unfall erfährt. John, Präsident der „Noat Art Society", gebärdet sich als verkanntes Genie, das lieber in Büchern lebt, als sich mit seinen Schulkameraden auseinanderzusetzen. Sein Verhältnis zu visueller Kultur ist unentschlossen – „sitting on the fence" (Green 2001 [1926], 31) – und diese Ambivalenz changiert zwischen den beiden Polen, die mit den Titeln zweier Schülerzeitschriften suggeriert werden: *„Noat Lights"* und *„The Shop Window"* (ebd., 4). Zum einen wird dadurch das aufklärerische Licht der Erkenntnis und der damit implizierten cartesianischen Subjektformation aufgerufen, die sich später in Form der „monarch-of-all-I-survey" als bourgeoises (männliches, weißes) Betrachtersubjekt in die Landschaftsdarstellungen einschreibt (vgl. Pratt 2010 [1992], 7–9; Spurr 2001 [1993], 17–19). Auch viele seiner Lieblingsautoren schließen sich hier an: Thomas Carlyle, Rudyard Kipling, Winston S. Churchill – und entsprechend ist die *art society* ausgerichtet. Für die geplante Marionettenvorführung notiert John: „[W]e shall paint scenery. It will be such fun. Of course the figures will be stationary" (Green 2001 [1926], 24).

Zum anderen legt diese strikte Subjekt/Objekt-Opposition den Grundstein für die *conspicuous consumption* der Warenästhetik und John, deutlich als Dandy und *aesthete* markiert, „[has] fallen hopelessly in love with the ties" (ebd., 14), die er in einem Schaufenster sieht. Doch die darin angelegte Problematik der Abhängigkeit des Subjekts vom Blick des Anderen nimmt schon in diesem Roman deutliche Züge einer existentialistischen Blickkonstellation an, der in einer Szene den Unfall bereits vorwegnimmt – „it is ‚the thing to do‘ now to throw stones at me as I sit at my window" (ebd., 6). Die *art society* orientiert sich am Zeitgeist der *aesthetes*. Die Sitzung zum ‚Post-Impressionismus‘ ist ein voller Erfolg (ebd., 17), Fotografie wird als leblos abgetan und nur der Presse zugebilligt (ebd., 20). Entsprechend stellt er sich die Autorschaft vor: „I see myself as the English Anatole France, a vista of glory ... superb!" (Ebd., 14) Diese Fantasie ist ein Indiz von vielen dafür, dass der Roman eine Kontrafaktur der Marcel Proustschen Konstellation seiner *Recherche du temps perdu* (1913–1927; speziell mit Blick auf Figuren wie Marcel, Swann und Albertine; vgl. 4.8 ALBERS) darstellt. Sie bleibt aber vor allem eine Fantasie, denn John ist, entgegen seinem Wunsch, kein Autor, er ist in erster Linie Leser, vor allem von Briefwechseln, die mit ihrer dialogischen Kommunikationsform seinem Tagebuch diametral entgegensteht. Sein isoliertes, monologisches Leserdasein drückt sich ferner in vielen begeisterten Kommentaren aus und zeigt sich signifikanterweise an erinnerten Szenen (vgl. ebd., 29–30) – an dem, was von den Visualisierungen bleibt.

Auf eine tatsächliche Publikation eines Essays hingegen reagiert er in der Tradition des Apostel Paulus („der Buchstabe tötet, aber der Geist macht lebendig"; 2. Kor. 3,6): „there is a sense of degradation attached to appearing in print" (Green 2001 [1926], 21), wohingegen John an Literatur – zum Beispiel Nikolaj Gogols „word-pictures" („better than Ruskins's or Carlyle's", ebd., 22) – begeistert, dass (unsichtbare) Töne mit einer verräumlichenden ‚Visualisierungsanleitung‘ korreliert werden: „The trills of a lark fall drop by drop down an unseen aery ladder, and the calls of the cranes, floating by in a long string [...]" (ebd., 22). Schließlich weisen gerade diese Zitate und Abschriften John als bloßen *scriptor* aus, der sich noch diesseits jeder Autorschaft befindet (vgl. Barthes 2009 [1968], 189–191).

Die Tagebuchaufzeichnungen fungieren als eine Art implizite Prolepse auf mehreren Ebenen. Zum einen finden sich zahlreiche Anspielungen auf das künftige Geschehen: eine Verhaltensweise würde ein „great eye-opener" sein (Green 2001 [1926], 6), John berichtet von „waving specks in my eyes for two minutes afterwards. I suppose my blood pressure was disturbed" (ebd., 7). und bemerkt: „I was so tired I could hardly see" (ebd., 10). Oder es findet sich eine implizite Selbstcharakterisierung wie „[they] are blind and almost ignorant of any world outside their own" (ebd., 9). Zum anderen stellen die Tagebuchaufzeichnungen eine explizite Reflexion dar, ein Aufschreiben von Innerlichkeit. Durch diese Aufzeichnungen wird einerseits die Unzuverlässigkeitsmarkierung der Figur eingeleitet, andererseits ein Spiel initiiert zwischen dem Gelesenem und dem *scriptor*, der gern Autor wäre, und doch nur Leser ist.

Der letzte Satz seines Tagebuchs – grafisch abgesetzt – verkündet: „What a force books are! This is like dynamite" (ebd., 30). In den Erzählungen, die folgen –

zwei Unfallberichte – geht es nicht um Dynamit, aber immerhin um berstendes Glas, das sich tief in Gesicht und Augen gräbt: John erblindet auf dem Heimweg von der Schule auf einer Zugfahrt. Diese Fahrt wird selbst nicht erzählt, und der Unfall – eines der wichtigsten Motive zeitgenössischer Literatur – wird nur als Bericht erfahrbar, also in einer Narrativierung des Traumas, des Unerzählbaren (vgl. Mülder-Bach 2002). Der Unfall, der John das Augenlicht kostet, wird so zum blinden Fleck für die Leser und Leserinnen, wie auch für John selbst, der sich an nichts erinnern kann. Noch vor dem Protagonisten erfahren diese durch den Brief eines Schulkameraden an eine Figur namens „Seymoure" („*see more*'), was geschehen ist: „A small boy was sitting on the fence by the line and threw a big stone at the train. John must have been looking through the window at the time, for the broken glass caught him full, cut great furrows in his face, and both his eyes are blind for good [...]." (Green 2001 [1926], 31)

Doch umfasst diese Passage mehr als nur eine Frage der Informationsökonomie und Perspektive. Die Leserinnen und Leser erfahren nicht nur vor John, was passiert ist. Die räumliche Vorstellung eines Jungen „sitting on a fence" (ebd.) – der sich symbolisch also nicht eindeutig für eine Seite entscheiden kann, sich nach den Erwartungen anderer richtet – wird zum Sinnbild für John, dem diese Selbsteinsicht verschlossen bleibt, da die Amme in ihrer nachträglichen Erzählung eben dieses Detail weglässt und um einen signifikanten Kommentar erweitert: „Well, a small boy threw a stone at the train, and it broke your window as you were looking out. [...] But what I can't understand is your being unconscious immediately like that, and not remembering." (Ebd., 51)

Narrativierungen, Schreiben

Dies weist darauf hin, dass an die Stelle der (visuellen) Erinnerung ein (narrativer) Bericht tritt. Damit wird eine personale Erzählsituation etabliert, die von erlebter Rede, interner Fokalisierung und inneren Monologen sowie Dialogen geprägt ist. Das Motiv der Blindheit wirkt sich insofern direkt auf die Visualisierungen aus, als im szenischen Dialog und in der starken Perspektivierung die deiktischen Origos unklar oder unmarkiert bleiben, was eine räumliche Orientierungslosigkeit verursacht. Das ist wiederum rückgekoppelt an visuelle Motive und Topoi: Durch die Zerstörung der wichtigsten visuellen Metapher des Realismus – dem Fenster – gepaart mit der Zugfahrt als Sinnbild industrialisierten Transports des 19. Jahrhunderts, steht das Motiv gleichsam für die Negierung jeglicher ‚mimetischer' Transparenz und Illusionsbildung, welche einer zunehmenden ‚diegetischen' – im Sinne einer vermittelten – Wahrnehmung weicht.

Doch es gibt wesentliche Ausnahmen, die entweder explizit auf die Erinnerungsfähigkeit, Vorstellungsbildung oder auf das Lesen bezogen werden. Diese sind zunächst von John fokalisiert, der nun erst recht Schriftsteller werden will („the famous blind man who lends people in his books the eyes that he lost"; ebd., 161), da er offensichtlich nicht mehr lesen kann und er einen ‚professionellen' (vgl. ebd., 69) Vorleser bekommt. Man kann seiner Ansicht nach als Blinder allerdings signifikanterweise nur *short stories* schreiben, die durch ein starkes visuelles Symbol getragen werden, zudem von momenthaften Erinnerungsbildern handeln, wie seine Überlegungen hierzu nahelegen: „[...] a story about tulips. That time when Mamma had taken him [...] to Holland, when the tulips had been out all along the railway line. But no [...] the tourist effect in stories was dreadful. It would be a Dutchman with a strange passion for tulips" (ebd., 76).

Es werden also Blindheit und *short stories* enggeführt. Hinzu kommt eine räumliche Begründung, die das Land mit dem Sehen und die Großstadt mit dem Hören korreliert, das als bessere Wahrnehmungsquelle für den Roman angesehen wird: Bis zu seinem Unfall war es so, dass der Großteil des Landlebens von Sichtbarkeiten bestimmt war: „The country he had always looked to for something. [...] And he had noticed more than anyone else, of course he had" (ebd., 71). Doch nun hat sich die Situation verändert: „In the country one lost all sense of proportion" (ebd., 74). Dieser Proportionssinn ist gekoppelt an die verräumlichende relationale Vorstellungsbildung, beispielsweise wenn er versucht, sich an Joan, ein Nachbarsmädchen, in der Kirche zu erinnern und danach fragt, wo sie gesessen hätte, und bemerkt: „[S]paces are so hard to fill up" (ebd., 151). John ist nicht nur Leser, er ist auch durch die raumfokussierten Visualitätsdiskurse und Praktiken des 19. Jahrhunderts geprägt. Deshalb erscheint die modernistische Kurzgeschichte mit ihrer Übersetzung des subjektiven Zeitempfindens in die *spatial form* (vgl. Frank 1945) auch besonders geeignet für ihn.

John als Blinder kann nur noch im Flux der Großstadt leben, um in der Flüchtigkeit und Reizüberflutung des Lärms, Verkehrs und der Schnelllebigkeit überhaupt erst Kurzgeschichten schreiben zu können (vgl. ebd., 169). Auch seine Stiefmutter bemerkt, die ländliche Idylle in den Romanen Jane Austens sei nicht mehr zeitgemäß (vgl. ebd., 185). Spätestens hier klingt der literaturgeschichtlich bedeutsame *grand récit* des omniszenten Erzählers und seiner panoramatischen Landschaftsbeschreibungen an – dem „monarch-of-all-I-survey" (Pratt 2010, 7–9) des Kolonialdiskurses in den Romanen des frühen 19. Jahrhunderts. Die Tatsache, dass John an sämtlichen seiner kulturellen Vorurteile über die moderne Großstadt scheitern wird, verweist gleichsam auf die veränderten, modernen Poetologien der Erzählliteraturen – und des Romans *Blindness* selbst.

Seine Ansichten werden konterkariert von dem Nachbarmädchen Joan. John und Joan, in der Namensgebung und weiteren Parallelisierungen (die Schnittwunden, Tod der Mutter, etc.) ein ‚Minimalpaar' bildend, unterscheiden sich deutlich in ihrer Wahrnehmung und ihren Weltzugängen. Während John nach seiner Erblindung einen unvereinbaren Gegensatz zwischen empirischer Sinneswahrnehmung und erinnerten beziehungsweise imaginierten Bildern sieht („He felt the grass, but it was not the same as the grass he had seen"; Green 2001 [1926], 70) und seine Wahrnehmung nicht nur von Literatur, sondern auch vom Kino geprägt ist (vgl. ebd.,154 und 160), muss Joan nicht permanent etwas wahrnehmen. Schließlich wird sie an einer Stelle mit ihrer Katze korreliert, „[...] the way she seems to be looking at nothing. [...] [The cats] see an abstract of everything" (ebd., 98).

Sie sagt John bei einem gemeinsamen Spaziergang: „I don't know what you see in views" (ebd., 139), und fragt ihn dann: „Is that your view? I don't see much in it [...]" (ebd., 156). Pragmatisch wundert sie sich über seine schriftstellerischen Ambitionen („and how did one do it, it would be so difficult when one could not see the page?"; ebd., 161), womit sich ihr Fokus auf die Materialität des Schreibens, auf das Sichtbare zeigt. Konsequent stellt sie fest: „But what was the good of dreaming? – dreaming never did anyone any good" (ebd., 87 und 102). Nur als Kind in der Kirche, retrospektiv erzählt, beobachtet sie verträumt zwei Dinge: John, der sie allerdings nicht sieht, und durch das Fenster den Apfelbaum: „In summer there were apples on it which she used to pick in her imagination, and any time a bird might fly across, free" (ebd., 114). Die weibliche Rolle, die sich aus dem Sündenfall und dem Preis der Erkenntnis ergibt, wird so mit Imaginationen korreliert.

Im Gegensatz dazu scheitert John an seinen Visualisierungen. Ob es zum Beispiel Joans Augen sind (vgl. ebd., 153) oder sein Kommentar ihrer Erzählungen über Gärten („Then you must have lived in a way dear to the lyrical poets of the seventeenth century. How charming!"; ebd., 152), seine Schlüsse misslingen aufgrund seiner Prämissen. Für die Leserinnen und Leser werden zu Beginn des Kapitels „Picture Postcardism" ähnliche Projektionsmöglichkeiten aufgerufen. Die Herrenhausästhetik und ländliche *cottage*-Idylle einer Jane Austen wird sogleich unterlaufen. Die Diskrepanz zwischen Erzählkonventionen und der Lebenswirklichkeit der Figur Joans wird dadurch evident. Die Starre dieser Deutungs- und Wahrnehmungsrahmen der Ansichtskartenästhetik, durch das Suffix ‚-ism' der Kapitelüberschrift verstärkt und so in seiner ideologischen Überformung entlarvt, weicht einer unmittelbaren Darstellung der ärmlichen Verhältnisse durch den Bericht im Präsens (vgl. ebd., 83–84).

Der Hinweis darauf, dass Joan keine Zeit für Lyrik hätte, markiert die konträren Zugänge der beiden Figuren somit auch gesellschaftlich. Die Wordsworthschen Sinneseindrücke „recollected in tranquility" (Wordsworth 1998b [1802], 361) setzen eine „vacant or a pensive mood" (ebd., 1998a [1807], 383) voraus, die Joan sich nicht leisten kann. John hingegen, der von Beginn an durch das *public school*-Szenario, durch seine Lektüren sowie wegen seiner ästhetischen Präferenzen deutlich als Kind der *upper middle-class* charakterisiert wird, bleibt nichts anderes übrig, als die erinnernd-imaginierende Haltung einzunehmen, die William Wordsworth in seinem Gedicht „Daffodils (I wandered lonely as a cloud)" (1807) beschreibt. Viele Motive, Anspielungen und Konzepte verweisen direkt auf diese Urszene romantischer Dichtung. Wenn er noch in seinen Tagebuchaufzeichnungen die distanzierte, an einen erhöhten Betrachterstandpunkt gebundene Wahrnehmung eines *colonial gaze* (vgl. Spurr 2001 [1993], 17–27; vgl. auch Pratt 2010 [1992], 7–22) favorisiert – „perfect [...] with ,the distances very distant', as Kipling puts it" (Green 2001 [1926], 15) –, muss der erblindete John feststellen, dass diese Strategie nicht aufgeht: „Even a fly could see. [...] Flashes came back of things seen and remembered, but they were not clear-cut. Little bits in a wood, a pool in a hedge with red flowers everywhere, a *red-coated* man *in the distance* on a white horse *galloping*, the sea with *violet* patches over grey where the seaweed stained it, silver where the sun rays met it. *A gull coming up from beneath a cliff*. There was a certain comfort in remembering" (ebd., 71; Hervorhebungen von d. V.]).

Aber dieser „certain comfort" ist eine deutliche Abschwächung des empathisch ,tanzenden' Dichterherzens in Wordsworths Gedicht. Bemerkenswert ist in dieser Passage die Verschränkung von Elementen, die im direkten Zusammenhang mit der leserseitigen Visualisierung stehen: Die semantische Bedeutung steht im Gegensatz zu den abstrakten, blitzartigen Schematisierungen, die eben nicht „clear-cut", sondern von einer „diffusen" Qualität sind (Iser 1994 [1976], 223). In dieser Passage zeigen sich die Aspekte der Isolation von Einzelelementen, der Verräumlichung (durch spatiale Relationen und/oder Bewegungen) sowie der rudimentären, aber signalhaften Kolorierung. Hinzu kommt die konventionelle Metapher der ,Blitzhaftigkeit', welche eine unkontrollierte, affektgeladene, aber auch erkenntnisreiche Qualität dieser Erinnerungsbilder suggeriert, die hier zum stroboskopartigen Schlaglicht werden. Somit auf die ephemere – weniger flüchtige, als diffuse – Qualität reduziert, ist ihre „optische Kargheit" (ebd.) jedoch nicht exklusiv auf die Erinnerung bezogen. Im expliziten Selbstversuch Johns, sich etwas vorzustellen – im klassischen Sinne bewusst etwas zu imaginieren, zu fantasieren –, wird nicht nur der Unterschied zwischen *Phantasie und Bildbewusstsein* (vgl. Husserl 2006 [1898–1925]) nivelliert, sondern auch der direkte Zusammenhang zwischen Vorstellungsbildung und (laut-)sprachlichen Einheiten hergestellt: „He said ,tree' out loud and it was a word. He saw branches with vague substance blocked round them, he saw lawn, all green, and he built up a picture of lawn and tree, but there were gaps, and his brain reeled from the effort of filling them" (Green 2001 [1926], 70).

Dieser Selbstversuch ist aufschlussreich, denn er zeigt, dass die nötigerweise nur ‚diffuse' Qualität der Vorstellungsbildung – der „Mangel [ist] ein Antrieb" (Iser 1994 [1976], 263) – sich zumindest für diesen Roman weder von der reproduzierenden, noch von der produktiven Einbildungskraft unterscheidet. Auch die ‚Bildlichkeiten' letzterer sind nicht ohne *gaps* oder *blanks*. Die mediale Ausdifferenzierung, die in der Malerei Bilder hervorbrachte, „die keine Gegenstände ausstellen, sondern den Akt des Malens selber" (Kittler 2002, 183) erscheint hier der explizite Imaginationsversuch als metamedialer Kommentar auf Visualisierungsstrategien. Anstatt sich einerseits „metaphorisch" (ebd., 186) an die neuen Speichermedien anzupassen und „konsistente optische Leitmotive einzubauen, die später dann problemlos verfilmt werden können" (ebd., 187), oder andererseits „körperlose Gespenster" (ebd.) zu beschwören, wird hier die medial gebundene Wahrnehmung und die prozessuale Aktualisierung selbst vorgeführt.

Demgegenüber stehen die permanenten Wiederholungen von Wörtern oder ganzen Phrasen des Romans, die John Updike zu einem Vergleich mit Hemingway veranlassen (vgl. Updike 1978, 10). Die Wiederholungen lassen die Ästhetik des Wortes über das Echo stärker in den Vordergrund treten, wie Karolina Jeftic im Zusammenhang mit Virginia Woolf diskutiert (vgl. Jeftic 2011, 101–102). Diese Ästhetik findet sich auch schon in Johns eigenen begeisterten Zitaten, die er in seinem Tagebuch zu Beginn des Romans aufschreibt, doch bewirken seine Worte keine „word-pictures", wie er sich noch zu Gogol notiert, sondern vor allem „vague substance", für ihn selbst wie für die Leserinnen und Leser. Dennoch sind die Wiederholungen im Roman selbst mehr als eine rhythmische Musikalisierung. Einerseits sind die wiederholten Phrasen derart mit der Vorstellungserschwerung verschränkt, dass schließlich die (sichtbare) Schriftmaterialität als mediale Strategie an die Stelle der lautsprachlichen *word-pictures* tritt. Diese Strategie wird durch das Spiel mit Minimalpaaren verstärkt. Zum anderen dienen diese Wiederholungen dem Leser als Erinnerungsanlässe, als Orientierungspunkte in diesem Text, der vor allem metaphorische wie buchstäbliche blinde Flecken erfahrbar macht.

Ausblick

Wie Updike in seinem Vorwort zu einer Ausgabe dreier Romane Greens schreibt: Seine Erzähltexte sind lebendig, „and like all living feed [...] on the invisible; the spaces between the words are warm and the strangeness is mysteriously exact, the strangeness of the vital." (Updike 1978, 15) Greens Erzähltexte und ihr Fokus auf die *experientiality* verbinden somit den ‚produktiven blinden Fleck' der Visualisierungen mit dem *blank space* der Unsichtbarkeiten und dem Nicht-Sehen können: nicht um der Erfahrung moderner Visualitäten auf die Spur zu kommen, sondern um sich in diese einzuschreiben.

Auch wenn Henry Green kaum in Überblickswerken Erwähnung findet, wird er eindeutig dem englischen Modernismus zugeordnet und im Kontext Woolfs, D. H. Lawrences und James Joyces gesehen. Seine Texte sind dem Paradigma des avantgardistischen *make it new!* (Ezra Pound) verpflichtet (vgl. Updike 1978, 11), doch, wie Updike betont, ist der Vergleich mit Woolf und Joyce nur teilweise berechtigt: Weder werde die Bezeichnung *stream of consciousness* „with its mix of perception and reflection, and its increasingly minor component of interior monologue" (Updike 1978, 12) seinem besonderen Stil gerecht, noch fände Green selbst bei diesen Autoren sein Ansinnen eingelöst, „really to see and really to represent" (Green 1992 [1941], 96). Dies, so Green, würde er nur bei Henry James finden. Und wenn letzterer in seinem Essay *The Art of Fiction* davon spricht, dass Literatur es ermöglichen sollte, „to guess the unseen from the seen" (James 1957 [1884], 32; vgl. dazu Griem 2008, 253–254; Tripp 2010, 219), dann findet sich zumindest im Roman *Blindness* eine Umkehrung und Erweiterung dieses poetologischen Konzepts um die Erfahrung der ‚visuellen Signaturen' der Blindheit, die über Visualisierungsstrategien erfahrbar gemacht werden.

Diese exemplarischen Überlegungen führen zu grundsätzlichen weiterführenden Fragestellungen. Neben, erstens, der ausführlichen Beschäftigung mit Greens Romanen selbst, die seinen Betrag zur anglophonen modernistischen Literatur untersucht, könnte, zweitens, eine breiter angelegte Studie zur literarischen Visualität und Visualisierungsstrategien der Zwischenkriegszeit dabei helfen, visuelle Ästhetiken und Poetiken von bislang parallel existierenden Strömungen gemeinsam zu diskutieren. Dieser Vergleich wäre nicht nur ein Beitrag zu einer Literaturgeschichte der Visualität, sondern würde auch die impliziten Politiken literarischer Visualitäten zutage fördern, die zum Beispiel mit Blick auf zeitgenössische machtpolitische Konzepte des Sehens wie dem des *colonial gaze* diskutiert werden müssten. Drittens interagieren Visualisierungsstrategien deutlich mit intertextuellen Verknüpfungen zu anderen literarischen Visualitäten (in Greens Fall hauptsächlich der Romantik und des Romans des frühen 19. Jahrhunderts). Damit erscheint diese literarisch-visuelle Bezugnahme im Lichte ähnlicher Befunde in zeitgenössischen englischen Erzähltexten bei Evelyn Waugh, Graham Greene und George Orwell (vgl. Tripp 2013, 85–258) ein exemplarisches neues Forschungsfeld zu öffnen – hin zu visuellen Aspekten von Intertextualität.

Literaturverzeichnis

Bal, Mieke. „Visual Narrativity." *Routledge Encyclopedia of Narrative Theory*. Hrsg. von David Herman, Manfred Jahn und Marie-Laure Ryan. London: Routledge, 2005. 629–633.

Barthes, Roland. „Der Tod des Autors" [1968]. Übers. von Matias Martinez. *Texte zur Theorie der Autorschaft*. Hrsg. von Fotis Jannidis, Gerhard Lauer, Matias Martinez und Simone Winko. Stuttgart: Reclam, 2009. 185–193.

Bluemel, Kristin. *George Orwell and the Radical Eccentrics. Intermodernism in Literary London*. New York, NY: Palgrave Macmillan, 2004.

Brosch, Renate. *Short Story. Textsorte und Leseerfahrung*. Trier: Wissenschaftlicher Verlag Trier, 2007.

Brosch, Renate. „Introduction. Victorian Visual Culture". *Victorian Visual Culture*. Hrsg. von Renate Brosch. Heidelberg: Winter, 2008a. 7–20.

Brosch, Renate. „Victorian Challenges to Ways of Seeing. Everyday Life, Entertainment, Images, and Illusions". *Victorian Visual Culture*. Hrsg. von Renate Brosch. Heidelberg: Winter, 2008b. 21–63.

Buchholz, Sabine. *Narrative Innovationen in der modernistischen britischen Short Story*. Trier: Wissenschaftlicher Verlag Trier, 2003.

Cassirer, Ernst. *Philosophie der Symbolischen Formen. Dritter Teil: Phänomenologie der Erkenntnis*. Darmstadt: Wissenschaftliche Buchgesellschaft, 1982 [1929].

Christ, Carol T., und John O. Jordan (Hrsg.). *Victorian Literature and the Victorian Visual Imagination*. Berkeley, CA: University of California Press, 1995.

Crary, Jonathan. *Techniken des Betrachters. Sehen und Moderne im 19. Jahrhundert*. Übers. von Anne Vonderstein. Dresden: Verlag der Kunst, 1996 [1990].

Crary, Jonathan. *Aufmerksamkeit: Wahrnehmung und moderne Kultur*. Übers. von Heinz Jatho. Frankfurt am Main: Suhrkamp, 2002 [2001].

Davis, Whitney. *A General Theory of Visual Culture*. Princeton, NJ: Princeton UP, 2010.

Didi-Huberman, Georges. *Vor einem Bild*. Übers. von Reinold Werner. München: Hanser, 2000 [1990].

Faure, Bernard. „The Buddhist Icon and the Modern Gaze." *Critical Inquiry* 24.3 (1988): 768–813.

Fludernik, Monika. *Towards a ‚Natural' Narratology*. London: Routledge, 1996.

Frank, Joseph. „Spatial Form in Modern Literature. An Essay in Two Parts." *Sewanee Review* 53.2 (1945): 221–240.

Green, Henry. *Blindness*. London: Dalkey Archive, 2001 [1926].

Green, Henry. „Apologia" [1941]. *Surviving. The Uncollected Writings of Henry Greene*. Hrsg. von Matthew Yorke. New York, NY: Viking Penguin, 1992. 90–97.

Griem, Julika. „Visuality and Its Discontents. On some Uses of Invisibility in Edgar Allan Poe, George Eliot, and Henry James". *Victorian Visual Culture*. Hrsg. von Renate Brosch. Heidelberg: Winter, 2008. 245–265.

Herman, David. *Story Logic. Problems and Possibilities of Narrative*. Lincoln, NE: University of Nebraska Press, 2002.

Husserl, Edmund. *Phantasie und Bildbewußtsein*. Hrsg. von Eduard Marbach. Hamburg: Meiner, 2006 [1898–1925].

Iser, Wolfgang. *Der Akt des Lesens. Theorie ästhetischer Wirkung*. München: Fink, 1994 [1976].

Jahn, Manfred. „Windows of Focalization: Deconstructing and Reconstructing a Narratological Concept". *Style* 30.2 (1996): 241–264.

James, Henry. „The Art of Fiction" [1884]. *The House of Fiction. Essays on the Novel by Henry James.* Hrsg. von Leon Edel. London: Rupert Hart-Davis, 1957. 23–45.

Jeftic, Karolina. *Literatur und modern Bilderfahrung. Zur Cézanne-Rezeption in der Bloomsbury Group.* München: Fink, 2011.

Jung, C. G. *Gesammelte Werke. Band 4: Freud und die Psychoanalyse.* Freiburg: Walter-Verlag, 1995 [1969].

Kittler, Friedrich. *Optische Medien. Berliner Vorlesung 1999.* Berlin: Merve, 2002 [1999].

Leeker, Martina. „Lokale Mediengeschichte(n) und Post-McLuhanismus". *Philosophia: E-Journal of Philosophy and Culture* 2 (2012): o. S.

Lobsien, Eckhard. „Bildlichkeit, Imagination, Wissen. Zur Phänomenologie der Vorstellungs-bildung in literarischen Texten". *Bildlichkeit: Internationale Beiträge zur Poetik.* Hrsg. von Volker Bohn. Frankfurt am Main: Suhrkamp, 1990. 89–114.

Mülder-Bach, Inka. „Poetik des Unfalls". *Poetica* 34 (2002): 193–221.

Pratt, Mary Louise. *Imperial Eyes. Travel Writing and Transculturation.* London: Routledge, 2010 [1992].

Ricœur, Paul. *Zeit und Erzählung. Band 1: Zeit und historische Erzählung.* Übers. von Rainer Rochlitz. München: Fink, 1988 [1983].

Schivelbusch, Wolfgang. *Geschichte der Eisenbahnreise. Zur Industrialisierung von Raum und Zeit im 19. Jahrhundert.* Frankfurt am Main: Fischer, 2011 [1977].

Spurr, David. *The Rhetoric of Empire. Colonial Discourse in Journalism, Travel Writing and Imperial Administration.* Durham: Duke University Press, 2001 [1993].

Surkamp, Carola. *Die Perspektivenstruktur narrativer Texte. Zu ihrer Theorie und Geschichte im englischen Roman zwischen Viktorianismus und Moderne.* Trier: Wissenschaftlicher Verlag Trier, 2003.

Tripp, Ronja. „Wer visualisiert? Narrative Strategien der Visualisierung als Gegenstand einer leserorientierten kognitiven Narratologie". *Visualisierungen Textualität – Deixis – Lektüre.* Hrsg. von Renate Brosch und Ronja Tripp. Trier: Wissenschaftlicher Verlag Trier, 2007. 21–46.

Tripp, Ronja. „unsichtbares lesen. Strategien der Visualisierung als mediale Krise der Literatur um 1900". *Medialisierungen des Unsichtbaren um 1900.* Hrsg. von Susanne Scholz und Julika Griem. München: Fink, 2010. 193–219.

Tripp, Ronja. *Mirroring the Lamp. Literary Visuality, Scenes of Observation and Strategies of Visualizations in British Interwar Narratives.* Trier: Wissenschaftlicher Verlag Trier, 2013.

Updike, John. „Introduction". *Loving, Living, Party Going. By Henry Green.* New York, NY und London: Penguin, 1978. 7–15.

Wordsworth, William. „Daffodils (I wandered lonely as a cloud)" [1807]. *Romanticism. An Anthology.* Hrsg. von Duncan Wu. London: Blackwell, 1998a. 383.

Wordsworth, William. „Preface to Lyrical Ballads" [1802]. *Romanticism. An Anthology.* Hrsg. von Duncan Wu. London: Blackwell, 1998b. 357–366.

Zerweck, Bruno. „Der *cognitive turn* in der Erzähltheorie: Kognitive und ‚natürliche' Narratologie." *Neue Ansätze in der Erzähltheorie.* Hrsg. von Ansgar Nünning und Vera Nünning. Trier: Wissenschaftlicher Verlag Trier, 2002. 219–242.

4.12 Autor/innen-Porträts: Vom Bildnis zum Image

Matthias Bickenbach

Die Problematik des Porträts

Das Porträt wird im Folgenden ausgehend von der Frage behandelt, warum der ‚Verbildlichung' von Autorinnen und Autoren in unserer Kultur eine so hervorgehobene, wenn auch selten reflektierte Bedeutung zukommt. Zählt nicht allein das, was sie geschrieben haben? Wozu also die vielen Bilder und vor allem Porträtfotos, die heute auf Buchcovern, Plakaten, in Zeitschriften und Magazinen die Person der Autorin oder des Autors präsentieren? Sind sie nur Werbemittel, Buchschmuck oder Information? Entscheidet das Aussehen einer Autorin oder eines Autors darüber, ob und wie wir ihn lesen? Solche Fragen werden üblicherweise nicht gestellt. Zu mächtig ist die Konvention, zu etabliert das Porträt. Die scheinbar feste Trias von Werk, Autor und Bild ist ein ‚Paratext' der Literatur (vgl. Genette 1989 [1987]), der heute so normal ist, dass seine Voraussetzungen und Problematik weitgehend vergessen scheinen. Doch selbst in Gérard Genettes systematischem Ansatz, Paratexte wie Titel, Klappentext, Widmung oder Vorwort in ihren Funktionen zu erfassen, bleibt die Problematik des Autorinnen- und Autorenporträts unberücksichtigt: Erstaunlicherweise fehlt dieses in Genettes enzyklopädisch umfassender Bestimmung der Paratexte der Literatur. Dies liegt nicht daran, dass Genette sich nur auf Texte bezieht. Multimediale Paratexte wie Fernsehinterviews oder öffentliche Auftritte werden sehr wohl integriert. Doch folgt man Genettes Ordnung, so ist der Ort des Porträts entweder im „verlegerischen Peritext" unter „Umschlag und Zubehör" beziehungsweise „Titelseite und Zubehör" zu finden oder aber im „öffentlichen Epitext", zu dem etwa Interviews zählen (vgl. ebd., 29–36 und 328–342). Was auf den ersten Blick fester Bestandteil von Werk und Autorschaft zu sein scheint, ist bei genauerer Betrachtung fremdes Beiwerk, nicht Para-, sondern allenfalls Epi- oder Peritext: äußerster Rahmen eines Außens der Literatur.

Jede genauere Bestimmung des spezifischen Begriffs ‚Porträt' führt unvermeidlich zur Differenz zwischen Person und Bild. Als Darstellung nicht nur des äußeren Aussehens, sondern auch des Charakters und der Individualität eines Menschen scheint das Porträt die Person zu repräsentieren, bleibt aber stets eine Darstellung und ein Einzelbild. Eine weitere Problematik resultiert aus dem Anspruch, nur durch das äußere Aussehen das innere Wesen des Menschen zu repräsentieren. Gegen eine solche totalisierende Macht des Bildes lassen sich etliche Einwände erheben: Schein statt Sein, Kritik an dem damit unterschwellig affirmierten Physiognomie-Diskurs als unwissenschaftlicher Spekulation oder etwa die Auffassung, dass sich der Charakter eines Menschen nur in seinen Handlungen zeigt. Dennoch ist das Porträt kulturgeschichtlich derart etabliert und seine Bildform so prägnant, dass sie normalerweise nicht infrage gestellt wird. Die scheinbare Evidenz des Porträts wird vielmehr umfassend genutzt und auch auf andere Medien übertragen, auf schriftliche, akustische und filmische ‚Porträts' aller Art. Diese Begriffsausweitung muss jedoch vom kunstgeschichtlichen Begriff unterschieden werden. Im engeren Sinn ist das Porträt ein repräsentatives Einzelbild, das in der Malerei der Renaissance eingeführt wurde und durch die Fotografie eine weite gesellschaftliche Verbreitung erfahren hat. Als Kunst des Porträts gilt sein Vermögen, das Äußere eines Menschen so zu präsentieren, dass es dem Betrachter nicht nur eine wiedererkennbare Ähnlichkeit vermittelt, sondern ihn davon überzeugt, auch den Charakter dieses Menschen zu sehen. Doch wie funktioniert diese Überzeugungskraft, wenn die nur äußere, naturalistische Ähnlichkeit des Bildes noch zu wenig leistet, um den Effekt des Porträts zu erzeugen? Nicht jedes Bild eines Menschen und nicht jedes Foto ist ein Porträt.

Der Philosoph und Soziologe Georg Simmel hat zu Beginn des 20. Jahrhunderts in einer komplexen Analyse der *Aesthetik des Porträts* (1905) diese als paradoxen Effekt einer Ähnlichkeit des Bildes mit sich selbst bestimmt und aus dieser Selbstreferenz die visuelle Überzeugungskraft des Porträts abgeleitet. Nach Simmel überträgt der Betrachter die Stimmigkeit des Bildes als Effekt einer „seelische[n] Einheit" auf sich selbst und folgert daraus die Einheit des äußeren Ausdrucks des Bildes mit der inneren „seelische[n] Einheit" der dargestellten Person (vgl. Simmel 1995 [1905], 326; zum Porträt vgl. Deckert 1929; Boehm 1985; Preimesberger et al. 1999, 13–64).

Die heute vor allem durch Porträtfotografie etablierte Konvention des Autorinnen- und Autorenporträts erweist sich damit als voraussetzungsreicher als es auf den ersten Blick scheint. Die Selbstverständlichkeit der Verknüpfung von Text, Autor/in und Bild lässt sich nur vor dem Hintergrund eines langen kulturspezifischen wie medientechnischen Prozesses der Normalisierung erklären. Daher stehen im Folgenden weniger die ästhetische Qualität einzelner Porträts oder ihre Stilgeschichte im Vordergrund, als die Geschichte der abendländischen Konvention. Dass diesem immensen visuellen Archiv der Literatur bislang wenig systematische Aufmerksamkeit zukommt, hat jedoch Gründe. Das Autorinnen- und Autorenporträt erscheint literaturwissenschaftlich nur als Beiwerk, das im Buchhandel als Aufmerksamkeitsverstärker im Dienste von Marketinginteressen eine Rolle spielen mag, nicht aber für den wissenschaftlichen Umgang mit Texten, für Analyse und Interpretation. Die Bilder selbst mögen Sympathie wecken, einen Eindruck von der Person ‚hinter' dem Werk vermitteln, aber sie geben keinen Aufschluss über Inhalt, Ästhetik oder Struktur der Texte. Aufgrund dieser hermeneutischen Dürftigkeit erscheint das Autorinnen- und Autorenporträt zunächst nur als Objekt literatursoziologischer Gruppenphänomene. Entsprechend schmal ist die Forschungsliteratur zum Dichterporträt (vgl. Kanz 1993; Wenzel 1998; Skowronek 2000; Diers 2007; Stiegler 2007; Bickenbach 2010). Es ist eher Gegenstand von Dichterverehrung, von Jahrestagen und Sonderpublikationen, Sammelobjekt von Literaturarchiven und Ausstellungen oder wird in Bildbänden berühmter Fotografinnen und Fotografen veröffentlicht (unter anderem *Nadar* [Hambourg et al. 1995]; Freund 1989; Ohlbaum 1984; Koelbl 1998).

Begreift man das Autorinnen- und Autorenporträt jedoch nicht nur als kunstvolle Darstellung einzelner Personen, sondern als ein visuelles Archiv, dann stellt sich die Frage nach der kulturellen Funktion dieser Konvention. Deutlich wird, dass Porträts nicht einfach nur eine Persönlichkeit zeigen, sondern vielmehr ein kulturell wirksames Bild von ihr prägen und verbreiten. In dieser Hinsicht arbeiten sie mit am kulturellen Gedächtnis. Indem Dichterinnen- und Dichterporträts gesammelt, ausgestellt und publiziert werden, fungieren sie als Medien im Kontext kollektiver Rituale der Literaturpflege, die sowohl bestimmte literarische Traditionen als auch kulturelle Identitäten festigen. Nationale Institutionen wie das Panthéon oder in Deutschland Walhalla als Erinnerungsort der hervorragendsten Personen einer Nation, aber auch Jahrestage und Dichterfeiern rücken Porträts als Teil des kollektiven und kulturellen Gedächtnisses in den Blick (vgl. Schubert 1993; Assmann und Harth 1993; Assmann 1997 [1992]). Insbesondere Goethe und Schiller werden im 19. Jahrhundert zu Ikonen für eine nationale Identität. So gehen speziell die Schillerfeiern von 1859, bei denen Festakte, Bilder und Presseberichterstattung einen Medienverbund bilden, der im Bilde Schillers die deutsche Nation als Einheit beschwört, als nationales Großereignis in die Geschichte ein (vgl. Noltenius 1984; Gudewitz 2009).

Neben dem Gebrauchswert im Buchmarkt und der kulturellen Funktion stellen sich jedoch seit der Etablierung der Porträtfotografie nach 1840 zunehmend auch bildtheoretische Fragen. Das Problem des Porträts erscheint noch einmal in verschärfter Form: So natürlich Fotografien erscheinen, sind sie doch kunstvolle Arrangements aus Blickwinkel und Lichtgebung, die einen Menschen äußerst unterschiedlich darstellen können: jünger, älter, dicker, dünner, sympathisch oder unsympathisch (vgl. Strelow 1961). Das verleiht dem zum Massenmedium gewordenen Bild eine geradezu gespenstische Macht, die heute mit dem Begriff des öffentlichen ‚Image' bezeichnet wird. Auch Autorinnen und Autoren pflegen mitunter eine regelrechte Bildpolitik. Bertolt Brecht etwa übte schon früh bei einem Fotografen in Augsburg heimlich seine bekannten Posen im Ledermantel mit Zigarre ein. Diese 32 Porträts umfassende Bildserie wurde erst 1985 auf einem Dachboden wiederentdeckt (vgl. Koetzle 1987). Der Dichter Stefan George ließ sich vornehmlich als weltenthobener *Poeta vates* im Profil porträtieren und stellte sich damit in ikonografische Verbindung zum Bild Dantes (vgl. Mattenklott 1985 [1970], 186–188).

Andere Autorinnen und Autoren pflegen andere Stile. Thomas Mann etwa zeigte sich selbst gerne als Großbürger, im Anzug, im heimischen Garten, im Kreis der Familie (vgl. Turck 2004). So stiftet die Darstellung der Autorin oder des Autors mitunter durchaus einen Bezug zu ihrer/seiner Selbstwahrnehmung oder Selbstinszenierung. Die meisten Porträts bleiben konventionell. Viele Autorinnen und Autoren wählen noch immer die Denkergeste oder zeigen sich vor ihrer Bücherwand als Symbol der Gelehrsamkeit. Heute ist vor allem der offene Blick in die Kamera und mithin zum Bildbetrachter ein probates Mittel, um Souveränität und Offenheit zu bekunden und den Leser so gleichsam einzuladen, das Buch aufzuschlagen. So stereotyp die Posen und so offenkundig die Bildpolitik – das Porträt wirkt dennoch als authentisches Zeugnis.

Es ist daher die erstaunliche Verbindung zwischen einem Massenmedium und dem Wert eines gleichsam kultischen Bildes, der das Autorinnen- und Autorenporträt bestimmt. Entgegen der These Walter Benjamins, dass die technische Reproduzierbarkeit der Fotografie den Kultwert des Bildes zugunsten seines Ausstellungswertes zurückdrängt (vgl. Benjamin 1980b [1935], 443–446), kommen Ausstellungswert und Kultwert im Bildnis der berühmten Person zusammen. Der kultische Wert des Bildes ist bereits im Konzept des Porträts angelegt: Als Darstellung der unverwechselbaren Einzigartigkeiten eines Menschen sind Porträts Zeugnis und Beweis eines zentralen kulturellen Wertes, der Individualität. Porträts sind daher immer auch die Feier der Individualität selbst, ein in der Renaissance entwickelter Wertmaßstab, der bis heute zu den unumstößlichen Werten des abendländischen Selbstverständnisses zählt. Gerade außergewöhnliche Menschen sind daher prädestiniert, zum Bild zu werden, den Wert und die Gültigkeit des Individualitätsprinzips zu bestätigen. Dass hier wiederum gerade literarische Autorinnen und Autoren als einzelne und einzigartige Schöpfer eines Werks für dieses Prinzip einstehen, lässt die feste Kopplung zwischen Autor/in, Werk und Bild als natürlich erscheinen. Es dominieren traditionelle Formen, vor allem die detailreiche Nahsicht als Kopf- oder Brustbild. Die Typen der Darstellung sind abzählbar und folgen in der Regel dem traditionellen Aufbau des Bildgenres seit der Renaissance. So wirft das ‚Bild des Autors' nicht nur die Frage nach der aktuellen visuellen Kultur auf, sondern auch nach der Herkunft derselben.

Bild und Werk

Die Tradition, nicht nur das Werk, sondern auch das Aussehen der Person, die es geschaffen hat, zu überliefern, ist kulturhistorisch, medientechnisch sowie bildtheoretisch voraussetzungsreich und reicht weit in die Geschichte zurück. Gilt dies für alle Porträts, so spitzt sich die Problematik im Fall von Künstlerinnen und Künstlern, insbesondere von literarischen Autorinnen und Autoren, zu, weil das Porträt den Anschein vermittelt, die Person, die hinter dem Werk steht, sichtbar werden zu lassen. Was weiß man über die Autorinnen und Autoren – und vor allem über ihre Texte –, wenn man ihr Bild gesehen hat? Die nur im Abendland derart etablierte Idolatrie des Porträts, seine kulturelle Anerkennung als ‚wahres‘ Bild der Person, provoziert als Kehrseite einen Ikonoklasmus, der den Wert des Bildes als bloßen Schein denunziert. Das Porträt steht kulturtheoretisch zwischen den extremen Grenzen des Bildumgangs, zwischen Bildanbetung und Bildverbot. Hat dies auch im Christentum eine lange Tradition, so wird die Eigentümlichkeit dieser Zuschreibungen besonders deutlich, wenn man von der orientalischen Kultur auf die abendländische blickt.

Orhan Pamuks Roman *Rot ist mein Name* (1998) erzählt aus der Perspektive mittelalterlicher orientalischer Buchmalerei vom ‚Skandal‘ des Porträts als einer neuen Bildform, in der die Individualität eines Menschen selbst zum Bild wird. Ist in der orientalischen Buchmalerei nur die ornamentale Illustration, aber nicht das Bild als eigenständiges Werk erlaubt, so erreicht das neue Bildparadigma um 1450 über die Renaissance und konkret über Venedig auch die Türkei und wird zur blasphemischen Versuchung für Herrscher und Künstler. Pamuk lässt daraus eine Verschwörung und Kriminalhandlung entstehen, die tief in die orientalische Malereitradition zurückführt, aber beständig um diesen Skandal des Porträts kreist. Erst von einem solch weiten kulturhistorischen Gesichtspunkt aus, der die Normalität des Porträts infrage stellt, wird deutlich, dass das Bild der Autorin oder des Autors eine spezifisch abendländische Form der Tradierung von Kultur und Literatur darstellt. Drei historische Formationen überlagern sich:

(1.) Die Verbindung von Bildnis und Werk ist bereits seit Homer, das heißt seit der Entstehung der abendländischen Schriftkultur und Literatur überhaupt, zu beobachten. Die Bildnisse, meist Büsten, aber auch solche auf Münzen, waren allerdings keine Porträts. Weder Homer noch Sokrates, Platon oder Aristoteles werden ‚nach der Natur‘ abgebildet, ihre Darstellung folgt vielmehr kulturellen Topoi der Überlieferung: Homer als ‚blinder Sänger‘, Sokrates als ‚häßlich wie ein Faun‘ etc. Römische Büsten folgen einem Schönheitsideal, das das Alter der Person als Weisheit in Szene setzt – so kennen wir etwa Cicero nur als älteren Mann.

(2.) Diese Bildkultur erfährt eine entscheidende Veränderung durch die Erfindung des Porträts in der Renaissance. Um 1430 treten in den Niederlanden und in Italien Bilder auf, die Menschen in ihrem individuellen Aussehen und nicht mehr in ihrer repräsentativen öffentlichen Rolle zeigen. Während hochmittelalterliche Autoren wie Walther von der Vogelweide in der Buchmalerei der *Manessischen Liederhandschrift* (um 1300) noch stilisiert erschienen, können nun auch Autoren ‚realistisch' gemalt werden. Mit Holz- und Kupferstich rücken Porträts dann auch vermehrt in Bücher ein oder zirkulieren als Einblattdrucke oder Sammelwerke. Die Kopplung von Porträt und Buchdruck etabliert bereits eine visuelle Kultur, die eigene, umfangreiche Sammelwerke von Bildnissen der Gelehrten, Philosophen und Autoren hervorbringt.

(3.) Mit der Etablierung der Porträtfotografie nach 1840 entsteht eine bürgerliche Kultur des Porträts für jedermann. Nur der Zusammenhang der preiswerteren und schnelleren Medientechnik des Fotografierens mit dem hohen kulturellen Wert des Porträts kann die damalige enorme Konjunktur der Porträtfotografie erklären, die bereits um 1860 zu Hunderttausenden produziert wird (vgl. Freund 1979 [1974]; Sagne 1998). Als Charles Baudelaire sich in dieser Zeit dazu entschließt, die zweite Auflage seiner *Fleurs du Mal* mit einem Porträt erscheinen zu lassen, um sein schlechtes öffentliches Image zu korrigieren (vgl. Bickenbach 2010, 247–252), sind die drucktechnischen Möglichkeiten aufwendig. Fotografische Porträts wurden abgezeichnet und in Stiche oder Lithografien zurückverwandelt, um als Druckvorlage verwendet werden zu können. Erst 1907 wurde mit dem Offsetdruck und der Rasterung von Bildern eine für Bild und Text gleichermaßen funktionierende Reproduktionstechnik möglich. Der visuelle Standard von Bildern im Text, wie er heute durch die digitale Bildverarbeitung Regel geworden ist, etabliert sich also erst im 20. Jahrhundert. Doch schon Baudelaire überzeugte seinen Verleger, dass sich der Aufwand lohnt: „Das Porträt ist eine Verkaufsgarantie" (zit. n. ebd., 255).

Die einst exklusive Bildform (ein gemaltes Unikat an seinem jeweiligen Ausstellungsort) hat sich um 1860 in ein Massenmedium verwandelt, das zwischen Medien und Orten zirkuliert. Die Fotografie reproduziert auch ältere, gemalte Bilder, verbreitet private Porträts wie Sammelalben berühmter Zeitgenossen. Etliche Bilder sind zu regelrechten Ikonen geworden: Johann Wolfgang von Goethe, von Tischbein gemalt, E. T. A. Hoffmanns Selbstporträt, Fotografien von Franz Kafka, James Joyce und Thomas Mann oder vom jungen Brecht im Ledermantel. Autorinnen finden sich bis zum 20. Jahrhundert nur selten, immerhin gibt es eine frühe Fotografie Annette von Droste-Hülshoffs von 1845 (vgl. Scheffler 1977, 24). Stetig produziert der Buchmarkt mit jeder Neuerscheinung neue Bilder, und ebenso stetig werden dabei alte Bilder wiederverwendet. Aktuelle wie historische Bilder garnieren Bücher, Schuber, Zeitungen und begleitende

Verlagswerbung und verbreiten sich im Internet. Das Porträt erweist sich als ubiquitäres und multifunktionales Medium, das ebenso seine Materialität übersteigt (Gemälde, Zeichnung, Holz- und Kupferstich, Lithografie, Fotografie, digitales Bild) wie die Orte seiner Präsentation. Porträts von berühmten Autorinnen und Autoren werden zwar auch als Originale in Literaturarchiven gesammelt und zuweilen ausgestellt, doch aufgrund der Reproduktion und multifunktionalen Verwendung der Bilder sind sie vor allem als Medium der Zirkulation zu bestimmen. So kehrt das erste fotografische Porträt eines Autors überhaupt, die Daguerreotypie der Brüder Bisson von Balzac (1842; Abb. 1), auf dem Buchschuber seiner *Gesammelten Werke* wieder (Abb. 2). Charles Baudelaires fotografisches Porträt von Étienne Carjat (1862; Abb. 3) begegnet einem heute auch auf dem Innendeckel eines Zigarettenpapierherstellers (Abb. 4).

Auch mittelalterliche Bilder, etwa von Walther von der Vogelweide aus der *Manessischen Liederhandschrift*, zirkulieren heute als Postkarte, Plakat oder Briefmarke. Als erstes Porträt eines Dichters im deutschsprachigen Raum kann ein gemaltes Bild Oswalds von Wolkenstein gelten, der es 1432 anlässlich seiner zweiten Sammelhandschrift von Texten und Kompositionen in Auftrag gegeben hat. Das Bild ist heute zur Ikone geworden, es erscheint als Briefmarke, auf den Umschlägen der Werke ebenso wie auf CD-Covern. Nicht zufällig ist es auch auf dem Programm des Deutschen Germanistentages 1997 zu sehen – neben den Porträts von Lessing, den Brüdern Grimm und Bertolt Brecht, die implizit eine Ahnenreihe auch der Repräsentationsmedien des Dichterbildes bis zur Fotografie umfassen (Abb. 5).

Abb. 1: Louis-Auguste Bisson: *Honoré de Balzac*, Daguerreotypie, 1842

Abb. 2: Balzac auf dem Schuber seiner deutschsprachigen Werkausgabe *Romane und Erzählungen* im Diogenes-Verlag, 2007

Abb. 3: Etienne Carjat: *Charles Baudelaire*, Porträt für die *Galerie contemporaine*, Kohleabzug, um 1862

Abb. 4: Baudelaires Porträt im Innendeckel einer OCB Zigarettenpapierpackung, 2008

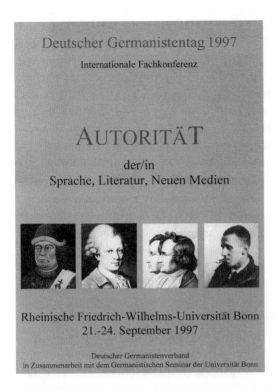

Abb. 5: Plakat des Deutschen Germanistentages in Bonn, 1997

Dichterbilder und Bildnisviten

Schon in der Spätantike (um die Zeitenwende) soll eine verlorene Bibliotheks-
schrift Varros mit dem Titel *De imaginibus* rund 700 Bilder von Autoren versammelt haben. Auch antike Münzen verbreiteten Bilder berühmter Personen, vor
allem der Herrscher, aber auch Dichterfiguren lassen sich finden (vgl. Haskell
1995 [1993], 23–94). Buchmalerei, Porträtmalerei, Buchdruck und die Möglichkeit, Holzstiche und später Kupferstiche zu drucken, ferner Lithografie und die
Fotografie sind mediengeschichtliche Etappen in der Geschichte des Porträts,
innerhalb derer man wiederum stilgeschichtliche Epochen der Darstellungs-
konventionen zuordnen kann (vgl. *Deutsche Schriftsteller im Porträt*, 6 Bände,
1979–1984). Im Kontext des Humanismus entstehen nicht nur bis heute berühmte
Gelehrtenporträts, wie etwa Albrecht Dürers Bildnisse des Erasmus von Rotterdam, sondern auch die eigenständige Buchform der Bildnisviten, in denen
viri illustri versammelt werden. Nicht zuletzt durch Giorgio Vasaris *Viten* (1550)

berühmter Maler findet die Verbindung von Bild, Biografie und Werkbeschreibung eine feste Form. Mit Paolo Giovios *Elogia Virorum literis illustrium* (Basel 1577) entsteht auch eine auf literarische Autoren konzentrierte Sammlung (vgl. Haskell 1995 [1993], 59–61). Die Bilder gelten dabei als ‚Exempel', als nachahmungswürdige, handlungsorientierende Vorbilder (vgl. Rave 1959). Hervorzuheben ist Jean-Jacques Boissards und Theodor de Brys *Icones vivorum illustrium* (Frankfurt 1597–1628). Dieses Sammelwerk setzt mit Kupferstichen einen neuen Standard von insgesamt 438 Kupferstichen. Das Mappenwerk humanistischer Gelehrter, darunter Erasmus, Luther und Martin Opitz, kennt eine Fülle von Neuauflagen und erscheint als *Bibliotheca Calcographica* 1669 noch einmal in Gänze. Heute kann es im Internet eingesehen werden (www.uni-mannheim.de/ mateo/desbillons/aport.html). Autoren des Barock wie Martin Opitz können die Bekanntheit von Porträts bereits voraussetzen und betreiben selbst regen Handel mit den Holz- und Kupferstichen, die wiederum der Germanist Erich Trunz im 20. Jahrhundert sammelte (vgl. Trunz und Lohmeier 1990).

Porträts von Autoren – bis auf die römische Dichterin Sappho findet kaum eine Frau Aufnahme in die Bildnisreihen – zirkulieren bis ins 18. Jahrhundert als loser Einblattdruck oder als Sammelwerk, aber sie erscheinen kaum im literarischen Werk selbst. Obwohl das Frontispiz sich für Gelehrte seit dem 16. Jahrhundert etabliert hat, wird es für Schriftstellerinnen und Schriftsteller erst spät üblich. Literarische Werke des 18. Jahrhunderts erscheinen in der Regel mit allegorischen Titelkupfern. Erst im 19. Jahrhundert wird, im Zuge der Dichterverehrung der Weimarer Klassiker, das ‚Bild des Autors' einen festen Platz im Buch erobern. Heute scheint ein ungeschriebenes Gesetz des Literaturmarktes zu sein, dass der Leser ein Recht auf das Porträt der Autorin oder des Autors hat. Zunehmend werden nicht nur Umschläge der Hardcover, sondern auch Taschenbücher mit Autorbild versehen, die ‚Suhrkamp Kultur' etabliert seit den späten 1950er Jahren das literarische Taschenbuch mit Porträt auf dem Cover. Man kann in dieser zur Normalität gewordenen Macht des Bildes durchaus einen Beleg für das gesteigerte Durchsetzungsvermögen des Visuellen im Kontext des *iconic turn* sehen (vgl. Mitchell 2008; siehe hierzu 2.8 STIEGLER).

Das Gesetz der Kopplung und das Begehren nach dem ‚Bild des Autors'

Zum 200. Band der rororo Taschenbücher erschien 1956 ein Jubiläumsband mit dem prägnanten Titel *Was sie schreiben, wie sie aussehen* (Abb. 6). Das bis heute erfolgreiche Reihenkonzept einer kurzen Biografie berühmter Autorinnen und

Autoren mit ausgiebigen Bildmaterialien wurde zu diesem Anlass in ein biografisches Lexikon variiert, dessen knappen alphabetischen Einträgen jeweils ein Porträt vorangestellt ist. Die Anwendung dieser Norm erfolgt so konsequent, dass im Fall des fehlenden Bildes B. Travens einfach ein schwarzer, gerasterter Kasten sein Porträt vertritt. Das Titelbild des Bändchens präsentiert folgerichtig Autorinnen- und Autorenporträts als Leporello, als miteinander verbundene Bildserie, in der geblättert werden kann.

Titel und visuelle Präsentation des Bandes können als Kommentar zu einer visuellen Kultur gelesen werden, in der das kulturelle Gesetz der Kopplung von Werk und Porträt gilt. Es scheint so selbstverständlich, dass kritische Stellungnahmen dazu nur selten zu finden sind. Heinrich Böll hat im Kontext einer Standortbestimmung der Schriftstellerin und des Schriftstellers in der Gesellschaft eingewendet, dass trotz der Veröffentlichung literarischer Werke, sie oder er keine öffentliche Person sei. Damit thematisiert Böll nichts Geringeres als die juristische Basis des modernen fotografischen Personenbildes. Nach geltendem Recht sind Bilder von Privatpersonen geschützt und dürfen nicht ohne Einwilligung veröffentlicht werden. Dieses Recht am eigenen Bild gilt jedoch nicht für sogenannte öffentliche Personen: Politiker, Stars oder *celebrities*. Für diese ist die Zirkulation ihres Images eine Währung, mit der sie aktiv umzugehen haben. Worauf Böll verweist, ist die Unterscheidung zwischen der Aufgabe des Schreibens und der Vermarktung des Geschriebenen durch die ‚Öffentlichkeit' der schreibenden Person: „Schließlich liegt der Öffentlichkeit vor, was ein Autor publiziert. Mag sie sich also ein Instrument schaffen, ihn danach zu beurteilen. Alles andere kommt mir immer ein wenig wie Schnüffelei vor. [...] Ein Schriftsteller veröffentlicht, aber er ist keine öffentliche Person." (*Heinrich Böll* 1968, 37) Eine solche Haltung, die das Geschriebene gegen die öffentliche Präsentation des Schreibenden ausspielt, ist selten. Bereits Arthur Schopenhauer hat das Begehren des Publikums auf ein physiognomisches Interesse zurückgeführt und dabei das Zeitalter der Fotografie schon als Paradies der öffentlichen Sichtbarkeit der Autorin oder des Autors begriffen. Schopenhauer spricht von der „allgemeinen Begier, einen Menschen, der sich durch irgend etwas, im Guten oder Schlimmen, hervorgethan, oder auch ein außerordentliches Werk geliefert hat, zu sehn", und folgert, dass Louis Daguerres Erfindung deswegen so hoch geschätzt werde, weil sie „diesem Bedürfniß auf das Vollkommenste entspricht" (Schopenhauer 1988 [1851], 543).

Abb. 6: rororo-Jubiläumsband
*Was sie schreiben, wie sie
aussehen*, 1956

Von den Bildnisviten zur Fotografie

Ein Vergleich der älteren Bildnisviten um 1500 mit fotografischen Sammelalben
um 1860 zeigt eine zentrale Umstellung (zu Fotografien in Büchern siehe auch
4.13 RIBBAT). Zwar bleibt die äußere Form als Versammlung von Berühmtheiten
bestehen, doch die innere Form der Zusammenstellung verändert sich. Einerseits
ergibt sich eine spezialisierte Ausdifferenzierung: Sammelalben mit Tänzerinnen stehen neben berühmten Städten, Königshäusern oder eben Maler/innen
und Autor/innen. Zum anderen aber stehen diese Sammlungen nicht mehr unter
dem Paradigma der kanonischen Tradition als Exempel. Sie sind keine Präsentation der Tradition, sondern vielmehr Zeugnis der Gegenwart. Die diachronen

Serien der *Viri illustri* werden ganz buchstäblich zur synchronen Darstellung von ‚berühmten Zeitgenossen'. Damit wird jeder Kanon entgrenzt. Journalisten, Karikaturisten, Maler, Politiker, Kaufleute – die Serie berühmter Zeitgenossen ist potentiell unabschließbar, und mit dem Aufstieg der fotografischen Porträtateliers nach 1850 produziert das neue Medium Porträts für jedermann (vgl. Sagne 1998).

In Deutschland, fern den Zentren der frühen Porträtfotografie in Paris, London und New York, ist Franz Hanfstaengls *Album der Zeitgenossen* (1860) das früheste bekannte Beispiel. Hier finden sich – neben Adeligen und etwa dem König Maximilian II. und der Königin Marie von Bayern – Erfinder, Musikerinnen wie Clara Schumann, Künstler und Gelehrte wie Jacob Grimm oder Schriftsteller, darunter Franz Graf Pocci und Hans Christian Andersen, aber auch Friedrich Gerstäcker (vgl. Hanfstaengl 1975 [1860]). Hanfstaengl hatte jedoch schon um 1830 Porträtlithografien angefertigt und in einem umfangreichen *Corpus Imaginum* veröffentlicht. Schon diese Sammlung von Bildern berühmter Zeitgenossen war sehr erfolgreich und wurde in großer Auflage hergestellt und verkauft. Mit Fotografien erhoffte man sich noch höhere Absatzzahlen. Tatsächlich erleben vor allem englische und französische Sammelalben um 1860 eine enorme Konjunktur. Über Jahre hinweg erscheint die *Galerie Contemporaine* des Kunstverlegers Coupil in Paris mit hunderten Porträts berühmter Zeitgenossen.

Der ökonomische Erfolg fotografischer Porträts lässt sich nicht nur auf die vergleichsweise schnelle und preiswerte Herstellung zurückführen, sondern auch auf den hohen Stellenwert des Porträts in der bürgerlichen Gesellschaft. Konnten vormals nur wenige einen Porträtmaler beauftragen, so wurde das fotografische Porträt, vor allem im Carte-de-Visite-Format (ca. 6 x 9 cm), zu einem Massenprodukt, das fast jedermann die offizielle visuelle Repräsentation ermöglichte (vgl. Freund 1979 [1974]; Sagne 1998). Marcel Proust wird solche Porträts von Freunden und Bekannten sammeln und für sein literarisches Werk nutzen (vgl. Brassaï 2001 [1997]).

Der Preis für die Massenware sind allerdings stereotype Posen und sterile Atelierfotos. Zudem hat die ‚Demokratisierung' des Porträts eine Einebnung aller Unterschiede zur Folge. Wer im Bild erscheint, ist nicht mehr automatisch eine berühmte Person und das heißt umgekehrt: Berühmte Menschen sehen kaum anders aus als andere Bürger. Wenn berühmte Autorinnen und Autoren auf Fotografien aussehen wie Turnlehrer oder Theaterschauspieler – so Josef Eberle zu Dichterporträts des 19. Jahrhunderts (vgl. Scheffler 1977, 10) –, dann stellt sich die Frage nach der Repräsentation von Autorschaft neu. So kommt es zur Wiederaufnahme traditioneller Symbole wie Stift oder Feder, um den Porträtierten als Dichter zu zeigen. Was genau der Leser in den Bildern des Dichters sieht, ist eine weitere kritische Frage. In einem der seltenen Bücher zum Thema hat der Büchner-Preisträger Wilhelm Genazino das Autorenbild von der Seite des Schriftstellers als eine Fiktion des Lesers dargestellt: *Das Bild des Autors ist der Roman des Lesers* (1994): „Die Bilder des Autors erhellen auf diese Weise die Genese eines fremden Schreibens, sie sind aber zugleich Teil eines entstehenden privaten Leseromans, den sich der Rezipient selbst erschafft [...]. Dazu benutzt er alles Material, das sich auftreiben läßt und mischt es in den Kammern seiner Einbildungskraft so lange, bis ein neuer, der Roman des Lesers entstanden ist." (Genazino 1994, 15–16) Wenn fotografische Porträts solche Fragen aufwerfen, dann haben Autorinnen und Autoren gute Gründe, sich angesichts ihres fotografischen Bildes durchaus unbehaglich zu fühlen.

Das Unbehagen des Autors vor seinem Bild

Bei erstaunlich vielen Autorinnen und Autoren lässt sich eine enorme Skepsis gegenüber ihren fotografischen Bildern feststellen. Schon Walter Benjamin hat 1931 vom fotografischen Atelier als ‚Folterkammer' gesprochen, in der das Individuum nicht porträtiert, sondern entstellt werde. Es ist eine berühmte Passage, die sich auf ein Kinderbild Franz Kafkas bezieht: „Da steht in einem engen, gleichsam demütigenden, mit Posamenten überladenen Kinderanzug der ungefähr sechsjährige Knabe in einer Art von Wintergartenlandschaft. [...] Gewiß, daß es in diesem Arrangement verschwände, wenn nicht die unermeßlich traurigen Augen diese ihnen vorbestimmte Landschaft beherrschen würden" (Benjamin 1980c [1931], 375–376). Die Szene in Benjamins *Kleine[r] Geschichte der Fotografie* geht zurück auf eine eigene Kindheitserfahrung beim Fotografen, der er zwei Jahre später in *Berliner Kindheit* eine längere Passage widmet. Hier wird, in offenkundiger Analogie zur Beschreibung des Kinderbildes von Kafka, die Fotografie als regelrechte Entstellung des eigenen Ich dargestellt: „Wohin ich blickte, war ich umstellt von Leinwandschirmen, Polstern, Sockeln, die nach meinem Bilde gierten wie die Schatten des Hades nach dem Blut des Opfertieres. Am Ende brachte man mich einem roh gepinselten Prospekt der Alpen dar. [...] Ich aber bin entstellt vor Ähnlichkeit mit allem, was hier um mich ist" (Benjamin 1980a [1938], 260–261).

Wie verbreitet diese Kritik am fotografischen Porträt ist, zeigen die Kommentare von Autorinnen und Autoren zu ihrem jeweiligen Porträt in Isolde Ohlbaums *Fototermin. Gesichter deutscher Literatur* (1984). In diesen Aussagen begegnet man einer Reihe einschlägiger Motive der Fotografiekritik: Der ‚gefrorene' Augenblick als unzulässige Auswahl eines einzigen Momentes, die Stilisierung oder Pose werden ebenso angeführt wie die Verwechslung von Bild und Person schlechthin. Von Hans Magnus Enzensberger wird die bei der Aufnahme vorherrschende Emotion klar benannt: „Angst vor dem Fotografen" (Ohlbaum 1984, 120). Sein Text ist eine Synopse medienkritischer Motive, die im Bild des Gespenstes mündet – die Heimsuchung eines medialen Doppelgängers: „Das Lichtbild ist der tiefgefrorene Augenblick. [...] Einmal ein schiefes Lächeln, eine falsche Bewegung, ein aufgerissenes Auge, das Foto nagelt uns fest, unveränderlich wie die Hölle. Fotografie – das Fortleben nach dem Tode in einer Schachtel. [...] Die Fotografie ist unser Ahnenkult, [...] die Reinkarnation auf Silberbromid. Sie macht uns alle zu Wiedergängern" (ebd.).

Dass Porträts dazu verführen, dem Bild Eigenschaften der Person zuzuschreiben, wird von den meisten Autorinnen und Autoren in Ohlbaums *Fototermin* angesprochen. Friederike Roth etwa erteilt eine rigorose Absage an diesen Wunsch des Betrachters: „Nein, so wie Sie sich das vorstellen, bin ich durchaus nicht" (ebd., 11). Sarah Kirsch nennt das Porträt bündig eine „beidseitige Lüge". Fotograf und „Opfer" versuchten nur „das Beste aus einer unmöglichen Situation zu machen" (ebd., 15). Diese Situation ist durch das Wissen bestimmt, dass Bilder entstehen, die später unabhängig zirkulieren und das Image des Autors oder der Autorin prägen. Pose oder Kalkül für das öffentliche Bild ist die Folge, eine Selbstdarstellung, die auf die Erwartungshaltungen des Publikums abzielt. Roland Barthes hat das fotografische Porträt daher als „bizarren Vorgang" der Selbstnachahmung beschrieben, in dem sich vier imaginäre Größen überlagern: „Vor dem Objektiv bin ich zugleich der, für den ich mich halte, der, für den ich gehalten werden möchte, der, für den der Photograph mich hält, und der, dessen er sich bedient, um sein Können vorzuzeigen. In anderen Worten, ein bizarrer Vorgang: ich ahme mich unablässig nach" (Barthes 1985 [1980], 22). Literarische Stile oder ästhetische Einstellungen spielen vor der Kamera keine Rolle. Die Schriftstellerin und Literaturwissenschaftlerin Ilma Rakusa bringt die Angst vor dem fotografischen Porträt noch einmal in aller Kürze auf den Punkt: „Die Angst vor dem Porträt: es legt mich fest, es wird zum Bild, das man sich von mir macht" (Ohlbaum 1984, 112).

Autorbild und Werkinterpretation: Das Beispiel Paul Celans

Dass Porträts die abgebildete Person mit einem Image versehen und sie so öffentlich ‚festlegen', gilt sicherlich generell. Im Fall von Autorinnen- und Autorenporträts spielt dies jedoch eine besondere Rolle, wenn das Bild des Autors nicht nur an seiner öffentlichen Wahrnehmung als Person, sondern an der Interpretation seiner Werke mitbeteiligt ist. Diese implizite Verbindung von Bild und Werkinterpretation lässt sich anhand des Autorenporträts von Paul Celan verdeutlichen. Die

Ausgabe des Suhrkamp-Taschenbuchs der *Gesammelten Werke* (1986) zeigt Celan gemäß der Reihengestaltung, die das Autorenfoto auf dem Cover des Taschenbuchs populär gemacht hat. Auf jedem der fünf Bände ist der Dichter mit dem selben Bild zu sehen, das ihn als ernsten, aufmerksamen und nachdenklichen Menschen zeigt: die Hand am Kinn, leicht vorgebeugt (Abb. 7). Diese Hand am Kinn verweist auf den ‚Dichter und Denker‘; es ist der typische Melancholiegestus, der Tiefsinnigkeit, aber auch Weltverzweiflung zum Ausdruck bringt. Celan sitzt dem Betrachter leicht zugeneigt, seine Augen blicken diesen an. Insbesondere dieser direkte Blick zum Betrachter macht dieses Foto äußerst geeignet für ein Porträt. Entsprechend greift auch der Materialienband mit renommierten Beiträgen zum Werk auf dieses Bild zurück (vgl. Hamacher und Menninghaus 1988).

Abb. 7: Paul Celan auf dem Titel seiner *Gesammelten Werke* im Suhrkamp-Verlag, 1986

Doch dieses so zentral gesetzte Porträt verdankt sich einer pointierten Stilisierung. Es handelt sich um einen Ausschnitt aus einer Fotografie von Wolfgang Oschatz, für die in der Werkausgabe kein Nachweis angeführt wird. Die klassische Form des Porträts mit seinem Fokus auf das Gesicht entsteht auf dem Buchumschlag erst medientechnisch durch ein *close up*, durch Ausschnitt und Vergrößerung aus einem größeren Brustbild. Ernster Blick und Melancholiegestus werden auf dem Cover „nach Entwürfen von Willy Fleckhaus und Rolf Staudt" betont. Das Bild zeigt Celan dennoch authentisch. Es ist jenem, vielleicht letzten Porträt ähnlich, das Gisèle Freund 1970 kurz vor seinem Selbstmord in Paris fotografiert hat und das ihn um eine Nuance freundlicher erscheinen lässt (vgl. Freund 1989, Abb. 31). Ein Gast Celans beschreibt den Dichter 1968 so: „Mit einer seltsamen Geste, in der sowohl Förmlichkeit als auch die Ironisierung des Zeremoniösen lagen, bot er uns Platz an, er selber blieb stehen. Er war mittelgroß, zur Fülle neigend, hatte schütteres Haar und ein rundes Kindergesicht, seine dunkelbraunen Augen richteten sich mit einem abwägenden, jedoch freundlichen Blick auf uns." (zit. n. Száz 1988, 327)

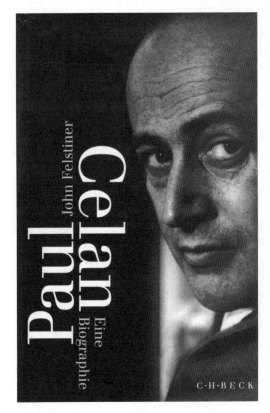

Abb. 8: Paul Celan auf dem Titel der deutschsprachigen Ausgabe von John Felstiners Biografie im Verlag C. H. Beck, 1997

Dass es sich also mit Bezug auf den ‚realen' Autor bei dem Porträt der Werkausgabe durchaus um ein stimmiges Bild handeln mag, ändert nichts daran, dass dieses Bild als Image Celans die Interpretation sowohl der Person als auch der Werke auf problematische Weise lenkt und prägt. Von der ‚Ironisierung des Zeremoniösen' hat das Porträt auf der Werkausgabe nichts. Es zeigt den ernsten Blick – und ist darin bereits selbst eine Interpretation. Der Melancholiegestus nimmt die ganze bekannte Tragik des Lebens Celans als Vertriebener und nur durch Zufall dem Holocaust entronnener Jude auf, er signalisiert die Trauer und die Schuldgefühle Celans, die ihn zum Selbstmord treiben, und mit all diesen tragischen Komponenten natürlich auch die ernste Tiefe seiner Lyrik – schließlich zählt Celans „Todesfuge" zu den bekanntesten Gedichten der deutschen Nachkriegsliteratur. So bestätigt, wiederholt und verstärkt dieses Autorenporträt das allgemeine Image Celans als Opfer des Holocaust, das er durch sein zufälliges Überleben war, als tiefsinnigen, jüdischen Dichter, dessen Sprache rätselhaft und fast magisch anmutet – kurzum: Das Porträt und die allgemeine Werkinterpretation von Celans Lyrik stehen im Einklang.

Dies wäre nun unproblematisch, wenn die Interpretation der Texte Celans im Zeichen des Existenzialismus, der Tragik und des Holocaust nicht nur eine Dimension seines Werkes umfasste. Ganz ähnlich wie in der Kafka-Forschung entdeckt man erst heute völlig andere als nur die tragischen Aspekte – in Kafkas Fall etwa, dass er sich weit mehr für Kino und Komik interessierte oder dass er bei Vorlesungen seines Romans *Der Proceß* schallendes Gelächter verbreitet haben soll. Humor bei Kafka, Humor bei Celan? Die ernsten Autorenbilder zeigen jedoch keinen Zug etwa des ‚typisch jüdischen Witzes'. Die Werkausgabe zeigt Celan jedoch gerade nicht ironisch lächelnd. Ein solches Bild Celans, im doppelten Sinne, hätte man womöglich als irreführend und unpassend kritisiert, jedenfalls hat man es tatsächlich nicht ausgewählt und verwendet, obwohl es aller Wahrscheinlichkeit Fotografien und Porträts Celans geben wird, die ihn lächelnd oder lachend zeigen.

Ganz anders dagegen die jüngere Celan-Biografie von John Felstiner. Ihr Cover präsentiert 1997 ein Porträt, das gewissermaßen einen völlig unbekannten Celan zeigt – auf den ersten Blick erkennt man ihn fast nicht wieder (Abb. 8). Er erscheint hier formatfüllend im Dreiviertelprofil. Die Aufnahme von Lutfi Özkök und die Titelgestaltung folgen der angloamerikanischen Porträtfotografie, die sich durch eine extreme Nahsicht auf das Gesicht auszeichnet. Celans Gesicht ist schräg von der Seite angeschnitten, das verändert die Form seines Kopfes ein wenig, vor allem aber den Ausdruck seines Gesichts. Die Augen sind ebenfalls zu den Betrachtenden gerichtet, aber die Seitwärtsstellung bewirkt, dass die Pupillen in die Augenwinkel rücken, was wiederum den vorderen Bogen der Augenbraue betont und den Eindruck eines ironisch-verschmitzten Lächelns verstärkt.

Das Autorenfoto zeigt Celan von einer anderen Seite – und zwar nicht zuletzt von einer anderen Seite seines Judentums. Dieses Thema spielt in der Biografie, die auch ausführliche Interpretationen seiner Lyrik liefert, eine zentrale Rolle; ihr Titel lautet im Original *Paul Celan: Poet, Survivor, Jew* (Felstiner 1997 [1995]). Und dennoch wird Celan hier nicht tragisch, sondern eher als lebensfroh und, wenn man so will, als jüdischer ‚Schlemihl' gezeigt.

Wenn Porträts oder, genauer gesagt, die Bildpolitik der Aufnahmen, Auswahl und Inszenierung von Autorinnen- und Autorenporträts so, gleichsam unter der Hand, an der Darstellung und Interpretation der Person und ihres Werkes mitwirken, ist Vorsicht angebracht. Das Porträt bietet so nicht nur Raum für weitere Forschungen zu seiner kulturgeschichtlichen, epochentypischen und medientechnischen Entwicklung, sondern auch für detaillierte Einzelstudien zur Bildpolitik und Inszenierungspraxis einzelner Dichterinnen und Dichter.

Literaturverzeichnis

Assman, Jan. *Das kulturelle Gedächtnis. Schrift, Erinnerung und politische Identität in frühen Hochkulturen.* 2. durchges. Aufl. München: Beck, 1997 [1992].

Assmann, Aleida, und Dietrich Harth (Hrsg.). *Mnemosyne. Formen und Funktionen der kulturellen Erinnerung.* Frankfurt am Main: Fischer, 1993.

Barthes, Roland. *Die helle Kammer. Bemerkung zur Photographie.* Übers. von Dietrich Leube. Frankfurt am Main: Suhrkamp, 1985 [1980].

Benjamin, Walter. „Berliner Kindheit um Neunzehnhundert" [1938]. *Gesammelte Schriften Bd. 4.1.* Hrsg. von Rolf Tiedemann und Hermann Schweppenhäuser. Frankfurt am Main: Suhrkamp, 1980a. 235–304.

Benjamin, Walter. „Das Kunstwerk im Zeitalter seiner technischen Reproduzierbarkeit" [1935]. *Gesammelte Schriften Bd. 1.2.* Hrsg. von Rolf Tiedemann und Hermann Schweppenhäuser. Frankfurt am Main: Suhrkamp, 1980b. 431–470.

Benjamin, Walter. „Kleine Geschichte der Photographie" [1931]. *Gesammelte Schriften Bd. 2.1.* Hrsg. von Rolf Tiedemann und Hermann Schweppenhäuser. Frankfurt am Main: Suhrkamp, 1980c. 368–385.

Bickenbach, Matthias. *Das Autorenfoto in der Medienevolution. Anachronie einer Norm.* München und Paderborn: Fink, 2010.

Boehm, Gottfried. *Bildnis und Individuum. Über den Ursprung der Porträtmalerei in der italienischen Renaissance.* München: Prestel-Verlag, 1985.

Brassaï. *Proust und die Liebe zur Photographie.* Übers. von Max Looser. Frankfurt am Main: Suhrkamp, 2001 [1997].

Celan, Paul. *Gesammelte Werke in fünf Bänden.* Hrsg. von Beda Allemann und Stefan Reichert unter Mitwirkung von Rolf Bücher. Frankfurt am Main: Suhrkamp, 1986.

Deckert, Hermann. „Zum Begriff des Porträts". *Marburger Jahrbuch für Kunstwissenschaft* 5 (1929): 261–282.

Deutsche Schriftsteller im Porträt. 6 Bde. Hrsg. von Martin Bicher, Jürgen Stenzel, Jörn Görres, Hiltrud Häntzschel, Hans-Otto Hügel und Karl-Heinz Habersetzer. München: Beck, 1979–1984.

Diers, Michael. „Der Autor ist im Bilde. Idee, Form und Geschichte des Dichter- und Gelehrtenporträts". *Jahrbuch der Schillergesellschaft* 51 (2007): 550–586.

Felstiner, John. *Paul Celan. Eine Biographie.* Übers. von Holger Fliessbach. München: Beck, 1997 [1995].

Freund, Gisèle. *Photographie und Gesellschaft.* Übers. von Dietrich Leube. Reinbek bei Hamburg: Rowohlt, 1979 [1974].

Freund, Gisèle. *Porträts von Schriftstellern und Künstlern.* München: Schirmer/Mosel, 1989.

Genazino, Wilhelm. *Das Bild des Autors ist der Roman des Lesers.* Münster: Kleinheinrich, 1994.

Genette, Gérard. *Paratexte. Das Buch vom Beiwerk des Buches.* Übers. von Dieter Hornig. Frankfurt am Main und New York, NY: Campus, 1989 [1987].

Gudewitz, Thorsten. „Die Nation vermitteln – Die Schillerfeiern von 1859 und die mediale Konstituierung des nationalen Festraums". *Das 19. Jahrhundert als Mediengesellschaft.* Hrsg. von Jörg Requate. München: Oldenbourg, 2009. 56–65.

Hamacher, Werner, und Menninghaus, Winfried (Hrsg.): Paul Celan. Frankfurt am Main: Suhrkamp, 1988.

Hambourg, Maria Morris, Françoise Heilbrun, und Philippe Néagu (Hrsg.). *Nadar.* München: Schirmer/Mosel, 1995.

Hanfstaengl, Franz. *Album der Zeitgenossen. Fotos 1853–1860.* Hrsg. von Christian Diener und Graham Fulton-Smith. München: Heyne, 1975 [1860].

Haskell, Francis. *Die Geschichte und ihre Bilder. Die Kunst und die Deutung der Vergangenheit.* Übers. von Michael Bischoff. München: Beck, 1995 [1993].

Heinrich Böll. Fotografiert von Chargesheimer, Jupp Darchinger und Gerd Sander. Texte von Ulrich Blank. Bad Godesberg: Hohwacht-Verlag. 1968.

Kanz, Roland. *Dichter und Denker im Porträt. Spurengänge zur deutschen Porträtkultur des 18. Jahrhunderts.* München: Deutscher Kunstverlag, 1993.

Koelbl, Herlinde. *Im Schreiben zu Haus. Wie Schriftsteller zu Werke gehen. Fotografien und Gespräche.* München: Knesebeck, 1998.

Koetzle, Michael (Hrsg.). *Bertolt Brecht beim Photographen. Porträtstudien von Konrad Ressler.* Siegen: Affholderbach und Strohmann, 1987.

Mattenklott, Gert. *Bilderdienst. Ästhetische Opposition bei Beardley und George.* 2. und ergänzte Aufl. Frankfurt am Main: Syndikat, 1985 [1970].

Mitchell, W. J. T. *Bildtheorie.* Übers. von Heinz Jatho, Jürgen Blasius, Christian Höller, Wilfried Prantner und Gabriele Schabacher. Hrsg. von Gustav Frank. Frankfurt am Main: Suhrkamp, 2008.

Noltenius, Rainer. *Dichterfeiern in Deutschland. Rezeptionsgeschichte als Sozialgeschichte am Beispiel der Schiller- und Freiligrathfeiern.* München: Fink, 1984.

Ohlbaum, Isolde. *Fototermin. Gesichter der deutschen Literatur.* Frankfurt am Main: Fischer, 1984.

Preimesberger, Rudolf, Hannah Baader, und Nicola Sutor (Hrsg.). *Porträt.* Berlin: Reimer, 1999.

Rave, Paul Ortwin. „Paolo Giovio und die Bildnisvitenbücher des Humanismus". *Jahrbuch der Berliner Museen* 1 (1959): 119–154.

Sagne, Jean. „Porträts aller Art. Die Entwicklung des Fotoateliers". *Neue Geschichte der Fotografie.* Hrsg. von Michel Frizot. Köln: Könemann, 1998. 102–122.

Scheffler, Walter (Hrsg.). *Dichterportraits in Photographien des 19. Jahrhunderts*. Frankfurt am Main: Büchergilde Gutenberg, 1977.

Schopenhauer, Arthur. „Zur Physiognomik" [1851]. *Arthur Schopenhauers Werke in fünf Bänden. Band 5. Parerga und Paralipomena II*. Hrsg. von Ludger Lüttkehaus. Zürich: Haffmans, 1988. 543–550.

Schubert, Dietrich. „Formen der Heinrich-Heine-Memorierung im Denkmal heute". *Mnemosyne. Formen und Funktionen der kulturellen Erinnerung*. Hrsg. von Aleida Assmann und Dietrich Harth. Frankfurt am Main: Fischer, 1993. 101–143.

Simmel, Georg. „Aesthetik des Porträts" [1905]. *Gesamtausgabe Bd. 7.1: Aufsätze und Abhandlungen 1901–1908*. Hrsg. von Rüdiger Kramme, Angela Rammstedt und Ottheim Rammstedt. Frankfurt am Main: Suhrkamp, 1995. 321–332.

Skowronek, Susanne. *Autorenbilder. Wort und Bild in den Porträtkupferstichen von Dichtern und Schriftstellern des Barock*. Würzburg: Königshausen & Neumann, 2000.

Stiegler, Bernd. „Doppelt belichtet. Schriftsteller und ihre Photographien". *Jahrbuch der Schillergesellschaft* 51 (2007): 587–610.

Strelow, Liselotte. *Das manipulierte Menschenbildnis oder die Kunst, fotogen zu sein*. Düsseldorf: Econ-Verlag, 1961.

Szász, Janos: „Es ist nicht so einfach …" Erinnerungen an Paul Celan. Seiten aus einem amerikanischen Tagebuch". *Paul Celan*. Hrsg. von Werner Hamacher und Winfried Menninghaus. Frankfurt am Main: Suhrkamp, 1988. 325–337.

Trunz, Erich, und Dieter Lohmeier (Hrsg.). *Nobilitas literaria. Dichter, Künstler und Gelehrte des 16. und 17. Jahrhunderts in zeitgenössischen Kupferstichen*. Heide in Holstein: Westholsteinische Verlag-Anstalt Boyens, 1990.

Turck, Eva-Monika. *Thomas Mann. Fotografie wird Literatur*. Frankfurt am Main: Fischer, 2004.

Wenzel, Horst. „Autorenbilder. Zur Ausdifferenzierung von Autorenfunktionen in mittelalterlichen Miniaturen". *Autor und Autorschaft im Mittelalter*. Hrsg. von Elisabeth Andersen. Tübingen: Niemeyer, 1998. 1–28.

4.13 Fotobücher: Bildserien in Bänden

Christoph Ribbat

Kulturwissenschaften und Fotobände

In den letzten Jahrzehnten wurde seitens der Kulturwissenschaften immer wieder gefordert, dass Fotografien nicht als isolierte Einzelbilder betrachtet werden sollten, sondern in ihren kulturellen und sozialen Kontexten. Sie reagieren damit auf den besonderen Status der Fotografie, die nicht einfach als jüngeres Konkurrenzmedium der Malerei verstanden werden kann. In Gruppen und Serien flottieren Lichtbilder durch den Bereich der Kunst ebenso wie durch tagesaktuelle Medien, familiäre Kontexte, soziale Online-Netzwerke, kriminologische und naturwissenschaftliche Diskurse, Werbekampagnen und pornografische Zusammenhänge. Erst in einer spezifischen Umgebung – oder, wie Miles Orvell es ausdrückt, an den Kreuzungen kultureller Determinanten (vgl. Orvell 2003, 17) – entfalten fotografische Bilder ihre Bedeutung. Analysen fotografischer Solitäre scheinen daher wenig produktiv (vgl. ebd.; Sekula 1984, 7; Burgin 1986, 51).

Einen Königsweg zu dieser kontextorientierten Interpretation von Lichtbildern eröffnen Fotobücher – jene Werke also, in denen nach Thomas Wiegand „gedruckte Fotos eine entscheidende Rolle spielen" und die „Zusammenstellung" der Bilder den „Druck als Buch [...] rechtfertigt" (Wiegand 2011, 9; eine andere Definition bestimmt als Hauptmerkmal, dass „die primäre Botschaft des Werks von Fotografien getragen" werde; Parr und Badger 2004, 6). In solchen Bildbänden – ob es sich um Reportagen handelt oder Künstlerbücher, Propagandamaterial oder Städte- beziehungsweise Länderporträts – sind konkrete diskursive Situationen immer gleich gegeben: Das Buch stellt sie her. Weil auf seinen Seiten für Leserinnen und Leser ausgewählte Fotos miteinander und in den allermeisten Fällen auch mit Texten kombiniert werden, werden *per se* Kontexte eröffnet und öffentliche Reaktionen gesucht. Fotobücher fassen Bilder für das Publikum zusammen. Und so sind Fotografien auf Buchseiten stets Teil von Erzählungen. Oft sind diese dokumentarisch angelegt, gelegentlich werden sie als fiktiv ausgewiesen. Dies gilt für komplex konzipierte Künstlerbücher ebenso wie für dekorative Bildbände, für massenhaft produzierte Bestseller wie für luxuriös gestaltete Liebhaberstücke. Es besteht eine produktive Spannung zwischen vieldeutigen Bildern und dem Buch als strukturgebendem Objekt. Diese fordert dazu heraus, das Fotobuch nicht länger als vergessene Nebengattung der Buchgeschichte zu begreifen, sondern als Terrain dynamischer intermedialer Beziehungen. Für Peter Pfrunder etwa gibt ein Buch „den einzelnen Fotografien einen ästhetischen, historischen oder politischen Resonanzkörper und eine Kohärenz, in denen sich ihre Bedeutung erst richtig entfalten kann" (Pfrunder 2001, 19).

Angesichts dieser Befunde mag es verwundern, dass Fotobücher in den Kulturwissenschaften lange Zeit eher ignoriert wurden, Einzelfotografien dagegen große Aufmerksamkeit erhielten. Gründe für dieses Ungleichgewicht sind wohl in der Frühzeit des Lichtbilds zu finden. Die ersten Daguerreotypien, einzeln produziert und von einem fast magischen Objektcharakter, waren trotz massenhafter Verbreitung sorgfältig gepflegte, haptisch erfahrbare Solitäre. Das bürgerliche Individuum wurde von fotografischen Porträts regelrecht mit erfunden (vgl. Corbin 1992 [1987], 437). Nach Walter Benjamin sorgten die langen Belichtungszeiten der fotografischen Apparatur dafür, dass die Porträtierten „nicht aus dem Augenblick heraus, sondern in ihn hinein" zu leben schienen (Benjamin 1977b [1931], 373) – eine Interpretation, die schon dem Einzelbild eine erzählerische Tiefe zuschreibt und damit die Hinwendung zu den von Fotobüchern eröffneten Sequenzen fast unnötig erscheinen lässt. Der Umgang mit Fotografie war im 19. Jahrhundert von einem emotionalen Verhältnis zwischen Individuum und einzelnen Bildern bestimmt (vgl. Batchen 2001). Dies formt Alltagspraktiken noch heute, mit Auswirkungen auf den wissenschaftlichen Diskurs. Auch der Kunstmarkt der Moderne trug mit dazu bei, die solitäre Fotografie in den Mittelpunkt zu rücken und das Fotobuch als Randerscheinung zu behandeln. Sammler und Kunsthändler machten den *vintage print* – den Originalabzug von einem Negativ beziehungsweise den vom Künstler kontrollierten Druck eines Digitalbilds – zur wichtigsten Einheit ihrer Transaktionen und führten so die „im Zeitalter der technischen Reproduzierbarkeit" im Verkümmern begriffene Aura des Kunstwerks (Benjamin 1977a [1935], 438) wieder in den fotografischen Diskurs ein.

Poststrukturalistisch beeinflussten Fototheoretikerinnen und -theoretikern erscheint das Konzept des *vintage prints* zwar als leicht zu durchschauende Konstruktion. Für sie aber wurde Roland Barthes' *Helle Kammer* (1980; *La chambre claire*) zum Schlüsseltext – ein Essay, der einen Dialog zwischen dem oder der Interpretierenden und dem jeweils singulären Bild entfaltet (zu Barthes' Fototheorie siehe 2.6 LÖFFLER). Ob es sich um ein emotional aufgeladenes Fundstück im familiären Archiv oder um ein anonymes Beispiel aus dem Bildjournalismus oder der Porträtfotografie handelt: In Barthes' Meditationen über das Lichtbild befasst sich der oder die Betrachtende stets mit Einzelstücken und nicht mit Reihen. Er oder sie ordnet und interpretiert sie, lässt sich von ihnen berühren, trifft auf ein „punctum", ein Detail oder eine bestimmte Eigenschaft einer Fotografie, die „eine kleine Erschütterung" in ihm oder ihr auslösen kann (ebd., 59). Noch Jahrzehnte nach Barthes' Essay scheint Bildtheoretiker/innen die solitäre Fotografie als historischer Überrest auch aufgrund dieser Eigenschaft über ungleich größere Kraft zu verfügen als jedes Fotobuch. Auf besonders prägnante

Weise zeigt sich dies in Georges Didi-Hubermans Studien über Fotografien aus dem Todeslager Auschwitz. Diese demonstrieren, welche komplexen kultur- und medientheoretischen Fragestellungen sich mit Aufnahmen verbinden, die Didi-Huberman als „vier Stücke Film, der Hölle entrissen" bezeichnet (Didi-Huberman 2007 [2003], 15; siehe hierzu auch 3.3 SEGLER-MESSNER). In einer „übersättigten und vom Markt der Bilder beinahe erstickten Welt" fordern diese Solitäre eine intellektuelle Antwort (ebd., 15). Aber auch außerhalb des Holocaustdiskurses beginnen fotohistorisch angelegte Forschungen zu Erinnerungskultur und Identität ihre Reflexionen eher mit emotional aufgeladenen einzelnen Bildern als mit der Exegese illustrierter Bände.

Diese Faszination für die einzelne Fotografie erklärt sich aus der archaischen, unredigierten Qualität, mit der sie sich literarischen sowie literatur- und kulturwissenschaftlichen Interpretationen anbietet. Fotobücher wirken dagegen weniger ursprünglich. Sie sind stets schon gestaltet und lektoriert. Die in Arrangements erscheinenden Bilder sind reproduziert oder ‚re-reproduziert' – mal in befriedigender, mal in beklagenswerter Druckqualität. Bildunterzeilen, Kommentare, Einleitungen, Nachworte und Zwischenkapitel steuern die Interpretation. Dabei entstehen oftmals interessante Interaktionen zwischen Literatur und Fotografie. Dies gilt ganz offensichtlich für die mittlerweile kanonisierten Fotobücher der Nachkriegsdekaden, etwa für *Ordeal by Roses* (1963), eine Kollaboration zwischen dem Fotografen Eikoh Hosoe und dem Literaten Yukio Mishima, für das 1959 entstandene *Observations*, eine Zusammenarbeit von Richard Avedon und Truman Capote oder für das 1958 erschienene *Im Ruhrgebiet*, fotografiert von Chargesheimer (Carl-Heinz Hargesheimer), verfasst von Heinrich Böll. Zahllose weitere fotoliterarische Kollaborationen ließen sich aufführen. In vielen Fällen sind es auch Gebrauchstexte, die sich um die Fotografien herum gruppieren, sie erklären, erläutern, Informationen und Deutungen bereitstellen. Die Literarizität des Fotobuchs als Bild-Text-Kombination muss also immer wieder neu verhandelt werden. In jedem Fall wird die Beschäftigung mit diesen Werken erst dann produktiv, wenn sie nicht als sekundäre Aufbewahrungsorte für Fotografien verstanden werden, sondern als eigenständige kulturelle Texte.

Diesen Schritt hat die Fotogeschichte in jüngster Zeit vollzogen, angestoßen von zwei bedeutenden Anthologien. Das von Andrew Roth herausgegebene *Book of 101 Books* (2001) demonstrierte die zentrale Bedeutung des Buchs für kunstfotografische Innovationsprozesse anhand einer Auswahl von Fotobüchern, deren Bild- und Textautor/innen sich in den meisten Fällen einer modernistischen Ästhetik verpflichtet fühlten. Martin Parr und Gerry Badger publizierten ebenfalls zu Beginn des 21. Jahrhunderts das voluminöse, zweibändige Werk *The Photobook: A History* (2004 und 2006). Im Kontrast zu Roths Anthologie orientierte sich dies nicht an Avantgardetraditionen, sondern definierte das Fotobuch als Hybrid zwischen Populärkultur, Journalismus und Kunst, das überdies durch seine intermediale Position zwischen Roman und Film gekennzeichnet sei (vgl. Parr und Badger 2004, 6). Gleichzeitig, besonders aber in der Folge dieser beiden grundlegenden Werke, erschien eine Vielzahl vergleichbarer Anthologien für diverse nationale und auch regionale Kontexte. Die Fotobuchgeschichten etwa der Schweiz und Deutschlands, von Paris und Köln sind inzwischen umfassend aufgearbeitet (vgl. Pfrunder 2001, Heiting 2011; Koetzle 2011; Schäfke und Heuberger 2010).

Gegenwärtig gilt das Fotobuch als „eigenständiges, interdisziplinäres Ausdrucksmittel" (Koetzle 2011, 12–13), als eine Gattung, die fotografische Traditionen und Sehweisen entscheidend beeinflusst. Badger und Parr sehen die wissenschaftliche Beschäftigung mit diesem Gegenstand als Brücke zwischen ästhetischen, eng an das Material anschließenden und eher kulturwissenschaftlichen, kontextorientierten Interpretationsmodi des Fotografischen (vgl. Parr und Badger 2004, 10). Nur im Museum machen Fotobücher auch weiterhin Schwierigkeiten. Dort versagt das Medium genau in seiner hervorstechenden Eigenschaft: der Zugänglichkeit für ein breites Publikum. Für Ausstellungsbesucherinnen und -besucher würden Fotobücher erst durch das Anfassen des Einbands, das Berühren des Papiers, das Blättern vor und zurück in all ihren Dimensionen erfahrbar. Für Kuratorinnen und Kuratoren aber, zuvorderst am Schutz der Exponate interessiert, wäre diese taktile Auseinandersetzung mit den von ihnen betreuten Bänden kaum akzeptabel (vgl. Castleberry 2001, 105–107). Das Dilemma zeigt: Das Fotobuch ist stets auch ein materielles Objekt mit sinnlich erfahrbaren Eigenschaften, die über die reine Bilderzusammenstellung hinausgehen.

Die Karriere des Fotobuchs

Die Untersuchung von Bildbänden gilt nicht nur einem Nebenaspekt der Mediengeschichte, der ihr neue, bisher kaum diskutierte Quellen hinzufügt. Sie schreibt die Geschichte fotografischer Ausdrucksweisen signifikant um. In diesem Zusammenhang ist die These zentral, dass Fotografie und Buch schon seit den Zeiten der Daguerreotypie untrennbar miteinander verbunden sind. Badger und Parr etwa bezeichnen die Fotografie des 19. Jahrhunderts als „basically book related" (Parr und Badger 2004, 9) und behaupten, dass die Arbeit von Fotografinnen und Fotografen in und mit Büchern wesentlich bedeutender für die Entwicklung des Mediums gewesen sei als das Ausstellungswesen (vgl. ebd., 10). Das erste Fotobuch entstand bereits 1844, nur wenige Jahre nach der Erfindung der Fotografie: William Henry Fox Talbots *Pencil of Nature* definierte den Prozess als fundamental neue, einzigartige Kunstform, als Informationsspeicher und auch als Erzählmodus (vgl. ebd.; Geimer 2009, 18). Immer wieder bezieht sich *Pencil of Nature* in Bild und Text auf Bücher, Bibliotheken und auf das Potential der neuen Technik für Textlektüre und -interpretation. Das erste Fotobuch hatte somit auch programmatischen Charakter, indem es Fotografie und Buch explizit miteinander verknüpfte. Besonders deutlich macht dies Talbots Bild „A Scene in a Library", das knapp 30 Bücher auf zwei Regalbrettern abbildet (Abb. 1). Es handelt bei den dargestellten Bänden, in leichter Unordnung arrangiert, nicht um literarische Meisterwerke, sondern um eine scheinbar recht wahllose Sammlung von Zeitschriften, Gedichtsammlungen, naturwissenschaftlichen Publikationen. Auch dies könnte als Verweis auf die Ziele der neuen Lichtbildkunst verstanden werden: Das neue Medium sollte flexibel sein, im Dienste der neuen Wissenskultur des 19. Jahrhunderts.

Abb. 1: William Henry Talbot: *A Scene in a Library*, Fotografie, 1844

Pencil of Nature blieb in der Bibliothek der Fotobücher nicht lange allein. Das 19. Jahrhundert brachte diverse fotografisch illustrierte Bände hervor. Die Drucktechnologien der Epoche ließen keine günstige Produktion zu. Fotografische Bildbände waren kostspielige und in mühseliger Handarbeit angefertigte Einzelstücke (vgl. auch 4.12 BICKENBACH). Originalabzüge wurden von Hand in das jeweilige Buch eingefügt. Fotobücher waren nur einer kleinen kulturellen Elite zugänglich, damit allerdings einem äußerst interessierten Publikum. Die neuen Oberschichten der Vereinigten Staaten etwa informierten sich anhand kostbarer Bildwerke über die Naturschönheiten des amerikanischen Westens und damit auch über Möglichkeiten, das eigene Kapital nicht nur in Fotobücher, sondern ebenso in den Kauf von Grund und Boden in den dekorativ fotografierten Regionen zu investieren (Castleberry 1996, 16–17).

Aus diesem Kontext wirtschaftlicher und politischer Expansion erwuchs eines der ambitioniertesten Fotobuchprojekte überhaupt: Edward Sheriff Curtis' zwanzigbändiges und um die Jahrhundertwende begonnenes *The North American Indian* (1907–1930). Das enzyklopädische Bildwerk entstand in jahrzehntelanger Arbeit und verschlang Produktionskosten von 1,2 Millionen Dollar. Gedruckt wurden nur 270 Exemplare. Sie erreichten die amerikanische Wirtschaftselite, die das Projekt durch ihr Mäzenat ermöglicht hatte. Curtis' Fotografien konstruierten den Mythos eines ursprünglichen und dem Untergang geweihten indianischen Amerika. Aber auch innerhalb der eigenen Gattung lässt sich das monumentale Werk als das letzte seiner Art begreifen. Nie mehr würde ein Fotobuchprojekt mit einem solchen Aufwand betrieben werden. 1930, als der letzte von 20 Bänden publiziert wurde, hatte jegliches Interesse an Curtis' fotografischen Erkundungen des indianischen Westens nachgelassen (vgl. Goetzmann 1996, 90). Auch wenn es erst nach 1900 entstand: Curtis' Werk verkörpert die Bild- und Wissenschaftskultur des 19. Jahrhunderts.

THE

NORTH AMERICAN INDIAN

BEING A SERIES OF VOLUMES PICTURING
AND DESCRIBING

THE INDIANS OF THE UNITED STATES
AND ALASKA

WRITTEN, ILLUSTRATED, AND
PUBLISHED BY
EDWARD S. CURTIS

EDITED BY
FREDERICK WEBB HODGE

FOREWORD BY
THEODORE ROOSEVELT

FIELD RESEARCH CONDUCTED UNDER THE
PATRONAGE OF
J. PIERPONT MORGAN

IN TWENTY VOLUMES
THIS, THE FIRST VOLUME, PUBLISHED IN THE YEAR
NINETEEN HUNDRED AND SEVEN

Abb. 2: Edward Sheriff Curtis: *The Pool – Apache*, Fotografie, 1907

Die Titelseite des ersten Bandes (Abb. 2) verdeutlicht den Charakter des Projekts. Dem einsamen, aus der Distanz gesehenen Apache-Indianer im Bild (gespiegelt von der Wasseroberfläche wie von der vermeintlich ebenso faktentreuen Fotografie) stehen im Text die Autoritäten von Projekt und Nation gegenüber – nicht nur Fotograf Curtis und Redakteur Hodge, sondern auch US-Präsident Roosevelt und J. Pierpont Morgan, Großbankier und eine der wichtigsten Figuren im amerikanischen Kapitalismus. Doch die Ordnungen von Wissen und Macht bestimmen nicht alles. Einzelne Porträtaufnahmen bemühen sich darum, Intimität herzustellen. Eine Fotografie etwa zeigt eine Apache-Indianerin mit entblößter Schulter im direkten Blickkontakt mit der Kamera (Abb. 3). Ein Bild wie dieses verspricht mehr als nur enzyklopädisches Wissen. Es suggeriert Vertrautheit zwischen weißen Betrachter/innen und exotisierten indianischen Figuren. Zu diesem visuellen Dialog gehört allerdings auch, dass die stolze, trotzige Mimik der Porträtierten – wie im Falle dieser Repräsentantin der Apachen – sich der Intimitätszumutung durchaus zu widersetzen scheint.

APACHE GIRL

Abb. 3: Edward Sheriff Curtis: *Apache Girl*, Fotografie, 1907

Auch wenn Curtis' Monumentalprojekt von seinen Zeitgenossen kaum wahrgenommen wurde: Fotobücher insgesamt konnten in der Zwischenkriegszeit mit erhöhter Aufmerksamkeit rechnen. Historiker/innen der Drucktechnik sehen die ersten Dekaden des 20. Jahrhundert als den eigentlichen Beginn des fotografischen Zeitalters. Neue Techniken ermöglichten es, zahllose Seiten von Zeitschriften, Zeitungen und Büchern relativ günstig und daher massenhaft mit Bildern zu bedrucken (vgl. Benson 2008, 224). In dieser Phase entstanden Bildbände, ohne die eine Fotogeschichte der Moderne nicht betrieben werden kann: Karl

Blossfeldts *Urformen der Kunst*, Albert Renger-Patzschs *Die Welt ist schön* (beide 1928) und August Sanders *Antlitz der Zeit* (1929). Diese Fotobücher sind weit mehr als Bildsammlungen. Die Aufnahmen illustrieren nicht nur Text; sie werden zu eigenständigen Elementen visueller Kompendien, die als Bücher stets auch künstlerische Gesten sind (vgl. Gunther 1998, 574). Zudem fand die Kunst der Fotomontage ihre Heimat in Bildbänden der Zwischenkriegszeit. Im Buch, selbst ein montagehaftes Medium, ließen sich avantgardistische Konzepte bezüglich der Zusammenhänge von Bildern und Texten besonders prägnant umsetzen (vgl. Rice 2001, 9). In erster Linie aber diente das Fotobuch als zentrales Element einer neuen dokumentarischen Kultur in Europa wie in den Vereinigten Staaten – von besonderer Bedeutung in der Zeit der Wirtschaftskrise. Und in der Epoche des Totalitarismus wurde es zu einem ebenso wichtigen Werkzeug politischer Propaganda (vgl. Parr und Badger 2004, 10).

Mit Bezug auf Barthes' Essay *Die helle Kammer* und die ihm folgenden fototheoretischen Arbeiten lässt sich festhalten, dass das Studium einzelner Fotografien Dimensionen von Intimität und Privatheit eröffnet. Die Auseinandersetzung mit dem Fotobuch, einem für ein Publikum gestalteten Produkt, führt dagegen zwangsläufig zu Interpretationen des Fotografischen als öffentlich wirksamem Medium, das eng verknüpft ist mit politischen, sozialen und kulturellen Transformationen der Moderne. Dies gilt insbesondere in den Jahrzehnten nach dem Zweiten Weltkrieg, einer Phase, in dem sich der Bildband als kommerziell extrem erfolgreiches Verlagsprodukt entwickelte. Er wurde von einem Massenmarkt hervorgebracht, dessen Geschmack durch die Fotoreportagen der großen Publikumszeitschriften geprägt wurde. Wie die Bildstrecken der Magazine waren die Bände eng mit dem Tourismus und der populären Ethnografie verknüpft. Kaum eine attraktive Reiseregion, kaum ein Land oder eine Metropole wurde nicht zum Sujet eines Bildbands. Nach Hans-Michael Koetzle vollzog ein bildungs- und urlaubsinteressiertes Publikum mittels der Lektüre und visuellen Rezeption einen „Ortswechsel in Papier" (Koetzle 2011, 17). Das Fotobuch und das Blättern darin ersetzte die Reise, bereitete darauf vor oder vollzog sie noch einmal nach. Geschmackvolle, die Sehgewohnheiten kaum jemals irritierende Fotografien stellten fremde Welten und Zeitgenossen möglichst pittoresk vor. Oft waren es beliebte Journalistinnen und Journalisten, deren Essays die Illustrationen erläuterten – in verständlicher, eleganter Prosa, die die Abbildungen pries und die Faszinationskraft des fotografierten Territoriums noch einmal zu verstärken suchte. So wurde das Fotobuch zum Medium eines neuen, sich massenhaft verbreitenden Exotismus.

Zudem bediente es andere Bedürfnisse, etwa im italienischen Fotoroman, der sich in der unmittelbaren Nachkriegszeit entwickelte und später in ganz Europa verbreitet war. Der *fotoromanzo* gilt als Nachfolger des Spielfilme nacherzählenden *cineromanzo* und selbst wiederum als Vorbild für die Bildergeschichten in deutschsprachigen Zeitschriften wie *Bravo* oder *Mädchen*. Mit dokumentarischem Gestus und Lust an der Fiktion wurden in ihm ergreifende Liebesgeschichten in Bild und Text inszeniert (vgl. Neitzel 2003, 206). Möglicherweise ist der *fotoromanzo* dem Melodrama (und der Zeitschriften- und Filmwelt) zu nah, um in kunsthistorisch ausgerichteten Studien aufzutauchen. Jedoch gehört er mit gleichem Recht zur Tradition der bebilderten Bände wie die Buchprojekte Blossfeldts, Renger-Patzschs und Sanders. Wie die Fotografiegeschichte auch umfasst die Geschichte des Fotobuchs popkulturelle Idiome ebenso wie die Ausdrucksformen kanonisierter Künstlerinnen und Künstler.

Die Konstruktion des ‚Meisterwerks‘: Robert Franks *The Americans* (1959)

Im Jahr 1955 beantragte ein junger Schweizer, gerade in die Vereinigten Staaten umgesiedelt, bei der John Simon Guggenheim Memorial Foundation die Finanzierung eines fotografischen Projekts. Er formulierte als Ziel, „a broad, voluminous picture record of things American, past and present" zu erstellen. Eine Aufzählung von Sujets folgte dieser allgemeinen Einleitung. Die folgenden Dinge und Phänomene plante er zu fotografieren: „a town at night, a parking lot, a supermarket, a highway, the man who owns three cars and the man who owns none, the farmer and his children, a new house and a warped clapboard house, the dictation of taste, the dream of grandeur, advertising, neon lights, the faces of the leaders and the faces of the followers, gas tanks and postoffices and backyards" (zit. in Greenough 2009b, 37).

Dem Antrag des Schweizer Einwanderers – sein Name war Robert Frank – wurde stattgegeben. Aus der Projektbeschreibung entstand *The Americans* (1959), von der Kritik als das prägendste Fotobuch der zweiten Hälfte des 20. Jahrhunderts eingeschätzt (vgl. Bezner 1999, 217–218). Und wie die Skizze versprochen hatte, gelang es dem Fotografen, Darstellungen des amerikanischen Alltags unmittelbar mit Anspielungen auf breitere kulturelle und soziale Phänomene zu verbinden. Frank etablierte eine neue Position für die Fotografie, angesiedelt zwischen Journalismus und bildender Kunst, eng verbunden mit der Subjektivität des Fotokünstlers und doch ausgerichtet auf Kultur- und Gesellschaftskritik.

The Americans könnte daher – zumindest auf den ersten Blick – als Musterbeispiel für die Offenheit des fotografischen Buches und den immer schon kontextualisierten Charakter der dort versammelten Aufnahmen dienen. Das einzelne Bild zählt nicht viel, so scheint es. Weder wird es als mit Emotionen aufgeladene Reliquie sakralisiert noch als Meisterwerk im kunsthistorischen Sinne verstanden. Stattdessen wurde *The Americans* von Anfang an als Fotobuch, als Erzählung aus zahlreichen Bildern gedacht. Mehr als 27.000 Aufnahmen entstanden während der Reisen Franks durch die Vereinigten Staaten. Aus ihnen wählte der Fotograf über 1.000 Arbeitskopien aus. Diese wiederum wurden für das Buch zu einer Gruppe von 83 Bildern kondensiert. Das Stilmittel der Aufzählung ohne jede Akzentuierung wird, zumindest in der amerikanischen Ausgabe des Bandes, konsequent durchgehalten. Jedes der Bilder erhält gleich viel Platz, erscheint in gleicher Größe. Dieser Egalitarismus scheint sich auch in der Formensprache der einzelnen Fotografien selbst widerzuspiegeln. Franks Kamera nähert sich den Amerikanerinnen und Amerikanern, ihren Konsumgegenständen und Nationalsymbolen mit einer Ästhetik der Flüchtigkeit. Die fotografischen Strategien wirken improvisiert. Oft werden Figuren nur angeschnitten oder bleiben unscharf, gerade Linien erscheinen als Diagonale, Hindernisse rücken ins Bild. *Pars pro toto* kann eine Aufnahme aus einem Hotelfenster in Butte, Montana, stehen, die nicht nur eine bemerkenswert düstere Stadtlandschaft einfängt, sondern zudem die Gardinen vor dem Fenster. Wie durch einen Schleier blickte der Künstler, ebenso wie nun die Betrachterinnen und Betrachter, auf Butte (Abb. 4). Schauplatz der Situation ist der amerikanische Westen, wo Fotografinnen und Fotografen vor Frank mit Expansionsdrang und größter technischer Präzision Landschaftsaufnahmen hergestellt hatten. Dieser Künstler aber verbleibt im Interieur und riskiert nur einen Schnappschuss in die Außenwelt (auch wenn schon dieser durchaus andeutet, dass die Landschaft um Butte eher zerstört wirkt als erhaben). Angestrebt wird nicht konventionelle fotografische Klarheit, sondern das Offenlegen einer immer schon begrenzten Perspektive.

Betrachterinnen und Betrachter der *Americans* beziehen die vorhergehenden Fotografien automatisch in die Interpretation des ihnen vorliegenden Bildes ein und modifizieren so immer wieder ihre Lektüre von Einzelbild und Buch (vgl. Harris 2011, 93–94). Visuelle Leitmotive – Jukeboxen, amerikanische Flaggen, Automobile – sorgen dafür, dass die Bilder in Gruppen oder Kategorien wahrgenommen werden. Das Vorwort des amerikanischen Schriftstellers Jack Kerouac trägt zu diesem Eindruck bei: Auch dieser Text wird von Aufzählungen dominiert, auch er wirkt stilistisch improvisiert, unabgeschlossen, offen. Das Reisemotiv, in Text wie Bildern bestimmend, gibt dem Buch zudem einen dynamischen, sich festen Kategorien entziehenden Charakter. Mit *The Americans* scheint ein neues Genre zu entstehen. Konsequenter als je zuvor inszenierte ein Fotobuch ein Erzählen mit Bildern, das nicht zum Meditieren vor Solitären einlud, sondern einzig und allein als Sequenz funktionierte.

Abb. 4: Robert Frank: *View from Hotel Window – Butte, Montana*,
Fotografie, 1955–1957

Dennoch ist fraglich, inwieweit Franks Band tatsächlich als eine Art Gründungs-
text einer neuen, offenen Fotobuch-Ästhetik begriffen werden kann. Schon das
Seitenlayout der amerikanischen Ausgabe (anders angelegt als in der vorhergehenden französischen Edition) verrät, was für eine Bedeutung der einzelnen
Fotografie in den *Americans* durchaus noch zugeschrieben wird. Auf den Doppelseiten des Buchs erscheint ein Bildsolitär rechts, die Seite fast ausfüllend. Links
gegenüber bleibt die Seite nahezu weiß, eine leere Fläche, die das auf der Doppelseite erscheinende Bild mit Bedeutung auflädt. Hier finden sich nur äußerst
knappe Angaben zu den fotografierten Orten („Charleston, South Carolina" etwa,
oder, schon einer der detaillierteren Einträge: „Coffee shop, railway station –
Indianapolis"; Frank 2008 [1958–1959], o. S.). *The Americans* ist mit nüchterner
Strenge gestaltet – und zielt damit durchaus darauf ab, Fotografien als mächtige,
kontextunabhängige Solitäre wahrzunehmen, so improvisiert die fotografische
Technik auch erscheint.

Frank reagierte mit dieser rigiden Ästhetik auf die visuelle Kultur der 1950er
Jahre, als die amerikanischen Bildmagazine Fotografien und Text oft auf dra-
matische Weise zusammenfügten, um der Leserschaft möglichst emotionale
Momente zu bieten – etwa wenn ein Landarzt oder eine Hebamme durch drama-
tische Arbeitstage zwischen Leben und Tod begleitet wird. Der Fotoessay war von
Zeitschriften wie *Life* und Fotografen wie W. Eugene Smith zu einem aufwendig
produzierten massenmedialen Format entwickelt worden, das von Helden des
Alltags erzählte und Fotografien nicht als vielschichtige Einzelwerke, sondern

nur als Konstruktionselemente dramatischer Bild-Text-Kombinationen benutzte. *The Americans* löst die Fotografie aus diesen gängigen Arrangements (vgl. Ribbat 2003, 146–147). Die Strenge der Doppelseiten und die konsequente Trennung von Kerouacs Text und Franks Bildern erklärt sich aus dieser Absetzbewegung. Damit wurde Franks Werk prägend für das späte 20. und frühe 21. Jahrhundert. Nach den *Americans* wurde das Fotobuch zu einem von den Fotografinnen und Fotografen kontrollierten Terrain, das sich bei aller angedeuteten improvisatorischen Offenheit als abgeschlossen präsentiert. Die Subjektivität ihres Autors authentifiziert die Bilderzählung und schützt sie vor allzu viel Kontextualisierung.

Diese Spannung zwischen Pluralismus und Geschlossenheit wirkt auf den ersten Blick unausweichlich. Aber in der Fotogeschichte der 1950er Jahre gibt es durchaus Beispiele für einen offeneren Umgang mit dem Fotobuch. Nur wenige Jahre vor den *Americans*, im Jahr 1955, erschien etwa *The Sweet Flypaper of Life*, eine Kollaboration des Literaten Langston Hughes mit dem Fotografen Roy DeCarava. Die beiden Afroamerikaner – und die ethnische Zuschreibung hat hier durchaus Bedeutung – produzierten einen Bildtext über den New Yorker Stadtteil Harlem. Ähnlich wie Franks Buch ist auch *Flypaper* darauf angelegt, ein breites Panorama öffentlicher und privater Ansichten eines bestimmten historischen Zeitpunkts zu geben. Es distanziert sich allerdings vom Anspruch auf authentische Subjektivität ebenso wie von gestalterischer Strenge. In einem sich ständig überkreuzenden und gegenseitig ergänzenden Text- und Bildnarrativ erzählt es eine fiktionale, durchaus sentimentale Geschichte (eine alte Dame in Harlem wird von einem Engel ins Jenseits beordert, folgt dem Ruf jedoch nicht, sondern stellt ihre weitverzweigte Familie vor, die sie noch im Diesseits hält). Foto und kommentierender Text werden anders als bei Frank nicht sauber getrennt. Sagt die Erzählerin, wie zu Beginn des Buchs „I got to look after Ronnie Belle“, so rückt sogleich das Porträt eines Kindes auf die Seite: Ronnie Belle, möglicherweise, deren große Augen den Schutzauftrag der Erzählerin gleich noch einmal zu bestätigen scheinen (Abb. 5).

When the bicycle of the Lord bearing His messenger with a telegram for Sister Mary Bradley saying "Come home" arrived at 113 West 134th Street, New York City, Sister Bradley said, "Boy, take that wire right on back to St. Peter because I am not prepared to go. I might be a little sick, but as yet I ain't no ways tired." And she would not even sign for the message—since she had read it first, while claiming she could not find her glasses to sign the slip.

"For one thing," said Sister Mary, "I want to stay here and see what this integration the Supreme Court has done decreed is going to be like."

Since integration has been, ages without end, a permanently established custom in heaven, the messenger boy replied that her curiosity could be satisfied quite easily above. But Sister Mary said she wanted to find out how integration was going to work on *earth* first, particularly in South Carolina which she was planning to visit once more before she died. So the messenger boy put his wire back in his pocket and departed.

"Come home!" said Sister Mary. "I got plenty time to come home when I get to be eighty, ninety, or a hundred and one. Of course, when I wake up some morning and find my own self dead, then I'll come home. But right now, you understand me, Lord, I'm so tangled up in living, I ain't got time to die. I got to look after Ronnie Belle:

Abb. 5: Roy DeCarava und Langston Hughes: *The Sweet Flypaper of Life*, 1955, exemplarische Abbildung

Allerdings: So fiktiv wie Engel und Erzählerin sind auch alle anderen Protagonisten des Bandes. Langston Hughes hatte seinen Text ohne jeglichen Bezug auf real existierende Menschen geschrieben, nur auf der Basis von Roy DeCaravas Fotografien, die ihm ohne jede weitere Informationen vorlagen: Aufnahmen von Straßenszenen, von Menschen in privaten Räumen und von familiären Interaktionen. *Flypaper* machte Fotografie, in den 1950er Jahren noch fest mit Authentizitätsansprüchen verknüpft, zu einem Instrument des Fiktionalen. Zudem wurde diese Fotofiktion ausgerechnet an einem Ort hergestellt, der sonst mit hartem Realismus gleichgesetzt wurde. Während sich eine von weißen Betrachtern geprägte sozialdokumentarische Darstellungsweise von Harlem als problembeladenem Ghetto längst etabliert hatte, setzten Hughes und DeCarava auf eine zum Teil sentimentale, zum Teil sinnliche Fotofiktion, die sich dem Stadtteil nicht mit Nüchternheit und nicht mit Pessimismus näherte, sondern mit der Absicht, der Imaginationskraft Raum zu geben (vgl. Ings 2000).

The Sweet Flypaper of Life ist in der Geschichte der afroamerikanischen Fotografie zu einem Schlüsseltext geworden, beschrieben etwa von der Fotografiehistorikerin Deborah Willis als wichtiges Gegenstück zu den rassistischen beziehungsweise simplifizierenden Repräsentationen schwarzer Amerikanerinnen und Amerikaner in der visuellen Kultur (vgl. Willis 1994, 3–4). Die Seiten des Buchs zeigen afroamerikanisches Großstadtleben in all seinen Nuancen. Der Blick auf eine Doppelseite etwa schweift über Dandys und Bügelfalten, ein Partykleid, eine in der Bar glimmende Jukebox, während die Erzählerin von Ronnie aus Harlem und seinen vielfältigen Leidenschaften berichtet (Abb. 6). Bilder und Text teilen sich engen Raum. Doch öffnen Hughes und de Carava den Band in zwei Richtungen: Er ist Großstadtporträt und romanhafte Fiktion, flexibel für diverse Lektüren, aber weder als eindeutiges Sozialdokument noch als völlig autonomes Kunstwerk zu verstehen.

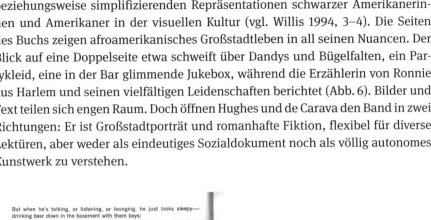

But when he's talking, or listening, or lounging, he just looks sleepy— drinking beer down in the basement with them boys:

And Rodney has to come upstairs here to me to borrow subway fare to take her. He never moves fast—not even to reach out his hand for a dollar— except when he's dancing. And crazy about music. Can tell you every horn that ever blowed on every juke-box record in the neighborhood:

Now, you take that Joe, older than Rodney, thinks he's wiser—ties a big rope of words all around Rodney, ties a rope of dreams with Cadillac headlights, and bebop horns, and girls saying, "Gimmie a ride." Rodney ain't got no car. But he's got a girl, nice girl, too—at least, she's got him. She comes down there in the super's basement when she's ready to go to a party all dressed up looking for Rodney:

12

Abb. 6: Roy DeCarava und Langston Hughes: *The Sweet Flypaper of Life*, 1955, exemplarische Abbildung

Es ist möglicherweise symptomatisch für allgemeinere kulturelle Rezeptionsprozesse, dass nicht aus diesem offenen, leichten Band, sondern aus Franks strengen und modernistischen *Americans* in den folgenden Jahrzehnten ein kanonisches Werk wurde. Die zunächst als Angriff auf die amerikanische Kultur missverstandene Publikation des jungen Schweizers, angefeindet in zeitgenössischen Rezensionen und kommerziell erfolglos, erschien späteren Betrachtern als exzeptionell, ja prophetisch, weil ihre Themen – Entfremdung, Skepsis, Pessimismus – im Amerika der 1960er Jahre zu Schlüsselfragen der öffentlichen Diskussion wurden (vgl. Greenough 2009a, 315–316). Frank wurde zum ,Vater' der modernen Fotografie erhoben (vgl. Bezner 1999, 217–218), sein Werk mit Klassikern der Moderne wie T. S. Eliots *Waste Land* verglichen (vgl. Guimond 1991, 232). Nichts dokumentiert die Karriere der *Americans* so eindeutig wie eine Ausstellung der National Gallery of Art in Washington zu Franks Buch im Jahre 2009, dem 50. Jahrestag seines Erscheinens. *The Americans* verdrängte also nicht den Meisterwerkdiskurs aus der Fotografie – es wurde selbst zum ,Meisterwerk' erhoben.

Ausblick

Diese Rezeptionsgeschichte ist Teil eines umfassenderen Prozesses. Bildbände wie *The Americans* spielten eine entscheidende Rolle in jenem für die Kunstform Fotografie so zentralen Grenzbereich von Kunst und Dokumentarismus, der sich am prägnantesten mit Walker Evans' Begriff vom *documentary style* benennen lässt (zit. in Trachtenberg 1989, 238). Über das Fotobuch etablierten sich Fotografinnen und Fotografen seit der Mitte des 20. Jahrhunderts als öffentliche Persönlichkeiten mit ihrem jeweils spezifischen Blick auf die Welt. Henri Cartier-Bressons *Images à la sauvette* (1952) etwa annoncierte nicht nur den Urheber der Bilder selbst als prominenten Zeitzeugen, sondern auch eine ganz und gar an den Fotografien orientierte neue Bildsprache des illustrierten Buchs. In der Folge wurde der Bildband zu einem entscheidenden Ausdrucksmittel ambitionierter Fotografinnen und Fotografen – ein Nachweis ihres Könnens, ihrer Kreativität (vgl. Gunther 1998, 574 und 580). Dies gilt für den niederländischen Fotografen Ed van der Elsken (*Een Liefdesgeschiedenis in Saint Germain des Prés*, 1956) ebenso wie für die deutschen Künstler/innen Bernd und Hilla Becher (*Anonyme Skulpturen*, 1970), für den japanischen Fotografen Nobuyoshi Araki (*Sentimental Journey*, 1971) wie für die amerikanische Fotojournalistin Susan Meiselas (*Carnival Strippers*, 1976).

Mit diesen Fotobüchern entstand ein Kanon des dokumentarischen Stils, auf den sich zeitgenössische Fotografinnen und Fotografen noch immer berufen.

Zwar haben der große Erfolg der Kunstfotografie um die Jahrtausendwende und die damit stark wachsende Museumspräsenz großformatiger Arbeiten Jeff Walls oder Andreas Gurskys den Blick vieler Kritikerinnen und Kritiker noch einmal auf die Fotografie als kraftvolles Einzelbild gelenkt. Dennoch gilt das Buch nun als das ureigene Terrain der unabhängig operierenden Fotografinnen und Fotografen, die Auswahl und Arrangement ihrer Bilder selbst bestimmen und sich, Romanciers ähnlich, mit umfassenden, über Jahre kreativen Schaffens entstandenen Werken im Kulturbetrieb zu behaupten suchen. Als Qualitätsmerkmal wird verstanden, inwieweit sich auf den Seiten dieser Fotobände die Handschrift eines ‚Bildautors' oder einer ‚-autorin' nachverfolgen lässt, der oder die das von ihm ergründete Sujet aus eigener Sicht darstellt, an „Konzeption, Gestaltung des Buches beteiligt" (Wiegand 2011, 9) ist und mit auktorialer Präsenz – zumindest nach Wiegand – die künstlerische Wahrheit des Buchs garantiert. Parr und Badger betonen, welche Rolle das Fotobuch im Grenzbereich von Massenmedium und Kunst für fotografische Karrieren spielt: für das Bestreben von Fotografinnen und Fotografen, sich vom ‚Quasi-Handwerker' zum Künstler beziehungsweise zum Autoren zu entwickeln (Parr und Badger 2004, 11).

Im Fotobuch wird demnach nicht nur das Verhältnis von Bild, Text und Kontext, sondern auch kultureller und wirtschaftlicher Wert immer wieder neu verhandelt. Wie Anton Holzer bemerkt, verdankt sich die Blüte von Monografien über Fotobücher nicht bloß der unschuldigen Passion von Bibliophilen. Sie trägt sehr konkret zur Wertsteigerung von Bildbänden und Sammlungen bei (vgl. Holzer 2007). Das kleine Buch *Twenty-Six Gasoline Stations* etwa wurde 1963 von dem kalifornischen Künstler Edward Ruscha als Verkörperung von Alltagsästhetik konzipiert und war für einen Preis von drei Dollar zu erstehen. Rund 40 Jahre später war sein Wert auf etwa 15.000 Euro gestiegen (vgl. Dickel 2008, xi). Je mehr Fotobuchgeschichten zur Verfügung stehen, desto kostspieliger werden die historischen Exemplare. Ähnlich wie die Fotografie über den Umweg *vintage print* von Kunsthändler/innen und Sammler/innen reauratisiert wurde, könnte sich auch die zeitgenössische Kanonisierung von Bildbänden in ambitionierten Fotobuchgeschichten als Versuch verstehen lassen, ein eigentlich egalitäres, da beliebig oft reproduzierbares Massenobjekt zurück in den Stand eines Wertgegenstands zu versetzen.

Wie stets in der Geschichte der Fotografie aber entwickeln sich Kunstformen in ständiger Interaktion mit Marktmechanismen und alltagspraktischen Transformationen. Die Grenzlinien zwischen privatem Fotoalbum und öffentlich wirksamen Fotobuch sind kaum noch zu ziehen. Digitale Layout- und Drucktechniken sorgen für eine weitreichende Demokratisierung des Fotobuches und machen es für Fotokünstlerinnen und -künstler ebenso interessant wie für an familiären Bilderzählungen interessierte Amateur/innen. Dies zeigen zahlreiche Fotobuchfestivals und Workshops, die jungen Bildautorinnen und -autoren den Einstieg in den Kunstmarkt versprechen. Diverse kommerzielle Internetseiten von Anbietern wie fotobuch.de machen ihren Kunden vergleichbare Hoffnungen. Mit ihrer Software und ihrem Druck- und Bindeservice können Kunden quasi selbst erstellte Bildbände vom Modell ‚Economy' bis zum Modell ‚Professional' gestalten. Der Anbieter verkündet, „es jedem [zu] ermöglichen, seine Kreativität auszuleben und anschließend ein hochwertiges Unikat in den Händen zu halten" (www.fotobuch.de/unternehmen/unsere_mission/; 27. August 2013). So sehr die Bildtheoretikerinnen und -theoretiker auch die Bedeutung des Kontexts betonen: Der Solitär lockt noch immer – nun als Bild und als Buch.

Literaturverzeichnis

Barthes, Roland. *Die helle Kammer. Bemerkung zur Photographie*. Übers. von Dietrich Leube. Frankfurt am Main: Suhrkamp, 1989 [1980].

Batchen, Geoffrey. *Each Wild Idea. Writing, Photography, History*. Cambridge, MA: MIT Press, 2001.

Benjamin, Walter. „Das Kunstwerk im Zeitalter seiner technischen Reproduzierbarkeit" [1935]. *Gesammelte Schriften Bd. 1.2: Abhandlungen*. Hrsg. von Rolf Tiedemann und Hermann Schweppenhäuser. Frankfurt am Main: Suhrkamp, 1977a. 435–508.

Benjamin, Walter. „Kleine Geschichte der Photographie" [1931]. *Gesammelte Schriften Bd. 2.1: Aufsätze, Essays, Vorträge*. Hrsg. von Rolf Tiedemann und Hermann Schweppenhäuser. Frankfurt am Main: Suhrkamp, 1977b. 368–385.

Benson, Richard. *The Printed Picture*. New York, NY: Museum of Modern Art, 2008.

Bezner, Lili Corbus. *Photography and Politics in America: From the New Deal into the Cold War*. Baltimore, MD: Johns Hopkins University Press, 1999.

Burgin, Victor. *The End of Art Theory. Criticism and Postmodernity*. Atlantic Highlands, NJ: Humanities Press, 1986.

Castleberry, May. „Introduction". *Perpetual Mirage: Photographic Narratives of the Desert West*. Hrsg. von May Castleberry. New York, NY: Whitney Museum, 1996. 13–19.

Castleberry, May. „The Presence of the Past". *The Book of 101 Books: Seminal Photographic Books of the Twentieth Century*. Hrsg. von Andrew Roth. New York, NY: PPP Editions/Roth Horowitz, LLC, 2001. 105–107.

Corbin, Alain. „Kulissen" [1987]. *Geschichte des privaten Lebens Bd. 4: Von der Revolution zum Großen Krieg*. Hrsg. von Michelle Perrot. Frankfurt am Main: Fischer, 1992. 419–629.

DeCarava, Roy, und Langston Hughes. *The Sweet Flypaper of Life*. New York, NY: Hill and Wang, 1955.

Dickel, Hans. *Künstlerbücher mit Photographie seit 1960*. Hamburg: Maximilian-Gesellschaft, 2008.

Didi-Huberman, Georges. *Bilder trotz allem*. München: Fink, 2007 [2003].

Geimer, Peter. *Theorien der Fotografie zur Einführung*. Hamburg: Junius, 2009.

Goetzmann, William N. „The Arcadian Landscapes of Edward S. Curtis". *Perpetual Mirage: Photographic Narratives of the Desert West*. Hrsg. von May Castleberry. New York, NY: Whitney Museum, 1996. 83–91.

Greenough, Sarah. „Blowing Down Bleecker Street: Destroying *The Americans*". *Looking In: Robert Frank's ‚The Americans'*. Hrsg. von Sarah Greenough. Washington, D. C.: National Gallery of Art, 2009a. 314–323.

Greenough, Sarah. „Resisting Intelligence: Zurich to New York". *Looking In: Robert Frank's ‚The Americans'*. Hrsg. von Sarah Greenough. Washington, D. C.: National Gallery of Art, 2009b. 2–43.

Guimond, James. *American Photography and the American Dream*. Chapel Hill, NC: University of North Carolina Press, 1991.

Gunther, Thomas Michael. „Die Verbreitung der Fotografie: Presse, Werbung und Verlagswesen". *Neue Geschichte der Fotografie*. Hrsg. von Michel Frizot. Köln: Könemann, 1998. 555–580.

Frank, Robert. *The Americans*. Göttingen: Steidl, 2008 [1958–1959].

Harris, David. „*The Americans* at 50: A Review of the Exhibition and Related Publications of *Looking In: Robert Frank's ‚The Americans'*". *Photography and Culture* 4.1 (2011): 93–102.

Heiting, Manfred (Hrsg.). *Deutschland im Fotobuch*. Göttingen: Steidl, 2011.

Holzer, Anton. „Fotobücher – ein neuer Markt [Rezension des Titels *The Photobook: A History Bd. 2*, hrsg. von Martin Parr und Gerry Badger]". *Fotogeschichte* 27.105 (2007) http://www. fotogeschichte.info/index.php?id=142 (12. Mai 2014).

Ings, Richard. „A Tale of Two Cities: Urban Text and Image in *The Sweet Flypaper of Life*". *Urban Space and Representation*. Hrsg. von Maria Balshaw und Liam Kennedy. London: Pluto, 2000. 39–54.

Koetzle, Hans-Michael (Hrsg.). *Eyes on Paris*. *Paris im Fotobuch 1890–2010*. Hamburg: Haus der Photographie, 2011.

Neitzel, Britta. „Fotoroman". *Handbuch Populäre Kultur. Begriffe, Theorien, Diskussionen*. Hrsg. von Hans-Otto Hügel. Stuttgart: Metzler, 2003. 205–209.

Orvell, Miles. *American Photography*. Oxford: Oxford University Press, 2003.

Parr, Martin, und Gerry Badger. *The Photobook: A History Bd. 1*. London: Phaidon, 2004.

Parr, Martin, und Gerry Badger. *The Photobook: A History Bd. 2*. London: Phaidon, 2006.

Pfrunder, Peter. „Nochmals lesen lernen: Eine andere Geschichte der Schweizer Fotografie". *Schweizer Fotobücher 1927 bis heute: Eine andere Geschichte der Fotografie*. Hrsg. von Peter Pfrunder. Zürich: Lars Müller, 2001. 8–16.

Ribbat, Christoph. *Blickkontakt: Zur Beziehungsgeschichte amerikanischer Literatur und Fotografie*. München: Fink, 2003.

Rice, Shelley. „When Objects Dream". *The Book of 101 Books: Seminal Photographic Books of the Twentieth Century*. Hrsg. von Andrew Roth. New York, NY: PPP Editions/Roth Horowitz, LLC, 2001. 3–33.

Schäfke, Werner, und Roman Heuberger (Hrsg.). *Köln und seine Fotobücher. Fotografie in Köln, aus Köln, für Köln im Fotobuch von 1853 bis 2010*. Köln: Emons, 2010.

Sekula, Allan. *Photography against the Grain: Essays and Photo Works 1973–1983*. Halifax: Nova Scotia College of Art and Design Press, 1984.

Talbot, William Henry Fox. *Pencil of Nature*. London: Longman, Brown, Green and Longmans, 1844.

Trachtenberg, Alan. *Reading American Photographs. Images as History, Mathew Brady to Walker Evans*. New York, NY: Hill and Wang, 1989.

Wiegand, Thomas. „Einleitung". *Deutschland im Fotobuch: 287 Fotobücher zum Thema Deutschland aus der Zeit von 1915 bis 2009*. Hrsg. von Manfred Heiting. Göttingen: Steidl, 2011. 8–16.

Willis, Deborah. „Introduction: Picturing Us". *Picturing Us: African American Identity in Photography*. Hrsg. von Deborah Willis. New York, NY: New Press, 1994. 3–26.

4.14 „Sehtextkommentar": Schriftbilder, Bilderschriften (F. Kriwet)

Brigitte Weingart

Hybride

Text-Bild-Hybride riskieren, durch die disziplinären Raster der mit Kunst, Literatur und Medien befassten Wissenschaften zu fallen. Darin sind sie jenen „Bastarden" ähnlich, zu denen die medialen „hybrids", wie sie Marshall McLuhan in den 1960er Jahren in seinem Buch *Understanding Media* genannt hat, in der deutschen Übersetzung mutiert sind (McLuhan 1995 [1964], 84–95). Für diesen Befund liefert die wissenschaftliche Rezeption der Arbeiten von Ferdinand Kriwet ein anschauliches Beispiel: Kriwet ist nicht nur ein Künstler, der mit verschiedenen Medien und in unterschiedlichen Institutionen gearbeitet hat. Als Autodidakt hat er auch keine eindeutige Herkunft im Kunst-, Literatur- oder Musikbetrieb, womit ein weiteres der verbreiteten Modelle zur Klassifizierung von ‚Bastarden' wegfällt (vgl. 3.1 WETZEL). Obwohl seine Text-Bild-Bücher wie *Apollo Amerika* (1969), das Bild-Lexikon *Stars* (1971), seine Piktogramme und Zeichen-Bücher (*Com. Mix*; 1972) ebenso wie seine experimentellen Hörspiele und Sound-Collagen gerade in den 1960er und 1970er Jahren ebenso erfolgreich wie einflussreich waren, steht eine intensive akademische Beschäftigung mit Kriwets Werk noch aus (vgl. jedoch Dreyer 1998; Schulze 2001, 264–276; Dencker 2011). Dass sich dies derzeit zu verändern scheint, hängt nicht allein mit dem neu erweckten Interesse seitens des Kunstbetriebs zusammen (siehe den Katalog zur Ausstellung *KRIWET – Yester'n'Today* 2011; sowie Schuelke und Deutzmann 2012). Da eine Reihe von Kriwets Arbeiten dem visuellen und akustischen Idiom von Pop verpflichtet sind, werden sie auch von literaturwissenschaftlicher Seite im Zuge der Auseinandersetzung mit der sogenannten Pop-Literatur der 1960er Jahre, die die erneute Konjunktur dieses Etiketts Ende der 1990er ausgelöst hat, wieder gelesen bzw. angeschaut und angehört (vgl. Ullmaier 2001, 72–74; Weingart 2003, 94–96; Linck 2004, 40–41; zum Verhältnis von Pop-Literatur und Visualität siehe auch 3.5 DRÜGH).

   ‚Lesen beziehungsweise Sehen' – damit ist das Thema der „Sehtexte", um die es hier gehen wird, exakt formuliert. Denn in diesen werden die Beziehungen zwischen Sehen und Lesen als solche thematisiert: Sie werden regelrecht ‚ausbuchstabiert'. Die Bezeichnung „Sehtext" stammt von Kriwet selbst, der die Literatur als „die Kunst der Sprache in allen Dimensionen" bestimmt und innerhalb dieses weiten Feldes für seine eigenen Arbeiten zwischen „Hörtexten" und „Sehtexten" unterschieden hat (Kriwet 1972 [1969], 226). Innerhalb dieser Unterscheidung wird erneut differenziert, nämlich auf Seiten der „Sehtexte" zwischen „Schreibstücken", „Schrifttexten" und „Lesestücken", von wo aus wiederum der Übergang zum Film stattfindet (Kriwet 1975b [1961], 34–35). Wie sich zeigen wird, spielt die Idee des Übergangs eine entscheidende Rolle, denn die verschiedenen Sehtext-Formen werden als Spektrum aufgefasst (und inszeniert). Innerhalb dieses Spektrums tritt die Unterscheidung zwischen den Rezeptionsmodi des Sehens und des Lesens in je unterschiedlicher Gewichtung wieder auf.

Übergänge

Die „Sehtexte" setzen bei dem Befund an, der der gesamten Tradition der Figurentexte von ihren antiken Ursprüngen über barocke Neuauflagen und (neo-) avantgardistische Spielarten bis hin zu den Bilderschriften und Schriftbildern der Werbung und der Pop Art zugrunde liegt: dass nämlich sowohl die dechiffrierende Lektüre wie die ‚bloße' Anschauung den Sehsinn involvieren (vgl. zu dieser Tradition Massin 1970; Faust 1987 [1977]; Adler und Ernst 1987; Ernst 1991). Die gleichzeitige Sichtbarkeit und Lesbarkeit von Schrift, von Wörtern wie von einzelnen Buchstaben, wird zum Ausgangspunkt für Anordnungen, die den Doppelcharakter der Schrift als solchen inszenieren: Figurentexte führen die Unmöglichkeit vor Augen, Schrift-Bilder einer ihrer beiden Seiten zuzuschlagen, Schrift oder Bild, Text oder Figur. Den verschiedenen Ansätzen und Umsetzungen ist gemeinsam, dass sie die Besonderheit der Schriftsprache, auch dann eine Gestalt im Raum einzunehmen, wenn sie aus arbiträren Zeichen besteht, und deshalb sowohl figurativ als auch kodiert zu sein, auf konstitutive Weise nutzen. Deshalb kann man Figurentexte auch nicht ohne Verlust ihrer Pointe vorlesen.

Innerhalb dieser Tradition machen Kriwets „Sehtexte" nun ihrerseits einen Unterschied. Denn in gewisser Weise bleibt in vielen ‚herkömmlichen' Figurentexten die Schrift-Bild-Unterscheidung als solche intakt. Ob diese nun Tautologien produzieren, weil die Figur, zu der sich die Schriftzeichen fügen, deren Aussage bestätigt, oder ob sie auf den Widerspruch oder eine Kluft zwischen Aussage und figuriertem Gegenstand setzen: Ihre Rezeption setzt voraus, dass es sich bei der buchstäblichen Lektüre und bei der bildlichen Wahrnehmung um unterschiedliche, voneinander getrennte Dimensionen handelt. Das gilt beispielsweise für die Kalligramme von Guillaume Apollinaire, denen man häufig zugutehält, dass sie die Unterscheidung zwischen Lesen und Sehen, zwischen Text und Bild, in die Schwebe bringen (vgl. 4.9 BEHRMANN). Tatsächlich wird hier die Schrift-Bild-Differenz zwar in eine nicht stillzustellende Bewegung versetzt, ihre beiden Seiten bleiben aber deutlich unterscheidbar (Abb. 1). Hat man zum Beispiel Apollinaires Arbeit „Paysage" (1914) vor sich, so kann man dieses Gebilde entweder als Figur oder als Schrift in den Blick nehmen – und das gilt für die gesamte Landschaft ebenso wie für das Haus, den Busch, die menschliche Gestalt und die Zigarre, aus denen diese sich zusammensetzt. Es handelt sich gewissermaßen um ‚Vexier'-Bilderschriften (oder -Schriftbilder), die man abwechselnd lesen oder sehen kann. Dieses Oszillieren zwischen Lesen und Sehen betont aber letztlich die Kluft zwischen beiden Rezeptionsweisen. Deren Unterschiedlichkeit würde auch Kriwet nicht bestreiten. In dem programmatischen Text „Leseeskapadenomination" zitiert er Paul Valéry mit einer Aussage, die den Schriftstellerphilosophen nicht nur als veritablen Gestalttheoretiker ausweist, sondern auch auf Apollinaires „Paysage" zutrifft: „Der Text, den man anschaut, der Text, den man liest, sind ganz und gar verschiedene Dinge, schließt doch die AUFMERKSAMKEIT, die man dem einen widmet, Aufmerksamkeit, die man dem anderen zuteil werden lassen könnte, aus." (Valéry 1959 [1927], 17; Herv. von Kriwet 1975a [1962], 41) Dieses bipolare Modell scheint auch Kriwet zu übernehmen. In einer Selbstauskunft zu seinen Sehtexten beschreibt er „Text" und „Grafik" (bzw. „Signal") als die beiden extremen Enden innerhalb der Erscheinungsweisen von Schriftsprache. Darüber hinaus weist er jedoch ausdrücklich auf das hin, was sich zwischen diesen Extremen abspielt: „Ich habe in den Sehtexten dann versucht, die spezifischen Eigentümlichkeiten von Schriftsprache kompositorisch zu verwenden mit dem gleichen Ziel [wie bei den auf akustische Dechiffrierung angelegten Hörtexten; d. V.], unterschiedliche Leseprozesse zu stimulieren zwischen der extremen, rein sensorischen Wahrnehmung von Sprache, von Schriftsprache als Grafik und der rein intellektuellen Wahrnehmung von Schriftsprache als Text. Daher rührt auch der Terminus ‚Sehtext'. Auf der einen Seite das Sehen in Form von Grafik oder als Signal. Auf der anderen Seite beginnt man dann diese Grafik zu lesen, zu entziffern und zu verstehen. Die Grafik stellt sich einem dann plötzlich als Text dar" (Kriwet 1998 [1970], 109).

Entsprechend werden in den „Sehtexten" Sehen und Lesen nicht als Gegensatzpaar, sondern als Pole einer graduell variablen Unterscheidung in den Blick gerückt. Zu diesem (nicht zuletzt: didaktischen) Zweck arbeitet Kriwet mit unterschiedlichen Mengen, Dichten und Größen von Zeichen, die überdies einmal zerstückelt, dann wieder in ihrer vollständigen Kontur verwendet werden. So lassen sich Anordnungen arrangieren, die auf den sukzessiven Zerfall von Wörtern und Buchstaben und damit auf Unlesbarkeit hinauslaufen, wobei sich in den Zwischenstadien Zonen der Unentscheidbarkeit ergeben. Das verdeutlicht zum Beispiel die Serie von „Rundscheiben", die Kriwet in den frühen 1960er Jahren angefertigt und publiziert hat (Kriwet 1962 und 1965a).

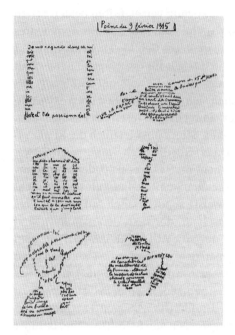

Abb. 1: Guillaume Apollinaire: „Poème du 9 février 1915", Kalligramm

Die Betonung der Übergänge zwischen Sichtbarkeit und Lesbarkeit, die bereits für das Spektrum der „Sehtexte" insgesamt veranschlagt wurde, ist hier offensichtlich schon *innerhalb* einer Reihe verwandter Arbeiten am Werk: So bietet die „Rundscheibe Nr. IV" (Abb. 2) zwar mit unterschiedlichen Schriftgrößen verschiedene Grade von Zugänglichkeit für den/die Leser/in an. Doch alle Schriftzeichen sind vollständig und damit grundsätzlich lesbar, zumal sie sich größtenteils zu Wörtern addieren und weitgehend auch semantisch erschließen lassen. Überdies sind etwas Ortschaften der hier inszenierten ‚Rundreise' idealerweise am Rand platziert („MANNHEIDELBERSTILGEWIESLOWALDO"). Sie liefern damit nicht nur ein Beispiel für das von Kriwet gern verwendete Verfahren mehrteiliger Wortkontaminationen, sondern auch einen Schlüssel zur potentiellen Dekodierung der auf der Rundscheibe ‚benachbarten' Orte.

Demgegenüber sind in der „Rundscheibe Nr. XIII" (Abb. 3) auch die Wörter und Typen selbst bereits stärker lädiert und entsprechend weniger gut lesbar, was ihrer Sichtbarkeit allerdings zugutekommt. Die visuelle Dimension wird dadurch unterstrichen, dass das Schriftmaterial in Form quadratischer Rasterfelder angeordnet wird, sodass sich ein Schachbrett-Muster abzeichnet. Auch wenn einzelne der größeren Buchstabenfolgen auf den ersten Blick lesbar sind, addieren sie sich nicht zu Wörtern im konventionellen Sinne, an die sie jedoch mehr oder weniger aus der Ferne erinnern. „Rundscheibe Nr. XIV" (Abb. 4) hingegen hält höchstens für äußerst spekulations- oder konjekturfreudige Leserinnen und Leser noch einige wenige ‚richtige' Wörter parat (man suche etwa „LEHRE" oder „SPRAY"). Diese Rundscheibe verspricht zwar schon durch die gleichmäßige Buchstabengröße, die sie von den Grafik-orientierten Layouts unterscheidet (z. B. von der „Rundscheibe Nr. XIII"), eine Lesbarkeit, löst diese allerdings nicht ein. Umso mehr erfüllt sie eine konzeptuelle Funktion, indem sie eine bestimmte Position in jenem Spektrum denkbarer Übergänge zwischen Sehen und Lesen besetzt, zu dem sich sämtliche „Textkreise" Kriwets addieren (Kriwet 1998 [1970], 112).

Abb. 2: Ferdinand Kriwet: „Rundscheibe Nr. IV – Aufgerollte Reise", 1961

Abb. 3: Ferdinand Kriwet: „Rundscheibe Nr. XIII – wen labal new", 1963

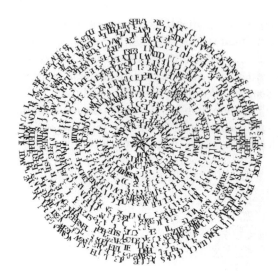

Abb. 4: Ferdinand Kriwet: „Rund-scheibe Nr. XIV – Zwanzig und vier Motive", 1963

„Mediumeigene Formen" und „Mixed Media"

In den vorangegangenen Bemerkungen wurde ‚Sehen' mit optischer Erfassung analog gesetzt, während der zugrunde gelegte Begriff des ‚Lesens' im engeren Sinne auf Dechiffrierung verweist. Kriwet selbst hat die Unterscheidung im Anschluss an die Leseforschung in diesem Sinne gebraucht und Sehen als „rein sensorischen" Prozess, Lesen als „rein intellektuelle" Tätigkeit des Semanti-sierens dargestellt: *„Sehen* ist ein *Empfindungsvorgang, Lesen* die *Reaktion auf diesen"*, heißt es in „Leseeskapadenomination" (Kriwet 1975a [1962], 40). Hier werden nicht nur eine Reihe weiterer Spezifizierungen vorgenommen, in deren Licht die „Sehtexte" als Umsetzung präziser konzeptueller Vorgaben erscheinen. Der Text selbst ist in verschiedenen Spalten und Textgrößen angeordnet, ein Layout, das offenbar am Modell der Zeitung geschult ist. Die Vorbildfunktion der Zeitung für eine gezielte Organisation der Lesbarkeitsgrade durch unterschied-liche Notationsweisen hat Kriwet wiederholt hervorgehoben. Indem sie ver-schiedene Lesetechniken – etwa diagonales, flüchtiges und punktuelles, inten-sives Lesen – verbindet, gibt die Zeitung das Modell ab für jenes Durchlaufen „verschiedene[r] Wahrnehmungsprozesse innerhalb kürzester Zeit" (Kriwet 1998 [1970], 109), zu dem auch der/die Rezipient/in der Rundscheiben angehalten ist. Wie bei anderen Vertreterinnen und Vertretern sowohl der historischen Avant-garden als auch der Neoavantgarden der 1960er Jahre hängt die Vorbildfunktion der Zeitung nicht zuletzt mit dem Versprechen einer „offenen Form" zusammen (ebd.), die vermeintlich eine aktive Beteiligung provoziert.

In Kriwets Selbstauskünften werden die „Sehtexte" aber nicht nur als verdichtete Versionen des Modells Zeitung ausgewiesen. Er bezieht sich auch auf einen anderen unübersehbaren Schauplatz von Schrift-Bild-Experimenten in den Massenmedien: die Reklame. Nach deren Vorbild sollen die „Sehtexte", so Kriwet, „sehend bereits gelesen werden" (Kriwet 1975a [1962], 40). Kaum überraschend, dass an dieser Stelle Stéphane Mallarmé als Vorgänger angeführt wird, vermittelt durch Walter Benjamin, der in seinem Text *Einbahnstraße* (1928) festgestellt hatte, unter den Bedingungen allgegenwärtiger Schrift in Form von Werbung gehe „das Buch in dieser überkommenen Gestalt seinem Ende entgegen" (Benjamin 1991 [1928], 102). Benjamin hält Mallarmé zugute, er habe, „wie er mitten in der kristallinischen Konstruktion seines gewiß traditionalistischen Schrifttums das Wahrbild des Kommenden sah, [...] zum ersten Male im ‚Coup de dés' die graphischen Spannungen der Reklame ins Schriftbild verarbeitet." (Ebd.)

Nun hat Mallarmé das Buchmedium keineswegs verlassen, sondern vielmehr versucht, dessen Möglichkeiten neu auszureizen (etwa in dem unvollendeten *Livre*, das in manieristischer Tradition noch einmal die ‚Welt als Buch' repräsentieren sollte, sowie nicht zuletzt in den theoretischen Reflexionen, die selbst Teil des Projekts sind). Auch Kriwets „Sehtexte" widmen sich solchen Explorationen der „mediumeigenen Formen" (Kriwet 1998 [1970], 113). Wie das Beispiel der Rundscheiben zeigt, geht es hier nicht um intermediale Verbindungen in dem Sinne, dass medientranszendente Inhalte in verschiedene ‚Transportmittel' überführt würden, sondern um die intermedialen Eigenschaften des Schriftmediums selbst (vgl. 2.1 KAMMER; 2.7 RIPPL). Die changierenden Schriftbilder/Bilderschriften bestätigen damit auf ihre Weise ein Diktum W. J. T. Mitchells, demzufolge „alle Medien Mixed Media [sind], die verschiedene Codes, diskursive Konventionen, Kanäle und sensorische und kognitive Modi kombinieren" (Mitchell 2008 [1994], 152). Anders gesagt: Hybridisierung hat immer schon stattgefunden, oder: Intermedialität wird zu einer relativen Angelegenheit, zu einer Frage der Perspektive. Aus diesem Grund steht die Konzentration auf ‚mediumeigene Formen' nicht im Widerspruch zur oben beschriebenen Programmatik der Übergänge: Was Kriwet herausarbeitet, sind gerade die mediumeigenen Übergänge, im Fall der „Sehtexte": das Changieren von Schrift zwischen Text und Bild.

Das Setzen auf ‚mediumeigene Formen' kennzeichnet auch Kriwets Auffassung von „Mixed Media" – eine Verschränkung, die sich nur auf den ersten Blick als Paradox darstellt. Seine entsprechenden Praktiken setzen zunächst bei der je medienspezifischen Wahrnehmungssituation an, deren voller Umfang als solcher erst einmal genutzt werden will. Erst auf dieser Basis kommen Medienmischungen zustande, in denen jede Komponente eine gleichberechtigte Rolle spielt (vgl. Kriwet 1998 [1970], 112). Das unterscheidet Kriwets Ansatz sowohl von einer transmedialen Mehrfachverwertung, bei der erzählerische Inhalte in verschiedene, als solche bereits durchgesetzte Formate verpackt werden (vgl. 2.7 RIPPL), wie von einer Multimedialität, die sich auf die Adressierung mehrerer Sinne bezieht. Es gibt zwar von Produktionen wie dem *Apollo*-Projekt über die Mondlandung (1969) oder *Campaign* über den US-amerikanischen Wahlkampf (1973) ein Buch, eine Radiofassung und einen Fernsehfilm. Dieser Mehrfachverwertung des Materials liegen aber jeweils medienspezifische Gestaltungsweisen zugrunde. So leistet Kriwet sich den Luxus, das Buchmedium in beinahe fetischistischer Verbundenheit auszureizen – und es in anderen Projekten zugunsten ,neuer' Medien zu verlassen, ohne gleich das Ende der Gutenberg-Galaxis auszurufen.

Kein Kommentar?

Der „Sehtextkommentar", den der Titel dieses Beitrags verspricht, hat die eingangs angesprochenen methodischen Probleme bislang weitgehend umschifft. Dass die literatur- wie kunstwissenschaftlich gängige Mischung von Interpretation und Rekursen auf Selbstauskünfte der Autor/innen oder Künstler/innen sowie auf Traditionsbezüge auch bei diesem hybriden Gegenstand als legitimes Verfahren gelten kann, wurde als selbstverständlich vorausgesetzt. Doch auf die Frage nach der disziplinären Zuständigkeit für Text-Bild-Hybride mit einem ,Kommentar' zu antworten, könnte auch den Verdacht nahelegen, besagte ,Bastarde' würden so umstandslos auf den Nenner des Textuellen gebracht. Schließlich handelt es sich bei diesem um eine vornehmlich textwissenschaftliche beziehungsweise diskursive Kategorie. In Anbetracht der durchaus berechtigten Skepsis gegenüber einer „Fixierung auf Textualität in kulturwissenschaftlichen Diskursen" (Linck und Rentsch 2007, 10) beim Umgang mit medialen Mischformen muss das Konzept des Kommentars daher beinahe zwangsläufig den Vorwurf der textuellen Vereinnahmung provozieren. Schließlich verspricht ein Kommentar (aus dem Lateinischen *commentarius*: Notizen, Tagebuch, Denkschrift) eine ihrerseits sprachliche Erläuterung zu einem Text.

„Sehtextkommentar" ist ein Zitat, und zwar von Kriwet selbst, der sein 1965 erschienenes Buch *leserattenfaenge* mit diesem Untertitel versehen hat (Kriwet 1965b; vgl. auch die großformatige Neuauflage des Kommentars zur „Rundscheibe Nr. XIII" anlässlich einer Ausstellung in der Kölner Galerie BQ, 2004). Die Publikation hält, was diese Genrebestimmung verspricht, indem sie eine Reihe der bis dato veröffentlichten Rundscheiben mit höchst detaillierten, gleichsam wissenschaftlichen Anmerkungen und Erläuterungen versieht. Kriwet zufolge soll sein „Sehtextkommentar" dezidiert nicht als Ersatz für die in anderen For-

maten vorliegenden „Sehtexte" dienen, sondern als „ein brauchbarer und zweck-
mäßiger Führer durch das Letternlabyrinth vor allem der Rundscheiben" (Kriwet
1965b, 9). Er gibt Auskunft darüber, weshalb die Rundscheiben rund sind, sowie
über Entstehungsbedingungen und Herstellungsverfahren (Schreibmaschine
und Gummidruck). Und er formuliert Angebote zur Dechiffrierung in Form eines
Stellenkommentars, ergänzt durch assoziative „Begleittexte" (ebd., 10), die bei
der Durchsicht der Kommentare hinzugefügt wurden.

Die „Rundscheibe Nr. XIII" (Abb. 3) zum Beispiel wird von Kriwet in einem
ersten Schritt in Quadrate gerastert. Dann werden die Felder durchnumme-
riert und schließlich die Motive identifiziert, zu denen sich die Buchstaben
und Buchstabenfragmente durch ihre gemeinsame Schriftgröße oder -dichte
zusammenziehen (Abb. 5). Dabei wird wiederum zwischen „feldeigen[en]" und
„felddurchlaufend[en]" Motiven unterschieden (Kriwet 1965b, 158), die dann im
Einzelnen ausbuchstabiert und kommentiert werden (Abb. 6). Kriwet scheint
hier nicht zuletzt den Beweis erbringen zu wollen, dass die Rundscheiben tatsächlich ‚lesbar' sind; wiederholt ist in den einleitenden Texten von „Lesbarma-
chung" (ebd., 9) die Rede. Auf den ersten Blick fügt sich sein Verfahren bestens
in die Tradition des wissenschaftlichen Kommentierens ein. Charakteristisch
für diese Art der Bedeutungszuweisung ist, dass sie auf der Basis der Unterscheidung von Oberfläche und Tiefe operiert: „[D]er Kommentar errichtet eine
Signifikantenkette (den Kommentar) über eine andere Signifikantenkette (den
Text), in der Absicht, diese zweite Signifikantenkette so zu (re-)arrangieren, daß
eine *Signifikatfunktion* zugewiesen werden kann." (Fohrmann 1988, 250) Auch
Kriwet errichtet eine zweite Signifikantenkette über eine erste, die er durch einen
Verweis – etwa auf das die Felder 10 und 2 durchlaufende Motiv „ADA – M" – erst
als solche arrangiert und in den Blick rückt. Dieser zweiten Signifikantenkette,
die da lautet: „‚Madam I am Adam' (Joyce im Ulysses)" (wobei anzumerken ist,
dass das Zitat korrekterweise ‚Madam I'm Adam' lauten müsste – nur so lässt sich
der Satz als Palindrom auch rückwärts lesen), wird aber nicht die Funktion eines
Signifikats zugewiesen. Vielmehr wird sie zu einem weiteren Signifikanten, der
den Anstoß zu neuen Kommentaren gibt. Oder wie es der Meta-Kommentar zu
dem die Felder 34 und 35 durchlaufenden Motiv „QUIZ – TEXT" formuliert: „und
ein solcher ist's, palimpsestverschwiegen, verdeckt, doch auf- und entdeckbar"
(Kriwet 1965b, 165; Abb. 6). Der Kommentar stellt Leserinnen und Leser also vor
neue Rätsel – und vor das Angebot, ausgehend von den identifizierten Wörtern
und Bruchstücken weitere zu assoziieren. Die Lesbarkeit der Rundscheiben, die
die Kommentare herstellen, ist also eine vorläufige, denn allein die Geste der
Vollständigkeit dieser Glossierung macht nur umso mehr auf die Überschüsse
aufmerksam, die außen vor bleiben. In gewisser Hinsicht ist jeder einzelne dieser
Kommentare ‚ein Gedicht'.

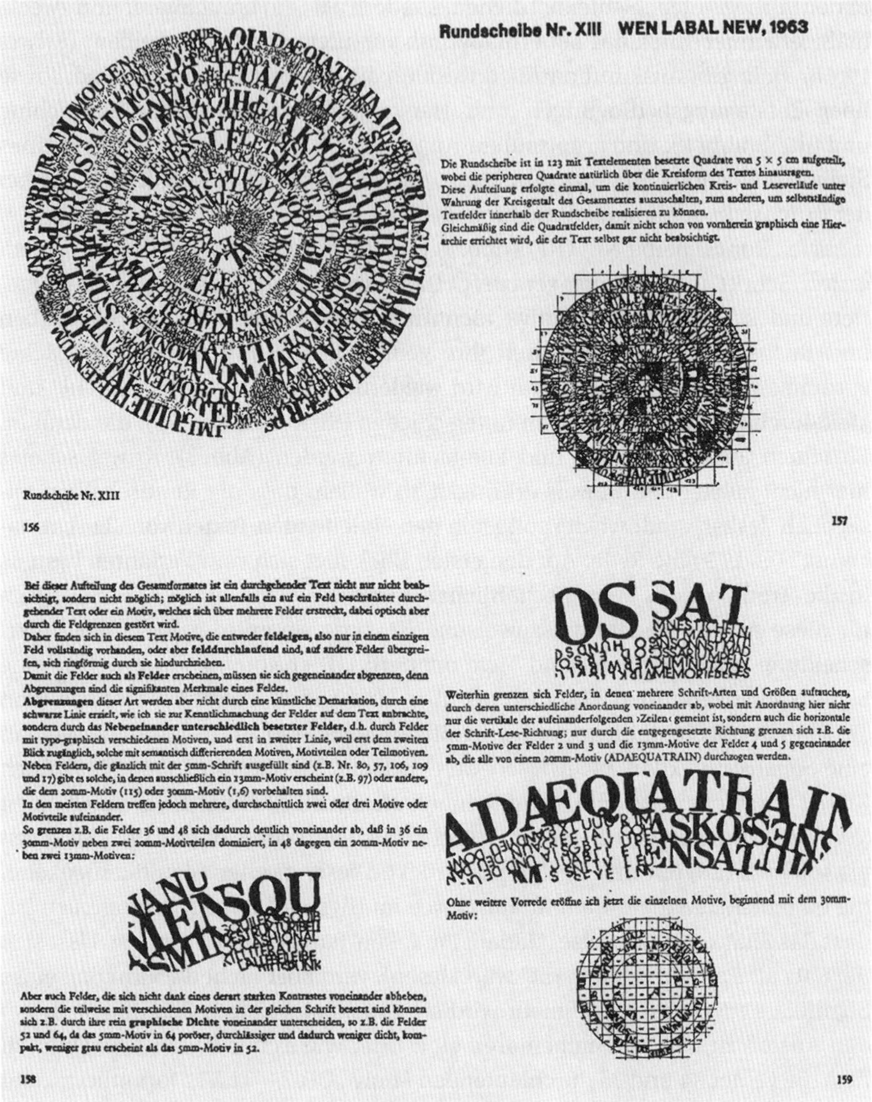

Rundscheibe Nr. XIII   WEN LABAL NEW, 1963

Die Rundscheibe ist in 123 mit Textelementen besetzte Quadrate von 5 × 5 cm aufgeteilt, wobei die peripheren Quadrate natürlich über die Kreisform des Textes hinausragen.
Diese Aufteilung erfolgte einmal, um die kontinuierlichen Kreis- und Leseverläufe unter Wahrung der Kreisgestalt des Gesamttextes auszuschalten, zum anderen, um selbständige Textfelder innerhalb der Rundscheibe realisieren zu können.
Gleichmäßig sind die Quadratfelder, damit nicht schon von vornherein graphisch eine Hierarchie errichtet wird, die der Text selbst gar nicht beabsichtigt.

Rundscheibe Nr. XIII

156

157

Bei dieser Aufteilung des Gesamtformates ist ein durchgehender Text nicht nur nicht beabsichtigt, sondern nicht möglich; möglich ist allenfalls ein auf ein Feld beschränkter durchgehender Text oder ein Motiv, welches sich über mehrere Felder erstreckt, dabei optisch aber durch die Feldgrenzen gestört wird.
Daher finden sich in diesem Text Motive, die entweder feldeigen, also nur in einem einzigen Feld vollständig vorhanden sind, oder aber felddurchlaufend sind, auf andere Felder übergreifen, sich ringförmig durch sie hindurchziehen.
Damit die Felder auch als Felder erscheinen, müssen sich gegeneinander abgrenzen, denn Abgrenzungen sind die signifikanten Merkmale eines Feldes.
Abgrenzungen dieser Art werden aber nicht durch eine künstliche Demarkation, durch eine schwarze Linie erzielt, wie ich sie zur Kenntlichmachung der Felder auf dem Text anbrachte, sondern durch das Nebeneinander unterschiedlich besetzter Felder, d.h. durch Felder mit typo-graphisch verschiedenen Motiven, und erst in zweiter Linie, weil erst dem zweiten Blick zugänglich, solche mit semantisch differierenden Motiven, Motivteilen oder Teilmotiven. Neben Feldern, die gänzlich mit der 5mm-Schrift ausgefüllt sind (z.B. Nr. 80, 57, 106, 109 und 17) gibt es solche, in denen ausschließlich ein 13mm-Motiv erscheint (z.B. 97) oder andere, die dem 20mm-Motiv (115) oder 30mm-Motiv (1,6) vorbehalten sind.
In den meisten Feldern treffen jedoch mehrere, durchschnittlich zwei oder drei Motive oder Motivteile aufeinander.
So grenzen z.B. die Felder 36 und 48 sich dadurch deutlich voneinander ab, daß in 36 ein 30mm-Motiv neben zwei 20mm-Motivteilen dominiert, in 48 dagegen ein 20mm-Motiv neben zwei 13mm-Motiven:

Weiterhin grenzen sich Felder, in denen mehrere Schrift-Arten und Größen auftauchen, durch deren unterschiedliche Anordnung voneinander ab, wobei mit Anordnung hier nicht nur die vertikale der aufeinanderfolgenden >Zeilen< gemeint ist, sondern auch die horizontale der Schrift-Lese-Richtung; nur durch die entgegengesetzte Richtung grenzen sich z.B. die 5mm-Motive der Felder 2 und 3 und die 13mm-Motive der Felder 4 und 5 gegeneinander ab, die alle von einem 20mm-Motiv (ADAEQUATRAIN) durchzogen werden.

Ohne weitere Vorrede eröffne ich jetzt die einzelnen Motive, beginnend mit dem 30mm-Motiv:

Aber auch Felder, die sich nicht dank eines derart starken Kontrastes voneinander abheben, sondern die teilweise mit verschiedenen Motiven in der gleichen Schrift besetzt sind können sich z.B. durch ihre rein graphische Dichte voneinander unterscheiden, so z.B. die Felder 52 und 64, da das 5mm-Motiv in 64 poröser, durchlässiger und dadurch weniger dicht, kompakt, weniger grau erscheint als das 5mm-Motiv in 52.

158

159

Abb. 5: Ferdinand Kriwet: Synopsis von Teilen des „Sehtextkommentars" zu Rundscheibe XIII, 1965

Den Sehtextkommentaren ist eine Doppelbewegung eingeschrieben: Einerseits reklamieren sie die Lesbarkeit der Rundscheiben und beharren darauf, dass diese mehr sein wollen als reines Rauschen oder eine dekorative Ansammlung von Zeichenmüll, der sich gelegentlich zu Worten addiert. Als Kommentare insistieren sie darauf, dass es nicht ausreicht, die „Sehtexte" als ‚Experiment' in den Bereich des A-Semantischen zu verbannen. Andererseits verteidigt jeder der Sehtextkommentare auf seine Weise die Produktivität des Zufalls und der Assoziation und damit das Gegenteil von Sinnbegrenzung, obwohl er – als Kommentar – eine Form der Sinnbegrenzung beispielhaft durchexerziert. Kriwet selbst weist zwar immer wieder auf die ‚dienende' Funktion der Kommentare hin, die lediglich Sekundärtexte sein sollen, und reserviert jeglichen literarischen Anspruch für die primären (Seh-)Texte. Doch gerade in den Begleittexten steht die als solche ausgestellte Willkür im Kontrast zur autoritativen Geste eines traditionellen wissenschaftlichen Kommentars, der mit der ‚tieferen' Bedeutung die ‚Wahrheit' über den kommentierten Text verspricht.

Felddurchlaufende 13mm-Motive:

NO – T – LIMI – TEDES – CA[77-65-53-41]
Tedesca = alter italienischer Tanz.
O – KKAS – S IONE – L [31-32-33-34]

Tedesca not limited, ca ira!
preisgünstige Gelegenheit nutzen, der nächste Winter kommt bestimmt, und jünger sehen wir uns nie wieder.

MELPO – MAD – ANDY [94-95-83]

ein jeder Andy kombinäre wie er kombineuern will über Melpomenes üblen Dänndie.

QUIZ – TEXT [34-35]

und ein solcher ist's, palimpsestverschwiegen, verdeckt, doch auf- und entdeckbar.

LYPOM – ANLYKO – REXIE [70-58-45]

FILOGY – NSTIG [20-21]
Philogyn Frauenfreund
in ›filogy‹ erscheint mal wieder ›guy‹

freundfrauenfremdgünstigram

samt allen gy inspirierten mnosAssoziationen;

ADA – M [10-2]

»Madam I am Adam« (Joyce im Ulysses)

SAD – ISNESS [14-5]

sadness and sadism.

Felddurchlaufende 5mm-Motive:

VON SATT UE – BER SOFF BIS –
SITT BEI LEIB [121-122-116]
dies könnte das Stenogramm eines Zechexzesses, einer Vereinstammbaumholztischbetrinkergelageausschweifung sein.

von satt über besoffen bis Biss oder Kiss beileibe gesittet, wobei ›bersoff‹ den Berserker zitiert;

EN – D WEHDE – AR OTTER [91-102-103]

entweder enden oder verroten mein Liebes.

LEKK CETER – A [93-81]

KOERPER ER ZU ECHTIGUNG [121-122]
Körperertüchtigung

Körperhochkultur durch Zucht und Sitte, auf daß gezüchtet werde eine bodenständig echte, nicht ruhelos nomadisierend welsche, im guten Volkskern reine Rasse, un-

Abb. 6: Ferdinand Kriwet: Auszug aus dem *„Sehtextkommentar" zu Rundscheibe XIII, 1965*

Kriwets Sehtextkommentare rücken damit zwei Aspekte in den Blick, die die formale Beschaffenheit des Kommentars betreffen (und in der literaturwissenschaftlichen Kommentarproduktion traditionell verdrängt wurden): zum einen

die Tatsache, dass der Kommentar an der ‚Zurichtung' seines Gegenstandes maßgeblich beteiligt ist; zum anderen (und daran gekoppelt) die Selbstreferentialität des Kommentars, der herstellt, was er ‚nur' zu kommentieren vorgibt: ein mit
Tiefenbedeutung ausgestattetes und damit überlieferungswürdiges Forschungs-
objekt. Dank Kriwets Rearrangements des in den Rundscheiben verwendeten
Zeichenmaterials werden deren Signifikanten in einem ersten Schritt überhaupt
erst als solche identifiziert, bevor ihnen dann in einem zweiten Schritt (in den
‚Begleittexten') eine Bedeutung zugeschrieben wird. Diese ist jedoch zu deutlich
als eine exemplarische Möglichkeit unter anderen markiert, um die Lektüre zu
einem Abschluss bringen zu können.

Es handelt sich also bei den Sehtextkommentaren um formale Parodien des
wissenschaftlichen Kommentars, die dessen eigene ‚Wahrheit' zutage fördern,
indem sie sich über seinen Wahrheitsanspruch mokieren. In ihrer spielerischen
Ernsthaftigkeit, zu der die Systematik und Vollständigkeit beitragen, ziehen die
Sehtextkommentare aus der Selbstreferentialität des Kommentars jedoch nicht
die Konsequenz, diesen aufzugeben (etwa zugunsten jenes bloßen Erscheinens
der Signifikanten, das Michel Foucault als Alternative avisierte; vgl. Foucault 1991
[1971], 19–20; vgl. dazu kritisch Fohrmann 1988, 255). Als Proben aufs Exempel
scheinen sie vielmehr für Kommentare zu plädieren, die ihren ambivalenten
Status produktiv machen – also für kreative und kommentierungsbedürftige
Kommentare, wie sie selbst welche sind (siehe auch 2.6 LÖFFLER).

Seitenwechsel

Spätestens an dieser Stelle ist der Verdacht auszuräumen, hier werde im Zeitalter des ‚toten Autors' altmodischerweise dem Künstler das letzte Wort über seine
Produkte zurückgegeben oder, schlimmer noch: mit dessen Hilfe ein Alibi für phi-
lologische Übergriffe auf visuelle Artefakte konstruiert. Wenn die „Sehtexte" in
ihrem Changieren von Lesbarkeit und Sichtbarkeit von den Betrachtenden einfor-
dern, immer wieder die Seite zu wechseln, dann erweist sich auch ein „Sehtextkommentar", der die Sehtexte nur liest, als ‚einseitig'. Der Kolonialisierung von
Hybriden durch ein allumfassendes Textualitätsparadigma zu widerstehen (vgl.
3.2 GIL), hieße auch, die Perspektive zu verschieben und die „Sehtexte" in ihrer
Bildlichkeit in den Blick zu nehmen. Ein solcher Seitenwechsel beinhaltet Kriwets
eigene Bemühungen, seine Arbeiten auf den Nenner eines erweiterten Schriftbegriffs zu bringen, auf seine Grenzen hin zu befragen und die Überschüsse in den
Blick zu nehmen, die sich dieser Selbstlektüre entziehen.

Nun kommt Kriwet diesem Seitenwechsel nicht gerade entgegen, zumal seine dezidierten Statements durch intensive theoretische Studien fundiert werden – eine Eigenschaft, die er nicht nur mit Vertreter/innen der Konkreten Poesie, sondern auch der Konzeptkunst teilt. Wie in den „Sehtextkommentaren" setzt Kriwet auch in anderen Selbstauskünften mit Blick auf seine „Sehtexte" nachdrücklich auf die Qualität des Visuellen als Schrift und damit auf die Zugangsform der Lesbarkeit. Diese Programmatik ist auch vor ihrem historischen Hintergrund zu sehen (und zu relativieren). Sie ist nicht, wie man vermuten könnte, von der *Grammatologie* (1967) Jacques Derridas beeinflusst, sondern von der ebenfalls als ‚Grammatologie' betitelten Schriftwissenschaft, die Ignace Gelb in seiner Studie *A Study of Writing. The Foundations of Grammatology* (1952; dt. *Von der Keilschrift zum Alphabet. Grundlagen einer Schriftwissenschaft*) entworfen hat. Die von Gelb avisierte neue Schriftwissenschaft leistet genau jener instrumentellen Sicht auf Schrift als bloßem Transportmittel der (gesprochenen) Sprache Vorschub, gegen die Derrida in seiner *Grammatologie* anschreibt. Gelbs Ansatz basiert auf der Methode vergleichender Typologie; er bezieht sich auf die gemeinsamen Eigenschaften verschiedener Erscheinungsweisen von Schrift. Das verleitet ihn dazu, die von ihm so genannte „Semasiographie" – Zeichensysteme, die nicht oder nur lose mit sprachlichen Elementen verbunden sind – aus seinem Schriftbegriff auszuschließen. Damit wird einer Reihe vermeintlich primitiver Bilderschriften, die die „phonographische Stufe" nicht erreicht haben, die Nobilitierung als Schrift verwehrt (Gelb 1958 [1952], 5 und 20–21; vgl. hingegen Derrida 1992a [1967], 148).

Zu vermuten ist, dass zumindest Gelbs Reduktion von Schrift auf Kommunikation (vgl. Gelb 1958 [1952], 21) ihre Spuren in Kriwets Schriftauffassung hinterlassen hat; ohnehin stand die Auffassung, auch Kunst sei ‚ästhetische Kommunikation', wie der Informationsbegriff überhaupt, in der Szene um die Konkreten Literatinnen und Literaten hoch im Kurs (vgl. etwa Bense 1969). Immer wieder betont Kriwet, dass die Lektüre seiner „Sehtexte" durch die Anordnung der Buchstaben zwar mehr oder weniger erschwert, aber nie verhindert werde, und weist gleichzeitig den Rezeptionsmodus des bloßen Betrachtens vehement als für seine Arbeiten inadäquat zurück (vgl. etwa Kriwet 1965b, 29). Diesem Mitteilungsbedürfnis steht jedoch der grafische Eigensinn des Schriftzeichens in den „Sehtexten" entgegen, den – beinahe zeitgleich – Derridas „grammatologische" Lektüren ins Recht zu setzen versuchen. Obwohl Kriwet in den Sehtextkommentaren die Polysemie der Zeichenfolgen betont, bleibt er einem hermeneutischen Paradigma verhaftet, das jedoch in den „Sehtexten" selbst bereits zugunsten einer Dissemination überschritten wird. Im Unterschied zur Polysemie, die die Möglichkeit einräumt, dass ein Signifikant auf mehrere Signifikate verweist, weist der Begriff der Dissemination die feste Verbindung von Signifikant und Signifikat als solche zurück. Er beschreibt Bedeutungsproduktion als Prozess, der von der

Eigendynamik der Signifikanten bestimmt wird, als Spiel von Differenzen, das zu einer andauernden Ersetzung und Verschiebung von Bedeutung führt (vgl. Derrida 1995 [1970]). Aus dieser Perspektive beschränkt sich die Funktion von Grafemen (selbst in der Alphabetschrift) nicht mehr darauf, bestimmte Phoneme zu ersetzen, sondern sie gewinnen eine Bedeutung aus ihrer Unterschiedlichkeit zu anderen Grafemen – ein Vorgang, der in den „Sehtexten" schon durch die Erosion der Buchstaben begünstigt wird. Dabei ist zu betonen, dass Dissemination kein Verfahren ist, das in bestimmten Texten angewendet wird, sondern ein Prozess, der bei der Herstellung von Bedeutung grundsätzlich am Werk ist. In den „Sehtexten" wird er aber als solcher thematisiert.

Dissemination steht im Französischen für ‚Ausstreuung', ‚Verbreitung' (insbesondere von Samen) – und sehen die Rundscheiben nicht aus, als ob sie mit einem präzise funktionierenden ‚Buchstabenstreuer' erstellt wären? Anders gefragt: Können Kriwets Kommentare die Betrachterin oder den Betrachter davon abhalten, sie als solche wahrzunehmen? Oder davon, in den Buchstabenfragmenten des „poem-painting Nr. 13" (Abb. 7) die schattenhaften Umrisse eines halben Gesichts zu erkennen, das sich mit den dechiffrierbaren Buchstaben in der unteren Bildhälfte („sense of beauty", „boy") zu einer emblematischen Struktur zusammensetzt und die Assoziation einer *gay sensibility* aufruft, wie sie zeitgleich unter anderem von Andy Warhol ins Bild gesetzt wurde? Oder sich zu fragen, warum das ‚n' so lange Beine hat? Ein solcher Zugang zu den „Sehtexten", der mit der Betonung des Signifikanten die Bildlichkeit des Buchstabens in den Blick rückt, kann immer noch als Lektüre gelten (vgl. Weingart 2001), aber nicht mehr als jene Dechiffrierung, auf deren Möglichkeit Kriwet insistiert. Retrospektiv erscheint sein Festhalten am Kommunikationsbegriff dem didaktisch-aufklärerischen Anspruch verpflichtet, den etwa Eugen Gomringer oder Max Bense für die Konkrete Poesie reklamierten.

Dass sich Kriwets frühe Texte dennoch „von denen anderer deutschsprachiger Autoren der Konkreten Poesie durch ihre Vieldeutigkeit und die Abwesenheit der genre-spezifischen Sinn-Scharniere wie Moral, Spitzfindigkeit, Entlarvung, Redundanz, Systemfimmel, Mimetik, Mundart, Weltanschaulichkeit und Symbolismus" (Dreyer 1998, 95) positiv abheben, verdankt sich vor allem dem elaborierten optischen Design der „Sehtexte". Kriwets Appelle an die Rezipientin oder den Rezipienten, diese Arbeiten zu lesen, statt sie ‚nur' anzuschauen, prallen ab an der professionellen Gestaltung der visuellen Oberflächen, einem Pop-Appeal, der die „Sehtexte" auch für das zeitgenössische Grafikdesign attraktiv erscheinen lässt (vgl. Merz Akademie 1998). Bereits mit der Ästhetik der Rundscheiben gelingt ihm in gewisser Weise eine ‚Quadratur des Kreises', weil er formalistische Zuspitzung und Sprach- beziehungsweise Schriftkritik mit der kühlen Eleganz und Modernität verbindet, die zu diesem Zeitpunkt ausgerechnet in den vermeintlichen Niederungen der Pop-Kultur bereits als Standard etabliert waren. Insofern bleibt Kriwet zwar hier dem Projekt der Konkreten Poesie programmatisch verpflichtet, ohne jedoch deren Tendenz zu einem visuellen Funktionalismus zu beerben.

Abb. 7: Ferdinand Kriwet: *poem-painting Nr. 13*, 1965

Die Tendenz zur Ikonisierung der Schriftzeichen nimmt im Zuge der bis Anfang der 1970er Jahre entstehenden Arbeiten Kriwets weiter zu. Innerhalb der Serie der „Textkreise" können die bunten *buttons* (Kriwet 1975c, 66–67) als ein Fluchtpunkt gelten, die überdies den Vergleich mit den Logos des Pop-Künstlers Robert Indiana nahelegen – auch ein Indiz dafür, dass sich die Zuständigkeiten von Kunst- und

Literaturwissenschaften hier nicht mehr klar bestimmen lassen. Kaum zufällig geht mit der zunehmenden Ikonisierung der „Sehtexte" auch eine Erweiterung der Präsentationsmedien einher (siehe auch 3.6 BENTHIEN). Die Ausbreitung der „Sehtexte" in den öffentlichen Raum, von Kriwet mit dem Etikett „PUBLIT" versehen, macht sich Schaufenster, Litfaßsäulen, Neonröhren, aufblasbare Objekte, Teppiche und Flaggen als Displays zunutze. PUBLIT steht für eine öffentliche Literatur, die die sprachkritischen Einsätze der Konkreten Poesie mit einer Pop-Faszination für urbane Zeichenrepertoires verbindet. So entsteht eine moderne Hieroglyphik, die jene von Benjamin anhand von Zeitung und Reklame festgestellte Verlagerung der Schrift in die „diktatorische Vertikale" (Benjamin 1991 [1928], 103) für undiktatorische Zwecke produktiv macht. Und so begegnen auch die Rundscheiben als Dia-Projektionen auf der Tanzfläche der von Kriwet mitbegründeten Düsseldorfer Kneipe und Diskothek *creamcheese* wieder (siehe Kriwet 1975c, 28). Indem die Buchstaben und -fragmente in den Dienst von Atmosphäre gestellt und überdies von tanzenden Körpern in Bewegung gesetzt werden, scheint nicht nur die Verwandlung von Konkreter Poesie zu Pop endgültig vollzogen zu sein. Kriwets Verwendung der Rundscheiben als *visuals*, die einen psychedelischen Raum eröffnen, verdeutlicht auch den Übergang vom Anspruch auf Lesbarkeit hin zur Einladung an die (nun auf ganz andere Weise beteiligten) Rezipient/innen, in der entfesselten Visualität der Buchstabengebilde zu schwelgen.

Und dennoch wäre es ebenso unzulänglich, Kriwets Bilderschriften und Schriftbilder auf ihre Bildlichkeit zu reduzieren, so wie es ein Kurzschluss wäre, ihre didaktische Dimension, den Aspekt des Wahrnehmungstrainings, zugunsten der Pop-Faszination zu neutralisieren. Die Pointe der „Sehtexte" in ihrer gesamten Bandbreite besteht gerade im Ausloten der Mediendifferenz, die jedem Schriftbild eingeschrieben ist und die für Leser/innen beziehungsweise Betrachter/innen nachvollziehbar werden soll. Diesem Befund entspricht, dass selbst Kriwets Entwicklung hin zur Arbeit mit vorgefundenen Bildern Ende der 1960er Jahre, die auf den ersten Blick in reine Bilderalben zu münden scheint, an den Buchstaben und die Schrift gebunden bleibt.

Die ‚Lesbarkeit der Welt' als Bilderschrift

Innerhalb des skizzierten Spektrums, zu dem sich die „Sehtexte" addieren, stehen die Bücher *Apollo Amerika* (1969), *Stars* (1971) und *Campaign* (1973) offenbar an dem Pol, der durch eine Dominanz des Visuellen gegenüber dem Lesbaren gekennzeichnet ist. Der Einfluss der Pop Art ist hier unübersehbar: Vorgefundenes Material vor allem aus den Massenmedien wird unkommentiert reproduziert – mit dem Effekt, dass die Bilder selbst als Zeichen erscheinen, zumal ihr Zitatcharakter überdeutlich als solcher ausgewiesen wird.

Doch der Schein, hier werde dem gegenwärtig vielbeschworenen *pictorial turn* (Mitchell) in Form reiner Bilderbücher Rechnung getragen, trügt. Denn wiederum erweist sich die Inszenierung einer Lesbarkeit der Welt als Bilderschrift als eng verzahnt mit dem Fokus auf Schriftbilder. Auch in der Pop Art wird häufig eine Wahrnehmungsweise kultiviert, die nicht nur die Zeichenhaftigkeit von massenmedial zirkulierenden, reproduzierten Bildern in den Blick rückt. Ebenso nachdrücklich wird hier die Bildlichkeit der in Form von Schildern, Typografien etc. im Alltag allgegenwärtigen Schriften zur Geltung gebracht (man denke beispielsweise an die Arbeiten von Ed Ruscha). Dass Kriwet mit beiden Verfahren arbeitet – der Betonung der Bildlichkeit von Schrift und dem tendenziellen Schriftcharakter von Bildern – und mit all den Facetten, die sich zwischen diesen beiden Polen auffächern lassen, zeigt sich besonders deutlich an der Buchversion von *Apollo Amerika* (Abb. 8–12). Hier wird das globale Ereignis ‚Mondlandung' in ein Spektrum verschiedener Perspektiven, Bilder, Diagramme und Sprachformeln aufgesplittert: Fragmente aus der Berichterstattung im Fernsehen und in den Printmedien – neben den ganz großen Bildern auch jene peripheren Texte, die das Zentralereignis erst zu einem solchen machen – werden in chronologischer Folge aneinandergereiht. Damit ist zumindest eine Hälfte des „Sehtexts" beschrieben, denn das Buch arbeitet mit zwei Leserichtungen: In der einen Richtung addieren sich die je rechten Seiten zu einem tagebuchartigen Protokoll der Medienberichterstattung über den Apollo-Coup – auf allen Kanälen oder zumindest denen, an die sich Kriwet während seines achttägigen Aufenthalts in seinem New Yorker Hotelzimmer hat anschließen können. Dreht man das Buch um, entfaltet sich auf den dann jeweils rechten Seiten ein weiterer „Sehtext" mit einem thematisch anderen Schwerpunkt, dessen Bestandteile nun alphabetisch sortiert und nummeriert sind. Während die Versatzstücke des einen Tracks vom großen „Heldenepos" (Schulze 2001, 278) Apollo erzählen, lässt die andere Spur weitere trivialmythologische Elemente der amerikanischen Alltags- und Popkultur am Betrachter vorbeirauschen – Zeichen der Zeit, die an dem Mega-Mythos ‚Apollo' mehr oder weniger beteiligt sind. Das visuelle Amerika-Lexikon, das sich daraus ergibt, illustriert aber nicht nur den seinerzeit gängigen Topos ‚Amerika als Bildkultur', sondern gibt mittels Impressum, Lebenslauf und Vertrag mit dem Suhrkamp-Verlag auch über die Entstehungsbedingungen des Buches Auskunft (Abb. 8).

Abb. 8: Kriwet: *Apollo Amerika*, Buch, 1969, MON. 18/I 2

Wie die Bild-Zitate verdeutlichen, werden in *Apollo Amerika* alle Register der gegenseitigen Kontamination von Text und Bild gezogen, sodass sich zum einen deren Grenze verflüssigt, zum anderen ständige Wiedereintrittsfiguren zu verzeichnen sind. Das heißt, dass die Text-Bild-Unterscheidung auf einer ihrer beiden Seiten wiederum zu veranschlagen ist; sie mäandert über die Buchseiten, wie die Bildreihe des LKWs mit der Aufschrift „Moon" verdeutlicht (Abb. 9–11): Die Schrift erscheint zuerst als solche im Bild, bevor sie durch den Zoom-Effekt als Bild in den Blick genommen wird. Zu dieser Verflüssigung tragen auch Kriwets Manipulationen an dem vorgefundenen Material bei, an Texten, Bildern und Text-Bildern, die zunächst zerstückelt und dann wieder so zusammengesetzt werden, dass trotz Verschiebungen und Brüchen ein visueller Zusammenhang erkennbar bleibt. Lesbarkeit im Sinne von Entzifferung wird dabei gelegentlich verhindert (Abb. 12) oder zumindest erheblich gestört.

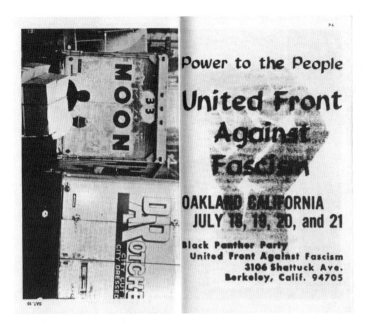

Abb. 9: Kriwet: *Apollo Amerika*, Buch, 1969, SAT. 10/P 4

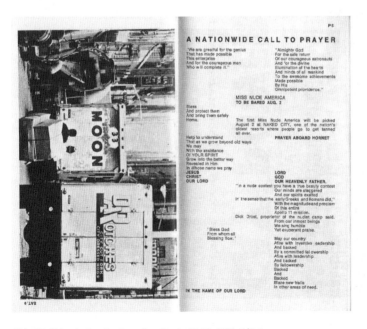

Abb. 10: Kriwet: *Apollo Amerika*, Buch, 1969, SAT. 9/P 5

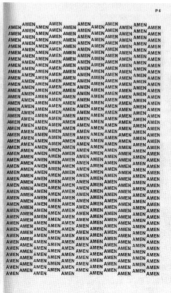

Abb. 11: Kriwet: *Apollo Amerika*, Buch, 1969, SAT. 8/P 6

Abb. 12: Kriwet: *Apollo Amerika*, Buch, 1969, TUES. 12/G 2

Mit diesem Verfahren, das Kriwet so häufig angewendet hat, dass es fast zu einem Manierismus geworden ist, wird ein Effekt erzielt, den Holger Schulze – mit Rekurs auf die Textlinguistik – als „parallele Kohäsion" bezeichnet hat: „Kohärenz verschwindet hinter der typischen Kohäsion einer Zeitung" (Schulze 2001, 280). Während sich die Kohäsion eines Textes aus den Verbindungen ergibt, die durch sprachliche Mittel an dessen Oberfläche hergestellt werden, bezieht sich der Begriff ‚Kohärenz' auf den Gesamtzusammenhang des Textes, der von dem/der Leser/in bemüht wird, um Bedeutung zu produzieren, die über das Erkennen von Oberflächenrelationen hinausgeht. Auch wenn man diese Unterscheidung nicht überstrapazieren sollte – denn Nicht-Kohärenz mutiert erst recht in Kunstkontexten umgehend zum metakommunikativen Zeichen, das die Bedeutung ‚Störung' annimmt –, verdeutlicht sie, dass die sparsame Verwendung textwissenschaftlicher Konzepte mit Blick auf verwirrungstiftende visuelle Verfahren durchaus effizient sein kann.

Mit Bezug auf das Verhältnis von Schrift und Bild ist noch eine weitere Eigenschaft von *Apollo Amerika* hervorzuheben, die insbesondere das Amerika-Lexikon innerhalb dieses „Sehtextes" betrifft: Um – analog zur chronologischen Sortierung des Materials über die Mondlandung – innerhalb des hier präsentierten Repertoires visueller Zeichen eine Ordnung herzustellen, wird wiederum die Schrift bemüht, nämlich das Alphabet. Die alphabetische Sortierung ist ein bewährtes Verfahren, wenn es darum geht, in Ermangelung anderer Kriterien künstliche Systematiken zu erstellen. Im Fall des Materials, aus dem sich das Amerika-Lexikon zusammenfügt, setzt dies voraus, dass die Text-Bilder zunächst nach Motiven verschlagwortet werden – siehe G 2 für „Gay Power" (Abb. 12). Nach diesem Prinzip funktioniert auch das dreibändige Lexikon *Stars*, erschienen 1971. Bei diesen „Stars" handelt es sich keineswegs um menschliche Wesen, sondern um Bilder, die nicht einmal ausschließlich Menschen abbilden: „Es sind gespenstische Abbilder, an denen die Epoche ihre Orientierung über die Dinge zu finden versucht, mit denen sie diese Zeichen nicht selten verwechselt. Allein das Alphabet organisiert die Anordnung der völlig diskrepanten Medienbilder, die Kriwet ausgewählt hat. Unter B finden wir Batman & Robin, weil sie unter dem alle anderen Hierarchien einebnenden Aspekt des Ruhmes (also der medialen Dauerpräsenz) in eine Reihe mit Che und Castro, mit brennenden Mönchen und gelynchten Schwarzen, mit Jagger und Eichmann gehören." (Linck 2004, 40)

Die Idee der Bilderschrift ist in *Stars* auf doppelte Weise am Werk: Zum einen wirken die Bilder der ‚Stars' selbst wie Hieroglyphen, zum anderen weist auch das Anordnungsprinzip die Materialcollage als Bilderschrift aus. In die Bildwahrnehmung, die im Vergleich zur Schriftlektüre traditionell als unmittelbarere, ‚reflexhafte' Reaktion gilt, wird so ein Moment von begrifflicher Übersetzung eingelassen: Damit die alphabetische Anordnung aufgeht, müssen Leser/innen beziehungsweise Betrachter/innen der *Star*-Bücher den sprachlichen Oberbegriff der Bildzeichen finden. Die Umbesetzung vom Lexikon, als ‚Wörterbuch', in ein Bilderbuch ist dabei auch als ein Statement an sich aufzufassen, das die Bände in die Nähe eines ‚Konzeptbuchs' rückt. Sie dokumentieren ein enzyklopädisches Projekt, das den universalistischen Anspruch von gelehrter Buchkultur – nicht nur ironisch – durch ein global verbreitetes visuelles Idiom ersetzt: durch Bilder, die so sehr Zeichen sind, dass ihre Ikonizität als ziemlich lädiert erscheint.

In Kriwets Lexikon *Stars* sind es also Bilder, die Bilder kommentieren. Das Prinzip des Querschnitts durch die visuelle Kultur der damaligen Gegenwart funktioniert allerdings nur, weil ihm das Ordnungsprinzip des Alphabets zugrunde gelegt wird – denn sonst wäre es willkürlich. In seinem Bestreben, Kontingenz und Ordnung zu verbinden, erinnert Kriwets Vorgehen an manieristische Verfahren, das ‚Buch der Welt' zu entziffern (oder vielleicht eher noch: zu transkribieren). Es ist aber auch symptomatisch für einen Bildumgang, der von einem gewissen Misstrauen gegenüber einer Macht des Visuellen geprägt ist, die dem Modus der Lektüre unzugänglich bleibt und deshalb erst recht durch Schrift gebändigt werden muss.

Aussichten

Kriwets „Sehtexte" führen vor Augen, dass die Grenze zwischen dem Sichtbaren und dem Lesbaren (beziehungsweise Schreibbaren) zwar irreduzibel sein mag, aber keineswegs feststeht, sondern in je unterschiedlichen Text-Bild-Konstellationen neu ausgehandelt wird. Und sie zeigen, dass Leser/innen und Betrachter/innen an diesem Prozess beteiligt sind, indem sie zwischen diesen beiden Rollen wechseln, die Schrift als Bild, das Bild als Text in den Blick nehmen. Es spricht für diese Arbeiten, dass sich die Prozesse der Verflüssigung, Verschachtelung und Oszillation der Text-Bild-Unterscheidung durch einen Kommentar kaum stilllegen beziehungsweise domestizieren lassen.

Die Spannung zwischen medialer Differenz und fließenden Übergängen, mit der man bei Kriwets „Sehtexten" zu tun hat, lässt sich mit dem Begriff des ‚Idioms' noch präziser erfassen. Als Idiom bezeichnet man in der Linguistik nicht nur die Spracheigentümlichkeiten einer Gruppe von Sprecherinnen und Sprechern (etwa einen Dialekt), sondern auch eine konventionalisierte Wortverbindung, deren Bedeutung sich nicht aus der Summe ihrer Bestandteile ergibt. Idiome profitieren insofern, wie Derrida – mit Bezug auf die Malerei – formuliert hat, in besonderem Maße von der „Kraft des Gebrauchs" (Derrida 1992b [1978], 21). Vielleicht kann das Konzept des Idioms dazu beitragen, Bilderschriften und Schriftbilder in ihrer jeweiligen Besonderheit zu analysieren und dabei der Ambivalenz von Konventionalisierung (bis hin zu festen Text-Bild-Genres) und Singularität Rechnung zu tragen: „Ich bin mir dieser Aufteilung zwischen dem Sichtbaren und dem Lesbaren aber nicht sicher, ich glaube nicht an die Strenge ihrer Grenzen, vor allem nicht, daß sie zwischen der Malerei und den Worten verliefe. Zunächst einmal durchzieht sie zweifellos jeden einzelnen der Körper, das Pikturale und das Lexikalische, gemäß der – jedes Mal einzigartigen, aber labyrinthischen – Linie eines Idioms." (Derrida 2012 [1979], 90) Diese – schriftlich formulierte – Bemerkung scheint dem Wissen, das in Kriwets „Sehtexten" visualisiert wird, sehr nahe zu stehen. Darüber hinaus enthält der Begriff des Idioms auch eine reflexive Dimension im Hinblick auf das Problem einer adäquaten Beschreibungssprache. So hat gerade Derrida diesen Begriff verschiedentlich für gegenstandssensitive Schreib- und Diskursivierungsweisen veranschlagt, für Schreibweisen also, die zwar Regularitäten, Analogiebildungen (und entsprechend: Didaktik) keineswegs zurückweisen, sich jedoch nicht dem Regelwerk einer generalisierbaren Methodik, das auf jeden Gegenstand seiner Art umstandslos übertragbar wäre, subsumieren lassen (vgl. etwa Derrida 1998 [1986], 212–213).

Kriwets Schriftbilder und Bilderschriften lassen sich weder den vermeintlichen Zuständigkeitsbereichen der Literatur- noch der Kunst- oder Bildwissenschaft zuordnen. Zugleich ermuntern sie dazu, auch in der wissenschaftlichen Rede davon Abstand zu nehmen, Text-Bild-Hybriden immer nur ihre Hybridität zu bescheinigen. Denn schon die inzwischen stattliche Tradition solcher ‚Bastarde' bestätigt die wissenschaftshistorische These, dass ehemalige ‚Monster' häufig neue Normalitätsstandards setzen (vgl. Canguilhem 2009 [1952], 292). Der Hybridforschung, gleich welcher disziplinären Provenienz, stellt sich damit die Aufgabe, innerhalb dieses Feldes die jeweiligen idiomatischen Wendungen und Mutationen als solche zu bestimmen, statt Hybridität als Dummy-Begriff zu verwenden, der für ein Pathos der Grenzüberschreitung auch auf Seiten professioneller Interpret/innen herhalten muss.

(In einer längeren Fassung zuerst erschienen in ‚Textbild – Bildtext. Aspekte der Rede über Hybride'. Hrsg. von Dirck Linck und Stefanie Rentsch. Freiburg im Breisgau: Rombach, 2007. 85–116)

Literaturverzeichnis

Adler, Jeremy, und Ulrich Ernst. *Text als Figur. Visuelle Poesie von der Antike bis zur Moderne.* Weinheim: VCH, 1987.

Benjamin, Walter. „Einbahnstraße" [1928]. *Gesammelte Schriften Bd. 4.1.* Hrsg. von Tillman Rexroth. Frankfurt am Main: Suhrkamp, 1991. 83–148.

Bense, Max. *Einführung in die informationstheoretische Ästhetik. Grundlegung und Anwendung in der Texttheorie.* Reinbek bei Hamburg: Rowohlt, 1969.

Canguilhem, Georges. *Die Erkenntnis des Lebens.* Übers. von Till Bardoux, Maria Muhle und Francesca Raimondi. Berlin und Köln: August, 2009 [1952].

Dencker, Klaus Peter. *Optische Poesie. Von den prähistorischen Schriftzeichen bis zu den digitalen Experimenten der Gegenwart.* Berlin und New York, NY: De Gruyter, 2011.

Derrida, Jacques. „Illustrieren, sagt er" [1979]. *Psyché. Erfindungen des Anderen I.* Übers. von Markus Sedlaczek. Wien: Passagen, 2012. 89–94.

Derrida, Jacques. *Grammatologie.* Übers. von Hans-Jörg Rheinberger und Hanns Zischler. 4. Aufl. Frankfurt am Main: Suhrkamp, 1992a [1967].

Derrida, Jacques. *Die Wahrheit in der Malerei.* Übers. von Michael Wetzel. Hrsg. von Peter Engelmann. Wien: Passagen, 1992b [1978].

Derrida, Jacques. „Die zweifache Séance" [1970]. *Dissemination.* Übers. von Hans-Dieter Gondeck. Hrsg. von Peter Engelmann. Wien: Passagen, 1995. 193–322.

Derrida, Jacques. „Es gibt nicht *den* Narzißmus (Autobiophotographien)" [1986]. *Auslassungspunkte. Gespräche.* Übers. von Karin Schreiner und Dirk Weissmann. Hrsg. von Peter Engelmann. Wien: Passagen, 1998. 209–227.

Dreyer, Michael. „Die Leiden der jungen Wörter". *Merz Akademie* 2 (1998): 93–97.

Ernst, Ulrich. *Carmen Figuratum. Geschichte des Figurengedichts von den antiken Ursprüngen bis zum Ausgang des Mittelalters.* Köln, Weimar und Wien: Böhlau, 1991.

Faust, Wolfgang Max. *Bilder werden Worte. Zum Verhältnis von bildender Kunst und Literatur. Vom Kubismus bis zur Gegenwart.* Köln: DuMont, 1987 [1977].

Fohrmann, Jürgen. „Der Kommentar als diskursive Einheit der Wissenschaft". *Diskurstheorien und Literaturwissenschaft.* Hrsg. von Jürgen Fohrmann und Harro Müller. Frankfurt am Main: Suhrkamp, 1988. 244–257.

Gelb, Ignace J. *Von der Keilschrift zum Alphabet. Grundlagen einer Schriftwissenschaft.* Übers. von Renate Voretzsch. Stuttgart: Kohlhammer, 1958 [1952].

Jansen, Gregor (Hrsg.). *KRIWET. Yester 'n' Today.* Ausstellungskatalog. Kunsthalle Düsseldorf. Köln: DuMont, 2011.

Kriwet, Ferdinand. *10 Sehtexte (1960/61), Rundscheiben I–IV, Lesebögen I–IV.* Köln: M. DuMont Schauberg, 1962.

Kriwet, Ferdinand. *Sehtexte, Rundscheiben V–XV.* Köln: M. DuMont Schauberg, 1965a.

Kriwet, Ferdinand. *leserattenfaenge. Sehtextkommentare.* Köln: M. DuMont Schauberg, 1965b.

Kriwet. *Apollo Amerika.* Frankfurt am Main: Suhrkamp, 1969.

Kriwet, Ferdinand. *Stars. Lexikon in 3 Bänden.* Köln: Kiepenheuer & Witsch, 1971.

Kriwet, Ferdinand. „Ferdinand Kriwet" [1969]. *Grenzverschiebung. Neue Tendenzen in der deutschen Literatur.* Hrsg. von Renate Matthaei. 2. Aufl. Köln: Kiepenheuer & Witsch, 1972. 226.

Kriwet, Ferdinand. „Leseeskapadenomination" [1962]. *MITMEDIEN/ARBEITEN 1960–1975.* Ausstellungskatalog. Württembergischer Kunstverein Stuttgart/Kunstverein für die Rheinlande und Westfalen, Düsseldorf, 1975a. 40–41.

Kriwet, Ferdinand. „Sehtexte – Hörtexte" [1961]. *MITMEDIEN/ARBEITEN 1960–1975.* Ausstellungskatalog. Württembergischer Kunstverein Stuttgart/Kunstverein für die Rheinlande und Westfalen, Düsseldorf, 1975b. 34–35.

Kriwet, Ferdinand. *MITMEDIEN/ARBEITEN 1960–1975*. Ausstellungskatalog. Württembergischer Kunstverein Stuttgart/Kunstverein für die Rheinlande und Westfalen, Düsseldorf, 1975c.

Kriwet, Ferdinand, im Interview mit Rolf-Gunter Dienst [1970]. *Merz Akademie* 2 (1998): unpag. [108–115].

Linck, Dirck. „Batman & Robin. Das ‚dynamic duo' und sein Weg in die deutschsprachige Popliteratur der 60er Jahre". *FORUM Homosexualität und Literatur* 45 (2004): 5–72.

Linck, Dirck, und Stefanie Rentsch. „Bildtext – Textbild. Probleme der Rede über Text-Bild-Hybride". *Bildtext – Textbild. Probleme der Rede über Text-Bild-Hybride*. Hrsg. von Dirck Linck und Stefanie Rentsch. Freiburg im Breisgau, Berlin und Wien: Rombach, 2007. 7–14.

Massin. *La lettre et l'image. La figuration dans l'alphabet latin du VIIIe siècle à nos jours*. Paris: Gallimard, 1970.

McLuhan, Marshall. *Die magischen Kanäle – Understanding Media*. Übers. von Meinrad Amann. Dresden und Basel: Verlag der Kunst, 1995 [1964].

Merz Akademie Stuttgart (Hrsg.). *Merz Akademie 2* (1998) [Themenschwerpunkt Kriwet].

Mitchell, W. J. T. „Über den Vergleich hinaus: Bild, Text und Methode" [1994]. Übers. von Heinz Jatho. *Bildtheorie*. Hrsg. und mit einem Nachwort von Gustav Frank. Frankfurt am Main: Suhrkamp, 2008. 136–171.

Schuelke, Stefan, und Karlheinz Deutzmann (Hrsg.). *Kriwet Bibliographie*. Köln: Stefan Schuelke Fine Books, 2012.

Schulze, Holger. *Das aleatorische Spiel. Erkundung und Anwendung der nichtintentionalen Werkgenese im 20. Jahrhundert*. München: Fink, 2001.

Ullmaier, Johannes. *Von ACID nach ADLON. Eine Reise durch die deutschsprachige Popliteratur*. Mainz: Ventil, 2001.

Valéry, Paul. „Die beiden Dinge, die den Wert eines Buchs ausmachen" [1927]. *Über Kunst. Essays*. Übers. von Carlo Schmid. Frankfurt am Main: Suhrkamp, 1959.

Weingart, Brigitte. „Where is your rupture? Zum Transfer zwischen Text- und Bildtheorie". *Die Adresse des Mediums*. Hrsg. von Stefan Andriopoulos, Gabriele Schabacher und Eckhard Schumacher. Köln: DuMont, 2001. 136–157.

Weingart, Brigitte. „Bilderschriften, McLuhan, Literatur der 60er Jahre". *text+kritik. Sonderheft: Popliteratur*. Hrsg. von Heinz Ludwig Arnold und Jörgen Schäfer. München: edition text+kritik, 2003. 81–103.

4.15 Grafische Literatur (A. Bechdel: *Fun Home* und D. Small: *Stitches*)

Astrid Böger

Einführung: Grafische Literatur zwischen Fiktionalität und Faktualität

Nur wenige Genres dürften die produktive Symbiose von Literatur und visueller Kultur besser verdeutlichen als die grafische Literatur, denn bei dieser Literaturform geht es definitionsgemäß um das Erzählen in Bild-Text-Hybriden. Gotthold Ephraim Lessing hat in seiner berühmt gewordenen Schrift *Laokoon oder Über die Grenzen der Malerei und Poesie* (1766) die seiner Meinung nach grundlegenden Unterschiede zwischen Dichtung und bildender Kunst aufzuzeigen versucht, indem er argumentierte, Dichtung ordne Worte stets aufeinanderfolgend in Form von zeitlichen Abläufen oder Handlungen an, während die Bildkünste – Malerei und Bildhauerei – imstande (oder auch gezwungen) seien, Gegenstände im räumlichen Nebeneinander darzustellen (vgl. Lessing 1988 [1766]; siehe dazu 2.3 SCHNEIDER). Grafische Literatur hingegen bietet *per se* die Möglichkeit, die von Lessing konstatierte Grenze der Darstellungsmöglichkeiten zu transzendieren. Denn ganz gleich, ob es sich um eine Karikatur, ein Comic oder eine *graphic novel* handelt: Grafische Literatur erzählt Geschichten intermedial, und zwar in aller Regel mittels (gezeichneter) Bilder in Kombination mit Schriftelementen, wobei die visuell dargestellten Gegenstände sukzessive in vielen gerahmten Einzelbildern (Panels) angeordnet sind, daher in einem sowohl zeitlichen als auch räumlichen Zusammenhang stehen und vom Lesenden in einem aktiven Aneignungsprozess mit Leben gefüllt werden müssen – was zugleich ihren speziellen ästhetischen Reiz und ihre große Popularität ausmacht.

Unter grafischer Literatur versteht man dabei die unterschiedlichsten Formen bildlichen Erzählens; von den bereits erwähnten abgesehen, könnten hier etwa auch Bildbände oder mit ein wenig Fantasie sogar Wandteppiche oder Höhlenmalerei genannt werden (vgl. Duncan und Smith 2009, 20–22). Gerade in der wissenschaftlichen Erforschung von Comics als wohl populärster Ausformung innerhalb der grafischen Literatur fällt die immer wieder zu beobachtende Tendenz auf, ihre Anfänge möglichst früh zu verorten, was dem Medium (und seiner Erforschung) ohne Zweifel zu größerer Legitimation verhelfen soll, als ihm die meisten noch vor wenigen Jahren zuzubilligen bereit waren. Der Untertitel von Scott McClouds einflussreichem Werk *Understanding Comics – the Invisible Art* (1993) mag für diese Einschätzung als symptomatisch gelten.

In diesem Beitrag soll es um eine bestimmte Untergattung der grafischen Literatur gehen, für die der Dialog von Literatur und visueller Kultur in den vergangenen Jahren besonders bedeutsam geworden ist: die aus dem US-amerikanischen Kontext stammende *graphic novel*. Die Gattungsbezeichnung selbst ist dabei durchaus umstritten, und zwar gleich aus mehreren Gründen. So sind sich viele Kritikerinnen und Kritiker einig, dass diese vornehmlich einem Vermarktungskalkül folge und dass Graphic Novels eigentlich nichts anderes als anspruchsvolle Comicbücher für ein vorwiegend erwachsenes Publikum seien. Andere wenden ein, angesichts der häufig nicht-fiktionalen Inhalte dieser Bücher sei eine Gattungsbezeichnung, die mit ‚Novel' deutlich ihre Fiktionalität anzeige, schlicht ungeeignet. Die amerikanische Comicforscherin Hillary Chute bevorzugt aus diesen Gründen die Bezeichnung „graphic narrative" für „narrative work in the medium of comics" und begründet dies damit, „*graphic novel* is often a misnomer. Many fascinating works grouped under this umbrella – including Spiegelman's World War II-focused *Maus*, which helped rocket the term into public consciousness – aren't novels at all: they are rich works of nonfiction; hence my emphasis here on the broader term *narrative*" (Chute 2008, 453). Da sich jedoch im deutschsprachigen Raum die Gattungsbezeichnung ‚Graphic Novel' in den vergangenen Jahren durchgesetzt hat, und auch angesichts der Tatsache, dass Romane durchaus nicht-fiktional sein beziehungsweise so gelesen werden können, soll im Folgenden an der Bezeichnung festgehalten werden (vgl. Meyer 2013, 271–299; Ditschke 2009, 265–280).

Autofiktionale grafische Erzählungen

Eine Sonderform nicht-fiktionaler Literatur stellen Memoiren dar. Sie eröffnen die Möglichkeit, die eigene Lebensgeschichte aus der Erinnerung heraus aufzuzeichnen, um sie in verschriftlichter Form einer interessierten Öffentlichkeit zugänglich zu machen. Umgekehrt vertrauen Leser und Leserinnen autobiografischer Texte auf ihren gattungstypischen Wahrheitsanspruch und gehen davon aus, dass das Erzählte sich tatsächlich so zugetragen hat, wie dargestellt – eine Art stilles Einverständnis zwischen Autor/in und Leser/in, das Philippe Lejeune als ‚autobiografischen Pakt' bezeichnet hat (vgl. Lejeune 1989).

In den letzten Jahren sind in den USA eine ganze Reihe von Graphic Novels erschienen, bei denen es sich trotz des zumeist noch jungen Alters ihrer Autorinnen und Autoren um grafische Memoiren handelt und die nach vergleichbaren

Prinzipien funktionieren wie andere literarische Autobiografien (engl. *memoir*) und wie folgt zu definieren sind: „Memoir communicates as accurately as possible through self-representation a self and a life that exist or existed in the real world" (Pedri 2013, 127). Allerdings handelt es sich bei grafischen Memoiren sehr viel offensichtlicher um kreative Fabrikationen, als dies bei traditionell-textbasierten Memoiren der Fall ist – es findet sich also ein deutlich ‚autofiktionales' Element. So insistieren die meisten grafischen Memoiren auf einem unverkennbaren persönlichen und zumeist expressiven Stil des Autors beziehungsweise der Autorin (vgl. Mikkonen 2013, 110–113). Außerdem muss das erzählende Ich gezeigt werden, sodass die zentrale Figur das Geschehen nicht nur beobachtet und kommentiert, sondern zugleich auch handelt, was unter anderem ein verändertes Identifikationspotential mit sich bringt. Das für grafische Memoiren typische Szenario des zeichnenden Subjekts – eine Aktivität, in der Beobachten und Handeln sozusagen zusammenfallen – wird häufig als ein selbstreflexives oder auch metatextuelles Element gedeutet, das einen weiteren Unterschied zu herkömmlichen, textbasierten Memoiren markiert (vgl. Pedri 2013, 128–129).

Angesichts der zahlreichen grafischen Memoiren, die seit den 1980er Jahren erschienen sind, ist es interessant zu fragen, was diese Form vielen so besonders gut geeignet erscheinen lässt, schmerzhafte oder sogar traumatisierende Erfahrungen aufzuzeichnen und in gezeichneter Form anderen mitzuteilen. Neben der bereits erwähnten epochalen Graphic Novel *Maus* (1986 und 1991) von Spiegelman wären hier unter anderem auch sein späteres Werk *In the Shadow of No Towers* (2004), Marjan Satrapis *Persepolis* (2003) oder auch Joe Saccos *Palestine* (2001) zu nennen. Diesen Werken ist gemeinsam, dass sie mit ihren jeweiligen Perspektiven auf den Holocaust, die Terroranschläge vom 11. September 2001, die iranische Revolution und den Nahostkrieg einige der größten Krisen des vergangenen Jahrhunderts und der Gegenwart behandeln und somit persönliche und kollektive Geschichte verknüpfen. Insbesondere Art Spiegelman hat immer wieder bekundet, seine persönlichen Traumata allein in Comicform darstellen zu können (dem Begriff ‚Graphic Novel' steht auch er eher ablehnend gegenüber), was viele Kritiker erstaunt und im Fall des zunächst hoch umstrittenen *Maus* nachgerade entgeistert hat. In einem Interview, das 2011 in *MetaMaus. A Look Inside a Modern Classic, Maus* (2011) abgedruckt wurde, versucht sich Spiegelman an einer Antwort auf die ihm immer wieder gestellte Frage „Why Comics?":
„What is most interesting about comics for me has to do with the abstraction and structurings that come with the comic's page, the fact that moments in time are juxtaposed. In a story that is trying to make chronological and coherent the incomprehensible, the juxtaposing of past and present insist that past and present are always present – one doesn't displace the other the way it happens in film " (Spiegelman 2011, 165).

Spiegelman verweist hier deutlich auf die spezielle Ästhetik von grafischer Literatur und Comics im Allgemeinen, angefangen mit der ‚Architektur' der Buchseiten, die es ermöglicht, Abläufe nicht nur chronologisch zu erzählen, sondern Vergangenes und Gegenwärtiges gleichzeitig beziehungsweise nebeneinander zu zeigen. Diese Eigenschaft macht er sich insbesondere im Fall von *In the Shadow of No Towers* zunutze, wo auf jeder von Spiegelman gestalteten Seite die glühenden Türme des World Trade Centers kurz vor dem Zusammensturz zu sehen sind und im Wortsinn den Rahmen der einzelnen Bilder und sogar ganzer Seiten sprengen – ein deutlicher Hinweis auf seine Traumatisierung als unmittelbar Betroffener, der die Eindrücke nicht vergessen kann, da sie sich ihm buchstäblich ins Bewusstsein eingebrannt haben und ihm in der Folge permanent vor Augen stehen. Marianne Hirsch hat kurz nach dem Erscheinen von *In the Shadow of No Towers* argumentiert, dass Spiegelman mit der Repräsentation von eigentlich nicht Darstellbarem eine ‚Traumaästhetik ' („an aesthetics of trauma") erschaffe, die so nur in Comicform möglich sei (siehe dazu auch 3.3. Segler-Messner); als ein Beispiel nennt sie die glühenden Türme kurz vor dem Kollaps als Symbol eines Bruchs mit ‚normalen', linearen Zeitabläufen, der ein Davor und ein Danach nicht zulässt (Hirsch 2004, 1213; vgl. auch Meyer 2010). Spiegelman ist sich der besonderen Möglichkeiten grafischer Literatur durchaus bewusst, wenn er Comics von anderen Medien, etwa im oben stehenden Zitat vom Film, abgrenzt. Während wir Film in aller Regel als kontinuierlichen Bilderfluss erleben, der uns zwingt, uns auf die jeweilige Szene oder Sequenz zu konzentrieren, können Comics uns unterschiedlichste Zeitebenen, Figuren und Handlungen parallel vor Augen führen – eine Eigenschaft, die sie auch von literarischen Texten unterscheidet, die allenfalls Collagetechniken oder dergleichen verwenden können, um ansatzweise vergleichbare Effekte zu erzielen.

Auch jenseits der globalen Krisen der Gegenwart haben sich grafische Memoiren als eine Form etabliert, die der individuellen Traumabewältigung Raum gibt. Alison Bechdels 2006 erschienenes Werk *Fun Home. A Family Tragicomic* über den mutmaßlichen Selbstmord von Bruce Bechdel, dem Vater der Autorin und Protagonistin, ist ein eindrucksvolles Beispiel hierfür, wie auch David Smalls *Stitches. A Memoir* (2009), in dem das Aufwachsen in einer dysfunktionalen Mittelklassefamilie im Mittleren Westen der USA im Zentrum steht, das in Davids lebensbedrohlicher Erkrankung mündet. Beide Bücher gehören zu den erfolgreichsten Werken grafischer Literatur der vergangenen Jahre und wurden mehrfach mit renommierten Preisen ausgezeichnet. Zudem können beide, wie zu zeigen sein wird, als besonders ‚literarische' Graphic Novels gelten, da sie gleich auf mehreren Ebenen Literatur in grafische Form übersetzen und somit überaus interessante Beispiele sind für das produktive Spannungsverhältnis von Literatur und visueller Kultur. Dies ist umso mehr der Fall, als sich dieses Verhältnis nicht auf den intermedialen Dialog von Text und Bildern beschränkt. Zu diesem wichtigen Komplex hat Martin Schüwer mit seiner narratologischen Untersuchung *Wie Comics erzählen* (2008) eine maßgebliche Forschungsbasis geschaffen, die seither von anderen weiterentwickelt wurde. Gabriele Rippl und Lukas Etter etwa diskutieren grafische Literatur im Kontext von Intermedialität und Transmedialität und plädieren für eine neue Form der inter- und transmedialen Erzähltheorie, die ihrem speziellen Gegenstand besser gerecht würde als die Beschränkung auf eine ausschließlich intermediale Perspektive (vgl. Rippl und Etter 2013).

Mit *Fun Home* und *Stitches* werden hier nun zwei Werke in den Blick genommen, die nicht nur eine eigentlich literarische Gattung (Memoiren) in grafische Form transformieren. Beide ,übersetzen' zudem weitere visuelle Medien wie Fotografie und Film in einen grafischen Text, wobei gerade dieser Übersetzungsprozess den besonderen ästhetischen Reiz der Bücher ausmacht. Mit ,Übersetzung' oder ,Transformation' ist dabei nicht gemeint, was Jay Bolter und Richard Grusin als *remediation* bezeichnet haben, also die Darstellung eines Mediums in einem anderen („the representation of one medium in another"; Bolter und Grusin 2000, 45). Hierbei handelt es sich um eine grundlegende Technik im Zeitalter der Neuen Medien, die es ermöglicht, ältere Medien jeweils neu zu kontextualisieren und so – mit neuer Bedeutung versehen – zu ,re-präsentieren'. Vielmehr gelingt es Bechdel und Small, die unterschiedlichen Medien in ihren Werken so darzustellen, dass beispielsweise filmische oder fotografische Effekte erzielt und vom Rezipierenden im Leseprozess realisiert werden können – und zwar durchweg mit grafischen Mitteln.

Die Künstlerin als junges Mädchen: Alison Bechdels *Fun Home. A Family Tragicomic*

Wenn man Bechdels *Fun Home* mit literarischen Gattungsbezeichnungen erfassen möchte, bieten sich gleich mehrere Optionen an. Der Untertitel „A Family Tragicomic" verweist auf eine Familiengeschichte, die dem Tragikomischen zuzuordnen ist – einer dramatischen Mischform der „Verbindung von Tragik und Komik im gleichen Stoff nicht zu e[inem] lockeren Nebeneinander, sondern zu inniger Durchdringung beider Elemente und Motive zur ,wechselseitigen Erhellung', indem tragische Zusammenhänge mit komischen Motiven zu eindruckssteigender Kontrastwirkung verbunden werden" (von Wilpert 1979, 848). Diese Durchdringung unterschiedlicher Elemente wird in der englischen Sprache noch intensiviert durch den deutlichen Verweis auf das ,comic' in *tragicomic*, indem hier bereits auf sprachlicher Ebene mit Comic und Drama zwei völlig verschiedene Textgattungen zu etwas Neuem zusammengeführt werden. Noch vielschichtiger wird es dadurch, dass *Fun Home* ganz offensichtlich ein Roman in Gestalt von einer Graphic Novel beziehungsweise, wie weiter oben ausgeführt, von grafischen Memoiren ist.

Auch der Titel selbst eröffnet ein weites Assoziationsspektrum. ‚Fun Home‘ ist die Abkürzung und zugleich spielerische Bezeichnung in der Familie Bechdel für *funeral home* (‚Bestattungsinstitut‘), und genauer für das Familienunternehmen, das Vater Bruce Bechdel in vierter Generation im ländlich-provinziellen Pennsylvania führt. Die Todesthematik wird durch die Frakturschrift und die vielen schauerromantischen Elemente, die das Buch durchziehen, noch unterstrichen; zudem suggeriert eine weitere Bedeutungebene von ‚Fun Home‘, das im Amerikanischen sowohl ‚Gruselkabinett‘ als auch umgangssprachlich ‚Irrenhaus‘ bedeuten kann, eine gewisse atmosphärische Unheimlichkeit im Hause Bechdel. Dazu passt, dass sich Bruce neben seiner Arbeit im *family business* mit geradezu manischer Akribie auf die aufwendige (und bei Frau und Kindern auf wenig Gegenliebe treffende) Dekoration des Familienheims im Stil des *gothic revival* konzentriert – ein zutiefst doppelbödiges Bemühen, das Alison als Erwachsene im Rückblick als eine perfekte Fassade für ein dahinter liegendes Geheimnis entlarvt: die lebenslang verdeckte Homosexualität ihres Vaters, die sie als Hauptgrund für seinen mutmaßlichen Selbstmord mit 44 Jahren ansieht. *Fun Home* ist ein Buch über die schwierige Annäherung an diesen Vater – und die Trauer um ihn. (2012 veröffentlichte Bechdel eine weitere Graphic Novel, diesmal über das ebenfalls problematisch-angespannte Verhältnis zu ihrer Mutter, mit dem Titel *Are You My Mother? A Comic Drama*.)

Die Geschichte wird in *Fun Home* nicht linear erzählt. Vielmehr wird das Thema wie in einem modernistischen Roman zirkulär und episodisch umkreist, auch wenn die Abfolge der sieben Kapitel in etwa die Entwicklung von Alison als Schulkind, dann als Jugendliche und schließlich als junge Erwachsene chronologisch nachzeichnet. Dennoch wäre es irreführend anzunehmen, die Protagonistin stünde allein im Fokus. Alison ist zwar als Hauptfigur und Erzählerin omnipräsent, wird aber stets im Verhältnis zu ihrem Vater gezeigt, der für sie zeitlebens undurchschaubar bleibt und sie, wie auch ihre Brüder und seine Frau, mit seinen zwanghaften Marotten schikaniert, vor allem aber auf Distanz hält. Nach seinem Tod versucht Alison, Licht in das geheimnisvolle Leben und Sterben ihres Vaters zu bringen, wobei sie das tragische Ende seiner Lebenslüge als den Beginn ihrer eigenen Wahrheit versteht („My father's end was my beginning. Or more precisely, [...] the end of his life coincided with the beginning of my truth"; Bechdel 2006, 17).

Das tödliche Ereignis selbst – Bruce Bechdel war bei der Gartenarbeit und hatte, beladen mit Zweigen, soeben eine Straße überquert, als er aus ungeklärter Ursache zurück auf die Straße und vor einen herannahenden Lastwagen springt – durchzieht das Buch leitmotivisch in vier Variationen, ohne jemals explizit gezeigt zu werden. Alison glaubt nicht an einen Unfall; stattdessen bietet sie unterschiedliche Motive für den angenommenen Selbstmord ihres Vaters an, von Geistesabwesenheit aufgrund innerer Anspannung über das Erschrecken vor einer Schlange bis hin zum Erkennen der eigenen Ausweglosigkeit, nachdem er wegen sexueller Belästigung eines Minderjährigen angezeigt worden war, seine Frau die Scheidung eingereicht hatte und seine Tochter ihr eigenes Leben ungleich wahrhaftiger lebt als er seins.

Die Wahrheit über ihren toten Vater herauszufinden, ist Alisons Mission. Sie nähert sich dieser komplexen Aufgabe, indem sie mit Akribie die wichtigen Stationen des gemeinsamen Lebens aus der Erinnerung und anhand ihrer Aufzeichnungen und verschiedener Dokumente rekonstruiert. Im Stil eher schematisch und mit klarer Linie gezeichnet, verzichtet *Fun Home* dabei auf alles Grelle wie etwa bunte Farben, was vom Wesentlichen ablenken könnte. Vielmehr ist das gesamte Werk neben den ‚Grundfarben' Schwarz und Weiß in einem verwaschenen Grüngrauton gehalten, der in seiner pastellartigen Unnatürlichkeit zur bevorzugten Dekorationspalette des Vaters gehörte (vgl. Chute 2010, 179). Um ihrem Bemühen um Wahrheitsfindung Nachdruck zu verleihen, verwendet Bechdel Fotografien, die sie mit einem anderen, dicht gestrichelten Zeichenstil detailgenau nachzeichnet. Nicht nur wird jedes Kapitel durch so eine ‚gezeichnete Fotografie' gerahmt; auch die zeitlebens verheimlichte Homosexualität ihres Vaters wird mit einem zufällig nach seinem Tod in seinen Sachen entdeckten, aufreizenden Foto des nahezu unbekleideten Babysitters der Familie, der auch Bruce Bechdels Liebhaber war, belegt. Dieses ‚Beweisbild' erscheint herausgehoben als doppelseitige, rand- und rahmenlose Nachzeichnung der Originalfotografie, die Alison mit der linken Hand hält und die sie ausgiebig betrachtet und kommentiert, wofür sie nicht weniger als acht Textboxen benötigt und damit sicherstellt, dass der Lese- und Verstehensprozess dieses zentralen Moments einige Zeit in Anspruch nimmt (vgl. Bechdel 2006, 100–101).

An anderer Stelle dienen von Bechdel nachgezeichnete Fotografien der Suche nach Gemeinsamkeiten zwischen Vater und Tochter und damit ihrer Identitätsfindung. So sind am Ende vom vierten Kapitel gleich zwei übereinanderstehende Panel mit einer beziehungsweise drei Fotografien zu sehen, die Bruce Bechdel einmal als anmutige junge Frau im Badeanzug und einmal zusammen mit einem weiteren attraktiven Jüngling beim Sonnenbaden auf der Terrasse seines Studentenwohnheims zeigen (Abb. 1). Das zuletzt genannte Bild kontrastiert Alison mit einem Foto, das ihre Geliebte von ihr gemacht hat, als sie in demselben Alter war, und sie stellt deutliche Familienähnlichkeiten in Mimik und Gestik – und im Subtext auch in der homoerotischen Ausstrahlung – zwischen Vater und Tochter fest. Hier geht es jedoch um Mutmaßungen, keine Gewissheiten. Wie Alison ist die Leserin oder der Leser gehalten, sich ein eigenes Bild zu machen. Bemerkenswert an den nachgezeichneten Fotografien in *Fun Home* ist neben ihrer offensichtlichen (auto-)biografischen Bedeutung ihr Status als Dokument oder Beweismittel, wobei die Fotografien in transformierter Form, das heißt, nachdem Bechdel sie nachgezeichnet und damit in ein grafisches Format übertragen hat – ihre Hände sind als Verweis auf den kreativen Akt mit abgebildet –, Teil ihres künstlerischen Selbstfindungsprozesses geworden sind.

Abb. 1: ‚Familienähnlichkeiten‘, Seite aus Alison Bechdel: *Fun Home. A Family Tragicomic*, 2006

Neben Fotografie spielt auch Film eine bedeutende Rolle in *Fun Home*. Nicht nur sind die Bechdels regelmäßige Kinogänger und sehen zum Beispiel die Verfilmung von *The Great Gatsby*, gleich nachdem diese 1974 in die Kinos kommt. Auch als Alison sich einige Jahre später und kurz nach ihrem eigenen *coming out* ihrem Vater anvertrauen möchte, wählt sie hierfür eine gemeinsame Fahrt ins Kino. Die Doppelseite (Abb. 2) hebt sich zunächst durch ihre ungewöhnlich regelmäßige

Panelstruktur und die relative Gleichförmigkeit der Bildmotive ab. Zu sehen sind beide im frontalen Brustporträt, wobei Alison rechts neben dem fahrenden Bruce und damit näher zum Betrachter sitzt, was eine stärkere Identifikation mit ihrer Perspektive nahelegt. Außer den nahezu identischen Bildern sind zwei Sorten von Textelementen zu erkennen: Ihr spärlicher Dialog ist in Sprechblasen mit schwarzer Schrift auf weißem Untergrund dargestellt, während Alisons Voice-Over-Kommentar ohne Rahmen weiß auf schwarz und damit autoritativer und vor allem dunkler erscheint, was ihrer Trauer über diese letzte, ungenutzte Chance einer echten Annäherung entspricht, bevor Bruce kurz darauf stirbt.

Abb. 2: ‚Verpasste Gelegenheit‘, Doppelseite aus Alison Bechdel: *Fun Home. A Family Tragicomic*, 2006

Bemerkenswert an dieser Doppelseite ist neben dem Bildinhalt auch ihr deutlicher Bezug zum Medium Film, worauf schon die Anzahl der Panel hinweist, die mit 24 exakt der Anzahl von Filmbildern entspricht, die in einer Sekunde ablaufen und von den Zuschauer/innen als kontinuierlicher Bilderfluss wahrgenommen werden. Auch die Ähnlichkeit der einzelnen Panels unterstreicht den filmischen Charakter dieser Sequenz, da bei einem Film die Abweichungen von Bild zu Bild naturgemäß ebenfalls minimal sind. Dennoch ist *Fun Home* weit davon entfernt, Film einfach nachzuahmen. Vielmehr zwingt das Layout zum genauen Hinsehen und zum wiederholten Lesen, um dem Gesprächsverlauf folgen und Alisons nachträgliches Bedauern nachvollziehen zu können. Mit anderen Worten, der Leseprozess wird deutlich verlangsamt und zugleich intensiviert, womit ein entscheidender Unterschied zum Film offenbar wird, der den passiv Zuschauenden keine Kontrolle über den Bilderfluss gewährt; vielmehr müssen sie dem Geschehen folgen, so gut sie eben können.

Auch wenn Fotografie und Film in transformierter, grafischer Form eine wichtige Rolle in *Fun Home* spielen, sollte die Literatur nicht aus dem Blick geraten, zumal sie das wichtigste Kommunikationsmedium zwischen Vater und Tochter darstellt. Bruce arbeitet nebenher als Englischlehrer an der örtlichen High School und führt seine Tochter früh ans Lesen heran, wobei seine klare Präferenz modernistischen Autoren wie F. Scott Fitzgerald, William Faulkner, Marcel Proust, Albert Camus und allen voran James Joyce gilt. *Fun Home* ist aufgrund seiner vielfältigen literarischen Bezüge häufig als eine ausgesprochen ,literarische' Graphic Novel bezeichnet worden, wofür es nicht zuletzt vom *Time Magazine* zum besten literarischen Werk des Jahres 2006 gekürt wurde. Darüber hinaus geben die zahlreichen Textbezüge und -zitate einen deutlichen Hinweis auf die große Bedeutung, die Lesen in der Familie Bechdel hat, insbesondere für das Verhältnis von Alison zu ihrem Vater, der sich anderen Kommunikationsformen verschließt. Gleichwohl scheitert Alison ausgerechnet an seinem Lieblingsbuch *Ulysses* (James Joyce, 1922), unter anderem, weil sie während der Lektüre für einen Collegekurs aufgrund ihrer Erkenntnis, lesbisch zu sein, abgelenkt ist. Auch zieht sie Joyce nun andere Bücher vor, wie etwa die Autobiografie der französischen Schriftstellerin Colette, die ihr Vater ihr, einer Eingebung folgend, ebenfalls zu lesen gegeben hatte (vgl. Bechdel 2006, 205) und die nun ungleich besser ihren Interessen entspricht. Durchweg wird Lesen als ein wahlweise mühevoller (und mitunter erfolgloser) oder lustvoller, aber in jedem Fall notwendiger Prozess der Selbstverständigung und der Kommunikation mit anderen dargestellt.

Dies gilt in vergleichbarer Weise auch für Alisons eigene Schreibversuche. Seit sie zehn ist, führt sie regelmäßig Tagebuch mit der Intention, sich auf diese Art über ihr verwirrendes familiäres Umfeld klarer zu werden. Auch dieser kreativen Tätigkeit wird in *Fun Home* viel Raum gegeben, einschließlich einer ,epistemologischen Krise', die Alison bereits früh durchlebt, als sie ahnt, dass in ihrer Familie Schein und Wirklichkeit allzu weit auseinanderliegen und sie sich in der Folge selbst der einfachsten Zusammenhänge nicht mehr sicher ist. Sie fängt daraufhin an, ihre autobiografischen Texte obsessiv mit dem Zusatz ,I think' zu versehen, wobei diese Zusätze bald so zahlreich und überbordend werden, dass sie drohen, den eigentlichen Text zu verdrängen. Wirkliche Sicherheit erlangt Alison erst allmählich als heranwachsende Künstlerin, die sich zeichnend an die Wahrheit herantastet.

Dabei kommt es jedoch an keiner Stelle zu einem Entweder-Oder oder ernsthafter medialer Konkurrenz. „Zwischen Comic und Literatur ist keine Mauer zu errichten", hat Christoph Haas vor Kurzem postuliert (Haas 2012, 60). *Fun Home* zeigt, wie zutreffend diese Aussage ist – und auch, wie produktiv diese Graphic Novel unterschiedliche Darstellungsweisen (Text, Bild) intermedial zusammenführt und zugleich Erinnerung transmedial in verschiedene Formen (Schrift, Comic, Zeichnung, Fotografie, Film) mit grafischen Mitteln übersetzt. Gerade die Vielfalt unterschiedlicher medialer Repräsentationen ermöglicht es Bechdel, ihren traumatisierenden Erinnerungen Form und Gestalt zu geben. Dennoch ist *Fun Home* nicht in erster Linie ein Buch über ihr Trauma, sondern über dessen Überwindung durch die empathische Annäherung an den verlorenen Vater: „*Fun Home* is a book about trauma, but it is not about the impassable or the ineffable. It is rather about hermeneutics; specifically, on every level, *Fun Home* is about the procedure of close reading and close looking" (Chute 2008, 182). Der ästhetische Mehrwert besteht dabei wie bei jeder genauen Lektüre darin, den vielschichtigen Verstehensprozess Bild für Bild und Wort für Wort nachzuempfinden – beziehungsweise in allen erdenklichen Kombinationen von beidem.

Das Schweigen brechen: David Smalls *Stitches. A Memoir*

Auch David Smalls 2009 erschienenes Werk *Stitches* signalisiert bereits mit dem Untertitel seine Gattungszugehörigkeit: *A memoir*. Damit wird noch expliziter als bei Bechdels *Fun Home* angezeigt, dass es sich um die persönlichen Erinnerungen des Autors handelt, der entsprechend den Regeln des Autobiografischen nach Lejeune zugleich Erzähler und Protagonist seiner Geschichte ist. Neben der Gattung verweist der Titel auch auf das zentrale Thema des Buchs, wobei das Wort *stitches* signifikanterweise sowohl ‚Stiche' als auch ‚Naht' bedeuten kann (und überdies medienreflexiv auf die ‚Nähte' zwischen den einzelnen Panels verweist: sowohl auf ihre Verknüpfung als auch ihre Getrenntheit). Der Titel ist demnach ausgesprochen passend gewählt, da er zwei völlig unterschiedliche Assoziationen zulässt, die beide ins Schwarze treffen. So denkt man beim Lesen vielleicht zunächst an die schmerzhafte medizinische Prozedur des Nähens einer offenen Wunde. Andererseits gehören Stiche und Nähte auch in den Kontext der textilen Handarbeit oder der maschinellen Herstellung von Kleidungsstücken und Textilien aller Art. In diesem Fall dienen sie der produktiven Gestaltung von vormals ungeformtem oder rohem Material wie zum Beispiel Stoff. Beide Assoziationen verweisen damit auf die Transformation von einem Zustand (‚verwundet', ‚ungeformt', ‚roh') in einen anderen (‚geheilt', ‚gestaltet', ‚ganz'). Und genau diese transformative Kraft steht im Zentrum von *Stitches*; man könnte sogar sagen, das Buch als Ganzes stellt eine Art Performanz einer Verwandlung in Form einer Heilung dar (vgl. Böger 2011).

Im Fokus steht die Familie Small, die in den 1950er Jahren ein durchschnittliches *middle class life* in Detroit im Mittleren Westen der USA führt. Die Mutter ist Hausfrau, der Vater Radiologe. Sie haben zwei Söhne, David und Ted. Die Eltern führen eine allem Anschein nach vollkommen lieblose Ehe, was implizit auf Mrs. Smalls verheimlichte Homosexualität zurückgeführt wird – eine deutliche Parallele zur Familienkonstellation in *Fun Home*. Als die Handlung einsetzt, ist David sechs Jahre alt. In einem Rückblick erfahren wir, dass er aufgrund verschiedener Gesundheitsprobleme als Kleinkind von seinem Vater behandelt oder vielmehr misshandelt wurde (vgl. Small 2009, 20–21), unter anderem hunderte Male mit Röntgenstrahlen gegen Atemwegsentzündungen, was damals offenbar gängige medizinische Praxis war. Als Jugendlicher entwickelt David dann einen Tumor am Hals, der zunächst als gutartige Zyste fehldiagnostiziert wird und sich später als bösartiges Krebsgeschwür entpuppt, hervorgerufen durch die exzessive Röntgenbestrahlung in der Kindheit. Bei der nachfolgenden Operation müssen neben der Schilddrüse auch teilweise die Stimmbänder entfernt werden, David behält eine unansehnliche Narbe (Abb. 3) und verliert seine Stimme.

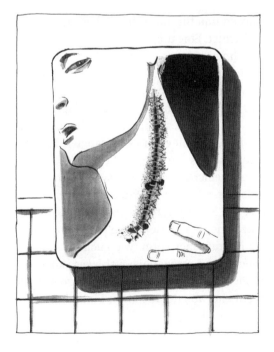

Abb. 3: ‚Die frische Wundnaht, im Spiegel betrachtet', Panel aus David Small: *Stitches. A Memoir*, 2009

Folgerichtig kommt *Stitches* über weite Strecken ohne Sprache aus, was zugleich eine hochinteressante Abweichung von den typischen Elementen einer Graphic Novel darstellt. Nicht zu verkennen ist dabei eine große stilistische Nähe zum Stummfilm, ein Eindruck, der durch die durchgehende Schwarzweißästhetik sowie expressive Darstellungsweisen wie extreme Perspektiven und eingestreute Horrormotive noch verstärkt wird. Auch der Klappentext der gebundenen Ausgabe weist in diese Richtung, wenn er *Stitches* „a silent movie masquerading as a book" nennt. Besonders zu Beginn wird diese intermediale Verbindung von Buch und Film deutlich, wenn wir uns dem Haus der Familie Small in Form mehrerer ‚Einstellungen' nähern, bis wir uns kameragleich durch die geöffnete Tür in das Haus bewegen, wo der kleine David auf dem Boden des Wohnzimmers liegt und zeichnet. Diese ersten Seiten sind ohne jeden Text gestaltet und wirken daher sehr ruhig, entsprechend Davids stiller Tätigkeit. Umso vehementer erscheinen im Anschluss die Geräusche der Eltern und des Bruders, wenn sie ihrer Frustration mit Aktivitäten wie Türenschlagen (Mutter), Sandsack-Boxen (Vater) und Schlagzeug-Spielen (Bruder) Luft machen, die in ‚laute' comictypische Geräuscheffekte wie zum Beispiel „WHAP" oder „BUM BUM BUM" (Small 2009, 15 und 17) übersetzt werden. Die gemeinsamen Mahlzeiten finden hingegen in völliger Stille statt, was die Kommunikationslosigkeit innerhalb der Familie umso beredter hervortreten lässt.

David entkommt aus seiner lieblosen und für ihn bedrohlichen Umgebung, indem er sich in die Welt der Comics flüchtet. Eine ungerahmte Doppelseite zeigt ihn links als Sechsjährigen beim Zeichnen einer Comicfigur, die sich auf der gegenüberliegenden Seite selbstständig macht, indem sie zum Leben erwacht und sich vom Blatt erhebt (Abb. 4). Wie im Animationsfilm wird dieselbe Figur dabei mehrfach (insgesamt achtmal) gezeigt, womit ein fluider, slapstickartiger Handlungsablauf suggeriert wird, der darin besteht, dass die Figur jubelnd umherspringt, stürzt und wieder aufsteht, um mit einer beschwingten Tanzeinlage unterlegt von Musik, die mit Notenschlüsseln dargestellt wird, zu enden. Diese Doppelseite ist nicht zuletzt darum bemerkenswert, weil sie mit den Mitteln des Comics einen Ausweg aus Davids Misere – hier als Sturz imaginiert – aufzeigt: die rettende Kraft der Fantasie. Der Sprung auf eine andere Erzählebene, der in der Narratologie nach Gérard Genette als ‚Metalepse' bezeichnet wird (vgl. Genette 1998 [1972], 168), kann in grafischer Form (wie auch im Animationsfilm) besonders gut dargestellt werden und erzeugt hier wahlweise komische oder auch fantastische Effekte (vgl. Pier 2014). Im Fall von *Stitches* zeugen die ‚zusammengenähten' Ebenen hingegen eher von der kreativen Einbildungskraft des jungen Protagonisten.

49

Abb. 4: ‚Davids Comicfigur erwacht zum Leben', Doppelpanel aus David Small: *Stitches. A Memoir*, 2009

So rettet sich David auch an anderer Stelle aus misslichen Lagen in eine Fantasiewelt, etwa wenn er von einer Horde gleichaltriger Kinder gejagt wird und sich nur mit knapper Not nach Hause retten kann, wo er sogleich zu zeichnen beginnt: diesmal sich selbst, wie er umgekehrt in ein Blatt eintaucht und in ein darunter liegendes unterirdisches Loch entkommt, wo seine ‚Freunde' schon auf ihn warten und seine Ankunft bejubeln – es sind die von David selbst kreierten Comicfiguren (vgl. Small 2009, 62–63). Als Jugendlicher, nach erfolgter Tumoroperation und Verlust seiner Stimme, verliert David auch den Zugang zu dieser rettenden Fantasiewelt; wenn überhaupt, verfolgen ihn Comicfiguren nun als albtraumartige Wesen im Schlaf (vgl. ebd., 196–201). Um das Gefühl vollständiger, vor allem auch sprachloser Ohnmacht den Eltern gegenüber darzustellen, greift David ebenfalls zu einem drastischen Horrormotiv, das ihn mit weit aufgerissenem Mund zeigt, aus dem jedoch keine Worte oder Schreie kommen, sondern von dem er selbst, gleich einer *mise-en-abîme*, droht verschluckt zu werden (Abb. 5). Als David fünfzehn ist, rebelliert er offen gegen seine Umwelt, wird in ein Jungeninternat ‚im Osten' geschickt, von dem er dreimal wegläuft und schließlich mit dem Rat entlassen wird, sich in psychiatrische Behandlung zu begeben (vgl. Small 2009, 231). Die Begegnung mit dem Psychiater gerät zur entscheidenden Wende, da er der erste Mensch überhaupt ist, der David aufrichtig helfen will und dem David zu vertrauen lernt. Bezeichnenderweise ist er jedoch nicht als

Mensch gezeichnet, sondern als weißes Kaninchen, das ganz offensichtlich der entsprechenden Figur aus Lewis Carrolls Fantasiegeschichte *Alice in Wonderland* (1865) nachempfunden ist, die auch durch zahlreiche weitere intertextuelle Bezüge in *Stitches* präsent ist. Der Psychiater ermutigt David, mit dem Zeichnen weiterzumachen, und vor allem öffnet er ihm die Augen bezüglich seines lieblosen familiären Umfelds, das David kurz darauf endgültig hinter sich lässt, als er mit sechzehn Jahren auszieht. Am Ende fügen sich die Dinge glücklich für ihn, er arbeitet als Kunstlehrer an einem College im Staat New York, und auch seine Stimme erhält er dank gezielten Stimmbandtrainings teilweise zurück.

Abb. 5: ‚Bedrohliche Sprachlosigkeit‘, Panel aus David Small: *Stitches. A Memoir*, 2009

Die Traumatisierungen seiner Kindheit bearbeitet David Small in *Stitches*, indem er sie in grafische Form übersetzt und so in Kunst transformiert. Mit deutlichen transmedialen Anleihen beim Stummfilm und bei der fantastischen Literatur gelingt es ihm, die Horrorwelt seiner Kindheit noch einmal aufleben zu lassen, vor allem aber zu zeigen, wie er ihr zwischenzeitlich in seiner Fantasiewelt und schließlich auch in der Wirklichkeit entkommen und auf diese Weise überleben konnte. Das Buch selbst steht am Ende für den erfolgreichen Heilungsprozess dadurch, dass es die vielen Verletzungen in Davids Kindheit zu einem kunstvollen Ganzen zusammenfügt, das die Traumata bannt, indem es sie erzählt und erzählend zumindest teilweise überwindet.

Resümee

Zusammenfassend lässt sich festhalten, dass Graphic Novels beziehungsweise grafische Autobiografien sich besonders gut zu eignen scheinen, um schwierige persönliche Erfahrungen darzustellen, ihnen so eine materielle Form zu geben und sie damit im Sinn Elaine Scarrys erst kommunizierbar zu machen: „Directed against the isolating aversiveness of pain, mental and material culture assumes the sharability of sentience" (Scarry 1985, 326). Hierin liegt zugleich wohl auch ein Grund für die große Attraktivität dieser neuartigen, ernsten Comicbücher: Sie bieten den Autorinnen und Autoren Raum für die Gestaltung der eigenen (Familien-)Geschichte und wenden sich zugleich an eine größere Öffentlichkeit, indem sie Fehlentwicklungen in der Gesellschaft offenlegen, wie etwa die (nicht nur) emotionalen Folgeschäden, die drohen, wenn Menschen ihre wahre Identität aus Angst vor Ablehnung durch eine homophobe Umwelt dauerhaft verheimlichen. In den vergangenen Jahren erschienene grafische Memoiren wie *Fun Home* oder *Stitches* behandeln dieses Thema auf erstaunlich unterschiedliche Weise, zumal Bechdels Werk eine Annäherung an ihren Vater, Smalls hingegen eine Abrechnung vor allem mit seiner Mutter darstellt (vgl. Böger 2011, 614–615). Beiden gemeinsam ist jedoch, dass sie auf eine Vielfalt an visuellen und literarischen Darstellungsmöglichkeiten zurückgreifen, die sie jeweils in grafische Form übersetzen. Durch das Zusammenführen unterschiedlicher visueller und literarischer Elemente entsteht bei der Übersetzung ins grafische Format etwas ganz Neues, das für die Leserin beziehungsweise den Leser einen beträchtlichen ästhetischen Gewinn mit sich bringt. Aber auch für die medien- und kulturwissenschaftliche Forschung stellen Graphic Novels ein lohnendes Feld dar. Insbesondere neueste theoretische Ansätze, die sich den genretypischen trans- und intermedialen Erzähltechniken widmen, eröffnen die Möglichkeit, das Genre in Abgrenzung etwa zu rein literarischen oder visuellen Erzählformen auf seine speziellen Möglichkeiten der Darstellung hin zu befragen.

Literaturverzeichnis

Bechdel, Alison. *Fun Home. A Family Tragicomic*. Boston, MA und New York, NY: Mariner Books, 2006.

Böger, Astrid. „Conquering Silence. David Small's *Stitches* and the Art of Getting Better". *Amerikastudien/American Studies* 56.4 (2011): 603–616.

Bolter, Jay David, und Richard Grusin. *Remediation: Understanding New Media*. Cambridge, MA: MIT Press, 2000.

Chute, Hillary L. „Comics as Literature? Reading Graphic Narrative". *PMLA* 123.2 (2008): 452–465.

Chute, Hillary L. *Graphic Women: Life Narrative & Contemporary Comics*. New York, NY: Columbia University Press, 2010.

Ditschke, Stephan. „Comics als Literatur. Zur Etablierung des Comics im deutschsprachigen Feuilleton seit 2003". *Comics. Zur Geschichte und Theorie eines populärkulturellen Mediums*. Hrsg. von Stephan Ditschke, Katerina Kroucheva und Daniel Stein. Bielefeld: transcript, 2009. 265–280.

Duncan, Randy, und Matthew J. Smith. *The Power of Comics: History, Form & Culture. With an Introduction by Paul Levitz*. London und New York, NY: Continuum, 2009.

Genette, Gérard. *Die Erzählung*. Übers. von Andreas Knop. Hrsg. von Jochen Voigt. 2. Aufl. München: Fink, 1998 [1972].

Haas, Christoph. „Graphische Romane? Zum schwierigen Verhältnis von Comic und Literatur". *Neue Rundschau* 123.3 (2012): 47–63.

Hirsch, Marianne. „Collateral Damage". *PMLA* 119.5 (2004): 1209–1215.

Lejeune, Philippe. *On Autobiography*. Hrsg. von Paul John Eakin. Übers. von Katherine Leary. Minneapolis, MN: University of Minnesota Press, 1989.

Lessing, Gotthold Ephraim. *Laokoon oder Über die Grenzen der Malerei und Poesie*. Hrsg. und mit einem Nachwort versehen von Kurt Wölffel. Frankfurt am Main: Insel, 1988 [1766].

Meyer, Christina. „‚Putting it into boxes': Framing Art Spiegelman's *In the Shadow of No Towers*". *Amerikastudien/American Studies* 55.3 (2010): 479–494.

Meyer, Christina. „Un/Taming the Beast, or Graphic Novels (Re-)Considered". *From Comic Strips to Graphic Novels: Contributions to the Theory and History of Graphic Narrative*. Hrsg. von Daniel Stein und Jan-Noël Thon. Berlin: De Gruyter, 2013. 271–299.

Mikkonen, Kai. „Subjectivity and Graphic Style in Graphic Narratives". *From Comic Strips to Graphic Novels: Contributions to the Theory and History of Graphic Narrative*. Hrsg. von Daniel Stein und Jan-Noël Thon. Berlin: De Gruyter, 2013. 101–123.

Pedri, Nancy. „Graphic Memoir: Fact – Fiction". *From Comic Strips to Graphic Novels: Contributions to the Theory and History of Graphic Narrative*. Hrsg. von Daniel Stein und Jan-Noël Thon. Berlin: De Gruyter, 2013. 127–153.

Pier, John. „Metalepsis". The living handbook of narratology. http://wikis.sub.uni-hamburg.de/lhn/index.php/Metalepsis (12. Mai 2014).

Rippl, Gabriele, und Lukas Etter. „Intermediality, Transmediality, and Graphic Narrative". *From Comic Strips to Graphic Novels: Contributions to the Theory and History of Graphic Narrative*. Hrsg. von Daniel Stein und Jan-Noël Thon. Berlin: De Gruyter, 2013. 191–217.

Scarry, Elaine. *The Body in Pain: The Making and Unmaking of the World*. New York, NY und Oxford: Oxford University Press, 1985.

Schüwer, Martin. *Wie Comics erzählen. Grundriss einer intermedialen Erzähltheorie der grafischen Literatur*. Trier: Wissenschaftlicher Verlag Trier, 2008.

Small, David. *Stitches. A Memoir*. New York, NY und London: W. W. Norton & Company, 2009.

Spiegelman, Art. „Why Comics?". *MetaMaus: A Look Inside a Modern Classic, Maus*. New York, NY: Pantheon, 2011. 164–223.

Wilpert, Gero von. *Sachwörterbuch der Literatur*. 6. Aufl. Stuttgart: Kröner, 1979.

5. Glossar

Claudia Benthien und Brigitte Weingart

Adaption – Der Begriff der Adaption (auch Adaptation) findet nicht nur mit Blick auf die Künste Verwendung, sondern auch in anderen Wissensfeldern, wo er u. a. für Prozesse des ‚Sich-Anpassens' (lat. *adaptare*) steht, z. B. des Auges an verschiedene Lichtverhältnisse. Als literarische Adaption bezeichnet man die Umarbeitung eines literarischen Werkes von einer Gattung in eine andere, z. B. eines Romans in ein Drama oder von einem Medium in ein anderes, z. B. in Oper, Film, Fernsehen oder Computerspiel. Insbesondere die Transformation von Literatur in audiovisuelle Medien (→ AUDIOVISUALITÄT) ist folgenreich, denn „eine Geschichte zu sehen, ist etwas anderes, als sie erzählt zu bekommen" (L. Hutcheon). Die in der Literatur sprachlich evozierten Bilder, welche die Imagination der Leser/innen in Gang setzen (vgl. 2.5 BROSCH), werden hier in visuelle, manifeste Bilder überführt und somit sowohl konkretisiert (→ *UT PICTURA POESIS*) als auch entsubjektiviert. Für den Kontext des Handbuchs sind aufgrund der dominanten Visualität speziell Literaturadaptionen im Medium → FILM von Bedeutung.

Allegorie – Es handelt sich um einen wichtigen Terminus sowohl für die Literatur als auch für die bildende Kunst. Bisweilen, z. B. im Mittelalter, bestehen Allegorien auch aus Text-Bild-Synthesen. Die Kunstgeschichte versteht unter Allegorien u. a. verschlüsselte Darstellungen abstrakter Sachverhalte (z. B. *vanitas*-Stillleben, die die Endlichkeit des Menschen bezeichnen) oder Personifikationen (z. B. Verkörperung von Tugenden, Nationen o. ä.). Bildallegorien finden sich insbesondere im Bereich von Mythologie und Bibel. Ihre Analyse fällt in die Zuständigkeit der → IKONOGRAFIE, IKONOLOGIE; terminologisch gibt es Schnittmengen zum Begriff des → SYMBOLS. Demgegenüber hat die Literaturwissenschaft ein stark theoretisiertes Allegorieverständnis. Sie geht von der griech. Wortbedeutung *allegoréin* (anders bzw. bildlich reden) als einer Form der ‚Andersrede' aus und versteht sie als komplexe Form und in Abgrenzung zu weiteren Leitbegriffen sprachlicher Bildlichkeit: dem der → METAPHER und dem des → SYMBOLS. Während die Goethezeit das Symbol privilegiert, rehabilitiert das 20. Jh. die Allegorie, assoziiert sie mit der Ästhetik des Barock („Allegorien sind im Reich der Gedanken was Ruinen im Reiche der Dinge", W. Benjamin; vgl. 2.4 NAUMANN) und macht sie für die Gegenwart fruchtbar.

Audiovisualität – Die Eigenschaft der Audiovisualität kennzeichnet eine Reihe von Medien, die sich durch Kombinationen von Ton und Bild zugleich an die visuellen und auditiven Sinne richten. Als audiovisuelle Medien im engeren Sinn gelten → FILM und Fernsehen, neuerdings auch digitale Formate im Internet und am PC. Auch Literatur kann unter dieser Perspektive theoretisiert werden, wenngleich gedruckte Texte zwar eine (grafisch-)visuelle Dimension aufweisen, nicht jedoch eine auditive: So entwickelt etwa die Mediävistik einen weiten Medienbegriff und untersucht unter dem Schlagwort „Audiovisualität vor und nach Gutenberg" (H. Wenzel; → BUCHDRUCK) literarische Texte, die nicht gelesen, sondern vor einer Zuhörerschaft vorgetragen bzw. ‚aufgeführt' wurden. Ferner werden innertextuelle Signale und Zeichen (z. B. → ILLUMINATION), die auf Rezeptionssituationen des → SEHEN VS. HÖREN verweisen, unter dieser Perspektive diskutiert. In neueren Entwicklungen kommt Audiovisualität als Kennzeichen von Literatur vermehrte Bedeutung zu, weil diese zunehmend nicht nur in Schriftform, sondern auch akustisch rezipiert wird (Hörbücher, Audiodateien im Internet, Live-Formate wie Lesungen, Poetry Slam). Auch in digitalen Formaten werden visuelle und akustische Elemente vielfach kombiniert, z. B. in digitaler Poesie, Netzkunst oder → HYPERTEXT-Literatur.

Augenzeugenschaft – Als literatur- und kulturtheoretischer Terminus findet sich Augenzeugenschaft vor allem in zwei Zusammenhängen, beide weisen eine Nähe zur juristischen Begriffsverwendung auf: Erstens ist es ein Begriff der Dramen- und speziell Tragödientheorie, wo szenisch nicht darstellbare Ereignisse durch eine/n Augenzeugen/in berichtet werden; dafür haben sich schon in der Antike die Konvention des Botenberichts, als eine nachträgliche Narration des Gesehenen, oder der Teichoskopie (dt. Mauerschau), als ein zeitgleiches Berichten von außerszenischem Geschehen, etabliert. Etwas den Zuhörenden visuell nicht Zugängliches wurde oder wird gesehen und wird durch die sprachliche Visualisierung sowohl performativ hergestellt als auch beglaubigt. Dabei werden rhetorische Strategien der emotionalen Affizierung wie auch der Veranschaulichung (→ EVIDENZ; HYPOTYPOSE) eingesetzt. Konzepte der Augenzeugenschaft liegen zweitens bestimmten Zeugenschaftstheorien der Shoah zugrunde (vgl. 3.3 SEGLER-MESSNER), die davon ausgehen, dass ‚primäre Zeug/innen', z. B. Überlebende, die ein entsetzliches Ereignis mit eigenen Augen sehen mussten, ‚sekundärer Zeug/innen' bedürfen, die durch ihr Zuhören für die Wahrheit der bezeugten Erfahrung mitverantwortlich werden (so U. Baer; vgl. 4.5 BENTHIEN).

Bewegtbild – Hierbei handelt es sich um einen Überbegriff für mediale Formate, in denen durch die serielle Verknüpfung von Bildern die Illusion der Bewegung hergestellt wird. Während mit dem Begriff derzeit vor allem Bildschirmmedien wie (analoger und digitaler) → FILM, Fernsehen und Computer assoziiert werden, umfasst er in historischer Perspektive auch vorfilmische Formen der Bewegungsillusion wie Daumenkino, Phenakistoskop, Zoetrop, Zoopraxiskop u. a. Der Eindruck kontinuierlicher Bewegung, der ab einer Frequenz von etwa 16 Einzelbildern pro Sekunde entsteht, beruht auf einer physiologischen Besonderheit der menschlichen Wahrnehmung.

Bilderverbot – Im religionsgeschichtlichen Kontext bezieht sich der Begriff auf die religiös motivierte, gegen den ‚Götzendienst' (→ IDOLATRIE) gerichtete Untersagung bestimmter bildlicher Darstellungen, die mitunter deren Zerstörung legitimiert (→ IKONOKLASMUS). Formulierungen entsprechender Verbote finden sich in unterschiedlichen Ausprägungen in allen monotheistischen Religionen, wobei die Darstellung Gottes oder heiliger Personen grundsätzlich oder nur in bestimmten Formen ausgeschlossen wird. Diese ‚Entsinnlichung' der religiösen Praxis zielt mitunter darauf ab, dem vermeintlichen Missbrauch materieller Repräsentationen in als magisch geltenden Kulten vorzubeugen bzw. entgegenzuwirken (→ FETISCHISMUS). Eine paradigmatische Stellung nimmt das im Alten Testament mit der mosaischen Gesetzgebung formulierte Darstellungsverbot ein, das außer dem ‚Gottesbild' auch jegliches ‚Gleichnis' und die Nennung von Jahwes Namen umfasst – ein für die jüdische Kultur folgenreiches Verdikt, das in Diskussionen über die Maßstäbe ästhetischer Produktion ‚nach Auschwitz' gelegentlich mit dem ethischen Imperativ der Nicht-Darstellbarkeit der Shoah in Verbindung gebracht wird (etwa von dem Filmemacher C. Lanzmann; vgl. 3.3 SEGLER-MESSNER).

Bildtext, Bild/Text, Bild-Text – Diese Komposita bezeichnen eine „typographische Konvention", die der Literatur- und Kunstwissenschaftler W. J. T. Mitchell (→ PICTORIAL TURN; VISUAL CULTURE STUDIES) vorgeschlagen hat. Mitchells These, dass es keine ‚reinen' visuellen oder sprachlichen Künste gebe, beinhaltet keinesfalls eine Verabschiedung der Text-Bild-Unterscheidung. Um die Spannung zwischen medialer Differenz und medialer Unreinheit zu markieren, bringt er die performativen Eigenschaften unterschiedlicher Schriftbilder (→ SCHRIFTBILDLICHKEIT; vgl. 2.1 KAMMER) ins Spiel: Als *textimage* (Bildtext) bezeichnet er Formen der Synthese oder Kompositbildungen von Text und Bild, wohingegen *text/image* (Bild/Text) den Aspekt der Spaltung betont. Auf die verschiedenen Relationen beider Elemente in einem unspezifischeren Sinne bezieht sich die Bindestrich-Variante *text-image* (Bild-Text; → HYBRID).

Bildwissenschaft – Es handelt sich um einen von der deutschsprachigen Kunstgeschichte geprägten Terminus, der an Forschungsbeiträge des Kunst- und Kulturwissenschaftlers A. Warburg anknüpft (vgl. 2.4 NAUMANN). Im Unterschied zur klassischen Kunstgeschichte widmet sich die Bildwissenschaft auch nicht-künstlerischen Bildern (z. B. Bildquellen in der Werbung), verfolgt aber gleichwohl andere Ansätze als die im angloamerikanischen Raum entstandenen → VISUAL CULTURE STUDIES. Seit den 1990er Jahren wird sie von führenden Kunsthistoriker/

innen propagiert, nicht zuletzt als Antwort auf den „Problemdruck" (H. Brede-kamp), der durch die Dominanz audiovisueller Medien wie Film, Fernsehen und Internet entstand. Dem Bildlichen wird eine dominante kulturelle und philoso-phische Rolle attribuiert (→ ICONIC TURN; PICTORIAL TURN). Auch in anderen Dis-ziplinen, z. B. in der Philosophie (K. Sachs-Hombach), wurden bildwissenschaft-liche Theorien entwickelt. Für die Literaturwissenschaft stellt insbesondere die als Konkurrenzsituation empfundene Rivalität von text- vs. bildwissenschaftli-chem Kulturverständnis eine Herausforderung dar.

Blick – Als Bezeichnung für den Akt visueller Wahrnehmung verweist der ‚Blick' (mhd. *blic*, Glanz, Blitz) im Vergleich zum ‚Sehen' weniger auf das Erfassen optischer Informationen als auf die dadurch hergestellte Beziehung zwischen Subjekt und Objekt. Diese Relationalität des Blicks kommt am deutlichsten in intersubjektiven Blickverhältnissen zur Geltung, wobei die durch den Ausdruck der Augen hergestellte Verbindung – als Kontakt auf Distanz – zwar eine Form der Kommunikation impliziert, der jedoch keine systematisierbare ‚Sprache' zugrunde liegt. Wie das Sehen ist das Blicken sowohl als Sinnesaktivität wie auch in seinen sozialen Implikationen von kulturellen Bedingungen geprägt und historischen Veränderungen unterworfen. Im Anschluss an die Psychoanalyse, in der das Sehen mit (männlichen) Omnipotenzfantasien, das Gesehenwerden mit (weiblicher) Passivität assoziiert wird (→ FETISCHISMUS; SCHAULUST; vgl. 3.4 REHBERG), interessiert sich die gegenwärtige Visualitätsforschung insbesondere für die Machtverhältnisse, die die jeweiligen Blicksituationen strukturieren (→ SKOPISCHES REGIME; vgl. 2.8 STIEGLER). Solche soziokulturellen Faktoren sind außer für körperliche auch für ‚entkörperlichte' Blicke – etwa einer Kamera – zu veranschlagen, da die Möglichkeiten des Blickens durch optische Medien, aber auch bspw. durch literarische Darstellungsverfahren, auf je spezifische Weise reguliert werden (→ BEWEGTBILD; FILM; KINO; PANORAMA; PERSPEKTIVE).

Blindheit – Blindheit als Gegenpol zum Sehen bzw. zur Sichtbarkeit spielt kul-turgeschichtlich schon in der Antike eine bedeutende Rolle, figuriert etwa im ‚blinden Seher' Tereisias in Sophokles' Tragödie *König Ödipus* (→ SICHTBARKEIT, UNSICHTBARKEIT). Dieser steht kontrastiv zum (physiologisch) sehenden, aber die wirklichen Zusammenhänge gleichwohl nicht erkennenden Protagonisten, der sich am Schluss der Tragödie ‚blendet', d. h. die Augen aussticht (was psy-choanalytisch von S. Freud als Kastration gedeutet wurde). Sehen und Blindheit werden oft paradox mit Erkenntniszusammenhängen („Blindness and Insight", P. de Man) verknüpft. Tritt der/die Blinde in der bildenden Kunst traditionell als Allegorie der religiösen Innenschau, der juristischen Unparteilichkeit oder der Verblendung Andersgläubiger auf, so nimmt er/sie bei R. Descartes eine kon-träre Stellung ein: Blindheit wird hier zum Gleichnis des Sehens – und zwar eines

Sehens, welches ‚mit den Händen' erfolgt. Dies ist ein Topos, den die Wahrnehmungsästhetik des 18. Jh.s prominent aufgreift (→ SINNE, WAHRNEHMUNG). In Erzähltexten der Moderne reflektieren speziell blinde oder erblindende Figuren die Problematik der literarischen Visualisierung (vgl. 4.10 HARRIS; 4.11 TRIPP).

Buchdruck – Im Buchmedium vorliegende Literatur präsentiert Sprache in schriftlicher Modalität und die Lektüre erfolgt über den Sehsinn (→ SEHEN VS. HÖREN). Allerdings setzt sich die Rezeptionsform der leisen, d. h. ausschließlich visuellen, nicht durch Verlautbarung begleiteten Lektüre (→ AUDIOVISUALITÄT) erst langsam im 18. Jahrhundert durch. M. McLuhan unterscheidet demgegenüber in seinen einflussreichen Untersuchungen zur ‚Gutenberg Galaxis' medienhistorisch drei Stadien: das Zeitalter vor dem Buchdruck, das Zeitalter Gutenbergs (die typografische und mechanische Ära seit J. Gutenbergs Erfindung der beweglichen Lettern im 15. Jh.; → TYPOGRAFIE, LAYOUT) und das elektronische Zeitalter. Seiner Auffassung nach weist das Nach-Buchdruck-Zeitalter viele Gemeinsamkeiten mit dem Vor-Buchdruck-Zeitalter auf, insbesondere die gemeinsame Bedeutung der Mündlichkeit (→ ORALITÄT VS. SKRIPTURALITÄT).

Collage, Montage – Beide Begriffe beziehen sich auf in Malerei, Fotografie, Film, Literatur und Musik angewendete Verfahren zur Integration ‚fremder' Materialien in das eigene Werk. Aufgrund dieses Bezugs auf Präexistentes werden sie häufig synonym verwendet. Während das Konzept der Collage (griech./frz. *coller*, an-, aufkleben) jedoch auf die Verwendung von Versatzstücken der Alltags- und Populärkultur in den *papiers collés* von G. Braque und P. Picasso zurückgeht, verweist die Montage (lat./frz. *monter*, zusammensetzen) auf die filmtechnische Praxis, Bild- und Tonelemente zu einer Sinneinheit zusammenzufügen. In der Fotomontage, etwa im Kontext dadaistischer Experimente von J. Heartfield (vgl. 4.9 BEHRMANN), werden Ausschnitte von Fotografien mit gezeichneten, gemalten oder schriftlichen Elementen kombiniert. Diese Intertextualität bzw. → INTERMEDIALITÄT weist Collage und Montage als genuin moderne Verfahren aus, die einer als diskontinuierlich und heterogen erfahrenen Lebenswelt Rechnung tragen. Im Sinne einer solchen Verweigerung von Geschlossenheit kommen beide Verfahren auch in literarischen Texten des 20. Jh.s zur Anwendung, etwa in der Abgrenzung von konventionellen Erzählverfahren in der Großstadtliteratur bei J. Joyce oder A. Döblin (vgl. 4.10 HARRIS) oder in den Zitatmontagen und Text-Bild-Collagen der Pop-Literatur (vgl. 3.4 REHBERG; 3.5 DRÜGH).

Comic – Die populärste Form der Bildgeschichte der Moderne, der Comic, kombiniert, ähnlich wie das → EMBLEM, Bild- und Textelemente, hier jedoch in linearer Form und mit narrativ-unterhaltender Absicht. Der Begriff entstand im frühen 20. Jh. in der amerikanischen Wochen- und Tagespresse, die episodisch-humoristische Bildgeschichten (*comic strips*) veröffentlichte – gezeichnete Bildreihen sowohl mit als auch ohne integrierten Text –, wobei das Moment des Komischen inzwischen kein kennzeichnendes Merkmal mehr darstellt. Im späten 20. Jh. erlangten verschiedene Comic-Genres in Forschungszusammenhängen von → INTERMEDIALITÄT und Narratologie größere Beachtung, so die japanischen Mangas (vgl. 3.1 WETZEL) sowie die zunächst insbesondere im US-amerikanischen Raum populären *graphic novels* (→ GRAFISCHE LITERATUR; vgl. 4.15 BÖGER). Mit den → BEWEGTBILDERN wie dem → FILM teilen sie das Merkmal der Serialität von Bildern.

Darstellung – In der Ästhetik des 18. Jh.s (G. E. Lessing, F. Klopstock, I. Kant, J. G. Fichte und J. G. Herder) wird der deutsche Begriff ‚Darstellung‘ anstelle des lateinischen der → REPRÄSENTATION zu einer Leitkategorie. Unter Bezugnahme auf den aristotelischen Mimesis-Begriff wird auf die Eigenschaften der Lebendigkeit und der (Re-)Präsenz im Vorgang des ‚Dar-Stellens‘ verwiesen, sowie auf die Aktivität des Wahrnehmenden. In Lessings Formel des „prägnanten Augenblicks" (vgl. 2.3 SCHNEIDER) kondensieren diese für die Kunstproduktion wie -rezeption gleichermaßen virulent werdenden Dimensionen. Die Genese der ästhetischen Vorstellung (→ EINBILDUNGSKRAFT) ist dabei wesentlich visuell, nämlich als „Herrichtung einer Bühne" zu begreifen, auf der sich das Subjekt zum Objekt, als „Inszenierung des vorstellenden Subjekts", verhält, „das über ästhetische Gegenständlichkeiten verfügt und dadurch sich selber hervorbringt" (D. Wellbery).

Einbildungskraft – In der vormodernen Begriffsgeschichte ist Einbildungskraft (griech. *phantasía*, lat. *imaginatio*) das an den Sehsinn gekoppelte Vermögen, Bilder aufzunehmen und zu speichern. Diese als körperliche ‚Eindrücke‘ konzeptualisierten Bilder fungieren als Vorlagen für den Abgleich mit aktuellen Sinneseindrücken und für die Produktion von ‚inneren Bildern‘, also Vorstellungen. Da ihre Funktion bei der Vermittlung zwischen Wahrnehmung und Bewusstsein auf die Reproduktion festgelegt war, blieb die Einbildungskraft auch poetologisch auf die *imitatio* bezogen; ‚produktive‘ Abweichungen wurden vornehmlich als Störung thematisiert bzw. pathologisiert. Erst mit der Aufwertung sinnlicher Erkenntnisleistung im 18. Jh. treten im Konzept der „produktiven Einbildungskraft" (I. Kant) neben die mentale Synthetisierungsleistung auch die kreativen Fähigkeiten zur Erfindung fiktiver Gegenstände und zum ‚bebildernden‘ Nachvollzug von → LEKTÜRE (vgl. 2.5 BROSCH; 4.6 KÖHNEN; 4.11 TRIPP). Bleibt die Einbildungskraft einerseits aufgrund von Täuschungsanfälligkeit suspekt, wird sie andererseits zur Voraussetzung ästhetischen Erlebens und avanciert in der Romantik zum künstlerischen Schaffensprinzip. Der gegenwärtig gängigere Begriff der Imagination (→ IMAGINÄRES) ist weniger emphatisch aufgeladen, obwohl die subjektkonstitutive Funktion bildhafter Vorstellungen in aktuellen Diskussionen über visuelle Kultur bestätigt wird.

Ekphrasis – Als ein aus dem Griechischen stammender Terminus, der sich als ‚Aussprechen', oder ‚Zeigen' übersetzen lässt, wird Ekphrasis kunsttheoretisch zumeist als ‚Bild- oder Bildbeschreibung' gefasst. Damit ist keine Textgattung im engeren Sinne, sondern eine Redeform gemeint, die darauf zielt, größtmögliche visuelle Anschaulichkeit zu erzeugen (*enárgeia* bzw. *evidentia*; → EVIDENZ; HYPO-TYPOSE). Das lat. Synonym *descriptio* hat den umfassenden Sinn ‚Beschreibung' beibehalten, während Ekphrasis heute fast ausschließlich im Sinne von ‚Kunstbeschreibung' Verwendung findet, d. h. als „verbale Repräsentation visueller Repräsentationen" (J. Heffernan). Diese Verengung der Bedeutung von Ekphrasis auf literarische Beschreibungen von bildender Kunst, speziell von Malerei und Plastik, kam erst im 18. Jh. auf und wurde im 20. Jh. normativ; zuvor umfasste der Begriff verschiedenste Formen ‚anschaulicher Beschreibung' mittels Sprache. In der Literaturwissenschaft findet der Terminus bislang insbesondere bei der Untersuchung von Epen und anderen Erzähltexten Verwendung (vgl. 4.1 WAND-HOFF; 4.5 BENTHIEN). Eine weitere, explizit ekphrastische Untergattung ist das Bildgedicht (vgl. 2.7 RIPPL).

Emblem – Embleme sind originäre Text-Bild-Hybride, weil sie in der Regel beide Anteile aufweisen. Es handelt sich um ein von A. Alciato eingeführtes, im 16. und 17. Jh. populäres Genre, das zumeist als Sammlung in Büchern publiziert wird (vgl. 4.4 NEUBER). Embleme finden sich aber auch in anderen Medien, z. B. in der Malerei. Regelhaft bestehen sie aus einer dreigliedrigen Struktur, die jedoch sehr flexibel ist: (1.) Bildüberschrift oder Motto (*inscriptio*), oftmals handelt es sich dabei um Sinn- oder Bibelsprüche oder andere Kurzzitate; (2.) Bild (*pictura*), zumeist ein Holzschnitt oder ein Kupferstich; (3.) das Bild auslegende Bildunterschrift (*subscriptio*), zumeist in Form eines Epigramms oder Gedichts. Die Emblematik hat unterhaltende wie auch belehrende Funktion. Wichtigstes mediales Merkmal eines Emblems ist die Kombination von Text und Bild, ähnlich wie beim → COMIC oder in der Werbung. Diese erfolgt mitunter auf sehr verschlüsselte und kunstvolle Weise (→ ALLEGORIE), die ein Wechselspiel bildlicher und textlicher ‚Lektüren' erfordert. Emblematische Strukturen finden sich in der Frühen Neuzeit auch in anderen Künsten, z. B. im barocken Trauerspiel (nach A. Schöne), das bildliche Anteile (Reyen) mit auslegenden (Abhandlungen) kombiniert.

Evidenz – Als philosophischer Terminus steht Evidenz für die sich dem Augenschein unmittelbar erschließende und daher keiner Begründung bedürfende Erkennbarkeit einer Tatsache ein. Demgegenüber verweist bereits die Herkunft des Begriffs, der als *evidentia* von Cicero zur Übersetzung von griech. *enárgeia*

(Anschaulichkeit) eingeführt wurde, in der rhetorischen Tradition darauf, dass sich der Effekt der unanzweifelbaren Gewissheit den sprachlichen Darstellungsverfahren verdankt, mittels derer ein Gegenstand den Zuhörer/innen gleichsam ‚vor Augen gestellt' wird (→ HYPOTYPOSE; vgl. auch 2.2 BERNDT; 4.5 BENTHIEN). Insbesondere in den mit historischen und aktuellen Wissenskonfigurationen befassten Teilen der Bildwissenschaft hat sich Evidenz entsprechend als Schlüsselbegriff etabliert, der – nun im Sinne von „Evidenzeffekten" (T. Holert) ins Kritische gewendet – anstelle der vermeintlichen Selbstverständlichkeiten die diskursive und visuelle Überzeugungsarbeit in den Blick rückt, durch die dieser Eindruck hergestellt wird. Wenn das, was zu einem gegebenen Zeitpunkt in einer bestimmten Kultur zur Sichtbarkeit gelangt (→ SICHTBARKEIT, UNSICHTBARKEIT), von den jeweiligen „Diskursivitäten und Evidenzen" (G. Deleuze, → SICHTBAR/ SAGBAR) abhängt, so gilt dies auch für deren Interaktion – bspw. im Fall von Bildlegenden zu wissenschaftlichen Visualisierungen, die darüber aufklären, was auf einem Bild vermeintlich zu sehen ist.

Fetischismus – Der Begriff (portugies. *feitiço*, Nach- oder künstlich Gemachtes, Zaubermittel) geht auf die im 18. Jh. von C. de Brosses geprägte Bezeichnung *fétiche* für die magischen ‚Götzenbilder' sog. ‚primitiver' Kulturen (→ IDOLATRIE) zurück. Demgegenüber macht K. Marx mit dem Konzept des „Warenfetisches" auf das quasireligiöse Verhältnis kapitalistischer Gesellschaften zu ihren Produkten aufmerksam. S. Freud wiederum führt die als Fetischismus bezeichnete „Perversion", bei der sich die Libido auf ein Ersatzobjekt fixiert, auf eine visuelle Urszene zurück: auf die Feststellung des Kindes, dass die Frau (Mutter) keinen Penis besitze. Es sind Freud zufolge die durch diesen Anblick ausgelösten Kastrationsängste, die durch das Ersatzobjekt bewältigt werden: „der Fetisch ist ein Penisersatz", wodurch der Glaube an den Phallus der Frau „bewahrt, aber auch aufgegeben" wird (Freud). Die feministische Filmtheorie hat die der fetischistischen Begehrensstruktur eingeschriebene Gegenüberstellung von männlichem Blickträger und weiblichem Objekt der → SCHAULUST auf filmische Blickverhältnisse übertragen (→ BLICK) und gezeigt, inwiefern die Narrationsmuster des Hollywood-Kinos an der Herstellung eines → SKOPISCHEN REGIMES beteiligt sind, das diese patriarchale Rollenverteilung stabilisiert (vgl. dazu kritisch 3.4 REHBERG).

Figurengedicht – Hierbei handelt es sich um einen Gedichttypus, der eine semantisierte grafische Textoberfläche aufweist, die zumeist mit dem Inhalt korrespondiert. Die visuelle Gestalt des Textes trägt daher wesentlich zur Gesamtbedeutung des Gedichts bei. Anders als bei der Konkreten Poesie, bei der sich erst durch die Anordnung der Textelemente überhaupt ein (poetischer) Text ergibt, und der → VISUELLEN POESIE, bei der die Textelemente mit Bildelementen kombiniert (oder auch ganz durch diese ersetzt) werden, beruht ein Figurengedicht auf einem lyrisch-poetischen, in der Regel auch versifizierten Text. Dieser erhält durch die visuelle Gestaltung, insbesondere mittels der durch die Anordnung der Verse gebildeten Umrissform des Gedichts, die üblicherweise einen symbolischen Gegenstand darstellt (z. B. ein Kreuz, ein Baum, ein Gefäß), eine zusätzliche Bedeutung; durch diese → INTERMEDIALITÄT erhöht sich die Poetiziät des Werkes (vgl. 2.2 BERNDT; 2.7 RIPPL).

Film – Ursprünglich auf das zur technisch-apparativen Aufzeichnung verwendete Material bezogen, wird der Begriff (engl. für Häutchen, Membran, dünne Schicht) auch für das filmische Werk verwendet. Die Entstehung des Films Ende des 19. Jh.s verdankt sich der Fusion fotografischer Abbildungsverfahren (→ FOTOGRAFIE) mit technischen Mitteln zur Aufnahme und Projektion von Einzelbildern in schneller Abfolge (→ BEWEGTBILD) zum Kinematografen (→ KINO). Auch nach dem Übergang vom Stumm- zum Tonfilm und damit zur → AUDIOVISUALITÄT wird der Film vornehmlich als Teil der visuellen Kultur wahrgenommen. Ist der Film aufgrund der in seinem Code angelegten medialen Heterogenität privilegiert, unterschiedliche Medien zu inkorporieren, so beschränken sich umgekehrt mediale Aneignungen des ‚Filmischen‘ in anderen Kunstformen (→ INTERMEDIALITÄT) nicht auf die Transformation von Inhalten (→ ADAPTION). In der Literatur gibt es seit den frühen Experimenten mit filmischen Schreibweisen (vgl. 4.10 HARRIS) Bemühungen auf stilistisch-formaler Ebene, Texte als „Film in Worten" (R. D. Brinkmann, F. O'Hara zitierend) zu gestalten (→ COLLAGE, MONTAGE). Die „Literarisierung des Films" (J. Paech) wiederum schlägt sich in der Konjunktur von Literaturverfilmungen, der Beteiligung prominenter Schriftsteller/innen am Drehbuch und der Orientierung an literarisch bewährten Erzählweisen nieder. Die narrativen Verfahren des Spielfilms, einen innerdiegetischen Referenzraum herzustellen, der eine in sich stimmige Welt suggeriert (figurenzentrierte Handlung, Verschmelzung von *plot* und *story*, *continuity editing*), gehen auf den realistischen Roman des 19. Jh.s zurück.

Fokalisierung – Dieser narratologische Zentralbegriff ist, ebenso wie der der → PERSPEKTIVE und des *point of view*, an den Bereich optischer Wahrnehmung und visueller Medien, speziell → FILM und → FOTOGRAFIE, angelehnt. Er geht von der Funktion des Fokalisators (*focalisateur*) aus, einer Vermittlungsinstanz, die G. Genette mit den Leitfragen „Wer sieht?" bzw. „Wer nimmt wahr?" erfasst. Unter Fokalisierung versteht er eine Einschränkung des Feldes der Wahrnehmung gegenüber dem, was die Tradition ‚Allwissenheit‘ nannte. Er unterscheidet drei Fokalisierungsarten: (1.) Nullfokalisierung, entsprechend dem aperspektivischen auktorialen Erzählen (dies ist strenggenommen gar keine Fokalisierung, da keine Eingrenzung des Blickfeldes erfolgt); (2.) interne Fokalisierung, entsprechend der personalen, an das jeweilige Subjekt der Erzählung gebundenen Narration (man spricht auch von ‚Figurenperspektive'); (3.) externe Fokalisierung, entsprechend der neutralen Erzählsituation, in der z. B. Figuren von außen, ohne Introspektion beschrieben werden (*camera eye*). Es handelt sich bei der Fokalisierung um die maßgebliche erzählerische Technik der Wiedergabe (bzw. Simulation) visueller Wahrnehmung (vgl. 2.5 BROSCH).

Fotografie – Die analoge Fotografie beruht auf einem optisch-chemischen Prozess, bei dem sich der abzubildende Ausschnitt der Wirklichkeit einem lichtempfindlichen Träger ‚einschreibt' (griech. *pháos, phôs*, Licht; *gráphein*, schreiben, ritzen). Auf die Fotografie und ihre instantane → REPRÄSENTATION eines Realitätsausschnitts nimmt die Literatur u. a. als poetologisches Modell, als Realismus-Ideal und als Gedächtnis-Analogie Bezug (vgl. 4.8 ALBERS). Die Auffassung von der Wirklichkeitstreue des fotografischen Bildes, dem sich die Spur des Referenten direkt einträgt (→ INDEXIKALITÄT), hat R. Barthes auf die Formel einer „Botschaft ohne Code" gebracht (vgl. 2.6 LÖFFLER). Aus der Vorstellung der unmittelbaren Realitätswiedergabe bezieht die Fotografie ihre dokumentarische Beweiskraft (→ EVIDENZ; ZEUGENSCHAFT; vgl. 3.3 SEGLER-MESSNER), die spätestens mit den Manipulationsmöglichkeiten der digitalen Fotografie in Zweifel gezogen wird. Doch bereits in der analogen Fotografie überlagern sich indexikalische Eigenschaften mit ikonischen und symbolischen Botschaften, die u. a. durch ihre Kontextualisierung miterzeugt werden (vgl. 4.13 RIBBAT). Entsprechend ist die Kombination mit anderen Bildern und mit Texten ein zentrales Verfahren, die Polysemie eines fotografischen Bildes zu steuern bzw. zu steigern (→ COLLAGE; ILLUSTRATION; MONTAGE; vgl. 4.12 BICKENBACH).

grafische Literatur – Mit dem Begriff werden unterschiedliche populäre Text-Bild-Hybride (→ HYBRID) zusammengefasst, denen Verfahren sequentiellen Erzählens zugrunde liegen. Er wird bisweilen als Ersetzung für den älteren, stärker mit Kinder- und Unterhaltungsliteratur assoziierten Begriff → COMIC verwendet, bisweilen auch mit weiterer Bedeutung, sodass auch andere Formen bildlichen Erzählens integriert werden können (vgl. 4.15 BÖGER). Grafische Literatur erzählt Geschichten mittels gezeichneter Bilder in Kombination mit Schriftelementen (Erzählerrede oder wörtliche Rede der Figuren). Dabei kommt der variablen grafischen Gestaltung der zumeist handgeschriebenen Buchstaben und Worte (→ TYPOGRAFIE, LAYOUT) eine wichtige sinntragende Funktion zu. Die visuell dargestellten Gegenstände in Kombination mit den Schriftelementen werden in vielen gerahmten Einzelbildern (*panels*) linear auf den Bildseiten angeordnet; durch die Serialität der Bilder ergeben sich Korrespondenzen zum Medium → FILM.

graphic novel – Die *graphic novel* (ein Wort, für das es bislang kein eingeführtes deutsches Pendant gibt), auch *graphic narrative* (H. Chute), ist eine Untergattung der → GRAFISCHEN LITERATUR. Die Bezeichnung *novel* (Erzählung, Roman) für diese Form der ebenfalls in der Regel Bilder- und Textelemente verknüpfenden grafischen Literatur ist umstritten, weil sie z. T. auch nicht-fiktionale Texte umfasst, z. B. faktizistische Autobiografien (sog. ‚grafische Memoiren'; vgl. 4.15 BÖGER). Ein wesentliches Merkmal, das *graphic novels* von anderen Arten des → COMIC unterscheidet, ist ihr Umfang: Es handelt sich um längere und in sich abgeschlossene Erzählungen. Sie erscheinen zumeist in Buchform und ihnen eignet, spätestens seit A. Spiegelmans *Maus*, eine gewisse Seriosität und Anerkennung als Forschungsgegenstände.

Hybrid – Im kulturwissenschaftlichen Gebrauch bezieht sich der ursprünglich biologische Terminus (lat. *hybrida*, Mischling, Bastard) auf unterschiedliche Mischformen, wobei für den Zusammenhang von Literatur und visueller Kultur insbesondere Text-Bild-Hybride relevant sind. In diesem Kontext wird der Begriff vornehmlich – aber nicht ausschließlich – für solche Fälle einer intermedialen Fusionierung von Text- und Bildelementen verwendet, bei denen sich die Hybridbildung zu einer eigenen Gattung verfestigt hat (→ INTERMEDIALITÄT), etwa für den → COMIC, das → EMBLEM, das → FIGURENGEDICHT oder die → VISUELLE POESIE.

Hypertext – Unter diesem Begriff fasst man nicht-lineare, offene Textstrukturen, die über Hyperlinks verknüpft werden. Hypertexte werden in digitalen Medien, speziell dem Internet, bereitgestellt. Sie bestehen zumeist nicht nur aus Textelementen – oder wenn ja, so kommen diesen verstärkt grafisch-ästhetische Dimensionen zu (→ SCHRIFTBILDLICHKEIT) –, sondern aus Interfaces, die weitere Elemente wie Bilder, Videos, Sound oder animierte Diagramme integrieren. Wesentliches Merkmal von Hypertexten im Unterschied zum biblionomem Layout (→ TYPOGRAFIE, LAYOUT) ist die Aufhebung der linearen Schriftordnung und mithin ihre gleichsam unbegrenzte Konnektivität. Vielfach werden Hypertexte von (z. T. anonym bleibenden) Kollektiven geschrieben (als ein Gattungsmerkmal von sog. Netzliteratur).

Hypotypose – Als Hypotypose (griech. *hypotýposis*, Entwurf, Eindruck, Ausprägung) wird in der Rhetorik die lebhafte Beschreibung eines realen oder fiktiven Gegenstands oder Vorgangs bezeichnet, die auf die Erzeugung eines „Wirklichkeitseffekts" (R. Barthes; vgl. 4.7 VINKEN) abzielt. Als rhetorische Figur korrespondiert sie mit den Gedankenfiguren der Anschaulichkeit (lat. *evidentia*, griech. *enárgeia*), die die Klarheit (*perspicuitas*) der Darstellung gewährleisten sollen (→ EVIDENZ; vgl. 2.2 BERNDT; 4.5 BENTHIEN); die Begriffe werden häufig nicht klar unterschieden. Handelt es sich bei dem dargestellten Objekt um ein Kunstwerk, wird die Beschreibung als → EKPHRASIS bezeichnet (vgl. 4.1 WANDHOFF).

Die wesentliche Eigenschaft der Hypotypose besteht darin, den Zuhörer/innen bzw. Leser/innen etwas mit sprachlichen Mitteln gleichsam unmittelbar ‚vor Augen zu stellen' (*sub oculos subiecto*, wie es bei Cicero heißt) und sie dadurch zu Zuschauer/innen zu machen (→ Augenzeugenschaft). I. Kant hat den Terminus aufgegriffen, um den Vorgang der „Versinnlichung" reiner Verstandes- oder Vernunftbegriffe, die sich der sinnlichen Anschauung entziehen (→ Darstellung), zu beschreiben.

iconic turn – Die Forderung nach einer ‚ikonischen Wende', die in den 1990er Jahren u. a. von dem Kunsthistoriker G. Boehm formuliert wurde, zielt auf einen Paradigmenwechsel ab, wonach das Bild nicht länger der Sprache zu unterwerfen (→ *linguistic turn*), sondern in seiner Eigenlogik und Potenz neu zu bewerten ist. Ziel ist eine Diskussion darüber, was Bilder sind, welche kulturellen und epistemologischen Funktionen ihnen zukommen und wie diese wissenschaftlich zu analysieren sind. Ähnlich wie in anderen aktuellen Ansätzen (→ Bildwissenschaft; *pictorial turn*; vgl. 1 Benthien/Weingart; 2.8 Stiegler) geht es nicht zuletzt darum, unterschiedlichste visuelle Kunstwerke, wie z. B. gemalte oder skulpturale, optische Medien der Moderne, aber auch nicht-künstlerische Bilder – etwa in der Wissenschaft – in ihrer Ästhetik und ihren Wirkungen zu untersuchen, d. h. also den klassischen Gegenstandsbereich der Kunstgeschichte auszuweiten.

Idolatrie – Als religionsgeschichtlicher Terminus, der meist als ‚Götzendienst' übersetzt wird, leitet sich ‚Idolatrie' von griech. *eídolon* und lat. *idolum* (Spiegel-, Schatten-, Traum- oder Trugbild, Geistererscheinung) ab, die im Unterschied zum *eikón* (Bild) als dem Produkt bewusster Nachahmung den Aspekt des bloßen Scheins und der Sinnestäuschung konnotieren. Als abwertender Begriff dient er dem Ziel, die angebeteten Gegenstände oder die ihnen gewidmeten Kulte als illegitim anzuprangern; entsprechend fungiert er auch als Kampfbegriff zur Rechtfertigung von Bilderstürmen (→ Bilderverbot; Ikonoklasmus). Dass anderen Kulturen eine in diesem Sinne ‚falsche' Verehrung vorgeworfen wird, ist in allen monotheistischen Religionen zu beobachten. Im Christentum richtete sich der Vorwurf der unzulässigen ‚Sinnlichkeit' religiöser Praktiken in der Reformationszeit auch gegen den Katholizismus, im Zuge der Kolonialisierung gegen außereuropäische, insbesondere polytheistische Kulturen (→ Fetischismus), in der Aufklärung gegen den Aberglauben. In der Moderne wird der Begriff kulturkritisch für Personen- und Starkult verwendet (→ Ikone) sowie, v. a. aus ideologiekritischer Perspektive, für Diagnosen der Gegenwarts- als einer Schein, Oberflächlichkeit und Inszenierung privilegierenden Bildkultur (→ Spektakel; vgl. 3.4 Rehberg; 3.5 Drügh). In der Literatur werden außerdem die sexuellen Konnotationen des Idolatrie-Vorwurfs aufgegriffen, etwa in den Szenarien der ‚Vergötterung' schöner

Frauen nach dem Vorbild der Venus- oder Madonnenanbetung (vgl. 4.7 VINKEN) sowie des Pygmalion-Mythos (vgl. 2.3 SCHNEIDER).

Ikone – Ursprünglich eine Bezeichnung für die Heiligenbilder der vorreformatorisch-orthodoxen Ostkirchen, wurde der Begriff aus dem Russischen übernommen (*ikóna*, Kultbild; von griech. *eikón*, Bild, Abbild, Ebenbild). Die Ikonen des orthodoxen Christentums wurden Gegenstand des byzantinischen Bilderstreits (→ IKONOKLASMUS). Heute wird der Begriff außer für Kultbilder im weitesten Sinne auch für Personen verwendet, denen innerhalb einer massenmedial geprägten Kultur eine starke Sichtbarkeit zukommt (z. B. ‚Hollywood-Ikone‘). Insofern konnotiert die Bezeichnung auch die Ersetzbarkeit von Medienstars durch ihr Bild bzw. die Reduktion auf ihre visuelle Erscheinung und ihr *image* (→ IDOLATRIE; vgl. 4.12 BICKENBACH). Im Unterschied zum Star nimmt jedoch die Ikone in der Regel eine Stellvertreterfunktion ein, indem sie einen Bereich der Lebenswelt, eine zeitgenössische Tendenz oder eine abstrakte Programmatik ‚verkörpert‘ (etwa im Fall einer ‚Ikone der Frauenbewegung‘; → REPRÄSENTATION).

Ikonografie, Ikonologie – Beide Komposita leiten sich von griech. *eikón* (Bild, Abbild, Ebenbild) und von *gráphein* (schreiben, beschreiben) bzw. *lógos* (Wort, Rede) ab; sie wurden seit der Renaissance in wechselnder Bedeutung gebraucht. Erst im 20. Jh. erhalten sie eine für Kunstgeschichte und Archäologie feststehende individuelle Bedeutung, die maßgeblich von dem Kunsthistoriker E. Panofsky geprägt wurde. Die ikonografische Analyse fragt weniger nach der Bedeutung oder dem visuellen ‚Gehalt‘ von Kunstwerken, sondern beschränkt sich auf die Identifizierung und Klassifizierung von Bildthemen (im historischen Kontext) und Ausdrucksformen, indem sie etwa analytische und vergleichende Detailbeschreibungen vornimmt. Ein zentraler Bereich ist die christliche Bildkunst mit ihren komplexen allegorischen und symbolischen Elementen (→ ALLEGORIE; SYMBOL). Demgegenüber zielt die Ikonologie (wörtl. ‚Bildersprache‘) auf eine verbale Interpretation der dargestellten Inhalte, ihrer Bedeutungen und der Bildthemen im weitesten Sinne und zieht dafür auch interdisziplinäre Methoden (z. B. Philosophie, Theologie, Psychologie, Mentalitätsgeschichte) hinzu.

Ikonoklasmus – Im engeren Sinne werden als Ikonoklasmus Formen der Bildzerstörung (griech. *eikón*, Bild, Abbild; *klástes*, Zerbrecher) bezeichnet, die auf religiöse Beweggründe zurückzuführen sind (→ BILDERVERBOT; IDOLATRIE). Sie richten sich gegen heilige Bilder (→ IKONE) und Denkmäler anderer oder aber – etwa bei innerchristlichen Konflikten wie dem byzantinischen Bilderstreit im 8. und 9. Jh. zwischen Ikonoklasten und Ikonodulen (wörtl. ‚Sklaven‘ der Bilder) oder den ‚Bilderstürmen‘ der Reformationszeit (16.–17. Jh.) – der eigenen Religion. Ikonoklastische Akte können darauf abzielen, mittels frevlerischer oder destruktiver Handlungen am Abbild das Abgebildete zu schädigen bzw. zu vernichten; dazu gehört auch die Zerstörung von Denkmälern politischer ‚Ikonen' als *executio in effigie* (‚am Bild vollzogene Strafe'). In einem weiteren, profanen Sinne und mit einer polemischen Tendenz wird der Begriff gegenwärtig mitunter mit Bezug auf bildkritische Positionen gebraucht, die sich gegen eine kulturelle Dominanz insbesondere massenmedialer Bilder wenden (vgl. 3.2 GIL; 3.4 REHBERG; 3.5 DRÜGH). In den entsprechenden kulturkritischen Diskursen erweist sich Ikonophobie häufig als Resultat einer Sorge um die vermeintlich vom Untergang bedrohte Buch- und Schriftkultur.

Illumination – Die Bezeichnung geht auf das lat. Verb *illuminare* (erleuchten, schmücken) zurück und steht für das Ausschmücken von Handschriften mit visuellen Elementen wie → ILLUSTRATIONEN, Miniaturen, Ornamenten, Kopf- und Schlussleisten oder Initialen. Dabei handelt es sich jeweils um Unikate. Zum Teil bilden sich regionale → IKONOGRAFIEN aus. Für die Text-Bild-Verhältnisse des Mittelalters ist die Buchmalerei eine zentrale Technik, die auch in der literaturwissenschaftlichen Mediävistik, die sich medienhistorisch geöffnet hat, in letzter Zeit viel Beachtung fand (vgl. 4.2 VELTEN; 4.3 PUFF). Dies gilt insbesondere für jenen Typus, der vom Text isolierte großformatige Bildseiten aufweist, die etwa die Höhepunkte der epischen Handlung in eine eigenständige Bildgeschichte umsetzen, sodass sie auch für Illiterate ‚lesbar' werden. Die Entstehung des → BUCHDRUCKS hat eine Verdrängung der illuminierten Handschriften bereits im 16. Jh. zur Folge. Gleichwohl entstehen in diesem Zusammenhang und in der Folge auch andere Buchtypen, die Text-Bild-Kombinationen aufweisen, so etwa Emblembücher (→ EMBLEM; vgl. 4.4 NEUBER), Fotobücher (vgl. 4.13 RIBBAT) oder → GRAFISCHE LITERATUR (vgl. 4.15 BÖGER).

Illustration – Als Beigabe zum Text kommt der Illustration die Aufgabe zu, die beschriebenen Sachverhalte durch visuelle → REPRÄSENTATION zu veranschaulichen bzw. zu ‚erhellen' (lat. *illustrare*, erleuchten); ihre Funktion reicht dabei von bloßer Verzierung bis zu didaktischen Zwecken. Die Herstellungsweise und Materialität der oft eigens für den Text angefertigten Abbildungen wird von mediengeschichtlichen Entwicklungen geprägt: Die von Hand angefertigten mittelalterlichen → ILLUMINATIONEN wurden bereits im frühen → BUCHDRUCK durch Holzschnitte und im 19. Jh., bis zur Durchsetzung der → FOTOGRAFIE, durch Drucktechniken wie Kupferstich, Radierung und Lithografie ersetzt. Die ‚dienende' Funktion der Illustration, den Spielraum der durch den Text stimulierten Imagination (→ EINBILDUNGSKRAFT; vgl. 2.5 BROSCH) zu begrenzen und zu lenken, wurde in der jüngeren Forschung zugunsten der eigenständigen Aussagekraft der Bildbeigaben infrage gestellt. Zu dieser Verschiebung haben nicht zuletzt literarische Text-Bild-Experimente beigetragen, bei denen der Sinnüber-

schuss der Bilder die „gesunde [!] Wechselbeziehung von Illustration und Text"
(G. von Wilpert) im Sinne einer gezielten Verrätselung subvertiert, wie sie in
der Gegenwartsliteratur etwa von Autoren wie R. D. Brinkmann, A. Kluge, W. G.
Sebald oder J. S. Foer praktiziert wird (vgl. 2.7 RIPPL).

Imaginäres – Als Produkt der → EINBILDUNGSKRAFT setzt sich das Imaginäre aus
bildhaften Vorstellungen zusammen, bei denen es sich im Unterschied etwa zu
virtuellen Bildern nicht um technische, sondern um rein mentale Hervorbringun-
gen handelt; diese können wiederum sowohl die Produktion wie die Rezeption
materialer Bilder steuern. Für die Bild- und Literaturwissenschaft hat sich seit
den 1960er Jahren die spezifische Prägung des Begriffs in der strukturalen Psychoanalyse J. Lacans als einflussreich erwiesen, demzufolge dem Imaginären eine
konstitutive Funktion für die Subjektbildung zukommt. In der für diesen Vorgang
maßgeblichen Schlüsselszene, dem frühkindlichen „Spiegelstadium", wird das
Imaginäre durch das Spiegelbild repräsentiert, mit dem sich ein Säugling identifiziert. Dabei handelt es sich insofern um eine „Verkennung" (*méconnaissance*),
als die ihm vorgespiegelte körperliche Ganzheit und Integrität im Vergleich zu
seiner tatsächlichen Unbeholfenheit eine Idealisierung darstellt, die jedoch wiederum als Entwicklungsanreiz fungiert. Das aus dieser Szene abgeleitete strukturelle Muster für die auf einer Ich-Spaltung beruhende imaginäre Identifizierung
wurde zunächst in der Filmtheorie, schließlich auch in der Kunstwissenschaft
und den → *VISUAL CULTURE STUDIES* auf die Analyse unbewusster Rezeptionsvor-
gänge angewendet (→ IDOLATRIE; IKONE; SCHAULUST).

Imagination → EINBILDUNGSKRAFT

Immersion – Unter Immersion (lat. *immersio*, Eintauchen, Einbetten) versteht
man in den Kulturwissenschaften die imaginative Verschmelzung der Rezipient/
innen mit dem von ihnen wahrgenommenen Kunstwerk. Dies ist insbesondere
bei neueren audiovisuellen Medien der Fall. Im Unterschied zur eher passiven
Form der Immersion, etwa im → KINO, erlaubt die virtuelle Realität durch Mul-
tisensorität, durch die Schaffung immersiver (quasi-)räumlicher ‚Umgebungen'
sowie durch Interaktion, z. B. im Computerspiel oder in raumgreifenden Medi-
enkunst-Installationen (vgl. 3.6 BENTHIEN), höhere Intensitäten. Während das
Ziel früherer Kunstformen wesentlich in der Optimierung der Illusionstechniken
bestand (→ PANORAMA; THEATER; vgl. 4.6 KÖHNEN) wird nun Immersion angestrebt; demnach ist in den Künsten eine generelle Entwicklung „from illusion to
immersion" (O. Grau) festzustellen.

Indexikalität – Die in der → SEMIOTIK durch C. S. Peirce eingeführte Bezeichnung
für ein bestimmtes Verhältnis zwischen Zeichen und Referenten wurde seitens
der Medientheorie aufgegriffen, um den besonderen Bezug von fotografischen

und filmischen Bildern zur Objektwelt zu bestimmen (→ FOTOGRAFIE; vgl. 2.6 LÖFFLER; 4.8 ALBERS). Im Unterschied zum ‚Ikon‘, das eine Ähnlichkeitsbeziehung zum Referenten unterhält, und dem durch Konvention gestifteten Zusammenhang beim ‚Symbol‘ kennzeichnet den ‚Index‘ eine räumliche, zeitliche oder kausale Verbindung zu seinem Bezugsobjekt (wie bei einer Spur). Mit Blick auf die Fotografie hat R. Barthes die indexikalische Beziehung, die durch das Verfahren des Lichtabdrucks hergestellt wird, als das „einzigartige Haftenbleiben" des Referenten beschrieben. Die Konzeptualisierung des fotografischen Abbilds als direkte physische Spur des Abgebildeten schließt nicht nur an mediengeschichtliche Vorläufer (etwa diverse Abdruckverfahren) an; sie korrespondiert auch mit mythisch-religiösen Vorstellungen des ‚archeiropoetischen‘ Bildes, das – wie das des Antlitz Jesus' auf dem Schweißtuch der Heiligen Veronika – nicht von Menschenhand geschaffen ist (→ IKONE).

Intermedialität – ‚Intermedialität‘ umfasst einen schwer eingrenzbaren Phänomenbereich von Austauschbeziehungen und Mischungsverhältnissen zwischen mindestens zwei distinkten Medien (lat. *inter*, zwischen; *medium*, Mitte). Die wissenschaftliche Aufmerksamkeit für intermediale Konstellationen im 20. Jh. steht im Zusammenhang mit künstlerischen Grenzüberschreitungen (vgl. 3.6 BENTHIEN; 4.9 BEHRMANN; 4.14 WEINGART) sowie der Verbreitung von Medienverbundsystemen wie Film oder Fernsehen und der Fusion unterschiedlicher medialer Adressierungsweisen im ‚Universalmedium‘ Computer (→ HYPERTEXT). Die literarische Tradition von Text-Bild-Relationen (→ EKPHRASIS; EMBLEM; ILLUMINATION; ILLUSTRATION; vgl. 2.7 RIPPL) und die Reaktionen auf die Konkurrenz des → FILMS haben dazu beigetragen, das Verhältnis von Sprache und Visualität als Kernbereich der Intermedialitätsforschung zu etablieren. Weil sich intermediale Relationen nicht auf den Aspekt des Codewechsels reduzieren lassen, unterscheidet sich Intermedialität vom neuerdings verbreiteten Konzept der Transmedialität, das sich – wie im Fall des *transmedia storytelling* – eher auf die Umsetzung bestimmter Inhalte in unterschiedliche (zumeist digitale) Medienformate (etwa Comic, Film und Computerspiel) bezieht.

Kino – Ursprünglich ‚der‘ Kino als Abkürzung von ‚Kinematograph‘ (einem Apparat, der Filmkamera, Kopiergerät und Filmprojektor in einem war), hat sich der sächliche Artikel erst später durchgesetzt. Seitdem bezieht sich der Begriff auf das Gebäude, also das Lichtspiel- oder Filmtheater. Das Kino ist der materielle „Ort für die Projektion und Rezeption von Filmen" (J. Paech), die Ende des 19. Jh.s zunächst an bereits vorhandenen Stätten der Unterhaltungsindustrie wie Jahrmärkten und Varietés vorgeführt wurden (→ SPEKTAKEL), bis sich nach und nach Zweckbauten durchsetzten (vom ‚Kinopalast‘ des frühen 20. Jh.s bis zum Cineplexx-Großkino der Gegenwart). Neben technischen und architektonischen zeichnet sich das Kino durch ökonomische Faktoren aus (z. B. das Verleih- und Studiosystem Hollywoods). Als audiovisuelles Massenmedium (→ AUDIOVISUALITÄT; FILM) stand es schon früh in Konkurrenz zum → THEATER, wurde aber auch, speziell aufgrund seiner Sinnlichkeit und Plastizität, als Gefährdung des Literaturbetriebs wahrgenommen. In der Film- und Medientheorie wird das Kino als machtvolles kulturelles Dispositiv verstanden (→ SKOPISCHES REGIME), das aufgrund der Verdunkelung des Kinoraumes und der Anonymität der Zuschauenden eine lustvolle Situation des unbeobachteten Sehens herstellt (→ SCHAULUST), die durch die affektive Identifizierung mit den Schauspieler/innen begünstigt wird (→ IMAGINÄRES).

Kunstliteratur – Als kunsthistorischer Terminus umfasst der Begriff alle im weitesten Sinne wissenschaftlichen Texte über Kunst, seien es historische Darstellungen, theoretische Schriften oder praxisorientierte Traktate. Bereits in antiken Bild- und Statuenbeschreibungen, etwa den *Eikones* des Philostratos (vgl. 3.1 WETZEL), sind die Übergänge von der authentischen Darstellung zur ihrerseits kunstfertigen Hinzudichtung und damit zur Literatur fließend. Die Kriterien für eine im engeren Sinne literarische Beschreibung von Kunst werden in der klassischen Rhetorik unter dem Stichwort → EKPHRASIS verhandelt. In der Literaturwissenschaft wird der Begriff vornehmlich für „Literatur über die Kunst der Alten" (H. Pfotenhauer) verwendet, die im Einklang mit der klassizistischen Programmatik der Aufwertung und Kanonisierung antiker Bildwerke verpflichtet ist. Während die mit J. J. Winckelmann beginnende Kunstliteratur des Klassizismus (vgl. 2.3 SCHNEIDER) auf die Antike bezogen bleibt, wenden sich die Autor/innen der in der Kunstperiode und der Romantik florierenden Gattungen des Gemäldebriefes bzw. -gesprächs auch historisch späteren sowie zeitgenössischen Kunstwerken zu; darüber hinaus werden entsprechende Bildbeschreibungen in fiktionale Texte integriert.

Laokoon-Debatte – Es handelt sich um eine besonders in der Neugermanistik und mit Blick auf das 18. Jh. geführte Diskussion um den Vergleich bzw. die Entgegensetzung von Literatur und Bildkünsten, die jedoch interdisziplinäre Auswirkungen bis in die Gegenwart hat. G. E. Lessing analysiert in seiner *Laokoon*-Schrift die berühmte, im 16. Jh. wiedergefundene antike Skulpturengruppe eines trojanischen Priesters und seiner Söhne, die im Todeskampf mit einer Seeschlange abgebildet werden. Laokoons gemäßigte mimisch-gestische Reaktion auf den physischen Schmerz wurde von J. J. Winckelmann als Exempel der „stillen Größe" griechischer Kunst und mithin als ethisch-anthropologisches Ideal interpretiert. Bei Lessing wird die Skulpturengruppe hingegen medientheoretisch in ihrer Dreidimensionalität diskutiert und als Exempel (simultaner) ‚Raumkunst' der Literatur als (linearer) ‚Zeitkunst' gegenübergestellt. Damit knüpft er an das Thema des

Künstevergleichs an, das in der Antike anhand von ‚Malerei' und ‚Dichtung' (→ *UT PICTURA POESIS*) ausformuliert wurde, in der Renaissance dann anhand von ‚Malerei' vs. ‚Plastik' (→ PARAGONE; vgl. 3.1 WETZEL). Lessing gilt damit als Vorreiter aktueller medientheoretischer Debatten (vgl. 2.3 SCHNEIDER).

Layout → TYPOGRAFIE, LAYOUT

Lesen, Lektüre – Lesen (lat. *legere*, sammeln, auflesen, auswählen; frz. *lecture*) als Kulturtechnik verknüpft die visuelle Wahrnehmung von Schriftzeichen (→ SCHRIFTBILDLICHKEIT; TYPOGRAFIE, LAYOUT; vgl. 2.1 KAMMER) mit dem kognitiven Vorgang der Bedeutungserzeugung. Dass sich die visuelle Dimension von Schrifttexten bis in den Bereich der Imagination erstreckt (→ EINBILDUNGSKRAFT; vgl. 2.5 BROSCH; 4.6 KÖHNEN), verdeutlicht die traditionsreiche Beschreibung der kognitiven Effekte des Lesens als Hervorbringung ‚innerer Bilder', denen auf Seiten des Textes die Verfahren und rhetorischen Mittel der Visualisierung korrespondieren (→ EVIDENZ; HYPOTYPOSE; SPRACHBILDLICHKEIT; vgl. 2.2 BERNDT; 4.11 TRIPP). Die Schwierigkeiten, Bild- von Schriftzeichen abzugrenzen (→ BILD-TEXT, BILD/TEXT, BILD-TEXT), resultieren daraus, dass beide über den Sehsinn (→ SEHEN VS. HÖREN; SICHTBAR/SAGBAR) wahrgenommen werden. Mit Bezug auf die seit der → SEMIOTIK virulente Frage, ob man auch Bilder ‚lesen' könne (→ *LINGUISTIC TURN*; vgl. 2.6 LÖFFLER; 3.2 GIL), ist daher nicht nur ‚Sehen' vom ‚Lesen' zu unterscheiden (vgl. 4.14 WEINGART), sondern auch der jeweils veranschlagte Begriff von Lektüre zu klären. Denn vor dem Hintergrund der literaturtheoretischen Diskussionen des (Post-)Strukturalismus, der Wirkungs- und der Rezeptionsästhetik lässt sich die Lektüre sprachlicher Zeichen nicht auf Prozesse der Entzifferung und Dekodierung reduzieren (vgl. 2.6 LÖFFLER; 3.1 WETZEL).

linguistic turn – Begriff, der in den 1960er Jahren von dem Philosophen R. Rorty geprägt wurde. Er geht von einer Unhintergehbarkeit des sprachlichen Zugriffs auf die Wirklichkeit und damit einem Primat der Sprache und der diskursiven Verfasstheit von Objekten und deren Rezeption aus. Als wichtige theoretische Referenzen, die diesen Ansatz mitbegründet haben, sind die → SEMIOTIK und der Strukturalismus zu nennen (z. B. R. Barthes) sowie das für die Kulturwissenschaften in einer bestimmten Phase grundlegende Paradigma von ‚Kultur als Text' und dem Gedanken einer ‚Lesbarkeit' der Kultur (C. Geertz; S. Greenblatt; → LESEN, LEKTÜRE). Der *linguistic turn* wurde speziell im deutschsprachigen Raum in jüngeren Debatten als zu überwindender Gegenpol der ‚bildwissenschaftlichen Wende' in Stellung gebracht (→ BILDWISSENSCHAFT; *ICONIC TURN*; *PICTORIAL TURN*; vgl. 1 BENTHIEN/WEINGART; 2.8 STIEGLER) und gilt als Ausgangspunkt einer ganzen Reihe nachfolgender *„cultural turns"* (D. Bachmann-Medick).

Metapher – Bei der Metapher (griech. *metaphorá*, Übertragung) handelt es sich um eine Form von → SPRACHBILDLICHKEIT (vgl. 2.2 BERNDT), der die Ersetzung eines Ausdrucks durch einen anderen zugrunde liegt. Als „abgekürzter Vergleich" (Quintilian), bei dem auf das zwischen wörtlicher und übertragener Bedeutung vermittelnde *tertium comparationis* (d. h. den Vergleichsaspekt) und die Vergleichspartikel („wie') verzichtet wird, gilt die Metapher seit der antiken Rhetorik als eines der zentralen Mittel uneigentlicher Rede (Tropen). Im Unterschied zu anderen Tropen (→ ALLEGORIE; SYMBOL) kennzeichnet die Metapher, dass sie zwischen eigentlichem und uneigentlichem Ausdruck eine Beziehung der Ähnlichkeit oder gar des Abbildens behauptet bzw. herstellt und unterschiedliche Vorstellungsbereiche mittels Analogiebildung verknüpft. Die Relevanz der Metaphorik für das Verhältnis von Literatur und visueller Kultur speist sich entsprechend aus ihrem Potential, „Bildfelder" (H. Weinrich) zu evozieren. Sowohl die einflussreiche Behauptung einer grundsätzlich sprachlichen Verfasstheit des Weltzugangs (→ *LINGUISTIC TURN*) wie auch die Forderung, ‚Metaphorizität' als unhintergehbare Eigenschaft jeglicher Sprache zu denken, haben dazu beigetragen, dass die Metapher im 20. Jh. zu einer erkenntnistheoretischen Kategorie avancierte.

Oralität vs. Skripturalität – ‚Mündlichkeit vs. Schriftlichkeit' bildet die Leitdifferenz der sprachlichen Modalitäten, in denen sich Literatur traditionell manifestiert. Sie sind an unterschiedliche Rezeptionsweisen gebunden (→ SEHEN VS. HÖREN). Während Skripturalität, und mithin die visuell-grafische Repräsentation literarischer Sprache, für die Neuzeit kennzeichnend ist, sind ältere und auch gegenwärtige Modalitäten stärker auditiv bzw. audiovisuell (→ AUDIOVISUALITÄT). In der Forschung werden *orality and literacy* (W. Ong) zu grundlegend verschiedenen Kulturtypen erklärt: so wird die ‚primäre Oralität' als Phase vor dem → BUCHDRUCK, die ‚sekundäre Oralität' hingegen als Phase nach dem Buchdruck bezeichnet und mithin das Zeitalter der Skripturalität bzw. Literalität zur bloßen Zwischenphase erklärt (so bei M. McLuhan). Sprachwissenschaftlich werden ‚konzeptuelle Schriftlichkeit' und ‚konzeptuelle Mündlichkeit' unterschieden, was besagt, dass Sprache, ganz gleich ob gelesen oder gehört, Merkmale von (skripturaler) „Distanzsprache" und (oraler) „Nähesprache" aufweisen kann (P. Koch/W. Oesterreicher).

Panoptikum, Panoptismus – Das Panopticon (griech. *pān*, im Sinne von ‚alles'; *optikó*, zum Sehen gehörend) oder auch Panoptikum (lat.) wurde in den Kulturwissenschaften durch M. Foucault bekannt. Historisch wurde es Ende des 18. Jh.s von dem englischen Juristen und Philosophen J. Bentham entworfen: als ein Konzept zum Bau von Gefängnissen, aber auch von Fabriken, das aufgrund seiner kreisförmigen Anlage mit zentralem, mittigem Beobachtungsturm die simultane visuelle Überwachung vieler Menschen durch eine/n einzelne/n Aufsehende/n ermöglicht. Foucault zufolge fungiert das Panoptikum als „Maschine zur Scheidung des Paares Sehen/Gesehenwerden" und stellt eine höchst effektive Disziplinierungstechnik dar (vgl. 2.8 STIEGLER). Der Panoptismus wird von ihm entsprechend als ein auf (struktureller) → SICHTBARKEIT bzw. Unsichtbarkeit beruhendes mediales Machtdispositiv verstanden (→ SKOPISCHES REGIME) und als ein leitendes Ordnungsprinzip für westliche Gesellschaftstypen. Z. Bauman zufolge verflüchtigt sich das panoptische Dispositiv jedoch in der Postmoderne, insofern sich Macht nunmehr unabhängig von räumlichen Koordinaten und physischer Verortung entfaltet und sie daher als ‚post-panoptisch' zu bezeichnen sei.

Panorama – Das Panorama (griech. *pān*, all-; *hórama*, Sicht) ist ein Ende des 18. Jh.s etabliertes Medium der Illusionierung, das die Zuschauer/innen im Mittelpunkt eines Rundbilds situiert. Dazu wurden auf eigens für diesen Zweck angefertigten Rotunden Gemälde angebracht, vorzugsweise von Landschaften, Städten oder historischen Ereignissen; im 19. Jh. kamen auch Fotografien und Diaprojektoren zum Einsatz. Durch das Zusammenspiel von Architektur, perspektivischer Malerei bzw. Fotografie sowie häufig auch Klang oder Musik entwickelte sich das Panorama zu einem multimedialen → SPEKTAKEL, um dessen Publikumswirksamkeit sich ein eigener Zweig der Unterhaltungsindustrie verdient machte. In der Weiterentwicklung zum Diorama wurden überdies vorfilmische Verfahren der Bewegungsillusion erprobt (→ BEWEGTBILD). Die spezifische Wirkung des Panoramas verdankt sich der Möglichkeit der Betrachter/innen, den natürlichen Sehwinkel von etwa 45 Grad zugunsten eines 360 Grad umfassenden Rundblicks zu überschreiten. Das Panorama versetzt seine Betrachter/innen insofern in eine ambivalente Position, als die durch den beweglichen → BLICK ermöglichte Kontrolle über den Bildzugang eine Omnipotenz suggeriert, die durch den Effekt der Überwältigung konterkariert wird. Diese – zeitgenössischen Erlebnisberichten zufolge offenbar schwindelerregende – Wahrnehmungssituation (→ SINNE, WAHRNEHMUNG) ist durch den Übergang von der Illusion zur → IMMERSION gekennzeichnet und wird in literarischen Texten nicht nur reflektiert, sondern versuchsweise auch imitiert (vgl. 4.6 KÖHNEN).

Paragone – Im 15. und 16. Jh. etabliert sich der Begriff für die Rhetorik des Vergleichs (lat. *paragonare*, vergleichen) unterschiedlicher Kunstgattungen, die auf der Idee eines ‚Wettstreits' (griech. *agón*) der Künste beruht. Ging es in der Antike vornehmlich um die gegenseitige Überbietung von Künstler/innen bzw. Kunstwerken derselben Gattung (z. B. gelungene Illusionierung in der Malerei), stehen im Paragone der Renaissance und der Frühen Neuzeit zunächst die Hierarchie der Gattungen der bildenden Künste Malerei und Plastik, schließlich auch das Verhältnis von Sprache und Bild sowie die Vorrangstellung der mit den jeweiligen Kunstformen assoziierten Sinne (→ Sinne, Wahrnehmung) zur Debatte. So gründet etwa Leonardo die vermeintliche Überlegenheit der Malerei auf dem Primat des Sehsinns gegenüber dem Hören (→ Visualprimat; vgl. 3.1 Wetzel). Insofern der Paragone eine Reflexion von Mediendifferenzen impliziert, setzt er sich im 18. Jh. mit der theoretischen Aufmerksamkeit für das Verhältnis von bildender Kunst und Dichtung fort (→ Laokoon-Debatte; vgl. 2.3 Schneider). Dabei kommt der Skulptur, die mit Rekurs auf den Mythos des Pygmalion eng mit der Vorstellung der Verlebendigung verknüpft wird, eine hervorgehobene Rolle zu. Heute wird der Begriff des Paragone vornehmlich mit historischem Bezug verwendet, da die agonale Idee des ‚Wettstreits' in Anbetracht gattungs- und medienübergreifender Konstellationen (→ Intermedialität) nicht mehr haltbar ist.

Paratext – Der von G. Genette etablierte Begriff (gr. *pará*, neben, über; lat. *textus*, Gewebe, Text) bezieht sich auf das „Beiwerk des Buches", d. h. auf sämtliche rahmenden, kommentierenden und lektüresteuernden Textelemente, die zumeist mittels Layout (→ Typografie, Layout) vom ‚eigentlichen' Text visuell differenziert werden. Genette unterscheidet textinterne „Peritexte" (z. B. Vorwort, Kapitelüberschriften) von textexternen „Epitexten" (z. B. Autoreninterviews). Indem das Konzept der Paratexualität dem maßgeblichen Beitrag zur Rezeptionssteuerung von Leser/innen durch diese vermeintlich marginalen Elemente Rechnung trägt, wird die Hierarchie zwischen Haupttext und Peripherie destabilisiert. Das Konzept wurde in den letzten Jahren auf visuelle Elemente (sog. ‚ikonische Paratexte') etwa in der Buchwerbung sowie auf die Inszenierung von Schriftsteller/innen (vgl. 4.12 Bickenbach) bezogen. Aus medientheoretischer Perspektive wurde Paratextualität als Relationalität zwischen unterschiedlichen Bestandteilen eines Werks auch auf audiovisuelle und allgemein nicht-textuelle Phänomene übertragen und unter Einbeziehung von Aspekten der Rahmentheorie zur „Paramedialität" (U. Wirth) erweitert.

Pathosformel – Der Kunst- und Kulturwissenschaftler A. Warburg hat das Kompositum der ‚Pathosformel' geprägt, das nunmehr auch in der Literaturwissenschaft, z. B. bei der Analyse von Affektdarstellungen in der Tragödie, Verwendung findet. Pathosformeln manifestieren sich nach Warburg in emotional aufgeladenen Ausdrucksgebärden der Kunst und werden, indem sie epochenübergreifend wiederkehren, zu „Bildspeichern des kulturellen Gedächtnisses" (G. Brandstetter). Warburg entwickelt sein Konzept ikonischer Affektdarstellung, indem er nachzuweisen sucht, dass italienische Renaissance-Künstler zur Darstellung leidenschaftlicher Ergriffenheit auf antike Gebärden referieren und diese wiederum in der Moderne in ganz unerwarteten Zusammenhängen, z. B. in der Werbung, wieder auftauchen (→ Bildwissenschaft). Es handelt sich um einen durch Ambivalenz gekennzeichneten Begriff: Während ‚Pathos' „mit Merkmalen wie Unbeständigkeit, Bewegung, Unmittelbarkeit verbunden ist", beinhaltet ‚Formel' demgegenüber eher Bedeutungen wie „Erstarrung, Wiederholung von Stereotypen" (S. Settis).

Perspektive – Der Begriff leitet sich von lat. *perspicere* (genau, deutlich bzw. ‚durch'-sehen) ab. Seit der Erfindung der malerischen Perspektive in der italienischen Kunst (frühes 15. Jh.), die als epistemologischer Umbruch gewertet wird, hat sich *perspettiva* als Grundbegriff für visuelle Darstellungen dreidimensionaler Gegebenheiten auf zweidimensionaler Fläche etabliert. Anknüpfend an die von L. B. Alberti erfundene Technik des ‚Gitternetzes', das die Fläche geometrisch rastert, sowie die des Fluchtpunkts (Zentralperspektive) wird das Bild als *finestra aperta* (offenes Fenster) konzipiert. Als solches soll es die Wirklichkeit nicht nur exakt wiedergeben, sondern erhält auch wissensgenerierende Funktionen. In der Literaturwissenschaft wird der Perspektiven-Begriff ebenfalls eingesetzt. Relevant ist er primär für die erzählende Literatur, denn nur dort gibt es notwendig eine vermittelnde Instanz, die das Geschehen aus einem bestimmten Blickwinkel präsentiert, d. h. eine narrativ „gestaltete Mittelbarkeit" (F. Stanzel). In der Narratologie kommen Fragen zur Perspektive unter Bezugnahme auf die von G. Genette entwickelte Kategorie der → FOKALISIERUNG zum Tragen. Eine Begrenzung der Perspektive auf diesen Aspekt ist jedoch wenig sinnvoll, weil sich Perzeptionen und die sprachliche Vermittlung derselben nicht scharf trennen lassen. Überdies ist die literaturwissenschaftliche Bedeutung des Konzepts seit dem 20. Jh. von seiner zentralen Rolle für die Filmproduktion und -theorie (Kadrierung, verschiedene Formen der *point of view*-Montage, subjektive Kamera etc.) geprägt.

Physiognomik, Pathognomik – Die in der Antike entstandene und von C. LeBrun im 17. und J. C. Lavater im 18. Jh. systematisierte Physiognomik (abgeleitet von griech. *phýsis*, Natur; *gnómon,* der Wissende, bzw. seit dem Mittelalter: Gesetz, Regel) bezeichnet das Studium des menschlichen Körpers, insbesondere des Gesichts, im Hinblick darauf, was die äußere Erscheinung über Seele, Charakter, Geist und Schicksal einer – realen oder abgebildeten – Person aussagen kann. Die Physiognomik geht von einer semiotischen ‚Lesbarkeit' des Menschen aus (→ LESEN, LEKTÜRE; SEMIOTIK). Sie hat starke Auswirkungen nicht nur auf die bildenden Künste, sondern auch auf Figurenbeschreibungen in der erzählenden und dramatischen (Regieanweisungen) Literatur des 18. und 19. Jh.s, speziell in realistischen Schreibweisen, z. B. bei H. de Balzac. Gegenüber dem eher statischen Ausdruck der Physiognomie ist aber auch das bewegte Sich-Zeigen der Pathognomik (griech. *páthos*, Affekt, Gefühl, Leiden; → PATHOSFORMEL), insbesondere die Mimik, bei der ‚Menschenkenntnis' zu beachten, worauf im 18. Jh. G. C. Lichtenberg hingewiesen hat. Literatur bedient sich bei ihren physiognomischen und pathognomischen Beschreibungen oft in einer intensiven Weise klassischer Farbcodes, Figurentypologien etc. der Malerei (→ EKPHRASIS).

pictorial turn – Begriff, der in den 1990er Jahren im Kontext der *cultural studies* von dem Literatur- und Kulturwissenschaftler W. J. T. Mitchell geprägt wurde und für eine bildwissenschaftliche ‚Wende‘ innerhalb der Geisteswissenschaften steht. Mitchell votiert für eine soziale, kulturelle und historische Öffnung der Bildforschung und sieht diese gleichwohl in enger Verschränkung mit literaturwissenschaftlichen und semiotischen Ansätzen, die aber nicht länger absolut gesetzt werden sollen (→ BILDWISSENSCHAFT; *ICONIC TURN*; vgl. 1 BENTHIEN/ WEINGART; 2.8 STIEGLER).

Piktogramm – Ein Piktogramm (lat. *pictum*, gemalt; griech. *gráphein*, schreiben) ist ein → SYMBOL bzw. Ikon, das eine Information durch grafisch-bildliche Darstellung vermittelt. Grundsätzlich lassen sich zwei Möglichkeiten unterscheiden, wie Sprache und Schrift miteinander verbunden sind: Entweder orientiert man sich am Inhalt dessen, was ausgedrückt wird, also der Wortbedeutung (Logografie) oder man orientiert sich an der Lautfolge (Fonografie). Bei der Logografie repräsentiert jedes (Schrift-)Zeichen ein ganzes Wort. Die einfachste Form logografischer Schrift ist die des Piktogramms, hier wird das Bezeichnete im Schriftzeichen konkret abgebildet, z. B. ein menschlicher Fuß als Symbol für Gehen, Laufen o. ä. (→ SCHRIFTBILDLICHKEIT). Komplexere Formen von Bilderschriften sind etwa asiatische Schriftzeichen. Im Unterschied zu den in diesen Systemen nachzuweisenden visuellen Korrespondenzen von Zeichen und Inhalt orientiert sich die fonografische Schrift ausschließlich an den Lauten der Sprachzeichen und ihren Differenzen. So haben die Alphabetzeichen bzw. Buchstaben Stellvertreterfunktion für einzelne Laute der gesprochenen Worte. Piktogramme finden sich auch in frühen Handschriften (→ ILLUMINATION) und Drucken.

Repräsentation – Das lat. Verb *repraesentare* bezeichnet zunächst die Darstellung mittels Bildern, später werden auch geistige Vorstellungen Repräsentationen genannt. Grundlegend für Repräsentationstheorien ist die Dualität von erkennendem Subjekt und zu erkennendem Objekt. Sie artikuliert sich in begrifflichen Trennungen wie Wort vs. Ding, Idee vs. Realität, Vorstellung vs. Wirklichkeit. W. J. T. Mitchell spricht hingegen von einer Dreiecksbeziehung, die für politische und semiotische Formen gleichermaßen gelte („Repräsentation ist stets *von* etwas oder jemand, *durch* etwas oder jemand und *für* jemand"). Als epistemologisches Konzept ist Repräsentation nach M. Foucault zu historisieren und für die Epoche der (französischen) Klassik des 17. Jh.s als grundlegend anzusehen. Dem Begriff der Repräsentation wohnt ein Moment der Theatralität und Ostentation inne. In der Ästhetik des 18. Jh.s avanciert → DARSTELLUNG anstelle von

Repräsentation zur Leitkategorie. Erst in der Moderne aber wird der Glaube an Repräsentation fundamental erschüttert, ausgelöst u. a. durch die sog. ‚Sprachkrise um 1900' und die Entdeckung des Unbewussten. Auch im Kontext von Poststrukturalismus und Dekonstruktion (J. Derrida) wird die Kategorie der Repräsentation problematisiert: Die Einsicht des Gefangenseins in ein Spiegelkabinett der Repräsentationen eröffnet ein ‚Spiel der Signifikanten', das die Künste der (Post-) Moderne produktiv nutzen.

Schaulust – Für den aus S. Freuds Psychoanalyse stammenden Begriff der Schaulust findet sich alternativ, allerdings mit stärker pathologischer Bedeutung, auch der des ‚Voyeurismus'. Bezugnahmen auf das Konzept der Schaulust erfolgen in der (feministischen) Filmtheorie und der Rezeptionssituation des → FILMS im → KINO (L. Mulvey, K. Silverman). Der Psychoanalytiker L. Wurmser hat sich gegen die primär erotisch verstandene Dimension der Schaulust (vgl. auch 3.4 REHBERG) gewandt und die Bedeutung der visuellen Partialtriebe ausgeweitet. Er unterscheidet die ‚Delophilie' (‚Zeigelust'), d. h. den Wunsch und die Notwendigkeit, sich zur Schau zu stellen (*self-exposure*), von der ‚Theatophilie' (‚Sehlust'), d. h. der visuellen Faszination durch das Gegenüber. Die aktiven Formen beider Partialtriebe werden als macht- und lustvoll erlebt, die passiven als beschämend oder überwältigend. In der Literatur werden solche mit dem Sehen und Gesehenwerden zusammenhängenden psychodynamischen Konstellationen häufig gestaltet. Sie werden auch mittels medialer Dispositive erzeugt, speziell in der räumlichen Situation des → THEATERS und, potenziert, des → KINOS, indem die Zuschauenden ihre Theatophilie ohne ‚Sanktionen' aus einer Position des Nicht-Gesehenwerdens ausleben können (→ SKOPISCHES REGIME).

Schriftbildlichkeit – Der Begriff bezieht sich grundsätzlich auf die bildliche Dimension von Schriftzeichen, die je nach Schriftsystem und Funktionszusammenhang verschieden stark ausgeprägt sein kann. Im Unterschied zur offensichtlichen Ikonizität von Bilderschriften (→ PIKTOGRAMM) wird die Bildlichkeit von fonographischen Schriftsystemen wie der Alphabetschrift häufig ausgeblendet. Dieser instrumentellen – und tendenziell eurozentrischen – Perspektive, die die Schrift auf ein Aufzeichnungsmedium für gesprochene Sprache reduziert, steht die Tatsache entgegen, dass jegliche Schrift als Ergebnis visueller Gestaltung zu gelten hat (→ TYPOGRAFIE, LAYOUT; vgl. 2.1 KAMMER). Bemühungen von Schriftsteller/innen, die Bildlichkeit der Schrift als konstitutiven Bestandteil der Bedeutungsproduktion hervorzuheben, reichen vom antiken → FIGURENGEDICHT bis zur → VISUELLEN POESIE sowie zu den Hybridbildungen im Pop (→ HYBRID; vgl. 4.14 WEINGART) und in der digitalen Literatur (→ HYPERTEXT) bzw. Medienkunst (vgl. 3.6 BENTHIEN).

Sehen vs. Hören – Diese beiden Wahrnehmungsweisen werden in medientheoretischen Debatten vielfach unterschieden, weil sie mit den zwei leitenden Modalitäten der Literatur – als schriftliche oder mündliche – korrespondieren (→ ORALITÄT VS. SKRIPTURALITÄT). Sie sind auch für neuere Medien relevant, die vielfach beide Dimensionen zugleich aufweisen (→ AUDIOVISUALITÄT), wobei oftmals, z. B. in der Filmwissenschaft, dem Visuellen mehr Aufmerksamkeit gewidmet wird als dem Auditiven (→ FILM). Kulturgeschichtlich wurde von den ‚fünf Sinnen‘ des Menschen entweder der Sehsinn oder der Hörsinn als hierarchisch am höchsten stehend klassifiziert; beide gemeinsam gelten als die ‚höchsten‘, da distanziertesten Sinne (→ VISUALPRIMAT). Sehen und Hören erfolgen nicht nur mittels epistemologisch bedeutsamer, differenzierter Sinnesorgane (→ SINNE, WAHRNEHMUNG), sondern werden kulturtheoretisch auch mittels unterschiedlicher Affektkodierungen oppositional verschränkt. So hängt z. B. der Affekt der Scham eher mit dem Modus des Sehens zusammen (Gesehenwerden, sich von Augen bzw. Blicken umringt fühlen), der Affekt der Schuld eher mit dem Modus des Hörens (‚Stimme‘ des Gewissens, des Über-Ich). Dieser auf Artikulations- und Perzeptionsmodi bezogene Gegensatz von Sehen und Hören kann für Dramen- und Inszenierungsanalysen aufschlussreich sein.

Semiotik, Semiologie – Beide Begriffe stehen für ‚Zeichenlehre‘ (griech. *semeîon*, Zeichen), wobei oft ‚Semiotik‘ auch dann der Vorzug gegeben wird, wenn eher von F. de Saussures Definition der *sémiologie* ausgegangen wird als von *semiotics* im Sinne von C. S. Peirce. Beide Ansätze wurden um 1910 entwickelt, doch die theoretische Beschäftigung mit dem Verhältnis von Bedeutungsträger und Bedeutung (bei Saussure: Signifikant [*signifiant*] vs. Signifikat [*signifié*], bei Peirce: *representamen* vs. *object*) sowie Zeichenverwender (bei Peirce: *interpretant*) reicht bis in die Antike zurück. Im Anschluss an die von Saussure ausgehende Grundlegung des Strukturalismus hat sich die Semiotik im 20. Jh. von einer linguistischen Disziplin, die sich der Analyse der geschriebenen und gesprochenen Sprache widmet, zu einer interdisziplinären Theorie entwickelt, deren Gegenstandsbereich sich auf nicht-sprachliche Zeichensysteme ausgeweitet hat. Dass im Zuge dessen die Tragfähigkeit semiotischer Lektüreverfahren auch etwa für Bilder und Filme veranschlagt wurde (→ LESEN, LEKTÜRE; vgl. 2.6 LÖFFLER), hat der Semiotik bzw. Semiologie den Vorwurf eines universalistischen Geltungsanspruch eingetragen; insbesondere seitens der Kunst- und Bildwissenschaft wurde die sprach- und textwissenschaftliche ‚Kolonisierung‘ des Visuellen im Zuge des → ICONIC TURN kritisiert (vgl. 1 BENTHIEN/WEINGART). Demgegenüber reagieren andere Kulturwissenschaftler/innen auf die gegenwärtige Dominanz der visuellen Kultur mit Plädoyers für die Etablierung einer → VISUAL LITERACY (vgl. 3.2 GIL), die semiotische Kompetenzen beinhaltet.

sichtbar/sagbar – Als Alternative zur traditionellen Gegenüberstellung ‚Bild vs. Text' hat diese Unterscheidung den Vorzug, den Bereich des Visuellen nicht auf Bilder zu reduzieren und damit nicht zuletzt die Sichtbarkeit von Texten (als Schrift) mitzuberücksichtigen. Gleichzeitig verweisen beide Begriffe auf ihr Gegenteil, das aus ihrem Geltungsbereich Ausgeschlossene oder das visuell bzw. diskursiv nicht Erfassbare. In die Diskussion über visuelle Kultur wurde die Unterscheidung von Sichtbarem und Sagbarem (*le visible et l'énonçable*) von G. Deleuze eingeführt, der in seinem Kommentar zum Konzept des historischen Wissens bei M. Foucault den gängigen Fokus auf dessen Diskursbegriff (vgl. 2.8 STIEGLER) um die Perspektive auf die ‚Ordnung der Sichtbarkeit' erweitert hat: Wie das Sagbare erweist sich das Sichtbare als Gegenstand, Schauplatz und Resultat von Machtprozessen und Evidenzeffekten (→ EVIDENZ), die immer auch in der Produktion von Unsichtbarkeit resultieren (→ SICHTBARKEIT/UNSICHTBARKEIT). Als „Bestimmung des Sichtbaren und des Sagbaren in jeder Epoche" gehören demnach zum Gegenstandsbereich einer an Foucault geschulten historischen Forschung die jeweiligen Möglichkeitsbedingungen des „audiovisuellen Archivs" (Deleuze). Das Verhältnis beider Domänen ist sowohl Deleuze wie auch bereits Foucault zufolge durch ihre irreduzible Eigengesetzlichkeit und Unübersetzbarkeit wie ein Primat des Sagbaren gekennzeichnet, dem allerdings das Sichtbare seine eigene ‚Seinsweise' gegenüberstellt.

Sichtbarkeit, Unsichtbarkeit – In der aktuellen Forschungsdiskussion über visuelle Kultur geht die Bedeutung dieser Begriffe über den Befund, dass ein Objekt grundsätzlich über den Sehsinn erfassbar ist oder nicht (→ BLINDHEIT; SEHEN VS. HÖREN), weit hinaus. Sichtbarkeit und Unsichtbarkeit werden nicht als natürliche Eigenschaften aufgefasst, sondern als Ergebnis von physiologischen, psychologischen, medientechnischen und gesellschaftlichen Prozeduren, die historischen Veränderungen unterworfen sind und denen oft politische und ökonomische Interessen zugrunde liegen. Wie sich etwa anhand der zunehmenden Perfektionierung bildgebender Verfahren in den Lebens- und Naturwissenschaften zeigen lässt, hat die Sichtbarmachung bislang unsichtbarer Welten Auswirkungen auf das individuelle wie gesellschaftliche Selbstverständnis von Subjekten; dasselbe gilt für die Multiplikation visueller Artefakte unter Bedingungen ihrer digitalen Verfügbarkeit. Auf die Tatsache, dass Sichtbarkeit einerseits eine wesentliche Voraussetzung für politische → REPRÄSENTATION darstellt, andererseits Regulierung begünstigt, wurde seitens der angloamerikanischen → *VISUAL CULTURE STUDIES* reagiert. Entsprechende Analysen richten sich auf die für Un-/Sichtbarmachung und Evidenzproduktion konstitutiven Machtprozesse, an denen auch (literarische) Texte beteiligt sind (→ SICHTBAR/SAGBAR; SKOPISCHES REGIME).

Sinne, Wahrnehmung – In Philosophie, Ästhetik und Ikonografie seit der Frühen Neuzeit werden die Sinne bezüglich ihrer Wahrnehmungsleistung und Erkenntnisfähigkeit verglichen. Dabei wird dem Sehsinn oft eine herausragende Stellung zugesprochen (→ VISUALPRIMAT). Seit dem Sensualismus (18. Jh.) wird hingegen die Bedeutung des Tastsinns betont: Das perspektivische Sehen (→ PERSPEKTIVE) greife auf taktile Erfahrungen zurück, denn das Auge sei bloß in der Lage, Flächen und Farben zu erkennen, Räumlichkeit und Körperhaftigkeit hingegen seien nur durch Taktilität zu erfahren (so G. Berkeley): Erst das Tastgefühl lehre die Augen „nach außen zu sehen" (E. B. de Condillac). Während das Visuelle → REPRÄSENTATIONEN zeigt und mithin täuschbar ist, beglaubigt der Tastsinn die Materialität der Dinge und damit ihre Realpräsenz („Alles, was Form ist, werde nur durchs tastende Gefühl [...] erkannt", J. G. Herder). Die Aufwertung des Taktilen hat Auswirkungen auf die Darstellung bildender, vor allem plastischer Kunst in der Malerei wie der Literatur, speziell anhand des Motivs des antiken Bildhauers Pygmalion, der sich in eine selbst geschaffene weibliche Skulptur verliebt, die durch seine Berührung verlebendigt wird (→ PARAGONE; vgl. 2.3 SCHNEIDER; 4.7 VINKEN), und findet sich bis in die Gegenwart, etwa bezüglich der Diskussion um ‚Teletaktilität' (D. Kerckhove) im virtuellen Raum.

skopisches Regime – Diese Bezeichnung (von engl. *scopic regime*) wurde von dem Historiker M. Jay in den 1990er Jahren eingeführt und steht für die ‚Herrschaft' des Visuellen. Dabei markiert das Adjektiv ‚skopisch' (griech. *skopós*, Späher, Aufseher, *skopéo*, betrachten, prüfen), dass es sich generell um eine auf den → BLICK bzw. das Sehen bezogene Struktur handelt (Skopophilie bzw. → SCHAULUST), während sich der Begriff des Regimes terminologisch u. a. auf M. Foucaults Theorie der Macht bezieht (→ PANOPTIKUM, PANOPTISMUS; vgl. 2.8 STIEGLER; 3.2 GIL). Das skopische Regime (oder auch ‚Blickregime') bezeichnet all jene Praktiken des Sehens, in welchen die Sehenden und das Gesehene nicht in einem reziproken Subjekt-Objekt-Verhältnis zueinander stehen, sondern sich in einer wechselseitigen Bedingtheit und hierarchischen Abhängigkeit befinden. Die (suggerierte) Omnipotenz des Blicks bzw. des/der Blickenden kann auch medial hergestellt werden, z. B. durch das Dispositiv des → PANORAMAS (vgl. 4.6 KÖHNEN) oder des → KINOS.

Spektakel – Seit der Frühen Neuzeit wurden als Spektakel (lat. *spectaculum*, Schauspiel, Schauplatz; von *spectare*, schauen, betrachten, bestaunen) unterhaltende Schaustücke bezeichnet, die häufig mit hohem Medienaufwand publikumswirksam inszeniert wurden (→ *TABLEAU VIVANT*; THEATER). Seit dem 18. Jh. gehören dazu öffentliche Aufführungen mit eher volksnahem Charakter wie Jahrmarkts- oder Varietétheater, deren Schauplätze bis zur Etablierung eigener Spielstätten auch vom frühen → FILM beerbt wurden. Gegenwärtig ist der

Begriff – etwa in der Rede vom ‚Medienspektakel' – tendenziell negativ besetzt, weil er die Adressierung vermeintlich ‚niederer' Bedürfnisse des Publikums (→ SCHAULUST) und dessen Verführung durch perfekt inszenierte Scheinwelten konnotiert (vgl. 3.5 DRÜGH). Seit G. Debord 1967 eine „Gesellschaft des Spektakels" diagnostizierte, hat der Spektakel-Begriff insbesondere in der neomarxistisch geprägten Medienkritik eine Konjunktur erfahren (vgl. 3.4 REHBERG). Ihm zufolge fungieren Bilder in den kapitalistischen Mediengesellschaften als die zentralen Vermittlungsinstanzen der auf Konsumanreiz abzielenden Ideologie und damit als Agenten der Entfremdung; entsprechend meint Spektakel hier nicht nur „ein Ganzes von Bildern", sondern ein „durch Bilder vermitteltes gesellschaftliches Verhältnis zwischen Personen" (G. Debord).

Spiegelstadium → IMAGINÄRES

Sprachbildlichkeit – Unter Sprachbildlichkeit versteht man jene Eigenschaft der Sprache, anschauliche Vorstellungen zu erzeugen (→ EINBILDUNGSKRAFT) und Gegenstände, Sachverhalte und Ereignisse zu vergegenwärtigen, sei es in mündlicher Rede oder schriftlichem Text (vgl. 2.2 BERNDT). Die Rhetorik hat solche Verfahren „rhetorischer Bildgebung" (R. Campe), die sich in allen Gattungen und Epochen in je spezifischen Ausprägungen und Priorisierungen finden, schon früh reflektiert und systematisiert. Unter den Sammelbegriff sprachlicher ‚Bilder' fallen in der Literaturwissenschaft sämtliche Tropen und Figuren, insbesondere → ALLEGORIE, Gleichnis, → METAPHER, Metonymie, Prosopopöie (Personifikation), → SYMBOL und Synekdoche. Innerhalb der fünf Grundelemente rhetorischen Sprechens gehören die Sprachbildlichkeit zur *inventio* (Findungslehre) und die bildgebenden Verfahren selbst in den Bereich der Stillehre (*elocutio*, Beredsamkeit). Systematisch ist der Begriff der ‚Sprachbildlichkeit' von dem der → SCHRIFTBILDLICHKEIT zu unterscheiden, insofern letzterer die Bildhaftigkeit und optischen Eigenschaften der Schrift(-zeichen) selbst bezeichnet.

Symbol – In der Literaturwissenschaft versteht man unter Symbol (griech. *sýmbolon*, Wahrzeichen, Merkmal; griech. *symbállein*, zusammenwerfen) ein komplexes, mehrdeutiges und bildhaftes Zeichen, das einen abstrakten Bedeutungs- oder Problemzusammenhang kondensiert. Im Unterschied zur → ALLEGORIE und zur → METAPHER geht das symbolische Sprachzeichen nicht vollständig in seiner Verweisungsfunktion auf, sondern besitzt eine unabhängige Existenz und einen semantischen Eigenwert. Ein Symbol bedarf daher der Deutung. Nach J. W. v. Goethe besteht das Kennzeichnende des Symbols in einer Spannung aus Anschaulichkeit und Rätselhaftigkeit („die Idee bleibt im Bild immer unendlich wirksam und unerreichbar, und selbst in allen Sprachen ausgesprochen doch unaussprechlich"). Einen wichtigen Bereich stellen sog. ‚Dingsymbole' dar, die als Objekte sprachlich visualisiert werden und deren Bedeutung sich oft erst im Verlauf eines Textes erschließt. Die Funktion von Symbolen in anderen Künsten (bildende Kunst, → FILM) korrespondiert im Wesentlichen mit der der Literatur, wenngleich es keinen übergreifenden Symbolbegriff gibt. In der → SEMIOTIK C. S. Peirces stellt das Symbol neben dem ‚Index' und dem ‚Ikon' einen von drei grundlegenden Zeichentypen dar. Symbolische Zeichen beruhen ihm zufolge auf Gesetz oder Konvention, sie sind arbiträr und konventionell (z. B. Verkehrszeichen oder militärische Rangabzeichen), weswegen auch die Sprache dazu zählt.

tableau vivant – Beim *tableau vivant* (frz. für ‚lebendes Bild') werden Gemälde oder Skulpturen, aber auch Schlüsselszenen schriftlich überlieferter Erzählungen – antike oder biblische Szenen, historische Ereignisse – von lebenden Personen szenisch nachgestellt. Als bis in die Antike zurückreichende Kleinstform theatraler Inszenierung erfahren die ‚lebenden Bilder', ob zum häuslichen Vergnügen oder an öffentlichen Schauplätzen praktiziert (→ SPEKTAKEL), um 1800 eine Konjunktur. Für die literarische Verarbeitung von *tableaux vivants*, etwa in Erzähltexten J. W. von Goethes, J. Schopenhauers oder F. Lewalds, spielt das durch die Unbeweglichkeit und Stummheit der Darsteller/innen charakteristische Moment des ‚eingefrorenen Augenblicks' eine zentrale Rolle. Da das Einnehmen einer unbewegten Pose mit der Bildwerdung der Darsteller/innen die Situation vor einer Kamera antizipiert, werden *tableaux vivants* mit der Entstehung des ‚neuen' Mediums → FOTOGRAFIE in Verbindung gebracht, was wiederum die fotografische Nachstellung entsprechender Bildinhalte zur Folge hatte. Die Wirkung solcher Inszenierungen resultiert aus der intermedialen Position zwischen Bild, Plastik, Theater und Fotografie, d. h. dem spielerischen Umgang mit der Differenz von Raum- und Zeitkunst (→ INTERMEDIALITÄT; LAOKOON-DEBATTE; *UT PICTURA POEISIS*).

Theater – Als audiovisuelles Massenmedium (→ AUDIOVISUALITÄT) ist das Theater seit der Antike eine wichtige kulturelle Institution. Die visuelle Szenografie umfasst alle Dimensionen des Theaters, die für das Publikum sichtbar sind: Bühnenbild, Beleuchtung, Requisite, Kostüme, Bewegungen und Gebärden der Darsteller/innen, wobei eine detaillierte Beschreibung dieser Elemente in Dramentexten erst seit dem 17. Jh. zu finden ist und sich im Zuge der „Episierung" (P. Szondi) um 1900 verstärkt. Seit dem Barock wird der Bühnenraum zentralperspektivisch konstruiert (→ PERSPEKTIVE), worin sich eine Auseinandersetzung mit dem Vorbild der Malerei im ‚Wettstreit der Künste' manifestiert (→ PARAGONE): Zwischen Bühne und Publikum wird das Proszenium als den → BLICK lenkender Rahmen eingefügt. Diese seit dem 18. Jh. als ‚Guckkastenbühne' bezeichnete Bühnenform hat eine erhöhte Illusionswirkung zum Ziel, was im 20. Jh. durch die Theateravantgarden (vgl. 4.9 BEHRMANN) infrage gestellt wird. Theater und Sichtbarkeit (→ Sichtbarkeit, Unsichtbarkeit) sind auch auf theoretischer Ebene miteinander verbunden, insofern Undarstellbarkeit oder „Anti-Theatralität" (C. Wild) ein Thema der Werke ist, z. B. in *Phèdre* von J. Racine. In Tragödien werden zentrale Ereignisse aus unterschiedlichen Gründen (technischen, moralischen) oft nicht szenisch gezeigt, sondern durch Botenberichte oder Teichoskopien sprachlich visualisiert (→ Augenzeugenschaft; vgl. 4.5 Benthien).

Transmedialität → Intermedialität

Typografie, Layout – Der Begriff Typografie (griech. *týpos*, Schlag, Gestalt, Abdruck; *gráphein*, zeichnen, schreiben) geht auf die Einführung des → Buchdrucks zurück, bei dem zur mechanischen Vervielfältigung von Schrift bewegliche Lettern (Typen) verwendet werden. Heute umfasst er das Herstellen und Gestalten des Satz- und Schriftbildes von Druckwerken, aber auch von elektronischen und digitalen Texten nach funktionalen und ästhetischen Gesichtspunkten. Während sich die typografische Gestaltung im engeren Sinne auf die Auswahl von Schriftarten, -größen und -auszeichnungen sowie des Seitenformats, Satzspiegels etc. bezieht, ist der Übergang zum Design des Layouts fließend. Im Layout werden die vorgesehene Anordnung der Textelemente (Überschriften, Zwischentitel, Haupttext etc.) sowie gegebenenfalls die Integration von Abbildungen (→ Illumination; Illustration) festgehalten. Dass mit der Typografie und dem Layout die visuelle Dimension von Texten buchstäblich in den Blick rückt (→ Schriftbildlichkeit; vgl. 2.1 Kammer), hat für die Produktion und Literatur unterschiedliche Auswirkungen; als Extreme können zum einen ein Ideal von Lesbarkeit gelten, das zugunsten imaginärer Effekte auf ‚Schriftvergessenheit' abzielt (vgl. 2.5 Brosch), zum anderen die programmatische Einbeziehung des Schriftbilds in den Prozess der Bedeutungsstiftung (→ Figurengedicht; Visuelle Poesie; vgl. 4.14 Weingart).

ut pictura poesis – Diese lat. Formel des antiken Dichters Horaz (‚wie das Bild, so die Dichtung') wird in der Kunstliteratur und Dichtungstheorie seit der Frühen Neuzeit dazu genutzt, um auf die Ähnlichkeit der ‚Schwesterkünste' Malerei und Dichtung hinzuweisen, wonach die Malerei eine ‚stumme Poesie' und die Poesie eine ‚redende Malerei' sei. Aufgrund der medialen Verschiedenheit dieser Künste wird aber ebenso oft das Gegenteil behauptet, so z. B. im 18. Jh. von G. E. Lessing (→ Laokoon-Debatte), der sie als Raum- und Zeitkunst differenziert. Während bildliche Medien auf die Evidenz des Zeigens zielen (→ Evidenz) und auf Relationen der Ähnlichkeit beruhen, sind sprachbasierte Medien stärker narrativ und zielen auf die → Einbildungskraft der Rezipierenden (vgl. 2.5 Brosch). Speziell Bild und Dichtung werden seit der Antike als die zwei Leitmedien miteinander kontrastiert und korreliert, und nicht etwa Dichtung und Musik o. ä. (vgl. auch 2.3 SCHNEIDER; 2.7 RIPPL; 3.1 WETZEL).

visual culture studies – Gegenstand dieser interdisziplinären Forschungsrichtung – häufig auch als *visual studies* bezeichnet – ist die ‚visuelle Kultur' in ihrer Gesamtheit sowie in ihren historischen wie zeitgenössischen Ausprägungen. Im Fokus stehen Fragen sowohl nach der kulturellen Konstruktion des Visuellen (insbesondere in historischer Hinsicht, so in wichtigen angloamerikanischen Studien etwa zum 17. Jh. von S. Alpers oder zum 19. Jh. von M. Jay) wie auch der visuellen Konstruktion des Sozialen (insbesondere bei W. J. T. Mitchell, einem der wesentlichen Vertreter dieser Forschungsrichtung; → PICTORIAL TURN; SKOPISCHES REGIME). Die *visual culture*-Forschung hängt eng mit der Entstehung der *cultural studies* zusammen und wird mitunter als ein Teilgebiet derselben gesehen (vgl. 2.8 STIEGLER); entsprechend artikuliert sich in ihr eine Kritik an der vermeintlich elitären Argumentation der kunsthistorischen Bildforschung (→ BILDWISSENSCHAFT; vgl. 1 BENTHIEN/WEINGART) und sie zielt auf eine Integration nichtkünstlerischer visueller Phänomene aller Art.

Visualprimat – Ein u. a. von dem Kulturwissenschaftler H. Böhme geprägter Begriff, der auf die Bevorzugung oder „Hegemonie des Sehens" (W. J. T. Mitchell) gegenüber den anderen menschlichen Sinnen abhebt. Eine solche Privilegierung des Visuellen findet sich schon in der Antike (z. B. bei Empedokles oder Platon) und gewinnt insbesondere in der Kunst und Philosophie der Renaissance (Neoplatonismus) an Bedeutung (→ PERSPEKTIVE). Der Begriff weist eine deutlich kulturkritische Intention auf, bis hin zum Postulat einer „Okulartyrannis" (U. Sonnemann; vgl. 3.1 WETZEL). Denn mit der Bevorzugung des als distanziert, edel und kultiviert geltenden Sehsinnes und der Epistemologie des → BLICKS geht eine Abwertung der eher körperbezogenen Sinne einher, insbesondere des in der ästhetischen Theorie mit ihm oftmals korrelierten Tastsinnes („Der Gegenstand des Takts [Tastsinnes] ist eine Gewalt, die wir erleiden; der Gegenstand des Auges und des Ohrs ist eine Form, die wir erzeugen", so F. Schiller; → SINNE, WAHRNEHMUNG). Bisweilen werden auch visuelle und akustische Wahrnehmung kontrastiert, wobei mal der einen, mal der anderen das Primat zugesprochen wird (→ SEHEN VS. HÖREN).

Visuelle Literalität – Ein aus dem englischen (*visual literacy*) übernommener Neologismus, der die Kompetenz, Bilder zu ‚lesen', d. h. sie zu verstehen und sprachlich zu deuten, bezeichnet (→ LESEN, LEKTÜRE; SEMIOTIK, SEMIOLOGIE). Er attestiert einer Kultur die Dominanz der Sprache gegenüber dem Visuellen (vgl. 3.2 GIL), was aus Sicht bildwissenschaftlicher Ansätze durchaus problematisch ist (→ BILDWISSENSCHAFT; *ICONIC TURN*). W. J. T. Mitchell hat dafür ergänzend die

Begrifflichkeit der Visualizität (*visualcy*) einzuführen versucht, was jedoch wenig Widerhall gefunden hat.

Visuelle Poesie – Mit diesem Sammelbegriff werden Bildgedichte bezeichnet, in denen die visuelle Dimension der Schrift durch eine gezielte typografische Gestaltung (→ TYPOGRAFIE, LAYOUT) konstitutiv am Prozess der Bedeutungsherstellung beteiligt ist. Weil dem zur figuralen Form gesteigerten Schriftbild (→ SCHRIFT-BILDLICHKEIT; vgl. 2.1 KAMMER) eine sinnstiftende Funktion zukommt, kann visuelle Poesie nicht vorgelesen, sondern muss optisch erschlossen werden. Die Radikalisierung des Zusammenspiels von Visualität und Semantik unterscheidet die → BILDTEXTE von G. Apollinaire und S. Mallarmé, die typografischen Experimente im Kontext des Dadaismus und des Futurismus (vgl. 4.9 BEHRMANN) sowie die seit der Konjunktur der visuellen Poesie in den 1960er Jahren entstandenen „Sehtexte" (F. Kriwet; vgl. 2.2 BERNDT; 4.14 WEINGART) von ihren Vorläufern in der bis zur Antike zurückreichenden Tradition der Bilderlyrik (→ FIGURENGEDICHT; vgl. 2.7 RIPPL). Den Fokus auf die – hier: sichtbare – Materialität von Worten und Buchstaben teilen diese Ansätze zum einen mit der Konkreten Poesie, in der die traditionelle Versform, Metrik und Reimschema aufgegeben werden und die klangliche und optische ‚Gegenständlichkeit' (lat. *concretus*, gegenständlich) von Sprache und Schrift in den Vordergrund rücken; zum anderen ergeben sich aus dem gemeinsamen Interesse an der Bildlichkeit der Schrift Verbindungen sowohl zur Pop Art wie zu massenmedialen Formaten visueller Kommunikation, etwa der Werbung.

Wahrnehmung → SINNE, WAHRNEHMUNG

6. Auswahlbibliografie

Adams, Timothy Dow. *Light Writing & Life Writing. Photography in Autobiography*. Chapel Hill, NC, und London: The University of North Carolina Press, 2000.

Adler, Jeremy, und Ulrich Ernst. *Text als Figur. Visuelle Poesie von der Antike bis zur Moderne*. Weinheim: VCH, 1987.

Albers, Irene. *Photographische Momente bei Claude Simon*. Würzburg: Königshausen & Neumann, 2002.

Albers, Irene. *Sehen und Wissen. Das Photographische im Romanwerk Émile Zolas*. München: Fink, 2002.

Albers, Irene. „Proust und die Kunst der Photographie". *Marcel Proust und die Künste*. Hrsg. von Wolfram Nitsch und Rainer Zaiser. Frankfurt am Main: Insel, 2004. 205–239.

Albersmeier, Franz-Josef. „Literatur und Film. Entwurf einer praxisorientierten Textsystematik". *Literatur intermedial. Musik – Malerei – Photographie – Film*. Hrsg. von Peter V. Zima. Darmstadt: Wissenschaftliche Buchgesellschaft, 1995. 235–268.

Allert, Beate (Hrsg.). *Languages of Visuality. Crossings Between Science, Art, Politics, and Literature*. Detroit, MI: Wayne State University Press, 1996.

Allert, Beate. „Horaz – Lessing – Mitchell. Ansätze zur Bild-Text-Relation und kritische Aspekte zur weiteren Ekphrasis-Debatte". *Visual Culture. Beiträge zur XIII. Tagung der Deutschen Gesellschaft für Allgemeine und Vergleichende Literaturwissenschaft, Potsdam, 18.–21. Mai 2005*. Hrsg. von Monika Schmitz-Emans und Gertrud Lehnert. Heidelberg: Synchron, 2008. 37–48.

Alpers, Svetlana, Emily Apter, Carol Armstrong, Susan Buck-Morss, Tom Conley, Jonathan Crary et al. „Visual Culture Questionnaire". *October* 77 (Sommer 1996): 25–70.

Amelunxen, Hubertus von. „Photographie und Literatur. Prolegomena zu einer Theorie-geschichte der Photographie". *Literatur intermedial. Musik – Malerei – Photographie – Film*. Hrsg. von Peter V. Zima. Darmstadt: Wissenschaftliche Buchgesellschaft, 1995. 209–234.

Apel, Friedmar. *Das Auge liest mit. Zur Visualität der Literatur*. München: Hanser, 2010.

Armstrong, Nancy. *Fiction in the Age of Photography. The Legacy of British Realism*. Cambridge, MA, und London: Harvard University Press, 1999.

Bachmann-Medick, Doris. „Iconic Turn". *Cultural Turns. Neuorientierungen in den Kulturwissen-schaften*. Hrsg. von Doris Bachmann-Medick. Reinbek bei Hamburg: Rowohlt, 2006. 329–380.

Bal, Mieke. *Reading 'Rembrandt'. Beyond the Word-Image Opposition*. Cambridge und New York, NY: Cambridge University Press, 1991.

Bal, Mieke, und Norman Bryson. „Semiotics and Art History". *Art Bulletin* 73.2 (1991): 174–208.

Bal, Mieke. „Platitudes: Effets photographiques". *Images littéraires ou Comment lire visuellement Proust*. Toulouse; Montréal: Presses universitaires du Mirail; XYZ éditeur, 1997. 161–204.

Bal, Mieke. „Visual Essentialism and the Object of Visual Culture". *Journal of Visual Culture* 2.1 (2003): 5–32.

Bal, Mieke. „Visual Narrativity". *Routledge Encyclopedia of Narrative Theory*. Hrsg. von David Herman, Manfred Jahn und Marie-Laure Ryan. London: Routledge, 2005. 629–633.

Barthes, Roland. *Die helle Kammer. Bemerkung zur Photographie.* Übers. von Dietrich Leube. Frankfurt am Main: Suhrkamp, 1985 [1980].

Barthes, Roland. *Das semiologische Abenteuer.* Übers. von Dieter Hornig. Frankfurt am Main: Suhrkamp, 1988 [1985].

Barthes, Roland. „Ist die Malerei eine Sprache?" [1969]. *Der entgegenkommende und der stumpfe Sinn. Kritische Essays III.* Übers. von Dieter Horning. Frankfurt am Main: Suhrkamp, 1990. 157–159.

Barthes, Roland. „Rhetorik des Bildes" [1964]. *Der entgegenkommende und der stumpfe Sinn. Kritische Essays III.* Übers. von Dieter Hornig. Frankfurt am Main: Suhrkamp, 1990. 28–46.

Batchen, Geoffrey. *Photography Degree Zero. Reflections on Roland Barthes's ‚Camera Lucida'.* Cambridge, MA, und London: The MIT Press, 2009.

Bateman, John, Matthis Kepser und Markus Kuhn (Hrsg.). *Film, Text, Kultur. Beiträge zur Textualität des Films.* Marburg: Schüren, 2013.

Bathrick, David, und Heinz-Peter Preußer (Hrsg.). *Literatur inter- und transmedial/Inter- and Transmedial Literature.* Amsterdam und New York, NY: Rodopi, 2012.

Baumann, Valérie. *Bildnisverbot. Zu Walter Benjamins Praxis der Darstellung. Dialektisches Bild – Traumbild – Vexierbild.* Eggingen: Edition Isele, 2002.

Baxmann, Inge, Michael Franz und Wolfgang Schäffner (Hrsg.). *Das Laokoon-Paradigma. Zeichenregime im 18. Jahrhundert.* Berlin: Akademie, 2000.

Becker, Andrew Sprague. *The Shield of Achilles and the Poetics of Ekphrasis.* Lanham, MD, und London: Rowman & Littlefield, 1995.

Becker, Sabina. *Literatur im Jahrhundert des Auges. Realismus und Fotografie im bürgerlichen Zeitalter.* München: edition text + kritik, 2010.

Becker, Sabina, und Barbara Korte (Hrsg.). *Visuelle Evidenz. Fotografie im Reflex von Literatur und Film.* Berlin und New York, NY: De Gruyter, 2011.

Beckman, Karen, und Liliane Weissberg (Hrsg.). *On Writing with Photography.* Minneapolis, MN: University of Minnesota Press, 2013.

Belting, Hans. *Bild-Anthropologie. Entwürfe für eine Bildwissenschaft.* München: Fink, 2001.

Belting, Hans (Hrsg.). *Bilderfragen. Die Bildwissenschaften im Aufbruch.* München: Fink, 2007.

Bender, John B. *Spenser and Literary Pictorialism.* Princeton, NJ: Princeton University Press, 1972.

Bennett, John M., Thomas Cassidy und Scott Helmes. *Vispoeologee. An Anthology of Visual Literature.* Minneapolis, MN: Minnesota Center for Book Arts, 2007.

Benthien, Claudia. „Camouflage des Erzählens, Manipulation des Blicks. Zur narratologischen Kategorie der Perspektive am Beispiel von Elfriede Jelineks Roman ‚Die Klavierspielerin'". *Perspektive – Die Spaltung der Standpunkte. Zur Perspektive in Philosophie, Kunst und Recht.* Hrsg. von Gertrud Koch. München: Fink, 2010. 87–105.

Benthien, Claudia. *Tribunal der Blicke. Kulturtheorien von Scham und Schuld und die Tragödie um 1800.* Köln, Weimar und Wien: Böhlau, 2011.

Benthien, Claudia. „The Literariness of New Media Art – A Case for Expanding the Domain of Literary Studies (with Analyses of Recent Video Art by Keren Cytter, Freya Hattenberger, and Magdalena von Rudy)". *Journal of Literary Theory* 6.2 (2012): 311–336.

Benthien, Claudia. „Visuelle Ästhetisierung femininer Scham in den Novellen ‚Fräulein Else' von Arthur Schnitzler und ‚Ehrengard' von Tania Blixen". *Jahrbuch Literatur und Psychoanalyse*; Themenheft ‚Scham' 32 (2013): 147–168.

Berndt, Frauke. „‚Oder alles ist anders'. Zur Gattungstradition der Ekphrasis in Heiner Müllers ‚Bildbeschreibung'". *Behext von Bildern? Ursachen, Funktionen und Perspektiven der textuellen Faszination durch Bilder*. Hrsg. von Heinz J. Drügh und Maria Moog-Grünewald. Heidelberg: Winter, 2001. 287–312.

Berns, Jörg Jochen. *Film vor dem Film. Bewegende und bewegte Bilder als Mittel der Imaginationssteuerung in Mittelalter und Früher Neuzeit*. Marburg: Jonas, 2000.

Bickenbach, Matthias, und Axel Fliethmann (Hrsg.). *Korrespondenzen. Visuelle Kulturen zwischen Früher Neuzeit und Gegenwart*. Köln: DuMont, 2002.

Bickenbach, Matthias. *Das Autorenfoto in der Medienevolution. Anachronie einer Norm*. München und Paderborn: Fink, 2010.

Binczek, Natalie, und Nicolas Pethes. „Mediengeschichte der Literatur". *Handbuch der Mediengeschichte*. Hrsg. von Helmut Schanze. Stuttgart: Kröner, 2001. 248–315.

Binczek, Natalie, Till Dembeck und Jörgen Schäfer (Hrsg.). *Handbuch Medien der Literatur*. Berlin und Boston, MA: De Gruyter, 2013.

Blanchot, Maurice. „Die zwei Fassungen des Bildlichen" [1951]. Übers. von Hinrich Weidemann. *Die neue Sichtbarkeit des Todes*. Hrsg. von Thomas Macho und Kristin Marek. München: Beck, 2007. 25–36.

Blazejewski, Susanne. *Bild und Text. Photographie in autobiographischer Literatur. Marguerite Duras' ‚L'amant' und Michael Ondaatjes ‚Running in the family'*. Würzburg: Königshausen & Neumann, 2002.

Bleumer, Hartmut. „Zwischen Wort und Bild. Narrativität und Visualität im ‚Trojanischen Krieg' Konrads von Würzburg". *Zwischen Wort und Bild. Wahrnehmungen und Deutungen im Mittelalter*. Hrsg. von Hartmut Bleumer und Hans-Werner Goetz. Köln, Weimar und Wien: Böhlau, 2010. 109–156.

Block, Friedrich W. „New Media Poetry". *Konfigurationen. Zwischen Kunst und Medien*. Hrsg. von Sigrid Schade und Georg Christoph Tholen. München: Fink, 1999. 198–208.

Boehm, Gottfried (Hrsg.). *Was ist ein Bild?* München: Fink, 1994.

Boehm, Gottfried, und Helmut Pfotenhauer (Hrsg.). *Beschreibungskunst – Kunstbeschreibung. Ekphrasis von der Antike bis zur Gegenwart*. München: Fink, 1995.

Boehm, Gottfried. „Jenseits der Sprache? Anmerkungen zur Logik der Bilder". *Iconic turn. Die neue Macht der Bilder*. Hrsg. von Hubert Burda und Christa Maar. Köln: DuMont, 2004. 28–43.

Boehm, Gottfried. *Wie Bilder Sinn erzeugen. Die Macht des Zeigens*. Berlin: Berlin University Press, 2007.

Boghardt, Martin. *Archäologie des gedruckten Buches*. Hrsg. von Paul Heedham in Verbindung mit Julie Boghardt. Wiesbaden: Harassowitz, 2008.

Böhme, Gernot. *Theorie des Bildes*. München: Fink, 1999.

Böhme, Hartmut. „Sinne und Blick. Zur mythopoetischen Konstitution des Subjekts". *Natur und Subjekt*. Frankfurt am Main: Suhrkamp, 1988. 215–255.

Bohn, Volker (Hrsg.). *Bildlichkeit. Internationale Beiträge zur Poetik*. Frankfurt am Main: Suhrkamp, 1990.

Bolter, Jay David. „Ekphrasis, Virtual Reality, and the Future of Writing". *The Future of the Book*. Hrsg. von Geoffrey Nunberg. Berkeley, CA: University of California Press, 1996. 253–272.

Bornstein, George, und Theresa Tinkle (Hrsg.). *The Iconic Page in Manuscript, Print and Digital Culture*. Ann Arbor, MI: University of Michigan Press, 1998.

Bornstein, George. *Material Modernism. The Politics of the Page*. Cambridge: Cambridge University Press, 2001.

Brandes, Peter. *Leben die Bilder bald? Ästhetische Konzepte bildlicher Lebendigkeit in der Literatur des 18. und 19. Jahrhunderts*. Würzburg: Königshausen & Neumann, 2013.

Bredekamp, Horst. „Drehmomente – Merkmale und Ansprüche des Iconic Turn". *Iconic Turn Die neue Macht der Bilder*. Hrsg. von Hubert Burda und Christa Maar. Köln: Du Mont, 2004. 15–26.

Bredekamp, Horst. *Theorie des Bildakts. Frankfurter Adorno-Vorlesungen 2007*. Berlin: Suhrkamp, 2010.

Brosch, Renate. *Krisen des Sehens. Henry James und die Veränderung der Wahrnehmung im 19. Jahrhundert*. Tübingen: Stauffenburg, 2000.

Brosch, Renate. „Verbalizing the Visual. Ekphrasis as a Commentary on Modes of Representation". *Mediale Performanzen. Historische Konzepte und Perspektiven*. Hrsg. von Jutta Eming, Irmgard Maassen und Annette Jael Lehmann. Freiburg im Breisgau: Rombach, 2002. 103–123.

Brosch, Renate (Hrsg.). *Ikono/Philo/Logie. Wechselspiele von Texten und Bildern*. Berlin: Trafo, 2004.

Brosch, Renate. „Visualisierung der Leseerfahrung. Fokalisierung – Perspektive – Blick". *Visualisierungen. Textualität – Deixis – Lektüre*. Hrsg. von Renate Brosch und Ronja Tripp. Trier: WVT, 2007.

Brosch, Renate, und Ronja Tripp (Hrsg.). *Visualisierungen. Textualität – Deixis – Lektüre*. Trier: WVT, 2007.

Brosch, Renate (Hrsg.). *Victorian Visual Culture*. Heidelberg: Winter, 2008.

Brosch, Renate. „Weltweite Bilder, lokale Lesarten. Visualisierungen der Literatur". *Visual Culture. Beiträge zur XIII. Tagung der Deutschen Gesellschaft für Allgemeine und Vergleichende Literaturwissenschaft, Potsdam, 18.–21. Mai 2005*. Hrsg. von Monika Schmitz-Emans und Gertrud Lehnert. Heidelberg: Synchron, 2008. 61–82.

Brüggemann, Heinz. *Das andere Fenster. Einblicke in Häuser und Menschen. Zur Literaturgeschichte einer urbanen Wahrnehmungsform*. Frankfurt am Main: Fischer, 1989.

Brüggemann, Heinz. „Das Sichtbar-Unsichtbare der Städte: Zur literarischen Ikonographie urbaner Räume aus Teleskopie und Mikroskopie". *Das Unsichtbare sehen. Bildzauber, optische Medien und Literatur*. Hrsg. von Sabine Haupt und Ulrich Stadler. Zürich; Wien und New York, NY: Edition Voldemeer; Springer, 2006. 235–254.

Brunet, François. *Photography and Literature*. London: Reaktion Books, 2009.

Bryson, Norman, Michael Ann Holly und Keith Moxey (Hrsg.). *Visual Culture. Images and Interpretations*. Hanover, NH, und London: Wesleyan University Press, 1994.

Buch, Hans Christoph. *Ut pictura poesis. Die Beschreibungsliteratur und ihre Kritiker von Lessing bis Lukács*. München: Hanser, 1972.

Bundy, Murray Wright. *The Theory of Imagination in Classical and Medieval Thought*. Urbana, IL: University of Illinois Press, 1927.

Burda, Hubert, und Christa Maar (Hrsg.). *Iconic Turn. Die neue Macht der Bilder*. Köln: DuMont, 2004.

Busch, Katrin, und Iris Därmann (Hrsg.). *Bildtheorien aus Frankreich. Ein Handbuch*. München: Fink, 2011.

Campe, Rüdiger. „Vor Augen-Stellen. Über den Rahmen rhetorischer Bildgebung". *Poststrukturalismus. Herausforderung an die Literaturwissenschaft. DFG-Symposion 1995*. Hrsg. von Gerhard Neumann. Stuttgart und Weimar: Metzler, 1997. 208–225.

Campe, Rüdiger. „Aktualität des Bildes. Die Zeit rhetorischer Figuration". *Figur und Figuration. Studien zu Wahrnehmung und Wissen*. Hrsg. von Gottfried Boehm, Gabriele Brandstetter und Achatz von Müller. München: Fink, 2007. 163–182.

Cancik-Kirschbaum, Eva, Sybille Krämer und Rainer Totzke (Hrsg.). *Schriftbildlichkeit. Wahrnehmbarkeit, Materialität und Operativität von Notationen*. Berlin: Akademie, 2012.

Caraion, Marta. *Pour fixer la trace. Photographie, littérature et voyage au milieu du XIXe siècle*. Genf: Droz, 2003.

Carruthers, Mary. *The Craft of Thought. Meditation, Rhetoric and the Making of Images, 400–1200*. Cambridge und New York, NY: Cambridge University Press, 1998.

Chevrier, Jean-François. *Proust et la photographie. La résurrection de Venise*. Paris: L'Arachnéen, 2009.

Christ, Carol T., und John O. Jordan (Hrsg.). *Victorian Literature and the Victorian Visual Imagination*. Berkeley, CA: University of California Press, 1995.

Chute, Hillary L. „Comics as Literature? Reading Graphic Narrative". *PMLA* 123.2 (2008): 452–465.

Chute, Hillary L. *Graphic Women. Life Narrative & Contemporary Comics*. New York, NY: Columbia University Press, 2010.

Clemente, Linda M. *Literary ‚objet d'art'. Ekphrasis in Medieval French Romance. 1150–1210*. New York, NY, und Berlin: Lang, 1992.

Cocking, J. M. *Imagination. A Study in the History of Ideas*. London und New York, NY: Routledge, 1991.

Crary, Jonathan. *Techniken des Betrachters. Sehen und Moderne im 19. Jahrhundert*. Übers. von Anne Vonderstein. Dresden und Basel: Verlag der Kunst, 1996 [1990].

Curschmann, Michael. „*Pictura laicorum litteratura?* Überlegungen zum Verhältnis von Bild und volkssprachlicher Schriftlichkeit im Hoch- und Spätmittelalter". *Pragmatische Schriftlichkeit im Mittelalter. Erscheinungsformen und Entwicklungsstufen*. Hrsg. von Hagen Keller, Klaus Grubmüller und Nikolaus Staubach. München: Fink, 1992. 211–229.

Czirak, Adam. *Partizipation der Blicke. Szenerien des Sehens und Gesehenwerdens in Theater und Performance*. Bielefeld: transcript, 2012.

Danius, Sara. *The Prose of the World. Flaubert and the Art of Making Things Visible*. Uppsala: Uppsala Universitet, 2006.

Degner, Uta, und Norbert Christian Wolf (Hrsg.). *Der neue Wettstreit der Künste. Legitimation und Dominanz im Zeichen der Intermedialität*. Bielefeld: transcript, 2010.

Deleuze, Gilles. „Die Schichten oder historischen Formationen. Das Sichtbare und das Sagbare (Wissen)". *Foucault*. Übers. von Hermann Kocyba. Frankfurt am Main: Suhrkamp, 1992. 69–98.

Dencker, Klaus-Peter. *Optische Poesie. Von den prähistorischen Schriftzeichen bis zu den digitalen Experimenten der Gegenwart*. Berlin und New York, NY: De Gruyter, 2011.

Derrida, Jacques. *Die Wahrheit in der Malerei*. Übers. von Michael Wetzel. Hrsg. von Peter Engelmann. Wien: Passagen, 1992 [1978].

Didi-Huberman, Georges. *Was wir sehen, blickt uns an. Zur Metapsychologie des Bildes*. Übers. von Markus Sedlaczek. München: Fink, 1999 [1992].

Didi-Huberman, Georges. *Bilder trotz allem*. Übers. von Peter Geimer. München: Fink, 2007 [2003].

Didi-Huberman, Georges. *Das Nachleben der Bilder. Kunstgeschichte und Phantomzeit nach Aby Warburg*. Übers. von Michael Bischoff. Berlin: Suhrkamp, 2010 [2002].

Didi-Huberman, Georges. *Wenn die Bilder Position beziehen. Das Auge der Geschichte I*. Übers. von Markus Sedlaczek. München: Fink, 2011 [2009].

Dikovitskaya, Margaret. *Visual Culture. The Study of the Visual after the Cultural Turn*. Cambridge, MA, und London: The MIT Press, 2006.

Dirscherl, Klaus (Hrsg.). *Bild und Text im Dialog*. Passau: Wissenschaftsverlag Rothe, 1993.
Ditschke, Stephan, Katerina Kroucheva und Daniel Stein (Hrsg.). *Comics. Zur Geschichte und Theorie eines populärkulturellen Mediums*. Bielefeld: transcript, 2009.
Drügh, Heinz J. *Anders-Rede. Zur Struktur und historischen Systematik des Allegorischen*. Freiburg im Breisgau: Rombach, 2000.
Drügh, Heinz J., und Maria Moog-Grünewald (Hrsg.). *Behext von Bildern? Ursachen, Funktionen und Perspektiven der textuellen Faszination durch Bilder*. Heidelberg: Winter, 2001.
Drügh, Heinz. *Ästhetik der Beschreibung. Poetische und kulturelle Energie deskriptiver Texte (1700–2000)*. Tübingen: Francke, 2006.
Dubois, Philippe. *Der fotografische Akt. Versuch über ein theoretisches Dispositiv*. Übers. von Dieter Hornig. Hrsg. von Herta Wolf. Hamburg: Philo Fine Arts, 1998 [1983].
Duncan, Randy, und Matthew J. Smith. *The Power of Comics. History, Form & Culture*. London und New York, NY: Continuum, 2009.
Edwards, Paul. *Soleil noir. Photographie et littérature des origines au surréalisme*. Rennes: Presses universitaires de Rennes, 2008.
Eggers, Christoph. *Das Dunkel durchdringen, das uns umgibt. Die Fotografie im Werk von W. G. Sebald*. Frankfurt am Main i. a.: Lang, 2011.
Eicher, Thomas, und Ulf Bleckmann (Hrsg.). *Intermedialität. Vom Bild zum Text*. Bielefeld: Aisthesis, 1994.
Elkins, James. *Visual Studies. A Skeptical Introduction*. London und New York, NY: Routledge, 2003.
Elkins, James (Hrsg.). *Visual Literacy*. London und New York, NY: Routledge, 2008.
Erdle, Birgit, und Sigrid Weigel (Hrsg.). *Mimesis, Bild und Schrift. Ähnlichkeit und Entstellung im Verhältnis der Künste*. Köln, Weimar und Wien: Böhlau, 1996.
Ernst, Ulrich. *Carmen Figuratum. Geschichte des Figurengedichts von den antiken Ursprüngen bis zum Ausgang des Mittelalters*. Köln, Weimar und Wien: Böhlau, 1991.
Ernst, Ulrich. *Konkrete Poesie. Innovation und Tradition*. Katalog Universitätsbibliothek Wuppertal. Wuppertal: Bergische Universität-Gesamthochschochschule, 1991.
Esrock, Ellen J. *The Reader's Eye. Visual Imaging as Reader Response*. Baltimore, MD: Johns Hopkins University Press, 1994.
Evans, Jessica, und Stuart Hall (Hrsg.). *Visual Culture. The Reader*. London, Thousand Oaks, CA, und New Delhi: Sage, 1999.
Falkenhausen, Susanne von. „Verzwickte Verwandschaftsverhältnisse. Kunstgeschichte, Visual Culture und Bildwissenschaft". *Bild/Geschichte. Festschrift für Horst Bredekamp*. Hrsg. von Philine Helas, Maren Polte, Claudia Rückert und Bettina Uppenkamp. Berlin: Akademie, 2007. 3–13.
Faust, Wolfgang Max. *Bilder werden Worte. Zum Verhältnis von bildender Kunst und Literatur. Vom Kubismus bis zur Gegenwart*. Köln: DuMont, 1987 [1977].
Fliedl, Konstanze, Marina Rauchenbacher und Joanna Wolf. *Handbuch der Kunstzitate in der deutschsprachigen Literatur der Moderne*. 2 Bde. Berlin und Boston, MA: De Gruyter, 2011.
Flusser, Vilém. „Eine neue Einbildungskraft". *Bildlichkeit. Internationale Beiträge zur Poetik*. Hrsg. von Volker Bohn. Frankfurt am Main: Suhrkamp, 1990. 115–126.
Foucault, Michel. „Die Wörter und die Bilder" [1967]. Übers. von Walter Seitter. Michel Foucault und Walter Seitter. *Das Spektrum der Genealogie*. Bodenheim: Philo, 1996. 9–13.
Frank, Gustav, und Klaus Sachs-Hombach. „Visuelle Kultur und Bildwissenschaft". *Bild und Medium. Kunstgeschichtliche Grundlagen der interdisziplinären Bildwissenschaft*. Köln: Halem, 2006. 184–196.

Frank, Gustav. „Layers of the Visual. Towards a Literary History of Visual Culture". *Seeing Perception.* Hrsg. von Silke Horstkotte und Karin Leonhard. Newcastle: Cambridge Scholar Publishing, 2007. 76–97.

Frank, Gustav. „Textparadigma kontra visueller Imperativ. 20 Jahre Visual Culture Studies als Herausforderung der Literaturwissenschaft. Ein Forschungsbericht". *Internationales Archiv für Sozialgeschichte der deutschen Literatur* 31.2 (2007): 26–89.

Frank, Gustav. „Literaturtheorie und Visuelle Kultur". *Bildtheorien. Anthropologische und kulturelle Grundlagen des Visualistic Turn.* Hrsg. von Klaus Sachs-Hombach. Frankfurt am Main: Suhrkamp, 2009. 354–392.

Frank, Gustav, und Barbara Lange. *Einführung in die Bildwissenschaft. Bilder in der visuellen Kultur.* Darmstadt: Wissenschaftliche Buchgesellschaft, 2010.

Freytag, Julia. *Verhüllte Schaulust. Die Maske in Schnitzlers 'Traumnovelle' und Kubricks 'Eyes Wide Shut'.* Bielefeld: transcript, 2007.

Friedrich, Hans-Edwin, und Uli Jung (Hrsg.). *Schrift und Bild im Film.* Bielefeld: Aisthesis, 2002.

Gaudreault, André. *From Plato to Lumière. Narration and Monstration in Literature and Cinema.* Übers. von Timothy Barnard. Toronto, Buffalo, NY, und London: University of Toronto Press, 2009 [1988].

Gendolla, Peter, und Jörgen Schäfer (Hrsg.). *The Aesthetics of Net Literature. Writing, Reading and Playing in Programmable Media.* Bielefeld: transcript, 2007.

Gendolla, Peter, und Jörgen Schäfer (Hrsg.). *Beyond the Screen. Transformations of Literary Structures, Interfaces and Genres.* Bielefeld: transcript, 2010.

Gerstner, Jan. *Das andere Gedächtnis. Fotografie in der Literatur des 20. Jahrhunderts.* Bielefeld: transcript, 2012.

Gil, Isabel Capeloa. *Literacia visual: estudos sobre a inquietude das imagens.* Lisboa: Edições, 2011.

Giuriato, Davide, und Stephan Kammer (Hrsg.). *Bilder der Handschrift. Die graphische Dimension der Literatur.* Basel und Frankfurt am Main: Stroemfeld, 2006.

Giuriato, Davide, Martin Stingelin und Sandro Zanetti (Hrsg.). *„Schreiben heißt: sich selber lesen". Schreibszenen als Selbstlektüren.* München: Fink, 2008.

Glasenapp, Jörn (Hrsg.). *Fotogeschichte*; Themenheft 'Licht/Schrift. Intermediale Grenzgänge zwischen Fotografie und Text' 28.108 (2008).

Greber, Erika, Konrad Ehlich und Jan-Dirk Müller (Hrsg.). *Materialität und Medialität von Schrift.* Bielefeld: Aisthesis, 2002.

Greber, Erika. „Das konkretistische Bildgedicht. Zur Transkription Bildender Kunst in Visuelle Poesie". *Intermedium Literatur. Beiträge zu einer Medientheorie der Literaturwissenschaft.* Hrsg. von Roger Lüdeke und Erika Greber. Göttingen: Wallstein, 2004. 171–208.

Greve, Ludwig, Margot Pehle und Heidi Westhoff (Hrsg.). *Hätte ich das Kino! Die Schriftsteller und der Stummfilm.* Stuttgart: Klett, 1976.

Griem, Julika (Hrsg.). *Bildschirmfiktionen. Interferenzen zwischen Literatur und neuen Medien.* Tübingen: Narr, 1998.

Griem, Julika. „Visuality and Its Discontents. On Some Uses of Invisibility in Edgar Allan Poe, George Eliot, and Henry James". *Victorian Visual Culture.* Hrsg. von Renate Brosch. Heidelberg: Winter, 2008. 245–265.

Grivel, Charles, André Gunthert und Bernd Stiegler (Hrsg.). *Die Eroberung der Bilder. Photographie in Buch und Presse 1816–1914.* München: Fink, 2003.

Gross, Sabine. „Schrift-Bild. Die Zeit des Augen-Blicks". *Zeit-Zeichen. Aufschübe und Interferenzen zwischen Endzeit und* Echtzeit. Hrsg. von Georg Christoph Tholen und Michael O. Scholl. Weinheim: VCH, Acta Humaniora, 1990. 231–246.

Gross, Sabine. *Lese-Zeichen. Kognition, Medium und Materialität im Leseprozeß*. Darmstadt: Wissenschaftliche Buchgesellschaft, 1994.

Grube, Gernot, Werner Kogge und Sybille Krämer (Hrsg.). *Schrift. Kulturtechnik zwischen Auge, Hand und Maschine*. München: Fink, 2005.

Gumbrecht, Hans Ulrich, und K. Ludwig Pfeiffer (Hrsg.). *Materialität der Kommunikation*. Frankfurt am Main: Suhrkamp, 1988.

Gumbrecht, Hans Ulrich, und K. Ludwig Pfeiffer (Hrsg.). *Schrift*. Frankfurt am Main: Suhrkamp, 1993.

Hagstrum, Jean H. *The Sister Arts. The Tradition of Literary Pictorialism and English Poetry from Dryden to Gray*. Chicago, IL: The University of Chicago Press, 1958.

Hamburger, Jeffrey (Hrsg.). „The Iconicity of Script: Writing as Image in the Middle Ages". *Word & Image* 27.3 (2011): 249–346.

Harms, Wolfgang (Hrsg.). *Text und Bild, Bild und Text. DFG-Symposion 1988*. Stuttgart: Metzler, 1990.

Haß, Ulrike. *Das Drama des Sehens. Auge, Blick und Bühnenform*. München: Fink, 2005.

Haupt, Sabine, und Ulrich Stadler (Hrsg.). *Das Unsichtbare sehen. Bildzauber, optische Medien und Literatur*. Zürich; Wien und New York, NY: Edition Voldemeer; Springer, 2006.

Haustein, Katja. *Regarding Lost Time. Photography, Identity, and Affect in Proust, Benjamin, and Barthes*. Oxford: Legenda, 2012.

Hayles, N. Katherine. *Electronic Literature. New Horizons for the Literary*. Notre Dame, IN: University of Notre Dame Press, 2008.

Heffernan, James A. W. *Space, Time, Image, Sign. Essays on Literature and the Visual Arts*. New York, NY: Lang, 1987.

Heffernan, James A. W. „Ekphrasis and Representation". *New Literary History* 22 (1991): 297–316.

Heffernan, James A. W. *Museum of Words. The Poetics of Ekphrasis from Homer to Ashbery*. Chicago, IL, und London: The University of Chicago Press, 1993.

Heibach, Christiane. *Literatur im elektronischen Raum*. Frankfurt am Main: Suhrkamp, 2003.

Heitmann, Annegret, und Joachim Schiedermair (Hrsg.). *Zwischen Text und Bild. Zur Funktionalisierung von Bildern in Texten und Kontexten*. Freiburg im Breisgau: Rombach, 2000.

Heller, Heinz-Bernd. *Literarische Intelligenz und Film. Zu Veränderungen der ästhetischen Theorie und Praxis unter dem Eindruck des Films 1910–1930 in Deutschland*. Tübingen: Niemeyer, 1985.

Henkel, Arthur, und Albrecht Schöne (Hrsg.). *Emblemata. Handbuch zur Sinnbildkunst des XVI. und XVII. Jahrhunderts*. Stuttgart: Metzler, 1967.

Hoesterey, Ingeborg. *Verschlungene Schriftzeichen. Intertextualität von Literatur und Kunst in der Moderne/Postmoderne*. Frankfurt am Main: Athenäum, 1988.

Hoffmann, Nora. *Photographie, Malerei und Visuelle Wahrnehmung bei Theodor Fontane*. Berlin und Boston, MA: De Gruyter, 2011.

Hoffmann, Thorsten, und Gabriele Rippl (Hrsg.). *Bilder. Ein (neues) Leitmedium?* Göttingen: Wallstein, 2006.

Holert, Tom (Hrsg.). *Imagineering. Visuelle Kultur und Politik der Sichtbarkeit*. Köln: Oktagon, 2000.

Holert, Tom. *Regieren im Bildraum*. Berlin: b-books, 2008.

Holländer, Hans. „Literatur, Malerei und Graphik. Wechselwirkungen, Funktionen und Konkurrenzen". *Literatur intermedial. Musik – Malerei – Photographie – Film*. Hrsg. von Peter V. Zima. Darmstadt: Wissenschaftliche Buchgesellschaft, 1995. 129–170.

Honold, Alexander, und Ralf Simon (Hrsg.). *Das erzählende und das erzählte Bild*. München: Fink, 2010.

Höpel, Ingrid. *Emblem und Sinnbild. Vom Kunstbuch zum Erbauungsbuch*. Frankfurt am Main: Athenäum, 1987.

Hornuff, Daniel. *Bildwissenschaft im Widerstreit. Belting, Boehm, Bredekamp, Burda*. München: Fink, 2012.

Horstkotte, Silke, und Karin Leonhard (Hrsg.). *Lesen ist wie Sehen. Intermediale Zitate in Bild und Text*. Köln, Weimar und Wien: Böhlau, 2006.

Horstkotte, Silke. *Nachbilder. Fotografie und Gedächtnis in der deutschen Gegenwartsliteratur*. Köln, Weimar und Wien: Böhlau, 2009.

Horstkotte, Silke. „Seeing or Speaking: Visual Narratology and Focalization, Literature to Film". *Narratology in the Age of Cross-Disciplinary Narrative Research*. Hrsg. von Sandra Heinen und Roy Sommer. Berlin und New York, NY: De Gruyter, 2009. 170–192.

Howells, Richard, und Joaquim Negreiros. *Visual Culture*. Oxford: Polity, 2011.

Jahraus, Oliver. „Bild-Film-Rhetorik. Medienspezifische Aspekte persuasiver Strukturen und die Eigendynamik einer bildgestützten Konzeption von Filmrhetorik". *Rhetorik. Ein internationales Jahrbuch*; Themenheft ‚Rhetorik und Film' 26 (2007): 11–28.

Jahraus, Oliver. „Erinnerung und Inszenierung. Zu Schrift und Bild als filmanalytischen Kategorien am Beispiel von Marc Rothemunds ‚Sophie Scholl – Die letzten Tage' (2005) und ‚Der Untergang' (2004)". *Strategien der Filmanalyse – reloaded. Festschrift für Klaus Kanzog*. Hrsg. von Michael Schaudig. München: Diskurs-Film-Verlag Schaudig & Ledig, 2010. 129–144.

Jay, Martin. *Downcast Eyes. The Denigration of Vision in Twentieth-Century French Thought*. Berkeley, CA: University of California Press, 1994.

Jeftic, Karolina. *Literatur und moderne Bilderfahrung. Zur Cézanne-Rezeption in der Bloomsbury Group*. München: Fink, 2011.

Kaes, Anton (Hrsg.). *Kino-Debatte. Texte zum Verhältnis von Literatur und Film*. München: dtv, 1978.

Kawashima, Kentaro. *Autobiographie und Photographie nach 1900. Proust, Benjamin, Brinkmann, Barthes, Sebald*. Bielefeld: transcript, 2011.

Kittler, Friedrich A. *Aufschreibesysteme 1800–1900*. München: Fink, 1985.

Kittler, Friedrich A. *Grammophon, Film, Typewriter*. Berlin: Brinkmann & Bose, 1986.

Kittler, Friedrich. *Optische Medien. Berliner Vorlesung 1999*. Berlin: Merve, 2002.

Klarer, Mario (Hrsg.). *Word & Image*; Themenheft ‚Ekphrasis' 15.1 (1999).

Klarer, Mario. *Ekphrasis. Bildbeschreibung als Repräsentationstheorie bei Spenser, Sydney, Lily und Shakespeare*. Tübingen: Niemeyer, 2001.

Kleinspehn, Thomas. *Der flüchtige Blick. Sehen und Identität in der Kultur der Neuzeit*. Reinbek bei Hamburg: Rowohlt, 1989.

Kocur, Zoya (Hrsg.). *Global Visual Cultures. An Anthology*. Oxford: Wiley-Blackwell, 2011.

Koebner, Thomas (Hrsg.). *Laokoon und kein Ende. Der Wettstreit der Künste*. München: edition text + kritik, 1989.

Köhnen, Ralph. *Sehen als Textkultur. Intermediale Beziehungen zwischen Rilke und Cézanne*. Bielefeld: Aisthesis, 1995.

Köhnen, Ralph (Hrsg.). *Denkbilder. Wandlungen literarischen und ästhetischen Sprechens in der Moderne*. Frankfurt am Main: Suhrkamp, 1996.

Köhnen, Ralph. *Das optische Wissen. Mediologische Studien zu einer Geschichte des Sehens*. München: Fink, 2009.

Kolesch, Doris. „Vom Lesen und Schreiben der Photographie. Bildlichkeit, Textualität und Erinnerung bei Marguerite Duras und Roland Barthes". *Poetica* 27 (1995): 187–214.

Koppen, Erwin. *Literatur und Photographie. Über Geschichte und Thematik einer Medienentdeckung*. Stuttgart: Metzler, 1987.

Kostelanetz, Richard (Hrsg.). *Visual Literature Criticism. A New Collection*. Carbondale, IL: Southern Illinois University Press, 1979.

Krämer, Sybille. „Die Schrift als Hybrid aus Sprache und Bild. Thesen über die Schriftbildlichkeit unter Berücksichtigung von Diagrammatik und Kartographie". *Bilder. Ein (neues) Leitmedium?* Hrsg. von Thorsten Hoffmann und Gabriele Rippl. Göttingen: Wallstein, 2006. 79–92.

Krämer, Sybille. „Zur Sichtbarkeit der Schrift oder: Die Visualisierung des Unsichtbaren in der operativen Schrift. Zehn Thesen". *Die Sichtbarkeit der Schrift*. Hrsg. von Susanne Strätling und Georg Witte. München: Fink, 2006. 75–83.

Kravagna, Christian (Hrsg). *Privileg Blick. Kritik der visuellen Kultur*. Berlin: Edition ID-Archiv, 1997.

Krieger, Murray. *Ekphrasis. The Illusion of the Natural Sign*. Baltimore, MD: Johns Hopkins University Press, 1992.

Lacan, Jacques. „Das Spiegelstadium als Bildner der Ichfunktion" [1966]. Übers. von Peter Stehlin. *Schriften I*. Hrsg. von Norbert Haas. Olten und Freiburg im Breisgau: Walter, 1973. 61–70.

Lacan, Jacques. „Die Spaltung zwischen Auge und Blick". *Die vier Grundbegriffe der Psychoanalyse. Das Seminar Buch XI*. Übers. und hrsg. von Norbert Haas. Weinheim und Berlin: Quadriga, 1978 [1964]. 71–126.

Latour, Bruno. *Iconoclash. Gibt es eine Welt jenseits des Bilderkrieges?* Berlin: Merve, 2002.

Lechtermann, Christina, und Horst Wenzel. *Beweglichkeit der Bilder. Text und Imagination in den illustrierten Handschriften des ‚Welschen Gastes' von Thomasin von Zerclaere*. Köln, Weimar und Wien: Böhlau, 2002.

Lehmann, Annette Jael. *Kunst und Neue Medien. Ästhetische Paradigmen seit den sechziger Jahren*. Tübingen und Basel: Francke, 2008.

Lemke, Anja. *Gedächtnisräume des Selbst. Walter Benjamins ‚Berliner Kindheit um neunzehnhundert'*. Würzburg: Königshausen & Neumann, 2005.

Linck, Dirck, und Stefanie Rentsch (Hrsg.). *Bildtext – Textbild. Probleme der Rede über Text-Bild-Hybride*. Freiburg im Breisgau, Berlin und Wien: Rombach, 2007.

Lobsien, Eckhard. „Bildlichkeit, Imagination, Wissen. Zur Phänomenologie der Vorstellungsbildung in literarischen Texten". *Bildlichkeit. Internationale Beiträge zur Poetik*. Hrsg. von Volker Bohn. Frankfurt am Main: Suhrkamp, 1990. 89–114.

Löffler, Petra. *Affektbilder. Eine Mediengeschichte der Mimik*. Bielefeld: transcript, 2004.

Louis, Eleonora, und Toni Stooss (Hrsg.). *Die Sprache der Kunst. Die Beziehung von Bild und Text in der Kunst des 20. Jahrhunderts*. Katalog Kunsthalle Wien. Ostfildern-Ruit: Cantz, 1993.

Louis, Eleonora. „Sprache in der bildenden Kunst". *Jenny Holzer. Die Macht des Wortes. I Can't Tell You*. Hrsg. von Söke Dinkla. Ostfildern-Ruit: Hatje-Cantz, 2004. 30–35.

Lüdeke, Roger, und Erika Greber (Hrsg.). *Intermedium Literatur. Beiträge zu einer Medientheorie der Literaturwissenschaft.* Göttingen: Wallstein, 2004.

Maenz, Paul, und Gerd de Vries (Hrsg.). *Art & Language. Texte zum Phänomen Kunst und Sprache.* Übers. von Wilhelm Höck. Köln: DuMont, 1972.

Manthey, Jürgen. *Wenn Blicke zeugen könnten. Eine psychohistorische Studie über das Sehen in Literatur und Philosophie.* München und Wien: Hanser, 1983.

Marin, Louis. *Von den Mächten des Bildes.* Übers. von Till Bardoux. Zürich und Berlin: diaphanes, 2007 [1993].

McCloud, Scott. *Understanding Comics. The Invisible Art.* New York, NY: Harper Perennial, 1993.

McLuhan, Marshall. *Verbi-Voco-Visual Explorations.* New York, NY, und Frankfurt am Main: Something Else Press, 1967.

McLuhan, Marshall. *Die Gutenberg-Galaxis. Das Ende des Buchzeitalters.* Übers. von Max Nänny. Bonn, Paris und Reading, MA: Addison-Wesley, 1995 [1962].

McLuhan, Marshall. *Die magischen Kanäle – Understanding Media.* Übers. von Meinrad Amann. Dresden und Basel: Verlag der Kunst, 1995 [1964].

Méaux, Danièle, und Jean-Bernard Vray (Hrsg.). *Traces photographiques, traces autobiographiques.* Saint-Étienne: Université de Saint-Étienne, 2004.

Mecke, Jochen, und Volker Roloff (Hrsg.). *Kino-/(Ro)Mania. Intermedialität zwischen Film und Literatur.* Tübingen: Stauffenburg, 1999.

Meier, Christel. „Typen der Text-Bild-Lektüre. Paratextuelle Introduktion – Textgliederung – diskursive und repräsentierende Illustration – bildliche Kommentierung – diagrammatische Synthesen". *Lesevorgänge. Prozesse des Erkennens in mittelalterlichen Texten, Bildern und Handschriften.* Hrsg. von Eckart Conrad Lutz, Martina Backes und Stefan Matter. Zürich: Chronos, 2010. 157–182.

Menke, Bettine. „Bild – Textualität. Benjamins schriftliche Bilder". *Der Entzug der Bilder. Visuelle Realitäten.* Hrsg. von Michael Wetzel und Herta Wolf. München: Fink, 1994. 47–65.

Mergenthaler, Volker. *Sehen schreiben – Schreiben sehen. Literatur und visuelle Wahrnehmung im Zusammenspiel.* Tübingen: Niemeyer, 2002.

Mersch, Dieter. „Bild und Blick. Zur Medialität des Visuellen". *Media Synaesthetics.* Hrsg. von Christian Filk, Michael Lommel und Mike Sandbothe. Köln: Halem, 2004. 95–122.

Mersmann, Birgit, und Martin Schulz (Hrsg). *Kulturen des Bildes.* München: Fink, 2006.

Mersmann, Birgit. „Ikonoskripturen. Mediale Symbiosen zwischen Bild und Schrift in Roland Barthes' ‚L'empire des signes'". *Lesen ist wie Sehen. Intermediale Zitate in Bild und Text.* Hrsg. von Silke Horstkotte und Karin Leonhard. Köln, Weimar und Wien: Böhlau, 2006. 17–34.

Mersmann, Birgit, und Alexandra Schneider (Hrsg.). *Transmission Image. Visual Translation and Cultural Agency.* Newcastle upon Tyne: Cambridge Scholars Publishing, 2009.

Meyer, Michael (Hrsg.). *Word & Image in Colonial and Postcolonial Literatures and Cultures.* Amsterdam: Rodopi, 2009.

Mirzoeff, Nicholas (Hrsg.). *The Visual Culture Reader.* London und New York, NY: Routledge, 1998.

Mirzoeff, Nicholas. *An Introduction to Visual Culture.* London und New York, NY: Routledge, 1999.

Mitchell, W. J. T. (Hrsg.). *The Language of Images.* Chicago, IL: The University of Chicago Press, 1980.

Mitchell, W. J. T. *Iconology. Image, Text, Ideology.* Chicago, IL, und London: The University of Chicago Press, 1986.

Mitchell, W. J. T. *Picture Theory. Essays on Verbal and Visual Representation*. Chicago, IL, und London: The University of Chicago Press, 1994.

Mitchell, W. J. T. *Das Leben der Bilder. Eine Theorie der visuellen Kultur*. Übers. von Achim Eschbach, Anna-Viktoria Eschbach und Mark Halawa. Hrsg. von Hans Belting. München: Beck, 2005.

Mitchell, W. J. T. *What Do Pictures Want? The Lives and Loves of Images*. Chicago, IL: The University of Chicago Press, 2005.

Mitchell, W. J. T. *Bildtheorie*. Übers. von Heinz Jatho, Jürgen Blasius, Christian Höller, Wilfried Prantner und Gabriele Schabacher. Hrsg. und mit einem Nachwort von Gustav Frank. Frankfurt am Main: Suhrkamp, 2008.

Mitchell, W. J. T. „Pictorial Turn" [1992]. Übers. von Christian Höller. *Bildtheorie*. Hrsg. und mit einem Nachwort von Gustav Frank. Frankfurt am Main: Suhrkamp, 2008. 101–135.

Mitchell, W. J. T. „Visual Literacy or Literary Visualcy". *Visual Literacy*. Hrsg. von James Elkins. London und New York, NY: Routledge, 2008. 11–29.

Mödersheim, Sabine, und Christine Probes (Hrsg.). *Emblems and Propaganda*. Genf: Librairie Droz, 2013.

Möntmann, Nina, und Dorothee Richter (Hrsg.). *Die Visualität der Theorie vs. Die Theorie des Visuellen. Eine Anthologie zur Funktion von Text und Bild in der zeitgenössischen Kultur*. Frankfurt am Main: Revolver, 2004.

Morris, Adalaide, und Thomas Swiss (Hrsg.). *New Media Poetics. Contexts, Technotexts, and Theories*. London und Cambridge, MA: The MIT Press, 2006.

Mülder-Bach, Inka. *Im Zeichen Pygmalions. Das Modell der Statue und die Entdeckung der ‚Darstellung' im 18. Jahrhundert*. München: Fink, 1998.

Mülder-Bach, Inka. „Sichtbarkeit und Lesbarkeit. Goethes Aufsatz ‚Über Laokoon'". *Das Laokoon-Paradigma. Zeichenregime im 18. Jahrhundert*. Hrsg. von Inge Baxmann, Michael Franz und Wolfgang Schäffner. Berlin: Akademie, 2000. 465–479.

Mülder-Bach, Inka. „Der große Zug des Details. W. G. Sebald: ‚Die Ringe des Saturn'". *Was aus dem Bild fällt. Figuren des Details in Kunst und Literatur*. Hrsg. von Edith Futscher, Stefan Neuner, Wolfram Pichler und Ralph Ubl. Paderborn und München: Fink, 2007. 283–309.

Müller, Jan-Dirk (Hrsg.). *„Aufführung" und „Schrift" in Mittelalter und Früher Neuzeit*. Stuttgart und Weimar: Metzler, 1996.

Müller, Jan-Dirk. „Visualität, Geste, Schrift. Zu einem neuen Untersuchungsfeld der Mediävistik". *Zeitschrift für deutsche Philologie* 122.1 (2003): 118–132.

Münkner, Jörn. *Eingreifen und Begreifen. Handhabungen und Visualisierungen in Flugblättern der Frühen Neuzeit*. Berlin: Schmidt, 2008.

Murphet, Julian, und Lydia Rainford. *Literature and Visual Technologies. Writing After Cinema*. Basingstoke und New York, NY: Palgrave Macmillan, 2003.

Nancy, Jean-Luc. *Am Grunde der Bilder*. Übers. von Emanuel Alloa. Zürich und Berlin: diaphanes, 2006 [2003].

Naumann, Barbara (Hrsg.). *Vom Doppelleben der Bilder. Bildmedien und ihre Texte*. München: Fink, 1993.

Naumann, Barbara, und Edgar Pankow (Hrsg.). *Bilder-Denken. Bildlichkeit und Argumentation*. München: Fink, 2004.

Naumann, Barbara. „Übertragung des Bildes. W. G. Sebalds symptomaler Text". *Transformation, Übertragung, Übersetzung. Artistische und kulturelle Dynamiken des Austauschs*. Hrsg. von Alexandra Kleihues, Barbara Naumann und Edgar Pankow. Zürich: Chronos, 2010. 433–464.

Nelson, Robert S. (Hrsg.). *Visuality Before and Beyond the Renaissance. Seeing as Others Saw.* Cambridge und New York, NY: Cambridge University Press, 2000.

Neuber, Wolfgang. „Imago und Pictura. Zur Topik des Sinn-Bilds im Spannungsfeld von Ars Memorativa und Emblematik (am Paradigma des ‚Indianers‘)". *Text und Bild, Bild und Text. DFG-Symposion 1988.* Hrsg. von Wolfgang Harms. Stuttgart: Metzler 1990. 245–261.

Neumann, Gerhard, und Günter Oesterle (Hrsg.). *Bild und Schrift in der Romantik.* Würzburg: Königshausen & Neumann, 1999.

Neumann, Gerhard. „Narration und Bildlichkeit. Zur Inszenierung eines romantischen Schicksalsmusters in E. T. A. Hoffmanns Novelle ‚Doge und Dogaresse‘". *Bild und Schrift in der Romantik.* Hrsg. von Gerhard Neumann und Günter Oesterle. Würzburg: Königshausen & Neumann, 1999. 107–142.

Neumann, Gerhard. „Speisesaal und Gemäldegalerie. Die Geburt des Erzählens aus der bildenden Kunst. Fontanes Roman ‚L'Adultera‘". *Roman und Ästhetik im 19. Jahrhundert. Festschrift für Christian Grawe zum 65. Geburtstag.* Hrsg. von Tim Mehigan und Gerhard Sauder. St. Ingbert: Röhrig, 2001. 139–169.

Neumann, Michael. *Eine Literaturgeschichte der Photographie.* Dresden: Thelem, 2006.

October 77 (Sommer 1996), Sonderheft zu Visual Culture.

Ortel, Philippe. *La Littérature à l'ère de la photographie. Enquête sur une révolution invisible.* Nîmes: Chambon, 2001.

Osterkamp, Ernst. *Im Buchstabenbilde. Studien zum Verfahren Goethescher Bildbeschreibungen.* Stuttgart: Metzler, 1991.

Packard, Stephan. „Was sind intermediale Einheiten? Zu wandernden Cartoons und Coleridges Allegorie". *Comparative Arts. Universelle Ästhetik im Fokus der Vergleichenden Literaturwissenschaft.* Hrsg. von Achim Hölter. Heidelberg: Synchron, 2011. 255–265.

Paech, Joachim. *Literatur und Film.* 2., überarbeitete Aufl. Stuttgart: Metzler, 1997.

Paech, Anne, und Joachim Paech. *Menschen im Kino. Film und Literatur erzählen.* Stuttgart: Metzler, 2000.

Panofsky, Erwin. „Die Perspektive als ‚symbolische Form‘". *Aufsätze zu Grundfragen der Kunstwissenschaft.* Hrsg. von Hariolf Oberer. Berlin: Wissenschaftsverlag Volker Spiess, 1985. 99–167.

Patt, Lise (Hrsg.). *Searching for Sebald. Photography after W. G. Sebald.* Los Angeles, CA: Institute of Cultural Inquiry, 2007.

Pestalozzi, Karl. „Das Bildgedicht". *Beschreibungskunst – Kunstbeschreibung. Ekphrasis von der Antike bis zur Gegenwart.* Hrsg. von Gottfried Boehm und Helmut Pfotenhauer. München: Fink, 1995. 569–891.

Peters, Ursula. „From Social History to the Poetics of the Visual: Philology of the Middle Ages as Cultural History". *The Journal of English and Germanic Philology* 105.1 (2006): 185–206.

Pfotenhauer, Helmut. *Sprachbilder. Untersuchungen zur Literatur seit dem achtzehnten Jahrhundert.* Würzburg: Königshausen & Neumann, 2000.

Pfotenhauer, Helmut, Wolfgang Riedel und Sabine Schneider (Hrsg.). *Poetik der Evidenz. Die Herausforderung der Bilder in der Literatur um 1900.* Würzburg: Königshausen & Neumann, 2005.

Phillpot, Clive. „Visual Language, Visual Literature, Visual Literacy". *Visual Literature Criticism. A New Collection.* Hrsg. von Richard Kostelanetz. Carbondale, IL: Southern Illinois University Press, 1979. 179–184.

Plumpe, Gerhard. *Der tote Blick. Zum Diskurs der Photographie in der Zeit des Realismus.* München: Fink, 1990.

Poppe, Sandra. *Visualität in Literatur und Film. Eine medienkomparatistische Untersuchung moderner Erzähltexte und ihrer Verfilmungen.* Göttingen: Vandenhoeck & Ruprecht, 2007.

Poppe, Sandra. „Visualität als transmediales Phänomen in Literatur und Film". *Textprofile intermedial.* Hrsg. von Dagmar von Hoff und Bernhard Spies. München: Meidenbauer, 2008. 187–199.

Rabb, Jane Marjorie (Hrsg.). *Literature & Photography. Interactions 1840–1990. A Critical Anthology.* Albuquerque, NM: University of New Mexico Press, 1995.

Rajewsky, Irina O. *Intermedialität.* Tübingen und Basel: Francke, 2002.

Rancière, Jacques. *Politik der Bilder.* Übers. von Maria Muhle. Berlin und Zürich: diaphanes, 2005 [2003].

Renner, Rolf Günter. „Schrift-Bilder und Bilder-Schriften. Zu einer Beziehung zwischen Literatur und Malerei". *Literatur intermedial. Musik – Malerei – Photographie – Film.* Hrsg. von Peter V. Zima. Darmstadt: Wissenschaftliche Buchgesellschaft, 1995. 171–208.

Renner, Ursula. *„Die Zauberschrift der Bilder". Bildende Kunst in Hofmannsthals Texten.* Freiburg im Breisgau: Rombach, 2000.

Rentsch, Stefanie. *Hybrides Erzählen. Text-Bild-Kombinationen bei Jean Le Gac und Sophie Calle.* München und Paderborn: Fink, 2010.

Reulecke, Anne-Kathrin. *Geschriebene Bilder. Zum Kunst- und Mediendiskurs in der Gegenwartsliteratur.* München: Fink, 2002.

Reulecke, Anne-Kathrin. „Bilder um nichts. Bildstörungen in E. T. A. Hoffmanns ‚Der Artushof' und Honoré de Balzacs ‚Das unbekannte Meisterwerk'". *Totalität und Zerfall im Kunstwerk der Moderne.* Hrsg. von Reto Sorg und Bodo Würffel. München: Fink, 2006. 103–116.

Ribbat, Christoph. *Blickkontakt. Zur Beziehungsgeschichte amerikanischer Literatur und Fotografie (1945–2000).* München: Fink, 2003.

Ricardo, Francisco J. (Hrsg.). *Literary Art in Digital Performance. Case Studies in New Media Art and Criticism.* London und New York, NY: Continuum, 2009.

Rimmele, Marius, und Bernd Stiegler. *Visuelle Kulturen/Visual Culture zur Einführung.* Hamburg: Junius, 2012.

Rippl, Gabriele. *Beschreibungs-Kunst. Zur intermedialen Poetik angloamerikanischer Ikon-Texte (1880–2000).* München: Fink, 2005.

Rippl, Gabriele. „Literatur und (visuelle) Medien in der frühen Neuzeit". *Kulturgeschichte der englischen Literatur. Von der Renaissance bis zur Gegenwart.* Hrsg. von Vera Nünning. Tübingen und Basel: Francke, 2005. 36–47.

Rippl, Gabriele. „Intermediale Poetik. Ekphrasis und der ‚iconic turn' in der Literatur/-wissenschaft". *Bilder. Ein (neues) Leitmedium?* Hrsg. von Torsten Hoffmann und Gabriele Rippl. Göttingen: Wallstein, 2006. 93–107.

Rippl, Gabriele. „Stumme Augenzeugen – Funktionen erzählter Fotos in englischsprachigen postkolonialen ‚trauma novels'". *Visuelle Evidenz? Fotografie im Reflex von Literatur und Film.* Hrsg. von Sabina Becker und Barbara Korte. Berlin und New York, NY: De Gruyter, 2011. 249–267.

Rippl, Gabriele, und Lukas Etter. „Intermediality, Transmediality, and Graphic Narrative". *From Comic Strips to Graphic Novels. Contributions to the Theory and History of Graphic Narrative.* Hrsg. von Daniel Stein und Jan-Noël Thon. Berlin und Boston, MA: De Gruyter, 2013. 191–217.

Robillard, Valerie, und Els Jongeneel (Hrsg.). *Pictures into Words. Theoretical and Descriptive Approaches to Ekphrasis.* Amsterdam: VU University Press, 1998.

Rogoff, Irit. *Terra Infirma. Geography's Visual Culture*. London und New York, NY: Routledge, 2001.

Rohmer, Ernst, Werner Wilhelm Schnabel und Gunther Witting (Hrsg.). *Text, Bilder, Kontexte. Interdisziplinäre Beiträge zu Literatur, Kunst und Ästhetik der Neuzeit*. Heidelberg: Winter, 2000.

Roloff, Volker. „Film und Literatur. Zur Theorie und Praxis der intermedialen Analyse am Beispiel von Buñuel, Truffaut, Godard und Antonioni". *Literatur intermedial. Musik – Malerei – Photographie – Film*. Hrsg. von Peter V. Zima. Darmstadt: Wissenschaftliche Buchgesellschaft, 1995. 269–309.

Rugg, Linda Haverty. *Picturing Ourselves. Photography & Autobiography*. Chicago, IL, und London: The University of Chicago Press, 1997.

Rümmele, Klaus. *Zeichensprache. Text und Bild bei Rolf Dieter Brinkmann und Pop-Autoren der Gegenwart*. Karlsruhe: KIT Scientific Publishing, 2012.

Russell, Daniel. „Illustration, Hieroglyph, Icon". *Polyvalenz und Multifunktionalität der Emblematik. Akten des 5. Internationalen Kongresses der Society for Emblem Studies*. Hrsg. von Wolfgang Harms und Dietmar Peil. Frankfurt am Main, Berlin und Bern: Lang, 2002. 73–90.

Sachs-Hombach, Klaus (Hrsg.). *Bildwissenschaft. Disziplinen, Themen, Methoden*. Frankfurt am Main: Suhrkamp, 2005.

Sachs-Hombach, Klaus (Hrsg.). *Bildtheorien. Anthropologische und kulturelle Grundlagen des Visualistic Turn*. Frankfurt am Main: Suhrkamp, 2009.

Sadoski, Mark, und Allan Paivio. *Imagery and Text. A Dual Coding Theory of Reading and Writing*. Mahwah, NJ: Lawrence Erlbaum Associates, 2001.

Sartre, Jean-Paul. „Der Blick". *Das Sein und das Nichts. Versuch einer phänomenologischen Ontologie*. Übers. und hrsg. von Justus Streller. Reinbek bei Hamburg: Rowohlt, 1952 [1943]. 192–259.

Schabacher, Gabriele. „Den Blick im Auge. Ein gespenstisches punctum der Photographie (Barthes, Derrida, Lacan)". *Lektüren des Imaginären. Bildfunktionen in Literatur und Kultur*. Hrsg. von Erich Kleinschmidt und Nicolas Pethes. Köln, Weimar und Wien: Böhlau, 1999. 203–231.

Schade, Sigrid. „Vom Wunsch der Kunstgeschichte, Leitwissenschaft zu sein. Pirouetten im sogenannten ‚Pictorial Turn'". *Die Visualität der Theorie vs. Die Theorie des Visuellen. Eine Anthologie zur Funktion von Text und Bild in der zeitgenössischen Kultur*. Hrsg. von Nina Möntmann und Dorothee Richter. Frankfurt am Main: Revolver, 2004. 31–43.

Schade, Sigrid, und Silke Wenk. *Studien zur visuellen Kultur. Einführung in ein transdisziplinäres Forschungsfeld*. Bielefeld: transcript, 2011.

Schanze, Helmut. *Fernsehgeschichte der Literatur. Voraussetzungen – Fallstudien – Kanon*. München: Fink, 1996.

Scheffer, Bernd. „Vorstöße ins Unbeobachtbare. Experimentelle Literatur und Multimedia als Zusammenspiel von Schrift und Bild". *Beobachtungen des Unbeobachtbaren. Konzepte radikaler Theoriebildung in den Geisteswissenschaften*. Hrsg. von Oliver Jahraus und Nina Ort unter Mitwirkung von Benjamin Marius Schmidt. Weilerswist: Velbrück Wissenschaft, 2000. 137–147.

Scheffer, Bernd. „Zur Intermedialität des Bewusstseins". *Intermedium Literatur. Beiträge zu einer Medientheorie der Literaturwissenschaft*. Hrsg. von Roger Lüdeke und Erika Greber. Göttingen: Wallstein, 2004. 103–122.

Schimming, Ulrike. *Fotoromane. Analyse eines Massenmediums*. Frankfurt am Main i. a.: Lang, 2002.

Schmeling, Manfred, und Monika Schmitz-Emans (Hrsg.). *Das visuelle Gedächtnis der Literatur*. Würzburg: Königshausen & Neumann, 1999.

Schmitz-Emans, Monika. „Schrift als Aufhebung der Zeit. Zu Formen der Temporalreflexion in visueller Poesie und ihren spekulativen Voraussetzungen". *arcadia* 26.1 (1991): 1–32.

Schmitz-Emans, Monika. *Die Literatur, die Bilder und das Unsichtbare. Spielformen literarischer Bildinterpretation vom 18. bis zum 20. Jahrhundert*. Würzburg: Königshausen & Neumann, 1999.

Schmitz-Emans, Monika, und Gertrud Lehnert (Hrsg.). *Visual Culture. Beiträge zur XIII. Tagung der Deutschen Gesellschaft für Allgemeine und Vergleichende Literaturwissenschaft, Potsdam, 18.–21. Mai 2005*. Heidelberg: Synchron, 2008.

Schmitz, Ulrich. „Text-Bild-Metamorphosen in Medien um 2000". *Wissen und neue Medien. Bilder und Zeichen von 800 bis 2000*. Hrsg. von Ulrich Schmitz und Horst Wenzel. Berlin: Schmidt, 2003. 241–263.

Schneider, Helmut J., Ralf Simon und Thomas Wirtz (Hrsg.). *Bildersturm und Bilderflut um 1800. Zur schwierigen Anschaulichkeit der Moderne*. Bielefeld: Aisthesis, 2001.

Schneider, Irmela. „‚Please Pay Attention Please'. Überlegungen zur Wahrnehmung von Schrift und Bild innerhalb der Medienkunst". *Bildschirmfiktionen. Interferenzen zwischen Literatur und neuen Medien*. Hrsg. von Julika Griem. Tübingen: Narr, 1998. 223–243.

Schneider, Sabine. „Utopie Bild. Formen der Ikonisierung in der Kunstliteratur um 1900". *Medien der Präsenz. Museum, Bildung und Wissenschaft im 19. Jahrhundert*. Hrsg. von Jürgen Fohrmann, Andrea Schütte und Wilhelm Voßkamp. Köln: DuMont, 2001. 184–208.

Schneider, Sabine. *Verheißung der Bilder. Das andere Medium in der Literatur um 1900*. Tübingen: Niemeyer, 2006.

Schneider, Sabine. „Klaffende Augen, starre Blicke. Krisen und Epiphanien des Sehens als Medium der Sprachreflexion bei Hofmannsthal und Rilke". *Klassische Moderne. Ein Paradigma des 20. Jahrhunderts*. Hrsg. von Mauro Ponzi. Würzburg: Königshausen & Neumann, 2010. 165–177.

Schneider, Sabine. „Wilde Semiose. Kontaminierte Zeichen und infektiöse Bilder bei Goethe und Kleist". *Kultur-Schreiben als romantisches Projekt. Romantische Ethnographie im Spannungsfeld zwischen Imagination und Wissenschaft*. Hrsg. von David E. Wellbery. Würzburg: Königshausen & Neumann, 2012. 105–134.

Schnell, Ralf. „Literale und visuelle Kultur". *Technische Reproduzierbarkeit. Zur Kultursoziologie massenmedialer Vervielfältigung*. Hrsg. von Lutz Hieber und Dominik Schrage. Bielefeld: transcript, 2007. 163–180.

Schnyder, Mireille. „Der unfeste Text. Mittelalterliche ‚Audiovisualität'". *Der unfeste Text. Perspektiven auf einen literatur- und kulturwissenschaftlichen Leitbegriff*. Hrsg. von Barbara Sabel und André Bucher. Würzburg: Königshausen & Neumann, 2001. 132–153.

Scholz, Bernhard F. „Das Emblem als Textsorte und als Genre". *Zur Terminologie der Literaturwissenschaft*. Hrsg. von Christian Wagenknecht. Stuttgart: Metzler, 1988. 289–308.

Scholz, Bernhard F. „Emblematik. Entstehung und Erscheinungsweisen". *Literatur und Bildende Kunst. Ein Handbuch zur Theorie und Praxis eines komparatistischen Grenzgebietes*. Hrsg. von Ulrich Weisstein. Berlin: Schmidt, 1992. 113–137.

Scholz, Bernhard F. *Emblem und Emblempoetik. Historische und systematische Studien*. Berlin: Schmidt, 2002.

Scholz, Oliver R. *Bild, Darstellung, Zeichen. Philosophische Theorien bildhafter Darstellung.* Freiburg im Breisgau und München: Alber, 1991.

Scholz, Susanne, und Julika Griem (Hrsg.). *Medialisierungen des Unsichtbaren um 1900.* München: Fink, 2010.

Schöne, Albrecht. *Emblematik und Drama im Zeitalter des Barock.* München: Beck, 1964.

Schubert, Christoph. *Raumkonstitution durch Sprache. Blickführung, Bildschemata und Kohäsion in Deskriptionssequenzen englischer Texte.* Tübingen: Niemeyer, 2009.

Schulz, Martin. *Die Ordnungen der Bilder. Eine Einführung in die Bildwissenschaft.* München: Fink, 2005.

Schürmann, Eva. *Sehen als Praxis. Ethisch-ästhetische Studien zum Verhältnis von Sicht und Einsicht.* Frankfurt am Main: Suhrkamp, 2008.

Schüwer, Martin. *Wie Comics erzählen. Grundriss einer intermedialen Erzähltheorie der grafischen Literatur.* Trier: WVT, 2008.

Segeberg, Harro (Hrsg.). *Mobilisierung des Sehens. Zur Vor- und Frühgeschichte des Films in Literatur und Kunst.* München: Fink, 1996.

Segeberg, Harro. *Literatur im Medienzeitalter. Literatur, Technik und Medien seit 1914.* Darmstadt: Wissenschaftliche Buchgesellschaft, 2003.

Seibert, Peter (Hrsg.). *Fernsehen als Medium der Literatur.* Kassel: Kassel University Press, 2013.

Seidler, Günter H. *Der Blick des Anderen. Eine Analyse der Scham.* Stuttgart: Klett-Cotta, 1995.

Shloss, Carol. *In Visible Light. Photography and the American Writer: 1840–1940.* New York, NY, und Oxford: Oxford University Press, 1987.

Siegel, Steffen. „Bild und Text. Ikonotexte als Zeichen hybrider Visualität". *Lesen ist wie Sehen. Intermediale Zitate in Bild und Text.* Hrsg. von Silke Horstkotte und Karin Leonhard. Köln, Weimar und Wien: Böhlau, 2006. 51–74.

Silverman, Hugh. „Textualität und Visualität. … ein nahezu vollkommener Chiasmus …". *Der Entzug der Bilder. Visuelle Realitäten.* Hrsg. von Michael Wetzel und Herta Wolf. München: Fink, 1994. 37–46.

Silverman, Kaja. *The Threshold of the Visible World.* New York, NY, und London: Routledge, 1996.

Simanowski, Roberto. *Digital Art and Meaning. Reading Kinetic Poetry, Text Machines, Mapping Art, and Interactive Installations.* Minneapolis, MN: University of Minnesota Press, 2011.

Simon, Ralf. *Der poetische Text als Bildkritik.* München: Fink, 2009.

Skowronek, Susanne. *Autorenbilder. Wort und Bild in den Porträtkupferstichen von Dichtern und Schriftstellern des Barock.* Würzburg: Königshausen & Neumann, 2000.

Smuda, Manfred. *Der Gegenstand in der bildenden Kunst und Literatur.* München: Fink, 1979.

Sontag, Susan. *Über Fotografie.* Übers. von Mark W. Rien und Gertrud Baruch. München und Wien: Hanser, 1978 [1977].

Stadler, Ulrich. *Der technisierte Blick. Optische Instrumente und der Status von Literatur. Ein kulturhistorisches Museum.* Würzburg: Königshausen & Neumann, 2003.

Stadler, Ulrich, und Karl Wagner (Hrsg.). *Schaulust. Heimliche und verpönte Blicke in Literatur und Kunst.* München: Fink, 2005.

Stafford, Barbara Maria. *Good Looking. Essays on the Virtue of Images.* Cambridge, MA: The MIT Press, 1996.

Starkey, Kathryn. „Bilder erzählen – Die Visualisierung von Erzählstimme und Perspektive in den Illustrationen eines Willehalm-Fragments". *Mediale Performanzen. Historische*

Konzepte und Perspektiven. Hrsg. von Jutta Eming, Annette Jael Lehmann und Irmgard Maassen. Freiburg im Breisgau: Rombach, 2002. 21–48.

Starkey, Kathryn, und Horst Wenzel (Hrsg.). *Visual Culture and the German Middle Ages*. New York, NY: Palgrave Macmillan, 2005.

Stein, Daniel, und Jan-Noël Thon (Hrsg.). *From Comic Strips to Graphic Novels. Contributions to the Theory and History of Graphic Narrative*. Berlin und Boston, MA: De Gruyter, 2013.

Steinaecker, Thomas von. *Literarische Foto-Texte. Zur Funktion der Fotografien in den Texten Rolf-Dieter Brinkmanns, Alexander Kluges und W. G. Sebalds*. Bielefeld: transcript, 2007.

Stiegler, Bernd. *Philologie des Auges. Die photographische Entdeckung der Welt im 19. Jahrhundert*. München: Fink, 2001.

Stiegler, Bernd. *Bilder der Photographie. Ein Album photographischer Metaphern*. Frankfurt am Main: Suhrkamp, 2006.

Stiegler, Bernd, und Georges Didi-Huberman (Hrsg.). *trivium*; Themenheft „ Iconic turn' und gesellschaftliche Reflexion' 1 (2008). Online unter: http://trivium.revues.org/223. Letzter Zugriff: 12. Mai 2014

Straßner, Erich. *Text-Bild-Kommunikation. Bild-Text-Kommunikation*. Tübingen: Niemeyer, 2002.

Strätling, Susanne, und Georg Witte (Hrsg.). *Die Sichtbarkeit der Schrift*. München: Fink, 2006.

Sturken, Marita, und Lisa Cartwright (Hrsg.). *Practices of Looking. An Introduction to Visual Culture*. Oxford: Oxford University Press, 2001.

Surkamp, Carola. *Die Perspektivenstruktur narrativer Texte. Zu ihrer Theorie und Geschichte im englischen Roman zwischen Viktorianismus und Moderne*. Trier: WVT, 2003.

Sykora, Katharina, und Anna Leibrandt (Hrsg). *Roland Barthes revisited. 30 Jahre ,Die helle Kammer'*. Köln: Salon-Verlag, 2012.

Thélot, Jérôme. *Les inventions littéraires de la photographie*. Paris: Presses universitaires de France, 2003.

Titzmann, Michael. „Theoretisch-methodologische Probleme einer Semiotik der Text-Bild-Relationen". *Text und Bild, Bild und Text. DFG-Symposion 1988*. Hrsg. von Wolfgang Harms. Stuttgart: Metzler, 1990. 368–384.

Torgovnick, Marianna. *The Visual Arts, Pictorialism, and the Novel. James, Lawrence, and Woolf*. Princeton, NJ: Princeton University Press, 1985.

Tripp, Ronja. „Wer visualisiert? Narrative Strategien der Visualisierung als Gegenstand einer leserorientierten kognitiven Narratologie". *Visualisierungen. Textualität – Deixis – Lektüre*. Hrsg. von Renate Brosch und Ronja Tripp. Trier: WVT, 2007. 21–46.

Tripp, Ronja. „unsichtbares lesen. Strategien der Visualisierung als mediale Krise der narrativen Literatur um 1900". *Medialisierungen des Unsichtbaren um 1900*. Hrsg. von Susanne Scholz und Julika Griem. München: Fink, 2009. 195–220.

Tripp, Ronja. „Intertextualität als Interikonizität. Ikonische Text-Text-Bezüge". *Interpiktorialität*. Hrsg. von Guido Isekenmeier. Bielefeld: transcript, 2013.

Tripp, Ronja. *Mirroring the Lamp. Literary Visuality, Scenes of Observation and Strategies of Visualizations in British Interwar Narratives*. Trier: WVT, 2013.

Turck, Eva-Monika. *Thomas Mann. Fotografie wird Literatur*. Frankfurt am Main: Fischer, 2004.

Voorhoeve, Jutta (Hrsg.). *Welten schaffen. Zeichnen und Schreiben als Verfahren der Konstruktion*. Berlin und Zürich: diaphanes, 2011.

Voßkamp, Wilhelm. *„Ein anderes Selbst". Bild und Bildung im deutschen Roman des 18. und 19. Jahrhunderts*. Göttingen: Wallstein, 2004.

Voßkamp, Wilhelm, und Brigitte Weingart (Hrsg.). *Sichtbares und Sagbares. Text-Bild-Verhältnisse*. Köln: DuMont, 2005.

Wagner-Egelhaaf, Martina. „Wirklichkeitserinnerungen'. Photographie und Text bei Robert Musil". *Poetica* 23 (1991): 217–256.

Wagner, Peter (Hrsg.). *Icons – Texts – Iconotexts. Essays on Ekphrasis and Intermediality*. Berlin und New York, NY: De Gruyter, 1996.

Wandhoff, Haiko. *Der epische Blick. Eine mediengeschichtliche Studie zur höfischen Literatur*. Berlin: Schmidt, 1996.

Wandhoff, Haiko. *Ekphrasis. Kunstbeschreibungen und virtuelle Räume in der Literatur des Mittelalters*. Berlin und New York, NY: De Gruyter, 2003.

Wandhoff, Haiko (Hrsg.). *Das Mittelalter*; Themenheft ‚Zur Bildlichkeit mittelalterlicher Texte' 13.1 (2008).

Webb, Ruth. „Ekphrasis Ancient and Modern: The Invention of a Genre". *Word & Image* 15.1 (1999): 7–18.

Wehde, Susanne. *Typographische Kultur. Eine zeichentheoretische und kulturgeschichtliche Studie zur Typographie und ihrer Entwicklung*. Tübingen: Niemeyer, 2000.

Weigel, Sigrid. „Bildwissenschaft aus dem ‚Geiste wahrer Philologie'. Benjamins Wahlverwandtschaft mit der ‚neuen Kunstwissenschaft' und der Warburg-Schule". *Schrift Bilder Denken. Walter Benjamin und die Künste*. Katalog Haus am Waldsee, Berlin. Hrsg. von Detlev Schöttker. Frankfurt am Main: Suhrkamp, 2004. 112–126.

Weigel, Sigrid. *Entstellte Ähnlichkeit. Walter Benjamins theoretische Schreibweise*. Frankfurt am Main: Suhrkamp, 1997.

Weingart, Brigitte. „Where is your rupture? Zum Transfer zwischen Text- und Bildtheorie". *Die Adresse des Mediums*. Hrsg. von Stefan Andriopoulos, Gabriele Schabacher und Eckhard Schumacher. Köln: DuMont, 2001. 136–157.

Weingart, Brigitte. „TV-Transkripte (Goetz, Kempowski, Nettelbeck)". *Transkribieren (Medien/Lektüre)*. Hrsg. von Ludwig Jäger und Georg Stanitzek. München: Fink, 2002. 91–114.

Weingart, Brigitte. „Bilderschriften, McLuhan, Literatur der 60er Jahre". *text+kritik. Sonderheft: Popliteratur*. Hrsg. von Heinz Ludwig Arnold und Jörgen Schäfer. München: edition text+kritik, 2003. 81–103.

Weingart, Brigitte. „In/Out. Text/Bild-Strategien in Pop-Texten der sechziger Jahre". *Sichtbares und Sagbares. Text-Bild-Verhältnisse*. Hrsg. von Wilhelm Voßkamp und Brigitte Weingart. Köln: DuMont, 2005. 216–253.

Weingart, Brigitte. „‚Once you ‚got' Pop, you could never see a sign the same way again.' Dinge und Zeichen in Pop-Texten (Warhol, Handke)". *Abfälle. Stoff- und Materialpräsentation in der deutschen Pop-Literatur der 60er Jahre*. Hrsg. von Dirck Linck und Gert Mattenklott. Hannover: Wehrhahn, 2006. 192–214.

Weingart, Brigitte. „Blick zurück. Faszination als ‚Augenzauber'". *„Es trübt mein Auge sich in Glück und Licht". Über den Blick in der Literatur*. Hrsg. von Kenneth Caloon, Eva Geulen, Claude Haas und Nils Reschke. Berlin: Schmidt, 2009. 188–205.

Weingart, Brigitte. „Text-Bild-Relation". *Handbuch der Mediologie. Signaturen des Medialen*. Hrsg. von Christina Bartz, Ludwig Jäger, Markus Krause und Erika Linz. München: Fink, 2012. 295–303.

Weisstein, Ulrich (Hrsg.). *Literatur und Bildende Kunst. Ein Handbuch zur Theorie und Praxis eines komparatistischen Grenzgebietes*. Berlin: Schmidt, 1992.

Wellbery, David. E. *Lessings ‚Laokoon'. Semiotics and Aesthetics in the Age of Reason*. Cambridge: Cambridge University Press, 1984.

Wenzel, Horst. *Hören und Sehen, Schrift und Bild. Kultur und Gedächtnis im Mittelalter.* München: Beck, 1995.

Wenzel, Horst. „Visualität. Zur Vorgeschichte der kinästhetischen Wahrnehmung". *Zeitschrift für Germanistik*; Themenheft ‚Visualität. Sichtbarkeit und Imagination im Medienwandel' NF 9.3 (1999): 549–556.

Wenzel, Horst (Hrsg). *Zeitschrift für Germanistik*; Themenheft ‚Visualität. Sichtbarkeit und Imagination im Medienwandel' NF 9.3 (1999).

Wenzel, Horst (Hrsg.). *Audiovisualität vor und nach Gutenberg. Zur Kulturgeschichte der medialen Umbrüche.* Wien: Kunsthistorisches Museum, 2001.

Wenzel, Horst, und Stephen C. Jaeger (Hrsg.). *Visualisierungsstrategien in mittelalterlichen Bildern und Texten.* Berlin: Schmidt, 2006.

Wenzel, Horst. *Spiegelungen. Zur Kultur der Visualität im Mittelalter.* Berlin: Schmidt, 2009.

Wetzel. Michael. *Die Enden des Buches oder die Wiederkehr der Schrift. Von den literarischen zu den technischen Medien.* Weinheim: VCH, Acta Humaniora, 1991.

Wetzel, Michael, und Herta Wolf (Hrsg.). *Der Entzug der Bilder. Visuelle Realitäten.* München: Fink, 1994.

Wetzel, Michael. *Die Wahrheit nach der Malerei.* München: Fink 1997.

Wetzel, Michael. „Das Bild und das Visuelle. Zwei Strategien der Medien im Anschluss an Serge Daney". *Bilder – Denken. Bildlichkeit und Argumentation.* München: Fink, 2004. 73–186.

Willems, Gottfried. *Anschaulichkeit. Zu Theorie und Geschichte der Wort-Bild-Beziehungen und des literarischen Darstellungsstils.* Tübingen: Niemeyer, 1989.

Winkels, Hubert. *Leselust und Bildermacht. Literatur, Fernsehen und Neue Medien.* Köln: Kiepenheuer & Witsch, 1997.

Wittmann, Barbara (Hrsg.). *Spuren erzeugen. Zeichnen und Schreiben als Verfahren der Selbstaufzeichnung.* Berlin und Zürich: diaphanes, 2009.

Wolf, Herta (Hrsg.). *Fotokritik am Ende des fotografischen Zeitalters.* 2 Bde. Frankfurt am Main: Suhrkamp, 2002–2003.

Yacobi, Tamar. „Pictorial Models and Narrative Ekphrasis". *Poetics Today* 16.4 (1995): 599–649.

Zetzsche, Jürgen. *Die Erfindung photographischer Bilder im zeitgenössischen Erzählen. Zum Werk von Uwe Johnson und Jürgen Becker.* Heidelberg: Winter, 1994.

Zima, Peter V. (Hrsg.). *Literatur intermedial. Musik – Malerei – Photographie – Film.* Darmstadt: Wissenschaftliche Buchgesellschaft, 1995.

Zumbusch, Cornelia. *Wissenschaft in Bildern. Symbol und dialektisches Bild in Aby Warburgs Mnemosyne-Atlas und Walter Benjamins Passagen-Werk.* Berlin: Akademie, 2004.

7. Register

7.1 Personenregister

7.2 Sachregister

8. Abbildungsnachweise

2.2 Berndt
Abb. 1: Werner Fuchs. *Die Skulptur der Griechen. Aufnahmen von Max Hirmer*. 3. Aufl. München: Hirmer, 1983, S. 50; Louvre, Paris.

Abb. 1: Siegfried Gohr. *Magritte. Das Unmögliche versuchen*. Köln: DuMont, 2009, S. 153; The Menil Collection, Houston.

Abb. 3: Eugen Gomringer. *konkrete poesie. deutschsprachige autoren*. Stuttgart: Reclam, 1972, S. 38.

2.4 Naumann
Abb. 1: Aby Warburg. *Gesammelte Schriften. Studienausgabe Abt. 2. Bd. 2.2: Bilderreihen und Ausstellungen*. Hrsg. von Uwe Fleckner und Isabella Woldt. Berlin: Akademie, 2012, S. 100.

Abb. 2: *Eugène Atget. 1857–1927. Das alte Paris*. Hrsg. von John Szarkowski und Maria Morris Hambourg. Katalog Museum of Modern Art. München: Prestel, 1982, S. 148.

2.7 Rippl
Abb. 1: Helen Gardner (Hrsg.). *The Metaphysical Poets*. Oxford: Oxford University Press, 1961, S. 92.

Abb. 2: Lauren Redniss. *Radioactive: Marie & Pierre Curie. A Tale of Love and Fallout*. New York: Harper Collins, 2011. S. 124–125; © HarperCollins.

Abb. 3: Charles Dickens. *Oliver Twist, or, The Parish Boy's Progress*. 1838. Illus. George Cruikshank. London: Penguin, 2002 [1838], S. 16.

Abb. 4: Jonathan Safran Foer. *Extremely Loud & Incredibly Close*. London: Penguin, 2006, S. 264–265; © Penguin.

3.2 Gil
Abb. 1: http://commons.wikimedia.org/wiki/File:AbuGhraibAbuse-standing-on-box.jpg; die Fotografie wurde von einem/r nicht namentlich bekannten Mitarbeiter/in der Streitkräfte oder des Verteidigungsministeriums der USA aufgenommen und hergestellt; als amtliches Dokument der US-Regierung ist sie gemeinfrei. Letzter Zugriff: 12. Mai 2014.

Abb. 2: Akademie der Künste, Berlin; Kunstsammlung; Blatt 11, Mappe ‚Hintergrund', Inv.-Nr. DR 5846.10; © Estate of George Grosz, Princeton, NJ/VG Bild-Kunst, Bonn, 2013.

3.3 Segler-Meßner
Abb. 1: Georges Didi-Huberman. *Images malgré tout*. Paris: Les Éditions de Minuit, 2003, S. 25.

Abb. 2: Georges Didi-Huberman. *Images malgré tout*. Paris: Les Éditions de Minuit, 2003, S. 26.

Abb. 3: *Shoah*. Reg. Claude Lanzmann. New Yorker Films, 1985, Videostill.

Abb. 4: *Shoah*. Reg. Claude Lanzmann. New Yorker Films, 1985, Videostill.

3.6 Benthien
Abb. 1: Peter Weibel. *Video Texte* 1967/1975; von der Mediathek des Zentrums für Kunst und Medientechnologie, Karlsruhe (ZKM) bereitgestellte Arbeitskopie (Signatur: 2008/190a), Videostill.

Abb. 2: Peter Weibel. *Video Texte* 1967/1975; von der Mediathek des Zentrums für Kunst und Medientechnologie, Karlsruhe (ZKM) bereitgestellte Arbeitskopie (Signatur: 2008/190a), Videostill.

Abb. 3: *Gary Hill. Selected Words. Catalogue raisonné*. Katalog Kunstmuseum Wolfsburg. Hrsg. von Holger Broeker. Köln: DuMont, 2002, S. 89; © VG Bild-Kunst, Bonn 2013.

Abb. 4: *Mona Hatoum*. Katalog Hamburger Kunsthalle, Kunstmuseum Bonn und Magasin 3 Stockholm Konsthall. Hrsg. von Christoph Heinrich. Ostfildern: Hatje-Cantz, 2004, S. 45; © Mona Hatoum/White Cube Gallery, London.

Abb. 5: *Nalini Malani. ‚In Search of Vanished Blood‘*. Artist's Book/Katalog Documenta 13. Ostfildern: Hatje-Cantz, 2012, S. 48; © Nalini Malani.

Abb. 6: *Nalini Malani. ‚In Search of Vanished Blood‘*. Artist's Book/Katalog Documenta 13. Ostfildern: Hatje-Cantz, 2012, S. 42; © Nalini Malani.

4.2 Velten

Abb. 1: Wolfram von Eschenbach. *Willehalm*, Handschriftenfragment 1270, Bayerische Staatsbibliothek, München (Signatur: Cgm 193, III), fol. 1r.

Abb. 2: Wolfram von Eschenbach. *Willehalm*, Handschriftenfragment 1270, Bayerische Staatsbibliothek, München (Signatur: Cgm 193, III), fol. 1v.

4.3 Puff

Abb 1: Augustinermuseum – Städtische Museen, Freiburg im Breisgau; Fotograf: H.-P. Vieser, Inv. Nr. 11503.

Abb. 2: *Furtmeyr-Bibel*, Universitätsbibliothek Augsburg (Signatur: Cod. I.3.2.III, Oettingen-Wallersteinsche Bibliothek, fol. 2v).

Abb. 3: Herzog August Bibliothek (Signatur: 16.1 Eth. 2° [1], 19).

Abb. 4: Bayerische Staatsbibliothek (Signatur: 2 Inc. ca. 1725, 66).

Abb. 5: Bayerische Staatsbibliothek (Signatur: Einbl. I, 10b).

Abb. 6: New York The Metropolitan Museum of Art, New York, Bildquelle: Art Resource, New York.

4.4 Neuber

Abb. 1: Andrea Alciato. *Liber Emblematum/Kunstbuch*. Übers. und hrsg. von Jeremias Held, Frankfurt am Main 1567 [1531], Bayerische Staatsbibliothek München (Signatur: ESlg/L. eleg.m. 37), Nr. XXXVIII, fol 26 r und 26v.

Abb. 2: Andrea Alciato. *Liber Emblematum/Kunstbuch*. Übers. und hrsg. von Jeremias Held, Frankfurt am Main 1567 [1531], Bayerische Staatsbibliothek München (Signatur: ESlg/L. eleg.m. 37), Nr. XLIX, fol. 33r und 33v.

4.5 Benthien

Abb. 1: Andreas Gryphius. *Dramen*. Hrsg. von Eberhard Mannack. Frankfurt am Main: Deutscher Klassiker Verlag, 1991, Bildteil o. S.; siebte in einer Serie von acht Radierungen.

4.6 Köhnen

Abb. 1: http://commons.wikimedia.org/wiki/File:Caspar_David_Friedrich_-_Der_Mönch_am_Meer_-_Google_Art_Project.jpg; Alte Nationalgalerie, Berlin. Letzter Zugriff: 12. Mai 2014.

4.7 Vinken

Abb. 1: Regina Deckers. *Die ‚Testa velata' in der Barockplastik. Zur Bedeutung von Schleier und Verhüllung zwischen Trauer, Allegorie und Sinnlichkeit.* München: Hirmer, 2010, S. 285; Fotograf: Fratelli Alinari; Cappella Sansevero, Neapel.

4.9 Behrmann

Abb. 1: Hans Bolliger, Guido Magnaguagno und Raimund Meyer (Hrsg.). *Dada in Zürich.* Sammlungsheft 11, Kunsthaus Zürich. Zürich: Arche Verlag, 1985. S. 281; © Schweizerisches Literaturarchiv (SLA), Bern.

Abb. 2: David Evans. *John Heartfield. Arbeiter-Illustrierte Zeitung. Volksillustrierte. 1930–38.* New York: Kent Fine Art 1992, S. 81; © VG Bild-Kunst.

4.12 Bickenbach

Abb. 1: Maria Morris Hambourg, Françoise Heilbrun und Philippe Néagu (Hrsg.). *Nadar.* München: Schirmer und Mosel, 1995, S. 36; Maison de Balzac, Paris.

Abb. 2: Honoré de Balzac. *Romane und Erzählungen.* Zürich: Diogenes, 2007; Schuber; Fotograf: Matthias Bickenbach.

Abb. 3: Maria Morris Hambourg, Françoise Heilbrun und Philippe Néagu (Hrsg.). *Nadar.* München: Schirmer und Mosel, 1995, S. 52; The Metropolitan Museum of Art, New York.

Abb. 4: OCB Bleu Express Nr. 4 Zigarettenpapier, Nr. 77; Fotograf: Matthias Bickenbach.

Abb. 5: Bielefeld: Aisthesis Verlag, 1997.

Abb. 6: *Was sie schreiben, wie sie aussehen.* Reinbek: Rowohlt, 1956. Titelblatt.

Abb. 7: Paul Celan. *Gesammelte Werke in sieben Bänden.* Hrsg. von Beda Allemann und Stefan Reichert unter Mitwirkung von Rolf Bücher. Frankfurt am Main: Suhrkamp, 1986. Titel; Fotograf: Wolfgang Oschatz.

Abb. 8: John Felstiner. *Paul Celan. Eine Biographie.* München: Beck, 1997. Titel; Fotograf: Lutfi Özkök.

4.13 Ribbat

Abb. 1: William Henry Talbot. *The Pencil of Nature.* London: Longman, Brown, Green and Longmans, 1844, o. S. [Tafel VIII].

Abb. 2: Edward Sheriff Curtis. *The North American Indian, Vol. 1.* New York: Johnson Reprint Corporation, 1976, o. S.

Abb. 3: Edward Sheriff Curtis. *The North American Indian, Vol. 1.* New York: Johnson Reprint Corporation, 1976, S. 33.

Abb. 4: Robert Frank. *The Americans.* Göttingen: Steidl, 2008, o. S.

Abb. 5: Roy DeCarava und Langston Hughes. *The Sweet Flypaper of Life.* New York: Hill and Wang, 1967, S. 7–8.

Abb. 6: Roy DeCarava und Langston Hughes. *The Sweet Flypaper of Life.* New York: Hill and Wang, 1967, S. 12–13.

4.14 Weingart

Abb. 1: Guillaume Apollinaire. *Œuvres poétiques.* Bibliothèque de la Pléiade Bd. 121. Hrsg. von Marcel Adéma und Michel Décaudin. Paris: Gallimard, 1956, S. 409.

Abb. 2: Ferdinand Kriwet. *leserattenfaenge. Sehtextkommentare.* Köln: M. DuMont Schauberg, 1965, S. 78.

Abb. 3: Ferdinand Kriwet. *leserattenfaenge. Sehtextkommentare.* Köln: M. DuMont Schauberg, 1965, S. 156.

Abb. 4: Ferdinand Kriwet. *leserattenfaenge. Sehtextkommentare.* Köln: M. DuMont Schauberg, 1965, S. 179.

Abb. 5: Renate Matthei (Hrsg.). *Grenzverschiebung. Neue Tendenzen in der deutschen Literatur.* 2. Aufl. Köln: Kiepenheuer & Witsch, 1972, S. 230.

Abb. 6: Kriwet. *leserattenfaenge. Sehtextkommentare.* Köln: M. DuMont Schauberg, 1965, S. 165.

Abb. 7: Kriwet. *MITMEDIEN/ARBEITEN 1960–1975.* Ausstelllungskatalog Württembergischer Kunstverein Stuttgart/Kunstverein für die Rheinlande und Westfalen, Düsseldorf: Kunstverein für die Rheinlande und Westfalen, 1975, S. 44.

Abb. 8: Kriwet. *Apollo Amerika.* Frankfurt am Main: Suhrkamp, 1969, o. S. [MON. 18/I 2]

Abb. 9: Kriwet. *Apollo Amerika.* Frankfurt am Main: Suhrkamp, 1969, o. S. [SAT. 10/P 4]

Abb. 10: Kriwet. *Apollo Amerika.* Frankfurt am Main: Suhrkamp, 1969, o. S. [SAT. 9/P 5]

Abb. 11: Kriwet. *Apollo Amerika.* Frankfurt am Main: Suhrkamp, 1969, o. S. [SAT. 8/P 6]

Abb. 12: Kriwet. *Apollo Amerika.* Frankfurt am Main: Suhrkamp, 1969, o. S. [TUES. 12/G 2]

4.15 Böger

Abb. 1: Alison Bechdel. *Fun Home. A Family Tragicomic.* Boston und New York: Mariner Books, 2006, S. 120.

Abb. 2: Alison Bechdel. *Fun Home. A Family Tragicomic.* Boston und New York: Mariner Books, 2006, S. 220–221.

Abb. 3: David Small. *Stitches. A Memoir.* New York und London: W. W. Norton & Company, 2009, S. 190.

Abb. 4: David Small. *Stitches. A Memoir.* New York und London: W. W. Norton & Company, 2009, S. 48–49.

Abb. 5: David Small. *Stitches. A Memoir.* New York und London: W. W. Norton & Company, 2009, S. 234.

9. Autorinnen und Autoren

Irene Albers, Dr. phil., ist Professorin am Peter-Szondi-Institut für Allgemeine und Vergleichende Literaturwissenschaft sowie am Institut für Romanische Philologie der Freien Universität Berlin.

Nicola Behrmann, Ph. D., ist Assistant Professor of German am Department of Germanic, Russian, and East European Languages and Literatures an der Rutgers University, New Jersey.

Claudia Benthien, Dr. phil., ist Professorin für Neuere deutsche Literatur am Institut für Germanistik der Universität Hamburg.

Frauke Berndt, Dr. phil., ist Professorin für deutsche Philologie/Literatur des 18. und 19. Jahrhunderts am Institut für Neuere deutsche Literatur der Eberhard-Karls-Universität, Tübingen.

Matthias Bickenbach, Dr. phil., ist apl. Professor am Institut für deutsche Sprache und Literatur der Universität zu Köln.

Astrid Böger, Dr. phil., ist Professorin für Literatur und Kultur Nordamerikas am Institut für Anglistik und Amerikanistik der Universität Hamburg.

Renate Brosch, Dr. phil., ist Professorin für Neuere Englische Literatur am Institut für Anglistik und Amerikanistik der Universität Stuttgart.

Heinz Drügh, Dr. phil., ist Professor für Neuere Deutsche Literatur und Ästhetik am Institut für Deutsche Literatur und ihre Didaktik der Goethe-Universität, Frankfurt am Main.

Isabel Capeloa Gil, Ph. D., ist Professorin für Deutsche Literatur und Kulturtheorie an der Geisteswissenschaftlichen Fakultät der Universidade Católica Portuguesa, Lissabon.

Stefanie Harris, Ph. D., ist Associate Professor of German and Film Studies am Department of International Studies der Texas A&M University.

Stephan Kammer, Dr. phil., ist Privatdozent am Institut für Deutsche Literatur und ihre Didaktik der Goethe-Universität, Frankfurt am Main und vertritt derzeit die Professur für Deutsche Philologie/Literatur des 20. und 21. Jahrhunderts am Deutschen Seminar der Eberhard-Karls-Universität, Tübingen.

Ralph Köhnen, Dr. phil., ist apl. Professor am Germanistischen Institut der Ruhr-Universität, Bochum.

Petra Löffler, Dr. phil., ist Privatdozentin am Institut für Theater-, Film- und Medienwissenschaft der Universität Wien und vertritt derzeit die Professur für Medienphilosophie an der Bauhaus-Universität, Weimar.

Barbara Naumann, Dr. phil., ist Professorin für Neuere deutsche Literatur am Deutschen Seminar der Universität Zürich.

Wolfgang Neuber, Dr. phil., ist Professor für Neuere deutsche Literatur am Institut für Deutsche und Niederländische Philologie der Freien Universität Berlin.

Helmut Puff, Dr. phil., ist Professor am Institut für Germanic Languages und Literatures und am Department of History der University of Michigan, Ann Arbor.

Peter Rehberg, Ph. D., ist DAAD Associate Professor am Department of Germanic Studies an der University of Texas, Austin.

Christoph Ribbat, Dr. phil., ist Professor für Amerikanistik am Institut für Anglistik und Amerikanistik der Universität Paderborn.

Gabriele Rippl, Dr. phil., ist Professorin für Literatures in English am Englischen Institut der Universität Bern.

Sabine Schneider, Dr. phil., ist Professorin für Neuere deutsche Literatur am Deutschen Seminar der Universität Zürich.

Silke Segler-Meßner, Dr. phil., ist Professorin für französische und italienische Literaturwissenschaft am Institut für Romanistik der Universität Hamburg.

Bernd Stiegler, Dr. phil., ist Professor für Neuere Deutsche Literatur mit Schwerpunkt Literatur des 20. Jahrhunderts im medialen Kontext am Fachbereich Literaturwissenschaft der Universität Konstanz.

Ronja Tripp, Dr. phil., ist Wissenschaftliche Mitarbeiterin am Lehrstuhl für Westeuropäische Literaturen an der Europa-Universität Viadrina, Frankfurt an der Oder.

Hans Rudolf Velten, Dr. phil., ist Professor für germanistische Mediävistik an der Universität Siegen.

Barbara Vinken, Dr. phil., Ph. D., ist Professorin für Allgemeine Literaturwissenschaft und Romanische Philologie an der Ludwig-Maximilians-Universität, München

Haiko Wandhoff, Dr. phil., ist Privatdozent am Institut für deutsche Literatur der Humboldt Universität zu Berlin.

Brigitte Weingart, Dr. phil., ist Professorin für Medienkulturwissenschaft am Institut für Medienkultur und Theater der Universität zu Köln.

Michael Wetzel, Dr. phil., ist Professor für Neuere Deutsche Literaturwissenschaft und Medienwissenschaft am Institut für Germanistik, Vergleichende Literatur- und Kulturwissenschaft der Rheinischen Friedrich-Wilhelms-Universität, Bonn.